U0895695

中国林业产业与林产品年鉴

YEARBOOK OF CHINA FOREST INDUSTRY

2012

国家林业局　编
STATE FORESTRY ADMINISTRATION

中国林业出版社
CHINESE FORESTRY PUBLISHING HOUSE

图书在版编目(CIP)数据

中国林业产业与林产品年鉴. 2012/国家林业局编. —北京：中国林业出版社，2013.12
ISBN 978-7-5038-7297-6

Ⅰ.①中… Ⅱ.①国… Ⅲ.①林业经济－中国－2012－年鉴 ②林产品－中国－2012－年鉴
Ⅳ.①F326.2-54②F426.88-54

中国版本图书馆 CIP 数据核字(2013)第 299741 号

出版 中国林业出版社(100009 北京西城区德内大街刘海胡同 7 号)
电话 (010)83282326
网址 http://lycb.forestry.gov.cn **E-mail**：cfybook@163.com
发行 中国林业出版社
印刷 北京中科印刷有限公司
版次 2013 年 12 月第 1 版
印次 2013 年 12 月第 1 次
开本 889mm×1194mm 1/16
印张 50
字数 1378 千字
定价 399.00 元

中国林业产业与林产品年鉴
编　委　会

《中国林业产业与林产品年鉴》(2012)
特约编委

《中国林业产业与林产品年鉴》(2012)

编 辑 部

《中国林业产业与林产品年鉴》(2012)

分 支 主 编

付占芳　北京市园林绿化局
李俊柱　天津市林业局
孟宪平　河北省林业厅
蒲建民(副)　河北省林业厅
王裔飞　山西省林业厅
刘大中　内蒙古自治区林业厅
曲建军　辽宁省林业厅
高海山(副)　辽宁省林业厅
祁永辉　吉林省林业厅
张新国　延边朝鲜族自治州林管局
戴瑞山　延边朝鲜族自治州林管局
丛德福　黑龙江省林业厅
肖龙根　上海市林业局
茅国梁(副)　上海市林业局
王晓南　江苏省林业局
康志雄　浙江省林业厅
林高兴　安徽省林业厅
李树林(副)　安徽省林业厅
黄先青(副)　安徽省林业厅
邓荣俤　福建省林业厅
王　琅　江西省林业厅
王连茂　江西省林业厅
岳炳勋　山东省林业厅
刘正臣　山东省林业厅
郑汝志　山东省林业厅
冯慰冬　河南省林业厅
龚泽和　湖北省林业厅
程少明　湖北省林业厅
从卫国(副)　湖北省林业厅
欧阳叙回　湖南省林业厅
周榜先　广东省林业厅
丁允辉　广西壮族自治区林业厅
蔡兴旺　海南省林业厅
钟德全　重庆市林业局
王太强(副)　重庆市林业局
童　伟　四川省林业厅
陈茂祥　贵州省林业厅
李伟平　云南省林业厅
扎西多吉　西藏自治区林业厅
李小双(副)　西藏自治区林业厅
晏正明　陕西省林业厅
郑克贤　甘肃省林业厅
李　文　青海省林业厅
赵世华　宁夏回族自治区林业局
于生华　新疆维吾尔自治区林业厅
刘　伟　中国内蒙古森工集团有限责任公司
涂海萍　中国吉林森林工业(集团)总公司
白云起　中国龙江森林工业(集团)总公司
李海波　中国龙江森林工业(集团)总公司
张东彪　大兴安岭林业集团公司
康文学(副)　大兴安岭林业集团公司
罗　毅　新疆生产建设兵团林业局

《中国林业产业与林产品年鉴》(2012)
特约编辑

编 辑 说 明

1.《中国林业产业与林产品年鉴》根据国家林业局林策发〔2007〕117 号文件要求编撰，每年一卷。

2. 简洁，清晰，陈述事实，陈述可资借鉴的管理经验，是本年鉴编写的基本原则。

3. 林产品是指主要原材料来源于森林资源的产品。林业机械不属于林产品范畴，但和林业产业密切相关。本年鉴主要根据国际贸易的商品分类和国内林业统计的林产品分类，将林产品划分为木质类林产品、非木质类林产品、竹藤类林产品。为了反映林产品的产业链关系，每一类林产品主要依据原材料的来源而划分，如一般划分为林化产品的炭和活性炭，这里分为 3 个部分：木炭和木质活性炭、果核果壳炭、竹炭，在计算林产品进出口贸易总额时被分别列在了木质类、非木质类、竹藤类林产品中。另外，为了完整计算森林资源消耗量，一些产品，如木制乐器、印刷品等都被列入进出口贸易的林产品，但对其金额进行了调整。林产品分类见表 1 ~4。以海关 8 位码为基础的林产品分类及调整系数见附录的 1 ~4。

4. 林业产业分支包括 26 类，即：森林培育业、木材生产业、人造板制造业、木制品生产业、家具制造业、木浆纸制品生产业、竹藤产业、园林植物产业、种苗产业、果品产业、木本粮油产业、森林蔬菜产业、茶咖啡产业、调料产业、中药产业、林产化工产业、野生动物驯养业、蚕养殖及蚕丝加工业、碳素制品业、软木制品业、生物质能源产业、森林饲料业、林业机械、森林旅游业、林业生态文化产业、林业教育。

5. 各类林业分支产业所包含的产品，见表 5。进出口贸易的林产品没有全部列入林业产业所生产的林产品，如印刷品。而林业产业所生产的林产品也并没有全部列入进出口贸易的林产品，如林业生态文化产业的产品，报刊等。另外，各林业产业所生产的林产品相互之间有重复，如竹藤产业的竹炭与碳素制品业的竹炭是重复的，人造板制造业的竹胶合板与竹藤产业的竹胶合板是重复的等。这是由于划分林业产业的标准不同，如竹藤产业是根据原料来源划分的，而人造板制造业和碳素制品业是根据产品类别划分的，所以造成重复。这里的 26 项林业分支产业主要是依据其在国民经济发展中的重要性和对林区百姓致富的影响而列出的。

6. 本年鉴以林业产业的发展状态和政府的管理为主要内容。政府的主要职能是维护市场公平竞争、维护消费者权益、促进产业发展带动百姓致富，推动科技进步促进生产力发展。政府实现职能的主要手段是：制定法律法规、政策、规划、标准，规范企业的行为，同时规范行业协会和第三方检测机构的行为。因此本年鉴的内容主要包括以下方面：陈述各产业的产值、就业、产品种类和产业链、产品产量及分布、进出口数量金额、企业分布等产业发展状态；陈述法律法规、政策、规划、标准以及科技的变化；陈述企业的联合体行业协会的活动；陈述检测机构的活动，以反映企业的产品进入市场后与消费者之间的关系。

7. 主产地是指县、旗、市、区、林业局、林场。各林产品主产地数据，由各省级单位组织下属各县(旗、市、区)林业部门根据相关统计调查资料收集整理，并经省、地、县三级审核，通过中国林业产业与林产品信息网络平台上报，见流程简图。

8. 国家林业局计财司、国家统计局、国家海关总署、国家工商总局、全国组织机构代码中心等。

9. 本卷内所有未标明作者的文字或表格均由编辑部根据相关资料整理。所有未标明年份数据均是2011年数据。

11. 本卷所录资料，均不含台湾省及香港、澳门特别行政区。

12. 年鉴文稿编撰，由各省（区、市）林业厅（局）、四大森工（林业）集团、新疆生产建设兵团林业局和国家林业局有关司（局）、林业产业联合会等单位承担。

13. 年鉴计量单位、文字撰稿、资料选用均执行国家现行立法规定。

14. 条目、文章，一律署名，文责自负。

表1　木质类林产品分类

1. 原木	7. 木家具	圆签棒等
针叶原木	8. 木制品	9. 木制乐器
非针叶原木	门、窗	10. 木质碳素制品
2. 锯材	木制活动房屋	木炭
木地板	筷子	木质活性炭
非针叶锯材	针叶锯材	11. 木碎料
3. 木片	其他木餐具	薪柴
针叶木木片	画框等	锯末
非针叶木木片	容器	木棒
4. 异形材	工具	木丝粉
针叶异形材	建筑用木制品	12. 纸浆
非针叶异形材	木刻	木浆
5. 人造板	木扇	废纸浆
单板	木雕装饰	13. 废纸
胶合板	镶嵌木	14. 纸制品
刨花板	珠宝盒等	15. 印刷品
纤维板	木衣架	16. 软木
6. 强化木	线轴等	

表2　非木质类林产品分类

1. 蚕	4. 果品类	9. 中药
蚕种	干果和水果	植物中药
蚕茧	果品加工	制药中间产品
蚕丝	椰壳纤维	动物中药
蚕丝织品	果壳核炭－活性炭	中药酒
蚕丝制成品	果品残渣	中成药
2. 野生动物	5. 木本粮油	10. 园林植物
活动物	6. 茶和咖啡	花卉活植物
动物牙、角、蹄等	茶	插花及花蕾
种用动物	咖啡	苔藓和地衣
食用动物	7. 林化产品	植物枝叶等
动物油脂	树胶树脂	11. 种苗
动物肥料	松香松脂	花卉用种苗
动物皮毛	生漆	花卉用种子
动物炭黑	橡胶	菌用种
动物工艺品	染料鞣料	果类苗木
天然蜂蜜	杀虫剂	插枝接穗苗
蜂产品	食品药品化妆品添加剂	其他种用苗木
燕窝	香料类	草地用种子
3. 森林蔬菜	其他工业用等	其他种子
食用菌及加工品	8. 调料	12. 饲料
山野菜		

表3　竹藤类林产品分类

1. 竹藤原料	竹毛笔	8. 竹浆
2. 竹藤制品	竹地板等	9. 竹纸制品
竹筷子	3. 竹藤编结品	10. 竹醋
竹餐具	4. 竹藤家具	11. 竹纤维纺织品
竹刻	5. 竹胶合板	12. 竹笋及其制品
竹签等	6. 竹异形材	
扫帚等	7. 竹炭	

表4　林业机械产品分类

1. 草地用机械
2. 木材等加工机械
3. 木工工具
4. 园艺工具
5. 整地机械
6. 干燥器
7. 造纸和纸制品机械
8. 林副产品加工机械

表5　各林业产业所包括的产品

	林业产业类别	各林业产业所包括的产品
1	森林培育业	用材林、生态林、特用林、薪炭林、经济林
2	木竹采运及锯材木片加工业	原木、薪材、锯材、木片、异形材、强化木、木碎料
3	人造板制造业	单板、胶合板、刨花板、纤维板
4	木制品生产业	门窗、地板、活动房屋、筷子、木雕装饰等木制品和木制乐器
5	家具制造业	木家具、竹藤家具
6	木浆纸制品生产业	木浆、废纸浆、废纸、纸制品
7	竹藤产业	竹藤、竹藤制品、竹藤编结品、竹胶合板、竹炭、竹浆、竹笋等
8	园林植物产业	花卉活植物、插花及花蕾、苔藓和地衣、植物枝叶等
9	种苗产业	花卉草地用种苗和种子、果类苗木、菌用种、插枝接穗苗木等
10	果品产业	果树、干果和水果、果汁果酒、果核炭、果品残渣、椰壳纤维等
11	木本粮油产业	油茶树、茶油等
12	森林蔬菜产业	食用菌、食用菌加工品、山野菜及加工品
13	茶咖啡产业	茶、咖啡
14	调料产业	花椒、大料、八角、桂皮等
15	中药业	植物中药、制药中间产品、动物中药、中药酒、中成药
16	林产化工产业	树胶树脂、松香松脂、生漆、橡胶、染料鞣料、杀虫剂、香料、食品药品化妆品添加剂等
17	野生动物驯养业	活动物、种用动物、食用动物、动物牙角蹄等、动物油脂、动物肥料、蜂蜜、燕窝等
18	蚕养殖及蚕丝加工业	蚕种、蚕茧、蚕丝、蚕丝织品、蚕丝制成品
19	碳素制品生产业	木炭、活性炭、果核果壳炭、竹炭
20	软木生产业	软木及制品
21	生物质能源产业	
22	森林旅游业	森林公园旅游、果品采摘、花卉观赏、湿地荒漠等特殊景观观赏、林业疗养与休闲、森林野生动物狩猎、一般森林资源旅游等
23	森林饲料	
24	林业机械	草地用机械、木材加工机械、木工工具、园艺工具、整地机械、干燥器、造纸和纸制品机械、林副产品加工机械
25	林业生态文化产业	林业系统宣传林业的杂志、报纸、书籍、歌曲、影视作品等
26	林业教育	

中国林业产业与林产品年鉴编辑部

《中国林业产业与林产品年鉴》编纂流程简图

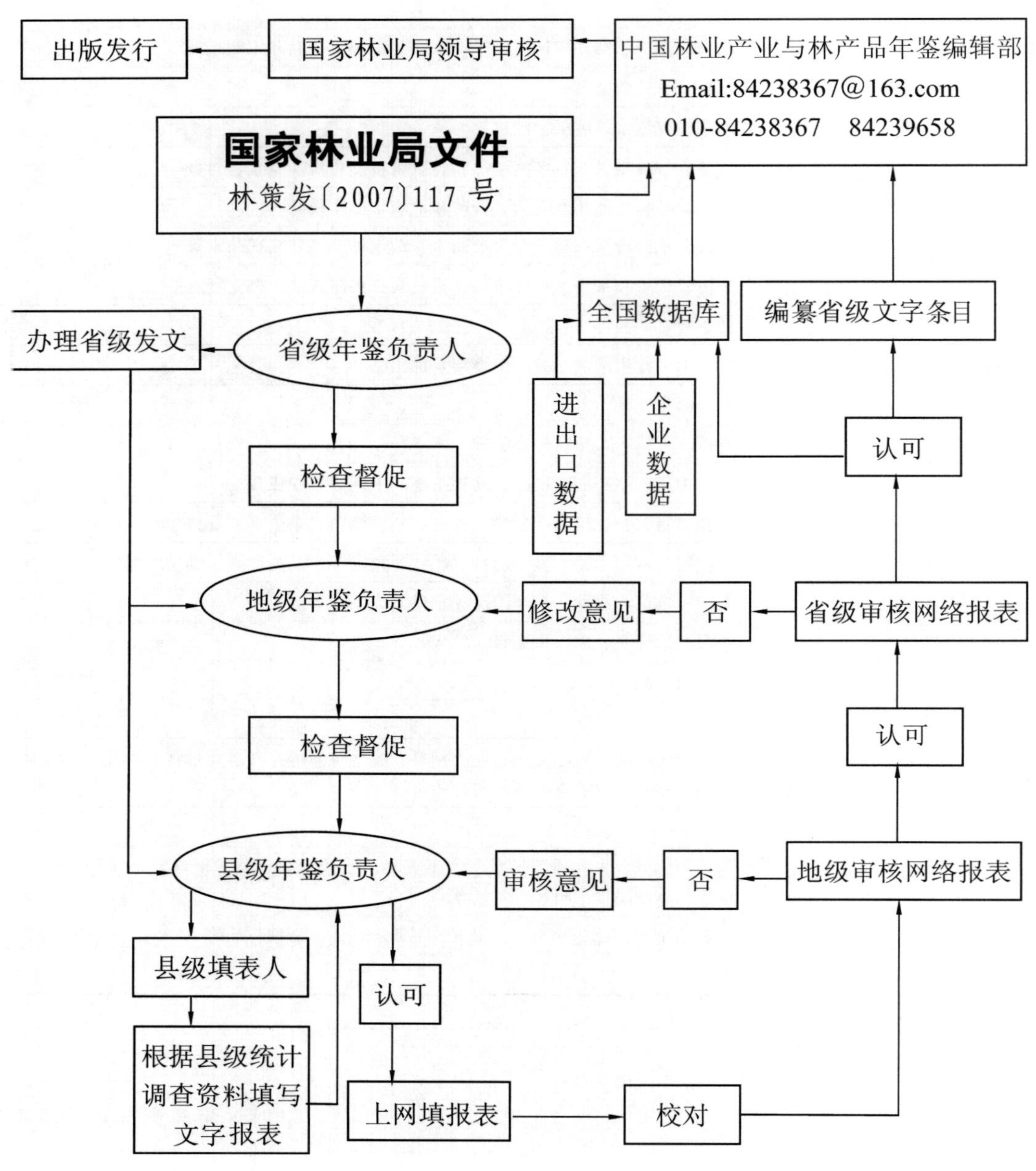

目　　录

中国林业产业概述

中国林产业行业篇

各省(区、市)林业产业

中国林业产业概述

Overview of China Forest Industry

总　论

【林业产业总产值】 2011 年，林业产业总产值首次突破 3 万亿元大关 3.06 万亿元(按现价计算)，比 2010 年增长 34.32%，产业规模再上新台阶。自 2001 年以来，林业产业总产值的平均增速 22.29%(图 1-1)。

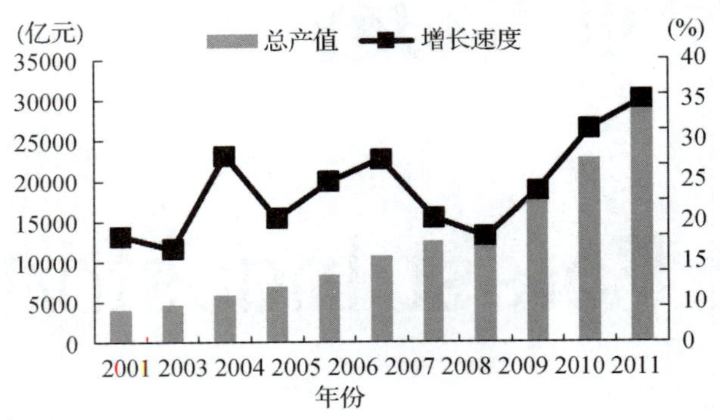

图 1-1　2001～2011 年全国林业产业总产值及其增长速度

分产业看，第一产业产值 11056.19 亿元，占全部林业产业总产值的 36.14%，同比增长 24.29%；第二产业产值 16688.40 亿元，占全部林业产业总产值的 54.54%，同比增长 40.51%；第三产业产值 2852.14 亿元，占全部林业产业总产值的 9.32%，同比增长 42.12%。近年来，林业三次产业的产值结构逐步调整，不断优化，已由“十五”末期的 52:41:7，调整为 36:55:9，林业二、三产业所占比重逐年增大。

第一产业中，包括干鲜果品、茶、中药材以及森林食品等在内的经济林产品种植与采集业产值 6319.87 亿元，所占比重最大 57.16%；第二产业中包括锯材、人造板等在内的木材加工及木竹制品制造业产值 6789.16 亿元，所占比重最大 40.68%；第三产业中，林业旅游与休闲服务业产值 1863.07 亿元，所占比重最大 65.32%，全年涉及林业旅游和休闲的人数 11.24 亿人次。油茶产业、林化产品制造业、林产中药材的种植与采集等新兴产业快速发展，增长速度分别为 75.43%、75.07% 和 49.94%。分地区看[①]，东部地区林业产业总产值 15545.50 亿元，占全部林业产业总产值的 50.81%；中部地区林业产业总产值 6009.911 亿元；西部地区林业产业总产值 5772.06 亿元；东北地区林业产业总产值 3269.26 亿元。东部地区林业产业总产值的增速最高，所占比重也最大，与其他地区的差距进一步拉大。林业产业总产值超过 2000 亿元的省份共有 5 个，分别是广东、山东、浙江、福建和江苏(图 1-2)。

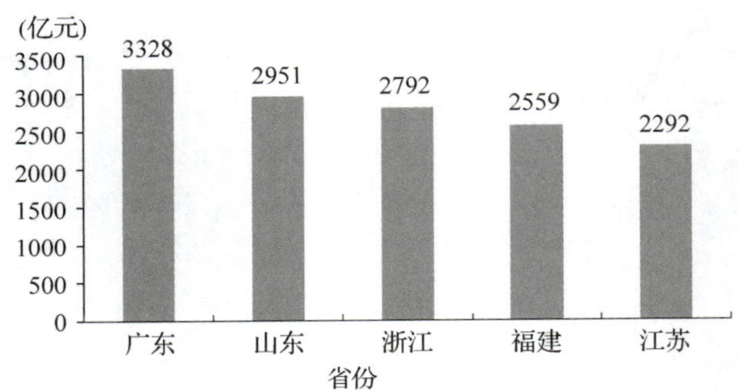

图 1-2　林业产业总产值超 2000 亿元的省份

【林产化工】 2011 年，全国松香类产品产量 141.30 万吨，比 2010 年增长 6.02%。松节油类产品产量 18.17 万吨，比 2010 年增长 14.73%。樟脑产量 1.30 万吨，冰片 665 吨，栲胶类产品 9129 吨，紫胶类产品产量 2966 吨。

【经济林、竹、油茶、花卉】 2011 年，我国水果产量小幅增长，核桃、枣、松子等干果产量大幅增长，全年各类经济林产品总量 1.34 亿吨，比

---

① 本分析报告采用国家四大区域的分类方法，即将全国划分为东部、中部、西部和东北四大区域。东部地区包括北京、天津、河北、上海、江苏、浙江、福建、山东、广东、海南 10 个省(市)；中部地区包括山西、安徽、江西、河南、湖北、湖南 6 个省；西部地区包括内蒙古、广西、重庆、四川、贵州、云南、西藏、陕西、甘肃、青海、宁夏、新疆 12 个省(区、市)；东北地区包括辽宁、吉林、黑龙江 3 个省和大兴安岭地区。

2010年增长6.05%。从产品类别看，水果产量11471万吨，比2010年增长3.99%；干果产量927万吨，比2010年增长24.81%；毛茶等林产饮料产品的产量159万吨；花椒、八角等林产调料产品的产量59万吨；竹笋干、食用菌等森林食品产量293万吨；杜仲、枸杞等木本药材的产量144万吨；油茶等木本油料产量155万吨；松脂、油桐等林产工业原料产量172万吨。

竹材产量15.39亿根，比2010年增长7.64%，其中毛竹10.26亿根，篙竹5.13亿根。竹产业产值1047亿元。

近年来，中央财政扶持油茶产业发展的力度不断加大，整合和统筹各类资金支持油茶、核桃、油橄榄等木本油料产业发展。2011年，油茶林面积346万公顷，当年新造油茶林23.50万公顷，低产林改造9.36万公顷。繁殖圃442个，苗木产量9.09亿株，油茶籽产量148万吨，比2010年增长35.51%。从事油茶良种苗木培育、种植、茶油以及其他副产品生产加工的企业有1174个，油茶产业产值245亿元。

花卉种植面积86.22万公顷，比2010年增长12.85%，花卉种植产值940亿元。切花切叶142亿支；盆栽植物29亿盆；观赏苗木121亿株；草坪4.08亿平方米。具有一定规模的花卉市场4100多个，花卉企业4.24万个，其中大中型花卉企业7900多个；花卉从业人员433万人，花农117万户；控温温室面积和日光温室面积分别为3332万平方米和15095万平方米。

【主要林产品销售价格】 2011年，全国主要林业工业产品销售价格普遍上涨。木材综合平均价格每立方米748元，比2010年提高7.01%；竹材综合平均价格每根7元，价格没有变化；锯材综合平均价格每立方米1145元，比2010年提高4.09%；木片综合平均价格每实积立方米861元，比2010年提高37.98%；木地板综合平均价格每平方米132元，比2010年提高5.60%；胶合板综合平均价格每立方米2056元，比2010年提高24.61%；中密度纤维板综合平均价格每立方米1699元，比2010年提高13.57%；刨花板综合平均价格每立方米1067元，比2010年下降5.58%；林化产品中，松香综合平均价格每吨12885元，比2010年提高21.71%；栲胶综合平均价格每吨7879元，比2010年下降7.23%；紫胶综合平均价格每吨17148元，比2010年提高9.59%。

【林业投资】 2011年，林业政策和投入取得新突破，中央林业投资继续向林业重点工程和林业民生工程倾斜，造林、森林抚育等补贴资金的补贴范围和资金总量增加，支持木本油料产业发展的资金得到整合，中央财政森林保险保费补贴试点范围进一步扩大，公共财政支持林业的长效机制逐步建立。

林业建设资金来源 2011年，林业各类建设资金来源合计2744.48亿元。按来源分，国家预算资金1302.15亿元，占资金来源合计的47.45%，国内贷款、利用外资、自筹资金和其他资金为274.17亿元、22.84亿元、737.42亿元和407.90亿元，分别占资金到位总量的9.99%、0.83%、26.87%和14.86%。国家预算资金中，中央资金772.76亿元，地方资金529.39亿元。

林业投资完成情况 2011年，全部林业投资完成额2632.61亿元，其中国家投资完成1106.60亿元，占全部林业投资完成额的42.03%。

按建设内容分，用于生态建设与保护方面的投资1302.50亿元，占全部林业投资完成额的49.48%；用于林木种苗、森林防火、有害生物防治等林业支撑与保障方面的投资300.66亿元；用于林业产业发展方面的资金522.41亿元；其他资金507.04亿元。

分地区看，东部地区林业投资完成额672.44亿元，占全部林业投资完成额的25.54%；中部地区林业投资完成额400.23亿元，占全部林业投资完成额的15.20%；西部地区林业投资完成额1135.31亿元，占全部林业投资完成额的43.12%；东北地区林业投资完成额410.34亿元，占全部林业投资完成额的15.59%(图1-3)。

2011年，国有林区棚户区和危旧房改造工作进展顺利，这项惠及林区100多万林业职工、数百万林区人口的工程，使林区生活设施得到极大改善，林区民生工程和基础设施建设成效显著。林业系统全年房屋施工面积2115.30万平方米，竣工

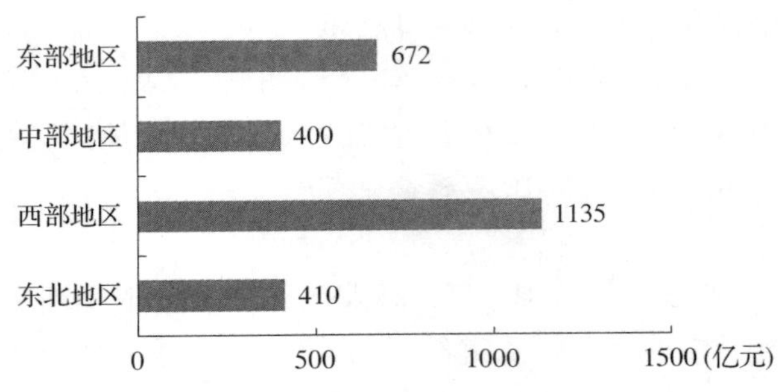

图 1-3　全部林业投资完成分地区情况

面积 1371.49 万平方米，分别比 2010 年增长 81.37% 和 65.83%。其中，住宅施工面积 1894.71 万平方米，竣工面积 1186.52 万平方米，住宅竣工价值 150.82 亿元。

林业利用外资情况　2011 年，中国林业利用外资项目个数 272 个，实际利用外资规模 16.99 亿美元，比 2010 年增长 158.56%，其中国外借款 10.53 亿美元，外商直接投资 5.48 亿美元，无偿援助 0.98 亿美元，分别占林业实际利用外资总规模的 61.97%、32.24% 和 5.79%。林业实际利用外商直接投资金额占全国实际利用外商直接投资的 1.46%。

【林业系统从业人员和安全生产】　截至 2011 年底，全国林业系统各种经济类型单位共计 46283 个，其中国有经济单位 45991 个，集体经济单位 165 个，其他各种经济单位 127 个。国有经济单位中，企业 2123 个，事业单位 39790 个，机关 4078 个。

2011 年林业系统在册职工共计 165.70 万人，比 2010 年减少 2.66%。其中在岗职工 131.27 万人。在岗职工按所属行业分，木材及竹材采运企业、国有林场和林业工作站位居前 3 位，分别为 42.73 万人、37.09 万人和 11.57 万人。在岗职工中，具有中高级技术职称的人员占 14.27%；大专以上学历的人员占 35.71%，职工队伍的整体素质亟待提高。

林业系统在岗职工年平均工资 23611 元(图 1-4)，比 2010 年增长 16.68%。分地区看，东北地区林业系统在岗职工年平均工资最低，仅 17472 元；东部地区林业系统在岗职工年平均工资最高 33636 元，两者相差近一倍；西部地区林业系统在岗职工年平均工资 27728 元，比 2010 年增长 21.58%，增速最快；中部地区林业系统在岗职工年平均工资 20978 元。分行业看，林业规划设计管理业年平均工资最高 49993 元，非木质林产品加工业年平均工资最低 12496 元。

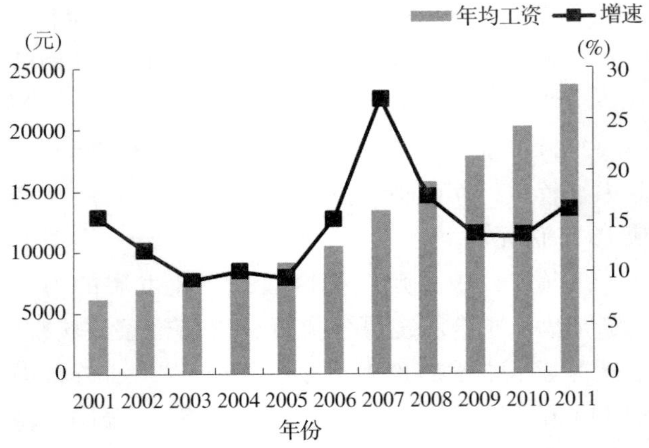

图 1-4　林业系统在岗职工年平均工资与增长速度

林业防灾减灾和安全生产有序开展，林业生产事故伤亡人数比 2010 年大幅减少。轻伤、重伤和死亡分别为 688 人次、54 人次和 82 人，比 2010 年减少 187 人次、62 人次和 83 人。2011 年，森林火灾得到有效防控，森林防火工作取得了“三下降”的好成绩。全国共发生森林火灾 5550 起，没有特大火灾发生，受害森林面积 2.69 万公顷，人员伤亡 91 人(其中死亡 45 人)，与 2010 年同期相比分别下降 28.14%、41.16% 和 15.74%。

(数据来源《中国林业统计年鉴》)

表 1-1　全国林业产业概况

林业产业总产值(按现行价格计算)(万元)	数量
总产值	305967308
一、第一产业总产值	110561944
(一)涉林产业总产值	105966785
1. 林木的培育和种植	19152654
2. 木材和竹材的采运	9484698
3. 经济林产品的种植与采集	63198661
4. 花卉的种植	9399110
5. 陆生野生动物繁育与利用	2815344
6. 林业生产辅助服务	1916318
(二)林业系统非林产业产值	4595159
二、第二产业总产值	166883963
(一)涉林产业总产值	162359243

林业产业总产值(按现行价格计算)(万元)	数量
1. 木材加工及木、竹、藤、棕、苇制品制造	67891581
(1)锯材、木片加工	11610726
(2)人造板制造	37162883
(3)木制品制造	14785099
2. 木、竹、藤家具制造	23231559
3. 林产化学产品制造	5754278
4. 非木质林产品加工制造	15286908
5. 其他	7359204
(二)林业系统非林产业产值	4524720
三、第三产业总产值	28521401
(一)涉林产业总产值	24719938
1. 林业旅游与休闲服务	18630740
2. 林业生态服务	2767685
3. 林业专业技术服务	802077
4. 林业公共管理及其他组织服务	2519436
(二)林业系统非林产业产值	3801463
补充资料：全部山区县茶、桑、果产值	14636664
全部丘陵县茶、桑、果产值	6978360
森林资源情况	
一、森林覆盖率(%)	20.36
二、林地面积(万公顷)	30590.41
三、森林面积(万公顷)	19545.22
四、人工林面积(万公顷)	0
五、活立木总蓄积量(万立方米)	1491268.19
六、森林蓄积量(万立方米)	1372080.36
七、人工林蓄积量(万立方米)	196052.28
八、乔木林单位面积蓄积量(立方米/公顷)	85.88
森林培育	
一、荒山荒(沙)地造林面积(按林种用途分)(公顷)	
(一)用材林	1019320
(二)经济林	1218281
(三)防护林	3688827
(四)薪炭林	36805
(五)特种用途林	33380
二、森林抚育面积(公顷)	
(一)低产低效林改造	788810
(二)实际幼林抚育	7349667
(三)成林抚育	11322527
三、林业单位数量(个)	52173
主要木材、竹材产品产量(万立方米)	

林业产业总产值(按现行价格计算)(万元)	数量
一、木材总计	8145.92
其中：热带木材	627.01
(一)原木	7449.64
其中：针叶原木	1446.1
1. 直接用原木	3063.24
2. 等内加工原木	1281.88
3. 其他原木	1103.9
(二)薪材	696.28
(三)锯材	4460.25
二、木材采运企业数量(家)	2392
三、竹材采运企业数量(家)	404
四、锯材加工企业数量(家)	14540
五、木材批发企业数量(家)	163015
人造板生产(万立方米)	
人造板总产量	20919.29
一、胶合板	9869.63
(一)木胶合板	8467.58
(二)竹胶合板	406.14
(三)其他胶合板	995.91
二、纤维板	5562.12
三、刨花板	2559.39
四、其他人造板	2928.15
五、人造板制造企业数量(家)	30417
六、胶合板制造企业数量(家)	15196
七、纤维板制造企业数量(家)	1750
八、刨花板制造企业数量(家)	1532
九、其他人造板制造企业数量(家)	9075
木制品	
一、木制品企业数量(家)	68349
二、生产用木制品企业数量(家)	34983
三、生活用木制品企业数量(家)	15035
四、中乐器制造企业数量(家)	766
五、西乐器制造企业数量(家)	1159
木家具企业数量	
一、木制家具制造企业数量(家)	82239
二、竹藤制家具制造企业数量(家)	2037
三、家具零售企业数量(家)	121666
木片生产	
一、木片、木粒加工产品(万实积立方米)	2237.32
二、木片加工企业数量(家)	14899

林业产业总产值(按现行价格计算)(万元)	数量
竹藤生产	
一、竹、藤、棕、草制品企业数量(家)	19384
二、竹、藤、棕、草工艺品制造企业数量(家)	11309
果品木本粮油	
一、水果产量(吨)	114710579
其中：苹果	31009584
梨	15341226
葡萄	8494085
桃	10863106
杏	2880975
猕猴桃	733774
其他水果	18038577
二、干果产量(吨)	9272963
其中：核桃	1655508
板栗	1896603
枣(干重)	3467874
柿子(干重)	1073312
仁用杏	80729
山杏仁	156328
松子	120425
其他干果	669677
三、木本油料	1550773
其中：文冠果	28
其他木本油料	64151
四、水果罐头制造企业数量(家)	2380
森林蔬菜	
一、森林食品(干重)(吨)	2929348
其中：食用菌	1867204
山野菜	304510
其他森林食品	175763
二、蔬菜、果品批发企业数量(家)	40272
调料	
林产调料产品(干重)	586976
其中：花椒	291954
中药材	
一、木本药材(吨)	1435992
其中：杜仲	197894
枸杞	190498
山茱萸	43383
其他木本药材	840932

林业产业总产值(按现行价格计算)(万元)	数量
二、中草药及制品批发企业数量(家)	28437
花卉	
一、年末实有花卉种植面积(公顷)	862152
二、切花切叶产量(万支)	1423361.06
三、盆栽植物产量(万盆)	291599.61
四、观赏苗木产量(万株)	1208636.15
五、草坪产量(万平方米)	40832.96
六、花卉场(个)	4104
七、花卉企业数量(家)	42379
其中：大中型企业	7947
八、花农(万户)	117.2
九、花卉从业人员(万人)	432.59
其中：专业技术人员	21
十、控温温室面积(万平方米)	3331.72
十一、日光温室面积(万平方米)	15094.54
林产化工	
一、林产化学产品制造企业数量(家)	5956
二、香料、香精制造企业数量(家)	3436
蚕	
一、缫丝企业数量(家)	2966
二、绢纺企业数量(家)	1355
森林旅游	
一、旅游人次(人)	1123662537
二、旅游收入(万元)	18630740
三、森林公园总数(处)	2747
四、森林公园总面积(公顷)	17063066.1
五、国家森林公园数量(处)	747
六、国家森林公园面积(公顷)	11764848.73
七、省级森林公园数量(处)	1238
八、省级森林公园面积(公顷)	4090960.59
九、县级森林公园数量(处)	762
十、县级森林公园面积(公顷)	1207256.78
十一、森林公园收入总额(万元)	3764233.25
十二、旅游接待总人数(万人次)	46807.96
十三、旅游接待海外旅游者(万人次)	1207.33
十四、园林绿化企业数量(家)	86092
十五、自然保护区管理单位数量(家)	3248
森林机械	
一、森林工业专用设备制造企业数量(家)	1385
二、营林机械制造企业数量(家)	317

表 1-2 全国各产业对总产值的贡献

	林业产业	产值(万元)	百分比(%)
	总产值	305967308	100
1	果品产业	41551549	13.58
2	木浆纸制品业	39591936	12.94
3	人造板制造业	37162883	12.15
4	野生动物驯养业	2815344	0.92
5	木竹藤家具制造业	23231559	7.59
6	木材生产业	19469377	6.36
7	森林旅游业	18630740	6.09
8	木制品生产业	18028876	5.89
9	林业系统非林产业	12921342	4.22
10	森林培育业	12568997	4.11
11	园林植物产业	9399110	3.07
12	森林蔬菜产业	6772578	2.21
13	种苗产业	6583657	2.15
14	林业服务	6089198	1.99
15	竹藤产业(不含家具)	5958920	1.95
16	林产化工产业	5754278	1.88
17	茶咖啡产业	5521051	1.80
18	中药业	4087909	1.34
19	其他	27911686	9.12

表 1-3 全国木质类林产品进出口贸易总值

产品类别	单位	出口数量	出口金额(千美元)	进口数量	进口金额(千美元)
木质类林产品合计			27094001		29257962
原木	立方米	14380	6768	42321305	8274748
锯材	立方米	544194	360493	21605851	5722168
木片	吨	5094	726	301014	1159600
异型材	吨	17168	22344	4279	8363
人造板			3792302		463729
强化木	吨	3337	6419	704	3205
木制品			4332705	186493	
木家具			2250121	546533	
碳素制品	吨	105358	114761	191701	62270
软木	吨	7377	17729	7529	47681
木碎料	吨	49027	10624	42265	4762
纸浆	吨	31826	34223	3285209	3357581
废纸	吨	3566	770	699363	2948697
纸制品	吨	7497320	12905416	3477546	5054949
印刷品			3238600		1417183

表 1-4 全国非木质类林产品进出口贸易总值

产品类别	单位	出口数量	出口金额(千美元)	进口数量	进口金额(千美元)
非木质类林产品合计			15102195		13025964
蚕	吨	8462	401224	2136	7821
调料	吨	56760	160625	6358	25285
野生动物			638277		513416
果类	吨	4665111	5767184	3717683	5625850
木本粮油	吨	198756	274479	738462	1283536
茶和咖啡	吨	464816	1555719	208793	844844
林化产品	吨	841225	2496665	3514472	4127511
森林蔬菜	吨	508237	2411653	4929	7002
饲料	吨	11607	2477	58717	22310
园林植物			176479		39731
中药	吨	195621	1140745	69565	385796
种苗			76668		142862

表 1-5 全国竹藤类林产品进出口贸易总值

产品类别	单位	出口数量	出口金额(千美元)	进口数量	进口金额(千美元)
竹藤类合计			2618621		55860
竹藤原料	吨	99463	45023	44740	41649
竹藤编织品	吨	343179	1386918	674	2859
竹家具			88373		1986
竹胶合板	立方米	101370	53967	1517	1161
竹制品			762718		1087
竹异形材	吨	741	1981	0	0
竹炭	吨	16147	9679	3	78
竹浆	吨	1126	1223	9573	6153
竹纸制品	吨	1192	1215	3	13
竹笋或其制品	吨	173929	267524	232	874

表 1-6 全国林业机械进出口贸易总值

产品类别	单位	出口数量	出口金额(千美元)	进口数量	进口金额(千美元)
林业机械类合计			4766289		3839764
草地用机械	台	9481247	741963	14570	47471
木材等加工机械	台		946073		730132
木工工具	台		737274		175691
园艺工具	台		580391		23671
整地机械	台		541259		77543
干燥器	台		35397		128357
造纸和纸制品机械	台		852075		2405068
林副产品加工机械	台		331857		251831

中国林业企业

【国内林业企业】 国内林业企业及相关企业数量约110万家，包括森林培育、木材生产、人造板、木制品、家具、木片、竹藤、果品、森林蔬菜、茶咖啡、调料、中药材、林化产品、园林植物、森林旅游、林业机械、造纸、野生动物驯养等产品的生产企业及相关批发企业。

国内木材产业中，木材采运企业有2392家，木材批发企业有163015家。人造板制造企业有30417家。木制品企业有68349家。木家具制造企业有82239家，竹藤制家具制造企业有2037家，家具零售企业有121666家。竹藤产业中，竹材采运业有404家，竹藤棕草制品企业有19384家，竹藤棕草工艺品制造企业有11309家。茶咖啡产业，制茶企业有19383家，茶叶批发企业有29719家。林产化学产品制造企业有5956家。园林绿化企业有86092家。森林工业专用设备制造企业1385家，营林机械制造企业317家。造纸产业中，纸浆制造企业2207家，纸制品企业103489家。详见表2-1。

【境外投资林业企业】 2011年，中国核准246家境外投资林业企业，比2010年减少0.81%，境外投资林业企业目录见表2-2。主要投资项目包括森林采伐和木材加工、木竹地板、家具制造、木竹浆及纸制品、竹藤制品、橡胶等，境外投资林业企业目录见表2-3。境外投资林业企业主要分布在俄罗斯、中国香港、美国、老挝、泰国、柬埔寨等国家和地区(见表2-4)。境外投资林业企业的境内投资主体主要分布在黑龙江、山东、广东、江苏、福建等林业资源丰富、林业产业发达的地区，见表2-5。

【主要林产品进出口前50家企业】 中国林产品出口主要是木家具、纸制品、胶合板、纤维板、木门窗、木地板、单板、刨花板等；其贸易国(地区)以美国、日本、英国、中国香港、澳大利亚等国家和地区为主；贸易方式以一般贸易、来料加工、进料加工为主。单板、木地板、刨花板的出口企业比较集中，前50家企业出口金额均占其出口额的70%以上，木门窗、纤维板的前50家企业出口金额均占其出口额的50%以上，胶合板、纸制品、木家具的前50家企业出口金额均占其出口额的20%以上(见表2-6)。

中国林产品进口主要是原木、锯材、胶合板、木片、纸浆等；贸易国是加拿大、俄罗斯、美国、巴西、印度尼西亚、新西兰、智利等国；贸易方式主要以一般贸易为主。原木、胶合板、纸浆、木片的进口企业比较集中，前50家企业进口金额均占其进口额的比例均在一半以上(见表2-7)。

表2-1　国内林业企业及相关企业数量

单位：家

项目		企业数量
国内林业企业及相关企业		1102211
林业服务业		26051
森林培育	林业单位	52171
木材生产	木材采运业	2392
	锯材加工业	14540
	木材批发业	163015
人造板	人造板制造业	30417
	胶合板制造业	15196
	纤维板制造业	1750
	刨花板制造业	1532
	其他人造板制造业	9075
木制品	木制品业	68349
	生产用木制品业	34983
	生活用木制品业	15035
	中乐器制造业	766
	西乐器制造业	1159
	火柴制造业	1141
家具	木制家具制造业	82239
	竹藤制家具制造业	2037
	家具零售业	121666
木片	木片加工业	14899

项目		企业数量
竹藤	竹藤棕草制品业	19384
	竹藤棕草工艺品制造业	11309
	竹材采运业	404
果品	水果罐头制造业	2380
	葡萄酒制造业	2696
	果菜汁饮料制造业	4998
森林蔬菜	蔬菜果品批发业	40272
茶咖啡	制茶业	19383
	茶叶批发业	29719
调料	调味料制造业	4175
	盐及调味品批发业	8454
中药材	中草药及制品批发业	28437
	中药材及中成药加工业	12745
	动物药品制造业	3575
	生物制品业	11634

项目		企业数量
林化产品	林产化学产品制造业	5956
	香料香精制造业	3436
蚕	缫丝业	2966
	绢纺业	1355
园林植物	园林绿化业	86092
森林旅游	自然保护区管理业	3248
	风景名胜区管理业	6985
林业机械	森林工业专用设备制造业	1385
	营林机械制造业	317
造纸	纸浆制造业	2207
	机制纸及纸板制造业	13785
	手工纸制造业	1551
	加工纸制造业	10601
	纸制品业	103489
动物	动物胶制造业	860

表 2-2　境外投资林业企业目录

	国家/地区	境内投资主体	境外投资企业(机构)	省市、企业	核准日期
1	阿根廷	黑龙江农垦北大荒商贸集团有限责任公司	阿根廷北大荒股份有限公司	黑龙江	2011/5/24
2	阿拉伯联合酋长国	高唐县金如意木业有限公司	金狮建筑材料有限公司	山东	2011/4/18
3	阿拉伯联合酋长国	佛山市南海九龙优胜办公家具有限公司	金太阳环球家具有限公司	广东	2011/11/23
4	安哥拉	佛山市南海惟合贸易有限公司	FMSA 国际商贸公司	广东	2011/8/3
5	安哥拉	佛山市南海惟合贸易有限公司	JAC 江淮安哥拉汽车有限公司	广东	2011/8/3
6	澳大利亚	江苏欧龙地板有限公司	澳大利亚居奇集团有限公司	江苏	2011/2/25
7	澳大利亚	常州派尼曼家俬有限公司	慕悉家具有限公司	江苏	2011/11/11
8	澳大利亚	甘肃锐驰贸易有限公司	吉姆国际贸易有限公司	甘肃	2011/11/30
9	澳大利亚	浙江武义茶业有限公司	九龙山澳大利亚有限公司	浙江	2011/4/15
10	白俄罗斯	广西梧州松脂股份有限公司	利驰凌空投资有限公司	广西	2011/10/14
11	贝宁	广州海斯特实业有限公司	贝宁海斯特实业有限公司	广东	2011/5/31
12	德国	圣象集团有限公司	圣象控股(欧洲)有限公司	江苏	2011/9/19
13	德国	上海高元投资发展有限公司	德国神华新光源有限责任公司	上海市	2011/5/4
14	德国	余姚市东海橡胶制品有限公司	德国汽车配件有限公司	宁波市	2011/10/31
15	俄罗斯	黑龙江新春木业集团有限责任公司	新春木业有限公司	黑龙江	2011/1/14
16	俄罗斯	黑龙江省新春木业集团有限责任公司	新春有限责任公司	黑龙江	2011/1/14
17	俄罗斯	吉林集团云龙木业有限公司	纳霍德卡木材加工有限公司	吉林	2011/3/9
18	俄罗斯	梦兰星河能源股份有限公司	阿穆尔能源有限责任公司	黑龙江	2011/7/13
19	俄罗斯	绥芬河市利福来经贸有限公司	维克托尔有限责任公司	黑龙江	2011/10/28
20	俄罗斯	绥芬河市聚鑫木业有限公司	远东弗列斯特有限责任公司	黑龙江	2011/4/15
21	俄罗斯	绥芬河市佳鼎经贸有限公司	斯美娜经贸封闭型股份公司	黑龙江	2011/8/23
22	俄罗斯	绥芬河隆利源经贸有限责任公司	贝加尔 - 森林有限责任公司	黑龙江	2011/8/22
23	俄罗斯	绥芬河市丰捷经贸有限责任公司	俄罗斯普利姆特兰季特有限责任公司	黑龙江	2011/10/18
24	俄罗斯	东宁县瑞林经贸有限责任公司	克林有限责任公司	黑龙江	2011/11/8
25	俄罗斯	绥芬河市海宏经贸有限公司	俄罗斯木材有限责任公司	黑龙江	2011/10/31
26	俄罗斯	绥芬河市汇成源经贸有限公司	费列斯特商业有限责任公司	黑龙江	2011/10/31
27	俄罗斯	绥芬河市龙福泉木业有限公司	杜波有限责任公司	黑龙江	2011/3/30

	国家/地区	境内投资主体	境外投资企业(机构)	省市、企业	核准日期
28	俄罗斯	绥芬河市丽华经贸有限责任公司	西伯利亚润鹏有限责任公司	黑龙江	2011/4/7
29	俄罗斯	绥芬河市和旺经贸有限公司	工业综合体有限责任公司	黑龙江	2011/11/4
30	俄罗斯	同江市盛泰经贸有限公司	福耳图娜－M有限责任公司	黑龙江	2011/1/30
31	俄罗斯	绥芬河市盛泰经贸有限公司	远东森工贸易有限责任公司	黑龙江	2011/1/30
32	俄罗斯	绥芬河市显明经贸有限公司	木材工业有限责任公司	黑龙江	2011/10/28
33	俄罗斯	山西大乘励致墙业科技有限公司	俄罗斯图瓦森林星公司	山西	2011/5/9
34	俄罗斯	福建百宏商贸有限公司	腾盛有限责任公司	福建	2011/3/29
35	俄罗斯	绥芬河市鑫贸进出口有限责任公司	阿尔卡－列斯有限责任公司	黑龙江	2011/1/30
36	俄罗斯	诸城市松源木业有限责任公司	西伯利木业有限责任公司	山东	2011/10/25
37	俄罗斯	绥芬河市鹏瑞经贸有限公司	远东马克西木姆有限责任公司	黑龙江	2011/4/26
38	俄罗斯	黑龙江省荣泰进出口有限公司	俄罗斯滨海林业联合体有限责任公司	黑龙江	2011/1/12
39	俄罗斯	黑龙江富金投资管理有限公司	俄罗斯特别快车有限责任公司	黑龙江	2011/2/10
40	俄罗斯	绥芬河市凯盛经贸有限公司	格利奥恩有限责任公司	黑龙江	2011/5/27
41	俄罗斯	大兴安岭兴安国际林业投资有限公司	大兴安岭兴安国际林业投资有限公司	黑龙江	2011/11/10
42	俄罗斯	怡人工艺品(宁波)有限公司	怡人木业有限公司	宁波市	2011/5/24
43	俄罗斯	北京利德银泰科技发展有限公司	北京利德银泰科技发展公司莫斯科分公司	北京市	2011/5/27
44	俄罗斯	烟台西北林业有限公司	阿西诺锯材加工厂有限责任公司	山东	2011/3/29
45	俄罗斯	山东恒盛丰隆家具有限公司	昊宇有限公司	山东	2011/8/1
46	俄罗斯	哈尔滨市鸿乔木业有限责任公司	吉尔木有限责任公司	黑龙江	2011/9/22
47	俄罗斯	珲春毅德国际贸易有限公司	毅德有限责任公司	吉林	2011/9/1
48	俄罗斯	烟台西北林业有限公司	阿西诺木材加工工厂有限责任公司	山东	2011/3/31
49	俄罗斯	东宁华信工贸(集团)有限公司	阿金斯克国际投资有限责任公司	黑龙江	2011/11/24
50	俄罗斯	华盛江泉集团有限公司	江泉有限责任公司	山东	2011/9/23
51	俄罗斯	诸城市博源工贸有限公司	顺康有限责任公司	山东	2011/5/23
52	俄罗斯	七台河华奇经贸有限责任公司	重点合资公司有限责任公司	黑龙江	2011/5/12
53	俄罗斯	临沂盛华机械制造有限公司	盛华(圣彼得堡)板材工业有限公司	山东	2011/11/7
54	俄罗斯	珲春金鹰实业有限公司	列斯科姆有限责任公司	吉林	2011/9/1
55	俄罗斯	黑河市东方明珠矿业投资有限公司	新东方有限责任公司	黑龙江	2011/9/19
56	俄罗斯	同江市渤海经贸有限公司	地区进出口有限责任公司	黑龙江	2011/12/20
57	俄罗斯	绥芬河鸿海经贸有限责任公司	艾立东有限责任公司	黑龙江	2011/12/28
58	俄罗斯	绥芬河恒安利达经贸有限公司	巴萨特—瓦斯托克有限责任公司	黑龙江	2011/12/20
59	俄罗斯	绥芬河恒安利达经贸有限公司	尤尼特烈金科有限责任公司	黑龙江	2011/12/28
60	俄罗斯	绥芬河市龙鹏经贸有限公司	俄罗斯格洛丽亚·普留斯有限责任公司	黑龙江	2011/12/27
61	俄罗斯	鸡西森茂经贸有限公司	山毛榉有限责任公司	黑龙江	2011/12/27
62	俄罗斯	哈尔滨罗克代斯机械设备有限公司	俄罗斯罗克代斯林业有限责任公司	黑龙江	2011/12/7
63	俄罗斯	绥芬河市永明经贸有限责任公司	灭尔库里有限责任公司	黑龙江	2011/12/28
64	俄罗斯	嘉荫县华泰经济贸易有限责任公司	俄罗斯华泰林业有限责任公司	黑龙江	2011/12/9
65	俄罗斯	绥芬河金润经贸有限公司	英维斯特木材出口有限责任公司	黑龙江	2011/12/20
66	俄罗斯	绥芬河林盛物华经贸有限公司	悟特出口有限责任公司	黑龙江	2011/12/20
67	俄罗斯	绥芬河市金峡经贸有限公司	乌拉尔经贸有限责任公司	黑龙江	2011/12/28
68	俄罗斯	绥芬河市三峡经贸有限责任公司	玛雅克有限责任公司	黑龙江	2011/12/28
69	俄罗斯	吉林丽美坚木业股份有限公司	吉德木业有限责任公司	吉林	2011/12/26
70	俄罗斯	黑龙江永安进出口有限公司	瓦斯托克有限责任公司	黑龙江	2011/12/9
71	俄罗斯	黑龙江省佳多进出口有限公司	金树丛有限责任公司	黑龙江	2011/12/20
72	俄罗斯	绥芬河市恒昌经贸有限责任公司	俄罗斯兴里有限责任公司	黑龙江	2011/12/27
73	斐济	福建冠盛实业有限公司	华龙国际投资有限公司	福建	2011/3/7

	国家/地区	境内投资主体	境外投资企业(机构)	省市、企业	核准日期
74	芬兰	唐山竞鼎实业集团有限公司	宏文欧洲有限公司	河北	2011/12/2
75	哈萨克斯坦	新疆阳光森林国际商贸有限公司	哈萨克斯坦森林国际商贸有限公司	新疆	2011/9/14
76	韩国	江苏洛基木业有限公司	洛基韩国有限公司	江苏	2011/2/11
77	韩国	青岛信隆实业有限公司	韩国南荣株式会社	青岛市	2011/4/8
78	韩国	斯道拉恩索正元包装有限公司	正元国际(韩国)印刷包装有限公司	河北	2011/9/16
79	韩国	斯道拉恩索正元包装有限公司	斯道拉恩索正元韩国有限公司	河北	2011/9/22
80	韩国	云南大益茶业集团有限公司	大益国际韩国株式会社	云南	2011/10/9
81	荷兰	福建伟康家具有限公司	伟康欧洲有限责任公司	福建	2011/5/24
82	几内亚	金亚国际投资集团有限公司	江苏金亚国际投资集团几内亚实业有限公司	江苏	2011/7/8
83	加拿大	莆田标准木业有限公司	加拿大标准木业有限公司	福建	2011/8/31
84	加拿大	江苏欧龙地板有限公司	欧龙国际加拿大有限公司	江苏	2011/2/25
85	加拿大	苏州市先锋木业有限公司	先锋木业(加拿大)有限公司	江苏	2011/3/3
86	加拿大	大连博森金属表面处理有限公司	加拿大博森控股公司	大连	2011/11/1
87	加纳	华盛江泉集团有限公司	特马纸业有限公司	山东	2011/9/23
88	加蓬	广州市鼎田木业投资有限公司	林燊木业有限公司	广东	2011/6/1
89	加蓬	绍兴市万川木业有限公司	万川木业有限责任公司	浙江	2011/12/31
90	柬埔寨	佛山市华顺投资有限公司	波那利达上丁投资有限公司	广东	2011/9/7
91	柬埔寨	湖南德伊木业有限公司	阿赛鲁新(柬埔寨)有限公司	湖南	2011/11/4
92	柬埔寨	山东森林木业有限公司	森林木业(柬埔寨)有限公司	山东	2011/4/26
93	柬埔寨	宁波百年矿业投资有限公司	百泰国际有限公司	宁波	2011/4/13
94	柬埔寨	湛江博虎木业有限公司	博虎柬埔寨森林发展有限公司	广东	2011/4/21
95	柬埔寨	宁波天隆投资有限公司	天美(柬埔寨)集团有限公司	宁波	2011/3/30
96	柬埔寨	华岳集团有限公司	华岳(柬埔寨)国际农业综合开发投资公司	山东	2011/12/13
97	柬埔寨	华岳集团有限公司	华岳(柬埔寨)农业科技投资有限公司	山东	2011/12/13
98	柬埔寨	华岳集团有限公司	华岳(柬埔寨)橡胶产业投资有限公司	山东	2011/12/13
99	喀麦隆	河北兴龙粮食生化有限公司	喀麦隆龙源有限公司	河北	2011/2/18
100	肯尼亚	扬州市建筑设计研究院有限公司	中非建筑设计顾问有限公司	江苏	2011/2/24
101	肯尼亚	长沙柱龙进出口贸易有限公司	钢龙国际有限公司	湖南	2011/3/8
102	老挝	甘肃美达建筑装饰有限公司	老中木材工业有限公司	甘肃	2011/11/28
103	老挝	江苏富祥木业股份有限公司	老挝富祥国际农林科技发展有限公司	江苏	2011/9/1
104	老挝	临沂远通锻造有限公司	沙拉湾瓦碧木业有限公司	山东	2011/3/30
105	老挝	苏州市先锋木业有限公司	先锋木业(老挝)有限公司	江苏	2011/4/14
106	老挝	邵阳市双喜木业有限公司	老挝琅勃拉邦市双喜木业集团公司	湖南	2011/10/12
107	老挝	云南索维特公路建设集团有限公司	老挝索维特国际经济技术发展有限公司	云南	2011/4/18
108	老挝	云南中联天地农业开发有限公司	老挝中联天地橡胶工业发展有限公司	云南	2011/1/5
109	老挝	云南辉祥宏生物科技工程有限公司	老中诚信波乔橡胶有限责任公司	云南	2011/6/14
110	老挝	云南云锰新兴橡胶有限公司	老挝云锰新兴有限公司	云南	2011/6/17
111	老挝	邵东县禾丰实业有限公司	老挝甘蒙塑料有限公司	湖南	2011/8/31
112	老挝	湖南新中澳投资有限公司	新中澳(老挝)有限公司	湖南	2011/4/28
113	老挝	普洱华亚经贸有限公司	老挝华亚科贸有限公司	云南	2011/8/5
114	老挝	吉林光大实业集团有限责任公司	老挝光大有限公司	吉林	2011/5/12
115	老挝	邵东阳平进出口有限公司	老挝平安家具开料厂	湖南	2011/12/31
116	老挝	邵东县跃鑫投资有限公司	老挝兄弟木材进出口公司	湖南	2011/12/31
117	老挝	邵东县金海投资贸易有限公司	老挝湖南工业园	湖南	2011/12/31
118	老挝	陕西南泥湾绿色农业发展有限公司	南泥湾－川圹经济特区发展国际公司	陕西	2011/12/31
119	利比里亚	深圳市美田实业有限公司	美田(利比里亚)木业有限公司	深圳	2011/9/14

	国家/地区	境内投资主体	境外投资企业(机构)	省市、企业	核准日期
120	罗马尼亚	大连中阳房地产开发有限公司	罗马尼亚世通投资策划有限责任公司	大连	2011/9/2
121	罗马尼亚	营口经济开发区奥凯包装材料有限公司	罗马尼亚奥凯(中国)国际投资有限公司	辽宁	2011/8/1
122	马拉维	大连顺义矿业投资有限公司	义胜达纸业有限公司	大连	2011/8/3
123	马来西亚	常熟市兴力恒木业机械有限公司	兴力恒(马来西亚)木工业有限公司	江苏	2011/9/15
124	马来西亚	广州市威戈翰橡胶有限公司	威戈翰(马来西亚)橡胶有限公司	广东	2011/6/28
125	马来西亚	江苏金牛车辆配件有限公司	金牛企业有限公司	江苏	2011/1/13
126	马来西亚	江苏金牛车辆配件有限公司	金牛橡胶(马来西亚)有限公司	江苏	2011/12/29
127	美国	同江市中迈经贸有限公司	惠友木业有限责任公司	黑龙江	2011/11/16
128	美国	江苏洛基木业有限公司	洛基国际公司	江苏	2011/5/30
129	美国	福建永旭经贸有限公司	北美阳光国际加工贸易集团有限公司	福建	2011/1/4
130	美国	本溪市地板厂	三山公司	辽宁	2011/7/13
131	美国	吉林集团云龙木业有限公司	云龙(美国)控股股份有限公司	吉林	2011/3/9
132	美国	美克国际家具股份有限公司	阿特家具公司	新疆	2011/1/31
133	美国	蛟河市宝通出租汽车有限公司	丝绸之路亚洲古董和礼品有限责任公司	吉林	2011/1/18
134	美国	美克国际家具股份有限公司	美克国际事业部管理公司	新疆	2011/10/8
135	美国	大连佳信贸易有限公司	大连佳信贸易有限公司美国分公司	大连	2011/3/8
136	美国	山东润兴投资集团有限公司	美国品牌家具有限公司	山东	2011/8/10
137	美国	莆田市东正木业有限公司	美国龙威公司	福建	2011/3/21
138	美国	厦门市越崎旅游用品有限公司	豪仕美国公司	厦门	2011/9/30
139	美国	临沂安顺木业有限公司	安顺洛杉矶建材有限公司	山东	2011/11/25
140	美国	北京多彩印刷有限公司	美国多彩公司	北京	2011/7/13
141	美国	福建新华辰进出口有限公司	三明新华进出口(美国)有限公司	福建	2011/7/7
142	美国	金红叶纸业集团有限公司	麦肯瑞纸业股份有限公司	江苏	2011/10/27
143	美国	安徽中鼎密封件股份有限公司	美国库伯公司	安徽	2011/6/24
144	美国	黑龙江远方农业股份有限公司	远方农业有限公司	黑龙江	2011/10/14
145	美国	河南中成机电集团有限公司	美国威龙机电贸易股份有限公司	河南	2011/11/14
146	美国	山东铁华实业有限公司	铁华动力设备有限公司	青岛	2011/9/19
147	美国	浙江茶叶集团股份有限公司	福士达茶叶(北美)有限公司	浙江	2011/8/15
148	美国	北京新天龙保健茶英山有限公司	天龙健康有限公司	湖北	2011/1/6
149	美国	浙江绿卿竹业科技有限公司	绿色皇后有限责任公司	浙江	2011/12/28
150	孟加拉国	沧州市鑫隆绣品有限公司	瑞普建材工业有限公司	河北	2011/10/27
151	缅甸	济南德润坚置业有限公司	济南德润坚缅甸纸浆公司	山东	2011/2/21
152	南非	华侨凤凰集团股份有限公司	格兰西亚农业公司	四川	2011/8/23
153	尼泊尔	四川雄飞集团有限责任公司	尼泊尔中国雄飞实业有限公司	四川	2011/7/18
154	尼日利亚	佛山市南海莱诺家具有限公司	爱家家居有限公司	广东	2011/1/20
155	尼日利亚	佛山市南海樵锋日用五金有限公司	威牌尼日利亚有限公司	广东	2011/1/30
156	日本	山东晨鸣纸业集团股份有限公司	晨鸣纸业日本株式会社	山东	2011/10/31
157	日本	即墨市金龙塑料复合彩印有限公司	大山金龙株式会社	青岛	2011/4/15
158	日本	武汉第六建工集团有限公司	大汉国际贸易股份有限公司	湖北	2011/9/19
159	瑞典	厦门美之初商贸有限公司	美之初商贸有限公司	厦门	2011/11/11
160	瑞典	北京盛业恒基木业有限公司	红杉林公司	北京	2011/12/21
161	沙特阿拉伯	天津市弘晔利澜纺织品有限公司	天津弘晔利澜纺织品有限公司沙特阿拉伯公司	天津	2011/12/22
162	中国台湾	上海联纵智达营销咨询有限公司	台湾联纵智达管理顾问股份有限公司	上海	2011/1/20
163	中国台湾	江苏雨润农产品集团有限公司	新润华国际股份有限公司	江苏	2011/11/24
164	泰国	江苏贝尔装饰材料有限公司	前丰(泰国)有限公司	江苏	2011/2/11
165	泰国	邵阳市宏远商贸有限责任公司	中泰华远科技有限公司	湖南	2011/8/16

	国家/地区	境内投资主体	境外投资企业(机构)	省市、企业	核准日期
166	泰国	无锡三为橡胶有限公司	三为橡胶(泰国)有限公司	江苏	2011/1/27
167	泰国	青岛天众投资有限公司	泰华罗勇橡胶有限公司	青岛	2011/1/12
168	泰国	陕西延长石油集团橡胶有限公司	延长橡胶(泰国)有限公司	陕西	2011/3/18
169	泰国	云南海诚实业集团股份有限公司	Dhara Dhevi Holding 酒店管理有限公司	云南	2011/11/3
170	泰国	汕头市伟域服装织造有限公司	泰国伟域服装织造有限公司	广东	2011/12/20
171	泰国	山东玲珑轮胎股份有限公司	玲珑轮胎(泰国)有限公司	山东	2011/12/29
172	泰国	广东广垦橡胶集团有限公司	泰国广垦橡胶(湄公河)有限公司	广东	2011/12/1
173	泰国	广东广垦橡胶集团有限公司	泰国广垦橡胶(泰南)有限公司	广东	2011/12/15
174	泰国	广东广垦橡胶集团有限公司	泰国广垦橡胶(泰东)有限公司	广东	2011/12/15
175	泰国	枣庄新远大实业有限公司	新远大(泰国)橡胶有限公司	山东	2011/12/22
176	坦桑尼亚	华盛江泉集团有限公司	非洲 P. E. T 有限公司	山东	2011/9/23
177	坦桑尼亚	海南中海国际经济合作有限公司	坦桑尼亚神龙开发有限公司	海南	2011/3/21
178	坦桑尼亚	海南中海国际经济合作有限公司	坦桑尼亚神龙开发有限公司	海南	2011/3/21
179	瓦努阿图	山西德御农贸有限责任公司	南太平洋经济可持续发展有限责任公司	山西	2011/12/20
180	乌干达	中国万宝工程公司	米达林工程有限公司	中央企业	2011/7/14
181	乌干达	河北汉和农业科技有限公司	汉和(乌干达)农场有限公司	河北	2011/2/28
182	西班牙	南通远大生物科技发展有限公司	西班牙海瓦纳生物科技有限公司	江苏	2011/4/22
183	西萨摩亚	上海基舜兴休闲制品有限公司	腾泽健技有限公司	上海	2011/5/9
184	新加坡	广东广垦橡胶集团有限公司	广垦橡胶(新加坡)有限公司	广东	2011/2/28
185	新加坡	中兴能源(天津)有限公司	中兴能源(新加坡)有限公司	天津	2011/9/8
186	新加坡	浙江库欣能源有限公司	库欣资源(新加坡)有限公司	浙江	2011/12/19
187	匈牙利	甘肃锐驰贸易有限公司	金欧公司	甘肃	2011/11/30
188	意大利	吉林众鑫化工集团有限公司	阿格斯化工股份有限公司	吉林	2011/2/18
189	意大利	浙江景宁百菇源食品有限公司	意大利千峡食品贸易公司	浙江	2011/12/28
190	印度	上海寺冈电子有限公司	寺冈系统方案(古尔冈)有限公司	上海	2011/10/21
191	印度	斯道拉恩索正元包装有限公司	斯道拉恩索正元戴尔特印度私人有限公司	河北	2011/9/22
192	印度尼西亚	苏州市先锋木业有限公司	先锋木业(印尼)有限公司	江苏	2011/4/14
193	印度尼西亚	营口特种纸业有限公司	畔顿格戈代尔有限公司	辽宁	2011/9/26
194	印度尼西亚	中兴能源(天津)有限公司	西纳尔 基德拉 哲莫朗公司	天津	2011/6/1
195	印度尼西亚	天津市邦柱贸易有限责任公司	龙威棕榈种植(印尼)有限责任公司	天津	2011/2/18
196	印度尼西亚	广东省广垦橡胶集团有限公司	印度尼西亚广垦橡胶(坤甸)有限公司	广东	2011/12/1
197	英国	青岛德宏木业有限公司	英国德宏家具有限公司	青岛	2011/7/1
198	英国	延边天发木业有限公司	康福思有限公司	吉林	2011/2/18
199	越南	成都市双虎实业有限公司	越南双虎实业有限公司	四川	2011/5/24
200	越南	辽宁资产托管经营有限责任公司	新越中人造板股份公司	辽宁	2011/6/15
201	越南	广西钦州方隆经贸有限公司	玉创有限责任公司	广西	2011/8/4
202	越南	青岛天众投资有限公司	越轮轮胎有限公司	青岛	2011/4/20
203	越南	高深(集团)有限公司	越南高深越华橡胶总公司	云南	2011/8/4
204	越南	龙州金荣利商贸有限责任公司	金泰有限责任公司	广西	2011/3/17
205	赞比亚	上海中赞进出口贸易有限公司	中赞进出口贸易有限公司	上海	2011/11/28
206	赞比亚	郴州市慧宇贸易有限责任公司	赞比亚慧宇造纸厂有限公司	湖南	2011/1/19
207	赞比亚	湖北秭归心怡纸业有限责任公司	致远投资有限责任公司	湖北	2011/3/29
208	赞比亚	开封市中赞农林开发有限公司	高远投资有限公司	河南	2011/11/7
209	智利	青岛宏基汇联国际贸易有限公司	帝奥庄园	青岛	2011/5/13
210	中国香港	好事达(福建)股份有限公司	普励玛国际控股有限公司	福建	2011/4/20
211	中国香港	浙江长青控股集团有限公司	坤星有限公司	宁波	2011/7/20

	国家/地区	境内投资主体	境外投资企业(机构)	省市、企业	核准日期
212	中国香港	诸城市松源木业有限责任公司	金昊中国香港有限公司	山东	2011/2/25
213	中国香港	福建欣美包装有限公司	欣美(中国香港)股份有限公司	厦门	2011/6/24
214	中国香港	深圳市雄豪进出口贸易有限公司	胜达贸易有限公司	深圳	2011/4/12
215	中国香港	山东汇源建材集团有限公司	汇源防水中国香港有限公司	山东	2011/6/30
216	中国香港	厦门琪润贸易有限公司	中国香港琪润贸易有限公司	厦门	2011/3/7
217	中国香港	江苏高展投资集团有限公司	中国香港高展集团有限公司	江苏	2011/9/21
218	中国香港	厦门夏商国际贸易有限公司	华商贸易(中国香港)有限公司	厦门	2011/9/7
219	中国香港	深圳市华永达贸易有限公司	中国香港华振达贸易有限公司	深圳	2011/5/27
220	中国香港	宁波亚洲浆纸业有限公司	宁波亚洲浆贸易(中国香港)有限公司	宁波	2011/8/2
221	中国香港	安徽万邦高森造纸有限公司	中凯国际股份有限公司	安徽	2011/9/2
222	中国香港	宁波中华纸业有限公司	宁波中华(中国香港)有限公司	宁波	2011/5/27
223	中国香港	深圳市粤斯特实业有限公司	粤斯特国际有限公司	深圳	2011/6/14
224	中国香港	厦门安妮股份有限公司	安妮(中国香港)有限公司	厦门	2011/9/21
225	中国香港	中山市中顺商贸有限公司	中顺国际纸业有限公司	广东	2011/1/25
226	中国香港	中国印刷集团公司	中印中国香港有限公司	中央企业	2011/11/28
227	中国香港	东莞市盈达纸业有限公司	盈达纸品(中国香港)有限公司	广东	2011/5/24
228	中国香港	山东恒联投资有限公司	海德科技(中国香港)有限公司	山东	2011/11/18
229	中国香港	湖南永州奔腾彩印有限公司	港丰兴业有限公司	湖南	2011/6/8
230	中国香港	金红叶纸业集团有限公司	金红叶贸易(中国香港)有限公司	江苏	2011/10/26
231	中国香港	金华盛纸业(苏州工业园区)有限公司	金华盛贸易(中国香港)有限公司	江苏	2011/10/26
232	中国香港	东莞市丽丰实业有限公司	金宝来实业有限公司	广东	2011/10/12
233	中国香港	上海东冠华洁纸业有限公司	中国香港东冠纸业有限公司	上海	2011/3/24
234	中国香港	东莞市东糖集团有限公司	中国香港东卓发展有限公司	广东	2011/8/1
235	中国香港	体坛传媒有限责任公司	湖南体坛文化传播公司中国香港公司	湖南	2011/10/24
236	中国香港	体坛传媒有限责任公司	湖南体坛文坛传播公司中国香港公司	湖南	2011/10/24
237	中国香港	云南云锰新兴橡胶有限公司	中国香港华兴发展贸易有限公司	云南	2011/1/5
238	中国香港	高深(集团)有限公司	全胜兴(中国香港)有限公司	云南	2011/8/23
239	中国香港	上海晶华黏胶制品发展有限公司	中国香港晶华投资有限公司	上海	2011/8/1
240	中国香港	随州市永安食品有限公司	随州市永安(中国香港)食品有限公司	湖北	2011/6/8
241	中国香港	云南锦苑花卉产业股份有限公司	中国香港锦苑花卉有限公司	云南	2011/10/13
242	中国香港	金帝联合控股集团有限公司	中国香港金帝集团有限公司	浙江	2011/12/16
243	中国香港	棕榈园林股份有限公司	棕榈园林(中国香港)有限公司	广东	2011/12/15
244	中国香港	福州宝润贸易有限公司	宝润(远东)有限公司	福建	2011/12/5
245	中国香港	福建漳州发展股份有限公司	展恒国际有限公司	福建	2011/12/27
246	中国香港	青岛橡六胶管有限公司	橡六胶管国际发展有限公司	青岛	2011/12/26

表 2-3　境外投资林业企业各产业的企业数量

单位：家

产业类型	2011 年	2010 年	比 2010 年增减(%)
合计	246	248	-0.81
森林采伐、木材加工及国际贸易	93	100	-7.00
地板	13	10	30.00
家具	26	43	-39.53
人造板	4	11	-63.64
纸、浆	36	35	2.86
竹、藤	3	6	-50.00
橡胶、棕榈等	35	30	16.67
其他	36	13	176.92

表 2-4　境外投资林业企业数量排前 10 位的国家和地区

单位：家

	投资国家/地区	2011 年	2010 年	比 2010 年增减(%)
1	俄罗斯	58	50	16.00
2	中国香港	37	48	-22.92
3	美国	23	26	-11.54
4	老挝	17	21	-19.05
5	泰国	12	8	50.00
6	柬埔寨	9	3	200.00
7	越南	6	11	-45.45
8	韩国	5	9	-44.44
9	印度尼西亚	5	7	-28.57
10	澳大利亚	4	3	33.33
	加拿大	4	14	-71.43
	马来西亚	4	4	0.00
	赞比亚	4	1	300.00

表 2-5　境外投资林业企业数量排前 10 位的省

单位：家

	企业境内所在省	2011 年	2010 年	比 2010 年增减(%)
1	黑龙江	46	31	48.39
2	山东	32	45	-28.89
3	广东	25	23	8.70
4	江苏	23	34	-32.35
5	福建	16	12	33.33
6	浙江	14	46	-69.57
7	湖南	13	4	225.00
8	云南	11	13	-15.38
9	吉林	9	7	28.57
10	辽宁	8	14	-42.86

表 2-6　主要林产品出口前 50 家企业出口数量金额

商品	单位	2011 年前 50 家企业出口数量	占 2011 年出口数量比例(%)	2011 年前 50 家企业出口金额(万美元)	占 2011 年出口金额比例(%)
纸制品	吨	3721792	49.64	427109	33.10
木家具	吨			350745	20.49
胶合板	万立方米	353	36.94	163149	37.74
纤维板	吨	1389539	55.53	79327	55.25
木门窗	吨	162106	48.88	39760	57.75
木地板	吨	166963	68.17	26360	71.86
单板	吨	101587	54.86	19477	71.20
刨花板	吨	97847	73.73	4200	74.45

表 2-7　主要林产品进口前 50 家企业进口数量金额

商品	单位	2011 年前 50 家企业进口数量	占 2011 年进口数量比例(%)	2011 年前 50 家企业进口金额(万美元)	占 2011 年进口金额比例(%)
原木	万立方米	2235	52.80	417944.38	50.51
锯材	万立方米	949	43.93	223182.78	39.00
胶合板	万立方米	16	84.04	10158.41	84.81
木片	万吨	656	99.99	115947.00	99.99
纸浆	万吨	840	58.55	711676.41	60.04

森林培育

【营造林】 2011年造林绿化工作稳步推进，全国共完成荒山荒地造林面积599.66万公顷，比2010年增长1.47%，完成计划任务的99.94%。其中人工造林406.57万公顷，飞播造林19.69万公顷，无林地和疏林地新封山育林173.40万公顷。西部12个省区(含新疆生产建设兵团，以下简称新疆建设兵团)共完成造林面积324.57万公顷，占全部造林面积的54.13%(图3-1)。

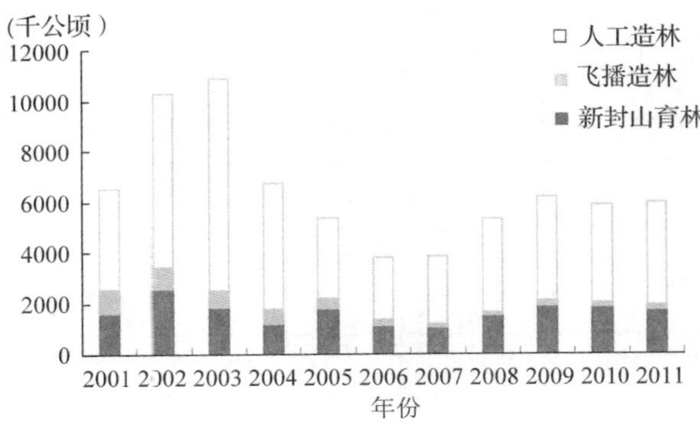

图3-1 2001~2011年全国造林面积

2011年，中央和各地加强森林抚育经营的统一管理、技术指导和检查验收。全国森林抚育面积持续增长，共完成中幼龄林抚育面积733.45万公顷，比2010年增长10.10%，完成低产低效林改造面积78.88万公顷，比2010年增长18.51%。

完成有林地造林面积41.64万公顷；更新造林32.66万公顷；四旁(零星)植树24.58亿株。林木种苗管理明显加强，林木种苗产量大幅增加，全国育苗面积、苗木产量和林木种子采集量76.92万公顷、530.55亿株和5.67万吨，分别比2010年增长16.47%、28.10%和11.45%。

2011年造林总体上呈以下几个特点：

用材林和经济林比重有所提高 从林种结构看，在全部造林面积中，用材林101.93万公顷、经济林121.83万公顷、防护林368.88万公顷、薪炭林3.68万公顷、特种用途林3.34万公顷，占全部造林面积的比重分别为17.00%、20.32%、61.51%、0.61%和0.56%。生态公益林(防护林和特种用途林)占全部造林面积的比重62.07%，比2010年下降5个百分点，但仍保持较高水平。用材林和经济林所占比重分别比2010年提高3个和2个百分点。

乡土树种占较高比重 从树种类型看，在全部造林面积中，使用乡土树种的面积379.01万公顷，所占比重63.20%。使用珍贵树种的面积5.21万公顷，使用速生树种的面积92.67万公顷，占全部造林的6.47%。

混交林所占比重有待提高 从结构类型看，在全部造林面积中，纯林面积352.33万公顷，混交林面积199.67万公顷，其他类型47.66万公顷，所占比重分别为58.75%、33.30%和7.95%，纯林所占比重比2010年提高5个百分点，而混交林所占比重下降3个百分点，混交林比重仍有待提高。

【国家林业重点工程】 2011年，国家林业重点工程深入实施，共完成造林面积309.39万公顷，占全部造林面积的51.59%。其中天保工程、退耕还林工程(不含京津工程退耕)、京津风沙源治理工程和三北及长江流域等重点防护林体系工程分别为55.36万公顷、73.02万公顷、54.52万公顷和126.40万公顷，占全部造林面积的比重分别为9.23%、12.18%、9.09%和21.08%，其他社会造林占全部造林面积的48.41%。社会造林所占比重自2006年以来逐年上升(扣除2008年中央扩大内需新增造林任务因素)，各级地方政府、企业和个人多元化投入造林绿化的新局面已逐步形成，在生态建设中发挥的作用也越来越突出(图3-2，图3-3)。

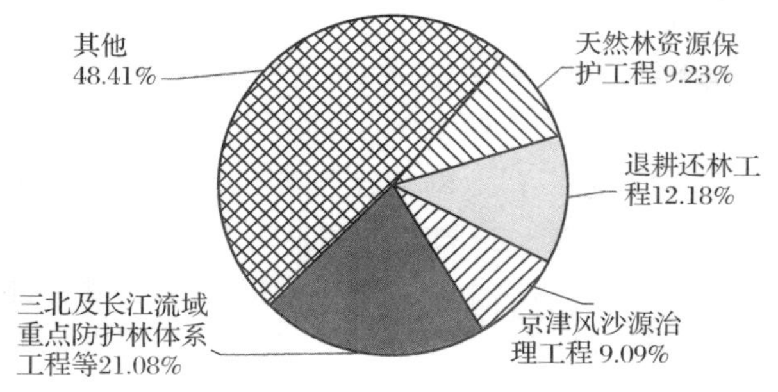

图 3-2 2011 年国家林业重点工程造林比重

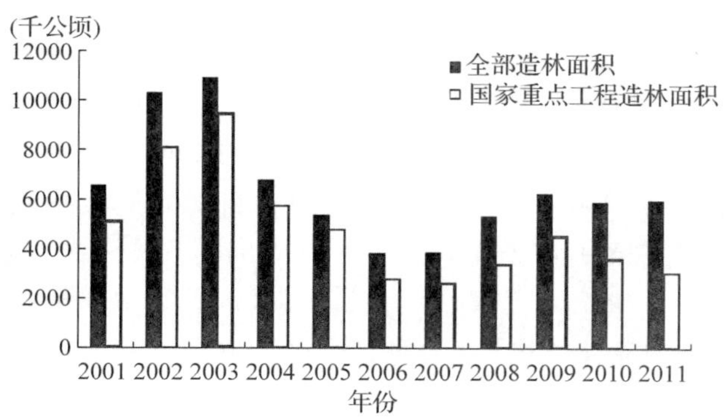

图 3-3 2001～2011 年国家林业重点工程造林与全部造林面积比较

【全国桉树人工林资源及桉树引种】 桉树(*Eucalyptus*)是桃金娘科杯果木属 *Angophora*、伞房属 *Corymbia* 和桉树属 *Eucalyptus* 3 个属树种的总称，约有 945 种。桉树树种的天然分布主要在澳大利亚，也有少数树种分布于印度尼西亚及菲律宾。由于桉树具有速生高产、适应性广、抗性强、耐干旱、耐瘠薄、易种植、萌芽力强等特点，被联合国粮农组织推荐为三大速生造林树种之一。桉树已经被引种到 100 多个国家和地区，全世界桉树人工林面积约为 2000 多万公顷，种植桉树人工林前 3 位国家分别是印度、巴西和中国，种植品种主要为巨桉(*E. grandis*)、蓝桉(*E. globulus*)、尾叶桉(*E. urophylla*)、赤桉(*E. camaldulensis*)及它们的杂交品种(约占桉树人工林 80%)。中国早在 100 多年前即引种桉树，桉树自引入国内以来，已在广东、广西、海南、云南、福建等 17 个省(区、市)引种和栽培。2002 年，中国启动了速生丰产用材林基地建设工程，推动了全国桉树产业的发展，种植面积不断增长，至 2010 年年底，全国桉树人工林面积达到 360 多万公顷(见表 3-1)。加之多年对桉树的引种栽培、苗木培育等研究，从引种、育苗、栽培技术，到抚育管理、采伐收获、加工利用等均形成一套比较完整的技术，使得桉树产业具备了规模化种植和产业化经营的条件，形成了资源培育、人造板生产、桉叶油加工、林产品销售等门类齐全，产、供、销一体的桉树产业发展格局。尽管国内桉树生产力水平相比巴西等发达国家来说差异明显，但总体提供年产约 3000 多万立方米木材，其直接产值达到 500 亿元。桉树不但是优良的、多用途的经济树种，而且也是很好的生态公益林建设树种，桉树广泛用于中国广东、广西和海南海岸带沿海防护林体系建设，为中国南部沿海特色的防护林类型，其生态、社会效益显著。速生丰产的桉树人工林发展不但为工业(浆、纸、木材、能源等)提供高质量的原材料资源，缓解原料短缺，而且可减轻对天然林和生物多样性保护的压力，在保障中国木材安全，实现森林“双增”目标，应对气候变化、保障生态安全等方面发挥着重要作用。

表 3-1 桉树主要栽培区

地区	面积(万公顷)	省份	面积(万公顷)
广东	153. 33	重庆	13. 33
广西	106. 67	江西	3. 33
福建	24. 67	贵州	1. 33
海南省	21. 33	其他地区	3. 33
云南	23. 33	合计	368
四川	17. 33		

【年采伐量及桉材加工生产】 据中国造纸协会调查资料，2009 年全国纸及纸板生产企业约有 3700 家，全国纸及纸板生产量 8640 万吨，较 2010 年 7980 万吨增长 8. 27%。消费量 8569 万吨，较 2010 年 7935 万吨增长 7. 99%，人均年消费量为 64 千克(13. 35 亿人)，比 2010 年增长 4 千克。2009 年比 2000 年生产量增长 183. 28%，消费量增长 139. 69%。2000～2009 年，纸及纸板生产量年均增长 12. 27%，消费量年均增长 10. 20%。2009 年，全国纸浆生产总量 6674 万吨，较 2008 年 6415 万吨增长 4. 03%。2009 年，全国纸浆消耗总量 7980 万吨，较 2008 年 7360 万吨增长 8. 42%，其中木浆

1866 万吨，较2008 年增长14.90%，比例占23%，全国纸浆消费总量随着纸及纸板的增长呈增加趋势。纸浆结构中，非木浆比例继续呈明显下降趋势，废纸浆增幅加大，支撑着纸浆结构的调整。由于进口木浆和进口废纸浆分别增长38%和14%，进口纤维原料量(包括废纸)占纸浆总消耗量为44%，数据说明中国造纸原料对国外依存度加大。

因此对主要是用作工业原料的(木浆原料、纤维板原料等)中国桉树来说，培育桉树人工林仍然有着广泛的市场，这是国内桉树人工林种植面积逐年增加的主要原因。2011 年，在国内桉树主要产区的广西已建成南宁、柳江、柳州和贺州4 个纸厂，年生产能力25 万吨以上，桉木化学浆占总化学浆20%，广西林业集团与芬兰斯道拉恩索公司合作，成立了北海120 万吨林浆纸项目公司。与金光集团合作，在钦州建设180 万吨林浆纸项目。同时，引进中国香港理文公司在梧州建设100 万吨林浆纸项目。这三大林浆纸项目投资额分别达500 亿元、220 亿元、100 亿元。同时桉树种植业的迅速发展，还带旺了桉树苗木市场、桉树肥料、木材加工(人造板、家具)、服务业等市场。以人造板为例，全国桉树胶合板的发展区域主要为福建、广东和广西3 个省区。

福建漳州是福建重要的木材加工区域，以加工桉木为原料的单板企业逾800 家，年生产能力为10 万立方米。

“十五”期间，广西林业实施以第二产业带动第一、第三产业，以大工程带动大发展的发展战略，全区以桉树速生丰产林为主要切入口，大力推动林浆纸、林板、林脂一体化产业发展，林业产业呈加速发展的良好势头。至2005 年，全区共有林产工业企业1.3 万多家，林产工业已初步形成“十大”加工业集群。其中以贵港市为中心的旋切单板、桉木胶合板加工产业集群。此集群共有200 多家旋切单板厂，30 多家桉木胶合板厂。2005 年销售收入5.1 亿元，就业人数2.5 万人。以容县为中心的成型胶合板产业集群。此集群共有成型胶合板企业42 家，年加工速丰桉10 万～12 万立方米。年生产各种成型胶合板约3840 万块，年销售收入4.6 亿元，从业人员约6000 人。2007 年人造板产量达到659 万立方米，提前3 年实现“十一五”规划的600 万立方米目标；在“十一五”规划中的2008 年达到800 万立方米，2009 年达到900 万立方米，2010 年达到1000 万立方米。

随着人造板行业的快速发展，缓解了全国木材供需矛盾，这也成为节约木材资源的重要途径，更是顺应了加快建立资源节约型社会的要求。国家一系列扩内需、保增长、调结构、重民生的方针政策也将推动人造板行业发展。在低碳经济下，人造板是解决全球气候变暖环境下森林资源保护、木材供应紧张与需求增长之间矛盾的主要出路。随着居民消费能力的增强和消费观念的转变以及天然林保护工程的实施，在装饰、家具、包装、造船、汽车等各个行业对人造板的需求将迎来新的增长高峰。因此以桉树为原材料的人造板行业具有广阔的市场前景。

【桉树品种选优】 桉树是中国南方最具林业产业化的人工林树种，也是林业最具植物新品种保护的树种之一，20 年来桉树经过全面系统的引种、改良和良种选育，取得一系列的成果，但遗憾的是，作为林业科技创新工作的重要组成部分的桉树新品种申请却很少。

1999 年，广西林木良种审定委员会认定了东门林场培育和生产的尾叶桉母树林、实生种子园、无性系种子园良种和5 个系列杂交种74 个优良无性系，可向全国适生地区推荐使用的品种。2003 年，国家林业局首次审定东门林场桉树林木良种有巨尾桉(*E. urophylla* × *E. grandis*)和认定了桉树林木良种有尾叶桉。其他各省省级林木良种认定委员会认定了一些桉树新品种。如2008 年四川省省级林木良种认定新品种“川桉C1”和“川桉C2”；广西培育了“柳瘿桉”、“尾赤桉”、“广林九”等林木优良品种；湛江市桉树无性系U6，2002 年通过广东省省级林木良种的审定，2003 年被批准为国家科技成果，重点推广；云南省林业厅审定史密斯桉优良种源S18688 林木品种，为2005 年度云南省林木良种；巨桉无性系WLEG－17(商品名“渝桉二号”)，通过了重庆市2009 年林木良种认定。

【桉树用材林基地建设】

广东省桉树速丰用材林基地 广东是中国木

材加工产业最发达的地区，已经形成门类齐全、规模宏大的工业体系，包括锯材、人造板(胶合板、纤维板、刨花板、细木工板等)、木竹家具、木竹地板、浆纸、其他木竹制品在内的六大类产品，广泛应用于工业、国防和日常生活。经过多年发展，形成了设施完善、配套齐全的木材加工产业集群，尤其是东莞、深圳、中山、顺德的家具产业的集聚特征最为突出，珠三角已形成中国最大的家具生产、销售及出口基地，形成了庞大的产业集群。

广东省是木材消费大省，森林资源供给不足，是制约木材加工业发展的首要问题。2006 年，广东省林业用地 1101.6 万公顷(含雷州市林业局和红树林面积)。连片规模的桉树种植面积 67.73 万公顷，这仅占全省林业用地的 6.15%，占有林地面积的 7.3%，存在着很大的发展空间。

桉树商品林主要集中在粤东、粤西两翼。经营基本上没有政府资金的投入和扶持，而以民资和外资为主。

广西桉树速丰用材林基地 “十一五”期间是广西桉树速丰林培育实现科学发展、高速发展的五年。2008~2009 年，广西发生严重的雨雪冰冻和干旱灾害，桉树受灾严重，损失巨大，给桉树发展带来巨大冲击和提出更高的要求。面对历史罕见的雨雪冰冻及干旱等重大自然灾害的袭击，全区各族人民齐心协力，“十一五”期末，全区桉树速丰林面积达 165.3 万公顷，占全区人工商品用材林面积的 30.5%，活立木蓄积量 6000 万立方米，占人工商品用材林总蓄积量的 20.9%。2005 年，广西桉木材产量 87 万立方米，到 2010 年增加到 800 万立方米，增加了 8 倍多，桉木材占商品木材产量的 67%，占全国木材生产总量的 1/10。桉树面积、木材产量均居全国首位，奠定了“世界桉树看巴西，中国桉树看广西”的格局。

打造千亿元产业，桉树产业贡献巨大。近年来，随着广西林浆纸、林板及木材加工等产业的快速发展，特别是利用桉木材制浆造纸的兴起，木材利用率快速提升，林业产值连年攀升。全区林业产业总产值从 2005 年的 293 亿元增加到 2010 年的 1200 多亿元，增加了 3 倍，其中木材综合加工产业和制浆造纸产业总产值达到 700 亿元，桉树木材加工和制浆造纸利用总产值约为 600 亿元，占林业总产值的 50% 以上。

2000 年以前，广西桉树大面积造林仅限于北回归线以南的南宁、崇左、钦州、北海、防城、玉林、贵港、梧州等市。近年来，随着桉树速丰林培育效益的凸现以及选育水平的提升，抗寒品种的繁育推广，桉树栽培逐步向北推移，全区 14 个市 102 个县(市、区)都有不同程度的种植。桉树产业带来的巨大经济利益几乎惠及全区。

桉树速丰林的快速发展，推进了木材加工和林浆纸一体化产业进程，已成为北部湾经济开发区的重要支柱产业，是实现广西造纸与木材加工千亿元产业的重要保障。

依据《广西林业发展“十二五”总体规划》，确定 2011~2015 年规划目标。规划新增桉树速丰林 34.67 万公顷。到 2015 年，桉树速丰林总面积由现在的 165.33 万公顷增加到 200 万公顷，其中培育桉木纤维材原料林面积 160 万公顷，培育桉树大径级用材林面积 40 万公顷。

建设任务完成后，“十二五”期末，新造林进入轮伐周期后(即主伐年龄 6 年)，年生产桉木材 3000 万立方米；到培育大径级用材林进入轮伐周期后(即 12 年后)，年生产桉木材达 3400 万立方米以上。

“十二五”期末，桉木材初级产品年实现销售产值 150 亿元以上，林产品加工业附加值达 700 亿元以上。

福建省桉树速丰林原材料林基地 福建省是全国开展林纸结合较早的省份之一，自 1984 年南平纸厂被国家计委列为全国林纸结合试点之后，在造纸原料林基地建设方面做了大量工作，早期原料林基地建设主要采取企业无偿补助或贴息还本，造林单位主伐时木材定向供应等松散型经营模式，企业积极性不高，二者的结合尚未取得较好的成果。在国家 3 部委出台《关于加快造纸工业原料林基地建设若干规定》后，国家启动开发银行贷款支持企业原料林基地建设以来，企业原料林基地建设进入新的发展阶段，企业主要采取租山造林自主经营和出资购买现有林建立控股的股份制原料林基地。2011 年，重点纸(板)企业原料林基地面积已达 18.14 万公顷。永林公司通过配股资金购并林木，新增森林经营面积3.8万公顷，利用开发行资金1.78亿元扩建4万公顷速丰林基地项目，于2001年正式启动实施，计划发展30万桉树人工林原材林基地，两年新造以桉树为主的速丰林0.97万公顷；2011年，永林公司森林经营总面积达9.33万公顷。

依据《国家重点地区速生丰产用材林基地建设规划》，福建省在现有的基础上编制了《福建省2001～2015年速生丰产用材林基地建设工程规划》，提出了分阶段的奋斗目标和战略布局。

规划建设目标。到2005年，建设速丰林基地面积达105.33万公顷，基地建成后，每年可提供木材660万立方米，可支撑木浆生产能力95万吨、人造板180万立方米、大径材45万立方米；到2010年，建设速丰林基地面积达148.67万公顷，基地建成后，每年可提供木材1200万立方米，可支撑木浆生产能力180万吨、人造板320万立方米、大径材80万立方米；到2015年，建设速丰林基地面积达200万公顷，基地建成后，每年可提供木材1800万立方米，可支撑木浆生产能力260万吨、人造板500万立方米、大径材120万立方米。

基地布局。福建省速丰林基地规划分为三大区域。一是闽西北林区，包括南平、三明、龙岩3市各县(市、区)，漳州市的华安、南靖，泉州市的德化、永春。重点发展以杉木为主的速生丰产用材林，以马尾松为主的工业原料林，以柳杉、建柏、红豆杉、楠木等为主的珍贵用材林和以杉木、马尾松为主的大径级用材林。二是闽东南地区，包括漳州、泉州、莆田、福州市等主要林业县(市、区)，龙岩市的新罗区，厦门市的同安区。重点发展以桉树、相思树为主的短周期的工业原料林，建柏、柳杉、楠木、樟树为主的珍贵用材林以及马尾松和阔叶树混交林为主的人造板原料林基地。三是闽东地区，包括宁德各县市区，福州市的罗源。重点发展以阔叶树为主的食用菌原料林、以马尾松和阔叶树混交林为主的工业原料林以及以柳杉为主的珍贵用材和大径级用材林。基地建设规划总目标主要由四大块组成：林纸林板企业原料林基地80万公顷，国有林场、采育场速生丰产用材林基地36.67万公顷，县(市)营林投资公司速生丰产林基地66.67万公顷，个人及外资造林16.67万公顷。按培育用途分：纸浆林66.67万公顷，人造板用材林60万公顷，珍贵特种用材林13.33万公顷，其他用材林60万公顷。

基地建设规模。根据福建省现有速丰林林分生长状况、立地条件和林地资源状况，规划在2011～2015年再培育速丰林153.33万公顷，其中新造66.67万公顷，幼木培育86.67万公顷。

【中国桉树育种专家介绍】

祁述雄 老一辈著名桉树专家，桉树界泰斗，原国营雷州林业局局长、国家林业局桉树研究开发中心(以下简称：桉树中心)筹建人，教授级高级工程师。祁述雄是中国大面积引种发展桉树的开拓者，发表论文30多篇。编著或主编的主要著作有《桉树栽培》、《桉树栽培与利用》、《中国桉树》、《国际桉树论文集》等。20世纪60年代起先后兼任《桉树科技》主编、全国桉树协作组组长、桉树研究会理事长、桉树专业委员会主任、广东省林业科技委员、世界林业联盟(学会)会员，领导国家桉树科技攻关“六五”“七五”“八五”课题组的研究和推广工作，取得栽培和育种10多项成果，培育雷林1号等系列桉树品种，并获得全国、林业部、广东省科学大会等多项奖励，受到国内外林业专家的重视和好评。1979年，首次率团赴欧洲参加世界人工林学术会，赴非洲勘察设计30万公顷绿色工程；先后10多次赴大洋洲、美洲和亚洲等20多个国家考察和学术交流；多次被原林业部和广东省授予先进科技工作者，1993年享受国务院政府特殊津贴，被评为湛江市突出贡献专家一等奖。

谢耀坚 博士、研究员、博士生导师，现为桉树中心/南方国家级林木种苗示范基地党委书记及副主任，中国林学会桉树专业委员会主任委员及中国桉树育种联盟首席执行官，《桉树科技》主编。主持或承担国家攻关项目、国际合作项目、国家林业局重点项目及其他纵/横向项目10余项，包括国家“十一五”科技支撑项目——桉树和相思速生丰产林培育关键技术研究与示范、“十五”国家科技攻关课题“南方主要速生阔叶树种新品种选育及培育技术”、“948”引进项目——“南非桉树新品种及材性、耐寒性测定技术引进”、中澳合作项目——“耐寒桉树在中国和澳大利亚的扩大组培试验”、“948”引进项目——现代化基地育苗综合调控技术引进、科技部国际合作重点项目“桉树人工林真菌病害研究”等。在中文科技核心期刊或国际和全国性学术会议上发表论文40余篇。参与重大科技产业项目——南方国家级林木种苗示范基地建设。在桉树育种上，主要培育了新桉1号、新桉2号系列，领导当前桉树育种联盟组织。

（国家林业局桉树研究开发中心　谢耀坚　吴志华）

【天然林资源保护工程】 2011年，国务院召开全国天然林资源保护工程工作会议，启动天然林资源保护工程二期，工程总投资2440多亿元。2011年工程区木材产量进一步调减，为1114.32万立方米，比2010年减少14.25%，占全国木材总产量的13.68%。

公益林建设。2011年，天保工程完成造林面积55.36万公顷，其中人工造林13.98万公顷，飞播造林8.69万公顷，无林地和疏林地新封山育林32.69万公顷（图3-4）。中央财政森林抚育补贴试点任务完成面积140.01万公顷。森林管护面积11596万公顷，其中国有林管护面积7237万公顷，集体和个人所有的国家级公益林面积1950万公顷，集体和个人所有的地方公益林面积2409万公顷。自1998年工程实施以来，工程累计完成人工造林297.04万公顷、飞播造林335.30万公顷、新封山育林778.89万公顷。

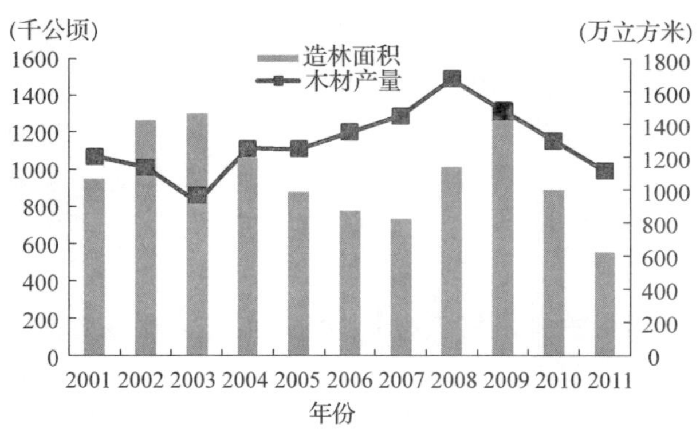

图3-4　2001～2011年天保工程历年木材产量、造林面积

人员结构及安置情况。天保工程区年末全部在册职工人数85.30万人，其中在岗职工61.21万人，下岗待安置职工10.92万人，离开本单位保留劳动关系人员13.17万人。在岗职工参加基本养老保险人数50.56万人，在岗职工参加基本医疗保险人数52.46万人。自工程实施以来，工程区累计一次性安置职工69.06万人。天保工程二期不再安排国有职工一次性安置，而是通过实施公益林建设、森林管护、中幼林抚育等建设任务增加就业岗位，保证工程区所有职工充分就业。

【退耕还林工程】 2011年，退耕还林工程共完成造林面积74.13万公顷（含京津风沙源工程中1.11万公顷），其中退耕地造林59公顷，荒山荒地造林52.77万公顷，无林地和疏林地新封山育林21.35万公顷（图3-5）。全年完成种草面积1.14万公顷。西部12个省区（含新疆生产建设兵团）共完成42.05万公顷的退耕还林任务，占退耕工程总造林面积的56.72%。

涉及粮款兑现的退耕地面积842.06万公顷。全年粮食补助资金103.84亿元，生活费兑现金额34.85亿元。全年粮款兑现涉及2503万农户，比2010年减少9.10%。

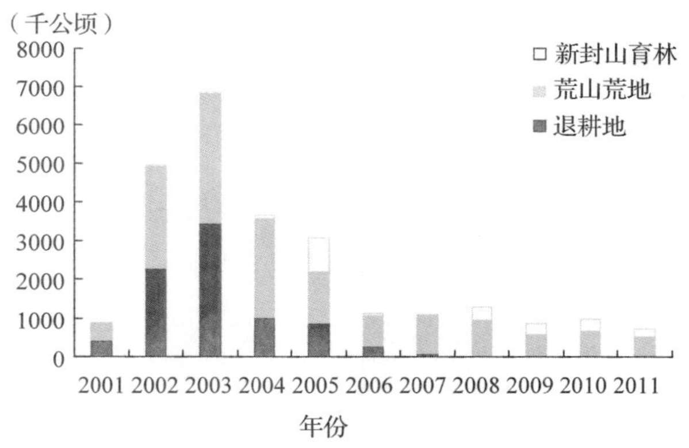

图3-5　2001～2011年退耕还林工程造林完成情况

自1999年工程试点以来，累计完成退耕地造林906.30万公顷，荒山荒地造林1533.97万公顷，新封山育林246.81万公顷。累计粮食补助资金总计1936.72亿元，累计生活费兑现金额262.44亿元。

【防沙治沙及京津风沙源治理工程】 2011年，京津风沙源治理工程二期规划思路已获部际联席会议批准，建设内容更加突出林业生态建设。石漠化治理工程正式启动，建设范围扩大到200个县。

在全国重点沙区省份实施"三禁"制度，开展省级政府防沙治沙目标责任期末综合考核。2011年，京津风沙源治理工程共完成造林54.52万公顷，其中人工造林21.56万公顷，飞播造林11.00万公顷，无林地和疏林地新封山育林21.96万公顷(图3-6)。草地治理面积14.24万公顷，小流域治理面积8.36万公顷，治理总面积77.12万公顷。建设暖棚152.25万平方米；购置各类饲料机械1.13万台；完成水利配套设施1.52万处；生态移民1444人，涉及457户。

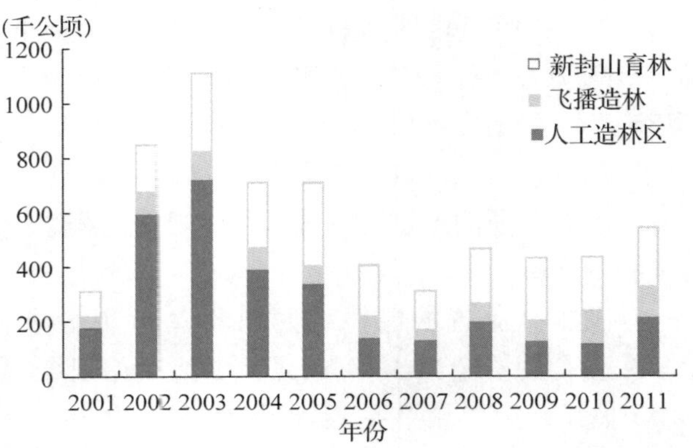

图3-6 2001~2011年京津风沙源治理工程造林情况

京津风沙源治理工程实施11年来，累计完成治理面积966.91万公顷，其中林业工程631.28万公顷，草地治理235.46万公顷，小流域治理100.17万公顷。在林业工程中，累计完成人工造林312.91万公顷、飞播造林88.85万公顷、新封山育林229.52万公顷。

【三北及长江流域等防护林体系建设工程】 2011年，国家编制《三北防护林五期工程规划》，并开展三北工程发展战略研究和四期工程总结评估。总体看，工程共完成造林面积126.40万公顷，其中人工造林79.53万公顷，无林地和疏林地新封山育林46.87万公顷。分工程看，三北防护林五期工程完成造林面积73.78万公顷，长江流域防护林三期工程完成造林面积20.48万公顷，沿海防护林三期工程完成造林面积20.99万公顷，珠江流域防护林三期工程完成造林面积7.23万公顷，太行山绿化三期工程完成造林面积3.66万公顷，平原绿化三期工程完成造林面积0.26万公顷(图3-7)。

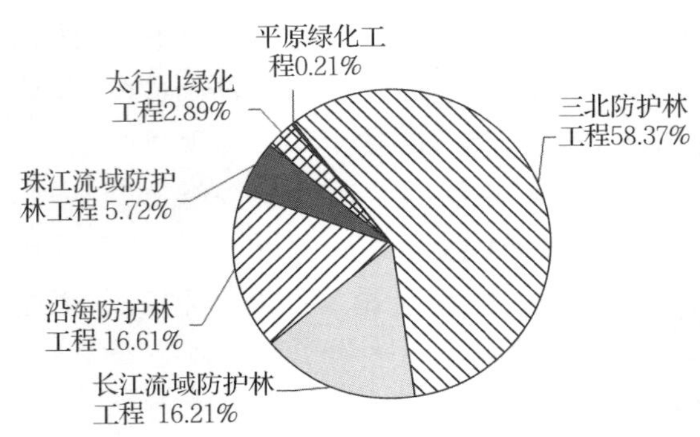

图3-7 三北及长江流域等防护林工程造林结构

在全部造林面积中，防护林面积所占比重87.34%，其中水土保持林和防风固沙林所占比重最高，分别为30.59%和23.52%。另外，完成低产低效防护林改造面积1.87万公顷。

自2001年以来，工程累计完成人工造林761.55万公顷、飞播造林29.11万公顷、新封山育林448.55万公顷。其中三北防护林工程累计完成人工造林470.47万公顷、飞播造林10.12万公顷、新封山育林232.87万公顷。

【野生动植物保护及自然保护区建设工程】 截至2011年底，林业系统自然保护区2126处，总面积1.23亿公顷，占全国国土面积的12.78%，其中国家级自然保护区263处，面积7629.07万公顷。

年末实有自然保护小区4.87万个，总面积1146万公顷。野生植物就地保护点622个，总面积439万公顷。野生动物种源繁育基地2485个，其中商业性野生动物驯养繁殖单位2350个。野生植物种源培育基地533个。野生动物观赏展演单位295个，植物园108个，狩猎场140个。野生动植物保护管理站4607个，野生动植物科研及监测机构736个，鸟类环志中心(站)114个。全国从事野生动植物及自然保护区建设的人员4.71万人，其中各类专业技术人员1.49万人。

【湿地保护与恢复工程】 编制完成全国湿地保护"十二五"实施规划。实施全国湿地保护工程项目42个，新增湿地保护面积33万公顷，恢复湿地2.3万公顷，新增4处国际重要湿地和68处国家湿地公园试点。截至2011年年底，国际重要湿地41处，面积371万公顷，湿地示范区面积349万公顷。 (数据来源：《中国林业统计年鉴》)

表 3-2　森林培育各指标在全国排名前 5 位的省份

指标(公顷)	全国排名前 5 位的省份占全国的比例(%)
荒山荒(沙)地造林面积 5996613	内蒙古(12.2)、云南(10.34)、湖南(6.71)、陕西(5.43)、山西(5)
用材林造林面积 1019320	福建(14.13)、湖南(11.33)、广西(11.11)、四川(8.33)、江西(6.97)
经济林造林面积 1218281	云南(35.6)、新疆(8.28)、陕西(6.94)、山西(6.67)、贵州(5.57)
防护林造林面积 3688827	内蒙古(18.96)、河北(6.51)、陕西(6.43)、湖南(6.38)、辽宁(5.91)
薪炭林造林面积 36805	云南(25.25)、西藏(21.61)、山西(16.17)、重庆(9.93)、贵州(6.43)
特种用途林造林面积 33380	甘肃(18.97)、四川(18.03)、湖北(10.42)、黑龙江(7.46)、山东(7.13)
更新造林面积 326641	福建(22.17)、广东(21.65)、广西(20.38)、江西(8.19)、内蒙古(4.39)
低产低效林改造面积 788810	云南(19.44)、湖南(16.04)、四川(11.63)、江西(8.39)、陕西(7.55)
幼林抚育实际面积 7349667	新疆(14.51)、福建(6.9)、山东(6.21)、广西(5.79)、吉林(5.47)
成林抚育面积 11322527	新疆(17.56)、内蒙古(9.77)、山东(9.38)、河南(6.29)、黑龙江(5.9)
速生丰产用材林基地建设面积 907	河北(69.9)、黑龙江(30.1)
林业单位数量 52173(家)	山西(8.16)、河北(6.14)、江苏(5.85)、江西(4.67)、河南(4.5)

表 3-3　各地区森林培育基本情况

地　区	荒山荒(沙)地造林面积(按林种用途分)(公顷)						更新造林面积(公顷)	森林抚育面积(公顷)			林业单位数量(家)
	合计	用材林	经济林	防护林	薪炭林	特种用途林		低产低效林改造	实际幼林抚育	成林抚育	
全国合计	5996613	1019320	1218281	3688827	36805	33380	326641	788810	7349667	11322527	52173
北京	20796	11	390	19698	—	697	1014	6413	11911	83158	978
天津	7401	1973	1037	4391	—	—	—	—	28907	58505	134
河北	286423	24789	21437	240164	—	33	4019	998	364331	391409	3205
山西	299713	300	81295	212168	5950	—	—	1334	112564	86239	4259
内蒙古	731837	17738	14030	699445	—	624	14347	9744	260037	1105776	1990
内蒙古集团	1725	1520	—	91	—	114	2614	—	19322	335164	—
辽宁	246767	11947	16673	218032	62	53	8983	5057	140002	74049	1985
吉林	36424	1819	3082	31480	—	43	8118	6562	402125	313862	1450
吉林集团	4	4	—	—	—	—	839	46	87535	36257	—
黑龙江	123763	17005	1899	102108	260	2491	11589	5933	395279	668399	1871
龙江集团	—	—	—	—	—	—	11589	533	85297	495647	—
上海	710	—	105	605	—	—	—	—	6058	41621	558
江苏	57294	7601	7683	41082	—	928	1514	417	143661	441481	3052
浙江	40473	2665	8158	28734	—	916	13033	27422	50091	223425	1824
安徽	45629	10329	14924	19997	334	45	—	14242	271948	579261	1834
福建	212724	144061	20590	46154	286	1633	72418	21815	507446	116523	2314
江西	164521	71029	33418	56942	1617	1515	26746	66195	309391	247866	2438
山东	219028	34598	51154	130896	—	2380	8266	14746	456662	1062132	2153
河南	237740	56717	28704	150747	666	906	299	9647	382262	711730	2347
湖北	194654	66712	38733	85697	34	3478	3373	33432	265922	384311	1743
湖南	402435	115459	48334	235527	1106	2009	—	126487	308590	353449	1639

地　区	荒山荒(沙)地造林面积(按林种用途分)(公顷)						更新造林面积(公顷)	森林抚育面积(公顷)			林业单位数量(家)
	合计	用材林	经济林	防护林	薪炭林	特种用途林		低产低效林改造	实际幼林抚育	成林抚育	
广东	125476	51541	13115	60478	200	142	70707	28997	203788	149147	2317
广西	147810	113198	12201	22165	—	246	66568	12461	425588	590382	2115
海南	10914	458	1133	8715	—	608	5073	31	9693	42515	739
重庆	244644	53047	22834	164516	3655	592	—	16718	102434	67443	1051
四川	251926	84882	50926	109431	667	6020	5720	91703	141752	163399	2192
贵州	202409	30013	67872	101038	2365	1121	—	32433	108944	107687	1310
云南	619961	67076	433746	109746	9293	100	2768	153309	38370	127342	2243
西藏	46705	27847	2115	8789	7954	—	520	—	—	13333	42
陕西	325752	4051	84570	237131	—	—	—	59569	393154	269192	1511
甘肃	189807	—	15718	167756	—	6333	—	1766	114098	196007	1086
青海	177492	—	—	177492	—	—	—	133	29233	7573	586
宁夏	90478	1630	21472	67376	—	—	—	2778	298916	363000	509
新疆	216907	824	100933	112327	2356	467	1566	36401	1066510	1988326	696
新疆建设兵团	30710	1	8277	22385	—	47	119	151	91981	319481	—
大兴安岭	—	—	—	—	—	—	—	2067	—	293985	—

表 3-4　桉树育种主要专家

姓名	单位	职称	地域	研究领域
祁述雄	国家林业局桉树研究开发中心	研究员	广东	栽培与育种
谢耀坚	国家林业局桉树研究开发中心	研究员	华南	栽培、育种、经营管理
白嘉雨	中国林业科学研究院热带林业研究所	研究员	华南	从事热带林木育种和营林研究
杨民胜	国家林业局桉树研究开发中心	研究员	华南	栽培与育种
王豁然	中国林业科学研究院林业研究所	研究员	华南	驯化、林木遗传改良
张荣贵	云南省林业科学研究院	研究员	云南	林木引种栽培、良种选育及丰产技术研究
项东云	广西壮族自治区林业科学研究院	教授级高工	广西	良种选育及丰产技术研究
徐建民	中国林业科学研究院热带林业研究所	研究员	华南	育种
李志辉	中南林业科技大学	教授	湖南	育种
莫晓勇	华南农业大学	教授	广东	桉树栽培及其经营管理
黄少伟	华南农业大学	教授	广东	遗传育种
甘四明	中国林业科学研究院热带林业研究所	研究员	广东	遗传育种
罗建中	国家林业局桉树研究开发中心	高级工程师	华南	林木育种

中国林业产业行业篇

Details of China Forest Industry

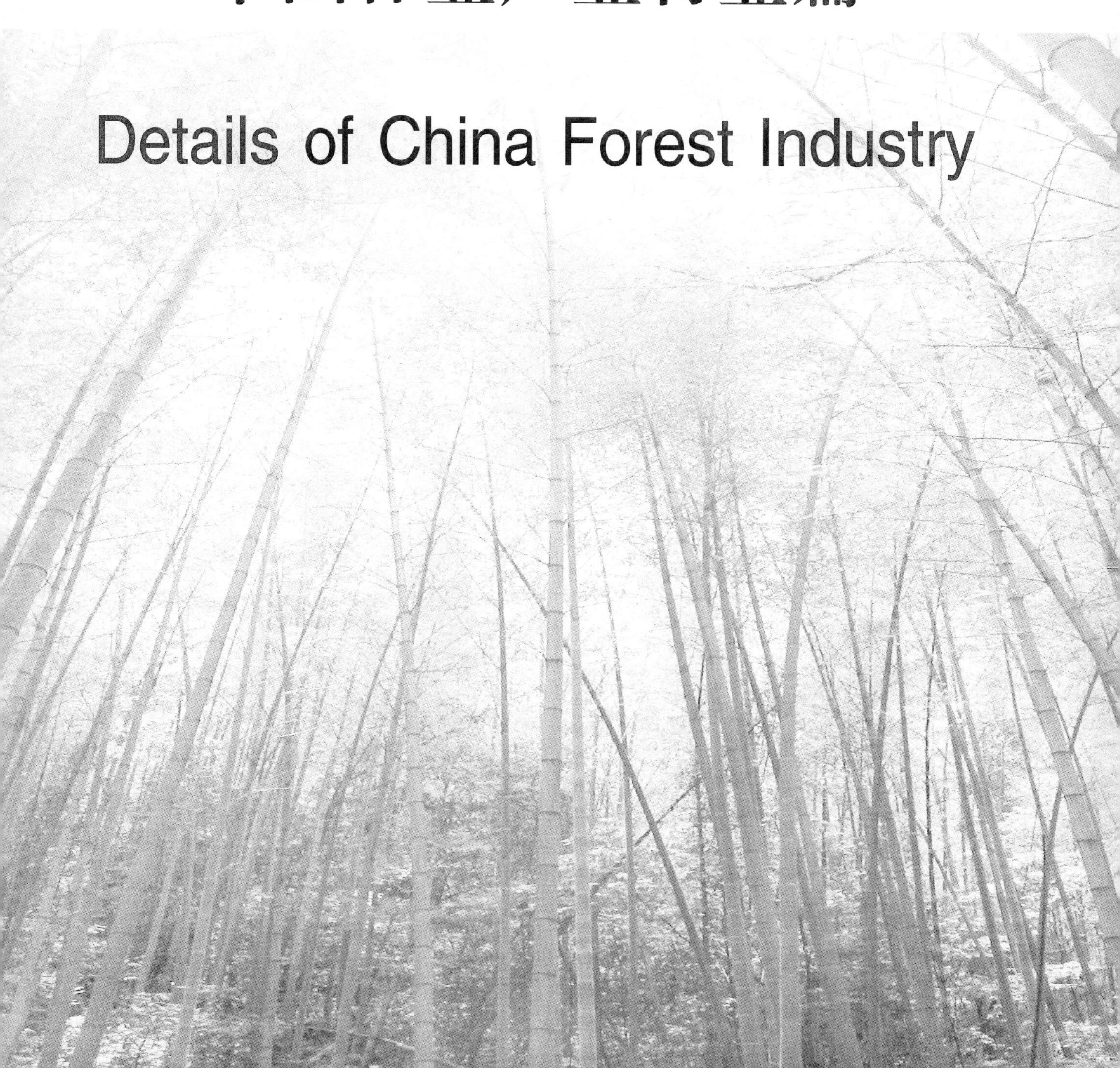

木竹采运及锯材木片加工业

【木材产量】 2011年，天然林资源保护二期工程启动实施，东北、内蒙古等重点国有林区木材产量进一步调减，比2010年减少497万立方米，集体林区木材产量普遍增长，全国商品材总产量与2010年基本持平，为8145.92万立方米。其中东北地区占木材生产量的12.93%，东部地区占木材生产量的26.91%，西部地区占木材生产量的36.08%，中部地区占木材生产量的24.08%。

在全部木材产量中，原木产量7449.64万立方米，比2010年减少0.85%；薪材产量696.28万立方米，比2010年增长20.80%。木材产量按生产单位分，林业系统内国有企业单位生产的木材大幅减少，为813.75万立方米；系统内国有林场、事业单位生产木材1220.12万立方米；系统外企、事业单位采伐自营林地的木材301.67万立方米；乡(镇)集体企业及单位生产木材产量535.68万立方米；村及村以下各级组织和农民个人生产的木材5274.70万立方米。2011年，农民自用材采伐量668.79万立方米，农民烧材采伐量2150.62万立方米。

【锯材与木片、木粒加工产品产量】 2011年，锯材产量4460.25万立方米，比2010年增长19.81%。木片、木粒加工产品2237.32万实积立方米，比2010年增长19.42%。

表4-1 木竹采运及锯材木片加工业各指标在全国排名前5位的省份

指标	全国排名前5位的省份占全国的比例(%)
木材产量8145.92(万立方米)	广西(18.73)、广东(9.03)、湖南(7.36)、福建(6.91)、云南(6.54)
锯材产量4460.25(万立方米)	内蒙古(12.79)、山东(12.43)、广西(8.17)、黑龙江(6.9)、浙江(6.74)
木片、木粒加工产品产量2237.32(万实积立方米)	山东(45.82)、河南(7.69)、广西(7.67)、广东(5.92)、福建(5.21)
木材采运企业数量2392(家)	福建(17.27)、湖南(8.9)、黑龙江(8.44)、吉林(7.36)、云南(6.44)
锯材加工企业数量14540(家)	黑龙江(17.97)、吉林(10.45)、福建(8.74)、辽宁(7.72)、浙江(6.99)
木片加工企业数量14899(家)	江苏(16.86)、广东(11.88)、山东(7.62)、广西(7.15)、浙江(5.83)
木材批发企业数量163015(家)	上海(45.66)、江苏(30.94)、山东(6.71)、辽宁(2.12)、浙江(2.12)

表4-2 各地区木材产量和木材企业数量

地区	木材总计(万立方米)	原木(万立方米)									薪材(万立方米)	锯材(万立方米)	木材采运企业数量(家)	锯材加工企业数量(家)	木材批发企业数量(家)
		合计	直接用原木	特级原木	等内加工原木		造纸用原木	胶合板材	杉原条	其他原木					
					小计	其中：针叶原木									
全国合计	8145.92	7449.64	3063.24	70.12	1281.88	587.77	467.39	941.50	521.61	1103.90	696.28	4460.25	2392	14540	163015
北京	10.29	10.07	8.45	0	0	0	0	0	0	1.62	0.22	0	2	94	90
天津	9.88	9.88	0	0	0	0	0	0	0	9.88	0	0	1	89	829
河北	71.34	62.97	40.12	0	2.00	0.32	0.16	2.45	0	18.23	8.37	180.80	24	263	723
山西	5.36	3.99	2.89	0	0	0	0	0	0	1.10	1.37	6.49	28	178	989
内蒙古	217.88	208.22	96.39	10.47	33.84	25.23	0	3.49	0	64.03	9.66	570.44	33	526	1132
内蒙古集团	114.20	111.26	16.21	10.47	30.24	24.53	0	0	0	54.33	2.94	0			
辽宁	197.57	184.52	158.30	8.59	10.04	3.83	0	0.40	0	7.18	13.06	236.41	56	1122	3454

地区	木材总计(万立方米)	原木(万立方米)									薪材(万立方米)	锯材(万立方米)	木材采运企业数量(家)	锯材加工企业数量(家)	木材批发企业数量(家)
		合计	直接用原木	特级原木	等内加工原木		造纸用原木	胶合板材	杉原条	其他原木					
					小计	其中：针叶原木									
吉林	434.27	431.96	193.01	39.62	156.59	51.85	0.37	17.62	0	24.74	2.31	145.93	176	1519	951
吉林集团	92.82	92.09	5.73	21.01	54.08	11.91	0	4.22	0	7.05	0.73	6.88			
黑龙江	336.79	324.44	110.65	2.17	112.10	24.09	1.84	14.02	0	83.67	12.34	307.89	202	2613	2175
龙江集团	166.14	163.75	27.82	2.15	92.75	23.18	1.33	11.67	0	28.02	2.40	47.75			
上海	0	0	0	0	0	0	0	0	0	0	0	1.64	5	34	74439
江苏	166.14	159.10	73.80	0.49	8.28	2.45	3.32	45.55	10.47	17.18	7.04	83.84	152	451	50430
浙江	176.26	175.26	37.59	2.11	54.02	49.41	0	3.51	66.91	11.12	1.00	300.46	54	1016	3452
安徽	494.85	421.08	166.24	0.04	32.93	21.78	2.43	95.61	74.55	49.27	73.77	227.85	92	206	728
福建	563.26	510.09	233.45	0	118.12	78.09	15.71	49.24	3.46	90.11	53.17	169.11	413	1271	1458
江西	290.28	270.60	89.19	0	64.45	49.81	0.44	10.15	79.83	26.54	19.68	200.86	97	258	585
山东	347.98	309.34	126.92	0.37	25.83	0	13.25	132.14	0.51	10.33	38.64	554.20	5	680	10932
河南	278.99	257.89	141.91	0	6.49	0	2.84	44.70	0	61.96	21.11	149.64	36	556	614
湖北	292.15	234.82	114.88	0.03	19.91	6.50	9.62	42.86	10.62	36.90	57.33	70.16	56	121	921
湖南	599.93	552.28	167.32	1.10	26.00	15.97	78.03	40.95	190.70	48.18	47.65	271.46	213	249	798
广东	735.51	690.41	320.26	0.33	118.38	30.84	91.75	71.82	17.84	70.03	45.10	152.64	126	877	3423
广西	1525.92	1457.25	449.22	1.08	237.89	76.46	175.66	318.53	28.29	246.58	68.67	364.42	99	573	623
海南	111.24	97.55	35.59	0	0.77	0.06	30.54	13.24	0.00	17.41	13.68	24.57	51	134	158
重庆	28.63	25.75	12.54	0	2.54	1.70	0.50	4.93	0.58	4.65	2.88	22.93	28	140	771
四川	239.91	224.68	117.81	0	22.15	9.29	0.74	11.04	15.93	57.01	15.23	174.99	134	390	1432
贵州	194.08	187.33	121.99	0.05	38.86	35.98	0.16	4.30	4.98	16.99	6.75	73.04	83	227	380
云南	533.03	448.17	156.35	0	148.57	83.07	29.76	13.71	13.90	85.89	84.86	136.06	154	597	533
西藏	97.48	29.33	14.26	0	0	0	0	0	0	15.06	68.15	8.75	6	10	15
陕西	54.24	33.52	7.60	0	1.78	1.78	0	0	3.05	21.09	20.72	2.39	31	101	357
甘肃	5.00	4.31	1.49	0	0	0	0	0	0	2.82	0.69	1.58	6	54	224
青海	2.30	2.30	2.30	0	0	0	0	0	0	0	0	0	0	30	95
宁夏	0.04	0.04	0	0	0	0	0.04	0	0	0	0	0	2	12	149
新疆	40.53	37.71	29.47	0	2.95	0.95	0	1.24	0	4.06	2.82	6.05	27	149	155
新疆建设兵团	6.04	6.04	4.16	0	1.52	0	0	0	0	0.36	0	0			
大兴安岭	84.79	84.79	33.24	3.67	37.40	18.29	10.23	0	0	0.26	0	15.63			

表 4-3　全国木材类产品进出口贸易值

产品类别		单位	出口数量	出口金额(千美元)	进口数量	进口金额(千美元)
原木	合计	立方米	14380	6768	42321305	8274748
	针叶原木	立方米	41	38	31460776	4864820
	非针叶原木	立方米	14339	6730	10860529	3409928
锯材	合计	立方米	544194	360493	21605851	5722168
	针叶锯材	立方米	227153	129680	14976794	3110619
	非针叶锯材	立方米	317041	230813	6629057	2611549
木片	合计	千克	5094394	726	301014084	1159600
	针叶木片	千克	2864	6	301014084	62876
	非针叶木片	千克	5091530	720		1096724

产品类别		单位	出口数量	出口金额(千美元)	进口数量	进口金额(千美元)
异型材	合计	千克	17167573	22344	4279138	8363
	针叶异形材	千克	10240297	12051	643285	1003
	非针叶异形材	千克	6927276	10293	3635853	7361
强化木	合计	千克	3336902	6419	703984	3205
木碎料	合计	千克	49026583	10624	42264654	4762
	薪材	千克	898161	66	2638004	175
	锯末	千克	33649420	5435	23969651	1597
	木棒	千克	10436775	3916	1434073	1019
	木丝粉	千克	4042227	1207	14222926	1972

表 4-4　原木主产地产量

	原木主产地	万立方米
1	大兴区(京)	1.60
2	宝坻区(津)	1.09
3	塞罕坝机械林场(冀)	9.86
4	木兰围场国有林场(冀)	3.77
5	围场满族蒙古族自治县(冀)	3.42
6	平泉县(冀)	3.32
7	隆化县(冀)	2.94
8	丰宁满族自治县(冀)	2.49
9	兴隆县(冀)	1.26
10	承德县(冀)	1.22
11	青龙满族自治县(冀)	1.00
12	迁安市(冀)	0.95
13	尚义县(冀)	0.84
14	涞源县(冀)	0.78
15	遵化市(冀)	0.63
16	景　县(冀)	0.59
17	双桥区(冀)	0.56
18	万全县(冀)	0.50
19	忻府区(晋)	0.85
20	科尔沁左翼后旗(内蒙古)	7.50
21	敖汉旗(内蒙古)	5.73
22	奈曼旗(内蒙古)	5.08
23	科尔沁区(内蒙古)	4.65
24	红花尔基林业局(内蒙古)	4.26
25	额尔古纳市(内蒙古)	4.24
26	喀喇沁旗(内蒙古)	4.20
27	阿鲁科尔沁旗(内蒙古)	3.89
28	松山区(内蒙古)	3.59
29	乌奴尔林业局(内蒙古)	3.20
30	免渡河林业局(内蒙古)	3.00
31	五岔沟林业局(内蒙古)	2.89
32	内蒙古柴河林业局(内蒙古)	2.77
33	科尔沁左翼中旗(内蒙古)	2.60
34	巴林左旗(内蒙古)	2.50
35	扎鲁特旗(内蒙古)	2.31
36	临河区(内蒙古)	1.71
37	宁城县(内蒙古)	1.53
38	库伦旗(内蒙古)	1.37
39	元宝山区(内蒙古)	1.14
40	翁牛特旗(内蒙古)	1.08
41	巴林右旗(内蒙古)	0.95
42	南木林业局(内蒙古)	0.90
43	磴口县(内蒙古)	0.81
44	乌拉特前旗(内蒙古)	0.78
45	五原县(内蒙古)	0.73
46	科尔沁右翼前旗(内蒙古)	0.70
47	林西县(内蒙古)	0.70
48	白狼林业局(内蒙古)	0.50
49	清原满族自治县(辽)	17.80
50	本溪满族自治县(辽)	12.72
51	桓仁满族自治县(辽)	12.60
52	宽甸满族自治县(辽)	12.00
53	彰武县(辽)	11.00
54	新民市(辽)	10.45
55	凤城市(辽)	8.60
56	昌图县(辽)	7.08
57	康平县(辽)	6.16
58	新宾满族自治县(辽)	5.00
59	凌海市(辽)	5.00
60	开原市(辽)	4.50
61	辽中县(辽)	4.20
62	绥中县(辽)	3.70
63	凌源市(辽)	3.20
64	铁岭县(辽)	3.03
65	抚顺县(辽)	2.85
66	法库县(辽)	2.49
67	阜新蒙古族自治县(辽)	2.20
68	北票市(辽)	2.10
69	西丰县(辽)	2.00
70	朝阳县(辽)	1.80
71	辽宁实验林场(辽)	1.63
72	兴城市(辽)	1.50
73	黑山县(辽)	1.50
74	灯塔市(辽)	1.50
75	南芬区(辽)	1.40
76	建昌县(辽)	1.06
77	沈北新区(辽)	1.03
78	北镇市(辽)	0.79
79	振安区(辽)	0.67
80	盘山县(辽)	0.67
81	海城市(辽)	0.64
82	东港市(辽)	0.63
83	台安县(辽)	0.60
84	明山区(辽)	0.60
85	喀喇沁左翼蒙古族自治县(辽)	0.58
86	义　县(辽)	0.50
87	敦化林业局(吉)	18.27
88	汪清林业局(吉)	17.24
89	和龙林业局(吉)	15.71
90	白河林业局(吉)	13.06
91	汪清县(吉)	12.98
92	敦化市(吉)	11.40
93	通化县(吉)	10.57
94	大石头林业局(吉)	10.55
95	蛟河市(吉)	9.34
96	八家子林业局(吉)	9.30
97	农安县(吉)	9.00
98	长白朝鲜族自治县(吉)	8.65

	原木主产地	万立方米
99	天桥岭林业局(吉)	8.25
100	通榆县(吉)	8.20
101	黄泥河林业局(吉)	8.13
102	扶余县(吉)	7.40
103	双辽市(吉)	7.02
104	白山市市辖区(吉)	7.02
105	上营森林经营局(吉)	6.84
106	和龙市(吉)	5.85
107	柳河县(吉)	5.84
108	舒兰市(吉)	5.37
109	长白森林经营局(吉)	5.32
110	梨树县(吉)	5.30
111	德惠市(吉)	5.20
112	安图森林经营局(吉)	5.14
113	东丰县(吉)	5.10
114	公主岭市(吉)	5.00
115	珲春林业局(吉)	4.81
116	镇赉县(吉)	4.80
117	集安市(吉)	4.21
118	大兴沟林业局(吉)	3.68
119	桦甸市(吉)	3.44
120	抚松县(吉)	3.20
121	永吉县(吉)	3.15
122	珲春市(吉)	3.07
123	辉南县(吉)	3.07
124	乾安县(吉)	3.00
125	九台市(吉)	3.00
126	东辽县(吉)	2.80
127	大安市(吉)	2.50
128	梅河口市(吉)	2.41
129	辉南森林经营局(吉)	2.33
130	长白山林业局(吉)	2.10
131	龙井市(吉)	1.91
132	伊通满族自治县(吉)	1.60
133	江源区(吉)	1.57
134	龙潭区(吉)	1.30
135	延吉市(吉)	1.21
136	丰满区(吉)	1.20
137	长岭县(吉)	1.10
138	图们市(吉)	1.01
139	靖宇县(吉)	0.95
140	安图县(吉)	0.85
141	浑江区(吉)	0.60
142	依兰县(黑)	7.40
143	庆安国有林场管理局(黑)	7.17
144	五常市(黑)	6.28
145	鹤岗市市辖区(黑)	4.78
146	肇东市(黑)	4.50
147	鸡东县(黑)	4.43
148	讷河市(黑)	4.10
149	双城市(黑)	3.87
150	宾县(黑)	3.80
151	望奎县(黑)	3.62
152	方正县(黑)	3.60
153	宝清县(黑)	3.60
154	汤原县(黑)	3.21
155	桦南县(黑)	3.18
156	萝北县(黑)	2.82
157	阿城区(黑)	2.65
158	勃利县(黑)	2.59
159	富裕县(黑)	2.50
160	林口县(黑)	2.40
161	丹清河实验林场(黑)	2.24
162	北林区(黑)	2.18
163	龙江县(黑)	2.14
164	延寿县(黑)	2.10
165	孟家岗林场(黑)	2.07
166	嘉荫县(黑)	2.02
167	黑河市直属林场(黑)	2.00
168	牡丹江市市本级(黑)	1.94
169	通河县(黑)	1.67
170	木兰县(黑)	1.60
171	绥棱县(黑)	1.60
172	泰来县(黑)	1.60
173	尚志国有林场管理局(黑)	1.59
174	甘南县(黑)	1.50
175	安达市(黑)	1.40
176	山河实验林场(黑)	1.39
177	巴彦县(黑)	1.38
178	林甸县(黑)	1.31
179	虎林市(黑)	1.30
180	转山实验林场(黑)	1.20
181	东宁县(黑)	1.20
182	海林市(黑)	1.18
183	肇源县(黑)	1.14
184	呼兰区(黑)	1.00
185	新兴区(黑)	1.00
186	肇州县(黑)	0.99
187	集贤县(黑)	0.98
188	富锦市(黑)	0.93
189	五大连池市(黑)	0.88
190	青冈县(黑)	0.80
191	梨树区(黑)	0.76
192	海伦市(黑)	0.62
193	松北区(黑)	0.61
194	七台河市市辖区(黑)	0.59
195	克东县(黑)	0.55
196	佳木斯市郊区(黑)	0.50
197	东风区(黑)	0.50
198	依安县(黑)	0.50
199	泗洪县(苏)	5.35
200	丰　县(苏)	3.10
201	盱眙县(苏)	3.00
202	建湖县(苏)	1.83
203	赣榆县(苏)	1.64
204	高邮市(苏)	1.30
205	龙泉市(浙)	25.30
206	庆元县(浙)	12.47
207	淳安县(浙)	9.60
208	遂昌县(浙)	9.46
209	临安市(浙)	8.20
210	建德市(浙)	7.55
211	松阳县(浙)	6.33
212	景宁畲族自治县(浙)	5.80
213	仙居县(浙)	5.40
214	天台县(浙)	4.38
215	桐庐县(浙)	4.04
216	临海市(浙)	4.00
217	文成县(浙)	3.97
218	安吉县(浙)	3.79
219	江山市(浙)	3.67
220	浦江县(浙)	3.50
221	武义县(浙)	3.02
222	云和县(浙)	2.97
223	婺城区(浙)	2.74
224	缙云县(浙)	2.63
225	青田县(浙)	2.60
226	莲都区(浙)	2.53
227	富阳市(浙)	2.33
228	衢江区(浙)	2.08
229	磐安县(浙)	2.06
230	泰顺县(浙)	1.59
231	三门县(浙)	1.12
232	长兴县(浙)	0.97
233	宁海县(浙)	0.85
234	龙游县(浙)	0.80
235	黄岩区(浙)	0.75
236	余杭区(浙)	0.69

	原木主产地	万立方米
237	祁门县(皖)	18.70
238	蒙城县(皖)	14.60
239	青阳县(皖)	14.08
240	涡阳县(皖)	11.00
241	泾　县(皖)	10.80
242	萧　县(皖)	10.00
243	休宁县(皖)	8.73
244	潜山县(皖)	8.45
245	金寨县(皖)	7.40
246	旌德县(皖)	6.93
247	太湖县(皖)	6.84
248	颍上县(皖)	6.80
249	阜南县(皖)	6.16
250	宁国市(皖)	6.12
251	利辛县(皖)	5.00
252	寿　县(皖)	4.10
253	歙　县(皖)	4.02
254	东至县(皖)	3.60
255	黟　县(皖)	3.58
256	颍东区(皖)	2.98
257	全椒县(皖)	2.80
258	无为县(皖)	2.45
259	南陵县(皖)	2.18
260	舒城县(皖)	2.10
261	桐城市(皖)	2.00
262	庐江县(皖)	1.45
263	迎江区(皖)	0.97
264	繁昌县(皖)	0.80
265	凤阳县(皖)	0.80
266	徽州区(皖)	0.78
267	肥东县(皖)	0.50
268	六安市叶集区(皖)	0.50
269	遂川县(赣)	24.00
270	安福县(赣)	17.20
271	崇义县(赣)	16.50
272	永丰县(赣)	13.60
273	铜鼓县(赣)	13.10
274	永新县(赣)	8.93
275	奉新县(赣)	7.19
276	资溪县(赣)	7.07
277	浮梁县(赣)	6.50
278	宜丰县(赣)	5.80
279	上高县(赣)	5.80
280	新干县(赣)	5.50
281	信丰县(赣)	5.40
282	修水县(赣)	5.13

	原木主产地	万立方米
283	靖安县(赣)	4.97
284	武宁县(赣)	4.97
285	万安县(赣)	4.83
286	上犹县(赣)	4.44
287	全南县(赣)	4.24
288	高安市(赣)	3.99
289	峡江县(赣)	3.95
290	德兴市(赣)	3.79
291	宜黄县(赣)	3.60
292	丰城市(赣)	3.52
293	分宜县(赣)	3.50
294	彭泽县(赣)	3.03
295	井冈山市(赣)	2.87
296	万载县(赣)	2.68
297	大余县(赣)	2.29
298	南城县(赣)	2.11
299	乐安县(赣)	2.00
300	临川区(赣)	1.88
301	宁都县(赣)	1.80
302	会昌县(赣)	1.61
303	龙南县(赣)	1.61
304	永修县(赣)	1.53
305	德安县(赣)	1.47
306	瑞金市(赣)	1.43
307	崇仁县(赣)	1.41
308	赣　县(赣)	1.40
309	安远县(赣)	1.39
310	万年县(赣)	1.38
311	鄱阳县(赣)	1.00
312	定南县(赣)	0.99
313	都昌县(赣)	0.96
314	南丰县(赣)	0.92
315	铅山县(赣)	0.80
316	于都县(赣)	0.78
317	余江县(赣)	0.78
318	渝水区(赣)	0.77
319	湖口县(赣)	0.75
320	东乡县(赣)	0.71
321	广丰县(赣)	0.67
322	九江县(赣)	0.61
323	兴国县(赣)	0.60
324	樟树市(赣)	0.60
325	瑞昌市(赣)	0.51
326	郓城县(鲁)	18.47
327	高密市(鲁)	15.70
328	沂水县(鲁)	13.00

	原木主产地	万立方米
329	夏津县(鲁)	11.50
330	单　县(鲁)	8.42
331	沂南县(鲁)	6.88
332	陵　县(鲁)	5.75
333	诸城市(鲁)	5.10
334	商河县(鲁)	4.54
335	胶南市(鲁)	4.25
336	东平县(鲁)	3.40
337	昌乐县(鲁)	3.20
338	平原县(鲁)	2.90
339	苍山县(鲁)	2.57
340	寿光市(鲁)	2.49
341	宁阳县(鲁)	2.23
342	平阴县(鲁)	2.22
343	蒙阴县(鲁)	2.20
344	定陶县(鲁)	2.12
345	莒南县(鲁)	2.10
346	东明县(鲁)	2.01
347	昌邑市(鲁)	1.90
348	安丘市(鲁)	1.74
349	武城县(鲁)	1.54
350	高青县(鲁)	1.40
351	乐陵市(鲁)	1.30
352	利津县(鲁)	1.30
353	临邑县(鲁)	1.30
354	宁津县(鲁)	1.28
355	齐河县(鲁)	1.20
356	新泰市(鲁)	1.16
357	岱岳区(鲁)	1.16
358	禹城市(鲁)	1.14
359	沂源县(鲁)	1.04
360	莱州市(鲁)	1.00
361	乳山市(鲁)	0.87
362	青州市(鲁)	0.85
363	德州市市辖区(鲁)	0.75
364	胶州市(鲁)	0.72
365	海阳市(鲁)	0.72
366	德城区(鲁)	0.70
367	莱阳市(鲁)	0.65
368	岚山区(鲁)	0.63
369	临淄区(鲁)	0.54
370	坊子区(鲁)	0.53
371	蓬莱市(鲁)	0.50
372	庆云县(鲁)	0.50
373	夏邑县(豫)	7.50
374	柘城县(豫)	6.79

	原木主产地	万立方米
375	新　县(豫)	6.20
376	浉河区(豫)	5.20
377	扶沟县(豫)	5.20
378	太康县(豫)	5.00
379	西华县(豫)	4.80
380	民权县(豫)	4.75
381	鹿邑县(豫)	4.50
382	杞　县(豫)	4.50
383	虞城县(豫)	4.50
384	郸城县(豫)	4.40
385	罗山县(豫)	4.33
386	尉氏县(豫)	4.30
387	商水县(豫)	4.20
388	淮滨县(豫)	4.17
389	范　县(豫)	4.00
390	灵宝市(豫)	3.97
391	睢　县(豫)	3.90
392	潢川县(豫)	3.72
393	延津县(豫)	3.44
394	兰考县(豫)	3.40
395	宁陵县(豫)	3.26
396	社旗县(豫)	3.00
397	正阳县(豫)	2.95
398	商城县(豫)	2.80
399	开封县(豫)	2.70
400	汝南县(豫)	2.59
401	泌阳县(豫)	2.50
402	通许县(豫)	2.47
403	新蔡县(豫)	2.47
404	平舆县(豫)	2.10
405	博爱县(豫)	2.10
406	上蔡县(豫)	1.97
407	西平县(豫)	1.97
408	温　县(豫)	1.90
409	获嘉县(豫)	1.90
410	洛宁县(豫)	1.87
411	济源市(豫)	1.76
412	睢阳区(豫)	1.75
413	武陟县(豫)	1.70
414	封丘县(豫)	1.70
415	中牟县(豫)	1.62
416	新郑市(豫)	1.56
417	辉县市(豫)	1.56
418	长垣县(豫)	1.52
419	新野县(豫)	1.51
420	嵩　县(豫)	1.50

	原木主产地	万立方米
421	唐河县(豫)	1.47
422	临颍县(豫)	1.41
423	襄城县(豫)	1.40
424	南乐县(豫)	1.40
425	遂平县(豫)	1.30
426	许昌县(豫)	1.30
427	濮阳县(豫)	1.30
428	修武县(豫)	1.30
429	孟州市(豫)	1.28
430	邓州市(豫)	1.20
431	宜阳县(豫)	1.19
432	新密市(豫)	1.17
433	桐柏县(豫)	1.10
434	陕　县(豫)	1.06
435	平桥区(豫)	1.00
436	召陵区(豫)	1.00
437	沈丘县(豫)	0.96
438	郏　县(豫)	0.95
439	卢氏县(豫)	0.88
440	郾城区(豫)	0.85
441	舞钢市(豫)	0.85
442	确山县(豫)	0.80
443	林州市(豫)	0.78
444	淇　县(豫)	0.73
445	梁园区(豫)	0.68
446	宝丰县(豫)	0.66
447	叶　县(豫)	0.65
448	台前县(豫)	0.64
449	魏都区(豫)	0.59
450	卫辉市(豫)	0.55
451	新乡县(豫)	0.52
452	光山县(豫)	0.52
453	新安县(豫)	0.50
454	洪湖市(鄂)	12.00
455	仙桃市(鄂)	11.40
456	崇阳县(鄂)	11.04
457	石首市(鄂)	11.00
458	随　县(鄂)	10.00
459	监利县(鄂)	8.00
460	钟祥市(鄂)	7.26
461	利川市(鄂)	6.20
462	建始县(鄂)	5.48
463	南漳县(鄂)	5.45
464	通山县(鄂)	4.19
465	鹤峰县(鄂)	4.14
466	松滋市(鄂)	3.82

	原木主产地	万立方米
467	公安县(鄂)	3.72
468	江陵县(鄂)	3.22
469	宜城市(鄂)	3.20
470	咸安区(鄂)	3.10
471	潜江市(鄂)	3.00
472	当阳市(鄂)	3.00
473	襄州区(鄂)	2.90
474	赤壁市(鄂)	2.76
475	沙市区(鄂)	2.60
476	谷城县(鄂)	2.59
477	东宝区(鄂)	2.55
478	咸丰县(鄂)	2.52
479	云梦县(鄂)	2.50
480	曾都区(鄂)	2.27
481	沙洋县(鄂)	2.26
482	阳新县(鄂)	2.10
483	孝昌县(鄂)	2.10
484	团风县(鄂)	2.10
485	广水市(鄂)	2.00
486	浠水县(鄂)	2.00
487	蔡甸区(鄂)	1.89
488	房　县(鄂)	1.83
489	通城县(鄂)	1.73
490	嘉鱼县(鄂)	1.70
491	京山县(鄂)	1.65
492	樊城区(鄂)	1.60
493	麻城市(鄂)	1.60
494	江夏区(鄂)	1.53
495	大悟县(鄂)	1.50
496	黄梅县(鄂)	1.26
497	黄州区(鄂)	1.21
498	恩施市(鄂)	1.20
499	竹山县(鄂)	1.20
500	荆州区(鄂)	1.19
501	枣阳市(鄂)	1.15
502	远安县(鄂)	1.11
503	宣恩县(鄂)	1.06
504	兴山县(鄂)	1.00
505	郧　县(鄂)	0.93
506	老河口市(鄂)	0.86
507	巴东县(鄂)	0.78
508	武穴市(鄂)	0.73
509	来凤县(鄂)	0.72
510	红安县(鄂)	0.70
511	郧西县(鄂)	0.70
512	掇刀区(鄂)	0.60

	原木主产地	万立方米
513	竹溪县(鄂)	0.55
514	秭归县(鄂)	0.54
515	应城市(鄂)	0.54
516	梁子湖区(鄂)	0.50
517	蕲春县(鄂)	0.50
518	丹江口市(鄂)	0.50
519	江华瑶族自治县(湘)	22.59
520	洞口县(湘)	18.52
521	浏阳市(湘)	16.70
522	资兴市(湘)	16.44
523	绥宁县(湘)	16.00
524	城步苗族自治县(湘)	15.50
525	平江县(湘)	14.13
526	张家界市市辖区(湘)	13.71
527	会同县(湘)	12.64
528	靖州苗族侗族自治县(湘)	12.00
529	炎陵县(湘)	11.70
530	沅陵县(湘)	11.19
531	汝城县(湘)	11.09
532	南　县(湘)	10.00
533	湘乡市(湘)	10.00
534	安化县(湘)	9.00
535	中方县(湘)	8.74
536	桂东县(湘)	8.20
537	益阳市市辖区(湘)	8.00
538	桃江县(湘)	7.93
539	双牌县(湘)	7.58
540	江永县(湘)	6.60
541	新晃侗族自治县(湘)	6.00
542	通道侗族自治县(湘)	6.00
543	宁乡县(湘)	5.80
544	溆浦县(湘)	5.63
545	花垣县(湘)	5.63
546	慈利县(湘)	5.60
547	永兴县(湘)	5.60
548	赫山区(湘)	5.30
549	蓝山县(湘)	5.21
550	茶陵县(湘)	5.10
551	武冈市(湘)	5.00
552	新化县(湘)	5.00
553	芷江侗族自治县(湘)	4.81
554	桑植县(湘)	4.81
555	道　县(湘)	4.51
556	宁远县(湘)	3.84
557	澧　县(湘)	3.65
558	隆回县(湘)	3.40
559	汉寿县(湘)	3.30
560	安仁县(湘)	3.26
561	衡阳县(湘)	3.25
562	双峰县(湘)	3.20
563	安乡县(湘)	3.20
564	永定区(湘)	3.10
565	资阳区(湘)	3.00
566	醴陵市(湘)	3.00
567	石门县(湘)	2.80
568	新宁县(湘)	2.45
569	耒阳市(湘)	2.43
570	辰溪县(湘)	2.24
571	新田县(湘)	2.19
572	君山区(湘)	2.11
573	常宁市(湘)	2.06
574	古丈县(湘)	2.01
575	桃源县(湘)	2.00
576	东安县(湘)	2.00
577	麻阳苗族自治县(湘)	1.60
578	祁阳县(湘)	1.56
579	永顺县(湘)	1.55
580	娄星区(湘)	1.53
581	鼎城区(湘)	1.50
582	鹤城区(湘)	1.47
583	汨罗市(湘)	1.38
584	零陵区(湘)	1.33
585	株洲县(湘)	1.29
586	新邵县(湘)	1.23
587	龙山县(湘)	1.22
588	临湘市(湘)	1.22
589	湘潭县(湘)	1.20
590	衡南县(湘)	1.16
591	攸　县(湘)	1.05
592	嘉禾县(湘)	1.03
593	桂阳县(湘)	1.02
594	苏仙区(湘)	1.01
595	宜章县(湘)	1.00
596	涟源市(湘)	0.96
597	津市市(湘)	0.95
598	临武县(湘)	0.95
599	华容县(湘)	0.90
600	岳阳县(湘)	0.80
601	望城县(湘)	0.75
602	湘阴县(湘)	0.62
603	云溪区(湘)	0.60
604	泸溪县(湘)	0.55
605	北湖区(湘)	0.50
606	怀集县(粤)	23.32
607	阳春市(粤)	20.00
608	封开县(粤)	18.79
609	高要市(粤)	18.47
610	雷州市(粤)	17.10
611	佛冈县(粤)	16.75
612	台山市(粤)	16.20
613	西江林业局(粤)	14.03
614	广宁县(粤)	13.20
615	东源县(粤)	12.90
616	新会区(粤)	11.00
617	博罗县(粤)	10.04
618	徐闻县(粤)	9.83
619	鹤山市(粤)	9.59
620	四会市(粤)	9.50
621	惠东县(粤)	9.33
622	浈江区(粤)	8.90
623	翁源县(粤)	8.85
624	高明区(粤)	8.60
625	乐昌市(粤)	8.46
626	增城市(粤)	8.26
627	恩平市(粤)	8.26
628	新丰县(粤)	8.00
629	廉江市(粤)	7.80
630	始兴县(粤)	7.72
631	德庆县(粤)	7.30
632	武江区(粤)	6.80
633	化州市(粤)	6.63
634	清远市市属总林场(粤)	6.43
635	五华县(粤)	6.35
636	英德市(粤)	6.29
637	龙川县(粤)	5.87
638	从化市(粤)	5.63
639	曲江区(粤)	5.35
640	饶平县(粤)	5.32
641	和平县(粤)	5.25
642	罗定市(粤)	5.00
643	连州市(粤)	4.87
644	信宜市(粤)	4.78
645	仁化县(粤)	4.75
646	兴宁市(粤)	4.54
647	云城区(粤)	4.52
648	清新县(粤)	4.50
649	郁南县(粤)	4.44
650	连山壮族瑶族自治县(粤)	4.30

	原木主产地	万立方米
651	清城区(粤)	4.25
652	高州市(粤)	4.24
653	惠城区(粤)	4.20
654	乳源瑶族自治县(粤)	4.19
655	连南瑶族自治县(粤)	4.08
656	阳西县(粤)	3.99
657	南雄市(粤)	3.54
658	茂名市市属总林场(粤)	3.50
659	丰顺县(粤)	3.32
660	阳山县(粤)	3.10
661	中山市(粤)	2.42
662	海丰县(粤)	2.21
663	梅　县(粤)	2.11
664	花都区(粤)	1.98
665	连平县(粤)	1.84
666	东江林场(粤)	1.81
667	蓬江区(粤)	1.73
668	樟木头林场(粤)	1.40
669	蕉岭县(粤)	1.35
670	大埔县(粤)	1.34
671	平远县(粤)	1.24
672	鼎湖区(粤)	1.23
673	电白县(粤)	1.18
674	宝安区(粤)	1.11
675	普宁市(粤)	1.08
676	坡头区(粤)	1.00
677	连山林场(粤)	1.00
678	斗门区(粤)	1.00
679	天井山林场(粤)	0.94
680	新丰江林管局(粤)	0.90
681	广州市市属总林场(粤)	0.89
682	九连山林场(粤)	0.88
683	陆河县(粤)	0.85
684	乳阳林业局(粤)	0.79
685	麻章区(粤)	0.60
686	萝岗区(粤)	0.60
687	揭西县(粤)	0.51
688	高峰林场(桂)	57.17
689	横　县(桂)	41.40
690	钦南区(桂)	39.56
691	罗城仫佬族自治县(桂)	35.66
692	桂平市(桂)	32.00
693	陆川县(桂)	31.60
694	浦北县(桂)	28.80
695	象州县(桂)	28.43
696	钦北区(桂)	28.43
697	环江毛南族自治县(桂)	28.40
698	融水苗族自治县(桂)	27.30
699	兴宾区(桂)	26.88
700	灵山县(桂)	26.13
701	融安县(桂)	24.01
702	马山县(桂)	22.73
703	八步区(桂)	22.40
704	扶绥县(桂)	20.70
705	鹿寨县(桂)	20.47
706	东门林场(桂)	19.53
707	三江侗族自治县(桂)	18.74
708	北流市(桂)	18.67
709	隆安县(桂)	17.15
710	龙胜各族自治县(桂)	17.11
711	防城区(桂)	16.50
712	柳江县(桂)	16.44
713	港北区(桂)	15.70
714	派阳山林场(桂)	15.54
715	合浦县(桂)	15.44
716	苍梧县(桂)	15.35
717	六万林场(桂)	14.33
718	七坡林场(桂)	14.14
719	那坡县(桂)	14.00
720	昭平县(桂)	13.04
721	右江区(桂)	13.00
722	武宣县(桂)	12.87
723	临桂县(桂)	12.62
724	柳城县(桂)	12.58
725	覃塘区(桂)	12.19
726	忻城县(桂)	11.60
727	钦廉林场(桂)	11.45
728	黄冕林场(桂)	11.17
729	三门江林场(桂)	9.78
730	金秀瑶族自治县(桂)	9.52
731	乐业县(桂)	9.37
732	凤山县(桂)	9.30
733	凌云县(桂)	8.41
734	全州县(桂)	8.40
735	大桂山林场(桂)	8.26
736	巴马瑶族自治县(桂)	7.97
737	永福县(桂)	7.37
738	隆林各族自治县(桂)	7.04
739	江州区(桂)	6.91
740	兴安县(桂)	6.90
741	大新县(桂)	6.29
742	合山市(桂)	5.46
743	灌阳县(桂)	5.26
744	平乐县(桂)	5.16
745	东兴市(桂)	4.87
746	富川瑶族自治县(桂)	4.85
747	天等县(桂)	4.19
748	柳北区(桂)	4.08
749	大化瑶族自治县(桂)	3.70
750	灵川县(桂)	3.24
751	中国林科院热林中心(桂)	3.00
752	阳朔县(桂)	2.68
753	资源县(桂)	2.42
754	长洲区(桂)	2.37
755	恭城瑶族自治县(桂)	1.10
756	蝶山区(桂)	0.98
757	万秀区(桂)	0.57
758	龙州县(桂)	0.56
759	南川区(渝)	3.10
760	武隆县(渝)	3.08
761	石柱土家族自治县(渝)	2.14
762	秀山土家族苗族自治县(渝)	1.70
763	永川区(渝)	1.62
764	彭水苗族土家族自治县(渝)	1.53
765	梁平县(渝)	1.48
766	江津区(渝)	1.20
767	巫溪县(渝)	0.77
768	雨城区(川)	13.60
769	荥经县(川)	10.00
770	叙永县(川)	9.05
771	古蔺县(川)	8.50
772	洪雅县(川)	8.24
773	宣汉县(川)	8.03
774	珙　县(川)	7.04
775	屏山县(川)	5.59
776	合江县(川)	5.47
777	芦山县(川)	5.18
778	平武县(川)	5.00
779	筠连县(川)	5.00
780	通江县(川)	4.90
781	江油市(川)	4.85
782	邛崃市(川)	4.50
783	万源市(川)	4.50
784	射洪县(川)	4.00
785	苍溪县(川)	3.96
786	北川羌族自治县(川)	3.50
787	梓潼县(川)	3.37
788	什邡市(川)	2.98

	原木主产地	万立方米
789	阆中市(川)	2.97
790	三台县(川)	2.55
791	布拖县(川)	2.40
792	丹棱县(川)	2.30
793	荣　县(川)	2.28
794	兴文县(川)	2.24
795	宜宾县(川)	2.00
796	仪陇县(川)	2.00
797	剑阁县(川)	2.00
798	崇州市(川)	1.94
799	宝兴县(川)	1.90
800	威远县(川)	1.87
801	巴州区(川)	1.81
802	达　县(川)	1.80
803	旺苍县(川)	1.80
804	安　县(川)	1.68
805	高　县(川)	1.59
806	盐亭县(川)	1.58
807	东坡区(川)	1.52
808	利州区(川)	1.50
809	沙湾区(川)	1.42
810	乐山市市中区(川)	1.30
811	仁寿县(川)	1.22
812	色达县(川)	1.20
813	名山县(川)	1.20
814	朝天区(川)	1.20
815	翠屏区(川)	1.18
816	泸　县(川)	1.10
817	中江县(川)	1.00
818	盐源县(川)	0.94
819	青神县(川)	0.90
820	南江县(川)	0.88
821	雷波县(川)	0.86
822	南溪县(川)	0.85
823	平昌县(川)	0.83
824	涪城区(川)	0.80
825	资中县(川)	0.79
826	富顺县(川)	0.74
827	广安区(川)	0.70
828	都江堰市(川)	0.62
829	华蓥市(川)	0.60
830	普格县(川)	0.60
831	江安县(川)	0.57
832	东兴区(川)	0.54
833	南部县(川)	0.53
834	西昌市(川)	0.52

	原木主产地	万立方米
835	船山区(川)	0.52
836	榕江县(黔)	28.00
837	黎平县(黔)	21.60
838	从江县(黔)	18.86
839	锦屏县(黔)	16.04
840	剑河县(黔)	11.20
841	天柱县(黔)	8.30
842	台江县(黔)	6.74
843	三都水族自治县(黔)	6.00
844	三穗县(黔)	5.25
845	赤水市(黔)	3.47
846	岑巩县(黔)	3.38
847	雷山县(黔)	3.10
848	丹寨县(黔)	2.49
849	都匀市(黔)	2.27
850	施秉县(黔)	2.10
851	镇远县(黔)	1.82
852	凯里市(黔)	1.79
853	麻江县(黔)	1.65
854	开阳县(黔)	1.33
855	瓮安县(黔)	1.25
856	荔波县(黔)	1.16
857	湄潭县(黔)	1.10
858	福泉市(黔)	1.10
859	长顺县(黔)	1.08
860	清镇市(黔)	0.59
861	兴义市(黔)	0.58
862	息烽县(黔)	0.57
863	腾冲县(滇)	47.98
864	龙陵县(滇)	20.60
865	广南县(滇)	14.56
866	马关县(滇)	13.10
867	隆阳区(滇)	11.53
868	富宁县(滇)	9.90
869	罗平县(滇)	9.54
870	双柏县(滇)	6.99
871	楚雄市(滇)	4.84
872	西畴县(滇)	4.77
873	砚山县(滇)	4.49
874	双江拉祜族佤族布朗族傣族自治县(滇)	4.49
875	耿马傣族佤族自治县(滇)	4.47
876	麻栗坡县(滇)	4.11
877	会泽县(滇)	3.70
878	屏边苗族自治县(滇)	3.69
879	永善县(滇)	3.36

	原木主产地	万立方米
880	威信县(滇)	3.10
881	昌宁县(滇)	2.59
882	大姚县(滇)	2.31
883	镇康县(滇)	2.28
884	曲靖市市属海寨林场(滇)	2.11
885	盐津县(滇)	2.00
886	施甸县(滇)	1.85
887	文山市(滇)	1.65
888	昭阳区(滇)	1.63
889	丘北县(滇)	1.63
890	禄丰县(滇)	1.45
891	泸水县(滇)	1.38
892	云　县(滇)	1.24
893	西盟佤族自治县(滇)	1.20
894	陆良县(滇)	1.05
895	江川县(滇)	1.05
896	水富县(滇)	1.00
897	绥江县(滇)	0.95
898	勐海县(滇)	0.86
899	个旧市(滇)	0.76
900	凤庆县(滇)	0.70
901	巧家县(滇)	0.67
902	永德县(滇)	0.67
903	云龙县(滇)	0.60
904	漾濞彝族自治县(滇)	0.60
905	牟定县(滇)	0.53
906	昌都县(藏)	6.97
907	波密县(藏)	4.05
908	边坝县(藏)	3.52
909	江达县(藏)	3.43
910	察雅县(藏)	2.07
911	贡觉县(藏)	1.74
912	察隅县(藏)	1.37
913	米林县(藏)	1.25
914	芒康县(藏)	1.18
915	八宿县(藏)	0.93
916	林芝县(藏)	0.87
917	镇巴县(陕)	3.80
918	宁陕县(陕)	3.71
919	宁强县(陕)	2.20
920	宁东林业局(陕)	1.98
921	临渭区(陕)	1.55
922	西乡县(陕)	1.46
923	南郑县(陕)	1.36
924	镇坪县(陕)	1.20
925	汉滨区(陕)	0.73

	原木主产地	万立方米
926	耀州区(陕)	0.72
927	户　县(陕)	0.56
928	洋　县(陕)	0.56
929	丹凤县(陕)	0.52
930	桥山林业局(陕)	0.50
931	平利县(陕)	0.50
932	小陇山林业实验局(甘)	2.18
933	平凉市市辖区(甘)	1.00
934	瓜州县(甘)	0.51
935	临泽县(甘)	0.50
936	莎车县(新)	2.00
937	温宿县(新)	1.17
938	乌苏市(新)	1.12
939	塔城市(新)	0.87
940	乌什县(新)	0.79
941	阿克苏市(新)	0.77
942	额敏县(新)	0.74
943	阿瓦提县(新)	0.70
944	疏勒县(新)	0.66
945	叶城县(新)	0.65
946	泽普县(新)	0.65
947	巩留林场(新)	0.58
948	疏附县(新)	0.53
949	沙湾县(新)	0.50
950	温泉县(新)	0.50
951	莫尔道嘎林业局(内蒙古集团)	11.70
952	根河林业局(内蒙古集团)	11.42
953	金河林业局(内蒙古集团)	10.40
954	乌尔旗汉林业局(内蒙古集团)	8.63
955	满归林业局(内蒙古集团)	7.53
956	绰尔林业局(内蒙古集团)	6.74
957	阿里河林业局(内蒙古集团)	6.47
958	阿龙山林业局(内蒙古集团)	6.28
959	得耳布尔林业局(内蒙古集团)	5.71
960	甘河林业局(内蒙古集团)	5.64
961	阿尔山林业局(内蒙古集团)	5.06
962	库都尔林业局(内蒙古集团)	4.90
963	克一河林业局(内蒙古集团)	4.57
964	图里河林业局(内蒙古集团)	4.32
965	吉文林业局(内蒙古集团)	4.20
966	绰源林业局(内蒙古集团)	4.14
967	伊图里河林业局(内蒙古集团)	2.51
968	大杨树林业局(内蒙古集团)	0.55
969	红石林业局(吉林集团)	21.59
970	三岔子林业局(吉林集团)	15.10
971	白石山林业局(吉林集团)	11.06
972	露水河林业局(吉林集团)	10.64
973	临江林业局(吉林集团)	10.64
974	松江河林业有限公司(吉林集团)	10.20
975	泉阳林业局(吉林集团)	8.02
976	湾沟林业局(吉林集团)	4.84
977	亚布力林业局(龙江集团)	14.15
978	东方红林业局(龙江集团)	13.70
979	东京城林业局(龙江集团)	13.25
980	黑龙江柴河林业局(龙江集团)	11.19
981	大海林林业局(龙江集团)	10.49
982	穆棱林业局(龙江集团)	8.99
983	方正林业局(龙江集团)	8.43
984	兴隆林业局(龙江集团)	7.69
985	新青林业局(龙江集团)	6.30
986	鹤北林业局(龙江集团)	5.50
987	山河屯林业局(龙江集团)	5.48
988	朗乡林业局(龙江集团)	5.00
989	友好林业局(龙江集团)	4.80
990	苇河林业局(龙江集团)	4.68
991	汤旺河林业局(龙江集团)	4.44
992	沾河林业局(龙江集团)	3.99
993	绥阳林业局(龙江集团)	3.64
994	绥棱林业局(龙江集团)	3.37
995	铁力林业局(龙江集团)	3.21
996	海林林业局(龙江集团)	2.70
997	金山屯林业局(龙江集团)	2.45
998	清河林业局(龙江集团)	2.20
999	美溪林业局(龙江集团)	2.10
1000	红星林业局(龙江集团)	2.00
1001	带岭实验局(龙江集团)	1.94
1002	乌伊岭林业局(龙江集团)	1.93
1003	迎春林业局(龙江集团)	1.88
1004	桦南林业局(龙江集团)	1.60
1005	通北林业局(龙江集团)	1.36
1006	鹤立林业局(龙江集团)	0.70
1007	林口林业局(龙江集团)	0.68
1008	八面通林业局(龙江集团)	0.60
1009	双鸭山林业局(龙江集团)	0.54
1010	五营林业局(龙江集团)	0.50
1011	新林林业局(大兴安岭)	12.03
1012	塔河林业局(大兴安岭)	10.90
1013	西林吉林业局(大兴安岭)	10.71
1014	韩家园林业局(大兴安岭)	10.27
1015	呼中林业局(大兴安岭)	9.64
1016	松岭林业局(大兴安岭)	8.88
1017	十八站林业局(大兴安岭)	7.80
1018	阿木尔林业局(大兴安岭)	7.24
1019	图强林业局(大兴安岭)	7.05
1020	农四师(新疆建设兵团)	1.48
1021	农一师(新疆建设兵团)	0.85
1022	农二师(新疆建设兵团)	0.63
1023	农十四师(新疆建设兵团)	0.50

表 4-5　锯材主产地产量

	锯材主产地	万立方米
1	临漳县(冀)	98.06
2	南和县(冀)	42.00
3	滦　县(冀)	11.00
4	曲阳县(冀)	7.31
5	蔚　县(冀)	6.00
6	昌黎县(冀)	4.50
7	滦南县(冀)	2.29
8	魏　县(冀)	1.68
9	兴隆县(冀)	1.20
10	定州市(冀)	0.75
11	宣化县(冀)	0.70
12	丰南区(冀)	0.69
13	围场满族蒙古族自治县(冀)	0.61
14	科尔沁区(内蒙古)	3.65
15	科尔沁左翼后旗(内蒙古)	3.26
16	奈曼旗(内蒙古)	2.46
17	翁牛特旗(内蒙古)	2.15
18	宁城县(内蒙古)	1.53
19	松山区(内蒙古)	1.37
20	喀喇沁旗(内蒙古)	1.20
21	科尔沁左翼中旗(内蒙古)	0.90
22	扎兰屯市(内蒙古)	0.85
23	乌拉特前旗(内蒙古)	0.78
24	敖汉旗(内蒙古)	0.60
25	红山区(内蒙古)	0.56
26	彰武县(辽)	30.00
27	新宾满族自治县(辽)	15.00
28	本溪满族自治县(辽)	12.72
29	清原满族自治县(辽)	11.00
30	海城市(辽)	6.85
31	振安区(辽)	6.00
32	桓仁满族自治县(辽)	5.50
33	东陵区(辽)	5.00
34	元宝区(辽)	4.50
35	凌海市(辽)	4.00
36	宽甸满族自治县(辽)	4.00

	锯材主产地	万立方米
37	阜新蒙古族自治县(辽)	3.20
38	法库县(辽)	3.00
39	抚顺县(辽)	2.62
40	义　县(辽)	2.60
41	凌源市(辽)	2.50
42	北票市(辽)	1.20
43	东港市(辽)	1.19
44	喀喇沁左翼蒙古族自治县(辽)	1.00
45	新民市(辽)	0.93
46	岫岩满族自治县(辽)	0.87
47	铁岭市经济开发区(辽)	0.80
48	兴城市(辽)	0.80
49	盖州市(辽)	0.60
50	敦化市(吉)	13.68
51	前郭尔罗斯蒙古族自治县(吉)	8.17
52	抚松县(吉)	6.80
53	临江市(吉)	6.00
54	蛟河市(吉)	5.87
55	通化县(吉)	5.00
56	汪清县(吉)	4.83
57	镇赉县(吉)	4.80
58	集安市(吉)	3.72
59	公主岭市(吉)	3.60
60	和龙市(吉)	3.15
61	上营森林经营局(吉)	3.00
62	白河林业局(吉)	2.74
63	图们市(吉)	2.57
64	九台市(吉)	2.40
65	通榆县(吉)	2.30
66	双辽市(吉)	2.30
67	辉南县(吉)	2.10
68	船营区(吉)	2.00
69	大安市(吉)	2.00
70	长白朝鲜族自治县(吉)	1.90
71	柳河县(吉)	1.72
72	德惠市(吉)	1.60
73	乾安县(吉)	1.12
74	四平市铁东区(吉)	1.00
75	南关区(吉)	0.90
76	敦化林业局(吉)	0.85
77	东丰县(吉)	0.80
78	龙潭区(吉)	0.75
79	经济开发区(吉)	0.62
80	二道江区(吉)	0.60
81	龙井市(吉)	0.60
82	四平市铁西区(吉)	0.60
83	安图森林经营局(吉)	0.56
84	同江市(黑)	59.20
85	富锦市(黑)	9.38
86	铁力市(黑)	8.85
87	爱辉区(黑)	8.30
88	林口县(黑)	5.30
89	饶河县(黑)	5.04
90	嘉荫县(黑)	4.90
91	宁安市(黑)	4.80
92	延寿县(黑)	3.50
93	南岗区(黑)	3.30
94	宾　县(黑)	2.66
95	方正县(黑)	2.50
96	巴彦县(黑)	2.30
97	密山市(黑)	2.00
98	勃利县(黑)	1.87
99	肇州县(黑)	1.50
100	鸡东县(黑)	1.33
101	宝清县(黑)	1.20
102	肇源县(黑)	1.14
103	大同区(黑)	0.95
104	依兰县(黑)	0.80
105	双城市(黑)	0.78
106	鸡冠区(黑)	0.75
107	汤原县(黑)	0.60
108	兰西县(黑)	0.50
109	奉贤区(沪)	1.64
110	泗洪县(苏)	6.53
111	亭湖区(苏)	1.80
112	宿豫区(苏)	1.67
113	丰　县(苏)	1.50
114	盐都区(苏)	1.32
115	建湖县(苏)	1.10
116	江山市(浙)	94.15
117	衢江区(浙)	51.00
118	义乌市(浙)	25.32
119	桐乡市(浙)	17.50
120	安吉县(浙)	14.30
121	莲都区(浙)	7.63
122	龙泉市(浙)	7.10
123	青田县(浙)	5.67
124	临安市(浙)	5.27
125	婺城区(浙)	4.26
126	淳安县(浙)	4.20
127	遂昌县(浙)	3.63
128	宁海县(浙)	3.60
129	余杭区(浙)	3.50
130	海宁市(浙)	3.49
131	云和县(浙)	3.44
132	龙游县(浙)	3.23
133	长兴县(浙)	3.10
134	桐庐县(浙)	3.07
135	临海市(浙)	3.00
136	上虞市(浙)	2.64
137	苍南县(浙)	2.60
138	建德市(浙)	2.15
139	缙云县(浙)	2.00
140	天台县(浙)	2.00
141	松阳县(浙)	2.00
142	余姚市(浙)	1.40
143	庆元县(浙)	1.20
144	文成县(浙)	0.93
145	景宁畲族自治县(浙)	0.87
146	德清县(浙)	0.80
147	定海区(浙)	0.80
148	秀洲区(浙)	0.67
149	仙居县(浙)	0.63
150	东至县(皖)	24.50
151	鸠江区(皖)	18.48
152	祁门县(皖)	12.00
153	青阳县(皖)	6.94
154	阜南县(皖)	6.86
155	泾　县(皖)	6.40
156	南陵县(皖)	4.10
157	六安市叶集区(皖)	4.10
158	潜山县(皖)	3.20
159	繁昌县(皖)	3.20
160	旌德县(皖)	2.62
161	全椒县(皖)	2.40
162	太湖县(皖)	2.24
163	休宁县(皖)	1.73
164	黟　县(皖)	1.26
165	无为县(皖)	1.06
166	桐城市(皖)	1.00
167	望江县(皖)	0.81
168	舒城县(皖)	0.60
169	城厢区(闽)	21.00
170	延平区(闽)	18.57
171	永安市(闽)	15.10
172	尤溪县(闽)	10.80
173	龙海市(闽)	10.40
174	顺昌县(闽)	9.28

	锯材主产地	万立方米
175	沙　县(闽)	8.88
176	建瓯市(闽)	7.38
177	将乐县(闽)	6.70
178	泰宁县(闽)	6.24
179	新罗区(闽)	4.06
180	闽清县(闽)	3.34
181	清流县(闽)	3.26
182	南安市(闽)	3.21
183	漳平市(闽)	3.20
184	长泰县(闽)	3.00
185	宁化县(闽)	2.77
186	连城县(闽)	1.98
187	梅列区(闽)	1.84
188	永春县(闽)	1.80
189	大田县(闽)	1.65
190	龙文区(闽)	1.56
191	武夷山市(闽)	1.55
192	德化县(闽)	1.55
193	三元区(闽)	1.53
194	华安县(闽)	1.32
195	马尾区(闽)	1.23
196	漳浦县(闽)	1.20
197	武平县(闽)	1.10
198	邵武市(闽)	0.97
199	浦城县(闽)	0.85
200	蕉城区(闽)	0.85
201	福鼎市(闽)	0.83
202	连江县(闽)	0.79
203	霞浦县(闽)	0.79
204	政和县(闽)	0.70
205	长汀县(闽)	0.68
206	芗城区(闽)	0.65
207	永泰县(闽)	0.61
208	上杭县(闽)	0.60
209	平和县(闽)	0.54
210	安溪县(闽)	0.50
211	光泽县(闽)	0.50
212	南昌市市辖区(赣)	48.00
213	南康市(赣)	28.20
214	遂川县(赣)	13.00
215	新干县(赣)	8.00
216	章贡区(赣)	5.63
217	乐平市(赣)	5.50
218	永新县(赣)	4.50
219	广丰县(赣)	4.00
220	贵溪市(赣)	3.36

	锯材主产地	万立方米
221	南昌县(赣)	3.00
222	渝水区(赣)	2.10
223	永丰县(赣)	2.00
224	铜鼓县(赣)	2.00
225	余江县(赣)	1.95
226	崇义县(赣)	1.59
227	上高县(赣)	1.50
228	临川区(赣)	1.50
229	德安县(赣)	1.28
230	湾里区(赣)	1.20
231	资溪县(赣)	1.15
232	高安市(赣)	1.05
233	上犹县(赣)	1.03
234	万安县(赣)	1.00
235	乐安县(赣)	1.00
236	丰城市(赣)	1.00
237	安福县(赣)	1.00
238	南城县(赣)	0.90
239	瑞金市(赣)	0.82
240	武宁县(赣)	0.80
241	庐山区(赣)	0.80
242	信丰县(赣)	0.80
243	全南县(赣)	0.80
244	万载县(赣)	0.75
245	彭泽县(赣)	0.73
246	玉山县(赣)	0.71
247	金溪县(赣)	0.71
248	新建县(赣)	0.62
249	修水县(赣)	0.53
250	岚山区(鲁)	210.00
251	蓬莱市(鲁)	80.00
252	郯城县(鲁)	19.56
253	兰山区(鲁)	14.00
254	高密市(鲁)	13.50
255	济阳县(鲁)	12.00
256	胶州市(鲁)	9.98
257	寿光市(鲁)	7.25
258	沂水县(鲁)	5.00
259	成武县(鲁)	4.72
260	胶南市(鲁)	4.25
261	东平县(鲁)	3.58
262	苍山县(鲁)	3.30
263	宁阳县(鲁)	2.59
264	桓台县(鲁)	2.10
265	诸城市(鲁)	1.93
266	东明县(鲁)	1.53

	锯材主产地	万立方米
267	商河县(鲁)	1.50
268	平原县(鲁)	1.50
269	蒙阴县(鲁)	1.50
270	沂南县(鲁)	1.39
271	利津县(鲁)	1.20
272	临邑县(鲁)	1.20
273	武城县(鲁)	1.12
274	新泰市(鲁)	1.10
275	五莲县(鲁)	0.90
276	莒　县(鲁)	0.90
277	淄川区(鲁)	0.77
278	肥城市(鲁)	0.72
279	庆云县(鲁)	0.70
280	岱岳区(鲁)	0.65
281	乐陵市(鲁)	0.62
282	红旗区(豫)	41.80
283	孟津县(豫)	5.75
284	睢阳区(豫)	5.72
285	浉河区(豫)	5.20
286	梁园区(豫)	5.20
287	民权县(豫)	3.83
288	柘城县(豫)	3.11
289	商水县(豫)	2.60
290	内乡县(豫)	2.60
291	淮阳县(豫)	2.50
292	郾城区(豫)	2.45
293	兰考县(豫)	2.30
294	洛宁县(豫)	2.00
295	太康县(豫)	2.00
296	卫辉市(豫)	2.00
297	偃师市(豫)	2.00
298	新密市(豫)	1.90
299	睢　县(豫)	1.90
300	镇平县(豫)	1.89
301	郸城县(豫)	1.80
302	项城市(豫)	1.65
303	虞城县(豫)	1.60
304	新　县(豫)	1.56
305	淮滨县(豫)	1.51
306	商城县(豫)	1.50
307	沈丘县(豫)	1.50
308	中牟县(豫)	1.50
309	宝丰县(豫)	1.40
310	杞　县(豫)	1.30
311	辉县市(豫)	1.20
312	济源市(豫)	1.01

	锯材主产地	万立方米
313	灵宝市(豫)	1.01
314	夏邑县(豫)	1.00
315	淇滨区(豫)	1.00
316	平桥区(豫)	1.00
317	汝南县(豫)	1.00
318	许昌县(豫)	0.90
319	温　县(豫)	0.90
320	修武县(豫)	0.85
321	宁陵县(豫)	0.84
322	邓州市(豫)	0.70
323	川汇区(豫)	0.70
324	安阳县(豫)	0.69
325	南召县(豫)	0.67
326	西平县(豫)	0.65
327	社旗县(豫)	0.62
328	长葛市(豫)	0.61
329	鹤山区(豫)	0.60
330	新野县(豫)	0.60
331	鹿邑县(豫)	0.60
332	新郑市(豫)	0.60
333	方城县(豫)	0.60
334	禹州市(豫)	0.56
335	遂平县(豫)	0.56
336	叶　县(豫)	0.55
337	源汇区(豫)	0.54
338	延津县(豫)	0.52
339	监利县(鄂)	6.00
340	谷城县(鄂)	5.81
341	洪湖市(鄂)	4.00
342	利川市(鄂)	2.72
343	随　县(鄂)	2.40
344	嘉鱼县(鄂)	2.20
345	宜城市(鄂)	2.20
346	曾都区(鄂)	2.00
347	仙桃市(鄂)	1.88
348	钟祥市(鄂)	1.50
349	蔡甸区(鄂)	1.10
350	潜江市(鄂)	1.00
351	大悟县(鄂)	1.00
352	鄂城区(鄂)	0.90
353	咸丰县(鄂)	0.90
354	赤壁市(鄂)	0.85
355	长阳土家族自治县(鄂)	0.83
356	黄梅县(鄂)	0.80
357	襄城区(鄂)	0.78
358	云梦县(鄂)	0.70

	锯材主产地	万立方米
359	恩施市(鄂)	0.68
360	华容区(鄂)	0.55
361	鹤峰县(鄂)	0.54
362	开福区(湘)	15.00
363	资兴市(湘)	13.80
364	沅江市(湘)	12.00
365	祁阳县(湘)	12.00
366	平江县(湘)	10.00
367	天心区(湘)	10.00
368	靖州苗族侗族自治县(湘)	10.00
369	岳麓区(湘)	9.00
370	通道侗族自治县(湘)	8.00
371	城步苗族自治县(湘)	7.70
372	安化县(湘)	7.50
373	蓝山县(湘)	6.47
374	会同县(湘)	5.80
375	衡东县(湘)	5.16
376	炎陵县(湘)	5.00
377	醴陵市(湘)	5.00
378	南　县(湘)	5.00
379	宁乡县(湘)	4.30
380	安仁县(湘)	4.28
381	新晃侗族自治县(湘)	4.00
382	雨湖区(湘)	4.00
383	益阳市市辖区(湘)	4.00
384	永兴县(湘)	3.92
385	道　县(湘)	3.80
386	江华瑶族自治县(湘)	3.78
387	赫山区(湘)	3.50
388	芷江侗族自治县(湘)	3.45
389	桃江县(湘)	3.40
390	武冈市(湘)	3.20
391	张家界市市辖区(湘)	3.16
392	浏阳市(湘)	3.12
393	零陵区(湘)	3.10
394	芙蓉区(湘)	3.00
395	攸　县(湘)	2.60
396	宁远县(湘)	2.50
397	资阳区(湘)	2.50
398	汉寿县(湘)	2.50
399	桃源县(湘)	2.50
400	北塔区(湘)	2.23
401	桂东县(湘)	2.10
402	汝城县(湘)	2.08
403	衡山县(湘)	2.00
404	东安县(湘)	2.00

	锯材主产地	万立方米
405	湘乡市(湘)	2.00
406	武陵区(湘)	1.80
407	双峰县(湘)	1.60
408	古丈县(湘)	1.60
409	隆回县(湘)	1.60
410	慈利县(湘)	1.50
411	芦淞区(湘)	1.50
412	吉首市(湘)	1.50
413	常宁市(湘)	1.50
414	洞口县(湘)	1.48
415	鼎城区(湘)	1.40
416	衡阳县(湘)	1.36
417	湘阴县(湘)	1.30
418	辰溪县(湘)	1.30
419	蒸湘区(湘)	1.21
420	沅陵县(湘)	1.20
421	澧　县(湘)	1.20
422	龙山县(湘)	1.20
423	麻阳苗族自治县(湘)	1.20
424	双牌县(湘)	1.12
425	安乡县(湘)	1.10
426	桑植县(湘)	1.06
427	新邵县(湘)	1.00
428	宜章县(湘)	1.00
429	雨花区(湘)	1.00
430	茶陵县(湘)	1.00
431	新化县(湘)	1.00
432	涟源市(湘)	0.96
433	衡南县(湘)	0.95
434	祁东县(湘)	0.90
435	新宁县(湘)	0.84
436	中方县(湘)	0.80
437	临武县(湘)	0.78
438	石门县(湘)	0.70
439	耒阳市(湘)	0.66
440	临湘市(湘)	0.60
441	新会区(粤)	16.50
442	阳春市(粤)	14.00
443	清新县(粤)	7.50
444	雷州市(粤)	7.10
445	台山市(粤)	7.02
446	高要市(粤)	6.68
447	博罗县(粤)	6.16
448	东源县(粤)	5.30
449	恩平市(粤)	5.20
450	云城区(粤)	4.52

	锯材主产地	万立方米
451	怀集县(粤)	4.49
452	惠东县(粤)	4.46
453	廉江市(粤)	4.40
454	信宜市(粤)	4.10
455	海丰县(粤)	3.82
456	揭东县(粤)	3.40
457	连州市(粤)	2.97
458	英德市(粤)	2.74
459	连山壮族瑶族自治县(粤)	2.60
460	清城区(粤)	2.55
461	化州市(粤)	2.53
462	佛冈县(粤)	2.50
463	饶平县(粤)	2.48
464	高州市(粤)	2.38
465	惠城区(粤)	2.30
466	平远县(粤)	2.21
467	电白县(粤)	2.13
468	花都区(粤)	1.98
469	四会市(粤)	1.70
470	中山市(粤)	1.62
471	深圳市光明新区(粤)	1.57
472	蓬江区(粤)	1.56
473	新丰县(粤)	1.52
474	仁化县(粤)	1.50
475	阳西县(粤)	1.40
476	广宁县(粤)	1.35
477	蕉岭县(粤)	1.02
478	罗定市(粤)	1.00
479	鼎湖区(粤)	1.00
480	宝安区(粤)	0.97
481	武江区(粤)	0.86
482	徐闻县(粤)	0.82
483	翁源县(粤)	0.54
484	灵山县(桂)	18.29
485	临桂县(桂)	18.00
486	融安县(桂)	12.80
487	龙胜各族自治县(桂)	11.95
488	港南区(桂)	11.40
489	横　县(桂)	9.70
490	平乐县(桂)	9.60
491	三江侗族自治县(桂)	9.15
492	凤山县(桂)	8.97
493	罗城仫佬族自治县(桂)	8.03
494	那坡县(桂)	8.00
495	八步区(桂)	8.00
496	鹿寨县(桂)	7.15
497	防城区(桂)	7.00
498	兴安县(桂)	6.50
499	隆林各族自治县(桂)	5.98
500	资源县(桂)	5.52
501	永福县(桂)	5.44
502	阳朔县(桂)	5.20
503	全州县(桂)	5.05
504	铁山港区(桂)	5.00
505	合浦县(桂)	5.00
506	环江毛南族自治县(桂)	4.99
507	灵川县(桂)	4.91
508	钦北区(桂)	4.80
509	灌阳县(桂)	4.50
510	融水苗族自治县(桂)	4.20
511	陆川县(桂)	3.20
512	恭城瑶族自治县(桂)	3.20
513	桂平市(桂)	3.00
514	象山区(桂)	3.00
515	乐业县(桂)	2.98
516	平南县(桂)	2.87
517	港北区(桂)	2.56
518	海城区(桂)	2.55
519	金秀瑶族自治县(桂)	2.51
520	鱼峰区(桂)	2.15
521	北流市(桂)	2.13
522	右江区(桂)	2.00
523	凌云县(桂)	1.84
524	叠彩区(桂)	1.70
525	兴宾区(桂)	1.56
526	昭平县(桂)	1.55
527	苍梧县(桂)	1.48
528	柳城县(桂)	1.48
529	浦北县(桂)	1.30
530	钦南区(桂)	1.15
531	象州县(桂)	1.13
532	七星区(桂)	1.00
533	大新县(桂)	0.96
534	江州区(桂)	0.94
535	覃塘区(桂)	0.84
536	雁山区(桂)	0.83
537	柳江县(桂)	0.81
538	秀峰区(桂)	0.80
539	武宣县(桂)	0.69
540	合山市(桂)	0.64
541	黄冕林场(桂)	0.64
542	巴马瑶族自治县(桂)	0.61
543	柳北区(桂)	0.61
544	藤　县(桂)	0.52
545	武隆县(渝)	2.30
546	南川区(渝)	1.00
547	彭水苗族土家族自治县(渝)	0.95
548	石柱土家族自治县(渝)	0.63
549	丰都县(渝)	0.52
550	洪雅县(川)	22.00
551	雨城区(川)	7.20
552	攀枝花市西区(川)	7.00
553	珙　县(川)	6.80
554	乐山市市中区(川)	6.53
555	崇州市(川)	6.33
556	江油市(川)	5.50
557	古蔺县(川)	4.50
558	东坡区(川)	3.68
559	万源市(川)	3.00
560	叙永县(川)	3.00
561	邛崃市(川)	2.86
562	宝兴县(川)	2.80
563	射洪县(川)	2.40
564	仁和区(川)	2.00
565	平武县(川)	2.00
566	荥经县(川)	2.00
567	翠屏区(川)	1.80
568	南部县(川)	1.79
569	蒲江县(川)	1.63
570	西昌市(川)	1.50
571	郫　县(川)	1.30
572	宣汉县(川)	1.15
573	盐亭县(川)	1.03
574	青川县(川)	1.00
575	兴文县(川)	1.00
576	天全县(川)	0.92
577	名山县(川)	0.91
578	巴州区(川)	0.90
579	广汉市(川)	0.90
580	布拖县(川)	0.85
581	彭山县(川)	0.84
582	沙湾区(川)	0.80
583	威远县(川)	0.80
584	通江县(川)	0.70
585	安　县(川)	0.68
586	三台县(川)	0.65
587	屏山县(川)	0.59
588	涪城区(川)	0.56

	锯材主产地	万立方米
589	东兴区(川)	0.54
590	凯里市(黔)	7.24
591	锦屏县(黔)	7.02
592	榕江县(黔)	3.80
593	黎平县(黔)	3.20
594	从江县(黔)	2.58
595	红花岗区(黔)	2.50
596	剑河县(黔)	2.50
597	天柱县(黔)	1.70
598	清镇市(黔)	1.58
599	三都水族自治县(黔)	1.50
600	赫章县(黔)	1.32
601	福泉市(黔)	0.80
602	黄平县(黔)	0.56
603	龙陵县(滇)	14.42
604	腾冲县(滇)	9.00
605	隆阳区(滇)	6.44
606	富宁县(滇)	5.80
607	马关县(滇)	4.90
608	广南县(滇)	4.08
609	楚雄市(滇)	3.59
610	泸水县(滇)	3.54
611	丘北县(滇)	2.85
612	双江拉祜族佤族布朗族傣族自治县(滇)	2.44
613	耿马傣族佤族自治县(滇)	2.14
614	罗平县(滇)	1.90
615	大姚县(滇)	1.77
616	泸西县(滇)	1.65
617	弥渡县(滇)	1.37
618	镇康县(滇)	1.24
619	勐海县(滇)	0.93
620	陆良县(滇)	0.85
621	威信县(滇)	0.71
622	永仁县(滇)	0.55
623	个旧市(滇)	0.54
624	波密县(藏)	2.99
625	贡觉县(藏)	1.05
626	察隅县(藏)	0.99
627	米林县(藏)	0.88
628	林芝县(藏)	0.74
629	八宿县(藏)	0.55
630	临渭区(陕)	1.29
631	南郑县(陕)	0.75
632	三岔子林业局(吉林集团)	2.20
633	红石林业局(吉林集团)	1.62
634	带岭实验局(龙江集团)	8.05
635	沾河林业局(龙江集团)	3.56
636	东方红林业局(龙江集团)	3.51
637	大海林林业局(龙江集团)	3.23
638	穆棱林业局(龙江集团)	3.13
639	黑龙江柴河林业局(龙江集团)	2.76
640	方正林业局(龙江集团)	2.41
641	新青林业局(龙江集团)	2.28
642	清河林业局(龙江集团)	2.08
643	兴隆林业局(龙江集团)	2.06
644	苇河林业局(龙江集团)	1.42
645	双丰林业局(龙江集团)	1.30
646	上甘岭林业局(龙江集团)	1.13
647	桦南林业局(龙江集团)	0.95
648	鹤立林业局(龙江集团)	0.90
649	鹤北林业局(龙江集团)	0.85
650	东京城林业局(龙江集团)	0.75
651	林口林业局(龙江集团)	0.62
652	绥阳林业局(龙江集团)	0.61
653	绥棱林业局(龙江集团)	0.60
654	亚布力林业局(龙江集团)	0.52
655	铁力林业局(龙江集团)	0.52
656	五营林业局(龙江集团)	0.50
657	双鸭山林业局(龙江集团)	0.50
658	新林林业局(大兴安岭)	5.28
659	十八站林业局(大兴安岭)	3.85
660	西林吉林业局(大兴安岭)	2.91
661	松岭林业局(大兴安岭)	1.52
662	塔河林业局(大兴安岭)	1.06
663	韩家园林业局(大兴安岭)	0.60

表 4-6　木片主产地产量

	木片主产地	万实积立方米
1	涿州市(冀)	5.80
2	蔚　县(冀)	4.80
3	临漳县(冀)	3.26
4	曲阳县(冀)	3.12
5	任　县(冀)	2.80
6	昌黎县(冀)	2.50
7	兴隆县(冀)	1.80
8	林西县(内蒙古)	1.80
9	奈曼旗(内蒙古)	1.05
10	喀喇沁旗(内蒙古)	1.00
11	宁城县(内蒙古)	0.98
12	科尔沁左翼中旗(内蒙古)	0.75
13	东港市(辽)	20.11
14	东陵区(辽)	15.00
15	抚顺县(辽)	9.80
16	彰武县(辽)	6.00
17	阜新蒙古族自治县(辽)	2.50
18	北票市(辽)	2.30
19	新宾满族自治县(辽)	2.00
20	振安区(辽)	2.00
21	黑山县(辽)	1.00
22	汪清林业局(吉)	2.25
23	双辽市(吉)	1.98
24	敦化市(吉)	1.25
25	安图县(吉)	1.03
26	抚松县(吉)	0.80
27	龙潭区(吉)	0.59
28	牡丹江市市本级(黑)	5.10
29	安达市(黑)	3.40
30	五常市(黑)	3.00
31	延寿县(黑)	2.00
32	方正县(黑)	2.00
33	南岗区(黑)	1.53
34	孟家岗林场(黑)	1.20
35	依安县(黑)	1.00
36	巴彦县(黑)	1.00
37	奉贤区(沪)	1.57
38	泗洪县(苏)	43.85
39	新沂市(苏)	7.00
40	宿豫区(苏)	2.65
41	江山市(浙)	14.13
42	桐乡市(浙)	10.04
43	临海市(浙)	3.00
44	长兴县(浙)	1.23
45	婺城区(浙)	0.59
46	六安市(皖)	9.00
47	潜山县(皖)	2.80
48	南陵县(皖)	2.50
49	太湖县(皖)	2.36
50	东至县(皖)	1.97
51	无为县(皖)	1.61
52	寿　县(皖)	1.60
53	涡阳县(皖)	1.50
54	颍东区(皖)	1.10
55	桐城市(皖)	1.00
56	全椒县(皖)	0.80

	木片主产地	万实积立方米
57	和　县(皖)	0.60
58	永安市(闽)	41.96
59	城厢区(闽)	27.00
60	泉港区(闽)	13.24
61	仙游县(闽)	4.57
62	龙海市(闽)	4.30
63	龙文区(闽)	3.70
64	延平区(闽)	2.96
65	明溪县(闽)	2.92
66	闽清县(闽)	2.85
67	南安市(闽)	2.50
68	闽侯县(闽)	2.40
69	尤溪县(闽)	1.39
70	连江县(闽)	0.89
71	华安县(闽)	0.72
72	松溪县(闽)	0.62
73	霞浦县(闽)	0.52
74	新罗区(闽)	0.51
75	贵溪市(赣)	9.89
76	南康市(赣)	6.40
77	遂川县(赣)	3.50
78	南昌市市辖区(赣)	2.00
79	渝水区(赣)	1.62
80	宁都县(赣)	1.40
81	上高县(赣)	1.30
82	峡江县(赣)	1.00
83	彭泽县(赣)	0.99
84	余江县(赣)	0.60
85	沂南县(鲁)	139.52
86	济阳县(鲁)	48.00
87	郓城县(鲁)	45.00
88	肥城市(鲁)	14.11
89	东平县(鲁)	10.50
90	郯城县(鲁)	9.88
91	岚山区(鲁)	6.40
92	宁阳县(鲁)	5.11
93	莒　县(鲁)	4.92
94	苍山县(鲁)	4.72
95	临朐县(鲁)	4.32
96	昌乐县(鲁)	4.20
97	新泰市(鲁)	3.90
98	成武县(鲁)	3.05
99	高青县(鲁)	2.70
100	商河县(鲁)	2.34
101	陵　县(鲁)	2.14
102	诸城市(鲁)	1.84
103	沂水县(鲁)	1.70
104	高密市(鲁)	1.62
105	寿光市(鲁)	1.53
106	安丘市(鲁)	1.10
107	龙口市(鲁)	1.00
108	平原县(鲁)	0.85
109	莒南县(鲁)	0.82
110	利津县(鲁)	0.80
111	宁津县(鲁)	0.80
112	乐陵市(鲁)	0.73
113	临邑县(鲁)	0.56
114	青州市(鲁)	0.55
115	东明县(鲁)	0.52
116	红旗区(豫)	33.40
117	柘城县(豫)	15.00
118	安阳县(豫)	11.70
119	武陟县(豫)	10.50
120	洛宁县(豫)	10.00
121	许昌县(豫)	8.90
122	孟津县(豫)	8.55
123	虞城县(豫)	7.20
124	新郑市(豫)	6.50
125	汤阴县(豫)	6.00
126	新　县(豫)	3.32
127	梁园区(豫)	3.31
128	宝丰县(豫)	3.20
129	社旗县(豫)	3.00
130	确山县(豫)	2.10
131	上蔡县(豫)	2.00
132	淮阳县(豫)	2.00
133	太康县(豫)	2.00
134	民权县(豫)	1.91
135	郾城区(豫)	1.90
136	扶沟县(豫)	1.87
137	卫辉市(豫)	1.80
138	中牟县(豫)	1.50
139	镇平县(豫)	1.42
140	睢　县(豫)	1.40
141	延津县(豫)	1.22
142	郸城县(豫)	1.20
143	山城区(豫)	1.20
144	南乐县(豫)	1.12
145	杞　县(豫)	1.10
146	商水县(豫)	1.08
147	召陵区(豫)	1.02
148	汝南县(豫)	1.00
149	平桥区(豫)	1.00
150	清丰县(豫)	1.00
151	通许县(豫)	0.93
152	禹州市(豫)	0.89
153	宁陵县(豫)	0.87
154	平舆县(豫)	0.84
155	息　县(豫)	0.80
156	沈丘县(豫)	0.80
157	辉县市(豫)	0.80
158	兰考县(豫)	0.80
159	济源市(豫)	0.75
160	新蔡县(豫)	0.65
161	灵宝市(豫)	0.63
162	获嘉县(豫)	0.60
163	陕　县(豫)	0.59
164	西平县(豫)	0.53
165	洪湖市(鄂)	2.40
166	谷城县(鄂)	2.33
167	大悟县(鄂)	1.00
168	松滋市(鄂)	0.85
169	钟祥市(鄂)	0.80
170	仙桃市(鄂)	0.74
171	襄城区(鄂)	0.51
172	东安县(湘)	5.00
173	沅江市(湘)	5.00
174	炎陵县(湘)	4.00
175	靖州苗族侗族自治县(湘)	3.00
176	衡东县(湘)	2.64
177	衡山县(湘)	1.50
178	双峰县(湘)	1.46
179	湘阴县(湘)	1.20
180	汉寿县(湘)	1.20
181	新化县(湘)	1.00
182	茶陵县(湘)	1.00
183	麻阳苗族自治县(湘)	0.90
184	武陵区(湘)	0.90
185	祁东县(湘)	0.71
186	新晃侗族自治县(湘)	0.70
187	新宁县(湘)	0.70
188	衡阳县(湘)	0.63
189	江华瑶族自治县(湘)	0.62
190	赫山区(湘)	0.60
191	新会区(粤)	13.65

	木片主产地	万实积立方米
192	阳春市(粤)	10.00
193	高州市(粤)	6.29
194	化州市(粤)	5.73
195	雷州市(粤)	5.50
196	博罗县(粤)	5.38
197	高要市(粤)	3.32
198	廉江市(粤)	3.20
199	恩平市(粤)	3.00
200	信宜市(粤)	2.38
201	中山市(粤)	1.86
202	徐闻县(粤)	1.52
203	仁化县(粤)	1.50
204	金湾区(粤)	1.40
205	怀集县(粤)	1.36
206	惠城区(粤)	1.20
207	麻章区(粤)	0.90
208	阳西县(粤)	0.81
209	坡头区(粤)	0.80
210	茂港区(粤)	0.58
211	罗定市(粤)	0.50
212	灵山县(桂)	16.32
213	陆川县(桂)	15.00
214	东兴市(桂)	12.33
215	港北区(桂)	9.10
216	铁山港区(桂)	7.20
217	合浦县(桂)	7.20
218	阳朔县(桂)	5.40
219	八步区(桂)	5.30
220	鹿寨县(桂)	5.28
221	钦北区(桂)	4.30
222	横　县(桂)	4.10
223	防城区(桂)	3.84
224	昭平县(桂)	3.50
225	柳北区(桂)	3.21
226	全州县(桂)	2.80
227	资源县(桂)	2.80
228	灵川县(桂)	2.53
229	浦北县(桂)	2.50
230	兴安县(桂)	2.00
231	环江毛南族自治县(桂)	2.00
232	钦南区(桂)	1.95
233	北流市(桂)	1.86
234	灌阳县(桂)	1.15
235	临桂县(桂)	1.11
236	合山市(桂)	1.08
237	象山区(桂)	1.00
238	右江区(桂)	1.00
239	雁山区(桂)	1.00
240	那坡县(桂)	1.00
241	派阳山林场(桂)	0.94
242	江州区(桂)	0.87
243	海城区(桂)	0.75
244	大新县(桂)	0.75
245	苍梧县(桂)	0.66
246	覃塘区(桂)	0.65
247	大化瑶族自治县(桂)	0.55
248	梁平县(渝)	1.12
249	石柱土家族自治县(渝)	1.03
250	垫江县(渝)	0.60
251	云阳县(渝)	0.51
252	北川羌族自治县(川)	5.00
253	安　县(川)	5.00
254	邛崃市(川)	4.60
255	青川县(川)	4.00
256	江油市(川)	3.20
257	三台县(川)	3.10
258	威远县(川)	2.88
259	射洪县(川)	1.80
260	彭山县(川)	1.31
261	乐山市市中区(川)	1.04
262	安居区(川)	1.00
263	雨城区(川)	0.80
264	游仙区(川)	0.60
265	隆阳区(滇)	1.76
266	陆良县(滇)	1.64
267	昭阳区(滇)	1.00
268	富宁县(滇)	0.70
269	牟定县(滇)	0.60
270	罗平县(滇)	0.60
271	米东区(新)	11.00
272	汪清林业局(吉林集团)	2.25
273	汤旺河林业局(龙江集团)	3.81
274	翠峦林业局(龙江集团)	1.82
275	东方红林业局(龙江集团)	1.32
276	兴隆林业局(龙江集团)	1.17
277	方正林业局(龙江集团)	1.11
278	沾河林业局(龙江集团)	0.83
279	穆棱林业局(龙江集团)	0.79
280	亚布力林业局(龙江集团)	0.75
281	绥棱林业局(龙江集团)	0.64
282	松岭林业局(大兴安岭)	10.09
283	塔河林业局(大兴安岭)	9.41
284	呼中林业局(大兴安岭)	3.03
285	西林吉林业局(大兴安岭)	2.01
286	十八站林业局(大兴安岭)	1.42
287	图强林业局(大兴安岭)	1.14
288	韩家园林业局(大兴安岭)	0.59

表 4-7　原木出口

国家/地区	出口数量(立方米)	出口金额(千美元)
44032010 红松和樟子松原木		
合计	41	38
朝鲜	41	38
44034990 未列名本章子目注释 2 所列热带木原木		
合计	194	134
越南	194	134
44039950 水曲柳原木		
合计	681	331
日本	681	331
44039990 未列名非针叶木原木		
合计	13464	6265
越南	12690	6055
中国台湾	774	210

表 4-8　原木进口

国家/地区	进口数量(立方米)	进口金额(千美元)
44031000 用油漆、着色剂、杂酚油等防腐剂处理的原木		
合计	18098	3618
新西兰	17762	3185
印度	221	374
老挝	33	30
捷克	18	14
泰国	15	10
朝鲜	45	5
墨西哥	2	1
44032010 红松和樟子松原木		
合计	7572895	1071537
俄罗斯	6856584	965458
乌克兰	452822	66067
立陶宛	130934	19361

国家/地区	进口数量（立方米）	进口金额（千美元）
德国	57118	9117
比利时	22808	3471
法国	16950	2712
拉脱维亚	14890	2174
罗马尼亚	4105	637
爱沙尼亚	3625	555
美国	2875	480
丹麦	2245	341
乌拉圭	2165	290
荷兰	1819	281
波黑	1498	254
新西兰	999	142
保加利亚	461	73
加拿大	442	67
韩国	180	27
缅甸	350	23
日本	25	9
44032020 白松（云杉和冷杉）原木		
合计	4516928	739941
俄罗斯	2784268	437292
美国	778816	150440
加拿大	375904	64671
罗马尼亚	266062	39071
法国	96536	15535
乌克兰	75451	11192
立陶宛	51466	8260
比利时	30024	4601
澳大利亚	22478	3332
拉脱维亚	12552	2009
爱沙尼亚	7563	1231
新西兰	8616	1204
丹麦	4907	739
德国	1010	148
朝鲜	538	65
波黑	341	61
斯洛伐克	241	60
奥地利	66	15
荷兰	53	11
保加利亚	36	6
44032030 辐射松原木		
合计	9025951	1271360
新西兰	7825489	1111215
澳大利亚	1151342	153285
智利	34657	4697
乌拉圭	7487	884

国家/地区	进口数量（立方米）	进口金额（千美元）
美国	3213	505
加拿大	1079	420
巴西	1307	182
立陶宛	1352	168
马达加斯加	25	4
44032040 落叶松原木		
合计	3440682	538700
俄罗斯	3418762	535430
新西兰	12877	1904
加拿大	2188	379
朝鲜	2284	324
比利时	1489	256
法国	1645	202
乌拉圭	536	71
罗马尼亚	294	56
日本	167	20
马达加斯加	133	19
乌克兰	92	13
德国	55	12
菲律宾	82	9
越南	78	5
44032090 未列名针叶木原木		
合计	6886222	1239664
美国	3894072	735983
加拿大	2065616	374260
新西兰	363408	53503
澳大利亚	266561	35119
乌拉圭	91655	12051
俄罗斯	69101	10310
缅甸	47873	4469
法国	26423	4040
日本	13784	2049
巴西	12666	1818
马来西亚	10185	1722
朝鲜	8550	1041
智利	5897	834
老挝	1238	790
比利时	4976	750
越南	1950	510
中国台湾	507	132
乌克兰	857	123
波黑	379	76
罗马尼亚	429	69
冈比亚	51	8
德国	41	8

国家/地区	进口数量（立方米）	进口金额（千美元）
墨西哥	3	1
44034100 深红色红柳安木、浅红色红柳安木及巴栲红柳安木原木		
合计	73995	17624
马来西亚	69196	16860
乌拉圭	3837	517
澳大利亚	420	153
印度尼西亚	143	35
越南	293	30
南非	65	15
中国台湾	34	12
缅甸	7	2
44034910 柚木原木		
合计	87813	60775
缅甸	60114	48510
中国台湾	4901	3406
老挝	4337	2688
所罗门群岛	7616	1357
哥斯达黎加	2122	1102
巴拿马	1340	705
厄瓜多尔	1341	688
泰国	924	508
巴西	1106	475
贝宁	613	360
马来西亚	401	261
加纳	179	136
莫桑比克	332	99
印度尼西亚	160	81
尼加拉瓜	185	74
菲律宾	45	69
斯里兰卡	1738	52
萨尔瓦多	48	34
乌干达	35	27
特立尼达和多巴哥	41	23
塞拉利昂	34	21
瓦努阿图	66	20
喀麦隆	17	15
巴布亚新几内亚	19	14
东帝汶	30	14
越南	17	13
几内亚	17	8
赞比亚	15	8
哥伦比亚	19	7
马达加斯加	1	1

国家/地区	进口数量(立方米)	进口金额(千美元)
44034920 奥克曼木(奥克榄)原木		
合计	675370	300004
刚果(布)	487377	219093
赤道几内亚	187830	80850
喀麦隆	62	24
贝宁	53	21
加蓬	48	16
44034930 龙脑香木(克隆木)原木		
合计	190594	44525
缅甸	159455	35508
马来西亚	29085	8391
印度尼西亚	1889	546
越南	123	62
菲律宾	34	15
柬埔寨	8	3
44034940 山樟木原木		
合计	69592	22542
马来西亚	67698	22253
缅甸	1790	267
澳大利亚	102	19
日本	2	2
44034950 印加木原木		
合计	202957	107182
巴布亚新几内亚	154635	80745
马来西亚	46011	25396
所罗门群岛	1526	731
印度尼西亚	591	266
圭亚那	156	22
泰国	20	13
斐济	16	7
中国台湾	2	1
44034960 大干巴豆木 Koompassia spp.(门格里斯或康派斯)原木		
合计	73612	17192
马来西亚	73502	17171
巴布亚新几内亚	85	15
中国台湾	25	5
44034970 异翅香木 Anisopter spp. 原木		
合计	73184	17973
巴布亚新几内亚	72239	17713
马来西亚	867	221
越南	55	25
缅甸	23	14
44034990 未列名本章子目注释 2 所列热带木原木		
合计	482574	188187
喀麦隆	162421	60350
马来西亚	60813	21771
刚果(布)	46438	20555
中非	56940	20546
刚果(金)	26272	18586
赤道几内亚	37964	12752
贝宁	11497	4332
缅甸	12296	3637
苏里南	10299	3373
利比里亚	8399	3088
加蓬	4902	2808
巴布亚新几内亚	16270	2743
肯尼亚	794	1824
莫桑比克	3478	1454
几内亚	3655	1239
加纳	3141	1108
尼加拉瓜	797	1003
墨西哥	1201	960
塞拉利昂	2225	865
冈比亚	2191	840
多哥	1487	589
科特迪瓦	1378	473
危地马拉	421	436
安哥拉	988	425
菲律宾	1504	413
尼日利亚	668	249
越南	499	245
尼泊尔	23	216
阿根廷	297	152
圭亚那	488	128
哥伦比亚	259	116
印度尼西亚	123	101
巴拿马	183	96
美国	199	88
澳大利亚	145	86
哥斯达黎加	285	83
厄瓜多尔	300	77
几内亚比绍	172	63
新西兰	419	51
中国台湾	176	49
柬埔寨	81	45
老挝	176	32
赞比亚	60	28
乌干达	29	26
斐济	38	19
多民族玻利维亚国	34	16
苏丹	51	14
新加坡	32	11
巴拉圭	21	8
阿联酋	1	5
马达加斯加	11	4
埃塞俄比亚	9	4
泰国	12	4
津巴布韦	11	1
44039100 栎木(橡木)原木		
合计	563719	180884
法国	194854	52163
美国	91210	46111
俄罗斯	89438	29259
罗马尼亚	46558	12397
比利时	44377	12253
德国	42598	10924
克罗地亚	11478	6314
乌克兰	16544	5194
奥地利	2633	868
荷兰	3366	837
斯洛文尼亚	3329	782
斯洛伐克	2648	755
加拿大	980	540
缅甸	6411	540
匈牙利	2032	476
丹麦	1482	407
捷克	1548	340
保加利亚	827	248
摩尔多瓦	280	123
波黑	445	119
澳大利亚	197	64
墨西哥	175	55
意大利	149	53
贝宁	51	23
西班牙	18	14
瑞典	51	13
日本	24	7
越南	14	5
苏里南	2	1
44039200 山毛榉木原木		
合计	601891	116691
德国	246265	48903
法国	132647	25496

国家/地区	进口数量（立方米）	进口金额（千美元）
斯洛伐克	84204	16369
罗马尼亚	67176	11628
比利时	39374	7873
丹麦	17114	3477
荷兰	6120	1218
捷克	5117	962
乌克兰	1914	350
瑞士	641	125
卢森堡	652	120
克罗地亚	261	50
日本	88	44
匈牙利	128	24
智利	31	21
波黑	49	14
所罗门群岛	71	7
波兰	22	6
斯洛文尼亚	17	4
44039910 楠木原木		
合计	247	139
老挝	139	109
中国台湾	67	20
日本	41	7
西班牙	0	2
44039920 樟木原木		
合计	795	260
澳大利亚	425	122
英国	141	70
缅甸	128	26
老挝	65	25
中国台湾	31	10
印度尼西亚	5	6
44039930 红木原木		
合计	565646	716081
越南	123031	249704
老挝	80139	159495
缅甸	53368	73233
刚果(金)	36148	31961
冈比亚	54222	24930
巴拿马	15935	22289
柬埔寨	9819	21734
莫桑比克	43367	21158
贝宁	41039	18695
马来西亚	7187	16031
多哥	35337	15706
刚果(布)	13573	11783

国家/地区	进口数量（立方米）	进口金额（千美元）
尼加拉瓜	6495	9477
印度尼西亚	5336	8183
加纳	15045	7190
墨西哥	4011	5442
马达加斯加	1555	3990
几内亚比绍	7607	3816
伯利兹	1787	2178
几内亚	2933	1351
危地马拉	882	1312
泰国	663	1011
科特迪瓦	1982	976
喀麦隆	1108	864
东帝汶	349	726
赤道几内亚	782	575
塞拉利昂	693	309
印度	90	303
阿联酋	209	287
哥斯达黎加	186	255
尼泊尔	26	253
中国台湾	90	208
加蓬	281	182
苏里南	150	151
斯里兰卡	67	143
澳大利亚	34	51
多民族玻利维亚国	56	48
巴西	28	34
萨尔瓦多	14	21
马尔代夫	8	18
马里	14	7
斐济	0	1
44039950 水曲柳原木		
合计	242479	73484
俄罗斯	130334	41761
丹麦	32228	8460
法国	28464	8238
德国	13889	3743
美国	8131	3383
乌克兰	9818	2512
比利时	7588	2148
罗马尼亚	4608	1117
斯洛伐克	2021	564
克罗地亚	1800	524
捷克	1069	257
瑞典	724	181
荷兰	677	180

国家/地区	进口数量（立方米）	进口金额（千美元）
奥地利	473	151
加拿大	209	119
斯洛文尼亚	210	71
立陶宛	155	45
塞尔维亚	60	20
西班牙	21	9
意大利	0	1
44039960 北美硬阔叶木（包括樱桃木、黑胡桃木、枫木）原木		
合计	107589	92686
美国	98413	87753
加拿大	5026	3749
乌克兰	1333	337
法国	1049	295
罗马尼亚	873	244
德国	204	94
缅甸	438	56
中国台湾	42	42
比利时	38	28
匈牙利	47	21
所罗门群岛	50	17
伯利兹	28	14
贝宁	19	13
英国	21	12
西班牙	5	6
丹麦	2	1
斐济	1	1
44039980 未列名的温带非针叶木原木		
合计	789012	108711
俄罗斯	712708	94384
比利时	18867	2927
法国	7060	1774
新西兰	10749	1486
加拿大	9350	1322
美国	4218	1313
德国	4968	1306
丹麦	3995	1032
澳大利亚	4170	669
立陶宛	5550	641
罗马尼亚	1494	600
越南	733	274
斯洛伐克	1340	186
乌克兰	706	168
缅甸	924	153
卢森堡	388	115

国家/地区	进口数量（立方米）	进口金额（千美元）
西班牙	332	112
克罗地亚	356	45
匈牙利	196	37
南非	145	29
荷兰	218	29
智利	116	20
乌拉圭	120	17
中国	114	15
马来西亚	37	13
多民族玻利维亚国	16	10
苏丹	22	10
白俄罗斯	52	8
肯尼亚	11	6
中国台湾	7	4
泰国	50	4
意大利	0	2
44039990 未列名非针叶木原木		
合计	6059460	1344990
巴布亚新几内亚	2555774	482246
所罗门群岛	1765052	341046
莫桑比克	182817	77549
喀麦隆	170093	73023
缅甸	344468	44065
贝宁	103072	43199
马来西亚	186581	41181
刚果(布)	73652	32189
赤道几内亚	74090	28361
澳大利亚	130477	19430
多哥	37827	15601
圭亚那	48991	13413
加蓬	17456	12424
冈比亚	28341	12424
苏里南	43557	11526
几内亚	28097	11434
利比里亚	39433	11420
加纳	21382	8333
老挝	21749	6364
阿根廷	10526	6022
塞拉利昂	12865	5353
乌拉圭	30679	4829
多民族玻利维亚国	8629	4739
中非	7249	4543
越南	7907	2632
马达加斯加	4745	2549
德国	10461	2495

国家/地区	进口数量（立方米）	进口金额（千美元）
美国	6074	2217
刚果(金)	4614	2073
科特迪瓦	4947	1982
墨西哥	3311	1971
印度尼西亚	8992	1495
巴拿马	2638	1444
菲律宾	10338	1391
法国	5667	1378
斯洛伐克	7236	1237
中国台湾	2385	1095
丹麦	4066	950
尼加拉瓜	1869	883
哥伦比亚	1689	852
俄罗斯	3923	663
危地马拉	752	611
罗马尼亚	2295	512
赞比亚	1032	508
新西兰	2992	467
比利时	2679	464
巴拉圭	860	460
伯利兹	764	447
坦桑尼亚	973	379
泰国	3904	373
尼日利亚	1072	364
乌克兰	1614	326
厄瓜多尔	1268	298
安哥拉	885	208
智利	318	182
哥斯达黎加	974	136
日本	522	132
巴西	248	131
加拿大	358	125
马里	264	119
克罗地亚	392	106
西班牙	136	92
几内亚比绍	181	82
瓦努阿图	4	64
南非	383	62
阿联酋	174	61
斐济	21	57
柬埔寨	65	45
爱沙尼亚	262	44
斯洛文尼亚	115	33
埃塞俄比亚	47	22
韩国	55	19

国家/地区	进口数量（立方米）	进口金额（千美元）
马拉维	48	14
塞内加尔	32	12
肯尼亚	23	9
土耳其	18	4
秘鲁	11	4
印度	0	1

表 4-9 锯材出口

国家/地区	出口数量（立方米）	出口金额（千美元）
44061000 未浸渍铁道及电车道枕木		
合计	192	65
日本	192	65
44069000 已浸渍铁道及电车道枕木		
合计	5087	1464
日本	1508	377
印度尼西亚	1024	353
安哥拉	524	227
中国台湾	1001	147
伊拉克	129	90
巴基斯坦	392	73
土耳其	20	58
朝鲜	81	34
苏丹	84	19
蒙古	42	15
沙特阿拉伯	105	14
斯里兰卡	39	13
博茨瓦纳	30	13
乌兹别克斯坦	15	10
菲律宾	55	9
摩洛哥	18	3
巴哈马	3	2
毛里塔尼亚	4	2
喀麦隆	4	1
厄立特里亚	2	1
44071010 红松和樟子松木材，厚 > 6 毫米		
合计	99024	52742
日本	94581	49370
韩国	4078	3191
赤道几内亚	208	77
中国台湾	83	62
美国	63	22
俄罗斯	1	10

国家/地区	出口数量（立方米）	出口金额（千美元）
澳大利亚	0	8
加纳	10	2
44071020 白松（云、冷杉）木材，厚 >6 毫米		
合计	19612	11639
日本	17031	9995
韩国	1632	1232
美国	446	233
阿尔及利亚	500	175
墨西哥	3	4
44071030 辐射松木材，厚 >6 毫米		
合计	40673	25037
日本	23121	13909
韩国	14873	9358
菲律宾	342	674
安哥拉	1100	293
澳大利亚	484	291
新加坡	72	173
中国台湾	227	103
赤道几内亚	199	66
毛里求斯	48	40
马来西亚	19	34
埃塞俄比亚	72	28
美国	48	26
新西兰	23	17
德国	18	10
泰国	22	10
越南	2	4
印度	3	2
44071040 花旗松木材，厚 >6 毫米		
合计	3767	1807
日本	2258	1065
中国台湾	818	408
韩国	314	132
蒙古	162	115
苏丹	161	58
阿尔及利亚	16	15
澳大利亚	38	15
44071090 其他针叶木木材，厚 >6 毫米		
合计	58798	36925
日本	47860	30382
韩国	4542	3197
墨西哥	526	890
德国	1286	853
美国	1428	385

国家/地区	出口数量（立方米）	出口金额（千美元）
澳大利亚	483	228
中国台湾	521	217
安哥拉	431	142
莫桑比克	232	76
加拿大	117	73
贝宁	206	69
加纳	100	65
法国	134	63
马里	232	62
博茨瓦纳	137	58
毛里塔尼亚	94	42
赤道几内亚	208	40
科摩罗	59	19
丹麦	92	15
利比里亚	27	14
中国香港	21	9
英国	18	8
苏丹	22	5
荷兰	3	5
埃塞俄比亚	10	3
马拉维	6	2
泰国	1	1
突尼斯	2	1
44072200 经纵锯切、刨或旋切的肉豆蔻木等木材，厚 >6 毫米		
合计	133	202
韩国	62	102
中国台湾	53	65
印度	18	35
44072500 红柳安木材，厚 >6 毫米		
合计	4225	1370
中国香港	4141	1281
毛里塔尼亚	84	85
澳大利亚	0	4
44072600 白黄柳安木等木材，厚 >6 毫米		
合计	4792	1326
中国香港	4776	1318
印度尼西亚	16	8
44072700 沙比利木材，厚 >6 毫米		
合计	18	12
中国台湾	18	12
44072910 柚木木材，厚 >6 毫米		
合计	1314	1468
中国台湾	569	610
泰国	161	333

国家/地区	出口数量（立方米）	出口金额（千美元）
意大利	84	180
中国香港	328	98
以色列	56	68
丹麦	17	45
比利时	32	45
土耳其	29	40
新加坡	21	29
希腊	10	10
波兰	5	8
俄罗斯	2	3
44072930 波罗格木木材，厚 >6 毫米		
合计	110	30
澳大利亚	2	14
哈萨克斯坦	73	12
新加坡	35	5
44072990 其他纵锯切、刨或旋切的子目注释 2 所列的热带木木材，厚 >6 毫米		
合计	4942	3766
日本	3156	2520
韩国	1588	1124
法国	142	92
越南	40	25
中国香港	15	3
马来西亚	1	1
44079100 栎木木材，厚 >6 毫米		
合计	16410	17958
日本	11992	13387
德国	1732	2242
韩国	632	590
英国	378	503
比利时	550	406
越南	221	136
澳大利亚	161	119
丹麦	148	114
菲律宾	68	103
荷兰	105	87
中国台湾	137	64
泰国	113	44
摩洛哥	36	33
葡萄牙	45	29
西班牙	49	28
美国	15	28
爱尔兰	19	25
意大利	9	19
44079200 山毛榉木木材，厚 >6 毫米		

国家/地区	出口数量（立方米）	出口金额（千美元）
合计	1051	1411
日本	944	1274
德国	99	126
韩国	8	11
44079300 枫木木材，厚>6 毫米		
合计	702	789
印度尼西亚	277	325
德国	259	284
日本	140	152
韩国	26	27
44079500 白蜡木木材，厚>6 毫米		
合计	821	1223
日本	699	1072
韩国	122	151
44079910 樟木、楠木、红木，厚>6 毫米		
合计	46	22
韩国	46	21
印度尼西亚	0	1
44079920 泡桐木木材，厚>6 毫米		
合计	195848	122187
日本	73908	57730
美国	28213	19499
韩国	41077	17836
越南	18154	8835
中国台湾	11692	6242
马来西亚	7834	3503
意大利	4538	2996
德国	1728	844
芬兰	1068	710
法国	1130	517
加拿大	872	510
斯洛文尼亚	868	492
荷兰	1020	462
西班牙	681	354
印度尼西亚	669	329
澳大利亚	381	217
比利时	262	170
克罗地亚	250	132
泰国	176	99
阿尔及利亚	168	95
葡萄牙	165	82
哥斯达黎加	142	71
阿联酋	124	69
墨西哥	141	61
马耳他	106	60

国家/地区	出口数量（立方米）	出口金额（千美元）
阿尔巴尼亚	113	48
留尼汪岛(法)	93	46
英国	72	41
印度	73	34
保加利亚	23	28
菲律宾	51	27
乌克兰	27	18
瑞典	2	12
沙特阿拉伯	12	8
希腊	7	4
毛里求斯	4	3
捷克	2	2
中国香港	2	1
44079930 北美硬阔叶材，厚>6 毫米		
合计	23720	24706
德国	11755	11451
意大利	2504	2316
日本	1289	1472
马来西亚	1265	1436
越南	1156	1320
阿联酋	823	934
泰国	807	915
英国	687	782
黎巴嫩	654	738
印度尼西亚	460	524
荷兰	418	490
中国香港	189	364
韩国	187	237
美国	189	220
芬兰	176	199
约旦	126	141
西班牙	121	140
波兰	143	121
新加坡	94	108
俄罗斯	94	105
丹麦	49	83
中国台湾	69	79
比利时	66	73
马耳他	62	71
澳大利亚	52	58
瑞典	57	57
南非	42	47
立陶宛	40	45
斯洛文尼亚	24	43
爱尔兰	33	38

国家/地区	出口数量（立方米）	出口金额（千美元）
沙特阿拉伯	31	36
塞浦路斯	31	35
科威特	21	23
加拿大	6	6
44079980 其他温带非针叶木材，厚>6 毫米		
合计	30761	23715
日本	27660	21585
韩国	1528	1253
中国香港	466	288
中国台湾	458	177
印度尼西亚	275	165
比利时	118	105
印度	171	63
塞浦路斯	10	32
美国	23	22
意大利	3	13
越南	45	12
哈萨克斯坦	4	3
44079990 其他非叶木木材，厚>6 毫米		
合计	32148	30630
日本	18631	19517
韩国	3689	2989
德国	2943	2355
澳大利亚	983	1493
法国	1575	1475
中国台湾	1353	1012
意大利	642	541
波兰	1297	473
瑞典	104	116
美国	137	114
荷兰	94	111
马来西亚	126	92
安提瓜和巴布达	197	86
越南	87	63
菲律宾	41	27
英国	17	25
印度	26	24
新加坡	42	21
津巴布韦	8	21
葡萄牙	25	20
阿联酋	16	16
马尔代夫	37	10
泰国	21	7
厄立特里亚	15	7

国家/地区	出口数量（立方米）	出口金额（千美元）
赞比亚	16	7
肯尼亚	5	3
比利时	6	2
加纳	15	2

表 4-10　锯材进口

国家/地区	进口数量（立方米）	进口金额（千美元）
44061000 未浸渍铁道及电车道枕木		
合计	47627	8651
俄罗斯	46422	8330
罗马尼亚	1205	321
44069000 已浸渍铁道及电车道枕木		
合计	3928	786
朝鲜	2093	377
美国	1431	349
加拿大	394	56
南非	10	4
44071010 红松和樟子松木材，厚 >6 毫米		
合计	4101622	852337
俄罗斯	3915469	807835
德国	44029	11946
瑞典	46929	11351
芬兰	24391	5724
加拿大	37415	5627
奥地利	11369	3113
澳大利亚	4222	2801
拉脱维亚	6521	1430
立陶宛	2061	529
日本	2138	468
爱沙尼亚	2160	339
乌克兰	1129	240
捷克	964	209
保加利亚	627	128
荷兰	467	114
波兰	402	110
罗马尼亚	431	95
美国	197	66
巴西	150	38
英国	165	36
丹麦	42	28
比利时	53	28
爱尔兰	85	19
马达加斯加	93	19
中国台湾	48	18
泰国	30	15
希腊	35	8
马来西亚	0	5
44071020 白松（云、冷杉）木材，厚 >6 毫米		
合计	6304552	1260512
加拿大	5331889	1062946
俄罗斯	673419	122432
芬兰	91114	21880
瑞典	64148	14722
美国	57104	13262
德国	33091	9148
罗马尼亚	18814	4348
奥地利	11871	4322
韩国	1653	1502
日本	876	1351
朝鲜	5835	1035
捷克	5086	1004
爱沙尼亚	2486	532
瑞士	714	295
拉脱维亚	1420	232
荷兰	823	226
印度尼西亚	96	208
中国台湾	455	165
立陶宛	704	151
比利时	432	146
法国	879	132
意大利	46	116
波黑	536	102
乌克兰	383	90
新西兰	342	81
智利	87	23
斯洛伐克	55	19
斯洛文尼亚	94	19
丹麦	50	13
保加利亚	44	11
西班牙	6	2
44071030 辐射松木材，厚 >6 毫米		
合计	874935	230566
新西兰	404203	115503
智利	419661	101683
澳大利亚	23139	6590
阿根廷	13009	3071
巴西	6728	1651
加拿大	4865	929
中国台湾	1255	560
美国	835	255
乌拉圭	858	212
芬兰	153	45
德国	91	23
韩国	94	22
俄罗斯	44	12
中国	0	9
44071040 花旗松木材，厚 >6 毫米		
合计	883817	182513
美国	469199	100024
加拿大	413079	81932
日本	1199	427
中国台湾	165	86
德国	175	44
44071090 针叶木木材，厚 >6 毫米		
合计	2760313	575254
加拿大	1024546	218158
美国	721510	160341
俄罗斯	772133	136082
德国	51031	13781
阿根廷	53212	12294
巴西	51805	12233
瑞典	14675	4478
芬兰	12900	3291
日本	10284	2483
新西兰	3627	1297
奥地利	5943	1252
英国	5479	1241
拉脱维亚	4734	1041
乌拉圭	3958	967
澳大利亚	3990	962
波兰	1100	934
韩国	1922	718
保加利亚	3495	653
朝鲜	3779	526
智利	2655	498
立陶宛	1741	387
中国台湾	1045	360
爱沙尼亚	1489	321
捷克	1038	243
老挝	507	219
荷兰	647	172
匈牙利	96	87
越南	190	71
意大利	28	36
瑞士	178	26

国家/地区	进口数量（立方米）	进口金额（千美元）
缅甸	318	24
乌克兰	129	23
印度尼西亚	5	18
肯尼亚	2	18
罗马尼亚	50	10
法国	40	5
泰国	32	4
中国	0	1
44072200 肉豆蔻木等木材，厚>6 毫米		
合计	40669	28753
厄瓜多尔	34373	25299
巴布亚新几内亚	3221	1773
印度尼西亚	2779	1551
澳大利亚	147	76
秘鲁	94	30
德国	55	23
44072500 红柳安木材，厚>6 毫米		
合计	16378	5450
马来西亚	12713	3499
乌拉圭	1944	962
澳大利亚	527	414
印度尼西亚	445	197
韩国	181	141
巴西	229	91
老挝	171	51
日本	28	40
新西兰	71	34
中国台湾	23	9
菲律宾	17	7
泰国	29	6
44072600 白黄柳安木等木材，厚>6 毫米		
合计	20894	6421
马来西亚	16808	4185
澳大利亚	1318	1058
韩国	723	410
老挝	670	197
中国台湾	549	182
文莱	195	109
意大利	56	59
加拿大	191	54
美国	87	43
南非	54	27
越南	50	25
波兰	67	19
乌拉圭	29	18
菲律宾	36	17

国家/地区	进口数量（立方米）	进口金额（千美元）
德国	35	10
印度尼西亚	18	6
立陶宛	8	2
44072700 沙比利木材，厚>6 毫米		
合计	31700	19075
喀麦隆	16662	9561
刚果(金)	5455	3410
刚果(布)	4047	2645
中非	3395	2216
加蓬	1377	798
越南	291	195
马达加斯加	234	130
乌干达	99	58
哥伦比亚	105	43
莫桑比克	19	16
马来西亚	16	4
44072800 伊罗科木木材，厚>6 毫米		
合计	24	12
科特迪瓦	24	12
44072910 柚木木材，厚>6 毫米		
合计	53902	45074
缅甸	37478	34878
印度尼西亚	7357	4311
贝宁	6129	3828
马来西亚	736	404
老挝	505	350
中国台湾	321	317
苏丹	422	246
泰国	134	198
东帝汶	114	80
特立尼达和多巴哥	105	79
喀麦隆	148	63
赞比亚	84	61
巴西	106	55
新加坡	48	54
坦桑尼亚	73	53
多民族玻利维亚国	40	35
巴布亚新几内亚	36	27
阿根廷	40	16
南非	21	14
日本	5	2
44072920 非洲桃花心木木材，厚>6 毫米		
合计	5249	3545
加蓬	1908	878
科特迪瓦	1335	779

国家/地区	进口数量（立方米）	进口金额（千美元）
印度尼西亚	432	683
中国台湾	130	277
喀麦隆	362	219
韩国	99	104
加纳	122	98
西班牙	35	86
菲律宾	238	82
葡萄牙	169	71
美国	25	47
几内亚比绍	142	45
多哥	60	39
尼日利亚	47	39
刚果(金)	43	28
肯尼亚	32	22
斐济	29	20
危地马拉	2	11
几内亚	18	8
越南	17	6
加拿大	4	2
44072930 波罗格木木材，厚>6 毫米		
合计	93368	45773
印度尼西亚	78863	38121
马来西亚	13018	6858
巴布亚新几内亚	676	377
所罗门群岛	645	323
中国台湾	61	32
老挝	33	23
罗马尼亚	29	15
加蓬	22	9
菲律宾	11	8
泰国	10	5
44072990 子目注释 2 所列的热带木木材，厚>6 毫米		
合计	222354	97007
印度尼西亚	67504	20661
加蓬	36966	17081
巴西	20743	13773
喀麦隆	18516	9602
马来西亚	20925	8984
越南	5267	3918
缅甸	9837	2431
泰国	4921	2212
加纳	5440	2091
刚果(布)	3135	1560
巴拉圭	2098	1429
多民族玻利维亚国	1835	1367

国家/地区	进口数量（立方米）	进口金额（千美元）
巴布亚新几内亚	1291	1362
秘鲁	1698	1074
中国台湾	1977	1066
贝宁	1459	772
科特迪瓦	1582	744
老挝	5500	734
赞比亚	1045	677
柬埔寨	1458	601
菲律宾	2496	563
危地马拉	540	482
加拿大	836	424
多哥	225	324
美国	603	275
中非	482	256
刚果（金）	456	246
莫桑比克	478	213
苏里南	241	184
澳大利亚	262	183
所罗门群岛	265	150
哥伦比亚	220	149
韩国	56	146
巴拿马	134	144
坦桑尼亚	65	143
阿根廷	267	128
马达加斯加	326	114
尼加拉瓜	78	101
厄瓜多尔	103	87
印度	91	72
圭亚那	135	71
塞拉利昂	115	59
意大利	85	55
西班牙	42	45
德国	86	43
斐济	96	41
纳米比亚	72	40
几内亚比绍	108	32
乌拉圭	75	31
墨西哥	38	23
利比里亚	34	12
南非	1	12
尼日利亚	12	7
奥地利	28	5
日本	3	4
安哥拉	1	1
国别（地区）不详	2	2
44079100 栎木木材，厚>6 毫米		

国家/地区	进口数量（立方米）	进口金额（千美元）
合计	893862	453369
美国	588375	302705
俄罗斯	219015	102611
法国	27379	17105
德国	18183	9105
加拿大	14144	7790
乌克兰	4960	3447
澳大利亚	3589	2794
克罗地亚	3013	1548
斯洛伐克	2650	1096
罗马尼亚	1513	876
朝鲜	2876	556
意大利	604	412
比利时	656	404
奥地利	859	402
日本	482	295
马来西亚	903	267
波兰	369	251
巴拉圭	593	227
泰国	599	220
匈牙利	459	175
荷兰	254	161
斯里兰卡	423	127
土耳其	89	111
秘鲁	93	71
波黑	118	63
捷克	159	60
保加利亚	74	55
瑞士	110	49
中国台湾	108	48
缅甸	516	45
韩国	108	36
芬兰	125	33
印度尼西亚	113	32
以色列	40	30
多民族玻利维亚国	29	23
英国	5	22
越南	19	18
新加坡	2	17
摩尔多瓦	23	14
格鲁吉亚	75	14
新西兰	30	12
丹麦	25	9
瑞典	29	9
斯洛文尼亚	21	9
老挝	28	8

国家/地区	进口数量（立方米）	进口金额（千美元）
立陶宛	25	6
44079200 山毛榉木木材，厚>6 毫米		
合计	284462	106759
德国	102630	40888
罗马尼亚	113856	38834
法国	20144	7682
波黑	14475	5044
奥地利	5700	2546
意大利	5363	2487
克罗地亚	6426	2417
波兰	3138	1474
瑞典	2207	900
保加利亚	1288	574
丹麦	1144	508
斯洛伐克	1060	439
塞尔维亚	993	431
日本	533	400
瑞士	980	356
捷克	1001	351
斯洛文尼亚	609	209
比利时	437	186
美国	403	184
阿尔巴尼亚	358	164
前南马其顿	220	95
黑山	233	93
加拿大	267	90
格鲁吉亚	223	89
希腊	184	87
荷兰	218	81
澳大利亚	83	42
乌克兰	104	34
智利	40	25
新西兰	64	23
马来西亚	48	13
芬兰	33	13
44079300 枫木木材，厚>6 毫米		
合计	74064	36021
美国	52211	24514
加拿大	19138	9667
罗马尼亚	1406	863
奥地利	215	131
乌克兰	317	124
澳大利亚	99	104
韩国	118	91
德国	105	91
马来西亚	173	89

国家/地区	进口数量（立方米）	进口金额（千美元）
日本	19	81
克罗地亚	24	76
法国	88	47
中国台湾	76	33
瑞士	2	33
越南	32	23
意大利	1	20
斯洛伐克	13	14
丹麦	20	7
西班牙	4	5
塞尔维亚	3	4
挪威	0	3
44079400 樱桃木木材，厚>6 毫米		
合计	24631	16458
美国	22372	14905
加拿大	1520	1073
中国台湾	141	182
日本	217	123
罗马尼亚	266	119
智利	81	32
巴西	26	21
丹麦	8	3
44079500 白蜡木木材，厚>6 毫米		
合计	169555	85592
美国	152435	76584
加拿大	6798	3587
乌克兰	3688	2177
德国	1902	1008
法国	1387	795
俄罗斯	1724	677
罗马尼亚	1204	531
克罗地亚	142	84
日本	43	33
斯洛伐克	50	28
中国台湾	33	25
丹麦	64	24
澳大利亚	54	22
奥地利	31	18
44079910 樟木、楠木、红木，厚>6 毫米		
合计	68324	101002
老挝	30643	50973
印度尼西亚	6874	11296
越南	6461	10307
柬埔寨	2792	8150
马来西亚	5084	7161
莫桑比克	7746	3816

国家/地区	进口数量（立方米）	进口金额（千美元）
缅甸	1112	1733
刚果(金)	956	1364
尼加拉瓜	561	859
贝宁	1828	799
加蓬	835	720
墨西哥	691	627
东帝汶	403	524
泰国	348	521
喀麦隆	127	466
坦桑尼亚	522	258
巴拿马	188	246
刚果(布)	112	172
西班牙	50	146
赤道几内亚	81	105
印度	34	98
伯利兹	65	92
多哥	253	75
巴基斯坦	39	66
中国香港	82	64
中国台湾	121	62
几内亚比绍	103	61
美国	45	45
韩国	24	40
日本	16	36
哥斯达黎加	19	35
尼日利亚	42	33
巴西	19	28
几内亚	20	13
所罗门群岛	26	11
菲律宾	2	3
44079920 泡桐木木材，厚>6 毫米		
合计	1970	2187
德国	845	1120
日本	524	827
智利	520	231
中国	81	8
斯洛文尼亚	0	1
44079930 北美硬阔叶材，厚>6 毫米		
合计	316090	140922
美国	310789	136811
加拿大	3845	3238
日本	587	411
中国台湾	415	149
德国	173	141
西班牙	4	47
荷兰	57	31

国家/地区	进口数量（立方米）	进口金额（千美元）
乌拉圭	38	23
北美洲其他国家（地区）	28	17
韩国	30	16
中国	32	13
老挝	61	12
印度尼西亚	9	7
缅甸	20	4
秘鲁	2	2
喀麦隆	0	1
44079980 其他温带非针叶木材，厚>6 毫米		
合计	592977	190628
俄罗斯	487646	150431
美国	80655	28667
芬兰	4274	2299
澳大利亚	2103	1643
立陶宛	5207	1341
拉脱维亚	2042	1098
日本	1342	1061
罗马尼亚	2165	753
爱沙尼亚	1360	615
加拿大	1100	517
瑞典	1216	476
克罗地亚	767	285
喀麦隆	55	213
朝鲜	1021	200
印度尼西亚	84	185
越南	320	144
中国台湾	320	135
智利	246	124
德国	292	110
马达加斯加	162	81
莫桑比克	150	62
乌拉圭	88	35
斯洛文尼亚	92	33
乌克兰	66	21
马来西亚	70	19
多民族玻利维亚国	15	19
法国	45	17
泰国	17	17
缅甸	40	15
老挝	16	8
印度	1	3
44079990 其他非叶木木材，厚>6 毫米		
合计	3718584	1227501

国家/地区	进口数量（立方米）	进口金额（千美元）
泰国	1588002	588773
印度尼西亚	640588	156850
美国	223364	72367
菲律宾	536794	66792
马来西亚	163513	61412
加蓬	90329	54840
莫桑比克	112759	50237
秘鲁	61053	40684
喀麦隆	29644	18688
巴西	28327	18243
越南	42994	14831
澳大利亚	14756	12956
多民族玻利维亚国	15974	12287
缅甸	48719	6725
柬埔寨	9722	4012
老挝	18859	3828
坦桑尼亚	8159	3674
哥伦比亚	5453	3261
巴拉圭	3985	3020
加纳	7216	2822
贝宁	6320	2675
加拿大	6466	2627
赞比亚	3604	2374
乌拉圭	5082	2271
阿根廷	4019	1614
中国台湾	3235	1577
尼加拉瓜	2465	1452
罗马尼亚	2343	1427
德国	2262	1384
多哥	1452	1341
克罗地亚	3035	1263
俄罗斯	3633	1218
日本	1930	1150
巴拿马	1890	1129
智利	5332	1000
爱沙尼亚	1619	774
危地马拉	818	749
几内亚	1307	531
圭亚那	1284	519
苏里南	1224	502
新西兰	1894	339
意大利	364	318
刚果(布)	788	312
冈比亚	533	258
法国	496	212

国家/地区	进口数量（立方米）	进口金额（千美元）
利比里亚	327	208
刚果(金)	317	195
赤道几内亚	287	193
厄瓜多尔	564	183
芬兰	521	161
立陶宛	314	129
韩国	214	120
科特迪瓦	254	106
斯洛文尼亚	226	99
瑞典	254	83
南非	259	83
巴布亚新几内亚	241	81
尼日利亚	108	68
所罗门群岛	138	62
塞拉利昂	86	43
东帝汶	35	42
葡萄牙	63	38
西班牙	73	36
斯威士兰	106	34
朝鲜	132	33
中国	161	31
拉脱维亚	62	28
奥地利	29	26
伯利兹	35	21
墨西哥	20	16
瑞士	29	12
乌克兰	30	12
斯里兰卡	34	11
安哥拉	6	8
印度	6	7
纳米比亚	20	6
中非	12	4
以色列	12	3
土耳其	4	2
荷兰	0	1

表 4-11　木片出口

国家/地区	出口数量（吨）	出口金额（千美元）
44012100 针叶木的木片或木粒		
合计	3	6
英国	0	5
中国澳门	2	1
44012200 非针叶木的木片或木粒		
合计	5092	720
中国台湾	5027	679
日本	4	20
印度	22	9
巴基斯坦	22	5
韩国	5	2
南非	1	2
印度尼西亚	1	1
中国香港	7	1
俄罗斯	3	1

表 4-12　木片进口

国家/地区	进口数量（吨）	进口金额（千美元）
44012100 针叶木的木片或木粒		
合计	301014	62876
澳大利亚	234763	52655
俄罗斯	36261	4555
美国	19118	4139
印度尼西亚	6703	804
越南	3653	697
朝鲜	491	20
加拿大	25	4
日本	0	1
白俄罗斯	0	1
44012200 非针叶木的木片或木粒		
合计	3126555	1096724
越南	0	508181
泰国	1210533	217618
印度尼西亚	974873	169274
澳大利亚	719108	154993
智利	78423	18778
马来西亚	91305	17085
巴西	21805	4702
柬埔寨	29904	4510
法国	204	1034
美国	263	449
中国台湾	81	35
匈牙利	4	33
德国	15	18
奥地利	10	5
丹麦	2	2
菲律宾	22	1
国别(地区)不详	1	3

人　造　板

【概　况】 近年来，全国人造板产量保持高速增长，2011年产量首次突破2亿立方米达20919.29万立方米，比2010年增长36.19%。

受日本地震灾区恢复重建等因素影响，山东、江苏等地的胶合板和刨花板产量大幅增长。在全部人造板产量中，胶合板9869.63万立方米，比2010年增长38.24%，占全部人造板产量的47.18%；纤维板5562.12万立方米，比2010年增长27.73%，占全部人造板产量的26.59%，其中中密度纤维板产量4973.41万立方米；刨花板产量2559.39万立方米，比2010年增长102.45%，占全部人造板产量的12.23%；其他人造板2928.15万立方米(细木工板占69.47%)，比2010年增长12.52%，占全部人造板产量的14.00%(图5-1)。另外，单板产量3173万立方米，人造板表面装饰板产量2.66亿平方米。

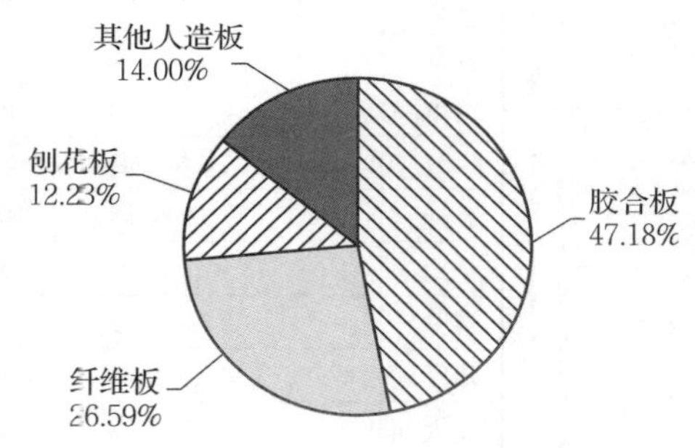

图5-1　2011年全国人造板产量结构

从分省情况看，山东、江苏、广西、河南、河北、安徽、福建和广东8省(区)产量均超过700万立方米，8省(区)人造板产量共计17121.50万立方米，占全国人造板总产量的81.85%，其中山东突破6000万立方米，江苏突破3000万立方米，广西突破2000万立方米。

(数据来源：《中国林业统计年鉴》)

【中国胶合板产业转型升级分析】 中国胶合板工业产量居世界第一位。胶合板工业实现了三大转变，即产业布局从原木产地的国有林区转向人工林产地的平原林区，企业主体从国有企业转向民营企业，生产原料从以原木为主转向综合利用速生丰产林。随着生产规模扩大，国家标准、产品结构、原料来源、国际环境等资源、环境和要素制约日渐显现。胶合板工业面对深刻转型压力。

总量扩大，集群发展 从全国来看，人造板生产主要集中在河北、江苏、山东、浙江、广东、广西等省区，并形成一些重要的产业集群，即以邢台、廊坊为中心的河北产业集群，以山东临沂为中心的山东产业集群，以江苏徐州为中心的苏北产业集群和以嘉善为中心的浙江产业集群，四大主要产区胶合板产量占全国总产量的68%~70%。

企业规模小，技术含量低，产品结构单一，国际盈利空间狭小 突出表现在企业规模过小，产品结构单一。如在胶合板重要产区江苏邳州的官湖镇，2008年金融危机发生前，胶合板类企业有1600多家，年产量达到5万立方米以上的企业仅有350家，大部分企业以家庭作坊式的芯板生产为主。对这些小企业来说，产能扩大与资金积累的过程非常缓慢，他们往往各自为政，多为别的一些外贸公司代加工，实现规模经济非常难，一旦需求发生改变，企业很难从容应对。

胶合板企业的管理水平和管理手段还不能同国际接轨，达不到国际先进水平。大多数企业的研发投入几乎没有，品牌意识不强，宣传以及营销策划不够，很多企业甚至连营销部门都没有，仍处于粗放经营、管理落后、效益低下的生产状态。产品结构单一、技术含量和附加值低，名牌产品匮乏，也是普遍存在的问题。中国生产的胶合板在国际市场上大都属于中、低端产品，虽然可以通过低价优势占领国际市场，但企业只是在维持低水平的重复生产，很难通过创新来提高产品的竞争力，产品价格无法提升，企业盈利空间狭小，抗风险能力不足。

原材料制约产品国际竞争力 全国胶合板企业生产原料多以速生林为主。缺乏好的原材料导致缺乏好的产品，是胶合板在国际高端市场上缺乏足够竞争力的重要原因。原材料来源直接影响胶合板的质量，现在国内胶合板的原材料大多是速生杨，质量无法和国外的大径级木材相比。对胶合板质量与使用寿命有重要影响的芯板一直是国内胶合板发展的瓶颈，芯板质量低，单板拼接和组胚工艺单靠手工制作，严重影响胶合板的强度和使用寿命。

依赖国外市场 胶合板出口市场集中度很高，出口的国家和地区主要为美国、欧盟、日本和东盟，2007 年上述 4 个市场合计占全国出口总量的 63.8%，其中美国市场几乎占到 30%。金融危机暴发后，美国、日本等发达国家市场需求降低，大幅减少从中国进口胶合板，对中国企业影响巨大。

随着环保和绿色消费的要求提高，发达国家对进口林产品的质量要求正在向安全、卫生、环保、健康等方面延伸，对产品的技术门槛要求越来越高，过去中国企业关注的产品规格、表观缺陷、胶合强度等传统物理指标，已经无法满足国际市场关于质量的新要求。美国在 2008 年 5 月 22 日正式通过《雷斯法案(修正案)》关于植物保护的条款。2010 年 7 月，美国总统奥巴马签署的包括胶合板等产品的《复合木制品标准法案》于 2011 年 1 月 3 日开始实施，这是在美国 CARB 认证基础上提出的，被视为世界上最严格的甲醛限量法规。这对中国胶合板的出口提出了巨大的挑战。

发挥协会作用 加快调整升级 中国胶合板生产所需的木材供给具有不确定性。木材资源作为最重要的初级生产要素对胶合板产业发展至关重要，木材资源的获取首先应该立足国内，同时积极开发国外市场。政府应出台优惠政策扶持建设速生丰产林以及珍贵用材林基地建设，提高人工林树种的林种质量，早日实现国内木材供给向人工用材林的转换，减少对进口原木的依赖。政府应当扶持一批胶合板企业做大做强，通过这些企业来带动整个产业的升级，强化产业集聚。研究证明属于同一产业的企业在一个区域内积聚的越多，所需的劳动力、资金、能源、运输等专业化资源就越多，整个产业的生产成本就会随之下降，生产效率得到提高，集群内的企业会更具有竞争力。

企业要加强技术研发创新，引进国外先进生产技术改善产品质量。在胶合板发展战略制定上，企业一方面要加大现有国内国外两个市场的开发，提高现有市场产品占有率；另一方面要努力寻找和开拓新兴国际市场，优化胶合板出口空间布局，分散对外贸易风险。

要充分发挥行业协会生产的产品和市场贸易以及技术提升的引导作用。协会要为中小企业在技术咨询、生产及贸易信息咨询、培训和开拓市场等方面的交流搭建平台。在产品贸易上，维护行业秩序，规范交易活动，防止企业恶性竞争，对市场纠纷及时进行仲裁。同时，积极协助政府做好行业决策、政策、标准出台等工作。

(国家木制家具与人造板质量监督检验中心 汪浩明)

【人造板企业的上市公司】

中福实业(000592) 福建中福实业股份有限公司的主营业务为造林营林、林产品加工与销售。2011 年，中福实业的控股公司有 10 家：福建省建瓯福人林业有限公司、福建省建瓯福人木业有限公司、福建绿闽林业开发有限公司、福建中福种业有限公司、明溪县恒丰林业有限责任公司、龙岩山田林业有限公司、龙岩中福木业有限公司、漳州中福木业有限公司、建瓯中福木业有限公司、福建中福典当有限责任公司。中福实业在福建建瓯、明溪等地拥有林业经营区总面积 100 多万亩。其控股的福建建瓯福人木业有限公司拥有一条年产量 10 万立方米的中密度纤维板生产线和一条年产量 5 万立方米的中密度纤维板(薄板)生产线；龙岩中福木业有限公司拥有一条年产量 10 万立方米的中密度纤维板生产线：正在建设中的漳州中福木业有限公司的中纤板年生产能力 18 万立方米。公司上市时间为 1996 年 3 月 27 日。

大亚科技(000910) 大亚科技股份有限公司是中国主要的林木加工企业，拥有最完整的“林板一体化”森工产业链，通过“林地资源控制—木质密度纤维板/刨花板制造—复合地板制造—品牌网络直销体系"的独特经营模式，可以有效避免任一环节产品价格上升对公司整体的负面影响。在林地资源控制方面，公司自身拥有林地资源1.33万公顷；通过与国家林业局的合作，用非主营的包装业务置换大量的优质林业资产，扩展公司的林业资源，以确保木材原料长期供给；通过合作育林的方式，公司拥有3.33万公顷林业资源。公司中高密度板产量居全国第一位，木地板产量约为1700万平方米/年，在全国市场占有率约为10%，其中"圣象"地板作为国内全国性强化地板的第一品牌，占据地板产业高端产品60%的市场份额，连续八年保持国内销量第一。公司上市时间为1999年6月30日。

兔宝宝(002043) 德华兔宝宝装饰新材股份有限公司创建于1992年，主要从事各类中高档环保型胶合板、装饰贴面板的生产和销售，高质量的产品销售遍布全国30个省(区、市)，远销日本、新加坡、印度和中国香港等地，产销率连续三年高于98%。公司是国家火炬计划重点高新技术企业，是国内装饰贴面板行业生产规模最大、产品种类最多的企业。公司研制开发了环保型薄木装饰板新产品并实现产业化生产，该产品游离甲醛释放量可控制在6毫克/100克，经浙江省科技厅鉴定达到了欧洲E1级环保标准，在国内处于领先地位。经过10余年的艰苦奋斗与创新经营，公司已从全球采购原木及栽培速生林，发展到生产各类环保型装饰贴面板，多层胶合板、细木工板、高档实木复合地板、层积材、重组木、工艺木门等各种木制产品的完整产业链，年产各类木制品25万立方米。公司上市时间为2005年5月10日。

升达林业(002259) 四川升达林业产业股份有限公司是一家在林业产业领域坚持"林板一体化"发展战略，具有自主创新能力、充分发挥生态效益、实现可持续发展的林产企业。公司具有较强的自主创新能力，公司从2008年开始逐步转变盈利模式，由原来的单一地板业务转变为林、纤维板、地板多业务共同发展的多元化经营模式，为公司未来业绩的增长添加了不少的源动力。升达林业是强化木地板的命名单位，是强化木地板国家标准的主要起草单位，行业内率先通过ISO9001质量管理体系、ISO14001环境管理体系，并获得中国驰名商标、中国名牌产品称号。2006年，升达强化木地板被国家财政部、国家质量技术监督检验检疫总局列入政府采购绿色清单，升达地板畅销全国，远销美国、加拿大、日本、新加坡、俄罗斯、意大利、澳大利亚、南非等80多个国家和地区。2007年9月，升达强化木地板获得国家出口免检殊荣。升达林业荣获中国创名牌出口产品企业和中国出口企业成就奖。公司上市时间为2008年7月16日。

威华股份(002240) 广东威华股份有限公司(梅州中纤厂)始建于1997年10月，位于广东省梅州市东升工业区，是广东省规模较大的纤维板生产企业之一，年生产能力为7万立方米。公司的设备先进，技术力量雄厚，生产经验丰富，拥有成熟的生产工艺和先进的管理方法，生产线采用先进的PLC可编程序控制器、变频器、软起动器等控制器，自动化程度高，在压制中纤板过程中按设定的程序自动控制，设备成熟、可靠性强、精度高，完全能满足优质中纤板生产所需。纤维和粉尘通过高效分离器与布袋除尘器分离和除尘；锅炉烟尘采用先进的水膜除尘器，达到国家标准中的E2级，公司主要生产1220毫米×2440毫米×9毫米、12毫米、15毫米等规格中密度纤维板，产品广泛应用于家具制造、建筑装修、车船制作等行业。公司上市时间为2008年5月23日。

科冕木业(002354) 大连科冕木业股份有限公司主营业务为中高档实木复合地板的研发、设计，生产和销售，包括3层实木复合地板和多层实木复合地板两大类。公司经营模式主要以ODM贴牌生产为主，是中国向国际市场提供实木复合地板ODM制造服务的最主要供应商之一。公司拥有昆山科冕和穆棱科冕两个控股子公司，昆山工厂定位为品种少、数量大的中低档实木复合地板供应商，目标市场以美国市场为主。公司上市时间2010年2月09日。

德尔家居(002631) 德尔国际家居股份有限公司坐落于太湖之畔的江苏省吴江市，注册资金1.2亿元，下辖有苏州德尔地板服务有限公司、辽宁德尔地板有限公司，辽宁德尔新材料有限公司、成都德尔地板有限公司、成都德尔新材料有限公司5个全资子公司。德尔拥有德国HOMAG豪迈、荷兰砂霸等国际一流生产线，在地板原料加工、外观处理等方面拥有多项关键性产品专利技术，德尔家居是当前国内实力规模和品牌影响力领先的木地板制造、销售领导型企业之一。公司通过扁平化深度营销模式在重点市场设立一级经销商，网络覆盖率大幅提高，专卖店数量增速很快。公司上市时间为2011年11月11日。

吉林集团(600189) 吉林森林工业股份有限公司创立于1998年9月，公司是以森林培育和林木采伐为基础，以林产加工为主导、以科技开发为动力，林工贸结合，产加销为一体的现代化大型森工企业。主营业务为森林培育和采伐、木材、木制品、人造板、林化产品加工和销售、食用菌、动植物、林副土特产品、机械电子、建材、保健品加工和销售、进出口贸易等。公司最具有特色的是绿色人造板系列产品。“露水河”牌刨花板产品以其绿色环保、规模大、品质好、技术装备先进、自主创新能力强等特点著称，连续多年被评为省优、部优产品，2005年获产品质量免检证书，2006年获得中国名牌称号。公司生产的六大系列“吉林集团”牌强化地板，百余种花色和款式，具有自主知识产权。门业分公司生产的“霍尔茨”牌欧式复合门在市场上也享有盛誉。公司上市时间为1998年10月07日。

国栋建设(600321) 四川国栋建设股份有限公司主营新型建材、玻璃深加工、房地产开发、建筑总承包，幕墙装饰(国家一级)等业务。年产35万立方米高/中密度纤维板和微粒板、印刷木纹纸、耐磨浸渍纸、强化地板、饰面板、家具板；年产1.6亿平方米无毒、无菌，防水、防火、隔音、保温、高强轻质秸秆/木质墙板；年产100万樘隔音、无毒、无菌、防水、保温防火门；三角钢琴；食品饮料等生产销售六大产业的大型企业。公司主导产品人造板以秸秆为原料，核心设备主要从国外引进，公司拥有中国纤维板单条生产线年产量最大的生产线，可生产包括高、中、低不同密度的纤维板。2011年，公司共有3条板材生产线，总产量约为50万立方米/年，产品主要为中纤板和刨花板。公司上市时间为2001年5月24日。

上海机电(600835) 上海机电股份有限公司业务涉及电梯制造、冷冻空调设备制造、印刷包装机械制造、焊接器材制造、人造板机械制造、人造板板材制造和工程机械制造七大领域。与美、日、法等世界著名跨国公司共同组建了12家合资企业。上海绿洲实业有限公司是上海机电股份有限公司的全资子公司，是专业从事各类人造板及相关制品经营管理的投资公司，公司先后投资了黄山绿洲人造板有限公司、湖北绿洲人造板有限公司、福建建瓯人造板有限公司、遂川绿洲人造板有限公司、江西绿洲人造板有限公司、安徽绿洲人造板有限公司、新疆绿洲人造板有限公司等企业，公司坚持走以林养林、自行营造、自我利用的良性发展道路，向林产、化工、木制品深层次加工与利用方向延伸，发展成为多元化、集团化的大型林业产品综合利用与生产加工企业。产品遍布全国60%的大、中城市，被广泛应用于家具制造、音响制作和室内装潢等方面。公司上市时间1994年2月24日。

丰林集团(601996) 广西丰林木业集团股份有限公司是中国最大的木业企业集团之一，是世界银行集团国际金融公司(IFC)在广西的第一个战略投资合作伙伴。公司主要致力于中(高)密度纤维板、胶合板的生产和销售以及营林造林业务。主要产品为多种不同规格的中(高)密度纤维板。公司生产的地板基材、门板基材的各项技术指标均达到和高于国家标准，“丰林”牌E1级中密度纤维板是广西的高新技术产品，已经申请两项专利。“丰林”牌E1级阻燃板通过了国家防火建筑材料质量监督检验中心的检测，获得了燃烧性能等级标识的使用证书。“丰林”牌中/高纤维板是首批国家免检产品和中环联合(北京)认证中心的环境标志产品。2007年在中国国际木业(北京)博览会获得金奖。公司生产的中/高密度纤维板广泛用于装饰装潢和家具、地板、音箱制作等。自主研发的环保阻燃板用于北京奥运会场馆和其他公共建筑、车辆船舶的装潢。公司上市时间为2011年9月29日。

表 5-1 人造板各指标在全国排名前 5 位的省份

指标(万立方米)	全国排名前 5 位的省份占全国的比例(%)
人造板产量 20919.29	山东(29.45)、江苏(17.4)、广西(9.94)、河南(7.04)、河北(5.99)
胶合板产量 9869.63	山东(35.49)、江苏(20.37)、广西(12.5)、河南(6.09)、河北(4.52)
纤维板产量 5562.12	山东(23.44)、江苏(11.8)、广西(11.64)、河南(7.72)、广东(7.46)
刨花板产量 2559.39	山东(36.99)、江苏(20.63)、河北(8.74)、福建(8)、吉林(3.9)
细木工板产量 2034.16	江苏(14.86)、山东(14.01)、浙江(11.65)、河北(10.83)、湖南(8.01)
单板产量 3173.22	江苏(33.47)、山东(24.18)、广西(21.44)、河北(12.78)、河南(1.77)
人造板制造企业数量 30417(家)	江苏(15.15)、山东(13.96)、河北(9.19)、浙江(8.4)、福建(7.06)
胶合板制造企业数量 15196(家)	山东(18.33)、江苏(13.56)、浙江(10.02)、福建(9.74)、河北(9.32)
纤维板制造企业数量 1750(家)	山东(12.8)、广东(10.23)、江苏(8.51)、河南(7.94)、河北(6.91)
刨花板制造企业数量 1532(家)	河北(10.44)、广东(9.86)、江苏(9.73)、山东(8.75)、河南(6.33)

表 5-2 各地区人造板产量及企业数量

单位：万立方米，家

地区	人造板	胶合板				纤维板	刨花板	其他人造板		单板	人造板制造企业数量	胶合板制造企业数量	纤维板制造企业数量	刨花板制造企业数量	其他人造板制造企业数量
		合计	木胶合板	竹胶合板	其他胶合板			合计	其中：细木工板						
全国合计	20919	9870	8468	406	996	5562	2559	2928	2034	3173	30417	15196	1750	1532	9075
北京	20	0	0	0	0	20	0	0	0	0	237	54	7	13	157
天津	4	0	0	0	0	0	3	0	0	0	185	78	7	18	68
河北	1254	446	433	0	13	307	224	277	220	406	2795	1417	121	160	1052
山西	58	0	0	0	0	19	14	25	0	0	259	92	20	20	114
内蒙古	88	27	26	0	0	16	26	19	15	8	338	107	29	43	137
辽宁	271	80	71	0	9	93	37	62	44	1	1052	186	53	77	687
吉林	355	124	45	0	79	93	100	39	26	27	697	316	37	47	282
吉林集团	65	0	0	0	0	16	48	1	1	0	0	0	0	0	0
黑龙江	278	124	114	0	10	41	83	30	12	18	1065	386	41	82	518
龙江集团	62	4	3	0	1	18	28	12	10	1	0	0	0	0	0
上海	24	8	8	0	0	16	0	0	0	0	388	28	8	2	350
江苏	3639	2010	1539	5	466	656	528	445	302	1062	4607	2061	149	149	779
浙江	595	195	86	105	5	128	18	253	237	1	2556	1522	108	90	769
安徽	897	425	364	48	13	253	35	184	133	37	1096	537	78	49	258
福建	846	300	203	93	4	177	205	165	135	2	2148	1480	77	65	431
江西	287	91	61	23	6	97	17	82	65	15	972	646	65	51	195
山东	6162	3503	3475	0	28	1304	947	408	285	767	4247	2786	224	134	1076
河南	1473	601	456	0	145	429	69	373	98	56	1287	666	139	97	313
湖北	333	50	37	0	13	216	14	52	50	35	463	168	43	26	139
湖南	519	202	124	70	8	86	43	187	163	6	904	500	57	33	167
广东	773	201	179	6	16	415	100	57	33	26	1859	588	179	151	726
广西	2078	1234	1074	0	160	648	54	142	120	680	1183	810	74	36	192
海南	29	12	12	0	0	8	9	0	0	1	99	77	4	2	10
重庆	40	15	12	2	1	18	0	6	0	0	168	51	16	16	70
四川	587	146	84	49	12	338	24	80	64	1	712	221	80	60	287
贵州	65	42	32	4	6	7	0	16	8	1	219	95	21	17	62
云南	139	31	29	0	2	84	7	16	13	19	255	104	34	34	46
西藏	0	0	0	0	0	0	0	0	0	0	2	1	0	0	1
陕西	70	1	1	0	0	68	0	0	0	0	217	85	27	24	54
甘肃	1	1	1	0	0	0	0	0	0	0	122	33	13	16	48
青海	0	0	0	0	0	0	0	0	0	0	29	13	3	2	7
宁夏	0	0	0	0	0	0	0	0	0	0	26	4	4	5	10
新疆	11	0	0	0	0	11	0	0	0	0	230	84	32	13	70
大兴安岭	25	1	1	0	0	16	0	9	9	2	0	0	0	0	0

表 5-3 全国人造板进出口贸易总值

产品类别	单位	出口数量	出口金额(千美元)	进口数量	进口金额(千美元)
人造板合计			3792302		463729
单板	吨	185169	273468	150197	118569
胶合板	立方米	9471086	2075161	186952	118613
刨花板	吨	132718	56411	355570	122232
纤维板	吨	2403095	1387263	195674	104315

表 5-4 胶合板主产地产量

	胶合板主产地	产量（万立方米）
1	文安县(冀)	340.34
2	邢台市高新技术开发区(冀)	55.00
3	霸州市(冀)	14.13
4	邢台县(冀)	13.00
5	青龙满族自治县(冀)	7.00
6	昌黎县(冀)	2.90
7	望都县(冀)	2.64
8	尚义县(冀)	1.80
9	山海关区(冀)	0.83
10	三河市(冀)	0.83
11	盐山县(冀)	0.80
12	涿州市(冀)	0.62
13	灵寿县(冀)	0.56
14	元宝山区(内蒙古)	22.00
15	扎鲁特旗(内蒙古)	3.80
16	奈曼旗(内蒙古)	0.83
17	彰武县(辽)	46.00
18	海州区(辽)	20.00
19	新民市(辽)	6.08
20	北镇市(辽)	3.60
21	海城市(辽)	2.15
22	新邱区(辽)	1.00
23	扶余县(吉)	38.00
24	敦化市(吉)	11.25
25	延吉市(吉)	10.76
26	珲春市(吉)	8.45
27	榆树市(吉)	8.02
28	抚松县(吉)	5.30
29	安图县(吉)	3.95
30	农安县(吉)	3.00
31	长岭县(吉)	2.50
32	珲春森林山公司(吉)	2.28
33	东辽县(吉)	1.80
34	集安市(吉)	1.00
35	绿园区(吉)	0.95
36	经济开发区(吉)	0.90
37	公主岭市(吉)	0.81
38	大安市(吉)	0.80
39	图们市(吉)	0.75
40	双辽市(吉)	0.75
41	穆棱市(黑)	89.00
42	宁安市(黑)	5.00
43	克山县(黑)	2.20
44	安达市(黑)	1.80
45	方正县(黑)	1.00
46	肇东市(黑)	0.95
47	邳州市(苏)	718.00
48	丰　县(苏)	20.00
49	宿豫区(苏)	12.11
50	赣榆县(苏)	10.00
51	新沂市(苏)	10.00
52	泗洪县(苏)	7.80
53	盱眙县(苏)	3.50
54	亭湖区(苏)	2.30
55	高邮市(苏)	1.40
56	建湖县(苏)	1.08
57	安吉县(浙)	58.15
58	德清县(浙)	21.00
59	嘉善县(浙)	18.00
60	建德市(浙)	15.05
61	江山市(浙)	11.81
62	龙泉市(浙)	8.95
63	南浔区(浙)	8.24
64	龙游县(浙)	5.40
65	庆元县(浙)	4.87
66	宁海县(浙)	4.60
67	长兴县(浙)	3.25
68	衢江区(浙)	2.80
69	嵊州市(浙)	2.50
70	桐庐县(浙)	1.88
71	吴兴区(浙)	1.66
72	江北区(浙)	1.10
73	奉化市(浙)	1.01
74	遂昌县(浙)	1.01
75	苍南县(浙)	1.00
76	富阳市(浙)	1.00
77	临安市(浙)	0.97
78	泰顺县(浙)	0.84
79	缙云县(浙)	0.81
80	余姚市(浙)	0.77
81	温岭市(浙)	0.70
82	莲都区(浙)	0.55
83	歙　县(皖)	252.00
84	六安市叶集区(皖)	50.00
85	蒙城县(皖)	30.00
86	宁国市(皖)	18.15
87	青阳县(皖)	6.00
88	含山县(皖)	5.80
89	东至县(皖)	5.48
90	弋江区(皖)	5.00
91	颍上县(皖)	4.90
92	利辛县(皖)	4.63
93	涡阳县(皖)	4.50
94	八公山区(皖)	3.00
95	萧　县(皖)	2.70
96	寿　县(皖)	2.60
97	潜山县(皖)	2.10
98	禹会区(皖)	1.30
99	当涂县(皖)	1.20
100	舒城县(皖)	1.20
101	迎江区(皖)	1.16
102	金寨县(皖)	1.10
103	宜秀区(皖)	0.84
104	全椒县(皖)	0.80
105	黟　县(皖)	0.77
106	和　县(皖)	0.70
107	徽州区(皖)	0.70

	胶合板主产地	产量（万立方米）
108	无为县(皖)	0.67
109	南陵县(皖)	0.57
110	太湖县(皖)	0.52
111	沙　县(闽)	58.46
112	永安市(闽)	33.81
113	尤溪县(闽)	17.88
114	漳平市(闽)	16.81
115	建瓯市(闽)	14.47
116	三元区(闽)	13.61
117	延平区(闽)	12.72
118	明溪县(闽)	10.16
119	武平县(闽)	9.81
120	大田县(闽)	9.59
121	连城县(闽)	9.34
122	龙文区(闽)	8.38
123	将乐县(闽)	7.10
124	泰宁县(闽)	6.58
125	清流县(闽)	6.39
126	邵武市(闽)	5.94
127	福安市(闽)	5.16
128	龙海市(闽)	5.04
129	新罗区(闽)	4.23
130	建阳市(闽)	3.94
131	梅列区(闽)	3.86
132	宁化县(闽)	3.71
133	光泽县(闽)	3.32
134	长汀县(闽)	3.00
135	长泰县(闽)	2.84
136	闽清县(闽)	2.15
137	政和县(闽)	2.14
138	武夷山市(闽)	2.04
139	古田县(闽)	1.91
140	顺昌县(闽)	1.61
141	晋江市(闽)	1.42
142	长乐市(闽)	1.39
143	永春县(闽)	1.38
144	南安市(闽)	1.23
145	芗城区(闽)	1.20
146	浦城县(闽)	1.19
147	霞浦县(闽)	1.10
148	福鼎市(闽)	0.73
149	屏南县(闽)	0.71
150	寿宁县(闽)	0.67
151	上杭县(闽)	0.66
152	蕉城区(闽)	0.60
153	宜丰县(赣)	8.20
154	新干县(赣)	5.30
155	铜鼓县(赣)	5.00
156	贵溪市(赣)	4.82
157	万载县(赣)	4.75
158	峡江县(赣)	4.04
159	遂川县(赣)	4.00
160	德兴市(赣)	2.44
161	宁都县(赣)	2.16
162	乐安县(赣)	2.00
163	丰城市(赣)	2.00
164	南康市(赣)	1.50
165	上高县(赣)	1.50
166	乐平市(赣)	1.31
167	广丰县(赣)	1.30
168	临川区(赣)	1.20
169	九江县(赣)	1.20
170	全南县(赣)	1.03
171	南丰县(赣)	1.02
172	浮梁县(赣)	1.00
173	安福县(赣)	1.00
174	南昌市市辖区(赣)	1.00
175	靖安县(赣)	0.98
176	新建县(赣)	0.91
177	章贡区(赣)	0.86
178	资溪县(赣)	0.84
179	万安县(赣)	0.80
180	上犹县(赣)	0.75
181	奉新县(赣)	0.67
182	湖口县(赣)	0.65
183	兰山区(鲁)	1100.00
184	沂水县(鲁)	256.00
185	蒙阴县(鲁)	155.00
186	郓城县(鲁)	150.00
187	昌乐县(鲁)	36.00
188	单　县(鲁)	31.59
189	东平县(鲁)	20.15
190	桓台县(鲁)	18.80
191	寿光市(鲁)	18.50
192	商河县(鲁)	15.80
193	齐河县(鲁)	15.00
194	东明县(鲁)	13.93
195	河东区(鲁)	13.00
196	成武县(鲁)	12.20
197	潍城区(鲁)	10.60
198	郯城县(鲁)	7.43
199	高密市(鲁)	6.80
200	肥城市(鲁)	6.50
201	高青县(鲁)	5.60
202	岱岳区(鲁)	4.00
203	东营区(鲁)	3.80
204	莒　县(鲁)	3.60
205	平原县(鲁)	3.00
206	张店区(鲁)	3.00
207	宁津县(鲁)	2.80
208	苍山县(鲁)	2.79
209	龙口市(鲁)	2.60
210	陵　县(鲁)	2.40
211	诸城市(鲁)	2.17
212	宁阳县(鲁)	2.17
213	莒南县(鲁)	1.20
214	青州市(鲁)	1.20
215	新泰市(鲁)	1.10
216	胶南市(鲁)	1.00
217	莱阳市(鲁)	1.00
218	沂源县(鲁)	0.93
219	沂南县(鲁)	0.87
220	泰山区(鲁)	0.82
221	临颍县(豫)	102.56
222	兰考县(豫)	69.00
223	原阳县(豫)	21.00
224	邓州市(豫)	16.40
225	滑　县(豫)	14.19
226	许昌县(豫)	14.12
227	上蔡县(豫)	10.90
228	内乡县(豫)	10.00
229	卧龙区(豫)	9.70
230	商水县(豫)	6.30
231	正阳县(豫)	6.20
232	尉氏县(豫)	6.10
233	睢阳区(豫)	5.59
234	范　县(豫)	5.00
235	召陵区(豫)	4.85
236	夏邑县(豫)	4.00
237	社旗县(豫)	3.80
238	武陟县(豫)	3.80
239	台前县(豫)	3.60
240	新野县(豫)	3.20
241	息　县(豫)	3.18
242	汝南县(豫)	3.00

	胶合板主产地	产量（万立方米）
243	淮滨县(豫)	2.67
244	中牟县(豫)	2.50
245	宛城区(豫)	2.40
246	新安县(豫)	2.35
247	镇平县(豫)	2.16
248	嵩　县(豫)	2.05
249	浚　县(豫)	2.00
250	方城县(豫)	1.93
251	郾城区(豫)	1.69
252	民权县(豫)	1.65
253	孟津县(豫)	1.61
254	杞　县(豫)	1.60
255	洛宁县(豫)	1.50
256	平舆县(豫)	1.21
257	获嘉县(豫)	1.10
258	新　县(豫)	1.00
259	宁陵县(豫)	0.96
260	内黄县(豫)	0.90
261	长垣县(豫)	0.90
262	遂平县(豫)	0.86
263	延津县(豫)	0.83
264	博爱县(豫)	0.80
265	牧野区(豫)	0.75
266	确山县(豫)	0.70
267	新蔡县(豫)	0.65
268	西平县(豫)	0.61
269	许昌市经济技术开发区(豫)	0.60
270	天门市(鄂)	8.50
271	嘉鱼县(鄂)	6.00
272	石首市(鄂)	5.00
273	云梦县(鄂)	5.00
274	监利县(鄂)	3.40
275	黄梅县(鄂)	3.15
276	洪湖市(鄂)	3.00
277	宜城市(鄂)	2.80
278	建始县(鄂)	2.00
279	潜江市(鄂)	2.00
280	咸丰县(鄂)	1.31
281	当阳市(鄂)	1.30
282	浠水县(鄂)	1.00
283	秭归县(鄂)	1.00
284	京山县(鄂)	0.95
285	谷城县(鄂)	0.94
286	阳新县(鄂)	0.75
287	通山县(鄂)	0.68

	胶合板主产地	产量（万立方米）
288	团风县(鄂)	0.65
289	桃江县(湘)	17.60
290	炎陵县(湘)	12.90
291	浏阳市(湘)	10.24
292	衡山县(湘)	7.40
293	安化县(湘)	6.92
294	鹤城区(湘)	5.90
295	汉寿县(湘)	5.42
296	湘乡市(湘)	5.41
297	零陵区(湘)	4.46
298	洞口县(湘)	3.70
299	衡东县(湘)	3.52
300	株洲县(湘)	3.00
301	祁东县(湘)	2.90
302	张家界市市辖区(湘)	2.55
303	新邵县(湘)	2.20
304	汝城县(湘)	2.19
305	双峰县(湘)	2.15
306	沅陵县(湘)	2.08
307	茶陵县(湘)	2.00
308	绥宁县(湘)	2.00
309	醴陵市(湘)	2.00
310	芷江侗族自治县(湘)	1.85
311	吉首市(湘)	1.80
312	城步苗族自治县(湘)	1.80
313	洪江区(湘)	1.70
314	桃源县(湘)	1.60
315	资兴市(湘)	1.53
316	双清区(湘)	1.50
317	湘潭县(湘)	1.50
318	邵阳县(湘)	1.50
319	道　县(湘)	1.46
320	北塔区(湘)	1.44
321	隆回县(湘)	1.30
322	珠晖区(湘)	1.20
323	芦淞区(湘)	1.20
324	安仁县(湘)	1.16
325	鼎城区(湘)	1.10
326	平江县(湘)	1.05
327	东安县(湘)	1.00
328	宜章县(湘)	1.00
329	永定区(湘)	1.00
330	龙山县(湘)	0.90
331	凤凰县(湘)	0.90
332	桑植县(湘)	0.90

	胶合板主产地	产量（万立方米）
333	长沙县(湘)	0.86
334	新晃侗族自治县(湘)	0.83
335	衡阳县(湘)	0.83
336	常宁市(湘)	0.80
337	岳阳县(湘)	0.80
338	宁乡县(湘)	0.80
339	永顺县(湘)	0.80
340	赫山区(湘)	0.80
341	麻阳苗族自治县(湘)	0.78
342	娄星区(湘)	0.65
343	湘阴县(湘)	0.61
344	慈利县(湘)	0.55
345	东源县(粤)	23.50
346	揭东县(粤)	16.80
347	廉江市(粤)	15.00
348	江城区(粤)	10.80
349	新会区(粤)	7.31
350	渍江区(粤)	5.65
351	平远县(粤)	5.15
352	蕉岭县(粤)	4.10
353	源城区(粤)	3.00
354	中山市(粤)	2.75
355	东莞市(粤)	2.65
356	乐昌市(粤)	2.49
357	雷州市(粤)	2.30
358	德庆县(粤)	1.95
359	徐闻县(粤)	1.88
360	普宁市(粤)	1.86
361	高州市(粤)	1.70
362	麻章区(粤)	1.50
363	高要市(粤)	1.30
364	惠城区(粤)	1.20
365	蓬江区(粤)	1.00
366	英德市(粤)	0.96
367	黄埔区(粤)	0.90
368	封开县(粤)	0.82
369	台山市(粤)	0.80
370	坡头区(粤)	0.78
371	乳源瑶族自治县(粤)	0.75
372	郁南县(粤)	0.60
373	曲江区(粤)	0.57
374	港南区(桂)	100.29
375	覃塘区(桂)	79.00
376	柳北区(桂)	58.22
377	铁山港区(桂)	29.21

	胶合板主产地	产量(万立方米)
378	藤　县(桂)	29.00
379	象州县(桂)	27.25
380	柳江县(桂)	25.06
381	岑溪市(桂)	24.00
382	桂平市(桂)	19.00
383	浦北县(桂)	18.50
384	北流市(桂)	15.70
385	港北区(桂)	15.00
386	融水苗族自治县(桂)	14.20
387	八步区(桂)	14.20
388	横　县(桂)	13.00
389	灵川县(桂)	10.72
390	金秀瑶族自治县(桂)	10.50
391	苍梧县(桂)	9.98
392	灵山县(桂)	9.23
393	隆安县(桂)	9.02
394	万秀区(桂)	9.00
395	陆川县(桂)	8.90
396	兴宾区(桂)	7.73
397	凤山县(桂)	7.54
398	阳朔县(桂)	6.80
399	平乐县(桂)	6.55
400	防城区(桂)	6.50
401	鹿寨县(桂)	6.11
402	蒙山县(桂)	6.08
403	全州县(桂)	5.39
404	永福县(桂)	5.26
405	昭平县(桂)	5.11
406	平南县(桂)	5.02
407	钦南区(桂)	5.00
408	临桂县(桂)	4.56
409	环江毛南族自治县(桂)	3.90
410	城中区(桂)	3.52
411	忻城县(桂)	3.41
412	钦北区(桂)	3.40
413	荔浦县(桂)	3.36
414	中国林科院热林中心(桂)	3.00
415	合浦县(桂)	2.92
416	象山区(桂)	2.80
417	柳城县(桂)	2.66
418	鱼峰区(桂)	2.51
419	长洲区(桂)	2.50
420	六万林场(桂)	2.46
421	七坡林场(桂)	2.27
422	大化瑶族自治县(桂)	2.20

	胶合板主产地	产量(万立方米)
423	扶绥县(桂)	1.91
424	那坡县(桂)	1.80
425	兴安县(桂)	1.80
426	大桂山林场(桂)	1.77
427	七星区(桂)	1.50
428	东兴市(桂)	1.50
429	东门林场(桂)	1.44
430	资源县(桂)	1.41
431	叠彩区(桂)	1.38
432	黄冕林场(桂)	1.22
433	秀峰区(桂)	1.20
434	隆林各族自治县(桂)	1.06
435	右江区(桂)	1.00
436	融安县(桂)	0.96
437	江州区(桂)	0.93
438	雁山区(桂)	0.89
439	乐业县(桂)	0.82
440	大新县(桂)	0.61
441	巴马瑶族自治县(桂)	0.56
442	天等县(桂)	0.53
443	南川区(渝)	1.90
444	梁平县(渝)	1.50
445	永川区(渝)	1.42
446	垫江县(渝)	1.20
447	大足县(渝)	1.00
448	铜梁县(渝)	0.97
449	云阳县(渝)	0.96
450	石柱土家族自治县(渝)	0.94
451	合川区(渝)	0.69
452	武隆县(渝)	0.61
453	荣昌县(渝)	0.59
454	宣汉县(川)	13.10
455	大邑县(川)	12.70
456	合江县(川)	6.00
457	丹棱县(川)	5.60
458	洪雅县(川)	5.40
459	旺苍县(川)	5.00
460	蓬安县(川)	5.00
461	纳溪区(川)	4.50
462	雁江区(川)	3.80
463	叙永县(川)	3.50
464	江油市(川)	3.50
465	万源市(川)	3.00
466	剑阁县(川)	2.30
467	邻水县(川)	2.20

	胶合板主产地	产量(万立方米)
468	荣　县(川)	2.18
469	彭山县(川)	1.99
470	东坡区(川)	1.97
471	岳池县(川)	1.90
472	高坪区(川)	1.80
473	江安县(川)	1.60
474	朝天区(川)	1.60
475	天全县(川)	1.50
476	大英县(川)	1.50
477	高　县(川)	1.50
478	贡井区(川)	1.50
479	什邡市(川)	1.40
480	达　县(川)	1.36
481	乐山市市中区(川)	1.10
482	富顺县(川)	1.00
483	巴州区(川)	1.00
484	金堂县(川)	0.80
485	翠屏区(川)	0.60
486	顺庆区(川)	0.56
487	兴义市(黔)	11.00
488	麻江县(黔)	10.49
489	凯里市(黔)	4.84
490	剑河县(黔)	2.50
491	丹寨县(黔)	2.22
492	黄平县(黔)	1.91
493	三穗县(黔)	1.90
494	台江县(黔)	1.74
495	三都水族自治县(黔)	1.60
496	岑巩县(黔)	0.84
497	清镇市(黔)	0.76
498	红花岗区(黔)	0.75
499	白云区(黔)	0.65
500	昌宁县(滇)	1.44
501	隆阳区(滇)	1.16
502	大姚县(滇)	0.96
503	马关县(滇)	0.88
504	腾冲县(滇)	0.70
505	砚山县(滇)	0.60
506	双柏县(滇)	0.52
507	潼关县(陕)	0.76
508	勉　县(陕)	0.70
509	上甘岭林业局(龙江集团)	0.75
510	香坊木材综合加工厂(龙江集团)	0.52
511	鹤立林业局(龙江集团)	0.50

表 5-5 纤维板主产地产量

	纤维板主产地	产量（万立方米）
1	文安县(冀)	176.94
2	易 县(冀)	26.00
3	藁城市(冀)	20.62
4	正定县(冀)	13.00
5	平泉县(冀)	12.36
6	邱 县(冀)	10.83
7	深州市(冀)	10.00
8	冀州市(冀)	10.00
9	辛集市(冀)	9.60
10	肃宁县(冀)	8.23
11	安平县(冀)	7.20
12	霸州市(冀)	1.49
13	盐湖区(晋)	8.00
14	岢岚县(晋)	8.00
15	长治县(晋)	1.50
16	东胜区(内蒙古)	6.50
17	杭锦后旗(内蒙古)	3.20
18	伊金霍洛旗(内蒙古)	1.50
19	宁城县(内蒙古)	0.60
20	台安县(辽)	10.00
21	桓仁满族自治县(辽)	9.60
22	辽宁实验林场(辽)	8.47
23	阜新蒙古族自治县(辽)	7.80
24	新宾满族自治县(辽)	6.00
25	鞍山市开发区(辽)	4.50
26	清原满族自治县(辽)	4.30
27	海城市(辽)	3.27
28	法库县(辽)	1.00
29	抚松县(吉)	30.00
30	敦化市(吉)	10.42
31	汪清林源木业有限公司(吉)	9.63
32	和龙人造板公司(吉)	8.14
33	汪清县(吉)	5.87
34	汪清林业局(吉)	3.50
35	通化县(吉)	3.00
36	公主岭市(吉)	0.88
37	绥芬河市(黑)	14.26
38	五常市(黑)	2.00
39	方正县(黑)	2.00
40	牡丹江市市本级(黑)	1.30
41	奉贤区(沪)	1.00
42	邳州市(苏)	79.00
43	泗洪县(苏)	30.19
44	新沂市(苏)	30.00
45	盱眙县(苏)	8.60
46	宿豫区(苏)	2.45
47	高邮市(苏)	0.80
48	泰顺县(浙)	32.30
49	遂昌县(浙)	20.08
50	丽水市市辖区(浙)	17.00
51	江山市(浙)	14.53
52	桐乡市(浙)	8.20
53	天台县(浙)	7.52
54	富阳市(浙)	7.00
55	仙居县(浙)	6.94
56	鹿城区(浙)	4.83
57	长兴县(浙)	1.70
58	阜南县(皖)	55.68
59	宁国市(皖)	13.33
60	凤阳县(皖)	10.70
61	蒙城县(皖)	10.00
62	六安市叶集区(皖)	8.00
63	祁门县(皖)	7.80
64	桐城市(皖)	7.00
65	含山县(皖)	6.15
66	太湖县(皖)	5.43
67	东至县(皖)	5.40
68	庐江县(皖)	2.86
69	青阳县(皖)	1.50
70	舒城县(皖)	1.50
71	永安市(闽)	37.56
72	建阳市(闽)	17.39
73	建瓯市(闽)	15.50
74	邵武市(闽)	14.03
75	光泽县(闽)	11.81
76	龙文区(闽)	10.13
77	新罗区(闽)	9.43
78	城厢区(闽)	9.00
79	连城县(闽)	8.14
80	龙海市(闽)	7.20
81	南靖县(闽)	6.88
82	华安县(闽)	5.85
83	永春县(闽)	4.50
84	三元区(闽)	2.03
85	武平县(闽)	0.59
86	南康市(赣)	18.10
87	临川区(赣)	15.80
88	九江县(赣)	8.00
89	遂川县(赣)	6.50
90	永丰县(赣)	6.50
91	宜丰县(赣)	4.00
92	信丰县(赣)	1.60
93	广丰县(赣)	0.80
94	余江县(赣)	0.70
95	兰山区(鲁)	230.00
96	沂水县(鲁)	160.00
97	广饶县(鲁)	32.97
98	桓台县(鲁)	31.20
99	禹城市(鲁)	20.02
100	齐河县(鲁)	20.00
101	寿光市(鲁)	19.50
102	单 县(鲁)	16.82
103	肥城市(鲁)	12.50
104	潍城区(鲁)	7.00
105	东平县(鲁)	5.35
106	张店区(鲁)	5.00
107	河东区(鲁)	5.00
108	郯城县(鲁)	4.69
109	寒亭区(鲁)	3.90
110	成武县(鲁)	2.90
111	龙口市(鲁)	2.40
112	宁阳县(鲁)	2.22
113	宁津县(鲁)	1.20
114	长葛市(豫)	271.02
115	濮阳县(豫)	23.00
116	范 县(豫)	16.00
117	临颍县(豫)	13.21
118	襄城县(豫)	13.00
119	邓州市(豫)	12.00
120	兰考县(豫)	10.00
121	孟州市(豫)	10.00
122	罗山县(豫)	9.46
123	开封县(豫)	8.00
124	湖滨区(豫)	7.82
125	淇 县(豫)	4.50
126	扶沟县(豫)	3.50
127	尉氏县(豫)	3.40
128	沈丘县(豫)	3.00
129	睢阳区(豫)	2.98
130	沁阳市(豫)	2.20
131	新乡县(豫)	2.10
132	新野县(豫)	1.85
133	商水县(豫)	1.80
134	镇平县(豫)	1.76

	纤维板主产地	产量（万立方米）
135	山城区(豫)	1.50
136	西峡县(豫)	1.44
137	浚　县(豫)	1.00
138	偃师市(豫)	1.00
139	解放区(豫)	0.70
140	潢川县(豫)	0.69
141	东宝区(鄂)	30.00
142	石首市(鄂)	24.00
143	曾都区(鄂)	20.00
144	南漳县(鄂)	20.00
145	咸安区(鄂)	18.00
146	蕲春县(鄂)	15.00
147	天门市(鄂)	15.00
148	监利县(鄂)	9.00
149	沙市区(鄂)	8.90
150	沙洋县(鄂)	8.00
151	五峰土家族自治县(鄂)	7.50
152	远安县(鄂)	7.11
153	崇阳县(鄂)	7.00
154	嘉鱼县(鄂)	6.00
155	麻城市(鄂)	4.00
156	洪湖市(鄂)	2.60
157	京山县(鄂)	1.21
158	松滋市(鄂)	0.87
159	建始县(鄂)	0.80
160	益阳市市辖区(湘)	8.00
161	华容县(湘)	7.00
162	新邵县(湘)	6.80
163	浏阳市(湘)	5.05
164	冷水滩区(湘)	4.80
165	资兴市(湘)	4.48
166	湘阴县(湘)	3.20
167	靖州苗族侗族自治县(湘)	3.00
168	醴陵市(湘)	2.00
169	南　县(湘)	2.00
170	新宁县(湘)	1.60
171	平江县(湘)	1.20
172	鹤城区(湘)	1.10
173	攸　县(湘)	0.75
174	沅陵县(湘)	0.72
175	桃江县(湘)	0.70
176	安化县(湘)	0.65
177	祁东县(湘)	0.63
178	茂南区(粤)	30.00
179	封开县(粤)	25.27

	纤维板主产地	产量（万立方米）
180	德庆县(粤)	23.70
181	博罗县(粤)	20.00
182	东源县(粤)	17.00
183	清城区(粤)	16.02
184	鹤山市(粤)	13.00
185	廉江市(粤)	12.30
186	英德市(粤)	12.00
187	台山市(粤)	9.70
188	阳山县(粤)	6.43
189	高明区(粤)	6.00
190	东莞市(粤)	5.91
191	曲江区(粤)	5.00
192	陆河县(粤)	4.50
193	紫金县(粤)	4.00
194	怀集县(粤)	2.96
195	中山市(粤)	2.83
196	高要市(粤)	2.14
197	平远县(粤)	2.00
198	四会市(粤)	1.40
199	恩平市(粤)	1.00
200	增城市(粤)	0.82
201	高峰林场(桂)	46.70
202	蝶山区(桂)	40.00
203	隆安县(桂)	30.85
204	右江区(桂)	30.00
205	横　县(桂)	24.70
206	八步区(桂)	24.10
207	鹿寨县(桂)	21.09
208	博白林场(桂)	18.00
209	陆川县(桂)	15.90
210	扶绥县(桂)	14.43
211	永福县(桂)	14.18
212	象州县(桂)	14.00
213	覃塘区(桂)	11.10
214	大桂山林场(桂)	9.41
215	桂平市(桂)	9.00
216	合浦县(桂)	8.86
217	铁山港区(桂)	8.86
218	钦廉林场(桂)	8.85
219	兴宾区(桂)	8.50
220	柳北区(桂)	7.78
221	昭平县(桂)	7.55
222	钦北区(桂)	6.80
223	苍梧县(桂)	6.73
224	环江毛南族自治县(桂)	6.40

	纤维板主产地	产量（万立方米）
225	全州县(桂)	6.20
226	中国林科院热林中心(桂)	6.00
227	岑溪市(桂)	6.00
228	武宣县(桂)	5.50
229	黄冕林场(桂)	3.41
230	丰都县(渝)	5.63
231	万州区(渝)	4.50
232	彭山县(川)	26.30
233	苍溪县(川)	20.60
234	邛崃市(川)	17.00
235	乐山市市中区(川)	16.80
236	崇州市(川)	13.47
237	仁寿县(川)	13.10
238	大邑县(川)	10.00
239	利州区(川)	9.10
240	名山县(川)	9.00
241	阆中市(川)	8.97
242	广安区(川)	8.00
243	平武县(川)	8.00
244	三台县(川)	7.60
245	青川县(川)	7.00
246	合江县(川)	6.50
247	北川羌族自治县(川)	6.00
248	珙　县(川)	6.00
249	丹棱县(川)	5.60
250	剑阁县(川)	5.50
251	安　县(川)	4.80
252	芦山县(川)	4.00
253	宣汉县(川)	3.92
254	温江区(川)	3.87
255	屏山县(川)	3.50
256	青神县(川)	3.00
257	江油市(川)	3.00
258	高坪区(川)	2.20
259	荣　县(川)	1.90
260	天全县(川)	1.80
261	梓潼县(川)	1.50
262	朝天区(川)	1.50
263	雁江区(川)	1.00
264	双柏县(滇)	13.18
265	腾冲县(滇)	6.20
266	楚雄市(滇)	2.13
267	高陵县(陕)	38.14
268	蒲城县(陕)	1.09
269	米东区(新)	11.00

	纤维板主产地	产量（万立方米）
270	红石林业局（吉林集团）	7.83
271	白石山林业局（吉林集团）	5.51
272	朗乡林业局（龙江集团）	7.30
273	绥棱林业局（龙江集团）	6.08
274	乌马河林业局（龙江集团）	3.85
275	新林林业局（大兴安岭）	8.83
276	塔河林业局（大兴安岭）	4.00
277	呼中林业局（大兴安岭）	2.70

表 5-6　刨花板主产地产量

	刨花板主产地	产量（万立方米）
1	文安县（冀）	120.38
2	临漳县（冀）	14.70
3	望都县（冀）	10.08
4	迁西县（冀）	10.00
5	正定县（冀）	9.00
6	邢台市高新技术开发区（冀）	7.00
7	曲周县（冀）	6.27
8	丰宁满族自治县（冀）	4.60
9	霸州市（冀）	2.99
10	永年县（冀）	1.29
11	吴桥县（冀）	1.20
12	平乡县（冀）	1.00
13	三河市（冀）	0.76
14	昌黎县（冀）	0.70
15	夏　县（晋）	6.68
16	科尔沁区（内蒙古）	10.00
17	辽阳县（辽）	14.00
18	台安县（辽）	5.20
19	海城市（辽）	2.10
20	法库县（辽）	2.00
21	抚松县（吉）	10.00
22	梨树县（吉）	9.10
23	白河林业局（吉）	6.07
24	敦化市（吉）	3.09
25	榆树市（吉）	1.61
26	公主岭市（吉）	0.99
27	穆棱市（黑）	51.00
28	牡丹江市市直（黑）	2.59
29	宁安市（黑）	1.70
30	丰　县（苏）	10.00
31	盱眙县（苏）	7.30
32	赣榆县（苏）	1.10
33	建湖县（苏）	0.70
34	吴兴区（浙）	10.24
35	鄞州区（浙）	2.75
36	庆元县（浙）	1.80
37	武义县（浙）	1.69
38	江山市（浙）	1.18
39	凤阳县（皖）	6.50
40	六安市叶集区（皖）	3.00
41	全椒县（皖）	1.70
42	东至县（皖）	1.60
43	八公山区（皖）	0.60
44	祁门县（皖）	0.60
45	南陵县（皖）	0.52
46	沙　县（闽）	138.64
47	龙海市（闽）	8.43
48	邵武市（闽）	7.10
49	城厢区（闽）	7.00
50	清流县（闽）	6.25
51	顺昌县（闽）	3.40
52	明溪县（闽）	3.09
53	建瓯市（闽）	2.73
54	新罗区（闽）	2.72
55	武平县（闽）	2.72
56	平和县（闽）	1.50
57	永安市（闽）	0.75
58	三元区（闽）	0.67
59	九江县（赣）	4.00
60	南康市（赣）	3.50
61	宜丰县（赣）	2.00
62	上高县（赣）	1.10
63	余江县（赣）	0.60
64	武宁县（赣）	0.55
65	兰山区（鲁）	816.00
66	沂水县（鲁）	20.00
67	单　县（鲁）	10.49
68	寿光市（鲁）	9.50
69	定陶县（鲁）	5.14
70	郓城县（鲁）	4.20
71	河东区（鲁）	4.00
72	岚山区（鲁）	3.21
73	郯城县（鲁）	2.89
74	龙口市（鲁）	2.00
75	临朐县（鲁）	1.20
76	沂南县（鲁）	1.00
77	东平县（鲁）	0.87
78	肥城市（鲁）	0.67
79	周村区（鲁）	0.55
80	襄城县（豫）	12.00
81	虞城县（豫）	9.60
82	邓州市（豫）	7.40
83	许昌县（豫）	5.39
84	西华县（豫）	4.00
85	睢　县（豫）	4.00
86	睢阳区（豫）	3.98
87	洛宁县（豫）	3.50
88	杞　县（豫）	3.50
89	郸城县（豫）	3.20
90	沁阳市（豫）	2.50
91	民权县（豫）	2.20
92	淇滨区（豫）	2.00
93	平舆县（豫）	1.92
94	沈丘县（豫）	1.50
95	浚　县（豫）	1.50
96	夏邑县（豫）	1.00
97	咸安区（鄂）	4.00
98	赤壁市（鄂）	2.80
99	黄梅县（鄂）	2.10
100	沙市区（鄂）	1.68
101	洪湖市（鄂）	1.50
102	东宝区（鄂）	1.00
103	天门市（鄂）	0.85
104	醴陵市（湘）	4.00
105	汨罗市（湘）	3.74
106	炎陵县（湘）	3.60
107	衡东县（湘）	3.51
108	澧　县（湘）	3.00
109	洪江市（湘）	1.35
110	湘阴县（湘）	1.20
111	资兴市（湘）	1.10
112	鹤城区（湘）	1.00
113	芦淞区（湘）	1.00
114	双峰县（湘）	0.98
115	汝城县（湘）	0.90
116	长沙县（湘）	0.63
117	洪江区（湘）	0.60
118	仁化县（粤）	15.00
119	平远县（粤）	4.53
120	兴宁市（粤）	3.50
121	连州市（粤）	3.29
122	蓬江区（粤）	2.70
123	海丰县（粤）	2.40

	刨花板主产地	产量(万立方米)
124	源城区(粤)	2.00
125	始兴县(粤)	1.80
126	中山市(粤)	1.40
127	紫金县(粤)	1.20
128	高要市(粤)	0.96
129	蕉岭县(粤)	0.83
130	惠来县(粤)	0.82
131	怀集县(粤)	0.56
132	覃塘区(桂)	5.06
133	荔浦县(桂)	3.70
134	桂平市(桂)	2.00
135	城中区(桂)	1.58
136	平乐县(桂)	1.25
137	横　县(桂)	1.10
138	蒙山县(桂)	0.92
139	利州区(川)	6.50
140	雁江区(川)	5.60
141	什邡市(川)	4.00
142	江阳区(川)	3.60
143	大邑县(川)	2.00
144	万源市(川)	1.00
145	邛崃市(川)	0.90
146	中江县(川)	0.70
147	巧家县(滇)	1.00
148	隆阳区(滇)	0.62
149	朗乡林业局(龙江集团)	7.75
150	穆棱林业局(龙江集团)	4.11
151	汤旺河林业局(龙江集团)	3.92
152	牡丹江木材综合加工厂(龙江集团)	3.60
153	万成木业有限公司(龙江集团)	3.30
154	绥化复合板厂(龙江集团)	2.10
155	乌马河林业局(龙江集团)	2.03
156	新青林业局(龙江集团)	1.00

表 5-7　细木工板(大芯板)主产地产量

	细木工板主产地	产量(万立方米)
1	文安县(冀)	124.27
2	邢台市高新技术开发区(冀)	26.40
3	新乐市(冀)	18.00
4	南和县(冀)	15.00
5	正定县(冀)	12.00
6	藁城市(冀)	9.08
7	霸州市(冀)	4.50
8	行唐县(冀)	4.30
9	唐　县(冀)	3.58
10	元氏县(冀)	1.10
11	临漳县(冀)	0.63
12	元宝山区(内蒙古)	10.00
13	库伦旗(内蒙古)	3.00
14	松山区(内蒙古)	1.02
15	林西县(内蒙古)	0.65
16	杭锦后旗(内蒙古)	0.54
17	彰武县(辽)	18.50
18	新宾满族自治县(辽)	9.00
19	辽中县(辽)	4.00
20	昌图县(辽)	3.08
21	北票市(辽)	1.10
22	新邱区(辽)	1.00
23	东港市(辽)	1.00
24	凌源市(辽)	0.70
25	前郭尔罗斯蒙古族自治县(吉)	6.01
26	龙山区(吉)	2.60
27	敦化市(吉)	2.47
28	抚松县(吉)	2.00
29	长岭县(吉)	1.25
30	柳河县(吉)	1.00
31	农安县(吉)	1.00
32	德惠市(吉)	1.00
33	方正县(黑)	1.00
34	泰来县(黑)	1.00
35	邳州市(苏)	90.00
36	宿豫区(苏)	5.13
37	建湖县(苏)	0.51
38	嘉善县(浙)	90.00
39	南浔区(浙)	47.65
40	江山市(浙)	44.95
41	德清县(浙)	20.00
42	余杭区(浙)	7.90
43	桐庐县(浙)	3.68
44	天台县(浙)	3.18
45	瓯海区(浙)	2.29
46	龙泉市(浙)	2.24
47	庆元县(浙)	2.08
48	临安市(浙)	1.63
49	苍南县(浙)	1.40
50	义乌市(浙)	1.00
51	遂昌县(浙)	0.77
52	祁门县(皖)	4.00
53	亳州市市辖区(皖)	2.80
54	宜秀区(皖)	2.14
55	六安市叶集区(皖)	2.00
56	舒城县(皖)	1.20
57	潜山县(皖)	1.20
58	八公山区(皖)	1.00
59	太湖县(皖)	0.84
60	泾　县(皖)	0.60
61	徽州区(皖)	0.56
62	遂川县(赣)	8.50
63	铜鼓县(赣)	4.50
64	上高县(赣)	4.20
65	新干县(赣)	3.00
66	宜丰县(赣)	3.00
67	南昌市市辖区(赣)	3.00
68	资溪县(赣)	2.80
69	南康市(赣)	2.40
70	武宁县(赣)	2.20
71	丰城市(赣)	2.00
72	德兴市(赣)	1.82
73	崇义县(赣)	1.71
74	分宜县(赣)	1.50
75	瑞金市(赣)	1.30
76	宜黄县(赣)	1.10
77	袁州区(赣)	1.00
78	乐安县(赣)	1.00
79	安远县(赣)	1.00
80	上犹县(赣)	0.90
81	南丰县(赣)	0.86
82	高安市(赣)	0.72
83	龙南县(赣)	0.64
84	峡江县(赣)	0.63
85	沂水县(鲁)	50.00
86	单　县(鲁)	13.66
87	商河县(鲁)	8.70
88	东明县(鲁)	7.26
89	高密市(鲁)	5.20
90	寿光市(鲁)	5.00
91	陵　县(鲁)	3.53
92	龙口市(鲁)	3.00
93	临朐县(鲁)	2.16
94	岱岳区(鲁)	2.00
95	平阴县(鲁)	2.00

	细木工板主产地	产量（万立方米）
96	河东区(鲁)	2.00
97	郓城县(鲁)	1.90
98	肥城市(鲁)	1.60
99	齐河县(鲁)	1.50
100	成武县(鲁)	1.40
101	宁阳县(鲁)	1.36
102	牟平区(鲁)	1.00
103	河口区(鲁)	1.00
104	许昌县(豫)	20.94
105	南乐县(豫)	15.68
106	兰考县(豫)	8.00
107	邓州市(豫)	4.00
108	睢阳区(豫)	3.60
109	商水县(豫)	1.56
110	义马市(豫)	1.50
111	监利县(鄂)	24.70
112	钟祥市(鄂)	3.60
113	洪湖市(鄂)	2.00
114	新洲区(鄂)	2.00
115	嘉鱼县(鄂)	1.70
116	仙桃市(鄂)	1.20
117	曾都区(鄂)	1.00
118	天门市(鄂)	0.68
119	利川市(鄂)	0.60
120	鹤峰县(鄂)	0.52
121	桃江县(湘)	45.00
122	湘阴县(湘)	20.00
123	湘潭县(湘)	13.70
124	冷水滩区(湘)	7.82
125	安化县(湘)	5.29
126	平江县(湘)	4.80
127	汉寿县(湘)	4.50
128	炎陵县(湘)	4.50
129	湘乡市(湘)	3.60
130	张家界市市辖区(湘)	3.40
131	汝城县(湘)	3.07
132	资兴市(湘)	2.76
133	衡山县(湘)	2.51
134	零陵区(湘)	2.10
135	醴陵市(湘)	2.00
136	永定区(湘)	2.00
137	鹤城区(湘)	1.80
138	中方县(湘)	1.80
139	永兴县(湘)	1.80
140	衡南县(湘)	1.50

	细木工板主产地	产量（万立方米）
141	鼎城区(湘)	1.50
142	隆回县(湘)	1.50
143	古丈县(湘)	1.50
144	新化县(湘)	1.50
145	北塔区(湘)	1.44
146	龙山县(湘)	1.40
147	洪江市(湘)	1.25
148	宁乡县(湘)	1.20
149	荷塘区(湘)	1.15
150	洪江区(湘)	1.10
151	攸　县(湘)	1.00
152	沅江市(湘)	1.00
153	绥宁县(湘)	1.00
154	新邵县(湘)	1.00
155	茶陵县(湘)	1.00
156	洞口县(湘)	0.96
157	双峰县(湘)	0.87
158	浏阳市(湘)	0.80
159	耒阳市(湘)	0.80
160	桃源县(湘)	0.80
161	沅陵县(湘)	0.73
162	通道侗族自治县(湘)	0.70
163	会同县(湘)	0.70
164	新田县(湘)	0.66
165	石门县(湘)	0.65
166	祁东县(湘)	0.60
167	慈利县(湘)	0.60
168	芦淞区(湘)	0.60
169	江华瑶族自治县(湘)	0.53
170	清新县(粤)	4.30
171	清城区(粤)	3.00
172	台山市(粤)	0.80
173	中山市(粤)	0.70
174	融安县(桂)	49.84
175	融水苗族自治县(桂)	20.50
176	柳江县(桂)	6.83
177	罗城仫佬族自治县(桂)	2.92
178	临桂县(桂)	2.40
179	象山区(桂)	2.00
180	八步区(桂)	1.90
181	那坡县(桂)	1.80
182	雁山区(桂)	1.21
183	昭平县(桂)	0.64
184	南部县(川)	25.00
185	三台县(川)	5.30

	细木工板主产地	产量（万立方米）
186	叙永县(川)	5.00
187	射洪县(川)	4.50
188	洪雅县(川)	4.00
189	芦山县(川)	4.00
190	合江县(川)	3.54
191	天全县(川)	2.00
192	罗江县(川)	1.90
193	万源市(川)	1.50
194	达　县(川)	1.44
195	剑阁县(川)	1.30
196	中江县(川)	1.20
197	沙湾区(川)	0.90
198	通江县(川)	0.80
199	雁江区(川)	0.80
200	南江县(川)	0.72
201	三穗县(黔)	2.90
202	榕江县(黔)	1.70
203	锦屏县(黔)	0.79
204	剑河县(黔)	0.60
205	隆阳区(滇)	2.79
206	富宁县(滇)	0.90
207	汤旺河林业局(龙江集团)	3.60
208	新青林业局(龙江集团)	2.30
209	黑龙江柴河林业局(龙江集团)	0.60
210	红星林业局(龙江集团)	0.55
211	乌伊岭林业局(龙江集团)	0.52

表 5-8　单板(刨切、旋切、微薄板)主产地产量

	单板主产地	产量（万立方米）
1	文安县(冀)	386.01
2	望都县(冀)	16.98
3	元宝山区(内蒙古)	3.00
4	奈曼旗(内蒙古)	2.90
5	科尔沁左翼中旗(内蒙古)	0.90
6	杭锦后旗(内蒙古)	0.60
7	北票市(辽)	1.00
8	农安县(吉)	6.00
9	敦化市(吉)	4.96
10	西安区(吉)	2.50
11	通榆县(吉)	2.50
12	前郭尔罗斯蒙古族自治县(吉)	1.99
13	和龙林业局(吉)	1.83

	单板主产地	产量(万立方米)
14	船营区(吉)	1.50
15	长岭县(吉)	1.25
16	绿园区(吉)	1.00
17	安图县(吉)	0.87
18	大安市(吉)	0.80
19	集安市(吉)	0.60
20	东丰县(吉)	0.60
21	克东县(黑)	0.57
22	龙江县(黑)	4.50
23	克山县(黑)	3.50
24	呼兰区(黑)	2.00
25	绥芬河市(黑)	1.50
26	甘南县(黑)	1.00
27	泰来县(黑)	0.60
28	宿豫区(苏)	804.10
29	丰　县(苏)	50.00
30	泗洪县(苏)	18.50
31	高邮市(苏)	5.00
32	盱眙县(苏)	3.70
33	建湖县(苏)	0.98
34	瑞安市(浙)	0.55
35	潜山县(皖)	12.20
36	涡阳县(皖)	6.00
37	阜南县(皖)	5.80
38	青阳县(皖)	2.00
39	太湖县(皖)	1.76
40	黟　县(皖)	1.20
41	泾　县(皖)	1.20
42	全椒县(皖)	1.20
43	望江县(皖)	0.60
44	南昌市市辖区(赣)	5.00
45	南康市(赣)	2.40
46	余江县(赣)	1.60
47	乐安县(赣)	1.00
48	临川区(赣)	0.85
49	安福县(赣)	0.80
50	高安市(赣)	0.78
51	赣　县(赣)	0.60
52	郓城县(鲁)	306.00
53	沂水县(鲁)	200.00
54	肥城市(鲁)	140.00
55	苍山县(鲁)	32.86
56	单　县(鲁)	13.66
57	成武县(鲁)	8.50
58	诸城市(鲁)	6.26
59	寿光市(鲁)	5.88
60	昌乐县(鲁)	5.00
61	河东区(鲁)	4.00
62	新泰市(鲁)	4.00
63	郯城县(鲁)	3.01
64	宁阳县(鲁)	2.42
65	定陶县(鲁)	1.37
66	宁津县(鲁)	1.20
67	德城区(鲁)	1.00
68	沂南县(鲁)	0.70
69	兰考县(豫)	11.00
70	西华县(豫)	9.00
71	尉氏县(豫)	4.90
72	梁园区(豫)	4.80
73	商水县(豫)	3.80
74	濮阳县(豫)	3.50
75	睢阳区(豫)	2.50
76	息　县(豫)	2.30
77	浚　县(豫)	1.80
78	唐河县(豫)	1.63
79	台前县(豫)	1.25
80	鹤山区(豫)	1.20
81	潢川县(豫)	1.08
82	桐柏县(豫)	1.00
83	光山县(豫)	0.68
84	石首市(鄂)	8.50
85	嘉鱼县(鄂)	5.80
86	南漳县(鄂)	5.20
87	随县(鄂)	4.00
88	洪湖市(鄂)	2.00
89	京山县(鄂)	1.50
90	曾都区(鄂)	1.00
91	潜江市(鄂)	1.00
92	城步苗族自治县(湘)	1.20
93	东安县(湘)	1.00
94	湘阴县(湘)	0.87
95	赫山区(湘)	0.60
96	祁东县(湘)	0.60
97	新化县(湘)	0.60
98	娄星区(湘)	0.60
99	怀集县(粤)	3.45
100	徐闻县(粤)	2.93
101	江城区(粤)	2.70
102	化州市(粤)	2.39
103	浈江区(粤)	2.31
104	高州市(粤)	1.74
105	惠城区(粤)	1.60
106	新丰县(粤)	1.50
107	中山市(粤)	1.39
108	英德市(粤)	1.20
109	紫金县(粤)	1.18
110	电白县(粤)	1.10
111	清城区(粤)	0.94
112	覃塘区(桂)	92.00
113	港南区(桂)	50.00
114	柳北区(桂)	33.69
115	鹿寨县(桂)	31.23
116	铁山港区(桂)	22.00
117	合浦县(桂)	22.00
118	八步区(桂)	22.00
119	兴宾区(桂)	12.86
120	钦南区(桂)	12.50
121	钦北区(桂)	12.30
122	金秀瑶族自治县(桂)	11.16
123	忻城县(桂)	10.74
124	灵山县(桂)	10.25
125	陆川县(桂)	8.50
126	合山市(桂)	6.90
127	浦北县(桂)	6.50
128	全州县(桂)	6.50
129	象州县(桂)	5.81
130	武宣县(桂)	5.62
131	永福县(桂)	5.26
132	北流市(桂)	5.10
133	阳朔县(桂)	4.80
134	临桂县(桂)	4.49
135	环江毛南族自治县(桂)	3.92
136	桂平市(桂)	3.70
137	大桂山林场(桂)	3.68
138	防城区(桂)	3.58
139	扶绥县(桂)	3.07
140	雁山区(桂)	3.00
141	柳江县(桂)	2.43
142	三门江林场(桂)	2.41
143	柳城县(桂)	1.99
144	荔浦县(桂)	1.89
145	马山县(桂)	1.61
146	平乐县(桂)	1.43
147	六万林场(桂)	1.29
148	派阳山林场(桂)	1.22

	单板主产地	产量（万立方米）
149	那坡县(桂)	1.00
150	兴安县(桂)	0.80
151	隆安县(桂)	0.70
152	昭平县(桂)	0.65
153	龙胜各族自治县(桂)	0.55
154	黄冕林场(桂)	0.53
155	宣汉县(川)	0.60
156	施甸县(滇)	0.60
157	腾冲县(滇)	9.00
158	柴河林业局(龙江集团)	0.70

表 5-9　人造板出口

国家/地区	出口数量（吨）	出口金额（千美元）
44081011 胶合板等制的针叶木单板，厚≤6 毫米		
合计	497	197
越南	202	58
新加坡	176	53
苏丹	22	22
美国	8	19
安哥拉	7	15
加纳	25	8
马拉维	8	7
泰国	24	6
澳大利亚	14	5
日本	10	3
44081019 其他针叶木单板，厚≤6 毫米		
合计	9563	5772
菲律宾	7908	4433
中国台湾	1128	626
韩国	210	337
泰国	181	200
越南	54	51
日本	20	40
印度尼西亚	2	29
肯尼亚	38	28
坦桑尼亚	10	15
美国	2	5
新加坡	9	4
缅甸	1	4
朝鲜	1	1
44081020 针叶木制胶合板用单板，厚≤6 毫米		
合计	162	196
中国台湾	79	131
印度尼西亚	23	17
墨西哥	20	15
西班牙	15	14
坦桑尼亚	8	10
马来西亚	15	7
澳大利亚	0	2
44081090 其他针叶木木材，厚≤6 毫米		
合计	6161	21074
墨西哥	3097	9733
德国	1220	4937
日本	755	2697
美国	301	1094
英国	163	583
阿根廷	99	484
泰国	128	367
韩国	172	346
比利时	52	250
意大利	59	205
越南	47	158
土耳其	20	97
突尼斯	21	48
中国台湾	17	43
葡萄牙	8	25
加拿大	2	6
44083111 用胶合板等制饰面单板，红柳安木制，厚≤6 毫米		
合计	16	20
尼日利亚	11	18
新西兰	5	2
44083119 其他饰面用单板，红柳安木制，厚≤6 毫米		
合计	2	24
美国	2	24
44083911 用胶合板等制其他子目注释 2 所列的热带木饰面用单板，厚≤6 毫米		
合计	177	1029
俄罗斯	79	457
加拿大	20	201
西班牙	19	127
美国	9	122
立陶宛	9	58
津巴布韦	21	22
赞比亚	4	9
巴基斯坦	10	8
马拉维	4	8
菲律宾	0	6
日本	0	5
莫桑比克	1	3
印度尼西亚	1	3
44083919 其他子目注释 2 所列的热带木制单板，厚≤6 毫米		
合计	448	2328
日本	259	1533
土耳其	17	194
意大利	48	120
韩国	16	100
巴基斯坦	13	91
印度尼西亚	27	81
中国台湾	14	66
缅甸	12	58
菲律宾	14	26
印度	10	15
阿尔巴尼亚	7	11
越南	2	9
德国	1	8
新加坡	4	6
法国	1	4
科特迪瓦	2	3
莫桑比克	1	1
44083920 其他子目注释 2 所列的热带木制胶合板用单板，厚≤6 毫米		
合计	5634	10717
美国	1765	4663
菲律宾	2059	2408
澳大利亚	427	772
以色列	285	692
南非	184	515
墨西哥	190	467
印度尼西亚	153	297
中国台湾	112	159
加拿大	56	147
马来西亚	106	137
英国	56	130
韩国	94	95
越南	58	91
比利时	19	45
厄瓜多尔	19	37
委内瑞拉	9	24

国家/地区	出口数量（吨）	出口金额（千美元）
阿尔巴尼亚	10	16
哥伦比亚	10	14
印度	22	8

44083990 其他子目注释2所列的热带木木材，厚≤6毫米

国家/地区	出口数量（吨）	出口金额（千美元）
合计	781	2684
意大利	205	1709
比利时	101	187
哥伦比亚	98	138
拉脱维亚	19	95
芬兰	18	95
美国	94	95
印度尼西亚	76	82
沙特阿拉伯	9	67
阿根廷	10	50
巴基斯坦	82	49
墨西哥	21	38
韩国	2	30
印度	21	18
葡萄牙	10	8
西班牙	9	7
泰国	1	6
加拿大	1	6
越南	2	4
新加坡	1	2

44089011 用胶合板等制其他非针叶木饰面单板，厚≤6毫米

国家/地区	出口数量（吨）	出口金额（千美元）
合计	30768	23235
韩国	14810	5957
印度	9677	2655
俄罗斯	387	2443
加拿大	202	1907
意大利	260	1781
马来西亚	3030	1546
西班牙	263	1452
中国台湾	1368	1168
哥伦比亚	156	1063
美国	71	621
日本	55	408
澳大利亚	43	379
乌克兰	38	251
泰国	134	240
立陶宛	26	181
新加坡	16	181
埃及	52	150
阿根廷	29	148
阿联酋	20	129
印度尼西亚	12	127
爱沙尼亚	18	108
越南	4	90
土耳其	22	63
墨西哥	15	36
南非	2	30
希腊	5	30
黎巴嫩	3	24
波兰	2	18
安哥拉	4	18
也门	21	15
巴基斯坦	23	9
厄瓜多尔	0	4
巴西	1	2

44089012 温带非针叶木制其他单板，厚≤6毫米

国家/地区	出口数量（吨）	出口金额（千美元）
合计	4440	11565
日本	1741	6536
印度尼西亚	915	1619
马来西亚	250	662
意大利	166	651
埃及	290	569
中国台湾	247	284
越南	136	258
韩国	26	172
德国	36	161
印度	415	153
荷兰	20	94
美国	67	81
阿根廷	10	57
立陶宛	9	48
比利时	27	34
英国	6	33
菲律宾	8	32
中国香港	14	31
法国	8	26
伊朗	5	18
伊拉克	16	16
奥地利	14	11
阿尔巴尼亚	3	8
俄罗斯	9	6
新加坡	3	5

44089019 其他非针叶木单板，厚≤6毫米

国家/地区	出口数量（吨）	出口金额（千美元）
合计	46604	97973
日本	8025	15855
俄罗斯	2376	12635
韩国	4405	11490
芬兰	1401	7673
马来西亚	2832	4363
中国台湾	2132	4071
意大利	726	3656
越南	3784	3417
埃及	1575	2897
印度	1054	2760
美国	470	2655
印度尼西亚	3909	2531
澳大利亚	757	2049
波兰	262	1814
土耳其	558	1725
泰国	1121	1431
阿联酋	662	1214
立陶宛	180	1205
拉脱维亚	218	1196
西班牙	311	1076
菲律宾	2045	1011
德国	197	865
叙利亚	338	804
墨西哥	266	747
柬埔寨	3503	738
伊朗	428	723
葡萄牙	130	646
白俄罗斯	112	613
中国香港	469	556
南非	155	535
黎巴嫩	152	511
阿尔巴尼亚	107	426
新加坡	238	411
爱沙尼亚	75	396
希腊	78	349
阿根廷	78	314
乌克兰	43	283
巴基斯坦	363	267
哥伦比亚	51	253

国家/地区	出口数量（吨）	出口金额（千美元）
斯洛伐克	102	243
加拿大	70	184
保加利亚	287	177
比利时	51	134
斯里兰卡	58	131
厄瓜多尔	56	118
英国	39	103
以色列	55	103
奥地利	14	98
约旦	26	81
孟加拉国	58	70
罗马尼亚	7	68
沙特阿拉伯	23	53
爱尔兰	17	44
格鲁吉亚	7	42
苏丹	62	29
伊拉克	14	23
文莱	27	19
埃塞俄比亚	14	16
尼日利亚	1	10
巴拿马	7	9
摩尔多瓦	2	9
多米尼加	1	7
波多黎各	1	6
巴勒斯坦	2	6
荷兰	0	5
法国	2	5
智利	9	5
毛里求斯	2	3
克罗地亚	3	3
摩洛哥	0	3
多哥	0	2
科特迪瓦	0	1
巴林	0	1
44089021 温带非针叶木制胶合板用单板，厚≤6 毫米		
合计	805	511
埃及	365	159
中国台湾	144	137
日本	53	102
印度	155	80
韩国	87	27
印度尼西亚	0	6
44089029 其他非针叶木制胶合板用单板，厚≤6 毫米		

国家/地区	出口数量（吨）	出口金额（千美元）
合计	49403	31657
韩国	18685	14683
中国台湾	8265	4300
菲律宾	4910	2647
马来西亚	3612	2468
埃及	3689	1724
印度	3908	1674
泰国	1134	1031
印度尼西亚	1917	976
越南	1691	962
墨西哥	198	181
巴基斯坦	144	158
新加坡	372	145
澳大利亚	113	145
以色列	98	129
土耳其	111	50
希腊	30	50
孟加拉国	103	49
西班牙	64	39
埃塞俄比亚	24	30
日本	32	30
沙特阿拉伯	58	27
中国香港	49	21
罗马尼亚	25	18
德国	25	18
阿尔巴尼亚	10	17
美国	21	17
马达加斯加	24	16
奥地利	17	14
英国	11	14
突尼斯	40	14
危地马拉	7	6
斯里兰卡	10	4
朝鲜	2	1
44089091 温带非针叶木制木材，厚≤6 毫米		
合计	21168	49145
土耳其	2478	7161
印度尼西亚	3671	6515
马来西亚	2265	6142
越南	2704	5179
墨西哥	1503	4482
泰国	2156	4268
巴基斯坦	1408	3791
日本	1333	3501

国家/地区	出口数量（吨）	出口金额（千美元）
印度	1398	2321
捷克	384	1349
美国	259	765
意大利	204	669
韩国	301	592
委内瑞拉	165	507
澳大利亚	276	387
秘鲁	94	254
德国	87	249
哥伦比亚	47	135
英国	48	132
中国台湾	56	124
巴西	50	120
菲律宾	82	94
厄瓜多尔	59	91
克罗地亚	23	66
萨尔瓦多	25	62
奥地利	23	58
伊朗	25	56
埃塞俄比亚	20	34
新加坡	21	29
瑞典	2	13
加蓬	0	1
44089099 其他非针叶木制木材，厚≤6 毫米		
合计	8538	15340
德国	1032	2960
越南	1060	2405
印度	1485	1937
菲律宾	1849	1151
泰国	705	1115
日本	482	1016
秘鲁	325	830
委内瑞拉	179	598
印度尼西亚	174	481
墨西哥	172	469
中国台湾	485	464
韩国	200	453
美国	151	383
捷克	21	271
奥地利	45	163
意大利	57	111
土耳其	17	91
以色列	8	82
荷兰	4	74

国家/地区	出口数量（吨）	出口金额（千美元）
克罗地亚	22	67
巴基斯坦	27	50
法国	6	41
马来西亚	14	39
斯洛文尼亚	9	29
乌克兰	4	27
南非	2	19
阿联酋	2	12
厄瓜多尔	0	2
44101100 木制碎料板		
合计	38464	15846
马来西亚	4011	2327
韩国	4354	1211
阿联酋	1872	1099
俄罗斯	2460	1046
沙特阿拉伯	1932	853
印度	2020	823
日本	1306	810
缅甸	1878	720
蒙古	5131	715
澳大利亚	681	692
中国台湾	1403	668
尼日利亚	1297	477
土耳其	662	427
罗马尼亚	708	285
中国香港	570	256
美国	206	238
秘鲁	504	202
墨西哥	67	194
孟加拉国	1236	182
肯尼亚	654	181
埃及	523	163
德国	148	151
加拿大	195	149
越南	583	148
新加坡	163	129
南非	250	115
哈萨克斯坦	269	109
菲律宾	391	102
英国	92	79
泰国	111	76
苏里南	213	73
哥伦比亚	162	59
塞浦路斯	107	53
约旦	249	52

国家/地区	出口数量（吨）	出口金额（千美元）
科威特	111	49
卡塔尔	124	49
葡萄牙	32	45
吉尔吉斯斯坦	98	44
委内瑞拉	76	44
厄瓜多尔	85	42
意大利	52	41
智利	96	35
比利时	70	35
叙利亚	70	30
赞比亚	70	29
柬埔寨	35	29
阿尔及利亚	40	28
斯里兰卡	41	27
斐济	48	26
文莱	41	25
尼泊尔	57	25
洪都拉斯	55	24
新西兰	53	24
尼加拉瓜	74	23
萨尔瓦多	72	23
乌克兰	57	21
波兰	52	20
危地马拉	47	20
乌拉圭	51	19
立陶宛	42	16
印度尼西亚	27	16
多哥	26	14
荷兰	23	12
伊朗	26	10
白俄罗斯	15	10
牙买加	24	10
保加利亚	26	10
马达加斯加	26	9
乌干达	18	8
亚美尼亚	17	8
阿尔巴尼亚	14	8
西班牙	18	7
黎巴嫩	12	6
巴布亚新几内亚	14	6
斯洛文尼亚	9	6
留尼汪岛(法)	13	6
多民族玻利维亚国	16	6
埃塞俄比亚	18	6
哥斯达黎加	16	5

国家/地区	出口数量（吨）	出口金额（千美元）
阿曼	14	5
毛里求斯	12	4
新喀里多尼亚	9	4
阿根廷	7	4
苏丹	3	3
莫桑比克	3	3
安哥拉	1	2
44101200 木制定向刨花板(OSB)		
合计	22966	7596
俄罗斯	3881	1573
蒙古	8679	1216
伊拉克	2103	1145
尼日利亚	1186	477
印度	1165	404
日本	327	312
约旦	604	274
土耳其	447	167
危地马拉	395	129
肯尼亚	376	121
葡萄牙	219	120
哈萨克斯坦	283	116
哥斯达黎加	228	108
澳大利亚	115	89
沙特阿拉伯	206	85
安哥拉	71	78
智利	171	78
缅甸	171	76
哥伦比亚	201	69
阿根廷	100	59
塔吉克斯坦	224	58
美国	35	54
苏丹	87	50
阿联酋	141	46
拉脱维亚	102	46
德国	116	46
新西兰	89	42
南非	96	40
莫桑比克	84	38
韩国	100	36
特立尼达和多巴哥	42	33
巴林	79	31
菲律宾	96	29
巴拉圭	52	28
阿曼	39	27
中国香港	71	27

国家/地区	出口数量（吨）	出口金额（千美元）
萨尔瓦多	78	27
秘鲁	79	27
加纳	28	26
卡塔尔	77	25
朝鲜	52	22
马来西亚	42	20
印度尼西亚	41	18
塞内加尔	7	16
爱沙尼亚	25	11
希腊	24	10
坦桑尼亚	18	10
法属波利尼西亚	22	10
古巴	10	10
黎巴嫩	17	8
留尼汪岛(法)	13	7
巴布亚新几内亚	15	6
洪都拉斯	14	5
赤道几内亚	1	4
吉布提	3	3
马拉维	1	3
贝宁	5	2
中国台湾	2	1
圣文森特和格林纳丁斯	9	1
44101900 其他木制类似板(如华夫板)		
合计	62657	26948
俄罗斯	28461	10032
塔吉克斯坦	15088	4685
埃及	4703	1967
中国台湾	627	914
印度	2163	792
日本	212	572
中国香港	1281	526
沙特阿拉伯	209	488
肯尼亚	1312	450
哥斯达黎加	885	434
美国	314	422
南非	979	376
比利时	275	357
秘鲁	758	324
安哥拉	351	313
智利	683	312
危地马拉	682	306
英国	50	283
土耳其	42	254

国家/地区	出口数量（吨）	出口金额（千美元）
西班牙	121	248
尼日利亚	446	207
马来西亚	76	188
哥伦比亚	363	179
巴基斯坦	55	172
印度尼西亚	96	169
韩国	71	145
缅甸	480	129
阿尔巴尼亚	29	121
巴西	30	119
新加坡	42	102
菲律宾	59	98
澳大利亚	145	93
波多黎各	178	88
意大利	53	84
德国	12	83
墨西哥	106	69
洪都拉斯	158	63
阿联酋	74	62
加拿大	39	60
荷兰	24	58
泰国	48	53
马拉维	121	51
越南	44	44
坦桑尼亚	12	42
巴林	7	41
格鲁吉亚	7	38
巴拿马	66	38
毛里求斯	37	33
约旦	78	28
波兰	8	27
卡塔尔	80	23
萨尔瓦多	51	21
斐济	50	21
吉布提	70	20
尼加拉瓜	70	15
阿曼	22	14
伊朗	2	13
埃塞俄比亚	64	12
马达加斯加	25	11
挪威	14	8
厄瓜多尔	1	7
阿根廷	1	7
津巴布韦	18	6
乌干达	15	6

国家/地区	出口数量（吨）	出口金额（千美元）
蒙古	1	4
苏丹	4	4
塞内加尔	2	3
法国	1	2
土库曼斯坦	6	2
丹麦	0	2
牙买加	0	1
瑞士	0	1
乌兹别克斯坦	0	1
孟加拉国	1	1
斯里兰卡	0	1
中国澳门	0	1
乍得	0	1
44109011 麦稻秸秆制碎料板		
合计	4522	2660
日本	1027	1007
美国	2070	988
中国台湾	392	143
英国	214	131
韩国	219	116
印度尼西亚	229	93
马来西亚	134	52
荷兰	92	46
沙特阿拉伯	45	18
印度	22	16
意大利	24	12
比利时	24	11
新喀里多尼亚	12	9
黎巴嫩	12	7
中国香港	2	5
以色列	1	4
新加坡	3	2
44109019 其他木质材料制碎料板		
合计	3409	2098
安哥拉	3044	1869
哈萨克斯坦	120	101
阿联酋	54	24
牙买加	12	20
柬埔寨	18	12
澳大利亚	2	11
巴基斯坦	36	11
尼日利亚	28	11
中国台湾	49	9
美国	1	9
哥伦比亚	11	8

国家/地区	出口数量(吨)	出口金额(千美元)
印度	17	6
巴拿马	13	4
德国	1	2
马来西亚	4	2

44109090 其他木质材料制定向刨花板(OSB)及类似板(如华夫板)

国家/地区	出口数量(吨)	出口金额(千美元)
合计	699	1262
美国	382	745
加拿大	124	233
菲律宾	35	94
比利时	13	38
葡萄牙	25	26
澳大利亚	15	21
印度	25	18
英国	16	17
肯尼亚	25	16
中国台湾	3	13
朝鲜	11	11
安哥拉	14	10
荷兰	4	7
多民族玻利维亚国	3	6
赤道几内亚	3	4
德国	0	2
新加坡	1	0

44111211 未机械加工中密度板，密度＞0.8 克/立方厘米，厚≤5 毫米

国家/地区	出口数量(吨)	出口金额(千美元)
合计	40702	15927
沙特阿拉伯	5573	2042
日本	3688	1709
美国	3657	1379
叙利亚	3077	1080
苏丹	2836	971
伊朗	2410	945
哥伦比亚	1719	750
越南	1752	748
中国台湾	1504	659
埃及	1782	565
尼日利亚	1475	522
阿尔及利亚	615	351
坦桑尼亚	1107	346
韩国	680	269
厄瓜多尔	596	244
南非	602	229
墨西哥	509	205
以色列	541	195
缅甸	631	184
印度	364	158
乌兹别克斯坦	328	157
黎巴嫩	378	142
瑞典	175	130
阿联酋	335	125
巴基斯坦	328	124
马来西亚	245	118
危地马拉	231	97
吉布提	170	92
几内亚	234	88
泰国	173	87
印度尼西亚	161	80
蒙古	425	76
委内瑞拉	172	72
秘鲁	172	70
澳大利亚	118	69
菲律宾	125	64
俄罗斯	153	59
哥斯达黎加	132	57
芬兰	77	55
朝鲜	123	38
萨摩亚	84	37
苏里南	74	34
塞内加尔	75	32
比利时	59	31
肯尼亚	90	30
新加坡	69	29
约旦	87	29
巴西	57	24
中国香港	50	24
克罗地亚	16	20
特立尼达和多巴哥	27	20
吉尔吉斯斯坦	57	19
波多黎各	42	17
尼加拉瓜	35	16
土耳其	36	15
卡塔尔	43	15
格鲁吉亚	16	14
突尼斯	35	14
阿根廷	37	13
圣多美和普林西比	36	13
古巴	21	13
科威特	35	12
丹麦	26	10
英国	18	10
基里巴斯	22	9
所罗门群岛	19	9
老挝	19	8
伯利兹	22	8
莫桑比克	22	7
意大利	17	7
几内亚比绍	18	7
波兰	12	6
也门	17	6
哈萨克斯坦	14	5
毛里塔尼亚	5	5
新西兰	4	4
加拿大	5	2
利比亚	2	1
德国	2	1
中国澳门	0	1

44111219 经机械加工中密度板，密度＞0.8 克/立方厘米，厚≤5 毫米

国家/地区	出口数量(吨)	出口金额(千美元)
合计	93681	51208
伊朗	18220	12521
美国	9753	6444
苏丹	11220	4272
印度	5847	3171
沙特阿拉伯	5395	2704
尼日利亚	6277	2558
日本	1251	1976
约旦	1365	1775
越南	4892	1687
阿联酋	2474	1486
孟加拉国	4639	1411
埃及	1754	1182
俄罗斯	1788	1047
坦桑尼亚	1893	755
中国台湾	1650	703
埃塞俄比亚	1024	563
新加坡	958	447
肯尼亚	497	400
马来西亚	508	384
危地马拉	678	357
巴基斯坦	701	345
印度尼西亚	499	251
泰国	380	237
哥伦比亚	229	199

国家/地区	出口数量（吨）	出口金额（千美元）
澳大利亚	410	182
吉布提	256	175
卡塔尔	356	161
蒙古	1526	161
巴布亚新几内亚	377	153
科威特	256	153
土耳其	404	145
朝鲜	343	143
中国香港	238	143
阿曼	282	126
乌兹别克斯坦	290	119
洪都拉斯	299	115
多米尼加	323	110
波多黎各	214	106
法属波利尼西亚	250	105
韩国	115	103
哥斯达黎加	229	99
加拿大	203	95
巴西	83	83
阿尔及利亚	177	77
菲律宾	125	73
南非	174	71
缅甸	197	69
新西兰	26	69
以色列	134	64
贝宁	83	59
墨西哥	40	56
阿根廷	46	53
摩洛哥	92	52
哈萨克斯坦	86	50
牙买加	102	48
英国	107	46
瑞士	35	45
苏里南	111	45
毛里求斯	70	44
巴巴多斯	114	43
乌拉圭	114	42
塞拉利昂	96	42
莫桑比克	96	40
伊拉克	34	38
希腊	32	37
特立尼达和多巴哥	67	37
爱尔兰	52	36
叙利亚	85	32
冈比亚	71	29

国家/地区	出口数量（吨）	出口金额（千美元）
古巴	38	26
格鲁吉亚	20	25
所罗门群岛	55	24
德国	22	24
萨尔瓦多	27	22
意大利	18	22
厄瓜多尔	19	21
瑞典	53	21
突尼斯	15	20
西班牙	46	19
几内亚	41	18
巴拿马	40	18
斐济	42	17
多民族玻利维亚国	36	17
荷兰	38	17
索马里	32	16
斯里兰卡	41	16
汤加	39	15
保加利亚	9	15
伯利兹	38	15
智利	18	15
喀麦隆	10	14
法国	13	14
尼加拉瓜	41	13
多米尼克	26	13
马拉维	18	11
利比亚	11	11
阿尔巴尼亚	25	10
加纳	18	9
纳米比亚	19	9
瓦努阿图	19	8
马达加斯加	19	8
博茨瓦纳	22	8
赞比亚	3	7
立陶宛	17	7
荷属安的列斯	10	4
乌克兰	5	3
委内瑞拉	6	2
爱沙尼亚	2	2
比利时	4	2
44111221 辐射松制的中密度板，0.5 克/立方厘米＜密度≤0.8 克/立方厘米，厚≤5 毫米		
合计	7	20
日本	7	20

国家/地区	出口数量（吨）	出口金额（千美元）
44111229 其他中密度板 0.5 克/立方厘米＜密度≤0.8 克/立方厘米，厚≤5 毫米		
合计	55856	31578
伊朗	10348	8801
埃及	8523	4920
沙特阿拉伯	4698	2129
印度	4614	1964
阿尔及利亚	3390	1784
越南	5060	1563
阿联酋	1982	1212
吉布提	1841	1082
科威特	2011	1075
尼日利亚	1687	933
坦桑尼亚	2042	772
约旦	717	551
泰国	438	408
孟加拉国	1364	398
新加坡	791	357
叙利亚	795	281
埃塞俄比亚	612	242
肯尼亚	332	240
冈比亚	394	206
美国	124	178
危地马拉	303	162
卡塔尔	290	151
洪都拉斯	394	150
俄罗斯	224	142
苏丹	160	125
哥伦比亚	179	118
以色列	156	114
哥斯达黎加	197	98
日本	42	90
智利	130	83
南非	128	80
尼加拉瓜	164	67
马来西亚	69	63
摩洛哥	39	56
斯里兰卡	132	50
莫桑比克	111	50
黎巴嫩	93	48
塞拉利昂	70	47
比利时	48	43
法属波利尼西亚	52	40
哈萨克斯坦	88	40
多米尼加	94	40

国家/地区	出口数量（吨）	出口金额（千美元）
委内瑞拉	41	38
塔吉克斯坦	63	37
秘鲁	50	36
利比亚	31	35
澳大利亚	28	33
朝鲜	38	33
毛里求斯	23	29
吉尔吉斯斯坦	59	29
特立尼达和多巴哥	27	28
苏里南	75	27
墨西哥	50	27
德国	18	19
马达加斯加	44	18
厄立特里亚	34	18
芬兰	36	18
牙买加	37	17
赞比亚	18	16
尼泊尔	16	16
圭亚那	33	16
巴林	22	14
也门	20	12
中国香港	7	12
缅甸	32	11
中国台湾	7	10
斯洛伐克	26	10
格鲁吉亚	9	9
荷属安的列斯	13	9
安哥拉	11	8
韩国	21	8
加纳	12	6
加拿大	5	6
斐济	16	5
尼日尔	1	4
土耳其	2	3
巴拿马	5	3

44111291 未加工中密度板，密度≤0.5克/立方厘米，厚≤5毫米

国家/地区	出口数量（吨）	出口金额（千美元）
合计	5418	2075
苏丹	1735	581
沙特阿拉伯	1256	499
伊朗	998	380
巴基斯坦	345	122
美国	108	98
俄罗斯	138	55
拉脱维亚	123	47
委内瑞拉	102	45
厄瓜多尔	103	38
日本	82	36
韩国	51	22
阿联酋	52	20
津巴布韦	40	18
斐济	56	18
肯尼亚	63	17
乌兹别克斯坦	38	16
孟加拉国	24	14
澳大利亚	19	13
哥斯达黎加	25	10
埃塞俄比亚	18	10
马来西亚	16	8
莫桑比克	21	7
南非	8	3

44111299 加工中密度板，密度≤0.5克/立方厘米，厚≤5毫米

国家/地区	出口数量（吨）	出口金额（千美元）
合计	66654	40858
伊朗	12781	10055
印度	15061	5600
美国	2454	2853
墨西哥	5651	2141
沙特阿拉伯	4795	2011
埃及	2874	1996
哥伦比亚	2873	1566
俄罗斯	1027	1338
约旦	1522	1289
尼日利亚	1755	1184
阿联酋	1719	920
土耳其	642	821
肯尼亚	791	798
巴基斯坦	671	769
中国香港	1619	721
苏丹	1711	629
白俄罗斯	407	576
伊拉克	342	511
阿尔及利亚	1168	426
孟加拉国	630	353
日本	151	300
泰国	390	273
新加坡	383	271
斯里兰卡	328	230
埃塞俄比亚	278	197
印度尼西亚	185	192
坦桑尼亚	281	177
危地马拉	171	147
莫桑比克	436	145
叙利亚	341	132
以色列	96	129
塞尔维亚	85	124
希腊	67	116
几内亚	292	108
菲律宾	165	108
科威特	125	102
哥斯达黎加	198	95
南非	121	91
委内瑞拉	85	80
吉布提	137	77
洪都拉斯	176	77
立陶宛	58	71
冈比亚	127	67
尼加拉瓜	170	64
克罗地亚	47	56
多民族玻利维亚国	37	53
越南	35	50
黎巴嫩	158	50
利比亚	40	48
毛里求斯	51	45
德国	133	44
波黑	34	44
摩洛哥	50	38
阿尔巴尼亚	34	33
斐济	89	31
萨尔瓦多	58	31
智利	14	25
厄瓜多尔	34	25
澳大利亚	23	22
卡塔尔	20	22
多哥	15	21
意大利	15	21
科特迪瓦	15	21
英国	24	18
哈萨克斯坦	39	16
马达加斯加	42	15
马来西亚	17	14
刚果(金)	38	14
多米尼加	17	13
巴林	17	13
拉脱维亚	20	13

国家/地区	出口数量（吨）	出口金额（千美元）
赞比亚	36	12
蒙古	7	11
加拿大	15	11
韩国	11	10
巴拉圭	7	10
格鲁吉亚	11	9
苏里南	21	9
巴拿马	16	9
荷兰	9	8
也门	13	8
塞内加尔	1	8
巴西	17	8
文莱	7	5
索马里	8	3
阿根廷	2	3
乌兹别克斯坦	5	3
特立尼达和多巴哥	5	2
牙买加	3	2
加纳	5	2
乌克兰	0	1
44111311 未加工中密度板，密度 > 0.8 克/立方厘米，5 毫米 < 厚≤9 毫米		
合计	7619	2613
伊朗	1895	739
沙特阿拉伯	1339	626
蒙古	1943	251
越南	601	250
哥伦比亚	351	134
俄罗斯	323	124
厄瓜多尔	290	108
黎巴嫩	260	97
乌兹别克斯坦	197	73
秘鲁	104	40
韩国	38	28
新西兰	41	24
印度	36	24
埃及	42	15
阿联酋	43	15
巴基斯坦	17	14
挪威	20	14
中国台湾	25	11
吉布提	21	8
毛里求斯	15	7
印度尼西亚	4	2
马达加斯加	8	2

国家/地区	出口数量（吨）	出口金额（千美元）
加拿大	2	2
朝鲜	3	1
苏里南	2	1
44111319 加工中密度板，密度 > 0.8 克/立方厘米，5 毫米 < 厚≤9 毫米		
合计	650837	415107
美国	113040	96272
俄罗斯	141138	77782
韩国	39619	25854
乌克兰	29822	15604
罗马尼亚	28407	15584
伊朗	20851	12169
智利	19103	11686
加拿大	17181	11521
巴西	17692	10743
南非	17045	10387
印度	13989	8886
格鲁吉亚	15029	8614
哥伦比亚	12800	8360
阿根廷	13100	7650
墨西哥	10140	6736
马来西亚	12174	6500
乌兹别克斯坦	10966	6286
澳大利亚	6808	4834
厄瓜多尔	8206	4778
阿联酋	5943	3909
英国	3871	3721
菲律宾	5609	3662
沙特阿拉伯	5561	3396
泰国	5357	3321
秘鲁	5581	3253
哈萨克斯坦	4555	2703
印度尼西亚	3527	2450
西班牙	3345	2333
越南	3834	2253
克罗地亚	3601	2186
埃及	4046	2075
中国台湾	2875	1813
葡萄牙	2195	1513
巴基斯坦	2346	1456
新加坡	2355	1431
以色列	2236	1317
黎巴嫩	2126	1263
意大利	2004	1229
波黑	1949	1102

国家/地区	出口数量（吨）	出口金额（千美元）
乌拉圭	1829	1047
希腊	1749	1040
保加利亚	1762	1007
法国	1121	838
日本	621	736
吉尔吉斯斯坦	1171	712
亚美尼亚	1055	622
多民族玻利维亚国	935	616
缅甸	1002	607
委内瑞拉	841	549
爱尔兰	693	524
毛里求斯	763	505
埃塞俄比亚	724	434
哥斯达黎加	610	406
肯尼亚	636	396
摩尔多瓦	666	385
塔吉克斯坦	1214	374
立陶宛	643	370
前南马其顿	619	362
约旦	623	357
塞浦路斯	570	351
荷兰	516	332
蒙古	1484	315
中国香港	466	291
阿尔巴尼亚	532	291
特立尼达和多巴哥	489	288
比利时	368	262
阿塞拜疆	400	262
巴林	433	258
危地马拉	303	213
留尼汪岛（法）	257	173
尼日利亚	253	160
德国	202	159
苏丹	272	154
阿富汗	268	151
巴拿马	217	151
尼泊尔	216	140
塞尔维亚	240	135
新西兰	186	132
马达加斯加	252	131
文莱	197	122
挪威	188	118
土库曼斯坦	195	115
伊拉克	140	111
卡塔尔	183	107

国家/地区	出口数量（吨）	出口金额（千美元）
科威特	173	99
波兰	130	91
多米尼加	130	85
洪都拉斯	148	84
斯里兰卡	113	75
阿尔及利亚	122	73
白俄罗斯	115	64
孟加拉国	105	59
法属波利尼西亚	96	54
圭亚那	87	54
莫桑比克	80	53
马耳他	72	49
中国澳门	79	49
冰岛	79	47
萨尔瓦多	66	44
摩纳哥	76	41
安哥拉	51	40
贝宁	80	40
牙买加	52	36
拉脱维亚	64	35
土耳其	49	32
加纳	48	30
古巴	52	29
朝鲜	57	27
利比亚	44	26
爱沙尼亚	39	23
斯洛伐克	37	21
乍得	7	21
尼加拉瓜	34	20
巴拉圭	36	20
马尔代夫	34	19
巴布亚新几内亚	18	19
津巴布韦	36	17
巴哈马	24	15
黑山	26	15
坦桑尼亚	22	13
叙利亚	19	13
马里	15	13
匈牙利	22	13
喀麦隆	18	12
新喀里多尼亚	20	11
刚果(金)	16	11
荷属安的列斯	19	11
巴勒斯坦	19	11
加蓬	10	10
马提尼克岛	16	10
摩洛哥	17	9
索马里	14	7
阿曼	9	5
苏里南	8	5
塞内加尔	2	1
利比里亚	0	1
44111321 辐射松制的中密度板，5 毫米 < 厚≤9 毫米		
合计	2335	7895
日本	2317	7884
越南	18	12
44111329 其他中密度板 0.5g < 密度 ≤ 0.8g，5 毫米 < 厚≤9 毫米		
合计	44443	23360
日本	1627	5127
越南	11858	3339
埃及	7419	3178
沙特阿拉伯	5933	2330
美国	1504	1911
伊朗	4025	1508
约旦	2157	1225
阿尔及利亚	935	513
阿联酋	1568	497
印度	780	302
乌兹别克斯坦	700	298
古巴	317	278
科威特	463	270
秘鲁	480	266
尼日利亚	694	259
苏丹	650	243
印度尼西亚	476	199
加拿大	113	197
法国	32	139
叙利亚	361	124
吉布提	303	114
卡塔尔	322	105
伊拉克	71	93
哈萨克斯坦	150	88
菲律宾	25	66
危地马拉	136	64
智利	125	53
巴基斯坦	243	52
吉尔吉斯斯坦	84	47
新加坡	49	38
黎巴嫩	104	35
马来西亚	46	34
朝鲜	78	29
韩国	26	26
肯尼亚	69	26
俄罗斯	14	25
斯里兰卡	40	22
西班牙	19	21
埃塞俄比亚	80	20
巴拿马	19	19
尼加拉瓜	50	19
坦桑尼亚	34	19
巴林	27	17
莫桑比克	32	13
哥伦比亚	18	13
墨西哥	34	12
多米尼加	17	10
索马里	17	10
厄瓜多尔	21	9
乌克兰	4	9
土库曼斯坦	4	8
缅甸	26	8
摩洛哥	18	6
洪都拉斯	17	6
以色列	4	4
留尼汪岛(法)	9	3
加纳	1	3
哥斯达黎加	7	3
澳大利亚	2	3
阿塞拜疆	1	1
中国香港	3	1
44111391 未加工中密度板，密度 ≤ 0.5 克/立方厘米，5 毫米 < 厚≤9 毫米		
合计	2535	981
伊朗	1124	427
乌兹别克斯坦	510	197
俄罗斯	366	122
阿联酋	139	55
尼日利亚	86	41
委内瑞拉	93	39
厄瓜多尔	100	36
韩国	36	31
哥斯达黎加	27	14
埃塞俄比亚	18	7
印度尼西亚	15	6

国家/地区	出口数量（吨）	出口金额（千美元）
日本	12	5
澳大利亚	8	4
44111399 加工中密度板，密度≤0.5 克/立方厘米，5 毫米<厚≤9 毫米		
合计	11665	7658
日本	470	1379
约旦	1769	1059
沙特阿拉伯	2245	1053
美国	961	1039
埃及	1933	758
伊朗	1118	410
阿联酋	506	278
古巴	391	264
印度	230	141
马来西亚	42	134
韩国	430	129
中国台湾	33	125
叙利亚	346	113
伊拉克	83	110
吉布提	163	82
苏丹	109	72
尼日利亚	103	56
乌兹别克斯坦	91	52
菲律宾	141	51
印度尼西亚	119	49
格鲁吉亚	5	35
孟加拉国	15	21
加拿大	8	20
南非	16	17
科威特	33	17
俄罗斯	17	16
厄瓜多尔	26	16
新西兰	6	15
泰国	4	14
也门	23	12
肯尼亚	31	11
西班牙	7	11
塞内加尔	8	9
哈萨克斯坦	58	9
朝鲜	4	9
巴基斯坦	19	8
乌克兰	20	8
巴林	12	8
中国澳门	2	7
尼加拉瓜	22	7
坦桑尼亚	12	6
巴拉圭	3	5
中国香港	11	4
洪都拉斯	2	3
澳大利亚	1	3
新加坡	4	3
越南	1	3
斯里兰卡	3	2
留尼汪岛(法)	2	2
苏里南	2	1
多民族玻利维亚国	1	1
马耳他	2	1
44111411 未加工中密度板，密度>0.8 克/立方厘米，厚>9 毫米		
合计	2437	915
马来西亚	452	198
蒙古	776	166
尼日利亚	523	146
阿联酋	130	145
越南	160	73
美国	24	46
埃及	127	33
沙特阿拉伯	73	23
朝鲜	42	17
肯尼亚	45	16
比利时	11	12
法国	11	12
俄罗斯	39	12
哥斯达黎加	20	7
加拿大	4	7
44111419 加工中密度板，密度>0.8 克/立方厘米，厚>9 毫米		
合计	443591	310295
美国	175506	135152
加拿大	82846	54938
俄罗斯	65943	38247
越南	19134	11825
澳大利亚	11900	9342
罗马尼亚	13707	7295
伊朗	7366	5557
格鲁吉亚	5738	3579
马来西亚	3992	2805
南非	2013	2254
印度	2598	2126
乌兹别克斯坦	3151	2028
阿根廷	2539	1879
泰国	2756	1824
保加利亚	3591	1790
沙特阿拉伯	1776	1772
爱尔兰	2493	1674
厄瓜多尔	1800	1613
英国	1945	1447
哈萨克斯坦	1953	1428
巴西	1202	1263
阿联酋	1530	1175
智利	1479	1113
墨西哥	1234	1022
哥伦比亚	1038	996
乌克兰	1488	861
蒙古	3482	762
希腊	1011	729
法国	792	720
西班牙	793	704
缅甸	942	635
意大利	637	561
黎巴嫩	784	553
秘鲁	283	498
韩国	582	470
摩尔多瓦	716	460
前南马其顿	578	402
中国香港	246	396
巴基斯坦	490	367
毛里求斯	441	347
乌拉圭	402	346
菲律宾	406	331
印度尼西亚	591	316
阿尔巴尼亚	443	313
克罗地亚	508	285
亚美尼亚	405	274
尼日利亚	671	270
中国台湾	338	264
肯尼亚	488	256
委内瑞拉	258	252
吉尔吉斯斯坦	404	248
约旦	375	240
多民族玻利维亚国	271	213
立陶宛	306	187
葡萄牙	182	186
埃塞俄比亚	356	184
阿富汗	228	160

国家/地区	出口数量（吨）	出口金额（千美元）
塞尔维亚	238	156
卡塔尔	191	153
波兰	224	148
埃及	224	147
新加坡	149	144
特立尼达和多巴哥	156	132
波黑	190	118
塞浦路斯	124	107
莫桑比克	100	104
黑山	144	99
土耳其	118	97
以色列	70	87
新西兰	122	84
危地马拉	181	83
马达加斯加	112	83
加纳	244	83
荷兰	44	70
土库曼斯坦	103	70
朝鲜	149	69
赞比亚	91	62
巴林	73	61
阿塞拜疆	81	57
中国澳门	86	53
牙买加	54	53
柬埔寨	4	53
塔吉克斯坦	95	52
巴拿马	40	47
伊拉克	49	46
也门	69	46
文莱	35	45
留尼汪岛(法)	43	44
德国	46	44
叙利亚	53	43
挪威	44	43
科威特	52	42
马尔代夫	56	41
捷克	51	34
圭亚那	42	33
摩洛哥	45	33
哥斯达黎加	21	32
孟加拉国	45	30
安哥拉	23	23
芬兰	39	23
巴布亚新几内亚	25	22
尼泊尔	28	22

国家/地区	出口数量（吨）	出口金额（千美元）
马耳他	12	19
比利时	14	19
多米尼加	11	18
斯里兰卡	14	16
拉脱维亚	26	16
爱沙尼亚	22	14
索马里	35	13
加蓬	15	12
洪都拉斯	7	12
突尼斯	19	10
日本	0	9
阿尔及利亚	9	8
坦桑尼亚	37	7
苏丹	3	6
吉布提	8	6
萨尔瓦多	6	6
新喀里多尼亚	7	5
利比亚	5	5
非洲其他国家(地区)	3	5
苏里南	10	4
巴哈马	7	4
摩纳哥	4	4
马提尼克岛	2	4
纳米比亚	0	4
海地	4	3
刚果(布)	4	3
斯洛伐克	2	3
巴拉圭	2	2
喀麦隆	1	2
法属波利尼西亚	1	1
阿曼	1	1
津巴布韦	0	1
44111421 辐射松制的中密度板，厚 > 9 毫米		
合计	587	1833
日本	407	1643
新加坡	52	81
美国	40	59
塔吉克斯坦	53	25
哈萨克斯坦	34	19
加拿大	1	5
印度	0	2
马来西亚	0	1

国家/地区	出口数量（吨）	出口金额（千美元）
44111429 其他中密度板 0.5 克/立方厘米 < 密度≤0.8 克/立方厘米，厚 > 9 毫米		
合计	633692	240870
沙特阿拉伯	242054	78393
伊朗	99737	37941
阿联酋	92586	35597
越南	43836	12429
日本	4735	10617
尼日利亚	27212	10592
埃及	28539	9896
苏丹	10728	3440
约旦	6488	2783
哈萨克斯坦	3790	2723
乌兹别克斯坦	5916	2508
叙利亚	7432	2421
肯尼亚	4441	1697
西班牙	2477	1636
黎巴嫩	3851	1609
俄罗斯	2012	1609
卡塔尔	3394	1546
土耳其	1769	1363
印度	2434	1281
古巴	1892	1083
南非	1763	1054
阿尔及利亚	2082	997
塔吉克斯坦	2314	837
伊拉克	842	771
斯里兰卡	1755	743
以色列	1237	662
巴基斯坦	1225	658
墨西哥	1419	648
马来西亚	816	607
阿曼	1326	585
美国	458	553
毛里求斯	1146	534
菲律宾	1278	533
科威特	1206	527
吉布提	1374	492
土库曼斯坦	519	464
索马里	1178	451
意大利	797	382
印度尼西亚	789	346
朝鲜	951	330
蒙古	1391	326
乌克兰	345	316

国家/地区	出口数量（吨）	出口金额（千美元）
摩洛哥	350	298
坦桑尼亚	822	289
哥斯达黎加	543	288
委内瑞拉	341	271
吉尔吉斯斯坦	398	263
阿尔巴尼亚	281	250
葡萄牙	322	248
安哥拉	582	247
澳大利亚	166	194
危地马拉	372	177
希腊	191	176
也门	403	175
加纳	322	168
苏里南	294	167
埃塞俄比亚	563	153
新加坡	223	147
荷属安的列斯	298	144
格鲁吉亚	141	142
圭亚那	328	141
英国	111	139
缅甸	313	137
智利	291	134
巴林	287	122
孟加拉国	369	117
贝宁	292	117
韩国	344	108
克罗地亚	125	105
巴拿马	115	101
留尼汪岛（法）	240	91
塞尔维亚	91	90
多民族玻利维亚国	112	87
瑞典	91	83
保加利亚	90	83
马达加斯加	144	73
新西兰	16	63
法国	105	62
巴西	86	60
中国台湾	54	57
前南马其顿	71	57
摩尔多瓦	56	56
尼加拉瓜	131	51
德国	55	50
阿根廷	23	42
突尼斯	45	42
哥伦比亚	77	39

国家/地区	出口数量（吨）	出口金额（千美元）
阿塞拜疆	36	37
马拉维	75	36
比利时	39	35
洪都拉斯	93	34
尼日尔	33	34
特立尼达和多巴哥	82	33
瓜德罗普（法）	64	33
泰国	34	30
斐济	86	30
乌拉圭	54	28
厄立特里亚	78	26
匈牙利	17	25
加拿大	35	24
黑山	24	23
多米尼加	36	23
利比亚	83	22
马耳他	24	22
牙买加	33	20
刚果（布）	49	19
塞浦路斯	20	17
文莱	16	16
塞舌尔	38	16
瑞士	11	16
巴勒斯坦	19	16
巴巴多斯	40	15
巴布亚新几内亚	32	13
莫桑比克	37	13
荷兰	24	12
爱尔兰	34	12
科特迪瓦	44	11
萨尔瓦多	24	11
乌干达	38	11
丹麦	7	10
津巴布韦	21	9
法属圭亚那	14	9
马尔代夫	15	8
法属波利尼西亚	8	8
塞拉利昂	17	6
波多黎各	17	6
波兰	12	6
佛得角	18	5
中国香港	1	3

44111491 未加工中密度板，密度≤0.5克/立方厘米，厚>9 毫米

国家/地区	出口数量（吨）	出口金额（千美元）
合计	37320	13600

国家/地区	出口数量（吨）	出口金额（千美元）
阿联酋	9297	3435
伊朗	8065	2795
古巴	3590	2012
以色列	5539	1722
沙特阿拉伯	3216	940
印度尼西亚	1895	656
尼日利亚	1318	451
委内瑞拉	601	233
苏丹	598	194
韩国	443	184
埃及	385	110
俄罗斯	274	89
肯尼亚	250	83
日本	214	77
越南	181	74
罗马尼亚	176	72
乌兹别克斯坦	127	57
埃塞俄比亚	138	48
阿曼	94	41
苏里南	78	35
菲律宾	164	33
坦桑尼亚	46	26
印度	74	25
哥伦比亚	72	22
西班牙	25	18
新加坡	17	16
特立尼达和多巴哥	32	14
智利	26	12
斐济	36	12
哈萨克斯坦	32	12
黎巴嫩	15	11
厄瓜多尔	34	11
斯里兰卡	26	11
哥斯达黎加	31	10
美国	18	8
伊拉克	77	8
索马里	19	6
马达加斯加	18	6
南非	19	6
毛里求斯	16	6
莫桑比克	19	6
圣卢西亚	14	4
澳大利亚	10	4
新喀里多尼亚	4	2

国家/地区	出口数量（吨）	出口金额（千美元）
44119210 未加工木纤维板，密度 > 0.8 克/立方厘米		
合计	9717	9845
阿联酋	3659	3593
伊朗	2274	1921
约旦	1397	1613
印度	1105	1367
克罗地亚	124	159
伊拉克	158	155
毛里求斯	127	139
韩国	101	96
越南	52	77
孟加拉国	67	76
吉布提	70	74
卡塔尔	46	65
沙特阿拉伯	55	65
埃及	49	49
巴基斯坦	36	44
南非	29	40
科威特	25	36
印度尼西亚	51	33
赞比亚	39	31
波兰	16	26
哈萨克斯坦	18	24
安哥拉	32	22
土耳其	16	21
马来西亚	18	19
秘鲁	16	18
巴西	14	18
肯尼亚	42	17
津巴布韦	16	15
菲律宾	16	10
俄罗斯	40	10
希腊	5	8
新加坡	1	2
中国台湾	2	1
44119290 加工木纤维板，密度 > 0.8 克/立方厘米		
合计	284596	201219
美国	43824	44724
加拿大	62044	43120
俄罗斯	36785	19726
韩国	18479	13299
澳大利亚	13193	11096
伊朗	8085	5809

国家/地区	出口数量（吨）	出口金额（千美元）
英国	6008	5694
印度	8513	5668
蒙古	11675	4584
安哥拉	4240	3274
哥伦比亚	3732	2751
越南	4413	2730
尼日利亚	6100	2371
罗马尼亚	4209	2317
坦桑尼亚	6385	2152
智利	2710	1930
墨西哥	2198	1633
泰国	2870	1620
南非	2724	1614
阿根廷	2223	1473
爱尔兰	2103	1390
约旦	1251	1361
阿联酋	1922	1313
巴西	1649	1042
赞比亚	1484	1023
中国台湾	1366	1022
马来西亚	1444	1003
沙特阿拉伯	1270	951
缅甸	1303	843
以色列	1235	843
印度尼西亚	1114	795
法国	924	791
乌克兰	1373	790
黎巴嫩	1163	747
新加坡	915	634
比利时	504	508
新西兰	586	498
莫桑比克	744	454
荷兰	652	434
巴林	605	368
中国香港	334	335
苏丹	861	331
阿尔巴尼亚	475	329
意大利	430	306
格鲁吉亚	512	306
哥斯达黎加	379	292
伊拉克	219	235
菲律宾	275	228
埃及	383	226
白俄罗斯	362	205
哈萨克斯坦	263	190

国家/地区	出口数量（吨）	出口金额（千美元）
肯尼亚	327	188
中国澳门	240	179
秘鲁	231	170
巴基斯坦	218	168
巴拿马	204	164
危地马拉	219	160
文莱	136	149
吉尔吉斯斯坦	152	129
洪都拉斯	333	128
土耳其	207	123
津巴布韦	140	116
卡塔尔	160	115
毛里求斯	108	108
埃塞俄比亚	151	107
乌兹别克斯坦	248	106
孟加拉国	242	96
马尔代夫	107	95
西班牙	150	94
加纳	257	92
科威特	108	84
古巴	123	78
希腊	117	76
厄瓜多尔	99	75
马耳他	70	75
德国	97	74
委内瑞拉	94	73
爱沙尼亚	120	72
斯洛文尼亚	120	71
特立尼达和多巴哥	131	70
阿塞拜疆	81	63
吉布提	136	57
保加利亚	74	45
摩尔多瓦	61	40
苏里南	85	38
冈比亚	92	36
立陶宛	59	35
摩洛哥	72	29
日本	25	29
萨尔瓦多	72	26
柬埔寨	39	23
利比里亚	63	21
斯里兰卡	47	20
巴布亚新几内亚	18	16
斐济	39	15
几内亚	40	14

国家/地区	出口数量（吨）	出口金额（千美元）
葡萄牙	17	13
多民族玻利维亚国	14	13
波兰	18	12
克罗地亚	18	12
圭亚那	17	11
亚美尼亚	18	11
科摩罗	18	8
马达加斯加	20	7
阿尔及利亚	20	6
塞浦路斯	12	2
朝鲜	1	1
44119390 木纤板，0.5 克/立方厘米 < 密度≤0.10 克/立方厘米		
合计	7165	4675
埃及	2400	1339
沙特阿拉伯	1449	857
吉布提	430	648
约旦	626	369
阿联酋	499	259
美国	254	254
特立尼达和多巴哥	255	238
越南	647	227
柬埔寨	53	131
印度	79	78
巴基斯坦	106	75
伊朗	108	56
中国香港	91	46
毛里求斯	60	32
日本	56	20
叙利亚	25	17
哥伦比亚	21	14
英国	3	9
朝鲜	4	6
44119410 木纤板，0.35 克/立方厘米 < 密度≤0.5 克/立方厘米		
合计	478	718
加拿大	54	249
安哥拉	205	245
中国香港	120	62
澳大利亚	69	57
美国	16	52
印度	5	31
格鲁吉亚	2	8
黎巴嫩	4	7
朝鲜	4	3

国家/地区	出口数量（吨）	出口金额（千美元）
俄罗斯	0	3
哥斯达黎加	0	1
44119421 未加工木纤板，密度≤0.35 克/立方厘米		
合计	125	57
中国澳门	115	40
牙买加	10	18
44119429 加工木纤板，密度≤0.35 克/立方厘米		
合计	1632	3957
芬兰	320	1188
泰国	144	463
中国台湾	96	365
巴西	53	264
俄罗斯	53	245
伊朗	204	169
西班牙	30	154
印度尼西亚	53	138
日本	68	97
立陶宛	68	94
韩国	13	76
埃及	36	68
巴布亚新几内亚	140	57
卡塔尔	8	50
土耳其	8	42
印度	31	41
阿根廷	13	40
巴基斯坦	9	40
巴林	6	37
几内亚	4	36
丹麦	11	35
斯洛文尼亚	8	33
马拉维	15	32
比利时	19	30
美国	10	18
智利	5	17
肯尼亚	19	16
马来西亚	23	14
尼日利亚	18	14
苏丹	7	14
德国	3	11
乌兹别克斯坦	90	11
加拿大	11	10
菲律宾	3	10
以色列	1	5

国家/地区	出口数量（吨）	出口金额（千美元）
哈萨克斯坦	6	5
厄瓜多尔	5	4
阿联酋	3	3
莫桑比克	8	3
中国香港	4	2
斯里兰卡	1	2
朝鲜	2	2
新加坡	0	1
希腊	0	1
44123100 其他薄板制胶合板至少一表层是子目注释 2 所列的热带木，厚≤6 毫米		
合计	273	174978
美国	27	36493
约旦	51	32657
韩国	47	21615
墨西哥	16	7919
英国	6	7891
哥伦比亚	15	6528
泰国	14	6168
越南	6	4061
日本	3	3915
阿联酋	7	3533
新加坡	6	3424
比利时	4	3374
埃及	5	3076
印度	3	2609
沙特阿拉伯	4	2317
以色列	4	2269
加拿大	2	2258
澳大利亚	2	1978
菲律宾	5	1734
委内瑞拉	3	1491
意大利	2	1453
马来西亚	3	1286
波兰	2	1221
西班牙	1	940
科威特	1	860
斯里兰卡	3	842
中国台湾	1	774
波多黎各	2	743
卡塔尔	1	739
新西兰	1	698
毛里求斯	1	657
中国香港	2	639

国家/地区	出口数量（吨）	出口金额（千美元）
荷兰	1	638
德国	1	549
巴基斯坦	1	546
南非	1	540
智利	1	498
哥斯达黎加	1	486
摩洛哥	1	454
丹麦	0	440
中国澳门	4	427
坦桑尼亚	1	380
印度尼西亚	1	376
文莱	1	363
俄罗斯	0	320
爱尔兰	0	248
法国	0	199
牙买加	0	194
朝鲜	0	176
安哥拉	0	153
塞舌尔	0	145
尼加拉瓜	0	120
尼日利亚	0	116
圭亚那	0	110
埃塞俄比亚	0	105
特立尼达和多巴哥	0	98
多米尼加	0	94
巴拿马	0	81
黎巴嫩	0	70
危地马拉	0	67
阿根廷	0	64
孟加拉国	0	49
巴林	0	45
法属波利尼西亚	0	43
塞拉利昂	0	40
大洋洲其他国家（地区）	0	38
波黑	0	37
圣卢西亚	0	36
肯尼亚	0	35
土耳其	0	34
荷属安的列斯	0	32
萨尔瓦多	0	32
阿鲁巴	0	31
瑞典	0	26
马尔代夫	0	26
柬埔寨	0	24

国家/地区	出口数量（吨）	出口金额（千美元）
莫桑比克	0	23
津巴布韦	0	22
阿尔及利亚	0	21
阿曼	0	20
苏里南	0	19
塞浦路斯	0	18
巴巴多斯	0	17
叙利亚	0	16
也门	0	16
密克罗尼西亚	0	16
乌拉圭	0	11
巴布亚新几内亚	0	11
秘鲁	0	10
吉布提	0	7
马耳他	0	5
利比里亚	0	5
44123210 其他薄板制胶合板至少一表层是温带木，厚≤6 毫米		
合计	5778	2210854
美国	1055	452217
日本	514	188516
英国	470	155225
韩国	308	101705
印度	203	87200
印度尼西亚	205	84118
泰国	198	75069
以色列	166	62513
越南	154	60219
德国	164	57519
阿联酋	166	56447
比利时	120	49151
加拿大	93	49038
埃及	131	47534
新加坡	128	42017
沙特阿拉伯	107	37904
菲律宾	98	35812
阿尔及利亚	90	33263
中国台湾	94	33047
马来西亚	76	31445
法国	70	30527
墨西哥	66	29288
尼日利亚	79	26673
波兰	55	19366
爱尔兰	49	17296
俄罗斯	50	17082

国家/地区	出口数量（吨）	出口金额（千美元）
约旦	41	16425
荷兰	28	14027
卡塔尔	35	11725
安哥拉	36	11561
中国香港	26	9971
智利	28	9941
意大利	12	9686
澳大利亚	18	9534
埃塞俄比亚	21	8324
斯里兰卡	24	8131
委内瑞拉	18	7679
哥伦比亚	17	7575
波多黎各	21	7331
伊朗	22	6943
巴拿马	22	6929
西班牙	17	6805
摩洛哥	12	6604
保加利亚	19	6194
希腊	18	6142
多米尼加	18	6098
肯尼亚	15	5828
巴林	15	5472
巴基斯坦	17	5445
瑞典	11	4876
毛里求斯	12	4745
南非	12	4684
坦桑尼亚	13	4628
挪威	10	4475
新西兰	10	4474
乌克兰	13	4374
危地马拉	12	4183
科威特	12	4150
哈萨克斯坦	13	4066
葡萄牙	11	4016
罗马尼亚	13	3981
哥斯达黎加	12	3915
芬兰	8	3749
丹麦	8	3612
格鲁吉亚	8	2758
古巴	7	2687
尼加拉瓜	7	2601
孟加拉国	5	2585
赤道几内亚	7	2574
海地	7	2560
吉布提	5	2228

国家/地区	出口数量（吨）	出口金额（千美元）
洪都拉斯	5	2202
留尼汪岛(法)	7	2154
巴布亚新几内亚	6	2139
利比里亚	6	2052
萨尔瓦多	6	1994
几内亚	4	1891
阿根廷	5	1732
苏里南	5	1683
也门	5	1665
牙买加	4	1574
马耳他	5	1564
秘鲁	4	1480
黎巴嫩	3	1468
克罗地亚	4	1406
贝宁	3	1277
阿曼	3	1120
厄瓜多尔	2	1042
特立尼达和多巴哥	3	1029
法属波利尼西亚	3	982
前南马其顿	3	909
苏丹	2	906
塞浦路斯	3	846
马尔代夫	2	832
叙利亚	3	824
塞舌尔	2	817
加纳	2	799
伊拉克	1	789
新喀里多尼亚	2	748
塞拉利昂	2	711
乌拉圭	2	670
圭亚那	2	667
莫桑比克	2	662
土耳其	1	543
马约特岛	2	542
斐济	2	537
捷克	1	480
马提尼克岛	1	476
爱沙尼亚	1	471
卢旺达	1	423
瓦努阿图	1	416
多哥	1	412
土库曼斯坦	1	375
汤加	1	372
斯洛文尼亚	1	361
黑山	1	353
萨摩亚	1	338
塞内加尔	1	333
乌干达	1	333
利比亚	1	329
阿鲁巴	1	325
阿尔巴尼亚	1	311
马达加斯加	1	305
柬埔寨	1	300
圣卢西亚	1	277
所罗门群岛	1	272
朝鲜	1	261
巴巴多斯	1	252
荷属安的列斯	1	226
文莱	1	225
密克罗尼西亚	1	204
瓜德罗普	1	195
拉脱维亚	1	188
冈比亚	0	150
乌兹别克斯坦	0	145
巴西	0	141
东帝汶	1	141
圣文森特和格林纳丁斯	0	134
冰岛	0	120
刚果(金)	0	119
塞尔维亚	0	111
多米尼克	0	106
佛得角	0	106
蒙古	0	97
厄立特里亚	0	97
开曼群岛	0	95
尼泊尔	0	95
阿富汗	0	83
突尼斯	0	82
索马里	0	82
伯利兹	0	81
老挝	0	80
巴拉圭	0	75
毛里塔尼亚	0	74
吉尔吉斯斯坦	0	69
格林纳达	0	68
科摩罗	0	65
立陶宛	0	58
博茨瓦纳	0	57
乍得	0	57
喀麦隆	0	56
百慕大	0	50
亚美尼亚	0	50
刚果(布)	0	45
安提瓜和巴布达	0	45
特克斯和凯科斯	0	45
津巴布韦	0	43
马里	0	43
法属圭亚那	0	41
缅甸	0	39
白俄罗斯	0	37
加蓬	0	33
斯洛伐克	0	29
匈牙利	0	24
基里巴斯	0	22
马拉维	0	19
纳米比亚	0	18
圣多美和普林西比	0	16
巴哈马	0	16
瓦利斯和浮图纳	0	15
几内亚比绍	0	11
科特迪瓦	0	7
中国澳门	0	7

44123290 其他薄板制胶合板至少一表层非针叶木，厚≤6 毫米

国家/地区	出口数量（吨）	出口金额（千美元）
合计	327	137581
韩国	87	29037
日本	51	22017
以色列	36	16321
英国	34	12902
中国香港	37	11605
中国台湾	22	7951
美国	5	7199
荷兰	6	5283
沙特阿拉伯	5	3001
越南	7	2711
新加坡	8	2544
意大利	1	1977
加拿大	1	1483
朝鲜	4	1459
比利时	1	1432
印度	3	1410
马来西亚	3	1337
法国	1	843

国家/地区	出口数量（吨）	出口金额（千美元）
澳大利亚	1	635
墨西哥	1	626
西班牙	0	447
泰国	1	387
德国	0	368
阿尔及利亚	0	340
爱尔兰	0	338
南非	0	337
印度尼西亚	1	330
安哥拉	1	321
阿联酋	1	234
俄罗斯	0	230
菲律宾	0	192
希腊	0	177
葡萄牙	0	177
利比亚	0	161
瑞典	0	155
科威特	0	154
巴布亚新几内亚	0	152
瑞士	0	152
约旦	0	123
波兰	0	119
巴拿马	0	117
加纳	0	104
巴基斯坦	0	97
丹麦	0	66
智利	0	66
哥伦比亚	0	61
新西兰	0	41
摩洛哥	0	39
留尼汪岛(法)	0	35
尼加拉瓜	0	34
马尔代夫	0	30
黎巴嫩	0	28
卡塔尔	0	23
巴林	0	22
阿塞拜疆	0	20
哥斯达黎加	0	20
坦桑尼亚	0	18
牙买加	0	16
克罗地亚	0	13
蒙古	0	12
博茨瓦纳	0	12
厄瓜多尔	0	11
特立尼达和多巴哥	0	10
尼日利亚	0	7
莫桑比克	0	7
吉布提	0	3

44123900 其他薄板制胶合板，厚≤6毫米

国家/地区	出口数量（吨）	出口金额（千美元）
合计	1989	720810
阿联酋	288	91161
沙特阿拉伯	271	85928
日本	143	67505
美国	63	55390
韩国	142	49515
中国香港	106	33243
比利时	83	30183
中国台湾	87	30052
泰国	79	29452
新加坡	78	26750
卡塔尔	76	24092
约旦	75	22948
科威特	50	15682
英国	41	13662
越南	30	11846
印度	22	11340
德国	29	9146
安哥拉	52	8448
加拿大	4	5453
菲律宾	14	5371
法国	14	4946
荷兰	12	4892
澳大利亚	8	4366
阿尔及利亚	13	4298
尼日利亚	14	4007
墨西哥	10	3986
埃及	12	3886
印度尼西亚	7	3806
以色列	12	3618
黎巴嫩	11	3593
俄罗斯	8	3494
巴林	8	2594
瑞典	7	2569
伊朗	8	2535
罗马尼亚	7	2175
利比亚	7	2156
苏丹	6	1775
西班牙	4	1772
肯尼亚	5	1720
希腊	5	1539
智利	4	1516
挪威	3	1412
波兰	4	1379
毛里求斯	4	1368
摩洛哥	3	1362
丹麦	2	1117
赤道几内亚	3	1075
巴基斯坦	3	1065
葡萄牙	3	1049
马来西亚	2	975
朝鲜	2	846
阿曼	2	689
南非	2	664
秘鲁	2	663
拉脱维亚	2	591
坦桑尼亚	2	560
波多黎各	1	541
斯里兰卡	1	501
巴布亚新几内亚	1	478
新西兰	1	461
留尼汪岛(法)	1	450
叙利亚	1	440
乌克兰	1	396
文莱	1	356
阿根廷	1	323
意大利	1	316
保加利亚	1	310
孟加拉国	1	299
委内瑞拉	1	287
埃塞俄比亚	1	285
特立尼达和多巴哥	1	276
柬埔寨	1	271
古巴	1	263
新喀里多尼亚	1	254
格鲁吉亚	1	233
牙买加	1	231
马尔代夫	1	228
哥伦比亚	0	215
法属波利尼西亚	1	208
阿尔巴尼亚	1	206
瓜德罗普	1	206
塞浦路斯	1	204
贝宁	1	198
哈萨克斯坦	1	198

国家/地区	出口数量（吨）	出口金额（千美元）
赞比亚	0	195
亚美尼亚	1	188
马耳他	1	188
吉布提	0	181
海地	0	169
萨尔瓦多	0	166
加纳	1	158
乌拉圭	0	157
塞拉利昂	0	156
马提尼克岛	0	154
刚果(金)	0	150
斯洛文尼亚	0	139
爱沙尼亚	0	120
蒙古	0	115
哥斯达黎加	0	115
所罗门群岛	0	111
中国澳门	0	111
莫桑比克	0	110
克罗地亚	0	110
纳米比亚	0	104
斐济	0	100
巴拿马	0	96
萨摩亚	0	95
苏里南	0	95
老挝	0	92
塞舌尔	0	82
利比里亚	0	80
毛里塔尼亚	0	76
巴西	0	75
黑山	0	74
塔吉克斯坦	0	69
刚果(布)	0	68
喀麦隆	0	66
土耳其	0	60
爱尔兰	0	59
安提瓜和巴布达	0	57
芬兰	0	51
伊拉克	0	47
伯利兹	0	45
马约特岛	0	45
瓦努阿图	0	41
洪都拉斯	0	38
索马里	0	36
阿鲁巴	0	36
多米尼克	0	35

国家/地区	出口数量（吨）	出口金额（千美元）
冈比亚	0	32
吉尔吉斯斯坦	0	27
博茨瓦纳	0	26
多米尼加	0	23
塞内加尔	0	23
科特迪瓦	0	22
土库曼斯坦	0	21
阿富汗	0	19
津巴布韦	0	19
瓦利斯和浮图纳	0	18
基里巴斯	0	18
塞尔维亚	0	18
白俄罗斯	0	16
乌干达	0	16
中非	0	16
马里	0	16
乌兹别克斯坦	0	15
危地马拉	0	15
莱索托	0	14
汤加	0	13
多哥	0	11
东帝汶	0	9
奥地利	0	9
巴巴多斯	0	6
马达加斯加	0	5
缅甸	0	4
马绍尔群岛	0	3
布隆迪	0	2
卢旺达	0	1
44129410 其他木块芯胶合板等至少一表层是非针叶木		
合计	358	383236
意大利	38	62786
美国	38	57721
比利时	26	41723
荷兰	18	28953
德国	17	26238
日本	41	21493
瑞典	10	19201
挪威	11	14958
英国	10	14773
丹麦	6	9511
中国香港	23	7499
西班牙	4	6172
约旦	16	6106

国家/地区	出口数量（吨）	出口金额（千美元）
加拿大	4	6011
法国	7	5905
新加坡	13	5896
澳大利亚	3	4258
以色列	3	3550
墨西哥	6	3445
印度	10	3383
阿联酋	5	2656
埃及	6	2467
沙特阿拉伯	6	2384
波兰	4	2362
俄罗斯	2	2277
马来西亚	6	2020
葡萄牙	1	1820
爱尔兰	1	1694
中国台湾	4	1390
韩国	2	1233
奥地利	1	1194
南非	1	1090
爱沙尼亚	1	1019
芬兰	1	911
卡塔尔	2	700
智利	0	662
哈萨克斯坦	2	660
希腊	0	536
黎巴嫩	0	519
阿根廷	0	479
菲律宾	0	448
塞浦路斯	0	335
土耳其	0	318
泰国	1	306
马尔代夫	0	268
克罗地亚	0	267
安哥拉	1	258
立陶宛	0	247
科威特	1	246
文莱	1	238
冰岛	0	233
肯尼亚	1	212
斯洛文尼亚	0	184
亚美尼亚	0	161
利比亚	0	140
越南	0	120
博茨瓦纳	0	117
阿曼	0	98

国家/地区	出口数量（吨）	出口金额（千美元）
巴布亚新几内亚	0	95
缅甸	0	94
捷克	0	84
巴林	0	83
尼日利亚	0	79
伊朗	0	71
坦桑尼亚	0	68
新西兰	0	63
摩洛哥	0	62
罗马尼亚	0	62
哥斯达黎加	0	56
喀麦隆	0	52
孟加拉国	0	51
朝鲜	0	51
前南马其顿	0	50
马拉维	0	45
伊拉克	0	39
马耳他	0	36
阿尔巴尼亚	0	27
塔吉克斯坦	0	24
印度尼西亚	0	22
格鲁吉亚	0	22
瑞士	0	17
摩尔多瓦	0	17
保加利亚	0	16
巴拿马	0	16
利比里亚	0	13
赤道几内亚	0	12
秘鲁	0	12
阿尔及利亚	0	12
毛里塔尼亚	0	7
柬埔寨	0	6
苏丹	0	4
乌干达	0	4
斯里兰卡	0	3
巴哈马	0	2
加纳	0	2
毛里求斯	0	1
44129491 其他木块芯胶合板等至少一表层是子目注释2所列的热带木		
合计	1	325
约旦	1	203
科威特	0	76
卡塔尔	0	46
朝鲜	0	1

国家/地区	出口数量（吨）	出口金额（千美元）
44129492 其他木块芯胶合板等至少一表层是木碎料板		
合计	1	907
中国香港	0	297
缅甸	0	202
马来西亚	0	73
澳大利亚	0	63
哥伦比亚	0	63
朝鲜	0	57
南非	0	56
泰国	0	47
印度尼西亚	0	33
美国	0	8
加纳	0	7
莫桑比克	0	1
44129499 其他木块芯、侧板条芯、板条芯胶合板		
合计	29	16002
德国	7	6672
中国台湾	14	4120
意大利	3	2358
西班牙	2	697
比利时	0	492
葡萄牙	1	345
加拿大	0	252
尼日利亚	0	190
阿联酋	1	188
越南	0	77
法国	0	73
巴基斯坦	0	53
马耳他	0	50
日本	0	35
塞内加尔	0	32
刚果(布)	0	29
土耳其	0	27
黑山	0	27
安哥拉	0	26
津巴布韦	0	25
刚果(金)	1	24
新西兰	0	23
克罗地亚	0	22
菲律宾	0	18
阿根廷	0	18
蒙古	0	18
莫桑比克	0	18

国家/地区	出口数量（吨）	出口金额（千美元）
佛得角	0	18
马拉维	0	15
韩国	0	12
荷兰	0	9
多哥	0	9
赞比亚	0	8
英国	0	6
中国香港	0	5
阿富汗	0	3
新加坡	0	3
马来西亚	0	2
中国澳门	0	1
印度	0	1
44129910 其他胶合板等至少一表层是非针叶木		
合计	679	620088
美国	162	204492
日本	94	73191
英国	26	38615
加拿大	25	35783
意大利	18	33800
比利时	19	29443
荷兰	12	17185
韩国	24	16506
德国	9	16472
约旦	32	12034
俄罗斯	8	11637
以色列	18	9080
墨西哥	18	8401
中国香港	62	8231
法国	5	8027
瑞典	4	6678
沙特阿拉伯	16	6355
印度	10	6267
爱尔兰	5	6266
阿联酋	13	5553
西班牙	4	5422
澳大利亚	5	5261
埃及	13	4651
阿根廷	10	4322
马来西亚	4	3463
丹麦	2	3166
新加坡	3	3065
挪威	3	2800
科威特	6	2675

国家/地区	出口数量（吨）	出口金额（千美元）
印度尼西亚	5	2669
泰国	2	2321
斯洛文尼亚	1	2025
菲律宾	4	2017
柬埔寨	0	1421
智利	2	1332
黎巴嫩	1	1180
中国台湾	1	1128
南非	1	1114
芬兰	1	1056
卡塔尔	3	1001
安哥拉	2	824
乌克兰	1	823
越南	2	783
土耳其	2	719
毛里求斯	2	666
海地	2	647
塞内加尔	1	592
希腊	1	571
秘鲁	0	562
尼日利亚	1	493
新西兰	0	468
保加利亚	1	440
瑞士	0	381
阿尔及利亚	1	365
肯尼亚	1	339
波兰	0	319
巴拿马	1	316
巴林	1	266
苏里南	1	233
中国澳门	0	230
巴基斯坦	0	222
特立尼达和多巴哥	0	217
马尔代夫	0	209
贝宁	1	209
葡萄牙	0	206
阿尔巴尼亚	0	198
朝鲜	0	172
利比里亚	0	161
克罗地亚	0	158
阿曼	0	147
哈萨克斯坦	0	147
新喀里多尼亚	0	138
奥地利	0	136
伊朗	0	133

国家/地区	出口数量（吨）	出口金额（千美元）
罗马尼亚	0	96
匈牙利	0	92
孟加拉国	0	86
危地马拉	0	66
坦桑尼亚	0	58
纳米比亚	0	55
牙买加	0	50
阿鲁巴	0	49
巴布亚新几内亚	0	48
留尼汪岛（法）	0	45
冰岛	0	43
尼加拉瓜	0	43
捷克	0	42
缅甸	0	41
格鲁吉亚	0	38
吉布提	0	38
摩洛哥	0	37
莫桑比克	0	36
马提尼克岛	0	36
乌拉圭	0	34
瓜德罗普	0	33
法属波利尼西亚	0	31
立陶宛	0	30
波多黎各	0	30
萨摩亚	0	30
苏丹	0	28
也门	0	26
瓦努阿图	0	22
巴西	0	20
文莱	0	20
哥斯达黎加	0	18
斯里兰卡	0	17
吉尔吉斯斯坦	0	16
古巴	0	16
格林纳达	0	15
百慕大群岛	0	15
白俄罗斯	0	15
马耳他	0	14
所罗门群岛	0	14
塞浦路斯	0	14
马达加斯加	0	13
加纳	0	8
法属圭亚那	0	7
巴哈马	0	7
哥伦比亚	0	1

国家/地区	出口数量（吨）	出口金额（千美元）
利比亚	0	1
44129992 其他胶合板等至少一表层是木碎料板		
合计	6	1052
中国澳门	5	512
阿尔及利亚	0	147
马拉维	0	90
安哥拉	0	83
中国香港	0	56
特立尼达和多巴哥	0	33
乌干达	0	29
萨摩亚	0	23
美国	0	21
俄罗斯	0	20
日本	0	15
赞比亚	0	11
新加坡	0	10
中国台湾	0	1
阿联酋	0	1
44129999 未列名胶合板、单板饰面板及类似的多层板		
合计	31	20182
德国	4	4353
瑞典	4	1916
法国	2	1800
意大利	2	1786
阿联酋	4	1764
日本	2	1560
中国香港	4	1304
比利时	1	1223
中国台湾	2	601
澳大利亚	0	572
美国	1	521
沙特阿拉伯	1	438
英国	0	427
荷兰	0	254
朝鲜	1	168
津巴布韦	0	139
吉布提	0	117
莫桑比克	0	115
马来西亚	0	104
中国澳门	1	88
赤道几内亚	0	82
韩国	0	82

国家/地区	出口数量（吨）	出口金额（千美元）
黎巴嫩	0	71
加拿大	0	67
赞比亚	0	66
印度	0	65
喀麦隆	0	55
南非	0	45
安哥拉	0	44
百慕大群岛	0	37
马拉维	0	33
毛里求斯	0	29
塞浦路斯	0	28
博茨瓦纳	0	28
贝宁	0	24
埃及	0	22
丹麦	0	20
新西兰	0	19
智利	0	15
挪威	0	15
巴基斯坦	0	14
新加坡	0	10
新喀里多尼亚	0	10
几内亚比绍	0	10
泰国	0	8
肯尼亚	0	8
越南	0	6
卢旺达	0	5
巴布亚新几内亚	0	5
科特迪瓦	0	5
斯里兰卡	0	3
加纳	0	2
土耳其	0	2

表 5-10　人造板进口

国家/地区	进口数量（吨）	进口金额（千美元）
44081011 用胶合板等制的针叶木饰面用单板，厚≤6 毫米		
合计	1963	360
俄罗斯	1961	339
日本	1	9
意大利	1	6
法国	0	4
印度	0	1
44081019 其他针叶木饰面用单板，厚≤6 毫米		
合计	372	2298
中国台湾	55	594
美国	90	451
加拿大	75	442
日本	30	330
菲律宾	69	144
西班牙	7	88
韩国	5	85
奥地利	13	73
印度	17	61
智利	9	23
印度尼西亚	0	6
危地马拉	0	1
澳大利亚	0	1
44081020 针叶木制胶合板用单板，厚≤6 毫米		
合计	2716	1975
俄罗斯	2588	1872
美国	99	71
韩国	9	13
澳大利亚	14	11
日本	6	8
44081090 其他纵锯切、刨或旋切的针叶木木材，厚≤6 毫米		
合计	663	1660
印度尼西亚	202	700
美国	152	281
加拿大	9	197
西班牙	21	183
芬兰	116	167
德国	7	45
朝鲜	88	27
俄罗斯	53	21
意大利	2	16
奥地利	2	8
中国台湾	5	6
澳大利亚	1	3
日本	2	3
印度	2	2
韩国	1	1
44083111 用胶合板等制饰面单板，红柳安木制，厚≤6 毫米		
合计	280	183
马来西亚	280	179
日本	0	4
44083119 其他饰面用单板，红柳安木制，厚≤6 毫米		
合计	567	407
马来西亚	507	282
柬埔寨	43	57
中国台湾	12	49
美国	3	12
加蓬	2	7
乌拉圭	0	1
44083120 制胶合板用单板，红柳安木制，厚≤6 毫米		
合计	897	531
乌拉圭	485	303
马来西亚	304	155
中国台湾	14	40
越南	87	32
柬埔寨	7	2
44083190 其他纵锯切、刨或旋切的红柳安木木材，厚≤6 毫米		
合计	0	2
澳大利亚	0	1
中国台湾	0	1
44083911 用胶合板等制其他子目注释 2 所列的热带木饰面用单板，厚≤6 毫米		
合计	6	121
日本	4	79
意大利	1	35
中国台湾	1	7
44083919 其他子目注释 2 所列的热带木制饰面用单板，厚≤6 毫米		
合计	1211	3514
加纳	214	702
德国	115	493
缅甸	464	458
意大利	38	338
法国	27	254
美国	74	222
土耳其	47	152
加蓬	20	127
日本	13	124
韩国	12	113
中国台湾	42	112
西班牙	17	94

国家/地区	进口数量（吨）	进口金额（千美元）
捷克	4	50
喀麦隆	43	48
菲律宾	22	40
印度尼西亚	26	39
加拿大	6	37
印度	5	35
科特迪瓦	12	26
越南	3	22
泰国	3	15
刚果(金)	1	7
巴西	2	6
英国	0	1
44083920 其他子目注释 2 所列的热带木制胶合板用单板，厚≤6 毫米		
合计	5445	3823
马来西亚	2658	1651
加蓬	1085	786
赤道几内亚	596	419
缅甸	534	387
柬埔寨	299	247
印度尼西亚	248	229
巴西	12	58
西班牙	3	24
中国台湾	10	23
44083990 其他纵锯切、刨或旋切的子目注释 2 所列的热带木木材，厚≤6 毫米		
合计	1945	1924
缅甸	1338	551
中国台湾	82	529
老挝	318	139
意大利	24	120
印度	8	105
喀麦隆	100	100
加纳	12	94
印度尼西亚	22	90
德国	9	40
厄瓜多尔	3	37
多民族玻利维亚国	7	32
美国	7	24
法国	6	23
英国	0	17
韩国	4	7
西班牙	0	7
泰国	4	5
日本	0	4

国家/地区	进口数量（吨）	进口金额（千美元）
44089011 用胶合板等制其他非针叶木饰面单板，厚≤6 毫米		
合计	17	84
德国	9	35
瑞士	7	25
意大利	1	21
马来西亚	0	2
印度	0	1
44089012 温带非针叶木制其他饰面用单板，厚≤6 毫米		
合计	5575	13841
美国	3276	6919
意大利	162	1870
中国台湾	162	1016
俄罗斯	1351	977
西班牙	81	685
德国	114	635
韩国	46	356
法国	46	240
印度	10	184
巴西	42	171
捷克	40	153
日本	36	134
澳大利亚	42	127
土耳其	23	103
波兰	18	70
爱沙尼亚	20	39
克罗地亚	5	34
斯洛文尼亚	28	31
斯洛伐克	14	25
越南	9	19
拉脱维亚	26	11
多民族玻利维亚国	0	11
罗马尼亚	1	10
瑞士	3	9
加拿大	22	9
朝鲜	1	3
44089019 其他非针叶木饰面用单板，厚≤6 毫米		
合计	9833	52811
美国	3586	11968
德国	647	8012
意大利	1403	7888
捷克	114	4574
中国台湾	761	3250

国家/地区	进口数量（吨）	进口金额（千美元）
印度尼西亚	461	2709
英国	33	2391
巴西	530	2000
法国	219	1526
多民族玻利维亚国	156	1220
西班牙	146	958
韩国	124	756
土耳其	171	693
荷兰	56	565
喀麦隆	112	529
澳大利亚	207	473
加纳	115	464
斯洛文尼亚	90	462
印度	43	414
加拿大	128	328
奥地利	69	307
波兰	49	192
泰国	157	183
爱沙尼亚	184	144
墨西哥	28	137
科特迪瓦	34	134
俄罗斯	103	133
越南	39	80
日本	6	77
瑞士	6	76
罗马尼亚	8	47
摩纳哥	6	35
加蓬	3	19
巴拉圭	19	18
新加坡	11	17
危地马拉	1	10
中国	1	9
中非	3	6
匈牙利	1	3
中国香港	1	2
马来西亚	1	2
芬兰	0	2
阿联酋	0	1
44089021 温带非针叶木制胶合板用单板，厚≤6 毫米		
合计	12338	5153
俄罗斯	11964	4493
美国	206	468
意大利	83	90
西班牙	2	49

国家/地区	进口数量（吨）	进口金额（千美元）
乌克兰	21	17
拉脱维亚	23	13
马来西亚	18	11
奥地利	20	10
韩国	1	2
44089029 其他非针叶木制胶合板用单板，厚≤6 毫米		
合计	93742	14687
越南	78672	6672
马来西亚	13780	6575
赤道几内亚	896	634
西班牙	71	575
美国	8	54
缅甸	126	49
印度尼西亚	32	42
加纳	64	41
乌拉圭	20	10
德国	13	10
柬埔寨	23	5
韩国	2	5
斯洛文尼亚	1	5
泰国	27	4
日本	3	2
加拿大	3	1
中国台湾	2	1
瑞士	1	1
斯洛伐克	0	0
44089091 温带非针叶木制经纵刨旋切的木材，厚≤5 毫米		
合计	10690	13413
俄罗斯	8337	10254
美国	2058	2534
缅甸	161	353
罗马尼亚	67	68
印度尼西亚	20	59
韩国	8	53
法国	21	46
印度	2	31
意大利	15	12
西班牙	1	2
44089099 其他非针叶木制经纵刨旋切的木材，厚≤6 毫米		
合计	1937	1783
缅甸	1849	899
美国	46	460

国家/地区	进口数量（吨）	进口金额（千美元）
韩国	2	132
日本	3	107
中国台湾	17	40
西班牙	7	39
印度尼西亚	4	36
意大利	4	26
印度	2	25
加拿大	3	7
奥地利	0	6
新西兰	0	5
44101100 木制碎料板		
合计	170191	51128
马来西亚	70468	17519
泰国	43501	11139
德国	10386	8091
俄罗斯	21579	4295
日本	3033	2340
奥地利	2533	1432
罗马尼亚	4305	1246
法国	2686	1182
印度尼西亚	1901	832
葡萄牙	2175	765
意大利	922	554
西班牙	1601	527
越南	2616	401
加拿大	1407	324
美国	755	195
比利时	160	114
澳大利亚	73	52
新加坡	9	43
韩国	13	20
荷兰	18	18
中国台湾	16	14
中国香港	1	11
英国	24	7
中国	3	2
哥伦比亚	0	2
波兰	4	1
44101200 木制定向刨花板(OSB)		
合计	81007	35509
巴西	17380	8020
加拿大	14592	6328
德国	6928	5192
泰国	16277	4981
罗马尼亚	10860	4497

国家/地区	进口数量（吨）	进口金额（千美元）
美国	9696	3810
法国	1939	1179
马来西亚	1643	540
拉脱维亚	852	460
新西兰	427	179
奥地利	120	98
意大利	131	58
日本	27	55
中国	79	41
瑞典	25	32
中国台湾	31	31
菲律宾	0	3
丹麦	0	2
印度	0	1
墨西哥	0	1
44101900 其他木制类似板（例如，华夫板）		
合计	104069	35354
泰国	57456	16661
马来西亚	26903	7435
奥地利	9048	5193
罗马尼亚	4399	2556
印度尼西亚	1471	953
德国	554	652
越南	1862	449
菲律宾	694	432
意大利	226	268
日本	226	208
俄罗斯	832	181
比利时	184	171
美国	2	56
法国	96	52
瑞士	25	44
西班牙	74	32
葡萄牙	8	6
中国台湾	7	2
新加坡	2	1
中国	1	1
巴西	0	0
44109011 麦稻秸秆制碎料板		
合计	4	6
马来西亚	4	6
44109019 其他木质材料制碎料板		
合计	139	112
比利时	92	49

国家/地区	进口数量（吨）	进口金额（千美元）
日本	28	33
德国	1	14
美国	3	9
中国台湾	12	6
中国香港	2	1
中国	1	1
44109090 其他木质材料制定向刨花板(OSB)及类似板(例如，华夫板)		
合计	161	124
美国	107	69
日本	2	27
中国台湾	13	6
意大利	37	5
德国	1	5
澳大利亚	1	5
中国	0	3
新加坡	0	3
44111211 未机械加工中密度板，密度 > 0.8 克/立方厘米，厚≤5 毫米		
合计	15366	6845
新西兰	6796	3392
澳大利亚	3500	1537
印度尼西亚	2804	925
泰国	1050	439
马来西亚	811	341
智利	192	81
斯洛文尼亚	92	47
阿根廷	71	29
西班牙	25	27
日本	15	14
中国台湾	9	7
中国	0	4
波兰	3	1
44111219 经机械加工中密度板，密度 > 0.8 克/立方厘米，厚≤5 毫米		
合计	2501	2521
美国	107	865
中国台湾	132	328
日本	166	285
澳大利亚	547	273
阿根廷	465	153
马来西亚	374	141
泰国	347	140
波兰	130	126
德国	77	78

国家/地区	进口数量（吨）	进口金额（千美元）
新西兰	88	48
韩国	27	33
意大利	13	21
加拿大	2	14
印度尼西亚	23	8
瑞典	0	2
新加坡	3	2
阿联酋	1	1
西班牙	0	1
44111221 辐射松制的中密度板，0.5 克/立方厘米 < 密度≤0.8 克/立方厘米，厚≤5 毫米		
合计	9598	4196
新西兰	9045	3952
澳大利亚	282	128
智利	270	116
中国	1	1
44111229 其他中密度板 0.5 克/立方厘米 < 密度≤0.8 克/立方厘米，厚≤5 毫米		
合计	15728	6314
泰国	7484	2830
马来西亚	3276	1360
新西兰	2302	892
印度尼西亚	1581	631
澳大利亚	793	352
美国	12	131
智利	234	65
日本	37	20
奥地利	2	20
中国	6	12
韩国	1	1
44111291 未加工中密度板，密度≤0.5 克/立方厘米，厚≤5 毫米		
合计	2748	972
新西兰	2570	899
马来西亚	127	48
泰国	52	20
美国	0	5
44111299 加工中密度板，密度≤0.5 克/立方厘米，厚≤5 毫米		
合计	2162	1048
新西兰	1212	662
澳大利亚	446	214
泰国	471	104
美国	24	26

国家/地区	进口数量（吨）	进口金额（千美元）
德国	3	24
韩国	2	14
马来西亚	5	3
44111311 未加工中密度板，密度 > 0.8 克/立方厘米，5 毫米 < 厚≤9 毫米		
合计	899	380
泰国	568	217
澳大利亚	302	142
美国	16	15
马来西亚	13	6
44111319 加工中密度板，密度 > 0.8 克/立方厘米，5 毫米 < 厚≤9 毫米		
合计	14352	14393
比利时	4118	5118
瑞士	4650	3732
德国	2462	2801
奥地利	2719	2503
美国	128	114
泰国	253	74
韩国	15	31
澳大利亚	1	13
中国台湾	2	5
印度尼西亚	2	1
44111321 辐射松制的中密度板，5 毫米 < 厚≤9 毫米		
合计	5874	2939
新西兰	5291	2674
澳大利亚	448	201
智利	135	63
44111329 其他中密度板 0.5g < 密度≤0.8g，5 毫米 < 厚≤9 毫米		
合计	8426	3204
澳大利亚	2438	1116
泰国	2824	933
印度尼西亚	1851	673
马来西亚	550	177
新西兰	401	124
智利	244	82
中国台湾	15	28
中国	20	26
日本	40	15
巴西	25	12
韩国	13	8
美国	5	4
意大利	0	2

国家/地区	进口数量（吨）	进口金额（千美元）
比利时	1	1
葡萄牙	1	1
新加坡	1	1
44111391 未加工中密度板，密度≤0.5克/立方厘米，5毫米<厚≤9毫米		
合计	1359	466
泰国	789	315
新西兰	544	138
马来西亚	24	10
美国	1	3
44111399 加工中密度板，密度≤0.5克/立方厘米，5毫米<厚≤9毫米		
合计	455	449
德国	135	314
新西兰	95	47
马来西亚	101	34
瑞典	18	25
泰国	100	18
印度尼西亚	6	10
44111411 未加工中密度板，密度>0.8克/立方厘米，厚>9毫米		
合计	2180	840
印度尼西亚	1769	566
美国	57	87
日本	5	54
加拿大	125	48
泰国	129	46
新西兰	72	23
德国	23	15
44111419 加工中密度板，密度>0.8克/立方厘米，厚>9毫米		
合计	5421	7147
比利时	1767	3551
瑞士	1530	1228
德国	530	832
奥地利	222	331
法国	1	254
泰国	598	213
马来西亚	160	154
澳大利亚	232	113
新西兰	202	97
美国	48	91
中国台湾	60	80
日本	9	60
西班牙	40	60

国家/地区	进口数量（吨）	进口金额（千美元）
中国	9	29
意大利	2	25
加拿大	10	12
葡萄牙	3	9
韩国	0	6
瑞典	0	1
中国香港	0	1
44111421 辐射松制的中密度板，厚>9毫米		
合计	7960	3783
新西兰	6216	2974
澳大利亚	1602	745
智利	142	62
美国	0	1
中国	0	1
44111429 其他中密度板0.5克/立方厘米<密度≤0.8克/立方厘米，厚>9毫米		
合计	48931	25671
泰国	20446	8796
意大利	6873	5131
日本	4309	3577
澳大利亚	7403	3330
马来西亚	2949	1144
新西兰	2696	868
美国	444	844
印度尼西亚	1384	508
德国	222	459
智利	1160	405
韩国	475	248
巴西	353	166
葡萄牙	53	61
加拿大	120	48
西班牙	20	35
奥地利	4	22
中国台湾	16	13
比利时	2	9
新加坡	2	4
英国	0	1
44111491 未加工中密度板，密度≤0.5克/立方厘米，厚>9毫米		
合计	2862	1152
泰国	2467	977
马来西亚	256	93
印度尼西亚	85	42
美国	6	24

国家/地区	进口数量（吨）	进口金额（千美元）
新西兰	48	17
44119210 未加工木纤维板，密度>0.8克/立方厘米		
合计	628	430
新西兰	492	340
阿根廷	71	30
中国	29	22
日本	7	16
泰国	25	10
中国台湾	2	8
德国	1	4
44119290 加工木纤维板，密度>0.8克/立方厘米		
合计	9020	8113
德国	2696	3383
澳大利亚	3723	1577
瑞典	428	1084
美国	482	529
比利时	312	356
马来西亚	240	177
印度尼西亚	296	137
日本	132	131
法国	1	126
阿根廷	255	98
新西兰	132	81
智利	62	81
西班牙	31	73
南非	70	71
葡萄牙	10	68
中国	98	50
意大利	13	38
瑞士	12	31
挪威	11	14
韩国	16	5
奥地利	0	2
44119310 辐射松制的纤板，0.5克<密度≤0.9克		
合计	5265	1839
泰国	2916	1063
澳大利亚	1617	493
新西兰	437	169
马来西亚	280	110
韩国	15	4
44119390 木纤板，0.5克/立方厘米<密度≤0.10克/立方厘米		

国家/地区	进口数量（吨）	进口金额（千美元）
合计	32002	10412
新西兰	12556	3447
澳大利亚	7312	2852
泰国	6949	2148
马来西亚	4793	1568
瑞典	18	183
韩国	129	107
葡萄牙	174	56
美国	17	25
加拿大	48	18
比利时	5	6
44119410 木纤板，0.35 克/立方厘米＜密度≤0.5 克/立方厘米		
合计	24	40
澳大利亚	11	24
韩国	10	9
日本	2	5
奥地利	0	2
44119421 未加工木纤板，密度≤0.35 克/立方厘米		
合计	14	23
美国	13	21
德国	1	2
日本	0	1
44119429 加工木纤板，密度≤0.35 克/立方厘米		
合计	1898	1138
印度尼西亚	691	346
泰国	360	180
马来西亚	263	132
美国	107	130
新西兰	215	107
波兰	107	104
爱沙尼亚	96	80
阿根廷	52	26
加拿大	0	14
日本	5	11
意大利	0	5
德国	2	4
44123100 其他薄板制胶合板至少一表层是子目注释 2 所列的热带木，厚≤6 毫米		
合计	31	22209
印度尼西亚	21	14996
马来西亚	8	4722

国家/地区	进口数量（吨）	进口金额（千美元）
日本	1	1583
中国台湾	0	509
韩国	0	223
澳大利亚	0	91
加拿大	0	25
德国	0	23
荷兰	0	20
印度	0	7
美国	0	6
意大利	0	2
44123210 其他薄板制胶合板至少一表层是温带木，厚≤6 毫米		
合计	22	17832
俄罗斯	15	9850
芬兰	2	2713
日本	2	2690
中国台湾	0	1019
马来西亚	1	678
印度尼西亚	0	329
德国	0	291
美国	0	69
爱沙尼亚	0	52
奥地利	0	50
韩国	0	28
西班牙	0	19
意大利	0	18
荷兰	0	12
中国	0	12
丹麦	0	1
44123290 其他薄板制胶合板至少一表层非针叶木，厚≤6 毫米		
合计	80	39315
印度尼西亚	33	18950
马来西亚	43	17176
日本	1	1006
俄罗斯	1	830
中国台湾	1	571
意大利	0	248
芬兰	0	125
德国	0	113
加拿大	0	95
中国	0	88
英国	0	57
中国香港	0	39
新加坡	0	8

国家/地区	进口数量（吨）	进口金额（千美元）
韩国	0	5
美国	0	3
印度	0	1
44123900 其他薄板制胶合板，厚≤6 毫米		
合计	16	11021
马来西亚	6	3761
印度尼西亚	5	3429
芬兰	1	1304
中国台湾	1	1102
日本	1	447
俄罗斯	0	305
智利	0	119
英国	0	103
美国	0	95
加拿大	0	77
越南	0	48
韩国	0	45
中国	0	45
澳大利亚	0	31
意大利	0	29
荷兰	0	19
德国	0	18
爱沙尼亚	0	17
新西兰	0	14
多哥	0	9
泰国	0	2
44129410 其他木块芯胶合板等至少一表层是非针叶木		
合计	4	1552
印度尼西亚	3	1127
马来西亚	1	352
德国	0	48
中国	0	10
加拿大	0	8
以色列	0	3
意大利	0	2
44129491 其他木块芯胶合板等至少一表层是子目注释 2 所列的热带木		
合计	1	1143
奥地利	0	773
印度尼西亚	0	313
德国	0	57
44129492 其他木块芯胶合板等至少一表层是木碎料板		

国家/地区	进口数量（吨）	进口金额（千美元）
合计	0	516
奥地利	0	287
印度尼西亚	0	130
德国	0	55
中国香港	0	30
中国	0	11
日本	0	2

44129499 其他木块芯、侧板条芯、板条芯胶合板

国家/地区	进口数量（吨）	进口金额（千美元）
合计	0	1
意大利	0	1

44129910 其他胶合板等至少一表层是非针叶木

国家/地区	进口数量（吨）	进口金额（千美元）
合计	30	22086
马来西亚	19	12101
芬兰	2	3934
德国	3	1781
比利时	1	1610
智利	2	661
中国	1	545
印度尼西亚	1	378
瑞典	0	305
意大利	0	273
立陶宛	0	168
美国	1	118
日本	0	109
越南	0	26
中国台湾	0	22
俄罗斯	0	20
加拿大	0	15
朝鲜	0	9
澳大利亚	0	6
韩国	0	5
印度	0	2

44129991 其他胶合板等至少一表层是子目注释 2 所列的热带木层

国家/地区	进口数量（吨）	进口金额（千美元）
合计	0	258
德国	0	253
新加坡	0	4
日本	0	1

44129992 其他胶合板等至少一表层是木碎料板

国家/地区	进口数量（吨）	进口金额（千美元）
合计	0	57
法国	0	37
韩国	0	10
日本	0	8
中国	0	1

44129999 未列名胶合板、单板饰面板及类似的多层板

国家/地区	进口数量（吨）	进口金额（千美元）
合计	4	2623
美国	1	617
加拿大	1	602
马来西亚	1	334
德国	0	218
丹麦	0	180
爱沙尼亚	0	142
菲律宾	0	139
芬兰	0	92
日本	0	70
智利	0	67
罗马尼亚	0	48
荷兰	0	27
中国香港	0	20
越南	0	20
中国台湾	0	19
中国	0	12
多哥	0	5
澳大利亚	0	4
新西兰	0	2
瑞典	0	1
英国	0	1
印度尼西亚	0	1
意大利	0	1

木竹加工制品

【概 况】 2011年木竹地板产量6.29亿平方米，比2010年增长31.29%。在木竹地板产量中，实木木地板1.22亿平方米，占全部木竹地板产量的19.44%；复合木地板3.57亿平方米，占全部木竹地板产量的56.70%；其他木地板1.03亿平方米；竹地板0.47亿平方米。江苏省和浙江省是木竹地板产量最大的省份，产量分别1.83和1.15亿平方米。 （数据来源《中国林业统计年鉴》）

表6-1 木制品各指标在全国排名前5位的省份

指标(亿平方米)	全国排名前5位的省份占全国的比例(%)
木竹地板产量6.29	江苏(29.16)、浙江(18.26)、安徽(8.32)、山东(6.96)、广东(5.55)
实木木地板产量1.22	浙江(38.62)、广东(18.04)、辽宁(8.44)、江苏(8.13)、吉林(5.01)
复合木地板产量3.57	江苏(39.17)、浙江(13.63)、山东(11.23)、上海(8.11)、湖北(7.28)
竹地板产量0.47	福建(31.02)、江西(17.92)、浙江(17.82)、安徽(13.09)、江苏(9.75)
木制品企业数量68349(家)	江苏(14.33)、浙江(13.24)、广东(11.34)、黑龙江(8.72)、辽宁(7.83)
生产用木制品企业数量34983(家)	浙江(14.96)、黑龙江(11.26)、江苏(9.4)、辽宁(8.01)、吉林(6.47)
生活用木制品企业数量15035(家)	浙江(13.12)、黑龙江(11.61)、辽宁(10.85)、广东(10.02)、山东(9.82)
中乐器制造企业数量766(家)	江苏(16.84)、天津(16.32)、北京(8.36)、河南(7.83)、河北(7.57)
西乐器制造企业数量1159(家)	上海(17.34)、天津(14.24)、浙江(12.34)、北京(10.79)、河北(8.54)

表6-2 各地区木竹加工制品产量及企业数量

地区	木竹地板(万平方米)					木制品企业数量(家)	生产用木制品企业数量(家)	生活用木制品企业数量(家)	中乐器制造企业数量(家)	西乐器制造企业数量(家)	火柴制造企业数量(家)
	合计	实木木地板	复合木地板	其他木地板	竹地板						
全国合计	62908.25	12232.13	35669.48	10314.09	4692.55	68349	34983	15035	766	1159	1141
北京	177.40	—	177.40	—	—	1408	1104	247	64	125	0
天津	11.30	0.80	10.50	—	—	1484	1027	293	125	165	3
河北	40.00	—	40.00	—	—	1287	836	333	58	99	10
山西	—	—	—	—	—	399	274	99	9	2	6
内蒙古	8.88	8.87	—	0.01	—	691	459	203	10	1	3
内蒙古集团	—	—	—	—	—	—	—	—	—	—	—
辽宁	2414.57	1032.40	1220.38	161.79	—	5349	2801	1632	14	72	11
吉林	3117.74	612.33	2404.97	100.43	—	3219	2262	736	12	6	11
吉林集团	307.67	—	307.67	—	—	—	—	—	—	—	—
黑龙江	536.86	179.18	319.45	38.23	—	5963	3938	1746	10	17	15
龙江集团	120.39	59.94	23.22	37.23	—	—	—	—	—	—	—
上海	3383.54	490.64	2892.90	—	—	1194	1194	0	35	201	285
江苏	18342.39	994.49	13971.67	2918.57	457.68	9794	3288	526	129	98	393
浙江	11486.20	4724.15	4862.28	1063.70	836.08	9048	5234	1972	53	143	12
安徽	5234.62	214.47	1028.60	3377.40	614.15	1939	661	242	7	2	19
福建	1941.35	71.64	414.02	—	1455.69	3712	1967	1089	34	14	22
江西	2169.24	167.46	103.50	1057.34	840.94	1313	652	560	4	5	9

地区	木竹地板(万平方米)					木制品企业数量(家)	生产用木制品企业数量(家)	生活用木制品企业数量(家)	中乐器制造企业数量(家)	西乐器制造企业数量(家)	火柴制造企业数量(家)
	合计	实木木地板	复合木地板	其他木地板	竹地板						
山东	4378.74	326.79	4006.42	42.83	2.70	4246	2079	1476	41	81	227
河南	292.75	54.05	50.10	188.60	—	1061	634	280	60	4	14
湖北	2881.33	42.90	2598.20	229.67	10.57	1039	499	145	12	11	4
湖南	1617.56	375.17	442.47	424.77	375.16	1453	645	252	6	2	16
广东	3492.04	2207.08	833.12	445.62	6.22	7751	2204	1507	54	88	19
广西	103.22	82.48	17.80	0.03	2.91	1169	446	518	0	0	14
海南	16.00	2.00	2.00	9.00	3.00	191	110	39	0	0	2
重庆	4.20	3.00	1.20	—	—	732	514	168	1	6	4
四川	916.64	357.13	262.00	255.89	41.62	1619	892	504	4	11	14
贵州	55.25	7.24	2.00	0.16	45.85	349	171	76	6	1	2
云南	259.11	255.23	3.87	—	—	725	384	125	7	0	6
西藏	0.07	—	—	0.07	—	15	3	1	0	0	1
陕西	—	—	—	—	—	658	429	118	8	3	6
甘肃	—	—	—	—	—	174	109	43	2	0	7
青海	—	—	—	—	—	29	16	9	0	0	1
宁夏	—	—	—	—	—	62	30	21	0	1	0
新疆	—	—	—	—	—	276	121	75	1	1	5
新疆兵团	—	—	—	—	—	—	—	—	—	—	—
大兴安岭	27.27	22.63	4.64	—	—	—	—	—	—	—	—

表 6-3　全国木制品进出口贸易总值

产品类别	单位	出口数量	出口金额(千美元)	进口数量	进口金额(千美元)
合计			4332705		186493
窗	吨	24046	109511	1448	3369
门	吨	307582	578980	590	3678
木地板	吨	244917	366800	11037	29172
画框等	吨	163029	395024	98	1081
容器			44715		21582
工具	吨	42883	24361	427	1905
建筑用	吨	55701	48094	2708	4416
筷子	吨	71593	49822	11217	4742
木餐具	吨	41464	121602	633	2810
木刻	吨	63	1542	56	176
木扇	吨	491	7299	1	24
木装雕饰	吨	80929	359150	2782	5687
镶嵌木	吨	112	516	1	11
珠宝盒等	吨	58067	191448	1857	6924
木衣架	吨	65849	186923	193	1762
线轴等	吨	844	1151	187	468
圆签棒等	吨	59020	82607	6200	4698
活动房屋	吨	6811	14994	51	560
乐器			47302		11586
其他	吨	600374	1700863	19409	81840

表 6-4　木地板主产地产量

	木地板主产地	万平方米
1	广平县(冀)	40.00
2	于洪区(辽)	875.00
3	大连市金州新区(辽)	748.00
4	新民市(辽)	250.00
5	庄河市(辽)	200.00
6	顺城区(辽)	190.20
7	法库县(辽)	50.00
8	清原满族自治县(辽)	20.00
9	溪湖区(辽)	15.40
10	抚顺县(辽)	6.10
11	新宾满族自治县(辽)	5.00
12	老边区(辽)	5.00
13	凌海市(辽)	3.00
14	普兰店市(辽)	3.00
15	辽宁省森林经营研究所(辽)	1.90
16	东港市(辽)	0.51
17	珲春市(吉)	1157.38
18	敦化市(吉)	710.08
19	珲春森林山木业公司(吉)	130.10
20	汪清林业局(吉)	120.00
21	新元木业公司(吉)	95.12
22	延吉市(吉)	92.00
23	白河林业局(吉)	15.88
24	舒兰市(吉)	10.00
25	抚松县(吉)	5.36
26	德惠市(吉)	5.00
27	天桥岭林业局(吉)	2.03
28	宽城区(吉)	2.00
29	船营区(吉)	2.00
30	集安市(吉)	2.00
31	东丰县(吉)	1.50
32	长白朝鲜族自治县(吉)	1.20
33	江源区(吉)	0.70
34	蛟河市(吉)	0.68
35	龙潭区(吉)	0.54
36	绥芬河市(黑)	150.00
37	穆棱市(黑)	134.20
38	海林市(黑)	118.74
39	宾　县(黑)	6.00
40	巴彦县(黑)	1.50
41	尚志市(黑)	1.00
42	桦南县(黑)	0.90
43	道里区(黑)	0.80
44	松江区(沪)	220.00
45	奉贤区(沪)	24.12
46	丰　县(苏)	4.00
47	南浔区(浙)	5799.22
48	嘉善县(浙)	3018.00
49	德清县(浙)	298.00
50	桐庐县(浙)	189.50
51	吴兴区(浙)	155.20
52	定海区(浙)	125.33
53	安吉县(浙)	110.24
54	海盐县(浙)	71.59
55	龙泉市(浙)	67.20
56	余杭区(浙)	59.60
57	遂昌县(浙)	25.88
58	江山市(浙)	24.85
59	临安市(浙)	12.95
60	乐清市(浙)	10.82
61	衢江区(浙)	10.20
62	建德市(浙)	10.05
63	鄞州区(浙)	9.20
64	江北区(浙)	9.00
65	镇海区(浙)	7.67
66	温岭市(浙)	6.90
67	龙游县(浙)	3.40
68	富阳市(浙)	3.00
69	松阳县(浙)	2.62
70	嵊州市(浙)	2.50
71	长兴县(浙)	2.34
72	景宁畲族自治县(浙)	2.00
73	淳安县(浙)	1.69
74	桐乡市(浙)	1.55
75	庆元县(浙)	1.48
76	义乌市(浙)	1.40
77	青阳县(皖)	390.00
78	繁昌县(皖)	170.00
79	涡阳县(皖)	52.00
80	旌德县(皖)	31.80
81	休宁县(皖)	6.00
82	东至县(皖)	2.60
83	太湖县(皖)	2.43
84	屯溪区(皖)	2.40
85	黟　县(皖)	2.00
86	祁门县(皖)	1.20
87	凤阳县(皖)	1.00
88	颍上县(皖)	0.84
89	泾　县(皖)	0.80
90	建瓯市(闽)	848.17
91	永安市(闽)	359.68
92	政和县(闽)	163.10
93	延平区(闽)	131.47
94	武夷山市(闽)	56.00
95	光泽县(闽)	48.00
96	顺昌县(闽)	47.15
97	松溪县(闽)	46.00
98	建阳市(闽)	36.00
99	漳平市(闽)	35.66
100	上杭县(闽)	30.15
101	屏南县(闽)	28.51
102	邵武市(闽)	20.50
103	新罗区(闽)	15.61
104	永泰县(闽)	14.40
105	尤溪县(闽)	14.00
106	连城县(闽)	9.34
107	古田县(闽)	7.55
108	宁化县(闽)	7.10
109	福安市(闽)	7.00
110	城厢区(闽)	5.20
111	明溪县(闽)	2.50
112	永定县(闽)	2.42
113	浦城县(闽)	2.20
114	将乐县(闽)	2.00
115	周宁县(闽)	1.10
116	长汀县(闽)	0.55
117	奉新县(赣)	297.87
118	宜丰县(赣)	91.30
119	临川区(赣)	49.00
120	万载县(赣)	25.67
121	南昌市市辖区(赣)	25.00
122	广昌县(赣)	22.00
123	宁都县(赣)	20.00
124	高安市(赣)	13.70
125	武宁县(赣)	11.60
126	玉山县(赣)	11.30
127	贵溪市(赣)	10.80
128	铅山县(赣)	10.12
129	铜鼓县(赣)	10.00
130	南丰县(赣)	7.85
131	井冈山市(赣)	6.56
132	遂川县(赣)	5.50
133	新干县(赣)	3.00
134	瑞金市(赣)	2.65
135	石城县(赣)	2.00
136	安远县(赣)	2.00
137	靖安县(赣)	1.58

	木地板主产地	万平方米
138	湾里区(赣)	1.50
139	上高县(赣)	0.80
140	德兴市(赣)	0.77
141	东明县(鲁)	120.00
142	肥城市(鲁)	110.00
143	胶州市(鲁)	85.00
144	寿光市(鲁)	27.00
145	河口区(鲁)	13.00
146	单　县(鲁)	11.26
147	东平县(鲁)	11.03
148	潍城区(鲁)	8.00
149	河东区(鲁)	5.00
150	桓台县(鲁)	3.80
151	龙口市(鲁)	2.00
152	成武县(鲁)	1.20
153	邓州市(豫)	40.00
154	睢阳区(豫)	15.00
155	兰考县(豫)	8.00
156	台前县(豫)	2.31
157	宁陵县(豫)	1.20
158	临颍县(豫)	1.05
159	来凤县(鄂)	18.00
160	石首市(鄂)	4.00
161	咸安区(鄂)	1800.00
162	嘉鱼县(鄂)	360.00
163	蕲春县(鄂)	256.00
164	南漳县(鄂)	200.00
165	荆州区(鄂)	150.00
166	蔡甸区(鄂)	37.10
167	芙蓉区(湘)	230.00
168	珠晖区(湘)	107.00
169	武冈市(湘)	100.00
170	辰溪县(湘)	48.00
171	炎陵县(湘)	29.00
172	安化县(湘)	21.00
173	苏仙区(湘)	20.40
174	望城县(湘)	20.00
175	新宁县(湘)	16.00
176	绥宁县(湘)	15.00
177	城步苗族自治县(湘)	13.00
178	鹤城区(湘)	12.00
179	芷江侗族自治县(湘)	7.60
180	岳麓区(湘)	7.00
181	醴陵市(湘)	5.00
182	衡阳县(湘)	3.67
183	株洲县(湘)	3.60
184	石峰区(湘)	3.00
185	沅陵县(湘)	2.20
186	浏阳市(湘)	2.00
187	娄星区(湘)	2.00
188	湘乡市(湘)	1.88
189	隆回县(湘)	1.80
190	凤凰县(湘)	1.60
191	资兴市(湘)	1.54
192	靖州苗族侗族自治县(湘)	1.50
193	沅江市(湘)	1.00
194	会同县(湘)	0.90
195	零陵区(湘)	0.86
196	新化县(湘)	0.80
197	麻阳苗族自治县(湘)	0.76
198	鼎城区(湘)	0.70
199	保靖县(湘)	0.70
200	澄海区(粤)	360.00
201	东莞市(粤)	200.00
202	东源县(粤)	65.00
203	高要市(粤)	22.19
204	金湾区(粤)	17.00
205	中山市(粤)	8.90
206	麻章区(粤)	1.00
207	雷州市(粤)	0.60
208	四会市(粤)	0.55
209	融水苗族自治县(桂)	17.80
210	鹿寨县(桂)	5.60
211	全州县(桂)	5.10
212	扶绥县(桂)	4.68
213	梁平县(渝)	2.00
214	乐山市市中区(川)	240.00
215	仪陇县(川)	60.00
216	盐亭县(川)	51.00
217	洪雅县(川)	16.00
218	南江县(川)	15.00
219	叙永县(川)	10.00
220	雨城区(川)	10.00
221	江油市(川)	2.00
222	郫　县(川)	1.94
223	宣汉县(川)	1.30
224	温江区(川)	0.68
225	纳溪区(川)	0.55
226	白云区(黔)	2.00
227	赤水市(黔)	1.16
228	隆阳区(滇)	6.00
229	吉林森工集团金桥木业有限公司(吉林集团)	301.00
230	白石山林业局(吉林集团)	6.25
231	朗乡林业局(龙江集团)	53.00
232	铁力林业局(龙江集团)	40.83
233	松江胶合板厂(龙江集团)	35.00
234	绥棱林业局(龙江集团)	14.39
235	穆棱林业局(龙江集团)	14.42
236	清河林业局(龙江集团)	10.50
237	带岭实验局(龙江集团)	0.68
238	林口林业局(龙江集团)	4.00

表 6-5　卫生筷子主产地产量

	卫生筷子主产地	标准箱
1	本溪市经济开发区(辽)	5000
2	敦化市(吉)	42910
3	舒兰市(吉)	20000
4	阿城区(黑)	100000
5	绥芬河市(黑)	50000
6	尚志国有林场管理局(黑)	23511
7	汤原县(黑)	20000
8	尚志市(黑)	10000
9	方正县(黑)	5000
10	余杭区(浙)	82000
11	安吉县(浙)	80000
12	泰顺县(浙)	72135
13	义乌市(浙)	23000
14	淳安县(浙)	13000
15	龙泉市(浙)	8610
16	富阳市(浙)	3860
17	龙游县(浙)	3570
18	潜山县(皖)	5600
19	渝水区(赣)	300000
20	武宁县(赣)	150000
21	芦溪县(赣)	95000
22	铜鼓县(赣)	60000
23	资溪县(赣)	36000
24	宜黄县(赣)	29000
25	井冈山市(赣)	8620
26	万载县(赣)	8000
27	龙南县(赣)	7233
28	宜丰县(赣)	7000
29	万安县(赣)	6000
30	奉新县(赣)	4341
31	全南县(赣)	4000
32	南城县(赣)	3000
33	樟树市(赣)	3000
34	靖安县(赣)	2830

	卫生筷子主产地	标准箱
35	铅山县(赣)	2800
36	都昌县(赣)	2200
37	贵溪市(赣)	1870
38	瑞金市(赣)	1650
39	月湖区(赣)	1200
40	彭泽县(赣)	1000
41	永新县(赣)	1000
42	源汇区(豫)	18000
43	石首市(鄂)	30000
44	通城县(鄂)	3000
45	利川市(鄂)	2000
46	桃江县(湘)	2000000
47	安化县(湘)	400000
48	洪江市(湘)	300000
49	大祥区(湘)	265000
50	赫山区(湘)	126500
51	新宁县(湘)	120000
52	城步苗族自治县(湘)	88000
53	洞口县(湘)	40000
54	耒阳市(湘)	36000
55	茶陵县(湘)	32000
56	衡南县(湘)	30000
57	鼎城区(湘)	25000
58	资兴市(湘)	19500
59	双峰县(湘)	17800
60	隆回县(湘)	15000
61	绥宁县(湘)	13000
62	炎陵县(湘)	12000
63	祁东县(湘)	10800
64	邵东县(湘)	10000
65	东安县(湘)	10000
66	涟源市(湘)	8500
67	望城县(湘)	8000
68	株洲县(湘)	7000
69	衡山县(湘)	5000
70	靖州苗族侗族自治县(湘)	5000
71	双清区(湘)	3000
72	桃源县(湘)	1500
73	益阳市市辖区(湘)	1050
74	龙山县(湘)	1000
75	邵阳县(湘)	1000
76	罗定市(粤)	300000
77	和平县(粤)	10000
78	连平县(粤)	10000
79	东源县(粤)	9500
80	兴宁市(粤)	2000
81	叠彩区(桂)	25000
82	绥阳林业局(龙江集团)	330000
83	穆棱林业局(龙江集团)	145400
84	沾河林业局(龙江集团)	96000
85	东京城林业局(龙江集团)	89500
86	东方红林业局(龙江集团)	85800
87	大海林林业局(龙江集团)	81022
88	迎春林业局(龙江集团)	50000
89	美溪林业局(龙江集团)	46508
90	汤旺河林业局(龙江集团)	42000
91	带岭实验局(龙江集团)	39000
92	亚布力林业局(龙江集团)	38530
93	方正林业局(龙江集团)	35000
94	兴隆林业局(龙江集团)	35000
95	鹤北林业局(龙江集团)	30000
96	桦南林业局(龙江集团)	18273
97	林口林业局(龙江集团)	17200
98	黑龙江柴河林业局(龙江集团)	10200
99	双鸭山林业局(龙江集团)	10000
100	新林林业局(大兴安岭)	278955
101	十八站林业局(大兴安岭)	249149
102	韩家园林业局(大兴安岭)	156388
103	松岭林业局(大兴安岭)	106402
104	图强林业局(大兴安岭)	44444
105	塔河林业局(大兴安岭)	35083
106	阿木尔林业局(大兴安岭)	29583
107	西林吉林业局(大兴安岭)	26334
108	呼中林业局(大兴安岭)	17994

表 6-5 木雕主产地产值

	木雕主产地	(万元)
1	阜城县(冀)	1550.00
2	武强县(冀)	270.00
3	顺平县(冀)	240.00
4	大名县(冀)	180.00
5	围场满族蒙古族自治县(冀)	120.00
6	赞皇县(冀)	80.00
7	林西县(内蒙古)	25.00
8	新宾满族自治县(辽)	46000.00
9	大连市金州新区(辽)	8741.00
10	桓仁满族自治县(辽)	60.00
11	敦化市(吉)	2050.00
12	辉南县(吉)	350.00
13	舒兰市(吉)	12.00
14	汤原县(黑)	988.00
15	虎林市(黑)	15.00
16	仙居县(浙)	150100.00
17	泰顺县(浙)	13770.00
18	嵊州市(浙)	10000.00
19	温岭市(浙)	8880.00
20	黄岩区(浙)	6319.00
21	临海市(浙)	5222.00
22	德清县(浙)	3400.00
23	磐安县(浙)	2300.00
24	淳安县(浙)	1957.00
25	象山县(浙)	1000.00
26	椒江区(浙)	917.00
27	路桥区(浙)	901.00
28	富阳市(浙)	600.00
29	浦江县(浙)	350.00
30	宁海县(浙)	320.00
31	庆元县(浙)	93.50
32	桐庐县(浙)	50.00
33	衢江区(浙)	20.00
34	青阳县(皖)	5000.00
35	六安市叶集区(皖)	1600.00
36	徽州区(皖)	1000.00
37	东至县(皖)	220.00
38	黟　县(皖)	112.00
39	潜山县(皖)	40.00
40	新干县(赣)	13200.00
41	靖安县(赣)	8960.00
42	南城县(赣)	5016.00
43	万年县(赣)	5010.00
44	临川区(赣)	1700.00
45	万载县(赣)	1500.00
46	寻乌县(赣)	1246.40
47	广丰县(赣)	900.00
48	鄱阳县(赣)	550.00
49	玉山县(赣)	500.00
50	遂川县(赣)	450.00
51	修水县(赣)	300.00
52	贵溪市(赣)	203.00
53	瑞金市(赣)	100.00
54	南丰县(赣)	30.00
55	东乡县(赣)	25.00
56	余江县(赣)	8.40
57	都昌县(赣)	7.00
58	肥城市(鲁)	7236.00
59	成武县(鲁)	2260.00
60	莒　县(鲁)	2100.00
61	青州市(鲁)	580.00

	木雕主产地	(万元)
62	郓城县(鲁)	425.00
63	单　县(鲁)	60.00
64	洛宁县(豫)	9450.00
65	范　县(豫)	3500.00
66	濮阳市高新区(豫)	1500.00
67	嵩　县(豫)	350.00
68	栾川县(豫)	319.00
69	临颍县(豫)	239.50
70	渑池县(豫)	45.00
71	宝丰县(豫)	26.00
72	随　县(鄂)	3000.00
73	阳新县(鄂)	2147.00
74	老河口市(鄂)	1500.00
75	竹溪县(鄂)	1000.00
76	南漳县(鄂)	200.00
77	长阳土家族自治县(鄂)	180.00
78	保康县(鄂)	120.00
79	京山县(鄂)	50.00
80	浠水县(鄂)	50.00
81	崇阳县(鄂)	10.00
82	益阳市市辖区(湘)	5000.00
83	湘乡市(湘)	3550.00
84	资兴市(湘)	2000.00
85	岳阳县(湘)	2000.00
86	临武县(湘)	1050.00
87	娄星区(湘)	1000.00
88	龙山县(湘)	620.00
89	永顺县(湘)	550.00
90	衡山县(湘)	500.00
91	汨罗市(湘)	500.00
92	永兴县(湘)	450.00
93	桃源县(湘)	400.00
94	洪江市(湘)	180.00
95	芷江侗族自治县(湘)	120.00
96	麻阳苗族自治县(湘)	112.00
97	新晃侗族自治县(湘)	110.00
98	慈利县(湘)	105.00
99	醴陵市(湘)	100.00
100	保靖县(湘)	84.00
101	冷水江市(湘)	80.00
102	安化县(湘)	60.00
103	泸溪县(湘)	53.00
104	茶陵县(湘)	50.00
105	双峰县(湘)	45.00
106	祁东县(湘)	33.00
107	吉首市(湘)	28.00

	木雕主产地	(万元)
108	赫山区(湘)	20.00
109	新化县(湘)	15.00
110	凤凰县(湘)	7.00
111	德庆县(粤)	16116.00
112	化州市(粤)	734.90
113	鼎湖区(粤)	425.00
114	云城区(粤)	180.00
115	雷州市(粤)	55.00
116	台山市(粤)	32.00
117	仁化县(粤)	20.00
118	连平县(粤)	20.00
119	全州县(桂)	850.00
120	合浦县(桂)	200.00
121	钦北区(桂)	103.50
122	那坡县(桂)	100.00
123	港南区(桂)	10.00
124	巫溪县(渝)	1050.00
125	奉节县(渝)	200.00
126	丰都县(渝)	35.00
127	石柱土家族自治县(渝)	20.00
128	彭水苗族土家族自治县(渝)	10.00
129	芦山县(川)	20000.00
130	平昌县(川)	1900.00
131	阆中市(川)	750.00
132	翠屏区(川)	300.00
133	安　县(川)	260.00
134	江油市(川)	220.00
135	万源市(川)	150.00
136	荣　县(川)	150.00
137	理塘县(川)	50.00
138	江安县(川)	37.00
139	赤水市(黔)	700.00
140	湄潭县(黔)	300.00
141	雷山县(黔)	250.00
142	丹寨县(黔)	38.00
143	麻江县(黔)	20.00
144	兴义市(黔)	20.00
145	施甸县(滇)	500.00
146	隆阳区(滇)	240.00
147	腾冲县(滇)	202.00
148	武定县(滇)	150.00
149	巧家县(滇)	120.00
150	泸水县(滇)	30.00
151	洛扎县(藏)	20.00
152	文　县(甘)	100.00
153	永靖县(甘)	10.00
154	秦州区(甘)	6.00

表 6-6　木制品出口国别

国家/地区	出口数量(吨)	出口金额(千美元)
44091010 连续形状针叶木地板条		
合计	6926	13739
日本	5520	12586
美国	263	431
韩国	464	252
英国	430	249
新加坡	46	60
丹麦	135	46
加拿大	14	45
俄罗斯	13	24
澳大利亚	11	16
中国香港	11	10
比利时	12	8
以色列	3	3
瑞士	2	3
马来西亚	1	3
中国台湾	2	1
44092910 其他连续状非针叶木地板条		
合计	230027	341140
美国	60235	92587
日本	40643	56260
加拿大	39212	55799
英国	33792	51243
法国	9085	17515
俄罗斯	9466	16288
韩国	11039	13384
比利时	4730	7197
澳大利亚	5947	7056
德国	1862	3214
中国香港	2499	2523
印度	1018	1774
意大利	845	1696
新加坡	1173	1527
波兰	855	1487
爱尔兰	892	1024
乌克兰	453	901
阿联酋	564	830
越南	441	775
荷兰	408	729
西班牙	424	697
格鲁吉亚	279	562
菲律宾	370	523
泰国	314	467
斯洛文尼亚	383	447

国家/地区	出口数量（吨）	出口金额（千美元）
黎巴嫩	216	435
土耳其	209	373
阿根廷	195	305
墨西哥	191	296
马来西亚	116	222
保加利亚	135	218
中国台湾	205	210
沙特阿拉伯	173	208
丹麦	112	192
中国澳门	208	186
瑞典	105	178
希腊	85	157
巴基斯坦	96	154
新西兰	110	138
卡塔尔	54	103
埃及	48	102
肯尼亚	65	84
阿塞拜疆	54	82
立陶宛	37	75
科威特	51	64
新喀里多尼亚	50	63
科特迪瓦	32	60
罗马尼亚	32	49
葡萄牙	28	47
安哥拉	27	47
特立尼达和多巴哥	27	47
马拉维	10	44
智利	43	44
土库曼斯坦	74	44
文莱	34	43
印度尼西亚	15	41
吉布提	39	35
约旦	14	33
阿尔巴尼亚	30	26
巴哈马	16	24
巴拿马	30	24
阿尔及利亚	21	23
尼日利亚	10	22
哈萨克斯坦	2	17
奥地利	18	14
加蓬	8	12
斯洛伐克	10	12
白俄罗斯	10	12
黑山	15	10
赞比亚	4	10
摩洛哥	8	10
马尔代夫	6	8
马耳他	2	8
萨摩亚	2	8
南非	4	6
巴林	6	5
伊朗	6	3
拉脱维亚	2	3
以色列	1	2
44140010 辐射松制的画框、相框、镜框及类似品		
合计	10795	18830
美国	5611	10098
比利时	2399	3357
荷兰	686	1261
日本	319	873
德国	474	742
芬兰	279	518
俄罗斯	181	332
西班牙	126	329
英国	202	318
澳大利亚	92	210
法国	108	204
瑞典	44	81
加拿大	43	81
阿根廷	43	72
希腊	55	65
新加坡	21	57
意大利	24	44
中国台湾	14	39
挪威	18	22
巴西	5	21
沙特阿拉伯	14	20
中国香港	8	13
智利	5	13
奥地利	6	12
波兰	5	10
韩国	0	7
葡萄牙	2	6
哥伦比亚	3	5
瑞士	3	5
新西兰	1	4
马来西亚	2	4
土耳其	1	2
44140090 其他木制的画框、相框、镜框及类似品		
合计	152233	376194
美国	75344	175939
日本	5642	18066
英国	6924	18008
德国	7057	16880
澳大利亚	6482	14937
荷兰	4817	12107
法国	4998	11533
加拿大	4744	11503
西班牙	3989	9743
比利时	4179	9697
意大利	2477	6665
瑞典	2614	6551
俄罗斯	2811	5548
中国香港	1835	3952
巴拿马	670	3847
新加坡	796	3816
马来西亚	1092	3375
印度	541	3031
墨西哥	836	2971
阿联酋	956	2932
南非	986	2700
波兰	989	2593
丹麦	672	1731
新西兰	727	1701
挪威	735	1661
巴西	452	1524
韩国	601	1411
越南	791	1393
希腊	404	1337
瑞士	582	1299
智利	577	1272
阿根廷	474	1246
土耳其	380	1187
菲律宾	206	1083
文莱	156	1014
沙特阿拉伯	215	971
芬兰	357	952
爱沙尼亚	507	868
以色列	370	842
爱尔兰	267	744
中国台湾	505	663
黎巴嫩	158	541

国家/地区	出口数量（吨）	出口金额（千美元）
委内瑞拉	198	538
葡萄牙	141	502
哥伦比亚	155	485
印度尼西亚	90	434
乌克兰	123	368
泰国	109	319
塞浦路斯	81	240
秘鲁	90	228
斯洛文尼亚	76	208
科威特	53	183
厄瓜多尔	57	182
埃及	190	180
伊朗	83	179
捷克	53	169
尼加拉瓜	100	158
尼日利亚	88	151
克罗地亚	53	151
奥地利	66	143
卡塔尔	61	127
多米尼加	27	112
危地马拉	30	86
波多黎各	9	84
安哥拉	10	83
立陶宛	28	82
摩洛哥	26	77
拉脱维亚	27	77
匈牙利	27	73
罗马尼亚	18	73
乌拉圭	23	73
巴拉圭	10	51
阿塞拜疆	7	50
牙买加	8	41
马耳他	13	36
哥斯达黎加	16	33
哈萨克斯坦	21	31
洪都拉斯	16	28
萨尔瓦多	13	26
亚美尼亚	11	26
斯洛伐克	6	24
阿曼	5	22
巴基斯坦	10	21
法属波利尼西亚	17	18
约旦	5	14
荷属安的列斯	7	14
阿尔及利亚	3	13
加纳	5	12
巴林	3	11
喀麦隆	4	11
突尼斯	4	10
塞内加尔	3	10
卢森堡	2	9
马里	3	8
白俄罗斯	2	7
新喀里多尼亚	9	7
伊拉克	1	6
贝宁	2	6
利比亚	1	5
塞尔维亚	1	5
留尼汪岛(法)	2	5
布基纳法索	1	4
吉布提	1	4
朝鲜	3	4
中国澳门	1	3
叙利亚	2	3
冰岛	0	2
圣卢西亚	0	2
坦桑尼亚	1	2
博茨瓦纳	0	2
多哥	4	2
保加利亚	1	1
古巴	1	1
巴巴多斯	0	1
斯里兰卡	0	1
海地	0	1
莫桑比克	0	1
柬埔寨	0	1
诺福克岛	1	1
赤道几内亚	0	1

44151000 木制箱、盒、桶及类似的包装容器；电缆卷筒

国家/地区	出口数量（吨）	出口金额（千美元）
合计	4010	19294
韩国	1297	4512
美国	680	2965
日本	657	2176
中国香港	112	1710
英国	98	1294
德国	79	1116
新加坡	72	662
荷兰	285	659
法国	58	505
意大利	39	412
澳大利亚	16	406
比利时	72	390
印度	15	269
中国台湾	18	207
瑞典	20	201
西班牙	18	138
马来西亚	3	127
挪威	6	117
斯里兰卡	15	107
苏丹	15	105
加拿大	7	105
沙特阿拉伯	19	103
印度尼西亚	3	80
巴西	10	70
斯洛文尼亚	4	69
安哥拉	3	57
丹麦	5	54
朝鲜	315	54
多米尼加	12	52
葡萄牙	1	48
泰国	4	44
新西兰	2	44
阿联酋	4	42
瑞士	0	39
俄罗斯	2	34
智利	2	33
乌兹别克斯坦	0	26
土耳其	1	24
奥地利	2	22
芬兰	2	22
巴拿马	4	20
中国澳门	1	16
南非	3	14
希腊	7	14
捷克	0	13
巴哈马	2	11
爱尔兰	1	10
乌拉圭	2	10
卡塔尔	0	9
伊拉克	1	9
越南	0	7
波兰	3	7
黎巴嫩	1	7
波多黎各	0	6

国家/地区	出口数量（吨）	出口金额（千美元）
斯洛伐克	1	5
墨西哥	1	5
尼日利亚	1	5
以色列	1	5
科威特	1	5
柬埔寨	1	4
菲律宾	0	4
特立尼达和多巴哥	0	3
罗马尼亚	0	3
立陶宛	1	2
塞浦路斯	0	1
44152010 辐射松制托板箱形托盘及其他装载板托盘护框		
合计	13	263
日本	5	181
中国澳门	8	82
44152090 木托板、箱形托盘及其他装载木板；托盘护框		
合计	2861	23572
韩国	926	7399
日本	319	3830
中国香港	707	3682
比利时	136	1520
印度	136	1481
瑞典	109	1145
英国	72	941
美国	101	526
中国台湾	25	389
澳大利亚	21	325
越南	19	322
泰国	11	251
墨西哥	31	220
新加坡	25	212
马来西亚	21	211
阿联酋	43	192
菲律宾	11	137
沙特阿拉伯	5	119
意大利	24	117
以色列	9	92
丹麦	25	77
中国澳门	13	71
德国	6	64
尼日尔	3	60
加拿大	8	49
荷兰	40	32

国家/地区	出口数量（吨）	出口金额（千美元）
安哥拉	2	31
苏丹	1	16
伊朗	2	16
毛里塔尼亚	1	10
土库曼斯坦	0	7
朝鲜	2	5
法国	2	4
约旦	0	3
马尔代夫	1	3
卢森堡	0	3
巴拿马	0	2
马里	0	2
委内瑞拉	0	2
巴林	1	1
埃及	0	1
蒙古	0	1
土耳其	0	1
黎巴嫩	0	1
新西兰	0	1
44160090 木制大桶、琵琶桶、盆等木制箍桶及其零件		
合计	699	1586
美国	502	871
牙买加	75	251
芬兰	8	64
韩国	13	56
日本	5	30
荷兰	9	30
英国	5	27
乌克兰	4	26
意大利	11	26
澳大利亚	14	23
德国	4	16
挪威	3	14
中国香港	9	13
巴西	4	12
新西兰	4	11
匈牙利	1	10
西班牙	2	10
波兰	1	10
瑞典	3	9
哈萨克斯坦	1	7
阿根廷	1	7
以色列	1	7
法国	1	6

国家/地区	出口数量（吨）	出口金额（千美元）
土耳其	1	5
比利时	1	5
保加利亚	1	4
爱沙尼亚	0	4
印度	5	4
丹麦	1	4
伊朗	1	4
马来西亚	2	3
拉脱维亚	1	3
巴拿马	3	2
泰国	1	2
立陶宛	1	2
加拿大	1	2
俄罗斯	1	2
危地马拉	0	1
菲律宾	0	1
新加坡	0	1
亚美尼亚	0	1
捷克	0	1
44170010 辐射松制工具等；扫帚及刷子；鞋靴楦及楦头		
合计	212	210
日本	205	195
德国	3	7
韩国	2	4
澳大利亚	1	2
美国	0	2
加拿大	1	1
泰国	0	1
44170090 木制工具等；扫帚及刷子等；木鞋靴楦及楦头		
合计	42671	24151
印度尼西亚	1592	3574
日本	556	1679
美国	643	1614
埃及	5255	1464
中国台湾	546	1357
阿联酋	3638	1244
沙特阿拉伯	3128	1113
韩国	1900	876
约旦	2164	782
突尼斯	2460	719
德国	308	687
印度	1958	575
马来西亚	1414	556

国家/地区	出口数量(吨)	出口金额(千美元)
南非	1709	538
土耳其	1268	450
意大利	499	427
利比亚	1456	427
伊拉克	1110	397
巴拿马	1045	360
英国	358	317
中国香港	200	307
法国	93	291
菲律宾	138	285
新加坡	822	267
摩洛哥	634	258
泰国	361	243
阿尔及利亚	751	233
墨西哥	647	209
以色列	431	202
伊朗	508	168
罗马尼亚	225	145
加拿大	86	137
多米尼加	313	131
澳大利亚	65	128
危地马拉	519	125
波多黎各	257	106
比利时	33	103
尼日利亚	254	90
波兰	179	82
萨尔瓦多	223	78
阿根廷	116	74
西班牙	136	71
智利	236	68
斯里兰卡	131	67
巴基斯坦	111	63
科威特	158	63
也门	189	60
俄罗斯	75	55
阿尔巴尼亚	148	53
安哥拉	69	51
荷兰	59	49
委内瑞拉	198	48
吉布提	167	47
牙买加	9	45
巴西	200	45
孟加拉国	26	38
哥伦比亚	133	33
黎巴嫩	48	33

国家/地区	出口数量(吨)	出口金额(千美元)
古巴	64	32
希腊	63	29
葡萄牙	63	27
毛里求斯	46	26
海地	18	26
巴林	51	25
乌拉圭	47	23
东帝汶	42	22
瑞士	75	19
瑞典	3	18
白俄罗斯	3	17
新西兰	8	16
哈萨克斯坦	12	16
卡塔尔	39	15
毛里塔尼亚	11	14
博茨瓦纳	9	14
特立尼达和多巴哥	25	13
爱尔兰	3	12
秘鲁	33	9
利比里亚	3	8
洪都拉斯	23	8
朝鲜	7	6
保加利亚	13	5
阿富汗	24	4
科特迪瓦	3	4
肯尼亚	4	4
蒙古	1	3
匈牙利	2	3
塞浦路斯	1	3
刚果(布)	2	2
阿曼	1	2
巴布亚新几内亚	0	2
赤道几内亚	1	2
摩尔多瓦	2	2
尼日尔	1	2
芬兰	0	1
圣马丁岛	2	1
刚果(金)	1	1
哥斯达黎加	1	1
埃塞俄比亚	2	1
乌干达	3	1
塞内加尔	0	1
斯洛文尼亚	1	1

44181010 辐射松制窗、法兰西式(落地)窗及其框架

国家/地区	出口数量(吨)	出口金额(千美元)
合计	651	3763
澳大利亚	528	3541
意大利	66	99
美国	10	61
德国	42	37
加拿大	5	25

44181090 木制窗、法兰西式(落地)窗及其木制框架

国家/地区	出口数量(吨)	出口金额(千美元)
合计	23395	105748
中国香港	6206	32729
美国	5229	24567
澳大利亚	1712	13480
日本	3496	12403
荷兰	804	4976
德国	2774	4585
英国	567	3758
意大利	1230	2071
法国	360	1663
南非	201	1049
比利时	103	819
加拿大	115	630
俄罗斯	120	584
阿联酋	61	416
中国台湾	90	320
拉脱维亚	44	280
新加坡	39	223
新西兰	29	221
伊朗	23	96
智利	23	87
罗马尼亚	25	86
乌克兰	7	82
墨西哥	11	80
爱尔兰	20	70
丹麦	35	68
阿尔及利亚	0	53
蒙古	11	42
匈牙利	11	37
以色列	5	34
巴林	5	30
印度	7	29
韩国	6	28
土耳其	5	25
芬兰	4	17
朝鲜	5	16
西班牙	3	13

国家/地区	出口数量（吨）	出口金额（千美元）
毛里求斯	1	12
津巴布韦	0	9
尼日利亚	1	9
克罗地亚	2	8
塞舌尔	1	7
莫桑比克	1	6
马来西亚	1	6
巴哈马	1	5
挪威	0	4
加蓬	0	3
肯尼亚	0	3
埃及	0	3
塞内加尔	1	2
波多黎各	0	1
越南	0	1
44182000 木制门及其框架和门槛		
合计	307582	578980
日本	34223	123134
美国	61046	112147
中国香港	38558	47388
加拿大	15295	25143
罗马尼亚	21754	24557
英国	12521	24172
法国	5809	18302
安哥拉	7128	16635
尼日利亚	9375	12754
韩国	6830	9928
比利时	3770	9300
哈萨克斯坦	7172	8899
新加坡	3607	8490
爱尔兰	3723	8222
中国澳门	3368	7401
阿联酋	3713	7171
澳大利亚	3739	7088
沙特阿拉伯	3342	6341
土耳其	4972	6001
伊朗	4259	5618
荷兰	3510	5445
乌克兰	3668	5362
格鲁吉亚	4047	4726
阿曼	1849	4596
印度	3182	4435
巴拿马	1771	3155
越南	810	2936
菲律宾	1878	2843

国家/地区	出口数量（吨）	出口金额（千美元）
卡塔尔	1142	2756
摩尔多瓦	2208	2517
阿尔及利亚	1152	2380
赞比亚	831	2310
保加利亚	1994	2158
俄罗斯	839	1791
刚果(布)	494	1641
伊拉克	1300	1595
赤道几内亚	460	1411
以色列	738	1123
埃塞俄比亚	383	1109
意大利	449	1091
蒙古	1679	1087
委内瑞拉	712	1046
亚美尼亚	915	1029
德国	277	1000
泰国	439	995
约旦	593	985
阿塞拜疆	678	939
希腊	612	915
科威特	523	909
瑞典	371	902
南非	528	857
马拉维	175	805
黎巴嫩	372	749
埃及	776	744
巴西	629	733
墨西哥	392	690
苏丹	291	621
古巴	191	620
牙买加	155	614
马耳他	400	613
莫桑比克	340	602
立陶宛	495	585
利比亚	111	580
巴基斯坦	213	579
加纳	424	576
哥斯达黎加	335	574
阿尔巴尼亚	468	552
马尔代夫	171	477
黑山	332	468
加蓬	138	410
肯尼亚	230	402
波多黎各	71	396
阿根廷	254	384

国家/地区	出口数量（吨）	出口金额（千美元）
坦桑尼亚	140	375
中国台湾	133	373
摩洛哥	219	368
缅甸	107	362
马里	66	343
匈牙利	206	311
博茨瓦纳	54	311
波兰	68	307
塞尔维亚	274	304
乌拉圭	218	292
特立尼达和多巴哥	217	278
塞内加尔	128	258
马来西亚	367	246
刚果(金)	72	245
阿富汗	182	235
苏里南	199	222
智利	175	218
贝宁	75	210
印度尼西亚	313	210
危地马拉	128	209
克罗地亚	186	209
佛得角	14	209
柬埔寨	65	205
津巴布韦	81	190
土库曼斯坦	142	185
巴布亚新几内亚	57	180
萨摩亚	83	179
斯洛伐克	75	165
西班牙	76	165
巴哈马	57	163
新西兰	86	160
多哥	45	157
海地	84	153
多民族玻利维亚国	126	149
塞浦路斯	69	144
乍得	77	142
乌干达	35	134
拉脱维亚	19	130
冈比亚	115	130
厄瓜多尔	114	129
留尼汪岛(法)	72	114
朝鲜	38	112
前南马其顿	77	108
巴林	50	101
喀麦隆	40	101

国家/地区	出口数量（吨）	出口金额（千美元）
吉布提	85	95
孟加拉国	37	91
马达加斯加	70	90
丹麦	40	85
毛里求斯	51	85
法属波利尼西亚	42	79
多米尼加	56	75
几内亚	24	70
尼泊尔	17	70
哥伦比亚	50	69
汤加	11	67
吉尔吉斯斯坦	42	61
毛里塔尼亚	21	58
格林纳达	59	53
秘鲁	37	53
巴巴多斯	25	51
挪威	20	50
纳米比亚	43	48
捷克	21	44
斯里兰卡	25	42
利比里亚	20	40
厄立特里亚	11	38
布基纳法索	23	35
斯洛文尼亚	24	33
所罗门群岛	26	33
老挝	9	31
芬兰	13	31
也门	21	30
尼日尔	8	27
圭亚那	9	27
东帝汶	9	24
新喀里多尼亚	16	24
叙利亚	10	22
乌兹别克斯坦	13	21
塞舌尔	15	21
阿鲁巴	8	21
文莱	6	20
不丹	8	17
荷属安的列斯	12	17
突尼斯	5	17
洪都拉斯	14	16
斐济	14	15
科特迪瓦	3	12
安提瓜和巴布达	3	11
几内亚比绍	9	10
瑞士	42	9
塞拉利昂	7	9
特克斯和凯科斯群岛	3	8
瓦努阿图	3	8
科摩罗	1	6
摩纳哥	17	6
塔吉克斯坦	2	3

44184000 木制水泥构件的模板

国家/地区	出口数量（吨）	出口金额（千美元）
合计	32964	21461
阿联酋	4498	3460
安哥拉	2432	1581
沙特阿拉伯	1415	1369
中国香港	3813	1369
中国台湾	1700	1003
蒙古	1051	820
赤道几内亚	1142	762
苏丹	871	695
赞比亚	982	585
越南	1051	562
韩国	554	533
尼日利亚	623	521
阿曼	669	437
俄罗斯	730	429
中国澳门	1721	348
坦桑尼亚	468	338
波兰	525	333
乌克兰	441	301
德国	471	294
利比亚	419	285
日本	318	269
马拉维	468	255
菲律宾	324	227
印度尼西亚	235	219
卡塔尔	270	212
叙利亚	120	200
贝宁	294	196
莫桑比克	302	196
阿尔及利亚	289	192
智利	268	176
博茨瓦纳	70	164
约旦	237	157
委内瑞拉	147	144
津巴布韦	200	125
肯尼亚	248	124
印度	142	123
斯里兰卡	187	119
刚果(布)	146	108
毛里塔尼亚	152	100
东帝汶	134	99
澳大利亚	115	88
多哥	90	87
萨摩亚	144	82
危地马拉	97	80
朝鲜	132	80
埃塞俄比亚	115	79
几内亚	72	77
纳米比亚	128	75
南非	98	74
科威特	102	71
巴布亚新几内亚	103	68
老挝	126	67
阿根廷	104	63
多米尼克	99	54
喀麦隆	49	54
伊朗	93	53
罗马尼亚	78	52
西班牙	44	52
孟加拉国	48	49
塞内加尔	62	48
乍得	85	45
塞舌尔	51	45
卢旺达	52	43
土耳其	64	37
塞浦路斯	50	36
哈萨克斯坦	42	36
乌兹别克斯坦	39	31
也门	36	30
刚果(金)	22	29
土库曼斯坦	45	29
吉尔吉斯斯坦	36	28
新加坡	26	28
柬埔寨	48	26
马来西亚	25	25
加纳	25	21
巴拿马	28	20
马达加斯加	26	18
巴基斯坦	26	18
加蓬	31	16
伊拉克	26	16
厄立特里亚	24	15

国家/地区	出口数量（吨）	出口金额（千美元）
埃及	13	14
新喀里多尼亚	15	13
乌干达	23	12
文莱	15	9
美国	9	8
秘鲁	11	8
几内亚比绍	10	6
丹麦	3	5
摩洛哥	7	5
吉布提	14	5
汤加	9	3
44185000 木瓦及木制盖屋板		
合计	6080	7105
美国	4581	4415
日本	674	1848
加拿大	644	586
韩国	114	167
意大利	35	64
中国台湾	23	14
西班牙	8	10
44186000 木制柱及樑		
合计	16658	19528
日本	13357	14633
德国	473	826
中国香港	256	496
蒙古	248	468
安哥拉	523	426
意大利	173	275
韩国	211	265
阿曼	170	219
加拿大	19	200
尼日利亚	129	196
荷兰	127	195
马来西亚	148	173
美国	49	129
中国台湾	148	100
赤道几内亚	67	98
新加坡	48	97
莫桑比克	54	94
法国	48	91
阿联酋	45	76
文莱	57	65
比利时	30	44
爱尔兰	13	44
斯洛伐克	22	36

国家/地区	出口数量（吨）	出口金额（千美元）
马耳他	21	30
越南	36	30
马尔代夫	30	29
智利	26	29
坦桑尼亚	18	27
毛里塔尼亚	30	21
印度	21	21
刚果(布)	9	15
佛得角	8	14
巴西	10	14
阿富汗	10	12
刚果(金)	5	11
墨西哥	6	10
中国澳门	8	8
伊朗	2	4
沙特阿拉伯	1	3
莱索托	1	1
汤加	2	1
埃及	0	1
44187100 马赛克地板用已装拼的木地板		
合计	103	212
意大利	61	116
法国	33	78
日本	5	11
英国	2	4
美国	2	3
44187290 其他多层已装拼的木地板		
合计	1634	2252
挪威	89	266
朝鲜	266	241
瑞典	100	240
中国澳门	230	239
哈萨克斯坦	230	169
丹麦	52	166
比利时	44	135
危地马拉	116	129
俄罗斯	44	107
英国	50	106
德国	38	85
澳大利亚	103	61
越南	14	60
塔吉克斯坦	116	58
加拿大	24	35
中国香港	35	28
巴基斯坦	10	27

国家/地区	出口数量（吨）	出口金额（千美元）
爱尔兰	18	23
意大利	5	19
西班牙	4	14
中国台湾	3	11
日本	1	10
智利	3	7
美国	18	5
墨西哥	12	4
安哥拉	5	4
蒙古	5	4
44187990 其他已装拼的木地板		
合计	6227	9457
美国	3035	4346
日本	846	1215
中国香港	625	625
英国	271	403
朝鲜	286	373
巴基斯坦	41	366
加拿大	219	349
俄罗斯	109	238
澳大利亚	81	174
印度	89	145
韩国	93	137
德国	41	126
津巴布韦	44	112
埃塞俄比亚	19	106
丹麦	22	85
意大利	33	80
新加坡	26	76
西班牙	38	75
葡萄牙	30	60
南非	16	51
中国澳门	38	49
阿联酋	19	33
阿尔巴尼亚	19	31
塞内加尔	7	27
博茨瓦纳	13	25
蒙古	55	24
中国台湾	14	21
安哥拉	10	17
哥伦比亚	18	14
哈萨克斯坦	27	13
土耳其	11	13
莫桑比克	6	13
柬埔寨	2	9

国家/地区	出口数量(吨)	出口金额(千美元)
赤道几内亚	5	7
东帝汶	2	3
法国	1	3
卡塔尔	1	3
毛里求斯	2	2
喀麦隆	4	2
菲律宾	2	2
罗马尼亚	3	2
瑞典	1	2
刚果(金)	1	2
黎巴嫩	1	1
哥斯达黎加	0	0
44190031 木制一次性筷子		
合计	71593	49822
日本	56452	39507
韩国	11160	7105
美国	1991	1469
中国台湾	517	432
巴西	184	180
加拿大	165	156
澳大利亚	189	150
印度尼西亚	171	147
德国	138	142
新西兰	116	88
瑞典	83	86
新加坡	53	51
西班牙	43	41
智利	36	38
法国	52	38
英国	46	32
委内瑞拉	49	32
墨西哥	29	27
马来西亚	31	23
挪威	17	14
泰国	13	12
荷兰	18	8
南非	14	8
芬兰	2	7
以色列	6	5
俄罗斯	3	4
乌拉圭	4	4
中国香港	0	3
奥地利	3	3
阿联酋	4	3
丹麦	2	2

国家/地区	出口数量(吨)	出口金额(千美元)
瑞士	1	1
菲律宾	1	1
斯里兰卡	1	1
44190099 其他木制餐具及厨房用具		
合计	41464	121602
日本	8541	29922
美国	7951	22690
英国	3932	10552
德国	2703	8895
澳大利亚	1714	4903
韩国	2267	4628
荷兰	1478	4131
加拿大	1397	3174
法国	1098	3094
西班牙	1121	2946
俄罗斯	837	2402
意大利	759	2253
中国香港	598	1810
瑞典	399	1537
中国台湾	258	1375
比利时	404	1280
沙特阿拉伯	483	1191
芬兰	299	1079
土耳其	364	1000
捷克	270	863
阿联酋	290	784
南非	299	698
波兰	245	657
以色列	194	555
巴西	186	488
乌克兰	180	475
新西兰	145	450
阿根廷	141	423
希腊	116	403
智利	114	398
丹麦	109	397
阿尔及利亚	252	395
墨西哥	199	379
新加坡	127	365
挪威	85	356
伊朗	129	307
黎巴嫩	84	301
利比亚	159	270
马来西亚	112	260
巴拿马	113	258

国家/地区	出口数量(吨)	出口金额(千美元)
委内瑞拉	90	214
泰国	61	199
哥伦比亚	76	192
爱尔兰	71	187
波多黎各	69	180
印度	105	179
科威特	34	161
匈牙利	70	152
葡萄牙	62	152
瑞士	55	139
印度尼西亚	29	133
奥地利	30	86
乌拉圭	28	75
哈萨克斯坦	30	75
斯洛文尼亚	40	73
约旦	38	67
斯洛伐克	23	65
罗马尼亚	18	52
多米尼加	24	49
厄瓜多尔	22	47
中国澳门	15	45
菲律宾	13	43
埃及	51	40
摩洛哥	7	38
梅利利亚	10	37
保加利亚	20	36
塞尔维亚	9	34
越南	12	34
巴基斯坦	7	34
秘鲁	13	34
克罗地亚	12	33
巴拉圭	7	31
白俄罗斯	5	30
突尼斯	37	29
立陶宛	8	28
爱沙尼亚	6	26
拉脱维亚	8	26
卡塔尔	8	25
塞浦路斯	5	20
巴勒斯坦	6	19
洪都拉斯	3	16
尼日利亚	5	14
法属波利尼西亚	11	13
巴林	5	13
肯尼亚	5	12

国家/地区	出口数量（吨）	出口金额（千美元）
危地马拉	10	11
哥斯达黎加	4	10
马耳他	2	6
安道尔	3	5
阿塞拜疆	4	5
新喀里多尼亚	4	4
格鲁吉亚	4	4
毛里求斯	2	4
叙利亚	1	3
特立尼达和多巴哥	1	3
萨尔瓦多	2	3
阿曼	1	2
苏丹	0	2
贝宁	5	2
荷属安的列斯	1	2
摩尔多瓦	0	1
埃塞俄比亚	0	1
赞比亚	1	1
斐济	0	1
塞内加尔	0	1
44201011 木刻		
合计	63	1542
日本	38	1440
美国	10	77
新加坡	1	4
马来西亚	4	4
越南	1	4
泰国	2	4
墨西哥	4	3
挪威	2	3
中国香港	0	2
肯尼亚	0	2
44201020 木扇		
合计	491	7299
西班牙	273	4065
日本	143	2607
墨西哥	17	181
美国	22	154
希腊	6	76
法国	2	42
中国香港	2	37
德国	3	29
古巴	2	25
波多黎各	3	20
英国	1	13

国家/地区	出口数量（吨）	出口金额（千美元）
印度	10	11
奥地利	1	10
意大利	1	6
荷兰	1	5
马耳他	0	5
土耳其	1	3
澳大利亚	0	3
加拿大	0	2
以色列	1	2
马来西亚	1	1
菲律宾	1	1
埃及	1	1
44201090 其他木制小雕像及装饰品		
合计	80929	359150
美国	38621	144185
德国	7090	43527
日本	2670	26230
英国	4600	21802
荷兰	3883	19191
法国	2311	11020
澳大利亚	1915	9030
意大利	1266	8097
中国台湾	3393	7323
加拿大	2021	7114
西班牙	1427	6630
比利时	1187	5580
瑞典	846	3843
丹麦	574	3492
俄罗斯	418	2467
巴西	407	2410
印度尼西亚	579	2249
沙特阿拉伯	472	2179
希腊	337	2129
挪威	500	2113
波兰	304	2016
南非	398	1947
中国香港	452	1830
芬兰	343	1748
墨西哥	520	1517
土耳其	261	1314
阿根廷	296	1288
捷克	164	1270
阿联酋	248	1262
韩国	305	1230
巴拿马	340	826

国家/地区	出口数量（吨）	出口金额（千美元）
以色列	170	795
瑞士	102	786
奥地利	84	714
智利	111	677
葡萄牙	134	603
马来西亚	235	575
新西兰	125	562
乌克兰	85	517
匈牙利	49	486
新加坡	139	481
阿尔及利亚	217	403
科威特	55	377
印度	153	371
哥伦比亚	72	324
泰国	67	300
克罗地亚	45	267
黎巴嫩	69	261
文莱	34	226
爱尔兰	50	222
塞浦路斯	31	213
斯洛文尼亚	21	200
多米尼加	28	170
厄瓜多尔	29	158
波多黎各	60	152
菲律宾	21	146
约旦	38	139
爱沙尼亚	11	137
越南	35	130
委内瑞拉	29	123
罗马尼亚	25	120
埃及	85	119
秘鲁	19	116
摩洛哥	34	114
伊朗	17	100
利比亚	42	98
叙利亚	44	84
哥斯达黎加	15	84
突尼斯	23	73
卡塔尔	17	70
巴林	9	70
多米尼克	2	54
立陶宛	13	51
危地马拉	6	48
乌拉圭	9	46
拉脱维亚	9	44

国家/地区	出口数量（吨）	出口金额（千美元）
斯里兰卡	5	44
洪都拉斯	6	34
斯洛伐克	8	29
安哥拉	6	28
黑山	6	27
马耳他	7	26
阿鲁巴	5	22
毛里求斯	3	20
保加利亚	4	19
吉布提	9	19
中国澳门	9	18
苏丹	4	17
喀麦隆	4	15
塞内加尔	4	15
牙买加	2	11
阿塞拜疆	0	11
塞尔维亚	1	10
肯尼亚	7	10
阿尔巴尼亚	1	10
哈萨克斯坦	5	9
亚美尼亚	1	9
刚果(金)	0	9
加纳	2	8
伊拉克	5	7
贝宁	1	6
赞比亚	0	5
巴哈马	2	5
坦桑尼亚	1	5
荷属安的列斯	1	4
马里	1	4
法属波利尼西亚	1	4
冰岛	0	3
多民族玻利维亚国	1	3
阿曼	3	3
百慕大	0	2
尼日利亚	0	2
卢森堡	0	2
也门	0	2
巴拉圭	0	1
巴巴多斯	0	1
波黑	1	1
萨尔瓦多	0	1
摩纳哥	0	1
多哥	1	0
44209010 镶嵌木		

国家/地区	出口数量（吨）	出口金额（千美元）
合计	112	516
美国	101	444
越南	5	30
日本	3	22
墨西哥	2	16
加拿大	0	2
44209090 珠宝或刀具木盒及类似品；第九十四章以外木家具		
合计	58067	191448
美国	18211	55103
日本	5910	27852
英国	5003	12363
德国	3309	10532
法国	2753	9421
瑞士	905	6956
中国香港	1885	6714
加拿大	1948	6531
荷兰	1988	6315
澳大利亚	1376	4126
西班牙	1356	4106
意大利	1179	3845
韩国	993	3358
比利时	1017	3264
俄罗斯	792	3055
阿联酋	881	3022
瑞典	1155	3002
沙特阿拉伯	502	1848
中国台湾	577	1439
波兰	328	1144
丹麦	345	1006
墨西哥	365	994
芬兰	261	948
新加坡	482	829
马来西亚	533	821
挪威	214	717
伊朗	237	705
巴西	238	701
印度	403	666
葡萄牙	196	633
乌克兰	149	596
科威特	116	544
南非	152	525
以色列	169	522
土耳其	106	504
捷克	94	431

国家/地区	出口数量（吨）	出口金额（千美元）
希腊	121	403
阿根廷	103	345
古巴	127	340
智利	90	327
泰国	116	300
新西兰	85	293
摩洛哥	49	289
斯洛文尼亚	67	278
巴拿马	187	275
奥地利	82	272
多米尼加	65	250
黎巴嫩	49	248
爱尔兰	78	246
卡塔尔	25	154
越南	41	148
拉脱维亚	36	129
匈牙利	39	128
菲律宾	56	123
哥伦比亚	38	104
克罗地亚	44	103
印度尼西亚	30	99
亚美尼亚	16	85
乌拉圭	27	83
约旦	12	83
埃及	18	83
委内瑞拉	19	77
立陶宛	13	66
巴拉圭	16	65
突尼斯	22	64
阿尔及利亚	17	61
波多黎各	54	61
洪都拉斯	29	56
尼日利亚	15	53
哥斯达黎加	15	53
巴林	5	51
利比亚	11	37
马提尼克岛	7	36
爱沙尼亚	5	35
塞浦路斯	7	34
秘鲁	9	32
叙利亚	4	31
格鲁吉亚	4	29
罗马尼亚	11	28
斯里兰卡	6	25
巴基斯坦	4	23

国家/地区	出口数量（吨）	出口金额（千美元）
塞尔维亚	4	16
卢森堡	2	16
斐济	2	15
尼加拉瓜	1	15
保加利亚	5	14
文莱	4	14
伊拉克	4	13
莫桑比克	1	12
厄瓜多尔	9	11
吉布提	5	9
中国澳门	2	9
白俄罗斯	2	9
留尼汪岛(法)	2	7
危地马拉	5	6
博茨瓦纳	1	5
马耳他	1	5
安哥拉	4	5
黑山	1	5
特立尼达和多巴哥	2	3
孟加拉国	0	3
冰岛	1	3
斯洛伐克	1	2
阿曼	0	2
阿尔巴尼亚	0	1
柬埔寨	0	1
阿塞拜疆	0	1
法属波利尼西亚	0	1
哈萨克斯坦	1	1
新喀里多尼亚	0	1
44211000 木制衣架		
合计	65849	186923
美国	11006	36215
德国	6502	19141
西班牙	4353	12454
英国	3327	9626
日本	2213	9292
法国	3183	8447
中国香港	1436	7592
荷兰	2511	6630
意大利	2286	6350
俄罗斯	2443	6025
瑞典	2386	5989
比利时	1921	5160
加拿大	1895	4735
韩国	1652	3948

国家/地区	出口数量（吨）	出口金额（千美元）
土耳其	1406	3624
巴西	1851	3612
澳大利亚	1266	3446
波兰	1435	3239
丹麦	788	2768
阿根廷	1308	2662
墨西哥	986	2064
芬兰	560	1768
奥地利	666	1510
乌克兰	586	1431
阿联酋	483	1395
挪威	524	1342
新加坡	496	1190
瑞士	418	1062
希腊	406	971
沙特阿拉伯	202	842
葡萄牙	302	792
智利	331	746
爱沙尼亚	253	722
印度	497	700
中国台湾	204	629
爱尔兰	222	566
泰国	158	556
以色列	207	547
巴拿马	254	525
哥伦比亚	160	511
南非	132	457
罗马尼亚	197	452
拉脱维亚	160	363
马来西亚	298	311
秘鲁	128	292
新西兰	101	273
克罗地亚	105	272
印度尼西亚	92	249
委内瑞拉	85	248
立陶宛	95	244
菲律宾	63	205
科威特	69	202
捷克	92	198
尼日利亚	339	157
斯洛伐克	65	153
匈牙利	50	149
摩洛哥	56	142
越南	32	125
哈萨克斯坦	48	123

国家/地区	出口数量（吨）	出口金额（千美元）
保加利亚	50	115
哥斯达黎加	38	109
斯洛文尼亚	44	106
黎巴嫩	34	106
乌拉圭	35	96
阿尔及利亚	32	92
塞浦路斯	33	82
白俄罗斯	44	81
埃及	45	79
突尼斯	17	67
卡塔尔	17	58
厄瓜多尔	20	48
巴林	11	38
叙利亚	11	29
巴基斯坦	13	28
黑山	8	22
危地马拉	8	21
洪都拉斯	5	21
中国澳门	7	21
安哥拉	5	19
留尼汪岛(法)	3	19
马耳他	10	17
文莱	5	17
阿曼	2	16
塞内加尔	5	16
肯尼亚	13	15
古巴	3	14
斯里兰卡	3	14
伊朗	4	13
约旦	4	11
利比亚	5	10
加纳	2	10
巴拉圭	4	9
多米尼加	3	9
安道尔	3	9
新喀里多尼亚	2	5
蒙古	1	5
伊拉克	1	5
多民族玻利维亚国	1	4
喀麦隆	1	4
马达加斯加	1	4
刚果(金)	1	4
冰岛	1	3
牙买加	1	3
毛里求斯	1	2

国家/地区	出口数量(吨)	出口金额(千美元)
塔吉克斯坦	1	2
孟加拉国	0	1
马里	0	1
坦桑尼亚	0	1
巴哈马	0	1
特立尼达和多巴哥	0	1
埃塞俄比亚	0	1
塞尔维亚	0	1

44219010 木制卷轴、纡子、筒管、缝纫用线轴及类似品

国家/地区	出口数量(吨)	出口金额(千美元)
合计	844	1151
印度	517	527
比利时	91	161
丹麦	28	161
韩国	127	101
日本	20	91
孟加拉国	3	23
巴西	11	21
中国香港	31	20
美国	7	20
德国	3	17
瑞士	1	2
中国澳门	3	2
阿联酋	2	2
荷兰	0	1
中国台湾	0	1

44219021 木制圆签圆棒、冰果棒、压舌片及类似一次性制品

国家/地区	出口数量(吨)	出口金额(千美元)
合计	59020	82607
日本	10029	18724
美国	9538	14679
韩国	3183	4557
俄罗斯	2863	3722
伊朗	2434	2823
印度	2854	2452
墨西哥	1935	2112
泰国	1657	1948
意大利	1540	1925
德国	1231	1804
英国	1243	1798
西班牙	1221	1604
加拿大	1189	1554
荷兰	947	1368
埃及	925	1329
法国	681	1116
巴基斯坦	784	1096
阿根廷	833	1023
土耳其	739	1010
印度尼西亚	846	946
中国香港	511	896
智利	687	812
乌克兰	471	750
叙利亚	851	735
澳大利亚	483	664
沙特阿拉伯	561	637
巴西	501	565
南非	394	560
葡萄牙	289	540
约旦	426	484
哥伦比亚	365	460
希腊	369	455
阿联酋	432	405
危地马拉	203	352
马来西亚	240	344
中国台湾	283	337
委内瑞拉	330	330
比利时	254	315
埃塞俄比亚	302	297
摩洛哥	270	272
立陶宛	334	258
菲律宾	176	255
克罗地亚	199	243
孟加拉国	150	235
波兰	141	217
以色列	149	193
突尼斯	127	188
瑞典	121	171
古巴	128	167
斯里兰卡	93	140
新西兰	104	134
爱尔兰	103	122
罗马尼亚	109	122
哥斯达黎加	142	116
尼日利亚	97	110
哈萨克斯坦	147	110
阿尔及利亚	131	109
斯洛文尼亚	90	108
贝宁	114	104
芬兰	58	102
巴拿马	76	97
丹麦	88	96
也门	123	95
新加坡	66	83
多民族玻利维亚国	43	74
尼加拉瓜	52	71
莫桑比克	91	67
厄瓜多尔	31	67
乌兹别克斯坦	51	67
萨尔瓦多	53	63
科威特	96	61
爱沙尼亚	38	58
挪威	27	56
黎巴嫩	64	51
格鲁吉亚	53	45
保加利亚	39	42
斯洛伐克	31	40
乌拉圭	42	40
秘鲁	25	37
蒙古	37	28
圭亚那	7	24
肯尼亚	17	24
苏丹	11	24
留尼汪岛(法)	14	24
瑞士	9	24
越南	26	23
卡塔尔	14	21
多米尼加	20	18
捷克	9	17
匈牙利	11	17
利比亚	22	15
拉脱维亚	7	13
巴勒斯坦	8	12
文莱	7	11
科特迪瓦	6	9
伊拉克	33	8
毛里求斯	9	8
纳米比亚	6	7
乌干达	7	7
加纳	3	7
吉布提	5	7
津巴布韦	5	6
波黑	3	6
阿尔巴尼亚	2	6
洪都拉斯	1	5
巴林	15	5

国家/地区	出口数量（吨）	出口金额（千美元）
波多黎各	4	4
牙买加	1	4
喀麦隆	1	3
塞浦路斯	1	2
巴拉圭	1	1
布隆迪	1	1
奥地利	0	1
新喀里多尼亚	0	1
柬埔寨	0	1
44219090 未列名木制品		
合计	494676	1296110
美国	131060	325569
日本	77569	228228
英国	37592	104349
德国	42018	102401
荷兰	26145	66735
法国	19000	52408
澳大利亚	16135	46771
意大利	10008	32677
西班牙	10317	31385
韩国	11827	30239
加拿大	11243	27666
中国香港	15897	26860
比利时	9477	25607
中国台湾	6209	13131
南非	3838	10666
瑞典	3739	10638
俄罗斯	3568	8352
印度	3020	7686
泰国	1809	7360
丹麦	2619	7253
阿联酋	2215	6629
智利	1886	6545
波兰	1723	6257
新加坡	1327	5669
沙特阿拉伯	2260	5539
马来西亚	1547	5327
阿根廷	3407	4927
越南	1882	4715
土耳其	1113	4064
墨西哥	2197	4056
印度尼西亚	1470	3985
巴拿马	945	3982
爱尔兰	1229	3968
以色列	1628	3320
伊朗	1173	3287
新西兰	1462	3000
奥地利	1145	2986
巴西	866	2745
芬兰	868	2686
斯洛文尼亚	1002	2675
挪威	966	2641
菲律宾	1328	2246
瑞士	534	2201
希腊	770	1881
尼日利亚	758	1761
黎巴嫩	565	1697
葡萄牙	433	1572
捷克	441	1535
卡塔尔	315	1526
乌克兰	1055	1524
哥伦比亚	656	1460
中国澳门	629	1437
委内瑞拉	766	1407
多米尼加	419	1343
立陶宛	672	1234
克罗地亚	415	1125
波多黎各	409	1097
罗马尼亚	680	1056
拉脱维亚	624	1038
科威特	295	933
斯洛伐克	249	612
贝宁	263	600
匈牙利	249	592
文莱	102	566
埃及	413	530
爱沙尼亚	134	449
危地马拉	601	421
阿曼	192	412
白俄罗斯	398	401
摩洛哥	162	389
巴林	87	373
古巴	107	364
博茨瓦纳	130	359
约旦	219	339
阿尔及利亚	156	317
突尼斯	460	314
马耳他	64	299
萨尔瓦多	646	287
厄瓜多尔	128	271
秘鲁	94	266
安哥拉	255	256
巴基斯坦	120	255
保加利亚	91	244
乌拉圭	104	226
加纳	109	184
利比亚	231	167
哈萨克斯坦	130	163
塞浦路斯	46	162
新喀里多尼亚	86	160
哥斯达黎加	58	150
蒙古	38	150
巴巴多斯	36	146
肯尼亚	102	142
东帝汶	222	126
斯里兰卡	40	118
海地	87	111
坦桑尼亚	42	109
孟加拉国	44	104
百慕大	23	99
埃塞俄比亚	33	97
叙利亚	64	92
格林纳达	23	88
伊拉克	26	83
留尼汪岛(法)	25	77
赤道几内亚	6	76
牙买加	29	76
特立尼达和多巴哥	24	71
莫桑比克	48	68
塞尔维亚	26	63
苏丹	116	62
洪都拉斯	36	51
格陵兰	4	50
巴布亚新几内亚	33	49
喀麦隆	12	47
阿尔巴尼亚	21	47
瓜德罗普	9	45
乌兹别克斯坦	10	44
法属波利尼西亚	7	43
塞内加尔	6	42
毛里塔尼亚	42	41
阿塞拜疆	9	37
马拉维	6	34
柬埔寨	7	32
赞比亚	8	31

国家/地区	出口数量（吨）	出口金额（千美元）
津巴布韦	15	30
刚果(布)	9	26
毛里求斯	6	25
巴拉圭	6	25
格鲁吉亚	6	25
巴哈马	5	23
荷属安的列斯	7	23
斐济	3	22
科特迪瓦	4	19
圣文森特和格林纳丁斯	5	17
阿鲁巴	3	16
也门	21	15
亚美尼亚	4	13
马提尼克岛	5	13
多民族玻利维亚国	4	10
朝鲜	3	9
刚果(金)	1	9
波黑	4	8
冰岛	2	8
马尔代夫	7	6
苏里南	3	5
马里	2	5
缅甸	22	4
纳米比亚	3	4
吉布提	6	3
加蓬	1	2
卢旺达	1	2
巴勒斯坦	2	2
几内亚	1	1
土库曼斯坦	0	1
利比里亚	1	1
尼加拉瓜	1	1
多米尼克	1	1

表 6-7　木制品进口国别

国家/地区	进口数量（吨）	进口金额（千美元）
44091010 连续形状针叶木地板条		
合计	174	389
美国	29	166
瑞典	124	135
德国	19	81
日本	1	5
俄罗斯	0	1
44092910 其他连续状非针叶木地板条		
合计	9115	20965
美国	7629	18012
巴拉圭	242	503
芬兰	335	498
老挝	214	326
奥地利	136	312
加拿大	149	294
德国	25	158
意大利	18	157
日本	46	122
印度尼西亚	78	101
越南	49	89
丹麦	28	85
马来西亚	47	72
泰国	22	60
秘鲁	35	54
葡萄牙	5	35
朝鲜	24	32
荷兰	10	19
中国	11	14
缅甸	9	13
挪威	3	5
比利时	1	4
法国	0	1
44140010 辐射松制的画框、相框、镜框及类似品		
合计	2	61
中国	2	59
美国	0	2
44140090 其他木制的画框、相框、镜框及类似品		
合计	96	1020
意大利	4	180
泰国	10	167
中国	23	166
德国	6	111
美国	7	97
日本	14	62
印度	4	43
西班牙	1	43
印度尼西亚	10	28
加拿大	2	24
比利时	0	15
法国	1	14
丹麦	5	13
瑞典	1	8
中国香港	0	8
英国	0	5
缅甸	1	5
菲律宾	0	5
越南	0	4
中国台湾	2	4
秘鲁	0	3
荷兰	0	2
韩国	0	2
尼泊尔	0	2
阿联酋	0	1
巴基斯坦	0	1
新加坡	0	1
瑞士	0	1
马来西亚	0	1
葡萄牙	0	1
卢森堡	0	1
44151000 木制箱、盒、桶及类似的包装容器；电缆卷筒		
合计	91	2630
美国	15	496
英国	1	407
泰国	4	260
中国	13	222
德国	1	186
瑞典	8	168
意大利	4	139
墨西哥	0	138
中国香港	4	133
波兰	6	71
日本	27	67
法国	0	60
荷兰	0	54
奥地利	0	44
印度	0	29
土耳其	0	27
马来西亚	0	26
瑞士	0	19
丹麦	1	12
西班牙	0	10
韩国	0	8
澳大利亚	0	8
比利时	0	7
菲律宾	0	6

国家/地区	进口数量（吨）	进口金额（千美元）
越南	0	6
爱沙尼亚	0	5
中国台湾	1	4
印度尼西亚	0	4
巴西	1	4
新加坡	0	3
阿根廷	1	2
老挝	0	1
斯洛伐克	0	1
中国澳门	1	1
国别(地区)不详	0	1
44152010 辐射松制托板、箱形托盘及其他装载板、托盘护框		
合计	18	144
中国	18	135
新加坡	0	9
44152090 木托板、箱形托盘及其他装载木板；托盘护框		
合计	809	6201
中国	293	2241
丹麦	67	532
日本	56	525
瑞典	45	509
美国	50	452
韩国	132	420
德国	44	395
印度	44	255
波兰	19	237
意大利	11	222
中国香港	2	83
澳大利亚	18	75
越南	4	44
捷克	6	42
法国	3	25
比利时	2	24
斯洛伐克	2	24
乌克兰	2	15
荷兰	1	12
马来西亚	1	12
泰国	1	9
中国台湾	1	9
立陶宛	1	7
瑞士	0	6
斯洛文尼亚	1	6
印度尼西亚	0	5

国家/地区	进口数量（吨）	进口金额（千美元）
挪威	0	3
老挝	0	3
南非	0	3
西班牙	0	2
英国	0	2
奥地利	0	1
国别(地区)不详	1	1
44160090 木制大桶、琵琶桶、盆等木制箍桶及其零件		
合计	2440	12606
法国	930	10060
美国	224	1549
匈牙利	38	350
西班牙	58	293
日本	1099	168
乌克兰	19	70
智利	24	27
意大利	8	24
澳大利亚	15	17
葡萄牙	5	10
德国	2	8
老挝	2	4
英国	1	4
中国	4	4
印度	2	3
斯洛文尼亚	2	3
印度尼西亚	3	3
瑞士	0	2
韩国	0	2
新西兰	0	2
比利时	1	1
南非	1	1
泰国	0	1
中国台湾	0	1
越南	0	1
44170010 辐射松制工具等；扫帚及刷子；鞋靴楦及楦头		
合计	0	2
德国	0	1
中国	0	1
44170090 木制工具等；扫帚及刷子等；木鞋靴楦及楦头		
合计	427	1903
日本	20	1143
中国台湾	128	277

国家/地区	进口数量（吨）	进口金额（千美元）
中国	14	134
意大利	2	110
美国	21	69
德国	1	40
印度尼西亚	15	32
英国	0	28
法国	0	27
朝鲜	194	21
马来西亚	31	8
西班牙	1	4
芬兰	0	4
瑞典	0	1
韩国	0	1
瑞士	0	1
44181010 辐射松制窗、法兰西式(落地)窗及其框架		
合计	1	9
美国	1	8
44181090 木制窗、法兰西式(落地)窗及其木制框架		
合计	1447	3360
美国	131	1379
匈牙利	337	666
奥地利	12	356
波兰	596	325
丹麦	269	319
德国	4	76
意大利	4	76
俄罗斯	75	60
印度尼西亚	10	33
韩国	1	17
尼泊尔	1	12
西班牙	1	10
挪威	1	9
越南	2	4
中国台湾	0	4
中国	0	3
印度	0	3
日本	0	2
加拿大	1	1
芬兰	0	1
荷兰	0	1
法国	0	1
新加坡	0	1
巴基斯坦	0	1

国家/地区	进口数量（吨）	进口金额（千美元）
44182000 木制门及其框架和门槛		
合计	590	3678
美国	90	1178
德国	123	769
意大利	23	365
西班牙	17	294
日本	16	276
瑞士	9	156
新加坡	2	92
马来西亚	65	86
越南	16	64
印度尼西亚	43	62
奥地利	2	55
中国	80	55
加拿大	26	43
菲律宾	44	35
比利时	1	23
法国	2	18
泰国	3	17
瑞典	1	16
印度	1	16
荷兰	1	9
芬兰	1	8
老挝	14	6
尼泊尔	1	6
缅甸	1	5
澳大利亚	0	5
柬埔寨	2	4
葡萄牙	0	4
韩国	2	3
波兰	2	2
丹麦	0	2
挪威	0	1
中国台湾	0	1
44184000 木制水泥构件的模板		
合计	774	1333
奥地利	377	677
拉脱维亚	183	276
芬兰	85	250
新加坡	95	85
美国	33	41
捷克	0	2
意大利	0	1
44185000 木瓦及木制盖屋板		
合计	39	84
日本	20	60
加拿大	18	21
克罗地亚	2	3
44186000 木制柱及梁		
合计	1895	2999
美国	521	926
德国	245	758
加拿大	533	710
意大利	67	263
奥地利	255	111
日本	4	67
印度	17	59
俄罗斯	125	38
爱沙尼亚	74	32
中国台湾	44	14
新加坡	3	12
荷兰	0	4
尼泊尔	1	3
菲律宾	8	2
44187290 其他多层已装拼的木地板		
合计	1502	6906
奥地利	442	2897
意大利	108	1322
印度尼西亚	442	1229
波兰	103	334
马来西亚	75	290
德国	51	266
美国	37	185
日本	112	102
比利时	47	81
中国台湾	40	63
西班牙	12	35
葡萄牙	9	33
加拿大	5	30
中国香港	17	24
韩国	1	5
英国	1	3
中国	0	2
立陶宛	0	2
新加坡	0	2
菲律宾	0	1
挪威	1	1
44187990 其他已装拼的木地板		
合计	247	912
美国	123	298
德国	27	152
奥地利	28	140
印度尼西亚	18	81
马来西亚	17	54
加拿大	4	38
西班牙	2	29
俄罗斯	11	18
新加坡	1	17
丹麦	3	13
意大利	2	12
越南	3	12
荷兰	1	10
日本	1	10
瑞典	2	9
中国台湾	1	8
葡萄牙	0	4
比利时	1	3
中国	0	2
波兰	0	1
蒙古	1	0
44190031 木制一次性筷子		
合计	11217	4742
俄罗斯	8780	3704
朝鲜	1272	369
蒙古	741	311
美国	351	173
越南	47	82
日本	23	78
中国	4	23
新西兰	0	1
斯里兰卡	0	1
44190099 其他木制餐具及厨房用具		
合计	633	2810
罗马尼亚	195	449
美国	33	424
泰国	100	381
马来西亚	104	315
捷克	26	266
越南	74	221
日本	4	165
中国	26	155
瑞典	6	97
中国台湾	8	81
德国	4	48
印度尼西亚	9	48

国家/地区	进口数量（吨）	进口金额（千美元）
韩国	3	42
意大利	2	37
菲律宾	2	30
印度	2	13
法国	0	8
缅甸	31	5
尼泊尔	1	4
巴西	0	3
老挝	2	3
奥地利	0	2
阿根廷	0	2
中国香港	0	2
新加坡	0	2
比利时	0	1
南非	0	1
阿联酋	0	1
英国	0	1
瑞士	0	1
巴基斯坦	0	1
斯里兰卡	0	1
波兰	0	1
西班牙	0	1
44201011 木刻		
合计	56	176
泰国	4	39
越南	13	31
印度尼西亚	7	27
荷兰	4	25
印度	2	8
坦桑尼亚	19	7
中国	0	6
中国香港	0	6
中国台湾	1	5
法国	0	4
菲律宾	1	4
老挝	3	3
美国	0	2
肯尼亚	0	2
澳大利亚	0	2
瑞典	0	2
加拿大	0	2
韩国	0	1
德国	0	1
纳米比亚	0	1
44201020 木扇		
合计	1	24
法国	0	12
日本	1	11
泰国	0	1
44201090 其他木制小雕像及装饰品		
合计	2782	5687
印度尼西亚	442	954
缅甸	1267	945
泰国	239	673
意大利	10	389
老挝	289	341
中国	51	311
尼泊尔	65	280
日本	45	271
印度	42	227
中国台湾	50	176
菲律宾	59	159
越南	41	155
美国	5	80
德国	2	79
肯尼亚	12	77
马来西亚	31	59
几内亚	14	51
法国	1	49
西班牙	1	48
巴基斯坦	45	46
坦桑尼亚	19	40
南非	10	33
英国	1	29
多哥	12	19
柬埔寨	7	18
波兰	0	18
丹麦	0	15
加拿大	2	15
中国香港	2	14
荷兰	4	13
赞比亚	2	13
秘鲁	1	12
瑞典	0	9
卡塔尔	0	9
喀麦隆	8	8
多民族玻利维亚国	1	6
塞内加尔	1	6
埃塞俄比亚	0	5
阿曼	0	4
新加坡	0	3
比利时	1	3
澳大利亚	1	3
瑞士	0	3
韩国	0	2
加纳	0	2
智利	0	2
新西兰	0	2
埃及	0	2
马达加斯加	0	2
危地马拉	0	1
乌干达	0	1
萨摩亚	0	1
立陶宛	0	1
芬兰	0	1
巴布亚新几内亚	0	1
津巴布韦	0	1
44209010 镶嵌木		
合计	1	11
法国	0	4
加拿大	0	3
日本	0	3
印度尼西亚	0	1
44209090 珠宝或刀具木盒及类似品；第九十四章以外木家具		
合计	1857	6924
中国	77	1047
波兰	285	954
葡萄牙	368	760
立陶宛	466	591
中国香港	11	545
泰国	262	515
法国	2	509
德国	163	423
意大利	50	400
美国	29	249
瑞士	13	199
瑞典	48	189
印度	32	113
日本	3	73
越南	12	60
印度尼西亚	10	39
英国	1	36
白俄罗斯	9	36
澳大利亚	2	32

国家/地区	进口数量（吨）	进口金额（千美元）
菲律宾	1	28
西班牙	2	26
加拿大	0	23
韩国	1	15
中国台湾	3	10
毛里求斯	0	8
巴基斯坦	2	6
捷克	1	6
奥地利	0	5
尼泊尔	1	5
埃及	0	5
约旦	0	4
比利时	1	4
马来西亚	0	3
斯里兰卡	0	2
新加坡	0	1
芬兰	0	1
缅甸	0	1
老挝	0	1
44211000 木制衣架		
合计	193	1762
中国	100	898
意大利	7	267
中国香港	26	197
日本	12	129
法国	1	66
韩国	2	27
立陶宛	1	26
越南	15	21
德国	1	19
印度尼西亚	17	18
美国	1	15
泰国	4	13
加拿大	3	13
国别(地区)不详	1	11
瑞士	0	9
西班牙	0	8
塞尔维亚	1	7
新加坡	0	4
老挝	2	4
斯洛文尼亚	0	3
菲律宾	0	2

国家/地区	进口数量（吨）	进口金额（千美元）
奥地利	0	2
荷兰	0	1
印度	0	1
44219010 木制卷轴、纡子、筒管、缝纫用线轴及类似品		
合计	187	468
美国	126	367
日本	2	33
中国	57	28
印度	1	28
比利时	1	12
44219021 木制圆签、圆棒、冰果棒、压舌片及类似一次性制品		
合计	6200	4698
朝鲜	5348	3861
俄罗斯	674	588
中国	122	158
日本	54	72
德国	1	11
以色列	0	3
挪威	0	2
阿联酋	0	1
美国	0	1
44219090 未列名木制品		
合计	18135	75318
厄瓜多尔	6964	37398
巴布亚新几内亚	1281	10603
中国	1806	10179
印度尼西亚	4280	3204
美国	346	3171
德国	142	1138
意大利	166	1124
越南	467	1096
爱沙尼亚	326	857
法国	55	628
马来西亚	1142	604
瑞士	7	571
瑞典	77	570
丹麦	46	520
日本	55	470
西班牙	57	460
中国香港	176	369

国家/地区	进口数量（吨）	进口金额（千美元）
泰国	29	312
中国台湾	64	214
韩国	10	149
巴西	39	147
俄罗斯	37	140
澳大利亚	27	132
加纳	10	127
缅甸	149	116
斯里兰卡	9	104
罗马尼亚	46	102
加拿大	62	98
菲律宾	120	76
毛里求斯	3	75
英国	2	69
喀麦隆	34	66
印度	9	63
荷兰	2	47
捷克	9	44
新加坡	5	42
波黑	23	39
立陶宛	7	28
奥地利	9	26
比利时	6	21
老挝	9	19
墨西哥	1	18
以色列	2	17
波兰	8	17
柬埔寨	1	7
塞尔维亚	0	6
国别(地区)不详	0	6
挪威	0	5
尼泊尔	1	4
朝鲜	5	3
斯洛文尼亚	0	2
智利	0	2
斯洛伐克	0	2
芬兰	0	1
阿联酋	0	1
土耳其	0	1
法属波利尼西亚	0	1
克罗地亚	0	1

家 具

【家具行业发展特点】

行业具较强国际竞争力 中国于2006年超越传统家具强国意大利，成为世界第一大家具出口国。近年来，在家具行业的国际竞争力评价指数都超过了100；2010年，国际市场占有率首次突破30%，显示性比较优势指数(简称RCA)达到2.5以上，出口增长率优势指数15.71，出口比重指数2.51%；2011年，贸易竞争力指数(简称TSC)为0.89。

科技水平得到显著提升 2011年初，国家发展改革委发布《关于组织申报2011年(第18批)国家认定企业技术中心的通知》，中国家具行业首次被纳入“重点认定领域”目录。11月16日，在深圳高交会典礼上，由国家发展改革委、科技部、财政部、海关总署、税务总署等五部委共同审定评价，代表国家科技创新示范的国家级企业技术中心正式揭牌，联邦集团成为家具行业首个获此殊荣的企业，使家具行业第一次与高科技行业并列。

由东莞名家具设计研发院牵头，东莞市华南专利商标事务所、力凯科技有限公司共同承建的家具行业专利预警分析及信息平台，将于2012年正式运行。该平台包括《家具行业专利预警分析报告》、家具外观设计专利对比分析平台、家具行业专利预警简报三大内容，建成后将帮助企业有效规避风险，保护自主知识产权；避免企业重复研究，提高东莞家具行业的新产品研发能力，促进家具行业转型升级。

内陆家具产业基地、产业园、贸易市场建设活跃 沿海地区的一些家具企业先后在河南、四川、云南、湖北等地建立生产基地，而内陆省份为顺应这一趋势陆续建设家具产业园项目。以云南为例，广东省家具商会与云南得胜家具企业集团有限公司联袂建设广东家具(云南)总部基地，与此同时云南凭借“连接东南亚、南亚大通道”桥头堡的优势，正打造中国乃至亚洲最大的绿色、生态家具产业聚集地，将在省内建立5个家具产业园。其中中国家具西南城(泛亚家具产业园)定址晋宁，总投资298亿元，占地面积814.1万平方米，拟分3期，用5年时间建成。

家具流通领域迅速增长 2011年，国内家具消费市场的整体表现较为平淡，但家具商城的数量却呈现快速增长态势。红星美凯龙、居然之家、欧亚达、美克美家等一些知名卖场继续以资本或品牌为纽带，不但在北京、上海、广州等一线核心城市快速增加数量，而且还将触角伸向二三级城市。此外，还有许多的独立专卖店、独立商城陆续建成。

家具展会发展渐成气候 2011年，全国成功举办中国国际家具展览会、中国广东国际家具博览会、国际名家具(东莞)展览会、深圳国际家具展览会、成都国际家具工业展览会等多个家具展会，展出总面积超过300万平方米。以第十七届中国国际家具展览会为例，此次展会面积增至60万平方米，共吸引1906家国内展商和241家海外展商，接待51972名国内买家及来自155个国家(地区)的22592名海外买家，同比分别增长9.74%和50.33%。该展会兼顾国际、国内两大市场，构建出专业化“一站式”的家具展示平台。

电子商务助拓“蓝海领域” 电子商务作为一种新型商业运营模式，给家具行业的升级与转型注入了活力，40岁以下具有消费能力和网购习惯的网民构成家具电子商务的主力。家具行业通过运用电子商务平台，开启了新的发展领域。将行业资源、市场资源和人才资源等充分整合，从而实现品牌价值的积累，获得更大的市场份额与规模效益。

政府采购市场吸引企业角逐 2011年，政府采购家具市场规模大幅扩大，全年走势三起三落，波动较为明显。其中商务行政楼、培训中心、图书馆、医院等政府机关事业单位的办公家具采购依然是主力，稳占市场采购规模的4成，教育类和保障性住房的家具采购成为市场亮点。

随着政府集中采购工作的推进，中央国家机关政府采购中心(以下简称“国采中心”)已将大部分中央单位的家具采购纳入到集中采购的轨道，采购金额逐年增加，吸引了众多家具企业参与投标，江圣奥、北京天坛等许多企业成为2011度国采中心定点供应商。

海外收购成功案例增加 2011年，海宁蒙努集团有限公司以无担保债权换取了美国Jennifer Convertibles，Inc. 的90.1%新普通股，并获得450万新债券以及以Jennifer名义设立的诉讼信托基金30%的权益。海宁蒙努集团有限公司此次“债转股”方式收购完成后，不仅将拥有Jennifer旗下“Jennifer Convertbiles”和“Jennifer Leather”两个国际品牌及其市场，还有助于该集团利用Jennifer本土化的营销网络、技术资源和客户资源，全方位提升自有“蒙努”品牌产品的产量、质量、技术、管理和销量等，从而实现国际化发展战略目标。

美克国际家具股份有限公司在2009年抄底收购Schnadig后，2011年再次出手，以股权转让方式受让SHREWD LEADER投资有限公司持有的A. R. T. Furniture100%股权，股权转让价款为1890万美元。此次收购有利于强化美克国际与A. R. T. 之间的供货与分销合作，进一步拓展美克国际在北美市场的份额，也提高了A. R. T. 的融资能力、产能水平和物流架构。

外来直接投资逐渐增多 日本家具企业受本土家具需求量趋于饱和及其国内经济不景气等因素影响，导致2010年的生产量下降10%～20%。而2011年的“3·11”大地震引发该国家具产业震荡，众多家具企业认识到自然灾害多发的地理环境对企业生产造成的严重危害，加之日元持续走高，使得产业转移再度引起关注。日本全国家具联盟SH会会长川崎敦将表示，该国家具企业正加速将生产基地向与之毗邻的大连、山东周边以及家具产业密集的东莞转移。

台湾宏霖家具有限责任公司经深入考察后，于2011年7月与遵义市红花岗区人民政府签订了招商项目协议书，拟在深溪工业园区投资1亿元人民币，购地3.33公顷，建设家具生产厂。

2011年4月6日，中国香港金马凯旋集团与沈阳市于洪区人民政府正式签署沈阳·金马凯旋家具CBD落户协议。项目投资230亿元，规划面积140公顷，总建筑面积238万平方米，建成后可解决10万人就业。

“外行”触角伸向家具行业 “外行”企业看好家具市场的生存空间，切合自身特点，相继开始投资家具行业。其中凡客诚品以B2C的电子商务形式入驻家具销售市场，美的与海尔以家电制造巨头的特点发力整体橱柜和厨房配套市场。他们的进驻为家具行业注入了新鲜血液，也给具有一定规模的家具企业带来一定冲击。

【家具企业经济情况】 国家统计局要求，从2011年1月开始，规模以上工业统计范围内的工业企业起点标准从年主营业务收入500万元提高到2000万元；固定资产投资项目统计的起点从计划总投资额50万元提高到500万元。并且经测算，依据新起点标准统计的规模以上工业和固定资产投资总量、结构和速度数据，与依据原起点统计的相应数据相比，数据及其变化趋势基本一致。2011年，家具行业的满足内需型、内资主导型、贸易顺差型及就业支柱型4个基本特征没有改变，整体运行态势良好，产销运行轨迹仍与往年相似。

企业产销特点 ①工业总产值保持平稳高速增长。根据国家统计局数据显示，2011年，家具行业规模以上企业在比统计起点变更前的2010年减少1700多家的情况下，累计完成工业总产值5195.64亿元，同比增长25.28%。

②木质家具制造业发展势头较好。2011年，木质家具制造业累计完成工业总产值3144.32亿元，占家具行业累计工业总产值(下同)的60.52%；金属家具制造业累计完成工业总产值1167.19亿元，占22.46%。在5个子行业的累计工业总产值增速方面，木质家具制造业最快，和竹、藤家具制造业一起位于家具行业平均线之上，塑料家具制造业接近行业平均值，金属家具制造业和其他家具制造业低于20%(见表7-3)。

③内资企业的主导地位不断加强。随着国内能源、原材料、土地、劳动力等成本不断攀升，同时

国际市场对中国家具商品频繁设置贸易壁垒，导致一部分港澳台投资企业与外商投资企业搬迁至拥有丰富森林资源、低成本优势的东南亚国家。2011年，家具行业规模以上企业中，超过75%的是内资企业，累计完成工业总产值3652.16亿元，同比增长31.91%，占全行业累计工业总产值的比重（以下简称“占比”）增至7成，主导了行业发展；港澳台商投资企业与外商投资企业的累计工业总产值占比双双减少到不足15%，且增速都在行业平均线以下。

④中西部销售增速明显快于东部。2011年，家具行业规模以上企业累计完成工业销售产值5085.80亿元，同比增长25.61%，比累计工业总产值增速略高0.32%。家具行业工业销售产值居全国前10位的地区中，首位广东完成1201.75亿元，是第二位山东的1.93倍；中西部增长迅速，四川、河南与湖南3个地区的增速高于行业平均水平，四川高达76.27%，河南与湖南也超过30%，其他7个东部地区增速均低于25%（见表7-4）。

⑤产销率继续维持高位运行态势。家具行业近3年的月度产销率基本处于97%以上，表明生产与销售之间的衔接良好。2011年，4月份的产销率为年内最高，达到99.11%；5月份开始连续6个月下行，10月份最低但仍为97.00%；12月份回升到99.07%。2011年，行业累计产销率为97.89%，比2010年提高0.25%。其中金属家具制造业与其他家具制造业的累计产销率超过行业平均水平；除金属家具制造业以外，其他4个子行业的累计产销率都有所提高。

企业效益特点 ①规模以上企业利润增速在宽幅震荡中高速前行。2011年，家具行业规模以上企业累计实现利润289.42亿元，同比增长32.20%。月度利润在1～10月的变动幅度相对平缓，11月份开始出现激增，12月份创年内最高，比前10个月最高点（6月份）高出1倍以上。

②大型企业盈利能力强于中小型企业。家具行业以大型企业为龙头，中小企业为主体的格局短期内不会发生根本改变。2011年，仅占全行业企业总数0.63%的大型企业累计实现利润30.67亿元，平均利润11796.36万元，是全行业平均利润水平的16.81倍，产值利润率8.08%；99%以上仍然是中小型企业，小型企业的累计利润占比为63.43%，但平均利润最低，只有517.88万元，产值利润率5.74%；中型企业的累计利润占比为25.97%，平均利润是大型企业的11.50%，产值利润率仅为4.99%（见表7-5）。

③外资企业利润增速下滑亏损面扩大。2011年，家具行业规模以上企业中，内资企业的累计利润继续保持超40%的高速增长，比全行业平均水平高出11.50%；原本累计利润增速最快的港澳台商投资企业却显示增长大幅下滑，甚至比同样降为个位数增长的外商投资企业还低2.90%。截至12月底，家具行业规模以上亏损企业407个，同比增长37.50%；亏损面为9.87%，同比增加2.69%，其中港澳台商投资企业与外商投资企业的亏损面均扩大至20%以上（见表7-6）。

【家具行业对外贸易】 2011年，家具行业在进出口现状、主要外贸方式、月度出口走势、出口单价调整、出口市场结构、对主要市场出口增速等6个方面的表现有喜有忧。

进口形势依然好于出口 根据海关总署数据显示，2011年家具行业累计出口388.82亿美元，同比增长15.31%；累计进口家具22.58亿美元，同比增长29.68%。行业对外贸易仍旧保持较大顺差，但在国家扩大进口政策及国际市场需求萎缩等因素共同作用下，家具的进口增速快于出口增速。2011年，海关总署统计的家具行业40种外贸家具商品（八位编码，下同）中有31种商品的进口单价高于出口单价，说明国内家具行业的生产结构与商品档次还有待调整（见表7-7和表7-8）。

一般贸易成外贸主要方式 在加快转变外贸增长方式的政策指导下，家具行业进一步优化外贸方式结构。出口方面，一般贸易不仅成为主要贸易方式，且占比不断扩大，进料加工贸易的占比持续收窄；进口方面，一般贸易仍是主要贸易方式，但占比略有减少，保税仓库进出境货物的占比逐渐扩大。2011年，一般贸易出口值占家具出口总值的80.24%，其次是进料加工贸易出口值占16.45%；一般贸易进口值占家具进口总值的70.79%，保税仓库进出境货物进口值占比增加到14.36%（见表7-9）。

出口"两头翘"增速波动大 往年月度出口值的运行基本为当年1月份低于上年12月份，年中出现波动，年末翘尾。2011年情况有所不同，1月份国内出口家具36.58亿美元，超过2010年12月份出口值，实现高位开局；2月份受春节假期和国际市场补库存结束的影响，当月出口值仅有1月份的一半；3～10月的月度出口值波动幅度相对较小，基本维持在30亿美元左右；11月份出口跃升突破40亿美元，12月份更以42.04亿美元创下历史新高。

家具出口单价全面提升 2011年，家具行业40种出口商品中，表现为量跌价增的有13种，占32.50%，比上半年减少5%；39种商品的出口单价有所提升，仅有一种商品的出口单价出现下跌。出口单价提升的商品中，38.46%的提价幅度低于10%，20.51%的在10%～20%之间，41.03%的超过20%，尤其有2种商品上涨100%以上，还有1种商品甚至接近250%。

根据国际清算银行公布的数据显示，2011年人民币实际有效汇率上升6.12%。家具行业有32种商品的出口单价提升速度快于人民币实际有效汇率上升速度，说明中国出口家具的附加值得到提高，出口企业的议价能力有所增强。

传统市场"消"，新兴市场"长" 2011年，中国家具出口到全球220个国家(地区)，同比减少2.22%。从出口目的地国家(地区)排名来看，居前3位的依旧是美国、日本和英国，对美国出口家具120.78亿美元，大约是对日本出口的5倍左右；与2010年相比，澳大利亚和新加坡的位次分别上升到第五、第八，加拿大和荷兰则分别降至第六、第九，马来西亚重回前10位之列(见表7-10和表7-11)。

与2011年相比，家具行业的出口市场结构继续发生微变。尽管美国和欧盟仍然是中国家具集中出口的两大传统市场，合计消化了占行业出口总值53%以上的家具，但占比减少2.58%；新兴市场中的东盟是家具出口的第三大市场，占比略降1.04%，其他市场的整体占比则有所扩大；日本是除美欢之外又一个重要的传统市场，对该国的出口占比达到6.20%，与2010年持平。这些情况表明，随着出口市场多元化战略的实施，中国家具行业对美欧市场的依赖程度开始降低，面向新兴市场的出口贸易将日渐增多。

家具出口形势分析 2011年，中国对国际主要市场出口家具增速普遍回落的原因是：①美国经济呈现高赤字、高失业和低增长的走势，致使在国家经济总量中占较大份额的个人消费支出增长缓慢，消费者信心指数处于历史低位，房地产市场依旧在艰难调整之中，削弱了消费者对家具的需求。

②主权债务危机深化，从政府公共债务占GDP的比重来看，南欧的希腊、意大利、比利时、爱尔兰、葡萄牙及西班牙等国接近或已超过100%。标普、穆迪、惠普三大评级机构均将希腊的主权信用评级调降至垃圾级，而其他一些国家也频繁降级。这些因素导致了欧元区市场信心受到打压，消费者信心指数连续出现下滑，进而抑制了家具消费的增长。

③全球主要经济体均不同程度地遭受到突发性自然灾害的袭击，美国频发风暴、干旱、洪水、火灾及地震，日本大地震引发海啸与核泄漏事故，特大洪灾席卷泰国、柬埔寨、缅甸、老挝、菲律宾以及越南等东南亚国家。灾害不仅给各国造成巨大的经济损失，而且波及中国的家具出口。

④由于中国家具行业生产经营成本提升，出口价格上涨，比较优势减弱，出现了内外资家具企业向越南、马来西亚等更具成本优势的东南亚国家转移的势头，一些欧美客商也开始将家具订单转向上述国家，从而推动了这些国家家具行业竞争力的提升及家具出口的快速发展，同时挤压了中国原有的国际市场份额，目前越南已超越中国成为美国最大的卧室家具供应国。

贸易保护主义升温，贸易摩擦加剧 2011年，中国家具行业遭遇的贸易摩擦主要表现为贸易救济新立案件减少，多为对中国被实施反倾销措施的案件进行行政复审；更加隐蔽、形式多样的贸易保护措施增多，发达国家技术性贸易保护措施的示范效应显现，已传导到发展中国家；围绕产品安全制定的技术法规不断增多，与健康、环保相关的绿色壁垒愈加严酷；出口商品因存在致伤、窒息、引发火灾等安全隐患，而被召回的事件或发出消费者警告的案件呈多发态势。国际市场上日益增多的各类贸易壁垒已成为阻碍国内家具出口的重要因素，增加了家具企业的出口成本。

【浙江省家具产业】 据浙江省统计局对538家规模以上家具企业统计，完成工业总产值572.33亿元，同比增长12.8%；实现工业销售产值548.83亿元，同比增长11.49%；新产品产值145.24亿元，同比增长17.64%；产品销售率95.89%，同比下降1.13%。完成出口交货值347.83亿元人民币，同比增长5.84%，出口占销售产值的比重为63.38%。企业用电量62888.41万千瓦小时，同比增长5.74%。完成利税44.59亿元，同比下降0.08%，其中利润25.60亿元，同比下降6.99%。74家企业出现亏损，亏损额为2.35亿元。据浙江省家具行业协会统计，2011年全行业完成工业销售产值1210亿元，同比增长10%；2011年全行业家具出口79.9亿美元，比2010年增长13.85%，居全国家具业第二位(见表7-14)。2011年全省家具行业的重要事件有：

浙江品牌产品 2011年11月14日，浙江名牌战略推进委员会公布2011年浙江名牌产品，宁波市梦莹家具制造有限公司的“梦莹”牌桌椅等7个家具产品获此殊荣，浙江春光名美家具制造有限公司的“名美”牌办公家具等9个家具产品通过复评(见表7-15)。

荣获浙江出口名牌 12月16日，浙江省商务厅公布了2011年度浙江出口名牌名单。共有13个家具品牌获此殊荣，其中复核认定6个：宁波方太厨具有限公司“方太”、喜临门集团有限公司“喜临门SLEEMON”、浙江永强集团股份有限公司“YOTRIO尤特里欧”、海宁蒙努集团有限公司“蒙努Mengnu”、杭州庄盛家具制造有限公司“顾家KUKA”、杭州中艺实业有限公司“LETRIGHT”。新增认定7个：浙江豪中豪健康产品有限公司“艾力斯特iRest”、浙江强龙椅业股份有限公司“民友牌MINYOU”、浙江永艺家具有限公司“永艺UE”、安吉超亚家具有限公司“超亚商标CHAOYAmark”、浙江永裕竹业股份有限公司“永裕YONGYU”、浙江星威办公家具制造有限公司“星威XingWei”、浙江博泰家具有限公司“BJTJ”。

浙江省著名商标 12月29日，浙江省工商行政管理局公布了2011年度浙江省著名商标名单。经浙江省著名商标评审委员会评审，“永艺”、“亿田”、“图形”、“永新及图”4个家具商标被新认定为浙江省著名商标。“顾家KUKA”、“莫霞”、“大康”、“大东方”、“利豪”、“朝得”、“星威”等被延续确认为浙江省著名商标。

科技型企业 12月14日，浙江省科学技术厅公布2011年第二批浙江省科技型企业名单，其中家具企业6家，分别是浙江百仕盾实业有限公司、杭州玛润奇家具制造有限公司、嘉瑞福(浙江)家具有限公司、安吉富和家具有限公司、嘉兴市今顶电器科技有限公司、浙江星威办公家具制造有限公司。

通过高新技术企业复审 12月28日，海宁蒙努皮革制品有限公司、喜临门家具股份有限公司、绍兴市华剑床垫机械有限公司3家家具企业经过审核，通过高新技术企业复审。

设计创新能力提高 2011年，全省规模以上家具企业科技活动经费支出总额为4.88亿元，同比增长7.37%，购置技术成果费用为2741.3万元，同比增长25.58%。多家企业的产品在家具展会上获得荣誉，设计创新能力得到业内专家的认同。2011年3月和9月在广东、东莞、上海举办的国际家具展上，圣奥、顾家、荣业、春光、德昌、博洋、力丹、澳珀、城市之窗、豪中豪、富得宝、艾德文、壹美、万华、星威、诺贝、古地亚、天源、宇家、森川、永艺、利豪、莫霞、中源、卡贝隆、豪族、金郑等企业共荣获59个奖项。其中，以“东方和西方的天然元素”为主题，哥本哈根皮草公司(Kopenhagen Fur)和温州澳珀家具(Opal Furniture)合作设计的首个皮草家具系列在2011年的中国家具设计中成为一个亮点，融合了东西方的文化，结合了阴与阳、皮草与木材，是一次将中国文化背景与其对西方朴素概念的理解融合在一起的创新设计。这项展品在中国国际家具展览会上荣获金奖。

荣获中国家具优秀产业集群奖 10月14日，由中国家具协会主办的中国家具产业集群工作会议在北京召开。浙江家具产业集群——中国椅业之乡的安吉县、中国欧式古典家具生产基地玉环县、中国出口沙发产业基地海宁市荣获中国家具优秀产业集群奖；大康、利豪、永艺、天源、欧宜风、澳森、万盛、蒙努、川洋荣获中国家具产业集群优秀企业奖；浙江省家具行业协会、海宁市家具协会、安吉县发经委、海宁市经贸局荣获中国家具产业集群突出贡献奖。浙江省家具行业协会蒋鸿源理事长同时荣获中国家具产业集群个人突出贡献奖。

圣奥集团20周年庆典活动 11月1日，浙江省家具企业圣奥集团20周年庆典活动在杭州隆重举行。经过20年的发展，圣奥集团销售网络遍及全国一二线以上城市及美国、英国、乌克兰等45个国家和地区，总部建筑面积7万平方米，生产基地面积40万平方米。2011年家具销售产值超过10亿元人民币。

第三届全国红木家具经销商大会 9月18日，由中国家具协会传统家具专业委员会、浙江省家具行业协会主办，东阳红木家具协会、东阳红木家具市场承办的第三届全国红木家具经销商大会暨第三届华东地区红木家具采购交易会在东阳红木家具市场开幕，中国家具协会传统家具专业委员会2011年年会也同期举行。为期20天的第三届全国红木家具经销商大会拉动了东阳红木家具近30亿元的交易。

2011年中国家具协会沙发专业委员会年会 6月9日，由中国家具协会主办、浙江利豪家具有限公司承办的2011年中国家具协会沙发专业委员会年会暨中国企业领袖经济学泰斗高峰论道论坛在安吉召开。会议新增浙江川洋、安吉中源、海宁金郑等10多家全国沙发企业成为专业委员会委员。

荣获全国质量管理奖 10月31日，方太集团荣获全国质量管理奖，这是中国质量管理领域最高奖项。其子公司宁波方太厨具有限公司荣膺2011年度浙江省政府质量奖，并获得100万元的奖金。浙江省政府质量奖是浙江省质量领域的最高荣誉，是省政府对实施卓越绩效管理、取得显著经济效益和社会效益的企业或组织的最高奖励。这也是家具行业首次获得全国质量管理奖和浙江省政府质量奖两项大奖。

全国首次实木家具驻厂监检 3月9日，全国首次实木类家具材质驻厂监检启动仪式在衢州举行。应浙江巨桑家私有限公司邀请，浙江省家具产品质量检测中心将派员进驻巨桑工厂，对每一件实木类产品进行全程检验，并加贴中心检验标志，由此控制产品质量，明确产品用材类别，提高企业与产品的公信力。

高端培训班结业 11月26日，第一期浙江省家具企业接班人高端培训班结业。它是由浙江省家具行业协会和浙江农林大学联合创办，历时一年。课程设置涉及生产、经营、管理全过程。来自全省各企业的学员深入企业进行考察、体验、对话，先后参观了圣奥、星莹、方太等一流企业，为今后的接班工作奠定坚实的基础。

产能互助平台成立 11月18日，浙江省家具行业协会厨房家具专业委员会产能互助平台成立。产能互助平台将整合浙江省厨房家具企业的产能，帮助企业调剂产能以保证按时完成订单，另外也可降低原材料的购买成本。

【山东省家具产业】 2011年，山东省家具生产企业5000余家，从业人员约55万人，实现主营业务收入945亿元，同比增长19%，其中规模以上生产企业477家，实现主营业务收入606.23亿元，同比增长18.65%，出口主营业务收入112.65亿元，同比增长17.5%。

举办市场营销专题培训 2011年2月，山东家具业市场营销精英培训班举办，共有来自山东省26家家具生产企业及商城的近百位营销精英参加了培训。本次培训主题为"营销战术与市场未来"，通过专家授课、现场互动、案例分享、研讨沙龙等多种形式，深入剖析家具终端销售过程中的诸多策略和售后服务标准的建设问题，引导学员创新营销方式，深入拓展市场渠道。

参加家具展会 3月份，位列全国家具展会前三甲的东莞家具展、广州家具展和深圳家具展相继举办，青岛一木、良木、山东今日、烟台吉斯等省内近30余家企业参展，参展企业在签订大量订单的同时，市场拓展、品牌价值和影响力也得到极大的提升。9月份，山东省家具协会继续组织企业参加东莞、广州及上海家具展，帮助企业拓展国内、国际两大市场。

开展"中国十省市环保家具知名品牌"、"诚信企业及示范商城"推荐活动 为维护消费者的合法权益，促进家具业整体水平的提升，配合2011年"消费与民生"主题和"3·15"国际消费者权益日"，由北京、天津、重庆、河北、河南、辽宁及山东省家具协会等联合开展了“中国十省市环保家具知名品牌”、“诚信企业及示范商城”推荐活动。通过对样品的检测和评选，山东省的25家企业产品荣获中国十省市环保家具知名品牌、7家企业获得家具行业诚信企业称号、5家单位获得示范商城称号。在舜耕会堂举办了10周年山东环保家具品牌新闻发布会，进行颁奖和宣读行业的诚信宣言。

举办第八届青岛国际家具及木工机械展览会 2011年4月19～22日，第八届青岛国际家具及木工机械展在青岛举办，总规模10万平方米，共接待专业观众7.8万人次，非专业观众2万人次，来自韩国、日本、东南亚以及中东等地的专业客商约5000人次。展会的主题为“让渠道更加宽广”，展会围绕“市场营销年”活动，在鼓励、引导参展企业大力创新营销方式的同时，精心策划安排多项市营销类主题活动，帮助展商、客商了解市场行情，把脉市场趋势，掌握营销手段促进深度交流。举办了“经销商大讲堂”专题讲座和“双百对话”活动。

举办周村家具产业发展论坛 2011年5月，由山东省家具协会和周村区政府联合主办的周村家具产业发展论坛在淄博周村举行。论坛以“解放思想，市场突围，打造‘中国软体家具商贸之都”为主题，针对周村区业已形成的以软体家具生产、流通和上游原材料为核心的产业集群特色，提出了从市场环节突围，打造“中国软体家具商贸之都”的方针。7月，中国家具协会分别授予胶州市杜村镇“中国北方家具产业出口基地”、滨州阳信县“中国古典家具文化产业基地”共建单位荣誉称号。

举办中国(济南)国际门业博览会 2011年8月14～16日，门博会在济南举办，有来自山东、河南、河北、北京、重庆、黑龙江、吉林、辽宁等省份以及日本、越南等国家的203家门业产业链上下游企业参展，展示规模近4万平方米，接待国内外专业客商近3.6万人次，消费者3000余人。

门博会云集了如TATA木门、北京九鼎创展、北京益圆、山西华庚、大连盛友、黑龙江长城、山东万家园、山东鑫迪、济南金田绿洲等全国知名品牌，并专门开辟了品牌专馆。展会还整合了门业产业链的相关木工机械企业和以广东巴德士化工等为代表的原辅材料企业。门博会开辟了“科技创新主题馆”，面向全国征集蕴涵科技创新元素的门业产品，集中展示了拥有新型材料、尖端技术、特色工艺、个性设计等近50款门类产品。

门博会同期举办了“家装文化节”和“论门业峰值发展之路”高峰论坛。

【广东省家具产业】

品牌企业主导地位 在2011年经济形势下，品牌企业的生意明显比小企业好，其中品牌企业增幅高达30%，差的中小企业下降30%。形成骨干企业重视品牌建设的格局。认定“中国驰名商标”深圳长江、佛山源田、敏华实业、雅兰(深圳)、深圳天诚等5家企业。新认定“广东著名商标”慕思、嘉宝莉、耀东华、金凤凰、日先、华源轩、森堡、大明、万恒通、永华、东成等14家企业。延续认定“广东著名商标”东泰、亚当斯、新马木工、源田、健威、富宝、中意、左右、元宗、四海、华莎驰、华立、金恒、丽江椅业、中新、中泰龙、创合、美盈、省轻出、惠康、科艺普、家惠、红古轩、华辉等24家企业。评定“广东名牌产品”大公馆、经典通达、美盈、至盛冠美、华辉、汇雅、华伟、诺华、森盛、深隆行、红运、红古轩、鸿发、佳居乐、欧派、新山川、源田、乐直嘉等18家企业。

加快转型升级步伐 2011年初，广东省家具协会组成广东省家具产业转型升级调研组开展工作，编制“整合产业链再创新优势《广东省家具产业转型升级行动方案”；9月，举行全面推进广东家具产业转型升级研讨会暨转型升级龙头、示范企业授牌仪式，表彰18家广东省优势传统产业转型升级龙头、示范企业，11家广东省家具行业转型升级重点培育企业，2家龙头企业——广东联邦、广东东泰。积极支持广东联邦集团申报国家级企业技术中心。

加快设计创新步伐 举办和启动7项设计大赛：丽江杯·公共座椅设计大赛、红古轩杯·新中式家具、健威杯·板式家具、中泰龙杯·办公家具、2011龙创意家具、中国(三乡)古典彩绘、三乡杯·古典家具创意大赛。举办首届广东省家具行业设计年会活动。成立广东省家具协会设计专业委员会、广东省家具行业创新设计联盟，发布《联盟公约》。举办第三届家居设计展，展览面积1500平方米，为家具企业、设计公司和大专院校学生提供学习交流的平台。省家协和东莞诺华公司主办的诺华中国家具博物馆正式落成，免费开放。

搭好贸易展示平台 2011年3月举办第二十七届中国广州国际家具博览会，展会面积55万平方米。8月举办首届广东省图书馆暨书房博览会。10月举办第七届中国(乐从)红木家具艺术博览会和第三届中国(三乡)古典家具文化节。11月举办第七届中国澳门酒店设备及用品展览会和中国(福州)家居建材博览会。

开创行业信息新局面 《广东家具》杂志改为双月刊，扩大发行量，增强了杂志的指导性、技术性和可读性。《广东家具网》及时准确传达国家相关政策，为家具行业协会会员提供更新的信息服务。中国家具协会指导，顺德家具研究开发院承办，广东省家具协会主编了《中国家具材料发展蓝皮书》。

提高行业人员素质 2011年7月，广东省家具协会举办第十期广东省家具设计专业培训班及职称考试，免费培训30名会员企业的家具设计人员，申报省家具设计师初级、中级和高级职称。8月、9月举行3期广东省家具行业总裁研修班，免费培训企业负责人500多名。先后在广州、东莞家具展、深圳家纺饰品展会中举办大型论坛7场，在北京798、东莞名家具、深圳艺展设计沙龙5场、在广州专题讲座2场，企业内训4场，培训来自全国各地的5000多名导购员、店长、区域经理和总裁。

【中国家具行业突出贡献奖】 2011年获中国家具行业突出贡献奖的企业和单位有5家，具体如下。

曲美家具 是国内首家开通电子商务平台销售模式的家具品牌。2009年6月25日，曲美“e世界”在网络商城正式上线，同时线下500家实体店协同直销；2009年12月，曲美进驻淘宝商城；2010年4月9日，曲美家具牵手气候组织，联手淘宝网，开展行动赢得绿色——曲美2010低碳战略发布暨电子商务全面升级；2010年7月，曲美e世界产品中橡皮糖、枫侣の家、精致生活系列产品同步上线网络商城，实现全面升级。

广东联邦家私集团 该集团一直以设计研发为核心，开发新产品，在原创设计、材料利用、涂装研究、标准制定、工程技术5个领域走在行业前端，凭借自身的综合实力和卓越的科技创新能力，成为家具业目前唯一一家获得国家认定企业技术中心荣誉的企业。

广州尚品宅配家居有限公司 该公司开创了家具个性化定制(顾客化定制)的营销模式，采用大规模定制生产的柔性化生产以及遍布全国300多个城市的网络化物流，进行店网一体化经营，建设家居设计方案开放式服务平台。个性化定制和规模化生产的“两化融合”带来商业模式和生产方式的升级，开辟了整体家居的定制解决之道。

浙江圣奥家具制造有限公司 该公司位列浙商全国500强、杭州市大集团大企业竞争力100强，并被评为华人办公家具品牌综合实力第一名。2011年，圣奥捐资2000万元作为原始资金成立了圣奥慈善基金会进行扶贫助学，原始基金额为省内民间慈善基金会前列；在2011年首届世界浙商大会“光彩事业丽水行”活动中，圣奥慷慨捐资1000万，这也是该会自成立以来接受的最大一笔捐款。

深圳市家具行业协会 该协会投资建设的中国家具产业教育学院是中国家具行业首个产业军校，为全行业从业人员提供培训和再教育服务。学院自2009年8月试运营至2011年，已为300多家行业知名企业逾上万人提供包括终端导购、店长、经销商、生产技术系统、市场营销、内部管理、设计研发在内的多种教育服务，辐射广东、华北、华东等地。

【全国家具行业主要活动】

第27届中国广州国际家具博览会举办 中国广州国际家具博览会于2011年3月18~21日、3月27~30日分两期展览，第一期展会包括民用家具、休闲用品、家居饰品、家用纺织品及原辅材料等；第二期展会包括办公家具、木工机械、家具配料等。两期展会共有来自中国、美国、意大利、法国、荷兰、新加坡、泰国、阿联酋、澳大利亚、日本、马来西亚、土耳其等国家和地区的3138家企业参展，比2010年同期增加11.2%，展览面积54万平方米。

浙江海宁获“中国出口沙发产业基地”名片 2011年4月8日，中国家具协会与海宁市人民政府签订共建"中国出口沙发产业基地"协议，海宁成为中国家具协会在全国的第十七个特色区域。5个共建、协建单位将为海宁沙发企业提供展览、信息、法律、培训、网络、交流等方面的服务。

中国家具协会组团赴意参观米兰家具展 2011年4月11日，中国家具协会组团前往意大利参观米兰家具展。2011年米兰展继续保持40万平方米的展览面积，共计24个展馆，包括古典家具和现代家具，从功能上区分有沙发、软床、客厅、餐厅、厨房、办公、儿童家具等大类。在参观展览的同时，中国家具协会进行了一系列与协会业务相关联的活动，与意大利家具协会见面并会谈、出席中意两国企业合作的新品发布活动。

黄埔职业资格考核培训 中国家具协会主办，北京国富纵横咨询管理有限公司承办的"家具行业中级营销师"黄埔一期、二期和三期职业资格培训班于2011年的5月19日、7月21日和10月20日在北京落幕。参加培训的有来自百强家具、光明家具、炬日家具、克拉斯、浙江花为媒集团等百余名企业高管，课程包括《中国家具行业现状概述》、《业绩制度管理创新》、《家具品牌经典案例剖析》、《打造高效营销生产线》等。另外，培训班针对家具行业中级营销师考试的辅导课程和职业资格考核，考试结束后，举办了黄埔培训班毕业典礼。

全国家具行业标准化工作会议 2011年6月28日，全国家具行业标准化工作会议暨全国家具标委会一届三次全体委员大会在广州召开。会议审议通过了《2010年度全国家具标准化技术委员会工作报告》、《中国家具行业标准化"十二五"发展规划》，成立了第一届全国家具标准化技术委员会专家组，设立了11名全国家具标准化技术委员会观察成员。喜临门家具股份有限公司、湖北联乐床具集团有限公司、广东联邦家私集团有限公司、浙江省家具与五金研究所、国家办公用品设备质量监督检验中心、国家家具及室内环境质量监督检验中心6家单位被授予全国家具标准化工作先进集体称号。

中国家具协会与新加坡家具工业理事会签订合作备忘录 2011年7月6日，中国家具协会和新加坡家具工业理事会代表团一行对中国和新加坡的家具行业发展现状和协会工作进行了交流，并共同在《关于进一步加强合作的谅解备忘录》中签字，促进今后两国家具行业更广阔的交流和双方家具行业的共同发展。

《家具设计师》职业标准、培训教材审定会 2011年8月1~3日，《家具设计师》职业标准、培训教材审定会在河北唐山召开。会议最终决定，仍然按照2007版标准的"四个等级"设计，在"基本要求"、"工作要求"、"比重表"方面略作调整，成稿后交由中国轻工业职业技能鉴定指导中心作为正式意见提交国家人力资源和社会保障部审定并颁布。

中国家具协会与中国汽车流通协会座谈会 2011年8月13日，中国家具协会协同中国汽车流通协会以及众多家具企业组织召开了座谈会，两行业及企业代表于8月14日召开战略合作新闻发布会，由中国家具协会、中国汽车工业协会、中国汽车流通协会主办，百利文仪承办，同期进行了共建科宝家居战略联盟的签约仪式。

第十七届中国国际家具展览会 第十七届中国国际家具展览会2011年9月14日在上海开幕。来自世界各地的2600家参展企业，汇聚民用家具、办公家具、橱柜、饰品以及家具生产设备、原辅材料的最新产品，首次在上海新国际博览中心、上海世博展览馆、吉盛伟邦国际家具村三地同时展出。为期4天的展会吸引了来自150多个国家和地区的近10万名专业观众。

2010~2011"大岭山杯"金斧中国家具设计大奖赛 该大奖赛由中国家具协会、东莞市大岭山镇人民政府主办，中国家具协会设计工作委员会、大岭山镇政府产业升级办、大岭山家具协会承办。大奖赛以"现代实木时尚生活"——科学利用速生材的实木家具设计为主题。共收到来自28所大专院校和200多家设计机构及家具企业等各界参赛作品共1152幅，200件作品进入复赛并于上海第十七届中国国际家具展览会期间展出，最终评出金奖2名、银奖4名、铜奖6名、优秀奖20名、优秀组织奖4名以及6名金、银、铜优秀指导老师奖。

《软体家具：棕纤维弹性床垫》国家标准宣传会 2011年9月25日，《软体家具：棕纤维弹性床垫》国家标准首场贯标会在贵阳召开。《软体家具：棕纤维弹性床垫》国家标准由贵州大自然科技有限公司起草，在2011年6月16日获得国家质量监督检验检疫总局、国家标准化管理委员会的批准发布，定于2011年12月1日正式实施。棕床垫国家标准的出台与实施，标志着中国在与人类健康睡眠最密切相关的床垫类产品上有了第一个国家标准，结束了国内床垫领域无国家标准的历史。

中国家具产业集群工作会议 2011年10月14日，中国家具产业集群会议在北京召开。中国家具协会理事长朱长岭作了“中国家具产业集群和特色区域发展报告”。会上举行了授牌及签约仪式，授予广东省中山市三乡镇中国古典家具名镇称号、湖北省潜江市中国华中家具产业园称号、辽宁省阜新市彰武县中国彰武新兴家具产业园区称号。中国家具协会副理事长兼秘书长张冰冰分别与山东省阳信县人民政府县长宋兴刚、山东省胶州市杜村镇副镇长桑世标签署了共建中国古典家具文化产业基地协议书、共建北方家具出口产业基地协议书。会议还对部分优秀产业集群、企业和个人进行了表彰，授予广东省大涌镇中国红木家具生产产业镇等18家产业集群中国家具优秀产业集群奖，授予91家企业中国家具产业集群优秀企业奖，授予35家单位和53位个人中国家具产业集群突出贡献奖。

(中国家具协会)

【国家发布的家具标准】 2011年国家发布的家具标准有15项(见表7-17)。

表7-1 家具各指标在全国排名前5位的省份

指标(家)	全国排名前5位的省份占全国的比例(%)
木制家具制造企业数量82239	广东(19.18)、浙江(8.91)、江苏(8.29)、上海(6.88)、山东(6.46)
竹藤制家具制造企业数量2037	浙江(18.7)、福建(16.05)、广东(14.78)、江苏(7.36)、湖南(5.74)
家具零售企业数量121666	广东(14.78)、江苏(10.85)、浙江(7.46)、四川(5.54)、福建(5.29)

表7-2 各地区家具企业数量

地区	木制家具制造企业数量(家)	竹藤制家具制造企业数量(家)	家具零售企业数量(家)
全国合计	82239	2037	121666
北京	4579	17	4335
天津	1968	31	1295
河北	2995	22	3652
山西	766	1	3024
内蒙古	640	4	1456
辽宁	2496	12	5334
吉林	1193	4	2769
黑龙江	2615	16	4243
上海	5656	22	4601
江苏	6819	150	13206
浙江	7331	381	9079
安徽	1341	82	3970
福建	3727	327	6442
江西	2495	114	2386
山东	5312	54	4052
河南	2317	36	2974
湖北	1424	34	3174
湖南	1342	117	3508
广东	15773	301	17977
广西	812	66	2689
海南	316	12	1587
重庆	2430	63	2737
四川	4111	89	6740
贵州	572	24	1764
云南	714	25	2935
西藏	25	1	166
陕西	1179	23	1919
甘肃	500	2	963
青海	92	0	216
宁夏	167	4	566
新疆	532	3	1907

表 7-3 全国家具行业产值

行业名称	2011 年工业总产值(万元)	2010 年工业总产值(万元)	增速(%)	产销率(%)
家具制造业	51956389.6	41470749.9	25.28	97.89
其中：木质家具制造	31443203.5	23984173.5	31.10	97.77
竹、藤家具制造	654756.2	514960	27.15	97.67
金属家具制造	11671894.3	9962450.1	17.16	98.10
塑料家具制造	823905.8	662989.3	24.27	97.70
其他家具制造	7362629.8	6346177	16.02	98.10

数据来源：中国轻工业信息中心。统计范围：规模以上(即年主营业务收入 2000 万元以上)全部工业法人企业。

表 7-4 全国家具主要产品销售产值

行业名称	2011 年工业销售产值(万元)	2010 年工业销售产值(万元)	增速(%)	2011 年出口交货值(万元)	2010 年出口交货值(万元)	增速(%)	出口占销售比重(%)
家具制造业	50857997.9	40489297.7	25.61	12811220	11825499.2	8.34	25.19
其中：木质家具制造	30740547.3	23380637.2	31.48	5966032.8	5416126.8	10.15	19.41
竹、藤家具制造	639513.5	499387.9	28.06	180756.8	150123.8	20.41	28.26
金属家具制造	11450456.4	9781410.3	17.06	3940802.2	3693427.3	6.70	34.42
塑料家具制造	804946.0	645424.2	24.72	318309.8	261985.9	21.50	39.54
其他家具制造	7222534.7	6182438.1	16.82	2405318.4	2303835.4	4.40	33.30

数据来源：中国轻工业信息中心。统计范围：规模以上(即年主营业务收入 2000 万元以上)全部工业法人企业和个别地区的少量规模以下(即年主营业务收入 2000 万元以下)企业。

表 7-5 家具行业规模以上大中小型企业盈利情况

企业规模	企业总数(家)	累计利润(亿元)	平均利润(万元)	产值利润率(%)
大型	26	30.67	11796.36	8.08
中型	554	75.16	1356.76	4.99
小型	3545	183.39	517.88	5.74
家具行业	4125	289.42	701.63	5.69

注：平均利润 = 累计利润/企业总数

数据来源：中国轻工业经济运行及预测预警系统。

表 7-6 家具行业规模以上不同经济类型企业亏损面情况

企业经济类型	企业总数(家)	亏损企业数(家)	亏损面(%)
内资企业	3113	165	5.30
港澳台商投资企业	509	120	23.58
外商投资企业	503	122	24.25
合计	4125	407	9.87

注：亏损面 = 亏损企业数/企业总数，数据截至 2011 年 12 月底。

数据来源：中国轻工业经济运行及预测预警系统。

表 7-7 家具产品分地区出口金额

地区	2011 年出口值(美元)	2010 年出口值(美元)	增速(%)
全国	38881881509	33719003492	15.31
广东	16908250673	14156935733	19.43
浙江	7990505285	7018618303	13.85
江苏	2848468846	2476897779	15.00
福建	2771098198	2345759000	18.13
上海	2699934100	2457376251	9.87
山东	1742218598	1475791227	18.05
河北	568383994	421379016	34.89
天津	522905353	531678440	-1.65
辽宁	486699015	494961376	-1.67
江西	468140556	641992057	-27.08
河南	431491813	413090741	4.45
安徽	283952024	217142073	30.77
湖南	264217757	300724774	-12.14
北京	200699166	200185027	0.26
黑龙江	130298921	141262514	-7.76
新疆	129266334	106908121	20.91
湖北	95953056	62915527	52.51
重庆	82467446	27498217	199.90

地区	2011 年出口值（美元）	2010 年出口值（美元）	增速(%)
广西	81803635	66571210	22.88
吉林	58076683	62137709	-6.54
四川	36740009	23951069	53.40
海南	25793808	26352519	-2.12
内蒙古	18718165	12937691	44.68
陕西	16625504	6849772	142.72
云南	6070005	10749867	43.53
山西	4695379	2630419	78.50
贵州	2855366	13074820	-78.16
宁夏	2674825	24955	10618.59
西藏	2639806	2134537	23.67
青海	157619	182935	-13.84
甘肃	79570	289813	-72.54

数据来源：中国轻工业信息中心。

表 7-8　家具产品分地区进口金额

地区	2011 年进口值（美元）	2010 年进口值（美元）	增速(%)
全国	2257917261	1741136403	29.68
上海	668722155	504675244	32.51
广东	376790921	332733077	13.24
北京	256555046	161519455	58.84
吉林	184940044	149154912	23.99
江苏	158181533	139129741	13.69
辽宁	120625259	86010097	40.25
天津	116526632	99240017	17.42
福建	73838254	39368844	87.56
浙江	60784894	44571292	36.38
湖北	52711452	44157757	19.37
四川	43298700	28200029	53.54
山东	40494126	31283729	29.44
广西	28062699	21285004	31.84
重庆	14634596	10841964	34.98
河北	14170063	13568758	4.43
海南	11681282	4529151	157.91
湖南	8188552	7028244	16.51
云南	7035505	3051329	130.57
安徽	6511536	6514493	-0.05
山西	4598302	46269	9838.19
贵州	3465251	3765996	-7.99
河南	2289497	4218859	-45.73
陕西	1024445	551531	85.75
江西	1011564	1237095	-18.23
新疆	560159	598051	-6.34
黑龙江	514516	3481310	-85.22
内蒙古	406247	146499	177.30
甘肃	187804	201301	-6.70
西藏	81912	6386	1182.68
青海	16838	1518	1009.22
宁夏	7477	18451	-59.48

数据来源：中国轻工业信息中心

表 7-9　家具行业对外贸易方式结构

贸易方式	出口值占比(%)	进口值占比(%)
一般贸易	80.24	70.79
进料加工贸易	16.45	6.97
来料加工装配贸易	0.47	0.36
保税仓库进出境货物	0.94	14.36
保税区仓储转口货物	0.54	5.42
边境小额贸易	0.53	1.57
其他	0.84	0.53

数据来源：中国轻工业经济运行及预测预警系统。

表 7-10　家具出口国际传统市场情况

出口目的地	2011 年出口值（亿美元）	2010 年出口值（亿美元）	增速（%）
美国	120.78	111.84	7.99
欧盟(27 国)	88.28	78.14	12.97
其中：英国	19.62	18.14	8.16
德国	17.71	14.21	24.67
法国	11.51	10.06	14.47
荷兰	8.68	7.90	9.77
西班牙	6.13	5.27	16.49
意大利	5.41	5.16	4.85
比利时	4.84	4.20	15.20
瑞典	2.99	2.75	8.86
丹麦	2.80	2.83	-0.90
波兰	2.16	1.78	21.41
希腊	0.86	0.92	-6.33
芬兰	0.68	0.68	0.23
爱尔兰	0.64	0.62	2.08
葡萄牙	0.63	0.67	-5.88
马耳他	0.62	0.46	34.26
罗马尼亚	0.54	0.49	10.36
奥地利	0.39	0.34	13.80
拉脱维亚	0.32	0.22	44.31
捷克	0.32	0.26	24.53
斯洛文尼亚	0.31	0.21	49.18

出口目的地	2011 年出口值（亿美元）	2010 年出口值（亿美元）	增速（%）
塞浦路斯	0.25	0.26	-3.54
立陶宛	0.20	0.14	47.84
爱沙尼亚	0.20	0.14	48.40
保加利亚	0.19	0.16	14.03
斯洛伐克	0.14	0.10	44.77
匈牙利	0.11	0.11	-5.13
卢森堡	0.01	0.06	-87.63
日本	24.09	20.92	15.16

数据来源：中国轻工业经济运行及预测预警系统。

表 7-11　家具出口国际新兴市场情况

出口目的地	2011 年出口值（亿美元）	2010 年出口值（亿美元）	增速（%）
东盟(10 国)	36.14	34.84	3.71
其中：新加坡	10.25	7.62	34.41
马来西亚	8.13	6.52	24.78
泰国	4.17	7.60	-45.14
印度尼西亚	3.96	5.78	-31.55
文莱	3.61	1.82	98.74
越南	2.82	2.74	2.85
菲律宾	1.38	2.18	-36.99
缅甸	1.00	0.40	152.65
柬埔寨	0.44	0.12	272.73
老挝	0.38	0.06	492.30
金砖国家(除中国外)	13.62	11.03	23.47
其中：印度	4.40	4.88	-9.79
南非	3.62	2.39	51.11
俄罗斯	3.33	2.27	46.56
巴西	2.27	1.49	52.76

数据来源：中国轻工业经济运行及预测预警系统。

表 7-12　全国木制家具进出口贸易值

产品类别	单位	出口数量	出口金额（千美元）	进口数量	进口金额（千美元）
合计			2250121		546533
木家具	件		2250121		546533

表 7-13　中国家具协会认定的家具特色产业地区

地区	地点	称号
珠三角	广东省佛山市顺德区乐从镇	中国家具商贸之都
	广东省佛山市顺德区龙江镇	中国家具材料之都
		中国家具制造重镇
	广东省东莞市大岭山镇	中国家具出口第一镇
	广东省中山市大涌镇	中国红木家具生产专业镇
	广东省中山市三乡镇	中国古典家具名镇
	广东省台山市大江镇	中国传统家具专业镇
长三角	江苏省苏州市相成区播口镇	中国东部家具商贸之都
	浙江省湖州市安吉县	中国椅业之乡
	浙江省海宁市	中国出口沙发产业基地
	浙江省台州市玉环县	中国欧式古典家具生产基地
环渤海	河北省廊坊市香河县	中国北方家具商贸之都
	河北省瀚州市胜芳镇	中国金属玻璃家具产业基地
	山东省德州市宁津县	中国桌椅之乡
	山东省滨州市阳信县	中国古典家具文化产业基地
	山东省胶州市杜村镇	中国北方家具出口产业基地
东北	辽宁省庄河市	中国实木家具产业基地
	辽宁省阜新市彰武县	中国家具彰武新兴产业园区
中西部	四川省成都市武侯区	中国西部家具商贸之都
	四川省崇州市	中国板式家具产业基地
	湖北省潜江市	中国华中家具产业园
	江西省南康市	中国中部家具产业基地
	云南省大理市剑川县	中国民族木雕家具产业基地

表 7-14　浙江省家具行业发展

年度(年)	家具销售产值		家具出口		规模以上企业家具产量	
	销售额(亿元)	同比增长(%)	出口额(亿美元)	同比增长(%)	件数(亿件)	占全国产量比例(%)
2011	1210	10	79.9	13.85	1.8	25.88
2010	1100	24	70.19	34.39	1.87	24.33
2009	840	7.7	54.00	-3.00	1.71	28.13
2008	738	23	55.74	28.50	1.40	26.90
2007	600	25	43.37	39.90	1.19	24.60

表 7-15　家具行业荣获浙江名牌产品

产品名称	企业名称
桌椅	宁波市梦莹家具制造有限公司
户外休闲家具	宁波格莱特休闲用品有限公司
实木家具	浙江花为媒集团有限公司
木雕红木家具(传统特色产品)	东阳市东艺工艺品有限公司
木雕红木家具(传统特色产品)	东阳市明堂红木家俱有限公司
红木家具	浙江年年红实业有限公司
家具	浙江诺贝家具有限公司
办公家具	浙江春光名美家具制造有限公司
家具	浙江富得宝家具有限公司
微电脑功能按摩椅	浙江豪中豪健康产品有限公司
木制家具	浙江莫霞实业有限公司
办公椅	安吉超亚家具有限公司
转椅	浙江利豪家具有限公司
皮革	海宁蒙努集团有限公司
铝合金豪华椅系列	浙江星威办公家具制造有限公司
欧式套房家具	台州港源家具有限公司

表 7-16　获山东省著名商标的 12 家企业

企业名称	著名商标
青岛一木集团有限责任公司	“金菱”牌
青岛帝森家庭橱柜厨具有限公司	“帝森”牌
淄博舒愿家具有限公司	“舒愿”牌
淄博市周村腾飞家具制造厂	图形
烟台吉斯家具集团有限公司	“Cynthia 辛西娅”牌
临沂伯利恒家俱有限公司	“伯利恒”牌
山东吉美乐木业有限公司	“吉美乐”牌
临沂市水波尔床业有限公司	“水波尔”牌
山东华树办公设备有限公司	“华树”牌
山东金富信家具有限公司	“富信”牌
山东金中意家俱有限公司	“天意”牌
山东东方汇兴家具有限公司	“汇兴”牌

表 7-17　国家发布的 15 项家具标准

	标准编号	标准名称	代替标准号	发布日期	实施日期
1	GB 26172.1－2010	折叠翻靠床　安全要求和试验方法　第 1 部分：安全要求		2011－1－14	2011－9－15
2	GB/T 26172.2－2010	折叠翻靠床　安全要求和试验方法　第 2 部分：试验方法		2011－1－14	2011－6－1
3	GB 17927.1－2011	软体家具　床垫和沙发　抗引燃特性的评定　第 1 部分：阴燃的香烟	GB 17927－1999	2011－6－16	2011－12－01
4	GB 17927.2－2011	软体家具　床垫和沙发　抗引燃特性的评定　第 2 部分：模拟火柴火焰		2011－6－16	2011－12－01
5	GB/T 26694－2011	家具绿色设计评价规范		2011－6－16	2011－12－01
6	GB/T 26695－2011	家具用钢化玻璃板		2011－6－16	2011－12－01
7	GB/T 26696－2011	家具用高分子材料台面板		2011－6－16	2011－12－01
8	GB/T 26706－2011	软体家具　棕纤维弹性床垫		2011－6－16	2011－12－01
9	GB/T 10357.5－2011	家具力学性能试验 第 5 部分：柜类强度和耐久性	GB/T 10357.5－1989	2011－7－29	2011－12－15
10	GB/T 26848－2011	家具用天然石板		2011－7－29	2011－12－15
11	QB/T 2530－2011	木制柜	QB/T 2530－2001	2011－6－15	2011－10－01
12	QB/T 4190－2011	软体床		2011－6－15	2011－10－01
13	GB 28007－2011	儿童家具通用技术条件		2011－10－31	2012－08－01
14	GB 28008－2011	玻璃家具安全技术要求		2011－10－31	2012－08－01
15	GB 28010－2011	红木家具通用技术条件		2011－10－31	2012－08－01

表 7-18　木质家具主产地产量

	木质家具主产地	产量(万件)
1	宝坻区(津)	119.60
2	香河县(冀)	336.40
3	文安县(冀)	320.00
4	丰润区(冀)	153.00
5	正定县(冀)	70.00
6	无极县(冀)	40.00
7	广平县(冀)	20.00
8	遵化市(冀)	17.60

	木质家具主产地	产量（万件）
9	临漳县（冀）	12.00
10	玉田县（冀）	10.00
11	南宫市（冀）	9.40
12	武邑县（冀）	8.90
13	滦南县（冀）	5.90
14	宁晋县（冀）	5.80
15	赵　县（冀）	5.00
16	冀州市（冀）	3.80
17	丰宁满族自治县（冀）	3.50
18	高碑店市（冀）	3.50
19	清苑县（冀）	3.00
20	任丘市（冀）	2.50
21	武强县（冀）	2.35
22	永年县（冀）	2.17
23	阜城县（冀）	2.15
24	磁　县（冀）	2.00
25	巨鹿县（冀）	2.00
26	涿州市（冀）	1.60
27	南和县（冀）	1.60
28	武安市（冀）	1.60
29	鸡泽县（冀）	1.50
30	平泉县（冀）	1.50
31	广宗县（冀）	1.40
32	馆陶县（冀）	1.20
33	晋州市（冀）	1.20
34	顺平县（冀）	1.20
35	邯郸县（冀）	1.08
36	任　县（冀）	1.02
37	唐　县（冀）	1.00
38	井陉县（冀）	1.00
39	桃城区（冀）	0.92
40	栾城县（冀）	0.80
41	望都县（冀）	0.80
42	涞水县（冀）	0.80
43	峰峰矿区（冀）	0.65
44	蔚　县（冀）	0.60
45	鹿泉市（冀）	0.53
46	夏　县（晋）	20.00
47	垣曲县（晋）	2.00
48	科尔沁区（内蒙古）	150.00
49	杭锦后旗（内蒙古）	2.50
50	磴口县（内蒙古）	0.60
51	沈北新区（辽）	520.00
52	庄河市（辽）	389.00
53	清原满族自治县（辽）	370.00
54	太子河区（辽）	200.00
55	于洪区（辽）	200.00
56	彰武县（辽）	35.00
57	岫岩满族自治县（辽）	29.10
58	顺城区（辽）	20.70
59	新宾满族自治县（辽）	10.00
60	甘井子区（辽）	10.00
61	建昌县（辽）	7.17
62	本溪满族自治县（辽）	6.00
63	银州区（辽）	5.60
64	盖州市（辽）	5.20
65	普兰店市（辽）	5.00
66	南芬区（辽）	4.30
67	抚顺县（辽）	4.20
68	连山区（辽）	4.00
69	海城市（辽）	3.20
70	桓仁满族自治县（辽）	2.40
71	宽甸满族自治县（辽）	2.00
72	开原市（辽）	2.00
73	阜新蒙古族自治县（辽）	1.02
74	平山区（辽）	1.00
75	凌海市（辽）	1.00
76	兴城市（辽）	0.80
77	凌源市（辽）	0.66
78	辉南县（吉）	210.00
79	昌邑区（吉）	15.00
80	舒兰市（吉）	12.00
81	安图县（吉）	11.47
82	集安市（吉）	11.02
83	蛟河市（吉）	8.90
84	长白朝鲜族自治县（吉）	5.75
85	敦化市（吉）	5.64
86	新元木业公司（吉）	4.62
87	柳河县（吉）	4.00
88	朝阳区（吉）	4.00
89	长岭县（吉）	3.60
90	宁江区（吉）	1.98
91	西新开发区（吉）	1.80
92	敦化林业局（吉）	1.70
93	德惠市（吉）	1.10
94	靖宇县（吉）	1.01
95	丰满区（吉）	1.00
96	农安县（吉）	1.00
97	经济开发区（吉）	0.82
98	阿城区（黑）	9.40
99	大兴安岭地区加格达奇区（黑）	8.00
100	克山县（黑）	5.10
101	穆棱市（黑）	4.50
102	汤原县（黑）	2.89
103	龙凤区（黑）	2.87
104	海林市（黑）	2.30
105	巴彦县（黑）	2.30
106	宾　县（黑）	2.00
107	兰西县（黑）	1.00
108	红岗区（黑）	1.00
109	依兰县（黑）	1.00
110	尚志国有林场管理局（黑）	0.76
111	延寿县（黑）	0.60
112	松江区（沪）	55.00
113	奉贤区（沪）	5.10
114	新沂市（苏）	100.00
115	丰　县（苏）	6.00
116	盐都区（苏）	5.60
117	建湖县（苏）	2.64
118	高邮市（苏）	1.00
119	嘉善县（浙）	603.00
120	安吉县（浙）	417.59
121	莲都区（浙）	414.73
122	婺城区（浙）	332.00
123	青田县（浙）	227.00
124	义乌市（浙）	148.53
125	玉环县（浙）	142.90
126	温州市市辖区（浙）	121.50
127	龙泉市（浙）	110.00
128	桐庐县（浙）	105.57
129	海盐县（浙）	92.97
130	云和县（浙）	90.63
131	椒江区（浙）	78.52
132	建德市（浙）	76.35
133	鹿城区（浙）	68.15
134	淳安县（浙）	63.22
135	衢江区（浙）	55.00
136	遂昌县（浙）	49.82
137	武义县（浙）	47.51
138	德清县（浙）	42.00
139	南浔区（浙）	40.84
140	温岭市（浙）	38.90
141	三门县（浙）	37.00
142	浦江县（浙）	35.00
143	江山市（浙）	32.55

	木质家具主产地	产量（万件）
144	富阳市(浙)	32.00
145	长兴县(浙)	24.49
146	北仑区(浙)	20.10
147	慈溪市(浙)	18.70
148	余杭区(浙)	15.30
149	嵊州市(浙)	14.00
150	临海市(浙)	13.84
151	象山县(浙)	12.00
152	上虞市(浙)	11.65
153	吴兴区(浙)	11.50
154	乐清市(浙)	10.61
155	仙居县(浙)	8.39
156	瑞安市(浙)	7.48
157	镇海区(浙)	6.92
158	龙游县(浙)	6.80
159	景宁畲族自治县(浙)	6.79
160	桐乡市(浙)	6.79
161	余姚市(浙)	6.60
162	定海区(浙)	6.50
163	磐安县(浙)	5.24
164	路桥区(浙)	4.83
165	临安市(浙)	4.03
166	鄞州区(浙)	3.81
167	宁海县(浙)	3.00
168	秀洲区(浙)	2.95
169	丽水市市辖区(浙)	2.56
170	江北区(浙)	2.50
171	泰顺县(浙)	0.99
172	青阳县(皖)	520.00
173	潜山县(皖)	35.00
174	亳州市市辖区(皖)	23.00
175	萧　县(皖)	18.00
176	涡阳县(皖)	12.00
177	桐城市(皖)	7.00
178	东至县(皖)	4.46
179	肥西县(皖)	4.00
180	屯溪区(皖)	3.60
181	蒙城县(皖)	2.30
182	毛集实验区(皖)	2.00
183	金寨县(皖)	2.00
184	凤阳县(皖)	1.50
185	大湖县(皖)	1.30
186	和　县(皖)	1.20
187	徽州区(皖)	1.00
188	含山县(皖)	0.90
189	寿　县(皖)	0.80
190	舒城县(皖)	0.70
191	祁门县(皖)	0.60
192	南康市(赣)	330.00
193	龙南县(赣)	77.00
194	乐安县(赣)	40.00
195	贵溪市(赣)	32.50
196	宜黄县(赣)	28.00
197	瑞金市(赣)	7.44
198	瑞昌市(赣)	5.30
199	彭泽县(赣)	5.00
200	铜鼓县(赣)	5.00
201	广丰县(赣)	4.60
202	靖安县(赣)	4.20
203	万载县(赣)	4.00
204	临川区(赣)	3.80
205	全南县(赣)	3.60
206	余江县(赣)	3.50
207	修水县(赣)	2.79
208	赣　县(赣)	2.70
209	南城县(赣)	2.50
210	高安市(赣)	2.28
211	万年县(赣)	2.10
212	章贡区(赣)	2.04
213	石城县(赣)	2.00
214	玉山县(赣)	1.50
215	都昌县(赣)	1.50
216	月湖区(赣)	1.20
217	宜丰县(赣)	1.20
218	奉新县(赣)	1.16
219	上高县(赣)	0.80
220	永新县(赣)	0.80
221	德安县(赣)	0.75
222	新建县(赣)	0.62
223	河东区(鲁)	900.00
224	寿光市(鲁)	400.00
225	周村区(鲁)	300.00
226	成武县(鲁)	123.00
227	肥城市(鲁)	120.00
228	高密市(鲁)	105.00
229	莱阳市(鲁)	95.00
230	胶州市(鲁)	28.00
231	临邑县(鲁)	20.00
232	定陶县(鲁)	20.00
233	寒亭区(鲁)	16.10
234	济阳县(鲁)	15.00
235	桓台县(鲁)	15.00
236	河口区(鲁)	11.75
237	平原县(鲁)	11.50
238	沂水县(鲁)	9.10
239	青州市(鲁)	7.50
240	牟平区(鲁)	6.50
241	商河县(鲁)	6.20
242	岚山区(鲁)	5.20
243	宁阳县(鲁)	5.20
244	昌乐县(鲁)	5.00
245	单　县(鲁)	4.63
246	新泰市(鲁)	4.30
247	东明县(鲁)	3.80
248	陵　县(鲁)	3.22
249	岱岳区(鲁)	3.00
250	沂南县(鲁)	2.52
251	临朐县(鲁)	2.50
252	蒙阴县(鲁)	2.30
253	武城县(鲁)	2.14
254	东平县(鲁)	2.00
255	庆云县(鲁)	2.00
256	昌邑市(鲁)	2.00
257	德州市市辖区(鲁)	1.90
258	东营区(鲁)	1.30
259	博山区(鲁)	1.10
260	德城区(鲁)	1.00
261	龙口市(鲁)	1.00
262	郓城县(鲁)	1.00
263	蓬莱市(鲁)	1.00
264	淄川区(鲁)	1.00
265	莒南县(鲁)	1.00
266	坊子区(鲁)	0.68
267	北关区(豫)	444.00
268	平舆县(豫)	409.00
269	淮滨县(豫)	350.00
270	民权县(豫)	75.00
271	内黄县(豫)	65.00
272	华龙区(豫)	53.00
273	沈丘县(豫)	50.00
274	清丰县(豫)	47.00
275	滑　县(豫)	42.00
276	项城市(豫)	40.98
277	西华县(豫)	40.00
278	虞城县(豫)	38.10

	木质家具主产地	产量（万件）
279	镇平县（豫）	35.00
280	邓州市（豫）	30.00
281	汝南县（豫）	21.00
282	兰考县（豫）	20.50
283	尉氏县（豫）	20.00
284	泌阳县（豫）	20.00
285	范　县（豫）	20.00
286	延津县（豫）	18.50
287	卫辉市（豫）	18.00
288	新乡县（豫）	14.00
289	淅川县（豫）	12.50
290	汤阴县（豫）	10.16
291	长垣县（豫）	10.00
292	嵩　县（豫）	10.00
293	淮阳县（豫）	9.50
294	卢氏县（豫）	9.00
295	卧龙区（豫）	9.00
296	林州市（豫）	8.40
297	魏都区（豫）	8.10
298	辉县市（豫）	7.00
299	西平县（豫）	6.30
300	龙安区（豫）	6.20
301	郾城区（豫）	6.00
302	湖滨区（豫）	6.00
303	凤泉区（豫）	5.80
304	桐柏县（豫）	5.30
305	安阳县（豫）	5.20
306	偃师市（豫）	5.20
307	西峡县（豫）	5.01
308	台前县（豫）	5.00
309	伊川县（豫）	5.00
310	太康县（豫）	5.00
311	孟津县（豫）	4.90
312	商水县（豫）	4.80
313	宝丰县（豫）	4.80
314	鹿邑县（豫）	4.50
315	方城县（豫）	4.50
316	濮阳县（豫）	4.50
317	浚　县（豫）	4.00
318	开封县（豫）	3.50
319	杞　县（豫）	3.50
320	文峰区（豫）	3.14
321	睢　县（豫）	3.00
322	柘城县（豫）	3.00
323	新　县（豫）	2.90
324	长葛市（豫）	2.90
325	中牟县（豫）	2.80
326	新蔡县（豫）	2.50
327	荥阳市（豫）	2.50
328	济源市（豫）	2.45
329	博爱县（豫）	2.40
330	获嘉县（豫）	2.30
331	正阳县（豫）	2.25
332	新郑市（豫）	2.10
333	商城县（豫）	2.10
334	山城区（豫）	2.00
335	南乐县（豫）	2.00
336	平桥区（豫）	2.00
337	睢阳区（豫）	1.95
338	宁陵县（豫）	1.75
339	牧野区（豫）	1.63
340	陕　县（豫）	1.54
341	郏　县（豫）	1.50
342	灵宝市（豫）	1.28
343	息　县（豫）	1.20
344	温　县（豫）	1.20
345	栾川县（豫）	1.20
346	淇滨区（豫）	1.00
347	禹州市（豫）	0.91
348	川汇区（豫）	0.90
349	内乡县（豫）	0.80
350	修武县（豫）	0.80
351	鹤山区（豫）	0.80
352	新野县（豫）	0.75
353	鲁山县（豫）	0.72
354	罗山县（豫）	0.68
355	谷城县（鄂）	87.02
356	广水市（鄂）	16.00
357	荆州区（鄂）	15.00
358	宜城市（鄂）	13.00
359	宜都市（鄂）	12.00
360	汉川市（鄂）	12.00
361	石首市（鄂）	10.00
362	京山县（鄂）	10.00
363	天门市（鄂）	9.67
364	兴山县（鄂）	9.00
365	襄州区（鄂）	9.00
366	老河口市（鄂）	5.95
367	崇阳县（鄂）	4.50
368	洪湖市（鄂）	4.00
369	嘉鱼县（鄂）	3.80
370	远安县（鄂）	3.50
371	鄂城区（鄂）	3.40
372	掇刀区（鄂）	3.20
373	华容区（鄂）	3.20
374	云梦县（鄂）	3.00
375	张湾区（鄂）	3.00
376	大冶市（鄂）	3.00
377	利川市（鄂）	3.00
378	松滋市（鄂）	2.60
379	梁子湖区（鄂）	2.30
380	竹山县（鄂）	2.00
381	五峰土家族自治县（鄂）	1.80
382	沙洋县（鄂）	1.50
383	樊城区（鄂）	1.30
384	西塞山区（鄂）	1.20
385	建始县（鄂）	1.00
386	枝江市（鄂）	1.00
387	潜江市（鄂）	1.00
388	团风县（鄂）	1.00
389	随　县（鄂）	0.90
390	蔡甸区（鄂）	0.61
391	浠水县（鄂）	0.60
392	保康县（鄂）	0.60
393	炎陵县（湘）	780.00
394	湘潭县（湘）	750.00
395	桃江县（湘）	680.00
396	祁东县（湘）	350.00
397	隆回县（湘）	150.00
398	涟源市（湘）	90.00
399	衡阳县（湘）	86.00
400	石门县（湘）	80.00
401	麻阳苗族自治县（湘）	52.00
402	张家界市市辖区（湘）	41.00
403	南　县（湘）	40.00
404	岳塘区（湘）	33.66
405	安化县（湘）	25.00
406	会同县（湘）	21.00
407	湘乡市（湘）	18.99
408	永定区（湘）	18.00
409	岳阳市市辖区（湘）	17.50
410	天心区（湘）	17.00
411	开福区（湘）	16.00
412	岳麓区（湘）	15.00
413	沅江市（湘）	15.00

	木质家具主产地	产量(万件)
414	沅陵县(湘)	13.00
415	双峰县(湘)	12.50
416	慈利县(湘)	12.00
417	新宁县(湘)	12.00
418	中方县(湘)	12.00
419	澧　县(湘)	11.00
420	新晃侗族自治县(湘)	11.00
421	雨湖区(湘)	11.00
422	邵东县(湘)	11.00
423	桑植县(湘)	10.00
424	新化县(湘)	10.00
425	石鼓区(湘)	10.00
426	苏仙区(湘)	10.00
427	石峰区(湘)	8.50
428	汨罗市(湘)	6.55
429	桂东县(湘)	6.30
430	新邵县(湘)	6.20
431	桃源县(湘)	6.00
432	临武县(湘)	5.90
433	平江县(湘)	5.25
434	鼎城区(湘)	5.20
435	雨花区(湘)	5.00
436	芙蓉区(湘)	5.00
437	永兴县(湘)	4.20
438	浏阳市(湘)	4.08
439	衡山县(湘)	4.00
440	湘阴县(湘)	3.74
441	宁乡县(湘)	3.70
442	北湖区(湘)	3.46
443	辰溪县(湘)	3.00
444	益阳市市辖区(湘)	3.00
445	赫山区(湘)	2.50
446	临湘市(湘)	2.30
447	北塔区(湘)	2.10
448	醴陵市(湘)	2.00
449	洪江市(湘)	2.00
450	华容县(湘)	1.80
451	汉寿县(湘)	1.50
452	岳阳楼区(湘)	1.50
453	靖州苗族侗族自治县(湘)	1.40
454	龙山县(湘)	1.30
455	城步苗族自治县(湘)	1.30
456	冷水江市(湘)	1.25
457	江华瑶族自治县(湘)	1.20
458	新田县(湘)	1.20

	木质家具主产地	产量(万件)
459	株洲县(湘)	1.20
460	攸　县(湘)	1.20
461	芷江侗族自治县(湘)	1.10
462	云溪区(湘)	1.10
463	安仁县(湘)	1.00
464	资阳区(湘)	1.00
465	武陵源区(湘)	1.00
466	永顺县(湘)	1.00
467	吉首市(湘)	0.80
468	津市市(湘)	0.80
469	保靖县(湘)	0.80
470	东莞市(粤)	600.00
471	平远县(粤)	123.96
472	澄海区(粤)	100.00
473	廉江市(粤)	77.00
474	潮安县(粤)	56.00
475	深圳市光明新区(粤)	55.16
476	麻章区(粤)	52.59
477	中山市(粤)	28.50
478	新会区(粤)	22.15
479	台山市(粤)	21.60
480	荔湾区(粤)	20.00
481	揭东县(粤)	14.00
482	连州市(粤)	11.50
483	始兴县(粤)	10.00
484	鼎湖区(粤)	8.50
485	梅　县(粤)	6.00
486	广宁县(粤)	5.60
487	五华县(粤)	5.40
488	四会市(粤)	5.30
489	云城区(粤)	4.80
490	海丰县(粤)	3.60
491	化州市(粤)	3.51
492	郁南县(粤)	3.20
493	高要市(粤)	3.06
494	罗定市(粤)	3.00
495	紫金县(粤)	2.00
496	茂南区(粤)	2.00
497	雷州市(粤)	1.80
498	曲江区(粤)	1.80
499	徐闻县(粤)	1.60
500	高州市(粤)	1.60
501	和平县(粤)	1.00
502	乳源瑶族自治县(粤)	0.86
503	阳西县(粤)	0.85

	木质家具主产地	产量(万件)
504	恩平市(粤)	0.80
505	合浦县(桂)	300.00
506	叠彩区(桂)	300.00
507	融水苗族自治县(桂)	300.00
508	象山区(桂)	300.00
509	铁山港区(桂)	300.00
510	钦北区(桂)	280.00
511	全州县(桂)	154.70
512	阳朔县(桂)	113.00
513	北流市(桂)	112.53
514	荔浦县(桂)	95.20
515	七星区(桂)	60.00
516	秀峰区(桂)	55.00
517	灵山县(桂)	15.63
518	桂平市(桂)	15.00
519	平乐县(桂)	15.00
520	巴马瑶族自治县(桂)	10.00
521	昭平县(桂)	9.80
522	临桂县(桂)	9.51
523	陆川县(桂)	6.50
524	恭城瑶族自治县(桂)	5.50
525	柳城县(桂)	5.00
526	融安县(桂)	5.00
527	浦北县(桂)	4.50
528	永福县(桂)	4.25
529	兴安县(桂)	4.00
530	防城区(桂)	4.00
531	灌阳县(桂)	3.90
532	港南区(桂)	3.00
533	乐业县(桂)	3.00
534	八步区(桂)	2.60
535	岑溪市(桂)	2.00
536	鹿寨县(桂)	1.90
537	港北区(桂)	1.48
538	忻城县(桂)	1.17
539	江州区(桂)	1.00
540	蝶山区(桂)	1.00
541	合山市(桂)	1.00
542	兴宾区(桂)	1.00
543	那坡县(桂)	1.00
544	武宣县(桂)	1.00
545	覃塘区(桂)	0.86
546	鱼峰区(桂)	0.85
547	资源县(桂)	0.80
548	奉节县(渝)	20.00

	木质家具主产地	产量（万件）
549	万州区（渝）	13.45
550	沙坪坝区（渝）	6.84
551	南川区（渝）	6.50
552	璧山县（渝）	5.27
553	荣昌县（渝）	5.10
554	丰都县（渝）	3.15
555	长寿区（渝）	3.00
556	彭水苗族土家族自治县（渝）	2.50
557	石柱土家族自治县（渝）	0.80
558	崇州市（川）	520.00
559	邻水县（川）	100.00
560	通川区（川）	50.00
561	乐山市市中区（川）	32.20
562	华蓥市（川）	30.00
563	游仙区（川）	30.00
564	盐亭县（川）	21.00
565	米易县（川）	19.00
566	平昌县（川）	19.00
567	江阳区（川）	18.80
568	南部县（川）	15.00
569	泸　县（川）	14.50
570	大邑县（川）	13.00
571	龙马潭区（川）	10.00
572	南溪县（川）	10.00
573	三台县（川）	10.00
574	仪陇县（川）	10.00
575	仁寿县（川）	9.60
576	宣汉县（川）	8.60
577	简阳市（川）	8.00
578	岳池县（川）	7.20
579	射洪县（川）	6.70
580	梓潼县（川）	6.60
581	船山区（川）	6.50
582	安　县（川）	6.13
583	丹棱县（川）	6.10
584	珙　县（川）	5.50
585	巴州区（川）	5.42
586	旌阳区（川）	5.00
587	万源市（川）	4.80
588	雁江区（川）	4.60
589	青神县（川）	4.00
590	昭觉县（川）	4.00
591	荣　县（川）	3.80
592	南江县（川）	3.80
593	西充县（川）	3.50
594	芦山县（川）	3.25
595	金堂县（川）	3.20
596	甘洛县（川）	3.15
597	都江堰市（川）	3.00
598	荥经县（川）	3.00
599	阆中市（川）	3.00
600	富顺县（川）	3.00
601	达　县（川）	2.80
602	中江县（川）	2.80
603	威远县（川）	2.60
604	布拖县（川）	2.30
605	古蔺县（川）	2.30
606	郫　县（川）	2.27
607	什邡市（川）	2.20
608	广安区（川）	2.10
609	宜宾县（川）	2.10
610	普格县（川）	2.00
611	武胜县（川）	2.00
612	邛崃市（川）	1.80
613	苍溪县（川）	1.70
614	江油市（川）	1.60
615	渠　县（川）	1.50
616	贡井区（川）	1.50
617	东坡区（川）	1.35
618	利州区（川）	1.30
619	合江县（川）	1.20
620	北川羌族自治县（川）	1.20
621	兴文县（川）	1.20
622	罗江县（川）	1.20
623	蒲江县（川）	1.15
624	通江县（川）	1.10
625	涪城区（川）	1.10
626	攀枝花市东区（川）	1.00
627	仁和区（川）	1.00
628	平武县（川）	1.00
629	纳溪区（川）	1.00
630	大安区（川）	0.90
631	朝天区（川）	0.80
632	嘉陵区（川）	0.63
633	高坪区（川）	0.60
634	广汉市（川）	0.60
635	江安县（川）	0.59
636	高　县（川）	0.58
637	修文县（黔）	320.00
638	赫章县（黔）	109.00
639	天柱县（黔）	17.40
640	凯里市（黔）	7.54
641	丹寨县（黔）	6.70
642	榕江县（黔）	1.50
643	长顺县（黔）	1.20
644	湄潭县（黔）	1.00
645	都匀市（黔）	1.00
646	麻江县（黔）	0.83
647	清镇市（黔）	0.80
648	宾川县（滇）	123.00
649	楚雄市（滇）	7.23
650	腾冲县（滇）	7.00
651	开远市（滇）	6.00
652	威信县（滇）	5.65
653	巧家县（滇）	5.00
654	永善县（滇）	2.15
655	永仁县（滇）	1.53
656	南华县（滇）	1.53
657	巍山彝族回族自治县（滇）	1.50
658	元谋县（滇）	1.44
659	禄丰县（滇）	1.32
660	姚安县（滇）	1.25
661	个旧市（滇）	1.20
662	丘北县（滇）	1.13
663	西畴县（滇）	1.12
664	隆阳区（滇）	1.00
665	富宁县（滇）	1.00
666	会泽县（滇）	1.00
667	大关县（滇）	0.60
668	武定县（滇）	0.52
669	察隅县（藏）	5.00
670	扶风县（陕）	643.00
671	佛坪县（陕）	120.00
672	乾　县（陕）	25.20
673	城固县（陕）	5.20
674	临潼区（陕）	5.00
675	长安区（陕）	4.60
676	南郑县（陕）	2.15
677	秦都区（陕）	1.50
678	渭滨区（陕）	1.40
679	商南县（陕）	1.30
680	子洲县（陕）	1.20
681	米脂县（陕）	1.05
682	正宁县（甘）	1.00
683	红石林业局（吉林集团）	0.93

表 7-19　木质家具出口国别

国家/地区	出口数量(个)	出口金额(千美元)
94016110 革面带软垫的木框架坐具		
合计	19999954	2706298
美国	7326425	994021
英国	2264183	355172
澳大利亚	1106812	195662
加拿大	1487534	187765
韩国	707133	126961
法国	717927	105355
日本	792302	92520
德国	704133	65184
荷兰	501651	62396
中国香港	252292	39971
比利时	374642	39442
南非	202565	28045
西班牙	290377	27260
以色列	155124	24612
阿联酋	151696	22917
丹麦	345052	21125
新西兰	171982	20262
新加坡	82587	17926
爱尔兰	143953	16569
马来西亚	134188	16324
沙特阿拉伯	93688	12934
意大利	215830	11828
印度尼西亚	65444	11580
瑞典	282101	10891
印度	61655	10143
中国台湾	42209	9163
智利	63921	8889
墨西哥	94017	8521
波多黎各	70607	7979
泰国	46981	7823
巴拿马	47821	7568
挪威	64323	6422
委内瑞拉	32440	5916
俄罗斯	39403	5410
葡萄牙	42702	5223
伊朗	27995	4945
秘鲁	22951	4847
哥伦比亚	29304	4727
波兰	104077	4096
摩洛哥	16838	3629
土耳其	23263	3434
卡塔尔	17621	3230
斯洛文尼亚	19321	3081
塞浦路斯	21037	3011
菲律宾	21099	3006
黎巴嫩	13474	2836
科威特	21845	2708
留尼汪岛(法)	12068	2679
芬兰	22397	2589
安哥拉	14309	2572
希腊	27110	2247
乌拉圭	15848	2129
文莱	5747	1959
阿尔及利亚	5947	1891
巴西	18023	1879
瑞士	10155	1857
克罗地亚	16365	1846
越南	21802	1814
罗马尼亚	8730	1745
厄瓜多尔	13187	1577
巴林	7236	1541
立陶宛	6243	1526
马耳他	7084	1435
多米尼加	7574	1358
阿曼	7091	1270
哥斯达黎加	6800	1242
乌克兰	9281	1209
肯尼亚	6083	1190
危地马拉	5984	1127
中国澳门	7264	1086
阿根廷	8577	1082
加纳	6188	1031
埃及	11329	1030
捷克	12116	1013
约旦	8504	984
保加利亚	14181	966
莫桑比克	3965	890
格鲁吉亚	3603	878
塞内加尔	3946	854
巴基斯坦	4325	812
纳米比亚	3320	795
冰岛	5550	776
尼日利亚	2828	759
毛里求斯	3371	719
哈萨克斯坦	4580	695
爱沙尼亚	9450	686
喀麦隆	2908	664
埃塞俄比亚	2338	659
赤道几内亚	2053	641
拉脱维亚	20234	632
苏丹	3972	615
蒙古	2876	610
马提尼克岛	1900	559
坦桑尼亚	2307	550
斯洛伐克	1747	536
几内亚	1996	505
伊拉克	5434	505
亚美尼亚	1535	496
刚果(金)	2818	466
贝宁	1149	462
新喀里多尼亚	2032	460
洪都拉斯	2308	438
乌兹别克斯坦	2958	434
刚果(布)	1965	424
加蓬	1498	368
叙利亚	1738	358
孟加拉国	1307	352
吉布提	3349	337
奥地利	2829	331
萨尔瓦多	2405	318
特立尼达和多巴哥	2592	313
瓜德罗普	1932	309
匈牙利	907	307
阿塞拜疆	966	306
利比亚	4730	278
科特迪瓦	1230	273
突尼斯	848	270
佛得角	867	253
牙买加	1436	249
利比里亚	1641	246
苏里南	1219	241
巴哈马	1027	238
缅甸	1077	232
乌干达	774	216
尼加拉瓜	1106	187
斯里兰卡	1279	182
土库曼斯坦	533	179
老挝	75	179
马达加斯加	935	164
马尔代夫	831	161
阿尔巴尼亚	887	160
巴巴多斯	647	154

国家/地区	出口数量（个）	出口金额（千美元）
圭亚那	566	137
布基纳法索	838	134
多哥	637	131
赞比亚	396	126
布隆迪	379	113
毛里塔尼亚	402	111
黑山	504	107
巴拉圭	590	93
多民族玻利维亚国	319	90
巴勒斯坦	630	87
马约特岛	478	74
博茨瓦纳	197	71
白俄罗斯	111	68
海地	505	68
马里	257	66
朝鲜	276	65
法属波利尼西亚	580	60
斐济	441	55
津巴布韦	194	52
塞尔维亚	425	49
法属圭亚那	217	47
也门	228	43
巴布亚新几内亚	161	40
尼泊尔	592	36
柬埔寨	112	36
多米尼克	329	36
前南马其顿	204	33
萨摩亚	164	33
塔吉克斯坦	819	31
荷属安的列斯	293	30
尼日尔	118	30
百慕大	301	27
阿鲁巴	359	27
卢旺达	156	27
卢森堡	97	25
库克群岛	202	22
吉尔吉斯斯坦	121	16
冈比亚	277	15
塞拉利昂	51	15
几内亚比绍	56	14
塞舌尔	81	10
摩纳哥	32	9
特克斯和凯科斯群岛	80	9
乍得	63	8

国家/地区	出口数量（个）	出口金额（千美元）
马拉维	38	8
伯利兹	27	7
马绍尔群岛	30	5
密克罗尼西亚	27	5
大洋洲其他国家（地区）	18	4
圣文森特和格林纳丁斯	30	2
古巴	8	2
莱索托	8	2
直布罗陀	14	2
阿富汗	15	2
东帝汶	16	1
列支敦士登	4	1
94016190 其他带软垫的木框架坐具		
合计	38696925	2425324
美国	16101992	968373
日本	2566422	193011
加拿大	2091091	135450
澳大利亚	1371607	116080
英国	1520841	98261
沙特阿拉伯	767248	89835
法国	1729259	72548
阿联酋	595321	62686
韩国	909580	46931
德国	995222	39179
荷兰	831468	39140
马来西亚	310625	30391
比利时	647221	28456
中国香港	497117	26658
西班牙	582473	23863
南非	416507	22831
新加坡	350257	22157
科威特	178768	21896
墨西哥	327816	20900
泰国	163915	18838
印度	262511	18428
意大利	491405	18279
瑞典	463062	14538
丹麦	307087	14504
巴拿马	215578	14398
哈萨克斯坦	228196	12515
智利	228366	11670
俄罗斯	164002	11372
爱尔兰	107366	11262

国家/地区	出口数量（个）	出口金额（千美元）
印度尼西亚	137584	10385
新西兰	131571	10311
卡塔尔	94200	9881
挪威	140090	9152
中国台湾	159791	9076
以色列	126894	8909
波多黎各	109396	8043
伊朗	99954	7929
波兰	221268	6813
土耳其	79074	6733
希腊	115518	6481
巴西	209430	6079
乌克兰	90256	5362
葡萄牙	79911	4937
中国澳门	37135	4878
菲律宾	93112	4847
巴林	34759	4698
委内瑞拉	61472	4328
阿曼	43168	4207
文莱	26500	3607
哥伦比亚	52125	3428
塞浦路斯	36674	3364
约旦	36477	3329
芬兰	46514	3205
摩洛哥	48119	3002
埃及	32413	2869
黎巴嫩	26905	2607
留尼汪岛（法）	19305	2509
多米尼加	26136	2152
瑞士	83353	2112
乌拉圭	23309	1928
秘鲁	25937	1884
安哥拉	20907	1792
尼日利亚	20663	1742
格鲁吉亚	17201	1731
厄瓜多尔	22733	1728
越南	10799	1689
蒙古	29567	1662
阿根廷	26331	1622
阿尔及利亚	33785	1610
罗马尼亚	15491	1354
捷克	45516	1322
苏丹	9832	1218
哥斯达黎加	18367	1196
拉脱维亚	29358	1159

国家/地区	出口数量（个）	出口金额（千美元）
肯尼亚	13257	1159
伊拉克	19787	1081
爱沙尼亚	12160	1073
危地马拉	16437	1048
保加利亚	12116	952
利比亚	15311	913
纳米比亚	5343	904
坦桑尼亚	11271	883
毛里求斯	7686	882
莫桑比克	9174	879
埃塞俄比亚	7001	874
洪都拉斯	11538	839
立陶宛	11777	773
加纳	13129	759
克罗地亚	15778	740
特立尼达和多巴哥	7795	678
斯洛文尼亚	22025	673
马耳他	9226	625
奥地利	19552	622
巴基斯坦	10049	583
土库曼斯坦	2686	557
塞内加尔	6397	536
阿塞拜疆	2927	532
缅甸	15523	515
塞尔维亚	3899	513
新喀里多尼亚	5201	503
喀麦隆	5261	487
牙买加	5371	447
冰岛	4116	425
乌兹别克斯坦	4882	380
几内亚	3978	369
多哥	2061	369
马尔代夫	2714	356
萨尔瓦多	5144	354
匈牙利	14717	343
巴勒斯坦	1267	339
马拉维	1642	334
孟加拉国	2955	326
贝宁	2749	295
斯里兰卡	3835	292
也门	2709	285
阿尔巴尼亚	6253	279
法属波利尼西亚	2914	274
科特迪瓦	3080	266
刚果(金)	2117	254

国家/地区	出口数量（个）	出口金额（千美元）
叙利亚	1590	231
赤道几内亚	2331	230
索马里	1805	218
巴巴多斯	1438	214
加蓬	1254	208
斯洛伐克	6142	205
刚果(布)	1171	204
塔吉克斯坦	3080	203
尼加拉瓜	1991	195
古巴	1654	169
圭亚那	1365	168
突尼斯	1559	166
乍得	116	151
柬埔寨	874	135
荷属安的列斯	1507	133
巴拉圭	3647	131
黑山	1480	128
库克群岛	1412	126
巴布亚新几内亚	1035	121
吉布提	2222	105
亚美尼亚	784	101
尼泊尔	1901	101
开曼群岛	228	100
布基纳法索	1154	94
马里	877	93
伯利兹	579	87
朝鲜	685	81
赞比亚	1027	80
马提尼克岛	531	78
吉尔吉斯斯坦	1707	72
马达加斯加	673	67
巴哈马	956	65
瓜德罗普	761	63
马约特岛	276	62
利比里亚	330	62
阿鲁巴	658	59
苏里南	544	59
塞舌尔	583	56
津巴布韦	857	48
萨摩亚	792	47
多米尼克	398	44
博茨瓦纳	188	42
斐济	496	37
白俄罗斯	852	33
毛里塔尼亚	523	33

国家/地区	出口数量（个）	出口金额（千美元）
多民族玻利维亚国	187	31
卢旺达	430	27
卢森堡	350	27
摩尔多瓦	772	26
尼日尔	298	25
乌干达	272	23
海地	660	18
阿富汗	446	17
安提瓜和巴布达	173	16
冈比亚	176	15
非洲其他国家(地区)	68	14
佛得角	128	14
圣多美和普林西比	78	12
塞拉利昂	228	11
所罗门群岛	41	9
法属圭亚那	51	9
莱索托	48	7
瓦努阿图	43	6
东帝汶	75	5
大洋洲其他国家(地区)	39	4
库腊索岛	50	4
老挝	140	1
布隆迪	101	1
94016900 其他木框架坐具		
合计	28874739	665765
美国	6784938	177759
日本	2743948	48630
德国	2632997	38101
新加坡	506973	32277
澳大利亚	1253358	24187
马来西亚	378271	22478
法国	1502394	20041
英国	999390	19398
文莱	270342	17007
巴拿马	305113	16663
韩国	565616	14990
荷兰	1051274	13102
加拿大	537777	12656
中国香港	361473	12170
阿联酋	319506	11157
瑞典	838630	11117
意大利	777185	9647

国家/地区	出口数量（个）	出口金额（千美元）
泰国	182427	9510
印度	218547	8879
西班牙	648144	8230
中国台湾	208987	7488
印度尼西亚	169925	7244
波兰	631259	7089
丹麦	416727	6977
比利时	468913	6489
巴西	162488	5315
俄罗斯	374073	5264
伊朗	140253	4704
沙特阿拉伯	183727	4053
乌克兰	102883	4028
格鲁吉亚	67602	3892
卡塔尔	57397	3775
缅甸	54490	3708
菲律宾	153489	3681
老挝	48261	3567
越南	51166	3351
南非	213928	3313
智利	101859	2865
新西兰	80240	2718
柬埔寨	38117	2579
墨西哥	149587	2488
瑞士	160715	2085
以色列	100813	2025
挪威	166114	1599
巴哈马	18343	1588
委内瑞拉	90105	1515
摩洛哥	82324	1459
土耳其	52981	1450
巴林	16896	1309
阿根廷	83936	1251
芬兰	78130	1144
希腊	81284	1100
乌拉圭	41116	1064
也门	16060	885
苏丹	29513	836
阿尔及利亚	208294	830
安哥拉	40283	771
捷克	52752	765
尼日利亚	18028	758
爱尔兰	42581	701
葡萄牙	57829	693
佛得角	9316	691
中国澳门	37794	670
巴巴多斯	8618	662
科威特	28841	647
黎巴嫩	12798	593
莫桑比克	16730	593
乌干达	8852	588
拉脱维亚	29708	573
坦桑尼亚	13771	565
罗马尼亚	27412	509
叙利亚	9100	505
利比亚	11947	497
哈萨克斯坦	10460	483
阿曼	6984	461
不丹	5985	408
肯尼亚	10834	367
奥地利	30280	366
吉布提	4447	336
克罗地亚	41033	331
亚美尼亚	4769	324
喀麦隆	4308	319
哥伦比亚	23364	318
匈牙利	26756	315
马尔代夫	2873	305
毛里塔尼亚	6154	304
厄瓜多尔	15884	301
约旦	9966	294
孟加拉国	5452	292
多哥	4244	277
布隆迪	3062	269
多米尼加	6096	263
波多黎各	10184	259
苏里南	3596	253
阿塞拜疆	1752	252
伊拉克	21011	242
塞舌尔	3743	239
斯洛伐克	18703	236
加纳	11056	236
马里	3164	225
马耳他	13155	220
蒙古	10828	220
保加利亚	10880	186
塞浦路斯	4851	171
毛里求斯	4282	165
卢旺达	1969	156
立陶宛	9313	150
爱沙尼亚	7947	147
冈比亚	2368	143
巴基斯坦	4492	135
几内亚	1487	130
秘鲁	16210	124
洪都拉斯	3456	119
斯洛文尼亚	11231	116
特立尼达和多巴哥	932	104
斯里兰卡	2443	93
埃及	3492	91
突尼斯	1149	90
哥斯达黎加	9056	84
纳米比亚	2384	77
巴拉圭	4861	72
海地	6608	72
危地马拉	1242	70
赤道几内亚	1968	68
留尼汪岛(法)	1316	68
赞比亚	552	56
阿尔巴尼亚	1330	51
新喀里多尼亚	2441	50
贝宁	821	49
图瓦卢	562	45
尼泊尔	2325	44
乌兹别克斯坦	1837	39
牙买加	791	36
巴勒斯坦	663	34
朝鲜	1840	32
马约特岛	468	32
黑山	3384	31
刚果(布)	277	30
刚果(金)	406	28
白俄罗斯	1933	26
巴布亚新几内亚	319	25
塞内加尔	2143	25
阿富汗	201	22
马拉维	200	20
马提尼克岛	668	19
法属波利尼西亚	914	19
马达加斯加	48	18
圣卢西亚	98	17
尼日尔	144	14
塞尔维亚	1910	13
古巴	310	11
斐济	1728	10

国家/地区	出口数量(个)	出口金额(千美元)
大洋洲其他国家(地区)	30	10
土库曼斯坦	66	8
多民族玻利维亚国	91	8
瓜德罗普	526	7
圭亚那	220	7
摩尔多瓦	825	7
布基纳法索	230	7
塔吉克斯坦	456	7
法属圭亚那	340	6
吉尔吉斯斯坦	369	6
圣其茨和尼维斯	148	6
波黑	1180	6
萨尔瓦多	264	6
库克群岛	139	5
乍得	48	5
冰岛	79	3
科特迪瓦	136	3
多米尼克	47	2
埃塞俄比亚	20	2
利比里亚	60	2
加蓬	10	1
塞拉利昂	4	1
基里巴斯	240	1
博茨瓦纳	120	1
94033000 办公室用木家具		
合计	16193042	737124
美国	5474552	283017
日本	1303456	55557
沙特阿拉伯	377171	37132
韩国	899446	31220
加拿大	560860	25705
阿联酋	337408	24859
澳大利亚	678096	24731
印度	421119	22509
英国	402264	15154
中国香港	389631	13674
新加坡	293366	10466
德国	295339	9888
印度尼西亚	105769	8079
墨西哥	244685	7401
法国	233860	6365
南非	189029	6284
中国台湾	118738	5813
巴拿马	154691	5335
俄罗斯	51957	5086
卡塔尔	44714	4694
阿曼	80981	4538
菲律宾	233649	4502
科威特	53256	4497
摩洛哥	72022	4329
伊朗	78091	4097
委内瑞拉	180418	3926
荷兰	79260	3665
以色列	70236	3465
马来西亚	73962	3371
智利	113486	3157
丹麦	72275	3116
比利时	107989	3064
安哥拉	66552	2876
泰国	46807	2821
意大利	120156	2645
巴西	95350	2417
阿尔及利亚	174835	2388
西班牙	91070	2259
苏丹	15179	2178
秘鲁	68891	2111
加纳	31431	2092
哈萨克斯坦	31488	1962
新西兰	229509	1941
伊拉克	26680	1937
阿富汗	2237	1877
哥伦比亚	96846	1781
多米尼加	54490	1759
波兰	84635	1652
越南	20860	1633
约旦	17357	1521
阿根廷	54490	1516
埃及	133313	1437
乌克兰	34347	1437
中国澳门	18307	1352
危地马拉	57199	1210
埃塞俄比亚	5548	1158
厄瓜多尔	54178	1071
缅甸	13636	1043
尼日利亚	10474	1042
蒙古	13901	1029
巴林	9092	1018
尼泊尔	16520	1013
挪威	13059	1008
塞内加尔	11009	980
利比亚	19303	978
哥斯达黎加	27676	976
巴基斯坦	18506	915
肯尼亚	11694	900
马耳他	25269	893
莫桑比克	21012	891
爱尔兰	24664	884
刚果(金)	6435	882
吉布提	13539	858
柬埔寨	6851	857
爱沙尼亚	3134	825
特立尼达和多巴哥	10831	804
乌拉圭	27084	803
土耳其	39140	793
黎巴嫩	9692	779
赞比亚	4501	759
科特迪瓦	9605	722
瑞典	33051	707
波多黎各	17662	703
希腊	19869	616
克罗地亚	37902	615
芬兰	9303	581
喀麦隆	6252	569
葡萄牙	24538	547
土库曼斯坦	3793	525
文莱	3684	519
坦桑尼亚	4548	490
斯里兰卡	8365	472
毛里求斯	3604	470
赤道几内亚	2191	440
马拉维	4183	400
老挝	1606	394
牙买加	9928	391
库克群岛	3205	389
乌干达	4920	384
萨尔瓦多	19263	372
巴布亚新几内亚	13912	365
纳米比亚	3999	363
刚果(布)	3301	348
多民族玻利维亚国	6358	345
孟加拉国	3941	338
斯洛文尼亚	14166	325
乌兹别克斯坦	1613	324
利比里亚	2563	322

国家/地区	出口数量（个）	出口金额（千美元）
格鲁吉亚	2172	311
海地	1493	306
拉脱维亚	8343	287
几内亚	1965	277
萨摩亚	1618	276
加蓬	2278	271
罗马尼亚	9320	254
阿塞拜疆	1103	253
贝宁	6485	243
叙利亚	11040	236
朝鲜	5913	233
多哥	2473	229
尼日尔	1647	219
保加利亚	7469	211
新喀里多尼亚	3227	199
也门	3516	173
津巴布韦	1813	165
洪都拉斯	3400	162
阿尔巴尼亚	4895	151
塔吉克斯坦	2759	144
奥地利	2397	142
马尔代夫	780	142
乍得	332	132
立陶宛	4657	127
瓜德罗普	3300	118
马里	1140	110
马达加斯加	2500	107
塞浦路斯	1695	102
博茨瓦纳	775	100
古巴	1379	99
马提尼克岛	2486	98
巴勒斯坦	583	94
斐济	1570	90
毛里塔尼亚	775	90
留尼汪岛(法)	1751	86
尼加拉瓜	1973	84
白俄罗斯	689	83
卢旺达	590	81
布基纳法索	1220	76
匈牙利	4582	74
捷克	2191	73
苏里南	991	73
瑞士	3277	70
突尼斯	613	68
圭亚那	813	57

国家/地区	出口数量（个）	出口金额（千美元）
黑山	835	49
冈比亚	248	45
波黑	1650	37
法属圭亚那	875	36
几内亚比绍	165	32
冰岛	108	31
多米尼克	756	28
圣文森特和格林纳丁斯	870	20
圣卢西亚	37	20
亚美尼亚	95	19
塞尔维亚	1041	19
瓦努阿图	315	16
吉尔吉斯斯坦	95	15
法属波利尼西亚	371	14
伯利兹	441	13
塞拉利昂	50	12
巴巴多斯	83	12
巴拉圭	739	10
布隆迪	262	6
阿鲁巴	46	4
摩尔多瓦	2	4
科摩罗	25	3
特克斯和凯科斯群岛	16	3
东帝汶	20	2
摩纳哥	9	2
塞舌尔	11	1
汤加	3	1
94034000 厨房用木家具		
合计	17358397	809364
美国	10449155	476948
澳大利亚	1882145	45413
德国	916385	40619
日本	699494	35556
加拿大	532192	32376
英国	551149	29252
法国	304300	17139
安哥拉	40565	11894
丹麦	118345	9879
荷兰	103835	8788
瑞典	110368	8557
韩国	214665	8037
意大利	178591	4746
中国香港	108102	4404

国家/地区	出口数量（个）	出口金额（千美元）
马来西亚	41179	4048
沙特阿拉伯	45962	3903
比利时	86509	3855
南非	34976	3687
西班牙	123575	3306
新加坡	38647	2979
波兰	40704	2834
印度	18866	2639
挪威	25439	2396
阿联酋	38620	2174
俄罗斯	28711	2030
以色列	66694	1921
波多黎各	39017	1805
巴拿马	14269	1685
卡塔尔	5177	1559
墨西哥	24253	1321
菲律宾	14260	1263
泰国	8333	1222
中国台湾	22900	1153
赤道几内亚	2256	1095
伊朗	18917	941
瑞士	12137	933
黎巴嫩	15554	818
中国澳门	5953	801
智利	13650	799
科威特	6723	784
尼日利亚	9669	771
肯尼亚	6655	769
阿曼	3254	763
约旦	11208	748
巴哈马	15829	745
越南	9159	723
葡萄牙	33004	680
牙买加	10970	646
赞比亚	4208	630
委内瑞拉	7890	625
文莱	3691	616
哈萨克斯坦	3438	610
爱尔兰	8067	609
印度尼西亚	7784	585
马尔代夫	11504	552
朝鲜	11499	506
新西兰	7770	500
巴布亚新几内亚	2644	487
伊拉克	8958	459

国家/地区	出口数量（个）	出口金额（千美元）
巴林	1056	458
乌拉圭	7583	448
加纳	3231	419
马拉维	864	402
蒙古	8306	387
坦桑尼亚	2676	365
土耳其	13380	317
阿尔及利亚	4207	303
秘鲁	9839	300
奥地利	3028	293
苏丹	1653	288
希腊	7213	264
利比亚	7091	263
尼泊尔	567	260
塞浦路斯	1321	255
乌克兰	8389	240
新喀里多尼亚	2417	237
摩洛哥	1282	232
斯里兰卡	2457	220
莫桑比克	1428	219
芬兰	2797	209
巴西	3770	208
埃塞俄比亚	3181	207
哥伦比亚	5007	204
多米尼加	2464	204
哥斯达黎加	4514	184
贝宁	822	169
特立尼达和多巴哥	6947	166
阿根廷	6253	155
留尼汪岛(法)	1707	154
巴基斯坦	523	143
格林纳达	353	142
拉脱维亚	1612	137
乌兹别克斯坦	2380	133
多民族玻利维亚国	197	132
马里	310	131
荷属安的列斯	981	127
克罗地亚	2618	125
毛里求斯	207	114
马耳他	1380	110
阿尔巴尼亚	932	107
列支敦士登	1439	105
圣马丁岛	2865	100
格鲁吉亚	829	98
阿鲁巴	2585	92

国家/地区	出口数量（个）	出口金额（千美元）
捷克	1808	90
罗马尼亚	4476	86
博茨瓦纳	416	82
塔吉克斯坦	268	81
开曼群岛	2285	80
洪都拉斯	904	73
埃及	2358	68
刚果(布)	381	67
巴勒斯坦	1589	65
纳米比亚	913	64
安提瓜和巴布达	1076	63
几内亚	86	61
斯洛文尼亚	2649	60
孟加拉国	390	59
巴巴多斯	281	56
库克群岛	168	53
爱沙尼亚	469	52
萨尔瓦多	1524	52
立陶宛	1446	44
亚美尼亚	517	40
冰岛	266	39
圣文森特和格林纳丁斯	704	39
保加利亚	385	39
吉布提	49	38
萨摩亚	3577	38
厄瓜多尔	1125	36
圭亚那	398	35
瓜德罗普	152	33
利比里亚	434	31
法属波利尼西亚	154	30
刚果(金)	112	29
马绍尔群岛	448	26
马达加斯加	52	23
尼日尔	90	20
特克斯和凯科斯群岛	51	19
多哥	140	18
苏里南	5	17
匈牙利	1054	15
喀麦隆	94	15
缅甸	25	14
海地	8	13
阿塞拜疆	85	12
危地马拉	73	11

国家/地区	出口数量（个）	出口金额（千美元）
塞内加尔	19	8
法属圭亚那	57	7
冈比亚	46	7
津巴布韦	25	6
阿富汗	4	5
塞拉利昂	19	5
斯洛伐克	161	4
加蓬	26	4
塞舌尔	43	4
吉尔吉斯斯坦	4	3
毛里塔尼亚	7	3
圣卢西亚	8	3
马提尼克岛	26	3
突尼斯	18	3
汤加	5	1
乍得	3	1
94035010 卧室用红木家具		
合计	1324	949
泰国	98	496
中国台湾	240	282
法国	329	63
新加坡	250	45
中国香港	225	24
美国	24	14
荷兰	33	8
印度尼西亚	50	6
日本	14	3
马来西亚	28	3
毛里塔尼亚	5	2
印度	8	1
留尼汪岛(法)	2	1
俄罗斯	16	1
94035091 卧室用漆木家具		
合计	40865	3627
美国	21179	2007
澳大利亚	3826	466
法国	3741	258
加拿大	2077	216
韩国	4783	207
新西兰	718	69
英国	272	63
蒙古	169	48
日本	1529	44
波兰	174	36
乌克兰	132	33

国家/地区	出口数量（个）	出口金额（千美元）
格鲁吉亚	107	25
伊朗	85	24
肯尼亚	390	18
俄罗斯	106	14
土耳其	73	14
中国台湾	329	13
吉尔吉斯斯坦	243	12
爱沙尼亚	231	12
阿联酋	449	12
越南	42	9
挪威	28	8
西班牙	27	7
埃及	112	6
南非	20	3
哈萨克斯坦	5	2
朝鲜	14	1
希腊	2	1
94035099 其他卧室用木家具		
合计	30520302	2718479
美国	7229146	725531
沙特阿拉伯	2174921	195738
日本	3285657	185769
英国	1834039	169094
澳大利亚	1964127	163105
韩国	799334	95806
阿联酋	1005195	95775
德国	1226997	77045
新加坡	559143	75081
中国香港	821921	65974
加拿大	610923	56191
巴拿马	344488	55208
马来西亚	360802	49030
泰国	238946	40137
法国	736531	39944
印度	251936	32862
文莱	195696	30012
俄罗斯	255089	27564
印度尼西亚	203231	27059
伊朗	341298	26967
格鲁吉亚	235161	23803
荷兰	388470	22213
摩洛哥	292221	22083
卡塔尔	200826	21550
科威特	186896	20951
比利时	306907	20620

国家/地区	出口数量（个）	出口金额（千美元）
中国台湾	229230	19554
意大利	150047	18945
南非	226064	18366
伊拉克	241036	17067
阿曼	158946	15499
乌克兰	146580	15030
阿尔及利亚	232156	13359
利比亚	154292	12985
约旦	131188	10709
新西兰	160237	9898
以色列	126237	9540
西班牙	244181	8651
越南	51870	8643
苏丹	100255	8334
丹麦	178644	7460
乌兹别克斯坦	102306	6907
波兰	81114	6740
中国澳门	50729	6469
黎巴嫩	71105	6441
瑞典	110644	5727
拉脱维亚	69289	5410
菲律宾	69090	5204
墨西哥	57081	5027
巴西	33189	4771
哈萨克斯坦	49959	4680
委内瑞拉	70965	4286
希腊	42140	3827
挪威	43332	3672
巴林	31000	3561
安哥拉	52977	3559
爱尔兰	37355	3099
蒙古	70712	3067
乌拉圭	22778	3064
缅甸	22379	3035
智利	25899	2802
立陶宛	82203	2685
也门	27437	2554
柬埔寨	16770	2497
朝鲜	23586	2280
波多黎各	18019	2037
马耳他	20854	1997
塞浦路斯	17769	1855
芬兰	21435	1851
阿塞拜疆	23397	1800
老挝	11914	1791

国家/地区	出口数量（个）	出口金额（千美元）
罗马尼亚	16863	1586
葡萄牙	29706	1556
土耳其	13671	1483
塔吉克斯坦	23564	1322
莫桑比克	23399	1287
斯洛文尼亚	35719	1150
马尔代夫	5541	1095
尼日利亚	10305	1091
保加利亚	7073	1088
肯尼亚	9320	1075
多米尼加	8569	1065
哥伦比亚	15796	1008
瑞士	39364	996
索马里	8965	986
厄瓜多尔	16242	968
埃及	12614	946
坦桑尼亚	10437	879
喀麦隆	10552	875
巴基斯坦	9693	817
贝宁	5797	770
留尼汪岛(法)	8185	739
爱沙尼亚	5654	698
阿尔巴尼亚	8144	679
阿根廷	16392	664
亚美尼亚	4481	645
马拉维	1854	598
苏里南	4253	593
加纳	6227	583
孟加拉国	2424	580
不丹	3575	570
吉布提	5814	570
哥斯达黎加	11158	567
克罗地亚	10154	563
几内亚	3592	553
多哥	2917	540
突尼斯	6941	482
塞内加尔	5707	478
毛里求斯	4762	466
叙利亚	5064	442
马里	4124	437
秘鲁	5140	426
危地马拉	3224	419
奥地利	4944	417
刚果(金)	2213	415
卢旺达	2328	408

国家/地区	出口数量（个）	出口金额（千美元）
纳米比亚	3046	405
海地	4247	404
加蓬	3288	398
佛得角	2477	386
赤道几内亚	2929	384
库克群岛	2419	382
洪都拉斯	3178	363
刚果(布)	1505	342
塞尔维亚	2830	341
黑山	3039	336
乌干达	2247	332
吉尔吉斯斯坦	2485	320
新喀里多尼亚	4094	318
埃塞俄比亚	2872	296
捷克	9951	295
利比里亚	2071	279
布隆迪	1425	268
巴布亚新几内亚	1262	248
巴勒斯坦	3252	246
白俄罗斯	965	225
巴哈马	1286	214
特立尼达和多巴哥	1848	201
匈牙利	13707	200
巴巴多斯	1274	200
斯里兰卡	1531	194
法属波利尼西亚	2928	192
土库曼斯坦	1437	181
乍得	983	173
赞比亚	771	165
冰岛	1447	156
津巴布韦	956	152
尼泊尔	2004	151
古巴	1442	144
瓜德罗普	1200	142
阿鲁巴	797	140
马约特岛	550	140
多民族玻利维亚国	834	125
格林纳达	730	117
布基纳法索	2408	113
阿富汗	872	109
塞舌尔	614	108
马达加斯加	540	103
毛里塔尼亚	611	98
萨尔瓦多	830	86
圭亚那	1182	82

国家/地区	出口数量（个）	出口金额（千美元）
斯洛伐克	672	73
科特迪瓦	1477	73
马提尼克岛	509	67
博茨瓦纳	753	64
圣其茨和尼维斯	274	54
图瓦卢	340	51
冈比亚	180	47
牙买加	323	44
百慕大	70	41
法属圭亚那	324	40
巴拉圭	460	39
摩纳哥	167	37
前南马其顿	239	27
科摩罗	240	21
列支敦士登	73	20
荷属安的列斯	299	19
尼加拉瓜	339	17
塞拉利昂	101	16
摩尔多瓦	22	12
特克斯和凯科斯群岛	72	12
圣卢西亚	16	11
多米尼克	47	7
斐济	52	4
马绍尔群岛	36	2
尼日尔	9	2
卢森堡	4	1
萨摩亚	74	1
94036010 其他红木家具		
合计	17924	4557
日本	8443	1624
中国台湾	1917	1222
新加坡	2989	678
中国澳门	581	229
美国	887	205
俄罗斯	217	156
中国香港	899	102
德国	635	100
荷兰	444	76
马来西亚	380	75
印度尼西亚	278	46
加拿大	25	23
阿联酋	147	16
瑞士	80	4
爱尔兰	1	1

国家/地区	出口数量（个）	出口金额（千美元）
94036091 其他漆木家具		
合计	531824	28736
美国	373719	16599
日本	9753	1492
英国	34029	1390
沙特阿拉伯	12191	1306
瑞典	3277	792
法国	10214	749
比利时	13054	712
荷兰	4083	592
澳大利亚	5677	532
土耳其	1060	507
意大利	16742	499
西班牙	7845	483
加拿大	7123	364
挪威	2435	292
阿联酋	2479	233
希腊	3412	184
芬兰	1469	158
德国	3899	158
伊朗	770	148
丹麦	920	137
南非	892	110
瑞士	1173	107
新西兰	2174	101
巴西	1450	100
以色列	1457	98
爱尔兰	3206	92
俄罗斯	563	67
韩国	479	66
黎巴嫩	572	57
卡塔尔	139	53
中国台湾	567	52
泰国	340	46
波兰	165	45
冰岛	421	41
印度	138	39
科威特	312	38
塞内加尔	438	36
哥伦比亚	360	28
蒙古	7	23
摩洛哥	152	23
叙利亚	292	20
苏丹	160	19
格鲁吉亚	350	18

国家/地区	出口数量（个）	出口金额（千美元）
埃及	287	18
马来西亚	104	17
留尼汪岛(法)	656	13
新加坡	61	11
巴林	81	10
菲律宾	68	9
中国香港	28	8
多米尼加	18	7
立陶宛	20	6
葡萄牙	21	6
墨西哥	118	5
加纳	78	4
巴基斯坦	38	3
斯里兰卡	24	3
秘鲁	35	2
朝鲜	20	2
捷克	7	1
阿根廷	160	1
老挝	20	0
越南	5	0

94036099 其他未列名木家具

国家/地区	出口数量（个）	出口金额（千美元）
合计	136754946	7014846
美国	39970990	1862137
新加坡	4661767	548257
日本	14327657	418978
巴拿马	2596234	306549
文莱	2537304	291489
英国	7188752	263661
马来西亚	2437390	247234
加拿大	5229784	230223
德国	6807983	204200
法国	5139016	203411
澳大利亚	4508648	182366
阿联酋	2195462	151610
泰国	1331625	140545
中国香港	2734831	129452
印度尼西亚	1168691	121569
印度	1190386	108699
沙特阿拉伯	1457001	97206
越南	700976	87228
荷兰	3620832	78673
比利时	1907950	71487
缅甸	598184	67214
韩国	1331844	66820
瑞典	1655089	61632
丹麦	1376361	59440
卡塔尔	528360	56716
意大利	2103576	54181
格鲁吉亚	471750	51205
西班牙	1824400	48844
伊朗	596166	47792
南非	840935	42870
巴西	482703	41800
中国台湾	674427	37397
智利	887921	31773
俄罗斯	412540	30982
老挝	251595	30510
柬埔寨	252189	29799
乌克兰	312364	27910
菲律宾	347351	23124
墨西哥	593364	22541
波兰	652282	21750
以色列	414723	20289
挪威	410768	18834
委内瑞拉	689047	17891
科威特	277656	17296
摩洛哥	271577	16186
新西兰	516439	15905
阿尔及利亚	362055	13977
中国澳门	162741	13150
乌拉圭	131947	12669
利比亚	120134	10250
芬兰	190085	10104
土耳其	272076	10088
希腊	354083	9899
安哥拉	181756	9031
也门	86596	8210
伊拉克	172546	7819
黎巴嫩	84575	7766
约旦	90501	7186
阿根廷	232369	6430
拉脱维亚	154136	6041
苏丹	237942	5668
巴林	42117	4932
哥伦比亚	253737	4787
波多黎各	88108	4732
葡萄牙	125486	4699
瑞士	148013	4581
阿曼	49089	4525
乌干达	39971	4425
巴哈马	40632	4384
爱尔兰	138098	4284
多米尼加	155841	4010
尼日利亚	98273	3976
马耳他	46855	3947
罗马尼亚	71007	3936
哈萨克斯坦	38325	3833
斯洛文尼亚	139376	3607
叙利亚	30634	3535
多哥	31462	3469
捷克	120414	3413
肯尼亚	85178	3276
克罗地亚	92334	3000
秘鲁	134521	2939
坦桑尼亚	53860	2892
奥地利	66260	2613
加纳	76372	2560
埃及	42751	2468
朝鲜	68744	2293
乌兹别克斯坦	31683	2279
喀麦隆	45391	2247
巴基斯坦	25211	2186
亚美尼亚	18933	2028
巴巴多斯	20015	2020
马里	17665	1970
蒙古	37302	1937
突尼斯	45537	1932
立陶宛	58731	1929
莫桑比克	16964	1849
布隆迪	14020	1819
阿塞拜疆	11927	1806
佛得角	14266	1760
苏里南	19224	1733
阿尔巴尼亚	19614	1732
塞浦路斯	23877	1617
保加利亚	38720	1617
厄瓜多尔	63375	1558
爱沙尼亚	23635	1479
孟加拉国	10187	1456
不丹	13274	1393
塞舌尔	13035	1378
卢旺达	11010	1342
吉布提	28319	1321
毛里求斯	21008	1304
库克群岛	8891	1249

国家/地区	出口数量（个）	出口金额（千美元）
匈牙利	30437	1205
马尔代夫	8507	1124
马拉维	8300	1122
留尼汪岛(法)	23386	1090
巴拉圭	10587	1066
牙买加	14454	994
特立尼达和多巴哥	10759	983
几内亚	8901	961
冈比亚	8054	939
刚果(布)	16378	913
危地马拉	25682	888
东帝汶	12856	859
贝宁	14766	784
哥斯达黎加	18145	774
斯洛伐克	23349	734
赤道几内亚	4339	717
洪都拉斯	18050	696
博茨瓦纳	2494	640
新喀里多尼亚	15137	619
纳米比亚	9434	614
赞比亚	26541	588
塞内加尔	7692	583
斯里兰卡	11669	493
塞尔维亚	8793	491
埃塞俄比亚	16576	487
古巴	26761	476
刚果(金)	3310	447
法属波利尼西亚	12157	421
黑山	8926	387
格林纳达	3012	381
科特迪瓦	7291	347
津巴布韦	2755	343
冰岛	8159	304
巴布亚新几内亚	3570	277
白俄罗斯	4439	277
马达加斯加	3071	262
塔吉克斯坦	5227	253
萨尔瓦多	5219	222
多民族玻利维亚国	1830	219
利比里亚	1255	218
加蓬	1705	214
索马里	2364	201
百慕大	865	200
巴勒斯坦	1993	192
土库曼斯坦	1431	191

国家/地区	出口数量（个）	出口金额（千美元）
阿鲁巴	1274	186
马约特岛	995	186
吉尔吉斯斯坦	2440	182
瓜德罗普	2348	167
摩纳哥	1019	156
马提尼克岛	1767	139
圭亚那	4601	137
波黑	3210	137
列支敦士登	2336	136
荷属安的列斯	2442	115
尼加拉瓜	3321	114
乍得	1098	110
图瓦卢	680	102
布基纳法索	1628	94
海地	4973	93
斐济	2504	83
尼泊尔	887	76
前南马其顿	1528	58
毛里塔尼亚	645	54
卢森堡	300	51
法属圭亚那	460	49
伯利兹	416	41
摩尔多瓦	1793	39
多米尼克	442	36
莱索托	514	29
大洋洲其他国家(地区)	4	15
科摩罗	79	10
塞拉利昂	39	8
阿富汗	319	7
尼日尔	197	6
圣卢西亚	23	6
基里巴斯	260	3
安提瓜和巴布达	37	3
萨摩亚	32	2

表 7-20　木质家具进口国别

国家/地区	进口数量（个）	进口金额（千美元）
94016110 革面带软垫的木框架坐具		
合计	88117	50688
意大利	21296	26791
中国	26149	6243
美国	3766	3825
越南	10068	3538
挪威	2136	2718
泰国	2657	1433
德国	1258	1370
马来西亚	8255	1000
法国	467	758
印度尼西亚	4817	716
菲律宾	412	244
韩国	648	210
荷兰	394	200
波兰	243	191
瑞士	79	190
西班牙	118	169
英国	165	130
丹麦	177	130
澳大利亚	172	112
波黑	1470	102
新加坡	99	81
日本	1264	69
中国台湾	374	68
比利时	783	67
印度	245	62
中国香港	151	61
奥地利	43	58
加拿大	26	38
葡萄牙	38	25
土耳其	63	24
立陶宛	28	21
南非	33	19
罗马尼亚	37	18
巴基斯坦	162	1
洪都拉斯	2	1
新西兰	1	1
捷克	3	1
斯洛文尼亚	6	1
爱尔兰	1	1
瑞典	7	1
塞尔维亚	1	1
匈牙利	2	0
94016190 其他带软垫的木框架坐具		
合计	224647	52504
意大利	12292	19908
美国	19178	15569
中国	89541	5778
越南	9272	1706
法国	1665	1514

国家/地区	进口数量（个）	进口金额（千美元）
印度尼西亚	6645	1192
英国	733	1005
罗马尼亚	22421	886
马来西亚	36948	840
西班牙	2459	573
波兰	4182	441
泰国	2102	431
德国	1284	264
菲律宾	575	245
日本	2563	191
韩国	1141	190
中国台湾	2806	190
新加坡	275	187
印度	817	154
荷兰	2382	151
澳大利亚	180	142
中国香港	664	120
比利时	669	113
奥地利	88	93
墨西哥	57	82
乌克兰	1980	72
哥斯达黎加	20	66
瑞士	7	62
加拿大	121	60
葡萄牙	72	50
丹麦	367	41
巴西	8	33
瑞典	37	27
埃及	115	19
巴基斯坦	223	12
捷克	24	12
爱尔兰	27	12
俄罗斯	351	12
黎巴嫩	2	11
希腊	120	9
阿联酋	26	9
斯洛文尼亚	45	8
南非	41	4
尼泊尔	45	4
立陶宛	12	4
缅甸	16	2
刚果(金)	4	2
老挝	20	2
柬埔寨	6	1
摩洛哥	11	1

国家/地区	进口数量（个）	进口金额（千美元）
塞尔维亚	4	1
新西兰	1	1
土耳其	2	1
94016900 其他木框架坐具		
合计	686100	41386
越南	264033	25957
印度尼西亚	51013	2781
泰国	124814	2154
中国	34006	1782
意大利	1960	1637
罗马尼亚	85910	957
美国	2519	844
法国	991	588
老挝	8631	484
马来西亚	49685	470
波兰	10013	452
保加利亚	13146	350
瑞典	3848	282
挪威	285	275
芬兰	848	272
德国	766	251
立陶宛	4284	208
俄罗斯	5232	190
柬埔寨	318	166
中国香港	902	166
中国台湾	3948	148
菲律宾	1363	144
印度	2484	102
韩国	912	100
丹麦	368	67
比利时	755	64
荷兰	276	62
日本	616	60
拉脱维亚	5208	59
西班牙	406	57
英国	369	47
白俄罗斯	4704	35
斯洛文尼亚	272	35
新加坡	112	31
新西兰	21	11
尼泊尔	275	11
加拿大	24	11
巴西	4	10
津巴布韦	193	7
埃及	46	7

国家/地区	进口数量（个）	进口金额（千美元）
瑞士	54	7
葡萄牙	42	7
科威特	34	6
澳大利亚	28	5
斯里兰卡	24	3
巴基斯坦	83	3
捷克	21	2
孟加拉国	78	2
多哥	18	2
缅甸	9	1
摩洛哥	15	1
土耳其	16	1
刚果(金)	5	1
阿联酋	8	1
喀麦隆	17	1
墨西哥	1	1
克罗地亚	5	1
几内亚	50	0
奥地利	1	0
卢森堡	2	0
国别(地区)不详	4	6
94033000 办公室用木家具		
合计	165940	15596
波兰	45617	2850
德国	22252	2420
意大利	5546	2009
美国	1239	1193
马来西亚	3521	945
斯洛伐克	12053	846
捷克	11641	842
泰国	41230	664
中国	1848	513
瑞士	70	491
韩国	2231	480
葡萄牙	8802	430
日本	2388	264
俄罗斯	2688	179
阿联酋	530	162
澳大利亚	80	153
新加坡	37	133
印度尼西亚	660	127
中国台湾	738	118
西班牙	60	110
奥地利	30	93
老挝	373	85

国家/地区	进口数量（个）	进口金额（千美元）
越南	423	81
瑞典	183	70
英国	49	55
拉脱维亚	540	38
中国香港	108	34
柬埔寨	34	30
加拿大	13	28
丹麦	52	24
法国	79	23
印度	300	19
比利时	141	13
埃及	11	12
菲律宾	40	11
土耳其	36	7
芬兰	9	7
巴基斯坦	192	6
沙特阿拉伯	13	5
卡塔尔	15	5
荷兰	38	3
墨西哥	5	2
约旦	1	1
挪威	1	0
国别(地区)不详	20	15
94034000 厨房用木家具		
合计	351191	95805
德国	237574	75447
意大利	53080	13551
韩国	8082	1128
奥地利	4931	758
日本	1415	678
立陶宛	10584	619
丹麦	5846	556
中国	7362	517
美国	610	360
印度尼西亚	1582	354
法国	276	322
马来西亚	6230	199
中国香港	1363	187
越南	2610	173
瑞典	4571	161
西班牙	167	150
老挝	567	138
澳大利亚	854	99
荷兰	634	58
匈牙利	528	47
比利时	348	40

国家/地区	进口数量（个）	进口金额（千美元）
波兰	984	40
菲律宾	74	37
英国	176	35
中国台湾	264	30
新加坡	21	26
柬埔寨	46	26
泰国	194	20
加拿大	38	19
印度	84	15
土耳其	14	7
尼泊尔	61	1
埃及	3	1
南非	1	1
墨西哥	2	1
捷克	2	1
缅甸	5	1
挪威	1	1
新西兰	2	0
94035010 卧室用红木家具		
合计	3522	2411
越南	2212	1086
意大利	385	1050
老挝	464	116
中国	45	48
美国	109	25
新加坡	11	16
巴基斯坦	138	12
印度尼西亚	31	11
柬埔寨	8	10
德国	2	9
中国香港	13	7
泰国	63	6
马来西亚	7	6
韩国	21	4
丹麦	1	3
中国台湾	11	2
94035091 卧室用漆木家具		
合计	461	552
意大利	71	273
瑞典	33	119
印度尼西亚	69	51
德国	188	50
越南	6	12
澳大利亚	9	11
美国	28	8
韩国	29	7

国家/地区	进口数量（个）	进口金额（千美元）
西班牙	2	6
比利时	15	5
黎巴嫩	1	4
中国	5	3
新加坡	1	3
中国台湾	4	1
94035099 其他卧室用木家具		
合计	444066	70093
意大利	83667	25082
波兰	132587	8429
美国	7808	5411
中国	33338	4691
瑞典	29034	3826
印度尼西亚	17630	3221
德国	10801	2900
葡萄牙	9837	2045
罗马尼亚	42239	1988
越南	6011	1743
斯洛伐克	6527	1440
马来西亚	11571	1311
法国	997	1259
菲律宾	4188	1147
泰国	10477	1062
立陶宛	18402	890
比利时	1695	524
日本	1074	408
西班牙	215	388
韩国	2110	385
中国台湾	1570	210
丹麦	3542	207
荷兰	799	182
奥地利	103	169
英国	196	155
中国香港	567	146
捷克	3265	133
印度	711	132
哥伦比亚	157	96
斯洛文尼亚	256	79
拉脱维亚	434	76
澳大利亚	130	53
希腊	122	46
柬埔寨	119	45
老挝	92	24
新西兰	28	22
新加坡	40	20
土耳其	49	17

国家/地区	进口数量（个）	进口金额（千美元）
加拿大	77	15
挪威	21	13
保加利亚	23	10
俄罗斯	33	9
巴基斯坦	27	9
哥斯达黎加	8	9
朝鲜	700	9
爱沙尼亚	450	9
南非	35	8
孟加拉国	78	8
墨西哥	17	7
巴西	129	4
摩洛哥	22	4
洪都拉斯	4	3
埃及	10	3
国别(地区)不详	18	3
瑞士	4	2
阿联酋	4	1
以色列	7	1
尼泊尔	9	1
94036010 其他红木家具		
合计	63276	12693
越南	57074	10779
意大利	242	596
老挝	2802	279
中国	515	274
印度尼西亚	787	188
美国	119	146
中国台湾	766	96
柬埔寨	152	85
泰国	345	54
菲律宾	60	52
中国香港	182	40
马来西亚	29	31
缅甸	27	23
德国	10	16
印度	82	16
中国澳门	13	7
丹麦	3	3
英国	17	2
日本	30	2
韩国	7	2
新加坡	2	1
西班牙	1	1
巴基斯坦	6	1
坦桑尼亚	4	1

国家/地区	进口数量（个）	进口金额（千美元）
阿联酋	1	0
94036091 其他漆木家具		
合计	2513	1514
意大利	234	810
菲律宾	262	187
印度尼西亚	315	110
德国	457	90
西班牙	33	60
中国	260	56
越南	98	45
马来西亚	603	41
印度	54	29
日本	57	24
法国	7	15
中国台湾	55	14
新加坡	30	11
美国	4	7
澳大利亚	12	7
瑞典	4	4
泰国	16	2
中国香港	2	2
英国	2	1
比利时	8	1
94036099 未列名木家具		
合计	3468230	203290
意大利	403010	47812
波兰	967108	32792
泰国	412313	15093
中国	54331	12203
德国	86074	9770
美国	18169	9486
立陶宛	193818	9314
瑞典	255887	8965
越南	230171	8506
葡萄牙	281561	8366
印度尼西亚	63302	7055
斯洛文尼亚	83283	3824
菲律宾	6920	3799
斯洛伐克	24823	3052
法国	5119	2612
俄罗斯	73996	2322
中国台湾	25968	2129
捷克	41835	1966
西班牙	2636	1661
马来西亚	52042	1572
加拿大	68746	1465

国家/地区	进口数量（个）	进口金额（千美元）
拉脱维亚	37820	1145
韩国	6079	868
印度	7125	693
丹麦	10760	680
保加利亚	5367	673
中国香港	2973	672
日本	4408	635
波黑	9491	565
英国	1667	493
新加坡	3743	488
罗马尼亚	11943	426
荷兰	1783	366
比利时	1171	318
挪威	1249	277
克罗地亚	1441	227
老挝	1822	221
澳大利亚	4581	146
奥地利	280	125
哥伦比亚	169	106
瑞士	40	93
土耳其	231	46
巴西	30	32
新西兰	51	31
南非	34	27
巴基斯坦	775	26
匈牙利	47	23
哥斯达黎加	5	21
柬埔寨	145	19
洪都拉斯	31	13
尼泊尔	393	11
朝鲜	1313	9
刚果(金)	5	8
埃及	38	8
墨西哥	23	6
芬兰	8	4
斯里兰卡	13	4
爱尔兰	5	4
缅甸	3	2
希腊	14	2
博茨瓦纳	4	1
阿联酋	8	1
多哥	5	1
科威特	1	0
国别(地区)不详	11	6

木浆造纸

【主要经济指标情况】 2011年是中国国民经济和社会发展第十二个五年规划开局之年，造纸行业面对复杂多变的国际经济形势和国内市场呈现下行压力的情况下，部分企业出现了经营困难，效益下滑现象。而全行业克服了能源价格、人力成本持续上涨，原材料价格高位波动，综合生产成本增加所带来的困难，实现了全年纸及纸板产销量平稳增长。

据国家统计局统计，2011年1～12月规模以上造纸生产企业2620家；从业人员70.85万人；工业总产值（当年价）6911亿元，同比增长23.10%；工业销售产值(当年价)6740亿元，同比增长21.60%；主营业务收入6714亿元，同比增长21.54%；产销率97.50%，较2010年98.20%下降0.70%；产成品存货288亿元，同比增长27.70%；利税总额557亿元，同比增长8.44%，其中利润总额362亿元，同比增长6.20%；资产总计6990亿元，同比增长17.58%；资产负债率59.07%，较2010年增加1.19个%；负债总额4129亿元，同比增长19.99%；在统计的2620家造纸生产企业中，亏损企业有287家，占10.95%。

全年主要生产经济指标完成情况较好，工业总产值和主营业务收入有较大增幅，但利税和利润增幅明显放缓，产成品存货明显增多，产销率下降。

【纸及纸板生产量及消费量】 据中国造纸协会调查资料，全国纸及纸板生产量9930万吨，较2010年9270万吨增长7.12%。消费量9752万吨，较2010年9173万吨增长6.31%，人均年消费量为73千克(13.40亿人)，比2010年增长5千克。2011年比2001年生产量增长210.31%，消费量增长164.78%。2001～2011年，纸及纸板生产量年均增长11.99%，消费量年均增长10.23%。

各类纸和纸板的生产量和消费量变化见表8-1。从2011年的生产和消费形势分析来看，全年生产和消费均呈平稳增长态势，增速分别比2010年回落0.17%和0.74%。

【全国造纸生产布局与集中度】 根据中国造纸协会调查资料分析，2011年中国东部地区12个省(区、市)纸及纸板产量占全国纸及纸板产量比例为71.7%，比2010年提高0.1%；中部地区9个省(区)比例占20.4%，比2010年提高0.3%；西部地区10个省(区、市)比例占7.9%，比2010年降低0.4%(见表8-6)。

2011年纸及纸板产量超过100万吨的省份有山东、广东、浙江、江苏、河南、福建、河北、湖南、四川、安徽、湖北、广西、江西、重庆、天津和海南16个省(区、市)，产量合计达9305万吨，占全国纸及纸板总产量的93.71%(见表8-7)。

2011年纸及纸板年产量超过100万吨的造纸生产企业见表8-8。数据表明，2011年全国造纸生产布局略有变化，东部地区仍然是中国造纸工业的主要生产区域。重点省(区、市)和重点造纸企业生产集中度有所提高，纸及纸板和纸浆年产量超过百万吨的企业增加了2家。

【环境保护】 根据环境保护部统计，2010年制浆造纸及纸制品产业(统计企业5570家，比2009年减少201家)用水总量为123.39亿吨，其中新鲜水量为46.15亿吨，占工业总耗新鲜水量543.95亿吨的8.48%。重复用水量为77.24亿吨，水重复利用率为62.59%，比2009年提高5.55%。万元工业产值(现价)新鲜水用量为89.6吨，比2009年减少18.2吨，降低16.9%。造纸工业2010年废水排放量39.37亿吨，占全国工业废水总排放量211.86亿吨的18.58%，比2009年降低0.2%。造纸工业废水排放达标量37.8亿吨，占造纸工业废水排放总量的96.01%，比2009年提高2.48%。排放废水中化学需氧量(COD)为95.2万吨，比

2009 年 109.7 万吨减少 14.5 万吨，占全国工业 COD 总排放量 365.6 万吨的比 2009 年减少 2.89%。万元工业产值(现价)化学需氧量(COD)排放强度 18 千克，比 2009 年降低 28%。排放废水中氨氮 2.50 万吨，比 2009 年万吨减少 0.24 万吨，占全国工业氨氮总排放量 24.54 万吨的 10.19%，比 2009 年减少 0.99%。造纸工业废水处理设施年运行费用 64.9 亿元，比 2009 年增加 13.9 亿元，增长 27.25%。 (中国造纸协会)

表 8-1 造纸工业主要产品生产及消费量

品 种	生产量(万吨)			消费量(万吨)		
	2010 年	2011 年	同比(%)	2010 年	2011 年	同比(%)
总量	9270	9930	7.12	9173	9752	6.31
1. 新闻纸	430	390	-9.30	423	389	-8.04
2. 未涂布印刷书写纸	1620	1730	6.79	1590	1687	6.10
3. 涂布印刷纸	640	725	13.28	549	599	9.11
其中：铜版纸	555	640	15.32	480	532	10.83
4. 生活用纸	620	730	17.74	567	674	18.87
5. 包装用纸	600	620	3.33	612	632	3.27
6. 白纸板	1250	1340	7.20	1254	1322	5.42
其中：涂布白纸板	1200	1290	7.50	1204	1272	5.65
7. 箱纸板	1880	1990	5.85	1946	2073	6.53
8. 瓦楞原纸	1870	1980	5.88	1889	1991	5.40
9. 特种纸及纸板	180	210	16.67	164	179	9.15
10. 其他纸及纸板	180	215	19.44	179	206	15.08

表 8-2 纸浆消耗量 单位：万吨

品种	2010 年	占比例(%)	2011 年	占比例(%)	同比(%)
总量	8461	100	9044	100	6.89
木浆	1859	22	2144	24	15.33
其中：进口木浆	1151 *1	16	1330 *3	15	15.55
废纸浆	5305	63	5660	62	6.69
其中：进口废纸浆	2092 *2	26	2182	24	4.30
非木浆	1297	15	1240	14	-4.39

注：废纸浆 = 废纸量 ×0.8；*1 2010 年进口木浆 1137 万吨，扣除溶解浆 96 万吨，实际消耗量 1151 万吨；*2 2010 年进口废纸 2435 万吨，实际消耗量 2615 万吨，折合废纸浆 2092 万吨；*3 2011 年进口木浆 1445 万吨，扣除溶解浆 115 万吨，实际消耗量 1330 万吨。

表 8-3 2001～2011 年各类纸浆生产量 单位：万吨

品种	2001 年	2002 年	2003 年	2004 年	2005 年	2006 年	2007 年	2008 年	2009 年	2010 年	2011 年
1. 木浆	200	214	217	238	371	526	605	679	560	716	823
2. 废纸浆	1310	1620	1920	2305	2810	3380	4017	4439	4997	5305	5660
3. 非木浆	980	1110	1170	1180	1260	1298	1302	1297	1175	1297	1240
苇浆	100	110	115	120	138	144	144	150	144	156	158
蔗渣浆	30	35	50	40	63	74	90	97	98	117	121
竹浆	30	45	60	70	86	95	120	146	161	194	192
稻麦草浆	736	815	845	900	929	908	849	808	676	719	660
其他浆	84	105	100	50	44	69	99	97	97	111	109

表 8-4　纸浆、废纸、纸及纸板、纸制品进口量

单位：万吨

品种	2010 年	2011 年	同比(%)
一、纸浆	1137	1445	27.09
二、废纸	2435	2728	12.03
三、纸及纸板	336	331	-1.49
1. 新闻纸	4	1	-75.00
2. 未涂布印刷书写纸	41	40	-2.44
3. 涂布印刷纸	45	37	-17.78
其中：铜版纸	38	30	-21.05
4. 包装用纸	17	18	5.88
5. 箱纸板	80	93	16.25
6. 白纸板	77	79	2.60
其中：涂布白纸板	77	79	2.60
7. 生活用纸	8	9	12.50
8. 瓦楞原纸	24	17	-29.17
9. 特种纸及纸板	31	30	-3.23
10. 其他纸及纸板	9	7	-22.22
四、纸制品	18	17	-5.56
总计	3926	4521	15.16

注：数据来源于国家海关总署。

表 8-5　纸浆、废纸、纸及纸板、纸制品出口量

单位：万吨

品种	2010 年	2011 年	同比(%)
一、纸浆	8.10	9.91	22.35
二、废纸	0.08	0.36	350.00
三、纸及纸板	433	509	17.55
1. 新闻纸	11	2	-81.82
2. 未涂布印刷书写纸	71	83	16.90
3. 涂布印刷纸	136	163	19.85
其中：铜版纸	113	138	22.12
4. 包装用纸	5	6	20.00
5. 箱纸板	14	10	-28.57
6. 白纸板	73	97	32.88
其中：涂布白纸板	73	97	32.88
7. 生活用纸	61	65	6.56
8. 瓦楞原纸	5	6	20.00
9. 特种纸及纸板	47	61	29.79
10. 其他纸及纸板	10	16	60.00
四、纸制品	228	243	6.58
总计	669.18	762.27	13.91

注：数据来源于国家海关总署。

表 8-6　造纸区域布局变化

	2010 年		2011 年	
	产量/万吨	比例(%)	产量/万吨	比例(%)
纸及纸板产量	9270	100	9930	100
其中：东部地区	6636	71.6	7121	71.7
中部地区	1862	20.1	2023	20.4
西部地区	772	8.3	786	7.9

注：据中国造纸协会调查资料。

表 8-7　纸及纸板产量 100 万吨以上的省(区、市)

省份	2010 年	2011 年	产量增加
山东	1510	1630	120
广东	1435	1496	61
浙江	1362	1477	115
江苏	1101	1051	-50
河南	814	828	14
福建	391	480	89
河北	371	401	30
湖南	335	372	37
四川	316	340	24
安徽	201	235	34
湖北	158	199	41
广西	167	194	27
江西	157	185	28
重庆	191	178	-13
天津	85	126	41
海南	51	113	62
合计	8509	9305	660

注：中国造纸协会调查资料。

表 8-8　重点造纸企业产量前 30 名

	单位名称	2010 年产量(万吨)	2011 年产量(万吨)	同比(%)
1	玖龙纸业(控股)有限公司	723.00	760.00	5.12
2	山东晨鸣纸业集团股份有限公司	327.35	361.43	10.41
3	理文造纸有限公司	354.30	353.98	-0.09
4	华泰集团有限公司	164.20	254.70	55.12
5	山东太阳纸业股份有限公司	224.00	242.26	8.15
6	金东纸业(江苏)股份有限公司	231.00	220.12	-4.71
7	中国纸业投资总公司	244.87	210.00	-14.24
8	宁波中华纸业有限公司(含宁波亚洲浆纸业有限公司)	148.74	152.65	2.63
9	中冶纸业集团有限公司	138.50	131.15	-5.31
10	山东博汇纸业股份有限公司	100.13	116.36	16.21
11	荣成纸业(中国)控股有限公司	110.18	115.80	5.10
12	山东世纪阳光纸业集团有限公司	59.06	96.13	62.77

	单位名称	2010年产量（万吨）	2011年产量（万吨）	同比（%）
13	浙江景兴纸业股份有限公司	84.92	96.00	13.05
14	安徽山鹰纸业股份有限公司	92.46	89.36	-3.35
15	芬欧汇川（中国）有限公司	80.00	88.00	10.00
16	海南金海浆纸业有限公司	26.52	86.97	227.94
17	漯河银鸽实业集团有限公司	84.20	84.40	0.24
18	福建联盛纸业	54.36	79.77	46.74
19	山东泉林纸业有限责任公司	70.61	76.23	7.96
20	东莞建晖纸业有限公司	69.20	75.74	9.45
21	吉安集团股份有限公司	67.50	69.62	3.14
22	新乡新亚纸业集团股份有限公司	58.20	68.30	17.35
23	金红叶纸业集团有限公司	37.50	66.27	76.72
24	金华盛纸业（苏州工业园区）有限公司	62.02	62.98	1.55
25	福建优兰发集团实业有限公司	50.30	57.85	15.01
26	山东贵和纸业集团有限公司	54.02	55.68	3.07
27	山东华金集团有限公司	50.81	55.94	10.10
28	大河纸业有限公司	40.60	52.05	28.20
29	广州造纸集团有限公司	61.27	49.31	-19.52
30	保定市三联纸业有限公司	47.41	46.79	-1.31

注：按已收集到的数据排列。

表 8-9　全国纸类产品进出口贸易值

产品类别	单位	出口数量	出口金额（千美元）	进口数量	进口金额（千美元）
合计			16179009		12778410
木浆	吨	31520	34119	3272019	3349606
废纸浆	吨	306	105	13190	7975
废纸	吨	3566	770	699363	2948697
纸制品	吨	7497320	12905416	3477546	5054949
印刷品			3238600		1417183

表 8-10　木浆主产地产量

	木浆主产地	产量（万吨）
1	迁安市（冀）	2.00
2	龙井市（吉）	9.60
3	图们市（吉）	3.68
4	萨尔图区（黑）	4.50
5	东风区（黑）	3.00
6	新沂市（苏）	10.00
7	上虞市（浙）	66.58
8	桐庐县（浙）	2.64
9	磐安县（浙）	1.48
10	沙　县（闽）	30.47
11	建瓯市（闽）	3.80
12	将乐县（闽）	3.60
13	武平县（闽）	2.05
14	连城县（闽）	1.31
15	明溪县（闽）	1.10
16	南昌市市辖区（赣）	5.00
17	乐安县（赣）	1.00
18	永新县（赣）	0.60
19	夏津县（鲁）	15.00
20	河东区（鲁）	80.00
21	桓台县（鲁）	35.00
22	宁阳县（鲁）	35.00
23	广饶县（鲁）	10.60
24	齐河县（鲁）	3.07
25	濮阳市高新区（豫）	10.60
26	新乡县（豫）	9.00
27	武陟县（豫）	2.10
28	老河口市（鄂）	3.50
29	南漳县（鄂）	2.00
30	监利县（鄂）	0.90
31	株洲县（湘）	125.00
32	岳阳市市辖区（湘）	80.00
33	益阳市市辖区（湘）	18.00
34	沅江市（湘）	5.00
35	城步苗族自治县（湘）	5.00
36	绥宁县（湘）	4.00
37	新邵县（湘）	3.60
38	岳阳县（湘）	1.00
39	广宁县（粤）	11.00
40	防城区（桂）	4.24
41	鹿寨县（桂）	3.00
42	陆良县（滇）	3.03

表 8-11　木浆纸主产地产量

	木浆纸主产地	产量（万吨）
1	迁安市（冀）	1.80
2	顺平县（冀）	0.75
3	昌邑区（吉）	21.00
4	萨尔图区（黑）	2.00
5	新沂市（苏）	10.00
6	义乌市（浙）	48.80
7	德清县（浙）	180.00
8	北仑区（浙）	91.30
9	鄞州区（浙）	37.66
10	临海市（浙）	35.11
11	余杭区（浙）	22.80
12	镇海区（浙）	13.24
13	缙云县（浙）	11.54
14	南浔区（浙）	11.11
15	长兴县（浙）	8.88
16	椒江区（浙）	5.87
17	武义县（浙）	3.46
18	临安市（浙）	3.00
19	遂昌县（浙）	2.98
20	浦江县（浙）	2.70
21	桐庐县（浙）	2.64
22	龙游县（浙）	1.76
23	磐安县（浙）	1.45
24	淳安县（浙）	1.22
25	黄岩区（浙）	0.83
26	沙 县（闽）	82.73
27	龙海市（闽）	24.56
28	南靖县（闽）	24.49
29	长泰县（闽）	23.73
30	华安县（闽）	14.30
31	尤溪县（闽）	14.29

	木浆纸主产地	产量(万吨)
32	建宁县(闽)	10.27
33	龙文区(闽)	6.68
34	新罗区(闽)	5.05
35	福鼎市(闽)	5.03
36	建瓯市(闽)	4.45
37	漳浦县(闽)	3.90
38	大田县(闽)	3.66
39	德化县(闽)	3.46
40	连城县(闽)	3.14
41	上杭县(闽)	2.74
42	永定县(闽)	2.08
43	泰宁县(闽)	1.88
44	长汀县(闽)	1.84
45	三元区(闽)	1.50
46	漳平市(闽)	1.38
47	诏安县(闽)	1.38
48	洛江区(闽)	1.20
49	建阳市(闽)	1.14
50	东山县(闽)	0.80
51	云霄县(闽)	0.79
52	平和县(闽)	0.73
53	延平区(闽)	0.57
54	顺昌县(闽)	0.50
55	南昌市市辖区(赣)	35.00
56	章贡区(赣)	6.80
57	临川区(赣)	3.00
58	夏津县(鲁)	12.00
59	寿光市(鲁)	65.00
60	河东区(鲁)	50.00
61	广饶县(鲁)	39.51
62	桓台县(鲁)	30.00
63	宁阳县(鲁)	25.00
64	新泰市(鲁)	16.60
65	坊子区(鲁)	15.00
66	青州市(鲁)	5.00
67	昌乐县(鲁)	5.00
68	德城区(鲁)	4.00
69	齐河县(鲁)	3.07
70	龙口市(鲁)	3.00
71	牟平区(鲁)	2.00
72	定陶县(鲁)	1.00
73	肥城市(鲁)	0.58
74	濮阳市高新区(豫)	29.80
75	新乡县(豫)	9.50
76	召陵区(豫)	7.90
77	台前县(豫)	7.50
78	范　县(豫)	6.00
79	睢　县(豫)	2.14
80	武陟县(豫)	1.50
81	禹州市(豫)	1.50
82	荆州区(鄂)	12.00
83	监利县(鄂)	4.60
84	南漳县(鄂)	2.00
85	株洲县(湘)	100.00
86	岳阳市市辖区(湘)	80.00
87	永兴县(湘)	40.00
88	益阳市市辖区(湘)	12.00
89	冷水滩区(湘)	10.85
90	洪江区(湘)	5.32
91	新邵县(湘)	4.60
92	绥宁县(湘)	4.50
93	江华瑶族自治县(湘)	3.56
94	沅江市(湘)	3.00
95	港北区(桂)	20.00
96	象州县(桂)	16.94
97	鹿寨县(桂)	10.20
98	柳城县(桂)	6.22
99	八步区(桂)	5.40
100	荔浦县(桂)	5.00
101	昭平县(桂)	1.09
102	右江区(桂)	1.00
103	铜梁县(渝)	6.00
104	中卫市市辖区(宁)	27.70
105	柴河林业造纸厂(龙江集团)	1.80

表 8-12　其他浆主产地产量

	其他浆主产地	产量(万吨)
1	杜尔伯特蒙古族自治县(黑)	2.23
2	林甸县(黑)	0.52
3	瑞金市(赣)	3.00
4	高青县(鲁)	8.00
5	太康县(豫)	21.00
6	南漳县(鄂)	3.00
7	岳阳市市辖区(湘)	31.90
8	沅江市(湘)	20.00
9	津市市(湘)	5.00
10	南　县(湘)	4.00
11	双峰县(湘)	2.98
12	全州县(桂)	0.64
13	秀山土家族苗族自治县(渝)	1.50
14	东坡区(川)	29.30
15	万源市(川)	5.00

表 8-13　其他纸主产地产量

	其他纸主产地	产量(万吨)
1	赵　县(冀)	26.00
2	林西县(内蒙古)	1.00
3	庄河市(辽)	22.00
4	辉南县(吉)	0.60
5	东风区(黑)	3.00
6	杜尔伯特蒙古族自治县(黑)	2.77
7	海宁市(浙)	52.33
8	婺城区(浙)	100.26
9	瓯海区(浙)	24.79
10	余姚市(浙)	19.40
11	温岭市(浙)	14.85
12	三门县(浙)	7.14
13	仙居县(浙)	7.02
14	临海市(浙)	6.28
15	鹿城区(浙)	4.57
16	长兴县(浙)	2.60
17	桐乡市(浙)	2.56
18	椒江区(浙)	2.51
19	庆元县(浙)	2.30
20	缙云县(浙)	2.22
21	路桥区(浙)	1.59
22	青田县(浙)	0.97
23	龙泉市(浙)	0.80
24	泾　县(皖)	5.00
25	芗城区(闽)	11.53
26	瑞金市(赣)	4.00
27	铜鼓县(赣)	0.55
28	广饶县(鲁)	76.84
29	高青县(鲁)	10.00
30	宁阳县(鲁)	5.00
31	定陶县(鲁)	2.00
32	青州市(鲁)	2.00
33	龙口市(鲁)	1.00
34	太康县(豫)	3.90
35	川汇区(豫)	2.30
36	淮阳县(豫)	1.50
37	嵩　县(豫)	1.00
38	温　县(豫)	0.60

	其他纸主产地	产量（万吨）
39	南漳县(鄂)	3.00
40	岳阳市市辖区(湘)	31.90
41	沅江市(湘)	10.00
42	麻阳苗族自治县(湘)	8.00
43	津市市(湘)	3.90
44	南　县(湘)	3.00
45	会同县(湘)	2.70
46	双峰县(湘)	1.56
47	吉首市(湘)	1.00
48	绥宁县(湘)	1.00
49	全州县(桂)	0.64
50	港北区(桂)	4.00
51	陆川县(桂)	2.00
52	柳江县(桂)	2.00
53	蒙山县(桂)	1.14
54	马山县(桂)	1.00
55	万秀区(桂)	0.76
56	秀山土家族苗族自治县(渝)	1.20
57	东坡区(川)	29.30
58	万源市(川)	3.00
59	纳溪区(川)	3.00
60	洪雅县(川)	1.30
61	威远县(川)	1.00
62	合江县(川)	0.65
63	隆阳区(滇)	1.00
64	昌宁县(滇)	0.81

表 8-14　木浆造纸出口量值

国家/地区	出口数量（吨）	出口金额（千美元）
47010000 机械木浆		
合计	590	311
印度	487	263
中国台湾	50	27
韩国	53	21
47020000 化学木浆、溶解级		
合计	14632	21647
印度尼西亚	14372	21396
朝鲜	139	170
乌兹别克斯坦	101	68
孟加拉国	21	12
47031100 未漂白的针叶木烧碱木浆或硫酸盐木浆		
合计	579	450
越南	259	246
印度	203	140
马来西亚	114	61
泰国	2	2
中国台湾	0	1
47032100 半漂白或漂白的针叶木烧碱木浆或硫酸盐木浆		
合计	4313	3913
日本	2334	2036
澳大利亚	601	571
伊朗	370	342
尼日利亚	193	171
埃及	110	104
朝鲜	111	102
缅甸	92	87
泰国	81	86
乌兹别克斯坦	77	76
埃塞俄比亚	37	58
沙特阿拉伯	58	54
哈萨克斯坦	52	48
阿尔及利亚	59	48
摩洛哥	38	35
印度尼西亚	26	22
乌干达	23	22
吉布提	17	16
孟加拉国	10	10
肯尼亚	11	10
也门	4	5
越南	3	4
印度	4	3
韩国	2	2
47032900 半漂白或漂白非针叶木烧碱木浆或硫酸盐木浆		
合计	11056	7520
韩国	6573	4776
日本	1768	1324
中国台湾	2496	1268
越南	198	136
乌干达	21	16
47042100 半漂白或漂白的针叶木亚硫酸盐木浆		
合计	350	277
朝鲜	338	264
苏丹	12	13
47062000 从回收(废碎)纸或纸板提取的纤维浆		
合计	306	105
中国香港	211	67
马来西亚	21	19
中国台湾	70	10
日本	4	7
韩国	0	1
47071000 回收(废碎)的未漂白牛皮纸或瓦楞纸及纸板		
合计	482	131
越南	332	106
韩国	150	25
47072000 回收(废碎)漂白化学木浆制未经本体染色纸		
合计	1495	312
印度	1022	204
菲律宾	291	58
以色列	100	20
朝鲜	20	14
西班牙	51	10
肯尼亚	12	5
47079000 回收(废碎)的其他纸及纸板		
合计	1588	326
中国香港	1587	326
48010000 成卷或成张的新闻纸		
合计	15304	12490
48021010 宣纸		
合计	1168	10137
48021090 其他手工制纸及纸板		
合计	1973	6818
48022010 照相原纸		
合计	1871	4332
48022090 其他光敏热敏电敏纸及纸板的原纸和原纸板		
合计	7462	7049
48024000 壁纸原纸		
合计	6928	11341
48025400 其他未涂书写印刷纸，机械浆≤10%，重<40 克		
合计	8479	13586
48025500 其他未涂纸，成卷，机械浆≤10%，40 克≤重≤150 克		
合计	199613	175419
48025600 机械浆≤10%，40 克≤重≤150 克，成张≤435 毫米×297 毫米		
合计	270933	277754

国家/地区	出口数量（吨）	出口金额（千美元）
48025700 其他未涂书写纸，机械浆≤10%，40克≤重≤150克		
合计	252715	233115
48025800 其他未涂书写印刷纸，机械浆≤10%，重>150克		
合计	3258	3990
48026110 其他成卷未涂布新闻纸，含机械浆纤维>10%		
合计	119	1576
48026190 其他成卷未涂布书写纸，含机械浆纤维>10%		
合计	18894	38123
48026200 成张未涂布纸，机械浆>10%，≤435毫米×297毫米		
合计	11903	21399
48026910 其他未涂布新闻纸，含机械浆纤维>10%		
合计	880	917
48026990 其他未涂布书写印刷纸，含机械浆纤维>10%		
合计	43842	55769
48030000 成卷成张的家庭或卫生用纸、面巾纸、餐巾纸		
合计	83570	94960
48041100 未漂白牛皮挂面板纸		
合计	19954	8203
48041900 其他牛皮挂面板纸		
合计	7661	5652
48042100 未漂白袋用牛皮纸		
合计	22519	20602
48042900 其他袋用牛皮纸		
合计	627	824
48043100 其他未涂布未漂白牛皮纸，每平方米重≤150克		
合计	15308	16351
48043900 其他未涂布牛皮纸，每平方米重≤150克		
合计	32602	31079
48044100 其他未涂未漂白牛皮纸，150克<每平方米重<250克		
合计	16337	14520
48044200 未涂布本体漂白牛皮纸，150克<每平方米重<250克		
合计	20	11
48044900 其他未涂布的牛皮纸，150克<每平方米重<250克		

国家/地区	出口数量（吨）	出口金额（千美元）
合计	491	568
48045100 其他未涂布未漂白牛皮纸		
合计	6687	6070
48045200 未涂布的本体漂白牛皮纸，每平方米重≥250克		
合计	87	210
48045900 其他未涂布的牛皮纸，每平方米重≥225克		
合计	198	1113
48051100 半化学瓦楞原纸		
合计	1053	510
48051200 草浆瓦楞原纸		
合计	46	35
48051900 其他瓦楞原纸		
合计	27646	12822
48052400 强韧箱纸板(再生挂面纸板)，每平方米重≤150克		
合计	2747	979
48052500 强韧箱纸板(再生挂面纸板)，每平方米重>150克		
合计	586	334
48053000 亚硫酸盐包装纸		
合计	6776	24620
48054000 滤纸及纸板		
合计	13520	35548
48055000 毡纸及纸板		
合计	169	220
48059110 电解电容器纸，每平方米重≤150克		
合计	681	4412
48059190 其他未经涂布的纸及纸板，每平方米重≤150克		
合计	25652	48501
48059200 其他未涂布纸及纸板，150克<每平方米重<250克		
合计	71197	77377
48059300 其他未涂布纸及纸板，每平方米重≥225克		
合计	36271	62615
48061000 植物羊皮纸		
合计	514	1164
48062000 防油纸		
合计	6457	15989
48063000 描图纸		
合计	4758	20853

国家/地区	出口数量（吨）	出口金额（千美元）
48064000 半透明玻璃纸及其他高光泽纸		
合计	8834	17433
48070000 成卷或成张的复合纸及纸板，未涂布或未浸渍		
合计	14167	26515
48081000 瓦楞纸及纸板，不论是否穿孔		
合计	32215	24604
48082000 袋用皱纹牛皮纸		
合计	112	1564
48083000 其他皱纹牛皮纸		
合计	1490	1875
48089000 其他皱纹纸及纸板但品目48.03的纸除外		
合计	9744	28879
48092000 自印复写纸，成卷或成张的		
合计	119574	180775
48099000 复写纸及其他拷贝或转印纸		
合计	5040	9879
48101300 成卷的书写、印刷纸及纸板，含机械纤维≤10%		
合计	409602	404504
48101400 书写用纸，机械纤维≤10%，成张，≤435毫米×297毫米		
合计	948	915
48101900 其他书写、印刷纸及纸板，含机械纤维≤10%		
合计	969356	894820
48102200 涂布无机物书写、印刷轻质纸，机械纤维>10%		
合计	95451	79787
48102900 其他涂布无机物书写、印刷纸，机械纤维>10%		
合计	150338	156843
48103100 涂布无机物漂白牛皮纸，重≤150克木纤维≥95%		
合计	23643	22761
48103200 涂布无机物漂白牛皮纸，重>150克木纤维≥95%		
合计	583555	524392
48103900 其他涂布高岭土或其他无机物质的牛皮纸及纸板		
合计	1285	6368
48109200 涂布无机物的多层纸及纸板		
合计	368834	322324

国家/地区	出口数量（吨）	出口金额（千美元）
48109900 未列名涂布高岭土或其他无机物质的纸及纸板		
合计	14280	19496
48111000 成卷或成张矩形焦油纸及纸板、沥青纸及纸板		
合计	1412	1143
48114100 成卷或成张矩形的任何尺寸的自粘胶粘纸		
合计	91068	219741
48114900 成卷或成张矩形的其他胶粘纸及纸板		
合计	12179	18751
48115110 彩色相纸用双面涂塑纸，每平方米重>150 克		
合计	2830	8691
48115190 其他塑料涂、浸或覆盖漂白纸，每平方米重>150 克		
合计	32327	66060
48115910 其他用塑料涂布、浸渍或覆盖绝缘纸及纸板		
合计	4635	10418
48115991 镀铝的用塑料（不包括黏合剂）涂布、浸渍或覆盖的纸及纸板		
合计	21545	64552
48115999 未列名用塑料（不包括黏合剂）涂布、浸渍或覆盖的纸及纸板		
合计	77092	161256
48116010 用蜡、石蜡、硬脂精、油或甘油浸涂的绝缘纸		
合计	873	3308
48116090 其他用蜡、石蜡、硬脂精、油或甘油浸涂的纸		
合计	5197	11269
48119000 未列名成卷成张矩形浸涂印花纸，纸板，纤维纸		
合计	135307	282577
48120000 纸浆制的滤块、滤板及滤片		
合计	829	3076
48131000 成小本或管状的卷烟纸		
合计	400	367
48132000 宽度≤5 厘米成卷的卷烟纸		
合计	7344	15144
48139000 其他卷烟纸，不论是否切成一定尺寸		
合计	11044	30777

国家/地区	出口数量（吨）	出口金额（千美元）
48141000 用木粒或草粒等饰面的壁纸		
合计	8	48
48142000 用塑料涂面或盖面的壁纸及类似品，起纹、压花、着色、印制图案或经其他装饰		
合计	45592	147610
48149000 其他壁纸及类似品；窗用透明纸		
合计	3336	31063
48162000 自印复写纸		
合计	11984	22387
48169010 热敏转印纸(4809 的纸除外)		
合计	7853	11270
48169090 复写纸、拷贝或转印纸；油印蜡纸或胶印版纸		
合计	6139	8901
48171000 纸或纸板制的信封		
合计	27490	65811
48172000 纸或纸板制封缄信片、素色明信片及通信卡片		
合计	4231	11515
48173000 纸或纸板制盒、袋及夹子，内装各种纸制文具		
合计	21763	56949
48181000 卫生纸		
合计	229725	286895
48182000 纸手帕及面巾纸		
合计	115616	207769
48183000 纸台布及纸餐巾		
合计	32938	71066
48184000 纸卫生巾及止血塞、婴儿纸尿布、尿布衬里等		
合计	191157	673542
48185000 纸浆、纸、纤维素絮纸或纤维素纤维网纸制的衣服及衣着附件		
合计	889	2414
48189000 纸浆、纸等制的其他家庭、卫生或医院用品		
合计	33075	63331
48191000 瓦楞纸或纸板制的箱、盒、匣		
合计	352731	568202
48192000 非瓦楞纸或纸板制的可折叠箱、盒、匣		
合计	312263	1085158
48193000 底宽≥40 厘米的纸袋		
合计	11983	27518

国家/地区	出口数量（吨）	出口金额（千美元）
48194000 其他纸袋，包括锥形袋		
合计	311946	974246
48195000 纸、纸板制其他包装容器，包括唱片套		
合计	21204	89208
48196000 纸或纸板制的卷宗盒、信件盘、存储盒等物品		
合计	12236	33848
48201000 账本、笔记本、收据本、日记本及类似品		
合计	355931	902300
48202000 练习本		
合计	67691	111689
48203000 纸或纸板制的活动封面、文件夹及卷宗皮		
合计	89140	194297
48204000 多联商业表格纸、页间夹有复写纸的本		
合计	5690	13227
48205000 纸或纸板制的样品簿及粘贴簿		
合计	71364	216013
48209000 纸或纸板制的其他文具用品；书籍封面		
合计	21811	59648
48211000 纸或纸板制的各种标签，印有文字图画		
合计	92479	428523
48219000 纸或纸板制的各种标签，未印文字图画		
合计	32514	92573
48221000 纸制的纺织纱线用筒管、卷轴、纡子等物品		
合计	4351	5016
48229000 其他纸制筒管、卷轴、纡子等		
合计	9032	13554
48232000 切成一定尺寸或形状的滤纸及纸板		
合计	31429	134450
48234000 已印制的自动记录器用打印纸卷、纸张及纸盘		
合计	14023	28514
48236100 竹浆纸或纸板制的盘、碟、盆、杯及类似品		
合计	1192	1215

国家/地区	出口数量（吨）	出口金额（千美元）
48236900 其他纸或纸板制的盘、碟、盆、杯及类似品		
合计	125357	314421
48237000 压制或模制纸浆制品		
合计	38632	128334
48239010 以纸或纸板为底制成的铺地制品		
合计	497	9136
48239020 神纸及类似用品		
合计	85851	139550
48239030 纸扇		
合计	1602	11331
48239090 未列名切成形的纸、纸板等纸及纸(浆)制品		
合计	232555	662055
49011000 单张的散页印刷品及类似印刷品		
合计	15434	41837
49019100 字典或百科全书及其连续出版的分册		
合计	2540	5475
49019900 其他书籍、小册子及类似印刷品		
合计	471706	1126313
49021000 每周至少出版4次的报纸、杂志及期刊		
合计	2280	2992
49029000 其他报纸、杂志及期刊		
合计	8258	17245
49030000 儿童图画书、绘画或涂色书		
合计	190462	489663
49040000 乐谱原稿或印本，不论是否装订或印有插图		
合计	250	632
49051000 地球仪、天体仪		
合计	1714	10719
49059100 成册的地图、水道图及类似图表		
合计	932	2139
49059900 其他地图、水道图及类似图表		
合计	364	4025
49060000 手绘的设计图纸原稿和手稿及其复制件		
合计	182	9603
49070010 在承认或将承认其面值的国流通或新发行并未经使用的邮票		
合计	10	1461
49070020 承认国流通新发行的钞票		
合计	12	6103
49070030 承认国流通新发行的证券凭证		
合计	182	602
49070090 承认国流通新发行未用的其他票证；所有凭证		
合计	13	62571
49081000 釉转印贴花纸(移画印花法用图案纸)		
合计	763	3776
49089000 其他转印贴花纸(移画印花法用图案纸)		
合计	15968	84574
49090010 印刷或有图画的明信片		
合计	3191	12014
49090090 印有个人问候、祝贺、通告的卡片		
合计	136286	511202
49100000 印刷的各种日历，包括日历芯		
合计	52141	138557
49111010 无商业价值的商业广告品、商品目录等印刷品		
合计	49583	119713
49111090 其他商业广告品、商品目录及类似印刷品		
合计	19468	77799
49119100 印刷的图片、设计图样及照片		
合计	32981	86844
49119910 纸质的其他印刷品		
合计	17602	57713
49119990 其他印刷品		
合计	58914	232415
95044000 扑克牌		
合计	760948	132615

表 8-15　木浆造纸进口量值

国家/地区	进口数量（吨）	进口金额（千美元）
47010000 机械木浆		
合计	58442	32710
加拿大	55415	31180
德国	1543	781
美国	574	339
芬兰	547	288
法国	317	76
挪威	42	32
中国台湾	3	14
47020000 化学木浆、溶解剂		
合计	1145316	2064080
巴西	260391	508940
加拿大	227042	437333
美国	214537	362798
印度尼西亚	143211	245916
瑞典	76552	144140
南非	101951	142452
俄罗斯	54702	106286
西班牙	21530	44536
挪威	15698	27163
捷克	14603	18858
德国	5866	10194
葡萄牙	5413	7853
法国	1203	2227
日本	802	2051
韩国	993	1644
奥地利	516	784
菲律宾	191	668
保加利亚	105	220
荷兰	11	16
47031100 未漂白的针叶木烧碱木浆或硫酸盐木浆		
合计	597552	405794
俄罗斯	197994	130452
智利	120748	89845
日本	120319	76111
美国	114451	74306
加拿大	31803	26016
瑞典	4398	3612
新西兰	3559	2995
澳大利亚	3344	1823
奥地利	797	510
中国台湾	74	76
德国	65	48
47031900 未漂白的非针叶木烧碱木浆或硫酸盐木浆		
合计	25831	11453
印度尼西亚	21992	8853
俄罗斯	2390	1654
美国	943	622
日本	506	319
中国台湾	1	5
47032100 半漂白或漂白的针叶木烧碱木浆或硫酸盐木浆		

国家/地区	进口数量（吨）	进口金额（千美元）
合计	3537517	4898184
加拿大	0	1929829
美国	947091	818668
智利	819896	686342
俄罗斯	603887	494932
芬兰	577814	478799
新西兰	133787	111348
瑞典	125975	110145
德国	74648	63773
阿根廷	52377	44326
法国	53339	44027
葡萄牙	48895	40460
日本	34498	27101
印度尼西亚	30452	19457
挪威	15712	13580
荷兰	4392	3716
巴西	4305	3198
波兰	2960	2383
比利时	2604	2077
捷克	1589	1266
中国	1231	1009
奥地利	1169	959
韩国	375	379
泰国	259	168
海地	113	85
马来西亚	101	81
中国台湾	47	73
南非	4	2
47032900 半漂白或漂白非针叶木烧碱木浆或硫酸盐木浆		
合计	5257952	3604631
巴西	1885055	1311581
印度尼西亚	1332244	878760
加拿大	376358	274175
乌拉圭	390829	267771
美国	383184	264972
智利	316701	221811
俄罗斯	211506	145273
日本	146003	92960
南非	75854	51035
泰国	35776	23953
西班牙	36265	22607
葡萄牙	25071	19628
韩国	16279	11079
芬兰	7033	5087

国家/地区	进口数量（吨）	进口金额（千美元）
法国	5020	3705
中国台湾	5141	3402
比利时	4149	2628
瑞典	2964	2093
德国	1484	1325
挪威	520	468
新加坡	502	316
墨西哥	5	3
47041100 未漂白的针叶木亚硫酸盐木浆		
合计	7205	4100
俄罗斯	3906	2543
美国	1395	879
德国	1833	598
中国台湾	71	80
47041900 未漂白的非针叶木亚硫酸盐木浆		
合计	330	236
印度尼西亚	301	205
德国	30	31
47042100 半漂白或漂白的针叶木亚硫酸盐木浆		
合计	85639	89118
芬兰	44002	38284
加拿大	15641	29815
捷克	16736	14193
瑞典	3580	2990
俄罗斯	4427	2891
美国	606	463
日本	236	165
智利	194	147
德国	146	98
泰国	67	64
中国	6	8
47042900 半漂白或漂白的非针叶木亚硫酸盐木浆		
合计	9271	9306
德国	6593	6447
葡萄牙	1372	1729
美国	427	489
印度尼西亚	532	362
日本	218	169
巴西	128	102
意大利	3	8
47050000 用机械与化学联合制浆法制得的木浆		
合计	1342432	732808

国家/地区	进口数量（吨）	进口金额（千美元）
加拿大	1121436	613548
新西兰	106171	57115
俄罗斯	44039	23257
瑞典	25475	13902
芬兰	22837	12483
挪威	9973	5218
泰国	3928	2712
德国	3575	2046
美国	2984	1596
缅甸	1058	388
意大利	556	319
越南	358	161
澳大利亚	33	53
中国台湾	1	6
荷兰	7	4
47062000 从回收（废碎）纸或纸板提取的纤维浆		
合计	13190	7975
德国	6342	3691
美国	3227	2057
比利时	1778	1012
加拿大	1069	597
日本	473	440
中国台湾	201	102
韩国	53	45
荷兰	26	16
南非	13	8
泰国	8	6
瑞士	0	1
法国	0	1
47071000 回收（废碎）的未漂白牛皮纸或瓦楞纸及纸板		
合计	8641771	4019353
美国	0	1860092
英国	1765638	438385
日本	1492414	382002
荷兰	1257028	313026
意大利	545737	135498
比利时	539445	133848
中国香港	556706	131022
法国	400927	99806
西班牙	393381	97150
德国	363904	91910
墨西哥	271802	73432
澳大利亚	256422	63138

国家/地区	进口数量（吨）	进口金额（千美元）
加拿大	142501	37502
爱尔兰	145729	36415
韩国	127462	30956
葡萄牙	67490	16890
希腊	53762	13521
挪威	48191	11542
中国台湾	40442	10660
中国澳门	30754	6842
多米尼加	21188	5651
瑞典	19178	4776
土耳其	17777	4277
波兰	15098	3673
俄罗斯	10207	2642
沙特阿拉伯	8676	2104
阿联酋	5307	1416
拉脱维亚	5606	1388
文莱	6632	1373
新西兰	5014	1248
危地马拉	3283	900
菲律宾	3313	873
洪都拉斯	3192	862
斯洛文尼亚	3039	749
塞浦路斯	2277	585
波多黎各	1585	495
马耳他	1480	364
南非	1042	339
巴林	1267	328
芬兰	1052	265
蒙古	1463	265
中国	718	192
哥斯达黎加	588	174
立陶宛	690	170
保加利亚	394	90
牙买加	295	83
海地	287	78
萨尔瓦多	205	66
巴巴多斯	241	54
喀麦隆	233	54
智利	179	45
苏里南	128	32
留尼汪岛(法)	113	26
爱沙尼亚	86	22
尼加拉瓜	75	20
阿尔巴尼亚	62	17
约旦	41	11

国家/地区	进口数量（吨）	进口金额（千美元）
奥地利	23	6
47072000 回收(废碎)漂白化学木浆制未经本体染色纸		
合计	699363	219975
美国	201053	68983
日本	170740	56247
中国香港	104716	24839
澳大利亚	66628	21510
荷兰	40142	12664
比利时	22640	6937
中国台湾	16583	4830
加拿大	14123	4536
法国	13197	4413
英国	11718	3276
德国	8727	2572
韩国	6182	2202
西班牙	6120	2097
意大利	4120	1070
新西兰	2616	819
希腊	2627	735
土耳其	1556	578
墨西哥	943	304
沙特阿拉伯	943	246
乌克兰	660	214
多米尼加	537	181
文莱	680	134
科威特	428	107
新加坡	308	91
海地	220	71
阿联酋	217	58
中国澳门	220	54
新喀里多尼亚	158	53
葡萄牙	192	42
斯洛文尼亚	134	41
巴布亚新几内亚	103	35
以色列	99	25
保加利亚	32	14
47073000 回收(废碎)的主要由机械浆制成的纸或纸板		
合计	0	1681369
美国	0	911256
日本	597374	160167
中国香港	597655	147896
加拿大	569996	140283
英国	578073	138835

国家/地区	进口数量（吨）	进口金额（千美元）
澳大利亚	245119	61519
荷兰	143888	35862
比利时	73432	19607
德国	69922	16453
法国	39017	10549
意大利	35342	8997
韩国	28881	7621
爱尔兰	24383	5719
希腊	16838	4414
挪威	11471	2947
文莱	9743	2156
新西兰	6423	1483
中国澳门	4350	1042
西班牙	3643	954
土耳其	2703	816
菲律宾	2506	588
阿联酋	1924	560
塞浦路斯	1739	492
科威特	945	270
沙特阿拉伯	842	250
墨西哥	388	89
波多黎各	297	81
洪都拉斯	376	80
南非	299	76
哥斯达黎加	299	70
牙买加	320	70
马耳他	294	69
中国台湾	75	28
俄罗斯	98	23
新喀里多尼亚	83	21
约旦	51	15
危地马拉	51	11
47079000 回收(废碎)的其他纸及纸板，包括未分选的纸或纸板		
合计	0	1047352
日本	1119221	280791
美国	1187308	270192
英国	559176	126716
荷兰	478442	109600
澳大利亚	295404	68599
加拿大	262994	60050
意大利	174379	39788
比利时	94114	22125
新西兰	62546	15075
德国	56725	12866

国家/地区	进口数量（吨）	进口金额（千美元）
菲律宾	57493	10802
法国	34940	8078
希腊	21663	5026
墨西哥	13491	3070
西班牙	12220	2790
中国香港	11094	2467
挪威	8503	1964
瑞典	6754	1534
葡萄牙	6517	1524
爱尔兰	5884	1305
斯洛文尼亚	2919	649
韩国	2146	485
马耳他	1306	337
文莱	1585	313
阿联酋	810	184
秘鲁	727	173
多米尼加	748	168
中国台湾	702	156
沙特阿拉伯	369	114
南非	411	94
塞浦路斯	479	89
奥地利	319	72
芬兰	265	61
哥斯达黎加	197	48
乌克兰	190	47
48010000 成卷或成张的新闻纸		
合计	14507	9225
48021010 宣纸		
合计	31	74
48021090 其他手工制纸及纸板		
合计	98	174
48022010 照相原纸		
合计	723	646
48022090 其他光敏热敏电敏纸及纸板的原纸和原纸板		
合计	8259	11575
48024000 壁纸原纸		
合计	19779	59529
48025400 其他未涂书写印刷纸，机械浆≤10%，重<40 克		
合计	12563	17258
48025500 其他未涂纸，成卷，机械浆≤10%，40 克≤重≤150 克		
合计	127302	111714
48025600 机械浆≤10%，40 克≤重≤150 克，成张，≤435 毫米×297 毫米		
合计	10392	14182
48025700 其他未涂书写纸，机械浆≤10%，40 克≤重≤150 克		
合计	127102	183969
48025800 其他未涂书写印刷纸，机械浆≤10%，重>150 克		
合计	33577	42112
48026110 其他成卷未涂布新闻纸，含机械浆纤维>10%		
合计	3	13
48026190 其他成卷未涂布书写纸，含机械浆纤维>10%		
合计	3785	5870
48026200 成张未涂布纸，机械浆>10%，≤435 毫米×297 毫米		
合计	37207	41519
48026990 其他未涂布书写印刷纸，含机械浆纤维>10%		
合计	20535	26565
48030000 成卷成张的家庭或卫生用纸、面巾纸、餐巾纸		
合计	36612	46800
48041100 未漂白牛皮挂面板纸		
合计	581124	383295
48041900 其他牛皮挂面板纸		
合计	23068	18762
48042100 未漂白袋用牛皮纸		
合计	51234	52401
48042900 其他袋用牛皮纸		
合计	60426	68371
48043100 其他未涂布未漂白牛皮纸，每平方米重≤150 克		
合计	70371	52673
48043900 其他未涂布牛皮纸，每平方米重≤150 克		
合计	59549	74187
48044100 其他未涂未漂白牛皮纸，150 克<每平方米重<250 克		
合计	73155	45036
48044200 未涂布本体漂白牛皮纸，150 克<每平方米重<250 克		
合计	862	981
48044900 其他未涂布的牛皮纸，150 克<每平方米重<250 克		
合计	4918	3299
48045100 其他未涂布未漂白牛皮纸		
合计	41522	32681
48045200 未涂布的本体漂白牛皮纸，每平方米重≥250 克		
合计	1041	1156
48045900 其他未涂布的牛皮纸，每平方米重≥225 克		
合计	613	547
48051100 半化学瓦楞原纸		
合计	53964	22181
48051900 其他瓦楞原纸		
合计	108035	45435
48052400 强韧箱纸板（再生挂面纸板），每平方米重≤150 克		
合计	8323	5154
48052500 强韧箱纸板（再生挂面纸板），每平方米重>150 克		
合计	15996	8652
48053000 亚硫酸盐包装纸		
合计	283	811
48054000 滤纸及纸板		
合计	13073	49195
48055000 毡纸及纸板		
合计	746	11271
48059110 电解电容器纸，每平方米重≤150克		
合计	2951	32393
48059190 其他未经涂布的纸及纸板，每平方米重≤150 克		
合计	20399	44753
48059200 其他未涂布纸及纸板，150 克<每平方米重<250 克		
合计	4209	6161
48059300 其他未涂布纸及纸板，每平方米重≥225 克		
合计	28989	27534
48061000 植物羊皮纸		
合计	809	4175
48062000 防油纸		
合计	2697	5630
48063000 描图纸		
合计	468	2086
48064000 半透明玻璃纸及其他高光泽纸		
合计	56992	93970
48070000 复合纸及纸板，未涂布或未浸渍		

国家/地区	进口数量（吨）	进口金额（千美元）
合计	10728	25709
48081000 瓦楞纸及纸板，不论是否穿孔		
合计	4389	7647
48082000 袋用皱纹牛皮纸		
合计	382	301
48083000 其他皱纹牛皮纸		
合计	1989	5636
48089000 其他皱纹纸及纸板，但品目48.03的纸除外		
合计	13250	24688
48092000 自印复写纸，成卷或成张的复写纸		
合计	1931	1669
48099000 复写纸及其他拷贝或转印纸，成卷或成张的纸		
合计	5395	14487
48101300 成卷的书写、印刷纸及纸板，含机械纤维≤10%		
合计	207595	247839
48101400 书写用纸，机械纤维≤10%，成张，≤435毫米×297毫米		
合计	2931	8302
48101900 其他书写、印刷纸及纸板，含机械纤维≤10%		
合计	91434	98697
48102200 涂布无机物书写、印刷轻质纸，机械纤维>10%		
合计	23728	19350
48102900 其他涂布无机物书写、印刷纸，机械纤维>10%		
合计	48435	49146
48103100 涂布无机物漂白牛皮纸，重≤150克木纤维≥95%		
合计	20193	29509
48103200 涂布无机物漂白牛皮纸，重>150克木纤维≥95%		
合计	355105	387326
48103900 其他涂布高岭土或其他无机物质的牛皮纸及纸板		
合计	47181	36498
48109200 涂布无机物的多层纸及纸板		
合计	409922	420059
48109900 未列名涂布高岭土或其他无机物质的纸及纸板		
合计	6083	10102

国家/地区	进口数量（吨）	进口金额（千美元）
48111000 成卷或成张矩形焦油纸及纸板、沥青纸及纸板		
合计	438	714
48114100 成卷或成张矩形的任何尺寸的自黏胶黏纸		
合计	28391	155740
48114900 成卷或成张矩形的其他胶黏纸及纸板		
合计	5363	14518
48115110 彩色相纸用双面涂塑纸，每平方米重>150克		
合计	12370	43750
48115190 其他塑料涂、浸或覆盖漂白纸，每平方米重>150克		
合计	35008	163223
48115910 其他用塑料涂布、浸渍或覆盖绝缘纸及纸板		
合计	4467	21730
48115991 镀铝的用塑料（不包括黏合剂）纸及纸板		
合计	6651	22139
48115999 未列名用塑料的纸及纸板		
合计	84573	220833
48116010 用蜡、石蜡、硬脂精、油或甘油浸涂的绝缘纸		
合计	883	9283
48116090 其他用蜡、石蜡、硬脂精、油或甘油浸涂的纸		
合计	11322	30985
48119000 未列名成卷成张矩形浸涂印花纸，纸板，纤维纸		
合计	61924	140686
48120000 纸浆制的滤块、滤板及滤片		
合计	2626	20988
48131000 成小本或管状的卷烟纸		
合计	0	13
48132000 宽度≤5厘米成卷的卷烟纸		
合计	8078	26814
48139000 其他卷烟纸，不论是否切成一定尺寸		
合计	4074	18060
48141000 用木粒或草粒等饰面的壁纸		
合计	3	37
48142000 用塑料涂面或盖面的壁纸及类似品		

国家/地区	进口数量（吨）	进口金额（千美元）
合计	25350	148886
48149000 其他壁纸及类似品；窗用透明纸		
合计	3448	13608
48162000 自印复写纸		
合计	755	1139
48169010 热敏转印纸（4809的纸除外）		
合计	1724	3563
48169090 复写纸、拷贝或转印纸；油印蜡纸或胶版纸		
合计	446	2385
48171000 纸或纸板制的信封		
合计	284	1844
48172000 纸或纸板制封缄信片、素色明信片及通信卡片		
合计	19	454
48173000 纸或纸板制盒、袋及夹子，内装各种纸制文具		
合计	100	856
48181000 卫生纸		
合计	3917	10492
48182000 纸手帕及面巾纸		
合计	1240	3127
48183000 纸台布及纸餐巾		
合计	647	1866
48184000 纸卫生巾及止血塞、婴儿纸尿布、尿布衬里等		
合计	44024	182936
48185000 纸制的衣服及衣着附件		
合计	58	322
48189000 纸浆、纸等制的其他家庭、卫生或医院用品		
合计	3344	9800
48191000 瓦楞纸或纸板制的箱、盒、匣		
合计	21263	51331
48192000 非瓦楞纸或纸板制的可折叠箱、盒、匣		
合计	30777	96761
48193000 底宽≥40厘米的纸袋		
合计	4123	10764
48194000 其他纸袋，包括锥形袋		
合计	4146	19668
48195000 纸、纸板制其他包装容器，包括唱片套		
合计	530	3057

国家/地区	进口数量（吨）	进口金额（千美元）
48196000 纸或纸板制的卷宗盒、信件盘、存储盒等物品		
合计	223	1417
48201000 账本、笔记本、收据本、日记本及类似品		
合计	2226	11869
48202000 练习本		
合计	17	90
48203000 纸或纸板制的活动封面、文件夹及卷宗皮		
合计	531	1248
48204000 多联商业表格纸、页间夹有复写纸的本		
合计	225	1865
48205000 纸或纸板制的样品簿及黏贴簿		
合计	441	1436
48209000 纸或纸板制的其他文具用品；书籍封面		
合计	421	1170
48211000 纸或纸板制的各种标签，印有文字图画		
合计	22252	269874
48219000 纸或纸板制的各种标签，未印文字图画		
合计	2747	39155
48221000 纸制的纺织纱线用筒管、卷轴等		
合计	411	646
48229000 其他纸制筒管、卷轴等		
合计	1467	4797
48232000 切成一定尺寸或形状的滤纸及纸板		
合计	2817	30519
48234000 已印制的自动记录器用打印纸卷、纸张及纸盘		
合计	670	3000
48236100 竹浆纸或纸板制的盘、碟、盆、杯及类似品		
合计	3	13

国家/地区	进口数量（吨）	进口金额（千美元）
48236900 其他纸或纸板制的盘、碟、盆、杯及类似品		
合计	363	1912
48237000 压制或模制纸浆制品		
合计	3861	26728
48239010 以纸或纸板为底制成的铺地制品		
合计	49	451
48239020 神纸及类似用品		
合计	156	245
48239030 纸扇		
合计	1	55
48239090 未列名切成形的纸、纸板等纸及纸（浆）制品		
合计	37336	155107
49011000 单张的散页印刷品及类似印刷品		
合计	19695	16878
49019100 字典或百科全书及其连续出版的分册		
合计	29	289
49019900 其他书籍、小册子及类似印刷品		
合计	8363	162436
49021000 每周至少出版 4 次的报纸、杂志及期刊		
合计	5116	20719
49029000 其他报纸、杂志及期刊		
合计	3328	198868
49030000 儿童图画书、绘画或涂色书		
合计	559	1532
49040000 乐谱原稿或印本，不论是否装订或印有插图		
合计	6	298
49051000 地球仪、天体仪		
合计	7	102
49059100 成册的地图、水道图及类似图表		
合计	26	286
49059900 其他地图、水道图及类似图表		
合计	73	3311
49060000 手绘的设计图纸原稿和手稿及其复制件		

国家/地区	进口数量（吨）	进口金额（千美元）
合计	75	3332
49070010 流通或新发行并未经使用的邮票		
合计	0	1
49070020 承认国流通新发行的钞票		
合计	0	124
49070030 承认国流通新发行的证券凭证		
合计	0	46
49070090 承认国流通新发行未用的其他票证；所有凭证		
合计	41	304258
49081000 釉转印贴花纸（移画印花法用图案纸）		
合计	92	12840
49089000 其他转印贴花纸（移画印花法用图案纸）		
合计	4009	453791
49090010 印刷或有图画的明信片		
合计	12	150
49090090 印有个人问候、祝贺、通告的卡片		
合计	131	1162
49100000 印刷的各种日历，包括日历芯		
合计	1244	3733
49111010 无商业价值的商业广告品、商品目录等印刷品		
合计	12899	84287
49111090 其他商业广告品、商品目录及类似印刷品		
合计	4388	36552
49119100 印刷的图片、设计图样及照片		
合计	3718	21383
49119910 纸质的其他印刷品		
合计	7734	33062
49119990 其他印刷品		
合计	7601	52782
95044000 扑克牌		
合计	5343	4961

碳素制品

表 9-1 各地区木炭产量

地区	木炭产量(吨)	占全国的比例(%)
全国合计	418054	100.00
辽宁	9997	2.39
吉林	8300	1.99
黑龙江	8555	2.05
江苏	35	0.01
浙江	21877	5.23
安徽	36004	8.61
福建	1336	0.32
江西	12740	3.05
河南	5700	1.36
湖南	34910	8.35
广东	8108	1.94
广西	86682	20.73
海南	3009	0.72
重庆	1850	0.44
四川	5000	1.20
贵州	42280	10.11
云南	105027	25.12
西藏	48	0.01
大兴安岭	26596	6.36

表 9-2 全国碳素制品进出口贸易值

产品类别	单位	出口数量	出口金额(千美元)	进口数量	进口金额(千美元)
合计	吨	132468	156396	919033	1294133
木炭	吨	51317	29414	188695	44837
木质活性炭	吨	54042	85346	3006	17433
果核活性炭	吨	10963	31956	727329	1231785
竹炭	吨	16147	9679	3	78

表 9-3 活性炭主产地产量

	活性炭主产地	产量(吨)
1	平泉县(冀)	12100.00
2	磁　县(冀)	4000.00
3	宁城县(内蒙古)	1650.00
4	婺城区(浙)	10000.00
5	衢江区(浙)	6200.00
6	德清县(浙)	4300.00
7	遂昌县(浙)	2282.00
8	江山市(浙)	2240.00
9	长兴县(浙)	900.00
10	临安市(浙)	400.00
11	余杭区(浙)	35.00
12	东至县(皖)	2100.00
13	祁门县(皖)	250.00
14	青阳县(皖)	80.00
15	延平区(闽)	32459.00
16	建瓯市(闽)	28115.00
17	邵武市(闽)	21810.00
18	泰宁县(闽)	12956.00
19	沙　县(闽)	12722.00
20	长汀县(闽)	12461.00
21	建阳市(闽)	11374.00
22	将乐县(闽)	11000.00
23	尤溪县(闽)	7869.00
24	漳平市(闽)	2932.00
25	浦城县(闽)	2389.00
26	三元区(闽)	2005.00
27	光泽县(闽)	574.00
28	连城县(闽)	355.00
29	顺昌县(闽)	313.00
30	武夷山市(闽)	28.00
31	铜鼓县(赣)	8000.00
32	余江县(赣)	3450.00
33	靖安县(赣)	1062.00
34	南城县(赣)	500.00
35	彭泽县(赣)	300.00
36	广昌县(赣)	54.00
37	宜丰县(赣)	13.00
38	滑　县(豫)	948.00
39	资兴市(湘)	6500.00
40	中方县(湘)	800.00
41	梁平县(渝)	1850.00
42	北川羌族自治县(川)	1.00
43	喀什市(新)	500.00

表 9-4 木炭主产地产量

	木炭主产地	产量(吨)
1	林西县(内蒙古)	20.00
2	江山市(浙)	15700.00
3	奉化市(浙)	7800.00
4	龙泉市(浙)	982.00
5	长兴县(浙)	120.00
6	龙游县(浙)	47.00
7	临安市(浙)	10.00
8	东至县(皖)	13332.00
9	宁国市(皖)	7000.00
10	旌德县(皖)	1200.00
11	太湖县(皖)	900.00
12	泾　县(皖)	500.00
13	和　县(皖)	100.00

	木炭主产地	产量(吨)
14	潜山县(皖)	60.00
15	连城县(闽)	1021.00
16	永定县(闽)	215.00
17	龙海市(闽)	100.00
18	铜鼓县(赣)	10000.00
19	南康市(赣)	4300.00
20	遂川县(赣)	3500.00
21	全南县(赣)	678.00
22	瑞金市(赣)	500.00
23	芦溪县(赣)	300.00
24	靖安县(赣)	221.00
25	信丰县(赣)	102.00
26	龙南县(赣)	50.00
27	大余县(赣)	8.00
28	安源区(赣)	7.50
29	南城县(赣)	3.00
30	平原县(鲁)	620.00
31	商城县(豫)	500.00
32	禹州市(豫)	200.00
33	光山县(豫)	40.00
34	阳新县(鄂)	11.00
35	溆浦县(湘)	12000.00
36	江华瑶族自治县(湘)	8500.00
37	桃源县(湘)	3000.00
38	资兴市(湘)	2100.00
39	武冈市(湘)	1600.00
40	临武县(湘)	860.00
41	蓝山县(湘)	460.00
42	沅陵县(湘)	450.00
43	桂东县(湘)	362.00
44	株洲县(湘)	210.00
45	双峰县(湘)	200.00
46	桃江县(湘)	200.00
47	新化县(湘)	200.00
48	祁东县(湘)	103.00
49	新田县(湘)	80.00
50	茶陵县(湘)	50.00
51	娄星区(湘)	20.00
52	雷州市(粤)	25000.00
53	徐闻县(粤)	2628.00
54	化州市(粤)	1137.50
55	台山市(粤)	12.00
56	全州县(桂)	9000.00
57	龙胜各族自治县(桂)	1727.00
58	秀山土家族苗族自治县(渝)	90.00
59	荣　县(川)	256.00
60	天柱县(黔)	1524.00
61	三穗县(黔)	310.00
62	仁布县(藏)	20.00
63	华池县(甘)	2.00

表 9-5　碳素制品出口量值

国家/地区	出口数量(吨)	出口金额(千美元)
38021010 木质活性碳		
合计	54042	85346
日本	21236	42086
印度	4193	5901
韩国	2890	4209
泰国	2713	3124
印度尼西亚	2580	2417
法国	1699	2408
阿根廷	1822	2401
美国	1407	2274
越南	2122	2165
中国台湾	1869	1930
俄罗斯	1132	1749
墨西哥	1107	1510
伊朗	791	1166
马来西亚	693	1104
德国	662	1057
英国	720	1051
南非	730	962
荷兰	820	902
意大利	663	842
比利时	248	653
爱沙尼亚	396	570
塞内加尔	380	546
菲律宾	277	422
埃及	254	389
巴西	276	386
巴基斯坦	274	363
澳大利亚	234	320
土耳其	209	318
叙利亚	196	248
新加坡	253	208
西班牙	135	197
智利	89	139
秘鲁	121	134
危地马拉	98	118
斯洛文尼亚	40	101
新西兰	68	95
孟加拉国	64	91
哈萨克斯坦	54	88
中国香港	51	76
波兰	31	70
厄瓜多尔	60	67
以色列	44	65
苏丹	30	61
沙特阿拉伯	54	57
巴布亚新几内亚	48	55
肯尼亚	30	40
委内瑞拉	21	28
萨尔瓦多	20	27
津巴布韦	12	24
格鲁吉亚	13	23
乌克兰	22	22
亚美尼亚	40	20
斯里兰卡	12	16
乌拉圭	8	11
纳米比亚	3	10
芬兰	13	6
朝鲜	4	5
突尼斯	2	4
捷克	1	4
尼日利亚	4	4
土库曼斯坦	0	3
希腊	0	1
哥斯达黎加	0	1
刚果(金)	1	1
44029000 其他木炭(包括果壳炭及果核炭)		
合计	51317	29414
日本	28937	12192
英国	6996	3030
韩国	5883	2567
伊朗	1605	2098
以色列	943	1701
南非	787	1466
美国	1072	685
约旦	331	560
希腊	213	518
沙特阿拉伯	473	488
巴西	252	441
阿联酋	318	349
马来西亚	145	320
科威特	59	252
利比亚	78	235

国家/地区	出口数量（吨）	出口金额（千美元）
丹麦	157	192
瑞典	124	177
伊拉克	189	175
西班牙	118	161
摩洛哥	78	136
突尼斯	50	136
德国	164	106
阿尔及利亚	44	94
缅甸	424	91
乌克兰	41	77
挪威	52	74
印度	61	66
中国澳门	305	65
澳大利亚	113	65
荷兰	236	65
比利时	38	65
中国台湾	83	63
加拿大	44	58
土耳其	41	54
黎巴嫩	57	54
意大利	93	54
克罗地亚	125	44
法国	24	39
葡萄牙	32	36
墨西哥	13	33
朝鲜	44	32
俄罗斯	53	31
阿曼	3	28
捷克	18	23
新加坡	67	21
也门	7	21
巴基斯坦	10	17
印度尼西亚	50	16
海地	26	15
阿根廷	10	13
新西兰	15	11
拉脱维亚	13	10

国家/地区	出口数量（吨）	出口金额（千美元）
哥伦比亚	6	9
菲律宾	18	9
瑞士	8	9
乌拉圭	14	8
智利	3	7
尼日尔	2	6
法属波利尼西亚	14	6
尼泊尔	6	6
巴林	1	5
泰国	4	5
中国香港	21	5
芬兰	5	4
波兰	0	4
爱沙尼亚	95	2
马拉维	0	1
贝宁	0	1
刚果(金)	1	1
保加利亚	0	1
哥斯达黎加	0	1
巴拿马	0	1
斯洛文尼亚	0	1

表 9-6　碳素制品进口量值

国家/地区	进口数量（吨）	进口金额（千美元）
38021010 木质活性碳		
合计	3006	17433
日本	927	8290
美国	1022	5237
法国	218	870
斯里兰卡	154	707
泰国	168	499
英国	74	403
印度尼西亚	154	298
荷兰	45	291
菲律宾	45	194
印度	75	174
韩国	25	123
中国	24	121
中国台湾	26	87
德国	14	70
澳大利亚	31	43
意大利	1	8
西班牙	1	5
马来西亚	2	3
丹麦	0	3
瑞典	0	2
捷克	0	2
瑞士	0	1
南非	0	1
44029000 其他木炭(包括果壳炭及果核炭)		
合计	188695	44837
缅甸	112469	21299
印度尼西亚	39337	13705
老挝	18402	3593
菲律宾	10762	3580
越南	4909	1224
泰国	1195	489
日本	321	237
韩国	65	213
马来西亚	609	198
俄罗斯	347	89
英国	1	46
斯里兰卡	12	31
美国	23	31
德国	75	27
新加坡	86	26
法国	1	18
比利时	4	10
古巴	35	8
印度	1	7
多哥	40	6

竹 藤

表 10-1 竹藤各指标在全国排名前 5 位的省份

指 标	全国排名前 5 位的省份占全国的比例(%)
竹材产量 15. 39(亿根)	福建(29. 47)、广西(18. 4)、浙江(12. 14)、云南(9. 76)、广东(8. 32)
毛竹产量 10. 26(亿根)	福建(28. 8)、浙江(16. 77)、云南(13. 33)、广西(9. 28)、安徽(8. 35)
篙竹产量 5. 14(亿根)	广西(36. 62)、福建(30. 8)、广东(16. 77)、安徽(3. 01)、浙江(2. 89)
小杂竹产量 1177. 38(万吨)	四川(40. 56)、云南(19. 06)、广东(15. 92)、福建(4. 31)、浙江(3. 87)
竹、藤、棕、草制品企业数量 19384(家)	浙江(25. 17)、福建(17. 01)、广东(8. 91)、山东(6. 62)、湖南(6. 37)
竹、藤、棕、草工艺品制造企业数量 11309(家)	浙江(34. 83)、福建(19. 14)、山东(10. 32)、广东(9. 16)、广西(4. 84)

表 10-2 竹藤产品产量及企业数量

地 区	竹 材				竹、藤、棕、草制品企业数量(家)	竹、藤、棕、草工艺品制造企业数量(家)
	竹材(万根)			小杂竹(万吨)		
	合 计	毛 竹	篙 竹			
全国合计	153929. 49	102577. 93	51351. 55	1177. 38	19384	11309
北京	0	0	0	0	75	36
天津	0	0	0	0	97	65
河北	0	0	0	0	205	97
山西	0	0	0	0	58	11
内蒙古	0	0	0	0	43	16
辽宁	0	0	0	0	261	267
吉林	0	0	0	0	172	57
黑龙江	0	0	0	0	204	84
上海	1. 60	1. 60	0	0. 34	182	51
江苏	359. 11	194. 06	165. 05	1. 20	672	346
浙江	18681. 15	17198. 40	1482. 75	45. 51	4878	3939
安徽	10110. 57	8562. 51	1548. 06	29. 68	834	341
福建	45360	29544	15816	50. 69	3298	2165
江西	7077. 40	6121. 49	955. 91	6. 73	1231	303
山东	0	0	0	0	1283	1167
河南	167. 50	167. 50	0	2. 04	335	163
湖北	2836. 02	1667. 23	1168. 79	10. 60	275	55
湖南	6997. 92	6653. 38	344. 54	29. 92	1234	161
广东	12803. 64	4194. 17	8609. 47	187. 47	1728	1036
广西	28327. 53	9521. 68	18805. 85	44. 00	861	547
海南	1383. 77	1201. 73	182. 04	1. 16	50	11
重庆	169. 60	154. 04	15. 56	28. 43	329	93
四川	3752. 24	3104. 24	648	477. 60	525	127
贵州	584. 25	577. 25	7	34. 71	167	60

地区	竹材				竹、藤、棕、草制品企业数量(家)	竹、藤、棕、草工艺品制造企业数量(家)
	竹材(万根)			小杂竹(万吨)		
	合计	毛竹	篙竹			
云南	15021.81	13675.83	1345.97	224.36	165	39
西藏	30.00	0	30.00	0	3	1
陕西	265.38	38.84	226.54	2.64	101	41
甘肃	0	0	0	0.29	44	13
青海	0	0	0	0	7	4
宁夏	0	0	0	0	40	6
新疆	0	0	0	0	27	7

表 10-3 竹藤产品进出口贸易值

产品类别	单位	出口数量	出口金额(千美元)	进口数量	进口金额(千美元)
合计			2618621		55859
竹藤原料	吨	99463	45023	44740	41649
竹藤编结品	吨	343179	1386918	674	2859
竹家具			88373		1986
竹胶合板	立方米	101370	53967	1517	1161
竹筷子	吨	75053	136486	59	115
竹餐具	吨	35205	122689	47	286
竹刻	吨	10	71	0	8
竹签等	吨	44693	122650	48	59
扫帚等	千把	11891	9836	174	13
竹毛笔	千支	25992	6181	524	247
竹地板	吨	206562	364804	364	360
竹异形材	吨	741	1981	0	0
竹炭	吨	16147	9679	3	78
竹浆	吨	1126	1223	9573	6153
竹纸制品	吨	1192	1215	3	13
竹笋或其制品	吨	173929	267524	232	874

表 10-4 毛竹主产地产量

	毛竹主产地	产量(万根)
1	奉贤区(沪)	1.60
2	赣榆县(苏)	5.32
3	安吉县(浙)	2970.00
4	龙泉市(浙)	1647.10
5	庆元县(浙)	1492.74
6	龙游县(浙)	1181.00
7	衢江区(浙)	900.00
8	余杭区(浙)	754.70
9	遂昌县(浙)	724.10
10	德清县(浙)	588.00
11	奉化市(浙)	500.00
12	鄞州区(浙)	475.00
13	吴兴区(浙)	467.57
14	临安市(浙)	450.00
15	淳安县(浙)	405.47
16	宁海县(浙)	400.00
17	长兴县(浙)	320.00
18	富阳市(浙)	285.80
19	松阳县(浙)	204.34
20	桐庐县(浙)	172.85
21	余姚市(浙)	160.00
22	萧山区(浙)	139.00
23	泰顺县(浙)	126.68
24	武义县(浙)	121.00
25	浦江县(浙)	100.00
26	景宁畲族自治县(浙)	98.00
27	婺城区(浙)	65.00
28	莲都区(浙)	55.98
29	建德市(浙)	54.32
30	文成县(浙)	44.12
31	磐安县(浙)	43.12
32	江山市(浙)	39.30
33	天台县(浙)	36.91
34	仙居县(浙)	33.79
35	临海市(浙)	29.00
36	象山县(浙)	27.00
37	江北区(浙)	20.00
38	云和县(浙)	15.80
39	缙云县(浙)	14.32
40	新昌县(浙)	11.87
41	青田县(浙)	8.00
42	嵊州市(浙)	6.40
43	黄岩区(浙)	4.03
44	北仑区(浙)	4.00
45	慈溪市(浙)	3.85
46	镇海区(浙)	2.99
47	宁波市市辖区(浙)	2.80
48	三门县(浙)	1.27
49	义乌市(浙)	1.20
50	瑞安市(浙)	1.00
51	宁国市(皖)	1112.00
52	泾　县(皖)	650.00
53	东至县(皖)	349.38
54	金寨县(皖)	315.00
55	休宁县(皖)	230.00
56	潜山县(皖)	200.00
57	舒城县(皖)	167.00
58	黟　县(皖)	125.00
59	繁昌县(皖)	120.00
60	祁门县(皖)	105.00
61	青阳县(皖)	70.01
62	旌德县(皖)	67.16
63	太湖县(皖)	62.75
64	南陵县(皖)	44.26
65	徽州区(皖)	36.00
66	庐江县(皖)	31.00
67	望江县(皖)	30.00
68	宜秀区(皖)	23.00

	毛竹主产地	产量(万根)
69	歙　县(皖)	15.00
70	无为县(皖)	15.00
71	三山区(皖)	10.00
72	花山区(皖)	8.85
73	当涂县(皖)	5.14
74	含山县(皖)	3.20
75	桐城市(皖)	3.00
76	屯溪区(皖)	2.00
77	和　县(皖)	1.00
78	鸠江区(皖)	1.00
79	芜湖县(皖)	0.62
80	资溪县(赣)	297.55
81	宜丰县(赣)	271.00
82	万载县(赣)	254.00
83	丰城市(赣)	220.00
84	新干县(赣)	209.50
85	遂川县(赣)	205.00
86	铅山县(赣)	171.00
87	铜鼓县(赣)	148.00
88	大余县(赣)	145.47
89	靖安县(赣)	136.20
90	崇义县(赣)	123.84
91	贵溪市(赣)	111.20
92	安福县(赣)	98.77
93	瑞金市(赣)	75.60
94	宜黄县(赣)	71.00
95	德兴市(赣)	69.60
96	宜春市明月山温泉风景名胜区(赣)	58.69
97	永丰县(赣)	57.00
98	崇仁县(赣)	53.20
99	武宁县(赣)	47.80
100	万安县(赣)	46.91
101	分宜县(赣)	40.00
102	浮梁县(赣)	38.80
103	永新县(赣)	36.00
104	湾里区(赣)	31.06
105	峡江县(赣)	29.88
106	井冈山市(赣)	29.00
107	金溪县(赣)	27.50
108	南城县(赣)	26.50
109	广丰县(赣)	25.80
110	临川区(赣)	24.62
111	樟树市(赣)	24.00
112	高安市(赣)	21.10
113	都昌县(赣)	20.00

	毛竹主产地	产量(万根)
114	南丰县(赣)	19.62
115	定南县(赣)	18.26
116	上高县(赣)	16.80
117	广昌县(赣)	15.34
118	全南县(赣)	15.32
119	安远县(赣)	14.04
120	永修县(赣)	13.41
121	宁都县(赣)	13.30
122	修水县(赣)	12.65
123	上犹县(赣)	12.00
124	芦溪县(赣)	12.00
125	乐安县(赣)	11.00
126	龙南县(赣)	10.79
127	兴国县(赣)	9.50
128	信丰县(赣)	7.30
129	鄱阳县(赣)	7.00
130	寻乌县(赣)	6.90
131	瑞昌市(赣)	5.00
132	彭泽县(赣)	5.00
133	新建县(赣)	4.75
134	横峰县(赣)	4.60
135	玉山县(赣)	3.68
136	乐平市(赣)	3.30
137	湘东区(赣)	3.24
138	渝水区(赣)	3.00
139	会昌县(赣)	2.90
140	石城县(赣)	2.87
141	章贡区(赣)	1.80
142	湖口县(赣)	1.00
143	九江县(赣)	0.93
144	商城县(豫)	50.00
145	淅川县(豫)	42.00
146	新　县(豫)	35.00
147	唐河县(豫)	5.50
148	内乡县(豫)	1.00
149	光山县(豫)	0.53
150	咸安区(鄂)	300.00
151	通山县(鄂)	295.89
152	崇阳县(鄂)	251.30
153	沙洋县(鄂)	120.00
154	广水市(鄂)	100.00
155	通城县(鄂)	52.00
156	保康县(鄂)	50.00
157	蕲春县(鄂)	23.00
158	来凤县(鄂)	12.00
159	浠水县(鄂)	10.00

	毛竹主产地	产量(万根)
160	随县(鄂)	10.00
161	利川市(鄂)	8.50
162	阳新县(鄂)	8.00
163	武穴市(鄂)	6.91
164	嘉鱼县(鄂)	6.10
165	麻城市(鄂)	6.00
166	咸丰县(鄂)	4.57
167	黄梅县(鄂)	4.50
168	大冶市(鄂)	4.32
169	公安县(鄂)	3.50
170	团风县(鄂)	3.00
171	鄂州市市辖区(鄂)	2.60
172	宣恩县(鄂)	2.45
173	江夏区(鄂)	2.00
174	大悟县(鄂)	2.00
175	恩施市(鄂)	1.80
176	宜都市(鄂)	1.55
177	梁子湖区(鄂)	1.40
178	松滋市(鄂)	1.15
179	红安县(鄂)	1.01
180	鄂城区(鄂)	1.00
181	监利县(鄂)	1.00
182	衡东县(湘)	478.16
183	炎陵县(湘)	100.00
184	桃源县(湘)	500.00
185	华容县(湘)	435.00
186	安化县(湘)	400.00
187	临湘市(湘)	308.54
188	绥宁县(湘)	300.00
189	新化县(湘)	250.00
190	平江县(湘)	238.71
191	城步苗族自治县(湘)	220.00
192	浏阳市(湘)	211.72
193	衡阳县(湘)	210.00
194	零陵区(湘)	180.00
195	汉寿县(湘)	170.00
196	鼎城区(湘)	170.00
197	攸　县(湘)	154.00
198	资兴市(湘)	153.00
199	蓝山县(湘)	150.00
200	湘潭县(湘)	145.00
201	祁东县(湘)	137.00
202	苏仙区(湘)	125.40
203	新宁县(湘)	120.00
204	洪江区(湘)	104.01
205	洞口县(湘)	80.00

	毛竹主产地	产量(万根)
206	赫山区(湘)	80.00
207	宁乡县(湘)	80.00
208	洪江市(湘)	72.00
209	北湖区(湘)	65.61
210	衡山县(湘)	65.00
211	株洲县(湘)	62.50
212	武冈市(湘)	50.00
213	醴陵市(湘)	50.00
214	岳阳县(湘)	40.00
215	衡南县(湘)	40.00
216	会同县(湘)	39.48
217	慈利县(湘)	35.00
218	常宁市(湘)	33.75
219	汝城县(湘)	32.04
220	湘乡市(湘)	32.00
221	永兴县(湘)	30.00
222	石门县(湘)	30.00
223	珠晖区(湘)	25.00
224	安仁县(湘)	23.00
225	桂阳县(湘)	21.07
226	永定区(湘)	20.00
227	桂东县(湘)	20.00
228	邵东县(湘)	20.00
229	汨罗市(湘)	20.00
230	双峰县(湘)	19.86
231	冷水滩区(湘)	16.80
232	云溪区(湘)	16.00
233	娄星区(湘)	15.00
234	祁阳县(湘)	14.00
235	涟源市(湘)	12.33
236	隆回县(湘)	11.60
237	新邵县(湘)	10.60
238	宁远县(湘)	10.30
239	资阳区(湘)	10.00
240	冷水江市(湘)	9.82
241	东安县(湘)	9.00
242	辰溪县(湘)	8.02
243	津市市(湘)	8.00
244	新田县(湘)	7.30
245	沅陵县(湘)	6.80
246	湘阴县(湘)	6.00
247	芷江侗族自治县(湘)	5.39
248	安乡县(湘)	5.10
249	宜章县(湘)	5.00
250	芦淞区(湘)	5.00
251	中方县(湘)	4.46
252	武陵源区(湘)	4.00
253	麻阳苗族自治县(湘)	4.00
254	桑植县(湘)	2.67
255	君山区(湘)	2.40
256	岳阳楼区(湘)	2.00
257	嘉禾县(湘)	2.00
258	蒸湘区(湘)	2.00
259	荷塘区(湘)	1.73
260	邵阳县(湘)	1.40
261	临武县(湘)	1.30
262	韶山市(湘)	1.10
263	新晃侗族自治县(湘)	1.00
264	道　县(湘)	0.99
265	江华瑶族自治县(湘)	0.85
266	澧　县(湘)	0.52
267	罗定市(粤)	8.80
268	仁化县(粤)	400.00
269	德庆县(粤)	255.28
270	陆河县(粤)	200.20
271	南雄市(粤)	162.30
272	化州市(粤)	160.90
273	信宜市(粤)	120.00
274	封开县(粤)	120.00
275	清新县(粤)	120.00
276	梅　县(粤)	85.00
277	乐昌市(粤)	83.70
278	蕉岭县(粤)	74.45
279	连州市(粤)	73.24
280	阳山县(粤)	57.20
281	和平县(粤)	42.90
282	大埔县(粤)	40.00
283	连山壮族瑶族自治县(粤)	37.20
284	惠东县(粤)	35.60
285	普宁市(粤)	35.50
286	始兴县(粤)	33.20
287	龙川县(粤)	28.00
288	云城区(粤)	24.00
289	清城区(粤)	23.01
290	潮安县(粤)	20.00
291	连南瑶族自治县(粤)	19.50
292	揭东县(粤)	18.20
293	龙门县(粤)	18.02
294	广州市市属总林场(粤)	16.65
295	翁源县(粤)	15.30
296	武江区(粤)	15.00
297	郁南县(粤)	12.00
298	连平县(粤)	11.78
299	新丰县(粤)	11.00
300	曲江区(粤)	10.90
301	紫金县(粤)	10.00
302	丰顺县(粤)	9.00
303	鼎湖区(粤)	9.00
304	浈江区(粤)	5.00
305	高州市(粤)	5.00
306	英德市(粤)	4.90
307	麻章区(粤)	3.00
308	湘桥区(粤)	2.80
309	清远市市属总林场(粤)	2.56
310	乳源瑶族自治县(粤)	1.60
311	环江毛南族自治县(桂)	50.00
312	兴安县(桂)	1200.00
313	资源县(桂)	600.00
314	灌阳县(桂)	591.00
315	平乐县(桂)	545.82
316	永福县(桂)	258.60
317	龙胜各族自治县(桂)	250.00
318	灵川县(桂)	221.77
319	昭平县(桂)	216.00
320	融水苗族自治县(桂)	200.00
321	融安县(桂)	192.00
322	三江侗族自治县(桂)	150.00
323	全州县(桂)	125.00
324	八步区(桂)	94.60
325	大化瑶族自治县(桂)	70.00
326	临桂县(桂)	63.48
327	巴马瑶族自治县(桂)	59.00
328	凌云县(桂)	50.00
329	隆林各族自治县(桂)	45.00
330	鹿寨县(桂)	34.00
331	隆安县(桂)	32.00
332	阳朔县(桂)	29.85
333	金秀瑶族自治县(桂)	12.14
334	灵山县(桂)	8.56
335	凤山县(桂)	8.00
336	那坡县(桂)	4.00
337	苍梧县(桂)	3.00
338	黄冕林场(桂)	2.60
339	富川瑶族自治县(桂)	1.05
340	恭城瑶族自治县(桂)	1.00
341	秀山土家族苗族自治县(渝)	22.56
342	云阳县(渝)	14.80
343	永川区(渝)	8.20

	毛竹主产地	产量(万根)
344	江津区(渝)	6.35
345	万州区(渝)	5.00
346	彭水苗族土家族自治县(渝)	2.00
347	铜梁县(渝)	2.00
348	奉节县(渝)	1.00
349	石柱土家族自治县(渝)	0.77
350	长寿区(渝)	0.76
351	大足县(渝)	0.70
352	阆中市(川)	42.65
353	温江区(川)	10.00
354	苍溪县(川)	766.00
355	蓬安县(川)	600.00
356	邻水县(川)	420.00
357	叙永县(川)	100.00
358	平昌县(川)	82.00
359	华蓥市(川)	64.00
360	合江县(川)	60.00
361	兴文县(川)	52.00
362	隆昌县(川)	38.00
363	洪雅县(川)	37.00
364	泸 县(川)	35.40
365	嘉陵区(川)	20.60
366	纳溪区(川)	18.00
367	珙 县(川)	15.56
368	安 县(川)	15.00
369	武胜县(川)	10.00
370	达 县(川)	10.00
371	宣汉县(川)	10.00
372	江安县(川)	7.10
373	邛崃市(川)	6.40
374	屏山县(川)	6.00
375	北川羌族自治县(川)	5.50
376	威远县(川)	3.50
377	荣 县(川)	2.90
378	筠连县(川)	2.68
379	东兴区(川)	2.04
380	大邑县(川)	2.00
381	沙湾区(川)	2.00
382	高坪区(川)	0.90
383	内江市市中区(川)	0.60
384	宜宾县(川)	0.53
385	赫章县(黔)	1.50
386	赤水市(黔)	350.00
387	黎平县(黔)	46.00
388	锦屏县(黔)	22.40
389	丹寨县(黔)	13.80
390	岑巩县(黔)	13.67
391	天柱县(黔)	12.00
392	长顺县(黔)	10.00
393	乌当区(黔)	9.30
394	都匀市(黔)	5.00
395	从江县(黔)	4.71
396	榕江县(黔)	2.00
397	湄潭县(黔)	1.50
398	三都水族自治县(黔)	0.80
399	红花岗区(黔)	0.80
400	施甸县(滇)	208.50
401	宾川县(滇)	1076.10
402	沾益县(滇)	655.00
403	镇雄县(滇)	562.00
404	双江拉祜族佤族布朗族傣族自治县(滇)	517.00
405	勐海县(滇)	453.00
406	巍山彝族回族自治县(滇)	439.00
407	昌宁县(滇)	226.00
408	洱源县(滇)	183.00
409	永德县(滇)	170.45
410	红河县(滇)	159.00
411	弥渡县(滇)	108.00
412	凤庆县(滇)	100.74
413	马关县(滇)	100.00
414	腾冲县(滇)	90.00
415	泸水县(滇)	85.00
416	麻栗坡县(滇)	84.00
417	隆阳区(滇)	71.90
418	云龙县(滇)	70.00
419	彝良县(滇)	60.00
420	楚雄市(滇)	43.77
421	文山市(滇)	40.02
422	龙陵县(滇)	40.00
423	祥云县(滇)	31.83
424	富宁县(滇)	26.70
425	西畴县(滇)	26.37
426	牟定县(滇)	26.00
427	镇康县(滇)	21.34
428	武定县(滇)	21.00
429	南华县(滇)	17.60
430	永仁县(滇)	16.00
431	云 县(滇)	12.21
432	盐津县(滇)	10.00
433	巧家县(滇)	10.00
434	大姚县(滇)	9.77
435	威信县(滇)	6.37
436	耿马傣族佤族自治县(滇)	3.79
437	贡山独龙族怒族自治县(滇)	3.48
438	福贡县(滇)	3.33
439	罗平县(滇)	2.50
440	水富县(滇)	1.00
441	紫阳县(陕)	12.00
442	汉阴县(陕)	9.50
443	石泉县(陕)	8.00
444	岚皋县(陕)	8.00
445	洋 县(陕)	0.53

表 10-5 其他竹类主产地产量

	其他竹类主产地	产量(万吨)
1	吴兴区(浙)	157.31
2	海宁市(浙)	123.00
3	衢江区(浙)	100.00
4	临安市(浙)	21.35
5	余杭区(浙)	17.98
6	建德市(浙)	15.02
7	安吉县(浙)	3.80
8	嵊州市(浙)	3.05
9	临海市(浙)	2.00
10	镇海区(浙)	1.88
11	德清县(浙)	0.90
12	繁昌县(皖)	900.00
13	六安市叶集区(皖)	19.00
14	南陵县(皖)	15.32
15	宁国市(皖)	13.05
16	舒城县(皖)	11.00
17	祁门县(皖)	6.00
18	潜山县(皖)	1.20
19	三山区(皖)	1.00
20	颍东区(皖)	0.70
21	颍上县(皖)	0.61
22	桐城市(皖)	0.60
23	浮梁县(赣)	325.00
24	万年县(赣)	310.00
25	丰城市(赣)	262.00
26	大余县(赣)	183.30
27	兴国县(赣)	174.00
28	宜黄县(赣)	150.00
29	余江县(赣)	25.00
30	上犹县(赣)	6.00
31	湾里区(赣)	3.80
32	铅山县(赣)	3.17

	其他竹类主产地	产量(万吨)
33	贵溪市(赣)	2.59
34	靖安县(赣)	2.20
35	彭泽县(赣)	2.00
36	德安县(赣)	2.00
37	会昌县(赣)	1.60
38	新建县(赣)	1.12
39	广丰县(赣)	1.05
40	遂川县(赣)	1.00
41	乐安县(赣)	1.00
42	铜鼓县(赣)	0.75
43	瑞昌市(赣)	0.60
44	南召县(豫)	1.00
45	平桥区(豫)	1.00
46	新蔡县(豫)	0.65
47	来凤县(鄂)	550.00
48	建始县(鄂)	327.00
49	五峰土家族自治县(鄂)	200.00
50	东宝区(鄂)	5.02
51	大悟县(鄂)	3.00
52	宜城市(鄂)	2.80
53	赤壁市(鄂)	2.50
54	麻城市(鄂)	2.00
55	洪湖市(鄂)	1.00
56	兴山县(鄂)	1.00
57	咸安区(鄂)	1.00
58	曾都区(鄂)	0.80
59	浠水县(鄂)	0.80
60	南漳县(鄂)	0.80
61	新化县(湘)	100.00
62	资阳区(湘)	100.00
63	蓝山县(湘)	50.00
64	云溪区(湘)	16.00
65	绥宁县(湘)	13.00
66	湘潭县(湘)	12.00
67	桃源县(湘)	10.00
68	珠晖区(湘)	10.00
69	张家界市市辖区(湘)	6.67
70	城步苗族自治县(湘)	6.00
71	益阳市市辖区(湘)	5.00
72	汉寿县(湘)	3.00
73	耒阳市(湘)	2.97
74	南　县(湘)	2.00
75	武冈市(湘)	2.00
76	衡南县(湘)	1.80
77	永兴县(湘)	1.20
78	衡山县(湘)	1.00
79	麻阳苗族自治县(湘)	0.80
80	罗定市(粤)	700.00
81	仁化县(粤)	100.00
82	梅　县(粤)	80.00
83	恩平市(粤)	73.00
84	广宁县(粤)	45.00
85	陆河县(粤)	29.30
86	大埔县(粤)	20.00
87	封开县(粤)	19.00
88	怀集县(粤)	10.50
89	阳山县(粤)	9.60
90	南雄市(粤)	9.50
91	德庆县(粤)	7.60
92	麻章区(粤)	6.00
93	信宜市(粤)	5.00
94	湘桥区(粤)	5.00
95	惠东县(粤)	4.81
96	英德市(粤)	2.40
97	高州市(粤)	2.00
98	高要市(粤)	1.85
99	云城区(粤)	1.80
100	鼎湖区(粤)	1.59
101	新丰县(粤)	1.10
102	清新县(粤)	1.00
103	台山市(粤)	1.00
104	蕉岭县(粤)	0.80
105	普宁市(粤)	0.65
106	灵川县(桂)	901.70
107	环江毛南族自治县(桂)	588.00
108	永福县(桂)	122.40
109	临桂县(桂)	65.00
110	融水苗族自治县(桂)	35.00
111	钦北区(桂)	14.30
112	凤山县(桂)	9.20
113	融安县(桂)	6.10
114	象州县(桂)	5.00
115	田阳县(桂)	3.00
116	浦北县(桂)	2.50
117	柳北区(桂)	2.40
118	灵山县(桂)	2.31
119	恭城瑶族自治县(桂)	2.20
120	陆川县(桂)	2.10
121	大化瑶族自治县(桂)	2.00
122	横　县(桂)	1.80
123	柳城县(桂)	1.76
124	苍梧县(桂)	1.70
125	平乐县(桂)	1.55
126	八步区(桂)	1.30
127	防城区(桂)	1.14
128	马山县(桂)	1.00
129	天等县(桂)	0.91
130	兴安县(桂)	0.90
131	平南县(桂)	0.90
132	龙州县(桂)	0.89
133	昭平县(桂)	0.62
134	万秀区(桂)	0.52
135	梁平县(渝)	30.00
136	铜梁县(渝)	15.00
137	云阳县(渝)	5.20
138	大足县(渝)	4.00
139	垫江县(渝)	2.35
140	永川区(渝)	2.30
141	南川区(渝)	1.50
142	荣昌县(渝)	1.01
143	江津区(渝)	0.84
144	万源市(川)	750.00
145	阆中市(川)	550.00
146	营山县(川)	500.00
147	盐边县(川)	401.00
148	邻水县(川)	400.00
149	雁江区(川)	260.00
150	蓬溪县(川)	200.00
151	叙永县(川)	50.00
152	邛崃市(川)	40.00
153	三台县(川)	30.36
154	简阳市(川)	25.00
155	雨城区(川)	24.50
156	江安县(川)	18.50
157	东坡区(川)	17.50
158	屏山县(川)	16.00
159	合江县(川)	15.00
160	兴文县(川)	13.20
161	纳溪区(川)	12.00
162	仁寿县(川)	11.64
163	芦山县(川)	10.30
164	南溪县(川)	9.50
165	洪雅县(川)	8.00
166	宜宾县(川)	6.91
167	沙湾区(川)	6.50
168	翠屏区(川)	5.19
169	蒲江县(川)	5.00
170	宣汉县(川)	4.50

	其他竹类主产地	产量(万吨)
171	彭山县(川)	4.10
172	达　县(川)	3.00
173	北川羌族自治县(川)	3.00
174	盐亭县(川)	2.74
175	岳池县(川)	2.60
176	荣　县(川)	2.58
177	青神县(川)	2.46
178	安居区(川)	2.01
179	高　县(川)	2.00
180	巴州区(川)	1.12
181	布拖县(川)	1.00
182	安　县(川)	1.00
183	中江县(川)	1.00
184	泸　县(川)	0.93
185	船山区(川)	0.90
186	资中县(川)	0.85
187	威远县(川)	0.80
188	珙　县(川)	0.79
189	贡井区(川)	0.75
190	渠　县(川)	0.70
191	仪陇县(川)	0.65
192	湄潭县(黔)	5.00
193	麻江县(黔)	3.50
194	赫章县(黔)	2.50
195	台江县(黔)	0.78
196	文山市(滇)	83.26
197	富宁县(滇)	63.20
198	贡山独龙族怒族自治县(滇)	25.40
199	绥江县(滇)	10.00
200	水富县(滇)	4.00
201	麻栗坡县(滇)	4.00
202	镇康县(滇)	2.11
203	腾冲县(滇)	2.00
204	元谋县(滇)	1.65
205	祥云县(滇)	1.05
206	龙陵县(滇)	0.80
207	云　县(滇)	0.75
208	盐津县(滇)	0.60
209	南郑县(陕)	2.10

表 10-6　藤类主产地产量

	藤类主产地	产量(万吨)
1	阜南县(皖)	1.05
2	淮滨县(豫)	60.00
3	新化县(湘)	15.00
4	益阳市市辖区(湘)	1.00
5	株洲县(湘)	0.65
6	仁化县(粤)	40.00
7	梅　县(粤)	20.00
8	信宜市(粤)	5.00
9	桂平市(桂)	3.00
10	灵山县(桂)	2.12
11	万源市(川)	15.00
12	宣汉县(川)	2.10
13	清镇市(黔)	220.00
14	赫章县(黔)	1.00
15	麻栗坡县(滇)	2.50
16	岚皋县(陕)	3.00
17	南郑县(陕)	0.70
18	成　县(甘)	20.00

表 10-7　竹雕主产地产值

	竹雕主产地	产值(万元)
1	通榆县(吉)	370.00
2	德清县(浙)	2300.00
3	龙游县(浙)	1127.00
4	磐安县(浙)	950.00
5	浦江县(浙)	200.00
6	衢江区(浙)	20.00
7	黄岩区(浙)	15.00
8	徽州区(皖)	3400.00
9	青阳县(皖)	1000.00
10	黟　县(皖)	1000.00
11	六安市叶集区(皖)	260.00
12	祁门县(皖)	239.00
13	太湖县(皖)	180.00
14	泾　县(皖)	30.00
15	潜山县(皖)	20.00
16	临川区(赣)	900.00
17	靖安县(赣)	490.00
18	遂川县(赣)	75.00
19	瑞金市(赣)	30.00
20	寻乌县(赣)	7.20
21	栾川县(豫)	200.00
22	宝丰县(豫)	25.00
23	赤壁市(鄂)	300.00
24	浠水县(鄂)	50.00
25	岳阳县(湘)	6000.00
26	益阳市市辖区(湘)	6000.00
27	桃江县(湘)	3000.00
28	衡山县(湘)	1200.00
29	武陵区(湘)	1000.00
30	资兴市(湘)	860.00
31	洪江市(湘)	500.00
32	张家界市市辖区(湘)	305.00
33	桑植县(湘)	215.00
34	娄底市市辖区(湘)	200.00
35	永顺县(湘)	120.00
36	桃源县(湘)	100.00
37	娄星区(湘)	80.00
38	安化县(湘)	58.00
39	新化县(湘)	50.00
40	临湘市(湘)	45.00
41	武陵源区(湘)	40.00
42	双峰县(湘)	35.00
43	衡南县(湘)	32.00
44	赫山区(湘)	30.00
45	汨罗市(湘)	28.00
46	新晃侗族自治县(湘)	16.00
47	泸溪县(湘)	10.00
48	保靖县(湘)	6.00
49	梅　县(粤)	276.00
50	资源县(桂)	1000.00
51	兴安县(桂)	45.00
52	大足县(渝)	450.00
53	武隆县(渝)	150.00
54	江安县(川)	2700.00
55	兴文县(川)	1200.00
56	荣　县(川)	32.00
57	万源市(川)	15.00
58	赤水市(黔)	900.00

表 10-8　竹编主产地产值

	竹编主产地	产值(万元)
1	通榆县(吉)	202.00
2	余杭区(浙)	226632.00
3	德清县(浙)	10000.00
4	淳安县(浙)	2570.00
5	松阳县(浙)	2162.00
6	磐安县(浙)	1630.00
7	武义县(浙)	737.00
8	上虞市(浙)	140.00
9	衢江区(浙)	55.00
10	旌德县(皖)	25530.00
11	桐城市(皖)	2500.00
12	青阳县(皖)	2000.00
13	庐江县(皖)	435.00
14	六安市叶集区(皖)	210.00

	竹编主产地	产值(万元)
15	祁门县(皖)	164.00
16	三山区(皖)	100.00
17	颍东区(皖)	89.00
18	潜山县(皖)	50.00
19	徽州区(皖)	32.00
20	泾　县(皖)	20.00
21	铜鼓县(赣)	3300.00
22	奉新县(赣)	1488.00
23	万载县(赣)	1300.00
24	大余县(赣)	420.00
25	南城县(赣)	400.00
26	兴国县(赣)	350.00
27	宜丰县(赣)	276.00
28	瑞昌市(赣)	245.00
29	定南县(赣)	200.00
30	彭泽县(赣)	120.00
31	贵溪市(赣)	102.00
32	赣　县(赣)	58.00
33	遂川县(赣)	50.00
34	瑞金市(赣)	11.00
35	石城县(赣)	10.00
36	上高县(赣)	8.00
37	都昌县(赣)	6.00
38	坊子区(鲁)	2000.00
39	东平县(鲁)	1334.00
40	商城县(豫)	1800.00
41	博爱县(豫)	1620.00
42	光山县(豫)	600.00
43	内黄县(豫)	550.00
44	桐柏县(豫)	544.00
45	郸城县(豫)	380.00
46	洛宁县(豫)	300.00
47	嵩　县(豫)	210.00
48	淅川县(豫)	82.00
49	卫辉市(豫)	50.00
50	平桥区(豫)	17.00
51	临颍县(豫)	16.20
52	西峡县(豫)	8.03
53	谷城县(鄂)	1750.00
54	咸丰县(鄂)	1250.00
55	广水市(鄂)	800.00
56	浠水县(鄂)	250.00
57	梁子湖区(鄂)	193.00
58	宜都市(鄂)	150.00
59	利川市(鄂)	80.00
60	黄梅县(鄂)	30.00
61	长阳土家族自治县(鄂)	7.00
62	襄城区(鄂)	5.00
63	江华瑶族自治县(湘)	17860.00
64	零陵区(湘)	9505.00
65	宁远县(湘)	5118.00
66	资兴市(湘)	4800.00
67	湘潭县(湘)	3400.00
68	桃江县(湘)	3000.00
69	辰溪县(湘)	2400.00
70	桃源县(湘)	1000.00
71	娄星区(湘)	1000.00
72	沅陵县(湘)	930.00
73	临武县(湘)	525.00
74	澧　县(湘)	500.00
75	株洲县(湘)	380.00
76	永顺县(湘)	360.00
77	永兴县(湘)	310.00
78	洞口县(湘)	300.00
79	衡山县(湘)	300.00
80	龙山县(湘)	250.00
81	芷江侗族自治县(湘)	240.00
82	中方县(湘)	203.00
83	资阳区(湘)	200.00
84	双峰县(湘)	156.00
85	新晃侗族自治县(湘)	150.00
86	汨罗市(湘)	135.00
87	华容县(湘)	120.00
88	鼎城区(湘)	100.00
89	北塔区(湘)	100.00
90	祁东县(湘)	80.00
91	新化县(湘)	35.00
92	安化县(湘)	30.00
93	邵阳县(湘)	30.00
94	醴陵市(湘)	20.00
95	吉首市(湘)	15.00
96	汉寿县(湘)	12.00
97	凤凰县(湘)	12.00
98	保靖县(湘)	11.00
99	茶陵县(湘)	10.00
100	古丈县(湘)	8.00
101	花垣县(湘)	8.00
102	中山市(粤)	5316.00
103	兴宁市(粤)	2000.00
104	信宜市(粤)	1420.00
105	新丰县(粤)	1350.00
106	大埔县(粤)	800.00
107	梅　县(粤)	330.00
108	丰顺县(粤)	200.00
109	清新县(粤)	100.00
110	雷州市(粤)	70.00
111	东莞市(粤)	59.80
112	徐闻县(粤)	55.00
113	云城区(粤)	45.00
114	陆河县(粤)	26.00
115	连平县(粤)	15.00
116	柳城县(桂)	16875.00
117	横　县(桂)	12490.00
118	苍梧县(桂)	4998.00
119	灵山县(桂)	1520.00
120	三江侗族自治县(桂)	1424.00
121	陆川县(桂)	500.00
122	荔浦县(桂)	500.00
123	融水苗族自治县(桂)	8.80
124	梁平县(渝)	8163.00
125	万州区(渝)	2100.00
126	大足县(渝)	1000.00
127	秀山土家族苗族自治县(渝)	230.00
128	南川区(渝)	160.00
129	奉节县(渝)	100.00
130	荣昌县(渝)	80.00
131	石柱土家族自治县(渝)	70.00
132	丰都县(渝)	43.00
133	长寿区(渝)	40.00
134	彭水苗族土家族自治县(渝)	20.00
135	青神县(川)	15720.00
136	江油市(川)	2740.00
137	宣汉县(川)	2655.00
138	纳溪区(川)	1826.00
139	隆昌县(川)	1768.00
140	荣　县(川)	1500.00
141	邻水县(川)	1494.00
142	崇州市(川)	1230.00
143	达　县(川)	1200.00
144	平昌县(川)	950.00
145	安居区(川)	800.00
146	威远县(川)	560.00
147	邛崃市(川)	500.00
148	南溪县(川)	350.00
149	北川羌族自治县(川)	320.00
150	通江县(川)	300.00
151	嘉陵区(川)	257.00
152	东坡区(川)	200.00

	竹编主产地	产值(万元)
153	盐亭县(川)	150.00
154	汉源县(川)	150.00
155	盐边县(川)	61.00
156	仪陇县(川)	35.00
157	南部县(川)	30.00
158	仁和区(川)	30.00
159	万源市(川)	25.00
160	石棉县(川)	16.00
161	沿滩区(川)	13.00
162	三台县(川)	9.80
163	米易县(川)	5.00
164	南江县(川)	5.00
165	赫章县(黔)	290.00
166	赤水市(黔)	247.00
167	麻江县(黔)	20.00
168	禄丰县(滇)	168.00
169	彝良县(滇)	120.00
170	牟定县(滇)	118.00
171	楚雄市(滇)	75.30
172	罗平县(滇)	50.00
173	隆阳区(滇)	30.00
174	施甸县(滇)	20.00
175	宾川县(滇)	20.00
176	麻栗坡县(滇)	20.00
177	巧家县(滇)	10.00
178	会泽县(滇)	5.00
179	洛扎县(藏)	50.00
180	南郑县(陕)	510.00
181	成　县(甘)	10.00

表 10-9　藤编主产地产值

	藤编主产地	产值(万元)
1	磴口县(内蒙古)	40.00
2	多伦县(内蒙古)	15.00
3	宾县(黑)	35.00
4	盐都区(苏)	500.00
5	温岭市(浙)	32586.00
6	椒江区(浙)	5656.00
7	富阳市(浙)	5000.00
8	德清县(浙)	2500.00
10	路桥区(浙)	941.00
11	武义县(浙)	382.00
12	桐庐县(浙)	100.00
13	阜南县(皖)	97000.00
14	六安市叶集区(皖)	300.00
15	太湖县(皖)	120.00
16	潜山县(皖)	80.00
17	泾　县(皖)	15.00
18	铜鼓县(赣)	1650.00
19	新干县(赣)	1500.00
20	兴国县(赣)	340.00
21	金溪县(赣)	220.00
22	赣　县(赣)	168.00
23	定南县(赣)	154.00
24	会昌县(赣)	124.00
26	上犹县(赣)	102.00
28	瑞昌市(赣)	51.00
29	横峰县(赣)	50.00
30	遂川县(赣)	35.00
31	瑞金市(赣)	23.00
33	河东区(鲁)	5500.00
34	成武县(鲁)	4650.00
35	沂源县(鲁)	3150.00
36	夏津县(鲁)	2000.00
37	东明县(鲁)	760.00
38	宁阳县(鲁)	200.00
39	郯城县(鲁)	24.51
40	浚　县(豫)	1200.00
41	延津县(豫)	1190.00
42	郸城县(豫)	520.00
43	淮滨县(豫)	450.00
44	宁陵县(豫)	176.00
45	栾川县(豫)	100.00
46	嵩　县(豫)	100.00
47	淅川县(豫)	90.00
48	卫辉市(豫)	50.00
49	方城县(豫)	45.00
50	禹州市(豫)	14.00
51	临颍县(豫)	11.50
52	襄州区(鄂)	4000.00
53	竹溪县(鄂)	1000.00
54	秭归县(鄂)	410.00
55	宣恩县(鄂)	240.00
56	竹山县(鄂)	130.00
57	京山县(鄂)	100.00
58	浠水县(鄂)	20.00
59	湘潭县(湘)	1350.00
60	益阳市市辖区(湘)	1000.00
61	蓝山县(湘)	600.00
62	沅陵县(湘)	510.00
63	娄星区(湘)	450.00
64	鼎城区(湘)	190.00
65	汨罗市(湘)	170.00
66	株洲县(湘)	140.00
67	洞口县(湘)	105.00
68	桃源县(湘)	100.00
69	衡山县(湘)	100.00
70	双峰县(湘)	75.00
72	芷江侗族自治县(湘)	60.00
73	资兴市(湘)	50.00
74	冷水江市(湘)	40.00
75	安化县(湘)	25.00
76	醴陵市(湘)	20.00
77	永兴县(湘)	12.00
78	邵阳县(湘)	10.00
79	永顺县(湘)	8.00
80	泸溪县(湘)	8.00
81	龙山县(湘)	7.00
82	吉首市(湘)	7.00
83	凤凰县(湘)	5.00
84	保靖县(湘)	5.00
87	兴宁市(粤)	7000.00
88	中山市(粤)	3120.00
89	南雄市(粤)	1717.00
90	大埔县(粤)	700.00
91	梅　县(粤)	230.00
92	坡头区(粤)	60.00
93	东莞市(粤)	30.23
94	雷州市(粤)	30.00
95	仁化县(粤)	25.00
96	平南县(桂)	12603.00
97	苍梧县(桂)	900.00
98	灵山县(桂)	650.00
99	陆川县(桂)	200.00
100	钦南区(桂)	150.00
101	万州区(渝)	349.00
102	奉节县(渝)	100.00
103	南川区(渝)	90.00
104	石柱土家族自治县(渝)	30.00
105	丰都县(渝)	27.00
106	彭水苗族土家族自治县(渝)	10.00
107	高坪区(川)	820.00
108	邻水县(川)	605.00
109	宣汉县(川)	450.00
110	江油市(川)	280.00
111	通江县(川)	200.00
112	嘉陵区(川)	193.00
113	仪陇县(川)	15.00

	藤编主产地	产值(万元)
114	赤水市(黔)	270.00
115	湄潭县(黔)	120.00
116	腾冲县(滇)	178.00
117	陆良县(滇)	50.00
118	隆阳区(滇)	30.00
119	施甸县(滇)	20.00
120	麻栗坡县(滇)	15.00
121	耿马傣族佤族自治县(滇)	12.00
122	南郑县(陕)	1100.00
123	岚皋县(陕)	25.00
124	永靖县(甘)	220.00
125	成　县(甘)	5.00

表 10-10　棕编主产地产值

	棕编主产地	产值(万元)
1	青阳县(皖)	500.00
2	六安市叶集区(皖)	150.00
3	祁门县(皖)	85.00
4	铜鼓县(赣)	260.00
5	瑞昌市(赣)	130.00
6	遂川县(赣)	25.00
7	龙南县(赣)	10.00
8	寻乌县(赣)	7.75
9	瑞金市(赣)	6.90
10	平舆县(豫)	900.00
11	镇平县(豫)	638.00
12	竹溪县(鄂)	345.00
13	宜都市(鄂)	300.00
14	浠水县(鄂)	20.00
15	京山县(鄂)	20.00
16	娄星区(湘)	450.00
17	沅陵县(湘)	210.00
18	龙山县(湘)	210.00
19	新晃侗族自治县(湘)	200.00
20	资兴市(湘)	150.00
21	衡山县(湘)	80.00
22	永顺县(湘)	80.00
23	株洲县(湘)	70.00
24	临武县(湘)	56.00
25	双峰县(湘)	42.00
26	保靖县(湘)	30.00
27	安化县(湘)	28.00
28	祁东县(湘)	23.00
29	吉首市(湘)	15.00
30	凤凰县(湘)	10.00
31	泸溪县(湘)	10.00
32	邵阳县(湘)	10.00
33	古丈县(湘)	5.00
34	花垣县(湘)	5.00
35	洞口县(湘)	5.00
36	万州区(渝)	1048.00
37	大足县(渝)	350.00
38	石柱土家族自治县(渝)	40.00
39	南川区(渝)	30.00
40	彭水苗族土家族自治县(渝)	20.00
41	达　县(川)	700.00
42	宣汉县(川)	650.00
43	邻水县(川)	506.00
44	江油市(川)	313.00
45	荣　县(川)	150.00
46	嘉陵区(川)	132.00
47	赤水市(黔)	130.00
48	红河县(滇)	650.00
49	施甸县(滇)	14.00
50	镇坪县(陕)	200.00
51	南郑县(陕)	130.00

表 10-11　竹浆主产地产量

	竹浆主产地	产量(万吨)
1	遂昌县(浙)	0.92
2	宜丰县(赣)	7.00
3	临川区(赣)	1.50
4	遂川县(赣)	1.00
5	新邵县(湘)	4.30
6	新化县(湘)	3.50
7	绥宁县(湘)	2.80
8	桃江县(湘)	2.04
9	安化县(湘)	1.00
10	新宁县(湘)	0.70
11	城步苗族自治县(湘)	0.60
12	赫山区(湘)	0.60
13	南雄市(粤)	2.96
14	灵山县(桂)	0.68
15	永川区(渝)	12.35
16	江安县(川)	18.50
17	邛崃市(川)	9.50
18	东坡区(川)	9.50
19	翠屏区(川)	9.00
20	雨城区(川)	8.60
21	船山区(川)	6.00
22	纳溪区(川)	5.40
23	安　县(川)	4.00
24	彭山县(川)	3.00
25	盐边县(川)	2.00
26	沙湾区(川)	1.55
27	赤水市(黔)	16.00
28	双江拉祜族佤族布朗族傣族自治县(滇)	0.65

表 10-12　竹浆纸主产地产量

	竹浆纸主产地	产量(万吨)
1	德清县(浙)	46.00
2	缙云县(浙)	10.57
3	临川区(赣)	0.80
4	株洲县(湘)	180.00
5	永兴县(湘)	70.00
6	新邵县(湘)	4.30
7	新化县(湘)	2.70
8	绥宁县(湘)	2.20
9	东安县(湘)	1.00
10	新宁县(湘)	0.80
11	桃江县(湘)	0.68
12	南雄市(粤)	1.50
13	兴安县(桂)	1.70
14	鹿寨县(桂)	1.20
15	翠屏区(川)	48.40
16	东坡区(川)	9.50
17	纳溪区(川)	5.80
18	彭山县(川)	2.50
19	青神县(川)	2.16
20	船山区(川)	1.20
21	岑巩县(黔)	37.52
22	赤水市(黔)	1.00
23	绥江县(滇)	0.60

表 10-13　竹藤产品出口量值

国家/地区	出口数量(吨)	出口金额(千美元)
14011000 竹		
合计	96295	40235
日本	9268	5979
美国	8226	4653
中国香港	29015	4436
中国台湾	7029	4263
荷兰	7722	3796
英国	4409	2657

国家/地区	出口数量（吨）	出口金额（千美元）
意大利	4377	2348
西班牙	3034	1698
德国	2861	1494
波兰	3190	1291
法国	2357	1024
澳大利亚	1406	825
加拿大	1060	690
中国澳门	3886	666
土耳其	831	442
乌克兰	884	397
韩国	1178	360
新西兰	447	322
以色列	550	284
比利时	513	278
葡萄牙	443	263
挪威	343	227
沙特阿拉伯	357	195
希腊	294	171
俄罗斯	263	132
克罗地亚	215	127
泰国	101	122
新加坡	220	109
立陶宛	168	101
摩洛哥	134	76
罗马尼亚	85	58
奥地利	156	58
斯洛文尼亚	100	57
瑞典	124	52
丹麦	85	49
黎巴嫩	67	37
保加利亚	54	33
南非	62	33
科威特	73	33
印度尼西亚	48	31
哈萨克斯坦	45	28
印度	29	26
芬兰	25	26
阿联酋	67	25
墨西哥	12	22
马来西亚	75	21
塞浦路斯	50	21
爱尔兰	49	21
苏丹	19	20
巴西	61	17
巴林	23	15

国家/地区	出口数量（吨）	出口金额（千美元）
利比亚	25	14
阿尔巴尼亚	11	13
智利	31	11
瑞士	9	10
哥斯达黎加	5	9
阿根廷	21	8
赤道几内亚	8	8
柬埔寨	3	6
多米尼加	2	6
约旦	20	5
匈牙利	6	4
尼日利亚	7	4
委内瑞拉	21	4
巴基斯坦	9	4
捷克	5	3
赞比亚	11	3
新喀里多尼亚	3	2
法属波利尼西亚	1	2
安哥拉	1	1
拉脱维亚	1	1
朝鲜	3	1
菲律宾	0	1
哥伦比亚	1	1
斯里兰卡	0	1
14012000 藤		
合计	1223	3521
泰国	280	535
意大利	64	459
墨西哥	177	398
德国	103	374
美国	76	298
印度	124	221
日本	13	209
中国香港	113	194
毛里求斯	32	180
法国	55	127
西班牙	36	118
新加坡	63	108
波兰	16	57
巴西	7	39
委内瑞拉	16	33
英国	3	28
荷兰	8	27
加拿大	3	21
保加利亚	3	15

国家/地区	出口数量（吨）	出口金额（千美元）
土耳其	4	14
菲律宾	8	14
哥斯达黎加	7	11
特立尼达和多巴哥	5	9
瑞士	0	6
澳大利亚	0	6
巴基斯坦	0	5
阿联酋	2	4
中国台湾	6	3
乌拉圭	0	2
斯洛文尼亚	0	1
俄罗斯	0	1
伊朗	0	1
斐济	0	1
新西兰	0	1
20059110 竹笋罐头		
合计	132729	146069
日本	59776	86800
美国	15309	12055
韩国	11552	8890
德国	8387	6413
中国香港	5678	5311
荷兰	6748	5245
英国	4974	3810
瑞典	2491	1873
法国	2113	1764
西班牙	1858	1716
意大利	1293	1241
澳大利亚	1412	1220
墨西哥	1315	965
多米尼加	1177	932
比利时	1032	895
奥地利	1131	834
葡萄牙	651	675
加拿大	690	604
泰国	311	460
波兰	552	450
捷克	499	436
丹麦	486	404
马来西亚	391	372
越南	122	354
挪威	382	306
芬兰	386	280
巴西	266	194
新加坡	151	190

国家/地区	出口数量（吨）	出口金额（千美元）
印度尼西亚	152	146
毛里求斯	126	120
菲律宾	105	89
爱尔兰	130	81
斯洛文尼亚	100	76
斯洛伐克	41	68
留尼汪岛(法)	68	67
新西兰	77	65
瑞士	74	63
匈牙利	104	59
罗马尼亚	75	54
印度	55	51
哥伦比亚	53	45
希腊	39	43
阿联酋	49	41
南非	47	38
俄罗斯	33	34
立陶宛	40	30
柬埔寨	40	28
巴拿马	26	19
秘鲁	19	19
危地马拉	18	18
土耳其	18	15
沙特阿拉伯	3	14
智利	13	12
特立尼达和多巴哥	12	12
文莱	9	11
塞浦路斯	12	10
哥斯达黎加	9	9
阿根廷	12	9
巴布亚新几内亚	4	6
克罗地亚	5	5
委内瑞拉	5	4
巴基斯坦	4	4
埃及	4	3
斯里兰卡	3	3
马尔代夫	3	2
肯尼亚	3	2
中国澳门	1	2
乌克兰	2	1
坦桑尼亚	1	1
黎巴嫩	1	1
20059190 其他制作或保藏的未冷冻竹笋		
合计	30560	75932
日本	29000	70841

国家/地区	出口数量（吨）	出口金额（千美元）
中国台湾	496	2577
越南	261	992
美国	131	368
泰国	58	199
新加坡	77	190
韩国	102	163
意大利	57	101
瑞典	78	95
加拿大	33	81
法国	83	80
比利时	47	66
中国香港	42	45
德国	41	37
荷兰	23	35
葡萄牙	9	14
墨西哥	6	13
澳大利亚	7	11
西班牙	5	8
马来西亚	1	6
英国	3	6
奥地利	2	3
巴西	0	1
新西兰	0	1
44021000 竹炭，不论是否结块		
合计	16147	9679
日本	4715	2881
沙特阿拉伯	2206	1426
英国	1048	548
美国	643	479
伊朗	1128	434
阿联酋	737	361
中国台湾	700	357
中国香港	391	330
澳大利亚	904	327
伊拉克	460	261
比利时	440	232
韩国	284	222
瑞典	196	214
德国	210	198
科威特	83	143
印度	98	120
摩洛哥	154	108
马来西亚	230	100
以色列	274	99
丹麦	108	92

国家/地区	出口数量（吨）	出口金额（千美元）
约旦	132	86
法国	68	72
挪威	215	70
俄罗斯	39	63
新加坡	34	57
加拿大	171	44
巴西	33	40
委内瑞拉	14	31
意大利	33	31
突尼斯	23	30
西班牙	35	25
荷兰	32	21
毛里塔尼亚	12	21
新西兰	60	19
巴基斯坦	48	18
爱尔兰	23	14
哥斯达黎加	16	14
毛里求斯	38	12
菲律宾	3	11
泰国	22	9
瑞士	9	9
黎巴嫩	10	8
爱沙尼亚	11	8
新喀里多尼亚	20	7
中国澳门	2	7
罗马尼亚	12	6
越南	5	4
阿曼	10	3
蒙古	7	3
波兰	1	2
喀麦隆	2	2
塞浦路斯	0	1
44092110 任何一边、端或面制成连续形状的竹地板条块		
合计	144629	250782
美国	58682	103723
澳大利亚	19494	31823
加拿大	11519	20926
荷兰	6222	11551
法国	5218	7459
波兰	3985	6281
英国	4038	6108
德国	3384	5396
比利时	2802	4743
意大利	2051	3474

国家/地区	出口数量（吨）	出口金额（千美元）
西班牙	2453	3427
日本	1562	3208
南非	1527	2607
俄罗斯	1454	2512
阿联酋	785	2460
韩国	1548	2288
新加坡	643	1794
墨西哥	1038	1680
克罗地亚	984	1635
罗马尼亚	945	1569
哈萨克斯坦	789	1477
丹麦	854	1477
土库曼斯坦	377	1409
马来西亚	738	1370
文莱	193	1286
巴西	684	1049
哥伦比亚	569	984
土耳其	496	921
斯洛文尼亚	458	857
越南	714	808
厄瓜多尔	549	783
阿根廷	398	659
新西兰	333	629
伊朗	403	627
乌克兰	344	625
肯尼亚	331	621
希腊	413	595
葡萄牙	395	556
蒙古	337	539
黎巴嫩	187	490
印度	309	481
印度尼西亚	198	461
菲律宾	232	439
挪威	183	423
阿塞拜疆	248	373
秘鲁	232	342
匈牙利	179	341
安哥拉	172	316
瑞典	153	310
瑞士	175	301
巴拿马	124	297
中国台湾	107	294
泰国	124	280
格鲁吉亚	169	257
中国香港	138	226

国家/地区	出口数量（吨）	出口金额（千美元）
摩尔多瓦	134	216
法属波利尼西亚	149	200
奥地利	64	165
塞尔维亚	103	160
多民族玻利维亚国	77	138
沙特阿拉伯	73	131
白俄罗斯	47	124
马尔代夫	77	122
委内瑞拉	85	118
埃及	88	115
以色列	67	115
斯里兰卡	68	100
哥斯达黎加	78	99
科威特	55	96
捷克	67	95
塞浦路斯	49	90
留尼汪岛（法）	43	88
保加利亚	64	85
新喀里多尼亚	49	79
阿尔巴尼亚	56	76
尼日利亚	41	72
智利	41	68
朝鲜	45	62
摩洛哥	43	61
爱尔兰	37	57
卡塔尔	28	48
特立尼达和多巴哥	36	48
巴基斯坦	30	45
毛里求斯	25	44
巴哈马	14	42
乌拉圭	17	35
多米尼加	20	30
波黑	18	26
柬埔寨	16	25
斯洛伐克	12	20
巴林	6	19
瓦努阿图	13	16
黑山	9	12
马耳他	7	12
缅甸	8	10
坦桑尼亚	4	10
津巴布韦	6	10
博茨瓦纳	6	9
苏里南	3	5
乌干达	1	4

国家/地区	出口数量（吨）	出口金额（千美元）
马提尼克岛	2	3
芬兰	1	2
阿尔及利亚	1	2
纳米比亚	0	1
刚果（布）	5	1
44092190 其他任何一边、端或面制成连续形状的竹材		
合计	741	1981
美国	166	552
荷兰	133	264
意大利	30	260
韩国	49	161
中国台湾	178	161
日本	26	117
巴西	18	99
加拿大	23	88
俄罗斯	24	47
德国	14	32
哥伦比亚	6	29
澳大利亚	11	27
中国澳门	18	24
西班牙	3	19
以色列	2	12
伊拉克	13	11
墨西哥	3	10
泰国	1	10
斯洛文尼亚	4	10
瑞士	2	9
马来西亚	1	8
乌克兰	1	8
越南	2	6
亚美尼亚	1	5
法属波利尼西亚	3	4
丹麦	1	2
南非	4	2
阿根廷	0	2
塞浦路斯	1	2
瑞典	0	1
44121011 薄板制竹胶合板，厚≤6 毫米		
合计	0	72
中国台湾	0	42
加蓬	0	14
文莱	0	6
澳大利亚	0	5
坦桑尼亚	0	5

国家/地区	出口数量（吨）	出口金额（千美元）
44121019 其他薄板制竹胶板单板饰面板多层板，厚≤6 毫米		
合计	87	36005
安哥拉	6	4388
美国	4	4083
泰国	11	3670
韩国	3	2699
蒙古	38	2501
越南	3	1575
坦桑尼亚	2	1501
日本	1	1093
沙特阿拉伯	2	1018
加拿大	1	893
肯尼亚	1	778
英国	1	726
阿联酋	1	660
俄罗斯	1	636
利比亚	1	566
阿尔及利亚	1	502
澳大利亚	1	471
加纳	1	468
刚果(布)	1	449
毛里求斯	1	434
马来西亚	1	405
印度	1	395
克罗地亚	0	308
斯里兰卡	0	242
智利	0	218
委内瑞拉	0	212
法国	0	206
乌兹别克斯坦	0	193
印度尼西亚	0	189
乌干达	0	173
卢旺达	0	172
莫桑比克	0	171
德国	0	169
南非	0	163
荷兰	0	161
新加坡	0	153
文莱	0	149
波兰	0	146
墨西哥	0	140
刚果(金)	0	134
赤道几内亚	0	129
毛里塔尼亚	0	127

国家/地区	出口数量（吨）	出口金额（千美元）
意大利	0	119
多哥	0	118
阿尔巴尼亚	0	111
比利时	0	109
萨尔瓦多	0	104
格鲁吉亚	0	99
牙买加	0	96
喀麦隆	0	94
菲律宾	0	92
中国台湾	0	90
巴西	0	90
埃塞俄比亚	0	87
朝鲜	0	87
斯洛文尼亚	0	86
苏丹	0	81
哥斯达黎加	0	75
赞比亚	0	67
尼日利亚	0	61
哈萨克斯坦	0	56
缅甸	0	50
叙利亚	0	46
伊拉克	0	45
柬埔寨	0	44
阿曼	0	43
塞拉利昂	0	38
尼日尔	0	37
丹麦	0	32
阿塞拜疆	0	31
塞内加尔	0	30
希腊	0	30
几内亚	0	30
爱尔兰	0	29
卡塔尔	0	26
加蓬	0	25
利比里亚	0	22
马里	0	19
瑞典	0	18
东帝汶	0	16
阿根廷	0	15
海地	0	14
乌克兰	0	14
乍得	0	14
以色列	0	12
斐济	0	11
黎巴嫩	0	11

国家/地区	出口数量（吨）	出口金额（千美元）
伊朗	0	11
布隆迪	0	11
塔吉克斯坦	0	11
突尼斯	0	10
尼泊尔	0	9
塞舌尔	0	9
纳米比亚	0	8
巴布亚新几内亚	0	6
厄瓜多尔	0	6
匈牙利	0	6
汤加	0	6
津巴布韦	0	5
萨摩亚	0	5
哥伦比亚	0	4
圭亚那	0	3
巴拿马	0	3
莱索托	0	3
中非	0	2
中国澳门	0	1
44121020 其他薄板制竹胶板，单板饰面板及类似多层板		
合计	1	1146
韩国	1	1099
德国	0	30
意大利	0	14
朝鲜	0	2
日本	0	1
44121092 其他竹胶合板类似多层板至少一表层木碎料板		
合计	0	107
加拿大	0	54
匈牙利	0	53
44121099 其他竹制胶合板、单板饰面板及类似的多层板		
合计	12	16638
美国	2	3287
荷兰	1	2295
法国	1	1606
德国	1	1057
澳大利亚	1	910
土耳其	0	807
安哥拉	1	737
英国	0	714
日本	0	453
比利时	0	442

国家/地区	出口数量（吨）	出口金额（千美元）
塞浦路斯	0	366
加拿大	0	332
意大利	0	325
丹麦	0	263
瑞士	0	246
洪都拉斯	0	235
南非	0	218
泰国	0	216
韩国	0	212
赞比亚	0	171
印度	0	160
以色列	0	153
奥地利	0	97
越南	0	84
中国台湾	0	82
赤道几内亚	0	69
沙特阿拉伯	0	68
委内瑞拉	0	64
纳米比亚	0	63
西班牙	0	60
新西兰	0	56
毛里塔尼亚	0	49
格鲁吉亚	0	41
印度尼西亚	0	39
刚果(布)	0	38
菲律宾	0	37
斯里兰卡	0	34
毛里求斯	0	32
巴布亚新几内亚	0	30
东帝汶	0	28
阿尔及利亚	0	27
厄瓜多尔	0	26
挪威	0	25
俄罗斯	0	25
阿富汗	0	21
叙利亚	0	21
黎巴嫩	0	20
坦桑尼亚	0	20
阿联酋	0	17
新加坡	0	16
马来西亚	0	16
阿曼	0	15
乌兹别克斯坦	0	14
吉布提	0	14
巴西	0	14

国家/地区	出口数量（吨）	出口金额（千美元）
塞舌尔	0	12
马里	0	11
埃塞俄比亚	0	11
苏丹	0	10
缅甸	0	10
乍得	0	9
爱沙尼亚	0	8
捷克	0	8
波兰	0	8
利比亚	0	8
葡萄牙	0	8
伊拉克	0	7
乌干达	0	7
乌克兰	0	7
匈牙利	0	6
刚果(金)	0	6
蒙古	0	5
厄立特里亚	0	5
尼日利亚	0	4
瑞典	0	4
莫桑比克	0	4
多哥	0	4
朝鲜	0	3
贝宁	0	2
科威特	0	2
44187210 其他多层已装拼的竹地板		
合计	48894	88718
美国	35605	66515
加拿大	2642	4181
荷兰	1607	2970
澳大利亚	926	1486
俄罗斯	1235	1483
德国	509	1199
墨西哥	781	1058
波兰	542	808
埃及	483	738
意大利	224	649
秘鲁	182	633
日本	295	624
法国	366	607
比利时	302	570
乌兹别克斯坦	329	494
罗马尼亚	367	454
伊朗	270	385
丹麦	147	320

国家/地区	出口数量（吨）	出口金额（千美元）
克罗地亚	28	294
哥伦比亚	180	254
西班牙	127	237
土库曼斯坦	166	207
巴林	128	199
肯尼亚	128	187
南非	99	182
哈萨克斯坦	112	176
泰国	77	169
斯洛文尼亚	113	167
印度	98	156
韩国	84	155
英国	73	117
葡萄牙	83	92
沙特阿拉伯	58	87
毛里求斯	40	86
海地	57	80
挪威	44	78
阿联酋	30	73
中国香港	37	68
匈牙利	34	58
巴西	26	40
智利	27	40
巴哈马	22	37
中国澳门	23	33
瑞典	20	31
菲律宾	14	28
印度尼西亚	16	25
格鲁吉亚	18	23
希腊	19	23
特立尼达和多巴哥	15	23
孟加拉国	13	22
摩洛哥	14	20
朝鲜	19	19
蒙古	12	16
亚美尼亚	5	8
中国台湾	7	6
新喀里多尼亚	3	6
缅甸	4	5
新西兰	2	5
捷克	3	5
黎巴嫩	2	4
新加坡	1	3
44187910 其他已装拼的竹地板		
合计	13039	25305

国家/地区	出口数量（吨）	出口金额（千美元）
美国	5562	11685
澳大利亚	3170	5573
阿联酋	1142	2210
德国	642	1134
加拿大	527	906
意大利	246	735
比利时	215	397
伊朗	231	383
新西兰	117	233
南非	145	221
波兰	144	189
韩国	86	170
荷兰	80	159
日本	56	147
新加坡	87	147
斯洛文尼亚	71	135
挪威	53	118
哥伦比亚	53	96
巴西	45	94
法国	39	68
克罗地亚	36	65
土耳其	33	47
匈牙利	24	46
马来西亚	37	40
秘鲁	28	39
摩洛哥	14	35
塞浦路斯	19	34
葡萄牙	23	31
西班牙	15	23
丹麦	13	21
乌拉圭	9	15
泰国	10	14
中国台湾	14	14
中国澳门	14	14
越南	8	14
以色列	4	11
中国香港	7	10
希腊	6	9
印度	5	9
朝鲜	7	7
瑞典	4	6
印度尼西亚	0	1
44190032 竹制一次性筷子		
合计	75053	136486
日本	24829	49437

国家/地区	出口数量（吨）	出口金额（千美元）
中国台湾	25980	33130
美国	7330	11808
泰国	3551	11469
新加坡	845	3625
中国香港	2060	3530
俄罗斯	2172	3264
文莱	410	1969
加拿大	938	1630
马来西亚	384	1542
印度尼西亚	353	1300
巴拿马	173	1123
韩国	461	937
澳大利亚	502	911
巴西	514	906
越南	239	901
法国	480	900
英国	446	767
老挝	134	673
菲律宾	282	632
德国	257	523
缅甸	89	485
乌克兰	323	476
奥地利	262	455
柬埔寨	70	391
芬兰	276	385
以色列	171	341
荷兰	192	292
墨西哥	193	289
印度	43	200
东帝汶	42	188
意大利	110	187
阿根廷	100	170
瑞典	89	155
土耳其	61	139
西班牙	69	134
比利时	63	130
丹麦	56	125
孟加拉国	21	100
阿联酋	50	98
南非	58	93
立陶宛	50	80
中国澳门	44	60
葡萄牙	29	56
拉脱维亚	26	53
波兰	27	52

国家/地区	出口数量（吨）	出口金额（千美元）
卡塔尔	17	51
挪威	21	46
黎巴嫩	23	41
哥伦比亚	20	33
诺福克岛	23	28
厄瓜多尔	11	23
新西兰	11	21
智利	11	18
摩洛哥	8	18
秘鲁	9	17
埃及	7	12
白俄罗斯	9	11
约旦	6	11
塞浦路斯	7	11
瑞士	3	8
斯洛文尼亚	4	5
罗马尼亚	2	3
巴林	2	3
斯里兰卡	2	3
乌拉圭	1	2
爱沙尼亚	1	2
匈牙利	1	2
捷克	0	2
多米尼加	1	1
马耳他	1	1
爱尔兰	1	1
危地马拉	0	1
44190091 其他竹制餐具及厨房用具		
合计	35205	122689
美国	11980	42235
荷兰	3309	10417
日本	1767	9917
德国	3357	9116
法国	1166	4813
澳大利亚	1453	4295
加拿大	1253	4043
俄罗斯	1338	4006
英国	831	3503
巴西	689	2627
比利时	967	2594
越南	199	2540
韩国	687	2537
意大利	500	1877
中国台湾	623	1776
西班牙	554	1683

国家/地区	出口数量（吨）	出口金额（千美元）
中国香港	319	1641
波兰	458	1060
土耳其	389	1001
丹麦	289	1000
芬兰	287	980
斯洛文尼亚	296	762
阿根廷	226	755
乌克兰	201	526
南非	142	524
以色列	108	439
墨西哥	137	391
新西兰	155	367
智利	70	321
哥伦比亚	63	302
葡萄牙	52	289
委内瑞拉	74	244
沙特阿拉伯	47	241
厄瓜多尔	51	215
巴拿马	69	208
瑞典	43	196
马来西亚	45	186
捷克	57	186
新加坡	46	182
瑞士	40	180
阿联酋	63	171
立陶宛	51	164
挪威	53	162
爱沙尼亚	39	136
埃及	106	134
印度	46	131
印度尼西亚	47	115
奥地利	46	110
文莱	10	98
乌拉圭	23	92
希腊	34	84
克罗地亚	36	83
拉脱维亚	25	77
秘鲁	16	70
罗马尼亚	35	69
爱尔兰	28	67
多米尼加	12	59
利比亚	20	58
斯里兰卡	2	50
白俄罗斯	10	49
泰国	10	41

国家/地区	出口数量（吨）	出口金额（千美元）
阿曼	4	39
菲律宾	8	38
斯洛伐克	13	36
保加利亚	24	36
黎巴嫩	3	33
哥斯达黎加	5	33
伊朗	6	32
塞浦路斯	10	29
约旦	10	28
科威特	17	27
危地马拉	4	24
洪都拉斯	3	21
波多黎各	6	20
哈萨克斯坦	9	19
肯尼亚	3	17
阿尔及利亚	12	15
朝鲜	5	15
中国澳门	1	11
毛里求斯	3	5
巴拉圭	5	5
马耳他	1	4
多米尼克	2	4
阿富汗	0	2
法属波利尼西亚	1	1
新喀里多尼亚	1	1
吉尔吉斯斯坦	0	1
44201012 竹刻		
合计	10	71
俄罗斯	7	40
日本	1	16
美国	0	6
加拿大	1	4
德国	0	3
泰国	1	2
44219022 竹制圆签、圆棒、冰果棒、压舌片及类似一次性制品		
合计	44693	122650
日本	6280	16989
泰国	3991	16785
越南	2511	11514
新加坡	1757	9523
荷兰	5542	7700
美国	3636	7071
巴拿马	1318	5901
马来西亚	1295	5848

国家/地区	出口数量（吨）	出口金额（千美元）
印度尼西亚	1039	4061
文莱	687	3853
中国台湾	2083	3239
意大利	1387	3067
巴西	1690	2096
印度	550	2056
菲律宾	478	1655
韩国	1172	1580
法国	406	1421
加拿大	607	1384
比利时	536	1345
英国	615	1337
德国	834	1314
澳大利亚	378	1014
西班牙	226	973
中国香港	427	887
智利	391	856
希腊	527	842
土耳其	373	774
哥伦比亚	465	753
阿联酋	373	742
以色列	343	562
俄罗斯	272	553
乌克兰	140	445
沙特阿拉伯	175	445
尼日利亚	140	302
格鲁吉亚	46	298
波兰	199	290
墨西哥	151	275
厄瓜多尔	180	242
阿曼	218	199
新西兰	83	197
阿根廷	119	185
南非	103	177
黎巴嫩	101	145
丹麦	64	140
埃及	108	115
加纳	46	105
委内瑞拉	29	100
苏丹	18	98
肯尼亚	61	87
坦桑尼亚	57	83
危地马拉	21	78
安哥拉	20	68
巴拉圭	17	64

国家/地区	出口数量（吨）	出口金额（千美元）
罗马尼亚	26	62
伊朗	33	58
保加利亚	22	54
约旦	31	53
挪威	40	51
瑞典	25	45
喀麦隆	19	43
葡萄牙	17	34
摩洛哥	13	34
贝宁	29	34
阿尔及利亚	18	30
爱尔兰	12	29
巴基斯坦	11	27
秘鲁	14	25
几内亚	6	25
拉脱维亚	14	24
捷克	8	23
奥地利	7	22
立陶宛	6	18
芬兰	10	16
牙买加	0	16
科威特	7	12
毛里求斯	5	10
克罗地亚	3	10
斯洛文尼亚	7	7
波多黎各	5	7
哈萨克斯坦	2	6
爱沙尼亚	2	6
匈牙利	4	5
巴林	0	5
塞浦路斯	1	4
洪都拉斯	1	4
多米尼加	1	4
斐济	1	4
新喀里多尼亚	1	3
瑞士	1	2
马达加斯加	0	2
留尼汪岛(法)	1	2
卡塔尔	1	1
斯洛伐克	1	1
斯里兰卡	0	1
朝鲜	1	1
津巴布韦	0	1

46012100 竹制的席子、席料及帘子

国家/地区	出口数量（吨）	出口金额（千美元）
合计	46089	128823
美国	7943	27437
马来西亚	5190	16434
日本	4038	11963
德国	1841	7290
意大利	3086	7042
韩国	1844	6431
中国台湾	3091	6108
俄罗斯	1463	3528
印度	1170	2924
西班牙	1322	2899
荷兰	1005	2690
加拿大	979	2172
泰国	745	2017
伊朗	642	2010
土耳其	711	1794
法国	843	1710
墨西哥	612	1670
南非	736	1628
澳大利亚	670	1541
乌克兰	735	1504
文莱	168	1171
以色列	1173	1166
阿联酋	318	996
波兰	480	987
英国	440	930
越南	577	890
比利时	452	850
智利	255	768
哥伦比亚	314	754
阿根廷	264	605
新加坡	121	584
巴西	205	566
中国香港	202	545
芬兰	129	519
爱沙尼亚	215	461
黎巴嫩	155	443
希腊	166	366
格鲁吉亚	48	359
印度尼西亚	83	353
瑞典	175	336
沙特阿拉伯	108	319
克罗地亚	140	299
不丹	38	281
巴基斯坦	122	274
乌拉圭	41	200
葡萄牙	88	197
巴拿马	64	193
哥斯达黎加	40	189
菲律宾	33	152
瑞士	50	148
立陶宛	70	130
秘鲁	45	116
埃及	61	116
多哥	20	98
厄瓜多尔	30	96
叙利亚	42	93
斯里兰卡	28	83
肯尼亚	5	79
保加利亚	21	77
尼日利亚	8	76
匈牙利	42	75
白俄罗斯	15	71
加纳	19	71
拉脱维亚	29	67
利比亚	21	61
波多黎各	26	61
马耳他	16	59
约旦	21	56
多米尼加	14	56
留尼汪岛(法)	22	55
委内瑞拉	24	48
丹麦	19	45
斯洛伐克	7	43
阿曼	16	36
毛里求斯	10	33
罗马尼亚	11	31
法属波利尼西亚	7	28
危地马拉	11	28
特立尼达和多巴哥	11	24
塞舌尔	1	23
斯洛文尼亚	8	20
新喀里多尼亚	13	20
摩洛哥	4	18
哈萨克斯坦	8	18
卡塔尔	9	15
新西兰	5	13
阿尔巴尼亚	4	12
科威特	7	11
捷克	2	11
黑山	5	11

国家/地区	出口数量（吨）	出口金额（千美元）
巴林	4	7
马约特岛	3	7
巴巴多斯	3	5
马尔代夫	2	4
安哥拉	2	4
伊拉克	2	4
赤道几内亚	1	3
科特迪瓦	1	2
海地	1	2
喀麦隆	1	2
赞比亚	1	2
圣文森特和格林纳丁斯	1	2
加蓬	0	1
挪威	0	1
刚果（金）	0	1
巴哈马	0	1
46012200 藤制的席子、席料及帘子		
合计	49	102
中国香港	4	27
美国	8	21
比利时	28	19
波兰	1	14
意大利	4	7
越南	2	5
毛里求斯	0	4
日本	0	3
澳大利亚	0	1
46019210 竹制的缏条及类似产品		
合计	564	1432
日本	194	425
西班牙	77	227
美国	74	213
荷兰	26	199
法国	36	66
意大利	25	49
比利时	22	45
德国	26	43
英国	24	31
加拿大	4	24
韩国	9	23
新加坡	5	13
中国台湾	9	13
土耳其	5	12
俄罗斯	4	11
波兰	4	9

国家/地区	出口数量（吨）	出口金额（千美元）
希腊	6	8
中国香港	1	8
墨西哥	11	7
澳大利亚	1	6
塞浦路斯	1	2
46019290 竹制其他平行连结或编结的产品		
合计	26284	54470
美国	3516	9293
意大利	3148	6035
马来西亚	1716	4949
日本	1515	4575
法国	2838	3828
德国	1628	3141
加拿大	956	2185
澳大利亚	1190	1856
韩国	712	1771
英国	1210	1501
西班牙	764	1453
比利时	620	1228
中国台湾	520	1203
荷兰	675	1093
乌克兰	589	1075
巴西	363	894
波兰	458	857
俄罗斯	261	643
以色列	487	537
墨西哥	233	492
智利	173	473
乌拉圭	62	377
葡萄牙	148	360
芬兰	188	318
希腊	214	289
巴拿马	116	288
拉脱维亚	141	260
哥伦比亚	69	232
新西兰	157	218
阿根廷	85	215
新加坡	58	189
南非	68	170
瑞典	63	165
印度	60	162
斯洛文尼亚	95	149
安哥拉	384	144
伊朗	14	140
中国香港	57	114

国家/地区	出口数量（吨）	出口金额（千美元）
泰国	24	109
沙特阿拉伯	40	105
印度尼西亚	49	99
爱沙尼亚	35	99
哥斯达黎加	14	86
阿联酋	40	77
丹麦	27	74
土耳其	23	70
捷克	71	68
克罗地亚	30	64
秘鲁	20	56
留尼汪岛（法）	41	56
多米尼加	10	56
保加利亚	24	55
奥地利	16	50
立陶宛	28	50
塞浦路斯	29	43
波多黎各	11	35
黎巴嫩	14	34
罗马尼亚	16	29
爱尔兰	10	28
委内瑞拉	7	27
瓜德罗普	13	23
摩洛哥	8	22
厄瓜多尔	10	21
菲律宾	8	20
阿尔巴尼亚	9	16
瑞士	7	16
阿尔及利亚	9	15
新喀里多尼亚	9	13
哈萨克斯坦	15	10
缅甸	2	10
喀麦隆	4	10
埃塞俄比亚	33	9
挪威	4	9
科特迪瓦	2	6
埃及	6	6
危地马拉	6	6
加纳	1	3
文莱	2	2
马里	1	2
匈牙利	1	2
特立尼达和多巴哥	1	1
刚果（金）	1	1
科威特	0	1

国家/地区	出口数量（吨）	出口金额（千美元）
46019310 藤制的缏条及类似产品		
合计	120	1044
意大利	16	252
巴西	29	189
德国	32	103
荷兰	16	102
美国	3	102
日本	3	84
阿根廷	2	71
俄罗斯	8	68
澳大利亚	3	22
韩国	0	15
英国	3	12
西班牙	2	7
中国台湾	1	6
中国香港	1	3
波兰	0	2
瑞士	0	2
土耳其	0	1
丹麦	0	1
巴巴多斯	0	1
46019390 藤制其他平行连结或编结的产品		
合计	208	2496
美国	22	1254
荷兰	8	624
日本	20	141
德国	25	125
俄罗斯	25	79
英国	38	58
中国香港	20	41
泰国	16	36
巴西	0	30
法国	3	29
土耳其	9	20
西班牙	5	14
阿根廷	4	12
意大利	5	11
新加坡	1	5
乌克兰	2	3
澳大利亚	1	3
墨西哥	1	2
加拿大	1	2
菲律宾	1	2
埃及	1	1
印度	0	1

国家/地区	出口数量（吨）	出口金额（千美元）
46021100 竹制篮筐及其他编结品		
合计	39175	200619
美国	7419	45066
日本	4783	26908
马来西亚	1082	11845
德国	2553	10445
意大利	2324	8160
新加坡	870	7964
英国	2104	7632
法国	2226	6655
加拿大	922	5991
韩国	1066	5951
印度尼西亚	407	4823
文莱	455	4739
以色列	1604	4478
西班牙	1047	4306
中国香港	1329	3841
泰国	518	3558
越南	246	3222
荷兰	745	3036
墨西哥	392	2783
印度	331	2498
比利时	550	2364
澳大利亚	652	1961
中国台湾	1033	1935
巴拿马	353	1901
俄罗斯	389	1615
智利	200	1557
阿联酋	379	1452
南非	228	1203
巴西	278	1056
波兰	185	881
土耳其	206	856
希腊	244	807
柬埔寨	91	782
丹麦	91	574
阿根廷	128	542
乌克兰	140	443
沙特阿拉伯	73	413
拉脱维亚	163	381
葡萄牙	87	316
约旦	47	308
斯里兰卡	27	299
瑞典	56	285
也门	22	281

国家/地区	出口数量（吨）	出口金额（千美元）
伊朗	94	259
菲律宾	50	251
格鲁吉亚	18	247
科威特	49	240
新西兰	40	203
老挝	23	189
缅甸	16	179
克罗地亚	40	161
塞浦路斯	52	148
马尔代夫	68	136
芬兰	40	134
埃及	81	128
贝宁	41	125
秘鲁	14	123
立陶宛	33	120
斯洛文尼亚	36	107
摩洛哥	30	104
厄瓜多尔	21	103
匈牙利	17	99
卡塔尔	23	98
挪威	34	96
委内瑞拉	16	95
尼日利亚	34	92
罗马尼亚	19	76
塞尔维亚	10	73
黑山	14	73
瑞士	10	66
波多黎各	13	60
多米尼加	13	58
保加利亚	11	53
哥伦比亚	11	53
奥地利	11	53
阿尔及利亚	22	53
巴基斯坦	13	52
捷克	14	47
巴哈马	7	44
坦桑尼亚	9	37
特立尼达和多巴哥	2	35
叙利亚	7	30
乌拉圭	2	27
中国澳门	15	26
黎巴嫩	25	24
爱尔兰	3	16
乌兹别克斯坦	4	13
哈萨克斯坦	3	13

国家/地区	出口数量（吨）	出口金额（千美元）
危地马拉	4	12
斯洛伐克	3	11
爱沙尼亚	3	11
哥斯达黎加	1	11
安哥拉	1	8
肯尼亚	4	7
留尼汪岛(法)	1	7
突尼斯	2	6
波黑	1	5
牙买加	0	2
白俄罗斯	0	2
毛里求斯	0	2
巴巴多斯	0	1
吉布提	0	1
46021200 藤制篮筐及其他编结品		
合计	16142	114852
美国	3332	27167
荷兰	2156	16601
德国	1950	15307
英国	2961	9425
日本	894	6112
意大利	341	3519
新加坡	267	2932
波兰	321	2869
巴拿马	199	2344
加拿大	334	2334
泰国	232	2052
法国	240	1985
比利时	268	1710
印度尼西亚	171	1630
马来西亚	166	1488
巴西	146	1152
澳大利亚	158	1026
西班牙	99	1014
捷克	55	853
芬兰	108	779
丹麦	92	763
墨西哥	55	686
文莱	70	651
俄罗斯	122	624
印度	66	601
沙特阿拉伯	106	588
土耳其	95	545
中国香港	109	461
瑞典	58	451

国家/地区	出口数量（吨）	出口金额（千美元）
中国台湾	83	450
韩国	46	448
波多黎各	27	428
越南	19	392
智利	35	368
挪威	44	348
斯洛文尼亚	53	330
菲律宾	34	303
立陶宛	25	275
阿根廷	46	265
希腊	35	235
葡萄牙	28	228
南非	32	197
缅甸	22	180
奥地利	16	170
柬埔寨	23	169
老挝	23	168
阿联酋	41	158
瑞士	14	155
匈牙利	11	153
伊朗	24	152
委内瑞拉	9	149
以色列	30	145
哈萨克斯坦	31	142
爱尔兰	42	109
乌克兰	21	87
东帝汶	12	84
保加利亚	2	82
黎巴嫩	11	81
哥伦比亚	7	67
秘鲁	12	63
摩洛哥	7	56
乌拉圭	8	53
克罗地亚	6	47
阿富汗	12	44
厄瓜多尔	3	37
约旦	8	36
拉脱维亚	10	34
危地马拉	6	33
叙利亚	8	30
巴基斯坦	6	27
科威特	3	23
波黑	5	18
罗马尼亚	2	17
突尼斯	2	17

国家/地区	出口数量（吨）	出口金额（千美元）
新西兰	2	17
塞浦路斯	5	17
肯尼亚	3	16
哥斯达黎加	1	15
利比亚	2	13
埃及	5	10
牙买加	2	8
留尼汪岛(法)	2	7
白俄罗斯	1	7
洪都拉斯	1	5
巴林	0	4
卡塔尔	0	4
阿塞拜疆	0	3
黑山	0	2
萨尔瓦多	0	1
爱沙尼亚	0	1
46021930 柳条制篮筐及其他编结品		
合计	69452	456944
美国	11522	96048
荷兰	8088	41170
德国	5939	34493
英国	5836	31164
意大利	4160	22659
泰国	1963	17964
西班牙	2387	15682
法国	2975	15223
加拿大	1761	14787
日本	2146	14221
比利时	2491	13619
马来西亚	1382	12319
韩国	2280	10214
印度尼西亚	999	9028
南非	1328	7742
波兰	848	6537
文莱	721	6160
新加坡	708	5979
澳大利亚	852	5711
瑞典	1021	5161
阿尔巴尼亚	65	4598
丹麦	718	4481
挪威	800	3781
土耳其	598	3654
芬兰	666	3539
俄罗斯	461	3214
阿联酋	468	3165

国家/地区	出口数量（吨）	出口金额（千美元）
巴拿马	377	2995
印度	339	2959
墨西哥	399	2760
沙特阿拉伯	361	2590
格鲁吉亚	309	2484
以色列	540	2435
巴西	212	2383
希腊	309	2079
爱尔兰	270	1658
巴哈马	204	1298
葡萄牙	166	1258
缅甸	120	1189
新西兰	162	1013
伊朗	126	962
智利	129	845
中国台湾	142	812
中国香港	75	749
菲律宾	85	742
科威特	88	670
拉脱维亚	102	669
捷克	123	636
乌克兰	88	631
瑞士	126	580
不丹	52	551
厄瓜多尔	53	509
委内瑞拉	51	490
黎巴嫩	61	460
多米尼加	49	422
老挝	51	414
阿曼	36	409
奥地利	63	402
克罗地亚	67	401
阿根廷	51	392
立陶宛	60	390
卡塔尔	68	382
斯洛伐克	78	364
东帝汶	47	335
匈牙利	63	320
越南	20	268
哥斯达黎加	34	247
斯洛文尼亚	33	245
阿尔及利亚	36	240
秘鲁	34	218
特立尼达和多巴哥	10	218
哈萨克斯坦	40	202

国家/地区	出口数量（吨）	出口金额（千美元）
塞浦路斯	31	177
柬埔寨	23	167
爱沙尼亚	38	167
哥伦比亚	23	161
摩洛哥	15	154
安哥拉	19	143
巴林	20	132
乌拉圭	16	128
约旦	23	112
马耳他	13	83
白俄罗斯	13	82
危地马拉	8	81
罗马尼亚	12	67
留尼汪岛(法)	12	66
保加利亚	8	65
洪都拉斯	10	60
莫桑比克	3	52
利比亚	5	50
毛里求斯	6	47
叙利亚	7	45
波多黎各	7	41
巴拉圭	4	39
埃及	9	30
斯里兰卡	4	30
冰岛	4	28
坦桑尼亚	7	28
多米尼克	5	26
土库曼斯坦	2	22
牙买加	1	22
尼日利亚	2	19
苏里南	2	10
塞尔维亚	1	7
朝鲜	3	6
加纳	1	5
巴基斯坦	1	4
47063000 其他纤维状纤维素竹浆		
合计	1126	1223
德国	416	437
比利时	330	353
印度尼西亚	173	197
美国	84	93
日本	64	83
意大利	20	20
朝鲜	20	18
肯尼亚	14	12

国家/地区	出口数量（吨）	出口金额（千美元）
新加坡	5	8
中国台湾	1	2
巴西	0	1
48236100 竹浆纸或纸板制的盘、碟、盆、杯及类似品		
合计	1192	1215
美国	1072	961
中国香港	85	166
以色列	9	25
韩国	8	24
比利时	4	11
加拿大	6	10
中国台湾	3	9
菲律宾	1	4
土耳其	1	3
94015100 竹制或藤制的坐具		
合计	610	18923
新加坡	135	4845
巴拿马	85	4288
美国	63	1440
文莱	24	1229
马来西亚	25	1062
阿联酋	4	524
泰国	7	459
芬兰	6	405
日本	13	341
荷兰	23	295
印度尼西亚	4	245
俄罗斯	45	227
西班牙	16	226
澳大利亚	13	220
法国	12	216
德国	7	215
乌克兰	1	206
韩国	18	182
奥地利	2	175
中国台湾	9	131
黎巴嫩	2	129
越南	1	116
伊朗	18	104
土耳其	28	102
沙特阿拉伯	2	101
印度	1	97
巴西	2	97
拉脱维亚	1	87

国家/地区	出口数量（吨）	出口金额（千美元）
新西兰	0	77
哥斯达黎加	0	63
埃及	6	61
格鲁吉亚	0	61
中国香港	4	59
厄瓜多尔	1	52
墨西哥	2	49
哥伦比亚	0	44
丹麦	1	38
留尼汪岛(法)	0	38
斯里兰卡	0	35
巴巴多斯	0	33
英国	3	32
安哥拉	0	31
加拿大	0	30
刚果(布)	0	30
老挝	0	30
柬埔寨	0	30
缅甸	0	30
以色列	0	28
巴拉圭	0	27
毛里求斯	2	23
哈萨克斯坦	0	22
乌拉圭	0	18
罗马尼亚	10	17
南非	0	16
莫桑比克	0	14
加蓬	0	13
波兰	0	13
科威特	0	12
危地马拉	0	11
克罗地亚	0	11
瑞士	0	11
苏里南	0	11
乌兹别克斯坦	0	11
肯尼亚	0	11
意大利	1	10
希腊	3	8
葡萄牙	1	7
比利时	0	6
瑞典	0	5
塞舌尔	0	5
古巴	0	4
白俄罗斯	0	3
马达加斯加	0	3

国家/地区	出口数量（吨）	出口金额（千美元）
斐济	0	3
尼日利亚	0	3
博茨瓦纳	0	2
智利	0	1
马耳他	0	1
斯洛文尼亚	0	1
孟加拉国	0	1
阿尔及利亚	0	1
阿鲁巴	0	1
94015900 柳条及类似材料制的坐具		
合计	213	7122
新加坡	29	1675
泰国	16	876
英国	12	737
苏丹	11	640
文莱	8	421
印度尼西亚	6	361
马来西亚	5	309
缅甸	5	291
美国	19	288
德国	8	249
葡萄牙	12	173
墨西哥	13	153
意大利	11	104
荷兰	16	83
法国	9	79
哈萨克斯坦	0	78
智利	1	49
加拿大	2	49
澳大利亚	3	47
瑞典	1	45
厄瓜多尔	1	45
以色列	5	42
日本	4	36
阿根廷	1	33
希腊	1	30
俄罗斯	1	29
西班牙	3	25
阿联酋	2	24
法属波利尼西亚	0	20
巴拿马	1	18
巴西	1	16
韩国	1	16
多民族玻利维亚国	2	12
芬兰	1	10

国家/地区	出口数量（吨）	出口金额（千美元）
捷克	0	9
沙特阿拉伯	0	9
巴巴多斯	0	7
中国台湾	0	7
新西兰	0	6
白俄罗斯	1	5
危地马拉	0	4
印度	1	4
比利时	0	3
中国香港	0	2
加蓬	0	2
黎巴嫩	0	2
94038100 竹制或藤制家具		
合计	1875	50634
美国	465	14978
巴拿马	65	4754
荷兰	232	3752
德国	155	2837
新加坡	37	2836
法国	166	2753
泰国	42	2473
马来西亚	47	2331
印度尼西亚	26	1770
西班牙	88	1298
比利时	87	1173
英国	47	1139
澳大利亚	62	1034
阿联酋	22	1015
加拿大	44	1008
日本	75	913
意大利	36	517
墨西哥	22	349
文莱	4	342
印度	12	309
韩国	14	218
巴西	8	212
越南	1	180
俄罗斯	7	158
瑞士	5	143
南非	12	137
拉脱维亚	3	133
波兰	15	133
乌克兰	1	131
厄瓜多尔	10	130
中国台湾	7	120

国家/地区	出口数量（吨）	出口金额（千美元）
斯洛文尼亚	6	108
新西兰	3	75
柬埔寨	1	70
缅甸	1	70
老挝	1	70
土耳其	2	62
以色列	5	58
葡萄牙	5	58
伊朗	2	55
中国香港	3	54
瑞典	2	46
芬兰	0	31
哥伦比亚	2	30
丹麦	2	29
格鲁吉亚	0	29
挪威	1	28
乌拉圭	2	27
科威特	2	27
安哥拉	0	26
留尼汪岛(法)	1	25
埃及	3	24
爱尔兰	2	24
阿根廷	2	23
巴巴多斯	0	21
立陶宛	0	21
赤道几内亚	0	20
多米尼加	2	20
黎巴嫩	0	18
沙特阿拉伯	1	16
希腊	1	16
克罗地亚	3	14
哥斯达黎加	0	13
新喀里多尼亚	1	13
法属波利尼西亚	1	12
哈萨克斯坦	0	11
刚果(布)	0	11
古巴	0	11
肯尼亚	0	10
乌兹别克斯坦	0	9
巴拉圭	0	9
智利	1	9
斯里兰卡	0	7
菲律宾	0	6
危地马拉	1	6
捷克	0	4
加蓬	0	3
约旦	0	3
苏里南	0	3
保加利亚	0	3
莫桑比克	0	3
毛里求斯	0	3
委内瑞拉	0	3
阿曼	0	2
马耳他	0	2
坦桑尼亚	0	2
匈牙利	0	1
尼日利亚	0	1
洪都拉斯	0	1
白俄罗斯	0	1
94038910 柳条及类似材料制家具		
合计	293	11694
新加坡	46	3789
泰国	35	2568
马来西亚	13	1146
美国	61	1013
苏丹	5	421
英国	21	345
印度尼西亚	4	321
缅甸	2	195
意大利	25	193
文莱	2	157
日本	9	133
西班牙	12	128
波兰	0	123
法国	8	110
阿根廷	3	109
希腊	7	107
委内瑞拉	1	98
巴西	1	98
加拿大	6	97
沙特阿拉伯	5	96
墨西哥	1	73
智利	1	58
阿联酋	2	35
中国香港	3	34
斯洛伐克	4	34
俄罗斯	2	34
土耳其	5	29
葡萄牙	1	25
比利时	1	23
拉脱维亚	0	20
德国	1	20
黎巴嫩	2	17
约旦	1	10
丹麦	1	9
塞浦路斯	1	8
以色列	0	6
澳大利亚	0	5
叙利亚	0	2
巴巴多斯	0	1
斯里兰卡	0	1
瑞典	0	1

表 10-14 竹藤产品进口量值

国家/地区	进口数量（吨）	进口金额（千美元）
14011000 竹		
合计	5670	3564
中国台湾	2212	3216
缅甸	3215	148
法国	4	100
中国	105	67
日本	14	16
菲律宾	12	9
老挝	89	4
越南	20	4
14012000 藤		
合计	35588	36992
印度尼西亚	33002	35267
菲律宾	545	562
马来西亚	532	498
缅甸	1243	427
新加坡	100	178
越南	108	25
老挝	46	14
中国香港	10	13
中国	1	5
中国台湾	0	3
14019020 芦苇		
合计	1808	63
朝鲜	1808	63
14019031 蔺草		
合计	8	1
越南	8	1
14019090 未列名主要作编结用的植物材料		

国家/地区	进口数量（吨）	进口金额（千美元）
合计	3331	2057
马达加斯加	1172	1282
越南	1840	256
印度	126	218
泰国	74	183
印度尼西亚	19	66
斯里兰卡	34	32
马来西亚	61	12
中国台湾	4	6
菲律宾	1	2
20059110 竹笋罐头		
合计	94	108
中国台湾	94	108
20059190 其他制作或保藏的未冷冻竹笋		
合计	53	82
越南	48	72
中国台湾	5	10
44021000 竹炭，不论是否结块		
合计	3	78
中国台湾	2	72
日本	0	3
中国	0	1
中国香港	0	1
印度	0	1
韩国	0	1
44092110 任何一边、端或面制成连续形状的竹地板条块		
合计	364	359
中国	342	334
德国	21	24
44121019 其他薄板制竹胶板单板饰面板多层板，厚≤6 毫米		
合计	2	1159
芬兰	1	664
俄罗斯	1	248
印度尼西亚	0	106
马来西亚	0	63
中国台湾	0	31
中国	0	24
德国	0	17
西班牙	0	4
法国	0	1
日本	0	1
奥地利	0	1
新加坡	0	1

国家/地区	进口数量（吨）	进口金额（千美元）
44121099 其他竹制胶合板、单板饰面板及类似的多层板		
合计	0	1
加拿大	0	1
44190032 竹制一次性筷子		
合计	59	115
越南	57	86
日本	1	23
中国	1	5
阿联酋	0	1
44190091 其他竹制餐具及厨房用具		
合计	47	286
越南	32	128
中国	12	71
日本	1	54
中国台湾	1	27
德国	1	3
中国香港	0	1
意大利	0	1
44201012 竹刻		
合计	0	8
中国	0	7
44219022 竹制圆签、圆棒、冰果棒、压舌片及类似一次性制品		
合计	48	59
日本	27	28
美国	17	22
中国	1	5
泰国	0	2
中国台湾	2	1
法国	0	1
斯里兰卡	0	1
46012100 竹制的席子、席料及帘子		
合计	28	129
中国	10	49
越南	13	46
日本	1	14
美国	1	8
印度	3	7
中国台湾	1	6
46012911 灯心草属材料制的席子、席料及帘子		
合计	1	17
尼泊尔	0	9
日本	0	4

国家/地区	进口数量（吨）	进口金额（千美元）
越南	0	3
印度尼西亚	0	1
46012919 其他草制的席子、席料及帘子		
合计	57	64
印度尼西亚	6	27
朝鲜	7	17
中国	42	15
马达加斯加	1	2
孟加拉国	1	1
日本	0	1
46012921 苇帘		
合计	7	4
朝鲜	7	4
46012929 芦苇制的席子、席料		
合计	2	3
美国	0	3
韩国	2	1
46012990 其他植物材料制的席子、席料及帘子		
合计	26	166
印度尼西亚	11	48
中国	3	37
越南	3	30
美国	4	24
中国台湾	1	12
朝鲜	2	7
印度	0	4
法国	0	3
46019290 竹制其他平行连结或编结的产品		
合计	5	38
泰国	1	22
中国	3	9
越南	0	4
印度尼西亚	0	3
46019310 藤制的缏条及类似产品，不论是否缝合成宽条		
合计	1	2
印度尼西亚	1	1
46019390 藤制其他平行连结或编结的产品		
合计	55	143
中国香港	53	134
菲律宾	2	9
46021100 竹制篮筐及其他编结品		
合计	50	400

国家/地区	进口数量（吨）	进口金额（千美元）
越南	31	222
泰国	5	62
日本	1	30
中国	5	26
荷兰	3	16
印度尼西亚	1	9
马来西亚	0	8
美国	0	7
中国台湾	0	7
菲律宾	1	5
印度	0	3
意大利	0	2
尼泊尔	1	1
法国	0	1
塞内加尔	1	1
瑞典	0	1
46021200 藤制篮筐及其他编结品		
合计	148	868
印度尼西亚	107	480
越南	19	192
泰国	8	74
缅甸	3	40
印度	6	39
菲律宾	2	22
意大利	1	7
中国	0	5
法国	0	4
日本	0	1
巴基斯坦	1	1
德国	0	1
46021910 草制篮筐及其他编结品		
合计	98	793
中国	9	464
越南	70	219
马达加斯加	12	56
意大利	0	22
加纳	0	7
印度尼西亚	0	7
孟加拉国	1	4
朝鲜	5	3
美国	0	2

国家/地区	进口数量（吨）	进口金额（千美元）
法国	0	2
菲律宾	0	2
多民族玻利维亚国	0	1
中国香港	0	1
泰国	0	1
日本	0	1
西班牙	0	1
46021930 柳条制篮筐及其他编结品		
合计	196	231
朝鲜	192	204
中国	3	16
德国	1	6
法国	0	2
47063000 其他纤维状纤维素竹浆		
合计	9573	6153
缅甸	9078	5820
泰国	476	318
美国	19	15
48236100 竹浆纸或纸板制的盘、碟、盆、杯及类似品		
合计	3	13
中国台湾	3	6
国别(地区)不详	0	4
德国	0	2
94015100 竹制或藤制的坐具		
合计	64	1173
印度尼西亚	24	604
越南	30	399
菲律宾	1	67
泰国	0	52
尼泊尔	9	22
意大利	0	5
印度	0	5
日本	0	5
缅甸	0	5
荷兰	0	3
捷克	0	2
法国	0	1
马来西亚	0	1
丹麦	0	1
94015900 柳条及类似材料制的坐具		

国家/地区	进口数量（吨）	进口金额（千美元）
合计	11	183
越南	11	147
意大利	0	26
新加坡	0	6
奥地利	0	2
印度尼西亚	0	2
94038100 竹制或藤制家具		
合计	15	582
印度尼西亚	7	388
越南	8	157
菲律宾	0	12
中国	0	6
意大利	0	4
泰国	0	3
日本	0	3
缅甸	0	3
美国	0	2
德国	0	1
马来西亚	0	1
南非	0	1
中国香港	0	1
94038910 柳条及类似材料制家具		
合计	3	48
越南	0	24
中国	2	23
96031000 用枝条或其他植物材料捆扎的帚及刷，可有把		
合计	580	42
斯里兰卡	525	20
泰国	19	11
尼泊尔	30	5
越南	5	4
中国	0	1
96033020 毛笔		
合计	874	412
日本	837	392
德国	1	9
中国台湾	10	5
中国	23	3
韩国	2	2

果 类

表 11-1 果类各指标在全国排名前 5 位的省份

指标(万吨)	全国排名前 5 位的省份和单位占全国的比例(%)
水果产量 1.15(亿吨)	山东(14.32)、河北(9.1)、广西(7.11)、陕西(6.8)、广东(6.13)
干果产量 927.3	新疆(13.26)、陕西(11.83)、山东(11.28)、河北(10.42)、河南(7.8)
苹果产量 3100.96	山东(27.5)、陕西(18.1)、河北(9.45)、河南(9.14)、甘肃(8.45)
柑橘产量 2412.19	江西(14.6)、湖南(13.09)、广西(11.55)、湖北(11.42)、广东(11.41)
梨产量 1534.12	河北(26.41)、山东(9.84)、辽宁(8.87)、安徽(6.49)、河南(5.85)
葡萄产量 849.41	新疆(19.4)、山东(13.58)、河北(13.25)、辽宁(8.02)、浙江(6.34)
桃产量 1086.31	山东(30.64)、河北(14.05)、河南(7.86)、湖北(6.29)、江苏(4.34)
杏产量 288.1	新疆(55.37)、山东(11.77)、河北(8.11)、河南(5.9)、甘肃(4.23)
荔枝产量 177.25	广东(53.58)、广西(30.06)、福建(8.67)、海南(6.73)、云南(0.69)
龙眼产量 145.49	广东(42.47)、广西(32.39)、福建(18.34)、海南(4.87)、云南(0.78)
猕猴桃产量 73.38	陕西(63.91)、四川(8.19)、河南(7.75)、湖南(5.5)、重庆(2.3)
枣(干重)产量 346.79	新疆(26.49)、陕西(20.27)、山西(14.03)、河北(13.11)、山东(9.84)
板栗产量 189.66	湖北(15.23)、山东(14.74)、河南(13.19)、河北(10.87)、安徽(7.84)
核桃产量 165.55	云南(20.53)、新疆(14.44)、四川(10.67)、陕西(8.62)、辽宁(7.55)
柿子(干重)产量 107.33	山东(15.72)、河北(14.96)、陕西(14.92)、河南(14.18)、福建(6.02)
仁用杏产量 8.07	辽宁(33.84)、河北(26.47)、山西(18.78)、北京(11.45)、陕西(3.34)
山杏仁产量 15.63	辽宁(60.91)、河北(11.78)、内蒙古(7.89)、陕西(6.84)、宁夏(5.81)
银杏(白果)产量 7.29	江苏(46.96)、湖北(12.64)、广西(11.17)、山东(5.72)、河南(5.29)
榛子产量 7.96	辽宁(86.77)、内蒙古(5.27)、黑龙江(4.68)、吉林(1.94)、龙江集团(1.52)
松子产量 12.04	吉林(51.22)、辽宁(24.51)、黑龙江(16.35)、龙江集团(8.98)、吉林集团(6.59)
水果罐头制造企业数量 2380(家)	河北(12.69)、浙江(12.18)、山东(9.33)、辽宁(8.7)、福建(8.15)

表 11-2 主要水果产量及水果罐头企业数量

单位：吨

地区	合计	苹果	柑橘	梨	葡萄	桃	杏	荔枝	龙眼	猕猴桃	其他水果	水果罐头制造企业数(家)
全国合计	114710579	31009584	24121896	15341226	8494085	10863106	2880975	1772463	1454893	733774	18038577	2380
北京	859484	105569	0	158765	68414	444352	26219	0	0	8	56157	39
天津	272508	53829	0	39805	88061	56628	3178	0	0	0	31007	54
河北	10433356	2929986	0	4051936	1125481	1526757	233628	0	0	212	565356	302
山西	3670341	2602728	0	536898	164388	254140	77126	0	0	30	35031	36
内蒙古	336901	61258	0	46097	64383	263	21822	0	0	0	143078	9
辽宁	5311137	2276376	0	1360388	681022	435780	33509	0	0	16	524046	207
吉林	573159	127829	0	117353	166007	4607	11545	0	0	0	145818	6
黑龙江	310474	66232	0	37955	36088	0	201	0	0	0	169998	33
龙江集团	3929	396	0	774	1066	0	0	0	0	0	1693	0

地区	合计	苹果	柑橘	梨	葡萄	桃	杏	荔枝	龙眼	猕猴桃	其他水果	水果罐头制造企业数(家)
上海	402052	40	176731	31671	95427	92286	35	0	0	661	5201	10
江苏	2459716	653425	52078	653477	374052	471683	23208	0	0	3248	228545	116
浙江	4143525	0	2084754	446643	538801	405547	0	0	0	14584	653196	290
安徽	2284106	400139	27648	996394	211412	416859	12293	0	0	13629	205732	59
福建	4897143	1423	1800945	181138	57292	192062	0	153630	266834	3807	2240012	194
江西	3958058	0	3522013	125222	33425	46295	0	0	0	11747	219356	38
山东	16421093	8528469	0	1509985	1153320	3328451	339053	0	0	194	1561621	222
河南	5625722	2833729	125726	896947	309350	853749	169990	0	0	56836	379395	40
湖北	4378364	11367	2754726	606791	95932	682863	2775	0	0	16093	207817	90
湖南	3925005	0	3158643	156266	134578	107220	282	0	0	40332	327684	107
广东	7029707	0	2751355	66687	785	22286	0	949671	617940	10697	2610286	146
广西	8151733	0	2787040	233835	268715	193707	0	532840	471202	2485	3661909	152
海南	849163	0	20742	218	0	0	0	119300	70886	0	638017	17
重庆	2050932	9632	1429263	259790	45872	69803	4878	266	5529	16862	209037	29
四川	4910885	644821	2158358	766507	234477	358721	43929	4015	10740	60103	629214	49
贵州	813301	18538	226628	232746	78581	109350	1260	571	456	11668	133503	4
云南	3681087	223832	648877	253321	336306	252445	309	12170	11306	1537	1940984	24
西藏	9405	5207	275	967	0	1227	20	0	0	0	1709	0
陕西	7302345	5612745	394794	548859	136956	244429	115029	0	0	468958	280575	37
甘肃	3500264	2619631	1300	396356	202613	172295	121763	0	0	67	86239	19
青海	3833	1810	0	1293	72	67	456	0	0	0	135	0
宁夏	756542	509781	0	28012	144240	13320	43319	0	0	0	17870	7
新疆	4789238	711188	0	598904	1648035	105914	1595148	0	0	0	130049	44
新疆建设兵团	726319	189294	0	194363	287308	29933	22673	0	0	0	2748	0

表 11-3 主要干果产量

单位：吨

地区	合计	核桃	板栗	枣(干重)	柿子(干重)	仁用杏	山杏仁	银杏(白果)	榛子	松子	其他干果
全国合计	9272963	1655508	1896603	3467874	1073312	80729	156328	72885	79622	120425	669677
北京	120140	17109	32082	6067	55417	9245	0	0	0	0	220
天津	24093	905	757	22431	0	0	0	0	0	0	0
河北	966601	96891	206241	454527	160570	21373	18422	0	930	0	7647
山西	720076	87528	1270	486383	61182	15162	4259	0	0	110	64182
内蒙古	18304	0	0	38	0	691	12327	0	4200	0	1048
辽宁	579971	124915	118320	109152	0	27321	95218	10	69089	29521	6425
吉林	105534	41096	980	0	0	0	94	0	1547	61677	140
吉林集团	11710	3767	0	0	0	0	0	0	10	7933	0
黑龙江	25057	557	0	0	0	5	0	0	3723	19692	1080
龙江集团	12026	0	0	0	0	0	0	0	1207	10819	0
上海	0	0	0	0	0	0	0	0	0	0	0
江苏	93884	4	26255	5895	27165	0	0	34228	0	0	337
浙江	105325	19618	71575	559	7866	0	0	1823	0	0	3884
安徽	217499	15227	148680	10284	37726	0	0	2700	0	0	2882

地区	合计	核桃	板栗	枣(干重)	柿子(干重)	仁用杏	山杏仁	银杏(白果)	榛子	松子	其他干果
福建	153516	16	86646	236	64627	0	0	10	0	0	1981
江西	48473	796	28534	686	7967	0	0	112	0	0	10378
山东	1046404	73244	279474	341346	168748	334	96	4170	0	0	178992
河南	722839	80483	250072	224669	152199	1580	3412	3857	0	0	6567
湖北	445961	89452	288878	32164	17709	5	1	9212	0	0	8540
湖南	150540	14562	87830	18158	6314	2	40	674	0	0	22960
广东	65228	0	11853	7102	26364	0	0	681	0	0	19228
广西	131881	982	73100	1756	35779	0	0	8140	0	0	12124
海南	170308	0	0	0	0	0	0	0	0	0	170308
重庆	34096	10743	8954	3572	7649	0	0	1868	130	0	1180
四川	231375	176710	26097	9134	6051	0	3	3023	0	1430	8927
贵州	51136	17664	23486	617	6163	113	1	1469	2	0	1621
云南	485722	339809	53082	1962	50470	0	0	441	0	6003	33955
西藏	6326	4436	0	0	0	0	0	0	0	0	1890
陕西	1096664	142680	68558	702968	160134	2700	10689	337	0	863	7735
甘肃	150998	59975	3879	66752	13212	1365	2678	130	0	1129	1878
青海	756	756	0	0	0	0	0	0	0	0	0
宁夏	74691	242	0	42839	0	660	9080	0	0	0	21870
新疆	1229565	239108	0	918577	0	173	8	0	1	0	71698
新疆建设兵团	306956	4859	0	301924	0	173	0	0	0	0	0

表 11-4 全国果类进出口贸易值

产品类别	单位	出口数量	出口金额(千美元)	进口数量	进口金额(千美元)
合计	吨	4852903	6009707	3728816	5677600
果品	吨	3239651	3636697	2933085	3141921
果品残渣	吨	39952	11347	257062	38346
果酱等	吨	19261	28588	2544	6683
果品罐头	吨	657793	818803	23529	24520
果汁	吨	696761	1194203	107510	227129
果酒	吨	11693	77545	393952	2187250
椰壳纤维	吨	660	1868	206	411
果壳碳	吨	187132	240655	10927	51340

表 11-5 苹果主产地产量

	苹果主产地	产量(吨)
1	昌平区(京)	19452.00
2	顺义区(京)	18060.00
3	密云县(京)	16182.00
4	延庆县(京)	12656.40
5	平谷区(京)	11113.00
6	房山区(京)	6689.70
7	大兴区(京)	3362.00
8	怀柔区(京)	2904.60
9	宝坻区(津)	10107.00
10	蓟　县(津)	9682.00
11	深州市(冀)	188095.00
12	乐亭县(冀)	166686.00
13	青龙满族自治县(冀)	120000.00
14	辛集市(冀)	114813.00
15	平泉县(冀)	113500.00
16	抚宁县(冀)	91753.00
17	承德县(冀)	90000.00
18	迁安市(冀)	78605.00
19	遵化市(冀)	77364.10
20	三河市(冀)	64088.00
21	昌黎县(冀)	62108.00
22	枣强县(冀)	61848.00
23	邢台县(冀)	55876.00
24	涿鹿县(冀)	53768.00
25	深泽县(冀)	53254.00
26	兴隆县(冀)	52580.00

	苹果主产地	产量(吨)
27	冀州市(冀)	52000.00
28	顺平县(冀)	46062.00
29	滦　县(冀)	43453.00
30	玉田县(冀)	41362.00
31	武邑县(冀)	38680.00
32	宽城满族自治县(冀)	35000.00
33	丰润区(冀)	33301.00
34	滦南县(冀)	31271.00
35	定州市(冀)	30510.00
36	临漳县(冀)	29176.00
37	故城县(冀)	28930.00
38	藁城市(冀)	28507.00
39	献　县(冀)	27999.00
40	井陉县(冀)	24991.00
41	卢龙县(冀)	23252.00
42	饶阳县(冀)	23213.00
43	怀来县(冀)	23208.00
44	文安县(冀)	20444.00
45	桃城区(冀)	20400.00
46	肃宁县(冀)	19136.00
47	宁晋县(冀)	18880.00
48	景　县(冀)	18543.00
49	平山县(冀)	18390.00
50	泊头市(冀)	18166.00
51	馆陶县(冀)	18000.00
52	魏　县(冀)	17998.00
53	新河县(冀)	17298.00
54	隆尧县(冀)	17181.00
55	满城县(冀)	15940.00
56	永清县(冀)	15680.00
57	鹿泉市(冀)	15437.00
58	武安市(冀)	15247.00
59	肥乡县(冀)	15000.00
60	无极县(冀)	15000.00
61	内丘县(冀)	13470.00
62	南宫市(冀)	13463.00
63	沧　县(冀)	13325.00
64	阜城县(冀)	13220.00
65	盐山县(冀)	13200.00
66	安国市(冀)	12905.00
67	成安县(冀)	12900.00
68	邱　县(冀)	12730.00
69	南皮县(冀)	12666.00
70	磁　县(冀)	12594.00
71	霸州市(冀)	12491.00
72	安平县(冀)	11848.00

	苹果主产地	产量(吨)
73	香河县(冀)	10300.00
74	蠡　县(冀)	10275.00
75	望都县(冀)	10000.00
76	吴桥县(冀)	9988.00
77	雄　县(冀)	9300.00
78	广平县(冀)	9000.00
79	巨鹿县(冀)	8820.00
80	大名县(冀)	8635.00
81	博野县(冀)	8173.00
82	固安县(冀)	7965.00
83	黄骅市(冀)	7288.00
84	迁西县(冀)	7193.00
85	唐海县(冀)	6699.00
86	邯郸县(冀)	6679.00
87	晋州市(冀)	6549.00
88	曲周县(冀)	6527.00
89	任丘市(冀)	6450.00
90	涉　县(冀)	6206.00
91	广阳区(冀)	6094.00
92	丰南区(冀)	6000.00
93	行唐县(冀)	6000.00
94	灵寿县(冀)	5800.00
95	古冶区(冀)	5652.00
96	青　县(冀)	5522.00
97	大城县(冀)	5500.00
98	永年县(冀)	5499.00
99	安次区(冀)	5474.00
100	元氏县(冀)	5400.00
101	隆化县(冀)	5300.00
102	曲阳县(冀)	5001.00
103	孟村回族自治县(冀)	4910.00
104	丰宁满族自治县(冀)	4870.00
105	易　县(冀)	4500.00
106	河间市(冀)	4400.00
107	井陉矿区(冀)	4300.00
108	涞水县(冀)	4100.00
109	宣化县(冀)	4052.00
110	清苑县(冀)	4032.00
111	沙河市(冀)	3943.00
112	赞皇县(冀)	3900.00
113	徐水县(冀)	3800.00
114	赤城县(冀)	3660.00
115	唐　县(冀)	3575.00
116	武强县(冀)	3570.00
117	柏乡县(冀)	3365.00
118	新乐市(冀)	3100.00

	苹果主产地	产量(吨)
119	涞源县(冀)	3053.00
120	大厂回族自治县(冀)	3026.00
121	东光县(冀)	3000.00
122	崇礼县(冀)	2878.00
123	安新县(冀)	2630.00
124	临西县(冀)	2410.00
125	峰峰矿区(冀)	2329.00
126	任　县(冀)	2175.00
127	怀安县(冀)	2108.00
128	高碑店市(冀)	1962.00
129	容城县(冀)	1640.00
130	阳原县(冀)	1616.00
131	威　县(冀)	1500.00
132	南和县(冀)	1476.00
133	新市区(冀)	1320.00
134	海兴县(冀)	1300.00
135	临城县(冀)	1156.00
136	运河区(冀)	1129.00
137	广宗县(冀)	1073.00
138	平乡县(冀)	1000.00
139	正定县(冀)	1000.00
140	临猗县(晋)	1920000.00
141	万荣县(晋)	394875.00
142	平陆县(晋)	75600.00
143	盐湖区(晋)	53360.00
144	祁　县(晋)	34785.00
145	河津市(晋)	27000.00
146	沁水县(晋)	11800.00
147	高平市(晋)	10393.00
148	闻喜县(晋)	9060.00
149	原平市(晋)	8560.80
150	忻府区(晋)	6079.80
151	长子县(晋)	4724.00
152	尖草坪区(晋)	4126.00
153	黎城县(晋)	3639.00
154	壶关县(晋)	3154.00
155	定襄县(晋)	3000.00
156	垣曲县(晋)	2500.00
157	长治县(晋)	2430.00
158	代　县(晋)	2403.85
159	平顺县(晋)	2004.00
160	清徐县(晋)	1841.60
161	长治市郊区(晋)	1749.00
162	林西县(内蒙古)	19000.00
163	土默特左旗(内蒙古)	9110.00
164	奈曼旗(内蒙古)	4320.00

	苹果主产地	产量(吨)
165	松山区(内蒙古)	4036.00
166	土默特右旗(内蒙古)	3568.00
167	红山区(内蒙古)	2820.00
168	科尔沁左翼中旗(内蒙古)	2100.00
169	元宝山区(内蒙古)	1650.00
170	宁城县(内蒙古)	1500.00
171	凉城县(内蒙古)	1500.00
172	阿鲁科尔沁旗(内蒙古)	1210.00
173	巴林左旗(内蒙古)	1200.00
174	集宁区(内蒙古)	1050.00
175	普兰店市(辽)	650000.00
176	瓦房店市(辽)	419006.00
177	盖州市(辽)	350000.00
178	绥中县(辽)	300000.00
179	大石桥市(辽)	180000.00
180	喀喇沁左翼蒙古族自治县(辽)	63000.00
181	海城市(辽)	48600.00
182	新民市(辽)	40000.00
183	北票市(辽)	20000.00
184	旅顺口区(辽)	20000.00
185	义　县(辽)	15320.00
186	法库县(辽)	14000.00
187	东陵区(辽)	13000.00
188	兴城市(辽)	12099.00
189	辽阳县(辽)	12000.00
190	建昌县(辽)	10563.00
191	凌海市(辽)	10000.00
192	于洪区(辽)	9240.00
193	辽中县(辽)	8000.00
194	台安县(辽)	7380.00
195	宽甸满族自治县(辽)	7000.00
196	朝阳县(辽)	6000.00
197	北镇市(辽)	6000.00
198	凤城市(辽)	5900.00
199	沈北新区(辽)	5000.00
200	太和区(辽)	3900.00
201	千山区(辽)	3720.00
202	清河区(辽)	3360.00
203	昌图县(辽)	3000.00
204	大连市保税区(辽)	2864.00
205	清原满族自治县(辽)	2850.00
206	顺城区(辽)	2652.00
207	铁岭县(辽)	2423.00
208	抚顺县(辽)	2100.00
209	彰武县(辽)	2100.00
210	苏家屯区(辽)	1701.50

	苹果主产地	产量(吨)
211	康平县(辽)	1700.00
212	龙城区(辽)	1500.00
213	振安区(辽)	1150.00
214	东丰县(吉)	9773.00
215	辉南县(吉)	4300.00
216	梨树县(吉)	3309.00
217	敦化市(吉)	2987.00
218	东辽县(吉)	2500.00
219	珲春市(吉)	2029.00
220	榆树市(吉)	2000.00
221	集安市(吉)	1811.00
222	东宁县(黑)	27000.00
223	牡丹江市市本级(黑)	8122.00
224	依安县(黑)	7000.00
225	林口县(黑)	5811.00
226	宁安市(黑)	3488.00
227	鸡冠区(黑)	3116.00
228	肇州县(黑)	2500.00
229	碾子山区(黑)	1634.00
230	延寿县(黑)	1000.00
231	丰　县(苏)	432360.00
232	赣榆县(苏)	10688.00
233	盐都区(苏)	1680.00
234	新沂市(苏)	1500.00
235	萧　县(皖)	50252.00
236	阜南县(皖)	1773.00
237	栖霞市(鲁)	1463913.00
238	沂源县(鲁)	727630.00
239	牟平区(鲁)	509271.00
240	招远市(鲁)	422840.00
241	蓬莱市(鲁)	353170.00
242	莱阳市(鲁)	348000.00
243	海阳市(鲁)	303400.00
244	乳山市(鲁)	250000.00
245	莱州市(鲁)	207398.00
246	龙口市(鲁)	202103.00
247	蒙阴县(鲁)	187921.00
248	沂水县(鲁)	143000.00
249	岱岳区(鲁)	107720.00
250	环翠区(鲁)	100716.00
251	寿光市(鲁)	85200.00
252	东港区(鲁)	62010.00
253	寒亭区(鲁)	58675.00
254	新泰市(鲁)	50930.00
255	安丘市(鲁)	50000.00
256	高密市(鲁)	45000.00

	苹果主产地	产量(吨)
257	诸城市(鲁)	43101.00
258	五莲县(鲁)	41000.00
259	临朐县(鲁)	40000.00
260	莒南县(鲁)	40000.00
261	临沭县(鲁)	39668.00
262	胶州市(鲁)	38100.00
263	沂南县(鲁)	37070.00
264	平阴县(鲁)	33154.00
265	单　县(鲁)	29658.00
266	岚山区(鲁)	26260.00
267	肥城市(鲁)	25714.00
268	莒　县(鲁)	24475.00
269	高青县(鲁)	24000.00
270	福山区(鲁)	21331.00
271	乐陵市(鲁)	18467.00
272	利津县(鲁)	18065.00
273	陵　县(鲁)	17527.00
274	昌乐县(鲁)	16918.00
275	胶南市(鲁)	16329.00
276	河东区(鲁)	16210.00
277	德州市市辖区(鲁)	14952.00
278	夏津县(鲁)	14625.00
279	成武县(鲁)	13599.00
280	河口区(鲁)	12385.00
281	昌邑市(鲁)	11939.00
282	武城县(鲁)	10500.00
283	郓城县(鲁)	10395.00
284	平原县(鲁)	10350.00
285	兰山区(鲁)	10040.00
286	青州市(鲁)	8620.00
287	东明县(鲁)	8100.00
288	广饶县(鲁)	8000.00
289	东平县(鲁)	7559.00
290	周村区(鲁)	7511.00
291	宁阳县(鲁)	7133.00
292	泰山区(鲁)	6400.00
293	博山区(鲁)	6240.00
294	齐河县(鲁)	5000.00
295	德城区(鲁)	4875.00
296	商河县(鲁)	4827.00
297	垦利县(鲁)	4800.00
298	济阳县(鲁)	2876.00
299	临淄区(鲁)	2768.00
300	潍坊市市辖区(鲁)	2495.00
301	苍山县(鲁)	1786.00
302	芝罘区(鲁)	1091.00

	苹果主产地	产量(吨)
303	灵宝市(豫)	816916.40
304	洛宁县(豫)	220000.00
305	虞城县(豫)	73695.00
306	孟州市(豫)	62084.00
307	夏邑县(豫)	56980.00
308	内黄县(豫)	55000.00
309	兰考县(豫)	52722.00
310	南乐县(豫)	44909.00
311	西华县(豫)	23998.00
312	济源市(豫)	23000.00
313	汤阴县(豫)	20330.00
314	林州市(豫)	19820.00
315	卢氏县(豫)	18430.00
316	睢阳区(豫)	16300.00
317	温　县(豫)	15000.00
318	通许县(豫)	14996.00
319	滑　县(豫)	13950.00
320	太康县(豫)	12250.00
321	梁园区(豫)	10200.00
322	睢　县(豫)	9956.00
323	杞　县(豫)	8800.00
324	鹤山区(豫)	8700.00
325	民权县(豫)	7980.00
326	安阳县(豫)	7622.70
327	濮阳市高新区(豫)	6825.00
328	卫辉市(豫)	6700.00
329	荥阳市(豫)	5533.00
330	封丘县(豫)	5260.00
331	获嘉县(豫)	5100.00
332	栾川县(豫)	5000.00
333	柘城县(豫)	4500.00
334	武陟县(豫)	4100.00
335	扶沟县(豫)	3320.00
336	唐河县(豫)	3000.00
337	延津县(豫)	3000.00
338	新乡县(豫)	2990.00
339	长垣县(豫)	2880.00
340	中牟县(豫)	2700.00
341	商水县(豫)	2600.00
342	范　县(豫)	2600.00
343	清丰县(豫)	2400.00
344	川汇区(豫)	2370.00
345	辉县市(豫)	1980.00
346	湍滨区(豫)	1800.00
347	红旗区(豫)	1800.00
348	殷都区(豫)	1200.00
349	淇　县(豫)	1185.00
350	淅川县(豫)	1104.00
351	嵩　县(豫)	1100.00
352	凤泉区(豫)	1080.00
353	宜阳县(豫)	1050.00
354	修武县(豫)	1000.00
355	随　县(鄂)	1260.00
356	奉节县(渝)	1800.00
357	盐源县(川)	294830.00
358	蓬溪县(川)	9000.00
359	石棉县(川)	4800.00
360	苍溪县(川)	2750.00
361	朝天区(川)	2085.00
362	平武县(川)	1600.00
363	江油市(川)	1597.00
364	会理县(川)	1549.00
365	九寨沟县(川)	1285.00
366	泸定县(川)	1092.00
367	康定县(川)	1050.00
368	涪城区(川)	1000.00
369	长顺县(黔)	4305.00
370	赫章县(黔)	3245.00
371	昭阳区(滇)	106943.00
372	沾益县(滇)	6637.30
373	麒麟区(滇)	5136.00
374	泸西县(滇)	1465.00
375	淳化县(陕)	761753.00
376	礼泉县(陕)	750000.00
377	洛川县(陕)	676500.00
378	乾　县(陕)	341530.00
379	蒲城县(陕)	300000.00
380	扶风县(陕)	254032.00
381	澄城县(陕)	250000.00
382	宜君县(陕)	160000.00
383	延长县(陕)	140000.00
384	兴平市(陕)	125400.00
385	富平县(陕)	90000.00
386	韩城市(陕)	90000.00
387	陈仓区(陕)	89388.00
388	黄陵县(陕)	75000.00
389	秦都区(陕)	61028.00
390	武功县(陕)	49407.00
391	旬邑县(陕)	41631.00
392	黄龙县(陕)	38306.00
393	王益区(陕)	30875.00
394	大荔县(陕)	30000.00
395	清涧县(陕)	28500.00
396	陇　县(陕)	25443.00
397	泾阳县(陕)	20000.00
398	米脂县(陕)	18574.00
399	千阳县(陕)	13574.00
400	子洲县(陕)	9684.00
401	合阳县(陕)	7993.00
402	靖边县(陕)	4300.00
403	镇安县(陕)	3968.00
404	眉　县(陕)	2744.00
405	旬阳县(陕)	2087.00
406	略阳县(陕)	1612.00
407	定边县(陕)	1480.00
408	渭滨区(陕)	1255.00
409	山阳县(陕)	1153.00
410	静宁县(甘)	380000.00
411	秦安县(甘)	294000.00
412	泾川县(甘)	281280.00
413	庄浪县(甘)	160000.00
414	甘谷县(甘)	137424.00
415	合水县(甘)	110000.00
416	庆城县(甘)	95957.00
417	清水县(甘)	92150.00
418	西峰区(甘)	84590.00
419	秦州区(甘)	82643.84
420	正宁县(甘)	67994.00
421	崆峒区(甘)	61100.00
422	甘州区(甘)	51802.00
423	凉州区(甘)	40443.00
424	张家川回族自治县(甘)	36535.00
425	白银区(甘)	17850.00
426	崇信县(甘)	17154.00
427	靖远县(甘)	16815.00
428	宁　县(甘)	16441.00
429	灵台县(甘)	15200.00
430	西和县(甘)	13100.00
431	红古区(甘)	13000.00
432	环　县(甘)	12000.00
433	肃州区(甘)	11662.00
434	华池县(甘)	10000.00
435	西固区(甘)	8497.00
436	永靖县(甘)	7965.00
437	皋兰县(甘)	6869.00
438	会宁县(甘)	6000.00
439	民乐县(甘)	5597.80
440	舟曲县(甘)	5044.00

	苹果主产地	产量(吨)
441	榆中县(甘)	4560.00
442	金塔县(甘)	3827.00
443	安定区(甘)	3679.00
444	永登县(甘)	3500.00
445	临泽县(甘)	3340.00
446	宕昌县(甘)	3224.00
447	徽　县(甘)	2990.00
448	高台县(甘)	2028.00
449	漳　县(甘)	1800.00
450	玉门市(甘)	1447.00
451	平川区(甘)	1350.00
452	两当县(甘)	1000.00
453	民和回族土族自治县(青)	1648.00
454	中卫市市辖区(宁)	121290.00
455	灵武市(宁)	66876.00
456	利通区(宁)	50000.00
457	贺兰县(宁)	16190.00
458	彭阳县(宁)	11246.00
459	同心县(宁)	6000.00
460	海原县(宁)	3846.00
461	西夏区(宁)	3330.00
462	大武口区(宁)	2630.00
463	平罗县(宁)	1500.00
464	阿克苏市(新)	199378.36
465	温宿县(新)	53000.00
466	泽普县(新)	40380.00
467	叶城县(新)	26281.00
468	沙湾县(新)	19125.00
469	莎车县(新)	9366.00
470	塔城市(新)	7500.00
471	乌什县(新)	4919.00
472	阿瓦提县(新)	3800.00
473	疏勒县(新)	3493.00
474	英吉沙县(新)	2998.00
475	疏附县(新)	2936.00
476	麦盖提县(新)	2773.00
477	库车县(新)	2262.00
478	沙雅县(新)	2106.00
479	新和县(新)	1510.00
480	米东区(新)	1170.00
481	农四师(新疆建设兵团)	56411.00
482	农十四师(新疆建设兵团)	6796.00
483	农七师(新疆建设兵团)	6749.00
484	农二师(新疆建设兵团)	3626.00

表 11-6　梨主产地产量

	梨主产地	产量(吨)
1	大兴区(京)	49954.00
2	顺义区(京)	26212.50
3	密云县(京)	22141.00
4	房山区(京)	17846.70
5	平谷区(京)	14433.00
6	怀柔区(京)	5335.00
7	延庆县(京)	2126.50
8	昌平区(京)	1384.00
9	蓟　县(津)	8679.00
10	宝坻区(津)	5772.00
11	赵　县(冀)	524000.00
12	泊头市(冀)	485300.00
13	晋州市(冀)	387372.00
14	深州市(冀)	355514.00
15	宁晋县(冀)	306680.00
16	辛集市(冀)	260293.00
17	藁城市(冀)	149732.00
18	阜城县(冀)	132834.00
19	魏　县(冀)	126850.00
20	固安县(冀)	60300.00
21	曲阳县(冀)	60050.00
22	肃宁县(冀)	53059.00
23	兴隆县(冀)	47496.00
24	定州市(冀)	44980.00
25	遵化市(冀)	44760.10
26	永清县(冀)	43605.00
27	青龙满族自治县(冀)	38000.00
28	昌黎县(冀)	32651.00
29	乐亭县(冀)	31897.00
30	冀州市(冀)	31000.00
31	南皮县(冀)	30421.00
32	饶阳县(冀)	26945.00
33	迁安市(冀)	24834.00
34	新乐市(冀)	23000.00
35	滦南县(冀)	22051.00
36	滦　县(冀)	21880.00
37	新河县(冀)	21104.00
38	沧　县(冀)	20644.00
39	安国市(冀)	19210.00
40	青　县(冀)	18603.00
41	深泽县(冀)	18215.00
42	抚宁县(冀)	18196.00
43	怀来县(冀)	17665.00
44	平泉县(冀)	16500.00

	梨主产地	产量(吨)
45	无极县(冀)	16000.00
46	雄　县(冀)	15610.00
47	广阳区(冀)	15491.00
48	霸州市(冀)	15302.00
49	文安县(冀)	14820.00
50	临漳县(冀)	14510.00
51	广平县(冀)	14290.00
52	隆尧县(冀)	14026.00
53	迁西县(冀)	13545.00
54	任丘市(冀)	13258.00
55	承德县(冀)	12600.00
56	故城县(冀)	12589.00
57	蠡　县(冀)	12280.00
58	涿鹿县(冀)	12141.00
59	安次区(冀)	12119.00
60	大名县(冀)	11916.00
61	成安县(冀)	11600.00
62	河间市(冀)	10230.00
63	南宫市(冀)	10001.00
64	博野县(冀)	10000.00
65	大城县(冀)	9840.00
66	献　县(冀)	9620.00
67	高碑店市(冀)	9216.00
68	孟村回族自治县(冀)	9100.00
69	高阳县(冀)	9000.00
70	安平县(冀)	8950.00
71	滦平县(冀)	8790.00
72	丰南区(冀)	8000.00
73	桃城区(冀)	7800.00
74	柏乡县(冀)	7759.00
75	肥乡县(冀)	7500.00
76	景　县(冀)	7455.00
77	三河市(冀)	7250.00
78	盐山县(冀)	6600.00
79	东光县(冀)	5700.00
80	灵寿县(冀)	5500.00
81	隆化县(冀)	5500.00
82	清苑县(冀)	5290.00
83	黄骅市(冀)	5155.00
84	永年县(冀)	4768.00
85	玉田县(冀)	4739.00
86	巨鹿县(冀)	4670.00
87	枣强县(冀)	4638.00
88	武邑县(冀)	4510.00
89	馆陶县(冀)	4500.00
90	古冶区(冀)	4316.00

	梨主产地	产量(吨)
91	平山县(冀)	4190.00
92	元氏县(冀)	3700.00
93	邯郸县(冀)	3260.00
94	丰宁满族自治县(冀)	3200.00
95	石家庄市桥东区(冀)	3059.00
96	正定县(冀)	3000.00
97	望都县(冀)	3000.00
98	赞皇县(冀)	3000.00
99	卢龙县(冀)	2577.00
100	广宗县(冀)	2574.00
101	吴桥县(冀)	2442.00
102	邢台市大曹庄管理区(冀)	2160.00
103	行唐县(冀)	1950.00
104	海港区(冀)	1821.00
105	临西县(冀)	1800.00
106	新华区(冀)	1780.00
107	南和县(冀)	1734.00
108	武强县(冀)	1653.00
109	涿州市(冀)	1630.00
110	邢台县(冀)	1599.00
111	安新县(冀)	1510.00
112	易　县(冀)	1500.00
113	鹿泉市(冀)	1363.00
114	满城县(冀)	1175.00
115	涉　县(冀)	1116.00
116	宽城满族自治县(冀)	1100.00
117	磁　县(冀)	1077.00
118	曲周县(冀)	1038.00
119	邱　县(冀)	1000.00
120	临猗县(晋)	76800.00
121	盐湖区(晋)	69693.00
122	祁　县(晋)	49666.00
123	原平市(晋)	39393.80
124	河津市(晋)	14400.00
125	高平市(晋)	13946.00
126	清徐县(晋)	11717.30
127	万荣县(晋)	5561.00
128	代　县(晋)	4499.80
129	长子县(晋)	3761.00
130	忻府区(晋)	3743.30
131	沁水县(晋)	3000.00
132	定襄县(晋)	2600.00
133	平陆县(晋)	1917.00
134	壶关县(晋)	1705.00
135	长治县(晋)	1426.00
136	尖草坪区(晋)	1059.00
137	平顺县(晋)	1002.00
138	临河区(内蒙古)	30956.00
139	杭锦后旗(内蒙古)	10670.00
140	乌拉特后旗(内蒙古)	1065.00
141	宁城县(内蒙古)	1000.00
142	海城市(辽)	192000.00
143	绥中县(辽)	170000.00
144	大石桥市(辽)	90000.00
145	千山区(辽)	70423.00
146	义　县(辽)	58302.00
147	阜新蒙古族自治县(辽)	40500.00
148	辽阳县(辽)	26000.00
149	北票市(辽)	22500.00
150	苏家屯区(辽)	16452.00
151	太和区(辽)	15600.00
152	喀喇沁左翼蒙古族自治县(辽)	15000.00
153	瓦房店市(辽)	14308.00
154	抚顺县(辽)	14100.00
155	沈北新区(辽)	11000.00
156	北镇市(辽)	10000.00
157	旅顺口区(辽)	10000.00
158	清原满族自治县(辽)	9100.00
159	桓仁满族自治县(辽)	8849.00
160	兴城市(辽)	7680.00
161	双塔区(辽)	7500.00
162	法库县(辽)	6000.00
163	东陵区(辽)	6000.00
164	龙城区(辽)	6000.00
165	凤城市(辽)	5700.00
166	建昌县(辽)	5383.00
167	铁岭县(辽)	5180.00
168	凌海市(辽)	5000.00
169	朝阳县(辽)	5000.00
170	清河门区(辽)	4500.00
171	辽中县(辽)	4000.00
172	本溪市经济开发区(辽)	3900.00
173	清河区(辽)	3200.00
174	彰武县(辽)	1620.00
175	东洲区(辽)	1600.00
176	调兵山市(辽)	1125.00
177	海州区(辽)	1087.00
178	龙井市(吉)	19830.00
179	珲春市(吉)	13245.00
180	伊通满族自治县(吉)	9530.00
181	延吉市(吉)	9045.00
182	前郭尔罗斯蒙古族自治县(吉)	9000.00
183	和龙市(吉)	8260.00
184	敦化市(吉)	3942.00
185	珲春林业局(吉)	3450.00
186	辉南县(吉)	2200.00
187	汪清县(吉)	1195.00
188	图们市(吉)	1177.00
189	密山市(黑)	5500.00
190	鸡冠区(黑)	2379.00
191	奉贤区(沪)	9484.00
192	浦东新区(沪)	8889.00
193	松江区(沪)	4324.10
194	崇明县(沪)	3557.70
195	金山区(沪)	2755.50
196	青浦区(沪)	1064.00
197	赣榆县(苏)	14619.00
198	亭湖区(苏)	12250.00
199	丰　县(苏)	11500.00
200	盐都区(苏)	10530.00
201	宿豫区(苏)	7800.00
202	建湖县(苏)	7635.00
203	盱眙县(苏)	5700.00
204	泗洪县(苏)	2560.00
205	宝应县(苏)	2128.00
206	新沂市(苏)	1500.00
207	慈溪市(浙)	50000.00
208	余姚市(浙)	33000.00
209	桐庐县(浙)	26750.00
210	龙游县(浙)	24156.00
211	秀洲区(浙)	20449.00
212	椒江区(浙)	20420.00
213	天台县(浙)	20000.00
214	义乌市(浙)	14529.00
215	嘉善县(浙)	14324.00
216	上虞市(浙)	12000.00
217	临安市(浙)	11800.00
218	富阳市(浙)	11788.00
219	余杭区(浙)	11403.00
220	建德市(浙)	11000.00
221	松阳县(浙)	10546.00
222	鄞州区(浙)	10285.00
223	温岭市(浙)	10000.00
224	桐乡市(浙)	8580.00
225	江北区(浙)	8100.00
226	嵊州市(浙)	8050.00
227	仙居县(浙)	7800.00
228	宁海县(浙)	6000.00

	梨主产地	产量(吨)
229	海盐县(浙)	5907.00
230	临海市(浙)	5752.00
231	德清县(浙)	5490.00
232	浦江县(浙)	5000.00
233	淳安县(浙)	3926.00
234	莲都区(浙)	3601.00
235	象山县(浙)	3512.00
236	云和县(浙)	3184.00
237	婺城区(浙)	3108.00
238	缙云县(浙)	3084.00
239	安吉县(浙)	2839.00
240	北仑区(浙)	2800.00
241	乐清市(浙)	2720.00
242	三门县(浙)	2650.00
243	萧山区(浙)	2615.00
244	江山市(浙)	2500.00
245	海宁市(浙)	2500.00
246	庆元县(浙)	2000.00
247	长兴县(浙)	2000.00
248	镇海区(浙)	1903.00
249	吴兴区(浙)	1825.00
250	青田县(浙)	1494.00
251	定海区(浙)	1200.00
252	萧　县(皖)	86453.00
253	阜南县(皖)	4253.00
254	寿　县(皖)	4200.00
255	全椒县(皖)	1620.00
256	东至县(皖)	1303.00
257	肥西县(皖)	1200.00
258	金溪县(赣)	28814.00
259	永修县(赣)	9000.00
260	赣　县(赣)	8113.00
261	武宁县(赣)	6800.00
262	九江县(赣)	5031.00
263	丰城市(赣)	4200.00
264	新干县(赣)	3850.00
265	龙南县(赣)	3000.00
266	瑞昌市(赣)	2873.00
267	进贤县(赣)	2808.00
268	横峰县(赣)	2678.00
269	贵溪市(赣)	2660.00
270	靖安县(赣)	2201.00
271	兴国县(赣)	1985.00
272	安福县(赣)	1500.00
273	会昌县(赣)	1468.00
274	南丰县(赣)	1424.00

	梨主产地	产量(吨)
275	大余县(赣)	1416.00
276	定南县(赣)	1254.00
277	鄱阳县(赣)	1212.00
278	峡江县(赣)	1151.00
279	湖口县(赣)	1000.00
280	莱阳市(鲁)	136873.00
281	龙口市(鲁)	69485.00
282	蓬莱市(鲁)	35730.00
283	河东区(鲁)	29200.00
284	昌邑市(鲁)	28639.00
285	齐河县(鲁)	25000.00
286	单　县(鲁)	20586.00
287	安丘市(鲁)	20000.00
288	栖霞市(鲁)	18202.00
289	海阳市(鲁)	18000.00
290	寿光市(鲁)	16800.00
291	夏津县(鲁)	15450.00
292	岱岳区(鲁)	15144.00
293	莱州市(鲁)	15048.00
294	环翠区(鲁)	11535.00
295	诸城市(鲁)	8741.00
296	宁阳县(鲁)	8618.00
297	苍山县(鲁)	7982.00
298	武城县(鲁)	7500.00
299	商河县(鲁)	6702.00
300	陵　县(鲁)	5800.00
301	胶州市(鲁)	5680.00
302	招远市(鲁)	5100.00
303	莒南县(鲁)	5000.00
304	寒亭区(鲁)	4743.00
305	牟平区(鲁)	4666.00
306	河口区(鲁)	4419.00
307	东明县(鲁)	4400.00
308	利津县(鲁)	4385.00
309	沂源县(鲁)	4305.00
310	淄川区(鲁)	4000.00
311	岚山区(鲁)	3680.00
312	郓城县(鲁)	3665.00
313	沂水县(鲁)	3340.00
314	胶南市(鲁)	3186.00
315	定陶县(鲁)	3000.00
316	新泰市(鲁)	2615.00
317	高密市(鲁)	2400.00
318	昌乐县(鲁)	2200.00
319	济阳县(鲁)	1975.00
320	平原县(鲁)	1761.00

	梨主产地	产量(吨)
321	沂南县(鲁)	1747.00
322	德州市市辖区(鲁)	1701.00
323	东港区(鲁)	1380.00
324	禹城市(鲁)	1329.00
325	临沭县(鲁)	1238.00
326	兰山区(鲁)	1230.00
327	坊子区(鲁)	1040.00
328	宁陵县(豫)	260000.00
329	孟津县(豫)	44846.40
330	兰考县(豫)	22000.00
331	泌阳县(豫)	20000.00
332	虞城县(豫)	18590.00
333	唐河县(豫)	17500.00
334	太康县(豫)	15380.00
335	开封县(豫)	15200.00
336	宛城区(豫)	12750.00
337	济源市(豫)	12000.00
338	内黄县(豫)	9300.00
339	长垣县(豫)	9000.00
340	淮滨县(豫)	8900.00
341	商水县(豫)	8800.00
342	新蔡县(豫)	7000.00
343	西华县(豫)	6912.00
344	鄢陵县(豫)	6730.00
345	灵宝市(豫)	6686.60
346	社旗县(豫)	6200.00
347	洛宁县(豫)	5000.00
348	淇滨区(豫)	5000.00
349	方城县(豫)	4962.00
350	遂平县(豫)	4800.00
351	扶沟县(豫)	4770.00
352	新乡县(豫)	4705.00
353	舞钢市(豫)	4700.00
354	息　县(豫)	4700.00
355	安阳县(豫)	4630.50
356	中牟县(豫)	4600.00
357	荥阳市(豫)	4535.59
358	嵩　县(豫)	4500.00
359	上蔡县(豫)	4440.00
360	柘城县(豫)	4050.00
361	潢川县(豫)	4000.00
362	临颍县(豫)	3960.00
363	源汇区(豫)	3775.00
364	襄城县(豫)	2837.00
365	修武县(豫)	2800.00
366	民权县(豫)	2700.00

	梨主产地	产量(吨)
367	滑　县(豫)	2630.00
368	卫辉市(豫)	2600.00
369	西平县(豫)	2600.00
370	林州市(豫)	2310.00
371	延津县(豫)	2300.00
372	夏邑县(豫)	2250.00
373	卢氏县(豫)	2052.00
374	桐柏县(豫)	1616.00
375	温　县(豫)	1560.00
376	平桥区(豫)	1500.00
377	孟州市(豫)	1500.00
378	禹州市(豫)	1500.00
379	惠济区(豫)	1364.20
380	南乐县(豫)	1320.00
381	汝南县(豫)	1305.00
382	获嘉县(豫)	1300.00
383	川汇区(豫)	1204.00
384	濮阳县(豫)	1200.00
385	红旗区(豫)	1200.00
386	卧龙区(豫)	1110.00
387	正阳县(豫)	1100.00
388	洛龙区(豫)	1000.00
389	钟祥市(鄂)	124847.00
390	老河口市(鄂)	87753.00
391	京山县(鄂)	23449.00
392	咸丰县(鄂)	11000.00
393	利川市(鄂)	10000.00
394	枝江市(鄂)	9200.00
395	应城市(鄂)	9000.00
396	浠水县(鄂)	7800.00
397	云梦县(鄂)	6844.00
398	武穴市(鄂)	5755.00
399	随　县(鄂)	5203.00
400	襄州区(鄂)	5100.00
401	松滋市(鄂)	4700.00
402	荆州区(鄂)	4500.00
403	沙洋县(鄂)	3072.00
404	崇阳县(鄂)	2800.00
405	广水市(鄂)	2658.00
406	江夏区(鄂)	2400.00
407	通山县(鄂)	2340.00
408	宣恩县(鄂)	2000.00
409	赤壁市(鄂)	1900.00
410	宜城市(鄂)	1399.00
411	蕲春县(鄂)	1050.00
412	石首市(鄂)	1000.00

	梨主产地	产量(吨)
413	蓝山县(湘)	14512.00
414	浏阳市(湘)	12000.00
415	邵阳县(湘)	9800.00
416	吉首市(湘)	9000.00
417	花垣县(湘)	8500.00
418	宜章县(湘)	8293.00
419	湘潭县(湘)	7800.00
420	资兴市(湘)	5831.00
421	岳阳市市辖区(湘)	5625.00
422	嘉禾县(湘)	5371.00
423	常宁市(湘)	4900.00
424	株洲县(湘)	4880.00
425	中方县(湘)	4680.00
426	临武县(湘)	4372.00
427	祁东县(湘)	4196.00
428	保靖县(湘)	3800.00
429	隆回县(湘)	3600.00
430	安化县(湘)	3320.00
431	永顺县(湘)	3000.00
432	炎陵县(湘)	2800.00
433	衡东县(湘)	2455.00
434	新田县(湘)	2234.00
435	醴陵市(湘)	2045.00
436	赫山区(湘)	2040.00
437	洪江市(湘)	2038.00
438	北湖区(湘)	1843.00
439	平江县(湘)	1666.00
440	涟源市(湘)	1500.00
441	桃源县(湘)	1500.00
442	津市市(湘)	1500.00
443	龙山县(湘)	1500.00
444	汝城县(湘)	1382.00
445	溆浦县(湘)	1203.00
446	大祥区(湘)	1200.00
447	连州市(粤)	35387.00
448	封开县(粤)	7579.00
449	和平县(粤)	6000.00
450	阳山县(粤)	1226.00
451	广宁县(粤)	1043.00
452	灌阳县(桂)	52580.00
453	全州县(桂)	26000.00
454	钦北区(桂)	15623.00
455	兴安县(桂)	8687.00
456	扶绥县(桂)	6805.00
457	柳江县(桂)	6161.00
458	临桂县(桂)	5929.00

	梨主产地	产量(吨)
459	兴宾区(桂)	5498.00
460	永福县(桂)	3993.00
461	阳朔县(桂)	3897.00
462	隆林各族自治县(桂)	2800.00
463	雁山区(桂)	2780.00
464	三江侗族自治县(桂)	2678.00
465	龙胜各族自治县(桂)	2612.00
466	右江区(桂)	2130.00
467	象州县(桂)	1786.00
468	大新县(桂)	1653.00
469	环江毛南族自治县(桂)	1230.00
470	融水苗族自治县(桂)	1132.00
471	昭平县(桂)	1083.00
472	金秀瑶族自治县(桂)	1018.00
473	永川区(渝)	74710.00
474	南川区(渝)	22000.00
475	涪陵区(渝)	21900.00
476	合川区(渝)	18563.00
477	万州区(渝)	13476.00
478	忠　县(渝)	12768.00
479	璧山县(渝)	11548.00
480	云阳县(渝)	8000.00
481	江津区(渝)	7644.00
482	长寿区(渝)	4760.00
483	荣昌县(渝)	3200.00
484	铜梁县(渝)	2067.00
485	巫溪县(渝)	2000.00
486	梁平县(渝)	1625.00
487	奉节县(渝)	1400.00
488	彭水苗族土家族自治县(渝)	1215.00
489	石柱土家族自治县(渝)	1200.00
490	武隆县(渝)	1000.00
491	金堂县(川)	136454.00
492	苍溪县(川)	52300.00
493	龙泉驿区(川)	51545.00
494	安居区(川)	15000.00
495	江油市(川)	12688.00
496	会理县(川)	11593.00
497	邻水县(川)	10654.00
498	营山县(川)	10500.00
499	米易县(川)	8760.00
500	罗江县(川)	8600.00
501	仪陇县(川)	8000.00
502	仁寿县(川)	7980.00
503	宜宾县(川)	7560.00
504	游仙区(川)	7500.00

	梨主产地	产量(吨)
505	中江县(川)	7000.00
506	宣汉县(川)	6850.00
507	南部县(川)	6820.00
508	顺庆区(川)	5250.00
509	阆中市(川)	4000.00
510	蓬安县(川)	3800.00
511	兴文县(川)	3180.00
512	武胜县(川)	3000.00
513	蒲江县(川)	2806.00
514	涪城区(川)	2350.00
515	盐亭县(川)	2310.00
516	江安县(川)	2300.00
517	南溪县(川)	2200.00
518	隆昌县(川)	2200.00
519	石棉县(川)	2200.00
520	大邑县(川)	2185.00
521	西充县(川)	2105.00
522	珙　县(川)	2012.00
523	叙永县(川)	2000.00
524	安　县(川)	1900.00
525	巴州区(川)	1860.00
526	达　县(川)	1800.00
527	纳溪区(川)	1758.00
528	东坡区(川)	1600.00
529	荣　县(川)	1600.00
530	宁南县(川)	1465.00
531	雷波县(川)	1400.00
532	南江县(川)	1300.00
533	开江县(川)	1200.00
534	高　县(川)	1130.00
535	岳池县(川)	1000.00
536	湄潭县(黔)	36000.00
537	台江县(黔)	26000.00
538	乌当区(黔)	24817.00
539	镇远县(黔)	10782.00
540	三穗县(黔)	8340.00
541	兴义市(黔)	8074.00
542	荔波县(黔)	7140.00
543	开阳县(黔)	3600.00
544	红花岗区(黔)	3100.00
545	雷山县(黔)	2500.00
546	黎平县(黔)	2244.00
547	锦屏县(黔)	2111.00
548	赤水市(黔)	2075.00
549	福泉市(黔)	2000.00
550	榕江县(黔)	1965.00

	梨主产地	产量(吨)
551	天柱县(黔)	1948.00
552	赫章县(黔)	1448.00
553	都匀市(黔)	1400.00
554	剑河县(黔)	1252.00
555	息烽县(黔)	1031.00
556	泸西县(滇)	49658.00
557	巍山彝族回族自治县(滇)	11025.00
558	禄丰县(滇)	8947.00
559	镇雄县(滇)	5000.00
560	勐海县(滇)	4800.00
561	沾益县(滇)	4780.20
562	祥云县(滇)	4044.90
563	广南县(滇)	4029.00
564	昭阳区(滇)	3500.00
565	弥勒县(滇)	3346.00
566	楚雄市(滇)	2796.06
567	云　县(滇)	2699.80
568	昌宁县(滇)	2588.00
569	洱源县(滇)	2577.90
570	武定县(滇)	2552.00
571	陆良县(滇)	2458.00
572	文山市(滇)	2381.00
573	牟定县(滇)	2199.00
574	麒麟区(滇)	1797.00
575	红河县(滇)	1706.00
576	江川县(滇)	1459.00
577	永德县(滇)	1309.00
578	蒲城县(陕)	350000.00
579	秦都区(陕)	29950.00
580	礼泉县(陕)	22000.00
581	乾　县(陕)	21571.00
582	泾阳县(陕)	20000.00
583	延长县(陕)	20000.00
584	洋　县(陕)	10761.00
585	淳化县(陕)	5958.00
586	兴平市(陕)	5444.00
587	陇　县(陕)	5367.00
588	米脂县(陕)	4736.00
589	陈仓区(陕)	4650.00
590	子洲县(陕)	2800.00
591	汉阴县(陕)	2516.00
592	南郑县(陕)	1510.00
593	略阳县(陕)	1408.00
594	旬阳县(陕)	1235.00
595	汉滨区(陕)	1161.00
596	景泰县(甘)	65000.00

	梨主产地	产量(吨)
597	肃州区(甘)	27054.00
598	甘州区(甘)	25769.00
599	庄浪县(甘)	22500.00
600	民乐县(甘)	21193.30
601	静宁县(甘)	20000.00
602	秦安县(甘)	16645.00
603	安定区(甘)	14625.00
604	甘谷县(甘)	12036.00
605	和政县(甘)	11000.00
606	凉州区(甘)	9269.00
607	康乐县(甘)	8400.00
608	秦州区(甘)	8346.50
609	崇信县(甘)	8154.00
610	金塔县(甘)	7916.00
611	高台县(甘)	6917.00
612	皋兰县(甘)	6588.00
613	靖远县(甘)	6015.00
614	临夏县(甘)	5340.00
615	积石山保安族东乡族撒拉族自治县(甘)	5240.00
616	张家川回族自治县(甘)	4935.00
617	永登县(甘)	4859.00
618	东乡族自治县(甘)	4640.00
619	会宁县(甘)	4632.00
620	灵台县(甘)	4365.00
621	临夏市(甘)	4100.00
622	广河县(甘)	3750.00
623	永靖县(甘)	3025.00
624	崆峒区(甘)	3000.00
625	山丹县(甘)	2899.00
626	榆中县(甘)	2797.00
627	白银区(甘)	2702.00
628	徽　县(甘)	2116.00
629	临洮县(甘)	2100.00
630	泾川县(甘)	2070.00
631	临泽县(甘)	1703.00
632	宕昌县(甘)	1628.00
633	清水县(甘)	1562.00
634	西峰区(甘)	1493.00
635	玉门市(甘)	1475.00
636	西和县(甘)	1300.00
637	永昌县(甘)	1200.00
638	陇西县(甘)	1200.00
639	漳　县(甘)	1200.00
640	西固区(甘)	1110.00
641	红古区(甘)	1000.00

	梨三产地	产量(吨)
642	彭阳县(宁)	6469.00
643	灵武市(宁)	6378.00
644	原州区(宁)	2000.00
645	平罗县(宁)	2000.00
646	中卫市市辖区(宁)	1061.00
647	莎车县(新)	4683.00
648	巴楚县(新)	3582.00
649	伽师县(新)	1942.00
650	叶城县(新)	1547.00
651	农四师(新疆建设兵团)	1069.00

表 11-7　桃主产地产量

	桃主产地	产量(吨)
1	平谷区(京)	309677.00
2	大兴区(京)	57891.00
3	房山区(京)	13080.40
4	顺义区(京)	10202.90
5	昌平区(京)	5851.00
6	怀柔区(京)	4749.40
7	密云县(京)	3707.00
8	延庆县(京)	1116.20
9	蓟　县(津)	8364.00
10	宝坻区(津)	7394.00
11	乐亭县(冀)	280144.00
12	深州市(冀)	135430.00
13	顺平县(冀)	98290.00
14	昌黎县(冀)	68535.00
15	临漳县(冀)	60456.00
16	滦南县(冀)	53519.00
17	抚宁县(冀)	50960.00
18	辛集市(冀)	44867.00
19	满城县(冀)	39740.00
20	遵化市(冀)	38165.00
21	迁安市(冀)	34416.00
22	邯郸县(冀)	32657.00
23	定州市(冀)	27820.00
24	固安县(冀)	24396.00
25	定兴县(冀)	23729.00
26	丰润区(冀)	22738.00
27	安次区(冀)	22467.00
28	魏　县(冀)	21084.00
29	饶阳县(冀)	20113.00
30	滦　县(冀)	19135.00
31	霸州市(冀)	16373.00
32	威　县(冀)	16000.00
33	邢台县(冀)	14571.00
34	晋州市(冀)	14136.00
35	永清县(冀)	13918.00
36	怀来县(冀)	12185.00
37	涿州市(冀)	12100.00
38	唐　县(冀)	12100.00
39	古冶区(冀)	11842.00
40	卢龙县(冀)	10656.00
41	沧　县(冀)	9946.00
42	香河县(冀)	9840.00
43	山海关区(冀)	9000.00
44	三河市(冀)	8863.00
45	广阳区(冀)	8801.00
46	博野县(冀)	8220.00
47	兴隆县(冀)	8101.00
48	正定县(冀)	7500.00
49	成安县(冀)	7400.00
50	安平县(冀)	6724.00
51	易　县(冀)	5700.00
52	平山县(冀)	5650.00
53	丰南区(冀)	5500.00
54	玉田县(冀)	5350.00
55	邱　县(冀)	5170.00
56	宁晋县(冀)	5091.00
57	藁城市(冀)	4925.00
58	献　县(冀)	4873.00
59	蠡　县(冀)	4490.00
60	涞水县(冀)	4200.00
61	雄　县(冀)	4100.00
62	泊头市(冀)	4097.00
63	大名县(冀)	3750.00
64	高碑店市(冀)	3697.00
65	大城县(冀)	3500.00
66	巨鹿县(冀)	3340.00
67	路北区(冀)	3315.00
68	新乐市(冀)	3200.00
69	馆陶县(冀)	3000.00
70	孟村回族自治县(冀)	2990.00
71	任丘市(冀)	2933.00
72	景　县(冀)	2903.00
73	肃宁县(冀)	2902.00
74	文安县(冀)	2737.00
75	长安区(冀)	2680.00
76	冀州市(冀)	2665.00
77	吴桥县(冀)	2556.00
78	新市区(冀)	2339.00
79	广宗县(冀)	2134.00
80	河间市(冀)	2100.00
81	永年县(冀)	2026.00
82	肥乡县(冀)	2000.00
83	内丘县(冀)	2000.00
84	高阳县(冀)	2000.00
85	任　县(冀)	1982.00
86	深泽县(冀)	1862.00
87	北戴河区(冀)	1746.00
88	承德县(冀)	1600.00
89	黄骅市(冀)	1584.00
90	迁西县(冀)	1526.00
91	无极县(冀)	1500.00
92	容城县(冀)	1500.00
93	徐水县(冀)	1350.00
94	故城县(冀)	1320.00
95	枣强县(冀)	1299.00
96	武强县(冀)	1290.00
97	新河县(冀)	1200.00
98	海港区(冀)	1182.00
99	唐海县(冀)	1113.00
100	望都县(冀)	1100.00
101	清苑县(冀)	1050.00
102	临猗县(晋)	114500.00
103	盐湖区(晋)	34907.00
104	河津市(晋)	33600.00
105	平陆县(晋)	32000.00
106	万荣县(晋)	29816.00
107	闻喜县(晋)	1650.00
108	清徐县(晋)	1428.20
109	祁　县(晋)	1410.00
110	忻府区(晋)	1099.30
111	瓦房店市(辽)	159119.00
112	宽甸满族自治县(辽)	50000.00
113	大连市保税区(辽)	13906.00
114	振安区(辽)	6350.00
115	义　县(辽)	4025.00
116	海城市(辽)	4000.00
117	辽中县(辽)	3200.00
118	凤城市(辽)	2260.00
119	康平县(辽)	2000.00
120	沈北新区(辽)	2000.00
121	桓仁满族自治县(辽)	1277.00
122	北镇市(辽)	1000.00
123	浦东新区(沪)	47814.00
124	奉贤区(沪)	16662.54

	桃主产地	产量(吨)
125	金山区(沪)	14203.50
126	松江区(沪)	4635.10
127	崇明县(沪)	4607.70
128	青浦区(沪)	2360.00
129	嘉定区(沪)	1448.00
130	新沂市(苏)	35000.00
131	丰　县(苏)	9360.00
132	赣榆县(苏)	8405.00
133	盱眙县(苏)	7000.00
134	建湖县(苏)	2480.00
135	宝应县(苏)	2233.00
136	泗洪县(苏)	2187.00
137	盐都区(苏)	1670.00
138	宿豫区(苏)	1400.00
139	奉化市(浙)	45620.00
140	莲都区(浙)	35249.00
141	嵊州市(浙)	34800.00
142	富阳市(浙)	21856.00
143	长兴县(浙)	18029.00
144	缙云县(浙)	16167.00
145	临海市(浙)	15128.00
146	嘉善县(浙)	14597.00
147	桐庐县(浙)	11101.00
148	临安市(浙)	9600.00
149	余杭区(浙)	8857.00
150	慈溪市(浙)	8000.00
151	宁海县(浙)	8000.00
152	上虞市(浙)	7388.00
153	义乌市(浙)	6086.00
154	德清县(浙)	5695.00
155	婺城区(浙)	5565.00
156	天台县(浙)	5500.00
157	淳安县(浙)	5195.00
158	温岭市(浙)	4935.00
159	仙居县(浙)	4910.00
160	鄞州区(浙)	3820.00
161	吴兴区(浙)	3754.00
162	建德市(浙)	3500.00
163	秀洲区(浙)	3176.00
164	萧山区(浙)	2584.00
165	海盐县(浙)	2517.00
166	海宁市(浙)	2500.00
167	黄岩区(浙)	2197.00
168	乐清市(浙)	2100.00
169	桐乡市(浙)	1765.00
170	松阳县(浙)	1750.00

	桃主产地	产量(吨)
171	平湖市(浙)	1311.00
172	象山县(浙)	1256.00
173	北仑区(浙)	1250.00
174	岱山县(浙)	1050.00
175	庆元县(浙)	1000.00
176	三门县(浙)	1000.00
177	萧　县(皖)	39125.00
178	全椒县(皖)	12000.00
179	当涂县(皖)	6250.00
180	芜湖县(皖)	4500.00
181	无为县(皖)	4150.00
182	庐江县(皖)	3650.00
183	阜南县(皖)	2810.00
184	东至县(皖)	1598.00
185	黟　县(皖)	1577.00
186	寿　县(皖)	1500.00
187	舒城县(皖)	1188.00
188	利辛县(皖)	1124.00
189	潜山县(皖)	1000.00
190	永修县(赣)	10800.00
191	龙南县(赣)	6000.00
192	金溪县(赣)	2097.00
193	全南县(赣)	1944.00
194	赣　县(赣)	1900.00
195	都昌县(赣)	1680.00
196	贵溪市(赣)	1680.00
197	新干县(赣)	1323.00
198	宁都县(赣)	1243.00
199	进贤县(赣)	1211.00
200	蒙阴县(鲁)	658351.00
201	沂源县(鲁)	328040.00
202	安丘市(鲁)	200000.00
203	肥城市(鲁)	153774.00
204	沂水县(鲁)	142882.00
205	河东区(鲁)	128000.00
206	兰山区(鲁)	98990.00
207	博山区(鲁)	92600.00
208	青州市(鲁)	75250.00
209	岱岳区(鲁)	69450.00
210	莱阳市(鲁)	62430.00
211	诸城市(鲁)	58380.00
212	沂南县(鲁)	54600.00
213	莒南县(鲁)	50000.00
214	苍山县(鲁)	49996.00
215	临朐县(鲁)	40000.00
216	郯城县(鲁)	37000.00

	桃主产地	产量(吨)
217	昌邑市(鲁)	27494.00
218	蓬莱市(鲁)	26400.00
219	胶州市(鲁)	26150.00
220	寿光市(鲁)	24600.00
221	莒　县(鲁)	22962.00
222	海阳市(鲁)	18000.00
223	昌乐县(鲁)	17292.00
224	临沭县(鲁)	16950.00
225	环翠区(鲁)	16038.00
226	莱州市(鲁)	12858.00
227	济阳县(鲁)	11199.00
228	东平县(鲁)	11048.00
229	东明县(鲁)	10700.00
230	东港区(鲁)	10260.00
231	高青县(鲁)	9000.00
232	岚山区(鲁)	8220.00
233	龙口市(鲁)	7856.00
234	德城区(鲁)	7807.00
235	宁阳县(鲁)	5297.00
236	夏津县(鲁)	5175.00
237	齐河县(鲁)	5000.00
238	垦利县(鲁)	4980.00
239	平原县(鲁)	4760.00
240	招远市(鲁)	4600.00
241	高密市(鲁)	4500.00
242	武城县(鲁)	4000.00
243	潍坊市市辖区(鲁)	3800.00
244	新泰市(鲁)	3600.00
245	单　县(鲁)	3065.00
246	平阴县(鲁)	3011.00
247	泰山区(鲁)	2733.00
248	利津县(鲁)	2732.00
249	胶南市(鲁)	2655.00
250	郓城县(鲁)	2322.00
251	德州市市辖区(鲁)	2289.00
252	淄川区(鲁)	2000.00
253	周村区(鲁)	1923.00
254	成武县(鲁)	1850.00
255	牟平区(鲁)	1848.00
256	张店区(鲁)	1590.00
257	寒亭区(鲁)	1579.00
258	广饶县(鲁)	1350.00
259	福山区(鲁)	1311.00
260	坊子区(鲁)	1250.00
261	临淄区(鲁)	1203.00
262	陵　县(鲁)	1160.00

	桃三产地	产量(吨)
263	西华县(豫)	58845.00
264	唐河县(豫)	55100.00
265	扶沟县(豫)	39630.00
266	桐柏县(豫)	39364.00
267	泌阳县(豫)	32030.00
268	内黄县(豫)	32000.00
269	武陟县(豫)	29583.00
270	灵宝市(豫)	22199.40
271	太康县(豫)	21790.00
272	温　县(豫)	20970.00
273	内乡县(豫)	18000.00
274	方城县(豫)	16597.00
275	卫辉市(豫)	13200.00
276	博爱县(豫)	12000.00
277	许昌县(豫)	10810.00
278	上蔡县(豫)	10380.00
279	尉氏县(豫)	10000.00
280	济源市(豫)	10000.00
281	栾川县(豫)	10000.00
282	虞城县(豫)	9979.00
283	睢阳区(豫)	9500.00
284	商水县(豫)	9080.00
285	滑　县(豫)	8976.00
286	南召县(豫)	8901.20
287	鄢陵县(豫)	8478.00
288	荥阳市(豫)	7896.00
289	郾城区(豫)	7859.00
290	新野县(豫)	7200.00
291	淇滨区(豫)	7000.00
292	宛城区(豫)	6750.00
293	延津县(豫)	6300.00
294	舞钢市(豫)	5800.00
295	嵩　县(豫)	5715.00
296	辉县市(豫)	5650.00
297	新乡县(豫)	5037.00
298	光山县(豫)	5000.00
299	卧龙区(豫)	4800.00
300	确山县(豫)	4280.00
301	汤阴县(豫)	4182.00
302	社旗县(豫)	4000.00
303	中牟县(豫)	3800.00
304	源汇区(豫)	3665.00
305	襄城县(豫)	3560.00
306	安阳县(豫)	3180.00
307	濮阳市高新区(豫)	3150.00
308	获嘉县(豫)	3032.00

	桃主产地	产量(吨)
309	洛宁县(豫)	3000.00
310	遂平县(豫)	3000.00
311	平桥区(豫)	3000.00
312	卢氏县(豫)	2852.00
313	川汇区(豫)	2820.00
314	鹤山区(豫)	2800.00
315	修武县(豫)	2600.00
316	淮滨县(豫)	2500.00
317	潢川县(豫)	2400.00
318	驿城区(豫)	2250.00
319	兰考县(豫)	2110.00
320	淅川县(豫)	2100.00
321	封丘县(豫)	2100.00
322	叶　县(豫)	2000.00
323	长垣县(豫)	2000.00
324	洛龙区(豫)	1900.00
325	开封县(豫)	1650.00
326	新蔡县(豫)	1560.00
327	沈丘县(豫)	1500.00
328	长葛市(豫)	1500.00
329	林州市(豫)	1440.00
330	鲁山县(豫)	1300.00
331	鼓楼区(豫)	1300.00
332	山城区(豫)	1300.00
333	鹿邑县(豫)	1200.00
334	邓州市(豫)	1200.00
335	禹州市(豫)	1200.00
336	湛河区(豫)	1160.00
337	项城市(豫)	1125.00
338	郏　县(豫)	1000.00
339	枣阳市(鄂)	285000.00
340	随　县(鄂)	130000.00
341	广水市(鄂)	29165.00
342	老河口市(鄂)	26709.00
343	蕲春县(鄂)	16000.00
344	京山县(鄂)	9523.00
345	云梦县(鄂)	6630.00
346	钟祥市(鄂)	6129.00
347	沙洋县(鄂)	5569.00
348	江夏区(鄂)	4100.00
349	应城市(鄂)	4000.00
350	浠水县(鄂)	3650.00
351	襄州区(鄂)	3540.00
352	荆州区(鄂)	3000.00
353	曾都区(鄂)	2919.00
354	孝昌县(鄂)	2300.00

	桃主产地	产量(吨)
355	咸安区(鄂)	2200.00
356	黄州区(鄂)	2000.00
357	宜城市(鄂)	1903.00
358	襄城区(鄂)	1800.00
359	通城县(鄂)	1600.00
360	崇阳县(鄂)	1500.00
361	保康县(鄂)	1337.00
362	谷城县(鄂)	1106.00
363	武穴市(鄂)	1106.00
364	麻城市(鄂)	1100.00
365	麻阳苗族自治县(湘)	21072.00
366	邵阳县(湘)	10300.00
367	浏阳市(湘)	9000.00
368	吉首市(湘)	7510.00
369	临武县(湘)	5893.00
370	新晃侗族自治县(湘)	4500.00
371	涟源市(湘)	4300.00
372	岳阳市市辖区(湘)	3900.00
373	隆回县(湘)	3780.00
374	资兴市(湘)	3643.00
375	华容县(湘)	3472.00
376	云溪区(湘)	3000.00
377	澧　县(湘)	3000.00
378	新田县(湘)	2214.00
379	衡东县(湘)	2180.00
380	湘潭县(湘)	1988.00
381	道　县(湘)	1861.00
382	中方县(湘)	1700.00
383	临澧县(湘)	1647.00
384	宁远县(湘)	1621.00
385	洞口县(湘)	1580.00
386	永顺县(湘)	1550.00
387	沅江市(湘)	1200.00
388	衡山县(湘)	1180.00
389	津市市(湘)	1000.00
390	和平县(粤)	10000.00
391	南雄市(粤)	2800.00
392	丰顺县(粤)	1542.00
393	恭城瑶族自治县(桂)	29284.00
394	象州县(桂)	16142.00
395	平乐县(桂)	11250.00
396	阳朔县(桂)	9230.00
397	忻城县(桂)	7249.00
398	兴宾区(桂)	6684.00
399	兴安县(桂)	4466.00
400	全州县(桂)	4000.00

	桃主产地	产量(吨)
401	鹿寨县(桂)	3900.00
402	灌阳县(桂)	3843.00
403	柳城县(桂)	3232.00
404	柳江县(桂)	3088.00
405	富川瑶族自治县(桂)	2500.00
406	八步区(桂)	2486.00
407	金秀瑶族自治县(桂)	2344.00
408	龙胜各族自治县(桂)	1437.00
409	乐业县(桂)	1280.00
410	隆林各族自治县(桂)	1050.00
411	云阳县(渝)	6000.00
412	万州区(渝)	5897.00
413	奉节县(渝)	5000.00
414	秀山土家族苗族自治县(渝)	4681.00
415	涪陵区(渝)	4500.00
416	璧山县(渝)	4466.00
417	南川区(渝)	3300.00
418	忠　县(渝)	2969.00
419	彭水苗族土家族自治县(渝)	1020.00
420	垫江县(渝)	1005.00
421	简阳市(川)	174405.00
422	龙泉驿区(川)	50271.00
423	仁寿县(川)	15525.00
424	盐亭县(川)	15010.00
425	安居区(川)	14000.00
426	米易县(川)	7783.00
427	顺庆区(川)	7050.00
428	会理县(川)	6841.00
429	西充县(川)	6820.00
430	东坡区(川)	6600.00
431	江油市(川)	5529.00
432	中江县(川)	5330.00
433	南江县(川)	4500.00
434	游仙区(川)	3100.00
435	武胜县(川)	3090.00
436	巴州区(川)	2708.00
437	营山县(川)	2550.00
438	涪城区(川)	2510.00
439	叙永县(川)	2400.00
440	达　县(川)	2250.00
441	大邑县(川)	2072.00
442	仪陇县(川)	1900.00
443	南部县(川)	1870.00
444	邻水县(川)	1764.00
445	石棉县(川)	1500.00
446	苍溪县(川)	1500.00
447	广汉市(川)	1490.00
448	蒲江县(川)	1459.00
449	罗江县(川)	1310.00
450	安　县(川)	1200.00
451	隆昌县(川)	1100.00
452	金堂县(川)	1085.00
453	嘉陵区(川)	1045.00
454	宜宾县(川)	1008.00
455	兴义市(黔)	7964.00
456	镇远县(黔)	5275.00
457	开阳县(黔)	3000.00
458	修文县(黔)	1986.00
459	清镇市(黔)	1965.00
460	长顺县(黔)	1935.00
461	乌当区(黔)	1370.00
462	榕江县(黔)	1366.00
463	岑巩县(黔)	1211.00
464	荔波县(黔)	1020.00
465	勐海县(滇)	129000.00
466	泸西县(滇)	8314.00
467	沾益县(滇)	4210.30
468	禄丰县(滇)	4137.00
469	文山市(滇)	3001.00
470	个旧市(滇)	2368.00
471	陆良县(滇)	1867.00
472	武定县(滇)	1521.00
473	云　县(滇)	1385.60
474	楚雄市(滇)	1360.83
475	丘北县(滇)	1283.00
476	永德县(滇)	1044.00
477	大荔县(陕)	82120.00
478	蒲城县(陕)	20000.00
479	淳化县(陕)	16500.00
480	礼泉县(陕)	12500.00
481	志丹县(陕)	12000.00
482	眉　县(陕)	11705.00
483	兴平市(陕)	10478.00
484	周至县(陕)	10200.00
485	长安区(陕)	9000.00
486	渭滨区(陕)	7011.00
487	扶风县(陕)	6833.00
488	汉滨区(陕)	6320.00
489	秦都区(陕)	5600.00
490	泾阳县(陕)	5300.00
491	汉阴县(陕)	4852.00
492	汉台区(陕)	3600.00
493	旬阳县(陕)	3598.00
494	南郑县(陕)	3100.00
495	陇　县(陕)	3088.00
496	王益区(陕)	2820.00
497	合阳县(陕)	1230.00
498	略阳县(陕)	1136.00
499	白河县(陕)	1096.00
500	韩城市(陕)	1000.00
501	秦安县(甘)	16645.00
502	皋兰县(甘)	9115.00
503	红古区(甘)	6200.00
504	秦州区(甘)	4537.30
505	安宁区(甘)	3493.00
506	西和县(甘)	3200.00
507	靖远县(甘)	2940.00
508	肃州区(甘)	2605.00
509	崆峒区(甘)	2000.00
510	金塔县(甘)	1498.00
511	西峰区(甘)	1275.00
512	宁　县(甘)	1200.00
513	徽　县(甘)	1112.00
514	彭阳县(宁)	1256.00
515	莎车县(新)	15438.00
516	叶城县(新)	8204.00
517	疏附县(新)	6100.00
518	泽普县(新)	5180.00
519	沙湾县(新)	3000.00
520	麦盖提县(新)	2126.00
521	英吉沙县(新)	1794.00
522	库车县(新)	1733.00
523	农四师(新疆建设兵团)	18382.00
524	农二师(新疆建设兵团)	1576.00

表 11-8　杏主产地产量

	杏主产地	产量(吨)
1	延庆县(京)	6274.80
2	密云县(京)	4748.00
3	顺义区(京)	3300.00
4	平谷区(京)	2897.00
5	房山区(京)	2790.10
6	怀柔区(京)	2648.70
7	昌平区(京)	1805.00
8	大兴区(京)	534.00
9	蓟　县(津)	1894.00
10	宝坻区(津)	194.00

	杏主产地	产量(吨)
11	巨鹿县(冀)	61700.00
12	易　县(冀)	18200.00
13	兴隆县(冀)	9067.00
14	满城县(冀)	7920.00
15	顺平县(冀)	7330.00
16	辛集市(冀)	7225.00
17	涞水县(冀)	7000.00
18	怀安县(冀)	5240.00
19	青龙满族自治县(冀)	5000.00
20	蔚　县(冀)	4500.00
21	永清县(冀)	4050.00
22	新河县(冀)	4001.00
23	阳原县(冀)	3501.00
24	宣化县(冀)	3240.00
25	鹿泉市(冀)	3216.00
26	唐　县(冀)	3180.00
27	阜城县(冀)	2976.00
28	清苑县(冀)	2700.00
29	大名县(冀)	2528.00
30	博野县(冀)	2500.00
31	抚宁县(冀)	2300.00
32	威　县(冀)	2100.00
33	肥乡县(冀)	2000.00
34	魏　县(冀)	1932.00
35	深州市(冀)	1415.00
36	涞源县(冀)	1410.00
37	承德县(冀)	1400.00
38	广阳区(冀)	1347.00
39	迁西县(冀)	1323.00
40	丰润区(冀)	1313.00
41	迁安市(冀)	1153.00
42	万全县(冀)	1054.00
43	临漳县(冀)	1021.00
44	平山县(冀)	985.00
45	献　县(冀)	894.00
46	饶阳县(冀)	890.00
47	滦平县(冀)	880.00
48	沙河市(冀)	868.00
49	怀来县(冀)	853.00
50	武邑县(冀)	735.00
51	玉田县(冀)	693.00
52	赤城县(冀)	650.00
53	蠡　县(冀)	640.00
54	成安县(冀)	600.00
55	安次区(冀)	537.00
56	井陉县(冀)	516.00
57	任　县(冀)	515.00
58	卢龙县(冀)	501.00
59	元氏县(冀)	500.00
60	定州市(冀)	490.00
61	滦　县(冀)	464.00
62	丰宁满族自治县(冀)	450.00
63	藁城市(冀)	449.00
64	任丘市(冀)	440.00
65	崇礼县(冀)	430.00
66	南宫市(冀)	423.00
67	张家口市高新技术管理区(冀)	423.00
68	枣强县(冀)	405.00
69	望都县(冀)	400.00
70	高碑店市(冀)	375.00
71	内丘县(冀)	363.00
72	景　县(冀)	359.00
73	故城县(冀)	352.00
74	广宗县(冀)	348.00
75	曲阳县(冀)	300.00
76	涉　县(冀)	269.00
77	桃城区(冀)	240.00
78	平泉县(冀)	230.00
79	冀州市(冀)	197.00
80	雄　县(冀)	190.00
81	固安县(冀)	185.00
82	双桥区(冀)	185.00
83	南和县(冀)	172.00
84	涿州市(冀)	160.00
85	邢台县(冀)	154.00
86	容城县(冀)	150.00
87	新乐市(冀)	150.00
88	霸州市(冀)	149.00
89	深泽县(冀)	146.00
90	临城县(冀)	144.00
91	泊头市(冀)	137.00
92	南市区(冀)	130.00
93	吴桥县(冀)	121.00
94	盐山县(冀)	106.00
95	隆尧县(冀)	102.00
96	黄骅市(冀)	101.00
97	高阳县(冀)	100.00
98	阜平县(冀)	100.00
99	宽城满族自治县(冀)	100.00
100	行唐县(冀)	100.00
101	邱　县(冀)	100.00
102	灵寿县(冀)	100.00
103	尚义县(冀)	100.00
104	临猗县(晋)	20000.00
105	河津市(晋)	9000.00
106	大同县(晋)	3648.00
107	万荣县(晋)	3081.00
108	盐湖区(晋)	2800.00
109	原平市(晋)	2393.50
110	闻喜县(晋)	1020.00
111	高平市(晋)	770.00
112	代　县(晋)	736.40
113	忻府区(晋)	694.70
114	浑源县(晋)	680.50
115	偏关县(晋)	430.00
116	长治县(晋)	408.00
117	长子县(晋)	284.00
118	南郊区(晋)	227.00
119	祁　县(晋)	200.00
120	清徐县(晋)	173.20
121	垣曲县(晋)	150.00
122	灵丘县(晋)	121.00
123	晋源区(晋)	112.00
124	静乐县(晋)	107.00
125	沁源县(晋)	100.00
126	土默特左旗(内蒙古)	9915.00
127	凉城县(内蒙古)	2600.00
128	土默特右旗(内蒙古)	2100.00
129	和林格尔县(内蒙古)	1860.00
130	临河区(内蒙古)	251.00
131	清水河县(内蒙古)	200.00
132	巴林左旗(内蒙古)	185.00
133	红山区(内蒙古)	180.00
134	集宁区(内蒙古)	103.00
135	杭锦后旗(内蒙古)	100.00
136	北票市(辽)	15000.00
137	彰武县(辽)	4615.00
138	辽中县(辽)	3000.00
139	北镇市(辽)	3000.00
140	阜新蒙古族自治县(辽)	2800.00
141	新民市(辽)	1350.00
142	东陵区(辽)	1000.00
143	沈北新区(辽)	900.00
144	桓仁满族自治县(辽)	198.00
145	苏家屯区(辽)	119.00
146	东丰县(吉)	316.00
147	长岭县(吉)	300.00
148	集安市(吉)	222.30

	杏主产地	产量(吨)
149	泗洪县(苏)	216.00
150	赣榆县(苏)	160.00
151	蒙城县(皖)	2400.00
152	萧　县(皖)	2365.00
153	东至县(皖)	230.00
154	南陵县(皖)	150.00
155	东平县(鲁)	15508.00
156	岱岳区(鲁)	12976.00
157	淄川区(鲁)	12500.00
158	龙口市(鲁)	8362.00
159	新泰市(鲁)	8020.00
160	肥城市(鲁)	5146.00
161	博山区(鲁)	5000.00
162	青州市(鲁)	4550.00
163	平阴县(鲁)	2694.00
164	沂水县(鲁)	2219.00
165	蓬莱市(鲁)	2200.00
166	河东区(鲁)	2100.00
167	莱州市(鲁)	1904.00
168	宁阳县(鲁)	1795.00
169	招远市(鲁)	1600.00
170	泰山区(鲁)	1450.00
171	诸城市(鲁)	1392.00
172	沂源县(鲁)	1340.00
173	沂南县(鲁)	1250.00
174	单　县(鲁)	1132.00
175	武城县(鲁)	1000.00
176	东明县(鲁)	840.00
177	河口区(鲁)	742.00
178	昌乐县(鲁)	620.00
179	德城区(鲁)	530.00
180	济阳县(鲁)	520.00
181	齐河县(鲁)	500.00
182	莒南县(鲁)	500.00
183	安丘市(鲁)	500.00
184	苍山县(鲁)	476.00
185	德州市市辖区(鲁)	420.00
186	定陶县(鲁)	400.00
187	陵　县(鲁)	375.00
188	成武县(鲁)	359.00
189	商河县(鲁)	329.00
190	垦利县(鲁)	320.00
191	平原县(鲁)	317.00
192	福山区(鲁)	276.00
193	高密市(鲁)	250.00
194	莱阳市(鲁)	212.00

	杏主产地	产量(吨)
195	坊子区(鲁)	200.00
196	寿光市(鲁)	200.00
197	临沭县(鲁)	160.00
198	郯城县(鲁)	150.00
199	胶州市(鲁)	128.00
200	莒　县(鲁)	110.00
201	海阳市(鲁)	100.00
202	许昌县(豫)	12300.00
203	新密市(豫)	11000.00
204	济源市(豫)	10000.00
205	南乐县(豫)	9603.00
206	内黄县(豫)	7000.00
207	滑　县(豫)	6900.00
208	方城县(豫)	6599.00
209	舞钢市(豫)	5400.00
210	洛宁县(豫)	5000.00
211	林州市(豫)	3450.00
212	中牟县(豫)	3000.00
213	源汇区(豫)	2840.00
214	新蔡县(豫)	2600.00
215	武陟县(豫)	2400.00
216	封丘县(豫)	2400.00
217	栾川县(豫)	2000.00
218	荥阳市(豫)	1608.50
219	扶沟县(豫)	1500.00
220	温　县(豫)	1470.00
221	宛城区(豫)	1400.00
222	嵩　县(豫)	1385.00
223	禹州市(豫)	1300.00
224	辉县市(豫)	1250.00
225	新野县(豫)	1200.00
226	郏　县(豫)	1200.00
227	太康县(豫)	1200.00
228	渑池县(豫)	1100.00
229	博爱县(豫)	1000.00
230	延津县(豫)	1000.00
231	沈丘县(豫)	1000.00
232	鄢陵县(豫)	970.00
233	泌阳县(豫)	750.00
234	宜阳县(豫)	750.00
235	兰考县(豫)	750.00
236	修武县(豫)	700.00
237	商水县(豫)	682.00
238	濮阳市高新区(豫)	675.00
239	濮阳县(豫)	654.00
240	淇滨区(豫)	600.00

	杏主产地	产量(吨)
241	鲁山县(豫)	560.00
242	唐河县(豫)	480.00
243	平桥区(豫)	480.00
244	偃师市(豫)	420.00
245	解放区(豫)	400.00
246	确山县(豫)	320.00
247	卧龙区(豫)	310.00
248	长垣县(豫)	300.00
249	桐柏县(豫)	289.00
250	卫滨区(豫)	280.00
251	卫辉市(豫)	280.00
252	获嘉县(豫)	260.00
253	华龙区(豫)	250.00
254	凤泉区(豫)	248.00
255	邓州市(豫)	211.00
256	郾城区(豫)	210.00
257	遂平县(豫)	200.00
258	襄城县(豫)	190.00
259	义马市(豫)	190.00
260	西平县(豫)	179.00
261	惠济区(豫)	168.20
262	淅川县(豫)	165.00
263	新乡县(豫)	158.00
264	浚　县(豫)	130.00
265	项城市(豫)	108.80
266	西峡县(豫)	100.00
267	随　县(鄂)	730.00
268	鹤峰县(鄂)	653.00
269	谷城县(鄂)	103.00
270	京山县(鄂)	100.00
271	津市市(湘)	150.00
272	涪陵区(渝)	560.00
273	云阳县(渝)	400.00
274	万州区(渝)	200.00
275	巫溪县(渝)	200.00
276	奉节县(渝)	200.00
277	金堂县(川)	35272.00
278	邻水县(川)	530.00
279	仪陇县(川)	350.00
280	小河区(黔)	200.00
281	麒麟区(滇)	190.00
282	兰坪白族普米族自治县(滇)	138.00
283	志丹县(陕)	25000.00
284	淳化县(陕)	20136.00
285	泾阳县(陕)	20000.00
286	蒲城县(陕)	20000.00

	杏主产地	产量(吨)
287	清涧县(陕)	9000.00
288	吴起县(陕)	7930.00
289	米脂县(陕)	2229.00
290	汉滨区(陕)	2080.00
291	韩城市(陕)	2000.00
292	子长县(陕)	1620.00
293	绥德县(陕)	1250.00
294	合阳县(陕)	976.00
295	陈仓区(陕)	931.00
296	靖边县(陕)	875.00
297	旬阳县(陕)	841.00
298	旬邑县(陕)	810.00
299	子洲县(陕)	720.00
300	汉阴县(陕)	631.00
301	商州区(陕)	499.00
302	陇　县(陕)	495.00
303	兴平市(陕)	378.00
304	千阳县(陕)	348.00
305	西乡县(陕)	334.00
306	南郑县(陕)	325.00
307	石泉县(陕)	314.00
308	渭滨区(陕)	273.00
309	洛南县(陕)	236.00
310	略阳县(陕)	235.00
311	金台区(陕)	228.00
312	山阳县(陕)	204.00
313	横山县(陕)	180.00
314	宁陕县(陕)	125.00
315	白河县(陕)	104.00
316	甘泉县(陕)	100.00
317	会宁县(甘)	45900.00
318	安定区(甘)	10988.00
319	庆城县(甘)	6004.10
320	环　县(甘)	5390.00
321	宁　县(甘)	3600.00
322	永登县(甘)	3200.00
323	正宁县(甘)	3100.00
324	合水县(甘)	3000.00
325	西峰区(甘)	2720.00
326	肃州区(甘)	2487.00
327	崆峒区(甘)	2000.00
328	榆中县(甘)	2000.00
329	张家川回族自治县(甘)	1892.00
330	秦州区(甘)	1661.00
331	崇信县(甘)	1610.00
332	秦安县(甘)	1596.00
333	金塔县(甘)	1418.00
334	灵台县(甘)	1230.00
335	渭源县(甘)	1200.00
336	红古区(甘)	1200.00
337	华池县(甘)	1000.00
338	敦煌市(甘)	990.00
339	西和县(甘)	920.00
340	泾川县(甘)	825.00
341	临洮县(甘)	800.00
342	皋兰县(甘)	775.00
343	陇西县(甘)	600.00
344	永靖县(甘)	588.00
345	玉门市(甘)	547.00
346	平川区(甘)	330.00
347	山丹县(甘)	250.00
348	临夏市(甘)	242.00
349	甘州区(甘)	212.00
350	漳　县(甘)	200.00
351	临夏县(甘)	200.00
352	西固区(甘)	182.00
353	高台县(甘)	163.00
354	清水县(甘)	100.00
355	化隆回族自治县(青)	145.00
356	尖扎县(青)	127.00
357	彭阳县(宁)	6750.00
358	原州区(宁)	2000.00
359	灵武市(宁)	1327.00
360	西吉县(宁)	701.00
361	利通区(宁)	360.00
362	隆德县(宁)	250.00
363	库车县(新)	210738.00
364	英吉沙县(新)	199543.00
365	莎车县(新)	153664.00
366	叶城县(新)	135546.00
367	疏附县(新)	94575.00
368	疏勒县(新)	84552.00
369	伽师县(新)	70246.00
370	麦盖提县(新)	64509.00
371	乌什县(新)	60154.00
372	拜城县(新)	39297.00
373	沙雅县(新)	36250.00
374	新和县(新)	17769.00
375	巴楚县(新)	17289.00
376	岳普湖县(新)	15048.00
377	阿合奇县(新)	10000.00
378	喀什市(新)	6102.00
379	阿瓦提县(新)	6020.00
380	柯坪县(新)	2923.80
381	吐鲁番市(新)	2800.00
382	托克逊县(新)	1533.00
383	哈密市(新)	1530.00
384	塔什库尔干塔吉克自治县(新)	1126.00
385	泽普县(新)	653.00
386	鄯善县(新)	512.00
387	米东区(新)	429.00
388	沙湾县(新)	420.00
389	温宿县(新)	321.00
390	乌鲁木齐县(新)	150.00
391	且末县(新)	133.00
392	农四师(新疆建设兵团)	5838.00
393	农二师(新疆建设兵团)	3958.00
394	农十三师(新疆建设兵团)	436.00

表 11-9　仁用杏主产地产量

	仁用杏主产地	产量(吨)
1	延庆县(京)	5459.80
2	怀柔区(京)	1063.70
3	房山区(京)	406.30
4	蔚　县(冀)	5500.00
5	涿鹿县(冀)	4083.00
6	平泉县(冀)	1503.00
7	怀来县(冀)	1350.00
8	怀安县(冀)	1300.00
9	下花园区(冀)	900.00
10	涞源县(冀)	663.00
11	涞水县(冀)	600.00
12	滦平县(冀)	455.00
13	阳原县(冀)	312.00
14	临西县(冀)	288.00
15	丰宁满族自治县(冀)	210.00
16	张家口市高新技术管理区(冀)	194.00
17	灵寿县(冀)	190.00
18	邢台县(冀)	138.00
19	围场满族蒙古族自治县(冀)	100.00
20	浑源县(晋)	670.00
21	代　县(晋)	259.11
22	喀喇沁旗(内蒙古)	720.00
23	建昌县(辽)	14586.00
24	阜新蒙古族自治县(辽)	4900.00
25	龙城区(辽)	4200.00
26	凌源市(辽)	2300.00

	仁用杏主产地	产量(吨)
27	彰武县(辽)	1050.00
28	凌海市(辽)	410.00
29	新邱区(辽)	150.00
30	渑池县(豫)	1100.00
31	子洲县(陕)	682.00
32	志丹县(陕)	180.00
33	安塞县(陕)	140.00
34	吴起县(陕)	130.00
35	子长县(陕)	120.00
36	会宁县(甘)	884.00
37	宕昌县(甘)	150.00

表 11-10　山杏主产地产量

	山杏主产地	产量(吨)
1	围场满族蒙古族自治县(冀)	3500.00
2	平泉县(冀)	3000.00
3	滦平县(冀)	2340.00
4	蔚　县(冀)	2248.00
5	丰宁满族自治县(冀)	2000.00
6	宽城满族自治县(冀)	1600.00
7	灵寿县(冀)	1100.00
8	隆化县(冀)	1050.00
9	涞水县(冀)	800.00
10	怀来县(冀)	416.00
11	井陉县(冀)	258.00
12	兴隆县(冀)	113.00
13	沁水县(晋)	100.00
14	林西县(内蒙古)	7000.00
15	宁城县(内蒙古)	5740.00
16	巴林左旗(内蒙古)	4000.00
17	敖汉旗(内蒙古)	2252.00
18	阿鲁科尔沁旗(内蒙古)	1710.00
19	翁牛特旗(内蒙古)	1321.20
20	巴林右旗(内蒙古)	566.00
21	喀喇沁旗(内蒙古)	450.00
22	松山区(内蒙古)	230.00
23	元宝山区(内蒙古)	180.00
24	朝阳县(辽)	13125.00
25	凌源市(辽)	12000.00
26	北票市(辽)	6000.00
27	龙城区(辽)	4000.00
28	喀喇沁左翼蒙古族自治县(辽)	1500.00
29	新邱区(辽)	316.00
30	宁阳县(鲁)	1932.00
31	嵩　县(豫)	1100.00
32	吴起县(陕)	7800.00
33	子长县(陕)	2000.00
34	子洲县(陕)	1950.00
35	安塞县(陕)	1600.00
36	汉阴县(陕)	631.00
37	石泉县(陕)	314.00
38	西峰区(甘)	2720.00
39	灵台县(甘)	1230.00
40	彭阳县(宁)	7130.00

表 11-11　李主产地产量

	李主产地	产量(吨)
1	密云县(京)	4386.00
2	顺义区(京)	2600.00
3	平谷区(京)	2306.00
4	房山区(京)	1941.50
5	昌平区(京)	1263.00
6	怀柔区(京)	1126.00
7	延庆县(京)	596.30
8	顺平县(冀)	5450.00
9	涞水县(冀)	2710.00
10	迁安市(冀)	1377.00
11	大名县(冀)	912.00
12	高邑县(冀)	511.00
13	丰宁满族自治县(冀)	390.00
14	赤城县(冀)	290.00
15	涿州市(冀)	270.00
16	安次区(冀)	256.00
17	任　县(冀)	170.00
18	任丘市(冀)	110.00
19	定襄县(晋)	100.00
20	杭锦后旗(内蒙古)	100.00
21	东陵区(辽)	5000.00
22	义　县(辽)	4520.00
23	康平县(辽)	3000.00
24	彰武县(辽)	1200.00
25	苏家屯区(辽)	1042.00
26	桓仁满族自治县(辽)	663.00
27	前郭尔罗斯蒙古族自治县(吉)	8500.00
28	东辽县(吉)	2000.00
29	辉南县(吉)	1790.00
30	东丰县(吉)	1060.00
31	集安市(吉)	555.75
32	绿园区(吉)	280.00
33	农安县(吉)	200.00
34	长岭县(吉)	191.00
35	船营区(吉)	150.00
36	九台市(吉)	120.00
37	依安县(黑)	11000.00
38	让胡路区(黑)	1732.00
39	碾子山区(黑)	577.00
40	安达市(黑)	500.00
41	龙凤区(黑)	450.00
42	汤原县(黑)	120.00
43	嵊州市(浙)	20000.00
44	临安市(浙)	9800.00
45	建德市(浙)	4000.00
46	婺城区(浙)	1648.00
47	定海区(浙)	1600.00
48	浦江县(浙)	1500.00
49	临海市(浙)	866.00
50	乐清市(浙)	650.00
51	平湖市(浙)	563.00
52	庆元县(浙)	560.00
53	仙居县(浙)	350.00
54	天台县(浙)	300.00
55	温岭市(浙)	290.00
56	龙泉市(浙)	250.00
57	安吉县(浙)	225.00
58	宁海县(浙)	200.00
59	江山市(浙)	180.00
60	三门县(浙)	150.00
61	富阳市(浙)	136.00
62	黄岩区(浙)	110.00
63	苍南县(浙)	103.00
64	瑞安市(浙)	100.00
65	芜湖县(皖)	900.00
66	屯溪区(皖)	691.00
67	黟　县(皖)	427.00
68	徽州区(皖)	384.00
69	潜山县(皖)	300.00
70	望江县(皖)	150.00
71	安福县(赣)	4500.00
72	大余县(赣)	3191.00
73	赣　县(赣)	1635.00
74	宜丰县(赣)	900.00
75	贵溪市(赣)	500.00
76	吉州区(赣)	120.00
77	安丘市(鲁)	3000.00
78	沂南县(鲁)	3000.00
79	昌乐县(鲁)	2500.00

	李主产地	产量(吨)
80	沂水县(鲁)	1750.00
81	岱岳区(鲁)	1640.00
82	河东区(鲁)	1200.00
83	肥城市(鲁)	1018.00
84	蓬莱市(鲁)	600.00
85	新泰市(鲁)	299.00
86	招远市(鲁)	260.00
87	莒南县(鲁)	200.00
88	新蔡县(豫)	8454.00
89	内黄县(豫)	6000.00
90	济源市(豫)	5000.00
91	林州市(豫)	2550.00
92	镇平县(豫)	1500.00
93	栾川县(豫)	1500.00
94	商水县(豫)	960.00
95	确山县(豫)	740.00
96	西峡县(豫)	480.00
97	卫辉市(豫)	440.00
98	凤泉区(豫)	358.00
99	正阳县(豫)	350.00
100	淮阳县(豫)	300.00
101	中牟县(豫)	230.00
102	平舆县(豫)	213.00
103	社旗县(豫)	210.00
104	宜阳县(豫)	160.00
105	荥阳市(豫)	153.30
106	京山县(鄂)	10000.00
107	崇阳县(鄂)	700.00
108	宜都市(鄂)	450.00
109	兴山县(鄂)	403.00
110	通城县(鄂)	300.00
111	大冶市(鄂)	200.00
112	孝昌县(鄂)	150.00
113	张湾区(鄂)	130.00
114	祁东县(湘)	25945.00
115	麻阳苗族自治县(湘)	11751.00
116	邵阳县(湘)	9900.00
117	新化县(湘)	6000.00
118	涟源市(湘)	5240.00
119	临澧县(湘)	4605.00
120	隆回县(湘)	2100.00
121	新晃侗族自治县(湘)	1800.00
122	临武县(湘)	1560.00
123	株洲县(湘)	675.00
124	新邵县(湘)	280.00
125	鼎城区(湘)	200.00
126	衡山县(湘)	152.00
127	信宜市(粤)	18750.00
128	龙川县(粤)	15084.00
129	和平县(粤)	12000.00
130	封开县(粤)	10848.00
131	南雄市(粤)	7352.00
132	丰顺县(粤)	7249.00
133	东源县(粤)	4500.00
134	阳山县(粤)	3091.00
135	五华县(粤)	3000.00
136	连平县(粤)	1800.00
137	紫金县(粤)	400.00
138	乳源瑶族自治县(粤)	337.50
139	灌阳县(桂)	55721.00
140	武宣县(桂)	25931.00
141	恭城瑶族自治县(桂)	5259.00
142	龙胜各族自治县(桂)	1144.00
143	巴马瑶族自治县(桂)	1051.00
144	永福县(桂)	707.00
145	南川区(渝)	3800.00
146	武隆县(渝)	1200.00
147	铜梁县(渝)	792.00
148	蒲江县(川)	5500.00
149	邻水县(川)	3000.00
150	江安县(川)	2600.00
151	高　县(川)	2100.00
152	宣汉县(川)	1160.00
153	汶川县(川)	994.00
154	兴文县(川)	720.00
155	翠屏区(川)	607.00
156	安居区(川)	500.00
157	泸定县(川)	407.00
158	阆中市(川)	170.00
159	北川羌族自治县(川)	163.00
160	宝兴县(川)	150.00
161	台江县(黔)	2700.00
162	开阳县(黔)	400.00
163	长顺县(黔)	120.00
164	湄潭县(黔)	120.00
165	都匀市(黔)	100.00
166	镇雄县(滇)	1000.00
167	云　县(滇)	716.20
168	彝良县(滇)	668.60
169	禄丰县(滇)	461.00
170	巧家县(滇)	300.00
171	楚雄市(滇)	135.16
172	元谋县(滇)	109.00
173	南郑县(陕)	1300.00
174	岚皋县(陕)	1164.00
175	略阳县(陕)	315.00
176	石泉县(陕)	120.00
177	宁强县(陕)	100.00
178	张家川回族自治县(甘)	367.00
179	西峰区(甘)	300.00
180	彭阳县(宁)	2074.00
181	莎车县(新)	195.00
182	沙雅县(新)	150.00
183	额敏县(新)	135.00
184	塔城市(新)	117.00

表 11-12　梅主产地产量

	梅主产地	产量(吨)
1	天台县(浙)	60000.00
2	临海市(浙)	58186.00
3	仙居县(浙)	56000.00
4	黄岩区(浙)	14398.00
5	奉化市(浙)	8245.00
6	温岭市(浙)	7524.00
7	椒江区(浙)	6700.00
8	龙湾区(浙)	6323.00
9	三门县(浙)	4580.00
10	长兴县(浙)	3900.00
11	路桥区(浙)	3699.00
12	嵊州市(浙)	3600.00
13	玉环县(浙)	2745.00
14	建德市(浙)	1000.00
15	余杭区(浙)	999.00
16	淳安县(浙)	813.00
17	德清县(浙)	390.00
18	江山市(浙)	380.00
19	镇海区(浙)	345.00
20	临安市(浙)	200.00
21	吴兴区(浙)	120.00
22	余江县(赣)	2600.00
23	宜丰县(赣)	1020.00
24	铜鼓县(赣)	1000.00
25	峡江县(赣)	400.00
26	兴国县(赣)	400.00
27	乐安县(赣)	229.00
28	赣　县(赣)	208.00
29	靖安县(赣)	100.00

	梅主产地	产量(吨)
30	新化县(湘)	25000.00
31	涟源市(湘)	15000.00
32	新晃侗族自治县(湘)	7875.00
33	绥宁县(湘)	490.00
34	饶平县(粤)	23698.00
35	潮阳区(粤)	2337.70
36	连州市(粤)	1160.00
37	连平县(粤)	700.00
38	潮南区(粤)	630.00
39	丰顺县(粤)	483.00
40	紫金县(粤)	400.00
41	大埔县(粤)	250.00
42	广州市市属总林场(粤)	188.00
43	东源县(粤)	165.00
44	潮州市市属总林场(粤)	150.00
45	黄冕林场(桂)	175.00
46	武隆县(渝)	650.00
47	台江县(黔)	1750.00
48	雷山县(黔)	495.00
49	洱源县(滇)	13572.70
50	祥云县(滇)	388.60
51	漾濞彝族自治县(滇)	155.00
52	云　县(滇)	116.50

表 11-13　樱桃主产地产量

	樱桃主产地	产量(吨)
1	顺义区(京)	931.50
2	昌平区(京)	804.00
3	密云县(京)	528.00
4	房山区(京)	430.80
5	山海关区(冀)	10000.00
6	乐亭县(冀)	618.00
7	平泉县(冀)	440.00
8	望都县(冀)	390.00
9	丰宁满族自治县(冀)	165.00
10	北戴河区(冀)	120.00
11	大连市保税区(辽)	1460.00
12	大连市高新技术园区(辽)	500.00
13	集安市(吉)	333.45
14	梅河口市(吉)	94.00
15	赣榆县(苏)	640.00
16	浦江县(浙)	300.00
17	宁海县(浙)	75.00
18	临海市(浙)	59.00
19	石城县(赣)	90.00
20	临朐县(鲁)	40000.00
21	福山区(鲁)	36672.00
22	芝罘区(鲁)	26479.00
23	新泰市(鲁)	26460.00
24	沂源县(鲁)	17357.00
25	岱岳区(鲁)	13182.00
26	蓬莱市(鲁)	12400.00
27	安丘市(鲁)	10000.00
28	肥城市(鲁)	9858.80
29	沂水县(鲁)	5697.00
30	沂南县(鲁)	4800.00
31	招远市(鲁)	4500.00
32	莱州市(鲁)	4200.00
33	泰山区(鲁)	3202.00
34	博山区(鲁)	2200.00
35	昌乐县(鲁)	2200.00
36	蒙阴县(鲁)	1550.00
37	淄川区(鲁)	1500.00
38	环翠区(鲁)	1225.00
39	莒南县(鲁)	900.00
40	河东区(鲁)	280.00
41	昌邑市(鲁)	200.70
42	寿光市(鲁)	100.00
43	青州市(鲁)	90.00
44	新郑市(豫)	5000.00
45	栾川县(豫)	2000.00
46	济源市(豫)	1000.00
47	淅川县(豫)	890.00
48	镇平县(豫)	800.00
49	新密市(豫)	310.00
50	西峡县(豫)	240.00
51	洛龙区(豫)	240.00
52	孟津县(豫)	192.50
53	淇滨区(豫)	85.00
54	南召县(豫)	78.70
55	宜阳县(豫)	60.00
56	兴山县(鄂)	425.00
57	随　县(鄂)	150.00
58	谷城县(鄂)	145.50
59	赫山区(湘)	9850.00
60	云阳县(渝)	56.00
61	简阳市(川)	1500.00
62	蒲江县(川)	1400.00
63	汶川县(川)	1200.00
64	安居区(川)	900.00
65	九寨沟县(川)	702.00
66	开江县(川)	500.00
67	邻水县(川)	300.00
68	泸定县(川)	157.00
69	宣汉县(川)	145.00
70	西昌市(川)	120.00
71	赫章县(黔)	1028.00
72	镇雄县(滇)	2500.00
73	彝良县(滇)	341.90
74	大关县(滇)	60.00
75	澄城县(陕)	1050.00
76	韩城市(陕)	800.00
77	西乡县(陕)	695.00
78	周至县(陕)	564.00
79	旬阳县(陕)	533.00
80	淳化县(陕)	421.00
81	略阳县(陕)	241.00
82	汉滨区(陕)	92.00
83	宁强县(陕)	78.00
84	石泉县(陕)	60.00
85	秦州区(甘)	6499.96
86	清水县(甘)	271.50
87	成　县(甘)	112.50
88	张家川回族自治县(甘)	50.00
89	莎车县(新)	57.00

表 11-14　猕猴桃主产地产量

	猕猴桃主产地	产量(吨)
1	定兴县(冀)	70.00
2	深泽县(冀)	65.00
3	魏　县(冀)	50.00
4	金山区(沪)	441.40
5	浦东新区(沪)	122.00
6	宝山区(沪)	65.00
7	江山市(浙)	4200.00
8	建德市(浙)	4000.00
9	泰顺县(浙)	2250.00
10	富阳市(浙)	845.00
11	莲都区(浙)	575.00
12	上虞市(浙)	500.00
13	临海市(浙)	485.00
14	临安市(浙)	460.00
15	宁海县(浙)	400.00
16	仙居县(浙)	350.00
17	乐清市(浙)	310.00
18	长兴县(浙)	300.00

	猕猴桃主产地	产量(吨)
19	淳安县(浙)	264.00
20	义乌市(浙)	191.00
21	浦江县(浙)	150.00
22	桐乡市(浙)	145.00
23	黄岩区(浙)	134.00
24	瑞安市(浙)	80.00
25	磐安县(浙)	80.00
26	婺城区(浙)	75.00
27	平湖市(浙)	71.00
28	舒城县(皖)	865.00
29	潜山县(皖)	200.00
30	东至县(皖)	92.00
31	芜湖县(皖)	50.00
32	奉新县(赣)	9288.00
33	乐平市(赣)	361.00
34	铜鼓县(赣)	350.00
35	兴国县(赣)	260.00
36	宁都县(赣)	250.00
37	宜丰县(赣)	190.00
38	金溪县(赣)	118.00
39	芦溪县(赣)	72.00
40	瑞昌市(赣)	64.00
41	莱州市(鲁)	73.00
42	西峡县(豫)	29829.00
43	南召县(豫)	5610.70
44	鲁山县(豫)	2300.00
45	卢氏县(豫)	1020.00
46	桐柏县(豫)	416.00
47	新野县(豫)	300.00
48	上蔡县(豫)	180.00
49	获嘉县(豫)	160.00
50	荥阳市(豫)	138.68
51	郾城区(豫)	81.00
52	建始县(鄂)	7000.00
53	长阳土家族自治县(鄂)	4203.00
54	赤壁市(鄂)	3100.00
55	广水市(鄂)	916.00
56	通山县(鄂)	828.00
57	随　县(鄂)	507.00
58	谷城县(鄂)	338.40
59	蕲春县(鄂)	115.00
60	兴山县(鄂)	102.00
61	咸丰县(鄂)	100.00
62	恩施市(鄂)	91.00
63	永顺县(湘)	28000.00
64	凤凰县(湘)	8500.00
65	龙山县(湘)	2100.00
66	吉首市(湘)	1530.00
67	双牌县(湘)	1434.00
68	泸溪县(湘)	1200.00
69	麻阳苗族自治县(湘)	314.00
70	醴陵市(湘)	160.00
71	绥宁县(湘)	144.00
72	祁东县(湘)	130.60
73	会同县(湘)	105.00
74	桂东县(湘)	95.00
75	平江县(湘)	93.00
76	临武县(湘)	70.00
77	韶山市(湘)	55.00
78	炎陵县(湘)	50.00
79	和平县(粤)	6015.00
80	兴安县(桂)	1392.00
81	乐业县(桂)	225.00
82	灌阳县(桂)	71.00
83	秀山土家族苗族自治县(渝)	8100.00
84	巫溪县(渝)	900.00
85	奉节县(渝)	650.00
86	彭水苗族土家族自治县(渝)	350.00
87	忠　县(渝)	206.00
88	万州区(渝)	194.00
89	武隆县(渝)	150.00
90	丰都县(渝)	150.00
91	都江堰市(川)	29598.00
92	苍溪县(川)	25000.00
93	蒲江县(川)	11576.00
94	荥经县(川)	5000.00
95	雨城区(川)	3000.00
96	名山县(川)	2200.00
97	巴州区(川)	1200.00
98	南江县(川)	1105.00
99	兴文县(川)	840.00
100	开江县(川)	500.00
101	蓬溪县(川)	500.00
102	仪陇县(川)	450.00
103	北川羌族自治县(川)	401.00
104	什邡市(川)	350.00
105	大邑县(川)	345.00
106	龙泉驿区(川)	300.00
107	汶川县(川)	180.00
108	邻水县(川)	140.00
109	珙　县(川)	86.00
110	修文县(黔)	5756.00
111	台江县(黔)	180.00
112	乌当区(黔)	118.00
113	镇远县(黔)	54.00
114	剑河县(黔)	53.00
115	都匀市(黔)	53.00
116	祥云县(滇)	154.70
117	眉　县(陕)	338810.00
118	武功县(陕)	35955.00
119	扶风县(陕)	16483.00
120	陈仓区(陕)	8159.00
121	城固县(陕)	7966.00
122	渭滨区(陕)	4488.00
123	平利县(陕)	741.00
124	南郑县(陕)	700.00
125	太白县(陕)	697.00
126	汉阴县(陕)	406.00
127	兴平市(陕)	110.00
128	岚皋县(陕)	84.00
129	略阳县(陕)	79.00
130	镇巴县(陕)	64.00

表 11-15　鲜葡萄主产地产量

	鲜葡萄主产地	产量(吨)
1	大兴区(京)	29304.00
2	顺义区(京)	12056.50
3	延庆县(京)	5145.40
4	房山区(京)	3683.70
5	密云县(京)	2568.00
6	平谷区(京)	2106.00
7	昌平区(京)	1707.00
8	蓟　县(津)	7648.00
9	卢龙县(冀)	143383.00
10	怀来县(冀)	140655.00
11	乐亭县(冀)	129904.00
12	昌黎县(冀)	44328.00
13	柏乡县(冀)	38477.00
14	晋州市(冀)	36630.00
15	永年县(冀)	30359.00
16	威　县(冀)	23600.00
17	滦南县(冀)	23055.00
18	涿鹿县(冀)	19000.00
19	满城县(冀)	18138.00
20	清苑县(冀)	16659.00
21	顺平县(冀)	13000.00
22	广阳区(冀)	11505.00

	鲜葡萄主产地	产量(吨)
23	滦　县(冀)	10625.00
24	玉田县(冀)	10322.00
25	鹿泉市(冀)	9821.00
26	成安县(冀)	8400.00
27	丰润区(冀)	7892.00
28	深泽县(冀)	7819.00
29	辛集市(冀)	7282.00
30	献　县(冀)	7261.00
31	遵化市(冀)	6011.40
32	香河县(冀)	5835.00
33	肥乡县(冀)	5500.00
34	三河市(冀)	5285.00
35	饶阳县(冀)	5271.00
36	藁城市(冀)	4957.00
37	丰南区(冀)	4700.00
38	迁西县(冀)	4637.00
39	古冶区(冀)	4582.00
40	临漳县(冀)	4244.00
41	大城县(冀)	4000.00
42	馆陶县(冀)	4000.00
43	定州市(冀)	3890.00
44	安次区(冀)	3597.00
45	徐水县(冀)	3550.00
46	高阳县(冀)	3500.00
47	霸州市(冀)	3415.00
48	新河县(冀)	3407.00
49	鸡泽县(冀)	3320.00
50	阳原县(冀)	2614.00
51	故城县(冀)	2378.00
52	深州市(冀)	2370.00
53	抚宁县(冀)	2130.00
54	泊头市(冀)	2101.00
55	迁安市(冀)	2034.00
56	文安县(冀)	1987.00
57	蠡　县(冀)	1890.00
58	磁　县(冀)	1858.00
59	宣化县(冀)	1711.00
60	肃宁县(冀)	1606.00
61	黄骅市(冀)	1530.00
62	孟村回族自治县(冀)	1400.00
63	栾城县(冀)	1400.00
64	涉　县(冀)	1381.00
65	定兴县(冀)	1339.00
66	唐山市汉沽管理区(冀)	1100.00
67	盐山县(冀)	1000.00
68	博野县(冀)	1000.00

	鲜葡萄主产地	产量(吨)
69	丰宁满族自治县(冀)	1000.00
70	平泉县(冀)	1000.00
71	清徐县(晋)	24259.30
72	尖草坪区(晋)	12021.00
73	临猗县(晋)	7500.00
74	盐湖区(晋)	5533.00
75	万荣县(晋)	3570.00
76	忻府区(晋)	1763.40
77	河曲县(晋)	1150.20
78	海勃湾区(内蒙古)	6400.00
79	海南区(内蒙古)	4900.00
80	松山区(内蒙古)	4550.00
81	元宝山区(内蒙古)	2540.00
82	土默特右旗(内蒙古)	1624.00
83	科尔沁左翼中旗(内蒙古)	1510.00
84	北镇市(辽)	285000.00
85	法库县(辽)	40000.00
86	瓦房店市(辽)	36190.00
87	彰武县(辽)	36000.00
88	辽阳县(辽)	34400.00
89	阜新蒙古族自治县(辽)	20105.00
90	苏家屯区(辽)	17953.50
91	海城市(辽)	15000.00
92	龙城区(辽)	15000.00
93	兴城市(辽)	10000.00
94	义　县(辽)	9650.00
95	顺城区(辽)	9213.00
96	辽中县(辽)	7500.00
97	桓仁满族自治县(辽)	6642.00
98	本溪满族自治县(辽)	5250.00
99	清河区(辽)	5180.00
100	东洲区(辽)	5000.00
101	北票市(辽)	5000.00
102	东陵区(辽)	5000.00
103	新民市(辽)	4700.00
104	于洪区(辽)	2760.00
105	喀喇沁左翼蒙古族自治县(辽)	2500.00
106	清河门区(辽)	2200.00
107	朝阳县(辽)	1750.00
108	千山区(辽)	1524.00
109	沈北新区(辽)	1500.00
110	凌海市(辽)	1300.00
111	南芬区(辽)	1204.00
112	清原满族自治县(辽)	1200.00
113	德惠市(吉)	30000.00
114	集安市(吉)	18245.00

	鲜葡萄主产地	产量(吨)
115	绿园区(吉)	12000.00
116	榆树市(吉)	3800.00
117	东辽县(吉)	3600.00
118	敦化市(吉)	1224.00
119	乾安县(吉)	1200.00
120	辉南县(吉)	1150.00
121	肇源县(黑)	47000.00
122	东宁县(黑)	35000.00
123	大同区(黑)	25313.00
124	红岗区(黑)	1744.00
125	杜尔伯特蒙古族自治县(黑)	1210.00
126	延寿县(黑)	1000.00
127	嘉定区(沪)	25271.00
128	奉贤区(沪)	24292.32
129	金山区(沪)	14164.80
130	崇明县(沪)	8171.30
131	青浦区(沪)	7950.00
132	浦东新区(沪)	7025.00
133	松江区(沪)	3979.10
134	宝山区(沪)	3541.00
135	吴江市(苏)	13818.20
136	盐都区(苏)	10980.00
137	丰　县(苏)	8400.00
138	建湖县(苏)	2641.00
139	泗洪县(苏)	1492.00
140	赣榆县(苏)	1130.00
141	温岭市(浙)	48800.00
142	慈溪市(浙)	45000.00
143	上虞市(浙)	38077.00
144	浦江县(浙)	33750.00
145	长兴县(浙)	24500.00
146	海盐县(浙)	22901.00
147	秀洲区(浙)	19855.00
148	路桥区(浙)	15813.00
149	桐乡市(浙)	13266.00
150	余姚市(浙)	13000.00
151	海宁市(浙)	12000.00
152	婺城区(浙)	11822.00
153	鄞州区(浙)	11447.00
154	义乌市(浙)	10000.00
155	嵊州市(浙)	9000.00
156	玉环县(浙)	8898.00
157	北仑区(浙)	7500.00
158	象山县(浙)	6798.00
159	奉化市(浙)	6688.00
160	富阳市(浙)	5985.00

	鲜葡萄主产地	产量(吨)
161	嘉善县(浙)	5605.00
162	江北区(浙)	5060.00
163	镇海区(浙)	5035.00
164	临海市(浙)	4318.00
165	椒江区(浙)	3800.00
166	吴兴区(浙)	3754.00
167	平湖市(浙)	3189.00
168	黄岩区(浙)	3055.00
169	莲都区(浙)	2946.00
170	德清县(浙)	2802.00
171	岱山县(浙)	2500.00
172	桐庐县(浙)	2093.00
173	临安市(浙)	1900.00
174	萧山区(浙)	1672.00
175	定海区(浙)	1600.00
176	天台县(浙)	1500.00
177	三门县(浙)	1375.00
178	仙居县(浙)	1320.00
179	宁海县(浙)	1300.00
180	乐清市(浙)	1230.00
181	余杭区(浙)	1155.00
182	遂昌县(浙)	1021.00
183	萧　县(皖)	99869.00
184	庐江县(皖)	20568.00
185	歙　县(皖)	7339.00
186	舒城县(皖)	4868.00
187	蒙城县(皖)	4500.00
188	肥西县(皖)	4200.00
189	无为县(皖)	2717.00
190	和　县(皖)	1800.00
191	阜南县(皖)	1080.00
192	袁州区(赣)	3000.00
193	安福县(赣)	3000.00
194	九江县(赣)	2984.00
195	德安县(赣)	2800.00
196	金溪县(赣)	1645.00
197	新干县(赣)	1560.00
198	湾里区(赣)	1516.00
199	莱阳市(鲁)	78500.00
200	高密市(鲁)	72000.00
201	沂源县(鲁)	70150.00
202	蒙阴县(鲁)	43382.00
203	沂水县(鲁)	26848.00
204	海阳市(鲁)	20000.00
205	临沭县(鲁)	18000.00

	鲜葡萄主产地	产量(吨)
206	莒南县(鲁)	11000.00
207	莱州市(鲁)	9177.00
208	岱岳区(鲁)	9160.00
209	平原县(鲁)	8043.00
210	胶州市(鲁)	7910.00
211	沂南县(鲁)	7000.00
212	单　县(鲁)	6851.00
213	招远市(鲁)	6800.00
214	寿光市(鲁)	6400.00
215	平阴县(鲁)	6064.00
216	新泰市(鲁)	5865.00
217	苍山县(鲁)	5501.00
218	定陶县(鲁)	5480.00
219	陵　县(鲁)	5010.00
220	栖霞市(鲁)	4297.00
221	商河县(鲁)	3872.00
222	利津县(鲁)	3864.00
223	寒亭区(鲁)	3845.00
224	东平县(鲁)	3640.00
225	河东区(鲁)	3400.00
226	夏津县(鲁)	3375.00
227	垦利县(鲁)	2550.00
228	昌乐县(鲁)	2360.00
229	齐河县(鲁)	2000.00
230	安丘市(鲁)	2000.00
231	诸城市(鲁)	1560.00
232	昌邑市(鲁)	1538.00
233	肥城市(鲁)	1350.00
234	广饶县(鲁)	1300.00
235	牟平区(鲁)	1297.00
236	岚山区(鲁)	1260.00
237	郯城县(鲁)	1250.00
238	莒　县(鲁)	1100.00
239	长垣县(豫)	19000.00
240	新郑市(豫)	10500.00
241	内黄县(豫)	10000.00
242	商水县(豫)	9160.00
243	桐柏县(豫)	8245.00
244	博爱县(豫)	7500.00
245	许昌县(豫)	7250.00
246	杞　县(豫)	6100.00
247	睢阳区(豫)	5800.00
248	太康县(豫)	5625.00
249	济源市(豫)	5000.00
250	开封县(豫)	4900.00

	鲜葡萄主产地	产量(吨)
251	淮阳县(豫)	4488.00
252	息　县(豫)	4200.00
253	荥阳市(豫)	3378.00
254	襄城县(豫)	3073.00
255	川汇区(豫)	3008.00
256	洛宁县(豫)	3000.00
257	确山县(豫)	2500.00
258	上蔡县(豫)	2430.00
259	兰考县(豫)	2259.00
260	平桥区(豫)	2200.00
261	扶沟县(豫)	2040.00
262	获嘉县(豫)	2011.00
263	孟州市(豫)	2000.00
264	洛龙区(豫)	2000.00
265	嵩　县(豫)	1900.00
266	鄢陵县(豫)	1880.00
267	偃师市(豫)	1785.00
268	新密市(豫)	1600.00
269	延津县(豫)	1500.00
270	南乐县(豫)	1416.00
271	潢川县(豫)	1410.00
272	源汇区(豫)	1280.00
273	淮滨县(豫)	1200.00
274	舞钢市(豫)	1200.00
275	郾城区(豫)	1125.00
276	林州市(豫)	1100.00
277	新蔡县(豫)	1050.00
278	新野县(豫)	1000.00
279	随　县(鄂)	60000.00
280	荆州区(鄂)	14000.00
281	松滋市(鄂)	8000.00
282	钟祥市(鄂)	6795.00
283	汉川市(鄂)	5000.00
284	广水市(鄂)	3156.00
285	云梦县(鄂)	2980.00
286	老河口市(鄂)	2701.00
287	建始县(鄂)	2385.00
288	沙洋县(鄂)	1102.00
289	新晃侗族自治县(湘)	90000.00
290	蓝山县(湘)	22578.00
291	麻阳苗族自治县(湘)	22400.00
292	君山区(湘)	10000.00
293	冷水江市(湘)	9500.00
294	岳阳县(湘)	9000.00
295	邵东县(湘)	8000.00

	鲜葡萄主产地	产量(吨)
296	中方县(湘)	7025.00
297	双清区(湘)	6000.00
298	珠晖区(湘)	4000.00
299	衡东县(湘)	3480.00
300	涟源市(湘)	2700.00
301	浏阳市(湘)	2500.00
302	赫山区(湘)	2240.00
303	鼎城区(湘)	2000.00
304	桃源县(湘)	2000.00
305	临澧县(湘)	1822.00
306	北湖区(湘)	1711.00
307	湘潭县(湘)	1360.00
308	荷塘区(湘)	1290.00
309	洞口县(湘)	1100.00
310	道　县(湘)	1027.00
311	资源县(桂)	120000.00
312	兴安县(桂)	115982.00
313	柳江县(桂)	33328.00
314	全州县(桂)	15400.00
315	阳朔县(桂)	9230.00
316	柳城县(桂)	4061.00
317	临桂县(桂)	3906.00
318	柳北区(桂)	3848.00
319	兴宾区(桂)	3486.00
320	象州县(桂)	2513.00
321	灌阳县(桂)	1935.00
322	武宣县(桂)	1850.00
323	永福县(桂)	1593.00
324	璧山县(渝)	21222.00
325	奉节县(渝)	2500.00
326	万州区(渝)	2448.00
327	沙坪坝区(渝)	2000.00
328	仁和区(川)	91140.00
329	龙泉驿区(川)	73247.00
330	涪城区(川)	13000.00
331	金堂县(川)	11119.00
332	武胜县(川)	6150.00
333	仁寿县(川)	4850.00
334	蓬溪县(川)	4800.00
335	西昌市(川)	4450.00
336	蒲江县(川)	3781.00
337	仪陇县(川)	3600.00
338	南江县(川)	3200.00
339	米易县(川)	2685.00
340	崇州市(川)	2647.00

	鲜葡萄主产地	产量(吨)
341	东坡区(川)	2500.00
342	巴州区(川)	1920.00
343	彭山县(川)	1539.00
344	邻水县(川)	1500.00
345	营山县(川)	1100.00
346	江油市(川)	1072.00
347	红花岗区(黔)	21000.00
348	湄潭县(黔)	3000.00
349	息烽县(黔)	2600.00
350	凯里市(黔)	1780.00
351	清镇市(黔)	1346.00
352	开阳县(黔)	1300.00
353	弥勒县(滇)	44064.00
354	元谋县(滇)	12073.00
355	麒麟区(滇)	11724.00
356	永仁县(滇)	5823.00
357	个旧市(滇)	2281.00
358	丘北县(滇)	2106.00
359	广南县(滇)	1934.00
360	陆良县(滇)	1432.00
361	昭阳区(滇)	1250.00
362	巍山彝族回族自治县(滇)	1108.00
363	泾阳县(陕)	26500.00
364	大荔县(陕)	24000.00
365	长安区(陕)	11625.00
366	眉　县(陕)	10124.00
367	渭滨区(陕)	7636.00
368	合阳县(陕)	6132.00
369	韩城市(陕)	4000.00
370	武功县(陕)	1250.00
371	敦煌市(甘)	90263.00
372	民勤县(甘)	28123.00
373	高台县(甘)	17821.00
374	凉州区(甘)	7500.00
375	金塔县(甘)	3257.00
376	临泽县(甘)	3200.00
377	甘州区(甘)	2606.00
378	武威市市辖区(甘)	2529.00
379	河西综合开发局(甘)	1445.72
380	天祝藏族自治县(甘)	1500.00
381	清水县(甘)	1325.00
382	肃州区(甘)	1249.00
383	利通区(宁)	6965.00
384	中卫市市辖区(宁)	6554.00
385	西夏区(宁)	4500.00

	鲜葡萄主产地	产量(吨)
386	金凤区(宁)	4398.00
387	大武口区(宁)	4182.00
388	灵武市(宁)	2276.00
389	鄯善县(新)	312300.00
390	吐鲁番市(新)	227822.00
391	哈密市(新)	63504.00
392	喀什市(新)	44430.00
393	库车县(新)	33945.00
394	阿瓦提县(新)	21950.00
395	托克逊县(新)	20863.00
396	叶城县(新)	18977.00
397	拜城县(新)	14002.00
398	疏勒县(新)	12612.00
399	沙雅县(新)	10400.00
400	乌什县(新)	8310.00
401	沙湾县(新)	7581.00
402	新和县(新)	5620.00
403	巴里坤哈萨克自治县(新)	4402.00
404	伊吾县(新)	4200.00
405	精河县(新)	3000.00
406	疏附县(新)	2626.00
407	头屯河区(新)	2356.00
408	米东区(新)	2028.00
409	伽师县(新)	1877.00
410	泽普县(新)	1152.00
411	巴楚县(新)	1085.00
412	农十三师(新疆建设兵团)	86036.00
413	农四师(新疆建设兵团)	41114.00
414	农六师(新疆建设兵团)	38100.00
415	农五师(新疆建设兵团)	25209.00
416	农七师(新疆建设兵团)	5421.00
417	农十四师(新疆建设兵团)	3943.00

表 11-16　山楂主产地产量

	山楂主产地	产量(吨)
1	密云县(京)	5381.00
2	平谷区(京)	2884.00
3	延庆县(京)	2874.30
4	怀柔区(京)	1739.00
5	房山区(京)	221.00
6	宝坻区(津)	526.00
7	蓟　县(津)	4248.00
8	兴隆县(冀)	169328.00
9	宽城满族自治县(冀)	25000.00

	山楂主产地	产量(吨)
10	承德县(冀)	5300.00
11	平泉县(冀)	800.00
12	隆化县(冀)	12580.00
13	青龙满族自治县(冀)	5500.00
14	抚宁县(冀)	1401.00
15	迁安市(冀)	1390.00
16	涞源县(冀)	665.00
17	桃城区(冀)	620.00
18	古冶区(冀)	428.00
19	武安市(冀)	394.00
20	玉田县(冀)	343.00
21	平山县(冀)	190.00
22	乐亭县(冀)	163.00
23	丰宁满族自治县(冀)	285.00
24	鹰手营子矿区(冀)	285.00
25	鹿泉市(冀)	253.00
26	清苑县(冀)	120.00
27	香河县(冀)	96.00
28	赤城县(冀)	60.00
29	河津市(晋)	16200.00
30	临猗县(晋)	3500.00
31	长治县(晋)	981.00
32	垣曲县(晋)	900.00
33	高平市(晋)	409.00
34	泽州县(晋)	500.00
35	忻府区(晋)	119.00
36	壶关县(晋)	100.00
37	沁水县(晋)	60.00
38	沁源县(晋)	50.00
39	松山区(内蒙古)	50.00
40	义　县(辽)	1500.00
41	桓仁满族自治县(辽)	810.00
42	调兵山市(辽)	675.00
43	苏家屯区(辽)	155.00
44	新宾满族自治县(辽)	144.00
45	辉南县(吉)	1350.00
46	集安市(吉)	444.60
47	东丰县(吉)	270.00
48	青州市(鲁)	25140.00
49	岱岳区(鲁)	11540.00
50	安丘市(鲁)	10000.00
51	莒南县(鲁)	7200.00
52	新泰市(鲁)	6721.00
53	昌邑市(鲁)	3921.00
54	济阳县(鲁)	3466.00
55	沂水县(鲁)	1527.00
56	昌乐县(鲁)	950.00
57	临沭县(鲁)	680.00
58	肥城市(鲁)	604.70
59	莱州市(鲁)	547.00
60	乐陵市(鲁)	402.00
61	河东区(鲁)	260.00
62	招远市(鲁)	200.00
63	宁阳县(鲁)	164.00
64	平原县(鲁)	159.00
65	武城县(鲁)	150.00
66	环翠区(鲁)	52.00
67	济源市(豫)	10000.00
68	林州市(豫)	4200.00
69	辉县市(豫)	4010.00
70	嵩　县(豫)	1100.00
71	遂平县(豫)	1020.00
72	卫辉市(豫)	220.00
73	方城县(豫)	202.00
74	宜阳县(豫)	80.00
75	卫滨区(豫)	60.00
76	内黄县(豫)	50.00
77	信宜市(粤)	3600.00
78	韩城市(陕)	300.00

表 11-17　柚主产地产量

	柚主产地	产量(吨)
1	定海区(浙)	3980.00
2	宁海县(浙)	135.00
3	东至县(皖)	120.00
4	南康市(赣)	29000.00
5	余江县(赣)	3100.00
6	龙南县(赣)	2500.00
7	新干县(赣)	1546.00
8	金溪县(赣)	1527.00
9	乐安县(赣)	573.00
10	安福县(赣)	500.00
11	吉州区(赣)	400.00
12	鄱阳县(赣)	317.00
13	铜鼓县(赣)	250.00
14	广昌县(赣)	215.00
15	广丰县(赣)	210.00
16	南昌县(赣)	150.00
17	樟树市(赣)	150.00
18	宜都市(鄂)	1000.00
19	梁子湖区(鄂)	870.00
20	鄂城区(鄂)	530.00
21	鄂州市市辖区(鄂)	450.00
22	华容区(鄂)	100.00
23	江永县(湘)	41927.00
24	临澧县(湘)	5140.00
25	岳阳市市辖区(湘)	4050.00
26	鼎城区(湘)	1800.00
27	临武县(湘)	962.00
28	华容县(湘)	647.00
29	娄星区(湘)	250.00
30	株洲县(湘)	200.00
31	新邵县(湘)	160.00
32	双峰县(湘)	137.00
33	梅　县(粤)	400000.00
34	大埔县(粤)	105000.00
35	兴宁市(粤)	50000.00
36	蕉岭县(粤)	15384.00
37	连山壮族瑶族自治县(粤)	7305.00
38	封开县(粤)	6940.00
39	仁化县(粤)	6000.00
40	阳山县(粤)	5897.00
41	清新县(粤)	3200.00
42	五华县(粤)	1000.00
43	连南瑶族自治县(粤)	520.00
44	恭城瑶族自治县(桂)	110770.00
45	临桂县(桂)	8069.00
46	永福县(桂)	3762.00
47	灌阳县(桂)	2609.00
48	武宣县(桂)	1503.00
49	巴马瑶族自治县(桂)	1305.00
50	龙胜各族自治县(桂)	382.00
51	黄冕林场(桂)	200.00
52	梁平县(渝)	70000.00
53	长寿区(渝)	3100.00
54	东坡区(川)	48000.00
55	岳池县(川)	27000.00
56	盐亭县(川)	10500.00
57	安居区(川)	6000.00
58	梓潼县(川)	2400.00
59	邻水县(川)	2000.00
60	仪陇县(川)	1000.00
61	兴文县(川)	144.00
62	湄潭县(黔)	3000.00
63	岑巩县(黔)	625.00
64	荔波县(黔)	210.00

表 11-18 柑橘主产地产量

	柑橘主产地	产量(吨)
1	崇明县(沪)	134938.30
2	浦东新区(沪)	23741.00
3	金山区(沪)	3105.60
4	奉贤区(沪)	1622.05
5	宝山区(沪)	1076.00
6	吴江市(苏)	9587.50
7	临海市(浙)	215076.00
8	衢江区(浙)	158930.00
9	象山县(浙)	125130.00
10	建德市(浙)	115800.00
11	莲都区(浙)	87076.00
12	宁海县(浙)	85000.00
13	龙游县(浙)	63480.00
14	黄岩区(浙)	50428.00
15	淳安县(浙)	49786.00
16	青田县(浙)	47016.00
17	婺城区(浙)	41046.00
18	江山市(浙)	33000.00
19	玉环县(浙)	32834.00
20	瓯海区(浙)	28000.00
21	天台县(浙)	27000.00
22	松阳县(浙)	25997.00
23	乐清市(浙)	24020.00
24	椒江区(浙)	20420.00
25	义乌市(浙)	19874.00
26	仙居县(浙)	17750.00
27	北仑区(浙)	17340.00
28	温岭市(浙)	16573.00
29	定海区(浙)	15065.00
30	海盐县(浙)	14360.00
31	奉化市(浙)	13658.00
32	庆元县(浙)	13610.00
33	海宁市(浙)	13000.00
34	鄞州区(浙)	12969.00
35	嘉善县(浙)	10469.00
36	瑞安市(浙)	9350.00
37	慈溪市(浙)	9000.00
38	苍南县(浙)	8191.00
39	龙湾区(浙)	7955.00
40	镇海区(浙)	7393.00
41	三门县(浙)	6680.00
42	路桥区(浙)	5520.00
43	富阳市(浙)	4957.00
44	桐庐县(浙)	3810.00
45	龙泉市(浙)	3800.00
46	缙云县(浙)	3718.00
47	江北区(浙)	3668.00
48	鹿城区(浙)	3540.00
49	嵊州市(浙)	3500.00
50	景宁畲族自治县(浙)	2906.00
51	平阳县(浙)	2604.00
52	上虞市(浙)	2327.00
53	临安市(浙)	2200.00
54	岱山县(浙)	2030.00
55	浦江县(浙)	1800.00
56	遂昌县(浙)	1583.00
57	平湖市(浙)	1464.00
58	歙　县(皖)	5649.00
59	太湖县(皖)	2780.00
60	宜秀区(皖)	1950.00
61	望江县(皖)	1500.00
62	东至县(皖)	1098.00
63	南丰县(赣)	1150000.00
64	寻乌县(赣)	533881.00
65	新干县(赣)	179109.00
66	信丰县(赣)	169486.00
67	宁都县(赣)	89930.00
68	龙南县(赣)	86000.00
69	会昌县(赣)	82165.00
70	南城县(赣)	52900.00
71	靖安县(赣)	49973.00
72	永修县(赣)	48503.00
73	临川区(赣)	46661.00
74	遂川县(赣)	36313.00
75	全南县(赣)	33800.00
76	大余县(赣)	26842.00
77	进贤县(赣)	26686.00
78	广昌县(赣)	10496.00
79	定南县(赣)	10431.00
80	武宁县(赣)	10000.00
81	安福县(赣)	8000.00
82	湖口县(赣)	8000.00
83	峡江县(赣)	7804.00
84	樟树市(赣)	7250.00
85	共青城市(赣)	4500.00
86	崇仁县(赣)	4261.00
87	贵溪市(赣)	3890.00
88	奉新县(赣)	3800.00
89	吉州区(赣)	2910.00
90	永丰县(赣)	2598.00
91	玉山县(赣)	2540.00
92	万年县(赣)	2530.00
93	铜鼓县(赣)	2500.00
94	石城县(赣)	2460.00
95	井冈山市(赣)	2345.00
96	金溪县(赣)	2164.00
97	万载县(赣)	1512.00
98	南昌县(赣)	1500.00
99	宜黄县(赣)	1485.00
100	上高县(赣)	1450.00
101	乐安县(赣)	1307.00
102	安源区(赣)	1050.00
103	德安县(赣)	1000.00
104	修水县(赣)	1000.00
105	淅川县(豫)	65020.00
106	孟州市(豫)	7500.00
107	内乡县(豫)	3000.00
108	邓州市(豫)	1836.00
109	宜都市(鄂)	450000.00
110	秭归县(鄂)	242149.00
111	丹江口市(鄂)	200000.00
112	松滋市(鄂)	122400.00
113	当阳市(鄂)	90000.00
114	宣恩县(鄂)	70500.00
115	兴山县(鄂)	65161.00
116	长阳土家族自治县(鄂)	46780.00
117	郧　县(鄂)	40000.00
118	江夏区(鄂)	38000.00
119	钟祥市(鄂)	36525.00
120	枝江市(鄂)	36000.00
121	荆州区(鄂)	32000.00
122	阳新县(鄂)	27988.00
123	京山县(鄂)	22805.00
124	武穴市(鄂)	21486.00
125	来凤县(鄂)	19590.00
126	宜城市(鄂)	14339.00
127	通山县(鄂)	12714.00
128	浠水县(鄂)	12500.00
129	恩施市(鄂)	12262.00
130	沙洋县(鄂)	11453.00
131	远安县(鄂)	9822.00
132	蕲春县(鄂)	9200.00
133	通城县(鄂)	6500.00
134	南漳县(鄂)	5326.00
135	巴东县(鄂)	5160.00
136	石首市(鄂)	4000.00

	柑橘主产地	产量(吨)
137	掇刀区(鄂)	3650.00
138	赤壁市(鄂)	3500.00
139	随　县(鄂)	3430.00
140	建始县(鄂)	2583.00
141	大冶市(鄂)	2151.00
142	利川市(鄂)	1900.00
143	房　县(鄂)	1749.00
144	鹤峰县(鄂)	1714.00
145	黄梅县(鄂)	1700.00
146	咸丰县(鄂)	1595.00
147	谷城县(鄂)	1560.00
148	广水市(鄂)	1520.00
149	西塞山区(鄂)	1500.00
150	汉川市(鄂)	1500.00
151	应城市(鄂)	1500.00
152	孝昌县(鄂)	1400.00
153	黄州区(鄂)	1380.00
154	老河口市(鄂)	1295.00
155	石门县(湘)	400000.00
156	麻阳苗族自治县(湘)	312500.00
157	桃源县(湘)	250000.00
158	涟源市(湘)	187780.00
159	泸溪县(湘)	160000.00
160	江永县(湘)	122905.00
161	永顺县(湘)	120000.00
162	洪江市(湘)	100274.00
163	龙山县(湘)	95000.00
164	保靖县(湘)	92000.00
165	新晃侗族自治县(湘)	84240.00
166	洞口县(湘)	73500.00
167	凤凰县(湘)	71000.00
168	道　县(湘)	69155.00
169	吉首市(湘)	65000.00
170	资兴市(湘)	60502.00
171	桃江县(湘)	53800.00
172	会同县(湘)	53800.00
173	宁远县(湘)	47486.00
174	零陵区(湘)	43470.00
175	岳阳县(湘)	42000.00
176	东安县(湘)	37580.00
177	临澧县(湘)	37076.00
178	鼎城区(湘)	32000.00
179	安化县(湘)	31820.00
180	浏阳市(湘)	31000.00
181	沅江市(湘)	30000.00
182	津市市(湘)	30000.00
183	冷水滩区(湘)	28370.00
184	宜章县(湘)	25600.00
185	华容县(湘)	25422.00
186	古丈县(湘)	24000.00
187	赫山区(湘)	19100.00
188	中方县(湘)	18987.00
189	临武县(湘)	16150.00
190	花垣县(湘)	16000.00
191	沅陵县(湘)	15926.00
192	嘉禾县(湘)	15883.00
193	蓝山县(湘)	15165.00
194	武陵区(湘)	15000.00
195	宁乡县(湘)	13000.00
196	城步苗族自治县(湘)	13000.00
197	湘乡市(湘)	12550.00
198	汝城县(湘)	10422.00
199	永兴县(湘)	9222.00
200	醴陵市(湘)	9185.00
201	邵东县(湘)	8000.00
202	衡东县(湘)	7160.00
203	鹤城区(湘)	6939.00
204	冷水江市(湘)	6200.00
205	北湖区(湘)	6110.00
206	株洲县(湘)	6050.00
207	耒阳市(湘)	6000.00
208	江华瑶族自治县(湘)	5504.00
209	平江县(湘)	5141.00
210	衡阳县(湘)	5000.00
211	常宁市(湘)	4900.00
212	双牌县(湘)	4747.00
213	炎陵县(湘)	4637.00
214	隆回县(湘)	4550.00
215	湘潭县(湘)	4400.00
216	汉寿县(湘)	4000.00
217	溆浦县(湘)	3455.00
218	珠晖区(湘)	2400.00
219	桂阳县(湘)	2320.00
220	苏仙区(湘)	2024.00
221	新邵县(湘)	1900.00
222	衡山县(湘)	1690.00
223	绥宁县(湘)	1295.00
224	芦淞区(湘)	1200.00
225	桂东县(湘)	1141.00
226	石峰区(湘)	1007.00
227	双清区(湘)	1000.00
228	龙门县(粤)	260000.00
229	郁南县(粤)	227473.00
230	封开县(粤)	200096.00
231	英德市(粤)	122772.00
232	四会市(粤)	112000.00
233	清新县(粤)	95000.00
234	清城区(粤)	94869.00
235	广宁县(粤)	93734.00
236	新会区(粤)	72404.00
237	佛冈县(粤)	71973.00
238	普宁市(粤)	68000.00
239	潮安县(粤)	40000.00
240	阳山县(粤)	32311.00
241	云城区(粤)	30510.00
242	龙川县(粤)	23602.00
243	饶平县(粤)	16689.00
244	曲江区(粤)	15113.00
245	恩平市(粤)	14881.00
246	台山市(粤)	13256.00
247	揭西县(粤)	12601.00
248	南雄市(粤)	10689.00
249	连州市(粤)	10520.00
250	连平县(粤)	8000.00
251	陆河县(粤)	7182.00
252	丰顺县(粤)	6727.00
253	高要市(粤)	6663.63
254	信宜市(粤)	6000.00
255	连山壮族瑶族自治县(粤)	5822.00
256	广州市市属总林场(粤)	5006.00
257	南沙区(粤)	5000.00
258	东源县(粤)	4800.00
259	鼎湖区(粤)	4764.00
260	罗定市(粤)	4500.00
261	鹤山市(粤)	3141.00
262	蕉岭县(粤)	2590.00
263	武江区(粤)	2400.00
264	廉江市(粤)	1213.00
265	恭城瑶族自治县(桂)	301537.00
266	阳朔县(桂)	208305.00
267	柳城县(桂)	187728.00
268	苍梧县(桂)	144600.00
269	全州县(桂)	127960.00
270	兴安县(桂)	104420.00
271	岑溪市(桂)	88060.00
272	灌阳县(桂)	56945.00
273	藤　县(桂)	55622.00
274	临桂县(桂)	52891.00

	柑橘主产地	产量(吨)
275	龙胜各族自治县(桂)	42476.00
276	鹿寨县(桂)	40250.00
277	隆安县(桂)	39554.00
278	右江区(桂)	37737.00
279	兴宾区(桂)	32945.00
280	融水苗族自治县(桂)	32442.00
281	防城区(桂)	16961.00
282	柳北区(桂)	16861.00
283	富川瑶族自治县(桂)	15100.00
284	雁山区(桂)	15013.00
285	金秀瑶族自治县(桂)	14362.00
286	龙州县(桂)	13158.00
287	蒙山县(桂)	10550.00
288	昭平县(桂)	7593.00
289	环江毛南族自治县(桂)	7088.00
290	八步区(桂)	6098.00
291	蝶山区(桂)	5800.00
292	柳江县(桂)	5610.00
293	大新县(桂)	5419.00
294	桂平市(桂)	4368.00
295	东兴市(桂)	4297.00
296	忻城县(桂)	4163.00
297	长洲区(桂)	3440.00
298	万秀区(桂)	3415.00
299	象州县(桂)	2983.00
300	乐业县(桂)	2903.00
301	巴马瑶族自治县(桂)	2620.00
302	钦北区(桂)	2150.00
303	隆林各族自治县(桂)	1807.00
304	武宣县(桂)	1685.00
305	大化瑶族自治县(桂)	1064.00
306	万州区(渝)	167591.00
307	丰都县(渝)	125625.00
308	云阳县(渝)	92000.00
309	江津区(渝)	79658.00
310	忠　县(渝)	74935.00
311	永川区(渝)	62146.00
312	秀山土家族苗族自治县(渝)	48868.00
313	合川区(渝)	41056.00
314	涪陵区(渝)	39000.00
315	璧山县(渝)	31929.00
316	垫江县(渝)	31916.00
317	巫溪县(渝)	29700.00
318	长寿区(渝)	17600.00
319	铜梁县(渝)	16160.00

	柑橘主产地	产量(吨)
320	梁平县(渝)	16000.00
321	沙坪坝区(渝)	14500.00
322	荣昌县(渝)	9000.00
323	武隆县(渝)	4500.00
324	南川区(渝)	3400.00
325	石柱土家族自治县(渝)	2180.00
326	雁江区(川)	720000.00
327	蒲江县(川)	151786.00
328	东坡区(川)	85000.00
329	江安县(川)	72610.00
330	巴州区(川)	65030.00
331	宜宾县(川)	46980.00
332	南部县(川)	37620.00
333	西充县(川)	31610.00
334	邛崃市(川)	30000.00
335	简阳市(川)	30000.00
336	蓬安县(川)	27500.00
337	苍溪县(川)	25350.00
338	仁寿县(川)	25211.00
339	嘉陵区(川)	24859.00
340	荣　县(川)	20145.00
341	顺庆区(川)	17136.00
342	宣汉县(川)	15800.00
343	龙泉驿区(川)	15743.00
344	大安区(川)	13998.00
345	纳溪区(川)	12914.00
346	江油市(川)	12717.00
347	仪陇县(川)	12500.00
348	安居区(川)	12000.00
349	开江县(川)	11805.00
350	贡井区(川)	11060.00
351	中江县(川)	8500.00
352	船山区(川)	5800.00
353	阆中市(川)	5612.00
354	涪城区(川)	5600.00
355	叙永县(川)	5000.00
356	南江县(川)	4524.00
357	雷波县(川)	4500.00
358	高　县(川)	4050.00
359	营山县(川)	3950.00
360	翠屏区(川)	3667.00
361	金堂县(川)	3482.00
362	彭山县(川)	3212.00
363	崇州市(川)	2984.00
364	蓬溪县(川)	2800.00

	柑橘主产地	产量(吨)
365	沿滩区(川)	2700.00
366	宁南县(川)	2691.00
367	米易县(川)	2500.00
368	平昌县(川)	2330.00
369	游仙区(川)	2300.00
370	南溪县(川)	1930.00
371	隆昌县(川)	1800.00
372	珙　县(川)	1568.00
373	从江县(黔)	19673.00
374	榕江县(黔)	13735.00
375	天柱县(黔)	12001.00
376	荔波县(黔)	9350.00
377	锦屏县(黔)	5729.00
378	都匀市(黔)	3829.00
379	黎平县(黔)	3710.00
380	镇远县(黔)	3375.00
381	赤水市(黔)	2760.00
382	长顺县(黔)	2450.00
383	清镇市(黔)	1594.00
384	勐海县(滇)	187600.00
385	宾川县(滇)	131972.70
386	弥勒县(滇)	9924.00
387	广南县(滇)	8540.00
388	元谋县(滇)	4138.00
389	昌宁县(滇)	3192.00
390	个旧市(滇)	2296.00
391	砚山县(滇)	2280.00
392	耿马傣族佤族自治县(滇)	2087.00
393	镇雄县(滇)	1800.00
394	施甸县(滇)	1600.00
395	云　县(滇)	1402.80
396	彝良县(滇)	1274.00
397	城固县(陕)	252911.00
398	汉滨区(陕)	43702.00
399	汉台区(陕)	38000.00
400	旬阳县(陕)	20001.00
401	汉阴县(陕)	11669.00
402	洋　县(陕)	10225.00
403	平利县(陕)	5072.00
404	紫阳县(陕)	3539.00
405	白河县(陕)	2697.00
406	南郑县(陕)	2450.00
407	山阳县(陕)	1952.00
408	岚皋县(陕)	1042.00

表 11-19　枇杷主产地产量

	枇杷主产地	产量(吨)
1	青浦区(沪)	430.00
2	崇明县(沪)	256.70
3	松江区(沪)	136.00
4	黄岩区(浙)	9969.00
5	余杭区(浙)	5841.00
6	乐清市(浙)	4786.00
7	象山县(浙)	3977.00
8	淳安县(浙)	2803.00
9	温岭市(浙)	2703.00
10	临海市(浙)	2400.00
11	衢江区(浙)	2158.00
12	宁海县(浙)	2000.00
13	路桥区(浙)	1988.00
14	仙居县(浙)	1975.00
15	椒江区(浙)	1670.00
16	三门县(浙)	1500.00
17	建德市(浙)	1500.00
18	莲都区(浙)	1328.00
19	德清县(浙)	1280.00
20	嵊州市(浙)	1200.00
21	婺城区(浙)	1072.00
22	江山市(浙)	850.00
23	玉环县(浙)	788.00
24	瓯海区(浙)	460.00
25	海宁市(浙)	400.00
26	富阳市(浙)	280.00
27	义乌市(浙)	247.00
28	瑞安市(浙)	230.00
29	海盐县(浙)	215.00
30	缙云县(浙)	204.00
31	天台县(浙)	200.00
32	定海区(浙)	187.00
33	松阳县(浙)	163.00
34	泰顺县(浙)	106.00
35	秀洲区(浙)	104.00
36	龙泉市(浙)	100.00
37	歙　县(皖)	5649.00
38	潜山县(皖)	150.00
39	兴国县(赣)	340.00
40	吉州区(赣)	120.00
41	兴山县(鄂)	831.00
42	崇阳县(鄂)	450.00
43	临澧县(湘)	2748.00
44	双峰县(湘)	387.00
45	岳阳市市辖区(湘)	337.50
46	鼎城区(湘)	300.00
47	新邵县(湘)	220.00
48	沅陵县(湘)	163.00
49	潮安县(粤)	22600.00
50	信宜市(粤)	1500.00
51	武宣县(桂)	3081.00
52	巴马瑶族自治县(桂)	431.00
53	雁山区(桂)	172.00
54	灌阳县(桂)	107.00
55	武隆县(渝)	3000.00
56	石柱土家族自治县(渝)	650.00
57	长寿区(渝)	300.00
58	雁江区(川)	400000.00
59	简阳市(川)	120000.00
60	仁寿县(川)	15595.00
61	米易县(川)	7039.00
62	蒲江县(川)	5600.00
63	宣汉县(川)	4800.00
64	安居区(川)	4500.00
65	南部县(川)	3450.00
66	东坡区(川)	3000.00
67	邻水县(川)	1920.00
68	船山区(川)	1600.00
69	盐亭县(川)	1300.00
70	涪城区(川)	1000.00
71	游仙区(川)	900.00
72	北川羌族自治县(川)	778.00
73	翠屏区(川)	532.00
74	开江县(川)	500.00
75	仪陇县(川)	400.00
76	九寨沟县(川)	211.00
77	宝兴县(川)	100.00
78	开阳县(黔)	10300.00
79	台江县(黔)	884.00
80	云　县(滇)	1176.00
81	元谋县(滇)	100.00
82	南郑县(陕)	170.00

表 11-20　荔枝主产地产量

	荔枝主产地	产量(吨)
1	电白县(粤)	355000.00
2	高州市(粤)	169500.00
3	潮安县(粤)	60000.00
4	廉江市(粤)	54800.00
5	惠东县(粤)	38000.00
6	惠来县(粤)	31800.00
7	信宜市(粤)	25300.00
8	揭西县(粤)	15909.00
9	郁南县(粤)	12710.00
10	普宁市(粤)	12000.00
11	茂南区(粤)	12000.00
12	饶平县(粤)	9480.00
13	丰顺县(粤)	9110.00
14	江城区(粤)	8106.00
15	台山市(粤)	7182.00
16	罗定市(粤)	6000.00
17	茂港区(粤)	5800.00
18	陆河县(粤)	5270.00
19	佛冈县(粤)	4678.00
20	坡头区(粤)	4500.00
21	萝岗区(粤)	4500.00
22	潮南区(粤)	3587.00
23	南沙区(粤)	3500.00
24	恩平市(粤)	3421.00
25	茂名市市属总林场(粤)	3045.00
26	阳春市(粤)	3000.00
27	龙门县(粤)	2500.00
28	新会区(粤)	1606.00
29	封开县(粤)	1203.00
30	清城区(粤)	1100.00
31	五华县(粤)	1000.00
32	麻章区(粤)	850.00
33	香洲区(粤)	824.00
34	珠海市高新区(粤)	750.00
35	高要市(粤)	688.95
36	鹤山市(粤)	668.00
37	高明区(粤)	585.00
38	蕉岭县(粤)	450.00
39	潮阳区(粤)	447.60
40	广宁县(粤)	407.00
41	雷州市(粤)	380.00
42	龙川县(粤)	354.00
43	珠海市高栏港区(粤)	305.00
44	云城区(粤)	260.00
45	徐闻县(粤)	123.00
46	桂平市(桂)	40450.00
47	钦北区(桂)	18652.00
48	灵山县(桂)	9000.00
49	合浦县(桂)	8300.00
50	横　县(桂)	8160.00

	荔枝主产地	产量(吨)
51	藤　县(桂)	5149.00
52	岑溪市(桂)	4566.00
53	右江区(桂)	4310.00
54	苍梧县(桂)	2903.00
55	隆安县(桂)	2431.00
56	东兴市(桂)	2227.00
57	扶绥县(桂)	2072.00
58	防城区(桂)	1973.00
59	港北区(桂)	1680.00
60	陆川县(桂)	900.00
61	兴宾区(桂)	822.00
62	武宣县(桂)	637.00
63	龙州县(桂)	545.00
64	蝶山区(桂)	240.00
65	大化瑶族自治县(桂)	205.00
66	柳城县(桂)	197.00
67	万秀区(桂)	143.00
68	长洲区(桂)	141.00
69	巴马瑶族自治县(桂)	101.00
70	江津区(渝)	255.00
71	江安县(川)	210.00
72	赤水市(黔)	540.00
73	永德县(滇)	742.00
74	耿马傣族佤族自治县(滇)	362.00
75	云　县(滇)	106.30

表 11-21　龙眼主产地产量

	龙眼主产地	产量(吨)
1	电白县(粤)	131000.00
2	高州市(粤)	106700.00
3	潮安县(粤)	60000.00
4	惠东县(粤)	37239.00
5	廉江市(粤)	30720.00
6	信宜市(粤)	30500.00
7	饶平县(粤)	21826.00
8	台山市(粤)	13252.00
9	茂南区(粤)	11000.00
10	恩平市(粤)	9684.00
11	揭西县(粤)	8628.00
12	丰顺县(粤)	7522.00
13	江城区(粤)	4890.00
14	郁南县(粤)	4485.00
15	清城区(粤)	3640.00
16	龙门县(粤)	3600.00
17	茂港区(粤)	3600.00
18	陆河县(粤)	3508.00
19	新会区(粤)	3398.00
20	普宁市(粤)	3000.00
21	阳春市(粤)	3000.00
22	封开县(粤)	2934.00
23	化州市(粤)	2892.32
24	蕉岭县(粤)	2880.00
25	佛冈县(粤)	2255.00
26	茂名市市属总林场(粤)	1556.00
27	高要市(粤)	1468.29
28	南沙区(粤)	1300.00
29	鹤山市(粤)	1117.00
30	萝岗区(粤)	1100.00
31	龙川县(粤)	1076.00
32	麻章区(粤)	1000.00
33	徐闻县(粤)	738.00
34	高明区(粤)	640.00
35	罗定市(粤)	620.00
36	珠海市高新区(粤)	510.00
37	云城区(粤)	465.00
38	香洲区(粤)	285.00
39	雷州市(粤)	251.00
40	湘桥区(粤)	130.00
41	钦北区(桂)	25812.00
42	大新县(桂)	21963.00
43	武宣县(桂)	18367.00
44	藤　县(桂)	10581.00
45	横　县(桂)	10509.00
46	桂平市(桂)	10345.00
47	合浦县(桂)	10260.00
48	扶绥县(桂)	10252.00
49	岑溪市(桂)	8975.00
50	隆安县(桂)	8464.00
51	兴宾区(桂)	8230.00
52	龙州县(桂)	7923.00
53	象州县(桂)	4740.00
54	鹿寨县(桂)	3850.00
55	防城区(桂)	3545.00
56	东兴市(桂)	3211.00
57	港北区(桂)	2250.00
58	大化瑶族自治县(桂)	2010.00
59	八步区(桂)	1960.00
60	右江区(桂)	1827.00
61	灵山县(桂)	1800.00
62	柳江县(桂)	1390.00
63	金秀瑶族自治县(桂)	1070.00
64	苍梧县(桂)	1014.00
65	蝶山区(桂)	850.00
66	陆川县(桂)	850.00
67	巴马瑶族自治县(桂)	798.00
68	七坡林场(桂)	760.00
69	合山市(桂)	745.00
70	柳北区(桂)	659.00
71	柳城县(桂)	440.00
72	忻城县(桂)	220.00
73	万秀区(桂)	176.00
74	丰都县(渝)	4950.00
75	江津区(渝)	260.00
76	涪陵区(渝)	181.00
77	南溪县(川)	1000.00
78	米易县(川)	800.00
79	江安县(川)	380.00
80	隆昌县(川)	210.00
81	高　县(川)	210.00
82	翠屏区(川)	190.00
83	赤水市(黔)	360.00
84	元谋县(滇)	1645.00

表 11-22　香蕉主产地产量

	香蕉主产地	产量(吨)
1	化州市(粤)	147600.00
2	恩平市(粤)	38556.00
3	台山市(粤)	7035.00
4	雷州市(粤)	6700.00
5	香洲区(粤)	4847.00
6	蕉岭县(粤)	3120.00
7	萝岗区(粤)	2159.00
8	饶平县(粤)	1834.00
9	和平县(粤)	1080.00
10	潮阳区(粤)	547.70
11	潮南区(粤)	506.00
12	阳春市(粤)	240.00
13	大埔县(粤)	25.00
14	连山壮族瑶族自治县(粤)	22.00
15	广州市市属总林场(粤)	7.00
16	钦北区(桂)	15624.00
17	防城区(桂)	2689.00
18	武宣县(桂)	623.00
19	鱼峰区(桂)	32.00
20	会理县(川)	6340.00
21	宁南县(川)	699.00

	香蕉主产地	产量(吨)
22	勐海县(滇)	348145.00
23	红河县(滇)	17318.00
24	个旧市(滇)	13670.00
25	武定县(滇)	5992.00
26	云　县(滇)	980.20
27	施甸县(滇)	400.00
28	元谋县(滇)	396.00
29	永仁县(滇)	77.00
30	楚雄市(滇)	53.94
31	牟定县(滇)	8.00

表 11-23　草莓主产地产量

	草莓主产地	产量(吨)
1	肥乡县(冀)	450.00
2	盘山县(辽)	16300.00
3	苏家屯区(辽)	16130.50
4	桓仁满族自治县(辽)	1285.00
5	东洲区(辽)	200.00
6	普兰店市(辽)	100.00
7	集安市(吉)	666.90
8	辉南县(吉)	530.00
9	桦南县(黑)	400.00
10	崇明县(沪)	1126.10
11	奉化市(浙)	4400.00
12	秀洲区(浙)	1439.50
13	定海区(浙)	750.00
14	浦江县(浙)	300.00
15	浮梁县(赣)	1448.00
16	吉州区(赣)	300.00
17	芦溪县(赣)	300.00
18	新建县(赣)	128.00
19	莒南县(鲁)	22300.00
20	临沭县(鲁)	6500.00
21	河东区(鲁)	5000.00
22	招远市(鲁)	1250.00
23	博山区(鲁)	1200.00
24	新泰市(鲁)	900.00
25	坊子区(鲁)	600.00
26	岱岳区(鲁)	220.00
27	商水县(豫)	4200.00
28	濮阳市高新区(豫)	3600.00
29	太康县(豫)	3000.00
30	上蔡县(豫)	1120.00
31	项城市(豫)	750.00
32	郾城区(豫)	396.00
33	魏都区(豫)	310.00
34	叶　县(豫)	200.00
35	卫滨区(豫)	150.00
36	崇阳县(鄂)	260.00
37	张湾区(鄂)	200.00
38	枝江市(鄂)	150.00
39	当阳市(鄂)	150.00
40	新晃侗族自治县(湘)	3000.00
41	新邵县(湘)	1300.00
42	株洲县(湘)	300.00
43	安化县(湘)	300.00
44	江永县(湘)	210.00
45	隆回县(湘)	200.00
46	双峰县(湘)	198.60
47	沅陵县(湘)	175.00
48	岳阳县(湘)	120.00
49	麻章区(粤)	15000.00
50	沙坪坝区(渝)	100.00
51	邻水县(川)	2625.00
52	西昌市(川)	1200.00
53	开江县(川)	100.00
54	禄丰县(滇)	411.00
55	韩城市(陕)	800.00
56	林口林业局(龙江集团)	652.00
57	海林林业局(龙江集团)	130.00

表 11-24　石榴主产地产量

	石榴主产地	产量(吨)
1	元氏县(冀)	700.00
2	肥乡县(冀)	500.00
3	临猗县(晋)	10000.00
4	金山区(沪)	220.70
5	玉环县(浙)	385.00
6	寿　县(皖)	230.00
7	颍东区(皖)	148.00
8	东平县(鲁)	4000.00
9	沂南县(鲁)	2500.00
10	新泰市(鲁)	2380.00
11	岱岳区(鲁)	1196.00
12	宁阳县(鲁)	956.00
13	安丘市(鲁)	400.00
14	肥城市(鲁)	195.00
15	荥阳市(豫)	23520.00
16	太康县(豫)	15000.00
17	济源市(豫)	5000.00
18	卧龙区(豫)	2500.00
19	新蔡县(豫)	2300.00
20	卫东区(豫)	1300.00
21	平桥区(豫)	1230.00
22	禹州市(豫)	1000.00
23	卫辉市(豫)	550.00
24	淮滨县(豫)	220.00
25	项城市(豫)	190.00
26	新密市(豫)	160.00
27	惠济区(豫)	106.00
28	涟源市(湘)	81000.00
29	封开县(粤)	3530.00
30	和平县(粤)	3000.00
31	会理县(川)	117203.00
32	西昌市(川)	7400.00
33	邻水县(川)	400.00
34	宾川县(滇)	13944.50
35	个旧市(滇)	2281.00
36	永仁县(滇)	1313.00
37	禄丰县(滇)	670.00
38	元谋县(滇)	604.00
39	武定县(滇)	169.00
40	施甸县(滇)	140.00
41	楚雄市(滇)	123.01
42	临潼区(陕)	100000.00
43	礼泉县(陕)	1200.00
44	叶城县(新)	11631.00
45	喀什市(新)	9748.00
46	疏附县(新)	8576.00
47	伽师县(新)	6102.00
48	库车县(新)	1091.00
49	吐鲁番市(新)	510.00
50	鄯善县(新)	391.00
51	疏勒县(新)	283.00
52	岳普湖县(新)	185.00
53	巴楚县(新)	130.00

表 11-25　脐橙主产地产量

	脐橙主产地	产量(吨)
1	三门县(浙)	500.00
2	安远县(赣)	307586.00
3	龙南县(赣)	75000.00
4	崇义县(赣)	60020.00
5	赣　县(赣)	56161.00
6	兴国县(赣)	53758.00

	脐橙主产地	产量(吨)
7	全南县(赣)	23500.00
8	南康市(赣)	19300.00
9	石城县(赣)	6498.00
10	金溪县(赣)	2753.00
11	上犹县(赣)	1600.00
12	吉州区(赣)	650.00
13	余江县(赣)	370.00
14	石首市(鄂)	500.00
15	宜章县(湘)	25796.00
16	江永县(湘)	6356.00
17	君山区(湘)	3000.00
18	临武县(湘)	2290.00
19	汉寿县(湘)	2000.00
20	华容县(湘)	1016.00
21	株洲县(湘)	320.00
22	新邵县(湘)	200.00
23	雁峰区(湘)	150.00
24	平远县(粤)	8200.00
25	恭城瑶族自治县(桂)	134995.00
26	灌阳县(桂)	22345.00
27	忻城县(桂)	16697.00
28	永福县(桂)	10097.00
29	武宣县(桂)	1223.00
30	雁山区(桂)	280.00
31	奉节县(渝)	220000.00
32	邻水县(川)	30000.00
33	兴文县(川)	720.00
34	宣汉县(川)	650.00

表 11-26　青枣主产地产量

	青枣主产地	产量(吨)
1	大名县(冀)	1864.00
2	兴隆县(冀)	442.00
3	永清县(冀)	330.00
4	雄　县(冀)	190.00
5	婺城区(浙)	1115.00
6	阜南县(皖)	790.00
7	垦利县(鲁)	2000.00
8	临沭县(鲁)	120.00
9	卫辉市(豫)	1680.00
10	开封县(豫)	1500.00
11	许昌县(豫)	645.00
12	叶　县(豫)	300.00
13	新密市(豫)	190.00
14	鹿邑县(豫)	100.00
15	蔡甸区(鄂)	1500.00
16	随　县(鄂)	579.00
17	邵阳县(湘)	1300.00
18	双峰县(湘)	142.00
19	连州市(粤)	7072.00
20	丰顺县(粤)	260.00
21	灌阳县(桂)	1613.00
22	柳江县(桂)	160.00
23	奉节县(渝)	2000.00
24	三台县(川)	48050.00
25	开江县(川)	600.00
26	元谋县(滇)	22500.00
27	武定县(滇)	767.00
28	泾阳县(陕)	3000.00
29	乾　县(陕)	900.50

表 11-27　鲜红枣主产地产量

	鲜红枣主产地	产量(吨)
1	平谷区(京)	3202.00
2	怀柔区(京)	1978.20
3	延庆县(京)	1709.40
4	房山区(京)	1099.10
5	密云县(京)	1097.00
6	顺义区(京)	500.00
7	蓟　县(津)	556.00
8	宝坻区(津)	100.00
9	沧　县(冀)	299957.00
10	赞皇县(冀)	125000.00
11	献　县(冀)	110979.00
12	行唐县(冀)	100000.00
13	阜平县(冀)	90000.00
14	泊头市(冀)	76231.00
15	新河县(冀)	53002.00
16	大城县(冀)	40000.00
17	青　县(冀)	27935.00
18	盐山县(冀)	21530.00
19	曲阳县(冀)	17828.00
20	河间市(冀)	16475.00
21	涉　县(冀)	11236.00
22	怀来县(冀)	10728.00
23	南皮县(冀)	10268.00
24	鹿泉市(冀)	7054.00
25	平山县(冀)	6000.00
26	海兴县(冀)	5345.00
27	武邑县(冀)	4789.00
28	曲周县(冀)	4423.00
29	井陉县(冀)	2312.00
30	黄骅市(冀)	1990.00
31	元氏县(冀)	1980.00
32	枣强县(冀)	1963.00
33	辛集市(冀)	1891.00
34	藁城市(冀)	1885.00
35	玉田县(冀)	1881.00
36	阜城县(冀)	1625.00
37	霸州市(冀)	1560.00
38	任　县(冀)	1547.00
39	武安市(冀)	1500.00
40	魏　县(冀)	1394.00
41	孟村回族自治县(冀)	1260.00
42	任丘市(冀)	1194.00
43	桃城区(冀)	1100.00
44	广宗县(冀)	984.00
45	广阳区(冀)	983.00
46	滦　县(冀)	916.00
47	内丘县(冀)	789.00
48	临西县(冀)	750.00
49	迁安市(冀)	723.00
50	平泉县(冀)	650.00
51	邯郸县(冀)	618.00
52	成安县(冀)	600.00
53	安次区(冀)	564.00
54	固安县(冀)	560.00
55	丰润区(冀)	554.00
56	青龙满族自治县(冀)	510.00
57	三河市(冀)	498.00
58	东光县(冀)	490.00
59	蠡　县(冀)	425.00
60	广平县(冀)	420.00
61	沧州市南大港管理区(冀)	410.00
62	灵寿县(冀)	400.00
63	高碑店市(冀)	365.00
64	易　县(冀)	350.00
65	高邑县(冀)	340.00
66	宣化县(冀)	334.00
67	容城县(冀)	310.00
68	丰南区(冀)	300.00
69	涿州市(冀)	300.00
70	饶阳县(冀)	298.00

	鲜红枣主产地	产量(吨)
71	抚宁县(冀)	245.00
72	邯山区(冀)	230.00
73	沙河市(冀)	227.00
74	运河区(冀)	195.00
75	柏乡县(冀)	187.00
76	磁　县(冀)	169.00
77	满城县(冀)	132.00
78	丰宁满族自治县(冀)	125.00
79	吴桥县(冀)	116.00
80	徐水县(冀)	110.00
81	临猗县(晋)	210000.00
82	河津市(晋)	6000.00
83	平陆县(晋)	2250.00
84	保德县(晋)	1300.00
85	河曲县(晋)	366.60
86	尖草坪区(晋)	276.00
87	垣曲县(晋)	240.00
88	高平市(晋)	238.00
89	泽州县(晋)	200.00
90	忻府区(晋)	147.40
91	朝阳县(辽)	22500.00
92	双塔区(辽)	10000.00
93	南票区(辽)	9000.00
94	建昌县(辽)	598.00
95	利辛县(皖)	230.00
96	庆云县(鲁)	60000.00
97	昌乐县(鲁)	1388.00
98	岱岳区(鲁)	1373.00
99	胶州市(鲁)	437.00
100	环翠区(鲁)	322.00
101	招远市(鲁)	300.00
102	海阳市(鲁)	200.00
103	东港区(鲁)	196.00
104	内黄县(豫)	120000.00
105	灵宝市(豫)	37955.40
106	新郑市(豫)	35000.00
107	扶沟县(豫)	7443.00
108	济源市(豫)	5000.00
109	西华县(豫)	4085.00
110	方城县(豫)	1200.00
111	辉县市(豫)	950.00
112	平桥区(豫)	250.00
113	安阳县(豫)	101.40
114	华龙区(豫)	100.00
115	大冶市(鄂)	106.00
116	临武县(湘)	1916.00
117	溆浦县(湘)	930.00
118	衡山县(湘)	400.00
119	雁峰区(湘)	105.00
120	株洲县(湘)	105.00
121	武宣县(桂)	595.00
122	永福县(桂)	395.00
123	武隆县(渝)	1000.00
124	东坡区(川)	1200.00
125	元谋县(滇)	2754.00
126	禄丰县(滇)	188.00
127	清涧县(陕)	200000.00
128	延川县(陕)	80000.00
129	绥德县(陕)	40000.00
130	临渭区(陕)	32000.00
131	蒲城县(陕)	10000.00
132	米脂县(陕)	7770.00
133	彬　县(陕)	1220.00
134	汉滨区(陕)	689.00
135	澄城县(陕)	400.00
136	淳化县(陕)	300.00
137	子洲县(陕)	195.00
138	洛川县(陕)	150.00
139	敦煌市(甘)	3000.00
140	西固区(甘)	3000.00
141	民勤县(甘)	1478.00
142	庆城县(甘)	1362.00
143	宁　县(甘)	1000.00
144	红古区(甘)	1000.00
145	武威市市辖区(甘)	337.00
146	安宁区(甘)	301.50
147	合水县(甘)	231.00
148	肃州区(甘)	150.00
149	成　县(甘)	150.00
150	皋兰县(甘)	118.00
151	永登县(甘)	100.00
152	中卫市市辖区(宁)	11575.00
153	灵武市(宁)	9000.00
154	同心县(宁)	3000.00
155	盐池县(宁)	246.00
156	利通区(宁)	220.00
157	大武口区(宁)	123.00
158	沙依巴克区(新)	155000.00
159	阿克苏市(新)	104797.80
160	阿瓦提县(新)	45160.00
161	新和县(新)	38920.00
162	沙雅县(新)	38183.00
163	托克逊县(新)	16099.00
164	哈密市(新)	14900.00
165	且末县(新)	11987.00
166	吐鲁番市(新)	360.00
167	农十四师(新疆建设兵团)	87031.00
168	农二师(新疆建设兵团)	27069.00
169	农十三师(新疆建设兵团)	2165.00
170	农四师(新疆建设兵团)	658.00

表 11-28　冬枣主产地产量

	冬枣主产地	产量(吨)
1	黄骅市(冀)	62164.00
2	沧　县(冀)	18509.00
3	泊头市(冀)	16328.00
4	献　县(冀)	5021.00
5	南皮县(冀)	3185.00
6	沧州市临港经济技术开发区(冀)	760.00
7	青　县(冀)	600.00
8	海兴县(冀)	400.00
9	肥乡县(冀)	250.00
10	任丘市(冀)	194.00
11	青浦区(沪)	459.50
12	奉贤区(沪)	279.70
13	金山区(沪)	239.20
14	河口区(鲁)	13639.00
15	安丘市(鲁)	10000.00
16	广饶县(鲁)	5500.00
17	利津县(鲁)	3917.00
18	东营区(鲁)	950.00
19	济阳县(鲁)	761.00
20	沂水县(鲁)	120.00
21	濮阳县(豫)	7820.00
22	博爱县(豫)	3500.00
23	荥阳市(豫)	754.00
24	长垣县(豫)	305.00
25	龙安区(豫)	200.00
26	孝昌县(鄂)	2200.00
27	宜都市(鄂)	150.00
28	津市市(湘)	1400.00
29	祁东县(湘)	1078.00
30	衡阳县(湘)	360.00
31	新邵县(湘)	180.00
32	资兴市(湘)	127.00
33	米易县(川)	1359.00
34	蓬安县(川)	101.00
35	大荔县(陕)	100000.00

表 11-29 干枣主产地产量

	干枣主产地	产量(吨)
1	沧　县(冀)	119982.00
2	献　县(冀)	39440.00
3	泊头市(冀)	29863.00
4	青　县(冀)	11174.00
5	盐山县(冀)	8612.00
6	唐　县(冀)	7840.00
7	河间市(冀)	6028.00
8	南皮县(冀)	4107.00
9	临城县(冀)	4098.00
10	遵化市(冀)	3837.00
11	冀州市(冀)	2705.00
12	海兴县(冀)	2138.00
13	井陉县(冀)	923.00
14	黄骅市(冀)	796.00
15	元氏县(冀)	792.00
16	景　县(冀)	639.00
17	巨鹿县(冀)	540.00
18	任　县(冀)	516.00
19	邢台县(冀)	391.00
20	涞源县(冀)	305.00
21	定州市(冀)	304.00
22	隆尧县(冀)	165.00
23	沧州市南大港管理区(冀)	164.00
24	宽城满族自治县(冀)	150.00
25	东光县(冀)	120.00
26	盐湖区(晋)	4055.00
27	平陆县(晋)	3165.00
28	原平市(晋)	1755.90
29	清徐县(晋)	727.20
30	襄垣县(晋)	394.00
31	代　县(晋)	251.30
32	定襄县(晋)	240.00
33	祁　县(晋)	180.00
34	凌源市(辽)	6000.00
35	阜新蒙古族自治县(辽)	5850.00
36	连山区(辽)	5000.00
37	喀喇沁左翼蒙古族自治县(辽)	3500.00
38	龙城区(辽)	500.00
39	盱眙县(苏)	146.00
40	泗洪县(苏)	110.00
41	赣榆县(苏)	106.00
42	凤阳县(皖)	115.00
43	宁阳县(鲁)	29209.00
44	苍山县(鲁)	2895.00
45	陵　县(鲁)	750.00
46	东明县(鲁)	530.00
47	新泰市(鲁)	445.00
48	胶州市(鲁)	437.00
49	龙口市(鲁)	272.00
50	东港区(鲁)	196.00
51	内黄县(豫)	120000.00
52	新郑市(豫)	35000.00
53	渑池县(豫)	1000.00
54	郏　县(豫)	700.00
55	修武县(豫)	100.00
56	泌阳县(豫)	100.00
57	房　县(鄂)	458.00
58	武穴市(鄂)	281.00
59	广水市(鄂)	253.00
60	通山县(鄂)	160.00
61	祁阳县(湘)	1280.00
62	祁东县(湘)	1210.00
63	江华瑶族自治县(湘)	608.00
64	津市市(湘)	450.00
65	衡阳县(湘)	360.00
66	宁远县(湘)	287.00
67	安仁县(湘)	269.00
68	耒阳市(湘)	100.00
69	柳北区(桂)	107.00
70	璧山县(渝)	105.00
71	龙泉驿区(川)	833.00
72	仪陇县(川)	560.00
73	仁寿县(川)	425.00
74	江油市(川)	281.00
75	弥勒县(滇)	725.00
76	三原县(陕)	2200.00
77	子洲县(陕)	358.00
78	淳化县(陕)	300.00
79	商南县(陕)	229.00
80	镇巴县(陕)	203.00
81	景泰县(甘)	30000.00
82	甘州区(甘)	16489.00
83	临泽县(甘)	14000.00
84	永靖县(甘)	2960.00
85	金塔县(甘)	179.00
86	海原县(宁)	179.00

表 11-30 鲜柿子主产地产量

	鲜柿子主产地	产量(吨)
1	平谷区(京)	37260.00
2	房山区(京)	19789.50
3	怀柔区(京)	1450.60
4	顺义区(京)	800.00
5	蓟　县(津)	7054.00
6	易　县(冀)	141300.00
7	顺平县(冀)	91338.00
8	满城县(冀)	48740.00
9	涞水县(冀)	20000.00
10	涉　县(冀)	14283.00
11	平山县(冀)	13869.00
12	徐水县(冀)	11250.00
13	兴隆县(冀)	9163.00
14	灵寿县(冀)	7000.00
15	磁　县(冀)	6905.00
16	内丘县(冀)	6725.00
17	井陉县(冀)	6715.00
18	玉田县(冀)	5153.00
19	武安市(冀)	3380.00
20	迁安市(冀)	2636.00
21	滦　县(冀)	2503.00
22	丰润区(冀)	2489.00
23	辛集市(冀)	2296.00
24	三河市(冀)	2272.00
25	赞皇县(冀)	2250.00
26	鹿泉市(冀)	1702.00
27	古冶区(冀)	1465.00
28	元氏县(冀)	1000.00
29	香河县(冀)	930.00
30	卢龙县(冀)	873.00
31	复兴区(冀)	738.00
32	曲阳县(冀)	630.00
33	任丘市(冀)	409.00
34	井陉矿区(冀)	260.00
35	霸州市(冀)	200.00
36	阜平县(冀)	200.00
37	临猗县(晋)	45000.00
38	垣曲县(晋)	4500.00
39	河津市(晋)	4500.00
40	黎城县(晋)	3140.00
41	高平市(晋)	203.00
42	沁水县(晋)	200.00
43	奉贤区(沪)	124.00

	鲜柿子主产地	产量(吨)
44	青浦区(沪)	113.00
45	亭湖区(苏)	152.00
46	天台县(浙)	60000.00
47	建德市(浙)	4000.00
48	玉环县(浙)	3015.00
49	临海市(浙)	1439.00
50	仙居县(浙)	1300.00
51	温岭市(浙)	1060.00
52	北仑区(浙)	780.00
53	萧山区(浙)	628.00
54	婺城区(浙)	595.00
55	三门县(浙)	450.00
56	文成县(浙)	384.00
57	定海区(浙)	336.00
58	宁海县(浙)	106.90
59	南陵县(皖)	730.00
60	颍东区(皖)	690.00
61	阜南县(皖)	659.00
62	歙　县(皖)	232.00
63	三山区(皖)	200.00
64	利辛县(皖)	188.00
65	繁昌县(皖)	120.00
66	湖口县(赣)	8500.00
67	庐山区(赣)	2250.00
68	石城县(赣)	834.00
69	金溪县(赣)	418.00
70	新干县(赣)	324.00
71	广丰县(赣)	200.00
72	沂水县(鲁)	25092.00
73	海阳市(鲁)	18000.00
74	东港区(鲁)	4759.00
75	东平县(鲁)	4636.00
76	岱岳区(鲁)	4100.00
77	新泰市(鲁)	3145.00
78	沂南县(鲁)	2400.00
79	昌乐县(鲁)	1860.00
80	昌邑市(鲁)	1055.00
81	济阳县(鲁)	739.00
82	泰山区(鲁)	430.00
83	乐陵市(鲁)	398.00
84	河东区(鲁)	350.00
85	莱州市(鲁)	150.00
86	临沭县(鲁)	120.00
87	栾川县(豫)	31000.00
88	济源市(豫)	20000.00
89	灵宝市(豫)	16115.90
90	扶沟县(豫)	15507.00
91	西华县(豫)	15015.00
92	太康县(豫)	12000.00
93	杞　县(豫)	9800.00
94	西峡县(豫)	7280.00
95	博爱县(豫)	6500.00
96	南召县(豫)	6000.00
97	淮阳县(豫)	5000.00
98	内乡县(豫)	3800.00
99	商水县(豫)	3150.00
100	项城市(豫)	3000.00
101	开封县(豫)	2500.00
102	方城县(豫)	2495.00
103	山城区(豫)	2230.00
104	新密市(豫)	1860.00
105	鹿邑县(豫)	1445.00
106	辉县市(豫)	1420.00
107	鲁山县(豫)	1320.00
108	平桥区(豫)	1200.00
109	淇滨区(豫)	1200.00
110	淇　县(豫)	1150.00
111	长垣县(豫)	1050.00
112	襄城县(豫)	755.00
113	郸城县(豫)	450.00
114	临颍县(豫)	385.90
115	安阳县(豫)	242.40
116	叶　县(豫)	200.00
117	新　县(豫)	165.00
118	文峰区(豫)	118.50
119	内黄县(豫)	100.00
120	长阳土家族自治县(鄂)	4812.00
121	蔡甸区(鄂)	2480.00
122	团风县(鄂)	582.00
123	云梦县(鄂)	154.00
124	张湾区(鄂)	150.00
125	竹溪县(鄂)	145.00
126	宜都市(鄂)	120.00
127	京山县(鄂)	100.00
128	邵阳县(湘)	4500.00
129	津市市(湘)	800.00
130	芦淞区(湘)	300.00
131	株洲县(湘)	150.00
132	封开县(粤)	8681.00
133	五华县(粤)	4000.00
134	连州市(粤)	1812.00
135	广宁县(粤)	1387.00
136	阳山县(粤)	435.00
137	广州市市属总林场(粤)	215.00
138	连南瑶族自治县(粤)	212.00
139	丰顺县(粤)	211.00
140	潮南区(粤)	192.00
141	恭城瑶族自治县(桂)	181082.00
142	武宣县(桂)	49860.00
143	灌阳县(桂)	25626.00
144	昭平县(桂)	3920.00
145	右江区(桂)	3220.00
146	柳江县(桂)	1977.00
147	永福县(桂)	1819.00
148	钦北区(桂)	1462.00
149	雁山区(桂)	550.00
150	武隆县(渝)	2800.00
151	奉节县(渝)	2000.00
152	邻水县(川)	1000.00
153	九寨沟县(川)	369.00
154	珙　县(川)	251.00
155	宣汉县(川)	210.00
156	蓬安县(川)	158.00
157	隆阳区(滇)	6890.40
158	禄丰县(滇)	1876.00
159	文山市(滇)	1646.00
160	元谋县(滇)	628.00
161	祥云县(滇)	388.60
162	牟定县(滇)	287.00
163	麒麟区(滇)	270.00
164	武定县(滇)	188.00
165	彬　县(陕)	68800.00
166	富平县(陕)	55000.00
167	澄城县(陕)	31000.00
168	乾　县(陕)	18000.00
169	旬阳县(陕)	12036.00
170	周至县(陕)	10620.00
171	山阳县(陕)	5926.00
172	临潼区(陕)	5000.00
173	临渭区(陕)	4800.00
174	三原县(陕)	2300.00
175	耀州区(陕)	2000.00
176	淳化县(陕)	962.00
177	渭滨区(陕)	823.00
178	华阴市(陕)	750.00
179	太白县(陕)	673.00
180	王益区(陕)	642.00
181	长武县(陕)	350.00
182	宜君县(陕)	200.00
183	汉滨区(陕)	165.00
184	泾阳县(陕)	150.00
185	徽　县(甘)	3621.00
186	宕昌县(甘)	1677.00
187	宁　县(甘)	1000.00

	鲜柿子主产地	产量(吨)
188	成　县(甘)	600.00
189	清水县(甘)	547.00
190	舟曲县(甘)	348.00
191	正宁县(甘)	309.20
192	西峰区(甘)	253.00

表 11-31　柿子主产地产量

	柿子主产地	产量(吨)
1	遵化市(冀)	23348.00
2	邢台县(冀)	5818.00
3	临城县(冀)	3309.00
4	涞源县(冀)	1752.00
5	沙河市(冀)	863.00
6	定州市(冀)	397.00
7	任丘市(冀)	273.00
8	夏　县(晋)	4273.00
9	盐湖区(晋)	2377.00
10	垣曲县(晋)	2100.00
11	沁水县(晋)	200.00
12	祁　县(晋)	175.00
13	平陆县(晋)	110.00
14	泗洪县(苏)	1625.00
15	盱眙县(苏)	635.00
16	新昌县(浙)	1678.00
17	乐清市(浙)	330.00
18	淳安县(浙)	309.00
19	凤阳县(皖)	3250.00
20	潜山县(皖)	2000.00
21	南陵县(皖)	730.00
22	东至县(皖)	531.00
23	歙　县(皖)	232.00
24	三山区(皖)	200.00
25	湖口县(赣)	2165.00
26	石城县(赣)	834.00
28	铜鼓县(赣)	350.00
29	赣　县(赣)	350.00
30	全南县(赣)	170.00
32	兴国县(赣)	100.00
33	东港区(鲁)	4759.00
34	岱岳区(鲁)	4100.00
35	胶州市(鲁)	2176.00
36	苍山县(鲁)	2060.00
37	龙口市(鲁)	1888.00
38	宁阳县(鲁)	929.00
39	诸城市(鲁)	713.00
40	莱阳市(鲁)	280.00
41	莒　县(鲁)	276.00
42	肥城市(鲁)	177.10
43	莒南县(鲁)	150.00
44	郓城县(鲁)	135.00
45	林州市(豫)	7070.00
46	嵩　县(豫)	3600.00
47	泌阳县(豫)	3000.00
48	修武县(豫)	2700.00
49	新蔡县(豫)	2400.00
50	确山县(豫)	1430.00
51	潢川县(豫)	950.00
52	遂平县(豫)	900.00
53	上蔡县(豫)	650.00
54	光山县(豫)	600.00
55	郏　县(豫)	500.00
56	卫辉市(豫)	450.00
57	镇平县(豫)	180.00
58	宜阳县(豫)	160.00
59	钟祥市(鄂)	6753.00
60	兴山县(鄂)	837.00
61	通山县(鄂)	580.00
62	房　县(鄂)	567.00
63	崇阳县(鄂)	400.00
64	曾都区(鄂)	350.00
65	广水市(鄂)	143.00
66	宜都市(鄂)	120.00
67	京山县(鄂)	100.00
68	邵阳县(湘)	2500.00
69	江华瑶族自治县(湘)	667.00
70	宁远县(湘)	652.00
71	道　县(湘)	513.00
72	津市市(湘)	300.00
73	新邵县(湘)	280.00
74	祁阳县(湘)	259.00
75	株洲县(湘)	150.00
76	永顺县(湘)	108.00
77	龙川县(粤)	15802.00
78	信宜市(粤)	8000.00
79	和平县(粤)	4609.00
81	广宁县(粤)	1387.00
82	蕉岭县(粤)	1211.00
83	昭平县(桂)	3920.00
84	隆林各族自治县(桂)	1507.00
85	柳城县(桂)	1092.00
86	龙胜各族自治县(桂)	1064.00
87	柳北区(桂)	989.00
88	恭城瑶族自治县(桂)	150.00
89	石柱土家族自治县(渝)	750.00
90	万州区(渝)	465.00
91	云阳县(渝)	300.00
92	巫溪县(渝)	240.00
93	江油市(川)	732.00
94	蓬安县(川)	158.00
95	宁南县(川)	150.00
96	修文县(黔)	180.00
97	乌当区(黔)	112.00
98	施甸县(滇)	2592.00
99	云　县(滇)	670.90
100	祥云县(滇)	388.60
101	丘北县(滇)	242.80
102	楚雄市(滇)	220.00
103	商州区(陕)	3363.00
104	略阳县(陕)	2804.00
105	商南县(陕)	2360.00
106	汉阴县(陕)	2353.00
107	丹凤县(陕)	1666.00
108	镇安县(陕)	1454.00
109	淳化县(陕)	962.00
110	印台区(陕)	300.00
111	西乡县(陕)	148.00
112	徽　县(甘)	3621.00
113	两当县(甘)	500.00

表 11-32　其他鲜果主产地产量

	鲜果主产地	品种	产量(吨)
1	怀来县(冀)	海棠	8751.00
2	前郭尔罗斯蒙古族自治县(吉)	海棠	1850.00
3	房山区(京)	海棠	167.90
4	丰宁满族自治县(冀)	海棠	123.00
5	赤城县(冀)	海棠	110.00
6	乾安县(吉)	海棠	97.00
7	汤原县(黑)	海棠	70.00

	鲜果主产地	品种	产量(吨)
8	莲花山开发区(吉)	海棠	17.00
9	清苑县(冀)	海棠	15.00
10	仁和区(川)	杧果	67500.00
11	田阳县(桂)	杧果	50100.00
12	永德县(滇)	杧果	20986.00
13	徐闻县(粤)	杧果	17574.00
14	攀枝花市东区(川)	杧果	7638.00
15	信宜市(粤)	杧果	6000.00
16	钦北区(桂)	杧果	4562.00
17	丰顺县(粤)	杧果	4102.00
18	罗定市(粤)	杧果	3600.00
19	雷州市(粤)	杧果	2900.00
20	云　县(滇)	杧果	1502.30
21	攀枝花市西区(川)	杧果	1275.00
22	防城区(桂)	杧果	524.00
23	施甸县(滇)	杧果	400.00
24	元谋县(滇)	杧果	378.00
25	封开县(粤)	杧果	347.00
26	台山市(粤)	杧果	340.00
27	广宁县(粤)	杧果	227.00
28	巴马瑶族自治县(桂)	杧果	224.00
29	化州市(粤)	杧果	184.10
30	萝岗区(粤)	杧果	150.00
31	陆川县(桂)	杧果	100.00
32	丰宁满族自治县(冀)	文冠果	62.00
33	祁东县(湘)	金橘	1107.00
34	乐安县(赣)	金橘	219.00
35	赣　县(赣)	金橘	32.00
36	株洲县(湘)	金橘	25.00
37	龙胜各族自治县(桂)	金橘	22.00
38	元谋县(滇)	番木瓜	600.00
39	莎车县(新)	番木瓜	405.00
40	萝岗区(粤)	番木瓜	245.00
41	安居区(川)	柠檬	4500.00
42	连南瑶族自治县(粤)	柠檬	2013.00
43	阳山县(粤)	柠檬	711.00
44	雷州市(粤)	菠萝	29000.00
45	潮安县(粤)	菠萝	1500.00
46	防城区(桂)	菠萝	535.00
47	萝岗区(粤)	菠萝	450.00
48	潮南区(粤)	菠萝	108.00
49	威远县(川)	无花果	8000.00
50	万州区(渝)	无花果	3000.00
51	喀什市(新)	无花果	952.00
52	岳普湖县(新)	无花果	907.00
53	蓬莱市(鲁)	无花果	480.00
54	库车县(新)	无花果	163.00
55	阿克苏市(新)	香梨	119969.10
56	库车县(新)	香梨	51152.00
57	沙雅县(新)	香梨	28113.00
58	阿瓦提县(新)	香梨	25600.00
59	农二师(新疆建设兵团)	香梨	23535.00
60	新和县(新)	香梨	14800.00
61	温宿县(新)	香梨	14700.00
62	乌什县(新)	香梨	6287.00
63	尉犁县(新)	香梨	6032.00
64	洛宁县(豫)	香梨	100.00
65	平罗县(宁)	枸杞	27300.00
66	同心县(宁)	枸杞	25250.00
67	中卫市市辖区(宁)	枸杞	20870.00
68	都兰县(青)	枸杞	16308.00
69	沙湾县(新)	枸杞	5106.00
70	农六师(新疆建设兵团)	枸杞	1200.00
71	永登县(甘)	枸杞	437.00
72	钦北区(桂)	酸梅	859.00
73	宜章县(湘)	酸梅	465.00
74	隆回县(湘)	酸梅	390.00
75	荔波县(黔)	酸梅	365.00
76	龙南县(赣)	酸梅	320.00
77	天台县(浙)	酸梅	300.00
78	清远市市属总林场(粤)	酸梅	200.00
79	塔城市(新)	酸梅	100.00
80	临海市(浙)	酸梅	93.00
81	泾　县(皖)	酸梅	55.00
82	仙居县(浙)	酸梅	50.00
83	三门县(浙)	酸梅	40.00
84	托里县(新)	酸梅	37.00
85	龙山县(湘)	酸梅	35.00
86	保靖县(湘)	酸梅	35.00
87	永顺县(湘)	酸梅	30.00
88	凤凰县(湘)	酸梅	30.00
89	吉首市(湘)	酸梅	25.00
90	裕民县(新)	酸梅	21.00
91	古丈县(湘)	酸梅	20.00
92	泸溪县(湘)	酸梅	20.00
93	花垣县(湘)	酸梅	15.00
94	尚志市(黑)	小浆果	7000.00
95	乌苏市(新)	小浆果	600.00
96	五常市(黑)	小浆果	540.00
97	额敏县(新)	小浆果	397.00
98	桦川县(黑)	小浆果	250.00
99	苇河林业局(龙江集团)	小浆果	160.00

	鲜果主产地	品种	产量(吨)
100	兴宾区(桂)	甜瓜	57336.00
101	象州县(桂)	甜瓜	25984.00
102	太康县(豫)	甜瓜	15000.00
103	金秀瑶族自治县(桂)	甜瓜	13913.00
104	鼎城区(湘)	甜瓜	5500.00
105	扶沟县(豫)	甜瓜	2290.00
106	桦南县(黑)	甜瓜	1953.00
107	郾城区(豫)	甜瓜	1640.00
108	沅陵县(湘)	甜瓜	1522.00
109	合山市(桂)	甜瓜	1292.00
110	项城市(豫)	甜瓜	900.00
111	东丰县(吉)	甜瓜	800.00
112	濮阳市高新区(豫)	甜瓜	800.00
113	磁　县(冀)	甜瓜	382.00
114	宜都市(鄂)	甜瓜	300.00
115	大兴安岭地区加格达奇区(黑)	蓝莓	6000.00
116	抚松县(吉)	蓝莓	930.75
117	麻江县(黔)	蓝莓	600.00
118	翠峦林业局(龙江集团)	蓝莓	561.00
119	大海林林业局(龙江集团)	蓝莓	437.00
120	五营林业局(龙江集团)	蓝莓	320.00
121	金山屯林业局(龙江集团)	蓝莓	300.00
122	美溪林业局(龙江集团)	蓝莓	195.00
123	仙居县(浙)	蓝莓	150.00
124	抚远县(黑)	蓝莓	125.00
125	漠河县(黑)	蓝莓	120.00
126	临海市(浙)	蓝莓	112.00
127	西华县(豫)	葡萄干	12630.00
128	沙依巴克区(新)	葡萄干	3000.00
129	金台区(陕)	葡萄干	1234.00
130	隆回县(湘)	葡萄干	270.00
131	尚志市(黑)	树莓	7000.00
132	延寿县(黑)	树莓	3000.00
133	修水县(赣)	树莓	480.00
134	顺义区(京)	树莓	150.00

表 11-33　其他干果主产地产量

	其他木本粮油主产地	品种	产量(吨)
1	信宜市(粤)	梅	2280.00
2	铜鼓县(赣)	梅	1000.00
3	巍山彝族回族自治县(滇)	梅	780.00
4	祁东县(湘)	梅	601.00
5	台山市(粤)	梅	600.00
6	峡江县(赣)	梅	400.00
7	祥云县(滇)	梅	182.50
8	涟源市(湘)	梅	150.00
9	云　县(滇)	梅	116.50
10	永顺县(湘)	沙枣	110.00
11	渑池县(豫)	柿饼	8800.00
12	青州市(鲁)	柿饼	8020.00
13	唐　县(冀)	柿饼	6080.00
14	龙泉驿区(川)	柿饼	1040.00
15	定兴县(冀)	柿饼	245.00
16	镇巴县(陕)	柿饼	173.00
17	建德市(浙)	柿饼	120.00
18	恭城瑶族自治县(桂)	柿饼	100.00

表 11-34　果类出口量值

国家/地区	出口数量(吨)	出口金额(千美元)
12129911 苦杏仁		
合计	4078	19104
德国	2049	8439
中国台湾	590	4311
意大利	468	2361
荷兰	319	1270
摩洛哥	252	809
中国香港	121	673
日本	82	550
韩国	96	290
马来西亚	55	190
新加坡	30	148
泰国	10	43
加拿大	3	12
朝鲜	3	4
英国	0	2
印度尼西亚	0	1
12129912 甜杏仁		
合计	1663	4202
日本	1201	3436
中国香港	307	484
中国澳门	134	195
马来西亚	6	36
韩国	13	36
美国	1	7
新加坡	1	7
12129919 杏核；桃、梅或李的核及核仁		
合计	222	3809
日本	164	3347
中国台湾	25	284
中国香港	15	108
韩国	3	21
美国	11	18
泰国	2	15
印度尼西亚	1	9
英国	0	4
沙特阿拉伯	0	1
澳大利亚	0	1
新加坡	0	1
加拿大	0	1
马来西亚	0	1

国家/地区	出口数量（吨）	出口金额（千美元）
15091000 初榨的油橄榄油		
合计	13	72
西班牙	9	43
阿联酋	2	18
朝鲜	1	9
中国香港	0	1
15099000 其他油橄榄油及其分离品		
合计	1	3
阿联酋	0	2
法国	1	1
15100000 其他橄榄油及其分离品		
合计	0	1
美国	0	1
15119010 棕榈液油(熔点19～24℃)		
合计	674	973
吉尔吉斯斯坦	583	910
朝鲜	91	63
15119090 其他棕榈油及其分离品		
合计	151	240
吉尔吉斯斯坦	148	236
日本	3	5
15121100 初榨的葵花油或红花油		
合计	973	1905
新加坡	906	1669
韩国	65	230
巴西	1	6
15121900 其他葵花油或红花油及其分离品		
合计	188	394
中国香港	137	246
巴西	32	90
马来西亚	10	30
日本	6	21
中国澳门	2	5
美国	1	2
新西兰	0	1
15159030 桐油及其分离品		
合计	6448	19616
韩国	1528	4676
日本	1292	3971
泰国	792	2430
马来西亚	688	2072
中国台湾	485	1425
美国	377	1167
印度尼西亚	334	1028
澳大利亚	228	718

国家/地区	出口数量（吨）	出口金额（千美元）
荷兰	115	297
中国香港	99	268
印度	80	235
斯里兰卡	60	180
菲律宾	56	169
法国	48	148
英国	46	138
瑞典	42	129
加拿大	35	107
朝鲜	28	100
挪威	32	99
斯洛文尼亚	30	88
德国	16	57
墨西哥	20	56
南非	15	49
新加坡	2	9
15159090 未列名固定植物油脂及分离品		
合计	6193	19802
韩国	4754	6983
日本	448	3278
荷兰	322	2594
美国	270	2172
新西兰	95	1001
加拿大	96	931
英国	45	738
澳大利亚	24	545
哥伦比亚	35	456
中国香港	50	396
印度	8	151
南非	11	134
泰国	9	134
中国台湾	9	97
科特迪瓦	2	50
埃及	7	39
越南	2	27
法国	0	16
挪威	0	13
马来西亚	1	13
肯尼亚	0	10
新加坡	2	8
叙利亚	1	5
智利	0	5
阿根廷	0	4
葡萄牙	0	1
20057000 非醋方法制作或保藏的油橄榄		

国家/地区	出口数量（吨）	出口金额（千美元）
合计	2	3
英国	2	3
20060010 蜜枣		
合计	6542	12844
泰国	3102	5302
中国香港	1071	2861
马来西亚	844	1965
俄罗斯	703	986
美国	151	392
乌克兰	202	302
加拿大	75	245
韩国	116	207
日本	45	120
中国澳门	55	83
澳大利亚	27	75
新加坡	32	63
西班牙	21	38
中国台湾	18	34
英国	10	32
毛里求斯	17	27
印度尼西亚	12	22
立陶宛	12	19
比利时	4	18
阿塞拜疆	8	14
捷克	9	13
意大利	3	12
哈萨克斯坦	2	7
荷兰	1	4
德国	1	3
越南	1	2
新西兰	0	1
20060020 糖渍橄榄		
合计	308	1091
中国香港	146	457
中国台湾	60	276
印度尼西亚	44	176
新加坡	34	118
泰国	18	41
马来西亚	5	20
苏里南	1	3
20060090 其他糖渍水果、坚果的其他部分		
合计	80354	194291
日本	28165	62478
美国	2541	14654
俄罗斯	5316	14608

国家/地区	出口数量（吨）	出口金额（千美元）
英国	3114	13629
德国	5307	12138
中国香港	6258	10117
韩国	6532	8949
荷兰	3417	8275
泰国	5258	7648
法国	1390	6475
越南	468	4905
马来西亚	2399	4463
中国台湾	1438	3694
新加坡	1565	3311
澳大利亚	1113	2781
菲律宾	670	2301
沙特阿拉伯	1301	1836
乌克兰	451	1279
印度尼西亚	449	1134
意大利	376	969
波兰	326	886
墨西哥	337	848
印度	251	829
立陶宛	280	735
加拿大	65	474
以色列	99	447
土耳其	77	429
新西兰	124	409
中国澳门	124	373
比利时	306	341
特立尼达和多巴哥	114	300
捷克	67	284
阿塞拜疆	87	250
白俄罗斯	48	183
毛里求斯	51	161
巴西	27	149
阿尔及利亚	35	127
黎巴嫩	33	126
伊朗	23	115
孟加拉国	52	113
丹麦	38	108
哈萨克斯坦	24	103
拉脱维亚	24	92
西班牙	15	86
亚美尼亚	34	86
格鲁吉亚	29	75
阿根廷	21	73
苏里南	31	71

国家/地区	出口数量（吨）	出口金额（千美元）
文莱	23	70
智利	4	53
挪威	10	48
阿联酋	10	39
瑞士	7	33
南非	11	29
芬兰	2	29
斯洛文尼亚	2	24
瑞典	5	23
缅甸	3	14
巴拿马	4	8
前南马其顿	1	5
摩洛哥	0	2
秘鲁	0	1
20079100 柑橘属水果制果酱、果冻、果泥		
合计	1630	2751
美国	1318	2236
澳大利亚	121	251
加拿大	81	164
以色列	76	47
日本	22	32
哥斯达黎加	12	21
20079910 非柑橘属水果制果酱、果冻、果泥罐头		
合计	44830	35378
俄罗斯	18009	12533
美国	6153	6270
荷兰	4831	3576
日本	1483	1998
土耳其	3087	1820
沙特阿拉伯	2243	1796
哈萨克斯坦	1544	1157
澳大利亚	676	707
以色列	703	525
德国	706	451
乌克兰	680	435
科威特	444	424
意大利	469	321
阿尔及利亚	389	294
比利时	354	267
英国	155	247
中国香港	80	206
墨西哥	185	202
印度	302	200
新西兰	208	197

国家/地区	出口数量（吨）	出口金额（千美元）
约旦	183	175
加拿大	264	171
法国	245	169
斯洛文尼亚	205	141
中国台湾	126	135
匈牙利	187	104
瑞典	112	77
巴布亚新几内亚	42	72
伊拉克	80	72
利比亚	76	67
突尼斯	75	66
哥斯达黎加	28	63
阿联酋	62	59
新加坡	44	43
蒙古	50	36
罗马尼亚	56	34
肯尼亚	16	27
卡塔尔	29	27
保加利亚	56	27
丹麦	38	26
希腊	38	26
南非	15	24
法属波利尼西亚	15	23
尼日利亚	34	23
巴林	12	20
塔吉克斯坦	19	19
斯洛伐克	13	18
朝鲜	5	5
埃及	1	1
越南	1	1
20079990 其他非柑橘属水果制果酱、果冻、果泥		
合计	35263	51674
日本	11266	18306
美国	4709	6941
韩国	1693	3466
澳大利亚	1603	2638
墨西哥	2351	2372
马来西亚	1068	2179
德国	547	1283
危地马拉	968	1129
新西兰	614	965
蒙古	1018	924
新加坡	539	918
中国香港	425	866

国家/地区	出口数量(吨)	出口金额(千美元)
萨尔瓦多	747	835
俄罗斯	930	780
多民族玻利维亚国	827	779
突尼斯	380	736
加拿大	343	681
哈萨克斯坦	569	444
尼加拉瓜	398	443
洪都拉斯	418	385
中国台湾	371	360
英国	183	353
哥伦比亚	303	352
巴拿马	324	317
泰国	151	285
毛里求斯	287	276
印度尼西亚	125	263
伊朗	334	241
阿联酋	58	199
哥斯达黎加	215	184
阿尔及利亚	77	144
阿尔巴尼亚	84	134
特立尼达和多巴哥	142	128
智利	131	127
印度	105	120
乌克兰	87	102
菲律宾	56	96
以色列	51	96
牙买加	112	96
科威特	63	83
多米尼加	74	82
越南	49	72
乌拉圭	61	56
塞拉利昂	48	44
沙特阿拉伯	47	44
朝鲜	30	38
荷兰	37	34
圭亚那	34	33
法国	15	26
南非	5	26
罗马尼亚	18	23
刚果(金)	24	22
苏里南	28	22
柬埔寨	7	16
文莱	15	16
巴拉圭	16	16
加纳	18	15

国家/地区	出口数量(吨)	出口金额(千美元)
比利时	10	13
波多黎各	18	13
中国澳门	3	11
瑞典	14	10
巴布亚新几内亚	9	7
塞内加尔	7	5
意大利	2	4
20081910 核桃仁罐头		
合计	730	5522
德国	604	4339
爱尔兰	40	361
南非	22	190
荷兰	20	169
西班牙	14	162
日本	12	132
新西兰	11	92
中国香港	6	73
多米尼加	0	3
20081920 其他果仁罐头		
合计	19263	83076
日本	12061	52719
韩国	1434	6832
中国香港	1123	5131
泰国	1219	4872
美国	729	3544
中国台湾	588	1696
马来西亚	324	1262
新加坡	434	1087
加拿大	205	1086
英国	231	906
以色列	207	882
比利时	159	712
德国	97	471
澳大利亚	77	376
荷兰	79	315
西班牙	41	251
沙特阿拉伯	40	188
俄罗斯	52	145
法国	39	108
匈牙利	22	91
阿联酋	14	65
印度尼西亚	16	58
斯洛文尼亚	14	57
菲律宾	7	46
新西兰	7	42

国家/地区	出口数量(吨)	出口金额(千美元)
墨西哥	13	26
中国澳门	4	20
巴拿马	5	20
意大利	4	17
苏里南	3	12
斯洛伐克	2	11
赞比亚	1	6
土耳其	1	5
马尔代夫	6	4
危地马拉	2	4
巴西	0	3
南非	1	3
利比里亚	2	2
越南	0	1
20081991 其他制作或保藏的栗仁		
合计	13098	63818
日本	9897	56490
韩国	2664	5214
美国	152	686
中国台湾	128	425
英国	126	324
中国香港	11	136
阿联酋	22	119
新加坡	21	111
加拿大	23	83
巴西	14	54
比利时	8	34
波兰	10	30
马来西亚	3	27
菲律宾	6	25
泰国	5	24
以色列	4	15
意大利	2	11
德国	1	6
澳大利亚	1	5
20081999 未列名制作或保藏的坚果及仁		
合计	54314	194449
美国	5664	29430
荷兰	4178	27581
印度尼西亚	9571	18605
德国	3352	16022
中国香港	3012	15727
马来西亚	4920	15153
澳大利亚	2032	11058
韩国	6089	9082

国家/地区	出口数量（吨）	出口金额（千美元）
日本	2706	8004
中国台湾	2037	6808
英国	1617	6118
新加坡	1170	4569
西班牙	474	2591
加拿大	521	2132
巴西	347	1994
俄罗斯	504	1982
阿联酋	729	1888
叙利亚	460	1404
意大利	219	1320
科威特	845	1229
泰国	603	1017
越南	320	1010
菲律宾	306	825
法国	294	778
新西兰	173	738
波兰	180	645
挪威	180	605
比利时	221	592
墨西哥	131	531
以色列	214	507
丹麦	153	483
沙特阿拉伯	21	380
委内瑞拉	130	378
尼泊尔	56	303
阿尔及利亚	50	302
约旦	190	288
中国澳门	100	284
爱尔兰	12	258
伊拉克	91	255
巴林	77	242
捷克	46	158
爱沙尼亚	36	154
芬兰	29	123
瑞典	35	108
南非	32	85
埃及	25	82
突尼斯	4	78
立陶宛	20	74
文莱	10	57
匈牙利	18	56
克罗地亚	17	55
拉脱维亚	7	39
黎巴嫩	15	30

国家/地区	出口数量（吨）	出口金额（千美元）
阿根廷	8	30
巴基斯坦	12	28
伊朗	6	23
白俄罗斯	9	19
多米尼加	2	18
塞浦路斯	5	18
印度	5	17
土耳其	4	15
安哥拉	2	14
格鲁吉亚	3	13
赞比亚	3	12
萨摩亚	4	11
洪都拉斯	6	8
奥地利	1	3
毛里求斯	1	3
20082010 菠萝罐头		
合计	38991	40627
美国	18551	18228
伊朗	6786	7727
英国	3600	3805
阿联酋	2614	2846
荷兰	1746	1842
加拿大	385	599
中国香港	501	458
乌克兰	288	309
德国	269	295
安哥拉	210	272
特立尼达和多巴哥	254	260
墨西哥	289	258
澳大利亚	168	257
科威特	246	256
法国	267	237
也门	279	235
瑞典	236	234
巴基斯坦	233	229
阿曼	177	203
哈萨克斯坦	167	174
南非	161	170
文莱	123	163
丹麦	163	163
波多黎各	139	135
比利时	87	110
古巴	97	98
马来西亚	78	86
摩洛哥	73	84

国家/地区	出口数量（吨）	出口金额（千美元）
以色列	58	73
挪威	73	72
巴林	70	72
俄罗斯	54	64
爱尔兰	53	59
巴拿马	36	46
卡塔尔	35	41
摩尔多瓦	36	40
巴布亚新几内亚	36	37
约旦	31	36
新加坡	35	35
格鲁吉亚	28	33
克罗地亚	19	24
马耳他	18	24
西班牙	19	21
亚美尼亚	18	21
新西兰	18	20
拉脱维亚	18	19
智利	9	18
牙买加	18	18
塞浦路斯	14	16
意大利	7	16
萨尔瓦多	18	16
吉尔吉斯斯坦	18	16
阿尔及利亚	18	15
中国台湾	18	13
突尼斯	18	12
巴巴多斯	4	8
黎巴嫩	6	7
留尼汪岛(法)	1	3
20082090 未列名制作或保藏的菠萝		
合计	42	334
英国	8	129
俄罗斯	25	94
美国	3	53
泰国	1	26
日本	1	10
加拿大	0	6
荷兰	0	6
蒙古	3	4
澳大利亚	0	4
中国香港	0	2
20083010 柑橘属水果罐头		
合计	337031	386884
美国	172173	212511

国家/地区	出口数量（吨）	出口金额（千美元）
日本	62598	74336
德国	25856	26432
泰国	20170	22205
加拿大	9394	13180
伊朗	8250	5161
荷兰	4987	4884
阿联酋	7269	4142
沙特阿拉伯	6148	4043
英国	2960	3415
韩国	2638	2932
捷克	1740	1977
也门	1720	1124
印度尼西亚	1527	1103
澳大利亚	742	1010
菲律宾	1020	925
马来西亚	955	823
中国香港	739	778
俄罗斯	656	664
中国台湾	473	496
斯洛伐克	417	470
突尼斯	652	398
比利时	364	351
波多黎各	331	335
阿尔及利亚	484	295
波兰	296	280
希腊	236	278
南非	229	271
爱沙尼亚	262	261
新西兰	192	235
新加坡	257	229
墨西哥	183	200
挪威	203	199
西班牙	164	170
瑞典	190	159
斯威士兰	119	128
芬兰	110	100
意大利	54	86
丹麦	74	76
瑞士	51	61
奥地利	36	35
土耳其	18	27
哥伦比亚	17	18
匈牙利	19	17
乌克兰	21	17
越南	18	14

国家/地区	出口数量（吨）	出口金额（千美元）
斯里兰卡	2	6
智利	4	6
土库曼斯坦	4	5
巴巴多斯	2	3
巴西	3	3
以色列	1	3
大洋洲其他国家(地区)	3	3
法属波利尼西亚	1	3
20083090 未列名制作保藏柑橘属水果		
合计	634	1210
中国香港	203	356
美国	6	186
德国	118	172
英国	96	157
日本	48	91
荷兰	48	74
瑞士	48	66
法国	24	36
澳大利亚	24	36
马来西亚	18	34
塞尔维亚	0	3
20084010 梨罐头		
合计	57887	59721
美国	19963	20550
泰国	7820	8195
德国	6181	5894
希腊	4215	3823
日本	2403	3336
西班牙	3560	3019
加拿大	1875	2609
英国	1558	1783
澳大利亚	1140	1568
俄罗斯	1446	1325
荷兰	1100	1110
法国	730	676
爱尔兰	510	602
捷克	387	410
也门	458	369
波兰	360	343
丹麦	299	285
安哥拉	268	283
比利时	249	275
挪威	203	247
以色列	287	246
摩洛哥	209	214

国家/地区	出口数量（吨）	出口金额（千美元）
中国香港	181	173
新西兰	161	165
奥地利	139	154
墨西哥	185	138
波多黎各	164	136
斯洛伐克	125	135
爱沙尼亚	145	129
新加坡	123	122
芬兰	105	117
匈牙利	135	114
瑞典	99	106
斐济	78	102
多米尼加	99	98
古巴	103	93
克罗地亚	92	75
乌克兰	71	62
印度	58	53
牙买加	54	48
埃及	47	48
拉脱维亚	53	42
新喀里多尼亚	34	41
阿联酋	40	37
法属波利尼西亚	34	36
韩国	35	31
马尔代夫	34	31
瑞士	26	28
马来西亚	23	26
冰岛	20	22
大洋洲其他国家(地区)	26	20
塞浦路斯	18	19
利比亚	17	18
突尼斯	18	17
意大利	18	15
佛得角	16	15
留尼汪岛(法)	11	13
哈萨克斯坦	9	11
斯里兰卡	12	10
巴布亚新几内亚	10	10
约旦	9	10
印度尼西亚	8	10
贝宁	7	7
土库曼斯坦	4	4
苏丹	3	3
尼日利亚	3	3
菲律宾	3	3

国家/地区	出口数量（吨）	出口金额（千美元）
巴拿马	1	2
巴巴多斯	2	1
阿富汗	1	1
尼泊尔	1	1
塞舌尔	1	1
基里巴斯	1	1
20084090 未列名制作或保藏的梨		
合计	158	1032
美国	40	819
阿尔及利亚	115	142
俄罗斯	2	40
加拿大	1	13
荷兰	1	10
澳大利亚	0	5
中国香港	0	3
阿联酋	0	3
20085000 其他制作或保藏的杏		
合计	18783	19381
俄罗斯	4741	5160
德国	3720	3885
法国	2328	2144
英国	1206	1192
美国	1053	1047
澳大利亚	897	1000
比利时	860	814
捷克	637	788
加拿大	626	594
西班牙	469	435
爱沙尼亚	289	292
荷兰	285	280
新西兰	306	269
哈萨克斯坦	156	174
奥地利	171	165
斯洛伐克	88	123
波兰	105	99
中国香港	91	92
以色列	92	91
乌克兰	74	78
日本	61	66
克罗地亚	61	61
挪威	40	53
瑞典	41	51
新加坡	38	42
蒙古	33	38
丹麦	31	35

国家/地区	出口数量（吨）	出口金额（千美元）
瑞士	29	31
阿联酋	35	30
爱尔兰	25	29
摩洛哥	24	25
立陶宛	21	24
匈牙利	18	22
泰国	1	19
突尼斯	18	19
智利	16	18
斯洛文尼亚	18	17
南非	18	15
意大利	16	14
新喀里多尼亚	13	14
葡萄牙	13	13
法属波利尼西亚	7	11
土库曼斯坦	4	4
苏丹	3	3
留尼汪岛(法)	2	2
斐济	2	2
白俄罗斯	1	1
20086010 樱桃罐头		
合计	5480	11906
日本	2042	4688
俄罗斯	1832	3476
美国	275	672
韩国	290	605
保加利亚	219	558
印度	226	427
爱沙尼亚	118	279
墨西哥	73	201
菲律宾	56	171
加拿大	68	164
德国	52	149
中国台湾	57	133
乌克兰	36	99
巴基斯坦	44	81
澳大利亚	15	33
印度尼西亚	14	32
拉脱维亚	14	32
苏丹	11	21
土库曼斯坦	10	21
肯尼亚	8	16
斐济	6	15
南非	4	8
新喀里多尼亚	4	8

国家/地区	出口数量（吨）	出口金额（千美元）
新西兰	3	7
中国香港	1	3
哈萨克斯坦	1	2
立陶宛	1	2
塞舌尔	1	1
毛里求斯	0	1
20086090 其他制作或保藏的樱桃		
合计	2099	5538
保加利亚	1894	5026
墨西哥	87	219
美国	74	177
澳大利亚	16	39
乌克兰	10	30
阿鲁巴	15	29
挪威	1	12
新西兰	2	6
20087010 桃罐头		
合计	138996	167853
日本	38677	52386
美国	40005	51700
俄罗斯	15139	15214
加拿大	6752	9942
泰国	6990	7259
墨西哥	7245	6128
澳大利亚	2670	3304
西班牙	2570	2788
也门	2874	2584
韩国	2217	2139
新西兰	1331	1608
沙特阿拉伯	1450	1355
爱沙尼亚	1344	1284
德国	575	739
智利	679	719
英国	504	678
阿联酋	519	485
巴西	308	465
哥伦比亚	444	464
马来西亚	387	372
中国香港	396	346
乌克兰	346	341
以色列	347	330
荷兰	342	329
菲律宾	353	326
爱尔兰	296	322
伊朗	264	276

国家/地区	出口数量（吨）	出口金额（千美元）
波多黎各	307	274
巴拿马	275	265
哈萨克斯坦	216	238
摩洛哥	234	232
新加坡	224	227
安哥拉	185	204
拉脱维亚	208	165
印度	137	153
黎巴嫩	132	150
哥斯达黎加	124	138
委内瑞拉	108	120
多民族玻利维亚国	107	119
古巴	129	116
中国台湾	108	112
斐济	102	109
巴基斯坦	115	83
立陶宛	72	81
多米尼加	85	78
挪威	71	75
白俄罗斯	55	68
埃及	52	61
萨尔瓦多	53	57
马尔代夫	52	48
法国	45	45
新喀里多尼亚	40	40
南非	50	39
丹麦	52	37
比利时	19	37
捷克	41	35
奥地利	36	32
佛得角	35	32
瑞典	36	30
斯洛伐克	24	29
蒙古	21	27
法属波利尼西亚	23	25
土耳其	12	23
格鲁吉亚	35	23
阿尔巴尼亚	23	23
牙买加	20	22
朝鲜	17	21
越南	19	21
突尼斯	21	20
葡萄牙	18	19
科威特	20	17
巴巴多斯	16	17

国家/地区	出口数量（吨）	出口金额（千美元）
留尼汪岛(法)	13	16
波兰	18	16
毛里求斯	18	16
阿鲁巴	18	15
巴布亚新几内亚	21	15
危地马拉	18	14
斯里兰卡	14	13
阿曼	12	12
印度尼西亚	11	10
瑞士	9	9
贝宁	9	8
尼日利亚	5	8
克罗地亚	6	7
大洋洲其他国家(地区)	9	6
土库曼斯坦	4	4
冰岛	4	4
塞舌尔	3	4
苏丹	3	3
约旦	3	3
阿富汗	1	1
基里巴斯	1	1
20087090 未列名制作或保藏的桃		
合计	4339	6053
韩国	3728	4867
美国	144	457
英国	176	252
荷兰	124	135
俄罗斯	28	88
加拿大	48	79
新西兰	48	68
墨西哥	40	46
泰国	2	29
中国香港	1	14
澳大利亚	0	6
巴西	0	5
德国	0	3
马来西亚	0	3
20088000 其他制作或保藏的草莓		
合计	23819	33878
日本	2929	6945
德国	4312	5506
俄罗斯	4558	4995
捷克	3654	4720
斯洛伐克	1794	2295
美国	1325	2268

国家/地区	出口数量（吨）	出口金额（千美元）
英国	1006	1228
韩国	706	946
荷兰	641	832
智利	532	590
中国香港	215	491
比利时	111	411
爱沙尼亚	329	356
乌克兰	271	346
澳大利亚	220	297
哈萨克斯坦	213	219
南非	194	214
蒙古	151	174
西班牙	100	140
泰国	8	127
波兰	109	116
爱尔兰	79	107
新西兰	84	100
挪威	8	76
中国台湾	33	58
拉脱维亚	53	57
加拿大	2	40
匈牙利	35	36
巴基斯坦	24	28
菲律宾	35	28
芬兰	1	25
克罗地亚	23	25
冰岛	18	19
巴拿马	18	17
波多黎各	7	9
巴西	0	7
土库曼斯坦	5	7
立陶宛	5	6
印度	4	5
朝鲜	5	4
白俄罗斯	3	4
马来西亚	0	2
法国	1	1
20089200 其他制作保藏什锦果实		
合计	65997	86815
美国	17643	23269
加拿大	10520	17352
德国	8612	10740
英国	3851	4983
日本	2522	4290
澳大利亚	2153	3277

国家/地区	出口数量（吨）	出口金额（千美元）
西班牙	2774	2913
法国	2755	2881
荷兰	1242	1415
奥地利	1153	1113
智利	949	1085
新西兰	844	873
俄罗斯	770	862
黎巴嫩	661	748
中国香港	668	690
爱尔兰	614	688
安哥拉	483	626
丹麦	296	548
捷克	417	473
埃及	402	465
比利时	382	454
巴拿马	384	425
波多黎各	327	420
以色列	444	402
瑞典	354	356
匈牙利	342	352
哥斯达黎加	260	302
沙特阿拉伯	285	299
新加坡	219	267
波兰	220	247
马来西亚	218	243
阿根廷	204	239
阿联酋	208	236
新喀里多尼亚	168	210
南非	181	181
法属波利尼西亚	126	179
约旦	129	157
菲律宾	144	157
也门	139	148
斐济	120	140
墨西哥	128	128
马尔代夫	113	124
斯洛伐克	96	114
利比亚	90	110
瑞士	88	107
罗马尼亚	82	101
科威特	84	90
多米尼加	69	77
塞浦路斯	73	77
突尼斯	52	69
克罗地亚	61	63

国家/地区	出口数量（吨）	出口金额（千美元）
古巴	57	61
萨尔瓦多	53	60
巴西	38	60
巴巴多斯	39	59
苏丹	43	52
立陶宛	33	42
希腊	36	42
尼日利亚	28	41
马耳他	36	38
毛里求斯	35	37
叙利亚	34	36
纳米比亚	35	36
斯洛文尼亚	35	36
斯里兰卡	27	31
意大利	21	29
塞舌尔	24	27
阿尔及利亚	18	26
巴布亚新几内亚	25	26
留尼汪岛(法)	18	26
泰国	26	24
洪都拉斯	18	23
伊朗	18	23
蒙古	19	22
肯尼亚	18	21
埃塞俄比亚	11	21
多民族玻利维亚国	18	19
前南马其顿	18	19
文莱	18	18
贝宁	14	17
巴林	11	12
赞比亚	9	11
印度尼西亚	10	11
爱沙尼亚	8	9
基里巴斯	5	6
冰岛	5	6
阿曼	6	6
阿富汗	5	5
哈萨克斯坦	4	5
白俄罗斯	2	3
芬兰	2	2
密克罗尼西亚	2	2
朝鲜	1	1
萨摩亚	1	1
所罗门群岛	1	1

20089910 荔枝罐头

国家/地区	出口数量（吨）	出口金额（千美元）
合计	35177	43011
马来西亚	15992	18447
法国	5020	6440
荷兰	2599	3237
德国	2149	2814
美国	1023	1375
印度尼西亚	972	1290
英国	911	1104
澳大利亚	641	841
西班牙	600	766
巴西	566	748
菲律宾	639	734
比利时	469	634
奥地利	491	596
意大利	441	553
墨西哥	309	440
以色列	330	410
南非	267	353
印度	246	316
葡萄牙	203	251
韩国	165	201
中国香港	166	192
文莱	129	166
加拿大	114	164
泰国	128	164
新西兰	112	136
阿联酋	90	118
日本	51	79
柬埔寨	45	59
瑞士	56	56
伊朗	35	52
哥伦比亚	36	50
法属波利尼西亚	18	24
牙买加	15	21
斯里兰卡	18	18
智利	12	18
俄罗斯	14	17
摩洛哥	11	14
阿根廷	12	13
秘鲁	11	12
肯尼亚	9	11
塞内加尔	9	10
乌克兰	7	9
捷克	7	8
约旦	5	6

国家/地区	出口数量（吨）	出口金额（千美元）
瑞典	5	6
特立尼达和多巴哥	4	5
巴基斯坦	4	5
巴拿马	4	5
苏里南	3	4
贝宁	3	3
塞浦路斯	3	3
阿富汗	2	3
挪威	1	2
尼日利亚	1	2
也门	2	2
芬兰	0	1
20089920 龙眼罐头		
合计	1821	2513
马来西亚	924	1179
文莱	205	297
美国	164	286
意大利	179	256
印度尼西亚	184	228
西班牙	46	68
荷兰	40	68
德国	18	33
中国香港	15	23
澳大利亚	10	14
葡萄牙	9	13
菲律宾	7	10
伊朗	4	8
阿联酋	3	7
乌克兰	4	6
牙买加	3	6
韩国	4	6
智利	1	2
苏里南	1	2
瑞典	1	1
2008999C 未列名水果、坚果其他食用部分		
合计	148989	280331
日本	56846	129931
美国	16405	34913
韩国	32525	27125
俄罗斯	7979	18225
德国	4048	12590
中国香港	4224	8150
泰国	6853	7084
澳大利亚	3291	7020
英国	1489	4487

国家/地区	出口数量（吨）	出口金额（千美元）
新加坡	1999	4471
荷兰	1597	4018
加拿大	1384	2641
法国	1221	1950
乌克兰	775	1559
波兰	467	1413
以色列	446	1386
马来西亚	822	1331
新西兰	908	1286
墨西哥	376	1218
中国台湾	483	1065
南非	970	1032
意大利	572	949
瑞典	502	927
西班牙	457	609
立陶宛	157	593
比利时	231	582
伊朗	384	480
捷克	66	352
奥地利	241	351
挪威	111	315
土耳其	91	274
巴西	80	213
葡萄牙	105	192
拉脱维亚	66	176
智利	48	155
芬兰	117	147
爱沙尼亚	86	123
阿塞拜疆	22	106
特立尼达和多巴哥	42	89
印度尼西亚	44	86
丹麦	70	82
白俄罗斯	40	77
斯洛伐克	52	56
沙特阿拉伯	39	47
马耳他	41	45
黎巴嫩	21	41
阿联酋	19	41
斐济	20	37
委内瑞拉	14	30
毛里求斯	1	30
塞尔维亚	5	26
巴布亚新几内亚	22	20
克罗地亚	17	19
土库曼斯坦	10	19

国家/地区	出口数量（吨）	出口金额（千美元）
肯尼亚	18	18
安哥拉	14	17
塞浦路斯	5	16
阿根廷	9	16
瑞士	13	14
斯里兰卡	0	14
菲律宾	5	12
突尼斯	8	9
希腊	4	6
亚美尼亚	1	5
中国澳门	2	4
蒙古	3	4
爱尔兰	1	3
巴拿马	2	3
罗马尼亚	0	3
乌拉圭	0	1
巴基斯坦	1	1
20091100 冷冻橙汁		
合计	1852	4230
中国香港	1063	2857
泰国	527	889
中国台湾	121	228
马来西亚	39	109
日本	66	67
英国	20	41
尼日利亚	6	25
新加坡	10	14
20091200 非冷冻橙汁、白利糖度≤20		
合计	15242	9308
巴基斯坦	8852	5186
马来西亚	3201	1923
新加坡	1897	1190
中国香港	1092	849
美国	42	35
德国	23	31
加拿大	29	27
蒙古	54	23
法国	15	17
荷兰	22	13
英国	11	8
中国台湾	1	2
意大利	2	2
以色列	1	1
20091900 其他橙汁		
合计	2112	2790

国家/地区	出口数量（吨）	出口金额（千美元）
中国香港	2093	2735
蒙古	8	30
肯尼亚	5	12
尼日利亚	4	9
越南	2	4
20092100 葡萄柚汁白利糖度≤20		
合计	53	45
中国香港	53	45
20092900 其他葡萄柚汁		
合计	5	28
印度尼西亚	5	28
20093110 柠檬汁白利糖度≤20		
合计	4	5
法国	3	4
以色列	1	1
20093190 其他柑橘属水果汁白利糖度≤20		
合计	2	6
斯里兰卡	2	6
20093910 其他柠檬汁		
合计	855	2950
美国	767	2720
中国台湾	25	73
澳大利亚	18	58
马来西亚	9	36
中国香港	24	29
韩国	6	21
尼日利亚	4	9
阿联酋	2	4
20093990 其他未混合柑橘属水果汁		
合计	416	585
印度尼西亚	382	536
日本	31	44
泰国	3	5
20094900 其他菠萝汁		
合计	1536	2674
荷兰	928	1485
伊朗	250	495
哈萨克斯坦	123	274
意大利	103	185
俄罗斯	40	66
毛里求斯	20	38
立陶宛	21	36
蒙古	6	27
波兰	20	27
越南	18	21

国家/地区	出口数量（吨）	出口金额（千美元）
尼日利亚	6	17
中国香港	2	4
20096100 葡萄汁白利糖度≤30		
合计	463	432
中国香港	389	386
蒙古	63	34
中国澳门	10	12
20096900 其他葡萄汁		
合计	852	1720
日本	96	591
中国台湾	283	444
泰国	199	300
毛里求斯	153	223
沙特阿拉伯	66	78
肯尼亚	22	34
牙买加	22	31
越南	10	16
马来西亚	1	3
20097100 苹果汁白利糖度≤20		
合计	4418	11239
美国	3426	10098
中国香港	823	830
加拿大	60	176
新加坡	73	103
德国	10	10
法国	8	9
荷兰	13	8
英国	3	3
以色列	2	2
20097900 其他苹果汁		
合计	609494	1070001
美国	266880	481783
俄罗斯	63011	102151
日本	55033	100031
荷兰	57399	91703
德国	34549	60630
澳大利亚	30052	53570
南非	28841	46837
加拿大	22239	43076
沙特阿拉伯	5535	10907
乌克兰	4210	6946
以色列	3968	6944
印度	3244	5527
中国台湾	3032	5278
韩国	2953	4951

国家/地区	出口数量（吨）	出口金额（千美元）
英国	3590	4855
新西兰	2786	4761
泰国	2562	4715
比利时	2744	4664
巴基斯坦	1936	3876
马来西亚	1313	2327
哈萨克斯坦	1303	2317
埃及	1142	2229
波兰	1406	2108
尼日利亚	1015	1916
挪威	848	1617
蒙古	696	1488
新加坡	813	1439
克罗地亚	832	1409
印度尼西亚	651	1271
塞浦路斯	506	952
西班牙	521	882
阿联酋	415	773
约旦	396	735
越南	361	676
爱尔兰	508	615
突尼斯	198	396
黎巴嫩	198	355
摩洛哥	183	347
菲律宾	177	343
中国香港	205	338
丹麦	154	314
阿尔巴尼亚	154	308
牙买加	132	211
土耳其	110	204
荷属安的列斯	110	203
新喀里多尼亚	88	174
加纳	105	158
爱沙尼亚	66	121
波多黎各	57	96
肯尼亚	47	93
毛里求斯	44	75
格鲁吉亚	35	64
利比亚	40	44
阿尔及利亚	19	43
意大利	19	38
多米尼加	20	37
也门	20	34
朝鲜	10	21
斯里兰卡	8	15

国家/地区	出口数量（吨）	出口金额（千美元）
阿曼	6	11
20098012 杧果汁		
合计	101	148
蒙古	36	82
泰国	42	38
哈萨克斯坦	8	15
阿联酋	15	13
20098013 西番莲果汁		
合计	32	92
加纳	12	50
加拿大	12	28
马来西亚	5	9
新西兰	3	5
20098019 其他未混合的水果汁		
合计	55573	79357
美国	20755	29996
加拿大	4429	6431
日本	5658	5383
德国	3235	5194
荷兰	2504	4912
俄罗斯	3520	4289
澳大利亚	2124	3675
中国台湾	1596	2840
以色列	2057	2746
南非	1342	1744
韩国	999	1681
瑞典	996	1366
乌克兰	695	1218
沙特阿拉伯	903	1206
英国	765	875
印度	392	806
土耳其	374	590
阿联酋	436	571
新加坡	343	486
突尼斯	207	377
中国香港	213	302
比利时	203	288
波兰	198	280
蒙古	378	263
智利	126	244
越南	86	172
马来西亚	94	168
约旦	324	158
泰国	24	123
西班牙	67	114
尼日利亚	88	113
丹麦	67	101
印度尼西亚	60	93
阿尔及利亚	39	88
塞浦路斯	19	77
中国澳门	77	62
叙利亚	40	62
匈牙利	7	55
菲律宾	47	53
牙买加	32	29
意大利	6	23
法国	18	23
捷克	5	21
格鲁吉亚	9	14
罗马尼亚	2	12
瑞士	1	9
阿塞拜疆	1	8
加纳	6	5
斯洛文尼亚	0	4
新西兰	1	4
立陶宛	3	3
阿曼	1	1
20099010 混合水果汁		
合计	6243	15862
美国	4206	11607
俄罗斯	1042	1793
日本	338	690
马来西亚	173	439
蒙古	97	434
印度尼西亚	130	269
加拿大	56	148
菲律宾	21	131
尼日利亚	19	63
阿联酋	11	46
中国香港	48	39
韩国	16	33
新加坡	3	27
巴基斯坦	12	25
西班牙	6	23
英国	8	22
泰国	8	20
捷克	15	12
比利时	7	10
斯里兰卡	1	9
苏里南	13	9
朝鲜	3	3
冈比亚	5	2
德国	2	2
荷兰	3	2
卡塔尔	0	2
澳大利亚	0	1
法国	0	1
21069040 椰子汁		
合计	630	663
中国香港	598	612
意大利	28	44
俄罗斯	4	7
赞比亚	0	1
22041000 葡萄汽酒		
合计	89	1108
中国香港	34	638
法国	6	116
阿联酋	4	103
新加坡	1	38
尼日利亚	13	35
德国	5	34
英国	2	32
蒙古	1	29
中国台湾	5	24
印度尼西亚	17	19
美国	2	16
日本	0	14
新西兰	0	7
斯里兰卡	0	1
中国澳门	0	1
22042100 装入≤2 升容器鲜葡萄酿酒		
合计	1642	20968
中国香港	432	16509
缅甸	121	603
澳大利亚	56	548
智利	158	431
中国澳门	97	420
法国	123	400
比利时	163	380
日本	44	243
荷兰	89	201
德国	39	156
蒙古	49	149
瑞典	1	144
美国	40	128

国家/地区	出口数量（吨）	出口金额（千美元）
巴拿马	73	121
意大利	69	99
新加坡	9	64
英国	11	55
中国台湾	9	50
丹麦	7	49
柬埔寨	5	45
阿联酋	6	38
马来西亚	8	25
加拿大	7	21
西班牙	10	20
新西兰	2	19
菲律宾	7	11
越南	1	9
加纳	1	8
印度尼西亚	2	6
赞比亚	0	4
芬兰	1	4
以色列	1	4
秘鲁	2	3
22042900 装入 >2 升容器鲜葡萄酿酒		
合计	185	209
法国	141	152
比利时	23	30
中国澳门	20	24
中国香港	0	2
蒙古	0	1

表 11-35　果类进口量值

国家/地区	进口数量（吨）	进口金额（千美元）
12030000 干椰子肉		
合计	4	11
菲律宾	3	7
美国	1	3
12079992 油棕果及油棕仁		
合计	90	37
加纳	71	29
科特迪瓦	19	8
12129911 苦杏仁		
合计	7	9
中国	3	5
朝鲜	3	4
12129912 甜杏仁		

国家/地区	进口数量（吨）	进口金额（千美元）
合计	2881	6745
美国	2283	6051
土耳其	272	226
塔吉克斯坦	127	127
乌兹别克斯坦	115	115
日本	32	101
西班牙	11	73
吉尔吉斯斯坦	39	39
韩国	1	7
德国	0	2
中国台湾	0	2
12129919 杏、核桃、梅李、核及核仁		
合计	15	36
南非	15	36
15091000 初榨的油橄榄油		
合计	30321	131784
西班牙	18194	77471
意大利	7155	29760
希腊	1640	8080
澳大利亚	707	4706
叙利亚	1065	4257
葡萄牙	382	2397
土耳其	364	1718
突尼斯	434	1640
韩国	129	602
埃及	60	204
阿根廷	45	200
法国	42	179
中国台湾	24	119
智利	26	118
美国	15	114
以色列	16	71
约旦	11	53
英国	3	25
新西兰	1	24
南非	2	20
日本	0	9
克罗地亚	1	9
沙特阿拉伯	1	3
德国	1	3
加拿大	2	3
15099000 其他油橄榄油及分离品		
合计	2512	8315
西班牙	1163	3669
意大利	847	2892

国家/地区	进口数量（吨）	进口金额（千美元）
希腊	278	779
土耳其	89	303
澳大利亚	39	266
突尼斯	21	86
法国	24	85
中国台湾	14	53
日本	2	44
英国	14	41
韩国	8	36
德国	5	29
美国	5	29
泰国	0	2
瑞士	0	1
15100000 其他橄榄油及分离品		
合计	3141	8665
意大利	1478	4411
西班牙	1330	3302
中国台湾	130	384
希腊	123	367
突尼斯	42	77
美国	29	56
日本	3	51
土耳其	7	14
法国	0	2
15111000 初榨的棕榈油		
合计	91891	95261
印度尼西亚	72883	74678
马来西亚	16476	17635
菲律宾	2532	2947
15119090 其他棕榈油及其分离品		
合计	347	542
马来西亚	346	535
荷兰	0	4
美国	0	2
印度尼西亚	0	1
15121100 初榨的葵花油或红花油		
合计	64695	85033
乌克兰	53777	69962
阿根廷	9194	11841
法国	1095	1994
荷兰	283	541
西班牙	213	350
坦桑尼亚	84	170
意大利	32	96
日本	15	67

国家/地区	进口数量(吨)	进口金额(千美元)
墨西哥	1	7
德国	1	4
英国	0	1
美国	0	1
澳大利亚	0	1
15121900 其他葵花油、红花油及分离品		
合计	7288	13907
西班牙	2929	6016
土耳其	3005	4689
泰国	289	880
意大利	308	551
美国	173	516
阿根廷	215	435
法国	123	231
荷兰	30	150
中国台湾	108	133
德国	27	113
加拿大	42	87
英国	17	45
马来西亚	16	31
日本	1	12
澳大利亚	3	7
韩国	0	5
奥地利	2	5
墨西哥	0	1
15131100 初榨的椰子油		
合计	109526	194161
印度尼西亚	75323	126815
菲律宾	33849	66853
越南	312	389
美国	35	67
斯里兰卡	2	15
新加坡	3	14
西班牙	1	8
15131900 其他椰子油及分离品		
合计	60665	115155
印度尼西亚	48541	88426
菲律宾	9887	20352
马来西亚	1095	3448
美国	1127	2823
日本	11	80
新加坡	2	7
法国	1	6
泰国	1	5
瑞典	0	4

国家/地区	进口数量(吨)	进口金额(千美元)
印度	0	2
中国台湾	0	1
德国	0	1
15132100 初榨棕榈仁油等		
合计	343689	560054
印度尼西亚	198127	329614
马来西亚	143551	227779
泰国	2012	2662
15132900 其他棕榈仁油分离品等		
合计	47835	59533
印度尼西亚	40947	50056
马来西亚	6384	8438
菲律宾	466	816
美国	27	180
英国	10	38
中国台湾	0	2
法国	1	2
15159010 希蒙得木油及其分离品		
合计	88	1241
阿根廷	35	465
以色列	23	249
秘鲁	17	230
日本	6	144
美国	4	95
德国	1	24
法国	2	18
瑞士	1	15
西班牙	0	1
15159030 桐油及其分离品		
合计	3	68
德国	3	68
15159090 未列名植物油脂及分离品		
合计	2461	14999
美国	326	6343
意大利	446	1673
西班牙	405	1450
荷兰	60	672
日本	37	635
法国	101	610
英国	83	573
越南	549	529
澳大利亚	27	497
瑞典	59	286
加拿大	15	278
韩国	46	269

国家/地区	进口数量(吨)	进口金额(千美元)
中国台湾	24	232
德国	47	185
泰国	80	165
南非	38	141
新西兰	6	137
老挝	40	43
巴西	1	39
阿根廷	7	35
印度	2	34
马来西亚	20	32
爱沙尼亚	0	25
土耳其	7	25
智利	1	21
危地马拉	3	17
瑞士	0	12
肯尼亚	2	10
中国香港	3	6
坦桑尼亚	22	6
以色列	0	5
中国	2	5
墨西哥	0	2
俄罗斯	0	1
芬兰	0	1
奥地利	0	1
菲律宾	0	1
20057000 非醋方法制作保藏油橄榄		
合计	823	1618
西班牙	782	1414
英国	14	65
意大利	14	53
澳大利亚	5	47
希腊	7	29
法国	0	3
土耳其	1	3
美国	0	2
中国台湾	0	1
20060010 蜜枣		
合计	1	10
阿联酋	0	4
德国	0	2
美国	0	2
土耳其	0	1
中国台湾	0	1
20060020 糖渍橄榄		
合计	0	1

国家/地区	进口数量（吨）	进口金额（千美元）
中国台湾	0	1
20060090 其他糖渍水果、坚果及其他部分		
合计	1203	4789
泰国	361	1777
美国	312	1065
菲律宾	191	1020
加拿大	69	281
韩国	161	188
中国台湾	56	185
瑞士	10	67
英国	13	53
俄罗斯	12	41
法国	2	34
荷兰	5	16
意大利	2	14
德国	2	11
日本	0	8
马来西亚	1	7
中国香港	0	6
澳大利亚	1	5
西班牙	1	4
智利	1	3
印度	2	3
中国	0	2
摩洛哥	0	1
20079100 柑橘属水果制果酱、果冻、果泥		
合计	109	457
法国	21	119
瑞士	13	87
马来西亚	17	42
奥地利	17	34
英国	6	32
中国台湾	8	31
德国	7	30
澳大利亚	2	20
美国	5	19
瑞典	3	15
西班牙	4	12
新西兰	1	4
韩国	1	3
日本	0	3
叙利亚	2	2
丹麦	1	2
泰国	1	1
意大利	0	1

国家/地区	进口数量（吨）	进口金额（千美元）
20079910 非柑橘属水果制果酱等罐头		
合计	779	2753
瑞典	187	898
法国	164	810
美国	60	237
印度	130	213
比利时	38	145
英国	36	112
马来西亚	92	100
澳大利亚	8	69
加拿大	17	30
奥地利	5	28
中国台湾	13	22
德国	2	17
土耳其	7	17
泰国	9	14
新西兰	2	11
墨西哥	2	5
西班牙	0	4
意大利	0	4
希腊	0	3
韩国	0	3
叙利亚	3	2
伯利兹	1	2
日本	2	2
菲律宾	1	1
丹麦	0	1
克罗地亚	0	1
20079990 其他非柑橘属水果制果酱等		
合计	4870	12452
法国	505	2755
美国	802	1767
印度	1182	1744
德国	203	1049
比利时	161	617
瑞士	82	537
中国台湾	413	507
意大利	52	468
澳大利亚	334	461
奥地利	205	393
波兰	96	323
菲律宾	106	317
新西兰	59	291
哥斯达黎加	230	189
马来西亚	47	170

国家/地区	进口数量（吨）	进口金额（千美元）
厄瓜多尔	95	124
韩国	58	117
荷兰	17	94
土耳其	11	86
西班牙	20	77
保加利亚	27	62
泰国	11	61
日本	9	48
英国	6	34
巴西	37	33
智利	38	31
阿根廷	19	19
越南	19	14
叙利亚	9	12
南非	8	12
墨西哥	2	12
新加坡	3	6
圣文森特和格林纳丁斯	0	5
加拿大	1	4
以色列	2	4
丹麦	0	3
希腊	1	2
埃及	0	1
印度尼西亚	0	1
20081910 核桃仁罐头		
合计	0	5
美国	0	5
20081920 其他果仁罐头		
合计	113	859
美国	32	412
泰国	64	333
瑞士	12	76
中国台湾	1	17
意大利	0	7
韩国	1	6
西班牙	1	6
日本	0	2
叙利亚	1	0
20081991 其他制作或保藏栗仁		
合计	67	448
瑞士	67	448
20081999 未列名制作保藏坚果及子仁		
合计	2903	22446
美国	900	8438
土耳其	953	7556

国家/地区	进口数量（吨）	进口金额（千美元）
中国香港	215	1642
越南	171	1386
中国台湾	174	606
泰国	69	511
法国	62	390
意大利	108	296
马来西亚	121	284
新加坡	19	280
德国	22	233
日本	15	168
比利时	18	162
澳大利亚	12	144
中国	12	88
瑞士	16	85
韩国	5	59
英国	2	38
荷兰	3	33
南非	1	20
阿联酋	1	11
西班牙	1	6
俄罗斯	1	4
希腊	1	4
危地马拉	0	2
20082010 菠萝罐头		
合计	13733	11767
泰国	6462	5493
菲律宾	4679	4030
印度尼西亚	2558	2199
越南	19	27
美国	6	8
中国台湾	8	7
德国	1	2
马来西亚	1	2
20082090 未列名制作保藏菠萝		
合计	10	48
菲律宾	6	35
德国	1	6
越南	3	4
泰国	0	2
中国台湾	0	1
意大利	0	1
20083010 柑橘属水果罐头		
合计	531	1122
韩国	525	1111
泰国	5	7

国家/地区	进口数量（吨）	进口金额（千美元）
意大利	0	3
中国	0	1
20083090 未列名柑橘属水果		
合计	114169	112415
美国	57937	59091
巴西	47457	41605
哥斯达黎加	6219	6128
韩国	2433	5446
泰国	55	59
墨西哥	40	43
以色列	21	25
西班牙	6	8
瑞士	1	4
希腊	0	3
中国台湾	0	2
20084010 梨罐头		
合计	139	101
南非	116	78
中国	19	12
西班牙	2	5
美国	3	4
德国	0	1
20084090 未列名制作保藏梨		
合计	1	1
斯洛文尼亚	1	1
20085000 其他制作保藏杏		
合计	12	59
美国	4	34
法国	5	14
德国	1	4
西班牙	1	4
中国台湾	0	1
南非	0	1
意大利	0	1
20086010 樱桃罐头		
合计	98	242
智利	57	84
德国	9	48
瑞士	5	33
土耳其	21	29
法国	3	29
美国	3	16
摩洛哥	0	1
意大利	0	1
20086090 其他制作保藏樱桃		

国家/地区	进口数量（吨）	进口金额（千美元）
合计	109	690
美国	54	375
法国	29	231
菲律宾	25	77
德国	2	6
意大利	0	1
20087010 桃罐头		
合计	8522	9041
南非	7829	8332
希腊	637	641
智利	35	42
保加利亚	18	14
美国	3	8
日本	0	3
20087090 未列名制作保藏桃		
合计	509	584
智利	396	451
南非	113	130
美国	1	3
20088000 其他制作保藏草莓		
合计	46	185
美国	31	141
比利时	15	44
20089100 其他制作保藏棕榈芯		
合计	44	88
泰国	36	58
多民族玻利维亚国	4	16
哥斯达黎加	2	10
厄瓜多尔	1	4
20089200 其他制作保藏什锦果实		
合计	10243	10387
菲律宾	9431	9055
中国	485	491
美国	23	240
泰国	182	217
越南	15	99
日本	7	82
澳大利亚	4	74
印度尼西亚	71	72
中国台湾	9	31
南非	15	13
加拿大	0	6
英国	0	3
德国	0	2
韩国	0	1

国家/地区	进口数量（吨）	进口金额（千美元）
20089910 荔枝罐头		
合计	2	3
泰国	2	3
20089920 龙眼罐头		
合计	1	1
泰国	1	1
20089990 未列名水果、坚果其他食用部分		
合计	12710	20544
美国	2727	7244
菲律宾	4317	5713
泰国	2866	2097
韩国	486	1097
越南	502	625
加拿大	250	524
智利	153	484
印度	225	346
比利时	71	321
中国台湾	68	307
南非	323	254
哥斯达黎加	276	204
朝鲜	64	163
德国	21	162
马来西亚	39	154
巴西	34	116
意大利	42	115
印度尼西亚	61	96
新加坡	12	91
法国	29	89
西班牙	36	79
日本	22	52
土耳其	6	51
墨西哥	5	39
厄瓜多尔	55	38
瑞典	4	28
英国	2	19
澳大利亚	1	10
斯洛文尼亚	7	6
新西兰	2	6
伊朗	0	6
瑞士	0	2
希腊	1	2
匈牙利	0	1
中国	0	1
荷兰	0	1
20091100 冷冻橙汁		
合计	73324	163017
巴西	57845	128303
以色列	13115	27005
美国	1464	5048
荷兰	639	1970
意大利	125	443
希腊	45	88
中国香港	45	67
中国	29	45
西班牙	12	28
哥斯达黎加	6	19
20091200 非冷冻橙汁、白利糖度≤20		
合计	1528	1931
美国	465	654
澳大利亚	235	445
泰国	138	139
西班牙	131	125
塞浦路斯	184	119
英国	20	87
德国	91	80
奥地利	46	52
加拿大	32	36
马来西亚	23	33
中国台湾	27	30
南非	31	25
意大利	24	24
法国	21	19
保加利亚	16	12
波兰	8	9
葡萄牙	6	9
土耳其	8	6
瑞士	2	5
中国香港	2	4
印度尼西亚	9	4
斯洛文尼亚	2	3
日本	1	3
以色列	1	2
墨西哥	2	2
希腊	2	2
新西兰	0	1
匈牙利	0	1
20091900 其他橙汁		
合计	66	114
意大利	29	71
奥地利	18	20
斯洛文尼亚	5	7
塞浦路斯	11	6
以色列	1	4
西班牙	2	3
巴西	0	1
荷兰	0	1
马来西亚	0	1
20092100 葡萄柚汁、白利糖度≤20		
合计	305	402
韩国	34	121
美国	56	67
塞浦路斯	93	61
澳大利亚	29	44
泰国	37	33
中国香港	12	25
以色列	14	15
奥地利	7	10
南非	8	6
意大利	5	6
英国	2	3
法国	1	2
西班牙	1	2
德国	1	2
墨西哥	2	2
中国台湾	1	2
日本	0	1
希腊	1	1
20092900 其他葡萄柚汁		
合计	470	1123
以色列	313	619
意大利	96	328
美国	46	119
古巴	9	51
奥地利	3	4
韩国	0	1
塞浦路斯	2	1
20093110 柠檬汁、白利糖度值≤20		
合计	448	640
中国台湾	318	487
泰国	71	59
越南	26	27
意大利	8	21
美国	3	12
西班牙	2	9
法国	2	6

国家/地区	进口数量(吨)	进口金额(千美元)
澳大利亚	1	5
土耳其	6	4
塞浦路斯	7	4
日本	0	1
马来西亚	1	1
中国香港	0	1
以色列	1	1
匈牙利	1	0
20093190 其他柑橘属水果汁、白利糖度≤20		
合计	825	1308
越南	663	1000
中国台湾	151	296
泰国	11	11
韩国	0	1
20093910 其他柠檬汁		
合计	1142	4194
以色列	724	2048
德国	207	1021
阿根廷	119	641
意大利	40	191
美国	16	165
加拿大	17	67
巴西	6	22
荷兰	5	21
法国	4	8
日本	0	5
西班牙	0	2
菲律宾	1	1
中国台湾	1	1
20093990 其他未混合柑橘属果汁		
合计	49	169
越南	14	102
韩国	29	61
马来西亚	6	5
20094100 菠萝汁、白利糖度≤20		
合计	333	326
泰国	95	109
塞浦路斯	98	65
保加利亚	32	28
马来西亚	17	24
菲律宾	29	22
土耳其	21	22
澳大利亚	7	13
意大利	8	9

国家/地区	进口数量(吨)	进口金额(千美元)
法国	2	8
美国	6	7
波兰	4	5
西班牙	7	5
中国台湾	2	4
日本	1	2
葡萄牙	2	2
希腊	1	1
20094900 其他菠萝汁		
合计	1083	1931
越南	470	771
泰国	215	410
菲律宾	192	344
加拿大	48	226
印度尼西亚	154	177
塞浦路斯	3	1
20096100 葡萄汁、白利糖度≤30		
合计	988	2063
澳大利亚	353	1306
加拿大	54	147
马来西亚	129	139
美国	83	128
泰国	76	77
塞浦路斯	118	76
中国台湾	32	41
西班牙	38	35
土耳其	40	35
南非	39	34
波兰	13	14
德国	4	11
奥地利	3	6
日本	1	5
法国	2	4
以色列	1	3
巴西	1	2
20096900 其他葡萄汁		
合计	13398	24342
西班牙	5964	10225
美国	1651	4510
阿根廷	2256	3863
以色列	2173	3420
中国台湾	869	1150
加拿大	234	568
意大利	120	267
智利	45	130

国家/地区	进口数量(吨)	进口金额(千美元)
奥地利	18	102
比利时	48	75
澳大利亚	16	26
日本	0	2
泰国	1	2
法国	0	1
塞浦路斯	1	1
韩国	0	1
20097100 苹果汁、白利糖度≤20		
合计	766	937
澳大利亚	115	224
美国	115	140
丹麦	9	76
塞浦路斯	92	59
中国台湾	53	58
德国	40	48
西班牙	51	45
英国	10	36
奥地利	28	32
泰国	32	32
印度尼西亚	58	28
日本	19	25
马来西亚	17	24
法国	18	17
加拿大	17	16
保加利亚	19	15
土耳其	22	14
南非	19	14
新加坡	9	6
比利时	5	5
波兰	5	5
葡萄牙	4	5
新西兰	2	4
以色列	2	3
斯洛文尼亚	2	2
中国	1	1
希腊	1	1
荷兰	1	1
意大利	0	1
20097900 其他苹果汁		
合计	53	151
加拿大	21	108
美国	11	23
奥地利	7	6
斯洛文尼亚	4	5

国家/地区	进口数量（吨）	进口金额（千美元）
新加坡	4	3
塞浦路斯	6	3
20098012 杧果汁		
合计	3059	4057
印度	1383	1698
以色列	585	1033
菲律宾	727	888
墨西哥	76	101
德国	18	86
中国台湾	63	70
印度尼西亚	79	43
马来西亚	24	34
越南	28	19
孟加拉国	30	19
澳大利亚	4	15
奥地利	8	9
西班牙	4	9
中国香港	5	9
阿联酋	10	7
葡萄牙	5	6
美国	6	6
科威特	3	5
沙特阿拉伯	1	0
20098013 西番莲果汁		
合计	102	356
越南	70	233
厄瓜多尔	29	118
中国台湾	1	3
葡萄牙	2	2
20098014 番石榴果汁		
合计	976	1152
巴西	564	812
马来西亚	144	141
泰国	64	58
印度	61	48
印度尼西亚	80	35
中国台湾	36	25
菲律宾	17	15
中国香港	5	8
保加利亚	2	3
美国	1	2
韩国	0	2
西班牙	1	2
塞浦路斯	1	1
20098019 其他未混合水果汁		

国家/地区	进口数量（吨）	进口金额（千美元）
合计	2272	8019
美国	388	1568
奥地利	182	877
德国	264	826
法国	148	772
智利	251	770
新西兰	99	696
瑞士	17	447
荷兰	50	249
伊朗	38	190
印度尼西亚	134	181
泰国	188	177
加拿大	22	120
土耳其	37	119
意大利	16	109
波兰	40	104
厄瓜多尔	28	85
瑞典	15	84
马来西亚	49	70
澳大利亚	22	64
中国台湾	47	60
斐济	21	57
芬兰	5	53
格鲁吉亚	38	45
日本	3	42
瓦努阿图	19	38
英国	8	32
柬埔寨	34	27
西班牙	16	24
萨摩亚	1	18
韩国	7	17
越南	17	16
塞浦路斯	21	14
以色列	9	13
葡萄牙	9	10
中国香港	5	9
菲律宾	4	9
哥斯达黎加	3	6
保加利亚	5	5
伯利兹	1	4
古巴	0	3
巴西	0	2
斯洛文尼亚	2	2
朝鲜	5	2
阿联酋	2	1

国家/地区	进口数量（吨）	进口金额（千美元）
亚美尼亚	0	1
20099010 混合水果汁		
合计	5241	10585
丹麦	3170	6867
美国	335	1648
泰国	397	423
南非	183	185
澳大利亚	143	178
西班牙	182	152
以色列	93	149
塞浦路斯	204	134
德国	48	116
葡萄牙	99	113
土耳其	135	110
新西兰	34	80
英国	27	79
波兰	40	78
瑞士	13	44
法国	10	34
印度	17	32
日本	5	26
中国台湾	24	22
意大利	15	22
奥地利	13	15
韩国	5	14
荷兰	8	14
加拿大	9	13
中国香港	4	10
新加坡	9	8
巴西	4	6
马来西亚	3	5
希腊	3	4
比利时	2	3
菲律宾	1	1
阿塞拜疆	1	1
匈牙利	1	1
沙特阿拉伯	0	1
21069040 椰子汁		
合计	3704	5605
印度尼西亚	2273	3446
泰国	699	1185
马来西亚	221	467
越南	380	294
菲律宾	132	213
22041000 葡萄汽酒		

国家/地区	进口数量(吨)	进口金额(千美元)
合计	3942	38862
法国	1434	28351
意大利	1269	5070
澳大利亚	309	1554
西班牙	318	1488
德国	289	1143
美国	106	374
南非	57	187
智利	27	129
阿根廷	26	103
加拿大	3	77
新西兰	7	70
奥地利	7	63
摩尔多瓦	15	52
俄罗斯	36	50
斯洛文尼亚	4	37
希腊	13	35
乌克兰	10	22
罗马尼亚	4	17
葡萄牙	3	16
格鲁吉亚	1	8
英国	1	5
保加利亚	2	4
日本	0	3
匈牙利	1	2
瑞士	0	2
卢森堡	0	1
22042100 装入≤2 升容器鲜葡萄酒		
合计	241331	1272739
法国	117862	705345
澳大利亚	32590	192988
意大利	18847	77308
智利	17479	68543
西班牙	18971	62082
美国	12387	53722
南非	4592	20014
新西兰	1972	18387
德国	3465	17538
阿根廷	3385	14283
葡萄牙	3480	11452
加拿大	668	7679
罗马尼亚	785	2995
摩尔多瓦	897	2783
匈牙利	627	2731
希腊	630	2205

国家/地区	进口数量(吨)	进口金额(千美元)
斯洛文尼亚	474	1931
格鲁吉亚	429	1882
前南马其顿	471	1757
奥地利	217	1653
黑山	122	996
保加利亚	211	886
乌拉圭	88	661
乌克兰	142	478
瑞士	22	374
俄罗斯	95	306
巴西	41	200
阿尔及利亚	52	193
土耳其	41	189
以色列	50	173
中国	4	146
捷克	40	132
中国台湾	36	108
塞尔维亚	22	106
克罗地亚	29	88
黎巴嫩	1	85
秘鲁	17	78
阿塞拜疆	24	65
新加坡	22	62
埃塞俄比亚	15	33
日本	1	26
波兰	8	21
波黑	10	17
马耳他	4	15
中国香港	2	5
卢森堡	0	5
中国澳门	1	3
斯洛伐克	0	3
墨西哥	1	2
比利时	0	2
塞浦路斯	0	1
亚美尼亚	0	1
瑞典	0	1
英国	0	1
22042900 装入>2 升容器鲜葡萄酿酒		
合计	120259	124582
西班牙	54626	36595
智利	25961	34923
澳大利亚	11745	20919
法国	8553	12325
意大利	11030	10957

国家/地区	进口数量(吨)	进口金额(千美元)
美国	2261	3235
葡萄牙	2885	2034
南非	1167	1051
德国	414	1036
前南马其顿	1032	657
加拿大	69	220
保加利亚	150	161
摩洛哥	72	115
摩尔多瓦	148	109
阿根廷	87	99
希腊	24	39
塞浦路斯	5	34
罗马尼亚	14	28
匈牙利	10	25
中国台湾	4	14
巴西	0	4
乌拉圭	1	1
22043000 2900 以外的酿酒葡萄汁		
合计	0	1
德国	0	1
22051000 装入≤2 升容器味美思等酒		
合计	230	707
智利	41	190
意大利	63	170
德国	35	104
美国	28	65
法国	19	61
西班牙	28	55
瑞典	7	29
中国台湾	3	13
巴西	4	7
加拿大	1	6
阿根廷	2	6
22059000 装入>2 升容器味美思等酒		
合计	2	5
德国	2	5
22060090 其他发酵饮料等		
合计	1915	5553
日本	428	2788
韩国	1005	1429
加拿大	35	410
法国	36	173

国家/地区	进口数量（吨）	进口金额（千美元）
巴西	73	128
中国台湾	29	105
西班牙	45	70
新西兰	7	69
德国	43	61
澳大利亚	10	48
瑞典	30	47
亚美尼亚	13	45
泰国	44	44
美国	13	31
英国	15	21
爱尔兰	12	21
马来西亚	15	19
俄罗斯	37	18
阿联酋	23	10
智利	1	6
意大利	0	3
立陶宛	1	3
希腊	1	3
22082000 蒸馏葡萄酒烈性酒		
合计	25212	741291

国家/地区	进口数量（吨）	进口金额（千美元）
法国	25045	739576
西班牙	39	407
意大利	28	306
日本	26	194
亚美尼亚	8	168
葡萄牙	7	150
南非	16	150
格鲁吉亚	3	57
澳大利亚	4	54
摩尔多瓦	11	48
秘鲁	3	33
英国	0	25
希腊	5	18
罗马尼亚	2	18
中国香港	1	17
土耳其	2	15
德国	1	15
保加利亚	1	10
中国台湾	1	7
俄罗斯	1	7
美国	0	5
阿塞拜疆	0	3

国家/地区	进口数量（吨）	进口金额（千美元）
白俄罗斯	2	3
巴西	2	2
吉尔吉斯斯坦	1	2
乌克兰	0	1
黑山	0	1
22085000 杜松子酒		
合计	587	1593
英国	519	1421
美国	42	94
法国	21	40
西班牙	4	25
荷兰	0	6
德国	1	3
新西兰	0	2
爱尔兰	0	1
22089010 龙舌兰酒		
合计	473	1916
墨西哥	461	1830
荷兰	3	50
美国	7	29
法国	2	7

木本油料

表 12-1　木本油料各指标在全国排名前 5 位的省份

指标(万吨)	全国排名前 5 位的省份占全国的比例(%)
油茶籽产量 0.01	湖南(34.92)、江西(28.86)、广西(10.24)、湖北(5.6)、福建(5.53)
油橄榄产量 0.66	甘肃(68.79)、四川(30.82)、云南(0.34)、重庆(0.05)
油茶林面积 346(万公顷)	湖南(39.34)、江西(23.87)、广西(10.61)、广东(3.93)、湖北(3.92)

表 12-2　油茶主要指标数量

地区	合计(吨)	油茶籽(吨)	油橄榄(吨)	文冠果(吨)	其他木本油料(吨)	油茶					
						年末实有茶林面积(公顷)			繁殖圃		苗木产量(万株)
						合计	当年新造	当年低改	个数(家)	面积(公顷)	
全国合计	1550773	1480044	6550	28	64151	3455676	234961	93582	442	5349	90917
河北	1495	0	0	0	1495	0	0	0	0	0	0
山西	34	0	0	4	30	0	0	0	0	0	0
内蒙古	21	0	0	21	0	0	0	0	0	0	0
江苏	4	4	0	0	0	153	0	0	0	0	257
浙江	48860	48860	0	0	0	129957	6746	7366	27	787	2578
安徽	31730	31608	0	0	122	61932	12114	4145	23	176	5525
福建	89217	81899	0	0	7318	122041	14474	6943	31	172	7528
江西	427331	427212	0	0	119	824801	36925	20272	141	862	16548
河南	22736	22375	0	0	361	22530	4124	37	5	18	963
湖北	83831	82916	0	0	915	135592	20417	6870	40	1811	6197
湖南	520169	516808	0	0	3361	1359303	43463	35321	77	615	14450
广东	65314	60393	0	0	4921	135805	17107	8431	23	243	3261
广西	159061	151503	0	0	7558	366667	9865	1975	25	173	6946
海南	5670	38	0	0	5632	356	0	0	0	0	0
重庆	6977	3854	3	0	3120	40150	3495	0	5	261	2384
四川	7991	4649	2019	0	1323	13045	747	77	5	61	2544
贵州	33362	32550	0	0	812	99493	11080	0	17	45	2636
云南	32215	5447	22	0	26746	130940	51574	1056	12	69	16975
陕西	10248	9928	0	2	318	12911	2830	1089	11	56	2126
甘肃	4507	0	4506	1	0	0	0	0	0	0	0

表 12-3　油茶主产地产量

	油茶主产地	产量(吨)
1	淳安县(浙)	6803.00
2	莲都区(浙)	6720.00
3	江山市(浙)	4300.00
4	青田县(浙)	3372.00
5	遂昌县(浙)	2262.00
6	松阳县(浙)	2212.00
7	天台县(浙)	2000.00
8	缙云县(浙)	1928.00
9	衢江区(浙)	1650.00
10	龙泉市(浙)	1079.00
11	建德市(浙)	1034.00
12	武义县(浙)	943.00
13	仙居县(浙)	699.00
14	三门县(浙)	400.00

	油茶主产地	产量(吨)
15	新昌县(浙)	382.00
16	景宁畲族自治县(浙)	319.00
17	婺城区(浙)	278.00
18	苍南县(浙)	221.00
19	文成县(浙)	156.00
20	磐安县(浙)	130.00
21	龙游县(浙)	117.00
22	临安市(浙)	110.00
23	宁海县(浙)	100.00
24	潜山县(皖)	10000.00
25	舒城县(皖)	8080.00
26	太湖县(皖)	6480.00
27	祁门县(皖)	1200.00
28	金寨县(皖)	1067.00
29	桐城市(皖)	950.00
30	休宁县(皖)	611.00
31	徽州区(皖)	468.00
32	黟　县(皖)	168.00
33	歙　县(皖)	154.00
34	清流县(闽)	8835.00
35	大田县(闽)	7784.00
36	尤溪县(闽)	7020.00
37	永泰县(闽)	6613.00
38	建阳市(闽)	4734.00
39	沙　县(闽)	4319.00
40	宁化县(闽)	4006.00
41	邵武市(闽)	3546.00
42	德化县(闽)	3463.00
43	延平区(闽)	3458.00
44	建宁县(闽)	3059.00
45	闽清县(闽)	2836.00
46	永安市(闽)	2700.00
47	浦城县(闽)	2635.00
48	漳平市(闽)	1905.00
49	将乐县(闽)	1863.00
50	顺昌县(闽)	1361.00
51	柘荣县(闽)	1232.00
52	仙游县(闽)	1112.00
53	三元区(闽)	1020.00
54	明溪县(闽)	937.00
55	建瓯市(闽)	815.00
56	光泽县(闽)	781.00
57	晋安区(闽)	766.00
58	武平县(闽)	740.00
59	新罗区(闽)	700.00
60	连城县(闽)	575.00
61	寿宁县(闽)	541.00
62	福鼎市(闽)	431.00
63	泰宁县(闽)	340.00
64	上杭县(闽)	300.00
65	福清市(闽)	284.00
66	松溪县(闽)	232.00
67	长乐市(闽)	192.00
68	城厢区(闽)	120.00
69	罗源县(闽)	100.00
70	铅山县(赣)	35000.00
71	高安市(赣)	16220.00
72	袁州区(赣)	15000.00
73	宁都县(赣)	14020.00
74	樟树市(赣)	11537.00
75	丰城市(赣)	10600.00
76	崇义县(赣)	10236.00
77	武宁县(赣)	8250.00
78	上犹县(赣)	8000.00
79	兴国县(赣)	7300.00
80	会昌县(赣)	6912.00
81	渝水区(赣)	6676.00
82	赣　县(赣)	6655.00
83	遂川县(赣)	6500.00
84	万载县(赣)	5885.00
85	新建县(赣)	5460.00
86	峡江县(赣)	4500.00
87	瑞金市(赣)	4500.00
88	横峰县(赣)	4125.00
89	玉山县(赣)	4000.00
90	崇仁县(赣)	3600.00
91	湘东区(赣)	3250.00
92	万安县(赣)	3200.00
93	德兴市(赣)	3100.00
94	芦溪县(赣)	2760.00
95	龙南县(赣)	2695.00
96	临川区(赣)	2660.00
97	宜丰县(赣)	2500.00
98	吉安县(赣)	2500.00
99	修水县(赣)	2400.00
100	新干县(赣)	2149.00
101	广丰县(赣)	2000.00
102	全南县(赣)	1951.00
103	南康市(赣)	1757.00
104	进贤县(赣)	1577.00
105	寻乌县(赣)	1396.00
106	安福县(赣)	1200.00
107	东乡县(赣)	1180.00
108	石城县(赣)	1125.00
109	乐安县(赣)	1120.00
110	铜鼓县(赣)	1000.00
111	贵溪市(赣)	870.00
112	奉新县(赣)	817.00
113	广昌县(赣)	762.00
114	靖安县(赣)	750.00
115	井冈山市(赣)	679.00
116	余江县(赣)	600.00
117	定南县(赣)	360.00
118	湾里区(赣)	355.70
119	安远县(赣)	350.00
120	章贡区(赣)	290.00
121	瑞昌市(赣)	253.00
122	都昌县(赣)	220.00
123	彭泽县(赣)	220.00
124	南城县(赣)	220.00
125	商城县(豫)	11980.00
126	新　县(豫)	8860.00
127	麻城市(鄂)	15000.00
128	通城县(鄂)	13260.00
129	谷城县(鄂)	8169.00
130	阳新县(鄂)	7026.00
131	长阳土家族自治县(鄂)	6500.00
132	蕲春县(鄂)	3200.00
133	通山县(鄂)	2394.00
134	京山县(鄂)	2250.00
135	红安县(鄂)	1200.00
136	大悟县(鄂)	1200.00
137	浠水县(鄂)	800.00
138	大冶市(鄂)	500.00
139	团风县(鄂)	493.00
140	枣阳市(鄂)	410.00
141	曾都区(鄂)	321.00
142	房　县(鄂)	311.00
143	孝昌县(鄂)	300.00
144	黄梅县(鄂)	260.00
145	梁子湖区(鄂)	256.00
146	鄂城区(鄂)	224.00
147	广水市(鄂)	210.00
148	五峰土家族自治县(鄂)	166.00
149	汉寿县(湘)	30000.00
150	邵阳县(湘)	30000.00
151	攸　县(湘)	26400.00
152	浏阳市(湘)	24000.00

	油茶主产地	产量(吨)
153	津市市(湘)	22315.00
154	耒阳市(湘)	21000.00
155	涟源市(湘)	18000.00
156	永顺县(湘)	18000.00
157	株洲县(湘)	17500.00
158	醴陵市(湘)	16826.00
159	祁阳县(湘)	14820.00
160	常宁市(湘)	14000.00
161	永兴县(湘)	13200.00
162	江华瑶族自治县(湘)	11233.00
163	安化县(湘)	11160.00
164	道　县(湘)	10071.00
165	平江县(湘)	10000.00
166	安仁县(湘)	9972.00
167	宁远县(湘)	9793.00
168	临澧县(湘)	8684.00
169	桃源县(湘)	8400.00
170	桂阳县(湘)	8387.00
171	蓝山县(湘)	8055.00
172	鼎城区(湘)	7875.00
173	会同县(湘)	7400.00
174	双峰县(湘)	6890.00
175	祁东县(湘)	6650.00
176	零陵区(湘)	6281.00
177	苏仙区(湘)	5100.00
178	湘潭县(湘)	5030.00
179	东安县(湘)	5000.00
180	北湖区(湘)	4860.00
181	炎陵县(湘)	4600.00
182	冷水滩区(湘)	4500.00
183	新田县(湘)	4302.00
184	宁乡县(湘)	4200.00
185	邵东县(湘)	4000.00
186	中方县(湘)	3226.00
187	长沙县(湘)	3050.00
188	资兴市(湘)	3000.00
189	天元区(湘)	2800.00
190	泸溪县(湘)	2700.00
191	洪江市(湘)	2672.00
192	龙山县(湘)	2400.00
193	沅陵县(湘)	2000.00
194	荷塘区(湘)	2000.00
195	辰溪县(湘)	1800.00
196	汝城县(湘)	1500.00
197	澧　县(湘)	1500.00
198	双牌县(湘)	1408.00
199	雨湖区(湘)	1290.00
200	武陵区(湘)	1260.00
201	双清区(湘)	1125.00
202	芦淞区(湘)	1122.00
203	岳阳县(湘)	1000.00
204	石门县(湘)	1000.00
205	临武县(湘)	980.00
206	大祥区(湘)	887.00
207	冷水江市(湘)	810.00
208	永定区(湘)	755.00
209	北塔区(湘)	651.00
210	桂东县(湘)	650.00
211	保靖县(湘)	650.00
212	衡南县(湘)	600.00
213	凤凰县(湘)	600.00
214	江永县(湘)	520.00
215	新化县(湘)	500.00
216	韶山市(湘)	400.00
217	新邵县(湘)	360.00
218	城步苗族自治县(湘)	300.00
219	娄星区(湘)	300.00
220	芷江侗族自治县(湘)	276.00
221	古丈县(湘)	270.00
222	桃江县(湘)	250.00
223	鹤城区(湘)	225.00
224	宜章县(湘)	197.00
225	赫山区(湘)	180.00
226	洪江区(湘)	177.00
227	花垣县(湘)	140.00
228	隆回县(湘)	120.00
229	吉首市(湘)	120.00
230	珠晖区(湘)	120.00
231	大埔县(粤)	10000.00
232	龙川县(粤)	5949.00
233	阳山县(粤)	3473.00
234	连南瑶族自治县(粤)	3203.00
235	丰顺县(粤)	2050.00
236	南雄市(粤)	1950.00
237	广宁县(粤)	1937.00
238	高州市(粤)	1658.00
239	和平县(粤)	1638.00
240	连山壮族瑶族自治县(粤)	1436.00
241	东源县(粤)	1300.00
242	仁化县(粤)	1200.00
243	连州市(粤)	688.00
244	连平县(粤)	534.00
245	阳春市(粤)	480.00
246	陆河县(粤)	357.00
247	鼎湖区(粤)	275.00
248	蕉岭县(粤)	240.00
249	潮南区(粤)	199.00
250	四会市(粤)	175.00
251	新丰江林管局(粤)	150.00
252	德庆县(粤)	129.00
253	那坡县(桂)	40000.00
254	三江侗族自治县(桂)	12567.00
255	平乐县(桂)	9028.00
256	田阳县(桂)	8550.00
257	右江区(桂)	8380.00
258	龙胜各族自治县(桂)	7621.00
259	昭平县(桂)	6790.00
260	融水苗族自治县(桂)	4482.00
261	凤山县(桂)	4449.00
262	融安县(桂)	3300.00
263	八步区(桂)	3239.00
264	象州县(桂)	3082.00
265	阳朔县(桂)	2906.00
266	永福县(桂)	2487.00
267	隆林各族自治县(桂)	2475.00
268	藤　县(桂)	1959.00
269	富川瑶族自治县(桂)	1946.00
270	金秀瑶族自治县(桂)	1857.00
271	鹿寨县(桂)	1557.00
272	全州县(桂)	1400.00
273	环江毛南族自治县(桂)	1319.00
274	蒙山县(桂)	1311.00
275	灌阳县(桂)	1092.00
276	苍梧县(桂)	933.00
277	柳江县(桂)	673.00
278	乐业县(桂)	661.00
279	忻城县(桂)	630.00
280	资源县(桂)	500.00
281	武宣县(桂)	391.00
282	岑溪市(桂)	352.00
283	港北区(桂)	331.00
284	大化瑶族自治县(桂)	304.00
285	兴宾区(桂)	302.00
286	兴安县(桂)	277.00
287	临桂县(桂)	215.00
288	桂平市(桂)	175.00
289	柳北区(桂)	108.00
290	秀山土家族苗族自治县(渝)	1689.00

	油茶主产地	产量(吨)
291	云阳县(渝)	100.00
292	荣　县(川)	2860.00
293	贡井区(川)	500.00
294	江安县(川)	243.00
295	宁南县(川)	168.00
296	天柱县(黔)	4500.00
297	黎平县(黔)	3158.00
298	从江县(黔)	889.00
299	锦屏县(黔)	649.00
300	榕江县(黔)	275.00
301	广南县(滇)	3663.00
302	腾冲县(滇)	471.00
303	砚山县(滇)	291.60
304	丘北县(滇)	159.00
305	汉滨区(陕)	8520.00
306	宁强县(陕)	551.00
307	汉阴县(陕)	243.00

表 12-4　核桃主产地产量

	核桃主产地	产量(吨)
1	平谷区(京)	8533.00
2	房山区(京)	2200.60
3	怀柔区(京)	1957.40
4	延庆县(京)	731.70
5	蓟　县(津)	904.00
6	涉　县(冀)	15223.00
7	赞皇县(冀)	12000.00
8	临城县(冀)	10928.00
9	平山县(冀)	10050.00
10	灵寿县(冀)	5800.00
11	迁安市(冀)	5129.00
12	兴隆县(冀)	4442.00
13	武安市(冀)	3583.00
14	迁西县(冀)	3446.00
15	遵化市(冀)	3307.00
16	唐　县(冀)	3000.00
17	抚宁县(冀)	1996.00
18	涞源县(冀)	1877.00
19	阜平县(冀)	1750.00
20	邢台县(冀)	1668.00
21	涞水县(冀)	1500.00
22	井陉县(冀)	1353.00
23	鹿泉市(冀)	1140.00
24	元氏县(冀)	1100.00
25	易　县(冀)	750.00
26	丰润区(冀)	722.00
27	沙河市(冀)	602.00
28	涿鹿县(冀)	536.00
29	玉田县(冀)	252.00
30	怀来县(冀)	219.00
31	定州市(冀)	210.00
32	滦　县(冀)	206.00
33	磁　县(冀)	160.00
34	行唐县(冀)	100.00
35	宽城满族自治县(冀)	100.00
36	灵丘县(晋)	9920.00
37	孝义市(晋)	6000.00
38	临猗县(晋)	3000.00
39	平顺县(晋)	2950.00
40	垣曲县(晋)	2000.00
41	沁　县(晋)	1600.00
42	泽州县(晋)	1600.00
43	黎城县(晋)	1200.00
44	安泽县(晋)	1140.00
45	武乡县(晋)	800.00
46	闻喜县(晋)	720.00
47	尖草坪区(晋)	600.00
48	原平市(晋)	532.20
49	襄垣县(晋)	387.00
50	沁水县(晋)	360.00
51	忻府区(晋)	210.00
52	盐湖区(晋)	153.00
53	定襄县(晋)	150.00
54	夏　县(晋)	132.00
55	沁源县(晋)	120.00
56	清徐县(晋)	114.60
57	平陆县(晋)	104.00
58	桓仁满族自治县(辽)	31500.00
59	本溪满族自治县(辽)	9500.00
60	清原满族自治县(辽)	5500.00
61	岫岩满族自治县(辽)	4320.00
62	东洲区(辽)	2560.00
63	建昌县(辽)	2050.00
64	抚顺县(辽)	1350.00
65	振安区(辽)	250.00
66	铁岭县(辽)	175.00
67	抚松县(吉)	500.00
68	舒兰市(吉)	220.00
69	临安市(浙)	13000.00
70	淳安县(浙)	5020.00
71	桐庐县(浙)	1080.00
72	安吉县(浙)	300.00
73	富阳市(浙)	100.00
74	宁国市(皖)	8150.00
75	歙　县(皖)	1795.00
76	亳州市市辖区(皖)	150.00
77	东平县(鲁)	8318.00
78	肥城市(鲁)	4695.00
79	平阴县(鲁)	3200.00
80	蒙阴县(鲁)	1580.00
81	宁阳县(鲁)	1294.00
82	岱岳区(鲁)	1205.00
83	新泰市(鲁)	909.00
84	青州市(鲁)	550.00
85	沂水县(鲁)	480.00
86	河东区(鲁)	480.00
87	淄川区(鲁)	460.00
88	泰安市市辖区(鲁)	330.42
89	苍山县(鲁)	330.00
90	博山区(鲁)	300.00
91	海阳市(鲁)	200.00
92	沂源县(鲁)	171.00
93	龙口市(鲁)	170.00
94	昌邑市(鲁)	150.00
95	胶州市(鲁)	107.00
96	新密市(豫)	5800.00
97	林州市(豫)	3050.00
98	栾川县(豫)	2300.00
99	嵩　县(豫)	2200.00
100	内乡县(豫)	1750.00
101	荥阳市(豫)	1646.40
102	卫东区(豫)	1500.00
103	兰考县(豫)	1100.00
104	宜阳县(豫)	1060.00
105	南召县(豫)	1001.00
106	淅川县(豫)	910.00
107	禹州市(豫)	900.00
108	辉县市(豫)	650.00
109	桐柏县(豫)	635.00
110	鲁山县(豫)	550.00
111	偃师市(豫)	500.00
112	孟津县(豫)	450.00
113	舞钢市(豫)	420.00
114	修武县(豫)	400.00
115	洛宁县(豫)	380.00
116	卫辉市(豫)	310.00
117	叶　县(豫)	307.00

	核桃主产地	产量(吨)
118	方城县(豫)	257.00
119	渑池县(豫)	250.00
120	卧龙区(豫)	211.00
121	正阳县(豫)	200.00
122	镇平县(豫)	120.00
123	新郑市(豫)	100.00
124	郏　县(豫)	100.00
125	保康县(鄂)	2026.00
126	长阳土家族自治县(鄂)	1850.00
127	秭归县(鄂)	1630.00
128	房　县(鄂)	1383.00
129	兴山县(鄂)	986.00
130	巴东县(鄂)	750.00
131	随　县(鄂)	275.00
132	宣恩县(鄂)	200.00
133	广水市(鄂)	162.00
134	宜城市(鄂)	142.00
135	京山县(鄂)	100.00
136	鹤城区(湘)	943.00
137	洪江市(湘)	772.00
138	保靖县(湘)	395.00
139	安化县(湘)	380.00
140	龙山县(湘)	375.00
141	衡南县(湘)	350.00
142	永顺县(湘)	146.00
143	双牌县(湘)	112.00
144	沅陵县(湘)	100.00
145	城步苗族自治县(湘)	100.00
146	那坡县(桂)	600.00
147	隆林各族自治县(桂)	135.00
148	秀山土家族苗族自治县(渝)	453.00
149	丰都县(渝)	437.00
150	彭水苗族土家族自治县(渝)	410.00
151	云阳县(渝)	230.00
152	忠　县(渝)	215.00
153	巫溪县(渝)	152.00
154	石柱土家族自治县(渝)	100.00
155	三台县(川)	12300.00
156	朝天区(川)	10360.00
157	游仙区(川)	8925.00
158	金阳县(川)	8300.00
159	青川县(川)	7800.00
160	雷波县(川)	6854.00
161	利州区(川)	6000.00
162	邻水县(川)	6000.00
163	甘洛县(川)	5000.00

	核桃主产地	产量(吨)
164	德昌县(川)	5000.00
165	盐亭县(川)	4941.00
166	盐源县(川)	4676.00
167	喜德县(川)	3570.00
168	巴塘县(川)	3500.00
169	剑阁县(川)	3200.00
170	仪陇县(川)	3000.00
171	昭觉县(川)	2560.00
172	冕宁县(川)	2550.00
173	木里藏族自治县(川)	2338.00
174	中江县(川)	2200.00
175	江油市(川)	1900.00
176	金堂县(川)	1814.00
177	梓潼县(川)	1640.00
178	仁寿县(川)	1610.00
179	美姑县(川)	1570.00
180	阆中市(川)	1547.00
181	汶川县(川)	1395.00
182	蓬安县(川)	1280.00
183	简阳市(川)	1200.00
184	屏山县(川)	1028.00
185	布拖县(川)	1000.00
186	威远县(川)	880.00
187	苍溪县(川)	800.00
188	宁南县(川)	650.00
189	营山县(川)	650.00
190	北川羌族自治县(川)	607.70
191	石棉县(川)	580.00
192	会东县(川)	508.00
193	达　县(川)	493.00
194	黑水县(川)	480.00
195	越西县(川)	450.00
196	泸定县(川)	422.00
197	理　县(川)	330.00
198	雁江区(川)	320.00
199	安　县(川)	310.00
200	康定县(川)	303.00
201	开江县(川)	300.00
202	都江堰市(川)	290.00
203	船山区(川)	280.00
204	江安县(川)	270.00
205	九寨沟县(川)	255.00
206	西昌市(川)	247.00
207	丹巴县(川)	242.00
208	万源市(川)	240.00
209	龙泉驿区(川)	240.00

	核桃主产地	产量(吨)
210	安居区(川)	240.00
211	巴州区(川)	236.00
212	广汉市(川)	200.00
213	平昌县(川)	160.00
214	兴文县(川)	147.00
215	普格县(川)	118.00
216	宜宾县(川)	112.00
217	长顺县(黔)	557.00
218	湄潭县(黔)	350.00
219	兴义市(黔)	256.00
220	赤水市(黔)	152.00
221	凤庆县(滇)	51748.00
222	永平县(滇)	41300.00
223	富源县(滇)	25090.00
224	昌宁县(滇)	20006.00
225	施甸县(滇)	19254.00
226	昭阳区(滇)	16800.00
227	永德县(滇)	14001.00
228	隆阳区(滇)	12464.00
229	云　县(滇)	12245.30
230	宾川县(滇)	12184.00
231	洱源县(滇)	10000.00
232	罗平县(滇)	7500.00
233	楚雄市(滇)	7125.00
234	巍山彝族回族自治县(滇)	6761.00
235	南华县(滇)	6511.00
236	祥云县(滇)	6500.00
237	龙陵县(滇)	6300.00
238	麒麟区(滇)	6000.00
239	永善县(滇)	6000.00
240	兰坪白族普米族自治县(滇)	5200.00
241	巧家县(滇)	3920.00
242	腾冲县(滇)	3227.00
243	武定县(滇)	2701.00
244	镇康县(滇)	2542.00
245	泸水县(滇)	2400.00
246	泸西县(滇)	2376.00
247	昭阳区(滇)	2240.00
248	漾濞彝族自治县(滇)	1458.00
249	开远市(滇)	1250.00
250	彝良县(滇)	980.00
251	镇雄县(滇)	800.00
252	永仁县(滇)	654.00
253	古城区(滇)	569.20
254	贡山独龙族怒族自治县(滇)	422.60
255	姚安县(滇)	381.45

	核桃主产地	产量(吨)
256	富宁县(滇)	361.70
257	禄丰县(滇)	299.00
258	大关县(滇)	295.00
259	牟定县(滇)	197.00
260	文山市(滇)	176.00
261	丘北县(滇)	145.60
262	麻栗坡县(滇)	133.00
263	个旧市(滇)	122.00
264	西畴县(滇)	118.50
265	沾益县(滇)	112.00
266	察隅县(藏)	180.00
267	汉滨区(陕)	8242.00
268	宜君县(陕)	8160.00
269	周至县(陕)	6300.00
270	丹凤县(陕)	5008.00
271	山阳县(陕)	4885.00
272	镇安县(陕)	4879.00
273	麟游县(陕)	4600.00
274	商州区(陕)	4515.00
275	陈仓区(陕)	4000.00
276	淳化县(陕)	3672.00
277	旬邑县(陕)	3649.00
278	宁强县(陕)	3381.00
279	略阳县(陕)	2738.00
280	商南县(陕)	2583.00
281	勉　县(陕)	2520.00
282	镇巴县(陕)	2172.00
283	西乡县(陕)	2168.00
284	千阳县(陕)	1848.00
285	旬阳县(陕)	1670.00
286	蒲城县(陕)	1600.00
287	太白县(陕)	1436.00
288	乾　县(陕)	1326.00
289	韩城市(陕)	1250.00
290	宁陕县(陕)	1166.00
291	南郑县(陕)	1092.00
292	城固县(陕)	886.00
293	渭滨区(陕)	543.00
294	平利县(陕)	520.00
295	澄城县(陕)	520.00
296	印台区(陕)	500.00
297	洋　县(陕)	492.00
298	紫阳县(陕)	370.00
299	白河县(陕)	244.00
300	石泉县(陕)	217.00
301	户　县(陕)	187.50
302	临潼区(陕)	170.00
303	岚皋县(陕)	161.00
304	佛坪县(陕)	150.00
305	王益区(陕)	140.00
306	华阴市(陕)	110.00
307	清水县(甘)	3960.00
308	徽　县(甘)	3519.00
309	两当县(甘)	3500.00
310	宁　县(甘)	2800.00
311	文　县(甘)	2350.00
312	红古区(甘)	2600.00
313	成　县(甘)	1860.00
314	张家川回族自治县(甘)	1309.00
315	崆峒区(甘)	1000.00
316	宕昌县(甘)	749.00
317	西和县(甘)	742.00
318	西峰区(甘)	694.00
319	灵台县(甘)	684.00
320	陇西县(甘)	500.00
321	正宁县(甘)	393.00
322	合水县(甘)	220.00
323	循化撒拉族自治县(青)	364.00
324	尖扎县(青)	222.00
325	叶城县(新)	61853.00
326	沙依巴克区(新)	35000.00
327	泽普县(新)	20775.00
328	莎车县(新)	9816.00
329	巴楚县(新)	2343.00
330	疏附县(新)	484.00
331	麦盖提县(新)	404.00
332	疏勒县(新)	336.00
333	英吉沙县(新)	120.00
334	吐鲁番市(新)	111.00
335	鄯善县(新)	102.00
336	露水河林业局(吉林集团)	300.00
337	三岔子林业局(吉林集团)	126.00

表 12-5　板栗主产地产量

	板栗主产地	产量(吨)
1	怀柔区(京)	12214.00
2	延庆县(京)	2340.50
3	平谷区(京)	1710.00
4	房山区(京)	126.30
5	蓟　县(津)	757.00
6	兴隆县(冀)	60158.00
7	迁西县(冀)	39354.00
8	宽城满族自治县(冀)	26000.00
9	遵化市(冀)	19073.00
10	抚宁县(冀)	14211.00
11	迁安市(冀)	4805.00
12	灵寿县(冀)	4000.00
13	沙河市(冀)	1738.00
14	平山县(冀)	1718.00
15	平泉县(冀)	1230.00
16	承德县(冀)	1100.00
17	赞皇县(冀)	1000.00
18	武安市(冀)	913.00
19	易　县(冀)	600.00
20	临城县(冀)	560.00
21	滦平县(冀)	515.00
22	鹰手营子矿区(冀)	450.00
23	阜平县(冀)	350.00
24	滦　县(冀)	140.00
25	涞水县(冀)	120.00
26	夏　县(晋)	1200.00
27	宽甸满族自治县(辽)	25000.00
28	东港市(辽)	24719.00
29	凤城市(辽)	24000.00
30	桓仁满族自治县(辽)	12600.00
31	庄河市(辽)	9500.00
32	岫岩满族自治县(辽)	6600.00
33	振安区(辽)	6600.00
34	抚顺县(辽)	2275.00
35	南芬区(辽)	999.00
36	元宝区(辽)	300.00
37	凌源市(辽)	124.00
38	赣榆县(苏)	4788.00
39	新沂市(苏)	1100.00
40	遂昌县(浙)	5323.00
41	衢江区(浙)	4680.00
42	松阳县(浙)	4436.00
43	淳安县(浙)	3867.00
44	新昌县(浙)	3577.00
45	莲都区(浙)	3145.00
46	上虞市(浙)	3100.00
47	桐庐县(浙)	2800.00
48	缙云县(浙)	2797.00
49	泰顺县(浙)	2583.00
50	建德市(浙)	2532.00
51	安吉县(浙)	2348.00
52	龙游县(浙)	2072.00

	板栗主产地	产量(吨)
53	庆元县(浙)	2047.00
54	富阳市(浙)	1843.00
55	景宁畲族自治县(浙)	1589.00
56	云和县(浙)	1492.00
57	武义县(浙)	1375.00
58	长兴县(浙)	1355.00
59	仙居县(浙)	821.00
60	萧山区(浙)	759.00
61	磐安县(浙)	588.00
62	乐清市(浙)	560.00
63	青田县(浙)	459.00
64	临安市(浙)	385.00
65	天台县(浙)	320.00
66	临海市(浙)	305.00
67	奉化市(浙)	250.00
68	龙泉市(浙)	211.00
69	文成县(浙)	189.00
70	德清县(浙)	185.00
71	婺城区(浙)	168.00
72	鄞州区(浙)	135.00
73	三门县(浙)	103.00
74	金寨县(皖)	33483.00
75	潜山县(皖)	15000.00
76	太湖县(皖)	9700.00
77	宁国市(皖)	3411.00
78	凤阳县(皖)	2640.00
79	桐城市(皖)	1050.00
80	休宁县(皖)	1026.00
81	全椒县(皖)	1000.00
82	旌德县(皖)	670.00
83	泾　县(皖)	650.00
84	东至县(皖)	566.00
85	青阳县(皖)	540.00
86	祁门县(皖)	469.00
87	南陵县(皖)	458.00
88	歙　县(皖)	367.00
89	繁昌县(皖)	240.00
90	芜湖县(皖)	175.00
91	望江县(皖)	160.00
92	建瓯市(闽)	29500.00
93	建阳市(闽)	10420.00
94	政和县(闽)	8410.00
95	永定县(闽)	4235.00
96	松溪县(闽)	3701.00
97	大田县(闽)	3667.00
98	永泰县(闽)	3413.00
99	武夷山市(闽)	3371.00
100	屏南县(闽)	2488.00
101	邵武市(闽)	1913.00
102	闽清县(闽)	1897.00
103	顺昌县(闽)	1759.00
104	浦城县(闽)	1472.00
105	尤溪县(闽)	1174.00
106	寿宁县(闽)	1137.00
107	沙　县(闽)	1037.00
108	清流县(闽)	810.00
109	涵江区(闽)	806.00
110	延平区(闽)	645.00
111	永安市(闽)	615.00
112	福鼎市(闽)	591.00
113	漳平市(闽)	461.00
114	德化县(闽)	400.00
115	将乐县(闽)	392.00
116	建宁县(闽)	387.00
117	明溪县(闽)	383.00
118	连城县(闽)	306.00
119	宁化县(闽)	277.00
120	晋安区(闽)	197.00
121	上杭县(闽)	156.00
122	闽侯县(闽)	124.00
123	光泽县(闽)	117.00
124	武平县(闽)	101.00
125	庐山区(赣)	4320.70
126	横峰县(赣)	2688.00
127	武宁县(赣)	2666.00
128	靖安县(赣)	2300.00
129	玉山县(赣)	2154.00
130	永修县(赣)	1971.00
131	乐安县(赣)	986.00
132	宁都县(赣)	823.00
133	铜鼓县(赣)	700.00
134	进贤县(赣)	645.00
135	全南县(赣)	637.00
136	龙南县(赣)	570.00
137	瑞金市(赣)	525.00
138	东乡县(赣)	520.00
139	修水县(赣)	500.00
140	石城县(赣)	462.00
141	上高县(赣)	420.00
142	乐平市(赣)	408.00
143	高安市(赣)	389.00
144	新建县(赣)	385.00
145	彭泽县(赣)	300.00
146	崇仁县(赣)	260.00
147	兴国县(赣)	200.00
148	峡江县(赣)	172.00
149	南城县(赣)	160.00
150	安远县(赣)	135.00
151	定南县(赣)	102.00
152	沂水县(鲁)	33875.00
153	岱岳区(鲁)	32530.00
154	蒙阴县(鲁)	20790.00
155	莒南县(鲁)	15000.00
156	沂南县(鲁)	14250.00
157	海阳市(鲁)	14000.00
158	诸城市(鲁)	12443.00
159	五莲县(鲁)	10500.00
160	东港区(鲁)	7950.00
161	沂源县(鲁)	6407.00
162	新泰市(鲁)	6037.00
163	莱州市(鲁)	5250.00
164	泰山区(鲁)	3700.00
165	苍山县(鲁)	3285.00
166	莱阳市(鲁)	2560.00
167	临沭县(鲁)	2200.00
168	宁阳县(鲁)	1572.00
169	河东区(鲁)	1216.00
170	博山区(鲁)	1200.00
171	肥城市(鲁)	950.00
172	安丘市(鲁)	700.00
173	泰安市市辖区(鲁)	679.82
174	莒　县(鲁)	664.00
175	栖霞市(鲁)	571.00
176	招远市(鲁)	520.00
177	牟平区(鲁)	518.00
178	胶州市(鲁)	380.00
179	环翠区(鲁)	352.00
180	昌邑市(鲁)	110.00
181	蓬莱市(鲁)	100.00
182	商城县(豫)	36000.00
183	浉河区(豫)	11100.00
184	桐柏县(豫)	8685.00
185	确山县(豫)	8020.00
186	泌阳县(豫)	5600.00
187	嵩　县(豫)	5239.00
188	平桥区(豫)	4500.00
189	内乡县(豫)	2860.00
190	南召县(豫)	2760.10

	板栗主产地	产量(吨)
191	栾川县(豫)	2500.00
192	鲁山县(豫)	2250.00
193	光山县(豫)	1500.00
194	林州市(豫)	1290.00
195	罗山县(豫)	1046.00
196	潢川县(豫)	640.00
197	淅川县(豫)	558.00
198	舞钢市(豫)	360.00
199	方城县(豫)	325.00
200	遂平县(豫)	300.00
201	镇平县(豫)	250.00
202	西平县(豫)	191.00
203	麻城市(鄂)	26894.00
204	随　县(鄂)	13500.00
205	红安县(鄂)	10000.00
206	浠水县(鄂)	10000.00
207	京山县(鄂)	5143.00
208	蕲春县(鄂)	3000.00
209	秭归县(鄂)	2564.00
210	曾都区(鄂)	2310.00
211	团风县(鄂)	2213.00
212	房　县(鄂)	2138.00
213	孝昌县(鄂)	1500.00
214	枣阳市(鄂)	1500.00
215	巴东县(鄂)	1350.00
216	广水市(鄂)	1291.00
217	宜城市(鄂)	1252.00
218	保康县(鄂)	1247.00
219	黄梅县(鄂)	1020.00
220	钟祥市(鄂)	680.00
221	长阳土家族自治县(鄂)	600.00
222	张湾区(鄂)	530.00
223	西塞山区(鄂)	450.00
224	郧　县(鄂)	340.00
225	宣恩县(鄂)	312.00
226	远安县(鄂)	276.00
227	通城县(鄂)	260.00
228	兴山县(鄂)	249.00
229	通山县(鄂)	220.00
230	武穴市(鄂)	175.00
231	邵阳县(湘)	6000.00
232	祁东县(湘)	5245.00
233	新化县(湘)	4800.00
234	安化县(湘)	4100.00
235	耒阳市(湘)	3750.00
236	双牌县(湘)	3620.00

	板栗主产地	产量(吨)
237	新晃侗族自治县(湘)	3375.00
238	冷水江市(湘)	3300.00
239	隆回县(湘)	3300.00
240	城步苗族自治县(湘)	3000.00
241	新田县(湘)	2595.00
242	沅陵县(湘)	1935.00
243	永顺县(湘)	1650.00
244	祁阳县(湘)	1430.00
245	鹤城区(湘)	1413.00
246	泸溪县(湘)	1250.00
247	龙山县(湘)	1250.00
248	保靖县(湘)	1200.00
249	衡阳县(湘)	1000.00
250	资兴市(湘)	958.00
251	零陵区(湘)	952.00
252	常宁市(湘)	910.00
253	汝城县(湘)	855.00
254	北湖区(湘)	797.00
255	云溪区(湘)	770.00
256	凤凰县(湘)	700.00
257	中方县(湘)	685.00
258	湘乡市(湘)	678.00
259	双峰县(湘)	600.00
260	安仁县(湘)	547.00
261	娄星区(湘)	500.00
262	宜章县(湘)	465.00
263	绥宁县(湘)	460.00
264	洪江市(湘)	457.00
265	株洲县(湘)	450.00
266	衡山县(湘)	400.00
267	临湘市(湘)	375.00
268	醴陵市(湘)	315.00
269	炎陵县(湘)	310.00
270	新邵县(湘)	300.00
271	宁远县(湘)	291.00
272	道　县(湘)	285.00
273	津市市(湘)	255.00
274	洞口县(湘)	220.00
275	古丈县(湘)	200.00
276	华容县(湘)	190.00
277	临武县(湘)	175.00
278	鼎城区(湘)	170.00
279	吉首市(湘)	160.00
280	蓝山县(湘)	156.00
281	邵东县(湘)	150.00
282	永兴县(湘)	110.00

	板栗主产地	产量(吨)
283	阳山县(粤)	3865.00
284	封开县(粤)	2921.00
285	东源县(粤)	2450.00
286	连州市(粤)	1840.00
287	广宁县(粤)	303.00
288	连南瑶族自治县(粤)	260.00
289	龙川县(粤)	230.00
290	丰顺县(粤)	201.00
291	五华县(粤)	200.00
292	新丰江林管局(粤)	160.00
293	隆安县(桂)	17876.00
294	平乐县(桂)	6214.00
295	右江区(桂)	3220.00
296	那坡县(桂)	2560.00
297	巴马瑶族自治县(桂)	2020.00
298	隆林各族自治县(桂)	1400.00
299	凤山县(桂)	1330.00
300	八步区(桂)	1180.00
301	乐业县(桂)	1066.00
302	灌阳县(桂)	880.00
303	全州县(桂)	710.00
304	临桂县(桂)	670.00
305	兴安县(桂)	578.00
306	龙胜各族自治县(桂)	374.00
307	灵山县(桂)	370.00
308	金秀瑶族自治县(桂)	350.00
309	资源县(桂)	300.00
310	武宣县(桂)	284.00
311	融水苗族自治县(桂)	255.00
312	大化瑶族自治县(桂)	241.00
313	柳江县(桂)	228.00
314	象州县(桂)	158.00
315	扶绥县(桂)	150.00
316	岑溪市(桂)	138.00
317	昭平县(桂)	120.00
318	忻城县(桂)	113.00
319	石柱土家族自治县(渝)	720.00
320	万州区(渝)	415.00
321	彭水苗族土家族自治县(渝)	275.00
322	巫溪县(渝)	274.00
323	忠　县(渝)	193.00
324	云阳县(渝)	160.00
325	丰都县(渝)	150.00
326	德昌县(川)	8000.00
327	南江县(川)	1450.00
328	兴文县(川)	1033.00

	板栗主产地	产量(吨)
329	甘洛县(川)	850.00
330	江油市(川)	730.00
331	米易县(川)	600.00
332	万源市(川)	500.00
333	荣　县(川)	500.00
334	北川羌族自治县(川)	430.00
335	宁南县(川)	380.00
336	雷波县(川)	369.00
337	江安县(川)	360.00
338	都江堰市(川)	270.00
339	石棉县(川)	250.00
340	开江县(川)	250.00
341	屏山县(川)	239.00
342	巴州区(川)	210.00
343	会东县(川)	200.00
344	喜德县(川)	195.00
345	盐源县(川)	128.00
346	青川县(川)	120.00
347	泸定县(川)	100.00
348	雨城区(川)	100.00
349	三都水族自治县(黔)	13125.00
350	兴义市(黔)	5178.00
351	都匀市(黔)	2952.00
352	湄潭县(黔)	750.00
353	天柱县(黔)	450.00
354	荔波县(黔)	389.00
355	台江县(黔)	250.00
356	雷山县(黔)	216.00
357	赤水市(黔)	124.00
358	镇远县(黔)	115.00
359	剑河县(黔)	103.00
360	宾川县(滇)	12184.00
361	武定县(滇)	1712.00
362	永仁县(滇)	1688.00
363	禄三县(滇)	1367.00
364	勐海县(滇)	1329.00
365	镇雄县(滇)	900.00
366	隆阳区(滇)	798.00
367	施甸县(滇)	389.00
368	昌宁县(滇)	349.00
369	昭阳区(滇)	315.00
370	姚安县(滇)	297.00
371	巧家县(滇)	260.00
372	洱源县(滇)	257.60
373	云　县(滇)	238.90
374	牟定县(滇)	196.00
375	彝良县(滇)	177.10
376	丘北县(滇)	132.30
377	祥云县(滇)	110.90
378	凤庆县(滇)	104.00
379	汉滨区(陕)	17375.00
380	镇安县(陕)	6229.00
381	宁陕县(陕)	3320.00
382	镇巴县(陕)	3022.00
383	周至县(陕)	3000.00
384	商南县(陕)	2388.00
385	山阳县(陕)	2316.00
386	旬阳县(陕)	2311.00
387	丹凤县(陕)	1553.00
388	城固县(陕)	1546.00
389	略阳县(陕)	1385.00
390	勉　县(陕)	1360.00
391	洋　县(陕)	1356.00
392	太白县(陕)	1350.00
393	商州区(陕)	1103.00
394	紫阳县(陕)	954.00
395	南郑县(陕)	869.00
396	西乡县(陕)	644.00
397	石泉县(陕)	625.00
398	岚皋县(陕)	530.00
399	平利县(陕)	360.00
400	白河县(陕)	317.00
401	宁强县(陕)	311.00
402	佛坪县(陕)	300.00
403	陈仓区(陕)	235.00
404	户　县(陕)	210.00
405	临渭区(陕)	140.00
406	徽　县(甘)	829.00
407	两当县(甘)	153.00

表 12-6　榛子主产地产量

	榛子主产地	产量(吨)
1	平泉县(冀)	300.00
2	喀喇沁旗(内蒙古)	300.00
3	宁城县(内蒙古)	118.00
4	法库县(辽)	20000.00
5	铁岭县(辽)	12000.00
6	本溪满族自治县(辽)	5000.00
7	东洲区(辽)	3304.00
8	西丰县(辽)	3000.00
9	顺城区(辽)	2717.00
10	清原满族自治县(辽)	1150.00
11	抚顺县(辽)	1070.00
12	桓仁满族自治县(辽)	980.00
13	梅河口市(吉)	849.80
14	昌图县(辽)	800.00
15	凤城市(辽)	720.00
16	海城市(辽)	520.00
17	南芬区(辽)	490.00
18	新宾满族自治县(辽)	390.00
19	建昌县(辽)	310.00
20	盖州市(辽)	210.00
21	庄河市(辽)	200.00
22	本溪市经济开发区(辽)	200.00

表 12-7　其他木本粮油主产地产量

	其他木本粮油主产地	品种	产量(吨)
1	莎车县(新)	巴旦姆	13915.00
2	英吉沙县(新)	巴旦姆	2030.00
3	疏附县(新)	巴旦姆	330.00
4	宽甸满族自治县(辽)	核桃楸	33000.00
5	凤城市(辽)	核桃楸	29500.00
6	新宾满族自治县(辽)	核桃楸	17290.00
7	清原满族自治县(辽)	核桃楸	5500.00
8	南芬区(辽)	核桃楸	2710.00
9	平武县(川)	核桃楸	2700.00
10	靖宇县(吉)	核桃楸	1001.42
11	上营森林经营局(吉)	核桃楸	1000.00
12	丰满区(吉)	核桃楸	900.00
13	嵩　县(豫)	核桃楸	150.00
14	敦化林业局(吉)	胡桃楸	303.80
15	明山区(辽)	核桃楸	225.00

	其他木本粮油主产地	品种	产量(吨)
16	大兴沟林业局(吉)	胡桃楸	220.42
17	清原满族自治县(辽)	红松籽	12900.00
18	东丰县(吉)	红松籽	9600.00
19	桓仁满族自治县(辽)	红松籽	6500.00
20	本溪满族自治县(辽)	红松籽	4700.00
21	海林市(黑)	红松籽	4500.00
22	新宾满族自治县(辽)	红松籽	4199.00
23	新宾满族自治县(辽)	红松籽	3970.00
24	辽宁实验林场(辽)	红松籽	3000.00
25	通化县(吉)	红松籽	2500.00
26	南芬区(辽)	红松籽	1500.00
27	安图县(吉)	红松籽	1500.00
28	七台河市市辖区(黑)	红松籽	1000.00
29	露水河林业局(吉林集团)	红松籽	1000.00
30	临江市(吉)	红松籽	879.00
31	汤原县(黑)	红松籽	603.00
32	敦化市(吉)	红松籽	550.00
33	江源区(吉)	红松籽	540.00
34	抚顺县(辽)	红松籽	530.00
35	和龙林业局(吉)	红松籽	444.02
36	鹤岗市市辖区(黑)	红松籽	419.00
37	敦化林业局(吉)	红松籽	268.71
38	梅河口市(吉)	红松籽	257.79
39	凤城市(辽)	红松籽	250.00
40	柳河县(吉)	红松籽	243.00
41	集安市(吉)	红松籽	215.00
42	延寿县(黑)	红松籽	200.00
43	抚松县(吉)	红松籽	200.00
44	东洲区(辽)	红松籽	180.00
45	靖宇县(吉)	红松籽	172.00
46	大兴沟林业局(吉)	红松籽	168.27
47	桦南县(黑)	红松籽	130.00
48	密山市(黑)	红松籽	113.26
49	本溪满族自治县(辽)	红松籽	100.00
50	海伦市(黑)	红松籽	100.00
51	凤城市(辽)	松果	1560.00
52	巍山彝族回族自治县(滇)	松果	253.00
53	巧家县(滇)	松果	225.00
54	弥渡县(滇)	松果	169.00
55	嵊州市(浙)	香榧	370.00
56	磐安县(浙)	香榧	260.00
57	富阳市(浙)	香榧	168.00
58	开江县(川)	油橄榄	1500.00
59	游仙区(川)	油橄榄	1080.00
60	西和县(甘)	油橄榄	742.00
61	青川县(川)	油橄榄	300.00
62	三台县(川)	油橄榄	270.40
63	蓬安县(川)	油橄榄	165.00
64	文　县(甘)	油橄榄	150.00
65	嵩　县(豫)	元宝枫	105.00
66	清原满族自治县(辽)	红松坚果	12900.00
67	七台河市市辖区(黑)	红松坚果	10000.00
68	露水河林业局(吉林集团)	红松坚果	4301.00
69	靖宇县(吉)	红松坚果	309.60
70	梅河口市(吉)	红松坚果	257.79
71	奉节县(渝)	红松坚果	150.00
72	文　县(甘)	华山松	2250.00

森林蔬菜

表 13-1 森林蔬菜各指标在全国排名前 5 位的省份

指标(万吨)	全国排名前 5 位的省份占全国的比例(%)
食用菌产量 186.72	辽宁(34.8)、福建(16.24)、黑龙江(10.16)、四川(7.33)、湖北(5.55)
竹笋干产量 58.19	浙江(25.57)、福建(22.31)、四川(22.14)、广东(5.71)、湖南(4.64)
山野菜产量 30.45	吉林(23.43)、辽宁(20.88)、福建(15.1)、黑龙江(9.01)、龙江集团(5.78)
蔬菜、果品批发企业数量 40272(家)	山东(13.3)、广东(11.03)、浙江(8.55)、江苏(6.34)、福建(6.26)

表 13-2 主要森林蔬菜产量

单位：千克

地区	合计	竹笋干	食用菌	山野菜
全国合计	2929348	581871	1867204	304510
北京	918	0	761	0
河北	10216	0	4396	5750
山西	1191	0	880	111
内蒙古	6481	0	3839	2327
辽宁	735319	0	649797	63584
吉林	156927	0	72918	71341
吉林集团	4435	0	2357	1768
黑龙江	226085	0	189752	27435
龙江集团	81924	0	57244	17599
上海	190	190	0	0
江苏	18405	2794	15260	302
浙江	222912	148810	71010	2874
安徽	80559	16959	50382	7115
福建	484496	129793	303145	45984
江西	36121	10909	14771	3099
山东	50479	0	22543	1286
河南	96084	146	73129	17147
湖北	138993	10737	103617	9991
湖南	82792	26974	31679	7927
广东	46715	33221	9681	141
广西	50189	26003	23832	220
海南	733	575	45	34
重庆	39409	24579	5973	6436
四川	310184	128841	136944	11324
贵州	28320	12498	10319	2117
云南	46591	7818	26935	9087
西藏	510	0	510	0
陕西	38412	1016	33554	3769
甘肃	9812	8	2907	3429
大兴安岭	10305	0	8625	1680

表 13-3 全国森林蔬菜进出口贸易值

产品类别	单位	出口数量	出口金额(千美元)	进口数量	进口金额(千美元)
合计	吨	508237	2411653	4929	7002
食用菌类	吨	33138	161789	3784	3491
食用菌加工品	吨	126810	1610633	631	2504
食用菌罐头	吨	328483	563072	122	235
山野菜	吨	19806	76159	393	771

表 13-4 野菜主产地产量

	野菜主产地	产量(吨)
1	丰宁满族自治县(冀)	530.00
2	滦平县(冀)	262.00
3	喀喇沁旗(内蒙古)	200.00
4	巴林左旗(内蒙古)	150.00
5	本溪满族自治县(辽)	141500.00
6	新宾满族自治县(辽)	97500.00
7	岫岩满族自治县(辽)	70000.00
8	宽甸满族自治县(辽)	42000.00
9	凤城市(辽)	18300.00
10	清原满族自治县(辽)	9770.00
11	南芬区(辽)	8383.00
12	抚顺县(辽)	5864.00
13	清河区(辽)	3600.00
14	凌海市(辽)	2000.00
15	顺城区(辽)	1059.00
16	桓仁满族自治县(辽)	980.00
17	海城市(辽)	956.52
18	振安区(辽)	800.00
19	铁岭县(辽)	732.00
20	庄河市(辽)	400.00

	野菜主产地	产量(吨)
21	辉南县(吉)	69500.00
22	安图县(吉)	6309.00
23	延吉市(吉)	2510.00
24	柳河县(吉)	1540.00
25	敦化市(吉)	1524.00
26	梅河口市(吉)	756.65
27	和龙市(吉)	571.00
28	珲春林业局(吉)	566.00
29	龙潭区(吉)	518.00
30	通化县(吉)	500.00
31	东丰县(吉)	450.00
32	汪清县(吉)	435.00
33	八家子林业局(吉)	402.00
34	黄泥河林业局(吉)	358.00
35	白河林业局(吉)	350.00
36	天桥岭林业局(吉)	300.00
37	集安市(吉)	274.33
38	汪清林业局(吉)	272.00
39	大兴沟林业局(吉)	235.00
40	图们市(吉)	175.00
41	和龙林业局(吉)	168.00
42	桦甸市(吉)	121.00
43	桦南县(黑)	19600.00
44	尚志市(黑)	4500.00
45	爱辉区(黑)	3000.00
46	恒山区(黑)	2080.00
47	五常市(黑)	2000.00
48	依安县(黑)	1100.00
49	延寿县(黑)	1000.00
50	东宁县(黑)	879.00
51	城子河区(黑)	800.00
52	孙吴县(黑)	600.00
53	宝清县(黑)	520.00
54	五大连池市(黑)	329.00
55	逊克县(黑)	300.00
56	阿城区(黑)	251.70
57	黑河市直属林场(黑)	240.00
58	林口县(黑)	200.00
59	嫩江县(黑)	180.00
60	鹤岗市市辖区(黑)	120.00
61	宁安市(黑)	111.00
62	北安市(黑)	100.00
63	同江市(黑)	100.00
64	大兴安岭地区加格达奇区(黑)	100.00
65	婺城区(浙)	1800.00
66	景宁畲族自治县(浙)	128.00
67	舒城县(皖)	3816.00
68	繁昌县(皖)	500.00
69	太湖县(皖)	200.00
70	三山区(皖)	100.00
71	横峰县(赣)	2000.00
72	铜鼓县(赣)	400.00
73	遂川县(赣)	150.00
74	商河县(鲁)	172.00
75	镇平县(豫)	260.00
76	桐柏县(豫)	10050.00
77	扶沟县(豫)	3700.00
78	新　县(豫)	1200.00
79	舞钢市(豫)	700.00
80	鲁山县(豫)	300.00
81	辉县市(豫)	250.00
82	叶　县(豫)	190.00
83	咸丰县(鄂)	1000.00
84	谷城县(鄂)	367.00
85	随　县(鄂)	200.00
86	鹤峰县(鄂)	187.00
87	沅陵县(湘)	5760.00
88	汉寿县(湘)	3000.00
89	安化县(湘)	1800.00
90	绥宁县(湘)	1680.00
91	新化县(湘)	1200.00
92	会同县(湘)	550.00
93	浏阳市(湘)	520.00
94	双牌县(湘)	440.00
95	江华瑶族自治县(湘)	403.00
96	零陵区(湘)	362.00
97	衡东县(湘)	270.00
98	常宁市(湘)	260.00
99	宁远县(湘)	162.00
100	新邵县(湘)	130.00
101	麻阳苗族自治县(湘)	120.00
102	赫山区(湘)	106.00
103	新晃侗族自治县(湘)	100.00
104	连州市(粤)	283.00
105	灵山县(桂)	2580.00
106	石柱土家族自治县(渝)	395.00
107	巴南区(渝)	150.00
108	宣汉县(川)	38950.00
109	青川县(川)	9400.00
110	雷波县(川)	2145.00
111	茂　县(川)	1662.00
112	万源市(川)	1000.00
113	通江县(川)	1000.00
114	平昌县(川)	950.00
115	冕宁县(川)	869.00
116	安　县(川)	700.00
117	叙永县(川)	500.00
118	苍溪县(川)	390.00
119	天全县(川)	335.00
120	会理县(川)	300.00
121	荥经县(川)	260.00
122	金阳县(川)	203.00
123	邻水县(川)	200.00
124	高　县(川)	160.00
125	宝兴县(川)	160.00
126	九寨沟县(川)	152.00
127	北川羌族自治县(川)	120.00
128	汶川县(川)	101.00
129	甘洛县(川)	100.00
130	芦山县(川)	100.00
131	筠连县(川)	100.00
132	湄潭县(黔)	300.00
133	福泉市(黔)	300.00
134	修文县(黔)	260.00
135	榕江县(黔)	240.00
136	锦屏县(黔)	110.00
137	瓮安县(黔)	100.00
138	泸水县(滇)	6607.90
139	罗平县(滇)	1200.00
140	大关县(滇)	700.00
141	耿马傣族佤族自治县(滇)	620.00
142	腾冲县(滇)	165.00
143	弥渡县(滇)	143.15
144	曲水县(藏)	44587.67
145	勉　县(陕)	2300.00
146	洋　县(陕)	1088.00
147	略阳县(陕)	116.00
148	迭部县(甘)	2100.00
149	宕昌县(甘)	216.00
150	清水县(甘)	182.00
151	临江林业局(吉林集团)	590.00
152	露水河林业局(吉林集团)	200.00
153	红石林业局(吉林集团)	173.30
154	湾沟林业局(吉林集团)	128.00
155	三岔子林业局(吉林集团)	110.00
156	沾河林业局(龙江集团)	8975.00
157	山河屯林业局(龙江集团)	2500.00
158	五营林业局(龙江集团)	2200.00

	野菜主产地	产量(吨)
159	友好林业局(龙江集团)	2000.00
160	双丰林业局(龙江集团)	1400.00
161	朗乡林业局(龙江集团)	1371.00
162	鹤北林业局(龙江集团)	1355.00
163	带岭实验局(龙江集团)	1160.00
164	乌伊岭林业局(龙江集团)	1150.00
165	南岔林业局(龙江集团)	1100.00
166	东方红林业局(龙江集团)	1061.00
167	汤旺河林业局(龙江集团)	980.00
168	黑龙江柴河林业局(龙江集团)	820.00
169	海林林业局(龙江集团)	800.00
170	方正林业局(龙江集团)	720.00
171	大海林林业局(龙江集团)	710.00
172	铁力林业局(龙江集团)	685.00
173	美溪林业局(龙江集团)	680.00
174	红星林业局(龙江集团)	680.00
175	清河林业局(龙江集团)	600.00
176	桃山林业局(龙江集团)	550.00
177	新青林业局(龙江集团)	550.00
178	兴隆林业局(龙江集团)	516.00
179	乌马河林业局(龙江集团)	490.00
180	东京城林业局(龙江集团)	450.00
181	通北林业局(龙江集团)	428.00
182	绥阳林业局(龙江集团)	382.00
183	穆棱林业局(龙江集团)	380.00
184	苇河林业局(龙江集团)	357.00
185	林口林业局(龙江集团)	300.00
186	迎春林业局(龙江集团)	300.00
187	上甘岭林业局(龙江集团)	260.00
188	翠峦林业局(龙江集团)	235.00
189	双鸭山林业局(龙江集团)	225.00
190	桦南林业局(龙江集团)	202.00
191	金山屯林业局(龙江集团)	190.00
192	鹤立林业局(龙江集团)	190.00
193	绥棱林业局(龙江集团)	155.00
194	八面通林业局(龙江集团)	132.00
195	舟曲林业局(甘)	100.00

表 13-5 食用菌类主产地产量

	食用菌类主产地	产量(吨)
1	平泉县(冀)	141000.00
2	曲周县(冀)	1200.00
3	邱　县(冀)	1137.00
4	蔚　县(冀)	450.00
5	涞源县(冀)	310.00
6	滦平县(冀)	221.00
7	丰宁满族自治县(冀)	210.00
8	魏　县(冀)	200.00
9	平山县(冀)	100.00
10	扎兰屯市(内蒙古)	400.00
11	松山区(内蒙古)	385.00
12	宁城县(内蒙古)	125.00
13	岫岩满族自治县(辽)	80000.00
14	宽甸满族自治县(辽)	54000.00
15	东港市(辽)	46295.00
16	清原满族自治县(辽)	17650.00
17	大洼县(辽)	8935.00
18	凤城市(辽)	7700.00
19	抚顺县(辽)	6954.00
20	桓仁满族自治县(辽)	5022.00
21	南芬区(辽)	2500.00
22	海城市(辽)	1800.00
23	新宾满族自治县(辽)	1500.00
24	盘山县(辽)	1007.00
25	振安区(辽)	800.00
26	庄河市(辽)	560.00
27	敦化市(吉)	16606.00
28	汪清县(吉)	5809.00
29	辉南县(吉)	5600.00
30	集安市(吉)	4705.80
31	天桥岭林业局(吉)	3610.00
32	通化县(吉)	1720.00
33	汪清林业局(吉)	1702.00
34	梅河口市(吉)	1606.60
35	大兴沟林业局(吉)	1602.00
36	珲春市(吉)	1249.00
37	黄泥河林业局(吉)	1000.00
38	大石头林业局(吉)	988.00
39	靖宇县(吉)	752.50
40	安图县(吉)	644.00
41	敦化林业局(吉)	613.00
42	和龙林业局(吉)	568.00
43	和龙市(吉)	563.00
44	江源区(吉)	500.00
45	舒兰市(吉)	410.00
46	白河林业局(吉)	352.00
47	安图森林经营局(吉)	350.00
48	延吉市(吉)	319.00
49	东丰县(吉)	280.00
50	图们市(吉)	161.00
51	八家子林业局(吉)	150.00
52	龙井市(吉)	126.00
53	桦南县(黑)	77650.00
54	东宁县(黑)	56000.00
55	尚志市(黑)	50000.00
56	七台河市市辖区(黑)	3000.00
57	孙吴县(黑)	1000.00
58	牡丹江市市本级(黑)	974.00
59	恒山区(黑)	830.00
60	五常市(黑)	620.00
61	大兴安岭地区加格达奇区(黑)	600.00
62	汤原县(黑)	450.00
63	宁安市(黑)	422.00
64	明水县(黑)	400.00
65	鹤岗市市辖区(黑)	371.00
66	方正县(黑)	350.00
67	萨尔图区(黑)	200.00
68	依安县(黑)	160.00
69	爱辉区(黑)	130.00
70	延寿县(黑)	100.00
71	盐都区(苏)	600.00
72	亭湖区(苏)	580.00
73	建湖县(苏)	451.00
74	龙泉市(浙)	12789.00
75	庆元县(浙)	7114.00
76	云和县(浙)	6083.00
77	磐安县(浙)	4520.00
78	松阳县(浙)	4450.00
79	缙云县(浙)	4218.00
80	景宁畲族自治县(浙)	3388.00
81	苍南县(浙)	3332.00
82	江山市(浙)	2350.00
83	遂昌县(浙)	2109.00
84	德清县(浙)	1810.00
85	婺城区(浙)	1579.00
86	武义县(浙)	1336.00
87	淳安县(浙)	1262.00
88	桐乡市(浙)	420.00
89	龙游县(浙)	262.00
90	桐庐县(浙)	217.00
91	三门县(浙)	210.00
92	建德市(浙)	200.00
93	海宁市(浙)	141.00
94	富阳市(浙)	121.00
95	芜湖县(皖)	32000.00
96	潜山县(皖)	7500.00
97	舒城县(皖)	6340.00

	食用菌类主产地	产量(吨)
98	宁国市(皖)	4600.00
99	桐城市(皖)	2500.00
100	蒙城县(皖)	1200.00
101	阜南县(皖)	1125.00
102	泾　县(皖)	800.00
103	祁门县(皖)	419.00
104	太湖县(皖)	370.00
105	宜秀区(皖)	250.00
106	休宁县(皖)	236.00
107	金寨县(皖)	220.00
108	东至县(皖)	205.30
109	南陵县(皖)	200.00
110	旌德县(皖)	135.00
111	浮梁县(赣)	4685.00
112	宁都县(赣)	4642.00
113	铜鼓县(赣)	3050.00
114	乐安县(赣)	2370.00
115	新干县(赣)	2028.00
116	永修县(赣)	2000.00
117	广昌县(赣)	1300.00
118	奉新县(赣)	1009.00
119	横峰县(赣)	1000.00
120	万载县(赣)	505.00
121	靖安县(赣)	450.00
122	定南县(赣)	387.00
123	修水县(赣)	350.00
124	南城县(赣)	250.00
125	崇仁县(赣)	218.00
126	赣　县(赣)	185.00
127	芦溪县(赣)	172.00
128	共青城市(赣)	150.00
129	瑞金市(赣)	136.00
130	德兴市(赣)	129.00
131	安远县(赣)	109.00
132	渝水区(赣)	106.00
133	大余县(赣)	104.00
134	新泰市(鲁)	98500.00
135	沂水县(鲁)	5280.00
136	东平县(鲁)	4800.00
137	利津县(鲁)	4780.00
138	苍山县(鲁)	989.00
139	昌乐县(鲁)	800.00
140	济阳县(鲁)	600.00
141	莒　县(鲁)	445.00
142	齐河县(鲁)	300.00
143	商河县(鲁)	298.00
144	宁阳县(鲁)	296.00
145	镇平县(豫)	2000000.00
146	卢氏县(豫)	100000.00
147	西峡县(豫)	40400.00
148	西华县(豫)	35000.00
149	灵宝市(豫)	18000.00
150	汤阴县(豫)	11000.00
151	泌阳县(豫)	10400.00
152	夏邑县(豫)	10000.00
153	桐柏县(豫)	5370.00
154	开封县(豫)	5000.00
155	延津县(豫)	4600.00
156	济源市(豫)	4000.00
157	原阳县(豫)	2500.00
158	淮阳县(豫)	2452.00
159	西平县(豫)	2400.00
160	方城县(豫)	2355.00
161	内乡县(豫)	1860.00
162	辉县市(豫)	1800.00
163	沈丘县(豫)	1620.00
164	濮阳县(豫)	1600.00
165	淅川县(豫)	1550.00
166	南乐县(豫)	800.00
167	舞钢市(豫)	800.00
168	洛宁县(豫)	781.00
169	南召县(豫)	600.00
170	项城市(豫)	240.00
171	新野县(豫)	200.00
172	宜阳县(豫)	160.00
173	陕　县(豫)	152.00
174	浉河区(豫)	130.00
175	宝丰县(豫)	126.00
176	嵩　县(豫)	100.00
177	郏　县(豫)	100.00
178	随　县(鄂)	40945.00
179	远安县(鄂)	14295.00
180	曾都区(鄂)	10000.00
181	保康县(鄂)	9782.00
182	浠水县(鄂)	8000.00
183	钟祥市(鄂)	5000.00
184	南漳县(鄂)	3800.00
185	当阳市(鄂)	2500.00
186	房　县(鄂)	1732.00
187	宜城市(鄂)	1622.00
188	鹤峰县(鄂)	946.00
189	郧西县(鄂)	813.00
190	丹江口市(鄂)	400.00
191	兴山县(鄂)	376.00
192	谷城县(鄂)	318.00
193	咸丰县(鄂)	300.00
194	江夏区(鄂)	150.00
195	炎陵县(湘)	5200.00
196	涟源市(湘)	2800.00
197	衡山县(湘)	2400.00
198	沅陵县(湘)	1821.00
199	祁阳县(湘)	1607.00
200	新化县(湘)	1500.00
201	双牌县(湘)	1461.00
202	江华瑶族自治县(湘)	1124.00
203	靖州苗族侗族自治县(湘)	1000.00
204	绥宁县(湘)	900.00
205	株洲县(湘)	785.00
206	张家界市市辖区(湘)	700.00
207	道　县(湘)	585.00
208	常宁市(湘)	550.00
209	零陵区(湘)	470.00
210	城步苗族自治县(湘)	400.00
211	慈利县(湘)	400.00
212	安化县(湘)	400.00
213	资兴市(湘)	360.00
214	衡东县(湘)	360.00
215	永定区(湘)	310.00
216	浏阳市(湘)	278.00
217	桃源县(湘)	250.00
218	宁远县(湘)	203.00
219	北塔区(湘)	190.00
220	洪江市(湘)	145.00
221	赫山区(湘)	120.00
222	封开县(粤)	945.00
223	龙门县(粤)	500.00
224	广宁县(粤)	477.00
225	清新县(粤)	400.00
226	德庆县(粤)	141.00
227	柳城县(桂)	6103.00
228	环江毛南族自治县(桂)	2902.00
229	资源县(桂)	1000.00
230	灌阳县(桂)	806.00
231	昭平县(桂)	747.00
232	八步区(桂)	633.00
233	柳北区(桂)	405.00
234	金秀瑶族自治县(桂)	340.00
235	恭城瑶族自治县(桂)	260.00

	食用菌类主产地	产量(吨)
236	藤　县(桂)	111.00
237	岑溪市(桂)	102.00
238	秀山土家族苗族自治县(渝)	4500.00
239	荣昌县(渝)	1200.00
240	石柱土家族自治县(渝)	500.00
241	云阳县(渝)	403.00
242	丰都县(渝)	200.00
243	涪陵区(渝)	200.00
244	巴南区(渝)	134.00
245	彭水苗族土家族自治县(渝)	120.00
246	金堂县(川)	80965.00
247	青川县(川)	11450.00
248	宣汉县(川)	8950.00
249	利州区(川)	4030.00
250	通江县(川)	3500.00
251	朝天区(川)	2573.00
252	自流井区(川)	1800.00
253	茂　县(川)	1615.00
254	纳溪区(川)	1505.00
255	开江县(川)	1457.00
256	元坝区(川)	1300.00
257	江油市(川)	1030.00
258	平昌县(川)	870.00
259	万源市(川)	800.00
260	剑阁县(川)	800.00
261	苍溪县(川)	790.00
262	仁寿县(川)	750.00
263	南江县(川)	720.00
264	叙永县(川)	700.00
265	什邡市(川)	600.00
266	德昌县(川)	515.00
267	喜德县(川)	510.00
268	隆昌县(川)	500.00
269	珙　县(川)	494.00
270	盐源县(川)	484.00
271	盐边县(川)	456.00
272	乡城县(川)	430.00
273	仪陇县(川)	400.00
274	岳池县(川)	400.00
275	木里藏族自治县(川)	385.00
276	仁和区(川)	352.00
277	西充县(川)	300.00
278	邻水县(川)	300.00
279	崇州市(川)	280.00
280	北川羌族自治县(川)	240.00
281	宜宾县(川)	208.00

	食用菌类主产地	产量(吨)
282	米易县(川)	200.00
283	达　县(川)	200.00
284	稻城县(川)	200.00
285	雷波县(川)	175.00
286	旺苍县(川)	175.00
287	康定县(川)	164.00
288	金川县(川)	120.00
289	兴文县(川)	120.00
290	金阳县(川)	120.00
291	西昌市(川)	110.00
292	赤水市(黔)	3789.00
293	榕江县(黔)	670.00
294	瓮安县(黔)	450.00
295	凯里市(黔)	435.00
296	湄潭县(黔)	200.00
297	锦屏县(黔)	195.00
298	清镇市(黔)	130.00
299	会泽县(滇)	4010.00
300	南华县(滇)	3470.00
301	泸水县(滇)	2797.20
302	祥云县(滇)	2461.00
303	楚雄市(滇)	1740.62
304	姚安县(滇)	728.90
305	富宁县(滇)	691.00
306	武定县(滇)	690.00
307	腾冲县(滇)	687.00
308	云　县(滇)	633.80
309	弥渡县(滇)	578.83
310	牟定县(滇)	498.00
311	兰坪白族普米族自治县(滇)	371.00
312	江川县(滇)	367.90
313	广南县(滇)	365.70
314	罗平县(滇)	330.00
315	永仁县(滇)	321.00
316	耿马傣族佤族自治县(滇)	300.00
317	昌宁县(滇)	291.00
318	洱源县(滇)	251.30
319	双江拉祜族佤族布朗族傣族自治县(滇)	246.00
320	施甸县(滇)	240.00
321	丘北县(滇)	186.30
322	弥勒县(滇)	176.00
323	隆阳区(滇)	141.10
324	元谋县(滇)	135.00
325	巍山彝族回族自治县(滇)	124.00
326	泸西县(滇)	114.00

	食用菌类主产地	产量(吨)
327	永德县(滇)	103.00
328	漾濞彝族自治县(滇)	101.25
329	芒康县(藏)	223.40
330	西乡县(陕)	7534.00
331	陈仓区(陕)	5187.00
332	城固县(陕)	4757.00
333	镇巴县(陕)	3192.00
334	宁强县(陕)	2550.00
335	略阳县(陕)	1877.00
336	韩城市(陕)	1460.00
337	留坝县(陕)	773.00
338	镇安县(陕)	644.00
339	南郑县(陕)	612.00
340	山阳县(陕)	355.00
341	岚皋县(陕)	309.00
342	紫阳县(陕)	300.00
343	勉　县(陕)	300.00
344	镇坪县(陕)	285.00
345	洛南县(陕)	247.00
346	汉阴县(陕)	213.00
347	宁陕县(陕)	155.00
348	秦州区(甘)	1046.41
349	徽　县(甘)	230.00
350	宕昌县(甘)	181.00
351	迭部县(甘)	157.00
352	两当县(甘)	100.00
353	临江林业局(吉林集团)	424.00
354	露水河林业局(吉林集团)	100.00
355	朗乡林业局(龙江集团)	10033.00
356	绥阳林业局(龙江集团)	6883.00
357	苇河林业局(龙江集团)	5935.00
358	东京城林业局(龙江集团)	4967.00
359	清河林业局(龙江集团)	3240.00
360	美溪林业局(龙江集团)	3148.00
361	金山屯林业局(龙江集团)	2849.10
362	大海林林业局(龙江集团)	2591.00
363	穆棱林业局(龙江集团)	2550.00
364	五营林业局(龙江集团)	2503.00
365	新青林业局(龙江集团)	2390.00
366	友好林业局(龙江集团)	2220.00
367	山河屯林业局(龙江集团)	2185.00
368	南岔林业局(龙江集团)	2078.00
369	黑龙江柴河林业局(龙江集团)	2012.00
370	林口林业局(龙江集团)	1650.00
371	乌伊岭林业局(龙江集团)	1623.00
372	汤旺河林业局(龙江集团)	1560.00

	食用菌类主产地	产量(吨)
373	兴隆林业局(龙江集团)	1524.00
374	沾河林业局(龙江集团)	1300.00
375	鹤北林业局(龙江集团)	1118.00
376	带岭实验局(龙江集团)	1058.00
377	东方红林业局(龙江集团)	890.00
378	绥棱林业局(龙江集团)	841.00
379	海林林业局(龙江集团)	790.00
380	翠峦林业局(龙江集团)	664.90
381	方正林业局(龙江集团)	643.00
382	双丰林业局(龙江集团)	605.00
383	桃山林业局(龙江集团)	575.00
384	乌马河林业局(龙江集团)	550.00
385	上甘岭林业局(龙江集团)	480.00
386	八面通林业局(龙江集团)	437.00
387	红星林业局(龙江集团)	393.00
388	鹤立林业局(龙江集团)	322.50
389	铁力林业局(龙江集团)	297.00
390	桦南林业局(龙江集团)	160.00
391	双鸭山林业局(龙江集团)	140.00
392	迎春林业局(龙江集团)	100.00

表 13-6 竹笋主产地产量

	竹笋主产地	产量(吨)
1	金山区(沪)	4540.00
2	崇明县(沪)	190.20
3	上虞市(浙)	70149.00
4	德清县(浙)	65700.00
5	遂昌县(浙)	61500.00
6	长兴县(浙)	55000.00
7	龙泉市(浙)	48913.00
8	嵊州市(浙)	46002.00
9	余姚市(浙)	32000.00
10	临安市(浙)	23500.00
11	吴兴区(浙)	23368.00
12	临海市(浙)	15800.00
13	富阳市(浙)	14030.00
14	庆元县(浙)	10164.10
15	余杭区(浙)	8902.00
16	慈溪市(浙)	7980.00
17	天台县(浙)	7700.00
18	奉化市(浙)	6600.00
19	仙居县(浙)	6350.00
20	安吉县(浙)	6285.00
21	苍南县(浙)	5315.00
22	象山县(浙)	5040.00
23	淳安县(浙)	4387.00
24	三门县(浙)	3200.00
25	宁海县(浙)	2860.00
26	松阳县(浙)	1953.00
27	北仑区(浙)	1845.00
28	黄岩区(浙)	1830.00
29	萧山区(浙)	1650.00
30	婺城区(浙)	1214.00
31	镇海区(浙)	1140.00
32	瓯海区(浙)	1104.00
33	莲都区(浙)	1016.00
34	秀洲区(浙)	940.00
35	建德市(浙)	786.00
36	缙云县(浙)	774.00
37	瑞安市(浙)	750.00
38	义乌市(浙)	700.00
39	景宁畲族自治县(浙)	539.00
40	海盐县(浙)	461.00
41	桐庐县(浙)	400.00
42	浦江县(浙)	380.00
43	磐安县(浙)	350.00
44	武义县(浙)	252.00
45	定海区(浙)	220.00
46	青田县(浙)	194.00
47	云和县(浙)	172.00
48	江山市(浙)	155.00
49	桐乡市(浙)	105.00
50	宁国市(皖)	2760.00
51	南陵县(皖)	900.00
52	泾　县(皖)	800.00
53	旌德县(皖)	550.00
54	祁门县(皖)	468.00
55	芜湖县(皖)	400.00
56	黟　县(皖)	365.00
57	休宁县(皖)	350.00
58	青阳县(皖)	350.00
59	潜山县(皖)	300.00
60	繁昌县(皖)	200.00
61	太湖县(皖)	185.00
62	徽州区(皖)	126.00
63	永安市(闽)	29539.00
64	沙　县(闽)	18071.00
65	南靖县(闽)	10812.00
66	永泰县(闽)	7649.00
67	建瓯市(闽)	6566.00
68	闽清县(闽)	3733.00
69	新罗区(闽)	3682.00
70	连城县(闽)	3230.00
71	古田县(闽)	2910.00
72	漳平市(闽)	2630.00
73	平和县(闽)	2570.00
74	清流县(闽)	2529.00
75	顺昌县(闽)	2310.00
76	三元区(闽)	2056.00
77	延平区(闽)	1871.00
78	泰宁县(闽)	1820.00
79	明溪县(闽)	1761.00
80	宁化县(闽)	1670.00
81	华安县(闽)	1642.00
82	将乐县(闽)	1600.00
83	建宁县(闽)	1355.00
84	浦城县(闽)	1289.00
85	尤溪县(闽)	1277.00
86	邵武市(闽)	1256.00
87	漳浦县(闽)	1208.00
88	寿宁县(闽)	1132.00
89	芗城区(闽)	1035.00
90	长汀县(闽)	1000.00
91	梅列区(闽)	968.00
92	大田县(闽)	918.00
93	上杭县(闽)	900.00
94	屏南县(闽)	870.00
95	霞浦县(闽)	842.00
96	武平县(闽)	754.00
97	福鼎市(闽)	720.00
98	蕉城区(闽)	658.00
99	永春县(闽)	636.00
100	武夷山市(闽)	600.00
101	长泰县(闽)	385.00
102	晋安区(闽)	372.00
103	仙游县(闽)	353.00
104	周宁县(闽)	320.00
105	建阳市(闽)	317.00
106	福安市(闽)	300.00
107	德化县(闽)	300.00
108	柘荣县(闽)	278.00
109	罗源县(闽)	219.00
110	闽侯县(闽)	182.00
111	连江县(闽)	150.00
112	松溪县(闽)	150.00
113	涵江区(闽)	129.00
114	安溪县(闽)	122.00

	竹笋主产地	产量(吨)
115	崇义县(赣)	15000.00
116	石城县(赣)	2240.00
117	铜鼓县(赣)	1500.00
118	上高县(赣)	1303.00
119	乐安县(赣)	966.00
120	贵溪市(赣)	630.00
121	庐山区(赣)	483.00
122	渝水区(赣)	324.00
123	玉山县(赣)	306.00
124	南城县(赣)	300.00
125	靖安县(赣)	200.00
126	全南县(赣)	197.00
127	瑞昌市(赣)	160.00
128	瑞金市(赣)	160.00
129	修水县(赣)	150.00
130	余江县(赣)	126.00
131	德兴市(赣)	104.00
132	樟树市(赣)	100.00
133	崇阳县(鄂)	23100.00
134	赤壁市(鄂)	9000.00
135	南漳县(鄂)	3560.00
136	钟祥市(鄂)	620.00
137	竹山县(鄂)	250.00
138	江夏区(鄂)	200.00
139	竹溪县(鄂)	189.00
140	房　县(鄂)	120.00
141	利川市(鄂)	120.00
142	通山县(鄂)	114.00
143	京山县(鄂)	100.00
144	涟源市(湘)	30000.00
145	绥宁县(湘)	13000.00
146	城步苗族自治县(湘)	13000.00
147	衡山县(湘)	5000.00
148	新宁县(湘)	5000.00
149	新化县(湘)	4000.00
150	炎陵县(湘)	3820.00
151	靖州苗族侗族自治县(湘)	3000.00
152	桃江县(湘)	2800.00
153	零陵区(湘)	2595.00
154	耒阳市(湘)	2300.00
155	沅陵县(湘)	2238.00
156	鼎城区(湘)	1135.00
157	岳阳县(湘)	1000.00
158	常宁市(湘)	1000.00
159	资兴市(湘)	720.00
160	祁阳县(湘)	662.00
161	永兴县(湘)	600.00
162	新邵县(湘)	600.00
163	赫山区(湘)	463.00
164	临澧县(湘)	420.00
165	安化县(湘)	410.00
166	株洲县(湘)	380.00
167	宁远县(湘)	376.00
168	洪江市(湘)	357.00
169	桂阳县(湘)	335.00
170	吉首市(湘)	330.00
171	冷水江市(湘)	280.00
172	双牌县(湘)	250.00
173	临武县(湘)	236.00
174	双峰县(湘)	235.00
175	苏仙区(湘)	220.00
176	芷江侗族自治县(湘)	200.00
177	新晃侗族自治县(湘)	180.00
178	桂东县(湘)	160.00
179	隆回县(湘)	160.00
180	安仁县(湘)	155.00
181	湘乡市(湘)	150.00
182	麻阳苗族自治县(湘)	135.00
183	道　县(湘)	130.00
184	中方县(湘)	126.00
185	桃源县(湘)	120.00
186	蓝山县(湘)	115.00
187	醴陵市(湘)	100.00
188	武陵源区(湘)	100.00
189	郁南县(粤)	390000.00
190	清新县(粤)	135000.00
191	广宁县(粤)	30000.00
192	英德市(粤)	12206.00
193	南雄市(粤)	5000.00
194	武江区(粤)	3000.00
195	四会市(粤)	2400.00
196	仁化县(粤)	2000.00
197	连州市(粤)	1181.00
198	封开县(粤)	926.00
199	连山壮族瑶族自治县(粤)	231.00
200	湘桥区(粤)	225.00
201	高要市(粤)	209.00
202	廉江市(粤)	183.00
203	乳源瑶族自治县(粤)	150.00
204	连平县(粤)	150.00
205	蕉岭县(粤)	116.00
206	那坡县(桂)	5000.00
207	融水苗族自治县(桂)	1238.00
208	恭城瑶族自治县(桂)	1200.00
209	兴安县(桂)	1090.00
210	资源县(桂)	1000.00
211	全州县(桂)	960.00
212	柳北区(桂)	954.00
213	金秀瑶族自治县(桂)	786.00
214	龙胜各族自治县(桂)	620.00
215	防城区(桂)	391.00
216	藤　县(桂)	369.00
217	蝶山区(桂)	350.00
218	昭平县(桂)	320.00
219	桂平市(桂)	304.00
220	横　县(桂)	220.00
221	阳朔县(桂)	205.00
222	岑溪市(桂)	178.00
223	苍梧县(桂)	126.00
224	大新县(桂)	125.00
225	环江毛南族自治县(桂)	116.00
226	灵山县(桂)	103.00
227	南川区(渝)	73000.00
228	涪陵区(渝)	15000.00
229	荣昌县(渝)	11000.00
230	石柱土家族自治县(渝)	4890.00
231	武隆县(渝)	4200.00
232	北碚区(渝)	1600.00
233	丰都县(渝)	1000.00
234	秀山土家族苗族自治县(渝)	300.00
235	巴南区(渝)	247.00
236	梁平县(渝)	185.00
237	威远县(川)	24000.00
238	兴文县(川)	9000.00
239	资中县(川)	8200.00
240	内江市市中区(川)	6000.00
241	西充县(川)	5000.00
242	雨城区(川)	4000.00
243	彭山县(川)	4000.00
244	邻水县(川)	3600.00
245	南溪县(川)	3200.00
246	纳溪区(川)	3000.00
247	芦山县(川)	3000.00
248	东坡区(川)	2500.00
249	宜宾县(川)	2500.00
250	洪雅县(川)	2000.00
251	蒲江县(川)	2000.00
252	屏山县(川)	1679.00

	竹笋主产地	产量(吨)
253	仁寿县(川)	1600.00
254	叙永县(川)	1600.00
255	雷波县(川)	1585.00
256	乐山市市中区(川)	1555.00
257	荥经县(川)	1550.00
258	万源市(川)	1285.00
259	珙　县(川)	1184.00
260	翠屏区(川)	1000.00
261	三台县(川)	1000.00
262	宣汉县(川)	950.00
263	江安县(川)	903.00
264	平昌县(川)	850.00
265	自流井区(川)	720.00
266	高　县(川)	600.00
267	筠连县(川)	600.00
268	都江堰市(川)	510.00
269	江油市(川)	350.00
270	雁江区(川)	350.00
271	安　县(川)	350.00
272	平武县(川)	300.00
273	汶川县(川)	264.00
274	船山区(川)	200.00
275	宝兴县(川)	180.00
276	南江县(川)	164.00
277	大邑县(川)	135.00
278	北川羌族自治县(川)	110.00
279	仪陇县(川)	100.00
280	榕江县(黔)	432.00
281	湄潭县(黔)	250.00
282	麻江县(黔)	200.00
283	雷山县(黔)	191.00
284	荔波县(黔)	178.00
285	从江县(黔)	162.00
286	瓮安县(黔)	150.00
287	盐津县(滇)	12000.00
288	镇雄县(滇)	5000.00
289	大关县(滇)	4500.00
290	彝良县(滇)	846.00
291	广南县(滇)	447.00
292	水富县(滇)	400.00
293	施甸县(滇)	190.00
294	镇坪县(陕)	667.00
295	汉阴县(陕)	399.00
296	南郑县(陕)	300.00
297	城固县(陕)	166.00

表 13-7　蕨菜主产地产量

	蕨菜主产地	产量(吨)
1	平泉县(冀)	9000.00
2	赤城县(冀)	150.00
3	丰宁满族自治县(冀)	130.00
4	扎兰屯市(内蒙古)	2800.00
5	阿鲁科尔沁旗(内蒙古)	370.00
6	克什克腾旗(内蒙古)	203.10
7	喀喇沁旗(内蒙古)	150.00
8	巴林左旗(内蒙古)	150.00
9	多伦县(内蒙古)	50.00
10	科尔沁右翼前旗(内蒙古)	50.00
11	岫岩满族自治县(辽)	5500.00
12	新宾满族自治县(辽)	1200.00
13	庄河市(辽)	750.00
14	辉南县(吉)	350.00
15	集安市(吉)	70.58
16	七台河市市辖区(黑)	20000.00
17	孙吴县(黑)	5000.00
18	逊克县(黑)	1500.00
19	林口县(黑)	300.00
20	恒山区(黑)	155.00
21	虎林市(黑)	150.00
22	嫩江县(黑)	120.00
23	克东县(黑)	100.00
24	勃利县(黑)	99.00
25	鸡东县(黑)	70.00
26	大兴安岭地区加格达奇区(黑)	50.00
27	讷河市(黑)	50.00
28	祁门县(皖)	556.00
29	休宁县(皖)	125.00
30	泾　县(皖)	120.00
31	横峰县(赣)	5000.00
32	铜鼓县(赣)	400.00
33	靖安县(赣)	320.00
34	玉山县(赣)	62.00
35	嵩　县(豫)	509.00
36	五峰土家族自治县(鄂)	500.00
37	耒阳市(湘)	15000.00
38	沅陵县(湘)	2509.00
39	新化县(湘)	1000.00
40	绥宁县(湘)	230.00
41	湘乡市(湘)	220.00
42	新晃侗族自治县(湘)	213.00
43	株洲县(湘)	210.00
44	临武县(湘)	205.00
45	安化县(湘)	200.00
46	城步苗族自治县(湘)	160.00
47	涟源市(湘)	150.00
48	资兴市(湘)	140.00
49	永顺县(湘)	60.00
50	龙山县(湘)	60.00
51	娄星区(湘)	60.00
52	吉首市(湘)	60.00
53	保靖县(湘)	50.00
54	连州市(粤)	630.00
55	高要市(粤)	96.00
56	全州县(桂)	110.00
57	南川区(渝)	9500.00
58	武隆县(渝)	250.00
59	涪陵区(渝)	50.00
60	邻水县(川)	3000.00
61	喜德县(川)	400.00
62	万源市(川)	400.00
63	德昌县(川)	368.00
64	米易县(川)	100.00
65	北川羌族自治县(川)	60.00
66	安　县(川)	55.00
67	兴文县(川)	54.00
68	越西县(川)	50.00
69	瓮安县(黔)	3000.00
70	湄潭县(黔)	500.00
71	福泉市(黔)	300.00
72	麻江县(黔)	200.00
73	锦屏县(黔)	95.00
74	个旧市(滇)	6000.00
75	泸水县(滇)	3968.70
76	会泽县(滇)	1483.00
77	泸西县(滇)	250.00
78	隆阳区(滇)	212.40
79	水富县(滇)	200.00
80	陆良县(滇)	198.30
81	腾冲县(滇)	177.00
82	云　县(滇)	170.00
83	罗平县(滇)	150.00
84	耿马傣族佤族自治县(滇)	120.00
85	兰坪白族普米族自治县(滇)	115.00
86	大关县(滇)	110.00

	蕨菜主产地	产量(吨)
87	祥云县(滇)	100.00
88	楚雄市(滇)	82.00
89	弥渡县(滇)	74.83
90	云龙县(滇)	72.00
91	红河县(滇)	70.00
92	施甸县(滇)	60.00
93	姚安县(滇)	52.70
94	洛扎县(藏)	100.00
95	汉阴县(陕)	121.00
96	榆中县(甘)	2500.00
97	宕昌县(甘)	950.00
98	渭源县(甘)	800.00
99	红石林业局(吉林集团)	172.30
100	露水河林业局(吉林集团)	83.00

表 13-8 香椿主产地产量

	香椿主产地	产量(吨)
1	迁西县(冀)	300.00
2	忻府区(晋)	50.00
3	瑞昌市(赣)	250.00
4	沂水县(鲁)	4590.00
5	蒙阴县(鲁)	3810.00
6	淄川区(鲁)	3000.00
7	青州市(鲁)	2150.00
8	沂南县(鲁)	1800.00
9	新泰市(鲁)	1270.00
10	沂源县(鲁)	730.00
11	岱岳区(鲁)	600.00
12	平阴县(鲁)	371.00
13	博山区(鲁)	270.00
14	宁阳县(鲁)	191.00
15	武城县(鲁)	90.00
16	河东区(鲁)	70.00
17	偃师市(豫)	750.00
18	嵩　县(豫)	510.00
19	辉县市(豫)	400.00
20	中牟县(豫)	150.00
21	林州市(豫)	90.00
22	南漳县(鄂)	5400.00
23	宜都市(鄂)	500.00
24	五峰土家族自治县(鄂)	200.00
25	应城市(鄂)	100.00
26	沅陵县(湘)	287.00
27	武隆县(渝)	3000.00
28	邻水县(川)	30000.00
29	大竹县(川)	3000.00
30	万源市(川)	400.00
31	平武县(川)	300.00
32	三台县(川)	50.00
33	湄潭县(黔)	50.00
34	陆良县(滇)	116.50
35	罗平县(滇)	100.00
36	隆阳区(滇)	82.60
37	泸水县(滇)	72.50
38	腾冲县(滇)	64.00
39	华阴市(陕)	700.00
40	长安区(陕)	103.50
41	略阳县(陕)	55.00
42	宕昌县(甘)	130.00
43	清水县(甘)	52.00

表 13-9 黄花主产地产量

	黄花主产地	产量(吨)
1	赤城县(冀)	180.00
2	丰宁满族自治县(冀)	40.00
3	阿鲁科尔沁旗(内蒙古)	130.00
4	巴林右旗(内蒙古)	36.00
5	克什克腾旗(内蒙古)	33.00
6	多伦县(内蒙古)	12.00
7	桦南县(黑)	2800.00
8	孙吴县(黑)	200.00
9	大兴安岭地区加格达奇区(黑)	20.00
10	修水县(赣)	12.00
11	铜鼓县(赣)	10.00
12	新泰市(鲁)	20000.00
13	宁阳县(鲁)	127.00
14	项城市(豫)	75.00
15	淮阳县(豫)	48.00
16	竹溪县(鄂)	30.00
17	黄梅县(鄂)	20.00
18	耒阳市(湘)	3000.00
19	祁东县(湘)	1511.00
20	沅陵县(湘)	203.00
21	邵阳县(湘)	200.00
22	株洲县(湘)	80.00
23	秀山土家族苗族自治县(渝)	100.00
24	邻水县(川)	30.00
25	万源市(川)	30.00
26	韩城市(陕)	483.00
27	宁　县(甘)	1188.00
28	西峰区(甘)	450.00
29	文　县(甘)	100.00
30	华池县(甘)	11.00

表 13-10 其他森林蔬菜主产地产量

	其他森林蔬菜主产地	品种	产量(吨)
1	隆回县(湘)	百合	6200.00
2	新化县(湘)	百合	800.00
3	邵阳县(湘)	百合	300.00
4	宜都市(鄂)	百合	285.00
5	安化县(湘)	百合	100.00
6	沅陵县(湘)	百合	77.00
7	孙吴县(黑)	百合	50.00
8	永靖县(甘)	百合	50.00
9	耒阳市(湘)	百合	20.00
10	潜山县(皖)	百合	20.00
11	铜鼓县(赣)	百合	20.00
12	双峰县(湘)	百合	15.00
13	修水县(赣)	百合	12.00
14	本溪满族自治县(辽)	龙芽木	21000.00
15	辉南县(吉)	龙芽木	160.00
16	集安市(吉)	龙芽木	105.36
17	文　县(甘)	龙芽木	100.00
18	本溪市经济开发区(辽)	龙芽木	80.00
19	嵩　县(豫)	龙芽木	55.00
20	通化县(吉)	龙芽木	50.00
21	庄河市(辽)	龙芽木	17.00
22	东丰县(吉)	龙芽木	12.00
23	两当县(甘)	龙芽木	10.00

	其他森林蔬菜主产地	品种	产量(吨)
24	南川区(渝)	笋用竹	75000.00
25	广宁县(粤)	笋用竹	30000.00
26	涟源市(湘)	笋用竹	30000.00
27	资中县(川)	笋用竹	8550.00
28	西充县(川)	笋用竹	5000.00
29	永川区(渝)	笋用竹	4658.00
30	象山县(浙)	笋用竹	3450.00
31	大埔县(粤)	笋用竹	3000.00
32	湄潭县(黔)	笋用竹	3000.00
33	大足县(渝)	笋用竹	2500.00
34	东坡区(川)	笋用竹	2500.00
35	铜梁县(渝)	笋用竹	1570.00
36	东至县(皖)	笋用竹	700.00
37	宣汉县(川)	笋用竹	510.00
38	水富县(滇)	笋用竹	400.00
39	浦江县(浙)	笋用竹	380.00
40	雁江区(川)	笋用竹	350.00
41	安居区(川)	笋用竹	300.00
42	连平县(粤)	笋用竹	150.00
43	蓝山县(湘)	笋用竹	115.00
44	宜都市(鄂)	笋用竹	110.00
45	兴山县(鄂)	笋用竹	104.00

表 13-11　主要森林饲料主产地产量

	主要森林饲料	品种	产量(吨)
1	鄂托克旗(内蒙古)	阔叶维生素粉	3000.00
2	新宾满族自治县(辽)	嫩树枝叶	37500.00
3	洞口县(湘)	嫩树枝叶	30000.00
4	云阳县(渝)	嫩树枝叶	16400.00
5	成　县(甘)	嫩树枝叶	15000.00
6	南华县(滇)	嫩树枝叶	7740.00
7	林西县(内蒙古)	嫩树枝叶	5000.00
8	耒阳市(湘)	嫩树枝叶	3650.00
9	瑞金市(赣)	嫩树枝叶	1500.00
10	围场满族蒙古族自治县(冀)	嫩树枝叶	1300.00
11	永靖县(甘)	嫩树枝叶	1200.00
12	娄星区(湘)	嫩树枝叶	1000.00
13	襄城区(鄂)	嫩树枝叶	780.00
14	株洲县(湘)	嫩树枝叶	300.00
15	三台县(川)	桑叶	875000.00
16	仪陇县(川)	桑叶	300000.00
17	石泉县(陕)	桑叶	200000.00
18	旬阳县(陕)	桑叶	139007.00
19	祥云县(滇)	桑叶	135567.00
20	涪陵区(渝)	桑叶	88000.00
21	西充县(川)	桑叶	66960.00
22	汉滨区(陕)	桑叶	65453.00
23	白河县(陕)	桑叶	60000.00
24	岱岳区(鲁)	桑叶	60000.00
25	莒南县(鲁)	桑叶	49800.00
26	昭平县(桂)	桑叶	49550.00
27	遂川县(赣)	桑叶	45000.00
28	汉阴县(陕)	桑叶	40000.50
29	高青县(鲁)	桑叶	36000.00
30	南部县(川)	桑叶	35000.00
31	东乡县(赣)	桑叶	30000.00
32	江油市(川)	桑叶	30000.00
33	那坡县(桂)	桑叶	30000.00
34	安　县(川)	桑叶	21000.00
35	万源市(川)	桑叶	21000.00
36	紫阳县(陕)	桑叶	20000.00
37	兴文县(川)	桑叶	19200.00
38	盐亭县(川)	桑叶	18500.00
39	沂水县(鲁)	桑叶	17200.00
40	新泰市(鲁)	桑叶	16700.00
41	略阳县(陕)	桑叶	12025.00
42	镇巴县(陕)	桑叶	12000.00
43	宁阳县(鲁)	桑叶	11000.00
44	南漳县(鄂)	桑叶	10000.00
45	威远县(川)	桑叶	10000.00
46	余杭区(浙)	桑叶	9134.00
47	垣曲县(晋)	桑叶	7500.00
48	亭湖区(苏)	桑叶	6200.00
49	雷州市(粤)	桑叶	5900.00
50	彭水苗族土家族自治县(渝)	桑叶	5625.00
51	岚皋县(陕)	桑叶	5047.00
52	远安县(鄂)	桑叶	5000.00
53	荣昌县(渝)	桑叶	4750.00
54	潜山县(皖)	桑叶	3500.00
55	梁平县(渝)	桑叶	3380.00
56	封开县(粤)	桑叶	2920.00
57	楚雄市(滇)	桑叶	2666.00
58	黟　县(皖)	桑叶	2532.00
59	丰都县(渝)	桑叶	2200.00
60	南溪县(川)	桑叶	2000.00
61	奉节县(渝)	桑叶	1800.00
62	资兴市(湘)	桑叶	1800.00
63	米易县(川)	桑叶	1500.00
64	祁东县(湘)	桑叶	1232.00
65	坊子区(鲁)	桑叶	1150.00
66	隆阳区(滇)	桑叶	1090.00

	主要森林饲料	品种	产量(吨)
67	肥西县(皖)	桑叶	1050.00
68	建德市(浙)	桑叶	1000.00
69	双峰县(湘)	桑叶	980.00
70	石柱土家族自治县(渝)	桑叶	950.00
71	施甸县(滇)	桑叶	900.00
72	宜丰县(赣)	桑叶	750.00
73	鼎城区(湘)	桑叶	500.00
74	东至县(皖)	桑叶	500.00
75	巫溪县(渝)	桑叶	500.00
76	芜湖县(皖)	桑叶	500.00
77	莒　县(鲁)	桑叶	460.00
78	巧家县(滇)	桑叶	400.00
79	岳阳县(湘)	桑叶	360.00
80	沅陵县(湘)	桑叶	350.00
81	铜鼓县(赣)	桑叶	260.00
82	南陵县(皖)	桑叶	200.00
83	临安市(浙)	桑叶	100.00
84	嵩　县(豫)	桑叶	100.00
85	米脂县(陕)	紫穗槐	75000.00
86	横山县(陕)	紫穗槐	53000.00
87	栖霞市(鲁)	紫穗槐	168.00
88	云阳县(渝)	紫穗槐	120.00

表 13-12　森林蔬菜出口量值

国家/地区	出口数量(吨)	出口金额(千美元)
20031011 小白蘑菇罐头		
合计	265552	439148
美国	37850	69858
俄罗斯	40518	62099
马来西亚	14858	23654
加拿大	13293	22557
日本	10147	21945
德国	11526	21675
菲律宾	10615	16213
韩国	9689	14905
黎巴嫩	6541	10320
荷兰	4915	9085
阿根廷	4965	8286
哥斯达黎加	4758	7980
阿联酋	5100	7913
澳大利亚	4584	7684
沙特阿拉伯	4957	7390
中国香港	4760	7292
乌克兰	3671	6602
约旦	4812	6512
智利	3757	6400
中国台湾	3069	5551
阿尔及利亚	3550	5493
哈萨克斯坦	3742	4956
爱沙尼亚	3088	4924
埃及	3068	4327
印度尼西亚	2535	4074
科威特	2632	4020
瑞典	2144	3466
挪威	1950	3360
印度	2007	3261
摩洛哥	2111	3217
格鲁吉亚	2030	3032
罗马尼亚	1877	2585
墨西哥	1321	2188
伊拉克	1150	1778
叙利亚	1249	1739
毛里求斯	1105	1720
南非	1077	1636
卡塔尔	816	1477
秘鲁	885	1450
巴拿马	803	1349
以色列	923	1277
瑞士	782	1250
危地马拉	726	1172
乌拉圭	794	1117
摩尔多瓦	690	1063
越南	633	1041
捷克	759	1041
萨尔瓦多	586	970
巴林	582	965
洪都拉斯	575	959
厄瓜多尔	531	948
白俄罗斯	589	940
多米尼加	585	913
泰国	513	910
巴基斯坦	620	889
比利时	519	875
牙买加	616	872
亚美尼亚	505	836
古巴	523	811
特立尼达和多巴哥	441	794
土库曼斯坦	400	695
多民族玻利维亚国	409	654
尼日利亚	372	633
哥伦比亚	335	619
克罗地亚	404	614
新加坡	372	608
突尼斯	397	583
塞尔维亚	367	554
希腊	317	492
尼泊尔	296	490
利比亚	258	399
土耳其	233	399
新西兰	205	374
斯洛伐克	220	371
孟加拉国	208	335
匈牙利	235	327
斯里兰卡	196	325
文莱	196	312
西班牙	163	311
阿塞拜疆	167	310
多米尼克	215	305
巴勒斯坦	211	280
塔吉克斯坦	176	270
贝宁	137	263
阿富汗	162	245
蒙古	147	223
阿曼	143	222
巴西	76	219
肯尼亚	121	211
法属波利尼西亚	116	207

国家/地区	出口数量（吨）	出口金额（千美元）
波多黎各	110	203
芬兰	109	191
阿尔巴尼亚	93	169
尼加拉瓜	106	162
英国	116	153
黑山	83	139
塞浦路斯	97	139
坦桑尼亚	73	136
波黑	84	120
丹麦	70	109
伊朗	72	107
布基纳法索	54	96
马尔代夫	62	95
吉尔吉斯斯坦	56	94
意大利	52	93
安哥拉	61	92
阿鲁巴	52	86
奥地利	49	86
巴布亚新几内亚	50	85
苏丹	53	85
巴拉圭	52	83
柬埔寨	51	83
也门	51	77
苏里南	42	73
马达加斯加	47	72
拉脱维亚	47	67
乌干达	45	66
加纳	35	64
塞内加尔	37	56
新喀里多尼亚	34	55
刚果（金）	35	52
巴哈马	34	50
莫桑比克	36	49
科特迪瓦	37	48
荷属安的列斯	15	33
赞比亚	20	31
海地	16	30
多哥	17	29
冰岛	18	29
马耳他	16	29
巴巴多斯	17	28
喀麦隆	17	22
中国澳门	10	22
利比里亚	12	18
立陶宛	12	18

国家/地区	出口数量（吨）	出口金额（千美元）
刚果（布）	5	15
几内亚	7	14
萨摩亚	6	12
斐济	5	8
埃塞俄比亚	3	5
塞舌尔	2	2
所罗门群岛	0	1
20031019 其他伞菌属蘑菇罐头		
合计	41534	75148
日本	7332	21898
俄罗斯	11651	18773
马来西亚	4072	5857
德国	2772	4631
中国香港	2953	3603
乌克兰	1507	2553
荷兰	1322	2191
爱沙尼亚	1314	2017
英国	883	1374
西班牙	1028	1354
墨西哥	581	884
印度尼西亚	631	883
摩尔多瓦	531	819
韩国	606	817
美国	415	734
澳大利亚	458	728
菲律宾	474	632
中国台湾	239	597
新加坡	248	540
越南	234	507
捷克	317	488
加拿大	259	439
瑞典	112	409
法国	230	345
哈萨克斯坦	220	294
以色列	134	203
文莱	120	175
土库曼斯坦	85	173
意大利	87	128
哥斯达黎加	54	82
拉脱维亚	55	82
白俄罗斯	45	76
斯洛伐克	47	71
葡萄牙	50	68
多米尼加	39	53
斯里兰卡	40	50

国家/地区	出口数量（吨）	出口金额（千美元）
马耳他	31	50
比利时	29	46
利比亚	18	40
巴拿马	28	40
智利	18	39
立陶宛	19	34
危地马拉	22	34
毛里求斯	22	29
新西兰	16	27
阿联酋	18	27
马尔代夫	14	25
爱尔兰	19	24
蒙古	19	22
罗马尼亚	13	22
格鲁吉亚	11	21
古巴	13	18
泰国	4	18
新喀里多尼亚	15	17
土耳其	6	15
留尼汪岛（法）	7	13
亚美尼亚	7	11
秘鲁	7	9
委内瑞拉	6	8
阿根廷	8	8
柬埔寨	7	7
沙特阿拉伯	2	5
南非	3	5
约旦	2	2
芬兰	1	2
黎巴嫩	1	1
20031090 其他伞菌属蘑菇		
合计	1786	5830
日本	1451	5351
墨西哥	111	142
德国	82	129
澳大利亚	56	82
俄罗斯	25	34
马来西亚	16	30
英国	17	27
韩国	6	18
中国台湾	18	12
乌克兰	1	3
葡萄牙	2	2
20032000 非醋方法的块菌		
合计	123	2102

国家/地区	出口数量（吨）	出口金额（千美元）
日本	99	885
德国	10	560
法国	7	466
西班牙	1	95
中国香港	1	79
比利时	2	12
荷兰	1	2
加拿大	1	1
葡萄牙	0	1
意大利	0	1
20039010 其他蘑菇罐头		
合计	19489	40845
日本	3026	15174
韩国	6330	9707
俄罗斯	3276	4537
美国	635	2343
德国	793	1134
马来西亚	854	1101
乌克兰	647	980
中国香港	716	747
爱沙尼亚	421	578
英国	419	578
荷兰	352	546
瑞典	100	422
新加坡	66	251
墨西哥	203	249
以色列	185	248
菲律宾	185	225
澳大利亚	142	198
中国台湾	100	184
特立尼达和多巴哥	98	161
加拿大	64	106
挪威	21	104
丹麦	38	103
法国	80	93
泰国	19	93
印度尼西亚	79	92
越南	59	90
西班牙	86	90
拉脱维亚	46	74
芬兰	15	69
哈萨克斯坦	66	69
留尼汪岛(法)	48	68
土库曼斯坦	42	66
文莱	51	64
摩尔多瓦	49	63
塞浦路斯	37	44
毛里求斯	28	28
危地马拉	15	26
白俄罗斯	15	24
希腊	13	19
巴西	17	17
多米尼加	8	15
比利时	11	15
巴拿马	11	14
智利	5	8
法属波利尼西亚	3	6
立陶宛	4	6
新西兰	4	5
约旦	3	4
爱尔兰	3	4
亚美尼亚	2	3
格鲁吉亚	1	2
20039090 其他蘑菇及块菌		
合计	1251	4064
日本	957	3280
韩国	215	493
加拿大	24	75
中国香港	11	65
英国	12	31
澳大利亚	8	28
美国	7	25
德国	6	23
俄罗斯	3	13
新西兰	2	11
比利时	3	9
乌克兰	1	5
斯里兰卡	0	5
爱尔兰	0	1

表 13-13　森林蔬菜进口量值

国家/地区	进口数量（吨）	进口金额（千美元）
20031011 小白蘑菇罐头		
合计	117	190
中国	115	181
西班牙	1	4
美国	1	2
印度	1	2
法国	0	1
20031019 其他伞菌属蘑菇罐头		
合计	1	6
德国	0	2
法国	0	2
西班牙	0	1
意大利	0	1
20031090 其他伞菌属蘑菇		
合计	2	10
中国台湾	2	9
德国	0	1
20032000 非醋方法的块菌		
合计	0	24
法国	0	18
意大利	0	6
20039010 其他蘑菇罐头		
合计	1	5
日本	0	2
中国台湾	1	2
西班牙	0	1
20039090 其他蘑菇及块菌		
合计	42	155
中国台湾	11	81
美国	11	65
越南	19	7
意大利	0	2

茶和咖啡

表 14-1　茶和咖啡各指标在全国排名前 5 位的省份

指标(万吨)	全国排名前 5 位的省份占全国的比例(%)
毛茶产量 142. 98	福建(17. 88)、云南(16. 99)、浙江(11. 93)、湖北(11. 07)、四川(8. 91)
可可豆产量 14(吨)	福建(50)、云南(42. 86)、重庆(7. 14)
咖啡产量 5. 87	云南(99. 87)、海南(0. 13)、四川(0. 01)
制茶企业数量 19383(家)	福建(23. 53)、浙江(13. 01)、四川(8. 33)、安徽(8. 11)、云南(7. 9)
茶叶批发企业数量 29719(家)	福建(18. 42)、广东(14. 49)、北京(9. 73)、浙江(8. 58)、云南(5. 38)

表 14-2　茶和咖啡类产品产量及相关企业数量　　单位：吨

地区	毛茶	可可豆	咖啡	其他	制茶企业数量(家)	茶叶批发企业数量(家)
全国合计	1429807	14	58710	102027	19383	29719
北京	0	0	0	0	68	2892
天津	0	0	0	0	12	1196
河北	0	0	0	7	85	730
山西	0	0	0	0	33	606
内蒙古	0	0	0	21	36	174
辽宁	0	0	0	0	39	477
吉林	0	0	0	80	34	216
黑龙江	0	0	0	4650	48	389
上海	0	0	0	0	83	0
江苏	14967	0	0	0	927	710
浙江	170555	0	0	11162	2522	2551
安徽	88512	0	0	904	1572	1263
福建	255639	7	0	699	4561	5475
江西	21865	0	0	1215	513	454
山东	17959	0	0	4492	638	1528
河南	88752	0	0	6418	432	418
湖北	158216	0	0	217	862	597
湖南	64722	0	0	3347	961	606
广东	36284	0	0	2439	517	4306
广西	41951	0	0	4618	752	452
海南	178	0	75	9165	60	125
重庆	16831	1	0	26910	316	471
四川	127436	0	3	7868	1615	1155
贵州	55491	0	0	3370	735	410
云南	242972	6	58632	11445	1532	1598
西藏	0	0	0	0	2	19
陕西	26721	0	0	0	332	475

地区	毛茶	可可豆	咖啡	其他	制茶企业数量(家)	茶叶批发企业数量(家)
甘肃	756	0	0	0	52	154
青海	0	0	0	0	5	21
宁夏	0	0	0	3000	11	107
新疆	0	0	0	0	28	144

表 14-3 全国茶和咖啡进出口贸易值

产品类别	单位	出口数量	出口金额(千美元)	进口数量	进口金额(千美元)
合计	吨	464816	1555719	208793	844844
茶	吨	329519	1017552	14876	66519
咖啡	吨	135298	538168	193917	778325

表 14-4 茶叶主产地产量

	茶叶主产地	产量(吨)
1	赣榆县(苏)	181.00
2	嵊州市(浙)	21000.00
3	余杭区(浙)	9949.00
4	松阳县(浙)	9525.00
5	武义县(浙)	8317.00
6	遂昌县(浙)	7306.00
7	余姚市(浙)	6600.00
8	婺城区(浙)	4380.00
9	安吉县(浙)	4265.00
10	富阳市(浙)	4165.00
11	上虞市(浙)	4010.00
12	奉化市(浙)	4000.00
13	淳安县(浙)	3987.00
14	鄞州区(浙)	3047.00
15	宁海县(浙)	2583.00
16	泰顺县(浙)	2463.00
17	缙云县(浙)	2176.00
18	磐安县(浙)	2114.00
19	天台县(浙)	1973.00
20	建德市(浙)	1765.00
21	临安市(浙)	1750.00
22	临海市(浙)	1600.00
23	莲都区(浙)	1590.00
24	桐庐县(浙)	1570.00
25	象山县(浙)	1550.00
26	德清县(浙)	1469.00
27	景宁畲族自治县(浙)	1449.00
28	龙泉市(浙)	1337.00
29	义乌市(浙)	1064.00
30	江山市(浙)	920.00
31	北仑区(浙)	780.00
32	云和县(浙)	746.00
33	西湖区(浙)	694.00
34	苍南县(浙)	679.00
35	仙居县(浙)	563.00
36	庆元县(浙)	502.00
37	三门县(浙)	465.00
38	乐清市(浙)	262.00
39	文成县(浙)	228.00
40	青田县(浙)	159.00
41	海盐县(浙)	143.00
42	歙　县(皖)	8600.00
43	休宁县(皖)	7143.00
44	祁门县(皖)	5500.00
45	金寨县(皖)	5120.00
46	潜山县(皖)	2200.00
47	宁国市(皖)	2155.00
48	舒城县(皖)	2115.00
49	泾　县(皖)	2000.00
50	太湖县(皖)	1650.00
51	黟　县(皖)	1482.00
52	徽州区(皖)	1381.00
53	庐江县(皖)	740.00
54	屯溪区(皖)	560.00
55	三山区(皖)	500.00
56	南陵县(皖)	450.00
57	旌德县(皖)	270.00
58	青阳县(皖)	261.00
59	东至县(皖)	227.00
60	和　县(皖)	158.00
61	含山县(皖)	110.00
62	修水县(赣)	3120.00
63	遂川县(赣)	961.00
64	铜鼓县(赣)	800.00
65	崇义县(赣)	471.00
66	浮梁县(赣)	415.00
67	上高县(赣)	360.00
68	余江县(赣)	284.00
69	崇仁县(赣)	279.00
70	定南县(赣)	148.00
71	贵溪市(赣)	130.00
72	井冈山市(赣)	103.00
73	全南县(赣)	103.00
74	广丰县(赣)	100.80
75	莒南县(鲁)	3500.00
76	东港区(鲁)	1552.00
77	诸城市(鲁)	890.00
78	莒　县(鲁)	510.00
79	肥城市(鲁)	441.00
80	新泰市(鲁)	234.00
81	浉河区(豫)	21000.00
82	商城县(豫)	3600.00
83	光山县(豫)	1200.00
84	桐柏县(豫)	532.00
85	潢川县(豫)	260.00
86	内乡县(豫)	170.00
87	五峰土家族自治县(鄂)	19070.00
88	鹤峰县(鄂)	15708.00
89	恩施市(鄂)	12780.00
90	宜都市(鄂)	9000.00
91	南漳县(鄂)	6670.00
92	谷城县(鄂)	5192.00

	茶叶主产地	产量(吨)
93	竹溪县(鄂)	5008.00
94	竹山县(鄂)	4558.00
95	咸丰县(鄂)	4298.00
96	保康县(鄂)	3830.00
97	长阳土家族自治县(鄂)	3800.00
98	秭归县(鄂)	2334.00
99	红安县(鄂)	1603.00
100	建始县(鄂)	1200.00
101	浠水县(鄂)	1100.00
102	江夏区(鄂)	1000.00
103	广水市(鄂)	900.00
104	通山县(鄂)	810.00
105	随县(鄂)	760.00
106	崇阳县(鄂)	700.00
107	远安县(鄂)	672.00
108	兴山县(鄂)	655.00
109	利川市(鄂)	506.00
110	房　县(鄂)	499.00
111	郧西县(鄂)	468.00
112	孝昌县(鄂)	420.00
113	阳新县(鄂)	300.00
114	宜城市(鄂)	280.00
115	应城市(鄂)	230.00
116	蕲春县(鄂)	230.00
117	郧　县(鄂)	216.00
118	丹江口市(鄂)	160.00
119	钟祥市(鄂)	111.00
120	曾都区(鄂)	108.00
121	石门县(湘)	9000.00
122	桃源县(湘)	5000.00
123	衡山县(湘)	4860.00
124	宁乡县(湘)	4600.00
125	湘乡市(湘)	2950.00
126	双峰县(湘)	2300.00
127	洞口县(湘)	2272.00
128	赫山区(湘)	1659.00
129	浏阳市(湘)	1500.00
130	汨罗市(湘)	1500.00
131	安化县(湘)	1200.00
132	古丈县(湘)	1200.00
133	资兴市(湘)	1048.00
134	新化县(湘)	1000.00
135	沅陵县(湘)	700.00
136	株洲县(湘)	540.00
137	岳阳县(湘)	450.00
138	江永县(湘)	403.00

	茶叶主产地	产量(吨)
139	桂阳县(湘)	380.00
140	江华瑶族自治县(湘)	366.00
141	炎陵县(湘)	360.00
142	涟源市(湘)	325.00
143	会同县(湘)	300.00
144	桂东县(湘)	297.00
145	鼎城区(湘)	282.00
146	保靖县(湘)	240.00
147	华容县(湘)	214.00
148	祁阳县(湘)	199.00
149	双牌县(湘)	197.00
150	蓝山县(湘)	183.00
151	苏仙区(湘)	180.00
152	北湖区(湘)	158.00
153	溆浦县(湘)	140.00
154	张家界市市辖区(湘)	133.00
155	临澧县(湘)	125.00
156	耒阳市(湘)	110.00
157	新宁县(湘)	100.00
158	兴宁市(粤)	140000.00
159	东源县(粤)	2300.00
160	广宁县(粤)	1576.00
161	封开县(粤)	970.00
162	英德市(粤)	918.00
163	信宜市(粤)	750.00
164	陆河县(粤)	650.00
165	徐闻县(粤)	570.00
166	曲江区(粤)	413.00
167	龙川县(粤)	389.00
168	连平县(粤)	346.00
169	化州市(粤)	319.00
170	五华县(粤)	200.00
171	德庆县(粤)	160.00
172	恩平市(粤)	127.00
173	湘桥区(粤)	111.00
174	三江侗族自治县(桂)	7615.00
175	灵山县(桂)	5890.00
176	乐业县(桂)	4400.00
177	凌云县(桂)	3560.00
178	昭平县(桂)	3444.00
179	横　县(桂)	2335.00
180	龙州县(桂)	2113.00
181	大新县(桂)	1916.00
182	全州县(桂)	1120.00
183	那坡县(桂)	800.00
184	八步区(桂)	640.00

	茶叶主产地	产量(吨)
185	苍梧县(桂)	621.00
186	岑溪市(桂)	503.00
187	龙胜各族自治县(桂)	485.00
188	桂平市(桂)	480.00
189	防城区(桂)	454.00
190	藤　县(桂)	445.00
191	金秀瑶族自治县(桂)	435.00
192	融水苗族自治县(桂)	362.00
193	蒙山县(桂)	308.00
194	灌阳县(桂)	293.00
195	柳城县(桂)	286.00
196	兴安县(桂)	276.00
197	武宣县(桂)	244.00
198	阳朔县(桂)	138.00
199	荣昌县(渝)	4240.00
200	巴南区(渝)	2993.00
201	秀山土家族苗族自治县(渝)	1340.00
202	永川区(渝)	462.00
203	巫溪县(渝)	368.00
204	云阳县(渝)	350.00
205	涪陵区(渝)	320.00
206	奉节县(渝)	300.00
207	合川区(渝)	280.00
208	南川区(渝)	245.00
209	万州区(渝)	200.00
210	铜梁县(渝)	198.00
211	垫江县(渝)	198.00
212	石柱土家族自治县(渝)	103.00
213	梁平县(渝)	100.00
214	名山县(川)	42000.00
215	雨城区(川)	7200.00
216	高　县(川)	5860.00
217	邛崃市(川)	4700.00
218	宜宾县(川)	3600.00
219	屏山县(川)	3325.00
220	珙　县(川)	3306.00
221	纳溪区(川)	2840.00
222	青川县(川)	2251.00
223	都江堰市(川)	2096.00
224	宣汉县(川)	1815.00
225	江安县(川)	1700.00
226	万源市(川)	1500.00
227	丹棱县(川)	1400.00
228	威远县(川)	1254.00
229	叙永县(川)	1145.00
230	雷波县(川)	714.00

	茶叶主产地	产量(吨)
231	北川羌族自治县(川)	708.00
232	资中县(川)	480.00
233	兴文县(川)	398.00
234	崇州市(川)	380.00
235	大邑县(川)	328.00
236	江油市(川)	195.00
237	平昌县(川)	160.00
238	南江县(川)	130.00
239	湄潭县(黔)	65000.00
240	雷山县(黔)	4498.00
241	黎平县(黔)	2366.00
242	瓮安县(黔)	1000.00
243	清镇市(黔)	989.00
244	赫章县(黔)	500.00
245	台江县(黔)	425.00
246	都匀市(黔)	400.00
247	长顺县(黔)	292.00
248	兴义市(黔)	254.00
249	乌当区(黔)	226.00
250	荔波县(黔)	139.00
251	凯里市(黔)	135.00
252	岑巩县(黔)	120.00
253	腾冲县(滇)	91160.00
254	勐海县(滇)	24891.00
255	凤庆县(滇)	21658.00
256	昌宁县(滇)	12828.80
257	耿马傣族佤族自治县(滇)	8484.00
258	永德县(滇)	7252.00
259	广南县(滇)	6703.00
260	云　县(滇)	4904.00
261	隆阳区(滇)	2338.40
262	红河县(滇)	1451.70
263	施甸县(滇)	1300.00
264	麻栗坡县(滇)	500.00
265	巍山彝族回族自治县(滇)	440.90
266	南华县(滇)	201.00
267	楚雄市(滇)	145.66
268	牟定县(滇)	145.00
269	西乡县(陕)	5903.00
270	南郑县(陕)	3653.00
271	平利县(陕)	3618.00
272	紫阳县(陕)	3357.00
273	勉　县(陕)	3000.00
274	镇巴县(陕)	1422.00
275	商南县(陕)	1415.00
276	汉滨区(陕)	955.00
277	汉阴县(陕)	679.00
278	岚皋县(陕)	465.00
279	宁强县(陕)	450.00
280	白河县(陕)	239.00
281	丹凤县(陕)	221.00
282	镇安县(陕)	162.00
283	石泉县(陕)	112.00
284	文　县(甘)	150.00

表 14-5　矿泉水主产地产量

	矿泉水主产地	产量(吨)
1	宽城满族自治县(冀)	1200.00
2	阿鲁科尔沁旗(内蒙古)	1000000.00
3	鄂托克旗(内蒙古)	2500.00
4	新宾满族自治县(辽)	16000.00
5	靖宇县(吉)	652548.90
6	长白朝鲜族自治县(吉)	350000.00
7	敦化市(吉)	53100.00
8	辉南县(吉)	9830.00
9	龙井市(吉)	8000.00
10	舒兰市(吉)	5100.00
11	通化县(吉)	3500.00
12	梅河口市(吉)	2000.00
13	集安市(吉)	1001.00
14	大兴安岭地区加格达奇区(黑)	60000.00
15	巴彦县(黑)	5100.00
16	延寿县(黑)	2000.00
17	密山市(黑)	1850.00
18	嫩江县(黑)	1000.00
19	孙吴县(黑)	500.00
20	芦溪县(赣)	105000.00
21	瑞金市(赣)	80000.00
22	修水县(赣)	800.00
23	贵溪市(赣)	500.00
24	会昌县(赣)	110.00
25	招远市(鲁)	5475.00
26	沂水县(鲁)	2100.00
27	栖霞市(鲁)	2000.00
28	龙口市(鲁)	1000.00
29	禹州市(豫)	1500.00
30	栾川县(豫)	1000.00
31	长阳土家族自治县(鄂)	2100.00
32	绥宁县(湘)	1360000.00
33	城步苗族自治县(湘)	600000.00
34	桃源县(湘)	100000.00
35	耒阳市(湘)	73000.00
36	云溪区(湘)	50000.00
37	中方县(湘)	10000.00
38	娄星区(湘)	10000.00
39	湘乡市(湘)	7050.00
40	邵阳县(湘)	7000.00
41	资兴市(湘)	4600.00
42	道　县(湘)	3080.00
43	双峰县(湘)	2500.00
44	沅陵县(湘)	1850.00
45	安化县(湘)	1700.00
46	临武县(湘)	1510.00
47	汨罗市(湘)	1000.00
48	华容县(湘)	1000.00
49	茶陵县(湘)	200.00
50	五华县(粤)	5000000.00
51	龙川县(粤)	10000.00
52	雷州市(粤)	3200.00
53	中国林科院热林中心(桂)	10000.00
54	金秀瑶族自治县(桂)	2351.00
55	全州县(桂)	2200.00
56	云阳县(渝)	126000.00
57	梁平县(渝)	10000.00
58	丰都县(渝)	5300.00
59	万源市(川)	30000.00
60	邻水县(川)	10000.00
61	达　县(川)	5000.00
62	瓮安县(黔)	10000.00
63	红花岗区(黔)	2200.00
64	成　县(甘)	1000.00
65	吉林集团集团泉阳泉饮品有限公司(吉林集团)	120000.00
66	沾河林业局(龙江集团)	6000.00
67	桃山林业局(龙江集团)	1500.00
68	大海林林业局(龙江集团)	1220.00
69	鹤北林业局(龙江集团)	1015.00
70	鹤立林业局(龙江集团)	810.00
71	绥棱林业局(龙江集团)	570.00
72	双丰林业局(龙江集团)	500.00
73	黑龙江柴河林业局(龙江集团)	420.00
74	东方红林业局(龙江集团)	400.00
75	翠峦林业局(龙江集团)	395.00
76	金山屯林业局(龙江集团)	345.00
77	带岭实验局(龙江集团)	270.00
78	南岔林业局(龙江集团)	200.00

表 14-6　其他森林饮料主产地产量

	其他森林饮料主产地	品种	产量(吨)
1	岢岚县(晋)	沙棘	60000.00
2	敖汉旗(内蒙古)	沙棘	20000.00
3	北票市(辽)	沙棘	7500.00
4	围场满族蒙古族自治县(冀)	沙棘	6000.00
5	东胜区(内蒙古)	沙棘	5150.00
6	和林格尔县(内蒙古)	沙棘	3100.00
7	隆德县(宁)	沙棘	3000.00
8	文水县(晋)	沙棘	1000.00
9	疏附县(新)	沙棘	1000.00
10	华池县(甘)	沙棘	520.00
11	山丹县(甘)	沙棘	450.00
12	孙吴县(黑)	沙棘	310.00
13	清水县(甘)	沙棘	115.00
14	韩城市(陕)	苹果汁	20000000.00
15	灵宝市(豫)	苹果汁	60000.00
16	栖霞市(鲁)	苹果汁	40000.00
17	焦作市市辖区(豫)	苹果汁	40000.00
18	安丘市(鲁)	苹果汁	27500.00
19	乐陵市(鲁)	苹果汁	20400.00
20	济源市(豫)	苹果汁	20000.00
21	利通区(宁)	苹果汁	15000.00
22	陕　县(豫)	苹果汁	12000.00
23	中卫市市辖区(宁)	苹果汁	7941.00
24	农四师(新疆建设兵团)	苹果汁	2574.00
25	中站区(豫)	苹果汁	2320.00
26	湖滨区(豫)	苹果汁	2310.00
27	濮阳市高新区(豫)	苹果汁	1800.00
28	辉南县(吉)	苹果汁	350.00
29	西峡县(豫)	苹果汁	300.00
30	确山县(豫)	栗子汁	11.00
31	抚松县(吉)	蓝靛果酒	2260.00
32	勃利县(黑)	蓝靛果酒	200.00
33	通化县(吉)	蓝靛果酒	100.00
34	白河林业局(吉)	蓝靛果酒	90.00
35	江源区(吉)	蓝靛果酒	60.00
36	尚志市(黑)	蓝靛果酒	50.00
37	麻栗坡县(滇)	咖啡	233.00
38	泸水县(滇)	咖啡	188.34
39	勐海县(滇)	咖啡	90.00
40	元谋县(滇)	咖啡	50.00
41	耿马傣族佤族自治县(滇)	咖啡	43.00
42	宜都市(鄂)	葛根	1500.00
43	栾川县(豫)	葛根	700.00
44	冷水江市(湘)	葛根	500.00
45	象州县(桂)	葛根	286.00
46	潜山县(皖)	葛根	250.00
47	沅陵县(湘)	葛根	117.00
48	新建县(赣)	葛根	114.00
49	铜鼓县(赣)	葛根	100.00
50	桓仁满族自治县(辽)	葛根	25.00
51	万源市(川)	葛根	20.00
52	谷城县(鄂)	葛根	12.00
53	本溪满族自治县(辽)	刺五加	30000.00
54	辉南县(吉)	刺五加	1100.00
55	长白森林经营局(吉)	刺五加	120.00
56	桓仁满族自治县(辽)	刺五加	70.00
57	瓮安县(黔)	刺梨	100.00
58	南郑县(陕)	刺梨	45.00
59	南召县(豫)	刺梨	20.00

表 14-7　茶和咖啡出口量值

国家/地区	出口数量(吨)	出口金额(千美元)
18031000 未脱脂可可膏		
合计	681	3145
韩国	640	2974
澳大利亚	20	74
智利	10	44
阿联酋	6	30
加拿大	4	18
乌拉圭	1	4
18032000 全脱脂或部分脱脂可可膏		
合计	9278	38100
西班牙	5020	20733
哥伦比亚	3190	13085
乌拉圭	540	2325
哥斯达黎加	200	807
埃及	120	494
俄罗斯	160	440
印度尼西亚	20	93
荷兰	20	90
乌兹别克斯坦	8	32
18040000 可可脂、可可油		
合计	8100	32532
荷兰	3520	13649
法国	2000	8550
英国	1260	5064
德国	603	2496
印度	360	1368
美国	206	826
澳大利亚	80	288
黑山	22	90
墨西哥	20	68
加拿大	12	50
智利	11	44

国家/地区	出口数量（吨）	出口金额（千美元）
中国台湾	4	20
巴巴多斯	2	15
牙买加	1	4
18050000 未加糖或其他的可可粉		
合计	19279	55186
巴西	2920	8355
古巴	859	5047
菲律宾	1109	5030
智利	1476	3188
阿根廷	671	2984
保加利亚	1552	2804
印度	559	2323
土耳其	620	1933
叙利亚	570	1890
哥斯达黎加	402	1664
波兰	416	1572
哥伦比亚	760	1535
埃及	1042	1448
澳大利亚	316	1393
俄罗斯	481	1173
美国	177	760
多民族玻利维亚国	208	731
希腊	477	730
克罗地亚	364	715
阿尔及利亚	229	684
匈牙利	252	680
墨西哥	205	671
西班牙	258	632
萨尔瓦多	288	607
乌兹别克斯坦	410	568
秘鲁	235	528
哈萨克斯坦	255	341
立陶宛	178	341
乌克兰	168	328
塞内加尔	256	326
比利时	65	319
斐济	70	289
马来西亚	77	281
沙特阿拉伯	64	258
危地马拉	112	253
格鲁吉亚	85	243
巴基斯坦	144	225
新西兰	50	221
也门	112	202
乌拉圭	46	189

国家/地区	出口数量（吨）	出口金额（千美元）
以色列	48	154
突尼斯	64	134
拉脱维亚	41	106
委内瑞拉	30	102
摩洛哥	26	100
白俄罗斯	30	94
黑山	80	93
德国	18	93
莫桑比克	31	81
罗马尼亚	28	77
泰国	29	77
多米尼加	15	76
吉尔吉斯斯坦	48	70
朝鲜	36	54
意大利	32	49
毛里求斯	16	48
伊朗	32	46
斯洛文尼亚	36	41
新加坡	10	35
前南马其顿	16	34
加拿大	9	32
阿尔巴尼亚	16	29
喀麦隆	15	27
塞浦路斯	14	27
特立尼达和多巴哥	5	25
刚果(金)	16	20
阿联酋	0	2
18061000 含糖或其他的可可粉		
合计	406	1571
美国	181	537
中国香港	51	431
英国	100	332
墨西哥	28	94
加拿大	25	72
澳大利亚	10	71
新西兰	4	20
菲律宾	4	7
印度尼西亚	4	6
18062000 其他重量>2 千克的可可食品		
合计	1259	3471
巴基斯坦	751	1502
澳大利亚	200	700
秘鲁	144	532
蒙古	26	209
中国香港	26	130

国家/地区	出口数量（吨）	出口金额（千美元）
日本	8	111
新加坡	29	70
新西兰	3	48
中国台湾	8	38
美国	25	36
菲律宾	16	28
马来西亚	6	18
阿联酋	3	13
贝宁	5	13
阿曼	4	12
朝鲜	4	8
沙特阿拉伯	1	5
18063100 含可可的夹心食品重≤2 千克		
合计	3122	18274
中国香港	389	3397
蒙古	139	2896
澳大利亚	526	2323
韩国	464	1347
哥伦比亚	145	980
马来西亚	126	803
加拿大	143	727
美国	86	674
墨西哥	103	597
巴基斯坦	94	572
哈萨克斯坦	236	464
日本	64	456
菲律宾	71	409
南非	63	299
新西兰	63	260
新加坡	41	243
以色列	40	212
加纳	99	203
智利	30	185
委内瑞拉	23	141
尼泊尔	18	137
孟加拉国	20	122
亚美尼亚	16	114
厄瓜多尔	16	102
荷兰	10	86
阿联酋	9	83
印度	12	83
沙特阿拉伯	25	60
英国	5	49
阿尔巴尼亚	9	44
比利时	5	35

国家/地区	出口数量（吨）	出口金额（千美元）
毛里求斯	6	35
文莱	3	22
俄罗斯	6	18
巴拿马	3	18
乌拉圭	2	15
喀麦隆	2	15
莫桑比克	2	14
秘鲁	1	13
朝鲜	5	11
伊拉克	0	7
科威特	0	2
18063200 含可可的非夹心食品重≤2 千克		
合计	2742	18873
澳大利亚	831	3823
加拿大	384	3295
美国	486	3035
中国台湾	244	2203
德国	100	1386
日本	182	1355
中国香港	116	1038
墨西哥	48	467
英国	43	339
以色列	38	267
南非	32	252
巴西	35	179
朝鲜	57	144
泰国	12	126
亚美尼亚	10	105
新西兰	10	92
中国澳门	7	84
荷兰	13	77
哥伦比亚	10	73
韩国	14	71
丹麦	7	69
芬兰	4	64
哈萨克斯坦	24	48
蒙古	7	47
西班牙	2	33
阿联酋	2	28
巴拿马	4	27
印度	3	26
俄罗斯	3	26
马来西亚	3	23
委内瑞拉	3	18
新加坡	1	15

国家/地区	出口数量（吨）	出口金额（千美元）
智利	2	14
哥斯达黎加	1	13
埃塞俄比亚	4	5
法国	0	3
科威特	1	2
尼泊尔	0	1
孟加拉国	0	1
18069000 未列名含可可的食品		
合计	30375	143753
中国香港	8096	54958
菲律宾	3992	13426
泰国	2087	9310
澳大利亚	1767	7756
马来西亚	1777	7298
日本	1451	7173
英国	424	4244
新加坡	847	4022
韩国	747	3707
中国台湾	546	3547
沙特阿拉伯	398	2010
阿联酋	341	1616
新西兰	390	1437
安哥拉	515	1412
美国	385	1331
俄罗斯	287	1301
印度尼西亚	325	1228
墨西哥	470	1112
南非	236	1083
贝宁	397	1023
越南	229	1016
巴拿马	337	747
加纳	281	740
也门	271	665
塞拉利昂	227	637
朝鲜	204	627
巴基斯坦	284	598
孟加拉国	148	555
智利	194	551
多民族玻利维亚国	178	512
科威特	85	485
约旦	141	472
秘鲁	195	410
印度	63	322
厄瓜多尔	116	306
德国	52	305

国家/地区	出口数量（吨）	出口金额（千美元）
荷兰	83	281
埃及	110	272
阿尔及利亚	117	267
加拿大	32	231
尼日利亚	61	224
多哥	79	208
巴布亚新几内亚	72	206
危地马拉	84	201
哥斯达黎加	64	200
几内亚	74	199
斯里兰卡	94	197
以色列	58	193
毛里求斯	60	173
哥伦比亚	34	170
多米尼加	54	158
卡塔尔	25	146
尼加拉瓜	48	140
塞内加尔	51	140
莫桑比克	51	129
伊拉克	17	129
伊朗	53	124
肯尼亚	50	122
冈比亚	44	115
蒙古	33	112
巴勒斯坦	34	98
尼泊尔	14	93
萨尔瓦多	28	82
巴林	15	81
阿曼	13	80
西班牙	36	77
爱尔兰	16	76
拉脱维亚	21	65
黎巴嫩	11	62
苏丹	23	60
刚果(布)	18	56
哈萨克斯坦	10	56
坦桑尼亚	22	55
巴拉圭	26	52
芬兰	15	50
毛里塔尼亚	21	50
喀麦隆	16	42
立陶宛	11	35
马尔代夫	7	34
刚果(金)	13	34
巴西	3	32

国家/地区	出口数量（吨）	出口金额（千美元）
乌克兰	10	32
冰岛	5	28
乌干达	15	26
摩洛哥	14	25
文莱	2	19
特立尼达和多巴哥	7	16
葡萄牙	3	15
佛得角	6	12
土耳其	3	9
爱沙尼亚	2	7
格鲁吉亚	2	5
摩尔多瓦	2	5
比利时	1	3
瑞士	0	1
中国澳门	0	1
21011100 咖啡的浓缩精汁		
合计	29	579
韩国	7	279
中国香港	20	277
中国台湾	2	23
21011200 以咖啡为基本成分的制品		
合计	20104	40445
中国香港	15766	23053
印度尼西亚	793	3715
中国台湾	503	3665
美国	481	1673
韩国	285	1549
马来西亚	257	1214
中国澳门	931	838
澳大利亚	220	705
克罗地亚	130	592
泰国	97	501
蒙古	32	467
越南	67	315
加拿大	63	231
叙利亚	56	225
乌兹别克斯坦	80	203
缅甸	31	167
新加坡	36	161
菲律宾	59	158
德国	31	147
哈萨克斯坦	48	141
以色列	26	132
斯洛文尼亚	6	123
墨西哥	25	84

国家/地区	出口数量（吨）	出口金额（千美元）
意大利	13	58
土耳其	12	57
哥伦比亚	13	49
希腊	6	43
新西兰	11	32
孟加拉国	6	28
埃及	5	25
乌拉圭	1	24
朝鲜	4	20
保加利亚	4	15
伊朗	3	15
阿联酋	2	7
荷兰	1	5
津巴布韦	0	3
英国	1	3
日本	0	2
21012000 以茶为基本成分的制品		
合计	6938	52433
中国香港	1787	9979
美国	1331	8711
日本	683	8384
德国	926	7899
印度尼西亚	614	4375
泰国	302	3153
缅甸	166	1898
新加坡	200	1843
爱尔兰	89	838
哈萨克斯坦	65	658
马来西亚	55	628
中国台湾	50	499
墨西哥	80	492
哥伦比亚	75	429
菲律宾	38	307
越南	28	282
中国澳门	139	204
巴西	12	202
澳大利亚	42	173
丹麦	12	166
英国	39	139
尼日利亚	4	122
意大利	51	108
加拿大	11	102
蒙古	9	100
智利	11	96
韩国	54	96

国家/地区	出口数量（吨）	出口金额（千美元）
俄罗斯	19	70
法国	3	58
伊朗	5	57
危地马拉	7	55
挪威	2	54
南非	4	50
巴拿马	3	49
荷兰	1	31
乌拉圭	5	26
比利时	1	24
阿联酋	3	15
孟加拉国	1	11
乌兹别克斯坦	1	10
加纳	0	9
西班牙	1	9
新西兰	2	8
乍得	8	4
以色列	0	3
奥地利	0	2
肯尼亚	0	1
柬埔寨	0	1
印度	0	1
塞拉利昂	0	1
21013000 烘焙菊苣等及浓缩精汁		
合计	2006	2501
韩国	1454	1998
日本	551	502
泰国	1	1

表 14-8 茶和咖啡进口量值

国家/地区	进口数量（吨）	进口金额（千美元）
18010000 可可豆生的或焙炒的		
合计	38948	120911
加纳	16081	48991
印度尼西亚	6834	21289
多哥	6100	20003
科特迪瓦	4971	14333
巴布亚新几内亚	2175	7291
厄瓜多尔	1501	5101
喀麦隆	963	3016
尼日利亚	273	825
荷兰	48	52
日本	1	7

国家/地区	进口数量（吨）	进口金额（千美元）
法国	0	2
中国台湾	0	1
瑞士	0	1
18020000 可可荚、壳、皮及废料		
合计	20802	2694
加纳	12803	1737
马来西亚	5019	581
新加坡	1031	125
尼日利亚	910	107
印度尼西亚	525	82
厄瓜多尔	200	28
斯里兰卡	169	17
科特迪瓦	144	16
荷兰	1	2
18031000 未脱脂可可膏		
合计	17372	90448
美国	5588	37191
马来西亚	4008	18755
加纳	3048	13776
荷兰	2650	12138
科特迪瓦	1417	5346
印度尼西亚	410	1765
新加坡	139	819
厄瓜多尔	52	267
日本	26	254
比利时	11	70
喀麦隆	23	66
法国	0	1
18032000 全脱脂或部分脱脂可可膏		
合计	3176	9743
印度尼西亚	1215	5785
美国	729	1950
科特迪瓦	733	1204
荷兰	427	645
马来西亚	68	96
英国	1	53
喀麦隆	4	11
18040000 可可脂、可可油		
合计	9201	41756
马来西亚	7432	34519
新加坡	994	4498
科特迪瓦	469	1311
印度尼西亚	286	1205
法国	6	80
比利时	5	60

国家/地区	进口数量（吨）	进口金额（千美元）
瑞士	3	40
美国	2	16
喀麦隆	3	14
荷兰	1	7
德国	0	6
意大利	0	1
18050000 未加糖或其他的可可粉		
合计	23634	111511
马来西亚	11077	55384
新加坡	4501	22985
印度尼西亚	4436	17215
荷兰	1385	6547
加纳	792	3885
美国	949	2918
泰国	110	628
法国	72	578
巴西	57	351
西班牙	64	303
科特迪瓦	53	182
比利时	11	107
中国	62	99
喀麦隆	34	95
德国	14	94
瑞士	6	73
日本	5	40
澳大利亚	1	7
中国台湾	1	6
哈萨克斯坦	2	5
意大利	1	4
英国	0	3
阿根廷	0	2
18061000 含糖或其他的可可粉		
合计	1114	4535
新加坡	461	1482
美国	333	1411
英国	59	275
中国台湾	48	221
中国	9	217
马来西亚	88	200
荷兰	24	139
法国	18	134
西班牙	8	126
德国	24	88
意大利	8	69
印度尼西亚	2	50

国家/地区	进口数量（吨）	进口金额（千美元）
澳大利亚	8	38
爱尔兰	6	27
韩国	10	17
比利时	1	14
新西兰	4	13
瑞士	0	6
奥地利	0	3
日本	0	2
土耳其	1	2
波兰	0	1
加纳	0	1
18062000 其他重>2 千克的可可食品		
合计	3341	14661
新加坡	1353	4685
比利时	712	4198
法国	230	1628
德国	154	777
中国香港	235	757
意大利	89	456
美国	90	275
西班牙	59	246
马来西亚	73	225
印度尼西亚	64	197
荷兰	30	167
丹麦	31	142
英国	24	134
瑞士	12	118
日本	14	94
中国台湾	24	94
科特迪瓦	20	93
乌克兰	42	92
澳大利亚	23	84
泰国	24	78
韩国	8	52
俄罗斯	14	13
吉尔吉斯斯坦	5	11
瑞典	1	9
以色列	4	9
爱尔兰	0	8
菲律宾	3	7
土耳其	1	6
奥地利	0	5
波兰	0	2
18063100 含可可的夹心食品重≤2 千克		
合计	6284	42775

国家/地区	进口数量(吨)	进口金额(千美元)
德国	1364	10200
意大利	1214	9363
奥地利	821	5145
比利时	344	4545
土耳其	1315	3994
美国	334	3832
瑞士	246	1900
哈萨克斯坦	152	546
马来西亚	58	528
法国	23	407
巴西	79	329
西班牙	25	316
英国	16	196
波兰	25	188
罗马尼亚	19	168
乌克兰	26	142
中国台湾	112	139
韩国	15	107
加拿大	8	104
瑞典	9	89
阿根廷	38	87
澳大利亚	4	70
新西兰	7	67
日本	3	59
荷兰	3	42
希腊	2	38
墨西哥	3	34
芬兰	3	34
阿曼	6	18
新加坡	2	17
俄罗斯	3	16
丹麦	1	14
爱尔兰	0	13
匈牙利	1	11
葡萄牙	0	7
保加利亚	0	2
中国香港	0	2
中国	0	1
文莱	0	1
塞尔维亚	0	1
18063200 含可可的非夹心食品重≤2千克		
合计	2498	22410
比利时	453	5069
德国	494	4108
法国	222	3369

国家/地区	进口数量(吨)	进口金额(千美元)
瑞士	229	3054
马来西亚	332	1662
西班牙	103	801
意大利	75	681
日本	30	544
美国	72	467
韩国	46	349
荷兰	34	317
土耳其	70	263
越南	124	230
新加坡	27	170
加拿大	24	149
英国	9	144
瑞典	15	123
丹麦	18	103
波兰	13	90
罗马尼亚	9	88
澳大利亚	7	88
新西兰	9	79
乌克兰	9	68
中国台湾	20	67
墨西哥	10	66
哈萨克斯坦	8	64
阿根廷	16	62
印度尼西亚	15	55
奥地利	1	30
俄罗斯	1	16
阿联酋	1	10
芬兰	0	8
希腊	1	7
葡萄牙	0	4
挪威	0	3
保加利亚	0	3
斯洛伐克	0	1
叙利亚	0	1
18069000 未列名含可可的食品		
合计	18072	143526
意大利	10416	90046
瑞士	705	12372
法国	1504	7859
比利时	878	6477
美国	1854	4876
澳大利亚	292	4428
印度	186	3345
加拿大	424	2384

国家/地区	进口数量(吨)	进口金额(千美元)
德国	205	2112
马来西亚	216	1707
中国台湾	226	1170
新加坡	237	1009
英国	172	1008
日本	46	996
阿根廷	245	965
巴西	70	408
西班牙	65	341
瑞典	34	313
土耳其	71	275
波兰	37	251
罗马尼亚	18	244
韩国	43	215
希腊	23	126
丹麦	11	116
菲律宾	24	87
奥地利	5	80
泰国	18	72
荷兰	6	68
爱尔兰	2	27
匈牙利	2	26
巴基斯坦	15	23
印度尼西亚	2	17
葡萄牙	1	12
墨西哥	1	11
越南	3	10
沙特阿拉伯	8	9
俄罗斯	3	9
乌克兰	2	8
新西兰	0	6
阿联酋	0	5
芬兰	0	4
中国香港	0	3
斯洛伐克	0	2
叙利亚	0	1
南非	0	1
21011100 咖啡的浓缩精汁		
合计	1490	16119
马来西亚	280	3188
越南	386	2967
哥伦比亚	189	2751
日本	81	2240
巴西	197	1374
韩国	70	613

国家/地区	进口数量（吨）	进口金额（千美元）
印度尼西亚	66	607
印度	128	599
瑞士	17	561
德国	14	432
厄瓜多尔	24	253
荷兰	19	192
意大利	6	87
比利时	1	59
葡萄牙	3	56
牙买加	1	44
奥地利	3	37
法国	1	18
西班牙	1	14
美国	2	14
墨西哥	0	5
中国台湾	1	5
澳大利亚	0	4
21011200 以咖啡为基本成分的制品		
合计	4916	27255
马来西亚	2007	10594
日本	98	2558
韩国	564	2402
印度尼西亚	473	2311
美国	472	1867
新加坡	294	1533
中国台湾	281	1225
中国	209	1011
越南	153	708
西班牙	18	405
泰国	71	356
菲律宾	64	337

国家/地区	进口数量（吨）	进口金额（千美元）
土耳其	86	285
巴西	22	283
意大利	22	202
德国	16	180
瑞士	7	172
牙买加	4	137
荷兰	6	115
英国	6	110
波兰	16	105
葡萄牙	12	100
哥伦比亚	4	71
澳大利亚	3	63
法国	3	54
中国香港	2	24
比利时	1	18
墨西哥	0	10
加拿大	0	8
沙特阿拉伯	1	3
印度	0	2
丹麦	0	2
阿曼	0	2
俄罗斯	1	1
埃及	0	1
圣文森特和格林纳丁斯	0	1
21012000 以茶为基本成分的制品		
合计	843	7180
日本	63	1408
美国	76	1340
中国台湾	251	1255
肯尼亚	128	1221
马来西亚	164	952

国家/地区	进口数量（吨）	进口金额（千美元）
中国香港	25	278
新加坡	33	145
中国	24	100
菲律宾	29	78
斯里兰卡	3	70
荷兰	18	65
韩国	5	44
德国	2	44
印度	2	37
英国	4	30
意大利	2	22
瑞士	7	21
法国	0	19
爱尔兰	0	12
印度尼西亚	0	9
加拿大	0	9
瑞典	0	7
巴西	0	6
泰国	1	5
澳大利亚	0	2
塞浦路斯	3	2
希腊	0	1
21013000 烘焙菊苣等及浓缩精汁		
合计	54	130
韩国	39	98
美国	4	13
印度	10	9
日本	1	7
荷兰	0	1
瑞士	0	1
中国台湾	0	1

调　料

表 15-1　调料各指标在全国排名前 5 位的省份

指标(万吨)	全国排名前 5 位的省份占全国人的比例(%)
花椒产量 29.2	甘肃(18.43)、陕西(17.92)、山东(12.16)、四川(12.06)、重庆(10.62)
八角产量 13.32	广西(80.61)、云南(13.09)、广东(6.02)、重庆(0.11)、四川(0.06)
桂皮产量 8.34	广东(58.3)、广西(35.92)、云南(5.37)、湖南(0.18)、重庆(0.1)

表 15-2　主要调料产量　　单位：吨

地区	合计	花椒	八角	桂皮	其他林产调料产品
全国合计	586976	291954	133158	83383	78481
北京	71	71	0	0	0
河北	11518	11518	0	0	0
山西	8631	8531	0	0	100
黑龙江	3	3	0	0	0
江苏	36	28	0	0	8
安徽	1392	79	0	0	1313
江西	410	107	4	17	282
山东	38497	35505	0	0	2992
河南	29275	28026	0	0	1249
湖北	6796	3281	17	34	3464
湖南	1437	827	37	152	421
广东	56822	195	8016	48611	0
广西	137458	3	107343	29950	162
海南	52726	5178	0	0	47548
重庆	31717	30992	153	85	487
四川	36830	35196	75	28	1531
贵州	4637	3760	65	0	812
云南	62038	22270	17433	4475	17860
西藏	71	71	0	0	0
陕西	52437	52324	15	31	67
甘肃	53988	53803	0	0	185
青海	136	136	0	0	0
宁夏	50	50	0	0	0

表 15-3　花椒主产地产量

	花椒主产地	产量(吨)
1	涉　县(冀)	4121.00
2	平山县(冀)	3800.00
3	武安市(冀)	1800.00
4	磁　县(冀)	272.00
5	井陉县(冀)	199.00
6	灵寿县(冀)	130.00
7	峰峰矿区(冀)	120.00
8	涞水县(冀)	100.00
9	平顺县(晋)	5843.00
10	临猗县(晋)	1000.00
11	河津市(晋)	400.00
12	平陆县(晋)	399.00
13	夏　县(晋)	291.00
14	黎城县(晋)	216.00
15	垣曲县(晋)	180.00
16	沂水县(鲁)	6465.00
17	沂源县(鲁)	4058.00
18	苍山县(鲁)	1286.00
19	博山区(鲁)	1275.00
20	肥城市(鲁)	748.00
21	蒙阴县(鲁)	410.00
22	沂南县(鲁)	280.00
23	新泰市(鲁)	270.00
24	宁阳县(鲁)	158.00
25	岱岳区(鲁)	132.00
26	内乡县(豫)	10000.00
27	嵩　县(豫)	4000.00
28	渑池县(豫)	2625.00
29	林州市(豫)	2070.00
30	辉县市(豫)	1100.00
31	安阳县(豫)	875.00
32	宝丰县(豫)	569.60
33	郏　县(豫)	200.00
34	老河口市(鄂)	358.00
35	保靖县(湘)	240.00
36	永顺县(湘)	210.00
37	龙山县(湘)	190.00
38	衡东县(湘)	100.00
39	璧山县(渝)	1863.00
40	丰都县(渝)	1200.00
41	垫江县(渝)	612.00

	花椒主产地	产量(吨)
42	涪陵区(渝)	600.00
43	石柱土家族自治县(渝)	285.00
44	金阳县(川)	4690.00
45	盐源县(川)	2950.00
46	茂　县(川)	2809.00
47	冕宁县(川)	2542.00
48	雷波县(川)	2520.00
49	美姑县(川)	1065.00
50	德昌县(川)	730.00
51	宁南县(川)	670.00
52	布拖县(川)	650.00
53	越西县(川)	624.00
54	会东县(川)	600.00
55	木里藏族自治县(川)	583.00
56	普格县(川)	580.00
57	宜宾县(川)	510.00
58	东坡区(川)	400.00
59	沿滩区(川)	400.00
60	平武县(川)	375.00
61	会理县(川)	300.00
62	简阳市(川)	280.00
63	康定县(川)	278.00
64	仁寿县(川)	258.00
65	开江县(川)	200.00
66	理　县(川)	155.00
67	达　县(川)	151.00
68	武胜县(川)	150.00
69	仪陇县(川)	150.00
70	九寨沟县(川)	135.00
71	江安县(川)	120.00
72	西昌市(川)	110.00
73	中江县(川)	100.00
74	巴塘县(川)	100.00
75	湄潭县(黔)	500.00
76	麒麟区(滇)	5000.00
77	永善县(滇)	3500.00
78	巧家县(滇)	2097.00
79	彝良县(滇)	2050.00
80	施甸县(滇)	500.00
81	昭阳区(滇)	283.00
82	隆阳区(滇)	123.00
83	祥云县(滇)	111.50
84	宾川县(滇)	101.60
85	兰坪白族普米族自治县(滇)	100.00
86	合阳县(陕)	5500.00
87	陈仓区(陕)	2500.00
88	澄城县(陕)	1000.00
89	华阴市(陕)	850.00
90	宜川县(陕)	540.00
91	旬阳县(陕)	463.00
92	淳化县(陕)	426.00
93	延长县(陕)	314.00
94	太白县(陕)	281.00
95	南郑县(陕)	280.00
96	丹凤县(陕)	234.00
97	商州区(陕)	218.00
98	三原县(陕)	210.00
99	汉阴县(陕)	203.00
100	黄龙县(陕)	200.00
101	印台区(陕)	200.00
102	汉滨区(陕)	161.00
103	西乡县(陕)	161.00
104	武都区(甘)	25000.00
105	秦安县(甘)	8750.00
106	积石山保安族东乡族撒拉族自治县(甘)	2133.00
107	临夏县(甘)	2000.00
108	文　县(甘)	2000.00
109	宕昌县(甘)	969.00
110	西和县(甘)	742.00
111	崆峒区(甘)	520.00
112	清水县(甘)	302.10
113	秦州区(甘)	257.92
114	西峰区(甘)	233.00
115	永靖县(甘)	223.00
116	徽　县(甘)	141.00
117	广河县(甘)	110.00
118	张家川回族自治县(甘)	107.00
119	灵台县(甘)	106.00

表 15-4　八角主产地产量

	八角主产地	产量(吨)
1	信宜市(粤)	3000.00
2	茂名市属总林场(粤)	140.00
3	那坡县(桂)	20000.00
4	巴马瑶族自治县(桂)	13600.00
5	藤　县(桂)	11515.00
6	田阳县(桂)	8840.00
7	金秀瑶族自治县(桂)	6965.00
8	苍梧县(桂)	5907.00
9	防城区(桂)	5678.00
10	凌云县(桂)	2703.00
11	大新县(桂)	2210.00
12	桂平市(桂)	1998.00
13	乐业县(桂)	1485.00
14	岑溪市(桂)	1250.00
15	昭平县(桂)	1069.00
16	江州区(桂)	982.00
17	蒙山县(桂)	893.00
18	高峰林场(桂)	742.00
19	蝶山区(桂)	700.00
20	八步区(桂)	553.00
21	陆川县(桂)	510.00
22	东兴市(桂)	224.00
23	永福县(桂)	200.00
24	中国林科院热林中心(桂)	200.00
25	灵山县(桂)	191.00
26	隆安县(桂)	151.00
27	恭城瑶族自治县(桂)	112.00
28	富宁县(滇)	3675.00
29	西畴县(滇)	616.50

表 15-5　肉桂主产地产量

	肉桂主产地	产量(吨)
1	德庆县(粤)	26684.00
2	防城区(桂)	8539.00
3	藤　县(桂)	4770.00
4	岑溪市(桂)	2780.00
5	桂平市(桂)	2500.00
6	那坡县(桂)	2500.00
7	昭平县(桂)	679.00
8	高峰林场(桂)	458.00
9	蝶山区(桂)	220.00

中　药　材

表 16-1　中药材各指标在全国排名前 5 位的省份

指标(万吨)	全国排名前 5 位的省份占全国的比例(%)
杜仲产量 19.79	陕西(42.8)、湖南(26.45)、湖北(7.85)、河南(7.67)、四川(5.65)
黄柏产量 1.59	四川(36.14)、重庆(21.26)、湖北(19.57)、湖南(16.65)、云南(3.37)
厚朴产量 14.74	湖南(57.82)、陕西(13.96)、福建(8.28)、四川(6.81)、湖北(5.79)
枸杞产量 19.05	宁夏(43.6)、甘肃(11.36)、新疆(10.14)、内蒙古(10.01)、青海(8.56)
山茱萸产量 4.34	河南(64.37)、陕西(10.96)、浙江(10.05)、湖北(4.37)、重庆(2.94)
中草药及制品批发企业数量 28437(家)	广东(13.06)、浙江(9.27)、安徽(7.16)、河北(6.58)、四川(6.31)

表 16-2　主要中药材产量

单位：吨

地区	合计	杜仲	黄柏	厚朴	枸杞	山茱萸	其他
全国合计	1435992	197894	15895	147390	190498	43383	840932
河北	42475	0	0	0	12513	0	29962
山西	5673	80	0	0	82	1047	4464
内蒙古	25453	0	0	0	19068	0	6385
辽宁	68157	0	0	0	56	0	68101
吉林	31543	0	0	0	5245	0	26298
吉林集团	82	0	0	0	0	0	82
黑龙江	5449	0	0	0	15	0	5434
龙江集团	812	0	0	0	0	0	812
江苏	14798	40	0	0	29	1	14728
浙江	15582	2460	0	1907	0	4359	6856
安徽	14943	1349	141	46	75	206	13126
福建	31985	0	0	12203	0	0	19782
江西	25220	1797	4	1687	0	310	21422
山东	5027	0	0	0	117	0	4910
河南	102630	15178	73	9	46	27926	59398
湖北	150978	15529	3111	8539	114	1896	121789
湖南	187703	52335	2647	85216	0	261	47244
广东	17074	20	0	1027	0	0	16027
广西	60816	2057	0	2719	703	0	55337
海南	14261	0	0	0	0	0	14261
重庆	31116	8098	3379	3256	136	1274	14973
四川	75824	11184	5745	10034	2202	1070	45589
贵州	70972	2915	197	82	225	198	67355
云南	50903	32	536	0	0	0	50335
西藏	103	0	0	0	0	0	103
陕西	234434	84698	16	20580	9558	4753	114829

地区	合计	杜仲	黄柏	厚朴	枸杞	山茱萸	其他
甘肃	30238	122	46	85	21642	82	8261
青海	16300	0	0	0	16300	0	0
宁夏	83053	0	0	0	83053	0	0
新疆	22830	0	0	0	19319	0	3511
新疆建设兵团	3239	0	0	0	2904	0	335
大兴安岭	452	0	0	0	0	0	452

表 16-3　中药材进出口贸易值

产品类别	单位	出口数量	出口金额(千美元)	进口数量	进口金额(千美元)
合计	吨	195621	1140745	69565	385796
植物中药	吨	146207	568958	26097	92706
制药中间产品	吨	33708	297686	18423	61105
动物中药	吨	95	8417	529	4691
中药酒	吨	918	3577	0	0
中成药	吨	14692	262106	24515	227293

表 16-4　人参主产地产量

	人参主产地	产量(吨)
1	凤城市(辽)	1400.00
2	新宾满族自治县(辽)	780.00
3	本溪满族自治县(辽)	700.00
4	铁岭县(辽)	352.00
5	东港市(辽)	292.00
6	宽甸满族自治县(辽)	140.00
7	明山区(辽)	37.50
8	桓仁满族自治县(辽)	10.00
9	抚松县(吉)	36719.70
10	敦化市(吉)	6354.00
11	集安市(吉)	4650.00
12	安图县(吉)	3714.00
13	长白朝鲜族自治县(吉)	3415.00
14	珲春市(吉)	2011.00
15	汪清县(吉)	816.00
16	梅河口市(吉)	721.33
17	长白森林经营局(吉)	326.50
18	辉南县(吉)	310.00
19	和龙市(吉)	202.00
20	黄泥河林业局(吉)	180.00
21	大石头林业局(吉)	166.00
22	长白山林业局(吉)	160.00
23	白河林业局(吉)	50.00
24	龙井市(吉)	45.00
25	和龙林业局(吉)	35.00
26	靖宇县(吉)	30.00
27	敦化林业局(吉)	30.00
28	图们市(吉)	15.00
29	柳河县(吉)	10.00
30	逊克县(黑)	500.00
31	虎林市(黑)	80.00
32	尚志市(黑)	70.00
33	绥棱县(黑)	50.00
34	临江林业局(吉林集团)	670.00
35	露水河林业局(吉林集团)	474.20
36	友好林业局(龙江集团)	3140.00
37	红星林业局(龙江集团)	2240.00
38	穆棱林业局(龙江集团)	1170.00
39	翠峦林业局(龙江集团)	752.00
40	朗乡林业局(龙江集团)	698.00
41	美溪林业局(龙江集团)	646.00
42	乌伊岭林业局(龙江集团)	578.00
43	上甘岭林业局(龙江集团)	500.00
44	南岔林业局(龙江集团)	406.00
45	五营林业局(龙江集团)	265.00
46	新青林业局(龙江集团)	238.00
47	金山屯林业局(龙江集团)	223.00
48	方正林业局(龙江集团)	75.00
49	清河林业局(龙江集团)	30.00
50	绥阳林业局(龙江集团)	15.00

表 16-5　刺五加主产地产量

	刺五加主产地	产量(吨)
1	本溪满族自治县(辽)	30000.00
2	凤城市(辽)	2700.00
3	新宾满族自治县(辽)	2000.00
4	东港市(辽)	176.00
5	平山区(辽)	97.83
6	庄河市(辽)	36.00
7	振安区(辽)	20.00
8	靖宇县(吉)	200.00
9	辉南县(吉)	105.00
10	抚松县(吉)	63.00
11	虎林市(黑)	8000.00
12	七台河市市辖区(黑)	30.00
13	嘉荫县(黑)	20.00
14	耒阳市(湘)	40.00
15	徽　县(甘)	33.50
16	临江林业局(吉林集团)	86.00
17	东方红林业局(龙江集团)	900.00
18	朗乡林业局(龙江集团)	894.00
19	乌伊岭林业局(龙江集团)	770.00
20	桃山林业局(龙江集团)	700.00
21	南岔林业局(龙江集团)	700.00
22	双丰林业局(龙江集团)	500.00
23	带岭实验局(龙江集团)	310.00
24	方正林业局(龙江集团)	185.00
25	翠峦林业局(龙江集团)	183.00

	刺五加主产地	产量(吨)
26	黑龙江柴河林业局(龙江集团)	160.00
27	五营林业局(龙江集团)	80.00
28	铁力林业局(龙江集团)	74.00
29	美溪林业局(龙江集团)	65.00
30	大海林林业局(龙江集团)	62.00
31	乌马河林业局(龙江集团)	50.00
32	迎春林业局(龙江集团)	50.00
33	海林林业局(龙江集团)	50.00
34	金山屯林业局(龙江集团)	30.00
35	友好林业局(龙江集团)	25.00
36	绥棱林业局(龙江集团)	17.00
37	亚布力林业局(龙江集团)	12.00

表 16-6　杜仲主产地产量

	杜仲主产地	产量(吨)
1	集安市(吉)	15.00
2	泰顺县(浙)	23.00
3	磐安县(浙)	15.00
4	东至县(皖)	651.00
5	祁门县(皖)	125.00
6	芜湖县(皖)	15.00
7	芦溪县(赣)	792.00
8	遂川县(赣)	320.00
9	靖安县(赣)	13.00
10	贵溪市(赣)	12.00
11	彭泽县(赣)	10.00
12	宝丰县(豫)	30.00
13	方城县(豫)	23.00
14	梁园区(豫)	15.00
15	长阳土家族自治县(鄂)	900.00
16	南漳县(鄂)	500.00
17	巴东县(鄂)	150.00
18	通山县(鄂)	114.00
19	宜都市(鄂)	10.00
20	京山县(鄂)	10.00
21	安仁县(湘)	41000.00
22	安化县(湘)	380.00
23	衡南县(湘)	200.00
24	溆浦县(湘)	195.00
25	新宁县(湘)	100.00
26	浏阳市(湘)	76.00
27	北塔区(湘)	70.00
28	洞口县(湘)	55.00
29	株洲县(湘)	55.00
30	麻阳苗族自治县(湘)	35.00
31	炎陵县(湘)	35.00
32	新晃侗族自治县(湘)	23.00
33	耒阳市(湘)	20.00
34	新邵县(湘)	15.00
35	临武县(湘)	13.00
36	资兴市(湘)	10.00
37	娄星区(湘)	10.00
38	兴安县(桂)	30.00
39	武隆县(渝)	350.00
40	梁平县(渝)	165.00
41	云阳县(渝)	125.00
42	荣昌县(渝)	33.00
43	丰都县(渝)	25.00
44	万州区(渝)	23.00
45	宣汉县(川)	82589.00
46	北川羌族自治县(川)	1085.00
47	仪陇县(川)	500.00
48	蓬溪县(川)	100.00
49	邻水县(川)	85.00
50	高　县(川)	70.00
51	布拖县(川)	50.00
52	昭觉县(川)	10.00
53	广安区(川)	10.00
54	黎平县(黔)	130.00
55	清镇市(黔)	120.00
56	锦屏县(黔)	29.00
57	凯里市(黔)	15.00
58	商南县(陕)	1366.00
59	汉阴县(陕)	976.00
60	镇巴县(陕)	513.00
61	宁强县(陕)	405.00
62	镇坪县(陕)	367.00
63	宁陕县(陕)	140.00
64	徽　县(甘)	22.50

表 16-7　五味子主产地产量

	五味子主产地	产量(吨)
1	宽甸满族自治县(辽)	20000.00
2	凤城市(辽)	5000.00
3	本溪满族自治县(辽)	4800.00
4	新宾满族自治县(辽)	1000.00
5	清原满族自治县(辽)	440.00
6	桓仁满族自治县(辽)	300.00
7	东港市(辽)	168.00
8	大石桥市(辽)	158.00
9	东陵区(辽)	150.00
10	顺城区(辽)	106.00
11	东洲区(辽)	22.00
12	集安市(吉)	4251.00
13	柳河县(吉)	3500.00
14	靖宇县(吉)	2481.60
15	抚松县(吉)	318.00
16	和龙市(吉)	296.50
17	长白朝鲜族自治县(吉)	280.00
18	二道江区(吉)	218.00
19	大兴沟林业局(吉)	154.00
20	敦化林业局(吉)	146.00
21	丰满区(吉)	100.00
22	珲春林业局(吉)	95.00
23	白河林业局(吉)	76.50
24	黄泥河林业局(吉)	70.00
25	图们市(吉)	59.00
26	梅河口市(吉)	30.70
27	虎林市(黑)	5500.00
28	尚志市(黑)	470.00
29	汤原县(黑)	350.00
30	逊克县(黑)	350.00
31	阿城区(黑)	131.60
32	尖山区(黑)	50.00
33	双城市(黑)	50.00
34	宾　县(黑)	40.00
35	宁安市(黑)	32.00
36	嘉荫县(黑)	15.00
37	勃利县(黑)	14.93
38	鸡东县(黑)	12.50
39	抚远县(黑)	10.00
40	嵩　县(豫)	90.00
41	新化县(湘)	200.00
42	韩城市(陕)	20.00
43	镇安县(陕)	10.00
44	临江林业局(吉林集团)	16.00
45	三岔子林业局(吉林集团)	12.00
46	清河林业局(龙江集团)	2300.00
47	双丰林业局(龙江集团)	741.00
48	东方红林业局(龙江集团)	550.00
49	方正林业局(龙江集团)	415.00
50	乌伊岭林业局(龙江集团)	308.00
51	亚布力林业局(龙江集团)	277.80
52	山河屯林业局(龙江集团)	250.00
53	绥阳林业局(龙江集团)	220.00

	五味子主产地	产量(吨)
54	朗乡林业局(龙江集团)	193.00
55	铁力林业局(龙江集团)	187.00
56	美溪林业局(龙江集团)	163.00
57	桃山林业局(龙江集团)	150.00
58	南岔林业局(龙江集团)	140.00
59	迎春林业局(龙江集团)	106.00
60	乌马河林业局(龙江集团)	100.00
61	五营林业局(龙江集团)	97.00
62	鹤立林业局(龙江集团)	93.00
63	双鸭山林业局(龙江集团)	87.00
64	兴隆林业局(龙江集团)	84.00
65	友好林业局(龙江集团)	80.00
66	大海林林业局(龙江集团)	69.00
67	鹤北林业局(龙江集团)	68.00
68	穆棱林业局(龙江集团)	67.00
69	带岭实验局(龙江集团)	51.00
70	新青林业局(龙江集团)	30.00
71	苇河林业局(龙江集团)	13.00
72	海林林业局(龙江集团)	10.00
73	翠峦林业局(龙江集团)	10.00
74	桦南林业局(龙江集团)	10.00

表 16-8 黄柏主产地产量

	黄柏主产地	产量(吨)
1	本溪市经济开发区(辽)	20.00
2	恩施市(鄂)	415.00
3	通山县(鄂)	50.00
4	巴东县(鄂)	50.00
5	涟源市(湘)	340.00
6	溆浦县(湘)	130.00
7	冷水江市(湘)	90.00
8	安化县(湘)	70.00
9	新邵县(湘)	16.00
10	中方县(湘)	12.00
11	武隆县(渝)	180.00
12	彭水苗族土家族自治县(渝)	170.00
13	万州区(渝)	11.00
14	荥经县(川)	4000.00
15	宝兴县(川)	420.00
16	屏山县(川)	288.00
17	仪陇县(川)	200.00
18	荣 县(川)	120.00
19	万源市(川)	90.00
20	高 县(川)	70.00
21	雨城区(川)	50.00
22	江安县(川)	45.00
23	昭觉县(川)	10.00
24	湄潭县(黔)	250.00
25	赤水市(黔)	139.00
26	水富县(滇)	1360.00
27	大关县(滇)	35.00

表 16-9 金银花主产地产量

	金银花主产地	产量(吨)
1	广宗县(冀)	660.00
2	磁 县(冀)	400.00
3	祁门县(皖)	76.00
4	潜山县(皖)	15.00
5	临川区(赣)	2810.00
6	修水县(赣)	170.00
7	铅山县(赣)	150.00
8	峡江县(赣)	120.00
9	赣 县(赣)	39.00
10	龙南县(赣)	30.00
11	芦溪县(赣)	24.00
12	靖安县(赣)	20.00
13	庆云县(鲁)	200.00
14	沂水县(鲁)	85.00
15	肥城市(鲁)	78.00
16	莒南县(鲁)	70.00
17	济阳县(鲁)	50.00
18	东平县(鲁)	30.00
19	台前县(豫)	10000.00
20	嵩 县(豫)	3735.00
21	滑 县(豫)	892.50
22	睢 县(豫)	560.00
23	宜阳县(豫)	60.00
24	伊川县(豫)	50.00
25	清丰县(豫)	40.00
26	平桥区(豫)	26.00
27	随 县(鄂)	200.00
28	南漳县(鄂)	100.00
29	应城市(鄂)	20.00
30	宜都市(鄂)	10.00
31	新化县(湘)	40000.00
32	桂阳县(湘)	6000.00
33	中方县(湘)	5600.00
34	涟源市(湘)	1950.00
35	凤凰县(湘)	1700.00
36	新邵县(湘)	1200.00
37	吉首市(湘)	800.00
38	永顺县(湘)	360.00
39	花垣县(湘)	350.00
40	娄底市市辖区(湘)	300.00
41	保靖县(湘)	280.00
42	岳阳县(湘)	150.00
43	古丈县(湘)	140.00
44	泸溪县(湘)	120.00
45	双峰县(湘)	80.00
46	汨罗市(湘)	60.00
47	耒阳市(湘)	40.00
48	城步苗族自治县(湘)	25.00
49	桃江县(湘)	10.00
50	南雄市(粤)	60.00
51	忻城县(桂)	4386.00
52	资源县(桂)	500.00
53	兴安县(桂)	75.00
54	秀山土家族苗族自治县(渝)	125000.00
55	武隆县(渝)	2800.00
56	垫江县(渝)	200.00
57	彭水苗族土家族自治县(渝)	100.00
58	云阳县(渝)	25.00
59	宣汉县(川)	3689.00
60	荣 县(川)	800.00
61	元坝区(川)	250.00
62	北川羌族自治县(川)	36.00
63	凯里市(黔)	165.00
64	清镇市(黔)	30.00
65	略阳县(陕)	310.00
66	汉阴县(陕)	63.00

表 16-10 厚朴主产地产量

	厚朴主产地	产量(吨)
1	平阳县(浙)	86.00
2	磐安县(浙)	10.00
3	芦溪县(赣)	1080.00
4	修水县(赣)	300.00
5	遂川县(赣)	150.00
6	巴东县(鄂)	50.00
7	新化县(湘)	10000.00
8	涟源市(湘)	3712.50
9	安化县(湘)	500.00
10	北塔区(湘)	65.00
11	麻阳苗族自治县(湘)	32.00
12	娄星区(湘)	15.00

	厚朴主产地	产量(吨)
13	浏阳市(湘)	13.00
14	连山壮族瑶族自治县(粤)	1027.00
15	八步区(桂)	97.00
16	武隆县(渝)	750.00
17	丰都县(渝)	35.00
18	北川羌族自治县(川)	2314.00
19	汉阴县(陕)	8260.00
20	城固县(陕)	2806.00
21	镇坪县(陕)	34.00
22	镇巴县(陕)	13.00

表 16-11　柴胡主产地产量

	柴胡主产地	产量(吨)
1	围场满族蒙古族自治县(冀)	200.00
2	涉　县(冀)	100.00
3	丰宁满族自治县(冀)	35.00
4	万荣县(晋)	4899.00
5	绛　县(晋)	180.00
6	垣曲县(晋)	30.00
7	桐城市(皖)	10.00
8	嵩　县(豫)	1200.00
9	辉县市(豫)	140.00
10	宜阳县(豫)	100.00
11	南漳县(鄂)	800.00
12	宣汉县(川)	8500.00
13	荣　县(川)	1025.00
14	米易县(川)	200.00
15	会泽县(滇)	598.00
16	徽　县(甘)	3994.00
17	秦州区(甘)	232.00
18	陇西县(甘)	62.00
19	成　县(甘)	14.00
20	合水县(甘)	12.00

表 16-12　银杏主产地产量

	银杏主产地	产量(吨)
1	振安区(辽)	10.00
2	嘉定区(沪)	20.00
3	崇明县(沪)	17.20
4	盐都区(苏)	1400.00
5	亭湖区(苏)	135.00
6	宿豫区(苏)	27.00
7	建湖县(苏)	20.00
8	长兴县(浙)	985.00
9	富阳市(浙)	195.00
10	上虞市(浙)	13.00
11	旌德县(皖)	197.00
12	宁国市(皖)	183.00
13	东至县(皖)	82.00
14	颍东区(皖)	21.00
15	潜山县(皖)	20.00
16	全南县(赣)	140.00
17	东港区(鲁)	293.00
18	海阳市(鲁)	100.00
19	东营市市辖区(鲁)	90.00
20	沂南县(鲁)	30.00
21	平桥区(豫)	150.00
22	浉河区(豫)	70.00
23	许昌县(豫)	35.00
24	南召县(豫)	34.60
25	南漳县(鄂)	1000.00
26	宜都市(鄂)	75.00
27	宣恩县(鄂)	60.00
28	广水市(鄂)	20.00
29	远安县(鄂)	20.00
30	谷城县(鄂)	16.00
31	中方县(湘)	38.00
32	株洲县(湘)	20.00
33	耒阳市(湘)	10.00
34	鹿寨县(桂)	8557.00
35	资源县(桂)	130.00
36	平乐县(桂)	100.00
37	临桂县(桂)	76.00
38	丰都县(渝)	248.00
39	南川区(渝)	120.00
40	彭水苗族土家族自治县(渝)	38.00
41	武隆县(渝)	30.00
42	云阳县(渝)	15.00
43	宣汉县(川)	4165.00
44	邻水县(川)	1000.00
45	荣　县(川)	480.00
46	江安县(川)	310.00
47	万源市(川)	150.00
48	广汉市(川)	74.00
49	邛崃市(川)	30.00
50	华蓥市(川)	10.00
51	巴州区(川)	10.00
52	叙永县(川)	10.00
53	湄潭县(黔)	600.00
54	三穗县(黔)	27.00
55	都匀市(黔)	10.00
56	石泉县(陕)	18.00
57	镇安县(陕)	11.00
58	文　县(甘)	1200.00
59	徽　县(甘)	75.00

表 16-13　生姜主产地产量

	生姜主产地	产量(吨)
1	潜山县(皖)	550.00
2	瑞金市(赣)	5000.00
3	赣　县(赣)	230.00
4	兴国县(赣)	50.00
5	上高县(赣)	35.00
6	新干县(赣)	20.00
7	彭泽县(赣)	10.00
8	内乡县(豫)	10.00
9	浠水县(鄂)	1000.00
10	竹溪县(鄂)	100.00
11	黄梅县(鄂)	100.00
12	随　县(鄂)	50.00
13	宜都市(鄂)	20.00
14	岳阳县(湘)	1000.00
15	耒阳市(湘)	100.00
16	双峰县(湘)	90.00
17	新晃侗族自治县(湘)	30.00
18	苏仙区(湘)	12.00
19	高州市(粤)	200.00
20	连平县(粤)	150.00
21	那坡县(桂)	2000.00
22	梁平县(渝)	850.00
23	丰都县(渝)	150.00
24	云阳县(渝)	95.00
25	阆中市(川)	150000.00
26	宣汉县(川)	86300.00
27	威远县(川)	1500.00
28	荣　县(川)	1280.00
29	兴义市(黔)	50.00
30	富宁县(滇)	1785.60

表 16-14 其他中药材主产地产量

	其他中药材主产地	品种	产量(吨)
1	嵩 县(豫)	艾叶	500.00
2	临武县(湘)	艾叶	30.00
3	黄梅县(鄂)	艾叶	10.00
4	商水县(豫)	艾叶	10.00
5	那坡县(桂)	巴豆	2.00
6	那坡县(桂)	巴戟天	5.00
7	耒阳市(湘)	白扁豆	1.00
8	新洲区(鄂)	白花蛇	1000.00
9	陆良县(滇)	白及	9.00
10	耒阳市(湘)	白茅根	2000.00
11	耒阳市(湘)	白前	1.00
12	亳州市市辖区(皖)	白芍	40000.00
13	磁 县(冀)	白芍	5760.00
14	涡阳县(皖)	白芍	5000.00
15	利辛县(皖)	白芍	2021.00
16	柘城县(豫)	白芍	786.00
17	鹿邑县(豫)	白芍	650.00
18	临漳县(冀)	白芍	450.00
19	颍东区(皖)	白芍	400.00
20	夏邑县(豫)	白芍	200.00
21	舞钢市(豫)	白芍	100.00
22	魏 县(冀)	白芍	50.00
23	耒阳市(湘)	白芍	40.00
24	万源市(川)	白芍	38.00
25	芜湖县(皖)	白芍	35.00
26	虞城县(豫)	白芍	28.00
27	双峰县(湘)	白芍	15.00
28	那坡县(桂)	白头翁	5.00
29	咸丰县(鄂)	白术	7000.00
30	秀山土家族苗族自治县(渝)	白术	3500.00
31	修水县(赣)	白术	1100.00
32	利辛县(皖)	白术	746.00
33	缙云县(浙)	白术	209.00
34	黎川县(赣)	白术	120.00
35	嘉荫县(黑)	白术	35.00
36	双峰县(湘)	白术	12.00
37	利辛县(皖)	白芷	1128.00
38	五峰土家族自治县(鄂)	白芷	380.00
39	璧山县(渝)	白芷	80.00
40	宜阳县(豫)	白芷	55.00
41	广水市(鄂)	白芷	10.00
42	那坡县(桂)	百部	5.00
43	耒阳市(湘)	百部	2.00
44	永靖县(甘)	百合	400.00
45	蕲春县(鄂)	百合	200.00
46	耒阳市(湘)	百合	100.00
47	魏 县(冀)	百合	60.00
48	双峰县(湘)	百合	40.00
49	祁东县(湘)	百合	23.00
50	耒阳市(湘)	百两金	0.60
51	耒阳市(湘)	败酱草	1200.00
52	嵩 县(豫)	板蓝根	9625.00
53	利辛县(皖)	板蓝根	1442.00
54	万荣县(晋)	板蓝根	1368.00
55	镇赉县(吉)	板蓝根	1250.00
56	徽 县(甘)	板蓝根	1229.00
57	喀喇沁左翼蒙古族自治县(辽)	板蓝根	600.00
58	兰西县(黑)	板蓝根	600.00
59	姚安县(滇)	板蓝根	566.00
60	农八师(新疆建设兵团)	板蓝根	315.00
61	宜阳县(豫)	板蓝根	280.00
62	秦州区(甘)	板蓝根	210.00
63	双塔区(辽)	板蓝根	180.00
64	让胡路区(黑)	板蓝根	168.00
65	两当县(甘)	板蓝根	100.00
66	那坡县(桂)	板蓝根	50.00
67	安达市(黑)	板蓝根	30.00
68	孟津县(豫)	板蓝根	25.00
69	龙南县(赣)	板蓝根	22.00
70	辉县市(豫)	板蓝根	15.00
71	成武县(鲁)	板蓝根	12.00
72	宕昌县(甘)	半夏	2500.00
73	布拖县(川)	半夏	300.00
74	秦州区(甘)	半夏	276.00
75	嵩 县(豫)	半夏	156.00
76	徽 县(甘)	半夏	96.00
77	红星林业局(龙江集团)	贝母	2180.00
78	海林林业局(龙江集团)	贝母	1600.00
79	亚布力林业局(龙江集团)	贝母	1500.00
80	带岭实验局(龙江集团)	贝母	650.00
81	定海区(浙)	贝母	600.00

	其他中药材主产地	品种	产量(吨)
82	美溪林业局(龙江集团)	贝母	440.00
83	苇河林业局(龙江集团)	贝母	366.00
84	靖宇县(吉)	贝母	340.00
85	上甘岭林业局(龙江集团)	贝母	312.00
86	辉南县(吉)	贝母	300.00
87	缙云县(浙)	贝母	267.00
88	新青林业局(龙江集团)	贝母	168.00
89	朗乡林业局(龙江集团)	贝母	156.00
90	乌伊岭林业局(龙江集团)	贝母	130.00
91	山河屯林业局(龙江集团)	贝母	120.00
92	友好林业局(龙江集团)	贝母	100.00
93	翠峦林业局(龙江集团)	贝母	60.00
94	桓仁满族自治县(辽)	贝母	50.00
95	南岔林业局(龙江集团)	贝母	50.00
96	西固区(甘)	贝母	50.00
97	五营林业局(龙江集团)	贝母	44.00
98	金山屯林业局(龙江集团)	贝母	40.00
99	绥棱林业局(龙江集团)	贝母	22.00
100	兴隆林业局(龙江集团)	贝母	22.00
101	大海林林业局(龙江集团)	贝母	21.00
102	嘉荫县(黑)	贝母	15.00
103	耒阳市(湘)	扁蓄	100.00
104	京山县(鄂)	鳖甲	10.00
105	民权县(豫)	薄荷	350.00
106	靖安县(赣)	薄荷	30.00
107	荣　县(川)	薄荷	15.00
108	那坡县(桂)	补骨脂	3.00
109	耒阳市(湘)	苍耳子	20.00
110	南漳县(鄂)	苍术	300.00
111	京山县(鄂)	苍术	100.00
112	丰宁满族自治县(冀)	苍术	50.00
113	丹江口市(鄂)	苍术	10.00
114	泸水县(滇)	草果	4828.90
115	贡山独龙族怒族自治县(滇)	草果	1024.00
116	富宁县(滇)	草果	48.00
117	西畴县(滇)	草果	45.00
118	那坡县(桂)	草果	10.00
119	宜阳县(豫)	侧柏	280.00
120	东营市市辖区(鲁)	侧柏	10.00
121	耒阳市(湘)	侧柏叶	600.00
122	云阳县(渝)	侧柏叶	480.00
123	辉县市(豫)	侧柏叶	130.00
124	鹿寨县(桂)	茶树	3200.00
125	台山市(粤)	茶树	260.00
126	连南瑶族自治县(粤)	茶树	243.00
127	铜梁县(渝)	茶树	134.00
128	宣汉县(川)	蝉蜕	150.00
129	耒阳市(湘)	菖蒲	100.00
130	双峰县(湘)	菖蒲	12.00
131	新干县(赣)	车前子	4220.00
132	那坡县(桂)	车前子	15.00
133	宣汉县(川)	陈皮	5889.00
134	双峰县(湘)	陈皮	8.00
135	那坡县(桂)	陈皮	5.00
136	远安县(鄂)	陈皮	5.00
137	台山市(粤)	陈皮	3.00
138	万州区(渝)	陈皮	2.00
139	东营市市辖区(鲁)	柽柳	10.00
140	耒阳市(湘)	赤芍	40.00
141	淮阳县(豫)	赤小豆	250.00
142	耒阳市(湘)	赤小豆	1.00
143	白玉县(川)	虫草	3.50
144	乡城县(川)	虫草	2.00
145	那坡县(桂)	臭椿	130.00
146	云阳县(渝)	臭椿	18.00
147	广水市(鄂)	臭椿	10.00
148	宣汉县(川)	川椒	25889.00
149	梁平县(渝)	川楝子	200.00
150	兴义市(黔)	川楝子	30.00
151	本溪满族自治县(辽)	穿山龙	300.00
152	韩城市(陕)	穿山龙	25.00
153	鸡东县(黑)	穿山龙	3.00
154	耒阳市(湘)	椿根皮	10.00
155	耒阳市(湘)	大红藤	6.00
156	宕昌县(甘)	大黄	15000.00
157	绛　县(晋)	大黄	3000.00
158	炉霍县(川)	大黄	20.00
159	徽　县(甘)	大黄	2.60
160	临潭县(甘)	大黄	1.42
161	那坡县(桂)	大戟	5.00
162	耒阳市(湘)	大蓟	5.00
163	乳源瑶族自治县(粤)	大青叶	600.00

	其他中药材主产地	品种	产量(吨)
164	耒阳市(湘)	大青叶	200.00
165	瓜州县(甘)	大枣	66.00
166	云阳县(渝)	大枣	65.00
167	新泰市(鲁)	丹参	7600.00
168	嵩　县(豫)	丹参	3600.00
169	中江县(川)	丹参	2640.00
170	工布江达县(藏)	丹参	1866.00
171	蒲城县(陕)	丹参	720.00
172	沂水县(鲁)	丹参	550.00
173	义马市(豫)	丹参	300.00
174	临朐县(鲁)	丹参	100.00
175	双峰县(湘)	丹参	30.00
176	平陆县(晋)	丹参	29.60
177	南陵县(皖)	丹皮	3115.00
178	垫江县(渝)	丹皮	3000.00
179	孟津县(豫)	丹皮	1500.00
180	鹿邑县(豫)	丹皮	1200.00
181	邵东县(湘)	丹皮	150.00
182	宜阳县(豫)	丹皮	130.00
183	双峰县(湘)	丹皮	40.00
184	成武县(鲁)	丹皮	30.00
185	伊川县(豫)	丹皮	30.00
186	舞钢市(豫)	丹皮	10.00
187	沾益县(滇)	当归	22355.60
188	宕昌县(甘)	当归	17200.00
189	宣汉县(川)	当归	2589.00
190	武隆县(渝)	当归	1000.00
191	米易县(川)	当归	600.00
192	徽　县(甘)	当归	528.00
193	北川羌族自治县(川)	当归	513.00
194	东乡族自治县(甘)	当归	100.00
195	丰宁满族自治县(冀)	当归	15.00
196	云阳县(渝)	当归	15.00
197	宕昌县(甘)	党参	7000.00
198	文　县(甘)	党参	6000.00
199	宣汉县(川)	党参	3589.00
200	竹溪县(鄂)	党参	200.00
201	辉南县(吉)	党参	160.00
202	陇西县(甘)	党参	150.00
203	秦州区(甘)	党参	89.00
204	万源市(川)	党参	60.00

	其他中药材主产地	品种	产量(吨)
205	丰都县(渝)	党参	20.00
206	咸丰县(鄂)	党参	16.00
207	临武县(湘)	灯心	4.00
208	耒阳市(湘)	灯心	1.00
209	那坡县(桂)	灯心	1.00
210	徽　县(甘)	地骨皮	9.60
211	耒阳市(湘)	地龙	100.00
212	耒阳市(湘)	地榆	40.00
213	五峰土家族自治县(鄂)	独活	2500.00
214	浦北县(桂)	莪术	6000.00
215	耒阳市(湘)	儿茶	8.00
216	方城县(豫)	番木瓜	6325.00
217	仪陇县(川)	番木瓜	4000.00
218	桐柏县(豫)	番木瓜	2200.00
219	竹溪县(鄂)	番木瓜	100.00
220	甘南县(黑)	防风	200.00
221	宜阳县(豫)	防风	180.00
222	尚志市(黑)	防风	60.00
223	徽　县(甘)	防风	24.00
224	利辛县(皖)	防风	20.00
225	垣曲县(晋)	防风	15.00
226	耒阳市(湘)	防己	20.00
227	那坡县(桂)	枫香	20.00
228	耒阳市(湘)	枫香	12.00
229	尚志市(黑)	蜂蜜	2000.00
230	蕉岭县(粤)	蜂蜜	845.00
231	麟游县(陕)	蜂蜜	392.50
232	两当县(甘)	蜂蜜	150.00
233	宜阳县(豫)	蜂蜜	150.00
234	略阳县(陕)	蜂蜜	105.00
235	依安县(黑)	蜂蜜	80.00
236	阜新蒙古族自治县(辽)	蜂蜜	20.60
237	芜湖县(皖)	蜂蜜	20.00
238	辉县市(豫)	蜂蜜	18.00
239	东丰县(吉)	蜂蜜	15.00
240	福贡县(滇)	蜂蜜	15.00
241	盱眙县(苏)	蜂蜜	15.00
242	广水市(鄂)	蜂蜜	10.00
243	石柱土家族自治县(渝)	佛手	1500.00
244	梁平县(渝)	佛手	120.00
245	靖州苗族侗族自治县(湘)	茯苓	5000.00

	其他中药材主产地	品种	产量(吨)
246	石柱土家族自治县(渝)	茯苓	3500.00
247	湘乡市(湘)	茯苓	1050.00
248	太湖县(皖)	茯苓	300.00
249	锦屏县(黔)	茯苓	111.00
250	新晃侗族自治县(湘)	茯苓	36.00
251	麻江县(黔)	茯苓	12.00
252	耒阳市(湘)	浮萍	300.00
253	武定县(滇)	附子	703.00
254	姚安县(滇)	附子	353.00
255	宾川县(滇)	附子	120.00
256	封丘县(豫)	覆盆子	1517.00
257	靖安县(赣)	干姜	70.00
258	瓜州县(甘)	甘草	28000.00
259	鄂托克前旗(内蒙古)	甘草	2300.00
260	沙雅县(新)	甘草	1950.00
261	农八师(新疆兵团)	甘草	1635.00
262	嫩江县(黑)	甘草	900.00
263	武威市市辖区(甘)	甘草	500.00
264	巴林左旗(内蒙古)	甘草	420.00
265	丰满区(吉)	甘草	350.00
266	金塔县(甘)	甘草	260.00
267	磴口县(内蒙古)	甘草	200.00
268	子洲县(陕)	甘草	186.00
269	和林格尔县(内蒙古)	甘草	65.00
270	托克托县(内蒙古)	甘草	20.00
271	平罗县(宁)	甘草	10.00
272	集安市(吉)	藁本	50.00
273	宣汉县(川)	葛根	2133890.00
274	随　县(鄂)	葛根	3000.00
275	武隆县(渝)	葛根	2000.00
276	耒阳市(湘)	葛根	600.00
277	汉阴县(陕)	葛根	232.00
278	嵩　县(豫)	葛根	125.00
279	宜都市(鄂)	葛根	100.00
280	双峰县(湘)	葛根	90.00
281	蕲春县(鄂)	葛根	50.00
282	新晃侗族自治县(湘)	葛根	21.00
283	苏仙区(湘)	葛根	15.00
284	耒阳市(湘)	钩藤	800.00
285	锦屏县(黔)	钩藤	560.00
286	靖远县(甘)	枸杞子	50260.00
287	乌拉特前旗(内蒙古)	枸杞子	40000.00
288	惠农区(宁)	枸杞子	7200.00
289	西夏区(宁)	枸杞子	6900.00
290	平罗县(宁)	枸杞子	2500.00
291	邻水县(川)	枸杞子	980.00
292	金凤区(宁)	枸杞子	531.00
293	托克托县(内蒙古)	枸杞子	530.00
294	辛集市(冀)	枸杞子	500.00
295	农十四师(新疆建设兵团)	枸杞子	480.00
296	磴口县(内蒙古)	枸杞子	80.00
297	蓬溪县(川)	枸杞子	50.00
298	丰镇市(内蒙古)	枸杞子	46.80
299	镇巴县(陕)	枸杞子	43.00
300	土默特右旗(内蒙古)	枸杞子	23.00
301	盐池县(宁)	枸杞子	15.00
302	达拉特旗(内蒙古)	枸杞子	12.00
303	兴安县(桂)	枸杞子	10.00
304	耒阳市(湘)	谷精草	4.00
305	潜山县(皖)	瓜蒌	600.00
306	双峰县(湘)	瓜蒌	3.00
307	耒阳市(湘)	瓜蒌	2.00
308	耒阳市(湘)	贯众	40.00
309	万源市(川)	贯众	38.00
310	鼎湖区(粤)	桂枝	2500.00
311	那坡县(桂)	桂枝	20.00
312	耒阳市(湘)	旱莲草	30.00
313	兴义市(黔)	何首乌	60.00
314	耒阳市(湘)	何首乌	50.00
315	富宁县(滇)	何首乌	21.80
316	那坡县(桂)	何首乌	20.00
317	云阳县(渝)	荷叶	40.00
318	双峰县(湘)	荷叶	12.00
319	耒阳市(湘)	荷叶	10.00
320	淮阳县(豫)	黑芝麻	543.90
321	商水县(豫)	黑芝麻	20.00
322	雷州市(粤)	黑芝麻	10.00
323	耒阳市(湘)	黑芝麻	10.00
324	彭泽县(赣)	黑芝麻	10.00
325	余江县(赣)	黑芝麻	10.00
326	瓜州县(甘)	红花	707.00
327	云阳县(渝)	槐角	380.00

	其他中药材主产地	品种	产量(吨)
328	耒阳市(湘)	槐角	20.00
329	内乡县(豫)	黄姜	5000.00
330	汉阴县(陕)	黄姜	1587.00
331	竹溪县(鄂)	黄姜	500.00
332	万源市(川)	黄姜	180.00
333	那坡县(桂)	黄姜	50.00
334	远安县(鄂)	黄姜	50.00
335	宜都市(鄂)	黄姜	20.00
336	梁平县(渝)	黄荆	750.00
337	耒阳市(湘)	黄荆	40.00
338	耒阳市(湘)	黄精	40.00
339	嵩　县(豫)	黄精	12.00
340	什邡市(川)	黄连	2600.00
341	利川市(鄂)	黄连	1650.00
342	北川羌族自治县(川)	黄连	1236.00
343	武隆县(渝)	黄连	1000.00
344	咸丰县(鄂)	黄连	200.00
345	丰都县(渝)	黄连	50.00
346	彭水苗族土家族自治县(渝)	黄连	50.00
347	洛扎县(藏)	黄连	33.00
348	云阳县(渝)	黄连	18.00
349	子洲县(陕)	黄芪	245.00
350	陇西县(甘)	黄芪	180.00
351	金山屯林业局(龙江集团)	黄芪	150.00
352	武川县(内蒙古)	黄芪	100.00
353	徽　县(甘)	黄芪	93.10
354	辉南县(吉)	黄芪	80.00
355	凌源市(辽)	黄芪	38.00
356	大海林林业局(龙江集团)	黄芪	35.00
357	山河屯林业局(龙江集团)	黄芪	18.00
358	托克托县(内蒙古)	黄芪	10.00
359	宕昌县(甘)	黄芩	16000.00
360	万荣县(晋)	黄芩	4072.00
361	绛　县(晋)	黄芩	4000.00
362	蒲城县(陕)	黄芩	1300.00
363	徽　县(甘)	黄芩	804.00
364	嵩　县(豫)	黄芩	750.00
365	赤城县(冀)	黄芩	600.00
366	巴林左旗(内蒙古)	黄芩	510.00
367	蔚　县(冀)	黄芩	300.00
368	喀喇沁左翼蒙古族自治县(辽)	黄芩	245.00
369	涉　县(冀)	黄芩	200.00
370	围场满族蒙古族自治县(冀)	黄芩	200.00
371	子洲县(陕)	黄芩	108.00
372	沂水县(鲁)	黄芩	75.00
373	丰宁满族自治县(冀)	黄芩	55.00
374	东平县(鲁)	黄芩	50.00
375	凌源市(辽)	黄芩	38.00
376	宽城满族自治县(冀)	黄芩	30.00
377	翁牛特旗(内蒙古)	黄芩	16.50
378	韩城市(陕)	黄芩	15.00
379	那坡县(桂)	鸡血藤	50.00
380	双峰县(湘)	鸡血藤	15.00
381	那坡县(桂)	姜黄	25.00
382	远安县(鄂)	僵蚕	1.00
383	耒阳市(湘)	金钱草	200.00
384	那坡县(桂)	金钱草	5.00
385	荣　县(川)	金钱松	125.00
386	耒阳市(湘)	金樱子	200.00
387	鼎城区(湘)	金樱子	30.00
388	临武县(湘)	金樱子	5.00
389	那坡县(桂)	金樱子	5.00
390	涉　县(冀)	荆芥	1000.00
391	万源市(川)	荆芥	15.00
392	双峰县(湘)	荆芥	9.00
393	万年县(赣)	桔梗	60000.00
394	博山区(鲁)	桔梗	4500.00
395	涡阳县(皖)	桔梗	3000.00
396	利辛县(皖)	桔梗	2622.00
397	沈丘县(豫)	桔梗	1000.00
398	柳河县(吉)	桔梗	580.00
399	岫岩满族自治县(辽)	桔梗	400.00
400	南漳县(鄂)	桔梗	300.00
401	游仙区(川)	桔梗	230.00
402	武定县(滇)	桔梗	200.00
403	本溪满族自治县(辽)	桔梗	150.00
404	成　县(甘)	桔梗	110.00
405	宜阳县(豫)	桔梗	100.00
406	太湖县(皖)	桔梗	80.00
407	临漳县(冀)	桔梗	59.00
408	靖安县(赣)	桔梗	50.00
409	虞城县(豫)	桔梗	50.00

	其他中药材主产地	品种	产量(吨)
410	魏　县(冀)	桔梗	40.00
411	芜湖县(皖)	桔梗	35.00
412	东乡县(赣)	桔梗	30.00
413	宜丰县(赣)	桔梗	30.00
414	凌源市(辽)	桔梗	22.00
415	丰宁满族自治县(冀)	桔梗	20.00
416	宁城县(内蒙古)	桔梗	16.00
417	振安区(辽)	桔梗	10.00
418	三山区(皖)	菊花	6000.00
419	亭湖区(苏)	菊花	3250.00
420	安国市(冀)	菊花	1000.00
421	大埔县(粤)	菊花	1000.00
422	内黄县(豫)	菊花	820.00
423	利辛县(皖)	菊花	716.00
424	农安县(吉)	菊花	500.00
425	肥乡县(冀)	菊花	330.00
426	武隆县(渝)	菊花	250.00
427	宁阳县(鲁)	菊花	200.00
428	临漳县(冀)	菊花	150.00
429	平桥区(豫)	菊花	150.00
430	祁门县(皖)	菊花	75.00
431	铅山县(赣)	菊花	23.00
432	耒阳市(湘)	菊花	20.00
433	潜山县(皖)	菊花	20.00
434	新洲区(鄂)	瞿麦	400.00
435	伊川县(豫)	决明子	50.00
436	郏县市(豫)	决明子	33.00
437	喀喇沁左翼蒙古族自治县(辽)	苦参	750.00
438	围场满族蒙古族自治县(冀)	苦参	400.00
439	三宁满族自治县(冀)	苦参	45.00
440	兴义市(黔)	苦楝皮	150.00
441	耒阳市(湘)	苦楝皮	40.00
442	那坡县(桂)	阔叶十大功劳	20.00
443	耒阳市(湘)	莱菔子	9.00
444	那坡县(桂)	荔枝核	10.00
445	嵩　县(豫)	连翘	3600.00
446	涉　县(冀)	连翘	2250.00
447	秦州区(甘)	连翘	710.00
448	宣汉县(川)	连翘	689.00
449	辉县市(豫)	连翘	105.00
450	夏　县(晋)	连翘	30.00
451	韩城市(陕)	连翘	10.00
452	青州市(鲁)	连翘	10.00
453	耒阳市(湘)	楝	5.00
454	大埔县(粤)	灵芝	1000.00
455	白石山林业局(吉林集团)	灵芝	60.00
456	寻乌县(赣)	灵芝	50.00
457	耒阳市(湘)	凌霄花	2.00
458	耒阳市(湘)	刘寄奴	4.00
459	宽甸满族自治县(辽)	龙胆草	100.00
460	万源市(川)	龙胆草	60.00
461	陆良县(滇)	龙胆草	13.00
462	耒阳市(湘)	龙葵	1600.00
463	雷州市(粤)	龙眼肉	13.00
464	那坡县(桂)	龙眼肉	3.00
465	台山市(粤)	龙眼肉	3.00
466	耒阳市(湘)	芦根	300.00
467	桃山林业局(龙江集团)	鹿茸	8.00
468	东丰县(吉)	鹿茸	7.00
469	金山屯林业局(龙江集团)	鹿茸	3.20
470	新宾满族自治县(辽)	鹿茸	2.20
471	辉南县(吉)	鹿茸	1.80
472	桦南林业局(龙江集团)	鹿茸	1.20
473	内乡县(豫)	鹿茸	1.00
474	耒阳市(湘)	络石藤	6000.00
475	阿鲁科尔沁旗(内蒙古)	麻黄	8200.00
476	巴林左旗(内蒙古)	麻黄	3800.00
477	达拉特旗(内蒙古)	麻黄	2180.00
478	鄂托克前旗(内蒙古)	麻黄	1500.00
479	化德县(内蒙古)	麻黄	70.00
480	耒阳市(湘)	马勃	2.00
481	耒阳市(湘)	马齿苋	2000.00
482	那坡县(桂)	马齿苋	5.00
483	兴国县(赣)	马齿苋	5.00
484	临武县(湘)	马齿苋	2.00
485	耒阳市(湘)	马兜铃	9.00
486	耒阳市(湘)	麦冬	30.00
487	万州区(渝)	麦冬	10.00
488	游仙区(川)	麦冬	8.00
489	那坡县(桂)	麦冬	4.00
490	宜都市(鄂)	麦冬	2.00
491	双峰县(湘)	麦冬	0.80

	其他中药材主产地	品种	产量(吨)
492	东平县(鲁)	玫瑰花	30.00
493	商水县(豫)	玫瑰花	16.00
494	郧　县(鄂)	木瓜	16000.00
495	商南县(陕)	木瓜	6300.00
496	阆中市(川)	木瓜	1000.00
497	邻水县(川)	木瓜	1000.00
498	河东区(鲁)	木瓜	550.00
499	卧龙区(豫)	木瓜	500.00
500	施甸县(滇)	木瓜	200.00
501	舞钢市(豫)	木瓜	50.00
502	宝丰县(豫)	木瓜	40.00
503	雷州市(粤)	木瓜	23.00
504	楚雄市(滇)	木瓜	10.13
505	那坡县(桂)	木瓜	10.00
506	耒阳市(湘)	木槿	1.00
507	耒阳市(湘)	木通	10.00
508	宣汉县(川)	木香	455889.00
509	万州区(渝)	木香	1.50
510	大通回族土族自治县(青)	木香	1.33
511	耒阳市(湘)	南蛇藤	100.00
512	耒阳市(湘)	南天竹	6.00
513	黟　县(皖)	南天竹	5.00
514	宣汉县(川)	牛蒡子	11500.00
515	耒阳市(湘)	牛蒡子	20.00
516	陆良县(滇)	牛蒡子	5.00
517	临潭县(甘)	牛蒡子	1.29
518	临潭县(甘)	牛黄	1.27
519	那坡县(桂)	牛膝	4.00
520	富宁县(滇)	女贞子	187.00
521	耒阳市(湘)	女贞子	100.00
522	那坡县(桂)	女贞子	100.00
523	芜湖县(皖)	女贞子	100.00
524	嵩　县(豫)	女贞子	50.00
525	云阳县(渝)	女贞子	25.00
526	孟津县(豫)	女贞子	15.00
527	双峰县(湘)	女贞子	6.00
528	建湖县(苏)	女贞子	5.00
529	淮阳县(豫)	女贞子	4.00
530	辉县市(豫)	女贞子	2.00
531	浠水县(鄂)	藕节	15.00
532	威远县(川)	佩兰	20.00
533	云阳县(渝)	枇杷叶	900.00
534	荣　县(川)	枇杷叶	325.00
535	临武县(湘)	枇杷叶	7.00
536	三台县(川)	枇杷叶	6.40
537	耒阳市(湘)	枇杷叶	5.00
538	双峰县(湘)	枇杷叶	4.00
539	新宾满族自治县(辽)	蒲公英	3400.00
540	辉南县(吉)	蒲公英	610.00
541	丰满区(吉)	蒲公英	100.00
542	耒阳市(湘)	蒲公英	40.00
543	陆良县(滇)	蒲公英	12.00
544	襄城区(鄂)	蒲公英	12.00
545	孙吴县(黑)	蒲公英	10.00
546	那坡县(桂)	蒲公英	5.00
547	青州市(鲁)	蒲公英	5.00
548	永靖县(甘)	蒲公英	2.00
549	耒阳市(湘)	千金藤	10.00
550	那坡县(桂)	牵牛子	6.00
551	耒阳市(湘)	牵牛子	1.00
552	石柱土家族自治县(渝)	前胡	5000.00
553	淳安县(浙)	前胡	460.00
554	耒阳市(湘)	前胡	4.00
555	东平县(鲁)	芡实	200.00
556	耒阳市(湘)	茜草	80.00
557	那坡县(桂)	茜草	2.00
558	徽　县(甘)	羌活	8.60
559	临潭县(甘)	羌活	1.42
560	大通回族土族自治县(青)	羌活	1.07
561	徽　县(甘)	秦艽	5.00
562	临潭县(甘)	秦艽	1.42
563	那坡县(桂)	秦皮	2.00
564	宣汉县(川)	青蒿	3689.00
565	梁平县(渝)	青蒿	760.00
566	耒阳市(湘)	青蒿	500.00
567	璧山县(渝)	青蒿	300.00
568	双峰县(湘)	青蒿	200.00
569	云阳县(渝)	青蒿	200.00
570	那坡县(桂)	青蒿	5.00
571	耒阳市(湘)	青葙子	8.00
572	麻江县(黔)	忍冬	1300.00
573	辉南县(吉)	忍冬	30.00

	其他中药材主产地	品种	产量(吨)
574	尚志市(黑)	忍冬	15.00
575	淮阳县(豫)	忍冬	1.95
576	兴义市(黔)	榕	150.00
577	那坡县(桂)	榕	20.00
578	磴口县(内蒙古)	肉苁蓉	2000.00
579	阿拉善右旗(内蒙古)	肉苁蓉	1460.00
580	农六师(新疆兵团)	肉苁蓉	350.00
581	乌拉特后旗(内蒙古)	肉苁蓉	104.00
582	额济纳旗(内蒙古)	肉苁蓉	98.00
583	木里藏族自治县(川)	肉苁蓉	69.00
584	临泽县(甘)	肉苁蓉	36.00
585	阿拉善经济开发区(内蒙古)	肉苁蓉	30.00
586	那坡县(桂)	肉苁蓉	4.00
587	德庆县(粤)	肉桂	53368.00
588	四会市(粤)	肉桂	11200.00
589	信宜市(粤)	肉桂	660.00
590	那坡县(桂)	肉桂	50.00
591	富宁县(滇)	肉桂	17.80
592	洞口县(湘)	肉桂	5.00
593	泸西县(滇)	三七	509.20
594	耒阳市(湘)	桑寄生	20.00
595	兴义市(黔)	桑寄生	3.00
596	雷州市(粤)	桑葚	225.00
597	耒阳市(湘)	桑葚	10.00
598	东营市市辖区(鲁)	桑葚	5.00
599	建湖县(苏)	桑葚	5.00
600	辉县市(豫)	桑葚	3.50
601	连南瑶族自治县(粤)	桑叶	9064.00
602	宣汉县(川)	桑叶	3890.00
603	楚雄市(滇)	桑叶	2666.00
604	梁平县(渝)	桑叶	275.00
605	耒阳市(湘)	桑叶	80.00
606	随　县(鄂)	桑叶	70.00
607	镇安县(陕)	桑叶	23.00
608	兴国县(赣)	桑叶	5.00
609	东营市市辖区(鲁)	桑枝	10.00
610	辉南县(吉)	沙参	530.00
611	桓仁满族自治县(辽)	沙参	300.00
612	梅河口市(吉)	沙参	6.30
613	阜新蒙古族自治县(辽)	沙参	0.70
614	信宜市(粤)	砂仁	710.00
615	勐海县(滇)	砂仁	80.00
616	荣　县(川)	砂仁	35.00
617	那坡县(桂)	砂仁	1.00
618	那坡县(桂)	山豆根	10.00
619	耒阳市(湘)	山鸡椒	4.00
620	高州市(粤)	山药	7000.00
621	英德市(粤)	山药	5132.00
622	淮阳县(豫)	山药	1200.00
623	双峰县(湘)	山药	1200.00
624	北川羌族自治县(川)	山药	222.00
625	宜阳县(豫)	山药	55.00
626	浠水县(鄂)	山药	50.00
627	鸡泽县(冀)	山药	44.00
628	耒阳市(湘)	山药	40.00
629	东港市(辽)	山药	26.00
630	辉南县(吉)	山药	15.00
631	那坡县(桂)	山药	10.00
632	彭泽县(赣)	山药	5.00
633	泾　县(皖)	山药	1.50
634	嵩　县(豫)	山萸肉	21630.00
635	佛坪县(陕)	山萸肉	5950.00
636	鲁山县(豫)	山萸肉	3100.00
637	淳安县(浙)	山萸肉	2147.00
638	太白县(陕)	山萸肉	499.00
639	方城县(豫)	山萸肉	198.00
640	陇　县(陕)	山萸肉	110.00
641	荣昌县(渝)	山萸肉	53.00
642	商南县(陕)	山萸肉	40.00
643	黎城县(晋)	山萸肉	39.00
644	龙草坪林业局(陕)	山萸肉	9.87
645	江津区(渝)	山萸肉	8.00
646	辉县市(豫)	山萸肉	2.00
647	嵩　县(豫)	山楂	1000.00
648	辉县市(豫)	山楂	650.00
649	盖州市(辽)	山楂	450.00
650	云阳县(渝)	山楂	300.00
651	东平县(鲁)	山楂	260.00
652	辉南县(吉)	山楂	150.00
653	舞钢市(豫)	山楂	40.00
654	庄河市(辽)	山楂	25.00
655	耒阳市(湘)	商陆	400.00

	其他中药材主产地	品种	产量(吨)
656	耒阳市(湘)	蛇床子	16.00
657	那坡县(桂)	蛇床子	3.00
658	耒阳市(湘)	蛇蜕	1.00
659	安国市(冀)	射干	500.00
660	涉　县(冀)	射干	200.00
661	新洲区(鄂)	射干	100.00
662	临漳县(冀)	射干	70.00
663	双峰县(湘)	射干	60.00
664	磁　县(冀)	生地	5574.00
665	蒲城县(陕)	生地	1400.00
666	万荣县(晋)	生地	1035.00
667	肥乡县(冀)	生地	370.00
668	宣汉县(川)	生地	285.00
669	宜阳县(豫)	生地	260.00
670	秦州区(甘)	生地	59.00
671	个旧市(滇)	石斛	4000.00
672	双江拉祜族佤族布朗族傣族自治县(滇)	石斛	31.00
673	腾冲县(滇)	石斛	17.00
674	兴义市(黔)	石斛	10.00
675	耒阳市(湘)	石决明	20.00
676	施甸县(滇)	石榴	200.00
677	楚雄市(滇)	石榴	123.01
678	耒阳市(湘)	石榴皮	5.00
679	那坡县(桂)	石苇	5.00
680	辉县市(豫)	柿蒂	4.00
681	宣汉县(川)	熟地	1589.00
682	涟源市(湘)	熟地	500.00
683	双峰县(湘)	熟地	9.00
684	那坡县(桂)	熟地	1.00
685	辉县市(豫)	丝瓜络	25.00
686	耒阳市(湘)	丝瓜络	20.00
687	双峰县(湘)	丝瓜络	1.00
688	楚雄市(滇)	松香	22523.27
689	浠水县(鄂)	松香	40.00
690	万源市(川)	松香	28.00
691	宜阳县(豫)	酸枣仁	140.00
692	辉县市(豫)	酸枣仁	2.20
693	阿拉善右旗(内蒙古)	锁阳	9100.00
694	乌拉特后旗(内蒙古)	锁阳	180.00
695	额济纳旗(内蒙古)	锁阳	82.00
696	麻江县(黔)	太子参	600.00
697	芜湖县(皖)	太子参	40.00
698	双峰县(湘)	太子参	1.50
699	云阳县(渝)	桃仁	14.00
700	辉县市(豫)	桃仁	5.50
701	耒阳市(湘)	天冬	20.00
702	金寨县(皖)	天麻	8156.00
703	彝良县(滇)	天麻	1010.60
704	湘乡市(湘)	天麻	805.00
705	南召县(豫)	天麻	600.00
706	东港市(辽)	天麻	584.00
707	辉南县(吉)	天麻	350.00
708	商南县(陕)	天麻	130.00
709	锦屏县(黔)	天麻	35.00
710	商水县(豫)	天麻	32.00
711	南川区(渝)	天麻	30.00
712	大关县(滇)	天麻	20.00
713	保康县(鄂)	天麻	15.00
714	璧山县(渝)	天南星	110.00
715	耒阳市(湘)	天南星	4.00
716	那坡县(桂)	天南星	1.00
717	耒阳市(湘)	通脱木	3.00
718	耒阳市(湘)	土大黄	2.00
719	耒阳市(湘)	土茯苓	300.00
720	潜山县(皖)	土茯苓	240.00
721	荣　县(川)	土茯苓	120.00
722	鼎城区(湘)	土茯苓	20.00
723	台山市(粤)	土茯苓	6.00
724	那坡县(桂)	土茯苓	5.00
725	耒阳市(湘)	菟丝子	30.00
726	那坡县(桂)	菟丝子	5.00
727	耒阳市(湘)	王不留行	20.00
728	本溪满族自治县(辽)	威灵仙	350.00
729	耒阳市(湘)	威灵仙	20.00
730	那坡县(桂)	威灵仙	2.00
731	那坡县(桂)	乌头	4.00
732	耒阳市(湘)	乌药	8000.00
733	富阳市(浙)	乌药	100.00
734	那坡县(桂)	乌药	4.00
735	丹凤县(陕)	吴茱萸	7667.00
736	樟树市(赣)	吴茱萸	850.00
737	万载县(赣)	吴茱萸	210.00

	其他中药材主产地	品种	产量(吨)
738	邻水县(川)	吴茱萸	78.00
739	双峰县(湘)	吴茱萸	60.00
740	娄星区(湘)	吴茱萸	45.00
741	汨罗市(湘)	吴茱萸	40.00
742	新邵县(湘)	吴茱萸	32.00
743	进贤县(赣)	吴茱萸	22.00
744	新晃侗族自治县(湘)	吴茱萸	12.00
745	彭水苗族土家族自治县(渝)	吴茱萸	10.00
746	鹿寨县(桂)	梧桐	5140.00
747	广水市(鄂)	梧桐	30.00
748	东营市市辖区(鲁)	梧桐	10.00
749	耒阳市(湘)	梧桐	2.00
750	耒阳市(湘)	蜈蚣	10.00
751	京山县(鄂)	蜈蚣	5.00
752	南漳县(鄂)	蜈蚣	5.00
753	浠水县(鄂)	蜈蚣	5.00
754	宣汉县(川)	五倍子	2580.00
755	竹溪县(鄂)	五倍子	200.00
756	新化县(湘)	五倍子	150.00
757	丰都县(渝)	五倍子	70.00
758	商南县(陕)	五倍子	50.00
759	武平县(闽)	五倍子	40.00
760	西充县(川)	五倍子	30.00
761	永春县(闽)	五倍子	25.00
762	武隆县(渝)	五倍子	15.00
763	富宁县(滇)	五倍子	12.70
764	柘荣县(闽)	五倍子	12.00
765	宜都市(鄂)	五倍子	10.00
766	秭归县(鄂)	五倍子	10.00
767	鹿寨县(桂)	五加	1660.00
768	本溪市经济开发区(辽)	五加	70.00
769	恒山区(黑)	五加	50.00
770	兴义市(黔)	五加	5.00
771	黟　县(皖)	五加皮	4.00
772	新泰市(鲁)	细辛	6800.00
773	新宾满族自治县(辽)	细辛	1100.00
774	凤城市(辽)	细辛	800.00
775	桓仁满族自治县(辽)	细辛	400.00
776	宽甸满族自治县(辽)	细辛	220.00
777	岫岩满族自治县(辽)	细辛	180.00
778	本溪满族自治县(辽)	细辛	130.00
779	清原满族自治县(辽)	细辛	110.00
780	集安市(吉)	细辛	105.00
781	东港市(辽)	细辛	35.00
782	临江林业局(吉林森工)	细辛	16.00
783	柳河县(吉)	细辛	10.00
784	桐柏县(豫)	夏枯草	5899.00
785	随　县(鄂)	夏枯草	3000.00
786	宣汉县(川)	夏枯草	260.00
787	荣　县(川)	夏枯草	110.00
788	云阳县(渝)	夏枯草	95.00
789	耒阳市(湘)	夏枯草	80.00
790	连南瑶族自治县(粤)	夏枯草	32.00
791	瑞金市(赣)	夏枯草	10.00
792	耒阳市(湘)	仙鹤草	400.00
793	那坡县(桂)	仙茅	5.00
794	陆良县(滇)	仙茅	3.00
795	耒阳市(湘)	香附	1200.00
796	耒阳市(湘)	香薷	6.00
797	耒阳市(湘)	香叶树	4.00
798	耒阳市(湘)	薤白	200.00
799	北川羌族自治县(川)	辛夷	858.00
800	嵩　县(豫)	辛夷	500.00
801	桐柏县(豫)	辛夷	401.00
802	五峰土家族自治县(鄂)	辛夷	35.00
803	南川区(渝)	辛夷	25.00
804	栾川县(豫)	辛夷	15.00
805	西吉县(宁)	杏仁	345.00
806	宁城县(内蒙古)	杏仁	200.00
807	宜阳县(豫)	杏仁	150.00
808	环　县(甘)	杏仁	90.00
809	宣汉县(川)	杏仁	89.00
810	伊川县(豫)	杏仁	50.00
811	华池县(甘)	杏仁	15.00
812	武隆县(渝)	续断	3000.00
813	盐源县(川)	续断	20.00
814	武隆县(渝)	玄参	3600.00
815	南川区(渝)	玄参	300.00
816	北川羌族自治县(川)	玄参	223.00
817	双峰县(湘)	玄参	60.00
818	芜湖县(皖)	延胡索	240.00
819	耒阳市(湘)	芫花	20.00

	其他中药材主产地	品种	产量(吨)
820	耒阳市(湘)	盐肤木	200.00
821	彭水苗族土家族自治县(渝)	盐肤木	100.00
822	那坡县(桂)	盐肤木	20.00
823	耒阳市(湘)	羊踯躅	1.00
824	耒阳市(湘)	夜交藤	3000.00
825	耒阳市(湘)	夜明砂	4.00
826	耒阳市(湘)	益母草	600.00
827	那坡县(桂)	益母草	20.00
828	信宜市(粤)	益智仁	500.00
829	嵩　县(豫)	茵陈	4000.00
830	那坡县(桂)	茵陈	15.00
831	耒阳市(湘)	茵陈	6.00
832	新宾满族自治县(辽)	淫羊藿	2300.00
833	本溪满族自治县(辽)	淫羊藿	95.00
834	嵩　县(豫)	淫羊藿	40.00
835	云阳县(渝)	淫羊藿	12.00
836	凤城市(辽)	玉竹	4700.00
837	宽甸满族自治县(辽)	玉竹	3000.00
838	双峰县(湘)	玉竹	3000.00
839	东港市(辽)	玉竹	2198.00
840	邵东县(湘)	玉竹	1000.00
841	本溪满族自治县(辽)	玉竹	500.00
842	耒阳市(湘)	玉竹	40.00
843	磁　县(冀)	远志	266.00
844	耒阳市(湘)	远志	12.00
845	淇滨区(豫)	月季	3.00
846	耒阳市(湘)	月季	1.00
847	宜阳县(豫)	皂刺	180.00
848	耒阳市(湘)	皂刺	4.00
849	宣汉县(川)	皂角	3689.00
850	宜阳县(豫)	皂角	180.00
851	伊川县(豫)	皂角	20.00
852	双峰县(湘)	泽兰	3.00
853	广昌县(赣)	泽泻	3060.00
854	双峰县(湘)	泽泻	1.20
855	那坡县(桂)	泽泻	1.00
856	蔚　县(冀)	知母	2000.00
857	临漳县(冀)	知母	50.00
858	唐河县(豫)	栀子	3000.00
859	临川区(赣)	栀子	2260.00
860	进贤县(赣)	栀子	1390.00
861	确山县(豫)	栀子	700.00
862	永川区(渝)	栀子	428.00
863	桐柏县(豫)	栀子	279.00
864	修水县(赣)	栀子	255.00
865	翠屏区(川)	栀子	200.00
866	浠水县(鄂)	栀子	150.00
867	广安区(川)	栀子	100.00
868	双峰县(湘)	栀子	60.00
869	蕲春县(鄂)	栀子	50.00
870	璧山县(渝)	栀子	19.00
871	耒阳市(湘)	栀子	15.00
872	广安区(川)	枳实	200.00
873	耒阳市(湘)	枳实	20.00
874	嵩　县(豫)	猪苓	222.00
875	徽　县(甘)	猪苓	16.70
876	洛宁县(豫)	竹沥	10.00
877	宣汉县(川)	竹叶	35640.00
878	梁平县(渝)	竹叶	368.00
879	耒阳市(湘)	竹叶	80.00
880	青阳县(皖)	梓树	5.00
881	嵩　县(豫)	紫花地丁	1500.00
882	耒阳市(湘)	紫花地丁	60.00
883	耒阳市(湘)	紫金牛	1.00
884	耒阳市(湘)	紫苏	200.00
885	璧山县(渝)	紫苏	30.00
886	万源市(川)	紫苏	30.00
887	耒阳市(湘)	紫苏	10.00
888	彭水苗族土家族自治县(渝)	紫苑	50.00
889	溪湖区(辽)	自藓皮	10.00
890	鸡东县(黑)	自藓皮	1.40

表 16-15　中药材出口量值

国家/地区	出口数量(吨)	出口金额(千美元)
12079994 红花子		
合计	475	284
中国台湾	332	146
比利时	93	63
德国	2	35
泰国	22	18
韩国	19	13
巴西	5	5
秘鲁	1	3
印度尼西亚	1	1
12112010 西洋参		
合计	344	8039
中国香港	283	6383
美国	60	1616

国家/地区	出口数量(吨)	出口金额(千美元)
中国台湾	1	40
12112091 其他鲜人参		
合计	59	836
中国台湾	25	320
日本	6	199
新加坡	3	148
中国香港	24	145
法国	1	21
韩国	0	4
12112099 未列名人参		
合计	1995	73364
日本	529	18554
意大利	330	10536
德国	240	8685
中国香港	232	7781
中国台湾	255	7677
新加坡	22	6257
荷兰	70	2895
美国	60	2367
马来西亚	71	2132
法国	31	1384
韩国	49	1327
西班牙	22	902
瑞士	20	872
比利时	15	786
朝鲜	21	536
印度尼西亚	6	116
伊朗	2	103
乌克兰	2	68
沙特阿拉伯	4	65
埃及	1	64
印度	2	45
英国	1	42
俄罗斯	0	40
阿联酋	1	32
土耳其	3	30
匈牙利	0	16
乌兹别克斯坦	0	14
中国澳门	4	11
泰国	1	8
捷克	0	7
哥伦比亚	0	6
罗马尼亚	0	5
加拿大	0	1
澳大利亚	0	1
12119011 当归		
合计	1864	10177
日本	459	3166
中国香港	411	2068
中国台湾	348	1399
马来西亚	90	859
印度尼西亚	164	840
韩国	262	698
新加坡	43	533
泰国	20	174
美国	27	171
德国	4	62
英国	3	44
荷兰	2	26
法国	8	23
加拿大	2	23
越南	4	21
中国澳门	6	16
澳大利亚	4	14
意大利	1	9
巴西	2	9
捷克	1	6
比利时	0	4
爱尔兰	0	3
西班牙	0	3
新西兰	0	2
以色列	0	1
瑞士	0	1
沙特阿拉伯	0	1
瑞典	0	1
12119012 三七(田七)		
合计	1360	6295
中国香港	1321	3892
日本	19	1857
中国台湾	10	265
马来西亚	4	113
新加坡	1	59
美国	1	46
德国	0	28
泰国	0	12
印度尼西亚	0	11
加拿大	0	5
中国澳门	2	4
沙特阿拉伯	0	1
菲律宾	0	1
澳大利亚	0	1
12119013 党参		
合计	4328	16632
中国香港	3768	11349
新加坡	167	2692
马来西亚	175	1580
中国台湾	132	419
韩国	31	108
印度尼西亚	11	107
泰国	8	88
澳大利亚	7	47
日本	4	45
加拿大	3	43
中国澳门	16	38
美国	2	35
荷兰	2	27
匈牙利	2	18
英国	1	13
比利时	0	6
捷克	0	4
法国	0	4
爱尔兰	0	2
新西兰	0	2
沙特阿拉伯	0	1
以色列	0	1
瑞典	0	1
阿联酋	0	1
12119014 黄连		
合计	142	2407
韩国	63	1026
日本	29	726
中国台湾	24	417
中国香港	18	121
泰国	3	39
美国	1	28
印度尼西亚	2	23
印度	1	10
英国	0	7
马来西亚	0	3
荷兰	0	2
德国	0	1
以色列	0	1
加拿大	0	1
12119015 菊花		
合计	7647	25798

国家/地区	出口数量（吨）	出口金额（千美元）
中国香港	5482	11715
越南	855	3447
新加坡	356	3399
马来西亚	424	3192
泰国	270	2422
英国	51	579
美国	30	339
韩国	47	274
加拿大	12	114
日本	8	95
印度尼西亚	12	55
中国台湾	77	53
中国澳门	17	32
德国	1	29
澳大利亚	3	15
法国	1	13
俄罗斯	0	6
捷克	0	6
荷兰	0	5
瑞士	0	3
斯里兰卡	0	3
比利时	0	2
新西兰	0	1
12119016 冬虫夏草		
合计	1	28305
中国香港	1	27263
新加坡	0	1042
12119017 贝母		
合计	91	4182
中国香港	26	2552
中国台湾	27	1180
韩国	21	156
日本	6	143
马来西亚	3	53
泰国	2	24
新加坡	1	14
印度尼西亚	1	13
美国	0	13
英国	0	11
中国澳门	3	9
加拿大	0	7
摩尔多瓦	0	4
以色列	0	1
澳大利亚	0	1
荷兰	0	1

国家/地区	出口数量（吨）	出口金额（千美元）
比利时	0	1
12119018 川芎		
合计	8197	15768
中国香港	6659	10767
越南	627	1584
中国台湾	252	1205
韩国	464	1159
日本	65	439
马来西亚	44	200
泰国	29	118
新加坡	20	81
印度尼西亚	14	66
美国	8	58
德国	3	43
澳大利亚	3	10
荷兰	1	9
英国	1	8
加拿大	2	7
中国澳门	3	7
比利时	0	2
捷克	0	2
以色列	0	1
12119019 半夏		
合计	1350	24552
日本	633	19176
越南	414	1991
中国台湾	64	1405
韩国	146	1382
中国香港	79	432
德国	1	37
印度尼西亚	2	33
美国	1	17
马来西亚	3	14
荷兰	1	12
英国	1	10
瑞士	0	9
新加坡	0	7
捷克	0	7
澳大利亚	2	7
泰国	0	4
加拿大	1	3
以色列	0	2
朝鲜	1	1
沙特阿拉伯	0	1
12119021 白芍		

国家/地区	出口数量（吨）	出口金额（千美元）
合计	8077	17885
中国香港	5664	8233
日本	1106	5955
中国台湾	389	1360
韩国	381	1119
越南	400	762
马来西亚	26	106
新加坡	43	87
美国	15	84
泰国	11	33
澳大利亚	8	28
荷兰	3	23
中国澳门	12	23
英国	2	16
印度尼西亚	6	13
德国	1	11
加拿大	3	10
乌克兰	2	6
瑞典	1	4
捷克	1	3
比利时	0	3
新西兰	0	2
爱尔兰	0	2
菲律宾	2	1
沙特阿拉伯	0	1
12119022 天麻		
合计	68	1946
日本	22	995
韩国	36	629
中国香港	4	150
中国台湾	5	102
德国	1	39
美国	1	27
澳大利亚	0	2
12119023 黄芪		
合计	3968	14679
韩国	1103	3091
中国香港	899	3011
日本	295	2359
中国台湾	539	2210
越南	724	2070
马来西亚	121	688
美国	60	376
泰国	135	275
新加坡	25	269

国家/地区	出口数量（吨）	出口金额（千美元）
印度尼西亚	28	68
澳大利亚	13	64
加拿大	8	62
荷兰	3	33
德国	3	29
英国	3	25
新西兰	1	13
西班牙	1	6
法国	1	5
比利时	0	5
瑞典	0	4
巴西	2	4
捷克	0	3
意大利	2	3
中国澳门	1	2
沙特阿拉伯	0	2
爱尔兰	0	1
匈牙利	0	1
以色列	0	1
阿联酋	0	1
12119024 大黄、籽黄		
合计	1990	7715
日本	508	2948
越南	824	2908
德国	186	474
中国台湾	62	264
中国香港	101	230
意大利	35	226
韩国	75	113
印度尼西亚	27	101
泰国	20	77
美国	20	69
阿根廷	36	65
马来西亚	21	64
波兰	9	38
英国	7	34
法国	12	32
西班牙	15	26
新加坡	5	15
印度	17	9
哥伦比亚	4	7
巴西	5	6
中国澳门	2	3
荷兰	0	3
加拿大	1	1

国家/地区	出口数量（吨）	出口金额（千美元）
澳大利亚	0	1
12119025 白术		
合计	10551	21401
中国香港	8425	11236
日本	466	3462
越南	712	3054
韩国	710	2398
中国台湾	145	657
马来西亚	22	171
新加坡	15	94
泰国	15	83
美国	9	63
印度尼西亚	7	32
英国	3	29
澳大利亚	7	28
德国	1	26
加拿大	2	20
中国澳门	8	15
荷兰	1	14
比利时	1	7
捷克	0	3
新西兰	0	3
沙特阿拉伯	0	2
瑞典	0	2
法国	0	1
12119026 地黄		
合计	12971	24739
中国香港	10397	17517
日本	424	2474
韩国	1039	2036
越南	597	1130
中国台湾	299	820
马来西亚	90	314
印度尼西亚	25	84
美国	21	83
泰国	15	60
新加坡	17	55
加拿大	10	36
澳大利亚	10	28
中国澳门	13	28
荷兰	3	24
英国	3	15
德国	2	13
捷克	1	10
法国	1	3

国家/地区	出口数量（吨）	出口金额（千美元）
阿根廷	1	3
新西兰	0	2
比利时	0	2
沙特阿拉伯	0	1
瑞典	0	1
菲律宾	2	1
12119027 槐米		
合计	4000	6474
中国香港	3985	6408
日本	2	26
泰国	4	16
韩国	2	10
德国	4	4
马来西亚	1	2
美国	0	2
中国台湾	1	2
中国澳门	1	1
12119028 杜仲		
合计	6791	12595
中国香港	6209	10438
中国台湾	182	777
日本	194	749
韩国	110	281
马来西亚	44	210
新加坡	25	54
泰国	5	28
美国	5	21
加拿大	3	10
中国澳门	2	6
荷兰	1	6
巴西	3	5
菲律宾	5	4
德国	0	2
印度尼西亚	1	2
英国	0	1
12119029 茯苓		
合计	11583	29139
中国香港	8018	12061
日本	1311	10731
韩国	1120	3210
越南	676	1556
中国台湾	243	696
马来西亚	79	360
美国	17	117
新加坡	17	66

国家/地区	出口数量（吨）	出口金额（千美元）
印度尼西亚	12	57
中国澳门	24	56
印度	22	48
荷兰	5	37
泰国	11	35
澳大利亚	9	28
英国	3	21
德国	1	16
斯里兰卡	4	11
加拿大	2	9
新西兰	1	8
比利时	1	6
朝鲜	4	4
捷克	0	3
瑞士	0	2
法国	0	1
沙特阿拉伯	0	1
12119031 枸杞		
合计	4421	37348
中国香港	741	6247
法国	350	4154
中国台湾	560	3639
美国	319	3455
马来西亚	348	2473
日本	203	1900
西班牙	159	1565
新加坡	154	1421
韩国	423	1393
荷兰	166	1336
英国	119	1270
德国	83	1221
澳大利亚	124	1143
比利时	107	1063
加拿大	100	1029
捷克	95	797
泰国	65	485
奥地利	22	306
罗马尼亚	31	289
意大利	31	288
瑞士	27	281
南非	30	270
瑞典	23	196
斯洛文尼亚	17	142
印度尼西亚	16	124
希腊	13	117

国家/地区	出口数量（吨）	出口金额（千美元）
墨西哥	11	106
新西兰	7	86
以色列	7	76
葡萄牙	7	74
伊朗	7	72
中国澳门	27	56
丹麦	4	53
沙特阿拉伯	5	51
波兰	7	33
立陶宛	2	20
土耳其	2	20
俄罗斯	2	18
匈牙利	2	17
秘鲁	2	15
芬兰	1	13
菲律宾	1	10
挪威	1	10
拉脱维亚	1	6
塞尔维亚	0	3
乌拉圭	0	2
黎巴嫩	0	1
毛里求斯	0	1
斯里兰卡	0	1
巴布亚新几内亚	0	1
12119032 大海子		
合计	4	35
中国台湾	1	11
中国香港	1	6
意大利	0	6
印度尼西亚	1	5
法国	0	2
新加坡	0	2
美国	0	1
马来西亚	0	1
12119034 沙参		
合计	996	1949
韩国	898	1508
日本	16	115
美国	18	111
中国香港	15	70
中国台湾	31	68
马来西亚	4	22
中国澳门	8	14
加拿大	1	12
新加坡	2	12

国家/地区	出口数量（吨）	出口金额（千美元）
泰国	1	5
印度尼西亚	1	5
德国	0	3
澳大利亚	0	2
英国	0	2
荷兰	0	1
12119035 青蒿		
合计	25	32
日本	12	24
美国	0	4
韩国	12	3
12119036 甘草		
合计	3301	18108
日本	1623	10466
韩国	701	3541
中国台湾	416	1567
德国	262	1188
美国	90	451
荷兰	59	392
泰国	114	341
印度尼西亚	26	123
马来西亚	5	24
西班牙	3	11
澳大利亚	1	2
12119039 未列名用作药料植物及部分		
合计	99180	316370
日本	12008	88980
越南	21135	67667
韩国	13592	42227
中国香港	29980	41328
中国台湾	7373	20905
美国	1931	10339
德国	1799	6855
马来西亚	1461	5631
泰国	1116	3457
意大利	391	3190
新加坡	579	3188
法国	1426	3154
荷兰	366	2068
印度	535	1712
印度尼西亚	456	1552
西班牙	599	1546
墨西哥	21	1458
爱尔兰	592	1037
中国澳门	853	932

国家/地区	出口数量（吨）	出口金额（千美元）
英国	137	912
俄罗斯	358	886
澳大利亚	233	732
乌克兰	257	588
阿联酋	266	586
加拿大	133	557
智利	121	433
芬兰	57	357
拉脱维亚	179	341
希腊	103	317
苏丹	116	284
奥地利	21	277
比利时	18	218
突尼斯	81	218
埃及	88	209
沙特阿拉伯	92	187
瑞士	100	181
捷克	19	174
新西兰	26	172
朝鲜	101	158
匈牙利	33	152
摩洛哥	40	145
土耳其	20	103
阿根廷	47	99
以色列	8	95
巴基斯坦	35	93
斯里兰卡	26	90
巴西	54	89
瑞典	22	64
哥伦比亚	25	63
波兰	30	60
保加利亚	13	49
孟加拉国	5	43
南非	6	40
尼泊尔	20	38
乌兹别克斯坦	17	26
也门	11	22
约旦	5	20
叙利亚	5	18
菲律宾	18	12
乌拉圭	9	9
摩尔多瓦	1	6
秘鲁	1	6
罗马尼亚	0	4
巴拿马	7	3

国家/地区	出口数量（吨）	出口金额（千美元）
塞尔维亚	0	2
吉尔吉斯斯坦	0	2
克罗地亚	0	1
伊朗	0	1
13019020 乳香、没药及血竭		
合计	16	81
韩国	11	51
马来西亚	2	12
日本	1	8
中国香港	2	7
中国台湾	1	2
美国	0	1
13019030 阿魏		
合计	1	7
韩国	1	7
30049051 中药酒		
合计	918	3577
马来西亚	274	1195
中国香港	377	1177
泰国	67	415
加纳	56	208
伯利兹	56	193
新加坡	23	83
美国	16	71
印度尼西亚	14	64
韩国	17	62
中国澳门	6	25
澳大利亚	2	23
西班牙	2	16
多哥	3	15
越南	2	8
加拿大	1	5
英国	1	5
柬埔寨	1	4
秘鲁	1	4
朝鲜	0	2
哥斯达黎加	0	1
30049052 片仔癀		
合计	3	22218
中国香港	3	17565
泰国	0	2727
新加坡	0	1411
马来西亚	0	514
30049053 白药		
合计	48	3342

国家/地区	出口数量（吨）	出口金额（千美元）
中国香港	29	2403
美国	9	368
印度尼西亚	2	290
新加坡	5	198
南非	2	36
加拿大	1	31
马来西亚	0	16
30049054 清凉油		
合计	4628	20435
阿联酋	561	3424
贝宁	552	2954
加纳	601	2397
美国	980	2116
中国香港	159	802
几内亚	203	796
新加坡	37	776
印度尼西亚	27	560
塞内加尔	162	506
阿曼	15	451
荷兰	78	428
多哥	81	420
马里	122	361
肯尼亚	80	359
菲律宾	74	341
利比里亚	74	316
尼日利亚	66	256
洪都拉斯	36	234
英国	61	210
乍得	104	184
也门	72	180
南非	61	167
苏丹	18	155
巴拿马	37	145
卡塔尔	4	131
缅甸	20	121
摩洛哥	64	120
冈比亚	31	96
巴拉圭	25	94
毛里求斯	11	91
伯利兹	18	87
厄瓜多尔	2	84
刚果(布)	10	74
特立尼达和多巴哥	15	74
印度	7	73
墨西哥	17	69

国家/地区	出口数量（吨）	出口金额（千美元）
喀麦隆	20	64
乌拉圭	9	64
秘鲁	6	51
刚果(金)	7	48
哥伦比亚	3	43
德国	7	35
突尼斯	3	33
苏里南	2	32
波兰	1	32
意大利	6	28
坦桑尼亚	9	27
巴巴多斯	5	23
马尔代夫	4	23
安哥拉	10	23
土耳其	1	21
匈牙利	4	21
法国	2	18
捷克	2	17
塞拉利昂	4	16
巴西	2	15
爱沙尼亚	1	14
智利	2	13
科特迪瓦	3	12
伊朗	2	10
津巴布韦	3	9
莫桑比克	3	8
斐济	2	8
罗马尼亚	0	6
比利时	1	6
尼日尔	0	5
斯洛文尼亚	0	5
阿根廷	0	5
毛里塔尼亚	7	5
芬兰	1	4
丹麦	1	4
加拿大	2	4
新西兰	1	3
西班牙	0	3
以色列	1	3
瑞典	1	3
塞浦路斯	0	3
马来西亚	0	2
奥地利	0	2
拉脱维亚	0	2
科摩罗	0	1

国家/地区	出口数量（吨）	出口金额（千美元）
沙特阿拉伯	1	1
黎巴嫩	0	1
波多黎各	0	1
30049059 其他中式成药		
合计	9046	159364
中国香港	2795	54163
日本	453	18332
美国	836	12799
新加坡	444	8585
马来西亚	659	7688
越南	316	6358
澳大利亚	314	5456
英国	220	5164
加拿大	262	4879
尼日利亚	49	3049
俄罗斯	136	3032
印度尼西亚	143	2350
韩国	387	2349
荷兰	105	1826
泰国	86	1708
马里	228	1622
中国台湾	57	1181
布基纳法索	148	1088
罗马尼亚	60	918
菲律宾	43	873
南非	27	862
哥伦比亚	43	849
贝宁	102	799
几内亚	95	685
比利时	12	676
中国澳门	55	623
捷克	30	547
缅甸	66	515
匈牙利	60	513
德国	42	510
加纳	35	477
波兰	17	458
斯洛文尼亚	15	450
塞尔维亚	8	441
多米尼加	80	430
乌克兰	7	426
斯洛伐克	26	335
巴基斯坦	7	322
哈萨克斯坦	4	275
秘鲁	15	261

国家/地区	出口数量（吨）	出口金额（千美元）
约旦	6	257
土耳其	11	245
喀麦隆	34	245
法国	14	233
保加利亚	25	228
墨西哥	30	227
西班牙	36	218
朝鲜	31	193
新西兰	6	169
意大利	3	168
以色列	2	155
多哥	47	154
洪都拉斯	17	139
瑞士	6	136
阿尔及利亚	11	123
克罗地亚	4	120
塔吉克斯坦	37	117
委内瑞拉	15	114
柬埔寨	4	112
萨尔瓦多	15	107
刚果(布)	13	105
阿根廷	13	104
赞比亚	1	98
吉尔吉斯斯坦	2	98
瑞典	3	85
巴西	8	84
巴拿马	5	84
也门	28	82
黎巴嫩	5	80
危地马拉	6	68
莫桑比克	1	67
挪威	3	64
埃及	3	61
科特迪瓦	18	61
肯尼亚	3	60
哥斯达黎加	9	55
芬兰	10	51
圣卢西亚	1	43
特立尼达和多巴哥	7	37
文莱	3	36
巴巴多斯	2	35
智利	2	33
葡萄牙	4	33
沙特阿拉伯	3	32
毛里求斯	2	31

国家/地区	出口数量（吨）	出口金额（千美元）
立陶宛	1	30
马拉维	0	26
加蓬	4	25
阿曼	3	25
阿联酋	5	23
阿塞拜疆	0	20
冈比亚	5	19
格鲁吉亚	0	19
乌兹别克斯坦	2	19
苏丹	1	17
希腊	4	16
叙利亚	4	16
奥地利	0	14
巴拉圭	0	14
摩尔多瓦	0	14
白俄罗斯	0	12
阿尔巴尼亚	0	12
纳米比亚	3	12
土库曼斯坦	0	12
坦桑尼亚	13	11
拉脱维亚	0	10
孟加拉国	2	10
丹麦	0	10
安哥拉	1	9
几内亚比绍	1	7
汤加	0	6
斯里兰卡	0	6
乍得	2	5
印度	0	5
爱尔兰	0	5
刚果(金)	0	5
伊拉克	0	3
巴哈马	0	2
乌干达	0	1
马达加斯加	0	1
伊朗	0	1
爱沙尼亚	0	1
塞拉利昂	0	1
30049060 含有青蒿素及衍生物药品		
合计	966	56748
苏丹	147	9075
尼日利亚	260	8669
瑞士	74	4598
印度	11	4141
法国	56	3621

国家/地区	出口数量（吨）	出口金额（千美元）
坦桑尼亚	19	2147
加纳	52	1967
乌干达	15	1852
缅甸	31	1652
美国	8	1572
科摩罗	1	1550
塞拉利昂	21	1189
肯尼亚	11	919
安哥拉	31	891
尼日尔	9	890
塞内加尔	27	871
巴布亚新几内亚	12	854
几内亚	21	848
贝宁	23	691
巴基斯坦	3	660
利比里亚	12	641
印度尼西亚	8	607
喀麦隆	18	607
几内亚比绍	6	571
乍得	5	530
中非	5	473
马里	5	458
多哥	5	438
荷兰	8	393
刚果(布)	6	386
莫桑比克	5	367
毛里塔尼亚	4	300
赞比亚	4	298
柬埔寨	3	286
也门	3	231
新加坡	4	179
刚果(金)	4	170
泰国	1	152
比利时	3	126
加蓬	3	120
索马里	7	111
赤道几内亚	1	106
中国香港	0	91
阿联酋	3	59
马来西亚	9	45
英国	1	42
南非	1	40
非洲其他国家（地区）	1	36
伊朗	0	36

国家/地区	出口数量（吨）	出口金额（千美元）
阿富汗	0	31
沙特阿拉伯	0	28
马拉维	0	26
埃塞俄比亚	0	24
冈比亚	0	23
孟加拉国	0	20
秘鲁	0	15
圭亚那	0	11
科特迪瓦	0	5
澳大利亚	0	4
西班牙	0	3
埃及	0	1
德国	0	1
黎巴嫩	0	1

表 16-16　中药材进口量值

国家/地区	进口数量（吨）	进口金额（千美元）
12112010 西洋参		
合计	452	12176
加拿大	352	7821
美国	100	4354
12112099 未列名人参		
合计	121	40270
韩国	101	37135
朝鲜	19	3122
日本	1	12
12119011 当归		
合计	42	113
韩国	22	58
中国	20	55
12119013 党参		
合计	1	10
中国	1	10
12119015 菊花		
合计	16	92
法国	7	41
埃及	6	26
美国	2	25
12119018 川芎		
合计	2	10
中国	2	10
12119019 半夏		
合计	39	61

国家/地区	进口数量（吨）	进口金额（千美元）
朝鲜	39	61
12119025 白术		
合计	274	483
朝鲜	274	483
12119026 地黄		
合计	18	25
中国	18	24
荷兰	0	1
12119028 杜仲		
合计	4	8
中国	4	8
12119029 茯苓		
合计	556	727
朝鲜	516	657
韩国	22	37
中国	18	33
12119031 枸杞		
合计	14	30
朝鲜	14	30
12119032 大海子		
合计	8	79
柬埔寨	7	67
泰国	1	12
12119033 沉香		
合计	1	4
印度尼西亚	1	4
12119034 沙参		
合计	77	78
朝鲜	77	78
12119036 甘草		
合计	10660	10186
土库曼斯坦	3258	3248
乌兹别克斯坦	2765	2553

国家/地区	进口数量（吨）	进口金额（千美元）
哈萨克斯坦	2354	1946
阿塞拜疆	1482	1559
巴基斯坦	295	475
塔吉克斯坦	306	230
阿富汗	83	100
美国	73	57
吉尔吉斯斯坦	45	18
12119039 未列名用作药料植物及部分		
合计	22982	39463
印度	10316	8203
加纳	642	6905
荷兰	1016	6887
泰国	5372	6159
印度尼西亚	24	2295
比利时	224	1509
德国	239	1405
尼泊尔	134	1338
朝鲜	1147	944
喀麦隆	611	757
缅甸	2167	642
中国	90	323
意大利	52	292
老挝	218	285
纳米比亚	42	274
蒙古	54	258
乌克兰	100	208
中国台湾	26	192
保加利亚	66	135
哈萨克斯坦	87	121
科特迪瓦	10	94
尼日利亚	290	70
墨西哥	10	50
日本	2	46

国家/地区	进口数量（吨）	进口金额（千美元）
美国	0	31
越南	9	21
秘鲁	4	7
韩国	5	5
马来西亚	25	4
巴基斯坦	1	3
13019020 乳香、没药及血竭		
合计	2321	8623
埃塞俄比亚	1500	5227
苏丹	428	1625
新加坡	6	759
肯尼亚	379	598
印度尼西亚	3	300
中国香港	1	109
索马里	4	5
30049054 清凉油		
合计	5	224
新加坡	5	224
30049059 其他中式成药		
合计	24511	227068
中国香港	23819	155433
德国	167	50307
日本	278	16877
泰国	191	2684
瑞士	5	764
新加坡	28	557
美国	6	367
中国	15	57
澳大利亚	2	22
韩国	0	1
30049060 含有青蒿素及衍生物药品		
合计	0	1
美国	0	1

园林植物与花卉

【概　况】 2011年，江苏、河南、浙江、四川、山东等苗木生产大省仍是全国种植面积大户。2011年花卉销售额超过100亿元的仍只有广东、江苏两省。具体来看，广东观赏苗木、盆栽花卉和鲜切花类产品齐头并进，三大产品的销售额占总销售额的93.30%。而江苏则主要为观赏苗木，其销售额占整个销售额的76.21%。2011年，云南花卉出口额1.71亿美元，占全国花卉总出口额的35.61%，花卉出口额仍稳居第一。花卉出口额位列前5名的是云南、广东、福建、浙江、江苏。

【鲜切花】

生产布局保持不变　从统计数据看，2011年云南鲜切花生产大省的优势更为突出，鲜切花生产面积已突破1万公顷。鲜切花类产品面积排在前5位的依次为云南、广东、辽宁、湖北和浙江。其中鲜切花种植面积前5位的依次是云南、辽宁、广东、湖北和江苏，鲜切叶种植面积前5位的是浙江、湖北、海南、广东、湖南，鲜切枝种植面积前5位的是广东、四川、海南、陕西和重庆。

销售价格大幅上涨　2011年，全国鲜切花类产品销售额比2010年的105.88亿元增加了20.28%。平均销售价格0.68元/支，比2010年的0.56元/支上涨21.43%。其中鲜切花、鲜切叶、鲜切枝销售额分别为111.82亿元、9.93亿元、5.61亿元，平均销售价格分别为0.72元/支、0.48元/支、0.52元/支。

云南鲜切花出口额占全国总出口额的一半以上　2011年，全国鲜切花类产品出口额排名前5位的是云南、浙江、江苏、海南、广东，占整个鲜切花类产品出口额的94.54%。

从统计数据可以看出，云南鲜切花出口额首次超过全国鲜切花出口额的一半以上，达65.03%。福建鲜切花出口额从2010年度的53万美元跃升至528.60万美元，增长幅度高达897.36%，这与福建近几年在紧抓盆栽花卉生产的同时加大鲜切花生产与出口密不可分。龙岩是福建鲜切菊花生产和出口地区之一，2011年仅龙岩新罗区鲜切菊花出口基地就实现出口鲜切菊花30多万支。此外，海南、江苏也是中国出口鲜切菊花主产地，2011年海南、江苏的鲜切花出口额分别从2010年的834.20万美元、1090.00万美元增加到1692.50万美元和2394.60万美元。广东鲜切花出口额上升61.52%。

2011年共有11个省区市出口鲜切花，并且集中在云南、江苏、海南、浙江和广东5省份，占全国鲜切花出口总额的93.32%。鲜切叶出口浙江仍是一枝独秀，出口额占总出口额的98.63%。鲜切枝广东出口额最大，占总出口额的77.12%。

切花单价上升　2011年，月季、康乃馨、百合、唐菖蒲、菊花、非洲菊的种植面积都有不同程度上升，尤其是月季、康乃馨的上涨幅度分别达25.98%和26.75%，百合、唐菖蒲、菊花的上涨幅度均在15%以上，只有非洲菊小幅上涨5.59%。月季、康乃馨、百合、唐菖蒲、菊花、非洲菊的单价分别为0.64元/支、0.27元/支、2.50元/支、0.51元/支、0.35元/支、0.30元/支，与2010年的0.48元/支、0.31元/支、2.36元/支、0.48元/支、0.30元/支、0.24元/支相比，除康乃馨外，其他几种切花单价均不同程度上涨，尤其是月季的上涨幅度达33.33%以上。

【盆栽花卉】　种植面积增加近10%。2011年，全国盆栽花卉(含盆栽植物、盆景、花坛植物，以下同)种植面积9.07万公顷，比2010年度的8.29万公顷增长9.45%。有9个省的种植面积超过4000公顷，分别为广东、江苏、陕西、四川、福建、河南、云南、辽宁和湖南，盆栽花卉种植面积为6.50万公顷，占总面积的71.68%。

广东仍是盆花和绿植生产大省，其盆栽植物种植面积1.18万公顷。除广东外，江苏、云南、河南、福建、四川等省仍是盆栽植物生产大省，种植总面积为 3.23 万公顷，占全部面积的 59.68%。盆景生产面积上千公顷以上的有 6 个省，依次是广东、福建、四川、浙江、陕西和湖南，6 省面积为 1.05 万公顷，占全部面积的 72.59%。花坛植物种植面积较分散，种植面积上千公顷的有陕西、四川、广东、山东、辽宁和河南，面积总和为 1.37 万公顷，占全部面积的 62.05%。

福建、广东仍是盆栽花卉出口大省　2011 年盆栽花卉出口额比 2010 年下降。其中盆栽植物、花坛植物都有下降，而盆景出口增长。福建盆栽花卉出口独占鳌头，在很多省份盆栽花卉出口大幅下降的情况下比 2010 年度增长 11.10%，占全国盆栽花卉总出口额的一半以上。福建、广东两省盆栽花卉的出口额占整个出口总额的 82.65%。在福建 5766.50 万美元出口额中，盆栽植物比 2010 年度下降 9.55%，盆景出口额比 2010 年度涨幅 98.79%，几乎翻番。据了解，2011 年福建以人参榕为主要出口盆景产品的生产面积，从 2010 年度的 313.68 公顷增至 1502.80 公顷。福建产人参榕由于其独有性和一定的垄断性，再加上欧元汇率下降，人民币升值，2011 年人参榕出口单价上涨很快，在出口量有一定增加的情况下，人参榕出口额大幅攀升。2011 年，人参榕已出口到 40 多个国家和地区。广东出口额中，除盆景上涨外，盆栽植物、花坛植物都大幅下降，花坛植物的出口从 2010 年度的 992.00 万美元猛降至 3 万美元。

【观赏苗木】　2011 年全国观赏苗木种植面积上万公顷的省区市 14 个，分别是江苏、浙江、河南、山东、广东、四川、安徽、湖南、江西、福建、河北、辽宁、重庆和陕西，苗木种植面积占全国种植面积的 90% 以上。广东是中国苗木出口大省，2011 年苗木出口额比 2010 年度增长 76.34%。云南、山东、福建也有一定的苗木出口。

【工业用花卉】　2011 年，湖南、河南、山东、四川、重庆、安徽、广西是食用与药用花卉生产大省，种植面积都超过 1 万公顷以上，其中山东实现 180.00 万美元的出口额。黑龙江和云南仍是工业及其他用途花卉生产的主力军，种植的花卉产品都以万寿菊为主，种植面积远超过其他省市，均达上万公顷。种苗用花卉种植面积最大的仍是江苏、广东、云南、四川、湖南。上海和北京两地花卉业科技含量和种源优势尽显。辽宁是中国种球生产大省，占全国种球生产面积的 43.33%，销售额占全国总销售额的 60.88%；云南次之，陕西和浙江也有一定量的种球生产。

（中国花卉园艺杂志社　谯德惠）

【花卉展会活动】

2011 西安世界园艺博览会　经国际园艺生产者协会(AIPH)批准、国务院同意，由国家林业局、中国贸促会、中国花卉协会、陕西省人民政府共同主办，西安市政府承办的 2011 西安世界园艺博览会(以下简称“西安世园会”)于 2011 年 4 月 28 日至 10 月 22 日在西安浐灞生态区举办。西安世园会以“天人长安·创意自然——城市与自然和谐共生”为主题，会徽和吉祥物均命名为“长安花”，理念为“绿色引领时尚”。

4 月 28 日，中共中央政治局委员、全国政协副主席王刚，国家林业局局长贾治邦，中国贸促会会长万季飞，中国花卉协会会长江泽慧，国际园艺生产者协会主席杜克·法博等和国内外嘉宾 1000 多人出席了开园仪式。

2011 西安世园会园区总面积 418 公顷，其中水域面积 188 公顷；标志性建筑有长安塔、创意馆、自然馆和广运门；主题园艺景点分别为长安花谷、丝路花雨、海外大观和灞上彩虹。52 个国家和地区参加了展出，共设置室外展园 109 个。

在 178 天展期中，举办了 6 次国际花卉竞赛和 6 场专题花卉展览活动，举办了世园会活动周、多媒体秀、花车巡游、广场活动等 5000 多场次演艺活动，举办了各类专业论坛，共接待游客 1572.89 万人次。

第十三届中国国际花卉园艺展览会　由中国花卉协会主办的第十三届中国国际花卉园艺展览会于 2011 年 4 月在上海举办，总面积 1.5 万平方米，吸引了来自荷兰、法国、美国、德国、比利时、以色列、意大利、英国、瑞典、瑞士、丹麦、爱沙尼亚、俄罗斯、挪威、日本、韩国、泰国以及中国大陆、中国香港特别行政区和台湾等 20 个国家和地区 391 家参展商参展，其中境外展商数量达到 91 家，占参展商总数的 23.3%。花展期间组织了中国国际花卉园艺产业研讨会、城市园林景观发展论坛、家庭园艺专题论坛、景观设计师沙龙、中国花卉协会零售业分会年会、大型花艺表演等活动。4天展期共接待专业观众14859人。

第五届中国(三亚)国际热带兰花博览会 由中国花卉协会和三亚市人民政府共同主办的第五届中国(三亚)国际热带兰花博览会于2011年1月8~14日在三亚市举办。博览会以“兰花文化，美丽产业”为主题，展出面积1.2万平方米，来自新加坡、印尼、韩国、日本、瑞士、美国、法国等16个国家以及港澳台地区的120多家参展商，展出兰花3万余盆(株)。博览会集兰花展览、兰花文化、商贸洽谈于一体，促进了国际交流与合作。

2011广州国际盆栽植物及花园花店用品展览会 由中国花卉协会和广州市人民政府共同主办的2011广州国际盆栽植物及花园花店用品展览会于2011年11月3~5日在广州锦汉展览中心举行，来自荷兰、美国、韩国、德国、中国大陆、中国香港特别行政区和台湾等9个国家和地区的73家企业参展，展出面积6000平方米，境内外专业观众3845人次。这是中国花卉协会第一次尝试在北京、上海以外的第三个城市举办大型专业贸易展览。

2011中国(萧山)花木节 由国家林业局、浙江省人民政府和中国花卉协会联合主办的2011中国(萧山)花木节于2011年3月3~4日在浙江省杭州市萧山区举办，国家林业局副局长张建龙、中国花协副会长王兆成等领导出席开幕式。本次展会吸引了来自全国15个省市和美国、英国、韩国、马来西亚和台湾等国家和地区的143家企业参展，共设临时展位372个，比2010年增加100个，加上常年在浙江花木城驻展的2000余个经营铺位，办展规模有较大提升。

【花卉行业工作】

第七届中国花卉产业论坛 2011年11月7~9日，由中国花卉协会和国家林业局造林绿化管理司共同主办的第七届中国花卉产业论坛在江苏常州举办。论坛的主题是“大力发展现代花卉物流业”。中国花卉协会会长江泽慧作了《大力发展现代花卉物流业，努力突破产业发展瓶颈》的主旨演讲。来自全国政府管理部门、行业组织、科研机构、高等院校的近300人参加了论坛。

中国花木之乡命名授牌 2011年6月，中国花卉协会发布《中国花卉协会命名授牌管理办法(暂行)》。同年，命名湖北麻城为中国映山红第一城，命名江苏省如皋市、东海县、苏州市吴中区光福镇、新沂市高流镇，浙江省长兴县、宁波市北仑区，广东省中山市横栏镇为中国花木之乡；命名重庆市北碚区静观镇为中国蜡梅之乡。

2011年度全国十佳花木种植企业评选 继2010年启动全国十佳花木种植企业评选活动后，2011年中国花卉协会继续开展全国十佳花木种植企业评选活动，共有14个省(区、市)的29家企业提出申报。内蒙古和信园蒙草抗旱绿化股份有限公司、上海上房园艺有限公司、常州家绿林果园艺有限公司、如皋绿园有限公司、浙江虹越花卉有限公司、浙江滕头园林股份有限公司、连城兰花有限公司、西昌天喜园艺有限责任公司、云南英茂花卉产业有限公司、云南远益园林工程有限公司被评为2011年度全国十佳花木种植企业，浙江虹越花卉有限公司被推荐参加2011年度国际种植者评选并荣获优胜奖。

中国大陆选手参加了2011台北洲际杯花艺大赛 在中国花卉协会的组织下，中国大陆地区选派3名选手参加了2011年3月18~22日在台北举办的洲际杯花艺大赛。通过比赛，中国大陆选手充分展示了大陆地区插花花艺的水准和特色，找到了与国际顶尖插花大师的差距，明确了今后插花花艺的努力方向。

参加2010/2011台北国际花卉博览会 台北国际花卉博览会于2010年11月5日至2011年4月25日举办，展期近半年。在中国花卉协会组织下，北京市、上海市、西安市、洛阳市参加了花卉博览会的展览展示。洛阳市精心组织的牡丹专题展，深受台湾同胞喜爱。

召开国际园艺生产者协会第六十三届年会和全球绿色城市高峰论坛 第六十三届国际园艺生产者协会(AIPH)年会于9月26~30日在西安召开。中国花卉协会、中国生态文化协会会长江泽慧，国家林业局副局长张永利，陕西省委常委、西安市委书记孙清云，AIPH主席杜克·法博出席开幕式并致辞。来自中国、韩国、印度尼西亚、荷兰、加拿大等 11 个国家和地区的 150 多名代表出席了会议。

由国际园艺生产者协会(AIPH)、2011 西安世界园艺博览会组委会、中国生态文化协会共同主办,2011 西安世界园艺博览会执委会承办的全球绿色城市高峰论坛于 9 月 26 日 AIPH 年会期间在西安召开,论坛主题为“绿色城市、美好生活”。陕西省副省长祝列克、西安市市长陈宝根、AIPH 主席杜克·法博和国际竹藤组织副总干事、中国生态文化协会副秘书长李智勇分别致辞。西安市市长陈宝根代表全体与会人员宣读了《全球绿色城市宣言》。

【花卉新品种权保护】 从中国开始实施新品种保护政策以来,截至 2011 年 12 月 31 日,国家林业局新品种保护办公室受理木本观赏植物新品种权保护申请总数为 668 个品种,授权总数为 219 个品种,其中 2011 年受理申请数量为 108 个,授权数量为 5 个(落羽杉属 1 个,银杏属 3 个,大戟属 1 个);农业部新品种保护办公室受理草本观赏植物新品种权保护申请 612 个,授权保护的观赏植物品种 89 个,其中 2011 年受理申请数量为 130 个,授权数量为 1 个(菊属)。 (中国花卉协会)

【洛阳牡丹产业】 2011 年,洛阳市牡丹产业从业人员 3 万多人,年产值 10.8 亿元。全市牡丹种植总面积 0.46 万多公顷。已建成牡丹催花基地、盆养牡丹基地、牡丹嫁接苗繁育基地 100 多个,年产牡丹盆花 60 万盆,年销牡丹 100 余万株。牡丹食品、保健品、化妆品、精油等牡丹产业化链条进一步拉长。牡丹研究院、洛阳市牡丹生物学重点试验室、中国花卉工程技术中心牡丹研发与推广中心相继在洛阳市成立。以花为媒,古都洛阳已与北京、上海、深圳每年联办牡丹花展。洛阳牡丹在英、法、德、荷兰等 20 多个国家生根开花。

加强政策引导 洛阳市委、市政府相继出台《关于加快牡丹产业发展的意见》、《关于全面提升洛阳牡丹观赏效果,进一步办好牡丹花会,打造牡丹花都的意见》、《关于做好结构调整土地流转生态旅游工作的意见》、《围绕“牡丹为媒”打造牡丹花都工作实施方案》、《洛阳市牡丹产业发展奖补办法》等文件,制定了一系列鼓励发展牡丹产业的政策和措施。市政府逐年加大对牡丹产业的投入,2011 年市财政支持牡丹产业发展的奖补资金 3000 多万元,新发展牡丹种植面积 0.32 万公顷,全市牡丹总面积一年翻了一番。

科学管理,产业化经营 建立规模化种植基地,提高牡丹种苗质量。选定有市场潜力的催花品种,根据牡丹种苗、盆花质量标准,建立标准化生产基地。扶持龙头企业,组织企业积极参与国内外重大花事活动,积极为企业协调生产贷款,解决用地等问题。增强行业协会作用,规范牡丹标准化生产,协调牡丹销售价格。加强牡丹品牌保护,实行市场准入制,对牡丹种苗和牡丹盆花进行分级销售,挂贴等级合格证。

加强科研创新 2011 年,洛阳市拥有国家牡丹基因库、国家花卉工程技术研究中心牡丹研发与推广中心、国家牡丹种质资源鉴定及检疫重点试验室、洛阳市牡丹研究院、洛阳市牡丹生物学重点试验室、洛阳市农林科学院花卉研究所等多家牡丹科研机构。先后获得国家、省、市科研成果 120 多项、国家专利 20 多项。2001 年与中国牡丹芍药协会合作在栾川县建立了首个中国牡丹种质资源迁地保护中心,收集整理和移植了全国所有的牡丹野生种,对野生种和珍贵品种起到了有效保护作用。牡丹花期调控、切花保鲜、盆栽技术研究均取得重要进展。通过综合应用促成栽培和抑制栽培技术,牡丹达到了四季开花、周年生产。2010 年洛阳国家牡丹园建成牡丹四季展览馆,并全年对外开放。利用牡丹四季催花技术,洛阳牡丹先后成功参加了 2008 年奥运会、2009 北京世界花卉博览会、2010 上海世界博览会、2010 台北国际花卉博览会、2011 西安世界园艺博览会、2012 年荷兰世界花卉园艺博览会。

办好中国洛阳牡丹文化节 洛阳市拥有国家牡丹园、王城公园、神州牡丹园、高山牡丹园等牡丹观赏园 12 个,观赏面积 0.06 万多公顷,品种 1260 余个,形成了中心城区、北郊邙山、南部高山区次第开放的格局。同时引进国内外新品种及采取物理化学措施,使牡丹自然赏花期长达 1 个多月,通过运用花控技术,保证全年有花可赏。

1982年9月，市人大常委会批准牡丹为洛阳市市花，并决定每年举办牡丹花会。1991年4月，省委、省政府决定，洛阳牡丹花会更名为河南省洛阳牡丹花会。2010年进一步升格为国家级节会，成为中国洛阳牡丹文化节。第三十届洛阳牡丹文化节共接待游客1965万人次，旅游总收入105.15亿元，同比分别增长21.3%、23.5%。接待入境游客16.35万人次，旅游创汇3963万美元。洛阳市政府制定了《牡丹观赏园区等级划分与评定规范管理办法》，提高牡丹观赏园区管理水平和服务质量。

利用牡丹的花、叶、根、种子开发系列产品 申请获得牡丹精深加工方面国家专利20余项。全市牡丹深加工产品达20多种，主要有牡丹红茶、牡丹酒、牡丹食品、保健品、化妆品、精油、食用油等。2011年11月上旬，洛阳牡丹红茶研制成功并在北京举行新闻发布会。牡丹籽油是一种新兴的保健食用油，不饱和脂肪酸含量达90%，品质优于橄榄油，出油率达20%左右，种植籽油牡丹公顷收益在7.5万元以上。

丰富牡丹艺术形式 以牡丹为主题的书画、摄影、雕刻、刺绣、剪纸、三彩、邮票等已成为具有浓郁地方特色的文化产物；题咏牡丹的诗词文赋、故事传说、传记、专著誉满天下。1983年第一届牡丹花会之后，洛阳先后建立了牡丹画院、国画院、女子画院、美术馆等数家画院，一批牡丹书画家、摄影家应运而生。洛阳牡丹文化研究会、河洛文化研究会、牡丹插花艺术文化研究院、牡丹瓷文化研究院等一批研究牡丹文化的社会团体不断壮大。洛阳市孟津县平乐村被誉为中国牡丹画第一村。洛阳市先后出版了《中国牡丹大观》、《中国历代牡丹诗词选注》、《中国牡丹》等牡丹专著。2006年以来，洛阳连续发行6套《千姿牡丹》、3套《花开五洲》和《富贵双联牡丹极品》系列邮票，集中展示了1200多个牡丹品种和20多个国家发行的牡丹邮票。

参加花事活动 第六届中国花博会洛阳获得奖项152个，获奖数全国第一。2009年举办的第七届花博会，洛阳牡丹获奖166项，为全省总分名列全国第一做出了重要贡献。2010年，洛阳牡丹成功走进上海世博会，成为世博牡丹。2011年洛阳先后在成都、北京、上海、深圳、广州举办花展。协会先后组织企业赴全国大中城市举办展销活动30多次，与其他城市合作建设了洛阳牡丹园。

2011年9月，洛阳市政府开始向中国花卉协会申报中国牡丹花都。经过中国花协组织有关专家对牡丹观赏园、生产种植基地、城区绿地种植、中国牡丹资源保护圃、国家级实验室、产品加工基地、文化产业园区和城市区牡丹文化元素符号应用等情况进行考察、评审，2012年3月，中国花卉协会正式命名洛阳市为中国牡丹花都。

（洛阳市政府）

表17-1 园林植物各指标在全国排名前5位的省份

指标	全国排名前5位的省份占全国的比例(%)
实有花卉种植面积86(万公顷)	江苏(18.18)、山东(11.37)、贵州(10.96)、河南(10.59)、广东(7.9)
切花切叶产量142(亿支)	云南(26.02)、辽宁(13.44)、江苏(11.64)、广东(10.8)、浙江(9.45)
盆栽植物产量29(亿盆)	山东(12.37)、辽宁(11.5)、广东(11)、福建(9.44)、四川(7.65)
观赏苗木产量121(亿株)	江苏(38.31)、浙江(25.3)、山东(5.87)、河北(5.01)、江西(4.98)
草坪产量40832.96(万平方米)	北京(21.87)、山东(16.36)、浙江(15.34)、辽宁(7.36)、广东(6.3)
花卉市场数量4104(家)	江西(10.89)、四川(8.94)、山东(8.63)、湖南(7.92)、安徽(7.07)
花卉企业数量42379(家)	广东(21)、浙江(19.2)、江苏(10.85)、四川(8.58)、山东(5.61)

表 17-2　园林植物产量、花卉市场和企业数量

	年末实有花卉种植面积(公顷)	切花切叶产量(万支)	盆栽植物产量(万盆)	观赏苗木产量(万株)	草坪产量(万平方米)	花卉市场(家)	花卉企业(家)	
							合计	其中：大中型企业
全国合计	862152	1423361	291600	1208636	40833	4104	42379	7947
北京	13147	4867	14464	1820	8930	29	253	72
天津	1393	3753	2081	396	100	11	86	5
河北	30647	12207	6840	60605	1259	255	613	86
山西	758	215	1016	1499	45	182	242	21
内蒙古	1621	1938	1355	1817	56	71	51	0
辽宁	16516	191239	33538	17823	3003	59	448	191
吉林	1814	3362	901	1215	139	67	177	8
吉林集团	0	0	0	22	0	0	0	0
黑龙江	1367	90	411	1453	26	7	34	5
龙江集团	6	2	6	9	0	0	4	0
上海	2151	48285	6523	143	1095	19	258	48
江苏	156737	165728	21307	463014	2010	289	4597	1340
浙江	58173	134529	19099	305817	6265	123	8135	2140
安徽	17192	6402	3468	20003	1443	290	1059	97
福建	22024	72076	27541	15381	1036	147	2096	269
江西	17428	11053	10812	60200	400	447	1355	52
山东	98053	61698	36061	70920	6682	354	2379	401
河南	91280	59186	9974	58082	611	192	1699	347
湖北	35684	8722	13314	27938	1018	247	1294	117
湖南	30638	1211	4886	19483	587	325	1557	243
广东	68086	153679	32075	33157	2574	104	8899	1564
广西	17508	10160	10872	9861	1113	86	515	60
海南	6524	13151	1855	1240	292	22	536	180
重庆	20116	9290	5302	4296	818	126	1225	80
四川	39784	40421	22304	12409	1167	367	3637	443
贵州	94490	20776	1079	4365	28	53	214	30
云南	12645	370356	1197	685	26	45	725	77
西藏	20	0	14	0	0	3	2	0
陕西	3527	664	497	7344	26	56	148	35
甘肃	1326	8083	898	563	15	76	109	27
青海	56	2322	11	46	0	4	1	0
宁夏	717	7373	1576	5301	2	9	15	6
新疆	730	523	331	1719	66	39	19	3
新疆建设兵团	1	0	1	4	0	0	0	0
大兴安岭	0	0	0	42	1	0	1	0

表 17-3　全国花卉产销情况

类型＼项目	种植面积（公顷）	销售量单位	销售量	销售额（万元）	出口额（万美元）
合计	1024010. 8	–	–	10685350. 1	48024. 4
一、鲜切花	57934. 8	万枝	1873753. 8	1273575. 7	24709. 1
其中：鲜切花	45725. 5	万枝	1560635. 0	1118206. 8	20060. 4
鲜切叶	6805. 3	万枝	205251. 7	99284. 2	3324. 5
鲜切枝	5404. 0	万枝	107867. 2	56084. 8	1324. 2
二、盆栽植物类	90740. 8	万盆	496022. 4	2410849. 4	10360. 1
其中：盆栽植物	54119. 3	万盆	209798. 3	1626537. 6	6104. 7
盆景	14529. 3	万盆	34908. 0	406295. 3	3988. 4
花坛植物	22092. 2	万盆	251316. 1	378016. 5	267. 0
三、观赏苗木	561658. 0	万株	1230915. 3	5443266. 9	4273. 8
四、食用与药用花卉	188390. 8	千克	135422860. 7	859426. 6	300. 3
五、工业及其他用途	59118. 1	吨	6101067. 0	186086. 1	5366. 2
六、草坪	44676. 5	万平方米	91928. 9	223439. 0	0. 0
七、种子用花卉	6172. 6	千克	91928. 9	35333. 5	562. 2
八、种苗用花卉	10760. 9	万株	184470. 0	166086. 5	1153. 4
九、种球用花卉	4514. 3	万粒	66026. 2	75574. 8	129. 0
十、干燥花	44. 1	–	–	11710. 7	1170. 3

说明：食用与药用花卉计算干重；工业及其他用途花卉计算鲜重。

表 17-4　主要花卉产销情况

品种＼项目	种植面积（公顷）	销售量（万枝、万盆）	销售额（万元）
一、主要鲜切花			
现代月季	12529. 70	452266. 89	289205. 14
香石竹	3582. 38	293010. 75	80396. 33
百合	8830. 98	174225. 87	435031. 70
唐菖蒲	3413. 93	76534. 78	38823. 51
菊花	5718. 67	210540. 12	74559. 55
非洲菊	5444. 24	343520. 69	103597. 81
二、主要盆栽植物			
凤梨类	6127. 71	18362. 41	200762. 93

表 17-5　花卉设施栽培面积

类型＼项目	合计	温室	其中：节能日光温室	大(中、小)棚	遮荫棚
面积(万平方米)	93272. 32	23397. 97	14302. 31	39360. 30	30514. 05

表 17-6　园林植物进出口贸易值

产品类别	单位	出口数量	出口金额(千美元)	进口数量	进口金额(千美元)
合计	吨	192525	176273	13096	39718
花卉活植物	吨	148799	53903	5315	24630
插花及花蕾	吨	27344	71482	7104	14079
苔藓和地衣	吨	708	1454	125	164
植物枝叶等	吨	15674	49434	552	845

表 17-7　蝴蝶兰主产地产量

	蝴蝶兰主产地	花卉类别	产量
1	伽师县(新)	观赏苗木(万株)	268.00
2	大洼县(辽)	观赏苗木(万株)	63.00
3	新市区(新)	观赏苗木(万株)	10.00
4	宝安区(粤)	观赏苗木(万株)	10.00
5	荥阳市(豫)	观赏苗木(万株)	9.00
6	涿州市(冀)	观赏苗木(万株)	8.50
7	七坡林场(桂)	观赏苗木(万株)	4.40
8	元坝区(川)	观赏苗木(万株)	2.56
9	黄州区(鄂)	观赏苗木(万株)	2.00
10	苏家屯区(辽)	观赏苗木(万株)	1.40
11	惠济区(豫)	观叶植物(万盆)	150.00
12	高平市(晋)	观叶植物(万盆)	2.00
13	大连市金州新区(辽)	盆花(万盆)	344.00
14	濮阳市高新区(豫)	盆花(万盆)	276.00
15	冀州市(冀)	盆花(万盆)	200.00
16	广饶县(鲁)	盆花(万盆)	182.00
17	温江区(川)	盆花(万盆)	122.00
18	临洮县(甘)	盆花(万盆)	120.00
19	灵宝市(豫)	盆花(万盆)	60.00
20	丰宁满族自治县(冀)	盆花(万盆)	50.00
21	陕西省苗木繁育中心(陕)	盆花(万盆)	42.00
22	西湖区(浙)	盆花(万盆)	35.00
23	八步区(桂)	盆花(万盆)	34.10
24	莱阳市(鲁)	盆花(万盆)	31.13
25	镇海区(浙)	盆花(万盆)	30.00
26	东营区(鲁)	盆花(万盆)	30.00
27	张家口市高新技术管理区(冀)	盆花(万盆)	21.00
28	七坡林场(桂)	盆花(万盆)	17.00
29	长安区(陕)	盆花(万盆)	16.00
30	延庆县(京)	盆花(万盆)	15.00
31	海城市(辽)	盆花(万盆)	12.00
32	阜新蒙古族自治县(辽)	盆花(万盆)	12.00
33	青浦区(沪)	盆花(万盆)	10.08
34	桃城区(冀)	盆花(万盆)	10.00
35	杏花岭区(晋)	盆花(万盆)	10.00
36	牟平区(鲁)	盆花(万盆)	10.00
37	金凤区(宁)	盆花(万盆)	10.00
38	宁东林业局(陕)	盆花(万盆)	5.50
39	东洲区(辽)	盆花(万盆)	5.00
40	义乌市(浙)	盆花(万盆)	5.00
41	富阳市(浙)	盆花(万盆)	5.00
42	樟树市(赣)	盆花(万盆)	5.00
43	君山区(湘)	盆花(万盆)	3.00
44	华容区(鄂)	盆花(万盆)	2.00
45	玛珂河林业局(青)	盆花(万盆)	1.97
46	开封县(豫)	盆花(万盆)	1.70
47	东平县(鲁)	盆花(万盆)	1.20
48	昌乐县(鲁)	盆花(万盆)	0.70
49	番禺区(粤)	盆景(万盆)	55.00
50	新丰县(粤)	盆景(万盆)	7.97
51	大连市金州新区(辽)	鲜切花(万支)	6545.00
52	万州区(渝)	鲜切花(万支)	1832.00
53	松江区(沪)	鲜切花(万支)	1025.00
54	新丰县(粤)	鲜切花(万支)	638.00
55	济源市(豫)	鲜切花(万支)	300.00
56	商河县(鲁)	鲜切花(万支)	30.00
57	石峰区(湘)	鲜切花(万支)	12.00
58	益阳市市辖区(湘)	鲜切花(万支)	10.00
59	东港区(鲁)	鲜切花(万支)	9.00
60	闵行区(沪)	鲜切花(万支)	1.80

表 17-8　吊兰主产地产量

	吊兰主产地	花卉类别	产量
1	邯郸县(冀)	观赏苗木(万株)	60.00
2	黄梅县(鄂)	观赏苗木(万株)	13.00
3	绥宁县(湘)	观赏苗木(万株)	2.10
4	黄州区(鄂)	观赏苗木(万株)	1.00
5	中方县(湘)	观叶植物(万盆)	20.00
6	义乌市(浙)	观叶植物(万盆)	5.00
7	新华区(豫)	观叶植物(万盆)	5.00
8	益阳市市辖区(湘)	观叶植物(万盆)	5.00
9	龙南县(赣)	观叶植物(万盆)	3.00
10	社旗县(豫)	盆花(万盆)	30.00
11	东营区(鲁)	盆花(万盆)	20.00
12	富阳市(浙)	盆花(万盆)	5.00
13	许昌县(豫)	盆花(万盆)	5.00
14	东洲区(辽)	盆花(万盆)	3.00
15	涉　县(冀)	盆花(万盆)	2.60
16	武邑县(冀)	盆花(万盆)	2.00
17	新晃侗族自治县(湘)	盆花(万盆)	2.00
18	忻府区(晋)	盆花(万盆)	1.30
19	洋　县(陕)	盆花(万盆)	1.30
20	青　县(冀)	盆花(万盆)	1.00
21	景宁畲族自治县(浙)	盆花(万盆)	1.00
22	三门县(浙)	盆花(万盆)	0.60
23	徽　县(甘)	盆花(万盆)	0.51
24	裕华区(冀)	盆景(万盆)	15.00
25	献　县(冀)	盆景(万盆)	7.00
26	芦淞区(湘)	盆景(万盆)	5.00

	吊兰主产地	花卉类别	产量
27	潢川县(豫)	盆景(万盆)	3.20
28	合山市(桂)	盆景(万盆)	2.50
29	昌乐县(鲁)	盆景(万盆)	1.30
30	新晃侗族自治县(湘)	盆景(万盆)	1.10
31	新丰县(粤)	盆景(万盆)	1.00
32	东明县(鲁)	盆景(万盆)	0.96
33	韶山市(湘)	盆景(万盆)	0.55
34	新丰县(粤)	鲜切花(万支)	100.00
35	铜鼓县(赣)	鲜切花(万支)	10.00
36	洋　县(陕)	鲜切叶(万支)	6.30

表 17-9　紫罗兰主产地产量

	紫罗兰主产地	花卉类别	产量
1	石门县(湘)	城镇绿化苗(万株)	5.00
2	黄梅县(鄂)	观赏苗木(万株)	15.00
3	赣　县(赣)	观赏苗木(万株)	11.20
4	湘潭县(湘)	观赏苗木(万株)	1.00
5	南　县(湘)	观叶植物(万盆)	20.00
6	阜新蒙古族自治县(辽)	盆花(万盆)	23.00
7	修水县(赣)	盆花(万盆)	15.00
8	清河区(辽)	盆花(万盆)	10.00
9	泊头市(冀)	盆花(万盆)	6.72
10	平桥区(豫)	盆花(万盆)	5.00
11	川汇区(豫)	盆花(万盆)	2.40
12	湘乡市(湘)	盆花(万盆)	1.80
13	勃利县(黑)	盆花(万盆)	1.20
14	襄城区(鄂)	盆花(万盆)	1.20
15	平舆县(豫)	盆花(万盆)	1.00
16	广丰县(赣)	盆花(万盆)	0.60
17	馆陶县(冀)	盆花(万盆)	0.55
18	赣　县(赣)	盆景(万盆)	9.50
19	沿滩区(川)	盆景(万盆)	2.00
20	新丰县(粤)	盆景(万盆)	1.00
21	荷塘区(湘)	鲜切花(万支)	1300.00
22	邢台市高新技术开发区(冀)	鲜切花(万支)	300.00
23	新丰县(粤)	鲜切花(万支)	100.00
24	卫东区(豫)	鲜切花(万支)	30.00
25	荣　县(川)	鲜切花(万支)	20.00
26	沁阳市(豫)	鲜切花(万支)	5.00

表 17-10　玉兰类主产地产量

	玉兰类主产地	花卉类别	产量
1	陕西省苗木繁育中心(陕)	城镇绿化苗(万株)	3500.00
2	扶沟县(豫)	城镇绿化苗(万株)	180.00
3	东平县(鲁)	城镇绿化苗(万株)	120.00
4	许昌县(豫)	城镇绿化苗(万株)	80.00
5	五峰土家族自治县(鄂)	城镇绿化苗(万株)	25.00
6	邓州市(豫)	城镇绿化苗(万株)	20.00
7	温江区(川)	城镇绿化苗(万株)	12.00
8	宜都市(鄂)	城镇绿化苗(万株)	10.00
9	华容县(湘)	城镇绿化苗(万株)	10.00
10	枣阳市(鄂)	城镇绿化苗(万株)	10.00
11	社旗县(豫)	城镇绿化苗(万株)	9.00
12	泸　县(川)	城镇绿化苗(万株)	8.00
13	灵山县(桂)	城镇绿化苗(万株)	5.00
14	蕉岭县(粤)	城镇绿化苗(万株)	5.00
15	云阳县(渝)	城镇绿化苗(万株)	2.00
16	崇阳县(鄂)	城镇绿化苗(万株)	1.00
17	鲁山县(豫)	观赏苗木(万株)	500.00
18	涿州市(冀)	观赏苗木(万株)	460.60
19	呼兰区(黑)	观赏苗木(万株)	240.00
20	定州市(冀)	观赏苗木(万株)	220.00
21	昌黎县(冀)	观赏苗木(万株)	150.00
22	鄢陵县(豫)	观赏苗木(万株)	150.00
23	上蔡县(豫)	观赏苗木(万株)	120.00
24	平舆县(豫)	观赏苗木(万株)	90.00
25	五峰土家族自治县(鄂)	观赏苗木(万株)	80.00
26	老河口市(鄂)	观赏苗木(万株)	68.00
27	芜湖县(皖)	观赏苗木(万株)	40.00
28	唐河县(豫)	观赏苗木(万株)	38.50
29	肥西县(皖)	观赏苗木(万株)	32.00
30	驿城区(豫)	观赏苗木(万株)	28.00
31	宁阳县(鲁)	观赏苗木(万株)	27.00
32	郾城区(豫)	观赏苗木(万株)	25.00
33	汨罗市(湘)	观赏苗木(万株)	24.00
34	沂水县(鲁)	观赏苗木(万株)	20.00
35	安化县(湘)	观赏苗木(万株)	20.00
36	邵阳县(湘)	观赏苗木(万株)	20.00
37	郫　县(川)	观赏苗木(万株)	20.00
38	平昌县(川)	观赏苗木(万株)	12.00
39	博野县(冀)	观赏苗木(万株)	10.00
40	中方县(湘)	观赏苗木(万株)	10.00
41	洋　县(陕)	观赏苗木(万株)	9.00
42	方城县(豫)	观赏苗木(万株)	6.20
43	蕉岭县(粤)	观赏苗木(万株)	6.00
44	淮滨县(豫)	观赏苗木(万株)	5.00

	玉兰类主产地	花卉类别	产量
45	大厂回族自治县(冀)	观赏苗木(万株)	5.00
46	项城市(豫)	观赏苗木(万株)	5.00
47	黄州区(鄂)	观赏苗木(万株)	5.00
48	彭水苗族土家族自治县(渝)	观赏苗木(万株)	5.00
49	共青城市(赣)	观赏苗木(万株)	4.00
50	许昌市经济技术开发区(豫)	观赏苗木(万株)	4.00
51	蔡甸区(鄂)	观赏苗木(万株)	4.00
52	镇海区(浙)	观赏苗木(万株)	3.20
53	玉山县(赣)	观赏苗木(万株)	3.00
54	镇平县(豫)	观赏苗木(万株)	3.00
55	蒙阴县(鲁)	观赏苗木(万株)	2.80
56	新泰市(鲁)	观赏苗木(万株)	2.50
57	巴州区(川)	观赏苗木(万株)	2.50
58	桐柏县(豫)	观赏苗木(万株)	2.30
59	利川市(鄂)	观赏苗木(万株)	2.00
60	全州县(桂)	观赏苗木(万株)	2.00
61	龙安区(豫)	观赏苗木(万株)	1.58
62	大祥区(湘)	观赏苗木(万株)	1.33
63	宝丰县(豫)	观赏苗木(万株)	1.20
64	桐城市(皖)	观赏苗木(万株)	1.10
65	新化县(湘)	观赏苗木(万株)	1.00
66	常宁市(湘)	观赏苗木(万株)	1.00
67	三门县(浙)	观赏苗木(万株)	0.90
68	北戴河区(冀)	观赏苗木(万株)	0.70
69	佛坪县(陕)	观赏苗木(万株)	0.60
70	青阳县(皖)	观叶植物(万盆)	1.00
71	南郑县(陕)	花卉用种苗(千株)	250.00
72	宜宾县(川)	盆花(万盆)	10.00
73	荥阳市(豫)	盆花(万盆)	5.50
74	潢川县(豫)	盆花(万盆)	3.50
75	资阳区(湘)	盆景(万盆)	10.00
76	富阳市(浙)	盆景(万盆)	1.00
77	铜鼓县(赣)	鲜切花(万支)	50.00
78	康定县(川)	鲜切花(万支)	7.00
79	凤阳县(皖)	鲜切花(万支)	2.00

表 17-11　榆叶梅主产地产量

	榆叶梅主产地	花卉类别	产量
1	千山区(辽)	城镇绿化苗(万株)	30.00
2	温江区(川)	城镇绿化苗(万株)	3.10
3	坊子区(鲁)	城镇绿化苗(万株)	40.00
4	北林区(黑)	城镇绿化苗(万株)	25.00
5	稀土高新区(内蒙古)	城镇绿化苗(万株)	5.00
6	林甸县(黑)	城镇绿化苗(万株)	5.00
7	二道江区(吉)	城镇绿化苗(万株)	1.00
8	五大连池市(黑)	城镇绿化苗(万株)	0.80
9	望都县(冀)	观赏苗木(万株)	3000.00
10	红古区(甘)	观赏苗木(万株)	1000.00
11	鄢陵县(豫)	观赏苗木(万株)	260.00
12	乐都县(青)	观赏苗木(万株)	200.00
13	东平县(鲁)	观赏苗木(万株)	150.00
14	定州市(冀)	观赏苗木(万株)	115.00
15	平泉县(冀)	观赏苗木(万株)	100.00
16	兰西县(黑)	观赏苗木(万株)	100.00
17	潢川县(豫)	观赏苗木(万株)	91.00
18	清苑县(冀)	观赏苗木(万株)	50.00
19	海拉尔区(内蒙古)	观赏苗木(万株)	20.00
20	涿州市(冀)	观赏苗木(万株)	13.20
21	博野县(冀)	观赏苗木(万株)	10.00
22	金凤区(宁)	观赏苗木(万株)	10.00
23	藁城市(冀)	观赏苗木(万株)	8.71
24	新泰市(鲁)	观赏苗木(万株)	5.00
25	容城县(冀)	观赏苗木(万株)	3.00
26	龙安区(豫)	观赏苗木(万株)	3.00
27	魏　县(冀)	观赏苗木(万株)	2.00
28	寒亭区(鲁)	观赏苗木(万株)	2.00
29	昌乐县(鲁)	观赏苗木(万株)	1.00
30	北戴河区(冀)	观赏苗木(万株)	0.90
31	南岗区(黑)	盆花(万盆)	13.00
32	潢川县(豫)	盆花(万盆)	3.00
33	道里区(黑)	盆花(万盆)	1.00
34	商水县(豫)	盆景(万盆)	2.00
35	蠡　县(冀)	盆景(万盆)	1.00
36	闵行区(沪)	盆景(万盆)	1.00
37	会宁县(甘)	鲜切花(万支)	5.00

表 17-12　万寿菊主产地产量

	万寿菊主产地	花卉类别	产量
1	多伦县(内蒙古)	城镇绿化苗(万株)	1150.00
2	彰武县(辽)	城镇绿化苗(万株)	800.00
3	包头市稀土高新区(内蒙古)	城镇绿化苗(万株)	100.00
4	金川区(甘)	城镇绿化苗(万株)	30.00
5	二道江区(吉)	城镇绿化苗(万株)	20.00
6	兰西县(黑)	观赏苗木(万株)	5000.00
7	呼兰区(黑)	观赏苗木(万株)	200.00
8	巴林左旗(内蒙古)	观赏苗木(万株)	100.00
9	海拉尔区(内蒙古)	观赏苗木(万株)	60.00
10	广平县(冀)	观赏苗木(万株)	50.00
11	宜阳县(豫)	观赏苗木(万株)	25.00
12	丰宁满族自治县(冀)	观赏苗木(万株)	20.00

	万寿菊主产地	花卉类别	产量
13	林甸县(黑)	观赏苗木(万株)	10.00
14	木兰县(黑)	观赏苗木(万株)	10.00
15	清丰县(豫)	观赏苗木(万株)	10.00
16	宁城县(内蒙古)	观赏苗木(万株)	9.00
17	惠农区(宁)	观赏苗木(万株)	2.00
18	集安市(吉)	花卉用种苗(千株)	1500.00
19	大武口区(宁)	花卉用种苗(千株)	78.30
20	郫　县(川)	盆花(万盆)	3600.00
21	鹤峰县(鄂)	盆花(万盆)	500.00
22	延庆县(京)	盆花(万盆)	220.00
23	甘井子区(辽)	盆花(万盆)	200.00
24	滑　县(豫)	盆花(万盆)	200.00
25	汶川县(川)	盆花(万盆)	200.00
26	金凤区(宁)	盆花(万盆)	150.00
27	莒南县(鲁)	盆花(万盆)	150.00
28	银州区(辽)	盆花(万盆)	150.00
29	临洮县(甘)	盆花(万盆)	125.00
30	东胜区(内蒙古)	盆花(万盆)	100.00
31	大武口区(宁)	盆花(万盆)	85.00
32	山城区(豫)	盆花(万盆)	80.00
33	商水县(豫)	盆花(万盆)	72.00
34	察哈尔右翼前旗(内蒙古)	盆花(万盆)	55.00
35	温岭市(浙)	盆花(万盆)	50.00
36	利通区(宁)	盆花(万盆)	40.00
37	农八师(新疆建设兵团)	盆花(万盆)	38.00
38	湖滨区(豫)	盆花(万盆)	30.00
39	新郑市(豫)	盆花(万盆)	30.00
40	镇海区(浙)	盆花(万盆)	26.00
41	肥西县(皖)	盆花(万盆)	25.00
42	高密市(鲁)	盆花(万盆)	22.00
43	北戴河区(冀)	盆花(万盆)	20.60
44	长治县(晋)	盆花(万盆)	20.00
45	梁平县(渝)	盆花(万盆)	20.00
46	南岗区(黑)	盆花(万盆)	20.00
47	宣化县(冀)	盆花(万盆)	20.00
48	雨山区(皖)	盆花(万盆)	20.00
49	运河区(冀)	盆花(万盆)	20.00
50	镶黄旗(内蒙古)	盆花(万盆)	18.00
51	化德县(内蒙古)	盆花(万盆)	15.00
52	辉南县(吉)	盆花(万盆)	15.00
53	彭阳县(宁)	盆花(万盆)	15.00
54	广阳区(冀)	盆花(万盆)	13.00
55	明山区(辽)	盆花(万盆)	13.00
56	德令哈市(青)	盆花(万盆)	12.00
57	和林格尔县(内蒙古)	盆花(万盆)	12.00
58	林西县(内蒙古)	盆花(万盆)	11.00
59	社旗县(豫)	盆花(万盆)	11.00

	万寿菊主产地	花卉类别	产量
60	忻府区(晋)	盆花(万盆)	10.50
61	平罗县(宁)	盆花(万盆)	10.00
62	莎车县(新)	盆花(万盆)	10.00
63	渭城区(陕)	盆花(万盆)	10.00
64	西夏区(宁)	盆花(万盆)	10.00
65	温江区(川)	盆花(万盆)	9.80
66	任　县(冀)	盆花(万盆)	9.00
67	魏　县(冀)	盆花(万盆)	9.00
68	濮阳县(豫)	盆花(万盆)	8.00
69	新泰市(鲁)	盆花(万盆)	8.00
70	永兴县(湘)	盆花(万盆)	8.00
71	平湖市(浙)	盆花(万盆)	7.00
72	饶河县(黑)	盆花(万盆)	6.00
73	察哈尔右翼后旗(内蒙古)	盆花(万盆)	5.00
74	大庆市开发区(黑)	盆花(万盆)	5.00
75	淮阳县(豫)	盆花(万盆)	5.00
76	龙凤区(黑)	盆花(万盆)	5.00
77	平桥区(豫)	盆花(万盆)	5.00
78	让胡路区(黑)	盆花(万盆)	5.00
79	石家庄市桥西区(冀)	盆花(万盆)	5.00
80	苏家屯区(辽)	盆花(万盆)	5.00
81	郾城区(豫)	盆花(万盆)	5.00
82	唐　县(冀)	盆花(万盆)	4.10
83	本溪满族自治县(辽)	盆花(万盆)	4.00
84	东洲区(辽)	盆花(万盆)	3.80
85	哈里哈图森林公园(青)	盆花(万盆)	3.50
86	鹿泉市(冀)	盆花(万盆)	3.00
87	临武县(湘)	盆花(万盆)	2.15
88	福泉市(黔)	盆花(万盆)	2.00
89	公安县(鄂)	盆花(万盆)	2.00
90	平川区(甘)	盆花(万盆)	2.00
91	新民市(辽)	盆花(万盆)	2.00
92	石柱土家族自治县(渝)	盆花(万盆)	1.50
93	定襄县(晋)	盆花(万盆)	1.20
94	翠屏区(川)	盆花(万盆)	1.00
95	固阳县(内蒙古)	盆花(万盆)	1.00
96	津市市(湘)	盆花(万盆)	1.00
97	黎川县(赣)	盆花(万盆)	1.00
98	凉州区(甘)	盆花(万盆)	1.00
99	新华区(豫)	盆花(万盆)	1.00
100	叶城县(新)	盆花(万盆)	1.00
101	洋　县(陕)	盆花(万盆)	0.86
102	永年县(冀)	盆花(万盆)	0.60
103	大冶市(鄂)	盆景(万盆)	100.00
104	元宝山区(内蒙古)	盆景(万盆)	10.00
105	凤阳县(皖)	盆景(万盆)	5.00
106	栾川县(豫)	盆景(万盆)	5.00

	万寿菊主产地	花卉类别	产量
107	壶关县(晋)	盆景(万盆)	4.00
108	汝南县(豫)	盆景(万盆)	4.00
109	喀什市(新)	盆景(万盆)	3.00
110	巴林林业局(内蒙古)	盆景(万盆)	1.14
111	广安区(川)	盆景(万盆)	1.00
112	文成县(浙)	鲜切花(万支)	3200.00
113	铁岭县(辽)	鲜切花(万支)	3000.00
114	鄢陵县(豫)	鲜切花(万支)	850.00
115	沾益县(滇)	鲜切花(万支)	713.85
116	修文县(黔)	鲜切花(万支)	120.00
117	宣汉县(川)	鲜切花(万支)	65.30
118	阜新蒙古族自治县(辽)	鲜切花(万支)	53.00
119	宜宾县(川)	鲜切花(万支)	37.00
120	麒麟区(滇)	鲜切花(万支)	30.00
121	渭滨区(陕)	鲜切花(万支)	21.60
122	彭山县(川)	鲜切花(万支)	20.00
123	东河区(内蒙古)	鲜切花(万支)	5.30
124	闵行区(沪)	鲜切花(万支)	5.30
125	曲周县(冀)	鲜切花(万支)	5.00
126	洋　县(陕)	鲜切花(万支)	4.10
127	东乡族自治县(甘)	鲜切花(万支)	3.90
128	随　县(鄂)	鲜切叶(万支)	5.00

表 17-13　雏菊主产地产量

	雏菊主产地	花卉类别	产量
1	九江县(赣)	观赏苗木(万株)	300.00
2	广平县(冀)	观赏苗木(万株)	110.00
3	江津区(渝)	观赏苗木(万株)	50.00
4	涉　县(冀)	观赏苗木(万株)	35.00
5	中方县(湘)	观赏苗木(万株)	15.00
6	正阳县(豫)	观赏苗木(万株)	12.00
7	成安县(冀)	观赏苗木(万株)	8.00
8	肥乡县(冀)	观赏苗木(万株)	5.00
9	魏　县(冀)	观赏苗木(万株)	1.00
10	彭水苗族土家族自治县(渝)	观叶植物(万盆)	5.00
11	平湖市(浙)	盆花(万盆)	5000.00
12	武陟县(豫)	盆花(万盆)	280.00
13	广饶县(鲁)	盆花(万盆)	60.00
14	禹王台区(豫)	盆花(万盆)	60.00
15	宁江区(吉)	盆花(万盆)	37.50
16	安次区(冀)	盆花(万盆)	31.00
17	成安县(冀)	盆花(万盆)	30.00
18	招远市(鲁)	盆花(万盆)	30.00
19	洛龙区(豫)	盆花(万盆)	25.00
20	鹤城区(湘)	盆花(万盆)	20.00
21	泊头市(冀)	盆花(万盆)	10.13
22	清河区(辽)	盆花(万盆)	10.00
23	抚宁县(冀)	盆花(万盆)	6.00
24	平舆县(豫)	盆花(万盆)	5.00
25	石家庄市桥西区(冀)	盆花(万盆)	5.00
26	新野县(豫)	盆花(万盆)	5.00
27	兴平市(陕)	盆花(万盆)	2.13
28	肥城市(鲁)	盆花(万盆)	2.07
29	定兴县(冀)	盆花(万盆)	2.00
30	公安县(鄂)	盆花(万盆)	2.00
31	新华区(豫)	盆花(万盆)	2.00
32	宁海县(浙)	盆花(万盆)	1.70
33	湘乡市(湘)	盆花(万盆)	1.25
34	榕城区(粤)	盆花(万盆)	1.00
35	正阳县(豫)	盆花(万盆)	0.80
36	丰南区(冀)	盆花(万盆)	0.60
37	临川区(赣)	盆景(万盆)	113.20
38	盱眙县(苏)	鲜切花(万支)	2000.00
39	松江区(沪)	鲜切花(万支)	1354.00
40	江阴市(苏)	鲜切花(万支)	1000.00
41	岳池县(川)	鲜切花(万支)	30.00
42	凤城市(辽)	鲜切花(万支)	20.00
43	东乡族自治县(甘)	鲜切花(万支)	8.00
44	东洲区(辽)	鲜切花(万支)	6.30
45	洋　县(陕)	鲜切花(万支)	3.40
46	新晃侗族自治县(湘)	鲜切花(万支)	2.00

表 17-14　非洲菊主产地产量

	非洲菊主产地	花卉类别	产量
1	平泉县(冀)	观赏苗木(万株)	100.00
2	合山市(桂)	观赏苗木(万株)	7.00
3	闵行区(沪)	花卉用种苗(千株)	13300.00
4	温江区(川)	盆花(万盆)	18.40
5	广汉市(川)	盆花(万盆)	5.00
6	台前县(豫)	盆花(万盆)	1.20
7	兰山区(鲁)	鲜切花(万支)	60000.00
8	海宁市(浙)	鲜切花(万支)	53230.80
9	嘉善县(浙)	鲜切花(万支)	45288.00
10	濮阳市高新区(豫)	鲜切花(万支)	13252.00
11	河东区(鲁)	鲜切花(万支)	12000.00
12	古冶区(冀)	鲜切花(万支)	5000.00
13	台安县(辽)	鲜切花(万支)	5000.00
14	海盐县(浙)	鲜切花(万支)	2422.67
15	长兴县(浙)	鲜切花(万支)	1000.00
16	喀喇沁左翼蒙古族自治县(辽)	鲜切花(万支)	1000.00
17	秀洲区(浙)	鲜切花(万支)	820.00

	非洲菊主产地	花卉类别	产量
18	红旗区(豫)	鲜切花(万支)	800.00
19	高邑县(冀)	鲜切花(万支)	600.00
20	许昌县(豫)	鲜切花(万支)	580.00
21	莒南县(鲁)	鲜切花(万支)	500.00
22	温岭市(浙)	鲜切花(万支)	490.00
23	凌源市(辽)	鲜切花(万支)	450.00
24	榆中县(甘)	鲜切花(万支)	201.50
25	德城区(鲁)	鲜切花(万支)	200.00
26	沂水县(鲁)	鲜切花(万支)	200.00
27	昌平区(京)	鲜切花(万支)	198.75
28	松江区(沪)	鲜切花(万支)	152.00
29	白云区(黔)	鲜切花(万支)	110.00
30	开平区(冀)	鲜切花(万支)	110.00
31	平湖市(浙)	鲜切花(万支)	80.00
32	椒江区(浙)	鲜切花(万支)	50.00
33	牧野区(豫)	鲜切花(万支)	48.00
34	蒙阴县(鲁)	鲜切花(万支)	38.00
35	麒麟区(滇)	鲜切花(万支)	30.00
36	千山区(辽)	鲜切花(万支)	25.00
37	庄河市(辽)	鲜切花(万支)	25.00
38	慈溪市(浙)	鲜切花(万支)	23.00
39	德安县(赣)	鲜切花(万支)	20.00
40	郯城县(鲁)	鲜切花(万支)	20.00
41	宜宾县(川)	鲜切花(万支)	18.00
42	沂南县(鲁)	鲜切花(万支)	16.00
43	顺义区(京)	鲜切花(万支)	12.10
44	海城市(辽)	鲜切花(万支)	10.40
45	团风县(鄂)	鲜切花(万支)	10.00
46	嘉定区(沪)	鲜切花(万支)	9.10
47	红花岗区(黔)	鲜切花(万支)	8.00
48	秦州区(甘)	鲜切花(万支)	5.00
49	原州区(宁)	鲜切花(万支)	5.00
50	雁山区(桂)	鲜切花(万支)	3.30
51	芜湖县(皖)	鲜切花(万支)	3.00
52	镇海区(浙)	鲜切花(万支)	2.10
53	安次区(冀)	鲜切花(万支)	2.00
54	岱山县(浙)	鲜切花(万支)	2.00
55	洪湖市(鄂)	鲜切花(万支)	2.00
56	盖州市(辽)	鲜切叶(万支)	40.00

表 17-15　菊花主产地产量

	菊花主产地	花卉类别	产量
1	深圳市光明新区(粤)	城镇绿化苗(万株)	52.00
2	石门县(湘)	城镇绿化苗(万株)	24.00
3	津市市(湘)	城镇绿化苗(万株)	12.00
4	梁园区(豫)	观赏苗木(万株)	380.00
5	滑　县(豫)	观赏苗木(万株)	80.00
6	南昌县(赣)	观赏苗木(万株)	60.00
7	三门县(浙)	观赏苗木(万株)	7.00
8	惠济区(豫)	观赏苗木(万株)	4.56
9	山丹县(甘)	观赏苗木(万株)	3.50
10	顺平县(冀)	观叶植物(万盆)	2.00
11	延庆县(京)	花卉用种苗(千株)	470.00
12	商水县(豫)	盆花(万盆)	390.00
13	肥西县(皖)	盆花(万盆)	300.00
14	平泉县(冀)	盆花(万盆)	200.00
15	鼎城区(湘)	盆花(万盆)	190.00
16	荔湾区(粤)	盆花(万盆)	76.00
17	寿　县(皖)	盆花(万盆)	67.00
18	睢阳区(豫)	盆花(万盆)	60.00
19	石家庄市桥西区(冀)	盆花(万盆)	50.00
20	岫岩满族自治县(辽)	盆花(万盆)	45.00
21	磴口县(内蒙古)	盆花(万盆)	40.00
22	浦东新区(沪)	盆花(万盆)	40.00
23	武城县(鲁)	盆花(万盆)	40.00
24	范　县(豫)	盆花(万盆)	40.00
25	蔡甸区(鄂)	盆花(万盆)	40.00
26	肥乡县(冀)	盆花(万盆)	30.00
27	新泰市(鲁)	盆花(万盆)	30.00
28	宜宾县(川)	盆花(万盆)	30.00
29	廉江市(粤)	盆花(万盆)	29.00
30	寒亭区(鲁)	盆花(万盆)	25.00
31	巴州区(川)	盆花(万盆)	24.70
32	沂水县(鲁)	盆花(万盆)	20.00
33	龙亭区(豫)	盆花(万盆)	20.00
34	社旗县(豫)	盆花(万盆)	18.00
35	平桥区(豫)	盆花(万盆)	18.00
36	连州市(粤)	盆花(万盆)	16.50
37	许昌县(豫)	盆花(万盆)	15.00
38	赵　县(冀)	盆花(万盆)	12.00
39	桃城区(冀)	盆花(万盆)	10.00
40	卫辉市(豫)	盆花(万盆)	10.00
41	冷水江市(湘)	盆花(万盆)	10.00
42	沂南县(鲁)	盆花(万盆)	9.00
43	雨湖区(湘)	盆花(万盆)	8.00
44	孟津县(豫)	盆花(万盆)	7.50
45	高邑县(冀)	盆花(万盆)	7.00
46	大厂回族自治县(冀)	盆花(万盆)	7.00
47	郾城区(豫)	盆花(万盆)	7.00
48	湘潭县(湘)	盆花(万盆)	6.00
49	顺义区(京)	盆花(万盆)	5.00
50	富阳市(浙)	盆花(万盆)	5.00

	菊花主产地	花卉类别	产量
51	无为县(皖)	盆花(万盆)	5.00
52	垦利县(鲁)	盆花(万盆)	5.00
53	武邑县(冀)	盆花(万盆)	4.56
54	晋州市(冀)	盆花(万盆)	4.00
55	磁　县(冀)	盆花(万盆)	4.00
56	宽城满族自治县(冀)	盆花(万盆)	4.00
57	淮阳县(豫)	盆花(万盆)	4.00
58	邱　县(冀)	盆花(万盆)	3.80
59	清城区(粤)	盆花(万盆)	3.20
60	容城县(冀)	盆花(万盆)	3.00
61	井陉县(冀)	盆花(万盆)	3.00
62	复兴区(冀)	盆花(万盆)	3.00
63	蒙城县(皖)	盆花(万盆)	3.00
64	潢川县(豫)	盆花(万盆)	2.60
65	临颍县(豫)	盆花(万盆)	2.20
66	信宜市(粤)	盆花(万盆)	2.20
67	宝丰县(豫)	盆花(万盆)	2.10
68	抚宁县(冀)	盆花(万盆)	2.00
69	平山县(冀)	盆花(万盆)	2.00
70	魏　县(冀)	盆花(万盆)	2.00
71	武安市(冀)	盆花(万盆)	2.00
72	夏　县(晋)	盆花(万盆)	2.00
73	项城市(豫)	盆花(万盆)	2.00
74	方城县(豫)	盆花(万盆)	2.00
75	谷城县(鄂)	盆花(万盆)	2.00
76	新晃侗族自治县(湘)	盆花(万盆)	2.00
77	涪城区(川)	盆花(万盆)	2.00
78	沅陵县(湘)	盆花(万盆)	1.80
79	北戴河区(冀)	盆花(万盆)	1.70
80	浦江县(浙)	盆花(万盆)	1.50
81	张家川回族自治县(甘)	盆花(万盆)	1.40
82	临武县(湘)	盆花(万盆)	1.39
83	行唐县(冀)	盆花(万盆)	1.30
84	三门县(浙)	盆花(万盆)	1.30
85	鸡泽县(冀)	盆花(万盆)	1.20
86	芷江侗族自治县(湘)	盆花(万盆)	1.20
87	鹿泉市(冀)	盆花(万盆)	1.00
88	西安区(吉)	盆花(万盆)	1.00
89	芜湖县(皖)	盆花(万盆)	1.00
90	肥城市(鲁)	盆花(万盆)	1.00
91	津市市(湘)	盆花(万盆)	1.00
92	台山市(粤)	盆花(万盆)	1.00
93	新建县(赣)	盆花(万盆)	0.98
94	昌乐县(鲁)	盆花(万盆)	0.90
95	桐城市(皖)	盆花(万盆)	0.80
96	宁阳县(鲁)	盆花(万盆)	0.80
97	峰峰矿区(冀)	盆花(万盆)	0.70
98	上蔡县(豫)	盆景(万盆)	23.25
99	雷州市(粤)	盆景(万盆)	3.20
100	壶关县(晋)	盆景(万盆)	2.50
101	蠡　县(冀)	盆景(万盆)	2.00
102	新丰县(粤)	盆景(万盆)	1.00
103	云溪区(湘)	食用及药用花卉(吨)	100.00
104	东至县(皖)	食用及药用花卉(吨)	20.00
105	叶城县(新)	食用及药用花卉(吨)	20.00
106	项城市(豫)	食用及药用花卉(吨)	15.00
107	奉贤区(沪)	鲜切花(万支)	1705.60
108	平泉县(冀)	鲜切花(万支)	1000.00
109	卫滨区(豫)	鲜切花(万支)	1000.00
110	青浦区(沪)	鲜切花(万支)	646.50
111	定兴县(冀)	鲜切花(万支)	500.00
112	环翠区(鲁)	鲜切花(万支)	500.00
113	陇西县(甘)	鲜切花(万支)	480.00
114	崇明县(沪)	鲜切花(万支)	261.50
115	闵行区(沪)	鲜切花(万支)	165.00
116	东洲区(辽)	鲜切花(万支)	150.00
117	温岭市(浙)	鲜切花(万支)	150.00
118	临洮县(甘)	鲜切花(万支)	110.00
119	铜鼓县(赣)	鲜切花(万支)	100.00
120	新丰县(粤)	鲜切花(万支)	100.00
121	麒麟区(滇)	鲜切花(万支)	100.00
122	海城市(辽)	鲜切花(万支)	96.00
123	怀柔区(京)	鲜切花(万支)	80.10
124	椒江区(浙)	鲜切花(万支)	56.00
125	三门县(浙)	鲜切花(万支)	50.00
126	顺义区(京)	鲜切花(万支)	46.20
127	嘉定区(沪)	鲜切花(万支)	33.90
128	广阳区(冀)	鲜切花(万支)	32.83
129	庆元县(浙)	鲜切花(万支)	32.00
130	平昌县(川)	鲜切花(万支)	25.00
131	永登县(甘)	鲜切花(万支)	21.70
132	江津区(渝)	鲜切花(万支)	20.00
133	张家川回族自治县(甘)	鲜切花(万支)	13.50
134	连州市(粤)	鲜切花(万支)	11.00
135	北票市(辽)	鲜切花(万支)	10.00
136	凤阳县(皖)	鲜切花(万支)	10.00
137	宝山区(沪)	鲜切花(万支)	9.00
138	祁东县(湘)	鲜切花(万支)	7.00
139	海宁市(浙)	鲜切花(万支)	6.70
140	南皮县(冀)	鲜切花(万支)	6.04
141	抚宁县(冀)	鲜切花(万支)	5.00
142	望花区(辽)	鲜切花(万支)	5.00

	菊花主产地	花卉类别	产量
143	双台子区(辽)	鲜切花(万支)	5.00
144	沙市区(鄂)	鲜切花(万支)	5.00
145	恩平市(粤)	鲜切花(万支)	5.00
146	徽　县(甘)	鲜切花(万支)	4.19
147	青　县(冀)	鲜切花(万支)	3.00
148	顺河回族区(豫)	鲜切花(万支)	3.00
149	新晃侗族自治县(湘)	鲜切花(万支)	3.00
150	邵阳县(湘)	鲜切花(万支)	3.00
151	津市市(湘)	鲜切花(万支)	2.00
152	昌平区(京)	鲜切花(万支)	1.00
153	常宁市(湘)	鲜切花(万支)	1.00
154	台山市(粤)	鲜切花(万支)	1.00

表 17-16　月季类主产地产量

	月季类主产地	花卉类别	产量
1	许昌县(豫)	城镇绿化苗(万株)	85.00
2	邓州市(豫)	城镇绿化苗(万株)	54.00
3	石门县(湘)	城镇绿化苗(万株)	23.00
4	云阳县(渝)	城镇绿化苗(万株)	2.50
5	定州市(冀)	观赏苗木(万株)	1320.00
6	潢川县(豫)	观赏苗木(万株)	650.00
7	宛城区(豫)	观赏苗木(万株)	563.75
8	中牟县(豫)	观赏苗木(万株)	260.00
9	鹿邑县(豫)	观赏苗木(万株)	150.00
10	清苑县(冀)	观赏苗木(万株)	100.00
11	寿　县(皖)	观赏苗木(万株)	84.00
12	蕉岭县(粤)	观赏苗木(万株)	60.00
13	黄梅县(鄂)	观赏苗木(万株)	50.00
14	武陟县(豫)	观赏苗木(万株)	50.00
15	晋州市(冀)	观赏苗木(万株)	41.00
16	定兴县(冀)	观赏苗木(万株)	40.00
17	双桥区(冀)	观赏苗木(万株)	23.00
18	鹤山区(豫)	观赏苗木(万株)	20.00
19	双峰县(湘)	观赏苗木(万株)	19.00
20	广饶县(鲁)	观赏苗木(万株)	16.00
21	清丰县(豫)	观赏苗木(万株)	15.00
22	中方县(湘)	观赏苗木(万株)	15.00
23	馆陶县(冀)	观赏苗木(万株)	13.00
24	南召县(豫)	观赏苗木(万株)	10.50
25	凤阳县(皖)	观赏苗木(万株)	10.00
26	新泰市(鲁)	观赏苗木(万株)	10.00
27	运河区(冀)	观赏苗木(万株)	10.00
28	正阳县(豫)	观赏苗木(万株)	9.00
29	北戴河区(冀)	观赏苗木(万株)	7.30
30	涿州市(冀)	观赏苗木(万株)	6.50
31	武邑县(冀)	观赏苗木(万株)	6.00
32	海盐县(浙)	观赏苗木(万株)	5.60
33	滑　县(豫)	观赏苗木(万株)	5.00
34	淮阳县(豫)	观赏苗木(万株)	5.00
35	浚　县(豫)	观赏苗木(万株)	5.00
36	鹿泉市(冀)	观赏苗木(万株)	5.00
37	壶关县(晋)	观赏苗木(万株)	3.00
38	三门县(浙)	观赏苗木(万株)	3.00
39	夏邑县(豫)	观赏苗木(万株)	3.00
40	镇海区(浙)	观赏苗木(万株)	2.60
41	怀来县(冀)	观赏苗木(万株)	1.50
42	定襄县(晋)	观赏苗木(万株)	1.20
43	苏家屯区(辽)	观赏苗木(万株)	1.20
44	雷山县(黔)	观赏苗木(万株)	1.00
45	玉山县(赣)	观赏苗木(万株)	1.00
46	顺平县(冀)	观叶植物(万盆)	1.50
47	秀洲区(浙)	花卉用种苗(千株)	3000.00
48	安阳县(豫)	花卉用种苗(千株)	321.00
49	隆尧县(冀)	盆花(万盆)	152.00
50	宜宾县(川)	盆花(万盆)	124.00
51	金凤区(宁)	盆花(万盆)	60.00
52	顺义区(京)	盆花(万盆)	60.00
53	睢　县(豫)	盆花(万盆)	60.00
54	凯里市(黔)	盆花(万盆)	58.00
55	阜新蒙古族自治县(辽)	盆花(万盆)	52.00
56	凤阳县(皖)	盆花(万盆)	50.00
57	泽普县(新)	盆花(万盆)	42.30
58	巴州区(川)	盆花(万盆)	35.30
59	武城县(鲁)	盆花(万盆)	30.00
60	新邵县(湘)	盆花(万盆)	30.00
61	延庆县(京)	盆花(万盆)	25.00
62	社旗县(豫)	盆花(万盆)	22.00
63	赵　县(冀)	盆花(万盆)	20.50
64	长治市郊区(晋)	盆花(万盆)	20.00
65	沙市区(鄂)	盆花(万盆)	20.00
66	利通区(宁)	盆花(万盆)	16.00
67	石家庄市桥西区(冀)	盆花(万盆)	14.00
68	修水县(赣)	盆花(万盆)	14.00
69	高密市(鲁)	盆花(万盆)	12.00
70	魏　县(冀)	盆花(万盆)	10.90
71	富阳市(浙)	盆花(万盆)	10.00
72	卫辉市(豫)	盆花(万盆)	10.00
73	华阴市(陕)	盆花(万盆)	8.50
74	鼎城区(湘)	盆花(万盆)	7.00
75	荥阳市(豫)	盆花(万盆)	6.54
76	金寨县(皖)	盆花(万盆)	6.00

	月季类主产地	花卉类别	产量
77	石棉县(川)	盆花(万盆)	6.00
78	南漳县(鄂)	盆花(万盆)	5.50
79	磁　县(冀)	盆花(万盆)	5.00
80	复兴区(冀)	盆花(万盆)	5.00
81	华容县(湘)	盆花(万盆)	5.00
82	垦利县(鲁)	盆花(万盆)	5.00
83	蒲城县(陕)	盆花(万盆)	5.00
84	新华区(豫)	盆花(万盆)	5.00
85	桐柏县(豫)	盆花(万盆)	4.50
86	潢川县(豫)	盆花(万盆)	4.30
87	邯郸县(冀)	盆花(万盆)	4.00
88	郾城区(豫)	盆花(万盆)	4.00
89	临颍县(豫)	盆花(万盆)	3.20
90	蒙城县(皖)	盆花(万盆)	3.00
91	容城县(冀)	盆花(万盆)	3.00
92	沂南县(鲁)	盆花(万盆)	3.00
93	双桥区(冀)	盆花(万盆)	2.70
94	东坡区(川)	盆花(万盆)	2.50
95	清水县(甘)	盆花(万盆)	2.40
96	临武县(湘)	盆花(万盆)	2.36
97	方城县(豫)	盆花(万盆)	2.20
98	秀洲区(浙)	盆花(万盆)	2.20
99	兴平市(陕)	盆花(万盆)	2.12
100	樟树市(赣)	盆花(万盆)	2.00
101	定襄县(晋)	盆花(万盆)	1.80
102	平阴县(鲁)	盆花(万盆)	1.80
103	新建县(赣)	盆花(万盆)	1.60
104	三门县(浙)	盆花(万盆)	1.30
105	张家川回族自治县(甘)	盆花(万盆)	1.30
106	平山县(冀)	盆花(万盆)	1.00
107	让胡路区(黑)	盆花(万盆)	1.00
108	西安区(吉)	盆花(万盆)	1.00
109	依安县(黑)	盆花(万盆)	1.00
110	新晃侗族自治县(湘)	盆花(万盆)	0.90
111	永年县(冀)	盆花(万盆)	0.70
112	忻府区(晋)	盆花(万盆)	0.69
113	宛城区(豫)	盆景(万盆)	784.69
114	吴桥县(冀)	盆景(万盆)	10.00
115	沿滩区(川)	盆景(万盆)	5.00
116	梁平县(渝)	盆景(万盆)	3.00
117	盐山县(冀)	盆景(万盆)	2.40
118	谷城县(鄂)	盆景(万盆)	1.00
119	蕉岭县(粤)	盆景(万盆)	1.00
120	竹溪县(鄂)	盆景(万盆)	1.00
121	陆良县(滇)	盆景(万盆)	0.80
122	卧龙区(豫)	鲜切花(万支)	6000.00

	月季类主产地	花卉类别	产量
123	甘谷县(甘)	鲜切花(万支)	5647.00
124	濮阳县(豫)	鲜切花(万支)	1797.00
125	苏仙区(湘)	鲜切花(万支)	1000.00
126	贵溪市(赣)	鲜切花(万支)	740.00
127	新丰县(粤)	鲜切花(万支)	500.00
128	岫岩满族自治县(辽)	鲜切花(万支)	360.00
129	许昌县(豫)	鲜切花(万支)	220.00
130	高邑县(冀)	鲜切花(万支)	200.00
131	永清县(冀)	鲜切花(万支)	180.00
132	奉贤区(沪)	鲜切花(万支)	149.70
133	北关区(豫)	鲜切花(万支)	125.00
134	临洮县(甘)	鲜切花(万支)	125.00
135	涿州市(冀)	鲜切花(万支)	120.00
136	罗山县(豫)	鲜切花(万支)	105.00
137	隆尧县(冀)	鲜切花(万支)	90.00
138	永登县(甘)	鲜切花(万支)	82.70
139	建湖县(苏)	鲜切花(万支)	75.00
140	富阳市(浙)	鲜切花(万支)	70.00
141	彭山县(川)	鲜切花(万支)	70.00
142	祥云县(滇)	鲜切花(万支)	55.20
143	铜鼓县(赣)	鲜切花(万支)	50.00
144	平昌县(川)	鲜切花(万支)	40.00
145	廉江市(粤)	鲜切花(万支)	38.00
146	定南县(赣)	鲜切花(万支)	37.00
147	三门县(浙)	鲜切花(万支)	35.00
148	宣汉县(川)	鲜切花(万支)	28.29
149	千山区(辽)	鲜切花(万支)	25.00
150	宜宾县(川)	鲜切花(万支)	25.00
151	麒麟区(滇)	鲜切花(万支)	20.00
152	苍山县(鲁)	鲜切花(万支)	17.00
153	桂阳县(湘)	鲜切花(万支)	15.00
154	新宾满族自治县(辽)	鲜切花(万支)	13.98
155	范　县(豫)	鲜切花(万支)	12.00
156	普兰店市(辽)	鲜切花(万支)	12.00
157	抚宁县(冀)	鲜切花(万支)	11.00
158	平舆县(豫)	鲜切花(万支)	10.00
159	石柱土家族自治县(渝)	鲜切花(万支)	8.00
160	衡阳县(湘)	鲜切花(万支)	7.00
161	满城县(冀)	鲜切花(万支)	7.00
162	徽　县(甘)	鲜切花(万支)	5.65
163	南皮县(冀)	鲜切花(万支)	5.10
164	藁城市(冀)	鲜切花(万支)	5.00
165	衡山县(湘)	鲜切花(万支)	5.00
166	开平区(冀)	鲜切花(万支)	5.00
167	荣昌县(渝)	鲜切花(万支)	5.00
168	邵阳县(湘)	鲜切花(万支)	5.00

	月季类主产地	花卉类别	产量
169	芜湖县(皖)	鲜切花(万支)	5.00
170	凉州区(甘)	鲜切花(万支)	4.00
171	洪湖市(鄂)	鲜切花(万支)	3.00
172	洋　县(陕)	鲜切花(万支)	2.80
173	涪城区(川)	鲜切花(万支)	2.00
174	信宜市(粤)	鲜切花(万支)	2.00
175	东乡族自治县(甘)	鲜切花(万支)	1.50
176	淇滨区(豫)	鲜切叶(万支)	1200.00
177	东洲区(辽)	鲜切叶(万支)	12.00

表 17-17　现代月季主产地产量

	现代月季主产地	花卉类别	产量
1	新化县(湘)	城镇绿化苗(万株)	5.00
2	新密市(豫)	观赏苗木(万株)	300.00
3	龙安区(豫)	观赏苗木(万株)	155.00
4	彭山县(川)	观赏苗木(万株)	35.00
5	惠济区(豫)	观赏苗木(万株)	30.00
6	南昌县(赣)	观赏苗木(万株)	20.00
7	温江区(川)	花卉用种苗(千株)	210.00
8	运河区(冀)	盆花(万盆)	20.00
9	宁城县(内蒙古)	盆花(万盆)	15.00
10	东洲区(辽)	盆花(万盆)	9.90
11	温江区(川)	盆花(万盆)	8.70
12	唐山市汉沽管理区(冀)	盆花(万盆)	5.00
13	邯郸县(冀)	盆花(万盆)	4.00
14	鸡泽县(冀)	盆花(万盆)	1.80
15	蠡　县(冀)	盆景(万盆)	1.50
16	海宁市(浙)	鲜切花(万支)	1202.40
17	濮阳市高新区(豫)	鲜切花(万支)	848.00
18	榆中县(甘)	鲜切花(万支)	501.00
19	青浦区(沪)	鲜切花(万支)	108.00
20	平泉县(冀)	鲜切花(万支)	53.00
21	商河县(鲁)	鲜切花(万支)	20.00
22	迁西县(冀)	鲜切花(万支)	15.00
23	昌平区(京)	鲜切花(万支)	13.50
24	解放区(豫)	鲜切花(万支)	12.20
25	怀柔区(京)	鲜切花(万支)	7.24
26	永靖县(甘)	鲜切花(万支)	3.20
27	东明县(鲁)	鲜切花(万支)	2.53
28	沙坪坝区(渝)	鲜切叶(万支)	6.50

表 17-18　桂花主产地产量

	桂花主产地	花卉类别	产量
1	北湖区(湘)	城镇绿化苗(万株)	5300.00
2	连山林场(粤)	城镇绿化苗(万株)	3000.00
3	越西县(川)	城镇绿化苗(万株)	3000.00
4	秀峰区(桂)	城镇绿化苗(万株)	1000.00
5	那坡县(桂)	城镇绿化苗(万株)	800.00
6	温江区(川)	城镇绿化苗(万株)	350.00
7	临桂县(桂)	城镇绿化苗(万株)	320.00
8	大冶市(鄂)	城镇绿化苗(万株)	300.00
9	灵川县(桂)	城镇绿化苗(万株)	300.00
10	株洲县(湘)	城镇绿化苗(万株)	300.00
11	宜都市(鄂)	城镇绿化苗(万株)	200.00
12	津市市(湘)	城镇绿化苗(万株)	120.00
13	灌阳县(桂)	城镇绿化苗(万株)	100.00
14	孝昌县(鄂)	城镇绿化苗(万株)	100.00
15	华容县(湘)	城镇绿化苗(万株)	70.00
16	崇阳县(鄂)	城镇绿化苗(万株)	60.00
17	临武县(湘)	城镇绿化苗(万株)	50.50
18	雨城区(川)	城镇绿化苗(万株)	50.00
19	定海区(浙)	城镇绿化苗(万株)	27.45
20	邓州市(豫)	城镇绿化苗(万株)	22.00
21	芦溪县(赣)	城镇绿化苗(万株)	22.00
22	桐城市(皖)	城镇绿化苗(万株)	20.00
23	枣阳市(鄂)	城镇绿化苗(万株)	20.00
24	枝江市(鄂)	城镇绿化苗(万株)	20.00
25	南康市(赣)	城镇绿化苗(万株)	18.09
26	乳源瑶族自治县(粤)	城镇绿化苗(万株)	18.00
27	泸　县(川)	城镇绿化苗(万株)	15.00
28	隆回县(湘)	城镇绿化苗(万株)	14.70
29	平昌县(川)	城镇绿化苗(万株)	13.00
30	保康县(鄂)	城镇绿化苗(万株)	10.00
31	湘东区(赣)	城镇绿化苗(万株)	10.00
32	施甸县(滇)	城镇绿化苗(万株)	5.25
33	云溪区(湘)	城镇绿化苗(万株)	3.50
34	双清区(湘)	城镇绿化苗(万株)	3.12
35	社旗县(豫)	城镇绿化苗(万株)	3.00
36	息　县(豫)	城镇绿化苗(万株)	2.50
37	云阳县(渝)	城镇绿化苗(万株)	1.50
38	赤水市(黔)	城镇绿化苗(万株)	1.00
39	龙马潭区(川)	城镇绿化苗(万株)	1.00
40	通江县(川)	城镇绿化苗(万株)	1.00
41	邵阳县(湘)	工业及其他用途花卉(千克)	150.00
42	鹿寨县(桂)	观赏苗木(万株)	5580.00
43	潢川县(豫)	观赏苗木(万株)	1120.00

	桂花主产地	花卉类别	产量
44	城固县(陕)	观赏苗木(万株)	1042.89
45	叠彩区(桂)	观赏苗木(万株)	1000.00
46	襄城县(豫)	观赏苗木(万株)	807.00
47	衡阳县(湘)	观赏苗木(万株)	800.00
48	温江区(川)	观赏苗木(万株)	528.00
49	郫　县(川)	观赏苗木(万株)	230.00
50	渝水区(赣)	观赏苗木(万株)	204.10
51	桂东县(湘)	观赏苗木(万株)	160.00
52	岳阳县(湘)	观赏苗木(万株)	150.00
53	石峰区(湘)	观赏苗木(万株)	125.00
54	温岭市(浙)	观赏苗木(万株)	115.00
55	京山县(鄂)	观赏苗木(万株)	110.00
56	临安市(浙)	观赏苗木(万株)	50.00
57	八步区(桂)	观赏苗木(万株)	49.90
58	安化县(湘)	观赏苗木(万株)	45.00
59	韶山市(湘)	观赏苗木(万株)	40.00
60	罗山县(豫)	观赏苗木(万株)	25.00
61	中方县(湘)	观赏苗木(万株)	25.00
62	汨罗市(湘)	观赏苗木(万株)	24.00
63	利川市(鄂)	观赏苗木(万株)	23.00
64	高　县(川)	观赏苗木(万株)	22.00
65	颍东区(皖)	观赏苗木(万株)	20.00
66	驿城区(豫)	观赏苗木(万株)	19.20
67	全州县(桂)	观赏苗木(万株)	18.00
68	双峰县(湘)	观赏苗木(万株)	17.00
69	玉山县(赣)	观赏苗木(万株)	16.80
70	浦江县(浙)	观赏苗木(万株)	15.63
71	黄州区(鄂)	观赏苗木(万株)	10.00
72	澧　县(湘)	观赏苗木(万株)	10.00
73	三门县(浙)	观赏苗木(万株)	10.00
74	镇海区(浙)	观赏苗木(万株)	8.60
75	海盐县(浙)	观赏苗木(万株)	8.20
76	北塔区(湘)	观赏苗木(万株)	8.00
77	方城县(豫)	观赏苗木(万株)	7.00
78	北川羌族自治县(川)	观赏苗木(万株)	6.00
79	常宁市(湘)	观赏苗木(万株)	6.00
80	岚皋县(陕)	观赏苗木(万株)	5.00
81	名山县(川)	观赏苗木(万株)	4.55
82	巴州区(川)	观赏苗木(万株)	3.80
83	富宁县(滇)	观赏苗木(万株)	3.50
84	蔡甸区(鄂)	观赏苗木(万株)	3.00
85	石泉县(陕)	观赏苗木(万株)	3.00
86	桐柏县(豫)	观赏苗木(万株)	3.00
87	万安县(赣)	观赏苗木(万株)	3.00
88	茂港区(粤)	观赏苗木(万株)	2.90
89	清城区(粤)	观赏苗木(万株)	2.80
90	进贤县(赣)	观赏苗木(万株)	2.50
91	上高县(赣)	观赏苗木(万株)	2.20
92	翠屏区(川)	观赏苗木(万株)	2.00
93	湘潭县(湘)	观赏苗木(万株)	2.00
94	佛坪县(陕)	观赏苗木(万株)	1.54
95	鹤峰县(鄂)	观赏苗木(万株)	1.50
96	项城市(豫)	观赏苗木(万株)	1.50
97	岳池县(川)	观赏苗木(万株)	1.50
98	南召县(豫)	观叶植物(万盆)	277.70
99	凤阳县(皖)	观叶植物(万盆)	30.00
100	新邵县(湘)	观叶植物(万盆)	25.00
101	高　县(川)	观叶植物(万盆)	22.00
102	连平县(粤)	观叶植物(万盆)	10.00
103	兰山区(鲁)	盆花(万盆)	1400.00
104	莒　县(鲁)	盆花(万盆)	123.00
105	东港区(鲁)	盆花(万盆)	90.00
106	沂水县(鲁)	盆花(万盆)	20.00
107	莒南县(鲁)	盆花(万盆)	10.00
108	沂南县(鲁)	盆花(万盆)	7.60
109	新晃侗族自治县(湘)	盆花(万盆)	4.00
110	凤阳县(皖)	盆花(万盆)	2.00
111	临淄区(鲁)	盆花(万盆)	2.00
112	蒙城县(皖)	盆花(万盆)	2.00
113	宜宾县(川)	盆花(万盆)	2.00
114	广丰县(赣)	盆花(万盆)	1.00
115	三门县(浙)	盆花(万盆)	0.80
116	河东区(鲁)	盆景(万盆)	300.00
117	邵东县(湘)	盆景(万盆)	10.00
118	新丰县(粤)	盆景(万盆)	10.00
119	江北区(浙)	盆景(万盆)	5.00
120	罗定市(粤)	盆景(万盆)	2.10
121	富阳市(浙)	盆景(万盆)	1.00
122	博山区(鲁)	盆景(万盆)	0.70
123	全州县(桂)	食用及药用花卉(吨)	5.00
124	新丰县(粤)	鲜切花(万支)	500.00
125	铜鼓县(赣)	鲜切花(万支)	100.00
126	汝南县(豫)	鲜切花(万支)	50.00
127	麒麟区(滇)	鲜切花(万支)	20.00
128	芜湖县(皖)	鲜切花(万支)	20.00
129	从江县(黔)	鲜切花(万支)	11.00
130	桂阳县(湘)	鲜切花(万支)	10.00
131	秀山土家族苗族自治县(渝)	鲜切叶(万支)	227.80

表 17-19　杜鹃花主产地产量

	杜鹃花主产地	花卉类别	产量
1	大冶市(鄂)	城镇绿化苗(万株)	300.00
2	华容县(湘)	城镇绿化苗(万株)	80.00
3	津市市(湘)	城镇绿化苗(万株)	60.00

	杜鹃花主产地	花卉类别	产量
4	定海区(浙)	城镇绿化苗(万株)	32.68
5	新化县(湘)	城镇绿化苗(万株)	20.00
6	云溪区(湘)	城镇绿化苗(万株)	15.00
7	德安县(赣)	城镇绿化苗(万株)	10.00
8	宜都市(鄂)	城镇绿化苗(万株)	10.00
9	蕉岭县(粤)	城镇绿化苗(万株)	3.00
10	翠屏区(川)	城镇绿化苗(万株)	2.00
11	郫　县(川)	观赏苗木(万株)	460.00
12	株洲县(湘)	观赏苗木(万株)	350.00
13	岳阳县(湘)	观赏苗木(万株)	150.00
14	兴宾区(桂)	观赏苗木(万株)	97.00
15	潢川县(豫)	观赏苗木(万株)	90.00
16	温岭市(浙)	观赏苗木(万株)	64.00
17	黄梅县(鄂)	观赏苗木(万株)	60.00
18	永兴县(湘)	观赏苗木(万株)	60.00
19	邵阳县(湘)	观赏苗木(万株)	50.00
20	赣　县(赣)	观赏苗木(万株)	40.00
21	临武县(湘)	观赏苗木(万株)	39.60
22	西平县(豫)	观赏苗木(万株)	24.00
23	中方县(湘)	观赏苗木(万株)	20.00
24	丰都县(渝)	观赏苗木(万株)	15.00
25	三门县(浙)	观赏苗木(万株)	13.00
26	利川市(鄂)	观赏苗木(万株)	10.00
27	临安市(浙)	观赏苗木(万株)	10.00
28	旌阳区(川)	观赏苗木(万株)	5.00
29	海盐县(浙)	观赏苗木(万株)	3.20
30	镇海区(浙)	观赏苗木(万株)	3.10
31	全州县(桂)	观赏苗木(万株)	3.00
32	黄州区(鄂)	观赏苗木(万株)	2.00
33	彭山县(川)	观赏苗木(万株)	1.00
34	泸水县(滇)	观赏苗木(万株)	0.70
35	平阴县(鲁)	观赏苗木(万株)	0.60
36	安　县(川)	观叶植物(万盆)	47.65
37	沅江市(湘)	观叶植物(万盆)	30.00
38	宝安区(粤)	观叶植物(万盆)	5.00
39	青阳县(皖)	观叶植物(万盆)	2.00
40	振安区(辽)	盆花(万盆)	1100.00
41	北仑区(浙)	盆花(万盆)	200.00
42	东港区(鲁)	盆花(万盆)	120.00
43	温江区(川)	盆花(万盆)	110.00
44	莒南县(鲁)	盆花(万盆)	100.00
45	宜宾县(川)	盆花(万盆)	56.00
46	岫岩满族自治县(辽)	盆花(万盆)	35.00
47	祥云县(滇)	盆花(万盆)	21.30
48	巴州区(川)	盆花(万盆)	15.50
49	鼎城区(湘)	盆花(万盆)	10.00
50	海城市(辽)	盆花(万盆)	10.00
51	宣化区(冀)	盆花(万盆)	10.00
52	雨湖区(湘)	盆花(万盆)	9.00
53	蔡甸区(鄂)	盆花(万盆)	8.00
54	鹤城区(湘)	盆花(万盆)	6.00
55	龙南县(赣)	盆花(万盆)	6.00
56	长安区(陕)	盆花(万盆)	5.00
57	平桥区(豫)	盆花(万盆)	5.00
58	西安区(吉)	盆花(万盆)	5.00
59	兴国县(赣)	盆花(万盆)	5.00
60	平阴县(鲁)	盆花(万盆)	3.60
61	蒙阴县(鲁)	盆花(万盆)	3.10
62	高密市(鲁)	盆花(万盆)	3.00
63	江北区(浙)	盆花(万盆)	3.00
64	信宜市(粤)	盆花(万盆)	3.00
65	忻府区(晋)	盆花(万盆)	2.63
66	富阳市(浙)	盆花(万盆)	2.00
67	潢川县(豫)	盆花(万盆)	1.90
68	沂南县(鲁)	盆花(万盆)	1.30
69	昌乐县(鲁)	盆花(万盆)	1.00
70	东坡区(川)	盆花(万盆)	1.00
71	垦利县(鲁)	盆花(万盆)	1.00
72	金秀瑶族自治县(桂)	盆景(万盆)	29.00
73	龙门县(粤)	盆景(万盆)	4.30
74	都昌县(赣)	盆景(万盆)	3.00
75	江源区(吉)	盆景(万盆)	3.00
76	邵阳县(湘)	盆景(万盆)	2.00
77	三门县(浙)	盆景(万盆)	0.90
78	新丰县(粤)	鲜切花(万支)	300.00
79	宣汉县(川)	鲜切花(万支)	41.85
80	铜鼓县(赣)	鲜切花(万支)	40.00
81	龙南县(赣)	鲜切花(万支)	20.00
82	永福县(桂)	鲜切花(万支)	0.55

表 17-20　山茶花主产地产量

	山茶花主产地	花卉类别	产量
1	丰都县(渝)	城镇绿化苗(万株)	11.00
2	德安县(赣)	城镇绿化苗(万株)	10.00
3	津市市(湘)	城镇绿化苗(万株)	10.00
4	泸　县(川)	城镇绿化苗(万株)	10.00
5	隆回县(湘)	城镇绿化苗(万株)	1.90
6	新化县(湘)	城镇绿化苗(万株)	1.00
7	临川区(赣)	观赏苗木(万株)	70.20
8	温江区(川)	观赏苗木(万株)	52.00
9	邵阳县(湘)	观赏苗木(万株)	50.00

	山茶花主产地	花卉类别	产量
10	溆浦县(湘)	观赏苗木(万株)	50.00
11	彭山县(川)	观赏苗木(万株)	18.00
12	安化县(湘)	观赏苗木(万株)	13.00
13	金秀瑶族自治县(桂)	观赏苗木(万株)	6.62
14	芜湖县(皖)	观赏苗木(万株)	6.00
15	翠屏区(川)	观赏苗木(万株)	3.00
16	高州市(粤)	观赏苗木(万株)	3.00
17	中方县(湘)	观赏苗木(万株)	3.00
18	临武县(湘)	观赏苗木(万株)	2.25
19	郫　县(川)	观赏苗木(万株)	2.00
20	鹤峰县(鄂)	盆花(万盆)	300.00
21	宜宾县(川)	盆花(万盆)	45.00
22	巴州区(川)	盆花(万盆)	10.50
23	华容县(湘)	盆花(万盆)	4.00
24	鼎城区(湘)	盆花(万盆)	3.00
25	东坡区(川)	盆花(万盆)	2.00
26	平昌县(川)	盆花(万盆)	1.00
27	温岭市(浙)	盆景(万盆)	50.00
28	临川区(赣)	盆景(万盆)	10.00
29	邵阳县(湘)	盆景(万盆)	3.00
30	娄星区(湘)	盆景(万盆)	1.50
31	新丰县(粤)	盆景(万盆)	1.00
32	铜鼓县(赣)	鲜切花(万支)	100.00
33	新丰县(粤)	鲜切花(万支)	100.00
34	宣汉县(川)	鲜切花(万支)	61.85
35	瑞金市(赣)	鲜切花(万支)	1.20
36	石城县(赣)	鲜切叶(万支)	8.00

表 17-21　玫瑰主产地产量

	玫瑰主产地	花卉类别	产量
1	北林区(黑)	城镇绿化苗	15.00
2	林甸县(黑)	城镇绿化苗	5.00
3	深圳市光明新区(粤)	城镇绿化苗	2.50
4	三门县(浙)	工业及其他用途花卉(千克)	252.00
5	定州市(冀)	观赏苗木(万株)	518.00
6	遂平县(豫)	观赏苗木(万株)	385.00
7	涪城区(川)	观赏苗木(万株)	50.00
8	清苑县(冀)	观赏苗木(万株)	50.00
9	兰西县(黑)	观赏苗木(万株)	20.00
10	扎兰屯市(内蒙古)	观赏苗木(万株)	12.00
11	桃城区(冀)	观赏苗木(万株)	5.00
12	川汇区(豫)	观赏苗木(万株)	3.20
13	双桥区(冀)	观赏苗木(万株)	3.00
14	项城市(豫)	观赏苗木(万株)	3.00
15	辰溪县(湘)	观叶植物(万盆)	12.00
16	巴州区(川)	盆花(万盆)	31.80
17	邢台市高新技术开发区(冀)	盆花(万盆)	30.00
18	万源市(川)	盆花(万盆)	20.00
19	临西县(冀)	盆花(万盆)	10.00
20	大厂回族自治县(冀)	盆花(万盆)	3.00
21	平阴县(鲁)	盆花(万盆)	2.00
22	让胡路区(黑)	盆花(万盆)	2.00
23	信宜市(粤)	盆花(万盆)	2.00
24	依安县(黑)	盆花(万盆)	2.00
25	台山市(粤)	盆花(万盆)	1.60
26	蕉岭县(粤)	盆花(万盆)	1.50
27	襄城区(鄂)	盆花(万盆)	1.40
28	潢川县(豫)	盆花(万盆)	1.00
29	津市市(湘)	盆花(万盆)	1.00
30	孟村回族自治县(冀)	盆花(万盆)	0.60
31	临川区(赣)	盆景(万盆)	78.00
32	连平县(粤)	盆景(万盆)	30.00
33	沿滩区(川)	盆景(万盆)	2.00
34	浦江县(浙)	盆景(万盆)	1.50
35	喀什市(新)	盆景(万盆)	0.67
36	新蔡县(豫)	盆景(万盆)	0.65
37	平阴县(鲁)	食用及药用花卉(吨)	5000.00
38	祁　县(晋)	食用及药用花卉(吨)	600.00
39	延庆县(京)	食用及药用花卉(吨)	100.00
40	新邵县(湘)	食用及药用花卉(吨)	10.00
41	晋城市城区(晋)	食用及药用花卉(吨)	5.00
42	定陶县(鲁)	食用及药用花卉(吨)	1.00
43	朝阳县(辽)	鲜切花(万支)	10000.00
44	东乡县(赣)	鲜切花(万支)	6000.00
45	苏仙区(湘)	鲜切花(万支)	5000.00
46	台安县(辽)	鲜切花(万支)	4500.00
47	榆中县(甘)	鲜切花(万支)	3620.20
48	白云区(黔)	鲜切花(万支)	3600.00
49	凌源市(辽)	鲜切花(万支)	1650.00
50	莒南县(鲁)	鲜切花(万支)	1000.00
51	开原市(辽)	鲜切花(万支)	1000.00
52	清丰县(豫)	鲜切花(万支)	800.00
53	泸西县(滇)	鲜切花(万支)	731.00
54	衢江区(浙)	鲜切花(万支)	550.00
55	兰山区(鲁)	鲜切花(万支)	500.00
56	平桥区(豫)	鲜切花(万支)	500.00
57	岫岩满族自治县(辽)	鲜切花(万支)	500.00
58	婺城区(浙)	鲜切花(万支)	492.80
59	兴宾区(桂)	鲜切花(万支)	478.00
60	平原县(鲁)	鲜切花(万支)	410.00

	玫瑰主产地	花卉类别	产量
61	凯里市(黔)	鲜切花(万支)	350.00
62	喀喇沁左翼蒙古族自治县(辽)	鲜切花(万支)	280.00
63	郾城区(豫)	鲜切花(万支)	220.00
64	长葛市(豫)	鲜切花(万支)	200.00
65	顺义区(京)	鲜切花(万支)	165.00
66	华龙区(豫)	鲜切花(万支)	160.00
67	盐亭县(川)	鲜切花(万支)	150.00
68	宝山区(沪)	鲜切花(万支)	130.00
69	古冶区(冀)	鲜切花(万支)	114.00
70	东洲区(辽)	鲜切花(万支)	110.00
71	楚雄市(滇)	鲜切花(万支)	100.00
72	荣　县(川)	鲜切花(万支)	100.00
73	连州市(粤)	鲜切花(万支)	96.00
74	巍山彝族回族自治县(滇)	鲜切花(万支)	86.00
75	宣汉县(川)	鲜切花(万支)	85.86
76	临川区(赣)	鲜切花(万支)	82.00
77	辉南县(吉)	鲜切花(万支)	80.00
78	大余县(赣)	鲜切花(万支)	77.50
79	永川区(渝)	鲜切花(万支)	75.40
80	建湖县(苏)	鲜切花(万支)	75.00
81	宁都县(赣)	鲜切花(万支)	70.00
82	龙南县(赣)	鲜切花(万支)	67.00
83	宜宾县(川)	鲜切花(万支)	66.00
84	招远市(鲁)	鲜切花(万支)	60.00
85	安居区(川)	鲜切花(万支)	50.00
86	赫山区(湘)	鲜切花(万支)	50.00
87	彭山县(川)	鲜切花(万支)	50.00
88	汝南县(豫)	鲜切花(万支)	50.00
89	岳池县(川)	鲜切花(万支)	50.00
90	振安区(辽)	鲜切花(万支)	50.00
91	安　县(川)	鲜切花(万支)	48.00
92	松江区(沪)	鲜切花(万支)	42.00
93	庄河市(辽)	鲜切花(万支)	42.00
94	海城市(辽)	鲜切花(万支)	40.80
95	慈溪市(浙)	鲜切花(万支)	40.00
96	徽　县(甘)	鲜切花(万支)	39.00
97	凤城市(辽)	鲜切花(万支)	30.00
98	秦州区(甘)	鲜切花(万支)	30.00
99	砚山县(滇)	鲜切花(万支)	26.00
100	江津区(渝)	鲜切花(万支)	25.00
101	台山市(粤)	鲜切花(万支)	25.00
102	瑞金市(赣)	鲜切花(万支)	23.20
103	张家川回族自治县(甘)	鲜切花(万支)	22.50
104	鹿泉市(冀)	鲜切花(万支)	21.00
105	广丰县(赣)	鲜切花(万支)	20.00
106	垦利县(鲁)	鲜切花(万支)	20.00
107	芦溪县(赣)	鲜切花(万支)	20.00
108	南川区(渝)	鲜切花(万支)	20.00
109	青山区(内蒙古)	鲜切花(万支)	20.00
110	上蔡县(豫)	鲜切花(万支)	20.00
111	沂南县(鲁)	鲜切花(万支)	19.00
112	祁东县(湘)	鲜切花(万支)	15.00
113	沙市区(鄂)	鲜切花(万支)	15.00
114	璧山县(渝)	鲜切花(万支)	14.47
115	修文县(黔)	鲜切花(万支)	14.20
116	八步区(桂)	鲜切花(万支)	13.30
117	龙山区(吉)	鲜切花(万支)	13.00
118	邵阳县(湘)	鲜切花(万支)	12.00
119	嵊州市(浙)	鲜切花(万支)	12.00
120	平舆县(豫)	鲜切花(万支)	11.00
121	普兰店市(辽)	鲜切花(万支)	11.00
122	芦淞区(湘)	鲜切花(万支)	10.00
123	桂阳县(湘)	鲜切花(万支)	10.00
124	元宝山区(内蒙古)	鲜切花(万支)	10.00
125	江阳区(川)	鲜切花(万支)	9.30
126	原阳县(豫)	鲜切花(万支)	9.00
127	凉州区(甘)	鲜切花(万支)	8.70
128	红花岗区(黔)	鲜切花(万支)	8.00
129	三门县(浙)	鲜切花(万支)	7.00
130	崇明县(沪)	鲜切花(万支)	6.00
131	双台子区(辽)	鲜切花(万支)	6.00
132	北票市(辽)	鲜切花(万支)	5.00
133	防城区(桂)	鲜切花(万支)	5.00
134	丰满区(吉)	鲜切花(万支)	5.00
135	青　县(冀)	鲜切花(万支)	5.00
136	伊川县(豫)	鲜切花(万支)	5.00
137	涪城区(川)	鲜切花(万支)	3.90
138	绥宁县(湘)	鲜切花(万支)	3.50
139	凤阳县(皖)	鲜切花(万支)	3.00
140	汉源县(川)	鲜切花(万支)	3.00
141	衡山县(湘)	鲜切花(万支)	3.00
142	穆棱市(黑)	鲜切花(万支)	3.00
143	平山县(冀)	鲜切花(万支)	3.00
144	永福县(桂)	鲜切花(万支)	2.50
145	津市市(湘)	鲜切花(万支)	2.00
146	永靖县(甘)	鲜切花(万支)	1.60
147	蔡甸区(鄂)	鲜切花(万支)	1.00
148	常宁市(湘)	鲜切花(万支)	1.00
149	南溪县(川)	鲜切花(万支)	1.00
150	东乡族自治县(甘)	鲜切花(万支)	0.90

	玫瑰主产地	花卉类别	产量
151	富川瑶族自治县(桂)	鲜切花(万支)	0.60
152	永兴县(湘)	鲜切花(万支)	0.55
153	西湖区(浙)	鲜切叶(万支)	300.00
154	蕉岭县(粤)	鲜切叶(万支)	0.60

表 17-22　百合主产地产量

	百合主产地	花卉类别	产量
1	清丰县(豫)	观赏苗木(万株)	25.00
2	赣　县(赣)	观赏苗木(万株)	8.70
3	调兵山市(辽)	观赏苗木(万株)	3.00
4	黄州区(鄂)	观赏苗木(万株)	1.00
5	东乡族自治县(甘)	花卉用种苗(千株)	0.60
6	延庆县(京)	花卉用种球(千粒)	2000.00
7	海城市(辽)	花卉用种球(千粒)	280.00
8	海宁市(浙)	花卉用种球(千粒)	280.00
9	南郑县(陕)	花卉用种球(千粒)	200.00
10	宣汉县(川)	盆花(万盆)	41.50
11	浦东新区(沪)	盆花(万盆)	3.00
12	凌源市(辽)	鲜切花(万支)	41600.00
13	东乡县(赣)	鲜切花(万支)	8000.00
14	克什克腾旗(内蒙古)	鲜切花(万支)	5000.00
15	海宁市(浙)	鲜切花(万支)	4504.50
16	平泉县(冀)	鲜切花(万支)	3700.00
17	北票市(辽)	鲜切花(万支)	1000.00
18	细河区(辽)	鲜切花(万支)	1000.00
19	嘉善县(浙)	鲜切花(万支)	663.00
20	临洮县(甘)	鲜切花(万支)	650.00
21	昌平区(京)	鲜切花(万支)	504.20
22	莒南县(鲁)	鲜切花(万支)	500.00
23	隆德县(宁)	鲜切花(万支)	500.00
24	临川区(赣)	鲜切花(万支)	460.00
25	顺义区(京)	鲜切花(万支)	359.70
26	温岭市(浙)	鲜切花(万支)	340.00
27	获嘉县(豫)	鲜切花(万支)	300.00
28	岫岩满族自治县(辽)	鲜切花(万支)	240.00
29	长兴县(浙)	鲜切花(万支)	200.00
30	东洲区(辽)	鲜切花(万支)	200.00
31	邢台市高新技术开发区(冀)	鲜切花(万支)	200.00
32	金山区(沪)	鲜切花(万支)	150.50
33	凌云县(桂)	鲜切花(万支)	136.00
34	兰山区(鲁)	鲜切花(万支)	100.00
35	麒麟区(滇)	鲜切花(万支)	100.00
36	铜鼓县(赣)	鲜切花(万支)	100.00
37	新丰县(粤)	鲜切花(万支)	100.00
38	盐亭县(川)	鲜切花(万支)	100.00
39	景宁畲族自治县(浙)	鲜切花(万支)	85.00
40	楚雄市(滇)	鲜切花(万支)	76.00
41	象山县(浙)	鲜切花(万支)	70.00
42	振安区(辽)	鲜切花(万支)	50.00
43	龙南县(赣)	鲜切花(万支)	46.00
44	庄河市(辽)	鲜切花(万支)	45.00
45	宜宾县(川)	鲜切花(万支)	43.00
46	宽城满族自治县(冀)	鲜切花(万支)	35.00
47	开平区(冀)	鲜切花(万支)	25.00
48	瑞金市(赣)	鲜切花(万支)	23.60
49	建湖县(苏)	鲜切花(万支)	20.00
50	崆峒区(甘)	鲜切花(万支)	20.00
51	秦州区(甘)	鲜切花(万支)	20.00
52	永靖县(甘)	鲜切花(万支)	19.20
53	三门县(浙)	鲜切花(万支)	18.00
54	海城市(辽)	鲜切花(万支)	16.50
55	广丰县(赣)	鲜切花(万支)	15.00
56	温泉县(新)	鲜切花(万支)	15.00
57	商河县(鲁)	鲜切花(万支)	13.00
58	迁西县(冀)	鲜切花(万支)	12.00
59	闵行区(沪)	鲜切花(万支)	11.00
60	镇海区(浙)	鲜切花(万支)	10.30
61	会泽县(滇)	鲜切花(万支)	10.00
62	芦溪县(赣)	鲜切花(万支)	10.00
63	团风县(鄂)	鲜切花(万支)	10.00
64	延庆县(京)	鲜切花(万支)	10.00
65	沂南县(鲁)	鲜切花(万支)	7.00
66	沙市区(鄂)	鲜切花(万支)	5.00
67	怀柔区(京)	鲜切花(万支)	3.05
68	凉州区(甘)	鲜切花(万支)	2.14
69	信宜市(粤)	鲜切花(万支)	1.20
70	璧山县(渝)	鲜切花(万支)	1.16
71	榆中县(甘)	鲜切花(万支)	1.10
72	蔡甸区(鄂)	鲜切花(万支)	1.00
73	嵊州市(浙)	鲜切花(万支)	1.00
74	献　县(冀)	鲜切花(万支)	1.00
75	徽　县(甘)	鲜切花(万支)	0.61
76	西湖区(浙)	鲜切叶(万支)	300.00
77	盖州市(辽)	鲜切叶(万支)	30.00
78	准格尔旗(内蒙古)	鲜切叶(万支)	20.00

表 17-23 康乃馨主产地产量

	康乃馨主产地	花卉类别	产量
1	闵行区(沪)	花卉用种苗(千株)	15000.00
2	宣汉县(川)	盆花(万盆)	11.50
3	东河区(内蒙古)	盆花(万盆)	5.85
4	广汉市(川)	盆花(万盆)	5.00
5	襄城区(鄂)	盆花(万盆)	2.20
6	新建县(赣)	盆花(万盆)	0.72
7	青浦区(沪)	鲜切花(万支)	1200.00
8	榆中县(甘)	鲜切花(万支)	742.00
9	崇明县(沪)	鲜切花(万支)	360.00
10	凌源市(辽)	鲜切花(万支)	300.00
11	郾城区(豫)	鲜切花(万支)	280.00
12	金山区(沪)	鲜切花(万支)	243.70
13	兰山区(鲁)	鲜切花(万支)	200.00
14	临川区(赣)	鲜切花(万支)	120.00
15	宜宾县(川)	鲜切花(万支)	56.00
16	麒麟区(滇)	鲜切花(万支)	50.00
17	庄河市(辽)	鲜切花(万支)	30.00
18	闵行区(沪)	鲜切花(万支)	28.00
19	赫山区(湘)	鲜切花(万支)	20.00
20	芦溪县(赣)	鲜切花(万支)	20.00
21	沙市区(鄂)	鲜切花(万支)	20.00
22	瑞金市(赣)	鲜切花(万支)	11.30
23	大武口区(宁)	鲜切花(万支)	10.00
24	广丰县(赣)	鲜切花(万支)	10.00
25	红花岗区(黔)	鲜切花(万支)	8.00
26	抚宁县(冀)	鲜切花(万支)	7.00
27	邵阳县(湘)	鲜切花(万支)	5.00
28	凉州区(甘)	鲜切花(万支)	3.90
29	涪城区(川)	鲜切花(万支)	3.00
30	信宜市(粤)	鲜切花(万支)	3.00
31	石柱土家族自治县(渝)	鲜切花(万支)	2.30
32	璧山县(渝)	鲜切花(万支)	1.59
33	汉源县(川)	鲜切花(万支)	1.50
34	安次区(冀)	鲜切花(万支)	1.20
35	平山县(冀)	鲜切花(万支)	1.00
36	盖州市(辽)	鲜切叶(万支)	50.00
37	准格尔旗(内蒙古)	鲜切叶(万支)	50.00

表 17-24 牡丹主产地产量

	牡丹主产地	花卉类别	产量
1	石门县(湘)	城镇绿化苗(万株)	2.00
2	宜阳县(豫)	观赏苗木(万株)	350.00
3	瀍河回族区(豫)	观赏苗木(万株)	50.00
4	洛龙区(豫)	观赏苗木(万株)	25.00
5	孟津县(豫)	观赏苗木(万株)	2.90
6	偃师市(豫)	观赏苗木(万株)	1.00
7	柏乡县(冀)	盆花(万盆)	6.00
8	洛龙区(豫)	盆花(万盆)	5.00
9	鼎城区(湘)	盆花(万盆)	3.00
10	万源市(川)	盆花(万盆)	3.00
11	义乌市(浙)	盆花(万盆)	1.50
12	平山县(冀)	盆花(万盆)	1.00
13	保康县(鄂)	盆景(万盆)	2.00
14	依安县(黑)	盆景(万盆)	1.00
15	永登县(甘)	鲜切花(万支)	757.00
16	陇西县(甘)	鲜切花(万支)	600.00
17	榆中县(甘)	鲜切花(万支)	500.00
18	临洮县(甘)	鲜切花(万支)	250.00
19	临夏市(甘)	鲜切花(万支)	130.00
20	献　县(冀)	鲜切花(万支)	40.00
21	宣汉县(川)	鲜切花(万支)	35.59
22	西峰区(甘)	鲜切花(万支)	20.00
23	瑞金市(赣)	鲜切花(万支)	16.30
24	平山县(冀)	鲜切花(万支)	3.00
25	东乡族自治县(甘)	鲜切花(万支)	1.80
26	洛龙区(豫)	鲜切花(万支)	1.00
27	永靖县(甘)	鲜切花(万支)	0.82

表 17-25 龙柏主产地产量

	龙柏主产地	花卉类别	产量
1	岱岳区(鲁)	城镇绿化苗(万株)	500.00
2	诸城市(鲁)	城镇绿化苗(万株)	13.00
3	定海区(浙)	城镇绿化苗(万株)	8.34
4	坊子区(鲁)	城镇绿化苗(万株)	8.00
5	娄星区(湘)	城镇绿化苗(万株)	3.50
6	丰都县(渝)	城镇绿化苗(万株)	1.20
7	潢川县(豫)	观赏苗木(万株)	429.00
8	华容区(鄂)	观赏苗木(万株)	300.00
9	龙安区(豫)	观赏苗木(万株)	150.00
10	新泰市(鲁)	观赏苗木(万株)	130.00
11	上蔡县(豫)	观赏苗木(万株)	100.00
12	鄢陵县(豫)	观赏苗木(万株)	90.00
13	盐都区(苏)	观赏苗木(万株)	80.00
14	泌阳县(豫)	观赏苗木(万株)	50.00
15	文成县(浙)	观赏苗木(万株)	30.50
16	西平县(豫)	观赏苗木(万株)	15.00
17	沂南县(鲁)	观赏苗木(万株)	14.00
18	成安县(冀)	观赏苗木(万株)	11.00
19	宝安区(粤)	观赏苗木(万株)	10.00
20	垦利县(鲁)	观赏苗木(万株)	10.00
21	芜湖县(皖)	观赏苗木(万株)	10.00
22	安化县(湘)	观赏苗木(万株)	5.00

	龙柏主产地	花卉类别	产量
23	鸡泽县(冀)	观赏苗木(万株)	5.00
24	魏　县(冀)	观赏苗木(万株)	5.00
25	中方县(湘)	观赏苗木(万株)	5.00
26	黄州区(鄂)	观赏苗木(万株)	3.00
27	商河县(鲁)	观赏苗木(万株)	2.50
28	镇海区(浙)	观赏苗木(万株)	1.50
29	永年县(冀)	观赏苗木(万株)	1.30
30	三门县(浙)	观赏苗木(万株)	1.20
31	兴平市(陕)	观赏苗木(万株)	1.10
32	常宁市(湘)	观赏苗木(万株)	1.00
33	磁　县(冀)	观赏苗木(万株)	1.00
34	藁城市(冀)	观赏苗木(万株)	1.00
35	临漳县(冀)	观赏苗木(万株)	0.80
36	淅川县(豫)	观赏苗木(万株)	0.70
37	洋　县(陕)	观赏苗木(万株)	0.60
38	玉山县(赣)	观赏苗木(万株)	0.60
39	新邵县(湘)	观叶植物(万盆)	36.00
40	东营区(鲁)	观叶植物(万盆)	3.00
41	娄星区(湘)	花卉用种子(千克)	10.00
42	修水县(赣)	盆景(万盆)	9.00
43	江北区(浙)	盆景(万盆)	5.00
44	宕昌县(甘)	盆景(万盆)	4.00
45	龙南县(赣)	盆景(万盆)	3.00
46	潢川县(豫)	盆景(万盆)	2.70
47	闵行区(沪)	盆景(万盆)	1.50
48	永福县(桂)	盆景(万盆)	1.50
49	富阳市(浙)	盆景(万盆)	1.00
50	永福县(桂)	鲜切花(万支)	1.50

表 17-26　鸡冠花主产地产量

	鸡冠花主产地	花卉类别	产量
1	石门县(湘)	城镇绿化苗(万株)	15.00
2	泊头市(冀)	观赏苗木(万株)	18.96
3	涉　县(冀)	观赏苗木(万株)	18.00
4	让胡路区(黑)	观赏苗木(万株)	1.00
5	大武口区(宁)	盆花(万盆)	85.00
6	奉贤区(沪)	盆花(万盆)	78.80
7	肥乡县(冀)	盆花(万盆)	35.00
8	唐山市汉沽管理区(冀)	盆花(万盆)	25.00
9	高密市(鲁)	盆花(万盆)	20.00
10	利通区(宁)	盆花(万盆)	20.00
11	彭阳县(宁)	盆花(万盆)	15.00
12	温江区(川)	盆花(万盆)	15.00
13	延庆县(京)	盆花(万盆)	10.00
14	大名县(冀)	盆花(万盆)	9.00
15	鼎城区(湘)	盆花(万盆)	8.00
16	曲周县(冀)	盆花(万盆)	5.50
17	富阳市(浙)	盆花(万盆)	5.00
18	淮阳县(豫)	盆花(万盆)	5.00
19	沂南县(鲁)	盆花(万盆)	3.80
20	广阳区(冀)	盆花(万盆)	3.40
21	潢川县(豫)	盆花(万盆)	3.20
22	复兴区(冀)	盆花(万盆)	3.00
23	新华区(豫)	盆花(万盆)	3.00
24	信宜市(粤)	盆花(万盆)	3.00
25	鹿泉市(冀)	盆花(万盆)	2.80
26	宁海县(浙)	盆花(万盆)	1.50
27	高平市(晋)	盆花(万盆)	1.00
28	汤原县(黑)	盆花(万盆)	1.00
29	昌乐县(鲁)	盆花(万盆)	0.80
30	沅陵县(湘)	盆花(万盆)	0.70
31	会宁县(甘)	鲜切花(万支)	20.00
32	铜鼓县(赣)	鲜切花(万支)	20.00
33	宣汉县(川)	鲜切花(万支)	15.59

表 17-27　紫叶李主产地产量

	紫叶李主产地	花卉类别	产量
1	许昌县(豫)	城镇绿化苗(万株)	1650.00
2	诸城市(鲁)	城镇绿化苗(万株)	195.00
3	东平县(鲁)	城镇绿化苗(万株)	150.00
4	坊子区(鲁)	城镇绿化苗(万株)	150.00
5	河东区(鲁)	城镇绿化苗(万株)	150.00
6	岱岳区(鲁)	城镇绿化苗(万株)	100.00
7	高密市(鲁)	城镇绿化苗(万株)	3.50
8	船营区(吉)	城镇绿化苗(万株)	3.00
9	东港区(鲁)	观赏苗木(万株)	550.00
10	开原市(辽)	观赏苗木(万株)	500.00
11	潢川县(豫)	观赏苗木(万株)	462.00
12	环翠区(鲁)	观赏苗木(万株)	410.00
13	鄢陵县(豫)	观赏苗木(万株)	350.00
14	临洮县(甘)	观赏苗木(万株)	215.00
15	广饶县(鲁)	观赏苗木(万株)	186.00
16	上蔡县(豫)	观赏苗木(万株)	135.00
17	盐都区(苏)	观赏苗木(万株)	130.00
18	定州市(冀)	观赏苗木(万株)	120.00
19	博野县(冀)	观赏苗木(万株)	60.00
20	郫　县(川)	观赏苗木(万株)	60.00
21	罗山县(豫)	观赏苗木(万株)	50.00
22	肥城市(鲁)	观赏苗木(万株)	36.00
23	南皮县(冀)	观赏苗木(万株)	29.71

	紫叶李主产地	花卉类别	产量
24	桃城区(冀)	观赏苗木(万株)	20.00
25	新泰市(鲁)	观赏苗木(万株)	20.00
26	宁阳县(鲁)	观赏苗木(万株)	16.00
27	丰南区(冀)	观赏苗木(万株)	10.00
28	广阳区(冀)	观赏苗木(万株)	10.00
29	垦利县(鲁)	观赏苗木(万株)	10.00
30	兰西县(黑)	观赏苗木(万株)	10.00
31	芜湖县(皖)	观赏苗木(万株)	8.00
32	寒亭区(鲁)	观赏苗木(万株)	6.00
33	温江区(川)	观赏苗木(万株)	5.10
34	藁城市(冀)	观赏苗木(万株)	5.00
35	金凤区(宁)	观赏苗木(万株)	5.00
36	平昌县(川)	观赏苗木(万株)	5.00
37	嵩　县(豫)	观赏苗木(万株)	5.00
38	昌乐县(鲁)	观赏苗木(万株)	4.50
39	镇海区(浙)	观赏苗木(万株)	4.20
40	大厂回族自治县(冀)	观赏苗木(万株)	4.00
41	沂南县(鲁)	观赏苗木(万株)	4.00
42	淄川区(鲁)	观赏苗木(万株)	4.00
43	平阴县(鲁)	观赏苗木(万株)	3.80
44	曲阳县(冀)	观赏苗木(万株)	3.00
45	唐　县(冀)	观赏苗木(万株)	3.00
46	鹿泉市(冀)	观赏苗木(万株)	2.20
47	怀来县(冀)	观赏苗木(万株)	1.50
48	滑　县(豫)	观赏苗木(万株)	1.00
49	彭山县(川)	观赏苗木(万株)	1.00
50	玉山县(赣)	观赏苗木(万株)	1.00
51	复兴区(冀)	观赏苗木(万株)	0.80
52	东营区(鲁)	观叶植物(万盆)	3.00
53	雨山区(皖)	盆花(万盆)	1.00
54	萧　县(皖)	鲜切花(万支)	0.80
55	鄂城区(鄂)	鲜切叶(万支)	108.00
56	宣汉县(川)	鲜切叶(万支)	35.80
57	洋　县(陕)	鲜切叶(万支)	2.20

表 17-28　碧桃主产地产量

	碧桃主产地	花卉类别	产量
1	东平县(鲁)	城镇绿化苗(万株)	200.00
2	坊子区(鲁)	城镇绿化苗(万株)	100.00
3	许昌县(豫)	城镇绿化苗(万株)	30.00
4	定州市(冀)	观赏苗木(万株)	130.00
5	博野县(冀)	观赏苗木(万株)	50.00
6	清苑县(冀)	观赏苗木(万株)	50.00
7	南皮县(冀)	观赏苗木(万株)	45.70
8	临颍县(豫)	观赏苗木(万株)	27.50
9	安次区(冀)	观赏苗木(万株)	20.00
10	桃城区(冀)	观赏苗木(万株)	10.00
11	芜湖县(皖)	观赏苗木(万株)	10.00
12	洋　县(陕)	观赏苗木(万株)	10.00
13	温江区(川)	观赏苗木(万株)	8.20
14	金凤区(宁)	观赏苗木(万株)	5.00
15	新泰市(鲁)	观赏苗木(万株)	5.00
16	大厂回族自治县(冀)	观赏苗木(万株)	4.00
17	大名县(冀)	观赏苗木(万株)	3.00
18	东营区(鲁)	观赏苗木(万株)	3.00
19	唐　县(冀)	观赏苗木(万株)	3.00
20	鹤山区(豫)	观赏苗木(万株)	2.00
21	容城县(冀)	观赏苗木(万株)	2.00
22	荥阳市(豫)	观赏苗木(万株)	1.40
23	怀来县(冀)	观赏苗木(万株)	1.00
24	淮阳县(豫)	观赏苗木(万株)	1.00
25	黄州区(鄂)	观赏苗木(万株)	1.00
26	浚　县(豫)	观赏苗木(万株)	1.00
27	三门县(浙)	观赏苗木(万株)	1.00
28	定襄县(晋)	观赏苗木(万株)	0.60
29	山城区(豫)	盆花(万盆)	1.00
30	温江区(川)	鲜切花(万支)	110.00

表 17-29　栀子花主产地产量

	栀子花主产地	花卉类别	产量
1	温江区(川)	城镇绿化苗(万株)	40.70
2	临武县(湘)	城镇绿化苗(万株)	25.20
3	新化县(湘)	城镇绿化苗(万株)	20.00
4	津市市(湘)	城镇绿化苗(万株)	8.00
5	翠屏区(川)	城镇绿化苗(万株)	5.00
6	高坪区(川)	观赏苗木(万株)	100.00
7	平舆县(豫)	观赏苗木(万株)	52.00
8	翠屏区(川)	观赏苗木(万株)	20.00
9	郫　县(川)	观赏苗木(万株)	20.00
10	中方县(湘)	观赏苗木(万株)	15.00
11	中江县(川)	观赏苗木(万株)	11.50
12	雁江区(川)	观赏苗木(万株)	8.20
13	三门县(浙)	观赏苗木(万株)	2.50
14	南溪县(川)	观赏苗木(万株)	1.00
15	凤阳县(皖)	观叶植物(万盆)	100.00
16	仪陇县(川)	观叶植物(万盆)	3.00
17	温江区(川)	花卉用种苗(千株)	31.00
18	昌黎县(冀)	盆花(万盆)	615.00
19	鹤峰县(鄂)	盆花(万盆)	300.00
20	宜宾县(川)	盆花(万盆)	76.00

	栀子花主产地	花卉类别	产量
21	平桥区(豫)	盆花(万盆)	50.00
22	罗山县(豫)	盆花(万盆)	15.00
23	华容县(湘)	盆花(万盆)	5.00
24	沙市区(鄂)	盆花(万盆)	5.00
25	无为县(皖)	盆花(万盆)	3.00
26	东坡区(川)	盆花(万盆)	2.00
27	襄城区(鄂)	盆花(万盆)	1.40
28	莒南县(鲁)	盆花(万盆)	1.20
29	富阳市(浙)	盆花(万盆)	1.00
30	新华区(豫)	盆花(万盆)	1.00
31	新晃侗族自治县(湘)	盆花(万盆)	1.00
32	温江区(川)	鲜切花(万支)	208.00
33	铜鼓县(赣)	鲜切花(万支)	80.00
34	罗山县(豫)	鲜切花(万支)	40.00
35	南川区(渝)	鲜切花(万支)	20.00
36	平昌县(川)	鲜切花(万支)	15.00
37	垫江县(渝)	鲜切花(万支)	10.00
38	南溪县(川)	鲜切花(万支)	2.00
39	荣昌县(渝)	鲜切花(万支)	1.50
40	恩平市(粤)	鲜切花(万支)	1.00
41	新晃侗族自治县(湘)	鲜切花(万支)	1.00
42	仪陇县(川)	鲜切叶(万支)	20.00

表 17-30　一品红主产地产量

	一品红主产地	花卉类别	产量
1	临洮县(甘)	观赏苗木(万株)	120.00
2	旌阳区(川)	观赏苗木(万株)	5.00
3	仪陇县(川)	观叶植物(万盆)	10.00
4	东营区(鲁)	观叶植物(万盆)	2.00
5	平昌县(川)	观叶植物(万盆)	1.00
6	汶川县(川)	盆花(万盆)	300.00
7	东胜区(内蒙古)	盆花(万盆)	100.00
8	宝山区(沪)	盆花(万盆)	70.00
9	临洮县(甘)	盆花(万盆)	50.00
10	浦东新区(沪)	盆花(万盆)	50.00
11	高邑县(冀)	盆花(万盆)	40.00
12	奉贤区(沪)	盆花(万盆)	38.00
13	温江区(川)	盆花(万盆)	32.00
14	宝安区(粤)	盆花(万盆)	30.00
15	景宁畲族自治县(浙)	盆花(万盆)	26.00
16	宜宾县(川)	盆花(万盆)	22.00
17	疏附县(新)	盆花(万盆)	16.00
18	长安区(陕)	盆花(万盆)	13.00
19	东坡区(川)	盆花(万盆)	10.00
20	洛龙区(豫)	盆花(万盆)	10.00
21	东洲区(辽)	盆花(万盆)	3.60
22	海城市(辽)	盆花(万盆)	3.60
23	让胡路区(黑)	盆花(万盆)	3.00
24	石家庄市桥西区(冀)	盆花(万盆)	3.00
25	临颍县(豫)	盆花(万盆)	2.60
26	樟木头林场(粤)	盆花(万盆)	2.50
27	高密市(鲁)	盆花(万盆)	2.20
28	高平市(晋)	盆花(万盆)	2.00
29	义乌市(浙)	盆花(万盆)	1.50
30	临武县(湘)	盆花(万盆)	1.26
31	蠡　县(冀)	盆花(万盆)	1.00
32	农六师(新疆建设兵团)	盆花(万盆)	1.00
33	青　县(冀)	盆花(万盆)	1.00
34	武邑县(冀)	盆花(万盆)	1.00
35	宁东林业局(陕)	盆花(万盆)	0.90
36	井陉县(冀)	盆景(万盆)	3.00
37	银州区(辽)	鲜切花(万支)	20.00
38	张湾区(鄂)	鲜切花(万支)	2.00

表 17-31　丁香类主产地产量

	丁香类主产地	花卉类别	产量
1	望奎县(黑)	城镇绿化苗(万株)	200.00
2	北林区(黑)	城镇绿化苗(万株)	100.00
3	北票市(辽)	城镇绿化苗(万株)	80.00
4	五大连池市(黑)	城镇绿化苗(万株)	63.00
5	喀喇沁旗(内蒙古)	城镇绿化苗(万株)	40.00
6	泰来县(黑)	城镇绿化苗(万株)	35.00
7	稀土高新区(内蒙古)	城镇绿化苗(万株)	20.00
8	温江区(川)	城镇绿化苗(万株)	13.00
9	林甸县(黑)	城镇绿化苗(万株)	5.00
10	高平市(晋)	城镇绿化苗(万株)	2.00
11	镶黄旗(内蒙古)	城镇绿化苗(万株)	2.00
12	二道江区(吉)	城镇绿化苗(万株)	1.00
13	呼兰区(黑)	观赏苗木(万株)	2280.00
14	红古区(甘)	观赏苗木(万株)	1000.00
15	扎兰屯市(内蒙古)	观赏苗木(万株)	260.00
16	凤城市(辽)	观赏苗木(万株)	230.00
17	肇源县(黑)	观赏苗木(万株)	200.00
18	定州市(冀)	观赏苗木(万株)	150.00
19	兰西县(黑)	观赏苗木(万株)	150.00
20	梅里斯达斡尔族区(黑)	观赏苗木(万株)	100.00
21	潢川县(豫)	观赏苗木(万株)	72.00
22	江阳区(川)	观赏苗木(万株)	60.60
23	南岗区(黑)	观赏苗木(万株)	35.00
24	丰宁满族自治县(冀)	观赏苗木(万株)	25.00

	丁香类主产地	花卉类别	产量
25	温江区(川)	观赏苗木(万株)	24.70
26	涉　县(冀)	观赏苗木(万株)	20.00
27	海拉尔区(内蒙古)	观赏苗木(万株)	20.00
28	海城市(辽)	观赏苗木(万株)	20.00
29	金凤区(宁)	观赏苗木(万株)	20.00
30	翁牛特旗(内蒙古)	观赏苗木(万株)	14.00
31	平昌县(川)	观赏苗木(万株)	13.00
32	郫　县(川)	观赏苗木(万株)	11.00
33	延庆县(京)	观赏苗木(万株)	7.00
34	怀来县(冀)	观赏苗木(万株)	3.00
35	虎林市(黑)	观赏苗木(万株)	1.80
36	涿州市(冀)	观赏苗木(万株)	1.20
37	西乌珠穆沁旗(内蒙古)	观赏苗木(万株)	1.00
38	长岭县(吉)	观叶植物(万盆)	0.90
39	湟水森林公园(青)	花卉用种苗(千株)	238.00
40	宣汉县(川)	鲜切花(万支)	36.55
41	临夏市(甘)	鲜切花(万支)	20.00

表 17-32　樱花主产地产量

	樱花主产地	花卉类别	产量
1	岱岳区(鲁)	城镇绿化苗(万株)	600.00
2	梁平县(渝)	城镇绿化苗(万株)	350.00
3	东平县(鲁)	城镇绿化苗(万株)	50.00
4	坊子区(鲁)	城镇绿化苗(万株)	40.00
5	高密市(鲁)	城镇绿化苗(万株)	25.00
6	枣阳市(鄂)	城镇绿化苗(万株)	15.00
7	定海区(浙)	城镇绿化苗(万株)	1.45
8	东港区(鲁)	观赏苗木(万株)	330.00
9	定州市(冀)	观赏苗木(万株)	112.00
10	郫　县(川)	观赏苗木(万株)	40.00
11	温江区(川)	观赏苗木(万株)	26.70
12	肥城市(鲁)	观赏苗木(万株)	20.30
13	新泰市(鲁)	观赏苗木(万株)	20.00
14	宁阳县(鲁)	观赏苗木(万株)	16.00
15	洋　县(陕)	观赏苗木(万株)	11.00
16	永川区(渝)	观赏苗木(万株)	9.02
17	佛坪县(陕)	观赏苗木(万株)	7.52
18	三门县(浙)	观赏苗木(万株)	7.00
19	海盐县(浙)	观赏苗木(万株)	6.70
20	宁波市市辖区(浙)	观赏苗木(万株)	6.00
21	蒙阴县(鲁)	观赏苗木(万株)	5.50
22	蠡　县(冀)	观赏苗木(万株)	5.00
23	临安市(浙)	观赏苗木(万株)	5.00
24	宁海县(浙)	观赏苗木(万株)	5.00
25	华龙区(豫)	观赏苗木(万株)	5.00

	樱花主产地	花卉类别	产量
26	临武县(湘)	观赏苗木(万株)	2.56
27	施甸县(滇)	观赏苗木(万株)	2.10
28	壶关县(晋)	观赏苗木(万株)	2.00
29	大名县(冀)	观赏苗木(万株)	1.00
30	翠屏区(川)	观赏苗木(万株)	1.00
31	玉山县(赣)	观赏苗木(万株)	0.70
32	平阴县(鲁)	观赏苗木(万株)	0.70
33	涿州市(冀)	观赏苗木(万株)	0.60
34	南郑县(陕)	花卉用种苗(千株)	150.00
35	新丰县(粤)	盆景(万盆)	5.00
36	富阳市(浙)	盆景(万盆)	1.00
37	新丰县(粤)	鲜切花(万支)	200.00
38	荣　县(川)	鲜切花(万支)	10.00

表 17-33　千日红主产地产量

	千日红主产地	花卉类别	产量
1	许昌县(豫)	城镇绿化苗(万株)	58.00
2	平舆县(豫)	观赏苗木(万株)	40.00
3	芜湖县(皖)	观赏苗木(万株)	30.00
4	大名县(冀)	观赏苗木(万株)	2.00
5	惠农区(宁)	观赏苗木(万株)	2.00
6	许昌市经济技术开发区(豫)	观赏苗木(万株)	2.00
7	开封县(豫)	观赏苗木(万株)	1.00
8	魏　县(冀)	观赏苗木(万株)	1.00
9	驿城区(豫)	花卉用种苗(千株)	32.00
10	辉南县(吉)	花卉用种子(吨)	1.00
11	大埔县(粤)	盆花(万盆)	100.00
12	东胜区(内蒙古)	盆花(万盆)	100.00
13	双城市(黑)	盆花(万盆)	50.00
14	博爱县(豫)	盆花(万盆)	16.00
15	丰　县(苏)	盆花(万盆)	10.00
16	湖滨区(豫)	盆花(万盆)	10.00
17	中江县(川)	盆花(万盆)	9.80
18	广汉市(川)	盆花(万盆)	5.00
19	化德县(内蒙古)	盆花(万盆)	5.00
20	全州县(桂)	盆花(万盆)	3.00
21	富阳市(浙)	盆花(万盆)	2.00
22	兴文县(川)	盆花(万盆)	1.80
23	河口区(鲁)	盆花(万盆)	0.82
24	洋　县(陕)	盆花(万盆)	0.62
25	宁海县(浙)	盆花(万盆)	0.60
26	沅江市(湘)	盆景(万盆)	25.00
27	亳州市市辖区(皖)	盆景(万盆)	2.00
28	娄星区(湘)	盆景(万盆)	2.00
29	襄城区(鄂)	盆景(万盆)	1.00

	千日红主产地	花卉类别	产量
30	石城县(赣)	鲜切花(万支)	10.00
31	珠晖区(湘)	鲜切花(万支)	2.40
32	沁阳市(豫)	鲜切花(万支)	2.00
33	修文县(黔)	鲜切叶(万支)	10.00
34	瑞金市(赣)	鲜切叶(万支)	1.30

表 17-34　石竹主产地产量

	石竹主产地	花卉类别	产量
1	汤原县(黑)	观赏苗木(万株)	43.50
2	石棉县(川)	观赏苗木(万株)	20.00
3	正阳县(豫)	观赏苗木(万株)	5.00
4	黄梅县(鄂)	观赏苗木(万株)	2.00
5	黄州区(鄂)	观赏苗木(万株)	2.00
6	常宁市(湘)	观赏苗木(万株)	1.00
7	青阳县(皖)	观叶植物(万盆)	2.00
8	阜新蒙古族自治县(辽)	盆花(万盆)	105.00
9	蔡甸区(鄂)	盆花(万盆)	50.00
10	金凤区(宁)	盆花(万盆)	50.00
11	浦东新区(沪)	盆花(万盆)	30.00
12	廉江市(粤)	盆花(万盆)	25.00
13	化德县(内蒙古)	盆花(万盆)	6.00
14	壶关县(晋)	盆花(万盆)	3.50
15	抚宁县(冀)	盆花(万盆)	3.00
16	富阳市(浙)	盆花(万盆)	2.00
17	唐　县(冀)	盆花(万盆)	1.50
18	湘乡市(湘)	盆花(万盆)	1.50
19	温江区(川)	盆花(万盆)	1.24
20	定兴县(冀)	盆花(万盆)	1.00
21	津市市(湘)	盆花(万盆)	1.00
22	息　县(豫)	盆花(万盆)	0.80
23	方城县(豫)	盆花(万盆)	0.60
24	卫东区(豫)	盆景(万盆)	2.00
25	宣化区(冀)	盆景(万盆)	1.00
26	奉贤区(沪)	鲜切花(万支)	42.80
27	松江区(沪)	鲜切花(万支)	36.60
28	三门县(浙)	鲜切花(万支)	20.00
29	万全县(冀)	鲜切花(万支)	10.00
30	红花岗区(黔)	鲜切花(万支)	8.00
31	江油市(川)	鲜切花(万支)	5.00
32	洋　县(陕)	鲜切花(万支)	2.60
33	修文县(黔)	鲜切叶(万支)	100.00
34	沙市区(鄂)	鲜切叶(万支)	5.00
35	桂阳县(湘)	鲜切叶(万支)	4.00

表 17-35　海棠花主产地产量

	海棠花主产地	花卉类别	产量
1	许昌县(豫)	城镇绿化苗(万株)	80.00
2	定海区(浙)	城镇绿化苗(万株)	1.50
3	寿　县(皖)	观赏苗木(万株)	12.00
4	垦利县(鲁)	观赏苗木(万株)	10.00
5	临安市(浙)	观赏苗木(万株)	10.00
6	新市区(新)	观赏苗木(万株)	10.00
7	路南区(冀)	观赏苗木(万株)	2.80
8	大名县(冀)	观赏苗木(万株)	1.00
9	宁海县(浙)	观赏苗木(万株)	1.00
10	惠济区(豫)	观叶植物(万盆)	1.60
11	安阳县(豫)	花卉用种苗(千株)	4.00
12	延庆县(京)	盆花(万盆)	170.00
13	蔡甸区(鄂)	盆花(万盆)	50.00
14	郫　县(川)	盆花(万盆)	16.00
15	石家庄市桥西区(冀)	盆花(万盆)	15.00
16	华容县(湘)	盆花(万盆)	8.00
17	蒙阴县(鲁)	盆花(万盆)	6.00
18	庆元县(浙)	盆花(万盆)	6.00
19	长葛市(豫)	盆花(万盆)	5.00
20	武邑县(冀)	盆花(万盆)	2.00
21	平昌县(川)	盆花(万盆)	1.00
22	萧　县(皖)	盆花(万盆)	0.90
23	临江林业局(吉林集团)	盆花(万盆)	0.80
24	沂南县(鲁)	盆花(万盆)	0.80
25	方城县(豫)	盆花(万盆)	0.60
26	新晃侗族自治县(湘)	盆花(万盆)	0.60
27	汝南县(豫)	鲜切花(万支)	50.00
28	宣汉县(川)	鲜切花(万支)	18.29
29	铜鼓县(赣)	鲜切花(万支)	10.00
30	娄星区(湘)	鲜切花(万支)	8.00
31	闵行区(沪)	鲜切花(万支)	5.50
32	荣昌县(渝)	鲜切花(万支)	5.00
33	东港区(鲁)	鲜切花(万支)	4.00

表 17-36　木槿主产地产量

	木槿主产地	花卉类别	产量
1	许昌县(豫)	城镇绿化苗(万株)	130.00
2	诸城市(鲁)	城镇绿化苗(万株)	65.00
3	东平县(鲁)	城镇绿化苗(万株)	60.00
4	枣阳市(鄂)	城镇绿化苗(万株)	10.00
5	温江区(川)	城镇绿化苗(万株)	8.00
6	定海区(浙)	城镇绿化苗(万株)	3.70
7	社旗县(豫)	城镇绿化苗(万株)	1.40
8	东港区(鲁)	观赏苗木(万株)	200.00

	木槿主产地	花卉类别	产量
9	潢川县(豫)	观赏苗木(万株)	165.00
10	邯郸县(冀)	观赏苗木(万株)	60.00
11	垦利县(鲁)	观赏苗木(万株)	50.00
12	华龙区(豫)	观赏苗木(万株)	15.00
13	丰南区(冀)	观赏苗木(万株)	10.00
14	鹤山区(豫)	观赏苗木(万株)	10.00
15	嵩　县(豫)	观赏苗木(万株)	10.00
16	三门县(浙)	观赏苗木(万株)	8.00
17	大厂回族自治县(冀)	观赏苗木(万株)	5.00
18	海城市(辽)	观赏苗木(万株)	5.00
19	南乐县(豫)	观赏苗木(万株)	5.00
20	平昌县(川)	观赏苗木(万株)	5.00
21	中方县(湘)	观赏苗木(万株)	5.00
22	东营区(鲁)	观赏苗木(万株)	4.00
23	新泰市(鲁)	观赏苗木(万株)	4.00
24	武强县(冀)	观赏苗木(万株)	3.50
25	大名县(冀)	观赏苗木(万株)	3.00
26	南昌县(赣)	观赏苗木(万株)	3.00
27	宁海县(浙)	观赏苗木(万株)	3.00
28	鹿泉市(冀)	观赏苗木(万株)	2.80
29	卫辉市(豫)	观赏苗木(万株)	2.00
30	昌乐县(鲁)	观赏苗木(万株)	1.50
31	唐　县(冀)	观赏苗木(万株)	1.00
32	魏　县(冀)	观赏苗木(万株)	1.00
33	海盐县(浙)	观赏苗木(万株)	0.90
34	涿州市(冀)	观赏苗木(万株)	0.80
35	北戴河区(冀)	观赏苗木(万株)	0.70
36	永年县(冀)	观赏苗木(万株)	0.60
37	温江区(川)	花卉用种苗(千株)	102.00
38	安阳县(豫)	花卉用种苗(千株)	58.00
39	孟津县(豫)	盆景(万盆)	2.50
40	富阳市(浙)	盆景(万盆)	1.00
41	建湖县(苏)	鲜切花(万支)	50.00

表 17-37　红檵木主产地产量

	红檵木主产地	花卉类别	产量
1	温江区(川)	城镇绿化苗(万株)	820.00
2	孝昌县(鄂)	城镇绿化苗(万株)	500.00
3	株洲县(湘)	城镇绿化苗(万株)	100.00
4	宜都市(鄂)	城镇绿化苗(万株)	50.00
5	石门县(湘)	城镇绿化苗(万株)	45.00
6	华容县(湘)	城镇绿化苗(万株)	30.00
7	津市市(湘)	城镇绿化苗(万株)	30.00
8	定海区(浙)	城镇绿化苗(万株)	18.90
9	芦淞区(湘)	城镇绿化苗(万株)	15.00
10	云溪区(湘)	城镇绿化苗(万株)	15.00
11	崇阳县(鄂)	城镇绿化苗(万株)	10.00
12	娄星区(湘)	城镇绿化苗(万株)	10.00
13	张湾区(鄂)	城镇绿化苗(万株)	5.00
14	梁子湖区(鄂)	观赏苗木(万株)	620.00
15	鄂州市市辖区(鄂)	观赏苗木(万株)	480.00
16	潢川县(豫)	观赏苗木(万株)	150.00
17	韶山市(湘)	观赏苗木(万株)	80.00
18	进贤县(赣)	观赏苗木(万株)	40.00
19	永兴县(湘)	观赏苗木(万株)	40.00
20	雁山区(桂)	观赏苗木(万株)	37.00
21	宁海县(浙)	观赏苗木(万株)	30.00
22	中方县(湘)	观赏苗木(万株)	30.00
23	三门县(浙)	观赏苗木(万株)	25.00
24	沙坪坝区(渝)	观赏苗木(万株)	20.00
25	安化县(湘)	观赏苗木(万株)	15.00
26	北塔区(湘)	观赏苗木(万株)	10.00
27	常宁市(湘)	观赏苗木(万株)	10.00
28	临安市(浙)	观赏苗木(万株)	10.00
29	新化县(湘)	观赏苗木(万株)	10.00
30	嘉陵区(川)	观赏苗木(万株)	6.00
31	罗山县(豫)	观赏苗木(万株)	5.00
32	蔡甸区(鄂)	观赏苗木(万株)	4.00
33	翠屏区(川)	观赏苗木(万株)	3.00
34	利川市(鄂)	观赏苗木(万株)	3.00
35	平昌县(川)	观赏苗木(万株)	3.00
36	海盐县(浙)	观赏苗木(万株)	2.10
37	垫江县(渝)	观赏苗木(万株)	1.00
38	雷山县(黔)	观赏苗木(万株)	1.00
39	涿州市(冀)	观赏苗木(万株)	1.00
40	泸水县(滇)	观赏苗木(万株)	0.60
41	都昌县(赣)	观叶植物(万盆)	3.00
42	邵阳县(湘)	观叶植物(万盆)	1.50
43	沅陵县(湘)	花卉用种苗(千株)	18.00
44	鄂州市市辖区(鄂)	盆花(万盆)	20.00
45	江北区(浙)	盆花(万盆)	8.00
46	梁子湖区(鄂)	盆花(万盆)	2.00
47	富阳市(浙)	盆景(万盆)	2.00
48	铜鼓县(赣)	鲜切花(万支)	40.00
49	津市市(湘)	鲜切花(万支)	1.00

表 17-38　红掌主产地产量

	红掌主产地	花卉类别	产量
1	金凤区(宁)	观赏苗木(万株)	10.00
2	荔湾区(粤)	观叶植物(万盆)	150.00
3	崇明县(沪)	观叶植物(万盆)	8.00
4	延庆县(京)	花卉用种苗(千株)	70.00
5	崇明县(沪)	盆花(万盆)	111.50
6	松江区(沪)	盆花(万盆)	70.20
7	陕西省苗木繁育中心(陕)	盆花(万盆)	30.00
8	奉贤区(沪)	盆花(万盆)	24.00
9	东港区(鲁)	盆花(万盆)	22.00
10	镇海区(浙)	盆花(万盆)	13.00
11	宝安区(粤)	盆花(万盆)	10.00
12	长安区(陕)	盆花(万盆)	10.00
13	湖滨区(豫)	盆花(万盆)	10.00
14	莱州市(鲁)	盆花(万盆)	10.00
15	杏花岭区(晋)	盆花(万盆)	10.00
16	祁　县(晋)	盆花(万盆)	6.00
17	瑞安市(浙)	盆花(万盆)	5.00
18	石家庄市桥西区(冀)	盆花(万盆)	5.00
19	许昌县(豫)	盆花(万盆)	5.00
20	樟树市(赣)	盆花(万盆)	3.00
21	红古区(甘)	盆花(万盆)	2.00
22	文成县(浙)	盆花(万盆)	1.00
23	义乌市(浙)	盆花(万盆)	1.00
24	富阳市(浙)	盆景(万盆)	2.00
25	华龙区(豫)	鲜切花(万支)	50.00
26	商河县(鲁)	鲜切花(万支)	40.00
27	延庆县(京)	鲜切花(万支)	10.00
28	嘉陵区(川)	鲜切花(万支)	9.00
29	闵行区(沪)	鲜切花(万支)	5.00
30	昌平区(京)	鲜切花(万支)	3.00
31	灵宝市(豫)	鲜切花(万支)	2.00
32	甘井子区(辽)	鲜切叶(万支)	200.00
33	恩平市(粤)	鲜切叶(万支)	1.00

表 17-39　一串红主产地产量

	一串红主产地	花卉类别	产量
1	高平市(晋)	城镇绿化苗(万株)	50.00
2	颍东区(皖)	城镇绿化苗(万株)	47.00
3	云梦县(鄂)	城镇绿化苗(万株)	30.00
4	金川区(甘)	城镇绿化苗(万株)	20.00
5	稀土高新区(内蒙古)	城镇绿化苗(万株)	20.00
6	松北区(黑)	城镇绿化苗(万株)	5.00
7	安宁区(甘)	城镇绿化苗(万株)	1.00
8	海拉尔区(内蒙古)	观赏苗木(万株)	60.00
9	阿城区(黑)	观赏苗木(万株)	59.30
10	丰宁满族自治县(冀)	观赏苗木(万株)	50.00
11	新泰市(鲁)	观赏苗木(万株)	20.00
12	宁城县(内蒙古)	观赏苗木(万株)	16.00
13	寿　县(皖)	观赏苗木(万株)	12.00
14	藁城市(冀)	观赏苗木(万株)	10.00
15	山丹县(甘)	观赏苗木(万株)	6.00
16	翠屏区(川)	观赏苗木(万株)	5.00
17	肥西县(皖)	观赏苗木(万株)	5.00
18	虎林市(黑)	观赏苗木(万株)	3.50
19	东营区(鲁)	观赏苗木(万株)	2.00
20	让胡路区(黑)	观赏苗木(万株)	2.00
21	扶风县(陕)	观赏苗木(万株)	1.20
22	平乡县(冀)	观叶植物(万盆)	30.88
23	平泉县(冀)	盆花(万盆)	800.00
24	阜新蒙古族自治县(辽)	盆花(万盆)	470.00
25	莒南县(鲁)	盆花(万盆)	280.00
26	鹤峰县(鄂)	盆花(万盆)	200.00
27	环翠区(鲁)	盆花(万盆)	200.00
28	金凤区(宁)	盆花(万盆)	180.00
29	东胜区(内蒙古)	盆花(万盆)	100.00
30	盐亭县(川)	盆花(万盆)	80.00
31	东港区(鲁)	盆花(万盆)	78.00
32	延庆县(京)	盆花(万盆)	75.00
33	涿州市(冀)	盆花(万盆)	57.00
34	蔡甸区(鄂)	盆花(万盆)	50.00
35	临洮县(甘)	盆花(万盆)	50.00
36	华龙区(豫)	盆花(万盆)	40.00
37	商水县(豫)	盆花(万盆)	36.00
38	奉贤区(沪)	盆花(万盆)	35.00
39	平桥区(豫)	盆花(万盆)	35.00
40	浦东新区(沪)	盆花(万盆)	30.00
41	石家庄市桥西区(冀)	盆花(万盆)	30.00
42	枝江市(鄂)	盆花(万盆)	30.00
43	成安县(冀)	盆花(万盆)	28.00
44	贵溪市(赣)	盆花(万盆)	24.10
45	巴州区(川)	盆花(万盆)	23.10
46	镇海区(浙)	盆花(万盆)	22.00
47	安次区(冀)	盆花(万盆)	21.00
48	察哈尔右翼前旗(内蒙古)	盆花(万盆)	21.00
49	长治县(晋)	盆花(万盆)	20.00
50	高密市(鲁)	盆花(万盆)	20.00
51	惠济区(豫)	盆花(万盆)	20.00
52	唐山市汉沽管理区(冀)	盆花(万盆)	20.00
53	温江区(川)	盆花(万盆)	20.00
54	渭滨区(陕)	盆花(万盆)	19.50
55	彭阳县(宁)	盆花(万盆)	12.00
56	龙山区(吉)	盆花(万盆)	11.00

	一串红主产地	花卉类别	产量
57	忻府区(晋)	盆花(万盆)	10.50
58	北戴河区(冀)	盆花(万盆)	10.20
59	本溪满族自治县(辽)	盆花(万盆)	10.00
60	大名县(冀)	盆花(万盆)	10.00
61	平罗县(宁)	盆花(万盆)	10.00
62	普兰店市(辽)	盆花(万盆)	10.00
63	渭城区(陕)	盆花(万盆)	10.00
64	运河区(冀)	盆花(万盆)	10.00
65	凤城市(辽)	盆花(万盆)	8.00
66	和林格尔县(内蒙古)	盆花(万盆)	8.00
67	鼎城区(湘)	盆花(万盆)	6.00
68	抚宁县(冀)	盆花(万盆)	6.00
69	沂南县(鲁)	盆花(万盆)	6.00
70	富阳市(浙)	盆花(万盆)	5.00
71	淮滨县(豫)	盆花(万盆)	5.00
72	晋州市(冀)	盆花(万盆)	5.00
73	彭山县(川)	盆花(万盆)	5.00
74	镶黄旗(内蒙古)	盆花(万盆)	5.00
75	郾城区(豫)	盆花(万盆)	5.00
76	古冶区(冀)	盆花(万盆)	4.00
77	邯郸县(冀)	盆花(万盆)	4.00
78	淮阳县(豫)	盆花(万盆)	4.00
79	苏家屯区(辽)	盆花(万盆)	4.00
80	鹿泉市(冀)	盆花(万盆)	3.50
81	公安县(鄂)	盆花(万盆)	3.00
82	临江林业局(吉林集团)	盆花(万盆)	3.00
83	平阴县(鲁)	盆花(万盆)	2.40
84	察哈尔右翼后旗(内蒙古)	盆花(万盆)	2.00
85	复兴区(冀)	盆花(万盆)	2.00
86	壶关县(晋)	盆花(万盆)	2.00
87	魏　县(冀)	盆花(万盆)	2.00
88	雨山区(皖)	盆花(万盆)	2.00
89	新建县(赣)	盆花(万盆)	1.92
90	潢川县(豫)	盆花(万盆)	1.70
91	临武县(湘)	盆花(万盆)	1.65
92	沅陵县(湘)	盆花(万盆)	1.60
93	宁海县(浙)	盆花(万盆)	1.50
94	丰南区(冀)	盆花(万盆)	1.20
95	广阳区(冀)	盆花(万盆)	1.08
96	磁　县(冀)	盆花(万盆)	1.00
97	谷城县(鄂)	盆花(万盆)	1.00
98	固阳县(内蒙古)	盆花(万盆)	1.00
99	赫章县(黔)	盆花(万盆)	1.00
100	平山县(冀)	盆花(万盆)	1.00
101	武邑县(冀)	盆花(万盆)	1.00
102	新晃侗族自治县(湘)	盆花(万盆)	1.00
103	昌乐县(鲁)	盆花(万盆)	0.90
104	永年县(冀)	盆花(万盆)	0.80
105	东平县(鲁)	盆花(万盆)	0.60
106	宁阳县(鲁)	盆花(万盆)	0.60
107	喀什市(新)	盆景(万盆)	5.00
108	无为县(皖)	盆景(万盆)	3.00
109	襄城区(鄂)	盆景(万盆)	1.60
110	依安县(黑)	盆景(万盆)	1.00
111	淄川区(鲁)	盆景(万盆)	1.00
112	宝丰县(豫)	盆景(万盆)	0.90
113	平泉县(冀)	鲜切花(万支)	1000.00
114	鄢陵县(豫)	鲜切花(万支)	630.00
115	龙南县(赣)	鲜切花(万支)	25.00
116	会宁县(甘)	鲜切花(万支)	20.00
117	铜鼓县(赣)	鲜切花(万支)	20.00
118	芜湖县(皖)	鲜切花(万支)	10.00
119	平山县(冀)	鲜切花(万支)	1.00
120	新晃侗族自治县(湘)	鲜切花(万支)	1.00
121	山丹县(甘)	鲜切花(万支)	0.90
122	东河区(内蒙古)	鲜切叶(万支)	5.30

表 17-40　矮牵牛主产地产量

	矮牵牛主产地	花卉类别	产量
1	康平县(辽)	城镇绿化苗(万株)	100.00
2	安宁区(甘)	城镇绿化苗(万株)	48.00
3	西固区(甘)	城镇绿化苗(万株)	10.00
4	卢氏县(豫)	观赏苗木(万株)	150.00
5	庄河市(辽)	观赏苗木(万株)	40.00
6	宁城县(内蒙古)	观赏苗木(万株)	16.00
7	山丹县(甘)	观赏苗木(万株)	9.00
8	让胡路区(黑)	观赏苗木(万株)	6.00
9	黄州区(鄂)	观赏苗木(万株)	4.00
10	巴林林业局(内蒙古)	观赏苗木(万株)	1.21
11	莒南县(鲁)	盆花(万盆)	320.00
12	金凤区(宁)	盆花(万盆)	300.00
13	大武口区(宁)	盆花(万盆)	135.00
14	长安区(冀)	盆花(万盆)	110.00
15	临洮县(甘)	盆花(万盆)	80.00
16	延庆县(京)	盆花(万盆)	80.00
17	石家庄市桥西区(冀)	盆花(万盆)	77.00
18	镇海区(浙)	盆花(万盆)	53.00
19	华龙区(豫)	盆花(万盆)	50.00
20	双城市(黑)	盆花(万盆)	50.00
21	奉贤区(沪)	盆花(万盆)	41.00
22	海城市(辽)	盆花(万盆)	40.00
23	临夏市(甘)	盆花(万盆)	40.00

	矮牵牛主产地	花卉类别	产量
24	安次区(冀)	盆花(万盆)	32.00
25	磴口县(内蒙古)	盆花(万盆)	30.00
26	西夏区(宁)	盆花(万盆)	30.00
27	北戴河区(冀)	盆花(万盆)	26.10
28	高密市(鲁)	盆花(万盆)	25.00
29	长治县(晋)	盆花(万盆)	20.00
30	察哈尔右翼前旗(内蒙古)	盆花(万盆)	15.00
31	和林格尔县(内蒙古)	盆花(万盆)	15.00
32	平湖市(浙)	盆花(万盆)	15.00
33	德令哈市(青)	盆花(万盆)	12.00
34	雨山区(皖)	盆花(万盆)	12.00
35	忻府区(晋)	盆花(万盆)	10.10
36	惠济区(豫)	盆花(万盆)	10.00
37	平罗县(宁)	盆花(万盆)	10.00
38	商水县(豫)	盆花(万盆)	10.00
39	渭城区(陕)	盆花(万盆)	10.00
40	西固区(甘)	盆花(万盆)	10.00
41	西乌珠穆沁旗(内蒙古)	盆花(万盆)	10.00
42	让胡路区(黑)	盆花(万盆)	8.00
43	哈里哈图森林公园(青)	盆花(万盆)	6.50
44	富阳市(浙)	盆花(万盆)	5.00
45	镶黄旗(内蒙古)	盆花(万盆)	5.00
46	广阳区(冀)	盆花(万盆)	3.00
47	临江林业局(吉林集团)	盆花(万盆)	3.00
48	苏家屯区(辽)	盆花(万盆)	3.00
49	淮阳县(豫)	盆花(万盆)	2.70
50	本溪满族自治县(辽)	盆花(万盆)	2.00
51	固阳县(内蒙古)	盆花(万盆)	2.00
52	叶城县(新)	盆花(万盆)	2.00
53	温江区(川)	盆花(万盆)	1.40
54	临武县(湘)	盆花(万盆)	1.35
55	饶河县(黑)	盆花(万盆)	1.30
56	宁海县(浙)	盆花(万盆)	1.10
57	芜湖县(皖)	盆花(万盆)	1.00
58	肇州县(黑)	盆花(万盆)	1.00
59	会宁县(甘)	鲜切花(万支)	10.00

表 17-41　三色堇主产地产量

	三色堇主产地	花卉类别	产量
1	汝南县(豫)	城镇绿化苗(万株)	10.00
2	鄂城区(鄂)	观赏苗木(万株)	600.00
3	木兰县(黑)	观赏苗木(万株)	1.00
4	彭山县(川)	观赏苗木(万株)	1.00
5	三门县(浙)	观赏苗木(万株)	1.00
6	阜新蒙古族自治县(辽)	盆花(万盆)	302.00
7	汶川县(川)	盆花(万盆)	300.00
8	甘井子区(辽)	盆花(万盆)	250.00
9	莒南县(鲁)	盆花(万盆)	200.00
10	延庆县(京)	盆花(万盆)	150.00
11	奉贤区(沪)	盆花(万盆)	61.00
12	宝山区(沪)	盆花(万盆)	55.00
13	湖滨区(豫)	盆花(万盆)	50.00
14	浦东新区(沪)	盆花(万盆)	50.00
15	龙湾区(浙)	盆花(万盆)	49.00
16	镇海区(浙)	盆花(万盆)	32.00
17	芝罘区(鲁)	盆花(万盆)	29.00
18	枝江市(鄂)	盆花(万盆)	20.00
19	北戴河区(冀)	盆花(万盆)	18.80
20	平湖市(浙)	盆花(万盆)	15.00
21	肥西县(皖)	盆花(万盆)	12.50
22	丰　县(苏)	盆花(万盆)	10.00
23	临洮县(甘)	盆花(万盆)	10.00
24	商水县(豫)	盆花(万盆)	10.00
25	渭城区(陕)	盆花(万盆)	10.00
26	东洲区(辽)	盆花(万盆)	6.00
27	定兴县(冀)	盆花(万盆)	5.00
28	东平县(鲁)	盆花(万盆)	5.00
29	富阳市(浙)	盆花(万盆)	5.00
30	马头滩林业局(陕)	盆花(万盆)	5.00
31	石柱土家族自治县(渝)	盆花(万盆)	5.00
32	鹤山区(豫)	盆花(万盆)	3.00
33	温江区(川)	盆花(万盆)	2.50
34	平昌县(川)	盆花(万盆)	2.00
35	临武县(湘)	盆花(万盆)	1.52
36	让胡路区(黑)	盆花(万盆)	1.00
37	芜湖县(皖)	盆花(万盆)	1.00
38	雁山区(桂)	盆景(万盆)	4.30
39	大埔县(粤)	盆景(万盆)	1.00
40	鄢陵县(豫)	鲜切花(万支)	280.00
41	东洲区(辽)	鲜切花(万支)	7.50
42	闵行区(沪)	鲜切花(万支)	6.50
43	洋　县(陕)	鲜切叶(万支)	7.20

表 17-42　法桐主产地产量

	法桐主产地	花卉类别	产量
1	诸城市(鲁)	城镇绿化苗(万株)	780.00
2	河东区(鲁)	城镇绿化苗(万株)	200.00
3	东平县(鲁)	城镇绿化苗(万株)	150.00
4	高密市(鲁)	城镇绿化苗(万株)	80.00
5	许昌县(豫)	城镇绿化苗(万株)	46.00

	法桐主产地	花卉类别	产量
6	坊子区(鲁)	城镇绿化苗(万株)	5.00
7	招远市(鲁)	城镇绿化苗(万株)	5.00
8	息　县(豫)	城镇绿化苗(万株)	3.00
9	温江区(川)	城镇绿化苗(万株)	2.80
10	任　县(冀)	城镇绿化苗(万株)	2.00
11	辛集市(冀)	城镇绿化苗(万株)	1.20
12	清苑县(冀)	观赏苗木(万株)	500.00
13	易　县(冀)	观赏苗木(万株)	350.00
14	潢川县(豫)	观赏苗木(万株)	210.00
15	广饶县(鲁)	观赏苗木(万株)	116.00
16	兰考县(豫)	观赏苗木(万株)	48.00
17	涉　县(冀)	观赏苗木(万株)	33.00
18	莎车县(新)	观赏苗木(万株)	27.00
19	鹿泉市(冀)	观赏苗木(万株)	25.00
20	郓城县(鲁)	观赏苗木(万株)	23.00
21	莒　县(鲁)	观赏苗木(万株)	22.60
22	宜阳县(豫)	观赏苗木(万株)	8.00
23	平阴县(鲁)	观赏苗木(万株)	7.40
24	肥乡县(冀)	观赏苗木(万株)	7.00
25	永年县(冀)	观赏苗木(万株)	6.50
26	大厂回族自治县(冀)	观赏苗木(万株)	5.00
27	金凤区(宁)	观赏苗木(万株)	5.00
28	驿城区(豫)	观赏苗木(万株)	4.40
29	温江区(川)	观赏苗木(万株)	3.80
30	江津区(渝)	观赏苗木(万株)	3.70
31	磁　县(冀)	观赏苗木(万株)	2.00
32	开封县(豫)	观赏苗木(万株)	2.00
33	卫辉市(豫)	观赏苗木(万株)	2.00
34	大名县(冀)	观赏苗木(万株)	1.00

表 17-43　满天星主产地产量

	满天星主产地	花卉类别	产量
1	宜都市(鄂)	城镇绿化苗(万株)	20.00
2	泸水县(滇)	城镇绿化苗(万株)	1.00
3	呼兰区(黑)	观赏苗木(万株)	300.00
4	邻水县(川)	观赏苗木(万株)	39.70
5	赣　县(赣)	观赏苗木(万株)	34.00
6	彭水苗族土家族自治县(渝)	观赏苗木(万株)	10.00
7	建始县(鄂)	观赏苗木(万株)	5.00
8	正阳县(豫)	观赏苗木(万株)	3.00
9	施甸县(滇)	观赏苗木(万株)	1.00
10	孟村回族自治县(冀)	观赏苗木(万株)	0.60
11	威远县(川)	观叶植物(万盆)	5.00
12	青阳县(皖)	观叶植物(万盆)	1.00
13	威远县(川)	花卉用种子(千克)	5.00
14	荣　县(川)	盆花(万盆)	60.00
15	浦东新区(沪)	盆花(万盆)	10.00
16	温江区(川)	盆花(万盆)	5.30
17	平桥区(豫)	盆花(万盆)	5.00
18	无为县(皖)	盆花(万盆)	2.80
19	蕉岭县(粤)	盆花(万盆)	2.00
20	广丰县(赣)	盆花(万盆)	1.20
21	永年县(冀)	盆花(万盆)	1.20
22	鼎城区(湘)	盆花(万盆)	1.00
23	广安区(川)	盆花(万盆)	1.00
24	建始县(鄂)	盆花(万盆)	1.00
25	榕城区(粤)	盆花(万盆)	1.00
26	竹溪县(鄂)	盆花(万盆)	1.00
27	新建县(赣)	盆花(万盆)	0.66
28	攀枝花市东区(川)	盆花(万盆)	0.60
29	新晃侗族自治县(湘)	盆花(万盆)	0.60
30	鹿泉市(冀)	盆景(万盆)	1.00
31	临川区(赣)	鲜切花(万支)	380.00
32	宜宾县(川)	鲜切花(万支)	52.00
33	芦溪县(赣)	鲜切花(万支)	40.00
34	沙市区(鄂)	鲜切花(万支)	30.00
35	龙南县(赣)	鲜切花(万支)	26.00
36	宣汉县(川)	鲜切花(万支)	25.00
37	岳池县(川)	鲜切花(万支)	25.00
38	建湖县(苏)	鲜切花(万支)	21.00
39	垦利县(鲁)	鲜切花(万支)	20.00
40	万源市(川)	鲜切花(万支)	20.00
41	桂阳县(湘)	鲜切花(万支)	13.00
42	会理县(川)	鲜切花(万支)	12.40
43	瑞金市(赣)	鲜切花(万支)	12.23
44	富阳市(浙)	鲜切花(万支)	10.00
45	淮滨县(豫)	鲜切花(万支)	10.00
46	东洲区(辽)	鲜切花(万支)	5.00
47	会宁县(甘)	鲜切花(万支)	5.00
48	江津区(渝)	鲜切花(万支)	5.00
49	源汇区(豫)	鲜切花(万支)	4.60
50	藁城市(冀)	鲜切花(万支)	4.00
51	石柱土家族自治县(渝)	鲜切花(万支)	2.00
52	修文县(黔)	鲜切叶(万支)	120.00
53	汝南县(豫)	鲜切叶(万支)	50.00
54	璧山县(渝)	鲜切叶(万支)	11.90
55	新野县(豫)	鲜切叶(万支)	10.00
56	荣昌县(渝)	鲜切叶(万支)	1.50

表 17-44　黄杨类主产地产量

	黄杨类主产地	花卉类别	产量
1	洛阳市伊洛工业园区(豫)	城镇绿化苗(万株)	1000.00
2	安阳县(豫)	城镇绿化苗(万株)	381.14
3	东平县(鲁)	城镇绿化苗(万株)	200.00
4	高平市(晋)	城镇绿化苗(万株)	50.00
5	温江区(川)	城镇绿化苗(万株)	50.00
6	定海区(浙)	城镇绿化苗(万株)	38.38
7	蒲城县(陕)	城镇绿化苗(万株)	20.00
8	社旗县(豫)	城镇绿化苗(万株)	11.50
9	平昌县(川)	城镇绿化苗(万株)	9.00
10	华容县(湘)	城镇绿化苗(万株)	5.00
11	千山区(辽)	城镇绿化苗(万株)	4.00
12	潢川县(豫)	观赏苗木(万株)	1125.00
13	龙安区(豫)	观赏苗木(万株)	1043.00
14	偃师市(豫)	观赏苗木(万株)	1000.00
15	顺平县(冀)	观赏苗木(万株)	475.00
16	郾城区(豫)	观赏苗木(万株)	304.00
17	涿州市(冀)	观赏苗木(万株)	237.00
18	沂水县(鲁)	观赏苗木(万株)	152.00
19	新泰市(鲁)	观赏苗木(万株)	120.00
20	濮阳县(豫)	观赏苗木(万株)	100.00
21	孝昌县(鄂)	观赏苗木(万株)	100.00
22	牧野区(豫)	观赏苗木(万株)	80.00
23	南皮县(冀)	观赏苗木(万株)	50.71
24	长葛市(豫)	观赏苗木(万株)	50.00
25	嵩　县(豫)	观赏苗木(万株)	50.00
26	奉贤区(沪)	观赏苗木(万株)	48.50
27	永年县(冀)	观赏苗木(万株)	44.00
28	涉　县(冀)	观赏苗木(万株)	40.00
29	运河区(冀)	观赏苗木(万株)	40.00
30	温岭市(浙)	观赏苗木(万株)	34.00
31	竹山县(鄂)	观赏苗木(万株)	30.00
32	馆陶县(冀)	观赏苗木(万株)	27.00
33	卫辉市(豫)	观赏苗木(万株)	21.00
34	兴平市(陕)	观赏苗木(万株)	20.30
35	滑　县(豫)	观赏苗木(万株)	20.00
36	唐山市汉沽管理区(冀)	观赏苗木(万株)	20.00
37	赵　县(冀)	观赏苗木(万株)	18.00
38	荥阳市(豫)	观赏苗木(万株)	17.35
39	海盐县(浙)	观赏苗木(万株)	16.00
40	磁　县(冀)	观赏苗木(万株)	11.00
41	博野县(冀)	观赏苗木(万株)	10.00
42	利川市(鄂)	观赏苗木(万株)	10.00
43	鸡泽县(冀)	观赏苗木(万株)	9.47
44	成安县(冀)	观赏苗木(万株)	8.00
45	垦利县(鲁)	观赏苗木(万株)	6.00
46	北戴河区(冀)	观赏苗木(万株)	5.60
47	武强县(冀)	观赏苗木(万株)	5.30
48	曲周县(冀)	观赏苗木(万株)	5.00
49	东营区(鲁)	观赏苗木(万株)	4.00
50	鹿泉市(冀)	观赏苗木(万株)	4.00
51	寿　县(皖)	观赏苗木(万株)	4.00
52	广饶县(鲁)	观赏苗木(万株)	3.00
53	项城市(豫)	观赏苗木(万株)	3.00
54	魏　县(冀)	观赏苗木(万株)	2.00
55	城关区(甘)	观赏苗木(万株)	1.99
56	复兴区(冀)	观赏苗木(万株)	1.40
57	三门县(浙)	观赏苗木(万株)	0.70
58	夏邑县(豫)	观叶植物(万盆)	7.00
59	孟津县(豫)	盆景(万盆)	7.50
60	龙南县(赣)	盆景(万盆)	5.00
61	潢川县(豫)	盆景(万盆)	3.30
62	富阳市(浙)	盆景(万盆)	3.00
63	昌乐县(鲁)	盆景(万盆)	1.00
64	满城县(冀)	鲜切叶(万支)	10.00

表 17-45　紫薇类主产地产量

	紫薇类主产地	花卉类别	产量
1	许昌县(豫)	城镇绿化苗(万株)	65.00
2	麻章区(粤)	城镇绿化苗(万株)	18.00
3	崇阳县(鄂)	城镇绿化苗(万株)	10.00
4	南漳县(鄂)	城镇绿化苗(万株)	10.00
5	桐城市(皖)	城镇绿化苗(万株)	10.00
6	坊子区(鲁)	城镇绿化苗(万株)	8.00
7	定海区(浙)	城镇绿化苗(万株)	2.45
8	潢川县(豫)	观赏苗木(万株)	442.00
9	鄢陵县(豫)	观赏苗木(万株)	130.00
10	肥城市(鲁)	观赏苗木(万株)	102.00
11	郫　县(川)	观赏苗木(万株)	60.00
12	河东区(鲁)	观赏苗木(万株)	50.00
13	安化县(湘)	观赏苗木(万株)	35.00
14	北塔区(湘)	观赏苗木(万株)	32.00
15	临颍县(豫)	观赏苗木(万株)	29.80
16	保康县(鄂)	观赏苗木(万株)	25.00
17	罗山县(豫)	观赏苗木(万株)	25.00
18	新泰市(鲁)	观赏苗木(万株)	25.00
19	寿　县(皖)	观赏苗木(万株)	20.00
20	永兴县(湘)	观赏苗木(万株)	20.00
21	平昌县(川)	观赏苗木(万株)	11.00
22	蒙阴县(鲁)	观赏苗木(万株)	8.00

	紫薇类主产地	花卉类别	产量
23	洛龙区(豫)	观赏苗木(万株)	5.00
24	唐　县(冀)	观赏苗木(万株)	4.00
25	海盐县(浙)	观赏苗木(万株)	3.80
26	镇海区(浙)	观赏苗木(万株)	3.20
27	桐柏县(豫)	观赏苗木(万株)	2.90
28	巴州区(川)	观赏苗木(万株)	2.60
29	涿州市(冀)	观赏苗木(万株)	2.50
30	三门县(浙)	观赏苗木(万株)	1.60
31	渝水区(赣)	观赏苗木(万株)	1.20
32	石泉县(陕)	观赏苗木(万株)	1.00
33	沅陵县(湘)	花卉用种苗(千株)	75.00
34	荥阳市(豫)	盆花(万盆)	9.00
35	蔡甸区(鄂)	盆花(万盆)	6.00
36	潢川县(豫)	盆花(万盆)	3.50
37	富阳市(浙)	盆花(万盆)	1.00
38	郫　县(川)	盆景(万盆)	2.00
39	莒南县(鲁)	盆景(万盆)	1.00

表 17-46　红叶小檗主产地产量

	红叶小檗主产地	花卉类别	产量
1	高平市(晋)	城镇绿化苗(万株)	144.00
2	新泰市(鲁)	城镇绿化苗(万株)	140.00
3	沂水县(鲁)	城镇绿化苗(万株)	90.00
4	金川区(甘)	城镇绿化苗(万株)	50.00
5	彭阳县(宁)	城镇绿化苗(万株)	20.00
6	千山区(辽)	城镇绿化苗(万株)	15.00
7	枣阳市(鄂)	城镇绿化苗(万株)	10.00
8	华池县(甘)	城镇绿化苗(万株)	5.00
9	温江区(川)	城镇绿化苗(万株)	2.00
10	潢川县(豫)	观赏苗木(万株)	826.00
11	上蔡县(豫)	观赏苗木(万株)	692.60
12	易　县(冀)	观赏苗木(万株)	600.00
13	龙安区(豫)	观赏苗木(万株)	538.00
14	临洮县(甘)	观赏苗木(万株)	220.00
15	安阳县(豫)	观赏苗木(万株)	173.73
16	内黄县(豫)	观赏苗木(万株)	120.00
17	大冶市(鄂)	观赏苗木(万株)	100.00
18	温江区(川)	观赏苗木(万株)	42.00
19	卢氏县(豫)	观赏苗木(万株)	40.00
20	博野县(冀)	观赏苗木(万株)	20.00
21	郫　县(川)	观赏苗木(万株)	10.00
22	新蔡县(豫)	观赏苗木(万株)	6.40
23	武强县(冀)	观赏苗木(万株)	4.50
24	北戴河区(冀)	观赏苗木(万株)	4.20
25	曲阳县(冀)	观赏苗木(万株)	3.00
26	永年县(冀)	观赏苗木(万株)	2.50
27	复兴区(冀)	观赏苗木(万株)	2.30
28	昌乐县(鲁)	观赏苗木(万株)	2.00
29	平昌县(川)	观赏苗木(万株)	2.00
30	魏　县(冀)	观赏苗木(万株)	2.00
31	大名县(冀)	观赏苗木(万株)	1.00
32	容城县(冀)	观赏苗木(万株)	1.00
33	益阳市市辖区(湘)	观叶植物(万盆)	60.00
34	洋　县(陕)	观叶植物(万盆)	0.65
35	温江区(川)	花卉用种苗(千株)	205.00
36	涿州市(冀)	盆花(万盆)	26.00
37	建湖县(苏)	鲜切花(万支)	110.00

表 17-47　桧柏主产地产量

	桧柏主产地	花卉类别	产量
1	定西市峨口林业试验场(甘)	城镇绿化苗(万株)	100.00
2	新泰市(鲁)	城镇绿化苗(万株)	10.00
3	安国市(冀)	城镇绿化苗(万株)	2.50
4	定海区(浙)	城镇绿化苗(万株)	2.33
5	新化县(湘)	城镇绿化苗(万株)	2.00
6	易　县(冀)	观赏苗木(万株)	600.00
7	邯郸县(冀)	观赏苗木(万株)	100.00
8	潢川县(豫)	观赏苗木(万株)	99.00
9	泌阳县(豫)	观赏苗木(万株)	60.00
10	北票市(辽)	观赏苗木(万株)	50.00
11	长葛市(豫)	观赏苗木(万株)	50.00
12	平泉县(冀)	观赏苗木(万株)	50.00
13	武安市(冀)	观赏苗木(万株)	40.00
14	涉　县(冀)	观赏苗木(万株)	35.00
15	奉贤区(沪)	观赏苗木(万株)	23.00
16	象山县(浙)	观赏苗木(万株)	20.00
17	太康县(豫)	观赏苗木(万株)	12.00
18	丰南区(冀)	观赏苗木(万株)	10.00
19	兴平市(陕)	观赏苗木(万株)	10.00
20	魏　县(冀)	观赏苗木(万株)	4.00
21	卫辉市(豫)	观赏苗木(万株)	3.00
22	宜阳县(豫)	观赏苗木(万株)	2.00
23	永年县(冀)	观赏苗木(万株)	2.00
24	昌乐县(鲁)	观赏苗木(万株)	1.50
25	宽城满族自治县(冀)	观赏苗木(万株)	1.00
26	鹿泉市(冀)	观赏苗木(万株)	1.00
27	闵行区(沪)	盆花(万盆)	0.60
28	潢川县(豫)	盆景(万盆)	1.60
29	富阳市(浙)	盆景(万盆)	1.00
30	衡阳县(湘)	鲜切叶(万支)	3.00

表 17-48　其他花卉主产地产量

	其他花卉主产地	品种	花卉类别	产量
1	瓦房店市(辽)	矮雪轮	盆花(万盆)	35.00
2	零陵区(湘)	矮雪轮	鲜切叶(万支)	91.60
3	荔湾区(粤)	巴西铁	城镇绿化苗(万株)	8.00
4	石棉县(川)	巴西铁	观赏苗木(万株)	20.00
5	宝安区(粤)	巴西铁	观赏苗木(万株)	5.00
6	闵行区(沪)	巴西铁	观赏苗木(万株)	1.20
7	清城区(粤)	巴西铁	观叶植物(万盆)	2.10
8	义乌市(浙)	巴西铁	观叶植物(万盆)	2.00
9	新丰县(粤)	巴西铁	盆景(万盆)	1.00
10	肥西县(皖)	白碧桃	观赏苗木(万株)	1.50
11	长顺县(黔)	百日草	城镇绿化苗(万株)	1.00
12	龙南县(赣)	百日草	观叶植物(万盆)	4.00
13	延庆县(京)	百日草	盆花(万盆)	100.00
14	北戴河区(冀)	百日草	盆花(万盆)	9.50
15	忻府区(晋)	百日草	盆花(万盆)	8.31
16	富阳市(浙)	百日草	盆花(万盆)	5.00
17	临武县(湘)	百日草	盆花(万盆)	1.36
18	鄢陵县(豫)	百日草	鲜切花(万支)	740.00
19	源汇区(豫)	百日草	鲜切花(万支)	3.25
20	修水县(赣)	百子莲	盆景(万盆)	9.00
21	茅箭区(鄂)	波斯菊	城镇绿化苗(万株)	30.00
22	龙游县(浙)	波斯菊	观赏苗木(万株)	47.60
23	杜尔伯特蒙古族自治县(黑)	波斯菊	观赏苗木(万株)	8.00
24	中方县(湘)	波斯菊	观叶植物(万盆)	3.00
25	大足县(渝)	波斯菊	盆花(万盆)	250.00
26	卢氏县(豫)	波斯菊	盆花(万盆)	100.00
27	滑　县(豫)	波斯菊	盆花(万盆)	100.00
28	温岭市(浙)	波斯菊	盆花(万盆)	50.00
29	枝江市(鄂)	波斯菊	盆花(万盆)	30.00
30	大洼县(辽)	波斯菊	盆花(万盆)	30.00
31	温江区(川)	波斯菊	盆花(万盆)	10.30
32	珠晖区(湘)	波斯菊	盆花(万盆)	10.00
33	丰　县(苏)	波斯菊	盆花(万盆)	10.00
34	颍东区(皖)	波斯菊	盆花(万盆)	7.00
35	芜湖县(皖)	波斯菊	盆花(万盆)	5.00
36	蕉岭县(粤)	波斯菊	盆花(万盆)	5.00
37	大名县(冀)	波斯菊	盆花(万盆)	5.00
38	广阳区(冀)	波斯菊	盆花(万盆)	4.00
39	兴平市(陕)	波斯菊	盆花(万盆)	1.00
40	衡山县(湘)	波斯菊	盆花(万盆)	0.80
41	兴宾区(桂)	波斯菊	盆景(万盆)	460.00
42	南芬区(辽)	波斯菊	鲜切花(万支)	200.00
43	源汇区(豫)	波斯菊	鲜切花(万支)	3.20
44	藁城市(冀)	波斯菊	鲜切花(万支)	2.00
45	太康县(豫)	薄荷	观赏苗(万株)	48.00
46	临川区(赣)	薄荷	观赏苗(万株)	20.00
47	广丰县(赣)	薄荷	盆景(万盆)	0.93
48	万源市(川)	薄荷	鲜切花(万支)	10.00
49	荣昌县(渝)	薄荷	鲜切叶(万支)	1.00
50	宁海县(浙)	彩叶草	观叶植物(万盆)	1.10
51	东营区(鲁)	彩叶草	盆花(万盆)	10.00
52	北戴河区(冀)	彩叶草	盆花(万盆)	3.50
53	本溪满族自治县(辽)	彩叶草	盆花(万盆)	2.00
54	孟村回族自治县(冀)	草芙蓉	观赏苗木(万株)	0.60
55	大名县(冀)	草芙蓉	盆花(万盆)	5.00
56	二道江区(吉)	草花	城镇绿化苗(万株)	50.00
57	新化县(湘)	草花	观赏苗(万株)	20.00
58	芜湖县(皖)	草花	观赏苗(万株)	10.00
59	黄州区(鄂)	草花	观赏苗(万株)	5.00
60	石柱土家族自治县(渝)	草花	观叶植物(万盆)	5.00
61	宁东林业局(陕)	草花	观叶植物(万盆)	1.50
62	青浦区(沪)	草花	盆花(万盆)	881.00
63	沙坪坝区(渝)	草花	盆花(万盆)	203.00
64	鄂托克前旗(内蒙古)	草花	盆花(万盆)	120.00
65	义乌市(浙)	草花	盆花(万盆)	35.00
66	沂水县(鲁)	草花	盆花(万盆)	20.00
67	北戴河区(冀)	草花	盆花(万盆)	10.50
68	井陉县(冀)	草花	盆花(万盆)	3.00
69	利川市(鄂)	草花	盆景(万盆)	1.00
70	鄂州市市辖区(鄂)	草花	鲜切花(万支)	100.00
71	温江区(川)	茶花	城镇绿化苗(万株)	12.00
72	东坡区(川)	茶花	城镇绿化苗(万株)	3.00
73	北仑区(浙)	茶花	观赏苗木(万株)	300.00
74	梁平县(渝)	茶花	观赏苗木(万株)	200.00
75	温江区(川)	茶花	观赏苗木(万株)	124.00
76	象山县(浙)	茶花	观赏苗木(万株)	100.00
77	宁海县(浙)	茶花	观赏苗木(万株)	20.00
78	临安市(浙)	茶花	观赏苗木(万株)	10.00
79	进贤县(赣)	茶花	观赏苗木(万株)	3.60
80	三门县(浙)	茶花	观赏苗木(万株)	3.30
81	镇海区(浙)	茶花	观赏苗木(万株)	2.30
82	大姚县(滇)	茶花	观赏苗木(万株)	0.60
83	石柱土家族自治县(渝)	茶花	观叶植物(万盆)	5.00
84	莒南县(鲁)	茶花	盆花(万盆)	40.00
85	象山县(浙)	茶花	盆花(万盆)	15.00
86	龙南县(赣)	茶花	盆花(万盆)	3.00
87	东平县(鲁)	茶花	盆花(万盆)	1.50

	其他花卉主产地	品种	花卉类别	产量
88	三门县(浙)	茶花	盆花(万盆)	1.20
89	西安区(吉)	茶花	盆花(万盆)	1.00
90	宣汉县(川)	茶花	盆景(万盆)	3.51
91	富阳市(浙)	茶花	盆景(万盆)	3.00
92	鹿寨县(桂)	茶花	鲜切花(万支)	3.22
93	温江区(川)	茶梅	城镇绿化苗(万株)	22.00
94	德安县(赣)	茶梅	城镇绿化苗(万株)	10.00
95	北仑区(浙)	茶梅	观赏苗木(万株)	500.00
96	温江区(川)	茶梅	观赏苗木(万株)	71.00
97	进贤县(赣)	茶梅	观赏苗木(万株)	20.00
98	三门县(浙)	茶梅	观赏苗木(万株)	2.00
99	象山县(浙)	茶梅	盆花(万盆)	5.00
100	嵊州市(浙)	茶梅	盆花(万盆)	1.00
101	富阳市(浙)	茶梅	盆景(万盆)	3.00
102	黄州区(鄂)	长春花	观赏苗木(万株)	3.00
103	莒南县(鲁)	长春花	盆花(万盆)	350.00
104	鼎城区(湘)	长春花	盆花(万盆)	22.00
105	富阳市(浙)	长春花	盆花(万盆)	5.00
106	定兴县(冀)	长春花	盆花(万盆)	2.00
107	唐　县(冀)	长春花	盆花(万盆)	1.20
108	奉贤区(沪)	长寿花	盆花(万盆)	90.00
109	东坡区(川)	长寿花	盆花(万盆)	7.00
110	东平县(鲁)	长寿花	盆花(万盆)	1.20
111	温江区(川)	常春藤类	城镇绿化苗(万株)	18.00
112	新泰市(鲁)	常春藤类	观赏苗木(万株)	35.00
113	温江区(川)	常春藤类	观叶植物(万盆)	2.70
114	镇海区(浙)	常春藤类	盆花(万盆)	36.00
115	高邑县(冀)	常春藤类	盆花(万盆)	10.00
116	宝安区(粤)	常春藤类	盆花(万盆)	5.00
117	景宁畲族自治县(浙)	常春藤类	盆花(万盆)	4.00
118	富阳市(浙)	常春藤类	盆花(万盆)	1.00
119	闵行区(沪)	常春藤类	盆花(万盆)	0.65
120	鼎城区(湘)	赤楠	观赏苗木(万株)	3.00
121	温江区(川)	垂丝海棠	城镇绿化苗(万株)	4.60
122	河东区(鲁)	垂丝海棠	观赏苗木(万株)	500.00
123	潢川县(豫)	垂丝海棠	观赏苗木(万株)	40.50
124	温江区(川)	垂丝海棠	观赏苗木(万株)	16.40
125	郫　县(川)	垂丝海棠	观赏苗木(万株)	9.00
126	雁江区(川)	垂丝海棠	观赏苗木(万株)	1.20
127	河东区(鲁)	垂丝海棠	盆花(万盆)	500.00
128	蕉岭县(粤)	垂丝海棠	盆花(万盆)	5.00
129	富阳市(浙)	垂丝海棠	盆景(万盆)	1.00
130	肥城市(鲁)	垂枝桃	观赏苗木(万株)	20.00
131	温江区(川)	春羽	城镇绿化苗(万株)	9.70
132	温江区(川)	春羽	观叶植物(万盆)	0.81
133	新化县(湘)	葱兰	观赏苗木(万株)	10.00
134	黄州区(鄂)	葱兰	观赏苗木(万株)	6.00
135	玉山县(赣)	葱兰	观赏苗木(万株)	2.00
136	凤阳县(皖)	葱兰	观叶植物(万盆)	2.00
137	鹤峰县(鄂)	葱兰	盆花(万盆)	500.00
138	许昌县(豫)	翠柏	城镇绿化苗(万株)	60.00
139	川汇区(豫)	翠柏	干花(万支)	3.20
140	象山县(浙)	翠柏	观赏苗木(万株)	50.00
141	芜湖县(皖)	翠柏	观赏苗木(万株)	20.00
142	江津区(渝)	翠柏	观赏苗木(万株)	10.00
143	鼎城区(湘)	翠柏	观赏苗木(万株)	1.50
144	娄星区(湘)	翠柏	花卉用种苗(千株)	25.00
145	黄梅县(鄂)	翠柏	盆花(万盆)	5.00
146	象山县(浙)	翠柏	盆景(万盆)	5.00
147	江北区(浙)	翠柏	盆景(万盆)	5.00
148	沿滩区(川)	翠柏	盆景(万盆)	4.00
149	新泰市(鲁)	翠柏	盆景(万盆)	3.50
150	老河口市(鄂)	翠柏	盆景(万盆)	1.55
151	潢川县(豫)	翠柏	盆景(万盆)	1.50
152	广丰县(赣)	翠柏	盆景(万盆)	1.23
153	沙市区(鄂)	翠柏	鲜切叶(万支)	1.00
154	汤原县(黑)	大丽花	城镇绿化苗(万株)	1.50
155	海拉尔区(内蒙古)	大丽花	观赏苗(万株)	40.00
156	蕉岭县(粤)	大丽花	观赏苗(万株)	5.00
157	广饶县(鲁)	大丽花	观赏苗(万株)	5.00
158	木兰县(黑)	大丽花	观赏苗(万株)	2.00
159	新野县(豫)	大丽花	观叶植物(万盆)	3.00
160	郯城县(鲁)	大丽花	盆花(万盆)	102.50
161	零陵区(湘)	大丽花	盆花(万盆)	49.00
162	临洮县(甘)	大丽花	盆花(万盆)	30.00
163	新泰市(鲁)	大丽花	盆花(万盆)	6.00
164	商水县(豫)	大丽花	盆花(万盆)	6.00
165	潢川县(豫)	大丽花	盆花(万盆)	2.50
166	新华区(豫)	大丽花	盆花(万盆)	2.00
167	临武县(湘)	大丽花	盆花(万盆)	1.26
168	彭山县(川)	大丽花	盆花(万盆)	1.00
169	富阳市(浙)	大丽花	盆花(万盆)	1.00
170	调兵山市(辽)	大丽花	盆花(万盆)	1.00
171	株洲县(湘)	大丽花	盆景(万盆)	1.00
172	鄢陵县(豫)	大丽花	鲜切花(万支)	260.00
173	永登县(甘)	大丽花	鲜切花(万支)	8.06
174	徽　县(甘)	大丽花	鲜切花(万支)	5.08
175	会宁县(甘)	大丽花	鲜切花(万支)	5.00
176	闵行区(沪)	大丽花	鲜切花(万支)	3.80
177	沙市区(鄂)	大丽花	鲜切花(万支)	1.00
178	山丹县(甘)	大丽花	鲜切花(万支)	0.80
179	潢川县(豫)	淡竹	观赏苗木(万株)	76.00

	其他花卉主产地	品种	花卉类别	产量
180	博爱县(豫)	淡竹	观赏苗木(万株)	40.00
181	平桥区(豫)	淡竹	观叶植物(万盆)	10.00
182	蠡　县(冀)	倒挂金钟	盆花(万盆)	10.00
183	华龙区(豫)	倒挂金钟	盆花(万盆)	5.00
184	临洮县(甘)	倒挂金钟	盆花(万盆)	3.00
185	景宁畲族自治县(浙)	倒挂金钟	盆花(万盆)	1.00
186	峡江县(赣)	地肤	观赏苗(万株)	864.00
187	高　县(川)	地肤	观赏苗(万株)	22.80
188	让胡路区(黑)	地肤	观赏苗(万株)	1.00
189	东营区(鲁)	地肤	观叶植物(万盆)	2.00
190	金凤区(宁)	地肤	盆花(万盆)	60.00
191	商水县(豫)	地肤	盆花(万盆)	6.00
192	嵩　县(豫)	地肤	盆花(万盆)	1.00
193	彭山县(川)	地肤	鲜切花(万支)	40.00
194	儋州市(琼)	地肤	鲜切花(万支)	1.23
195	龙马潭区(川)	地肤	鲜切花(万支)	1.20
196	鹿泉市(冀)	地锦	观赏苗木(万株)	0.90
197	北戴河区(冀)	地锦	盆花(万盆)	4.30
198	易　县(冀)	杜仲	观赏苗木(万株)	150.00
199	宁海县(浙)	杜仲	观赏苗木(万株)	1.00
200	广丰县(赣)	杜仲	盆景(万盆)	0.65
201	鸡东县(黑)	对节白蜡	城镇绿化苗(万株)	245.00
202	许昌县(豫)	对节白蜡	城镇绿化苗(万株)	20.00
203	北票市(辽)	对节白蜡	城镇绿化苗(万株)	20.00
204	京山县(鄂)	对节白蜡	盆景(万盆)	10.00
205	北戴河区(冀)	多花蔷薇	观赏苗木(万株)	3.50
206	原阳县(豫)	多花藤萝	观叶植物(万盆)	51.00
207	千山区(辽)	俄罗斯花楸	城镇绿化苗(万株)	20.00
208	临洮县(甘)	飞燕草	盆花(万盆)	20.00
209	涉　县(冀)	凤凰竹	盆花(万盆)	0.68
210	荔湾区(粤)	凤梨类	观叶植物(万盆)	150.00
211	平昌县(川)	凤梨类	观叶植物(万盆)	1.00
212	莱州市(鲁)	凤梨类	花卉用种苗(千株)	50.00
213	松江区(沪)	凤梨类	盆花(万盆)	230.00
214	郓城县(鲁)	凤梨类	盆花(万盆)	168.00
215	顺义区(京)	凤梨类	盆花(万盆)	45.20
216	金山区(沪)	凤梨类	盆花(万盆)	28.20
217	镇海区(浙)	凤梨类	盆花(万盆)	24.00
218	东洲区(辽)	凤梨类	盆花(万盆)	15.00
219	成安县(冀)	凤梨类	盆花(万盆)	12.00
220	陕西省苗木繁育中心(陕)	凤梨类	盆花(万盆)	10.00
221	长安区(陕)	凤梨类	盆花(万盆)	10.00
222	闵行区(沪)	凤梨类	盆花(万盆)	6.20
223	樟树市(赣)	凤梨类	盆花(万盆)	3.00
224	青　县(冀)	凤梨类	盆花(万盆)	3.00
225	义乌市(浙)	凤梨类	盆花(万盆)	2.00
226	秦州区(甘)	凤梨类	盆花(万盆)	2.00
227	高州市(粤)	凤梨类	盆花(万盆)	2.00
228	富阳市(浙)	凤梨类	盆花(万盆)	2.00
229	黎川县(赣)	凤梨类	盆花(万盆)	1.50
230	海宁市(浙)	凤梨类	盆花(万盆)	0.90
231	建湖县(苏)	凤梨类	鲜切花(万支)	10.00
232	温江区(川)	凤尾竹	城镇绿化苗(万株)	3.50
233	郫　县(川)	凤尾竹	观赏苗木(万株)	20.00
234	温江区(川)	凤尾竹	观赏苗木(万株)	1.80
235	沂水县(鲁)	凤尾竹	观叶植物(万盆)	1.00
236	宕昌县(甘)	凤尾竹	盆景(万盆)	2.00
237	抚宁县(冀)	凤尾竹	鲜切叶(万支)	15.00
238	太康县(豫)	凤仙花	观赏苗木(万株)	5.00
239	彭水苗族土家族自治县(渝)	凤仙花	观赏苗木(万株)	5.00
240	大足县(渝)	凤仙花	盆花(万盆)	250.00
241	延庆县(京)	凤仙花	盆花(万盆)	165.00
242	阜新蒙古族自治县(辽)	凤仙花	盆花(万盆)	110.00
243	襄城县(豫)	凤仙花	盆花(万盆)	59.00
244	永清县(冀)	凤仙花	盆花(万盆)	25.00
245	临洮县(甘)	凤仙花	盆花(万盆)	13.20
246	北戴河区(冀)	凤仙花	盆花(万盆)	11.30
247	高邑县(冀)	凤仙花	盆花(万盆)	8.00
248	长安区(陕)	凤仙花	盆花(万盆)	8.00
249	东洲区(辽)	凤仙花	盆花(万盆)	5.00
250	唐　县(冀)	凤仙花	盆花(万盆)	3.00
251	新华区(豫)	凤仙花	盆花(万盆)	2.00
252	温江区(川)	凤仙花	盆花(万盆)	2.00
253	珠晖区(湘)	凤仙花	盆花(万盆)	1.35
254	襄城区(鄂)	凤仙花	盆花(万盆)	1.20
255	武安市(冀)	凤仙花	盆花(万盆)	1.00
256	魏　县(冀)	凤仙花	盆花(万盆)	1.00
257	平桥区(豫)	凤仙花	盆花(万盆)	1.00
258	淅川县(豫)	凤仙花	盆花(万盆)	0.90
259	邢台市高新技术开发区(冀)	凤仙花	鲜切花(万支)	100.00
260	新丰县(粤)	凤仙花	鲜切花(万支)	100.00
261	垫江县(渝)	凤仙花	鲜切花(万支)	10.00
262	桂阳县(湘)	凤仙花	鲜切花(万支)	5.00
263	新丰县(粤)	佛肚竹	盆景(万盆)	1.00
264	金山区(沪)	扶郎花	鲜切花(万支)	687.30
265	台安县(辽)	扶郎花	鲜切花(万支)	100.00
266	闵行区(沪)	扶郎花	鲜切花(万支)	50.00
267	庄河市(辽)	扶郎花	鲜切花(万支)	20.00
268	奉贤区(沪)	扶郎花	鲜切花(万支)	3.30

	其他花卉主产地	品种	花卉类别	产量
269	南昌县(赣)	扶桑	观赏苗木(万株)	10.00
270	东平县(鲁)	扶桑	盆花(万盆)	0.60
271	滦南县(冀)	福禄考	城镇绿化苗(万株)	110.00
272	易　县(冀)	福禄考	观赏苗木(万株)	500.00
273	临洮县(甘)	福禄考	观赏苗木(万株)	23.00
274	临洮县(甘)	福禄考	盆花(万盆)	30.00
275	涿州市(冀)	福禄考	盆花(万盆)	11.00
276	东洲区(辽)	福禄考	盆花(万盆)	6.00
277	延庆县(京)	福禄考	盆花(万盆)	3.50
278	本溪满族自治县(辽)	福禄考	盆花(万盆)	2.00
279	台安县(辽)	福禄考	盆花(万盆)	1.50
280	迁西县(冀)	福禄考	鲜切花(万支)	10.00
281	廉江市(粤)	富贵竹	观赏苗木(万株)	172.00
282	黄梅县(鄂)	富贵竹	观赏苗木(万株)	56.00
283	石棉县(川)	富贵竹	观赏苗木(万株)	10.00
284	垦利县(鲁)	富贵竹	观赏苗木(万株)	2.00
285	太康县(豫)	富贵竹	观赏苗木(万株)	1.00
286	清城区(粤)	富贵竹	观叶植物(万盆)	3.20
287	益阳市市辖区(湘)	富贵竹	观叶植物(万盆)	3.00
288	石柱土家族自治县(渝)	富贵竹	观叶植物(万盆)	2.50
289	平昌县(川)	富贵竹	观叶植物(万盆)	1.00
290	忻府区(晋)	富贵竹	观叶植物(万盆)	0.55
291	宣汉县(川)	富贵竹	盆花(万盆)	51.50
292	许昌县(豫)	富贵竹	盆花(万盆)	5.00
293	华龙区(豫)	富贵竹	盆花(万盆)	5.00
294	彭水苗族土家族自治县(渝)	富贵竹	盆花(万盆)	2.00
295	昌乐县(鲁)	富贵竹	盆花(万盆)	0.70
296	宝丰县(豫)	富贵竹	盆景(万盆)	2.20
297	凯里市(黔)	富贵竹	鲜切叶(万支)	300.00
298	宜宾县(川)	富贵竹	鲜切叶(万支)	73.00
299	新华区(豫)	富贵竹	鲜切叶(万支)	5.00
300	恩平市(粤)	富贵竹	鲜切叶(万支)	1.00
301	三门县(浙)	刚竹	观赏苗木(万株)	0.70
302	北川羌族自治县(川)	珙桐	城镇绿化苗(万株)	3.00
303	许昌县(豫)	枸骨	城镇绿化苗(万株)	80.00
304	德安县(赣)	枸骨	城镇绿化苗(万株)	1.00
305	沂水县(鲁)	枸骨	观赏苗木(万株)	10.00
306	三门县(浙)	枸骨	观赏苗木(万株)	1.30
307	芦溪县(赣)	枸骨	盆景(万盆)	2.00
308	富阳市(浙)	枸骨	盆景(万盆)	2.00
309	温江区(川)	观叶芋类	城镇绿化苗(万株)	4.70
310	安化县(湘)	观叶芋类	观赏苗(万株)	60.00
311	金凤区(宁)	观叶芋类	观赏苗(万株)	20.00
312	广饶县(鲁)	观叶芋类	观赏苗(万株)	18.00
313	闵行区(沪)	观叶芋类	观赏苗(万株)	2.60

	其他花卉主产地	品种	花卉类别	产量
314	松江区(沪)	观叶芋类	观叶植物(万盆)	359.10
315	温江区(川)	观叶芋类	观叶植物(万盆)	5.90
316	平昌县(川)	观叶芋类	观叶植物(万盆)	2.00
317	义乌市(浙)	观叶芋类	观叶植物(万盆)	1.00
318	淅川县(豫)	观叶芋类	观叶植物(万盆)	0.80
319	樊城区(鄂)	观叶芋类	观叶植物(万盆)	0.60
320	温江区(川)	观叶芋类	花卉用种球(千粒)	30.20
321	广饶县(鲁)	观叶芋类	盆花(万盆)	123.00
322	顺义区(京)	观叶芋类	盆花(万盆)	20.00
323	海城市(辽)	观叶芋类	盆花(万盆)	15.60
324	秦州区(甘)	观叶芋类	盆花(万盆)	10.00
325	海宁市(浙)	观叶芋类	盆花(万盆)	9.60
326	金山区(沪)	观叶芋类	盆花(万盆)	4.50
327	青浦区(沪)	观叶芋类	盆花(万盆)	0.60
328	定南县(赣)	观叶芋类	盆景(万盆)	2.00
329	崆峒区(甘)	观叶芋类	鲜切叶(万支)	20.00
330	温江区(川)	龟背竹	城镇绿化苗(万株)	5.70
331	新蔡县(豫)	龟背竹	观赏苗木(万株)	7.50
332	垦利县(鲁)	龟背竹	观赏苗木(万株)	2.00
333	平昌县(川)	龟背竹	观叶植物(万盆)	2.00
334	益阳市市辖区(湘)	龟背竹	观叶植物(万盆)	1.00
335	浦东新区(沪)	龟背竹	盆花(万盆)	15.00
336	华龙区(豫)	龟背竹	盆花(万盆)	5.00
337	郾城区(豫)	龟背竹	盆花(万盆)	1.00
338	龙南县(赣)	龟背竹	盆景(万盆)	3.00
339	新丰县(粤)	龟背竹	盆景(万盆)	1.00
340	富阳市(浙)	龟背竹	盆景(万盆)	1.00
341	义乌市(浙)	龟背竹	鲜切叶(万支)	10.00
342	平昌县(川)	龟背竹	鲜切叶(万支)	5.00
343	嘉陵区(川)	龟背竹	鲜切叶(万支)	1.03
344	赫山区(湘)	桂圆菊	鲜切花(万支)	20.00
345	温江区(川)	海桐	城镇绿化苗(万株)	23.00
346	枣阳市(鄂)	海桐	城镇绿化苗(万株)	5.00
347	娄星区(湘)	海桐	城镇绿化苗(万株)	1.05
348	新化县(湘)	海桐	城镇绿化苗(万株)	1.00
349	潢川县(豫)	海桐	观赏苗木(万株)	680.00
350	温江区(川)	海桐	观赏苗木(万株)	203.00
351	罗山县(豫)	海桐	观赏苗木(万株)	26.00
352	郫　县(川)	海桐	观赏苗木(万株)	8.00
353	巴州区(川)	海桐	观赏苗木(万株)	4.20
354	海盐县(浙)	海桐	观赏苗木(万株)	1.80
355	元坝区(川)	海桐	观赏苗木(万株)	1.50
356	三门县(浙)	海桐	观赏苗木(万株)	1.30
357	潢川县(豫)	海桐	盆景(万盆)	4.50
358	桂阳县(湘)	海桐	鲜切花(万支)	14.00
359	莒南县(鲁)	海桐	鲜切叶(万支)	8.00

	其他花卉主产地	品种	花卉类别	产量
360	宜都市(鄂)	含笑	城镇绿化苗(万株)	50.00
361	华容县(湘)	含笑	城镇绿化苗(万株)	25.00
362	丰都县(渝)	含笑	城镇绿化苗(万株)	10.00
363	温江区(川)	含笑	城镇绿化苗(万株)	8.50
364	德安县(赣)	含笑	城镇绿化苗(万株)	5.00
365	隆回县(湘)	含笑	城镇绿化苗(万株)	1.20
366	潢川县(豫)	含笑	观赏苗木(万株)	35.00
367	凯里市(黔)	含笑	观赏苗木(万株)	17.00
368	中方县(湘)	含笑	观赏苗木(万株)	10.00
369	平昌县(川)	含笑	观赏苗木(万株)	5.00
370	三门县(浙)	含笑	观赏苗木(万株)	3.00
371	郫　县(川)	含笑	观赏苗木(万株)	3.00
372	蔡甸区(鄂)	含笑	观赏苗木(万株)	3.00
373	温江区(川)	含笑	观赏苗木(万株)	2.50
374	黄州区(鄂)	含笑	观赏苗木(万株)	2.00
375	常宁市(湘)	含笑	观赏苗木(万株)	1.00
376	南召县(豫)	含笑	观叶植物(万盆)	10.00
377	蕉岭县(粤)	含笑	观叶植物(万盆)	10.00
378	上高县(赣)	含笑	花卉用种苗(千株)	20.00
379	南郑县(陕)	含笑	花卉用种苗(千株)	11.00
380	龙南县(赣)	含笑	盆花(万盆)	5.00
381	潢川县(豫)	含笑	盆花(万盆)	1.20
382	万源市(川)	含笑	盆花(万盆)	1.00
383	沅陵县(湘)	含笑	盆花(万盆)	0.70
384	新丰县(粤)	含笑	盆景(万盆)	1.00
385	新丰县(粤)	含笑	鲜切花(万支)	100.00
386	铜鼓县(赣)	含笑	鲜切花(万支)	100.00
387	邻水县(川)	含羞草	观赏苗木(万株)	1.50
388	太康县(豫)	含羞草	观赏苗木(万株)	1.00
389	新华区(豫)	含羞草	观叶植物(万盆)	2.00
390	息　县(豫)	含羞草	观叶植物(万盆)	1.00
391	石棉县(川)	含羞草	盆花(万盆)	3.00
392	鼎城区(湘)	含羞草	盆花(万盆)	2.00
393	郾城区(豫)	含羞草	盆花(万盆)	1.00
394	凤城市(辽)	含羞草	鲜切花(万支)	25.00
395	洋　县(陕)	含羞草	鲜切叶(万支)	6.00
396	潜山县(皖)	荷包牡丹	盆花(万盆)	1.00
397	丰宁满族自治县(冀)	荷兰菊	观赏苗木(万株)	10.00
398	建始县(鄂)	荷兰菊	观赏苗木(万株)	3.00
399	金凤区(宁)	荷兰菊	盆花(万盆)	50.00
400	普兰店市(辽)	荷兰菊	盆花(万盆)	15.00
401	新民市(辽)	荷兰菊	盆花(万盆)	2.00
402	沿滩区(川)	荷兰菊	盆景(万盆)	2.00
403	二道江区(吉)	黑心菊	城镇绿化苗(万株)	5.00
404	莲花山开发区(吉)	黑心菊	盆花(万盆)	50.00
405	滑　县(豫)	黑心菊	盆花(万盆)	50.00
406	塔城市(新)	黑心菊	盆花(万盆)	35.00
407	大洼县(辽)	黑心菊	盆花(万盆)	30.00
408	海城市(辽)	黑心菊	盆花(万盆)	28.00
409	会理县(川)	黑种草	鲜切花(万支)	12.40
410	枣阳市(鄂)	红碧桃	城镇绿化苗(万株)	10.00
411	鄢陵县(豫)	红碧桃	观赏苗木(万株)	480.00
412	汝南县(豫)	红碧桃	观赏苗木(万株)	459.00
413	潢川县(豫)	红碧桃	观赏苗木(万株)	138.00
414	广饶县(鲁)	红碧桃	观赏苗木(万株)	45.00
415	泌阳县(豫)	红碧桃	观赏苗木(万株)	40.00
416	肥城市(鲁)	红碧桃	观赏苗木(万株)	30.00
417	西平县(豫)	红碧桃	观赏苗木(万株)	25.00
418	宜阳县(豫)	红碧桃	观赏苗木(万株)	20.00
419	孝昌县(鄂)	红碧桃	观赏苗木(万株)	10.00
420	寒亭区(鲁)	红碧桃	观赏苗木(万株)	6.00
421	肥西县(皖)	红碧桃	观赏苗木(万株)	1.00
422	龙安区(豫)	红碧桃	观赏苗木(万株)	0.80
423	宁阳县(鲁)	红碧桃	观叶植物(万盆)	14.00
424	平桥区(豫)	红碧桃	观叶植物(万盆)	2.00
425	温江区(川)	红枫	城镇绿化苗(万株)	26.00
426	郯城县(鲁)	红枫	观赏苗木(万株)	200.00
427	象山县(浙)	红枫	观赏苗木(万株)	50.00
428	温江区(川)	红枫	观赏苗木(万株)	19.30
429	温江区(川)	红枫	观赏苗木(万株)	16.00
430	海盐县(浙)	红枫	观赏苗木(万株)	1.70
431	肥西县(皖)	红枫	观赏苗木(万株)	1.50
432	太康县(豫)	红花	城镇绿化苗(万株)	10.00
433	巴林左旗(内蒙古)	红花	盆花(万盆)	10.00
434	宣汉县(川)	红花	鲜切花(万支)	9.50
435	五大连池市(黑)	红瑞木	城镇绿化苗(万株)	16.00
436	稀土高新区(内蒙古)	红瑞木	城镇绿化苗(万株)	4.00
437	二道江区(吉)	红瑞木	城镇绿化苗(万株)	2.00
438	东辽县(吉)	红瑞木	城镇绿化苗(万株)	1.00
439	开原市(辽)	红瑞木	观赏苗木(万株)	600.00
440	潢川县(豫)	红瑞木	观赏苗木(万株)	130.00
441	金凤区(宁)	红瑞木	观赏苗木(万株)	30.00
442	兰西县(黑)	红瑞木	观赏苗木(万株)	10.00
443	庄河市(辽)	红瑞木	观赏苗木(万株)	5.00
444	东营区(鲁)	红瑞木	观赏苗木(万株)	3.00
445	盱眙县(苏)	红叶石楠	城镇绿化苗(万株)	1500.00
446	温江区(川)	红叶石楠	城镇绿化苗(万株)	1200.00
447	德安县(赣)	红叶石楠	城镇绿化苗(万株)	350.00
448	桐城市(皖)	红叶石楠	城镇绿化苗(万株)	40.00
449	东坡区(川)	红叶石楠	城镇绿化苗(万株)	8.00
450	南昌县(赣)	红叶石楠	观赏苗木(万株)	202.00
451	象山县(浙)	红叶石楠	观赏苗木(万株)	60.00

	其他花卉主产地	品种	花卉类别	产量
452	海盐县(浙)	红叶石楠	观赏苗木(万株)	52.40
453	临安市(浙)	红叶石楠	观赏苗木(万株)	50.00
454	宁海县(浙)	红叶石楠	观赏苗木(万株)	30.00
455	洋　县(陕)	红叶石楠	观赏苗木(万株)	25.00
456	三门县(浙)	红叶石楠	观赏苗木(万株)	25.00
457	云梦县(鄂)	红叶石楠	观赏苗木(万株)	20.00
458	镇海区(浙)	红叶石楠	观赏苗木(万株)	2.40
459	温江区(川)	红叶石楠	花卉用种苗(千株)	230.00
460	嵊州市(浙)	红叶石楠	盆花(万盆)	10.00
461	蒙城县(皖)	红叶石楠	盆花(万盆)	2.00
462	龙游县(浙)	红叶石楠	鲜切叶(万支)	1.00
463	沅江市(湘)	红叶小檗球	观赏苗木(万株)	20.00
464	潢川县(豫)	红叶小檗球	盆花(万盆)	3.00
465	汤原县(黑)	猴面花	城镇绿化苗(万株)	100.00
466	碾子山区(黑)	猴面花	观赏苗木(万株)	6.00
467	丰都县(渝)	厚朴	城镇绿化苗(万株)	15.40
468	娄星区(湘)	厚朴	城镇绿化苗(万株)	3.00
469	温江区(川)	厚朴	城镇绿化苗(万株)	1.35
470	佛坪县(陕)	厚朴	观赏苗木(万株)	500.00
471	温江区(川)	厚朴	观赏苗木(万株)	1.70
472	巴州区(川)	厚朴	观赏苗木(万株)	1.50
473	鹤峰县(鄂)	厚朴	盆花(万盆)	300.00
474	双峰县(湘)	黄蝉	观赏苗木(万株)	6.20
475	怀来县(冀)	黄刺玫	观赏苗木(万株)	1.50
476	东辽县(吉)	黄刺玫	观赏苗木(万株)	1.00
477	吉首市(湘)	黄秋葵	观赏苗木(万株)	51.00
478	新晃侗族自治县(湘)	黄秋葵	盆花(万盆)	1.10
479	榕城区(粤)	黄秋葵	盆花(万盆)	1.00
480	秀山土家族苗族自治县(渝)	黄秋葵	盆景(万盆)	1.58
481	涪城区(川)	惠兰	观赏苗木(万株)	150.00
482	温江区(川)	惠兰	盆花(万盆)	74.00
483	镇海区(浙)	惠兰	盆花(万盆)	20.00
484	涪城区(川)	惠兰	盆花(万盆)	7.60
485	义乌市(浙)	惠兰	盆花(万盆)	2.50
486	富阳市(浙)	惠兰	盆花(万盆)	2.00
487	新丰县(粤)	惠兰	盆景(万盆)	2.00
488	新丰县(粤)	惠兰	鲜切花(万支)	500.00
489	许昌县(豫)	火棘	城镇绿化苗(万株)	30.00
490	潢川县(豫)	火棘	观赏苗木(万株)	102.00
491	芜湖县(皖)	火棘	观赏苗木(万株)	10.00
492	鼎城区(湘)	火棘	观赏苗木(万株)	2.50
493	鹤峰县(鄂)	火棘	观赏苗木(万株)	1.00
494	黄州区(鄂)	火棘	观赏苗木(万株)	1.00
495	环翠区(鲁)	火棘	观叶植物(万盆)	50.00
496	潢川县(豫)	火棘	盆景(万盆)	3.50
497	沂水县(鲁)	鸡爪槭	观赏苗木(万株)	10.00
498	寿　县(皖)	鸡爪槭	观赏苗木(万株)	10.00
499	海盐县(浙)	鸡爪槭	观赏苗木(万株)	5.20
500	三门县(浙)	鸡爪槭	观赏苗木(万株)	0.90
501	宁波市市辖区(浙)	鸡爪槭	观赏苗木(万株)	0.70
502	芦溪县(赣)	鸡爪槭	观叶植物(万盆)	2.00
503	富阳市(浙)	鸡爪槭	盆花(万盆)	2.00
504	闵行区(沪)	鸡爪槭	盆花(万盆)	0.70
505	富阳市(浙)	鸡爪槭	盆景(万盆)	3.00
506	洋　县(陕)	鸡爪槭	鲜切叶(万支)	5.20
507	津市市(湘)	夹竹桃类	城镇绿化苗(万株)	10.00
508	温江区(川)	夹竹桃类	城镇绿化苗(万株)	2.80
509	凤城市(辽)	夹竹桃类	观赏苗木(万株)	850.00
510	温江区(川)	夹竹桃类	观赏苗木(万株)	31.20
511	潢川县(豫)	夹竹桃类	观赏苗木(万株)	23.00
512	安次区(冀)	夹竹桃类	观赏苗木(万株)	21.00
513	镇海区(浙)	夹竹桃类	观赏苗木(万株)	6.30
514	元坝区(川)	夹竹桃类	观赏苗木(万株)	4.50
515	三门县(浙)	夹竹桃类	观赏苗木(万株)	4.00
516	魏　县(冀)	夹竹桃类	观赏苗木(万株)	2.00
517	宝安区(粤)	夹竹桃类	盆花(万盆)	30.00
518	方城县(豫)	夹竹桃类	盆花(万盆)	2.40
519	新晃侗族自治县(湘)	夹竹桃类	盆花(万盆)	2.00
520	凉州区(甘)	夹竹桃类	盆花(万盆)	1.00
521	张家川回族自治县(甘)	夹竹桃类	盆花(万盆)	0.90
522	修水县(赣)	夹竹桃类	盆景(万盆)	8.00
523	昌乐县(鲁)	夹竹桃类	盆景(万盆)	0.90
524	铜鼓县(赣)	夹竹桃类	鲜切花(万支)	20.00
525	新晃侗族自治县(湘)	夹竹桃类	鲜切花(万支)	1.20
526	宣汉县(川)	夹竹桃类	鲜切叶(万支)	25.80
527	淮滨县(豫)	剪秋罗	盆花(万盆)	2.00
528	东洲区(辽)	唐菖蒲	盆花(万盆)	6.70
529	平昌县(川)	唐菖蒲	盆花(万盆)	1.00
530	襄城县(豫)	唐菖蒲	盆景(万盆)	33.00
531	富阳市(浙)	唐菖蒲	盆景(万盆)	1.00
532	开平区(冀)	唐菖蒲	鲜切花(万支)	30.00
533	平昌县(川)	唐菖蒲	鲜切花(万支)	15.00
534	团风县(鄂)	唐菖蒲	鲜切花(万支)	5.00
535	准格尔旗(内蒙古)	唐菖蒲	鲜切叶(万支)	50.00
536	嘉陵区(川)	唐菖蒲	鲜切叶(万支)	2.00
537	竹山县(鄂)	金弹子	盆花(万盆)	3.00
538	温江区(川)	金弹子	盆景(万盆)	2.40
539	郫　县(川)	金弹子	盆景(万盆)	2.00
540	金凤区(宁)	金光菊	盆花(万盆)	30.00
541	沿滩区(川)	金光菊	盆景(万盆)	2.00
542	惠农区(宁)	金鸡菊	观赏苗木(万株)	2.00

	其他花卉主产地	品种	花卉类别	产量
543	东营区(鲁)	金银木	观赏苗木(万株)	3.00
544	鹤峰县(鄂)	金银木	盆花(万盆)	500.00
545	张家川回族自治县(甘)	金钟花	盆花(万盆)	1.40
546	千山区(辽)	锦带花	城镇绿化苗(万株)	21.00
547	东辽县(吉)	锦带花	城镇绿化苗(万株)	3.00
548	开原市(辽)	锦带花	观赏苗木(万株)	500.00
549	海城市(辽)	锦带花	观赏苗木(万株)	35.00
550	涿州市(冀)	锦带花	观赏苗木(万株)	2.50
551	北戴河区(冀)	锦带花	观赏苗木(万株)	1.30
552	凤城市(辽)	锦熟黄杨	观赏苗木(万株)	220.00
553	双辽市(吉)	锦熟黄杨	鲜切花(万支)	10.00
554	滦南县(冀)	景天	城镇绿化苗(万株)	200.00
555	克什克腾旗(内蒙古)	景天	城镇绿化苗(万株)	4.00
556	安宁区(甘)	景天	城镇绿化苗(万株)	2.00
557	娄星区(湘)	景天	观赏苗木(万株)	22.00
558	丰宁满族自治县(冀)	景天	观赏苗木(万株)	20.00
559	新民市(辽)	景天	观赏苗木(万株)	10.00
560	惠农区(宁)	景天	观赏苗木(万株)	2.00
561	定州市(冀)	景天	观叶植物(万盆)	285.20
562	东营区(鲁)	景天	观叶植物(万盆)	3.00
563	湟水森林公园(青)	景天	花卉用种苗(千株)	100.00
564	阜新蒙古族自治县(辽)	景天	盆花(万盆)	102.00
565	金凤区(宁)	景天	盆花(万盆)	40.00
566	延庆县(京)	景天	盆花(万盆)	10.50
567	宣汉县(川)	景天	鲜切花(万支)	18.50
568	万源市(川)	桔梗	盆花(万盆)	20.00
569	安国市(冀)	桔梗	盆花(万盆)	1.50
570	新晃侗族自治县(湘)	桔梗	鲜切花(万支)	1.30
571	二道江区(吉)	君子兰	城镇绿化苗(万株)	3.00
572	石门县(湘)	君子兰	城镇绿化苗(万株)	1.00
573	灵宝市(豫)	君子兰	观赏苗(万株)	53.00
574	忻府区(晋)	君子兰	观叶植物(万盆)	0.51
575	绿园区(吉)	君子兰	盆花(万盆)	20.00
576	海城市(辽)	君子兰	盆花(万盆)	20.00
577	东营区(鲁)	君子兰	盆花(万盆)	10.00
578	垦利县(鲁)	君子兰	盆花(万盆)	8.00
579	义乌市(浙)	君子兰	盆花(万盆)	3.00
580	连南瑶族自治县(粤)	君子兰	盆花(万盆)	3.00
581	温江区(川)	君子兰	盆花(万盆)	2.10
582	武城县(鲁)	君子兰	盆花(万盆)	2.00
583	双台子区(辽)	君子兰	盆花(万盆)	2.00
584	浦东新区(沪)	君子兰	盆花(万盆)	1.50
585	凉州区(甘)	君子兰	盆花(万盆)	1.50
586	武安市(冀)	君子兰	盆花(万盆)	1.00
587	平昌县(川)	君子兰	盆花(万盆)	1.00

	其他花卉主产地	品种	花卉类别	产量
588	彭水苗族土家族自治县(渝)	君子兰	盆花(万盆)	1.00
589	灵宝市(豫)	君子兰	盆花(万盆)	1.00
590	昌乐县(鲁)	君子兰	盆花(万盆)	0.80
591	涉　县(冀)	君子兰	盆花(万盆)	0.66
592	裕华区(冀)	君子兰	盆景(万盆)	15.00
593	商河县(鲁)	君子兰	鲜切花(万支)	15.00
594	铜鼓县(赣)	君子兰	鲜切花(万支)	10.00
595	温江区(川)	苦竹	城镇绿化苗(万株)	3.50
596	温江区(川)	苦竹	观赏苗木(万株)	6.40
597	平昌县(川)	苦竹	观赏苗木(万株)	3.00
598	宣汉县(川)	苦竹	鲜切叶(万支)	15.65
599	温江区(川)	蜡梅	城镇绿化苗(万株)	2.30
600	潢川县(豫)	蜡梅	观赏苗木(万株)	148.50
601	上蔡县(豫)	蜡梅	观赏苗木(万株)	12.00
602	平昌县(川)	蜡梅	观赏苗木(万株)	3.00
603	温江区(川)	蜡梅	观赏苗木(万株)	2.40
604	嘉陵区(川)	蜡梅	观赏苗木(万株)	2.00
605	万源市(川)	蜡梅	盆花(万盆)	5.00
606	潢川县(豫)	蜡梅	盆花(万盆)	3.10
607	保康县(鄂)	蜡梅	盆景(万盆)	5.00
608	温江区(川)	蜡梅	盆景(万盆)	0.51
609	嘉定区(沪)	蜡梅	鲜切花(万支)	320.00
610	温江区(川)	蜡梅	鲜切花(万支)	207.00
611	宣汉县(川)	蜡梅	鲜切花(万支)	55.59
612	万源市(川)	蜡梅	鲜切花(万支)	35.00
613	彭山县(川)	蜡梅	鲜切花(万支)	20.00
614	荣昌县(渝)	蜡梅	鲜切叶(万支)	5.50
615	大足县(渝)	兰草	观叶植物(万盆)	450.00
616	澄海区(粤)	兰草	观叶植物(万盆)	200.00
617	大悟县(鄂)	兰草	观叶植物(万盆)	10.00
618	金寨县(皖)	兰草	观叶植物(万盆)	5.70
619	温江区(川)	兰草	盆花(万盆)	230.00
620	万源市(川)	兰草	盆花(万盆)	50.00
621	宜宾县(川)	兰草	盆花(万盆)	48.00
622	平桥区(豫)	兰草	盆花(万盆)	30.00
623	岫岩满族自治县(辽)	兰草	盆花(万盆)	16.00
624	鼎城区(湘)	兰草	盆花(万盆)	8.00
625	江津区(渝)	兰草	盆花(万盆)	4.50
626	富阳市(浙)	兰草	盆花(万盆)	3.00
627	平昌县(川)	兰草	盆花(万盆)	2.50
628	彭水苗族土家族自治县(渝)	兰草	盆花(万盆)	2.00
629	潢川县(豫)	兰草	盆花(万盆)	1.60
630	汶川县(川)	兰草	盆花(万盆)	1.00
631	三门县(浙)	兰草	盆花(万盆)	1.00

	其他花卉主产地	品种	花卉类别	产量
632	文　县(甘)	兰草	盆景(万盆)	10.00
633	利川市(鄂)	兰草	盆景(万盆)	3.70
634	砚山县(滇)	兰草	盆景(万盆)	2.10
635	沿滩区(川)	蓝目菊	盆景(万盆)	3.00
636	高密市(鲁)	连翘	城镇绿化苗(万株)	30.00
637	千山区(辽)	连翘	城镇绿化苗(万株)	2.00
638	潢川县(豫)	连翘	观赏苗(万株)	240.00
639	海城市(辽)	连翘	观赏苗(万株)	36.00
640	嵩　县(豫)	连翘	观赏苗(万株)	30.00
641	兰西县(黑)	连翘	观赏苗(万株)	20.00
642	金凤区(宁)	连翘	观赏苗(万株)	20.00
643	丰宁满族自治县(冀)	连翘	观赏苗(万株)	15.00
644	壶关县(晋)	连翘	观赏苗(万株)	3.50
645	浚　县(豫)	连翘	观赏苗(万株)	3.00
646	东营区(鲁)	连翘	观赏苗(万株)	3.00
647	涿州市(冀)	连翘	观赏苗(万株)	2.00
648	昌乐县(鲁)	连翘	盆景(万盆)	1.10
649	临安市(浙)	凌霄花类	观赏苗木(万株)	10.00
650	东营区(鲁)	凌霄花类	观赏苗木(万株)	3.00
651	嵩　县(豫)	流苏树	城镇绿化苗(万株)	10.00
652	沂南县(鲁)	流苏树	观赏苗木(万株)	130.00
653	河东区(鲁)	流苏树	观赏苗木(万株)	100.00
654	富阳市(浙)	耧斗菜	盆花(万盆)	1.00
655	温江区(川)	罗汉松	城镇绿化苗(万株)	2.40
656	德安县(赣)	罗汉松	城镇绿化苗(万株)	2.00
657	北仑区(浙)	罗汉松	观赏苗木(万株)	120.00
658	宁海县(浙)	罗汉松	观赏苗木(万株)	5.00
659	温江区(川)	罗汉松	观赏苗木(万株)	4.20
660	玉山县(赣)	罗汉松	观赏苗木(万株)	0.60
661	石峰区(湘)	罗汉松	盆景(万盆)	42.00
662	温江区(川)	罗汉松	盆景(万盆)	12.90
663	象山县(浙)	罗汉松	盆景(万盆)	10.00
664	宣汉县(川)	罗汉松	盆景(万盆)	5.51
665	龙南县(赣)	罗汉松	盆景(万盆)	5.00
666	富阳市(浙)	罗汉松	盆景(万盆)	5.00
667	龙湾区(浙)	罗汉松	盆景(万盆)	1.50
668	北仑区(浙)	罗汉松	盆景(万盆)	1.50
669	温江区(川)	罗汉竹	城镇绿化苗(万株)	2.10
670	鼎城区(湘)	罗汉竹	观赏苗木(万株)	2.00
671	温江区(川)	罗汉竹	观赏苗木(万株)	1.60
672	富阳市(浙)	罗汉竹	盆景(万盆)	5.00
673	广丰县(赣)	罗汉竹	盆景(万盆)	1.83
674	涿州市(冀)	麻叶绣线菊类	观赏苗木(万株)	10.00
675	东营区(鲁)	麻叶绣线菊类	观赏苗木(万株)	2.00

	其他花卉主产地	品种	花卉类别	产量
676	新化县(湘)	马尼拉草	城镇绿化苗(万株)	2.50
677	东辽县(吉)	马蔺	观赏苗(万株)	15.00
678	大武口区(宁)	马蔺	花卉用种苗(千株)	12.00
679	金凤区(宁)	马蔺	盆花(万盆)	30.00
680	东洲区(辽)	马蔺	盆花(万盆)	7.00
681	景宁畲族自治县(浙)	马蹄金	鲜切花(万支)	2.00
682	黄州区(鄂)	麦冬	观赏苗木(万株)	1.00
683	万源市(川)	麦冬	盆花(万盆)	10.00
684	武邑县(冀)	麦冬	盆花(万盆)	1.87
685	建湖县(苏)	麦冬	鲜切花(万支)	15.00
686	津市市(湘)	毛竹	城镇绿化苗(万株)	60.00
687	宜都市(鄂)	毛竹	城镇绿化苗(万株)	5.00
688	翠屏区(川)	毛竹	城镇绿化苗(万株)	1.00
689	蕉岭县(粤)	毛竹	观赏苗木(万株)	50.00
690	温江区(川)	毛竹	观赏苗木(万株)	31.70
691	洋　县(陕)	毛竹	观叶植物(万盆)	1.50
692	宝安区(粤)	毛竹	盆花(万盆)	10.00
693	温江区(川)	梅花	城镇绿化苗(万株)	3.21
694	潢川县(豫)	梅花	观赏苗木(万株)	80.00
695	临川区(赣)	梅花	观赏苗木(万株)	46.00
696	平舆县(豫)	梅花	观赏苗木(万株)	44.00
697	罗山县(豫)	梅花	观赏苗木(万株)	30.00
698	郫　县(川)	梅花	观赏苗木(万株)	20.00
699	临安市(浙)	梅花	观赏苗木(万株)	20.00
700	中方县(湘)	梅花	观赏苗木(万株)	10.00
701	平昌县(川)	梅花	观赏苗木(万株)	6.00
702	温江区(川)	梅花	观赏苗木(万株)	3.60
703	巴州区(川)	梅花	观赏苗木(万株)	2.80
704	三门县(浙)	梅花	观赏苗木(万株)	2.00
705	垫江县(渝)	梅花	观赏苗木(万株)	1.00
706	东港区(鲁)	梅花	盆花(万盆)	80.00
707	万源市(川)	梅花	盆花(万盆)	10.00
708	鼎城区(湘)	梅花	盆花(万盆)	4.00
709	潢川县(豫)	梅花	盆花(万盆)	1.80
710	宜宾县(川)	梅花	盆花(万盆)	1.00
711	莱州市(鲁)	梅花	盆景(万盆)	20.00
712	平桥区(豫)	梅花	盆景(万盆)	2.00
713	温江区(川)	梅花	鲜切花(万支)	218.00
714	宣汉县(川)	梅花	鲜切花(万支)	45.85
715	荣　县(川)	梅花	鲜切花(万支)	30.00
716	广阳区(冀)	美国红栌	观赏苗木(万株)	42.45
717	潢川县(豫)	美国红栌	观赏苗木(万株)	34.00
718	饶河县(黑)	美丽天人菊	盆花(万盆)	1.50
719	宣汉县(川)	美人松	盆花(万盆)	6.50
720	中方县(湘)	米兰	观赏苗木(万株)	10.00
721	黄州区(鄂)	米兰	观赏苗木(万株)	2.00

	其他花卉主产地	品种	花卉类别	产量
722	黄州区(鄂)	米兰	观赏苗木(万株)	1.00
723	龙南县(赣)	米兰	观叶植物(万盆)	1.00
724	盐亭县(川)	米兰	盆花(万盆)	50.00
725	宜宾县(川)	米兰	盆花(万盆)	27.00
726	肥乡县(冀)	米兰	盆花(万盆)	10.00
727	临武县(湘)	米兰	盆花(万盆)	1.35
728	西安区(吉)	米兰	盆花(万盆)	0.70
729	富阳市(浙)	米兰	盆景(万盆)	1.00
730	诸城市(鲁)	茉莉花	观赏苗木(万株)	13.00
731	运河区(冀)	茉莉花	盆花(万盆)	10.00
732	沙市区(鄂)	茉莉花	盆花(万盆)	5.00
733	三门县(浙)	茉莉花	盆花(万盆)	1.00
734	平山县(冀)	茉莉花	盆花(万盆)	1.00
735	富阳市(浙)	茉莉花	盆花(万盆)	1.00
736	新晃侗族自治县(湘)	茉莉花	盆景(万盆)	1.80
737	昌乐县(鲁)	茉莉花	盆景(万盆)	0.80
738	宣汉县(川)	茉莉花	鲜切花(万支)	45.66
739	新晃侗族自治县(湘)	茉莉花	鲜切花(万支)	1.80
740	垫江县(渝)	茉莉花	鲜切叶(万支)	26.00
741	温江区(川)	木芙蓉	城镇绿化苗(万株)	7.20
742	温江区(川)	木芙蓉	观赏苗木(万株)	24.70
743	温江区(川)	木芙蓉	观赏苗木(万株)	22.60
744	南昌县(赣)	木芙蓉	观赏苗木(万株)	8.00
745	平昌县(川)	木芙蓉	观赏苗木(万株)	4.00
746	温江区(川)	木芙蓉	花卉用种苗(千株)	50.00
747	绿园区(吉)	木通类	观赏苗木(万株)	20.00
748	阜新蒙古族自治县(辽)	木犀草	盆花(万盆)	10.50
749	藁城市(冀)	木犀草	鲜切花(万支)	1.00
750	温江区(川)	南天竹	城镇绿化苗(万株)	25.00
751	温江区(川)	南天竹	观赏苗木(万株)	461.00
752	潢川县(豫)	南天竹	观赏苗木(万株)	210.00
753	郫　县(川)	南天竹	观赏苗木(万株)	20.00
754	平昌县(川)	南天竹	观赏苗木(万株)	7.00
755	嘉陵区(川)	南天竹	观赏苗木(万株)	2.00
756	潢川县(豫)	南天竹	观叶植物(万盆)	4.40
757	宜宾县(川)	南天竹	盆花(万盆)	17.00
758	富阳市(浙)	南天竹	盆花(万盆)	1.00
759	枝江市(鄂)	南天竹	盆景(万盆)	30.00
760	鹤峰县(鄂)	平枝枸子	盆花(万盆)	500.00
761	长葛市(豫)	葡萄	观赏苗木(万株)	50.00
762	南昌县(赣)	葡萄	观赏苗木(万株)	6.00
763	永清县(冀)	葡萄	观赏苗木(万株)	1.50
764	永福县(桂)	葡萄	鲜切花(万支)	2.00
765	万源市(川)	七叶莲	鲜切花(万支)	10.00
766	许昌县(豫)	七叶树	城镇绿化苗(万株)	10.00
767	德安县(赣)	七叶树	城镇绿化苗(万株)	10.00

	其他花卉主产地	品种	花卉类别	产量
768	洋　县(陕)	七叶树	观赏苗木(万株)	22.00
769	潢川县(豫)	七叶树	观赏苗木(万株)	11.00
770	卢氏县(豫)	七叶树	观赏苗木(万株)	10.00
771	城固县(陕)	七叶树	观赏苗木(万株)	9.50
772	方城县(豫)	七叶树	观赏苗木(万株)	0.80
773	安国市(冀)	七叶树	盆花(万盆)	1.00
774	洋　县(陕)	七叶树	鲜切叶(万支)	3.00
775	温江区(川)	青枫	城镇绿化苗(万株)	3.40
776	温江区(川)	青枫	观赏苗木(万株)	2.30
777	玉山县(赣)	青枫	观赏苗木(万株)	2.00
778	荔湾区(粤)	秋风	城镇绿化苗(万株)	1250.00
779	云阳县(渝)	秋风	城镇绿化苗(万株)	55.00
780	麻章区(粤)	秋风	城镇绿化苗(万株)	15.00
781	防城区(桂)	秋风	观赏苗木(万株)	45.00
782	蕉岭县(粤)	秋风	观赏苗木(万株)	5.00
783	高州市(粤)	秋风	观赏苗木(万株)	2.00
784	斗门区(粤)	秋风	盆景(万盆)	20.00
785	茂港区(粤)	秋风	盆景(万盆)	2.26
786	孟津县(豫)	秋牡丹	盆花(万盆)	21.40
787	竹溪县(鄂)	秋牡丹	盆花(万盆)	1.00
788	潜山县(皖)	秋牡丹	盆景(万盆)	1.00
789	颍东区(皖)	楸树	城镇绿化苗(万株)	2.00
790	长葛市(豫)	楸树	观赏苗木(万株)	50.00
791	华龙区(豫)	楸树	观赏苗木(万株)	3.00
792	淮阳县(豫)	楸树	观赏苗木(万株)	2.00
793	安国市(冀)	球根海棠	观赏苗木(万株)	23.50
794	彭水苗族土家族自治县(渝)	球根海棠	观赏苗木(万株)	5.00
795	新邵县(湘)	球根海棠	观叶植物(万盆)	12.00
796	北戴河区(冀)	球根海棠	盆花(万盆)	6.80
797	富阳市(浙)	球根海棠	盆花(万盆)	5.00
798	芦淞区(湘)	球根海棠	盆花(万盆)	1.00
799	广丰县(赣)	球根海棠	盆景(万盆)	0.80
800	藁城市(冀)	球根海棠	鲜切花(万支)	3.00
801	三门县(浙)	雀梅藤	盆景(万盆)	0.80
802	克东县(黑)	忍冬类	城镇绿化苗(万株)	1.50
803	芜湖县(皖)	忍冬类	观赏苗木(万株)	1.00
804	开远市(滇)	榕树(小叶榕)	城镇绿化苗(万株)	60.00
805	深圳市光明新区(粤)	榕树(小叶榕)	城镇绿化苗(万株)	18.00
806	丰都县(渝)	榕树(小叶榕)	城镇绿化苗(万株)	10.50
807	清城区(粤)	榕树(小叶榕)	城镇绿化苗(万株)	9.50
808	温江区(川)	榕树(小叶榕)	城镇绿化苗(万株)	5.80
809	钦南区(桂)	榕树(小叶榕)	城镇绿化苗(万株)	5.00
810	平昌县(川)	榕树(小叶榕)	城镇绿化苗(万株)	4.00
811	赤水市(黔)	榕树(小叶榕)	城镇绿化苗(万株)	2.54
812	云阳县(渝)	榕树(小叶榕)	城镇绿化苗(万株)	1.20

	其他花卉主产地	品种	花卉类别	产量
813	东坡区(川)	榕树(小叶榕)	城镇绿化苗(万株)	1.00
814	宝安区(粤)	榕树(小叶榕)	观赏苗木(万株)	50.00
815	广汉市(川)	榕树(小叶榕)	观赏苗木(万株)	45.00
816	江津区(渝)	榕树(小叶榕)	观赏苗木(万株)	30.00
817	雁江区(川)	榕树(小叶榕)	观赏苗木(万株)	8.00
818	信宜市(粤)	榕树(小叶榕)	观赏苗木(万株)	5.00
819	嘉陵区(川)	榕树(小叶榕)	观赏苗木(万株)	3.01
820	温江区(川)	榕树(小叶榕)	观赏苗木(万株)	2.90
821	饶平县(粤)	榕树(小叶榕)	观赏苗木(万株)	1.00
822	东洲区(辽)	榕树(小叶榕)	盆花(万盆)	3.50
823	连平县(粤)	榕树(小叶榕)	盆景(万盆)	15.00
824	蓬江区(粤)	榕树(小叶榕)	盆景(万盆)	9.90
825	宣汉县(川)	榕树(小叶榕)	盆景(万盆)	6.51
826	新华区(豫)	榕树(小叶榕)	盆景(万盆)	2.00
827	昌乐县(鲁)	榕树(小叶榕)	盆景(万盆)	1.50
828	龙马潭区(川)	榕树(小叶榕)	盆景(万盆)	1.20
829	新丰县(粤)	榕树(小叶榕)	盆景(万盆)	1.00
830	肥西县(皖)	瑞香	观赏苗木(万株)	2.50
831	龙南县(赣)	瑞香	观叶植物(万盆)	5.00
832	潢川县(豫)	瑞香	盆花(万盆)	2.80
833	涿州市(冀)	三叶地锦	观赏苗木(万株)	6.50
834	怀来县(冀)	三叶地锦	观赏苗木(万株)	3.00
835	温江区(川)	散尾葵	城镇绿化苗(万株)	2.60
836	廉江市(粤)	散尾葵	观赏苗木(万株)	32.00
837	宝安区(粤)	散尾葵	观赏苗木(万株)	5.00
838	温江区(川)	散尾葵	观赏苗木(万株)	0.86
839	海城市(辽)	散尾葵	观叶植物(万盆)	32.00
840	义乌市(浙)	散尾葵	观叶植物(万盆)	5.00
841	新华区(豫)	散尾葵	观叶植物(万盆)	1.00
842	新丰县(粤)	散尾葵	盆景(万盆)	1.00
843	海城市(辽)	散尾葵	鲜切叶(万支)	11.50
844	平昌县(川)	散尾葵	鲜切叶(万支)	5.00
845	泰来县(黑)	山桃	城镇绿化苗(万株)	7.00
846	稀土高新区(内蒙古)	山桃	城镇绿化苗(万株)	2.00
847	定州市(冀)	山桃	观赏苗木(万株)	120.00
848	南召县(豫)	山茱萸	观赏苗木(万株)	380.00
849	嵩　县(豫)	山茱萸	观赏苗木(万株)	50.00
850	江津区(渝)	山茱萸	观赏苗木(万株)	5.00
851	东营区(鲁)	山茱萸	盆花(万盆)	10.00
852	万源市(川)	山茱萸	鲜切花(万支)	11.00
853	芜湖县(皖)	芍药	观赏苗木(万株)	10.00
854	宜阳县(豫)	芍药	观赏苗木(万株)	3.00
855	柏乡县(冀)	芍药	盆花(万盆)	2.00
856	温江区(川)	芍药	盆花(万盆)	1.20
857	榕城区(粤)	芍药	盆花(万盆)	1.00
858	富阳市(浙)	芍药	盆花(万盆)	1.00
859	洛宁县(豫)	芍药	食用及药用花卉(千克)	380.00
860	临夏市(甘)	芍药	鲜切花(万支)	32.00
861	益阳市市辖区(湘)	蛇莓	观叶植物(万盆)	15.00
862	万源市(川)	射干	盆花(万盆)	20.00
863	淮滨县(豫)	麝香百合类	观叶植物(万盆)	5.00
864	泸西县(滇)	麝香百合类	鲜切花(万支)	312.00
865	兴城市(辽)	麝香百合类	鲜切花(万支)	50.00
866	义乌市(浙)	麝香百合类	鲜切花(万支)	12.00
867	开平区(冀)	麝香百合类	鲜切花(万支)	10.00
868	津市市(湘)	麝香百合类	鲜切花(万支)	1.00
869	梁子湖区(鄂)	十姊妹	鲜切花(万支)	80.00
870	富阳市(浙)	石斛兰	盆景(万盆)	2.00
871	新丰县(粤)	石斛兰	盆景(万盆)	1.00
872	新丰县(粤)	石斛兰	鲜切花(万支)	300.00
873	蕉岭县(粤)	石莲花	观赏苗木(万株)	5.00
874	蕉岭县(粤)	石莲花	盆花(万盆)	5.00
875	宣汉县(川)	石莲花	鲜切花(万支)	8.95
876	温江区(川)	石榴	城镇绿化苗(万株)	1.50
877	新泰市(鲁)	石榴	观赏苗木(万株)	30.00
878	长葛市(豫)	石榴	观赏苗木(万株)	20.00
879	西平县(豫)	石榴	观赏苗木(万株)	20.00
880	大名县(冀)	石榴	观赏苗木(万株)	5.00
881	嘉陵区(川)	石榴	观赏苗木(万株)	2.00
882	温江区(川)	石榴	观赏苗木(万株)	1.50
883	磁　县(冀)	石榴	观赏苗木(万株)	1.00
884	临漳县(冀)	石榴	观赏苗木(万株)	0.90
885	修水县(赣)	石榴	盆花(万盆)	12.00
886	黄梅县(鄂)	石榴	盆花(万盆)	8.00
887	江北区(浙)	石榴	盆花(万盆)	5.00
888	昌乐县(鲁)	石榴	盆景(万盆)	1.20
889	富阳市(浙)	石榴	盆景(万盆)	1.00
890	彭水苗族土家族自治县(渝)	石蒜	观赏苗木(万株)	5.00
891	富阳市(浙)	石蒜	盆花(万盆)	5.00
892	源汇区(豫)	石蒜	鲜切花(万支)	2.12
893	高平市(晋)	矢车菊	城镇绿化苗(万株)	30.00
894	云溪区(湘)	矢车菊	城镇绿化苗(万株)	10.00
895	广饶县(鲁)	矢车菊	观赏苗木(万株)	4.00
896	仙桃市(鄂)	矢车菊	盆花(万盆)	50.00
897	珠晖区(湘)	矢车菊	盆花(万盆)	20.00
898	吉首市(湘)	矢车菊	盆花(万盆)	15.00
899	南雄市(粤)	矢车菊	盆花(万盆)	7.13
900	榕城区(粤)	矢车菊	盆花(万盆)	1.00
901	郾城区(豫)	矢车菊	盆花(万盆)	0.70
902	新晃侗族自治县(湘)	矢车菊	盆花(万盆)	0.60
903	宣汉县(川)	矢车菊	鲜切花(万支)	11.00

	其他花卉主产地	品种	花卉类别	产量
904	东港区(鲁)	矢车菊	鲜切花(万支)	5.00
905	新晃侗族自治县(湘)	矢车菊	鲜切花(万支)	1.10
906	老河口市(鄂)	矢车菊	鲜切叶(万支)	6.20
907	邯郸县(冀)	柿	观赏苗木(万株)	80.00
908	卫辉市(豫)	柿	观赏苗木(万株)	2.00
909	五华县(粤)	柿	食用及药用花卉(千克)	30.00
910	石门县(湘)	水仙	城镇绿化苗(万株)	12.00
911	中方县(湘)	水仙	观赏苗木(万株)	10.00
912	广饶县(鲁)	水仙	盆花(万盆)	33.00
913	原阳县(豫)	水仙	盆花(万盆)	30.00
914	衡阳县(湘)	水仙	盆花(万盆)	8.00
915	义乌市(浙)	水仙	盆花(万盆)	5.00
916	新华区(豫)	水仙	盆花(万盆)	3.00
917	东洲区(辽)	水仙	盆花(万盆)	3.00
918	榕城区(粤)	水仙	盆花(万盆)	1.00
919	平昌县(川)	水仙	盆花(万盆)	1.00
920	彭山县(川)	水仙	盆花(万盆)	1.00
921	昌乐县(鲁)	水仙	盆花(万盆)	0.80
922	新建县(赣)	水仙	盆花(万盆)	0.75
923	新晃侗族自治县(湘)	水仙	盆花(万盆)	0.70
924	崇明县(沪)	水仙	盆景(万盆)	11.00
925	永兴县(湘)	水仙	盆景(万盆)	7.00
926	新丰县(粤)	水仙	盆景(万盆)	1.00
927	新丰县(粤)	水仙	鲜切花(万支)	100.00
928	崇明县(沪)	水仙	鲜切花(万支)	30.90
929	铜鼓县(赣)	水仙	鲜切花(万支)	20.00
930	龙南县(赣)	水仙	鲜切花(万支)	20.00
931	恩平市(粤)	水仙	鲜切花(万支)	1.50
932	许昌县(豫)	丝绵木	城镇绿化苗(万株)	38.00
933	鄢陵县(豫)	丝绵木	观赏苗木(万株)	120.00
934	东营区(鲁)	丝绵木	盆花(万盆)	10.00
935	娄星区(湘)	四季竹	城镇绿化苗(万株)	1.00
936	临安市(浙)	四季竹	观赏苗木(万株)	3.00
937	三门县(浙)	四季竹	观赏苗木(万株)	1.50
938	翠屏区(川)	四季竹	观赏苗木(万株)	1.00
939	义乌市(浙)	四季竹	观叶植物(万盆)	2.00
940	宣汉县(川)	四季竹	盆花(万盆)	8.50
941	富阳市(浙)	四季竹	盆景(万盆)	1.00
942	新建县(赣)	四季竹	盆景(万盆)	0.63
943	凤阳县(皖)	四照花	观叶植物(万盆)	1.00
944	孟村回族自治县(冀)	松叶菊	观赏苗木(万株)	0.80
945	路南区(冀)	松叶菊	盆花(万盆)	100.00
946	樊城区(鄂)	松叶菊	盆花(万盆)	9.00
947	芦溪县(赣)	松叶菊	盆花(万盆)	5.00
948	饶河县(黑)	松叶菊	盆花(万盆)	1.20
949	青阳县(皖)	松叶菊	盆景(万盆)	1.00

	其他花卉主产地	品种	花卉类别	产量
950	铜鼓县(赣)	昙花	鲜切花(万支)	30.00
951	安国市(冀)	唐菖蒲	城镇绿化苗(万株)	1.50
952	海城市(辽)	唐菖蒲	花卉用种球(千粒)	300.00
953	莒南县(鲁)	唐菖蒲	盆花(万盆)	400.00
954	富阳市(浙)	唐菖蒲	盆花(万盆)	5.00
955	崇明县(沪)	唐菖蒲	鲜切花(万支)	259.90
956	榆中县(甘)	唐菖蒲	鲜切花(万支)	246.30
957	临洮县(甘)	唐菖蒲	鲜切花(万支)	130.00
958	松江区(沪)	唐菖蒲	鲜切花(万支)	90.30
959	海城市(辽)	唐菖蒲	鲜切花(万支)	78.40
960	建湖县(苏)	唐菖蒲	鲜切花(万支)	50.00
961	渭城区(陕)	唐菖蒲	鲜切花(万支)	30.00
962	秦州区(甘)	唐菖蒲	鲜切花(万支)	30.00
963	垦利县(鲁)	唐菖蒲	鲜切花(万支)	20.00
964	平昌县(川)	唐菖蒲	鲜切花(万支)	15.00
965	张家川回族自治县(甘)	唐菖蒲	鲜切花(万支)	9.00
966	桂阳县(湘)	唐菖蒲	鲜切花(万支)	9.00
967	迁西县(冀)	唐菖蒲	鲜切花(万支)	8.00
968	东港区(鲁)	唐菖蒲	鲜切花(万支)	6.00
969	海宁市(浙)	唐菖蒲	鲜切花(万支)	4.10
970	闵行区(沪)	唐菖蒲	鲜切花(万支)	4.00
971	徽　县(甘)	唐菖蒲	鲜切花(万支)	3.50
972	洋　县(陕)	唐菖蒲	鲜切花(万支)	3.20
973	凌源市(辽)	唐菖蒲	鲜切花(万支)	2.50
974	沂南县(鲁)	唐菖蒲	鲜切花(万支)	2.00
975	蔡甸区(鄂)	唐菖蒲	鲜切花(万支)	1.00
976	贵溪市(赣)	藤本月季	观赏苗木(万株)	45.20
977	郫　县(川)	藤本月季	观赏苗木(万株)	40.00
978	东明县(鲁)	藤本月季	观赏苗木(万株)	6.82
979	鹤峰县(鄂)	藤本月季	盆花(万盆)	400.00
980	盐源县(川)	藤本月季	盆花(万盆)	1.25
981	东港区(鲁)	藤本月季	鲜切花(万支)	15.00
982	江北区(浙)	藤类	盆景(万盆)	15.00
983	闵行区(沪)	藤萝	观赏苗木(万株)	1.00
984	信宜市(粤)	藤萝	观叶植物(万盆)	3.00
985	淅川县(豫)	天蓝绣球	观叶植物(万盆)	1.20
986	北戴河区(冀)	天人菊	盆花(万盆)	7.70
987	河东区(鲁)	贴梗海棠	城镇绿化苗(万株)	800.00
988	温江区(川)	贴梗海棠	城镇绿化苗(万株)	6.72
989	易　县(冀)	贴梗海棠	观赏苗木(万株)	300.00
990	大足县(渝)	贴梗海棠	观赏苗木(万株)	100.00
991	广饶县(鲁)	贴梗海棠	观赏苗木(万株)	14.00
992	宁阳县(鲁)	贴梗海棠	观赏苗木(万株)	11.00
993	广饶县(鲁)	贴梗海棠	观赏苗木(万株)	8.00
994	温江区(川)	贴梗海棠	观赏苗木(万株)	7.40
995	郫　县(川)	贴梗海棠	观赏苗木(万株)	4.00

	其他花卉主产地	品种	花卉类别	产量
996	东营区(鲁)	贴梗海棠	观赏苗木(万株)	3.00
997	昌乐县(鲁)	贴梗海棠	观赏苗木(万株)	2.00
998	黄州区(鄂)	贴梗海棠	观赏苗木(万株)	1.00
999	温江区(川)	贴梗海棠	花卉用种苗(千株)	200.00
1000	河东区(鲁)	贴梗海棠	盆花(万盆)	600.00
1001	蠡　县(冀)	贴梗海棠	盆花(万盆)	1.00
1002	宁阳县(鲁)	贴梗海棠	盆花(万盆)	0.80
1003	郫　县(川)	贴梗海棠	盆景(万盆)	2.00
1004	温江区(川)	贴梗海棠	盆景(万盆)	1.20
1005	富阳市(浙)	贴梗海棠	盆景(万盆)	1.00
1006	荣　县(川)	贴梗海棠	鲜切花(万支)	20.00
1007	彭山县(川)	晚香玉	鲜切花(万支)	5.00
1008	安阳县(豫)	卫矛类	城镇绿化苗(万株)	368.74
1009	滦南县(冀)	卫矛类	城镇绿化苗(万株)	7.80
1010	深州市(冀)	卫矛类	城镇绿化苗(万株)	6.00
1011	陕西省苗木繁育中心(陕)	卫矛类	城镇绿化苗(万株)	5.00
1012	龙安区(豫)	卫矛类	观赏苗木(万株)	150.00
1013	沂水县(鲁)	卫矛类	观赏苗木(万株)	100.00
1014	高阳县(冀)	卫矛类	观赏苗木(万株)	25.00
1015	武强县(冀)	卫矛类	观赏苗木(万株)	15.50
1016	南岗区(黑)	卫矛类	观赏苗木(万株)	13.00
1017	洛龙区(豫)	卫矛类	观赏苗木(万株)	10.00
1018	翁牛特旗(内蒙古)	卫矛类	观赏苗木(万株)	7.00
1019	寒亭区(鲁)	卫矛类	观赏苗木(万株)	6.00
1020	涿州市(冀)	卫矛类	观赏苗木(万株)	5.00
1021	金凤区(宁)	卫矛类	观赏苗木(万株)	4.00
1022	北戴河区(冀)	卫矛类	观赏苗木(万株)	3.50
1023	闵行区(沪)	文殊兰	观赏苗木(万株)	0.80
1024	武邑县(冀)	文殊兰	盆花(万盆)	1.50
1025	宁海县(浙)	五针松	观赏苗木(万株)	5.00
1026	环翠区(鲁)	五针松	盆景(万盆)	50.00
1027	富阳市(浙)	五针松	盆景(万盆)	1.00
1028	大埔县(粤)	勿忘草	城镇绿化苗(万株)	100.00
1029	广饶县(鲁)	勿忘草	观赏苗木(万株)	9.00
1030	平桥区(豫)	勿忘草	盆花(万盆)	5.00
1031	平舆县(豫)	勿忘草	盆花(万盆)	1.00
1032	娄星区(湘)	勿忘草	盆花(万盆)	1.00
1033	穆棱市(黑)	勿忘草	盆花(万盆)	0.80
1034	宣汉县(川)	勿忘草	鲜切花(万支)	35.10
1035	沙市区(鄂)	勿忘草	鲜切花(万支)	29.00
1036	迁西县(冀)	勿忘草	鲜切花(万支)	10.00
1037	新野县(豫)	勿忘草	鲜切花(万支)	8.00
1038	源汇区(豫)	勿忘草	鲜切花(万支)	2.26
1039	凤城市(辽)	勿忘草	鲜切叶(万支)	20.00
1040	岱岳区(鲁)	西府海棠	城镇绿化苗(万株)	50.00
1041	坊子区(鲁)	西府海棠	城镇绿化苗(万株)	20.00
1042	高密市(鲁)	西府海棠	城镇绿化苗(万株)	3.20
1043	温江区(川)	西府海棠	城镇绿化苗(万株)	2.06
1044	河东区(鲁)	西府海棠	观赏苗木(万株)	800.00
1045	定州市(冀)	西府海棠	观赏苗木(万株)	150.00
1046	潢川县(豫)	西府海棠	观赏苗木(万株)	75.00
1047	清苑县(冀)	西府海棠	观赏苗木(万株)	50.00
1048	平泉县(冀)	西府海棠	观赏苗木(万株)	20.00
1049	罗山县(豫)	西府海棠	观赏苗木(万株)	12.00
1050	曲阳县(冀)	西府海棠	观赏苗木(万株)	5.00
1051	寒亭区(鲁)	西府海棠	观赏苗木(万株)	5.00
1052	新泰市(鲁)	西府海棠	盆花(万盆)	3.00
1053	满城县(冀)	西府海棠	鲜切花(万支)	5.00
1054	莱州市(鲁)	仙客来	观赏苗(万株)	470.00
1055	山丹县(甘)	仙客来	观赏苗(万株)	1.00
1056	莱州市(鲁)	仙客来	花卉用种子(千克)	70.00
1057	莱州市(鲁)	仙客来	盆花(万盆)	150.00
1058	广饶县(鲁)	仙客来	盆花(万盆)	64.00
1059	宝山区(沪)	仙客来	盆花(万盆)	45.00
1060	温江区(川)	仙客来	盆花(万盆)	31.00
1061	东营区(鲁)	仙客来	盆花(万盆)	20.00
1062	石家庄市桥西区(冀)	仙客来	盆花(万盆)	18.00
1063	西夏区(宁)	仙客来	盆花(万盆)	10.00
1064	莒南县(鲁)	仙客来	盆花(万盆)	8.00
1065	渭城区(陕)	仙客来	盆花(万盆)	5.00
1066	忻府区(晋)	仙客来	盆花(万盆)	3.87
1067	东平县(鲁)	仙客来	盆花(万盆)	2.00
1068	蓬莱市(鲁)	仙客来	盆花(万盆)	1.50
1069	垦利县(鲁)	仙客来	盆花(万盆)	1.00
1070	昌乐县(鲁)	仙客来	盆花(万盆)	0.90
1071	岚皋县(陕)	仙客来	盆景(万盆)	1.50
1072	平泉县(冀)	仙客来	鲜切花(万支)	30.00
1073	洋　县(陕)	仙客来	鲜切花(万支)	1.80
1074	沙市区(鄂)	香蒲	鲜切叶(万支)	5.00
1075	川汇区(豫)	香雪球	干花(万支)	1.50
1076	青阳县(皖)	香雪球	观叶植物(万盆)	2.00
1077	大足县(渝)	香雪球	盆花(万盆)	100.00
1078	淅川县(豫)	香雪球	盆花(万盆)	0.90
1079	延庆县(京)	小丽花	盆花(万盆)	155.00
1080	固阳县(内蒙古)	小丽花	盆花(万盆)	1.00
1081	松江区(沪)	小雀舌兰	盆花(万盆)	514.00
1082	千山区(辽)	杏	城镇绿化苗(万株)	11.00
1083	渝水区(赣)	杏	观赏苗木(万株)	300.00
1084	寿　县(皖)	杏	观赏苗木(万株)	45.00
1085	长葛市(豫)	杏	观赏苗木(万株)	30.00
1086	藁城市(冀)	杏	观赏苗木(万株)	2.00
1087	荣昌县(渝)	杏	鲜切叶(万支)	1.00

	其他花卉主产地	品种	花卉类别	产量
1088	温江区(川)	绣球花	城镇绿化苗(万株)	8.10
1089	翠屏区(川)	绣球花	城镇绿化苗(万株)	2.00
1090	安宁区(甘)	绣球花	城镇绿化苗(万株)	1.50
1091	黄梅县(鄂)	绣球花	观赏苗木(万株)	10.00
1092	富阳市(浙)	绣球花	盆花(万盆)	2.00
1093	凉州区(甘)	绣球花	盆花(万盆)	1.50
1094	千山区(辽)	萱草	城镇绿化苗(万株)	500.00
1095	滦南县(冀)	萱草	城镇绿化苗(万株)	160.00
1096	金川区(甘)	萱草	城镇绿化苗(万株)	30.00
1097	安宁区(甘)	萱草	城镇绿化苗(万株)	10.00
1098	宾县(黑)	萱草	城镇绿化苗(万株)	5.00
1099	涿州市(冀)	萱草	观赏苗(万株)	438.90
1100	颍东区(皖)	萱草	观赏苗(万株)	20.00
1101	怀来县(冀)	萱草	观赏苗(万株)	1.50
1102	东辽县(吉)	萱草	观赏苗(万株)	1.00
1103	定州市(冀)	萱草	观叶植物(万盆)	200.00
1104	东营区(鲁)	萱草	观叶植物(万盆)	2.00
1105	罗山县(豫)	萱草	盆花(万盆)	85.00
1106	阜新蒙古族自治县(辽)	萱草	盆花(万盆)	74.00
1107	东平县(鲁)	萱草	盆花(万盆)	2.00
1108	鄢陵县(豫)	萱草	鲜切花(万支)	620.00
1109	建湖县(苏)	萱草	鲜切花(万支)	35.00
1110	沙市区(鄂)	萱草	鲜切叶(万支)	5.00
1111	敦化市(吉)	雁来红	盆花(万盆)	111.00
1112	涿州市(冀)	雁来红	盆花(万盆)	41.00
1113	饶河县(黑)	雁来红	盆花(万盆)	5.00
1114	高　县(川)	雁来红	鲜切花(万支)	1.80
1115	温江区(川)	羊蹄甲类	城镇绿化苗(万株)	6.50
1116	泸　县(川)	羊蹄甲类	城镇绿化苗(万株)	5.00
1117	温江区(川)	羊蹄甲类	观赏苗木(万株)	5.50
1118	宝安区(粤)	羊蹄甲类	盆花(万盆)	60.00
1119	鹿寨县(桂)	羊蹄甲类	盆花(万盆)	1.85
1120	新丰县(粤)	羊蹄甲类	盆景(万盆)	1.00
1121	新丰县(粤)	羊蹄甲类	鲜切花(万支)	300.00
1122	翠屏区(川)	叶子花	城镇绿化苗(万株)	6.00
1123	开远市(滇)	叶子花	城镇绿化苗(万株)	5.00
1124	施甸县(滇)	叶子花	观赏苗木(万株)	3.00
1125	临武县(湘)	叶子花	盆花(万盆)	1.05
1126	石门县(湘)	夜来香	城镇绿化苗(万株)	2.00
1127	平昌县(川)	夜来香	观赏苗木(万株)	2.00
1128	彭山县(川)	夜来香	观赏苗木(万株)	1.00
1129	商河县(鲁)	夜来香	盆花(万盆)	25.00
1130	肥乡县(冀)	夜来香	盆花(万盆)	25.00
1131	平舆县(豫)	夜来香	盆花(万盆)	2.00
1132	藁城市(冀)	夜落金钱	观赏苗木(万株)	1.00
1133	深圳市光明新区(粤)	一点缨	城镇绿化苗(万株)	10.00

	其他花卉主产地	品种	花卉类别	产量
1134	温江区(川)	樱桃	城镇绿化苗(万株)	18.00
1135	长葛市(豫)	樱桃	观赏苗木(万株)	50.00
1136	南漳县(鄂)	樱桃	观赏苗木(万株)	43.20
1137	丰宁满族自治县(冀)	樱桃	观赏苗木(万株)	42.00
1138	壶关县(晋)	樱桃	观赏苗木(万株)	2.50
1139	东风区(黑)	樱桃	花卉用种苗(千株)	100.00
1140	富阳市(浙)	樱桃	盆景(万盆)	1.00
1141	温江区(川)	迎春花	城镇绿化苗(万株)	11.00
1142	温江区(川)	迎春花	观赏苗木(万株)	17.90
1143	新泰市(鲁)	迎春花	观赏苗木(万株)	10.00
1144	郫　县(川)	迎春花	观赏苗木(万株)	10.00
1145	翠屏区(川)	迎春花	观赏苗木(万株)	2.00
1146	温江区(川)	迎春花	花卉用种苗(千株)	150.00
1147	龙南县(赣)	迎春花	盆花(万盆)	3.00
1148	莒南县(鲁)	迎春花	盆花(万盆)	2.00
1149	榕江县(黔)	迎春花	盆景(万盆)	7.60
1150	昌乐县(鲁)	迎春花	盆景(万盆)	1.80
1151	泸　县(川)	鱼尾葵	城镇绿化苗(万株)	5.00
1152	温江区(川)	鱼尾葵	城镇绿化苗(万株)	1.32
1153	廉江市(粤)	鱼尾葵	观赏苗木(万株)	44.00
1154	宝安区(粤)	鱼尾葵	观赏苗木(万株)	5.00
1155	华龙区(豫)	鱼尾葵	盆花(万盆)	3.00
1156	凤阳县(皖)	羽叶甘蓝	观赏苗木(万株)	5.00
1157	山丹县(甘)	羽叶甘蓝	观赏苗木(万株)	1.10
1158	黄州区(鄂)	羽叶甘蓝	观赏苗木(万株)	1.00
1159	宁海县(浙)	羽叶甘蓝	观叶植物(万盆)	0.80
1160	莒南县(鲁)	羽叶甘蓝	盆花(万盆)	560.00
1161	商水县(豫)	羽叶甘蓝	盆花(万盆)	30.00
1162	沙市区(鄂)	羽叶甘蓝	盆花(万盆)	30.00
1163	华龙区(豫)	羽叶甘蓝	盆花(万盆)	30.00
1164	龙湾区(浙)	羽叶甘蓝	盆花(万盆)	24.00
1165	阜新蒙古族自治县(辽)	羽叶甘蓝	盆花(万盆)	22.00
1166	丰　县(苏)	羽叶甘蓝	盆花(万盆)	20.00
1167	肥西县(皖)	羽叶甘蓝	盆花(万盆)	12.00
1168	珠晖区(湘)	羽叶甘蓝	盆花(万盆)	10.00
1169	镇海区(浙)	羽叶甘蓝	盆花(万盆)	10.00
1170	许昌县(豫)	羽叶甘蓝	盆花(万盆)	10.00
1171	渭城区(陕)	羽叶甘蓝	盆花(万盆)	10.00
1172	石柱土家族自治县(渝)	羽叶甘蓝	盆花(万盆)	5.00
1173	平桥区(豫)	羽叶甘蓝	盆花(万盆)	5.00
1174	大名县(冀)	羽叶甘蓝	盆花(万盆)	5.00
1175	公安县(鄂)	羽叶甘蓝	盆花(万盆)	4.00
1176	鄂城区(鄂)	羽叶甘蓝	盆花(万盆)	4.00
1177	富阳市(浙)	羽叶甘蓝	盆花(万盆)	1.00
1178	洋　县(陕)	羽叶甘蓝	鲜切花(万支)	3.70
1179	安国市(冀)	玉簪类	城镇绿化苗(万株)	1.50

	其他花卉主产地	品种	花卉类别	产量
1180	广平县(冀)	玉簪类	观赏苗木(万株)	40.00
1181	罗山县(豫)	玉簪类	鲜切花(万支)	100.00
1182	金凤区(宁)	郁金香	观赏苗木(万株)	5.00
1183	临洮县(甘)	郁金香	盆花(万盆)	50.00
1184	商河县(鲁)	郁金香	盆花(万盆)	30.00
1185	德城区(鲁)	郁金香	盆花(万盆)	20.00
1186	修水县(赣)	郁金香	盆花(万盆)	14.00
1187	义乌市(浙)	郁金香	盆花(万盆)	2.00
1188	广丰县(赣)	郁金香	盆花(万盆)	1.60
1189	新丰县(粤)	郁金香	盆景(万盆)	1.00
1190	莒南县(鲁)	郁金香	鲜切花(万支)	200.00
1191	新丰县(粤)	郁金香	鲜切花(万支)	100.00
1192	临洮县(甘)	郁金香	鲜切花(万支)	60.00
1193	芦溪县(赣)	郁金香	鲜切花(万支)	20.00
1194	开平区(冀)	郁金香	鲜切花(万支)	20.00
1195	象山县(浙)	郁金香	鲜切花(万支)	10.00
1196	长兴县(浙)	郁金香	鲜切花(万支)	10.00
1197	景宁畲族自治县(浙)	郁金香	鲜切花(万支)	3.00
1198	信宜市(粤)	郁金香	鲜切花(万支)	2.00
1199	镇海区(浙)	郁金香	鲜切花(万支)	1.50
1200	徽　县(甘)	郁金香	鲜切花(万支)	1.26
1201	蔡甸区(鄂)	郁金香	鲜切花(万支)	1.00
1202	嘉陵区(川)	郁金香	鲜切叶(万支)	3.00
1203	瑞金市(赣)	郁金香	鲜切叶(万支)	1.60
1204	丰都县(渝)	鸢尾类	城镇绿化苗(万株)	45.00
1205	蒲城县(陕)	鸢尾类	城镇绿化苗(万株)	1.00
1206	涿州市(冀)	鸢尾类	观赏苗(万株)	800.00
1207	易　县(冀)	鸢尾类	观赏苗(万株)	500.00
1208	仪陇县(川)	鸢尾类	观赏苗(万株)	10.00
1209	临武县(湘)	鸢尾类	观赏苗(万株)	1.63
1210	武强县(冀)	鸢尾类	观赏苗(万株)	1.00
1211	蠡　县(冀)	鸢尾类	盆花(万盆)	12.50
1212	望都县(冀)	鸢尾类	盆花(万盆)	5.60
1213	新华区(豫)	鸢尾类	盆花(万盆)	1.00
1214	富阳市(浙)	鸢尾类	盆花(万盆)	1.00
1215	罗山县(豫)	鸢尾类	鲜切花(万支)	350.00
1216	建湖县(苏)	鸢尾类	鲜切花(万支)	110.00
1217	平昌县(川)	鸢尾类	鲜切花(万支)	20.00
1218	崇明县(沪)	鸢尾类	鲜切花(万支)	16.20
1219	赫山区(湘)	鸢尾类	鲜切花(万支)	10.00
1220	开平区(冀)	鸢尾类	鲜切花(万支)	3.70
1221	洋　县(陕)	鸢尾类	鲜切叶(万支)	2.30
1222	喀喇沁旗(内蒙古)	元宝枫	城镇绿化苗(万株)	90.00
1223	东港区(鲁)	元宝枫	观赏苗木(万株)	190.00
1224	嵩　县(豫)	元宝枫	观赏苗木(万株)	50.00
1225	潢川县(豫)	元宝枫	观赏苗木(万株)	45.00
1226	沂水县(鲁)	元宝枫	观赏苗木(万株)	20.00
1227	广阳区(冀)	元宝枫	观赏苗木(万株)	20.00
1228	温江区(川)	元宝枫	观赏苗木(万株)	5.10
1229	平昌县(川)	元宝枫	观赏苗木(万株)	4.00
1230	涪城区(川)	月见草	观赏苗木(万株)	200.00
1231	新宾满族自治县(辽)	云杉	城镇绿化苗(万株)	150.00
1232	会宁县(甘)	云杉	城镇绿化苗(万株)	100.00
1233	东辽县(吉)	云杉	城镇绿化苗(万株)	5.00
1234	铁岭市经济开发区(辽)	云杉	城镇绿化苗(万株)	3.00
1235	清原满族自治县(辽)	云杉	观赏苗木(万株)	850.00
1236	定州市(冀)	云杉	观赏苗木(万株)	120.00
1237	承德县(冀)	云杉	观赏苗木(万株)	80.00
1238	丰宁满族自治县(冀)	云杉	观赏苗木(万株)	18.00
1239	沁阳市(豫)	云杉	观赏苗木(万株)	13.00
1240	长治市郊区(晋)	云杉	观赏苗木(万株)	6.00
1241	新民市(辽)	云杉	观赏苗木(万株)	5.00
1242	平昌县(川)	云杉	观赏苗木(万株)	5.00
1243	深泽县(冀)	杂种香水月季	观赏苗木(万株)	9.80
1244	苍山县(鲁)	杂种香水月季	盆花(万盆)	19.00
1245	解放区(豫)	杂种香水月季	盆花(万盆)	3.50
1246	德城区(鲁)	杂种香水月季	鲜切花(万支)	100.00
1247	解放区(豫)	杂种香水月季	鲜切花(万支)	1.20
1248	隆尧县(冀)	杂种香水月季	鲜切叶(万支)	20.00
1249	嵩　县(豫)	皂荚	城镇绿化苗(万株)	200.00
1250	温江区(川)	皂荚	城镇绿化苗(万株)	16.00
1251	卢氏县(豫)	皂荚	观赏苗木(万株)	50.00
1252	魏　县(冀)	皂荚	观赏苗木(万株)	6.00
1253	温江区(川)	皂荚	观赏苗木(万株)	5.50
1254	郫　县(川)	皂荚	观赏苗木(万株)	5.00
1255	肥乡县(冀)	皂荚	观赏苗木(万株)	3.00
1256	罗山县(豫)	皂荚	观赏苗木(万株)	2.00
1257	东辽县(吉)	皂荚	观赏苗木(万株)	2.00
1258	方城县(豫)	皂荚	观赏苗木(万株)	0.60
1259	东营区(鲁)	皂荚	盆花(万盆)	20.00
1260	宜都市(鄂)	中华蚊母树	城镇绿化苗(万株)	350.00
1261	利川市(鄂)	中华蚊母树	观赏苗木(万株)	1.50
1262	温江区(川)	朱蕉	城镇绿化苗(万株)	4.20
1263	温江区(川)	朱蕉	观叶植物(万盆)	0.54
1264	温江区(川)	朱蕉	花卉用种球(千粒)	52.00
1265	新丰县(粤)	朱蕉	盆景(万盆)	1.00
1266	新丰县(粤)	朱蕉	鲜切花(万支)	400.00
1267	高密市(鲁)	竹柳	城镇绿化苗(万株)	150.00
1268	许昌县(豫)	竹柳	城镇绿化苗(万株)	120.00
1269	磴口县(内蒙古)	竹柳	城镇绿化苗(万株)	20.00
1270	南昌县(赣)	竹柳	观赏苗木(万株)	200.00
1271	颍东区(皖)	竹柳	观赏苗木(万株)	120.00
1272	馆陶县(冀)	竹柳	观赏苗木(万株)	40.00
1273	范　县(豫)	竹柳	观赏苗木(万株)	20.00

	其他花卉主产地	品种	花卉类别	产量
1274	曲阳县(冀)	美国竹柳	观赏苗木(万株)	9.00
1275	魏　县(冀)	美国竹柳	观赏苗木(万株)	2.46
1276	方城县(豫)	美国竹柳	观赏苗木(万株)	0.80
1277	东营区(鲁)	美国竹柳	盆花(万盆)	20.00
1278	陆良县(滇)	美国竹柳	盆景(万盆)	0.60
1279	龙马潭区(川)	紫荆	城镇绿化苗(万株)	40.00
1280	斗门区(粤)	紫荆	城镇绿化苗(万株)	30.00
1281	许昌县(豫)	紫荆	城镇绿化苗(万株)	20.00
1282	雨城区(川)	紫荆	城镇绿化苗(万株)	10.00
1283	温江区(川)	紫荆	城镇绿化苗(万株)	7.80
1284	宜都市(鄂)	紫荆	城镇绿化苗(万株)	5.00
1285	潢川县(豫)	紫荆	观赏苗木(万株)	67.00
1286	东平县(鲁)	紫荆	观赏苗木(万株)	50.00
1287	温江区(川)	紫荆	观赏苗木(万株)	8.70
1288	新泰市(鲁)	紫荆	观赏苗木(万株)	4.00
1289	高密市(鲁)	紫荆	观赏苗木(万株)	2.20
1290	三门县(浙)	紫荆	观赏苗木(万株)	1.00
1291	温江区(川)	紫荆	花卉用种苗(千株)	30.00
1292	万源市(川)	紫荆	盆花(万盆)	5.00
1293	富阳市(浙)	紫荆	盆景(万盆)	3.00
1294	庆元县(浙)	紫荆	盆景(万盆)	1.00
1295	昌乐县(鲁)	紫荆	盆景(万盆)	0.90
1296	万源市(川)	紫荆	鲜切花(万支)	15.00
1297	宣汉县(川)	紫荆	鲜切叶(万支)	25.65
1298	修文县(黔)	紫茉莉	观叶植物(万盆)	10.00
1299	沅陵县(湘)	紫茉莉	观叶植物(万盆)	1.50
1300	临武县(湘)	紫茉莉	观叶植物(万盆)	1.12
1301	珲春市(吉)	紫茉莉	盆花(万盆)	99.00
1302	唐　县(冀)	紫茉莉	盆花(万盆)	3.50
1303	饶河县(黑)	紫茉莉	盆花(万盆)	2.00
1304	平桥区(豫)	紫茉莉	盆花(万盆)	2.00
1305	辉南县(吉)	紫茉莉	盆花(万盆)	2.00
1306	温江区(川)	紫茉莉	盆花(万盆)	1.10
1307	赫山区(湘)	紫茉莉	鲜切花(万支)	10.00
1308	榕江县(黔)	紫茉莉	鲜切花(万支)	4.20
1309	邻水县(川)	紫茉莉	鲜切花(万支)	2.00
1310	修文县(黔)	紫茉莉	鲜切叶(万支)	200.00
1311	珲春市(吉)	紫茉莉	鲜切叶(万支)	55.00
1312	洞口县(湘)	紫菀	花卉用种苗(千株)	3.00
1313	淅川县(豫)	紫菀	盆景(万盆)	1.10
1314	温江区(川)	紫薇	城镇绿化苗(万株)	550.00
1315	河东区(鲁)	紫薇	城镇绿化苗(万株)	150.00
1316	威远县(川)	紫薇	城镇绿化苗(万株)	2.00
1317	温江区(川)	紫薇	观赏苗木(万株)	210.60
1318	广饶县(鲁)	紫薇	观赏苗木(万株)	96.00
1319	高密市(鲁)	紫薇	观赏苗木(万株)	75.00
1320	象山县(浙)	紫薇	观赏苗木(万株)	50.00
1321	河东区(鲁)	紫薇	观赏苗木(万株)	50.00
1322	洋　县(陕)	紫薇	观赏苗木(万株)	23.00
1323	临安市(浙)	紫薇	观赏苗木(万株)	10.00
1324	肥西县(皖)	紫薇	观赏苗木(万株)	10.00
1325	宁海县(浙)	紫薇	观赏苗木(万株)	6.00
1326	南昌县(赣)	紫薇	观赏苗木(万株)	6.00
1327	玉山县(赣)	紫薇	观赏苗木(万株)	5.37
1328	施甸县(滇)	紫薇	观赏苗木(万株)	4.30
1329	嘉陵区(川)	紫薇	观赏苗木(万株)	4.00
1330	昌乐县(鲁)	紫薇	观赏苗木(万株)	3.50
1331	沂南县(鲁)	紫薇	观赏苗木(万株)	2.00
1332	进贤县(赣)	紫薇	观赏苗木(万株)	2.00
1333	鹿泉市(冀)	紫薇	观赏苗木(万株)	1.00
1334	都匀市经济开发区(黔)	紫薇	观赏苗木(万株)	1.00
1335	南郑县(陕)	紫薇	花卉用种苗(千株)	500.00
1336	温江区(川)	紫薇	盆景(万盆)	0.72
1337	岳池县(川)	紫薇	鲜切花(万支)	20.00
1338	洋　县(陕)	紫薇	鲜切花(万支)	1.10
1339	许昌县(豫)	紫叶矮樱	城镇绿化苗(万株)	36.00
1340	彭阳县(宁)	紫叶矮樱	城镇绿化苗(万株)	23.00
1341	安宁区(甘)	紫叶矮樱	城镇绿化苗(万株)	7.60
1342	千山区(辽)	紫叶矮樱	城镇绿化苗(万株)	5.13
1343	金凤区(宁)	紫叶矮樱	观赏苗木(万株)	50.00
1344	博野县(冀)	紫叶矮樱	观赏苗木(万株)	40.00
1345	北票市(辽)	紫叶矮樱	观赏苗木(万株)	20.00
1346	垦利县(鲁)	紫叶矮樱	观赏苗木(万株)	10.00
1347	魏　县(冀)	紫叶矮樱	观赏苗木(万株)	9.00
1348	广阳区(冀)	紫叶矮樱	观赏苗木(万株)	5.00
1349	北林区(黑)	紫叶稠李	城镇绿化苗(万株)	80.00
1350	千山区(辽)	紫叶稠李	城镇绿化苗(万株)	15.00
1351	东坡区(川)	紫叶稠李	城镇绿化苗(万株)	3.00
1352	东辽县(吉)	紫叶稠李	城镇绿化苗(万株)	2.00
1353	大名县(冀)	紫叶稠李	观赏苗木(万株)	3.00
1354	临漳县(冀)	紫叶稠李	观赏苗木(万株)	0.80
1355	许昌县(豫)	紫叶桃	城镇绿化苗(万株)	38.00
1356	宁阳县(鲁)	紫叶桃	观赏苗木(万株)	11.00
1357	雁江区(川)	紫叶桃	观赏苗木(万株)	6.50
1358	宣汉县(川)	紫叶桃	鲜切花(万支)	15.85
1359	肥西县(皖)	紫叶小檗	观赏苗木(万株)	50.00
1360	潢川县(豫)	紫竹	观赏苗木(万株)	30.00
1361	罗山县(豫)	紫竹	盆景(万盆)	24.30
1362	修文县(黔)	醉蝶花	观赏苗木(万株)	65.42
1363	惠农区(宁)	醉蝶花	观赏苗木(万株)	2.00
1364	大足县(渝)	醉蝶花	盆花(万盆)	150.00
1365	石棉县(川)	醉蝶花	盆花(万盆)	3.00
1366	新晃侗族自治县(湘)	醉蝶花	盆花(万盆)	1.10
1367	嵩　县(豫)	醉蝶花	盆花(万盆)	1.00
1368	平桥区(豫)	醉蝶花	盆花(万盆)	1.00

表 17-49 草坪主产地产量

	草坪主产地	产量(万平方米)
1	顺义区(京)	165.60
2	昌平区(京)	152.41
3	怀柔区(京)	6.00
4	大兴区(京)	1.50
5	宝坻区(津)	89.50
6	丰润区(冀)	964.00
7	滦城县(冀)	768.00
8	路北区(冀)	200.00
9	香河县(冀)	80.00
10	抚宁县(冀)	71.50
11	三河市(冀)	61.30
12	定州市(冀)	21.00
13	邯郸县(冀)	13.34
14	高碑店市(冀)	7.36
15	赤城县(冀)	6.67
16	固安县(冀)	6.10
17	涿州市(冀)	6.00
18	广阳区(冀)	5.50
19	曲周县(冀)	5.20
20	任　县(冀)	2.00
21	北戴河区(冀)	1.50
22	蔚　县(冀)	1.30
23	磁　县(冀)	1.00
24	南和县(冀)	1.00
25	涉　县(冀)	0.80
26	长治市郊区(晋)	10.00
27	长治市城区(晋)	6.50
28	壶关县(晋)	2.20
29	定襄县(晋)	0.55
30	巴林左旗(内蒙古)	3.00
31	多伦县(内蒙古)	13.00
32	鄂托克旗(内蒙古)	6.00
33	察哈尔右翼前旗(内蒙古)	5.34
34	敖汉旗(内蒙古)	3.00
35	稀土高新区(内蒙古)	3.00
36	东河区(内蒙古)	0.75
37	铁岭县(辽)	2500.00
38	本溪满族自治县(辽)	5.00
39	海城市(辽)	5.00
40	岫岩满族自治县(辽)	5.00
41	台安县(辽)	4.00
42	凌海市(辽)	2.50
43	兴城市(辽)	2.00
44	旅顺口区(辽)	1.00
45	阜新蒙古族自治县(辽)	0.85
46	千山区(辽)	0.60
47	九台市(吉)	82.00
48	敦化市(吉)	29.38
49	临江市(吉)	14.00
50	延吉市(吉)	10.00
51	敦化林业局(吉)	3.00
52	东丰县(吉)	1.00
53	通河县(黑)	5.00
54	龙凤区(黑)	1.50
55	宝清县(黑)	1.20
56	安达市(黑)	1.00
57	金山区(沪)	486.40
58	奉贤区(沪)	325.50
59	崇明县(沪)	172.50
60	松江区(沪)	69.20
61	浦东新区(沪)	21.20
62	青浦区(沪)	16.00
63	嘉定区(沪)	15.10
64	宝应县(苏)	12.00
65	盱眙县(苏)	10.00
66	建湖县(苏)	5.50
67	奉化市(浙)	2100.00
68	余杭区(浙)	1668.00
69	婺城区(浙)	1500.00
70	嵊州市(浙)	266.68
71	义乌市(浙)	200.00
72	武义县(浙)	48.00
73	莲都区(浙)	20.20
74	定海区(浙)	17.80
75	桐乡市(浙)	17.60
76	路桥区(浙)	16.00
77	龙游县(浙)	16.00
78	温岭市(浙)	15.00
79	瓯海区(浙)	14.40
80	富阳市(浙)	10.00
81	秀洲区(浙)	7.00
82	慈溪市(浙)	7.00
83	临安市(浙)	5.00
84	余姚市(浙)	3.30
85	平阳县(浙)	2.80
86	衢江区(浙)	2.50
87	乐清市(浙)	2.00
88	长兴县(浙)	1.80
89	海宁市(浙)	1.50
90	临海市(浙)	1.50
91	宁海县(浙)	1.00
92	肥西县(皖)	300.00
93	芜湖县(皖)	73.00
94	南陵县(皖)	30.00
95	望江县(皖)	12.00
96	全椒县(皖)	10.00
97	庐江县(皖)	9.12
98	鸠江区(皖)	8.00
99	潜山县(皖)	8.00
100	颍上县(皖)	7.00
101	旌德县(皖)	4.50
102	徽州区(皖)	2.00
103	三山区(皖)	2.00
104	屯溪区(皖)	2.00
105	太湖县(皖)	1.52
106	桐城市(皖)	1.00
107	六安市叶集区(皖)	0.85
108	新建县(赣)	246.00
109	奉新县(赣)	60.00
110	新干县(赣)	20.00
111	都昌县(赣)	20.00
112	赣　县(赣)	18.00
113	广昌县(赣)	17.00
114	临川区(赣)	12.60
115	余江县(赣)	11.00
116	贵溪市(赣)	10.00
117	万年县(赣)	10.00
118	铜鼓县(赣)	8.50
119	德兴市(赣)	6.31
120	广丰县(赣)	6.00
121	瑞金市(赣)	5.30
122	樟树市(赣)	5.00
123	遂川县(赣)	4.00
124	湖口县(赣)	3.80
125	东乡县(赣)	3.50
126	金溪县(赣)	3.00
127	定南县(赣)	3.00
128	章贡区(赣)	2.90
129	崇仁县(赣)	2.20
130	乐安县(赣)	2.00
131	横峰县(赣)	2.00
132	湾里区(赣)	2.00
133	南丰县(赣)	2.00
134	石城县(赣)	2.00
135	吉州区(赣)	1.60
136	上高县(赣)	1.30
137	靖安县(赣)	1.20

	草坪主产地	产量（万平方米）
138	宜丰县（赣）	1.20
139	玉山县（赣）	1.20
140	宁都县（赣）	1.00
141	大余县（赣）	1.00
142	万载县（赣）	0.60
143	宁阳县（鲁）	32.00
144	桓台县（鲁）	15.00
145	胶州市（鲁）	10.00
146	成武县（鲁）	6.50
147	莱山区（鲁）	6.00
148	沂水县（鲁）	3.10
149	莒　县（鲁）	1.20
150	潍坊市市辖区（鲁）	1.00
151	汝南县（豫）	10.00
152	鄢陵县（豫）	57.00
153	潢川县（豫）	42.00
154	辉县市（豫）	12.00
155	邓州市（豫）	11.00
156	许昌县（豫）	11.00
157	长葛市（豫）	7.30
158	获嘉县（豫）	7.00
159	卧龙区（豫）	5.00
160	唐河县（豫）	3.00
161	西华县（豫）	2.00
162	平桥区（豫）	2.00
163	淮滨县（豫）	1.20
164	中牟县（豫）	0.80
165	修武县（豫）	0.60
166	仙桃市（鄂）	20.00
167	浠水县（鄂）	10.00
168	枝江市（鄂）	10.00
169	大冶市（鄂）	10.00
170	蔡甸区（鄂）	10.00
171	沙洋县（鄂）	10.00
172	恩施市（鄂）	7.30
173	阳新县（鄂）	5.50
174	郧西县（鄂）	3.00
175	京山县（鄂）	3.00
176	公安县（鄂）	2.00
177	洪湖市（鄂）	2.00
178	房　县（鄂）	1.53
179	谷城县（鄂）	1.20
180	兴山县（鄂）	1.00
181	随　县（鄂）	1.00
182	利川市（鄂）	1.00
183	松滋市（鄂）	1.00

	草坪主产地	产量（万平方米）
184	江夏区（鄂）	1.00
185	云梦县（鄂）	1.00
186	赤壁市（鄂）	0.90
187	武穴市（鄂）	0.70
188	老河口市（鄂）	0.65
189	株洲县（湘）	30.00
190	涟源市（湘）	6.00
191	道　县（湘）	1.26
192	鼎城区（湘）	950.00
193	苏仙区（湘）	300.00
194	娄星区（湘）	100.00
195	武冈市（湘）	70.00
196	岳塘区（湘）	20.52
197	资阳区（湘）	20.00
198	长沙县（湘）	19.72
199	零陵区（湘）	18.00
200	汝城县（湘）	16.00
201	中方县（湘）	14.00
202	石峰区（湘）	12.00
203	新邵县（湘）	12.00
204	云溪区（湘）	10.00
205	宁远县（湘）	8.50
206	桂阳县（湘）	8.10
207	华容县（湘）	8.00
208	洞口县（湘）	7.90
209	鹤城区（湘）	7.30
210	开福区（湘）	7.00
211	荷塘区（湘）	6.50
212	吉首市（湘）	6.00
213	永兴县（湘）	6.00
214	张家界市市辖区（湘）	5.00
215	岳阳县（湘）	5.00
216	洪江市（湘）	4.50
217	东安县（湘）	4.00
218	桃江县（湘）	4.00
219	祁东县（湘）	3.00
220	麻阳苗族自治县（湘）	2.70
221	资兴市（湘）	2.56
222	桑植县（湘）	2.00
223	新化县（湘）	2.00
224	沅江市（湘）	2.00
225	醴陵市（湘）	2.00
226	新田县（湘）	1.63
227	芷江侗族自治县（湘）	1.50
228	岳阳楼区（湘）	1.00
229	炎陵县（湘）	1.00

	草坪主产地	产量（万平方米）
230	隆回县（湘）	1.00
231	赫山区（湘）	1.00
232	靖州苗族侗族自治县（湘）	1.00
233	冷水江市（湘）	1.00
234	益阳市市辖区（湘）	1.00
235	茶陵县（湘）	1.00
236	邵阳县（湘）	0.70
237	中山市（粤）	37.70
238	清城区（粤）	31.66
239	鼎湖区（粤）	11.57
240	斗门区（粤）	10.00
241	蕉岭县（粤）	6.21
242	兴宁市（粤）	6.00
243	英德市（粤）	5.50
244	萝岗区（粤）	5.30
245	榕城区（粤）	5.00
246	饶平县（粤）	4.00
247	恩平市（粤）	3.00
248	荔湾区（粤）	3.00
249	高州市（粤）	2.75
250	乳源瑶族自治县（粤）	1.30
251	台山市（粤）	1.00
252	廉江市（粤）	0.73
253	柳江县（桂）	165.65
254	合浦县（桂）	58.30
255	港北区（桂）	50.96
256	隆安县（桂）	25.50
257	长洲区（桂）	14.68
258	海城区（桂）	14.50
259	右江区（桂）	13.00
260	全州县（桂）	4.50
261	柳北区（桂）	3.81
262	八步区（桂）	1.20
263	兴安县（桂）	0.75
264	雁山区（桂）	0.60
265	江津区（渝）	996.82
266	璧山县（渝）	133.00
267	永川区（渝）	5.74
268	沙坪坝区（渝）	5.00
269	彭水苗族土家族自治县（渝）	5.00
270	奉节县（渝）	5.00
271	万州区（渝）	4.10
272	巴南区（渝）	4.00
273	巫溪县（渝）	3.00
274	垫江县（渝）	1.42
275	丰都县（渝）	1.20

	草坪主产地	产量（万平方米）
276	荣昌县(渝)	1.00
277	郫　县(川)	487.50
278	温江区(川)	20.10
279	南部县(川)	20.00
280	广安区(川)	12.00
281	巴州区(川)	10.00
282	都江堰市(川)	6.67
283	广汉市(川)	6.00
284	顺庆区(川)	2.90
285	隆昌县(川)	2.50
286	翠屏区(川)	2.00
287	万源市(川)	2.00
288	仁寿县(川)	1.96
289	内江市市中区(川)	1.50
290	筠连县(川)	1.50
291	兴文县(川)	1.20
292	中江县(川)	1.20
293	北川羌族自治县(川)	1.00
294	仪陇县(川)	1.00
295	修文县(黔)	9.20
296	红花岗区(黔)	3.90
297	腾冲县(滇)	10.00
298	砚山县(滇)	6.00
299	隆阳区(滇)	4.00
300	施甸县(滇)	1.79
301	楚雄市(滇)	0.53
302	达孜县(藏)	163.00
303	工布江达县(藏)	3.30
304	仁布县(藏)	1.50
305	商南县(陕)	3.85
306	蒲城县(陕)	1.00
307	秦都区(陕)	40.00
308	周至县(陕)	24.70
309	长安区(陕)	16.50
310	渭城区(陕)	10.00
311	米脂县(陕)	0.60
312	成　县(甘)	12.00
313	永靖县(甘)	11.00
314	秦州区(甘)	8.00
315	宕昌县(甘)	0.90
316	伽师县(新)	6.66
317	叶城县(新)	33.30
318	塔城市(新)	3.50
319	巴楚县(新)	1.29

林木种苗

表 18-1　种苗产业基本情况

单位：公顷

地区	林木种子采集量(吨)	当年苗木产量(万株)	育苗面积		年末实有母树林面积	年末实有种子园面积	年末实有采穗圃面积
			合计	其中：本年新增育苗面积			
全国合计	56690	5305505	769168	219512	296022	48845	14609
北京	89	11516	12015	1015	7	368	9
天津	—	1728	8280	2351	—	—	—
河北	2649	335673	43933	17661	495	796	46
山西	2864	230611	53842	24515	9638	1098	30
内蒙古	2108	231034	19040	8257	29270	2090	276
内蒙古集团	1	7035	90	22	14001	170	233
辽宁	1900	789390	19481	7352	6558	2191	841
吉林	6973	154903	12114	4440	41643	3646	47
吉林集团	283	10728	383	96	12732	736	—
黑龙江	5865	151373	12915	3363	131346	4859	19
龙江集团	1473	38190	400	78	91953	1224	10
上海	—	3235	52	5	—	—	—
江苏	1315	790343	109442	13105	487	177	34
浙江	50	457698	113614	21794	1710	840	142
安徽	879	120685	44733	11106	1707	1347	768
福建	14	61174	1522	808	1143	1077	68
江西	129	143071	27683	5329	1942	782	849
山东	4472	253077	95911	23272	617	1091	145
河南	1050	164220	19666	12077	1520	259	235
湖北	3972	114264	34781	8366	5450	3059	1342
湖南	396	116369	16342	1453	3684	716	165
广东	34	75297	3598	1019	495	436	45
广西	91	84872	1782	1197	3391	412	129
海南	37	7243	993	124	13	13	—
重庆	525	81989	17353	4693	7935	2259	142
四川	9200	156777	8988	4710	4978	1516	1197
贵州	811	107734	6558	2523	3485	1860	63
云南	2559	104053	4358	2964	3215	2645	2572
西藏	1	3355	926	262	—	575	—
陕西	3693	259230	21747	9366	12125	8894	514
甘肃	632	164162	15886	9001	5880	664	593
青海	135	51122	3567	1132	244	430	39
宁夏	3428	35761	23700	7994	515	56	—
新疆	817	43176	14298	8231	4937	3291	4299
新疆建设兵团	31	3982	2208	1312	4219	1672	1
大兴安岭	2	367	48	27	11592	1398	—

表 18-2 种苗产品进出口贸易值

产品类别	单位	出口数量	出口金额(千美元)	进口数量	进口金额(千美元)
合计			76874		142875
花卉用种苗	千株	19792	3719	274281	69117
花卉用种子	吨	897	15221	32	10443
菌用种	吨	19910	11829	210	440
果类苗木	千株	5385	552	403	505
插枝接穗苗	千株	160990	9213	7393	3623
其他种用苗木	千株	202235	27202	29591	15317
草地用种子	吨	1319	5046	25999	36589
其他种子	吨	586	3886	1553	6827
果树	千株	3225	206	3	13

表 18-3 马尾松母树林种子主产地产量

	马尾松种子主产地	产量(千克)
1	临安市(浙)	120.00
2	东至县(皖)	1695.00
3	潜山县(皖)	500.00
4	兴国县(赣)	4050.00
5	西峡县(豫)	10000.00
6	淅川县(豫)	7520.00
7	桐柏县(豫)	379.00
8	丹江口市(鄂)	5000.00
9	宜都市(鄂)	5000.00
10	南漳县(鄂)	2000.00
11	广水市(鄂)	2000.00
12	竹溪县(鄂)	2000.00
13	京山县(鄂)	300.00
14	祁东县(湘)	181500.00
15	洞口县(湘)	100000.00
16	江永县(湘)	2500.00
17	江华瑶族自治县(湘)	1000.00
18	娄星区(湘)	300.00
19	城步苗族自治县(湘)	100.00
20	全州县(桂)	550.00
21	苍梧县(桂)	100.00
22	彭水苗族土家族自治县(渝)	4000.00
23	秀山土家族苗族自治县(渝)	1500.00
24	云阳县(渝)	1000.00
25	茂　县(川)	8000.00
26	万源市(川)	6500.00
27	达　县(川)	5600.00
28	安　县(川)	5100.00
29	巴州区(川)	2000.00
30	南江县(川)	720.00
31	凯里市(黔)	60000.00
32	黄平县(黔)	200.00
33	石泉县(陕)	328000.00
34	汉阴县(陕)	205000.00
35	南郑县(陕)	51000.00

表 18-4 落叶松母树林种子主产地产量

	落叶松种子主产地	产量(千克)
1	沽源县(冀)	2500.00
2	木栏围场国营林场(冀)	1260.00
3	尚义县(冀)	200.00
4	宁武县(晋)	7500.00
5	克什克腾旗(内蒙古)	2285.00
6	和林格尔县(内蒙古)	1700.00
7	丰镇市(内蒙古)	696.00
8	巴林左旗(内蒙古)	500.00
9	岫岩满族自治县(辽)	24000.00
10	庄河市(辽)	23000.00
11	凤城市(辽)	5500.00
12	清原满族自治县(辽)	3050.00
13	宽甸满族自治县(辽)	3000.00
14	抚顺县(辽)	2210.00
15	和龙林业局(吉)	2111830.00
16	敦化林业局(吉)	151965.00
17	汪清林业局(吉)	21187.90
18	白河林业局(吉)	15364.00
19	天桥岭林业局(吉)	1271.00
20	大石头林业局(吉)	416.00
21	逊克县(黑)	16000.00
22	富锦市(黑)	2000.00
23	克山县(黑)	1000.00
24	孙吴县(黑)	1000.00
25	龙江县(黑)	750.00
26	嫩江县(黑)	400.00
27	桦南县(黑)	305.00
28	佳木斯市郊区(黑)	300.00
29	克东县(黑)	240.00
30	汤原县(黑)	200.00
31	密山市(黑)	200.00
32	五常市(黑)	120.00
33	建始县(鄂)	350.00
34	道孚林业局(川)	160.00
35	周至县(陕)	1555.75
36	桦南林业局(龙江集团)	600.00
37	八面通林业局(龙江集团)	500.00
38	沾河林业局(龙江集团)	100.00

表 18-5 红松母树林种子主产地产量

	红松种子主产地	产量(千克)
1	新宾满族自治县(辽)	3970000.00
2	辽宁实验林场(辽)	3000000.00
3	凤城市(辽)	250000.00
4	本溪满族自治县(辽)	100000.00
5	明山区(辽)	69000.00

	红松种子主产地	产量（千克）
6	岫岩满族自治县（辽）	10000.00
7	东洲区（辽）	7000.00
8	东港市（辽）	2000.00
9	通化县（吉）	2500000.00
10	安图县（吉）	1500000.00
11	敦化市（吉）	550000.00
12	江源区（吉）	540000.00
13	和龙林业局（吉）	444015.00
14	敦化林业局（吉）	268712.00
15	柳河县（吉）	243000.00
16	集安市（吉）	215000.00
17	抚松县（吉）	200000.00
18	大兴沟林业局（吉）	168272.80
19	黄泥河林业局（吉）	50269.00
20	八家子林业局（吉）	33358.00
21	舒兰市（吉）	30800.00
22	桦甸市（吉）	29457.20
23	梅河口市（吉）	21400.00
24	丰满区（吉）	20000.00
25	安图森林经营局（吉）	16037.00
26	临江市（吉）	12000.00
27	东辽县（吉）	12000.00
28	白河林业局（吉）	7942.00
29	永吉县（吉）	7000.00
30	通化市市辖区（吉）	7000.00
31	昌邑区（吉）	5000.00
32	大石头林业局（吉）	4777.00
33	长白朝鲜族自治县（吉）	4450.00
34	珲春林业局（吉）	1076.20
35	天桥岭林业局（吉）	573.00
36	海林市（黑）	4500000.00
37	汤原县（黑）	603000.00
38	鹤岗市市辖区（黑）	419000.00
39	桦南县（黑）	130000.00
40	密山市（黑）	113262.00
41	海伦市（黑）	100000.00
42	萝北县（黑）	50000.00
43	山河实验林场（黑）	50000.00
44	桦川县（黑）	36000.00
45	虎林市（黑）	28000.00

	红松种子主产地	产量（千克）
46	方正县（黑）	10000.00
47	佳木斯市郊区（黑）	10000.00
48	丹清河实验林场（黑）	8200.00
49	通河县（黑）	5000.00
50	宁安市（黑）	3000.00
51	万源市（川）	2000.00
52	露水河林业局（吉林集团）	1000000.00
53	松江河林业有限公司（吉林集团）	7000.00
54	临江林业局（吉林集团）	6000.00
55	红石林业局（吉林集团）	6000.00
56	湾沟林业局（吉林集团）	5000.00
57	沾河林业局（龙江集团）	50000.00
58	鹤北林业局（龙江集团）	29430.00
59	亚布力林业局（龙江集团）	20000.00
60	桦南林业局（龙江集团）	16500.00
61	鹤立林业局（龙江集团）	15000.00
62	带岭实验局（龙江集团）	14503.00
63	朗乡林业局（龙江集团）	12000.00
64	大海林林业局（龙江集团）	11250.00
65	东方红林业局（龙江集团）	10144.00
66	汤旺河林业局（龙江集团）	10000.00
67	友好林业局（龙江集团）	10000.00
68	东京城林业局（龙江集团）	8000.00
69	新青林业局（龙江集团）	8000.00
70	金山屯林业局（龙江集团）	7000.00
71	美溪林业局（龙江集团）	7000.00
72	黑龙江柴河林业局（龙江集团）	6400.00
73	穆棱林业局（龙江集团）	5200.00
74	海林林业局（龙江集团）	5000.00
75	八面通林业局（龙江集团）	5000.00
76	五营林业局（龙江集团）	3500.00
77	上甘岭林业局（龙江集团）	3500.00
78	红星林业局（龙江集团）	3500.00
79	绥阳林业局（龙江集团）	2400.00
80	乌伊岭林业局（龙江集团）	1500.00
81	乌马河林业局（龙江集团）	1500.00
82	翠峦林业局（龙江集团）	1500.00
83	铁力林业局（龙江集团）	1500.00
84	桃山林业局（龙江集团）	1500.00
85	双丰林业局（龙江集团）	1500.00
86	南岔林业局（龙江集团）	1500.00

表 18-6　油松母树林种子主产地产量

	油松种子主产地	产量（千克）
1	围场满族蒙古族自治县（冀）	62700.00
2	蔚　县（冀）	9000.00
3	抚宁县（冀）	5000.00
4	平泉县（冀）	3000.00
5	沁　县（晋）	80000.00
6	平顺县（晋）	4500.00
7	宁城县（内蒙古）	650.00
8	丰镇市（内蒙古）	409.00
9	阜新蒙古族自治县（辽）	204005.00
10	凌源市（辽）	100000.00
11	凌海市（辽）	3000.00
12	北镇市（辽）	2000.00
13	兴城市（辽）	900.00
14	西峡县（豫）	8000.00
15	辉县市（豫）	1100.00
16	商南县（陕）	50000.00
17	陈仓区（陕）	25000.00
18	石泉县（陕）	15000.00
19	南郑县（陕）	11000.00
20	周至县（陕）	4692.00
21	桥山林业局（陕）	500.00
22	陇　县（陕）	400.00
23	平凉市市辖区（甘）	40000.00
24	华池县（甘）	20000.00
25	合水林业总场（甘）	6000.00
26	正宁林业总场（甘）	2920.00
27	华池林业总场（甘）	1000.00
28	西吉县（宁）	700.00
29	小陇山林业实验局（甘）	200.00

表 18-7　樟子松母树林种子主产地产量

	樟子松种子主产地	产量（千克）
1	木栏围场国营林场（冀）	750.00
2	红花尔基林业局（内蒙古）	135000.00
3	克什克腾旗（内蒙古）	1750.00
4	西乌珠穆沁旗（内蒙古）	500.00
5	扎兰屯市（内蒙古）	450.00
6	昌图县（辽）	5000.00
7	辽宁省固沙造林研究所（辽）	1000.00
8	北票市（辽）	400.00
9	丰满区（吉）	10000.00
10	东丰县（吉）	4100.00

	樟子松种子主产地	产量（千克）
11	梨树县(吉)	2000.00
12	南关区(吉)	1600.00
13	大石头林业局(吉)	124.00
14	桦川县(黑)	20000.00
15	昂昂溪区(黑)	15000.00
16	龙江县(黑)	5975.00
17	阿城区(黑)	4000.00
18	嫩江县(黑)	1600.00
19	克山县(黑)	1000.00
20	巴彦县(黑)	510.00
21	泰来县(黑)	500.00
22	海伦市(黑)	500.00
23	绥棱县(黑)	500.00
24	黑河市直属林场(黑)	450.00
25	密山市(黑)	160.00
26	桦南县(黑)	150.00
27	汤原县(黑)	100.00
28	讷河市(黑)	100.00

表 18-8　杉木母树林种子主产地产量

	杉木种子主产地	产量（千克）
1	淳安县(浙)	300.00
2	东至县(皖)	900.00
3	铜鼓县(赣)	300000.00
4	乐安县(赣)	5000.00
5	安福县(赣)	5000.00
6	遂川县(赣)	3500.00
7	永新县(赣)	189.00
8	商城县(豫)	1000.00
9	张湾区(鄂)	1000.00
10	长阳土家族自治县(鄂)	545.00
11	祁东县(湘)	41140.00
12	靖州苗族侗族自治县(湘)	6000.00
13	资兴市(湘)	4000.00
14	会同县(湘)	3000.00
15	曲江区(粤)	690.00
16	融水苗族自治县(桂)	876.00
17	融安县(桂)	430.00
18	昭平县(桂)	268.00
19	梁平县(渝)	1200.00
20	彭水苗族土家族自治县(渝)	800.00
21	丰都县(渝)	120.00
22	青川县(川)	2000.00
23	雨城区(川)	2000.00
24	马关县(滇)	2000.00
25	石泉县(陕)	28000.00
26	商南县(陕)	8000.00

表 18-9　其他母树林种子主产地产量

	其他种子主产地	品种	产量(千克)
1	隆阳区(滇)	桉树	20000.00
2	英吉沙县(新)	巴旦木	12000.00
3	疏附县(新)	巴旦木	100.00
4	平罗县(宁)	白蜡	2000.00
5	韩城市(陕)	白皮松	46087.00
6	两当县(甘)	白皮松	10000.00
7	成　县(甘)	白皮松	3400.00
8	小陇山林业实验局(甘)	白皮松	150.00
9	南漳县(鄂)	白皮松	100.00
10	遵化市(冀)	柏树	325000.00
11	伊川县(豫)	柏树	120000.00
12	石泉县(陕)	柏树	113000.00
13	平阴县(鲁)	柏树	100000.00
14	萧　县(皖)	柏树	75000.00
15	西峡县(豫)	柏树	30000.00
16	蒙阴县(鲁)	柏树	11780.00
17	互助土族自治县(青)	柏树	11000.00
18	北山森林公园(青)	柏树	11000.00
19	凯里市(黔)	柏树	10000.00
20	东平县(鲁)	柏树	8000.00
21	天祝藏族自治县(甘)	柏树	5130.00
22	达　县(川)	柏树	5000.00
23	定西市巉口林业试验场(甘)	柏树	5000.00
24	盐亭县(川)	柏树	4600.00
25	淅川县(豫)	柏树	4520.00
26	和平县(粤)	柏树	2000.00
27	郏　县(豫)	柏树	1000.00
28	英吉沙县(新)	柽柳	66750.00
29	洪湖市(鄂)	池杉	5000.00
30	鼎城区(湘)	池杉	850.00
31	洛宁县(豫)	刺槐	300000.00
32	沁　县(晋)	刺槐	110000.00
33	丹江口市(鄂)	刺槐	30000.00
34	东港区(鲁)	刺槐	29333.00
35	庄河市(辽)	刺槐	28000.00
36	灵台县(甘)	刺槐	14000.00
37	蒙阴县(鲁)	刺槐	5709.00
38	商南县(陕)	刺槐	5000.00
39	万源市(川)	刺槐	3000.00
40	临洮县(甘)	刺槐	3000.00
41	凌海市(辽)	刺槐	2500.00
42	禹州市(豫)	刺槐	1050.00
43	贺兰县(宁)	刺槐	300.00
44	淅川县(豫)	刺槐	204.00
45	五峰土家族自治县(鄂)	鹅掌楸	650.00
46	兴国县(赣)	枫香	5000.00
47	修水县(赣)	枫香	5000.00
48	祁东县(湘)	枫香	1815.00
49	东至县(皖)	枫香	300.00
50	潜山县(皖)	枫香	150.00
51	温江区(川)	桂花	240120.00

	其他种子主产地	品种	产量(千克)
52	全州县(桂)	桂花	10000.00
53	淳安县(浙)	国外松	300.00
54	叶城县(新)	核桃	84700.00
55	商南县(陕)	核桃	50000.00
56	内乡县(豫)	核桃	15000.00
57	房　县(鄂)	核桃	1000.00
58	安福县(赣)	荷木	100.00
59	喀喇沁旗(内蒙古)	黑松	220000.00
60	东港区(鲁)	黑松	58667.00
61	丰满区(吉)	黑松	30000.00
62	兴文县(川)	红叶臭椿	600.00
63	惠农区(宁)	红叶臭椿	100.00
64	浦北县(桂)	红锥	6000.00
65	平远县(粤)	红锥	2000.00
66	中国林科院热林中心(桂)	红锥	350.00
67	桂东县(湘)	厚朴	15000.00
68	南郑县(陕)	厚朴	10000.00
69	北川羌族自治县(川)	厚朴	1500.00
70	万源市(川)	厚朴	1200.00
71	东京城林业局(龙江集团)	胡桃楸	35000.00
72	东方红林业局(龙江集团)	胡桃楸	30000.00
73	三岔子林业局(吉林集团)	胡桃楸	24025.00
74	五常市(黑)	胡桃楸	6000.00
75	松江河林业有限公司(吉林集团)	胡桃楸	5938.00
76	越西县(川)	华山松	150000.00
77	永善县(滇)	华山松	120688.00
78	南郑县(陕)	华山松	45000.00
79	云龙县(滇)	华山松	25000.00
80	清水县(甘)	华山松	18000.00
81	万源市(川)	华山松	15000.00
82	成　县(甘)	华山松	15000.00
83	南华县(滇)	华山松	10000.00
84	岫岩满族自治县(辽)	华山松	5000.00
85	会东县(川)	华山松	4300.00
86	楚雄市(滇)	华山松	4000.00
87	西峡县(豫)	华山松	2000.00
88	宁西林业局(陕)	华山松	1000.00
89	云　县(滇)	华山松	200.00
90	和龙林业局(吉)	桦树	439318.40
91	敦化林业局(吉)	桦树	4986.00
92	淇滨区(豫)	黄连木	2300.00
93	泌阳县(豫)	火炬松	11000.00
94	全椒县(皖)	火炬松	500.00
95	汨罗市(湘)	火炬松	100.00
96	洪江市(湘)	榜树	300.00
97	敦化林业局(吉)	栎类	177113.00

	其他种子主产地	品种	产量(千克)
98	随县(鄂)	栎树	50000.00
99	平桥区(豫)	栎树	40000.00
100	东至县(皖)	栎树	27000.00
101	商南县(陕)	栎树	20000.00
102	林州市(豫)	栎树	19500.00
103	丹江口市(鄂)	栎树	15000.00
104	舞钢市(豫)	栎树	2880.00
105	资兴市(湘)	栎树	2000.00
106	五常市(黑)	栎树	1500.00
107	洪江市(湘)	栎树	400.00
108	富顺县(川)	栎树	200.00
109	奉节县(渝)	柳杉	4500.00
110	万源市(川)	柳杉	2500.00
111	兴文县(川)	柳杉	600.00
112	广水市(鄂)	柳树	2000.00
113	梁平县(渝)	栾树	6000.00
114	鼎城区(湘)	落羽杉	600.00
115	东至县(皖)	马褂木	12500.00
116	临安市(浙)	马褂木	120.00
117	万源市(川)	木瓜	2500.00
118	温江区(川)	南方红豆杉	825.00
119	成　县(甘)	南方红豆杉	500.00
120	温江区(川)	楠木	9180.00
121	庆元县(浙)	楠木	347.00
122	林西县(内蒙古)	柠条	150000.00
123	科尔沁左翼中旗(内蒙古)	柠条	30000.00
124	盐池县(宁)	柠条	28810.00
125	鄂托克前旗(内蒙古)	柠条	10000.00
126	米脂县(陕)	柠条	7500.00
127	丰镇市(内蒙古)	柠条	5810.00
128	临洮县(甘)	柠条	4000.00
129	永靖县(甘)	柠条	702.00
130	温江区(川)	女贞	10350.00
131	陕西省苗木繁育中心(陕)	女贞	2300.00
132	铜鼓县(赣)	桤木	225000.00
133	盐亭县(川)	桤木	60000.00
134	云　县(滇)	桤木	6000.00
135	平昌县(川)	桤木	5000.00
136	万源市(川)	桤木	2500.00
137	龙陵县(滇)	桤木	380.00
138	凉城县(内蒙古)	沙棘	100000.00
139	岢岚县(晋)	沙棘	80000.00
140	合水林业总场(甘)	沙棘	4500.00
141	华池林业总场(甘)	沙棘	600.00
142	仁布县(藏)	沙棘	110.00
143	大兴沟林业局(吉)	沙松	27146.20

	其他种子主产地	品种	产量(千克)
144	英吉沙县(新)	沙枣	725000.00
145	惠农区(宁)	沙枣	800.00
146	随县(鄂)	湿地松	5000.00
147	汨罗市(湘)	湿地松	4000.00
148	吉安县(赣)	湿地松	3000.00
149	台山市(粤)	湿地松	2000.00
150	荆门市市辖区(鄂)	湿地松	1000.00
151	合浦县(桂)	湿地松	300.00
152	临安市(浙)	湿地松	200.00
153	新宾满族自治县(辽)	水曲柳	75000.00
154	大兴沟林业局(吉)	水曲柳	31977.00
155	五常市(黑)	水曲柳	2200.00
156	松江河林业有限公司(吉林集团)	水曲柳	1657.00
157	汤原县(黑)	水曲柳	100.00
158	鼎城区(湘)	水杉	800.00
159	利川市(鄂)	水杉	500.00
160	永德县(滇)	思茅松	100.00
161	科尔沁左翼中旗(内蒙古)	文冠果	10000.00
162	合水林业总场(甘)	文冠果	8000.00
163	武胜县(川)	香椿	2400.00
164	祁东县(湘)	香樟	217800.00
165	温江区(川)	香樟	8910.00
166	阳新县(鄂)	香樟	8000.00
167	大足县(渝)	香樟	5500.00
168	威信县(滇)	香樟	4500.00
169	安福县(赣)	香樟	900.00
170	富顺县(川)	香樟	800.00
171	潜山县(皖)	香樟	300.00
172	敦化林业局(吉)	杨树	95746.00
173	万源市(川)	杨树	2500.00
174	全州县(桂)	银杏	20000.00
175	振安区(辽)	银杏	10000.00
176	万源市(川)	银杏	5000.00
177	温江区(川)	银杏	2740.50
178	梁平县(渝)	油茶	141750.00
179	龙陵县(滇)	油茶	83500.00
180	桃江县(湘)	油茶	25000.00
181	浏阳市(湘)	油茶	2500.00
182	麻城市(鄂)	油茶	120.00
183	科尔沁左翼中旗(内蒙古)	榆	5000.00
184	永仁县(滇)	云南松	4000.00
185	美姑县(川)	云南松	2500.00
186	雅江县(川)	云南松	600.00
187	天祝藏族自治县(甘)	云杉	60850.00
188	翁达林业局(川)	云杉	25000.00
189	湟中县(青)	云杉	12000.00
190	碌曲县(甘)	云杉	3600.00
191	大通回族土族自治县(青)	云杉	3500.00
192	汪清林业局(吉)	云杉	2324.40
193	嫩江县(黑)	云杉	1200.00
194	木栏围场国营林场(冀)	云杉	520.00
195	大石头林业局(吉)	云杉	382.00
196	克什克腾旗(内蒙古)	云杉	360.00
197	白河林业局(吉)	云杉	220.00
198	大海林林业局(龙江集团)	云杉	120.00
199	松江河林业有限公司(吉林集团)	云杉	105.00
200	洛扎县(藏)	云杉	100.50
201	岚皋县(陕)	珍稀乡土	12000.00
202	额济纳旗(内蒙古)	珍稀乡土	1160.00
203	庆元县(浙)	珍稀乡土	438.00
204	大兴沟林业局(吉)	紫椴	89976.60
205	汪清林业局(吉)	紫椴	3611.80
206	白河林业局(吉)	紫椴	1295.00
207	松江河林业有限公司(吉林集团)	紫椴	250.00

表 18-10　落叶松种子园种子主产地产量

	落叶松种子主产地	产量(千克)
1	木栏围场国营林场(冀)	1220.00
2	长城山林场(晋)	1000.00
3	静乐县(晋)	500.00
4	和林格尔县(内蒙古)	1300.00
5	宁城县(内蒙古)	185.00
6	克什克腾旗(内蒙古)	100.00
7	新宾满族自治县(辽)	15000.00
8	清原满族自治县(辽)	8500.00
9	本溪满族自治县(辽)	5000.00
10	庄河市(辽)	2680.00
11	宽甸满族自治县(辽)	2000.00
12	岫岩满族自治县(辽)	1500.00
13	辽宁省森林经营研究所(辽)	1500.00
14	抚顺县(辽)	880.00
15	东洲区(辽)	330.00
16	四平市铁东区(吉)	40000.00
17	柳河县(吉)	180.00
18	爱辉区(黑)	1050.00
19	海伦市(黑)	1000.00
20	龙江县(黑)	600.00
21	克山县(黑)	250.00
22	建始县(鄂)	650.00
23	通渭县(甘)	5000.00
24	渭源县(甘)	5000.00
25	临江林业局(吉林集团)	200.00
26	洮河林业局(甘)	895.00

表 18-11 杉木种子园种子主产地产量

	杉木种子园种子主产地	产量（千克）
1	庆元县(浙)	1353.00
2	淳安县(浙)	300.00
3	临安市(浙)	300.00
4	青阳县(皖)	2000.00
5	泾　县(皖)	120.00
6	乐安县(赣)	5000.00
7	信丰县(赣)	1300.00
8	安福县(赣)	800.00
9	崇义县(赣)	500.00
10	余江县(赣)	230.00
11	南城县(赣)	120.00
12	长阳土家族自治县(鄂)	700.00
13	资兴市(湘)	2000.00
14	攸　县(湘)	1520.00
15	汝城县(湘)	600.00
16	城步苗族自治县(湘)	130.00
17	全州县(桂)	500.00
18	彭水苗族土家族自治县(渝)	2200.00
19	南川区(渝)	1000.00
20	巫溪县(渝)	500.00
21	丰都县(渝)	150.00
22	德昌县(川)	200.00
23	屏边苗族自治县(滇)	450.00
24	商南县(陕)	11600.00

表 18-12 其他种子园种子主产地产量

	其他种子园种子主产地	品种	产量(千克)
1	惠农区(宁)	白蜡	2500.00
2	平罗县(宁)	白蜡	1000.00
3	小陇山林业实验局(甘)	白皮松	100.00
4	萧　县(皖)	柏树	150000.00
5	垣曲县(晋)	柏树	100000.00
6	内乡县(豫)	柏树	75000.00
7	竹山县(鄂)	柏树	35000.00
8	凯里市(黔)	柏树	24000.00
9	郏　县(豫)	柏树	2000.00
10	武穴市(鄂)	柏树	2000.00
11	禹州市(豫)	柏树	400.00
12	北山森林公园(青)	柏树	225.00
13	淅川县(豫)	柏树	202.00
14	东至县(皖)	檫树	22000.00
15	庄河市(辽)	赤松	4800.00
16	内乡县(豫)	刺槐	75000.00
17	文　县(甘)	刺槐	45000.00
18	商南县(陕)	刺槐	28900.00
19	北票市(辽)	刺槐	25000.00
20	普兰店市(辽)	刺槐	7500.00
21	滦平县(冀)	刺槐	6900.00
22	清水县(甘)	刺槐	2800.00
23	凌海市(辽)	刺槐	2000.00
24	禹州市(豫)	刺槐	150.00
25	万源市(川)	刺槐	150.00
26	南郑县(陕)	刺槐	130.00
27	永靖县(甘)	枸杞	300.00
28	英吉沙县(新)	核桃	96000.00
29	万源市(川)	核桃	90000.00
30	泽普县(新)	核桃	36000.00
31	商南县(陕)	核桃	23400.00
32	西峡县(豫)	核桃	20000.00
33	叶城县(新)	核桃	10000.00
34	南郑县(陕)	核桃	8000.00
35	竹溪县(鄂)	核桃	1000.00
36	临安市(浙)	核桃	500.00
37	北川羌族自治县(川)	核桃	300.00
38	临沭县(鲁)	黑松	5000.00
39	庄河市(辽)	黑松	1700.00
40	孟家岗林场(黑)	红松	343133.00
41	汪清林业局(吉)	红松	200000.00
42	敦化林业局(吉)	红松	100000.00
43	抚顺县(辽)	红松	60000.00
44	桦甸市(吉)	红松	42000.00
45	辽宁省森林经营研究所(辽)	红松	30000.00
46	本溪满族自治县(辽)	红松	25000.00
47	苇河林业局(龙江集团)	红松	20000.00
48	三岔子林业局(吉林集团)	红松	12000.00
49	红石林业局(吉林集团)	红松	10000.00
50	露水河林业局(吉林集团)	红松	9783.00
51	永吉县(吉)	红松	8000.00
52	临江林业局(吉林集团)	红松	3000.00
53	爱辉区(黑)	红松	1350.00
54	龙井市(吉)	红松	980.00
55	林口林业局(龙江集团)	红松	800.00
56	山河实验林场(黑)	胡桃楸	100000.00
57	万源市(川)	华山松	487500.00
58	奉节县(渝)	华山松	360000.00
59	陈仓区(陕)	华山松	100000.00
60	宁强县(陕)	华山松	72050.00
61	太白林业局(陕)	华山松	6000.00
62	略阳县(陕)	华山松	6000.00
63	渭源县(甘)	华山松	6000.00
64	洱源县(滇)	华山松	5200.00
65	庄河市(辽)	华山松	1530.00
66	泌阳县(豫)	火炬松	10000.00
67	荆州区(鄂)	火炬松	1500.00

	其他种子园种子主产地	品种	产量(千克)
68	安福县(赣)	火炬松	200.00
69	英德市(粤)	楞树	10000.00
70	修水县(赣)	楞树	220.00
71	略阳县(陕)	栎树	300000.00
72	汉阴县(陕)	栎树	199000.00
73	商南县(陕)	栎树	83100.00
74	南郑县(陕)	栎树	25000.00
75	房　县(鄂)	栎树	8500.00
76	舞钢市(豫)	栎树	7290.00
77	长阳土家族自治县(鄂)	栎树	2500.00
78	万源市(川)	柳杉	270000.00
79	鼎城区(湘)	落羽杉	700.00
80	汉阴县(陕)	马尾松	249000.00
81	宣汉县(川)	马尾松	47058.00
82	凯里市(黔)	马尾松	41000.00
83	平桥区(豫)	马尾松	15000.00
84	大悟县(鄂)	马尾松	10000.00
85	潜山县(皖)	马尾松	7700.00
86	彭水苗族土家族自治县(渝)	马尾松	7000.00
87	宜章县(湘)	马尾松	5000.00
88	兴国县(赣)	马尾松	4000.00
89	都匀市(黔)	马尾松	4000.00
90	万源市(川)	马尾松	2500.00
91	秀山土家族苗族自治县(渝)	马尾松	2000.00
92	淳安县(浙)	马尾松	250.00
93	桐柏县(豫)	马尾松	209.00
94	桂阳县(湘)	马尾松	200.00
95	全椒县(皖)	马尾松	100.00
96	南川区(渝)	马尾松	100.00
97	建德市(浙)	楠木	10000.00
98	彭阳县(宁)	柠条	45760.00
99	四子王旗(内蒙古)	柠条	40000.00
100	察哈尔右翼后旗(内蒙古)	柠条	35000.00
101	乌拉特中旗(内蒙古)	柠条	15800.00
102	都兰县(青)	柠条	133.30
103	禹州市(豫)	泡桐	300.00
104	惠农区(宁)	沙枣	500.00
105	孝昌县(鄂)	湿地松	2100.00
106	台山市(粤)	湿地松	2021.00
107	余江县(赣)	湿地松	1200.00
108	泾　县(皖)	湿地松	200.00
109	娄星区(湘)	湿地松	200.00
110	瑞金市(赣)	湿地松	150.00
111	确山县(豫)	石榴	80000.00
112	湾沟林业局(吉林集团)	水曲柳	2000.00
113	阳新县(鄂)	水杉	6000.00
114	潜江市(鄂)	水杉	2000.00
115	北票市(辽)	杏	50000.00
116	多伦县(内蒙古)	杏	39500.00
117	英吉沙县(新)	杏	32000.00
118	华池县(甘)	杏	2200.00
119	林西县(内蒙古)	杏	1900.00
120	麦盖提县(新)	杨树	159000.00
121	两当县(甘)	油松	200000.00
122	商南县(陕)	油松	52900.00
123	北票市(辽)	油松	50000.00
124	阜新蒙古族自治县(辽)	油松	16500.00
125	抚宁县(冀)	油松	7000.00
126	略阳县(陕)	油松	5000.00
127	洛南县(陕)	油松	5000.00
128	渭源县(甘)	油松	3500.00
129	山海关区(冀)	油松	3000.00
130	正宁林业总场(甘)	油松	1860.00
131	平泉县(冀)	油松	800.00
132	陇　县(陕)	油松	600.00
133	桥山林业局(陕)	油松	385.00
134	稻城县(川)	油松	200.00
135	科尔沁区(内蒙古)	榆	300.00
136	隆阳区(滇)	云南松	50000.00
137	广南县(滇)	云南松	2028.00
138	洮河林业局(甘)	云杉	7200.00
139	循化撒拉族自治县(青)	云杉	6000.00
140	永吉县(吉)	云杉	130.00
141	龙江县(黑)	樟子松	900.00
142	克东县(黑)	樟子松	450.00
143	泰来县(黑)	樟子松	450.00
144	克山县(黑)	樟子松	250.00

表 18-13　马尾松苗主产地产量

	马尾松苗主产地	产量(万株)
1	龙泉市(浙)	240.00
2	遂昌县(浙)	95.20
3	青田县(浙)	90.00
4	婺城区(浙)	75.00
5	建德市(浙)	50.00
6	石城县(赣)	750.00
7	会昌县(赣)	192.00
8	龙南县(赣)	150.00

	马尾松苗主产地	产量（万株）
9	湘东区(赣)	150.00
10	铜鼓县(赣)	90.00
11	德兴市(赣)	90.00
12	宜丰县(赣)	60.00
13	广昌县(赣)	40.00
14	遂川县(赣)	30.00
15	黎川县(赣)	30.00
16	修水县(赣)	30.00
17	全南县(赣)	22.00
18	河东区(鲁)	40.00
19	桐柏县(豫)	30.00
20	南召县(豫)	15.00
21	丹江口市(鄂)	1500.00
22	浠水县(鄂)	300.00
23	南漳县(鄂)	250.00
24	钟祥市(鄂)	50.00
25	竹溪县(鄂)	40.00
26	麻城市(鄂)	15.00
27	赤壁市(鄂)	15.00
28	芷江侗族自治县(湘)	1390.00
29	涟源市(湘)	1200.00
30	洞口县(湘)	1000.00
31	新宁县(湘)	600.00
32	会同县(湘)	450.00
33	新晃侗族自治县(湘)	375.00
34	石门县(湘)	360.00
35	宜章县(湘)	340.00
36	蓝山县(湘)	305.00
37	茶陵县(湘)	300.00
38	辰溪县(湘)	300.00
39	中方县(湘)	300.00
40	吉首市(湘)	300.00
41	安化县(湘)	300.00
42	靖州苗族侗族自治县(湘)	300.00
43	临武县(湘)	280.00
44	桂阳县(湘)	250.00
45	沅陵县(湘)	243.00
46	湘乡市(湘)	210.00
47	资兴市(湘)	200.00
48	祁东县(湘)	193.00
49	双峰县(湘)	189.00
50	绥宁县(湘)	180.00
51	苏仙区(湘)	120.00
52	汝城县(湘)	110.40
53	新化县(湘)	100.00
54	慈利县(湘)	77.50
55	洪江市(湘)	75.00
56	江华瑶族自治县(湘)	66.00
57	宁远县(湘)	60.00
58	江永县(湘)	56.00
59	麻阳苗族自治县(湘)	49.00
60	永兴县(湘)	40.00
61	冷水江市(湘)	10.00
62	隆回县(湘)	10.00
63	信宜市(粤)	500.00
64	郁南县(粤)	400.00
65	德庆县(粤)	320.00
66	罗定市(粤)	250.00
67	化州市(粤)	186.00
68	连南瑶族自治县(粤)	132.60
69	南雄市(粤)	100.00
70	乐昌市(粤)	68.00
71	连州市(粤)	50.00
72	阳山县(粤)	48.00
73	乳源瑶族自治县(粤)	27.00
74	武江区(粤)	25.00
75	龙川县(粤)	20.00
76	高要市(粤)	19.80
77	仁化县(粤)	10.00
78	昭平县(桂)	508.00
79	苍梧县(桂)	500.00
80	防城区(桂)	450.00
81	派阳山林场(桂)	400.00
82	隆林各族自治县(桂)	300.00
83	钦北区(桂)	255.00
84	永福县(桂)	225.00
85	平乐县(桂)	200.00
86	那坡县(桂)	100.00
87	灵川县(桂)	81.50
88	全州县(桂)	60.00
89	大化瑶族自治县(桂)	50.00
90	中国林科院热林中心(桂)	48.00
91	忻城县(桂)	38.50
92	灵山县(桂)	38.02
93	浦北县(桂)	37.00
94	龙州县(桂)	25.00
95	六万林场(桂)	23.89
96	彭水苗族土家族自治县(渝)	1300.00
97	秀山土家族苗族自治县(渝)	800.00
98	云阳县(渝)	450.00
99	宣汉县(川)	65.00
100	荣　县(川)	400.00
101	邻水县(川)	350.00
102	青川县(川)	60.00
103	万源市(川)	40.00
104	宜宾县(川)	10.30
105	三穗县(黔)	650.00
106	黄平县(黔)	420.00
107	施秉县(黔)	300.00
108	红花岗区(黔)	180.00
109	台江县(黔)	180.00
110	天柱县(黔)	152.00
111	麻江县(黔)	148.84
112	长顺县(黔)	120.00
113	开阳县(黔)	75.61
114	雷山县(黔)	30.00
115	凯里市(黔)	15.00
116	和政县(甘)	150.00

表 18-14　落叶松苗主产地产量

	落叶松苗主产地	产量（万株）
1	张北县(冀)	12000.00
2	围场满族蒙古族自治县(冀)	10128.00
3	平泉县(冀)	1125.00
4	丰宁满族自治县(冀)	900.00
5	尚义县(冀)	635.00
6	赤城县(冀)	600.00
7	隆化县(冀)	500.00
8	木栏围场国营林场(冀)	470.00
9	塞罕坝机械林场(冀)	260.00
10	涿鹿县(冀)	100.00
11	宁武县(晋)	6100.00
12	浑源县(晋)	5500.00
13	代　县(晋)	3000.00
14	静乐县(晋)	500.00
15	灵丘县(晋)	300.00
16	五台县(晋)	300.00
17	神池县(晋)	150.00
18	岢岚县(晋)	95.00
19	松山区(内蒙古)	1338.00
20	察哈尔右翼中旗(内蒙古)	800.00
21	克什克腾旗(内蒙古)	400.00
22	宁城县(内蒙古)	270.00

	落叶松苗主产地	产量（万株）
23	喀喇沁旗(内蒙古)	250.00
24	科尔沁右翼前旗(内蒙古)	150.00
25	林西县(内蒙古)	100.00
26	霍林郭勒市(内蒙古)	100.00
27	免渡河林业局(内蒙古)	60.00
28	巴林林业局(内蒙古)	15.00
29	额尔古纳市(内蒙古)	10.00
30	新宾满族自治县(辽)	40000.00
31	岫岩满族自治县(辽)	17000.00
32	凤城市(辽)	8000.00
33	桓仁满族自治县(辽)	7014.00
34	清原满族自治县(辽)	6000.00
35	宽甸满族自治县(辽)	3200.00
36	庄河市(辽)	2200.00
37	本溪满族自治县(辽)	2064.00
38	抚顺县(辽)	2008.00
39	盖州市(辽)	1000.00
40	开原市(辽)	1000.00
41	辽阳县(辽)	800.00
42	辽宁省森林经营研究所(辽)	200.00
43	大石桥市(辽)	190.00
44	清河区(辽)	180.00
45	东洲区(辽)	42.00
46	海城市(辽)	25.00
47	南芬区(辽)	18.00
48	辽宁实验林场(辽)	10.00
49	柳河县(吉)	15000.00
50	桦甸市(吉)	9510.00
51	东辽县(吉)	1500.00
52	丰满区(吉)	1000.00
53	集安市(吉)	974.00
54	梅河口市(吉)	660.00
55	东丰县(吉)	500.00
56	敦化市(吉)	450.00
57	辉南县(吉)	350.00
58	永吉县(吉)	320.00
59	天桥岭林业局(吉)	240.00
60	伊通满族自治县(吉)	130.00
61	上营森林经营局(吉)	130.00
62	汪清林业局(吉)	106.00
63	靖宇县(吉)	100.00
64	长白山林业局(吉)	60.00
65	汪清县(吉)	50.00
66	和龙市(吉)	50.00
67	龙潭区(吉)	40.00
68	白河林业局(吉)	30.00
69	珲春林业局(吉)	30.00
70	蛟河市(吉)	28.00
71	二道江区(吉)	20.00
72	舒兰市(吉)	10.00
73	尚志市(黑)	7500.00
74	鸡东县(黑)	3220.00
75	拜泉县(黑)	2800.00
76	孙吴县(黑)	2765.00
77	鹤岗市市辖区(黑)	2380.00
78	穆棱市(黑)	1217.50
79	汤原县(黑)	1150.00
80	爱辉区(黑)	1050.00
81	嘉荫县(黑)	960.00
82	庆安国有林场管理局(黑)	795.10
83	北安市(黑)	600.00
84	五大连池市(黑)	510.00
85	木兰县(黑)	500.00
86	宾县(黑)	450.00
87	东宁县(黑)	402.00
88	虎林市(黑)	400.00
89	密山市(黑)	372.00
90	宁安市(黑)	368.00
91	佳木斯市郊区(黑)	320.00
92	林口县(黑)	264.00
93	嫩江县(黑)	260.00
94	孟家岗林场(黑)	250.00
95	桦南县(黑)	230.20
96	克东县(黑)	230.00
97	讷河市(黑)	200.00
98	方正县(黑)	200.00
99	萝北县(黑)	198.00
100	抚远县(黑)	189.00
101	依兰县(黑)	171.00
102	饶河县(黑)	166.00
103	克山县(黑)	154.00
104	黑河市直属林场(黑)	150.00
105	牡丹江市市本级(黑)	100.00
106	富锦市(黑)	98.00
107	铁力市(黑)	80.00
108	龙江县(黑)	60.00
109	逊克县(黑)	25.00
110	呼玛县(黑)	20.00
111	通河县(黑)	15.00
112	绥芬河市(黑)	15.00
113	七台河市市辖区(黑)	10.00
114	龙口市(鲁)	400.00
115	利川市(鄂)	1800.00
116	建始县(鄂)	890.00
117	巴东县(鄂)	50.00
118	兴山县(鄂)	15.00
119	巫溪县(渝)	300.00
120	武隆县(渝)	15.00
121	雷波县(川)	70.00
122	万源市(川)	35.00
123	甘洛县(川)	15.00
124	永善县(滇)	150.00
125	庄浪县(甘)	6000.00
126	徽　县(甘)	1920.00
127	宕昌县(甘)	450.00
128	西和县(甘)	410.00
129	张家川回族自治县(甘)	220.00
130	陇南市市辖区(甘)	100.00
131	岷　县(甘)	80.00
132	渭源县(甘)	77.80
133	成　县(甘)	50.00
134	舟曲县(甘)	48.00
135	临夏县(甘)	22.50
136	卓尼县(甘)	10.00
137	隆德县(宁)	4560.00
138	原州区(宁)	100.00
139	三岔子林业局(吉林集团)	237.50
140	朗乡林业局(龙江集团)	116.80
141	东方红林业局(龙江集团)	108.00
142	绥阳林业局(龙江集团)	85.00
143	鹤立林业局(龙江集团)	78.40
144	红星林业局(龙江集团)	76.70
145	林口林业局(龙江集团)	76.00
146	东京城林业局(龙江集团)	74.70
147	八面通林业局(龙江集团)	62.00
148	海林林业局(龙江集团)	51.80
149	带岭实验局(龙江集团)	51.00
150	苇河林业局(龙江集团)	50.70
151	双鸭山林业局(龙江集团)	46.00
152	迎春林业局(龙江集团)	38.80
153	绥棱林业局(龙江集团)	35.60
154	乌马河林业局(龙江集团)	33.80
155	方正林业局(龙江集团)	31.40
156	山河屯林业局(龙江集团)	30.70

	落叶松苗主产地	产量（万株）
157	黑龙江柴河林业局（龙江集团）	28.00
158	双丰林业局（龙江集团）	25.00
159	金山屯林业局（龙江集团）	24.20
160	清河林业局（龙江集团）	22.70
161	新青林业局（龙江集团）	19.30
162	沾河林业局（龙江集团）	18.40
163	翠峦林业局（龙江集团）	17.60
164	铁力林业局（龙江集团）	14.40
165	兴隆林业局（龙江集团）	14.00
166	鹤北林业局（龙江集团）	12.80
167	穆棱林业局（龙江集团）	11.20
168	小陇山林业实验局（甘）	538.86
169	白水江林业局（甘）	107.00

表 18-15　红松苗主产地产量

	红松苗主产地	产量（万株）
1	新宾满族自治县（辽）	23000.00
2	清原满族自治县（辽）	7500.00
3	桓仁满族自治县（辽）	5297.00
4	宽甸满族自治县（辽）	4350.00
5	凤城市（辽）	1850.00
6	本溪满族自治县（辽）	1704.00
7	岫岩满族自治县（辽）	450.00
8	振安区（辽）	400.00
9	辽宁省森林经营研究所（辽）	160.00
10	元宝区（辽）	150.00
11	南芬区（辽）	42.00
12	辽宁实验林场（辽）	35.00
13	桦甸市（吉）	5610.00
14	通化县（吉）	4682.00
15	柳河县（吉）	4500.00
16	江源区（吉）	4000.00
17	汪清林业局（吉）	1525.70
18	集安市（吉）	965.00
19	敦化市（吉）	780.00
20	天桥岭林业局（吉）	698.00
21	辉南县（吉）	630.00
22	和龙林业局（吉）	598.00
23	大石头林业局（吉）	565.00
24	敦化林业局（吉）	560.00
25	丰满区（吉）	500.00
26	抚松县（吉）	350.00
27	永吉县（吉）	300.00
28	浑江区（吉）	300.00
29	和龙市（吉）	300.00
30	珲春林业局（吉）	300.00
31	东辽县（吉）	296.00
32	汪清县（吉）	293.00
33	图们市（吉）	204.00
34	靖宇县（吉）	200.00
35	白河林业局（吉）	200.00
36	蛟河市（吉）	185.00
37	八家子林业局（吉）	180.00
38	龙潭区（吉）	160.00
39	安图森林经营局（吉）	153.00
40	上营森林经营局（吉）	130.00
41	黄泥河林业局（吉）	130.00
42	延吉市（吉）	120.00
43	长白山林业局（吉）	110.00
44	东丰县（吉）	100.00
45	舒兰市（吉）	52.00
46	船营区（吉）	25.00
47	龙井市（吉）	15.00
48	昌邑区（吉）	12.00
49	二道江区（吉）	10.00
50	汤原县（黑）	692.00
51	孙吴县（黑）	628.00
52	延寿县（黑）	600.00
53	密山市（黑）	368.00
54	庆安国有林场管理局（黑）	356.00
55	鸡东县（黑）	300.00
56	牡丹江市市本级（黑）	180.00
57	北安市（黑）	160.00
58	萝北县（黑）	143.00
59	孟家岗林场（黑）	110.00
60	佳木斯市郊区（黑）	100.00
61	五常市（黑）	100.00
62	爱辉区（黑）	100.00
63	桦南县（黑）	94.70
64	抚远县（黑）	60.00
65	五大连池市（黑）	57.00
66	丹清河实验林场（黑）	40.00
67	木兰县（黑）	30.00
68	逊克县（黑）	30.00
69	依兰县（黑）	26.00
70	饶河县（黑）	22.00
71	绥芬河市（黑）	15.00
72	露水河林业局（吉林集团）	1710.21
73	三岔子林业局（吉林集团）	1561.00
74	松江河林业有限公司（吉林集团）	1125.00
75	红石林业局（吉林集团）	350.00
76	白石山林业局（吉林集团）	223.00
77	临江林业局（吉林集团）	122.80
78	湾沟林业局（吉林集团）	100.00
79	泉阳林业局（吉林集团）	80.00
80	朗乡林业局（龙江集团）	364.20
81	东京城林业局（龙江集团）	351.90
82	双鸭山林业局（龙江集团）	173.00
83	大海林林业局（龙江集团）	169.00
84	黑龙江柴河林业局（龙江集团）	158.50
85	鹤北林业局（龙江集团）	141.20
86	山河屯林业局（龙江集团）	122.40
87	东方红林业局（龙江集团）	118.10
88	海林林业局（龙江集团）	111.00
89	亚布力林业局（龙江集团）	110.80
90	红星林业局（龙江集团）	107.00
91	八面通林业局（龙江集团）	89.00
92	翠峦林业局（龙江集团）	77.80
93	方正林业局（龙江集团）	75.60
94	乌马河林业局（龙江集团）	71.00
95	友好林业局（龙江集团）	62.20
96	兴隆林业局（龙江集团）	60.00
97	迎春林业局（龙江集团）	58.60
98	金山屯林业局（龙江集团）	55.60
99	苇河林业局（龙江集团）	55.30
100	双丰林业局（龙江集团）	55.00
101	林口林业局（龙江集团）	52.50
102	桦南林业局（龙江集团）	51.70
103	汤旺河林业局（龙江集团）	51.00
104	铁力林业局（龙江集团）	50.30
105	绥阳林业局（龙江集团）	45.00
106	穆棱林业局（龙江集团）	43.10
107	美溪林业局（龙江集团）	40.50
108	沾河林业局（龙江集团）	33.00
109	上甘岭林业局（龙江集团）	30.00
110	鹤立林业局（龙江集团）	29.00
111	乌伊岭林业局（龙江集团）	19.00
112	清河林业局（龙江集团）	18.00
113	五营林业局（龙江集团）	17.20
114	绥棱林业局（龙江集团）	15.60
115	带岭实验局（龙江集团）	12.80

表 18-16　国外松苗主产地产量

	国外松苗主产地	产量（万株）
1	和　县(皖)	552.00
2	望江县(皖)	360.00
3	南陵县(皖)	200.00
4	东至县(皖)	90.00
5	桐城市(皖)	80.00
6	德兴市(赣)	560.00
7	上高县(赣)	280.00
8	信丰县(赣)	23.00
9	广水市(鄂)	2400.00
10	松滋市(鄂)	300.00
11	宜城市(鄂)	270.00
12	曾都区(鄂)	200.00
13	南漳县(鄂)	100.00
14	谷城县(鄂)	80.00
15	大冶市(鄂)	60.00
16	掇刀区(鄂)	45.00
17	枣阳市(鄂)	28.00
18	东安县(湘)	900.00
19	邵东县(湘)	600.00
20	双峰县(湘)	600.00
21	攸　县(湘)	400.00
22	宁远县(湘)	328.00
23	湘乡市(湘)	305.00
24	衡山县(湘)	300.00
25	汨罗市(湘)	300.00
26	冷水滩区(湘)	228.00
27	衡南县(湘)	200.00
28	鼎城区(湘)	170.00
29	道　县(湘)	153.00
30	株洲县(湘)	140.00
31	新田县(湘)	140.00
32	新邵县(湘)	140.00
33	双清区(湘)	127.00
34	蓝山县(湘)	85.40
35	浏阳市(湘)	75.00
36	湘潭县(湘)	60.00
37	江华瑶族自治县(湘)	60.00
38	赫山区(湘)	60.00
39	澧　县(湘)	60.00
40	娄星区(湘)	10.00
41	云城区(粤)	750.00
42	台山市(粤)	502.00
43	化州市(粤)	456.00
44	电白县(粤)	65.00
45	钦北区(桂)	1000.00
46	汶川县(川)	48000.00

表 18-17　黑松苗主产地产量

	黑松苗主产地	产量（万株）
1	抚宁县(冀)	10.00
2	喀喇沁旗(内蒙古)	750.00
3	桓仁满族自治县(辽)	1435.00
4	庄河市(辽)	220.00
5	桦甸市(吉)	130.00
6	二道江区(吉)	40.00
7	莒南县(鲁)	6200.00
8	莱阳市(鲁)	2000.00
9	沂水县(鲁)	850.00
10	岚山区(鲁)	756.00
11	东港区(鲁)	675.00
12	莒　县(鲁)	647.00
13	栖霞市(鲁)	456.00
14	昌邑市(鲁)	275.00
15	龙口市(鲁)	200.00
16	蒙阴县(鲁)	200.00
17	环翠区(鲁)	186.00
18	牟平区(鲁)	100.00
19	宁阳县(鲁)	84.00
20	海阳市(鲁)	80.00
21	河东区(鲁)	75.00
22	诸城市(鲁)	75.00
23	蓬莱市(鲁)	50.00
24	招远市(鲁)	50.00
25	临朐县(鲁)	30.00
26	肥城市(鲁)	28.00
27	泰安市市辖区(鲁)	27.90
28	莱州市(鲁)	23.00
29	临沭县(鲁)	15.00
30	芝罘区(鲁)	14.60
31	三岔子林业局(吉林集团)	120.00

表 18-18　华山松苗主产地产量

	华山松苗主产地	产量（万株）
1	涿州市(冀)	540.00
2	易　县(冀)	400.00
3	沁水县(晋)	375.00
4	绛　县(晋)	120.00
5	庄河市(辽)	160.00
6	泰安市市辖区(鲁)	10.00
7	越西县(川)	450.00
8	会东县(川)	240.00
9	德昌县(川)	186.20
10	甘洛县(川)	15.00
11	赫章县(黔)	1786.00
12	巍山彝族回族自治县(滇)	230.00
13	洱源县(滇)	220.00
14	泸西县(滇)	180.00
15	沾益县(滇)	100.00
16	宁强县(陕)	189.00
17	千阳县(陕)	78.50
18	南郑县(陕)	61.00
19	佛坪县(陕)	52.57
20	洋　县(陕)	17.00
21	徽　县(甘)	3000.00
22	西和县(甘)	190.00
23	陇南市市辖区(甘)	150.00
24	正宁林业总场(甘)	131.00
25	湘乐林业总场(甘)	68.00
26	张家川回族自治县(甘)	50.00
27	成　县(甘)	25.00
28	秦州区(甘)	20.00
29	平凉市市辖区(甘)	18.00
30	小陇山林业实验局(甘)	545.52
31	白水江林业局(甘)	158.50

表 18-19　湿地松苗主产地产量

	湿地松苗主产地	产量（万株）
1	鄞州区(浙)	120.00
2	文成县(浙)	80.00
3	婺城区(浙)	70.00
4	三门县(浙)	70.00
5	临安市(浙)	70.00
6	衢江区(浙)	60.00
7	建德市(浙)	40.00
8	龙游县(浙)	18.00
9	余杭区(浙)	10.50

	湿地松苗主产地	产量（万株）
10	泾　县(皖)	300.00
11	全椒县(皖)	140.00
12	凤阳县(皖)	90.00
13	新干县(赣)	4250.00
14	赣　县(赣)	810.00
15	南昌县(赣)	600.00
16	东乡县(赣)	600.00
17	吉安县(赣)	510.00
18	乐安县(赣)	460.00
19	瑞金市(赣)	408.00
20	渝水区(赣)	400.00
21	临川区(赣)	300.00
22	永修县(赣)	300.00
23	崇仁县(赣)	228.00
24	安福县(赣)	210.00
25	高安市(赣)	200.00
26	玉山县(赣)	200.00
27	湘东区(赣)	150.00
28	龙南县(赣)	150.00
29	会昌县(赣)	146.00
30	贵溪市(赣)	120.00
31	宜丰县(赣)	105.00
32	吉州区(赣)	100.00
33	德安县(赣)	90.00
34	靖安县(赣)	90.00
35	新建县(赣)	80.00
36	万安县(赣)	70.00
37	樟树市(赣)	67.00
38	修水县(赣)	60.00
39	万载县(赣)	50.00
40	瑞昌市(赣)	42.76
41	进贤县(赣)	32.00
42	广昌县(赣)	21.00
43	全南县(赣)	18.00
44	彭泽县(赣)	10.00
45	桐柏县(豫)	396.00
46	潢川县(豫)	138.00
47	浠水县(鄂)	1200.00
48	广水市(鄂)	900.00
49	钟祥市(鄂)	600.00
50	随县(鄂)	500.00
51	团风县(鄂)	420.00
52	红安县(鄂)	413.00
53	蕲春县(鄂)	300.00
54	当阳市(鄂)	300.00
55	孝昌县(鄂)	240.00
56	鄂州市市辖区(鄂)	200.00
57	梁子湖区(鄂)	200.00
58	黄梅县(鄂)	190.00
59	武穴市(鄂)	150.00
60	新洲区(鄂)	140.00
61	远安县(鄂)	120.00
62	荆门市市辖区(鄂)	60.00
63	襄城区(鄂)	56.00
64	宜都市(鄂)	20.00
65	祁东县(湘)	1200.00
66	宜章县(湘)	210.00
67	临武县(湘)	205.00
68	岳阳县(湘)	200.00
69	耒阳市(湘)	186.10
70	永兴县(湘)	160.00
71	中方县(湘)	150.00
72	北塔区(湘)	120.00
73	隆回县(湘)	107.00
74	江永县(湘)	102.00
75	桂阳县(湘)	100.00
76	邵阳县(湘)	92.50
77	醴陵市(湘)	75.00
78	沅陵县(湘)	70.00
79	华容县(湘)	65.00
80	麻阳苗族自治县(湘)	60.00
81	洪江市(湘)	60.00
82	安仁县(湘)	34.00
83	云溪区(湘)	30.00
84	江城区(粤)	500.00
85	乐昌市(粤)	350.00
86	英德市(粤)	325.00
87	化州市(粤)	256.20
88	惠来县(粤)	250.00
89	阳春市(粤)	200.00
90	恩平市(粤)	200.00
91	连州市(粤)	200.00
92	台山市(粤)	182.00
93	揭西县(粤)	150.00
94	新丰县(粤)	140.00
95	五华县(粤)	94.00
96	曲江区(粤)	80.00
97	连平县(粤)	60.00
98	四会市(粤)	55.00
99	丰顺县(粤)	45.00
100	武江区(粤)	45.00
101	海丰县(粤)	42.00
102	乳源瑶族自治县(粤)	30.00
103	阳山县(粤)	21.00
104	东源县(粤)	20.00
105	高要市(粤)	14.40
106	防城区(桂)	150.00
107	全州县(桂)	100.00
108	柳城县(桂)	60.00
109	灵川县(桂)	46.00
110	开江县(川)	100.00
111	威远县(川)	32.00
112	红花岗区(黔)	135.00
113	麻江县(黔)	52.11

表 18-20　白皮松苗主产地产量

	白皮松苗主产地	产量（万株）
1	顺义区(京)	43.20
2	延庆县(京)	10.50
3	抚宁县(冀)	38.00
4	绛　县(晋)	900.00
5	沁水县(晋)	352.00
6	原平市(晋)	80.00
7	夏　县(晋)	64.90
8	临猗县(晋)	50.00
9	高平市(晋)	30.00
10	晋源区(晋)	15.00
11	武乡县(晋)	12.00
12	莒南县(鲁)	130.00
13	宁阳县(鲁)	10.50
14	泰安市市辖区(鲁)	10.00
15	卢氏县(豫)	200.00
16	嵩　县(豫)	200.00
17	淳化县(陕)	920.00
18	佛坪县(陕)	328.39
19	扶风县(陕)	150.00
20	宜川县(陕)	30.00
21	金台区(陕)	25.00
22	桥北林业局(陕)	22.00
23	秦都区(陕)	21.60
24	长安区(陕)	13.40
25	南郑县(陕)	10.00
26	徽　县(甘)	1200.00
27	成　县(甘)	60.00

	白皮松苗主产地	产量（万株）
28	两当县(甘)	30.00
29	湘乐林业总场(甘)	29.00
30	小陇山林业实验局(甘)	325.00

表 18-21 油松苗主产地产量

	油松苗主产地	产量（万株）
1	延庆县(京)	285.50
2	顺义区(京)	103.60
3	涿鹿县(冀)	48000.00
4	赤城县(冀)	38245.00
5	隆化县(冀)	11700.00
6	围场满族蒙古族自治县(冀)	6000.00
7	丰宁满族自治县(冀)	5200.00
8	平泉县(冀)	5000.00
9	滦平县(冀)	3400.00
10	宽城满族自治县(冀)	2000.00
11	万全县(冀)	1212.00
12	承德县(冀)	1080.00
13	涞源县(冀)	1000.00
14	木栏围场国营林场(冀)	607.00
15	双桥区(冀)	500.00
16	阜平县(冀)	375.00
17	易　县(冀)	360.00
18	武安市(冀)	300.00
19	双滦区(冀)	254.00
20	宣化县(冀)	200.00
21	尚义县(冀)	182.00
22	兴隆县(冀)	180.00
23	滦平林场管理局(冀)	132.00
24	蔚　县(冀)	90.00
25	涞水县(冀)	40.00
26	唐　县(冀)	27.00
27	张家口市林场(冀)	20.00
28	抚宁县(冀)	13.00
29	静乐县(晋)	9000.00
30	浑源县(晋)	7200.00
31	恒山林场(晋)	6977.40
32	代　县(晋)	4500.00
33	原平市(晋)	3509.90
34	三台县(晋)	3210.00
35	岢岚县(晋)	2559.00
36	平顺县(晋)	1500.00
37	偏关县(晋)	1250.00
38	忻府区(晋)	1060.85
39	沁水县(晋)	840.00
40	沁源县(晋)	600.00
41	南郊区(晋)	450.00
42	五寨县(晋)	450.00
43	新荣区(晋)	400.00
44	定襄县(晋)	352.00
45	河曲县(晋)	313.20
46	武乡县(晋)	300.00
47	保德县(晋)	300.00
48	娄烦县(晋)	250.00
49	绛　县(晋)	240.00
50	祁　县(晋)	240.00
51	屯留县(晋)	200.00
52	神池县(晋)	190.00
53	高平市(晋)	180.00
54	灵丘县(晋)	100.00
55	长治市郊区(晋)	100.00
56	清徐县(晋)	84.00
57	桦林背林场(晋)	80.00
58	杏花岭区(晋)	45.00
59	黎城县(晋)	35.00
60	晋源区(晋)	20.00
61	十里河林场(晋)	10.00
62	乌审旗(内蒙古)	7717.00
63	凉城县(内蒙古)	2500.00
64	松山区(内蒙古)	758.00
65	丰镇市(内蒙古)	666.00
66	东胜区(内蒙古)	350.00
67	宁城县(内蒙古)	330.00
68	和林格尔县(内蒙古)	199.00
69	土默特右旗(内蒙古)	160.00
70	红山区(内蒙古)	120.00
71	土默特左旗(内蒙古)	100.00
72	巴林右旗(内蒙古)	80.00
73	敖汉旗(内蒙古)	60.00
74	石拐区(内蒙古)	20.00
75	翁牛特旗(内蒙古)	13.60
76	阜新蒙古族自治县(辽)	31000.00
77	彰武县(辽)	20600.00
78	建平县(辽)	2800.00
79	盖州市(辽)	1000.00
80	凌海市(辽)	800.00
81	桓仁满族自治县(辽)	474.00
82	绥中县(辽)	400.00
83	建昌县(辽)	300.00
84	凌源市(辽)	225.00
85	细河区(辽)	120.00
86	双塔区(辽)	90.00
87	元宝区(辽)	68.00
88	密山市(黑)	135.00
89	莒南县(鲁)	3700.00
90	新泰市(鲁)	500.00
91	泰安市市辖区(鲁)	67.05
92	广饶县(鲁)	50.00
93	卢氏县(豫)	300.00
94	嵩　县(豫)	75.00
95	金川县(川)	150.00
96	吴起县(陕)	9254.00
97	甘泉县(陕)	6139.00
98	宝塔区(陕)	4060.00
99	淳化县(陕)	3000.00
100	横山县(陕)	3000.00
101	桥北林业局(陕)	2964.00
102	千阳县(陕)	2734.00
103	黄陵县(陕)	2602.00
104	黄龙山林业局(陕)	2577.00
105	志丹县(陕)	2564.80
106	陇　县(陕)	2400.00
107	太白县(陕)	1700.00
108	宜川县(陕)	1210.00
109	麟游县(陕)	1126.00
110	神木县(陕)	1000.00
111	劳山林业局(陕)	913.00
112	延川县(陕)	829.00
113	佛坪县(陕)	750.23
114	延长县(陕)	736.00
115	安塞县(陕)	626.60
116	桥山林业局(陕)	605.00
117	富　县(陕)	590.00
118	黄龙县(陕)	458.50
119	绥德县(陕)	400.00
120	太白林业局(陕)	250.00
121	宁强县(陕)	247.50
122	商州区(陕)	240.00
123	宜君县(陕)	240.00
124	略阳县(陕)	200.00
125	旬邑县(陕)	199.30
126	定边县(陕)	188.60
127	印台区(陕)	135.00

	油松苗主产地	产量（万株）
128	永寿县(陕)	127.00
129	佳　县(陕)	120.00
130	宁东林业局(陕)	115.00
131	子洲县(陕)	97.00
132	陕西省楼观台林场(陕)	95.00
133	耀州区(陕)	80.00
134	城固县(陕)	79.70
135	子长县(陕)	68.00
136	合阳县(陕)	60.00
137	户　县(陕)	54.00
138	洛川县(陕)	43.00
139	高陵县(陕)	40.00
140	宁西林业局(陕)	40.00
141	南郑县(陕)	30.00
142	眉　县(陕)	30.00
143	留坝县(陕)	27.00
144	洋　县(陕)	19.00
145	乾　县(陕)	16.50
146	徽　县(甘)	11250.00
147	湘乐林业总场(甘)	9031.74
148	庄浪县(甘)	8750.00
149	镇原县(甘)	5700.00
150	华池林业总场(甘)	5019.00
151	合水林业总场(甘)	4166.00
152	正宁林业总场(甘)	2412.00
153	清水县(甘)	980.00
154	宁　县(甘)	540.00
155	西峰区(甘)	240.00
156	宕昌县(甘)	225.00
157	西和县(甘)	220.00
158	会宁县(甘)	210.00
159	崆峒区(甘)	181.60
160	康乐县(甘)	150.00
161	秦州区(甘)	95.00
162	平凉市市辖区(甘)	82.00
163	舟曲县(甘)	70.00
164	张家川回族自治县(甘)	70.00
165	榆中县(甘)	57.00
166	天祝藏族自治县(甘)	56.00
167	成　县(甘)	45.00
168	渭源县(甘)	37.60
169	岷　县(甘)	30.00
170	平川区(甘)	25.00
171	安定区(甘)	22.03
172	玛珂河林业局(青)	133.07
173	平安县(青)	13.20
174	同仁县(青)	12.00
175	隆德县(宁)	400.00
176	西吉县(宁)	89.00
177	小陇山林业实验局(甘)	1789.44
178	迭部林业局(甘)	1043.65
179	洮河林业局(甘)	75.20
180	白水江林业局(甘)	49.70

表 18-22　樟子松苗主产地产量

	樟子松苗主产地	产量（万株）
1	围场满族蒙古族自治县(冀)	3000.00
2	丰宁满族自治县(冀)	1830.00
3	木栏围场国营林场(冀)	440.00
4	赤城县(冀)	260.00
5	尚义县(冀)	77.20
6	康保县(冀)	10.00
7	浑源县(晋)	4020.00
8	偏关县(晋)	1950.00
9	新荣区(晋)	800.00
10	大同县(晋)	600.00
11	南郊区(晋)	405.00
12	五寨县(晋)	225.00
13	左云县(晋)	200.00
14	原平市(晋)	90.10
15	岢岚县(晋)	50.00
16	十里河林场(晋)	35.00
17	桦林背林场(晋)	10.00
18	乌审旗(内蒙古)	29500.00
19	多伦县(内蒙古)	6000.00
20	和林格尔县(内蒙古)	3000.00
21	扎兰屯市(内蒙古)	1600.00
22	丰镇市(内蒙古)	1332.00
23	鄂温克族自治旗(内蒙古)	1055.00
24	巴林右旗(内蒙古)	701.85
25	喀喇沁旗(内蒙古)	700.00
26	乌兰浩特市(内蒙古)	495.00
27	克什克腾旗(内蒙古)	473.70
28	宁城县(内蒙古)	450.00
29	太仆寺旗(内蒙古)	360.00
30	东胜区(内蒙古)	350.00
31	松山区(内蒙古)	283.00
32	凉城县(内蒙古)	270.00
33	奈曼旗(内蒙古)	261.00
34	海拉尔区(内蒙古)	190.00
35	霍林郭勒市(内蒙古)	100.00
36	红花尔基林业局(内蒙古)	83.00
37	正蓝旗(内蒙古)	75.00
38	敖汉旗(内蒙古)	70.00
39	科尔沁左翼中旗(内蒙古)	70.00
40	鄂托克前旗(内蒙古)	69.00
41	鄂托克旗(内蒙古)	45.00
42	科尔沁左翼后旗(内蒙古)	24.20
43	海勃湾区(内蒙古)	24.00
44	元宝山区(内蒙古)	15.00
45	达尔罕茂明安联合旗(内蒙古)	10.00
46	彰武县(辽)	401100.00
47	桓仁满族自治县(辽)	2360.00
48	昌图县(辽)	800.00
49	阜新蒙古族自治县(辽)	800.00
50	辽宁省固沙造林研究所(辽)	500.00
51	康平县(辽)	500.00
52	辽宁省森林经营研究所(辽)	200.00
53	辽宁干旱地区造林研究所(辽)	21.50
54	铁岭市经济开发区(辽)	20.00
55	千山区(辽)	12.00
56	柳河县(吉)	450000.00
57	桦甸市(吉)	4350.00
58	东辽县(吉)	713.00
59	九台市(吉)	640.00
60	长白森林经营局(吉)	500.00
61	东丰县(吉)	362.00
62	敦化市(吉)	360.00
63	梅河口市(吉)	300.00
64	伊通满族自治县(吉)	180.00
65	辉南县(吉)	140.00
66	珲春林业局(吉)	40.00
67	长白山林业局(吉)	25.00
68	二道江区(吉)	20.00
69	汪清林业局(吉)	16.00
70	尚志市(黑)	6000.00
71	孙吴县(黑)	1996.00
72	汤原县(黑)	1010.00
73	甘南县(黑)	1000.00
74	宾县(黑)	900.00
75	佳木斯市郊区(黑)	800.00

	樟子松苗主产地	产量(万株)
76	黑河市直属林场(黑)	746.00
77	克东县(黑)	730.00
78	北安市(黑)	720.00
79	集贤县(黑)	600.00
80	绥棱县(黑)	578.00
81	鸡东县(黑)	550.00
82	依安县(黑)	500.00
83	嫩江县(黑)	429.00
84	逊克县(黑)	420.00
85	嘉荫县(黑)	410.00
86	密山市(黑)	393.00
87	庆安国有林场管理局(黑)	362.20
88	桦南县(黑)	309.30
89	讷河市(黑)	250.00
90	依兰县(黑)	202.00
91	孟家岗林场(黑)	170.00
92	泰来县(黑)	150.00
93	兰西县(黑)	150.00
94	克山县(黑)	148.00
95	富锦市(黑)	118.00
96	龙江县(黑)	95.00
97	杜尔伯特蒙古族自治县(黑)	87.80
98	五大连池市(黑)	75.50
99	海伦市(黑)	75.00
100	让胡路区(黑)	70.00
101	岭东区(黑)	55.00
102	抚远县(黑)	50.00
103	大同区(黑)	49.50
104	呼玛县(黑)	40.00
105	牡丹江市市本级(黑)	30.00
106	呼兰区(黑)	22.00
107	绥芬河市(黑)	20.00
108	铁力市(黑)	15.00
109	青冈县(黑)	14.00
110	林口县(黑)	13.00
111	明水县(黑)	10.00
112	莒南县(鲁)	360.00
113	横山县(陕)	105000.00
114	定边县(陕)	467.40
115	志丹县(陕)	405.40
116	靖边县(陕)	380.00
117	劳山林业局(陕)	251.00
118	甘泉县(陕)	237.00
119	吴起县(陕)	200.00
120	黄龙山林业局(陕)	189.00
121	延川县(陕)	150.00
122	神木县(陕)	90.00
123	安塞县(陕)	22.50
124	桥北林业局(陕)	20.00
125	古浪县(甘)	5500.00
126	武威市市辖区(甘)	158.56
127	康乐县(甘)	150.00
128	宁　县(甘)	150.00
129	凉州区(甘)	85.00
130	岷　县(甘)	70.00
131	榆中县(甘)	23.00
132	平凉市市辖区(甘)	23.00
133	正宁林业总场(甘)	22.00
134	会宁县(甘)	18.40
135	肃州区(甘)	15.00
136	民乐县(甘)	13.49
137	甘州区(甘)	10.21
138	隆德县(宁)	1200.00
139	盐池县(宁)	50.20
140	灵武市(宁)	30.16

表 18-23　柳杉苗主产地产量

	柳杉苗主产地	产量(万株)
1	盐山县(冀)	30.00
2	依兰县(黑)	16.00
3	利川市(鄂)	800.00
4	南川区(渝)	900.00
5	奉节县(渝)	600.00
6	石柱土家族自治县(渝)	350.00
7	雨城区(川)	2500.00
8	屏山县(川)	600.00
9	雷波县(川)	500.00
10	芦山县(川)	450.00
11	荥经县(川)	300.00
12	宝兴县(川)	125.00
13	宜宾县(川)	79.20
14	邛崃市(川)	50.00
15	甘洛县(川)	30.00
16	万源市(川)	30.00
17	江油市(川)	20.00
18	福泉市(黔)	110.00
19	赫章县(黔)	96.00
20	瓮安县(黔)	54.42
21	陆良县(滇)	550.00
22	罗平县(滇)	120.00
23	个旧市(滇)	23.00
24	水富县(滇)	20.00
25	镇坪县(陕)	115.00
26	金塔县(甘)	108.00

表 18-24　水杉苗主产地产量

	水杉苗主产地	产量(万株)
1	亭湖区(苏)	150.00
2	桐乡市(浙)	363.00
3	婺城区(浙)	100.00
4	余杭区(浙)	27.00
5	海宁市(浙)	24.30
6	吴兴区(浙)	15.00
7	奉化市(浙)	15.00
8	富阳市(浙)	10.00
9	庐江县(皖)	175.00
10	肥西县(皖)	106.00
11	宜丰县(赣)	32.00
12	河东区(鲁)	35.00
13	潢川县(豫)	150.00
14	利川市(鄂)	2000.00
15	潜江市(鄂)	1000.00
16	阳新县(鄂)	800.00
17	云梦县(鄂)	40.00
18	沅江市(湘)	45.00
19	奉节县(渝)	500.00
20	合川区(渝)	50.00
21	平昌县(川)	240.00

表 18-25　杉木苗主产地产量

	杉木苗主产地	产量(万株)
1	龙泉市(浙)	280.00
2	武义县(浙)	88.00
3	婺城区(浙)	60.00
4	临安市(浙)	45.00
5	遂昌县(浙)	36.70
6	磐安县(浙)	35.00
7	青田县(浙)	30.00
8	三门县(浙)	20.00

	杉木苗主产地	产量（万株）
9	东至县（皖）	660.00
10	祁门县（皖）	600.00
11	泾　县（皖）	280.00
12	金寨县（皖）	180.00
13	潜山县（皖）	150.00
14	南陵县（皖）	120.00
15	青阳县（皖）	60.00
16	黟　县（皖）	11.00
17	新干县（赣）	17000.00
18	安福县（赣）	10800.00
19	定南县（赣）	5040.00
20	崇义县（赣）	3435.00
21	大余县（赣）	2000.00
22	德兴市（赣）	1341.00
23	宜丰县（赣）	1205.00
24	全南县（赣）	1105.00
25	万载县（赣）	1080.00
26	赣　县（赣）	900.00
27	渝水区（赣）	800.00
28	上高县（赣）	750.00
29	吉安县（赣）	680.00
30	铜鼓县（赣）	600.00
31	金溪县（赣）	580.00
32	南丰县（赣）	550.00
33	乐安县（赣）	500.00
34	上犹县（赣）	500.00
35	龙南县（赣）	500.00
36	黎川县（赣）	480.00
37	万安县（赣）	450.00
38	广昌县（赣）	300.00
39	修水县（赣）	280.00
40	信丰县（赣）	244.00
41	武宁县（赣）	225.50
42	湘东区（赣）	225.00
43	新建县（赣）	185.00
44	会昌县（赣）	160.00
45	靖安县（赣）	156.00
46	彭泽县（赣）	150.00
47	贵溪市（赣）	130.00
48	高安市（赣）	120.00
49	崇仁县（赣）	90.00
50	瑞昌市（赣）	88.91
51	临川区（赣）	62.00
52	玉山县（赣）	50.00
53	永修县（赣）	42.00

	杉木苗主产地	产量（万株）
54	遂川县（赣）	32.00
55	瑞金市（赣）	10.60
56	新　县（豫）	5000.00
57	南漳县（鄂）	1800.00
58	谷城县（鄂）	1500.00
59	大悟县（鄂）	1500.00
60	保康县（鄂）	600.00
61	崇阳县（鄂）	300.00
62	利川市（鄂）	240.00
63	张湾区（鄂）	180.00
64	红安县（鄂）	161.00
65	巴东县（鄂）	160.00
66	房　县（鄂）	150.00
67	赤壁市（鄂）	150.00
68	梁子湖区（鄂）	150.00
69	竹溪县（鄂）	90.00
70	松滋市（鄂）	80.00
71	大冶市（鄂）	30.00
72	远安县（鄂）	30.00
73	襄城区（鄂）	12.40
74	洞口县（湘）	2000.00
75	隆回县（湘）	1895.00
76	绥宁县（湘）	1500.00
77	双牌县（湘）	1440.00
78	汝城县（湘）	1202.60
79	蓝山县（湘）	1191.00
80	鼎城区（湘）	1100.00
81	城步苗族自治县（湘）	1000.00
82	资兴市（湘）	1000.00
83	沅陵县（湘）	980.00
84	涟源市（湘）	800.00
85	双峰县（湘）	800.00
86	邵东县（湘）	750.00
87	宜章县（湘）	735.00
88	平江县（湘）	660.00
89	攸　县（湘）	600.00
90	东安县（湘）	600.00
91	新宁县（湘）	600.00
92	桂阳县（湘）	560.00
93	江永县（湘）	504.00
94	安化县（湘）	500.00
95	辰溪县（湘）	500.00
96	永兴县（湘）	500.00
97	江华瑶族自治县（湘）	494.00
98	祁阳县（湘）	368.00

	杉木苗主产地	产量（万株）
99	苏仙区（湘）	345.00
100	宁远县（湘）	316.00
101	中方县（湘）	300.00
102	芷江侗族自治县（湘）	300.00
103	石门县（湘）	300.00
104	新邵县（湘）	300.00
105	汨罗市（湘）	300.00
106	零陵区（湘）	286.00
107	浏阳市（湘）	240.00
108	株洲县（湘）	240.00
109	临武县（湘）	210.00
110	茶陵县（湘）	200.00
111	新晃侗族自治县（湘）	180.00
112	张家界市市辖区（湘）	155.49
113	醴陵市（湘）	150.00
114	吉首市（湘）	150.00
115	衡山县（湘）	150.00
116	云溪区（湘）	120.00
117	会同县（湘）	100.00
118	祁东县（湘）	92.00
119	岳阳县（湘）	90.00
120	新田县（湘）	80.00
121	新化县（湘）	80.00
122	华容县（湘）	80.00
123	安仁县（湘）	73.00
124	赫山区（湘）	60.00
125	桂东县（湘）	50.00
126	永定区（湘）	47.25
127	湘乡市（湘）	41.00
128	双清区（湘）	28.00
129	麻阳苗族自治县（湘）	28.00
130	耒阳市（湘）	23.20
131	道　县（湘）	20.00
132	邵阳县（湘）	16.00
133	湘潭县（湘）	15.00
134	冷水江市（湘）	12.00
135	临澧县（湘）	10.00
136	乐昌市（粤）	803.00
137	始兴县（粤）	700.00
138	信宜市（粤）	500.00
139	连山壮族瑶族自治县（粤）	480.00
140	南雄市（粤）	400.00
141	连州市（粤）	310.00
142	阳春市（粤）	300.00
143	乳源瑶族自治县（粤）	240.00

	杉木苗主产地	产量(万株)
144	清新县(粤)	150.00
145	连山林场(粤)	120.00
146	武江区(粤)	120.00
147	连南瑶族自治县(粤)	100.00
148	罗定市(粤)	100.00
149	乐昌林场(粤)	75.80
150	新丰县(粤)	65.00
151	龙门县(粤)	50.00
152	郁南县(粤)	37.00
153	龙川县(粤)	30.00
154	丰顺县(粤)	20.00
155	清远市属总林场(粤)	19.80
156	曲江区(粤)	12.00
157	仁化县(粤)	12.00
158	融安县(桂)	9000.00
159	三江侗族自治县(桂)	1500.00
160	乐业县(桂)	1125.00
161	灌阳县(桂)	990.00
162	那坡县(桂)	750.00
163	兴安县(桂)	540.00
164	凌云县(桂)	370.00
165	隆林各族自治县(桂)	350.00
166	七坡林场(桂)	350.00
167	永福县(桂)	350.00
168	苍梧县(桂)	300.00
169	武宣县(桂)	232.80
170	昭平县(桂)	198.00
171	平乐县(桂)	150.00
172	凤山县(桂)	120.00
173	灵川县(桂)	74.50
174	浦北县(桂)	70.00
175	全州县(桂)	60.00
176	龙州县(桂)	25.00
177	中国林科院热林中心(桂)	13.00
178	资源县(桂)	10.00
179	南川区(渝)	1900.00
180	秀山土家族苗族自治县(渝)	1000.00
181	梁平县(渝)	600.00
182	彭水苗族土家族自治县(渝)	300.00
183	涪陵区(渝)	100.00
184	平武县(川)	5000.00
185	雨城区(川)	562.50
186	邻水县(川)	350.00
187	芦山县(川)	200.00
188	青川县(川)	150.00
189	德昌县(川)	60.60
190	宜宾县(川)	60.40
191	泸　县(川)	30.00
192	会东县(川)	23.00
193	宝兴县(川)	18.00
194	黎平县(黔)	1223.00
195	榕江县(黔)	720.00
196	剑河县(黔)	456.00
197	天柱县(黔)	388.00
198	锦屏县(黔)	365.00
199	赫章县(黔)	194.00
200	凯里市(黔)	180.00
201	台江县(黔)	112.50
202	福泉市(黔)	111.00
203	雷山县(黔)	70.00
204	麻江县(黔)	17.19
205	罗平县(滇)	2200.00
206	勐海县(滇)	1650.00
207	麒麟区(滇)	1500.00
208	马关县(滇)	1100.00
209	陆良县(滇)	1000.00
210	泸西县(滇)	720.00
211	威信县(滇)	670.00
212	西畴县(滇)	521.00
213	红河县(滇)	500.00
214	大关县(滇)	45.00
215	个旧市(滇)	30.00
216	水富县(滇)	20.00
217	平利县(陕)	6000.00
218	城固县(陕)	499.40
219	白河县(陕)	200.00
220	石泉县(陕)	180.00
221	佛坪县(陕)	160.00

表 18-26　云杉苗主产地产量

	云杉苗主产地	产量(万株)
1	延庆县(京)	10.50
2	围场满族蒙古族自治县(冀)	1500.00
3	赤城县(冀)	125.00
4	木栏围场国营林场(冀)	124.00
5	御道口林场(冀)	110.00
6	万全县(冀)	20.00
7	丰宁满族自治县(冀)	18.00
8	尚义县(冀)	11.00
9	抚宁县(冀)	10.00
10	浑源县(晋)	1100.00
11	原平市(晋)	108.00
12	岢岚县(晋)	105.00
13	偏关县(晋)	30.00
14	五台县(晋)	19.00
15	乌审旗(内蒙古)	2118.00
16	多伦县(内蒙古)	900.00
17	克什克腾旗(内蒙古)	447.60
18	扎兰屯市(内蒙古)	400.00
19	松山区(内蒙古)	45.00
20	和林格尔县(内蒙古)	45.00
21	正蓝旗(内蒙古)	15.00
22	新宾满族自治县(辽)	10000.00
23	桓仁满族自治县(辽)	1275.00
24	东港市(辽)	510.00
25	顺城区(辽)	300.00
26	岫岩满族自治县(辽)	170.00
27	宽甸满族自治县(辽)	51.00
28	庄河市(辽)	50.00
29	辽宁省森林经营研究所(辽)	40.00
30	海城市(辽)	30.00
31	盖州市(辽)	15.00
32	辽宁实验林场(辽)	10.00
33	柳河县(吉)	15000.00
34	桦甸市(吉)	8785.00
35	江源区(吉)	3800.00
36	敦化市(吉)	960.00
37	梅河口市(吉)	770.00
38	汪清林业局(吉)	575.00
39	天桥岭林业局(吉)	549.50
40	丰满区(吉)	500.00
41	九台市(吉)	400.00
42	大石头林业局(吉)	400.00
43	和龙林业局(吉)	347.00
44	辉南县(吉)	280.00
45	东丰县(吉)	200.00
46	浑江区(吉)	200.00
47	汪清县(吉)	200.00
48	上营森林经营局(吉)	190.00
49	八家子林业局(吉)	170.00
50	白河林业局(吉)	150.00
51	东辽县(吉)	146.00
52	珲春林业局(吉)	120.00

	云杉苗主产地	产量（万株）
53	靖宇县(吉)	100.00
54	敦化林业局(吉)	99.00
55	永吉县(吉)	60.00
56	二道江区(吉)	50.00
57	长白山林业局(吉)	50.00
58	昌邑区(吉)	42.00
59	莲花山开发区(吉)	30.00
60	绿园区(吉)	25.00
61	船营区(吉)	15.00
62	龙潭区(吉)	12.00
63	孙吴县(黑)	7464.00
64	尚志市(黑)	4000.00
65	爱辉区(黑)	1080.00
66	黑河市直属林场(黑)	720.00
67	庆安国有林场管理局(黑)	639.90
68	嫩江县(黑)	504.00
69	五大连池市(黑)	399.50
70	汤原县(黑)	390.00
71	鸡东县(黑)	350.00
72	嘉荫县(黑)	340.00
73	方正县(黑)	300.00
74	密山市(黑)	210.00
75	饶河县(黑)	176.40
76	牡丹江市市本级(黑)	150.00
77	抚远县(黑)	145.00
78	逊克县(黑)	144.00
79	克山县(黑)	132.00
80	富锦市(黑)	125.00
81	讷河市(黑)	100.00
82	桦南县(黑)	74.74
83	萝北县(黑)	74.00
84	林口县(黑)	70.00
85	铁力市(黑)	65.00
86	五常市(黑)	60.00
87	孟家岗林场(黑)	50.00
88	岭东区(黑)	45.00
89	山河实验林场(黑)	30.00
90	巴彦县(黑)	30.00
91	海伦市(黑)	25.00
92	泰来县(黑)	20.00
93	明水县(黑)	20.00
94	克东县(黑)	15.00
95	金川县(川)	6000.00
96	雅江县(川)	630.00
97	木里藏族自治县(川)	330.00
98	道孚林业局(川)	148.20
99	新龙林业局(川)	100.00
100	丹巴县(川)	94.50
101	雷波县(川)	90.00
102	理塘县(川)	70.00
103	翁达林业局(川)	42.00
104	巴塘县(川)	32.00
105	道孚县(川)	30.00
106	甘孜县(川)	30.00
107	德格县(川)	30.00
108	左贡县(藏)	146.00
109	工布江达县(藏)	100.00
110	芒康县(藏)	60.00
111	江达县(藏)	50.00
112	察隅县(藏)	45.00
113	贡觉县(藏)	40.00
114	类乌齐县(藏)	24.00
115	靖边县(陕)	32.00
116	延川县(陕)	30.00
117	太白林业局(陕)	20.00
118	康乐县(甘)	140.00
119	迭部县(甘)	24000.00
120	临洮县(甘)	6000.00
121	古浪县(甘)	3892.00
122	天祝藏族自治县(甘)	1058.50
123	广河县(甘)	900.00
124	岷　县(甘)	600.00
125	和政县(甘)	480.00
126	舟曲县(甘)	400.00
127	永昌县(甘)	307.10
128	崆峒区(甘)	252.60
129	榆中县(甘)	222.00
130	凉州区(甘)	200.00
131	宕昌县(甘)	165.00
132	会宁县(甘)	105.00
133	定西市华家岭林业站(甘)	100.00
134	红古区(甘)	100.00
135	夏河县(甘)	95.00
136	临夏市(甘)	81.00
137	临夏县(甘)	75.00
138	民乐县(甘)	65.50
139	华池林业总场(甘)	63.10
140	平凉市市辖区(甘)	63.00
141	临潭县(甘)	56.00
142	合水林业总场(甘)	54.53
143	永登县(甘)	45.00
144	碌曲县(甘)	32.00
145	渭源县(甘)	30.80
146	合作市(甘)	20.85
147	甘州区(甘)	19.62
148	肃州区(甘)	16.50
149	靖远县(甘)	14.54
150	东乡族自治县(甘)	12.50
151	安定区(甘)	10.50
152	卓尼县(甘)	10.00
153	山丹县(甘)	10.00
154	湟中县(青)	772.50
155	湟源县(青)	750.00
156	玛珂河林业局(青)	453.75
157	北山森林公园(青)	305.00
158	乐都县(青)	171.00
159	平安县(青)	164.50
160	大通回族土族自治县(青)	132.00
161	循化撒拉族自治县(青)	128.00
162	化隆回族自治县(青)	120.00
163	门源回族自治县(青)	95.60
164	贵德县(青)	70.00
165	同仁县(青)	25.00
166	祁连县(青)	19.51
167	隆德县(宁)	3300.00
168	原州区(宁)	150.00
169	西吉县(宁)	128.00
170	彭阳县(宁)	90.00
171	海原县(宁)	29.00
172	乌鲁木齐南山林场(新)	109.13
173	米泉林场(新)	20.00
174	尼勒克林场(新)	20.00
175	乌苏林场(新)	15.00
176	哈巴河林场(新)	14.00
177	红石林业局(吉林集团)	800.00
178	三岔子林业局(吉林集团)	490.00
179	松江河林业有限公司(吉林集团)	285.00
180	泉阳林业局(吉林集团)	200.00
181	露水河林业局(吉林集团)	120.85
182	白石山林业局(吉林集团)	77.00
183	临江林业局(吉林集团)	32.50
184	沾河林业局(龙江集团)	215.10
185	苇河林业局(龙江集团)	127.10
186	亚布力林业局(龙江集团)	95.40

	云杉苗主产地	产量（万株）
187	鹤立林业局(龙江集团)	91.20
188	双鸭山林业局(龙江集团)	89.30
189	穆棱林业局(龙江集团)	88.90
190	乌马河林业局(龙江集团)	71.00
191	迎春林业局(龙江集团)	67.90
192	通北林业局(龙江集团)	60.40
193	东京城林业局(龙江集团)	57.40
194	大海林林业局(龙江集团)	56.30
195	带岭实验局(龙江集团)	55.00
196	翠峦林业局(龙江集团)	50.60
197	朗乡林业局(龙江集团)	49.60
198	绥棱林业局(龙江集团)	49.30
199	红星林业局(龙江集团)	44.00
200	鹤北林业局(龙江集团)	41.40
201	桦南林业局(龙江集团)	40.20
202	铁力林业局(龙江集团)	34.30
203	八面通林业局(龙江集团)	34.00
204	兴隆林业局(龙江集团)	32.00
205	海林林业局(龙江集团)	30.50
206	东方红林业局(龙江集团)	30.00
207	新青林业局(龙江集团)	27.20
208	五营林业局(龙江集团)	26.60
209	友好林业局(龙江集团)	24.70
210	上甘岭林业局(龙江集团)	21.00
211	林口林业局(龙江集团)	18.60
212	金山屯林业局(龙江集团)	15.30
213	乌伊岭林业局(龙江集团)	12.50
214	洮河林业局(甘)	12983.25
215	迭部林业局(甘)	4459.15
216	小陇山林业实验局(甘)	774.03
217	白水江林业局(甘)	743.26
218	舟曲(甘)	270.00

表 18-27 柏树苗主产地产量

	柏树苗主产地	产量（万株）
1	延庆县(京)	354.70
2	易　县(冀)	2800.00
3	涉　县(冀)	2400.00
4	滦平县(冀)	1800.00
5	宽城满族自治县(冀)	1500.00
6	武安市(冀)	828.00
7	涞水县(冀)	800.00
8	宣化县(冀)	600.00
9	顺平县(冀)	405.00
10	满城县(冀)	392.00
11	迁西县(冀)	337.50
12	遵化市(冀)	270.00
13	井陉县(冀)	200.00
14	内丘县(冀)	160.00
15	赤城县(冀)	160.00
16	兴隆县(冀)	160.00
17	鹿泉市(冀)	145.00
18	滦平林场管理局(冀)	142.45
19	唐　县(冀)	120.00
20	峰峰矿区(冀)	110.00
21	涞源县(冀)	97.00
22	安国市(冀)	60.00
23	抚宁县(冀)	55.00
24	双桥区(冀)	50.00
25	邢台县(冀)	40.00
26	井陉矿区(冀)	20.00
27	永年县(冀)	20.00
28	下花园区(冀)	15.00
29	灵寿县(冀)	13.00
30	平山县(冀)	10.00
31	黎城县(晋)	5280.00
32	垣曲县(晋)	4500.00
33	泽州县(晋)	3600.00
34	平顺县(晋)	2000.00
35	壶关县(晋)	1550.00
36	沁水县(晋)	1050.00
37	夏　县(晋)	896.90
38	高平市(晋)	790.00
39	屯留县(晋)	300.00
40	保德县(晋)	280.20
41	武乡县(晋)	280.00
42	原平市(晋)	270.90
43	河曲县(晋)	260.10
44	清徐县(晋)	184.50
45	祁　县(晋)	160.00
46	襄垣县(晋)	90.00
47	潞城市(晋)	60.00
48	长治市城区(晋)	40.50
49	晋源区(晋)	40.00
50	闻喜县(晋)	29.00
51	长治县(晋)	22.00
52	岢岚县(晋)	20.00
53	平陆县(晋)	16.50
54	定襄县(晋)	13.00
55	灵丘县(晋)	10.00
56	宁城县(内蒙古)	60.00
57	松山区(内蒙古)	50.00
58	海勃湾区(内蒙古)	14.00
59	乌拉特中旗(内蒙古)	10.70
60	阜新蒙古族自治县(辽)	28000.00
61	连山区(辽)	620.00
62	凌海市(辽)	400.00
63	建昌县(辽)	301.00
64	凌源市(辽)	300.00
65	顺城区(辽)	285.00
66	盖州市(辽)	280.00
67	双塔区(辽)	180.00
68	普兰店市(辽)	75.00
69	喀喇沁左翼蒙古族自治县(辽)	48.00
70	海城市(辽)	45.00
71	甘井子区(辽)	30.00
72	千山区(辽)	17.80
73	桐庐县(浙)	161.10
74	建德市(浙)	30.00
75	婺城区(浙)	10.00
76	萧　县(皖)	120.00
77	肥西县(皖)	20.00
78	崇义县(赣)	20.00
79	青州市(鲁)	8150.00
80	莒南县(鲁)	4140.00
81	沂源县(鲁)	3800.00
82	东港区(鲁)	3150.00
83	沂水县(鲁)	1450.00
84	蒙阴县(鲁)	1400.00
85	岚山区(鲁)	1258.00
86	莒　县(鲁)	1080.00
87	新泰市(鲁)	1000.00
88	沂南县(鲁)	900.00
89	宁阳县(鲁)	630.00
90	昌邑市(鲁)	383.00
91	岱岳区(鲁)	300.00
92	平阴县(鲁)	226.00
93	河东区(鲁)	195.00
94	泰安市市辖区(鲁)	188.92
95	肥城市(鲁)	160.00
96	东平县(鲁)	150.00
97	寒亭区(鲁)	135.00
98	诸城市(鲁)	96.00

	柏树苗主产地	产量（万株）
99	昌乐县(鲁)	88.00
100	临淄区(鲁)	50.00
101	广饶县(鲁)	40.00
102	环翠区(鲁)	21.00
103	淄川区(鲁)	15.00
104	蓬莱市(鲁)	10.00
105	济源市(豫)	6000.00
106	淅川县(豫)	5100.00
107	卢氏县(豫)	3000.00
108	嵩　县(豫)	1850.00
109	洛宁县(豫)	1796.00
110	湖滨区(豫)	1500.00
111	淇　县(豫)	1300.00
112	新密市(豫)	1068.00
113	渑池县(豫)	1044.00
114	博爱县(豫)	707.20
115	辉县市(豫)	650.00
116	安阳县(豫)	616.45
117	宜阳县(豫)	600.00
118	卫辉市(豫)	430.00
119	林州市(豫)	327.50
120	灵宝市(豫)	300.00
121	内乡县(豫)	280.00
122	义马市(豫)	188.20
123	文峰区(豫)	51.80
124	许昌县(豫)	45.00
125	西峡县(豫)	36.60
126	修武县(豫)	12.00
127	巴东县(鄂)	290.00
128	郧西县(鄂)	201.00
129	房　县(鄂)	30.00
130	蔡甸区(鄂)	10.00
131	兴山县(鄂)	10.00
132	咸丰县(鄂)	10.00
133	隆回县(湘)	455.00
134	新邵县(湘)	400.00
135	桂阳县(湘)	160.00
136	双清区(湘)	100.00
137	沅陵县(湘)	55.00
138	邵阳县(湘)	51.30
139	衡南县(湘)	30.00
140	衡山县(湘)	15.00
141	双峰县(湘)	14.85
142	和平县(粤)	60.00
143	云阳县(渝)	2100.00
144	合川区(渝)	535.50
145	巫溪县(渝)	400.00
146	万州区(渝)	320.35
147	彭水苗族土家族自治县(渝)	80.00
148	武隆县(渝)	50.00
149	涪陵区(渝)	50.00
150	西充县(川)	800.00
151	安岳县(川)	400.00
152	船山区(川)	300.00
153	邻水县(川)	250.00
154	金川县(川)	200.00
155	乡城县(川)	200.00
156	理　县(川)	158.00
157	美姑县(川)	60.00
158	元坝区(川)	60.00
159	德昌县(川)	14.20
160	广安区(川)	10.00
161	开阳县(黔)	107.55
162	施秉县(黔)	98.00
163	长顺县(黔)	60.00
164	红花岗区(黔)	30.00
165	凯里市(黔)	30.00
166	湄潭县(黔)	18.00
167	陆良县(滇)	600.00
168	个旧市(滇)	85.00
169	横山县(陕)	16000.00
170	宝塔区(陕)	5180.00
171	绥德县(陕)	3250.00
172	山阳县(陕)	1350.00
173	神木县(陕)	1100.00
174	千阳县(陕)	840.00
175	商州区(陕)	800.00
176	白水县(陕)	640.00
177	陇　县(陕)	600.00
178	汉阴县(陕)	585.00
179	宜川县(陕)	554.00
180	甘泉县(陕)	530.00
181	延川县(陕)	528.00
182	麟游县(陕)	521.00
183	汉滨区(陕)	520.00
184	吴起县(陕)	500.00
185	淳化县(陕)	500.00
186	旬阳县(陕)	400.00
187	石泉县(陕)	400.00
188	劳山林业局(陕)	374.00
189	安塞县(陕)	348.60
190	耀州区(陕)	340.00
191	扶风县(陕)	320.00
192	澄城县(陕)	300.00
193	宜君县(陕)	300.00
194	富　县(陕)	275.00
195	洋　县(陕)	261.00
196	黄陵县(陕)	210.00
197	子洲县(陕)	210.00
198	白河县(陕)	200.00
199	蒲城县(陕)	200.00
200	延长县(陕)	168.00
201	黄龙县(陕)	163.32
202	礼泉县(陕)	150.00
203	永寿县(陕)	150.00
204	泾阳县(陕)	120.00
205	志丹县(陕)	80.40
206	子长县(陕)	80.00
207	清涧县(陕)	80.00
208	户　县(陕)	73.00
209	眉　县(陕)	70.00
210	米脂县(陕)	69.50
211	桥北林业局(陕)	60.00
212	旬邑县(陕)	60.00
213	洛川县(陕)	41.00
214	定边县(陕)	40.20
215	合阳县(陕)	30.00
216	华阴市(陕)	15.00
217	金台区(陕)	12.00
218	渭滨区(陕)	11.00
219	略阳县(陕)	10.00
220	临洮县(甘)	450.00
221	合水林业总场(甘)	407.15
222	红古区(甘)	400.00
223	天祝藏族自治县(甘)	270.00
224	清水县(甘)	240.00
225	榆中县(甘)	158.00
226	崆峒区(甘)	142.10
227	环　县(甘)	100.00
228	华池林业总场(甘)	46.00
229	凉州区(甘)	40.00
230	定西市巉口林业试验场(甘)	34.30
231	靖远县(甘)	23.69
232	永昌县(甘)	22.04
233	民乐县(甘)	20.73

	柏树苗主产地	产量（万株）
234	陇西县(甘)	20.00
235	舟曲县(甘)	20.00
236	湘乐林业总场(甘)	16.63
237	肃州区(甘)	13.50
238	秦州区(甘)	11.00
239	甘谷县(甘)	10.00
240	两当县(甘)	10.00
241	祁连县(青)	1000.00
242	北山森林公园(青)	92.60
243	城北区(青)	23.00
244	大通回族土族自治县(青)	20.00
245	乐都县(青)	20.00
246	门源回族自治县(青)	15.40
247	平安县(青)	13.40
248	同仁县(青)	10.00
249	隆德县(宁)	35.00
250	灵武市(宁)	32.79
251	小陇山林业实验局(甘)	43.90
252	迭部林业局(甘)	18.23

表 18-28　刺槐苗主产地产量

	刺槐苗主产地	产量（万株）
1	延庆县(京)	123.30
2	顺义区(京)	23.60
3	平泉县(冀)	660.00
4	阜平县(冀)	607.00
5	丰宁满族自治县(冀)	300.00
6	易　县(冀)	260.00
7	宽城满族自治县(冀)	210.00
8	涞源县(冀)	150.00
9	兴隆县(冀)	120.00
10	内丘县(冀)	90.00
11	满城县(冀)	32.00
12	乐亭县(冀)	32.00
13	平山县(冀)	25.00
14	永年县(冀)	20.00
15	安国市(冀)	20.00
16	抚宁县(冀)	16.00
17	曲阳县(冀)	14.25
18	邢台县(冀)	12.00
19	绛　县(晋)	2400.00
20	武乡县(晋)	500.00
21	河津市(晋)	300.00
22	闻喜县(晋)	246.00
23	襄垣县(晋)	240.00
24	沁水县(晋)	240.00
25	垣曲县(晋)	200.00
26	屯留县(晋)	200.00
27	壶关县(晋)	180.00
28	黎城县(晋)	150.00
29	夏　县(晋)	126.30
30	高平市(晋)	120.00
31	沁源县(晋)	120.00
32	平陆县(晋)	66.20
33	河曲县(晋)	31.20
34	乌审旗(内蒙古)	40.00
35	克什克腾旗(内蒙古)	10.00
36	兴城市(辽)	3600.00
37	义　县(辽)	1500.00
38	建昌县(辽)	998.00
39	凌海市(辽)	800.00
40	海城市(辽)	640.00
41	凌源市(辽)	600.00
42	南票区(辽)	540.00
43	盖州市(辽)	520.00
44	双塔区(辽)	450.00
45	东港市(辽)	400.00
46	连山区(辽)	200.00
47	法库县(辽)	200.00
48	北票市(辽)	180.00
49	大石桥市(辽)	162.00
50	喀喇沁左翼蒙古族自治县(辽)	150.00
51	庄河市(辽)	110.00
52	宽甸满族自治县(辽)	100.00
53	绥中县(辽)	85.00
54	黑山县(辽)	63.00
55	苏家屯区(辽)	46.20
56	千山区(辽)	31.36
57	辽宁省森林经营研究所(辽)	20.00
58	阜新蒙古族自治县(辽)	12.00
59	望花区(辽)	10.00
60	集安市(吉)	60.00
61	东辽县(吉)	38.40
62	朝阳区(吉)	30.00
63	武义县(浙)	15.00
64	肥西县(皖)	10.00
65	肥城市(鲁)	203.00
66	昌邑市(鲁)	173.00
67	桓台县(鲁)	75.00
68	宁阳县(鲁)	53.00
69	新泰市(鲁)	40.00
70	临朐县(鲁)	30.00
71	栖霞市(鲁)	22.50
72	龙口市(鲁)	15.00
73	垦利县(鲁)	10.00
74	济源市(豫)	4000.00
75	鄢陵县(豫)	3300.00
76	陕　县(豫)	1708.60
77	渑池县(豫)	933.40
78	洛宁县(豫)	615.00
79	上蔡县(豫)	248.00
80	宜阳县(豫)	150.00
81	嵩　县(豫)	120.00
82	栾川县(豫)	120.00
83	卢氏县(豫)	109.00
84	潢川县(豫)	72.00
85	商水县(豫)	45.00
86	新　县(豫)	30.00
87	桐柏县(豫)	27.00
88	伊川县(豫)	12.00
89	丹江口市(鄂)	1500.00
90	大悟县(鄂)	800.00
91	郧西县(鄂)	491.00
92	建始县(鄂)	396.00
93	竹山县(鄂)	233.00
94	宜城市(鄂)	120.00
95	崇阳县(鄂)	50.00
96	浠水县(鄂)	50.00
97	谷城县(鄂)	30.00
98	房　县(鄂)	25.00
99	襄城区(鄂)	22.10
100	兴山县(鄂)	18.00
101	新邵县(湘)	80.00
102	辰溪县(湘)	50.00
103	衡南县(湘)	32.00
104	双峰县(湘)	30.00
105	祁东县(湘)	12.00
106	奉节县(渝)	600.00
107	南川区(渝)	450.00
108	彭水苗族土家族自治县(渝)	400.00
109	万州区(渝)	235.25
110	云阳县(渝)	180.00

	刺槐苗主产地	产量（万株）
111	石柱土家族自治县（渝）	120.00
112	涪陵区（渝）	50.00
113	南江县（川）	175.00
114	万源市（川）	32.00
115	湄潭县（黔）	150.00
116	修文县（黔）	147.00
117	赫章县（黔）	84.00
118	黄平县（黔）	21.73
119	开阳县（黔）	16.78
120	平利县（陕）	2000.00
121	旬邑县（陕）	1596.40
122	绥德县（陕）	1000.00
123	永寿县（陕）	735.00
124	麟游县（陕）	583.00
125	子长县（陕）	500.00
126	吴起县（陕）	450.00
127	甘泉县（陕）	403.00
128	千阳县（陕）	396.00
129	合阳县（陕）	374.50
130	耀州区（陕）	350.00
131	延川县（陕）	336.00
132	富平县（陕）	320.00
133	商南县（陕）	300.00
134	宜君县（陕）	273.00
135	乾　县（陕）	240.00
136	子洲县（陕）	220.00
137	志丹县（陕）	165.00
138	富　县（陕）	150.00
139	洛川县（陕）	144.00
140	延长县（陕）	136.00
141	陇　县（陕）	120.00
142	泾阳县（陕）	40.00
143	三原县（陕）	30.00
144	华阴市（陕）	30.00
145	金台区（陕）	30.00
146	王益区（陕）	24.00
147	宜川县（陕）	20.00
148	眉　县（陕）	20.00
149	蒲城县（陕）	10.00
150	古浪县（甘）	12665.00
151	静宁县（甘）	7560.00
152	湘乐林业总场（甘）	3908.95
153	庆城县（甘）	2700.00
154	文　县（甘）	2025.00
155	宁　县（甘）	1800.00
156	崇信县（甘）	1048.90
157	清水县（甘）	900.00
158	庄浪县（甘）	600.00
159	徽　县（甘）	480.00
160	崆峒区（甘）	410.50
161	会宁县（甘）	300.00
162	合水林业总场（甘）	270.11
163	正宁县（甘）	220.00
164	临洮县（甘）	213.90
165	靖远县（甘）	184.37
166	宕昌县（甘）	125.00
167	西和县（甘）	92.00
168	榆中县（甘）	63.00
169	两当县（甘）	60.00
170	华池林业总场（甘）	54.20
171	凉州区（甘）	54.00
172	灵台县（甘）	53.40
173	金塔县（甘）	47.00
174	皋兰县（甘）	45.20
175	肃州区（甘）	42.10
176	永靖县（甘）	37.50
177	白银区（甘）	30.00
178	定西市巉口林业试验场（甘）	30.00
179	舟曲县（甘）	30.00
180	陇西县（甘）	20.00
181	安定区（甘）	14.10
182	彭阳县（宁）	450.00
183	西夏区（宁）	300.00
184	同心县（宁）	77.40
185	灵武市（宁）	54.96
186	贺兰县（宁）	54.60
187	中卫市市辖区（宁）	39.06
188	利通区（宁）	30.00
189	海原县（宁）	26.00
190	盐池县（宁）	23.50
191	迭部林业局（甘）	99.93

表 18-29　泡桐苗主产地产量

	泡桐苗主产地	产量（万株）
1	南和县（冀）	25.00
2	邯郸县（冀）	16.00
3	柏乡县（冀）	12.00
4	清苑县（冀）	10.00
5	河津市（晋）	45.00
6	万荣县（晋）	34.00
7	临猗县（晋）	15.00
8	亳州市市辖区（皖）	80.00
9	涡阳县（皖）	45.00
10	太湖县（皖）	45.00
11	金寨县（皖）	10.00
12	万年县（赣）	4600.00
13	永修县（赣）	300.00
14	上高县（赣）	37.50
15	共青城市（赣）	32.00
16	瑞昌市（赣）	16.95
17	进贤县（赣）	14.00
18	青州市（鲁）	105.00
19	博山区（鲁）	45.00
20	昌邑市（鲁）	35.00
21	临朐县（鲁）	30.00
22	龙口市（鲁）	20.00
23	禹州市（豫）	560.00
24	郾城区（豫）	115.52
25	渑池县（豫）	65.50
26	沈丘县（豫）	59.40
27	荥阳市（豫）	57.00
28	商水县（豫）	56.00
29	杞　县（豫）	54.00
30	清丰县（豫）	40.00
31	滑　县（豫）	38.00
32	太康县（豫）	35.00
33	郏　县（豫）	32.00
34	兰考县（豫）	30.50
35	偃师市（豫）	21.00
36	博爱县（豫）	19.50
37	鹿邑县（豫）	17.50
38	项城市（豫）	15.00
39	宜阳县（豫）	15.00
40	孟津县（豫）	14.38
41	西华县（豫）	14.30
42	梁园区（豫）	13.10
43	鹤山区（豫）	12.00
44	睢阳区（豫）	10.50
45	许昌县（豫）	10.00
46	天门市（鄂）	120.00
47	蕲春县（鄂）	120.00
48	宜都市（鄂）	20.00
49	双峰县（湘）	24.00

	泡桐苗主产地	产量（万株）
50	潼关县(陕)	18.00
51	合阳县(陕)	10.20
52	蒲城县(陕)	10.00

表 18-30 柳树苗主产地产量

	柳树苗主产地	产量（万株）
1	延庆县(京)	58.50
2	宝坻区(津)	68.50
3	博野县(冀)	650.00
4	遵化市(冀)	500.00
5	武安市(冀)	300.00
6	乐亭县(冀)	135.00
7	行唐县(冀)	60.00
8	北戴河区(冀)	57.90
9	宣化县(冀)	50.00
10	抚宁县(冀)	48.00
11	辛集市(冀)	45.00
12	滦南县(冀)	42.00
13	宣化区(冀)	40.00
14	涉　县(冀)	37.50
15	迁西县(冀)	37.50
16	蠡　县(冀)	36.00
17	蔚　县(冀)	36.00
18	涿州市(冀)	30.50
19	大厂回族自治县(冀)	30.00
20	清苑县(冀)	30.00
21	魏　县(冀)	23.00
22	丰宁满族自治县(冀)	22.00
23	献　县(冀)	20.00
24	香河县(冀)	13.50
25	永年县(冀)	12.00
26	馆陶县(冀)	11.00
27	鸡泽县(冀)	10.00
28	运河区(冀)	10.00
29	潞城市(晋)	450.00
30	原平市(晋)	440.40
31	祁　县(晋)	420.00
32	定襄县(晋)	185.00
33	绛　县(晋)	180.00
34	高平市(晋)	180.00
35	清徐县(晋)	141.60
36	壶关县(晋)	130.00
37	黎城县(晋)	123.00
38	晋源区(晋)	105.00
39	浑源县(晋)	100.00
40	南郊区(晋)	90.00
41	夏　县(晋)	37.20
42	河曲县(晋)	32.40
43	临猗县(晋)	30.00
44	五台县(晋)	29.00
45	偏关县(晋)	20.00
46	大同县(晋)	20.00
47	平陆县(晋)	14.30
48	长治县(晋)	11.00
49	武乡县(晋)	10.00
50	静乐县(晋)	10.00
51	正蓝旗(内蒙古)	200.00
52	土默特右旗(内蒙古)	160.00
53	乌审旗(内蒙古)	100.00
54	杭锦后旗(内蒙古)	31.50
55	和林格尔县(内蒙古)	31.00
56	科尔沁左翼中旗(内蒙古)	30.00
57	乌拉特中旗(内蒙古)	10.00
58	康平县(辽)	300.00
59	台安县(辽)	200.00
60	普兰店市(辽)	150.00
61	海城市(辽)	142.00
62	新民市(辽)	136.30
63	义　县(辽)	120.00
64	庄河市(辽)	72.00
65	黑山县(辽)	53.70
66	岫岩满族自治县(辽)	48.00
67	阜新蒙古族自治县(辽)	30.00
68	银州区(辽)	24.00
69	凌海市(辽)	21.00
70	大洼县(辽)	20.00
71	苏家屯区(辽)	19.10
72	调兵山市(辽)	15.00
73	东洲区(辽)	12.50
74	清河区(辽)	12.00
75	老边区(辽)	10.00
76	辉南县(吉)	50.00
77	东辽县(吉)	35.00
78	绿园区(吉)	18.00
79	朝阳区(吉)	15.00
80	二道江区(吉)	10.00
81	松北区(黑)	200.00
82	泰来县(黑)	120.00
83	呼兰区(黑)	52.00
84	依安县(黑)	50.00
85	麻山区(黑)	50.00
86	巴彦县(黑)	30.00
87	密山市(黑)	22.00
88	嫩江县(黑)	20.00
89	同江市(黑)	16.00
90	兰西县(黑)	10.00
91	建湖县(苏)	250.00
92	桐乡市(浙)	266.00
93	海宁市(浙)	14.00
94	婺城区(浙)	12.00
95	富阳市(浙)	10.00
96	涡阳县(皖)	75.00
97	肥西县(皖)	25.00
98	南昌县(赣)	225.00
99	湖口县(赣)	60.00
100	河口区(鲁)	1300.50
101	垦利县(鲁)	853.00
102	宁津县(鲁)	800.00
103	昌邑市(鲁)	702.00
104	高密市(鲁)	600.00
105	东平县(鲁)	500.00
106	肥城市(鲁)	473.00
107	德州市市辖区(鲁)	300.00
108	新泰市(鲁)	200.00
109	乐陵市(鲁)	200.00
110	宁阳县(鲁)	158.00
111	博山区(鲁)	150.00
112	岱岳区(鲁)	150.00
113	莒南县(鲁)	150.00
114	平原县(鲁)	115.30
115	商河县(鲁)	108.00
116	桓台县(鲁)	85.00
117	沂水县(鲁)	82.00
118	利津县(鲁)	80.00
119	河东区(鲁)	70.00
120	广饶县(鲁)	50.00
121	东营区(鲁)	49.00
122	诸城市(鲁)	36.00
123	德城区(鲁)	33.00
124	昌乐县(鲁)	30.00
125	坊子区(鲁)	25.00
126	莒　县(鲁)	23.00
127	龙口市(鲁)	20.00

	柳树苗主产地	产量（万株）
128	莱州市(鲁)	15.00
129	郓城县(鲁)	13.00
130	荣成市(鲁)	12.00
131	成武县(鲁)	10.00
132	潢川县(豫)	180.00
133	鹤山区(豫)	130.00
134	淅川县(豫)	124.00
135	山城区(豫)	99.00
136	新密市(豫)	70.50
137	南乐县(豫)	60.00
138	商水县(豫)	48.00
139	郾城区(豫)	36.00
140	光山县(豫)	27.00
141	孟津县(豫)	22.88
142	渑池县(豫)	17.30
143	淇滨区(豫)	15.00
144	辉县市(豫)	15.00
145	清丰县(豫)	10.00
146	鼎城区(湘)	38.00
147	鹤城区(湘)	13.00
148	梁平县(渝)	270.00
149	南川区(渝)	260.00
150	璧山县(渝)	45.00
151	若尔盖县(川)	234.00
152	广安区(川)	80.00
153	甘孜县(川)	50.00
154	曲水县(藏)	1001.80
155	江孜县(藏)	118.80
156	洛隆县(藏)	65.00
157	拉孜县(藏)	22.59
158	林周县(藏)	10.00
159	尼木县(藏)	10.00
160	华阴市(陕)	140.00
161	神木县(陕)	90.00
162	合阳县(陕)	32.00
163	眉　县(陕)	30.00
164	蒲城县(陕)	20.00
165	城固县(陕)	15.70
166	麟游县(陕)	12.00
167	广河县(甘)	1250.00
168	和政县(甘)	720.00
169	湘乐林业总场(甘)	330.68
170	红古区(甘)	300.00
171	西固区(甘)	270.00
172	临夏市(甘)	246.00
173	肃州区(甘)	193.00
174	靖远县(甘)	180.61
175	临洮县(甘)	150.00
176	华池林业总场(甘)	120.00
177	瓜州县(甘)	84.00
178	凉州区(甘)	50.00
179	甘州区(甘)	44.85
180	合水林业总场(甘)	36.27
181	永靖县(甘)	30.00
182	庄浪县(甘)	30.00
183	榆中县(甘)	25.00
184	东乡族自治县(甘)	25.00
185	临泽县(甘)	21.90
186	崇信县(甘)	12.34
187	尖扎县(青)	14.00
188	贺兰县(宁)	875.80
189	同心县(宁)	641.00
190	原州区(宁)	200.00
191	海原县(宁)	135.90
192	利通区(宁)	100.00
193	西吉县(宁)	85.00
194	灵武市(宁)	55.03
195	平罗县(宁)	40.10
196	中卫市市辖区(宁)	22.24
197	金凤区(宁)	10.00
198	巴里坤哈萨克自治县(新)	112.00
199	伽师县(新)	28.50
200	哈密市(新)	11.40
201	迭部林业局(甘)	10.05
202	农十二师(新疆建设兵团)	15.96

表 18-31　杨树苗主产地产量

	杨树苗主产地	产量（万株）
1	延庆县(京)	210.90
2	宝坻区(津)	195.60
3	涿州市(冀)	3895.60
4	沧　县(冀)	1526.00
5	大城县(冀)	1500.00
6	临西县(冀)	1255.50
7	迁安市(冀)	1200.00
8	迁西县(冀)	1200.00
9	南和县(冀)	732.00
10	香河县(冀)	554.60
11	青龙满族自治县(冀)	540.00
12	临漳县(冀)	500.00
13	蠡　县(冀)	487.00
14	隆化县(冀)	474.00
15	辛集市(冀)	450.00
16	乐亭县(冀)	441.00
17	满城县(冀)	426.00
18	曲周县(冀)	420.00
19	河间市(冀)	410.00
20	遵化市(冀)	370.00
21	围场满族蒙古族自治县(冀)	360.00
22	永年县(冀)	325.00
23	邢台市桥西区(冀)	300.00
24	徐水县(冀)	300.00
25	玉田县(冀)	295.00
26	赤城县(冀)	280.00
27	平泉县(冀)	270.00
28	滦　县(冀)	268.00
29	成安县(冀)	260.00
30	正定县(冀)	260.00
31	魏　县(冀)	256.43
32	南宫市(冀)	220.00
33	新河县(冀)	210.00
34	望都县(冀)	200.00
35	高碑店市(冀)	200.00
36	广平县(冀)	196.28
37	南皮县(冀)	183.75
38	武邑县(冀)	183.00
39	藁城市(冀)	180.00
40	任　县(冀)	180.00
41	涉　县(冀)	180.00
42	内丘县(冀)	160.00
43	井陉县(冀)	154.50
44	永清县(冀)	150.00
45	吴桥县(冀)	150.00
46	平乡县(冀)	150.00
47	宁晋县(冀)	150.00
48	阜城县(冀)	150.00
49	博野县(冀)	150.00
50	行唐县(冀)	150.00
51	泊头市(冀)	134.30
52	雄　县(冀)	130.00
53	丰宁满族自治县(冀)	130.00
54	抚宁县(冀)	124.00
55	定兴县(冀)	120.00

	杨树苗主产地	产量（万株）
56	盐山县(冀)	120.00
57	宣化区(冀)	112.00
58	广阳区(冀)	111.00
59	安次区(冀)	108.00
60	丰润区(冀)	101.00
61	宣化县(冀)	100.00
62	滦南县(冀)	99.00
63	石家庄市桥东区(冀)	97.00
64	冀州市(冀)	90.00
65	无极县(冀)	90.00
66	邱　县(冀)	81.00
67	威　县(冀)	80.00
68	鹿泉市(冀)	76.50
69	曲阳县(冀)	76.00
70	高阳县(冀)	75.00
71	武安市(冀)	72.00
72	大厂回族自治县(冀)	70.00
73	武强县(冀)	70.00
74	高邑县(冀)	67.00
75	沧州市南大港管理区(冀)	64.50
76	晋州市(冀)	63.00
77	广宗县(冀)	60.00
78	青　县(冀)	60.00
79	任丘市(冀)	53.75
80	邢台县(冀)	50.00
81	饶阳县(冀)	50.00
82	清苑县(冀)	50.00
83	文安县(冀)	49.40
84	枣强县(冀)	48.00
85	肃宁县(冀)	46.40
86	涞源县(冀)	45.00
87	蔚　县(冀)	42.00
88	大名县(冀)	40.00
89	容城县(冀)	40.00
90	万全县(冀)	40.00
91	东光县(冀)	40.00
92	石家庄市南化苗圃(冀)	37.50
93	柏乡县(冀)	35.00
94	献　县(冀)	35.00
95	黄骅市(冀)	33.70
96	邯郸县(冀)	33.00
97	双桥区(冀)	30.00
98	阳原县(冀)	30.00
99	尚义县(冀)	27.00
100	馆陶县(冀)	27.00
101	安平县(冀)	26.00
102	孟村回族自治县(冀)	25.00
103	赵　县(冀)	25.00
104	开平区(冀)	23.00
105	井陉矿区(冀)	22.00
106	鸡泽县(冀)	22.00
107	运河区(冀)	20.00
108	峰峰矿区(冀)	16.00
109	灵寿县(冀)	15.80
110	康保县(冀)	15.00
111	涞水县(冀)	15.00
112	桃城区(冀)	13.80
113	磁　县(冀)	12.00
114	平山县(冀)	10.00
115	新华区(冀)	10.00
116	泽州县(晋)	2400.00
117	原平市(晋)	1005.60
118	文水县(晋)	816.00
119	屯留县(晋)	630.00
120	祁　县(晋)	506.50
121	绛　县(晋)	450.00
122	沁源县(晋)	400.00
123	夏　县(晋)	343.00
124	定襄县(晋)	306.00
125	静乐县(晋)	300.00
126	南郊区(晋)	256.00
127	清徐县(晋)	238.80
128	高平市(晋)	200.00
129	潞城市(晋)	180.00
130	河津市(晋)	180.00
131	黎城县(晋)	138.00
132	浑源县(晋)	130.00
133	垣曲县(晋)	120.00
134	壶关县(晋)	120.00
135	万荣县(晋)	94.00
136	河曲县(晋)	62.30
137	平陆县(晋)	59.70
138	忻府区(晋)	40.20
139	岢岚县(晋)	35.00
140	大同县(晋)	35.00
141	五台县(晋)	34.00
142	襄垣县(晋)	32.00
143	武乡县(晋)	30.00
144	偏关县(晋)	30.00
145	沁水县(晋)	20.00
146	临猗县(晋)	17.00
147	晋源区(晋)	16.00
148	左云县(晋)	15.00
149	长治县(晋)	15.00
150	临河区(内蒙古)	2521.00
151	科尔沁左翼后旗(内蒙古)	1890.00
152	乌审旗(内蒙古)	1689.00
153	库伦旗(内蒙古)	1600.00
154	乌兰浩特市(内蒙古)	1350.00
155	奈曼旗(内蒙古)	860.00
156	科尔沁左翼中旗(内蒙古)	800.00
157	松山区(内蒙古)	800.00
158	敖汉旗(内蒙古)	630.00
159	扎兰屯市(内蒙古)	500.00
160	巴林右旗(内蒙古)	452.74
161	翁牛特旗(内蒙古)	376.00
162	五原县(内蒙古)	340.00
163	乌拉特中旗(内蒙古)	183.60
164	林西县(内蒙古)	180.00
165	多伦县(内蒙古)	180.00
166	杭锦后旗(内蒙古)	167.00
167	宁城县(内蒙古)	160.00
168	阿鲁科尔沁旗(内蒙古)	152.00
169	喀喇沁旗(内蒙古)	150.00
170	土默特右旗(内蒙古)	120.00
171	正蓝旗(内蒙古)	110.00
172	元宝山区(内蒙古)	100.00
173	红山区(内蒙古)	68.00
174	鄂托克旗(内蒙古)	51.00
175	和林格尔县(内蒙古)	39.00
176	海勃湾区(内蒙古)	31.00
177	察哈尔右翼前旗(内蒙古)	30.60
178	科尔沁区(内蒙古)	30.00
179	海拉尔区(内蒙古)	30.00
180	达尔罕茂明安联合旗(内蒙古)	25.00
181	巴林左旗(内蒙古)	24.00
182	阿巴嘎旗(内蒙古)	22.10
183	达拉特旗(内蒙古)	21.00
184	稀土高新区(内蒙古)	13.30
185	乌拉特后旗(内蒙古)	12.20
186	西乌珠穆沁旗(内蒙古)	10.00
187	九原区(内蒙古)	10.00
188	阜新蒙古族自治县(辽)	11500.00
189	康平县(辽)	1500.00
190	辽中县(辽)	1005.00

	杨树苗主产地	产量（万株）
191	新民市（辽）	809.00
192	昌图县（辽）	750.00
193	法库县（辽）	711.00
194	台安县（辽）	450.00
195	黑山县（辽）	336.00
196	普兰店市（辽）	300.00
197	凌源市（辽）	270.00
198	盘山县（辽）	266.70
199	兴城市（辽）	225.00
200	大洼县（辽）	208.40
201	凌海市（辽）	200.00
202	东陵区（辽）	191.00
203	义　县（辽）	180.00
204	顺城区（辽）	170.00
205	喀喇沁左翼蒙古族自治县（辽）	141.00
206	苏家屯区（辽）	141.00
207	绥中县（辽）	117.00
208	海城市（辽）	102.50
209	建昌县（辽）	100.00
210	盖州市（辽）	80.00
211	北票市（辽）	80.00
212	辽宁省杨树研究所（辽）	67.50
213	开原市（辽）	50.00
214	大石桥市（辽）	45.00
215	于洪区（辽）	30.00
216	调兵山市（辽）	30.00
217	银州区（辽）	30.00
218	老边区（辽）	30.00
219	庄河市（辽）	20.00
220	千山区（辽）	19.43
221	清河区（辽）	12.15
222	连山区（辽）	12.00
223	辽宁省生态实验林场（辽）	10.00
224	辽宁省固沙造林研究所（辽）	10.00
225	四平市铁西区（吉）	49000.00
226	农安县（吉）	3500.00
227	前郭尔罗斯蒙古族自治县（吉）	2243.00
228	镇赉县（吉）	1500.00
229	长岭县（吉）	1500.00
230	通榆县（吉）	1103.00
231	公主岭市（吉）	800.00
232	大安市（吉）	800.00
233	莲花山开发区（吉）	675.00
234	乾安县（吉）	610.00
235	宁江区（吉）	570.00
236	双辽市（吉）	500.00
237	南关区（吉）	300.00
238	梨树县（吉）	200.00
239	昌邑区（吉）	72.00
240	德惠市（吉）	40.00
241	舒兰市（吉）	30.00
242	二道江区（吉）	30.00
243	天桥岭林业局（吉）	15.00
244	朝阳区（吉）	15.00
245	船营区（吉）	12.00
246	大石头林业局（吉）	12.00
247	延寿县（黑）	2000.00
248	青冈县（黑）	1900.00
249	泰来县（黑）	1830.00
250	林甸县（黑）	1418.00
251	依安县（黑）	1000.00
252	阿城区（黑）	1000.00
253	肇源县（黑）	900.00
254	肇州县（黑）	900.00
255	兰西县（黑）	800.00
256	梅里斯达斡尔族区（黑）	600.00
257	巴彦县（黑）	600.00
258	北林区（黑）	500.00
259	龙江县（黑）	420.00
260	明水县（黑）	380.00
261	双城市（黑）	352.00
262	克东县（黑）	350.00
263	大同区（黑）	341.00
264	富锦市（黑）	333.60
265	杜尔伯特蒙古族自治县（黑）	300.00
266	安达市（黑）	300.00
267	汤原县（黑）	278.50
268	克山县（黑）	246.00
269	依兰县（黑）	213.00
270	木兰县（黑）	210.70
271	松北区（黑）	200.00
272	让胡路区（黑）	188.00
273	集贤县（黑）	180.00
274	望奎县（黑）	163.00
275	尚志市（黑）	150.00
276	北安市（黑）	120.00
277	宾县（黑）	112.00
278	绥滨县（黑）	105.00
279	道外区（黑）	100.00
280	通河县（黑）	90.00
281	呼兰区（黑）	88.00
282	同江市（黑）	80.00
283	鸡东县（黑）	80.00
284	大庆市开发区（黑）	78.00
285	道里区（黑）	70.00
286	庆安国有林场管理局（黑）	44.90
287	东风区（黑）	40.00
288	南岗区（黑）	35.00
289	密山市（黑）	34.00
290	五大连池市（黑）	29.60
291	虎林市（黑）	17.00
292	铁力市（黑）	15.00
293	红岗区（黑）	10.00
294	萝北县（黑）	10.00
295	松江区（沪）	13.00
296	新沂市（苏）	6000.00
297	泗洪县（苏）	908.00
298	盐都区（苏）	540.00
299	睢宁县（苏）	375.00
300	丰　县（苏）	183.00
301	宝应县（苏）	170.00
302	亭湖区（苏）	132.00
303	建湖县（苏）	120.00
304	盱眙县（苏）	90.00
305	高邮市（苏）	90.00
306	桐庐县（浙）	18.00
307	富阳市（浙）	10.00
308	颍上县（皖）	1120.00
309	阜南县（皖）	1001.20
310	涡阳县（皖）	960.00
311	亳州市市辖区（皖）	400.00
312	蒙城县（皖）	400.00
313	萧　县（皖）	230.00
314	寿　县（皖）	220.00
315	肥西县（皖）	160.00
316	利辛县（皖）	105.90
317	全椒县（皖）	80.00
318	三山区（皖）	80.00
319	颍东区（皖）	75.00
320	无为县（皖）	67.00
321	望江县（皖）	60.00
322	芜湖县（皖）	60.00
323	和　县（皖）	58.50
324	太湖县（皖）	50.00
325	凤阳县（皖）	38.00

	杨树苗主产地	产量（万株）
326	潜山县(皖)	20.00
327	雨山区(皖)	15.00
328	迎江区(皖)	11.00
329	南昌县(赣)	150.00
330	永新县(赣)	120.00
331	新建县(赣)	55.00
332	修水县(赣)	48.00
333	瑞金市(赣)	45.00
334	湖口县(赣)	30.00
335	宜丰县(赣)	25.00
336	瑞昌市(赣)	20.23
337	诸城市(鲁)	4200.00
338	肥城市(鲁)	3718.00
339	齐河县(鲁)	3100.00
340	宁津县(鲁)	2000.00
341	乐陵市(鲁)	1300.00
342	武城县(鲁)	1285.00
343	高密市(鲁)	1200.00
344	河东区(鲁)	1100.00
345	莒南县(鲁)	850.00
346	宁阳县(鲁)	840.00
347	东平县(鲁)	800.00
348	单　县(鲁)	766.98
349	郯城县(鲁)	675.00
350	沂水县(鲁)	675.00
351	德州市市辖区(鲁)	600.00
352	岱岳区(鲁)	600.00
353	河口区(鲁)	580.00
354	济阳县(鲁)	580.00
355	昌邑市(鲁)	516.00
356	夏津县(鲁)	450.00
357	桓台县(鲁)	450.00
358	平原县(鲁)	412.00
359	蒙阴县(鲁)	350.00
360	东营区(鲁)	350.00
361	昌乐县(鲁)	320.00
362	利津县(鲁)	306.00
363	青州市(鲁)	300.00
364	成武县(鲁)	275.00
365	郓城县(鲁)	260.00
366	沂南县(鲁)	240.00
367	坊子区(鲁)	232.00
368	莒　县(鲁)	210.00
369	新泰市(鲁)	200.00
370	商河县(鲁)	180.00
371	龙口市(鲁)	150.00
372	垦利县(鲁)	130.00
373	临沭县(鲁)	130.00
374	德城区(鲁)	112.50
375	广饶县(鲁)	95.00
376	寒亭区(鲁)	89.00
377	莱阳市(鲁)	67.00
378	淄川区(鲁)	66.00
379	荣成市(鲁)	45.00
380	莱州市(鲁)	45.00
381	平阴县(鲁)	39.60
382	招远市(鲁)	30.00
383	临朐县(鲁)	15.00
384	海阳市(鲁)	12.00
385	西华县(豫)	5368.00
386	中牟县(豫)	3510.00
387	武陟县(豫)	1800.00
388	宛城区(豫)	1705.00
389	商水县(豫)	1311.00
390	禹州市(豫)	1300.00
391	陕　县(豫)	949.50
392	扶沟县(豫)	882.00
393	洛宁县(豫)	866.00
394	上蔡县(豫)	750.00
395	睢　县(豫)	747.00
396	滑　县(豫)	720.00
397	淮滨县(豫)	699.00
398	汝南县(豫)	685.00
399	太康县(豫)	680.00
400	宝丰县(豫)	670.00
401	平舆县(豫)	659.00
402	新蔡县(豫)	636.00
403	邓州市(豫)	619.00
404	濮阳县(豫)	617.00
405	项城市(豫)	600.00
406	郏　县(豫)	580.00
407	民权县(豫)	536.00
408	延津县(豫)	522.00
409	召陵区(豫)	510.00
410	西平县(豫)	509.00
411	正阳县(豫)	502.00
412	叶　县(豫)	500.00
413	辉县市(豫)	500.00
414	获嘉县(豫)	500.00
415	确山县(豫)	481.00
416	遂平县(豫)	456.00
417	夏邑县(豫)	450.00
418	范　县(豫)	450.00
419	沈丘县(豫)	450.00
420	柘城县(豫)	438.00
421	台前县(豫)	436.80
422	渑池县(豫)	432.00
423	原阳县(豫)	426.00
424	虞城县(豫)	420.00
425	尉氏县(豫)	400.00
426	宁陵县(豫)	395.50
427	杞　县(豫)	382.00
428	睢阳区(豫)	324.00
429	孟津县(豫)	306.25
430	内乡县(豫)	300.00
431	潢川县(豫)	265.00
432	平桥区(豫)	250.00
433	川汇区(豫)	245.00
434	济源市(豫)	240.00
435	红旗区(豫)	225.00
436	鹿邑县(豫)	200.00
437	嵩　县(豫)	196.00
438	驿城区(豫)	180.00
439	泌阳县(豫)	180.00
440	舞钢市(豫)	176.00
441	南召县(豫)	175.00
442	安阳县(豫)	170.74
443	临颍县(豫)	155.70
444	淅川县(豫)	145.00
445	社旗县(豫)	142.80
446	淇滨区(豫)	132.00
447	兰考县(豫)	132.00
448	濮阳市高新区(豫)	126.00
449	林州市(豫)	122.90
450	唐河县(豫)	115.00
451	博爱县(豫)	112.59
452	汤阴县(豫)	110.28
453	淇　县(豫)	105.00
454	鹤山区(豫)	102.00
455	浚　县(豫)	100.00
456	许昌县(豫)	90.00
457	开封县(豫)	90.00
458	清丰县(豫)	80.00
459	荥阳市(豫)	64.80
460	新　县(豫)	60.00

	杨树苗主产地	产量（万株）
461	宜阳县(豫)	60.00
462	郾城区(豫)	56.39
463	鄢陵县(豫)	50.00
464	山阳区(豫)	50.00
465	淮阳县(豫)	50.00
466	源汇区(豫)	45.00
467	偃师市(豫)	45.00
468	长垣县(豫)	45.00
469	栾川县(豫)	40.00
470	南乐县(豫)	38.00
471	新野县(豫)	27.00
472	禹王台区(豫)	25.00
473	义马市(豫)	21.60
474	卫东区(豫)	20.00
475	梁园区(豫)	19.20
476	惠济区(豫)	18.00
477	修武县(豫)	15.18
478	顺河回族区(豫)	14.00
479	殷都区(豫)	11.00
480	北关区(豫)	11.00
481	潜江市(鄂)	6000.00
482	嘉鱼县(鄂)	2000.00
483	天门市(鄂)	600.00
484	汉川市(鄂)	600.00
485	大悟县(鄂)	400.00
486	南漳县(鄂)	375.00
487	洪湖市(鄂)	270.00
488	蕲春县(鄂)	250.00
489	宜城市(鄂)	225.00
490	襄城区(鄂)	220.00
491	应城市(鄂)	210.00
492	郧西县(鄂)	197.00
493	建始县(鄂)	180.00
494	团风县(鄂)	180.00
495	沙市区(鄂)	166.50
496	蔡甸区(鄂)	160.00
497	枝江市(鄂)	150.00
498	郧　县(鄂)	150.00
499	公安县(鄂)	140.00
500	江陵县(鄂)	130.00
501	云梦县(鄂)	120.00
502	黄梅县(鄂)	110.00
503	华容区(鄂)	100.00
504	巴东县(鄂)	100.00
505	随县(鄂)	100.00
506	枣阳市(鄂)	91.00
507	远安县(鄂)	90.00
508	新洲区(鄂)	90.00
509	房　县(鄂)	80.00
510	襄州区(鄂)	75.00
511	谷城县(鄂)	60.00
512	松滋市(鄂)	50.00
513	孝昌县(鄂)	50.00
514	钟祥市(鄂)	45.00
515	监利县(鄂)	40.00
516	赤壁市(鄂)	20.00
517	宜都市(鄂)	20.00
518	掇刀区(鄂)	20.00
519	石首市(鄂)	20.00
520	红安县(鄂)	16.80
521	老河口市(鄂)	15.00
522	兴山县(鄂)	13.00
523	咸丰县(鄂)	10.00
524	大冶市(鄂)	10.00
525	浠水县(鄂)	10.00
526	沅江市(湘)	900.00
527	汉寿县(湘)	600.00
528	君山区(湘)	600.00
529	华容县(湘)	260.00
530	汨罗市(湘)	50.00
531	湘乡市(湘)	30.00
532	武陵区(湘)	22.00
533	石柱土家族自治县(渝)	380.00
534	涪陵区(渝)	250.00
535	巴南区(渝)	200.00
536	云阳县(渝)	180.00
537	合川区(渝)	50.70
538	沙坪坝区(渝)	23.00
539	梓潼县(川)	4000.00
540	南部县(川)	3200.00
541	盐亭县(川)	720.00
542	冕宁县(川)	500.00
543	游仙区(川)	451.00
544	布拖县(川)	250.00
545	西充县(川)	250.00
546	阆中市(川)	180.00
547	雁江区(川)	180.00
548	安居区(川)	150.00
549	高坪区(川)	150.00
550	美姑县(川)	80.00
551	达　县(川)	75.00
552	元坝区(川)	62.00
553	嘉陵区(川)	42.00
554	甘孜县(川)	40.00
555	广安区(川)	30.00
556	广汉市(川)	27.00
557	仪陇县(川)	20.00
558	安　县(川)	15.75
559	稻城县(川)	15.00
560	宜宾县(川)	12.50
561	旌阳区(川)	10.00
562	开远市(滇)	100.00
563	墨竹工卡县(藏)	300.00
564	江孜县(藏)	145.20
565	堆龙德庆县(藏)	30.00
566	洛扎县(藏)	23.70
567	八宿县(藏)	14.00
568	神木县(陕)	1200.00
569	吴起县(陕)	1000.00
570	大荔县(陕)	900.00
571	靖边县(陕)	240.00
572	华阴市(陕)	240.00
573	定边县(陕)	96.50
574	合阳县(陕)	78.20
575	劳山林业局(陕)	58.00
576	白水县(陕)	50.00
577	潼关县(陕)	50.00
578	富　县(陕)	42.00
579	安塞县(陕)	39.40
580	延川县(陕)	34.00
581	城固县(陕)	20.70
582	眉　县(陕)	20.00
583	蒲城县(陕)	20.00
584	千阳县(陕)	18.00
585	桥北林业局(陕)	13.00
586	洛川县(陕)	12.00
587	泾阳县(陕)	10.00
588	扶风县(陕)	10.00
589	凉州区(甘)	1200.00
590	红古区(甘)	1200.00
591	景泰县(甘)	919.00
592	甘州区(甘)	908.34
593	玉门市(甘)	750.00
594	会宁县(甘)	700.00
595	瓜州县(甘)	686.00

	杨树苗主产地	产量（万株）
596	广河县(甘)	600.00
597	肃州区(甘)	454.00
598	靖远县(甘)	364.52
599	湘乐林业总场(甘)	345.00
600	临泽县(甘)	319.70
601	敦煌市(甘)	300.00
602	高台县(甘)	232.00
603	临洮县(甘)	210.00
604	和政县(甘)	126.00
605	华池林业总场(甘)	112.50
606	榆中县(甘)	111.00
607	永登县(甘)	90.00
608	金塔县(甘)	82.00
609	天祝藏族自治县(甘)	77.00
610	古浪县(甘)	60.00
611	皋兰县(甘)	56.50
612	合水林业总场(甘)	51.87
613	民乐县(甘)	47.45
614	安定区(甘)	39.00
615	永昌县(甘)	38.10
616	临潭县(甘)	33.00
617	白银区(甘)	22.00
618	武威市市辖区(甘)	14.00
619	乐都县(青)	230.00
620	贵德县(青)	140.00
621	平安县(青)	81.40
622	门源回族自治县(青)	63.00
623	湟源县(青)	48.00
624	尖扎县(青)	47.30
625	都兰县(青)	40.00
626	大通回族土族自治县(青)	39.10
627	共和县(青)	18.00
628	湟水森林公园(青)	14.40
629	西吉县(宁)	5690.00
630	中卫市市辖区(宁)	406.50
631	贺兰县(宁)	231.20
632	原州区(宁)	150.00
633	海原县(宁)	143.50
634	灵武市(宁)	131.82
635	彭阳县(宁)	113.00
636	同心县(宁)	91.60
637	隆德县(宁)	80.00
638	利通区(宁)	80.00
639	大武口区(宁)	45.00
640	盐池县(宁)	26.50
641	平罗县(宁)	14.96
642	金凤区(宁)	12.00
643	拜城县(新)	799.00
644	库车县(新)	762.50
645	莎车县(新)	670.00
646	疏附县(新)	610.40
647	阿合奇县(新)	450.00
648	叶城县(新)	392.86
649	乌什县(新)	359.00
650	博乐市(新)	284.75
651	麦盖提县(新)	277.40
652	英吉沙县(新)	270.00
653	沙雅县(新)	203.50
654	温宿县(新)	192.50
655	伽师县(新)	183.30
656	托克逊县(新)	158.60
657	阿瓦提县(新)	152.00
658	疏勒县(新)	138.80
659	乌苏市(新)	132.00
660	巴里坤哈萨克自治县(新)	124.00
661	巴楚县(新)	95.00
662	且末县(新)	93.10
663	岳普湖县(新)	86.15
664	温泉县(新)	70.40
665	哈密市(新)	60.36
666	泽普县(新)	46.98
667	喀什市(新)	37.90
668	额敏县(新)	25.20
669	乌恰县(新)	15.00
670	红石林业局(吉林集团)	700.00
671	河西综合开发局(甘)	12.00
672	农八师(新疆建设兵团)	1180.00
673	农六师(新疆建设兵团)	160.00
674	农九师(新疆建设兵团)	145.00
675	农四师(新疆建设兵团)	95.00
676	农十三师(新疆建设兵团)	33.50
677	农十二师(新疆建设兵团)	17.42

表 18-32　白蜡苗主产地产量

	白蜡苗主产地	产量（万株）
1	延庆县(京)	52.80
2	宝坻区(津)	20.90
3	博野县(冀)	300.00
4	南和县(冀)	173.00
5	清苑县(冀)	50.00
6	抚宁县(冀)	49.50
7	乐亭县(冀)	45.00
8	易　县(冀)	36.00
9	安国市(冀)	30.00
10	广阳区(冀)	28.00
11	高邑县(冀)	20.00
12	泊头市(冀)	15.00
13	运河区(冀)	10.00
14	沧州市南大港管理区(冀)	10.00
15	乌审旗(内蒙古)	250.00
16	稀土高新区(内蒙古)	33.90
17	东港市(辽)	933.00
18	大洼县(辽)	38.40
19	苏家屯区(辽)	21.00
20	庄河市(辽)	20.00
21	新民市(辽)	12.60
22	庆云县(鲁)	1500.00
23	垦利县(鲁)	1270.00
24	东营区(鲁)	928.00
25	东平县(鲁)	780.00
26	宁津县(鲁)	600.00
27	利津县(鲁)	205.70
28	河东区(鲁)	150.00
29	桓台县(鲁)	150.00
30	河口区(鲁)	90.00
31	高密市(鲁)	75.00
32	广饶县(鲁)	72.80
33	昌乐县(鲁)	60.00
34	周村区(鲁)	50.00
35	龙口市(鲁)	50.00
36	乐陵市(鲁)	50.00
37	平原县(鲁)	50.00
38	莒南县(鲁)	40.00
39	商河县(鲁)	36.00
40	昌邑市(鲁)	35.00
41	青州市(鲁)	30.00
42	夏津县(鲁)	15.00
43	坊子区(鲁)	10.00
44	鄢陵县(豫)	1200.00
45	潢川县(豫)	120.00
46	华龙区(豫)	30.00
47	长垣县(豫)	22.50
48	湘乐林业总场(甘)	120.00

	白蜡苗主产地	产量（万株）
49	华池林业总场（甘）	105.90
50	合水林业总场（甘）	45.70
51	金塔县（甘）	45.00
52	东乡族自治县（甘）	15.00
53	灵武市（宁）	33.89
54	贺兰县（宁）	30.20
55	海原县（宁）	20.00
56	新市区（新）	200.00
57	乌苏市（新）	23.00
58	米东区（新）	15.00
59	尼勒克林场（新）	10.00
60	农六师（新疆建设兵团）	100.00

表 18-33　水曲柳苗主产地产量

	水曲柳苗主产地	产量（万株）
1	新宾满族自治县（辽）	5200.00
2	振安区（辽）	500.00
3	顺城区（辽）	130.00
4	新民市（辽）	10.00
5	通化县（吉）	853.00
6	白河林业局（吉）	300.00
7	靖宇县（吉）	60.00
8	和龙市（吉）	50.00
9	珲春林业局（吉）	35.00
10	汪清县（吉）	20.00
11	孟家岗林场（黑）	70.00
12	红石林业局（吉林集团）	815.00
13	三岔子林业局（吉林集团）	588.00
14	松江河林业有限公司（吉林集团）	323.00
15	露水河林业局（吉林集团）	275.16
16	湾沟林业局（吉林集团）	100.00
17	临江林业局（吉林集团）	32.00
18	兴隆林业局（龙江集团）	133.00
19	迎春林业局（龙江集团）	103.50
20	大海林林业局（龙江集团）	47.50
21	金山屯林业局（龙江集团）	40.50
22	乌马河林业局（龙江集团）	37.50
23	方正林业局（龙江集团）	34.80
24	穆棱林业局（龙江集团）	20.30
25	东京城林业局（龙江集团）	20.00

表 18-34　榆苗主产地产量

	榆苗主产地	产量（万株）
1	延庆县（京）	33.80
2	尚义县（冀）	2315.00
3	围场满族蒙古族自治县（冀）	1600.00
4	丰宁满族自治县（冀）	450.00
5	清苑县（冀）	300.00
6	康保县（冀）	300.00
7	高邑县（冀）	252.00
8	博野县（冀）	80.00
9	察哈尔右翼中旗（内蒙古）	1200.00
10	翁牛特旗（内蒙古）	785.00
11	正蓝旗（内蒙古）	700.00
12	巴林右旗（内蒙古）	551.60
13	太仆寺旗（内蒙古）	520.00
14	乌拉特中旗（内蒙古）	280.20
15	达尔罕茂明安联合旗（内蒙古）	245.00
16	察哈尔右翼前旗（内蒙古）	180.00
17	固阳县（内蒙古）	160.00
18	四子王旗（内蒙古）	159.00
19	松山区（内蒙古）	110.00
20	海拉尔区（内蒙古）	40.00
21	阿巴嘎旗（内蒙古）	40.00
22	阿鲁科尔沁旗（内蒙古）	40.00
23	鄂温克族自治旗（内蒙古）	23.89
24	镶黄旗（内蒙古）	15.00
25	顺城区（辽）	280.00
26	调兵山市（辽）	24.00
27	新民市（辽）	23.00
28	二道江区（吉）	10.00
29	北林区（黑）	300.00
30	虎林市（黑）	200.00
31	富锦市（黑）	200.00
32	兰西县（黑）	150.00
33	克东县（黑）	45.00
34	松北区（黑）	30.00
35	南岗区（黑）	15.00
36	昌邑市（鲁）	345.00
37	宁津县（鲁）	200.00
38	东平县（鲁）	150.00
39	垦利县（鲁）	65.00
40	浚　县（豫）	500.00
41	嵩　县（豫）	110.00
42	定边县（陕）	104.00
43	宕昌县（甘）	710.00
44	陇西县（甘）	100.00
45	金塔县（甘）	45.00
46	甘州区（甘）	39.05
47	临洮县（甘）	12.20
48	乐都县（青）	2423.00
49	共和县（青）	140.00
50	尖扎县（青）	32.00
51	平安县（青）	22.80
52	海原县（宁）	605.00
53	西吉县（宁）	582.00
54	贺兰县（宁）	421.00
55	同心县（宁）	104.00
56	盐池县（宁）	36.00
57	灵武市（宁）	12.17
58	大武口区（宁）	12.00
59	新市区（新）	250.00
60	托克逊县（新）	68.32
61	鄯善县（新）	60.00
62	伊吾县（新）	26.34
63	哈密市（新）	21.07
64	博乐市（新）	20.00
65	英吉沙县（新）	17.07
66	兴隆林业局（龙江集团）	306.00
67	友好林业局（龙江集团）	155.50
68	汤旺河林业局（龙江集团）	89.00
69	新青林业局（龙江集团）	72.90
70	桃山林业局（龙江集团）	72.60
71	美溪林业局（龙江集团）	62.70
72	金山屯林业局（龙江集团）	53.00
73	铁力林业局（龙江集团）	49.30
74	乌伊岭林业局（龙江集团）	31.20
75	南岔林业局（龙江集团）	27.60
76	翠峦林业局（龙江集团）	23.10
77	朗乡林业局（龙江集团）	19.70
78	穆棱林业局（龙江集团）	12.00
79	小陇山林业实验局（甘）	12.00
80	农六师（新疆建设兵团）	200.00
81	农九师（新疆建设兵团）	95.60
82	农十二师（新疆建设兵团）	25.10

表 18-35 楠苗主产地产量

	楠苗主产地	产量(万株)
1	武义县(浙)	7524.00
2	淳安县(浙)	318.14
3	衢江区(浙)	166.10
4	宁海县(浙)	30.00
5	建德市(浙)	12.00
6	和　县(皖)	24.00
7	崇义县(赣)	225.00
8	峡江县(赣)	100.00
9	九江县(赣)	39.00
10	许昌县(豫)	1884.00
11	南召县(豫)	177.50
12	桐柏县(豫)	36.40
13	沙洋县(鄂)	150.00
14	红安县(鄂)	15.60
15	宜都市(鄂)	10.00
16	石门县(湘)	100.00
17	会同县(湘)	30.00
18	南雄县(粤)	120.00
19	五华县(粤)	52.50
20	东源县(粤)	25.00
21	阳山县(粤)	17.00
22	北碚区(渝)	320.00
23	游仙区(川)	90.00
24	荥经县(川)	75.00
25	温江区(川)	41.70
26	都江堰市(川)	30.00
27	麻江县(黔)	44.21

表 18-36 桉树苗主产地产量

	桉树苗主产地	产量(万株)
1	温岭市(浙)	25.00
2	赣　县(赣)	720.00
3	兴国县(赣)	90.00
4	湘东区(赣)	30.00
5	会昌县(赣)	26.00
6	雷州市(粤)	10000.00
7	麻章区(粤)	6000.00
8	廉江市(粤)	1700.00
9	高要市(粤)	912.00
10	封开县(粤)	600.00
11	西江林业局(粤)	560.00
12	四会市(粤)	550.00
13	新会区(粤)	500.00
14	江城区(粤)	500.00
15	龙门县(粤)	400.00
16	徐闻县(粤)	317.00
17	恩平市(粤)	300.00
18	电白县(粤)	281.00
19	英德市(粤)	206.50
20	阳春市(粤)	200.00
21	茂港区(粤)	138.00
22	清新县(粤)	120.00
23	台山市(粤)	100.00
24	清城区(粤)	100.00
25	惠城区(粤)	100.00
26	大埔县(粤)	100.00
27	澄海区(粤)	100.00
28	清远市属总林场(粤)	91.00
29	怀集县(粤)	85.00
30	茂南区(粤)	72.00
31	化州市(粤)	59.91
32	五华县(粤)	57.50
33	揭东县(粤)	50.00
34	梅　县(粤)	50.00
35	乳源瑶族自治县(粤)	40.00
36	蓬江区(粤)	30.00
37	新丰县(粤)	20.00
38	潮阳区(粤)	20.00
39	龙川县(粤)	20.00
40	榕城区(粤)	10.00
41	鹿寨县(桂)	43000.00
42	东门林场(桂)	8000.00
43	钦南区(桂)	3750.00
44	博白林场(桂)	3000.00
45	港南区(桂)	2000.00
46	钦北区(桂)	1650.00
47	合浦县(桂)	1000.00
48	环江毛南族自治县(桂)	1000.00
49	黄冕林场(桂)	890.00
50	兴宾区(桂)	500.00
51	陆川县(桂)	500.00
52	象州县(桂)	460.00
53	高峰林场(桂)	442.72
54	三门江林场(桂)	305.00
55	平乐县(桂)	300.00
56	金秀瑶族自治县(桂)	294.10
57	钦廉林场(桂)	270.00
58	横　县(桂)	265.00
59	六万林场(桂)	263.90
60	武宣县(桂)	250.00
61	昭平县(桂)	243.80
62	大桂山林场(桂)	200.00
63	那坡县(桂)	200.00
64	永福县(桂)	200.00
65	七坡林场(桂)	165.00
66	合山市(桂)	127.00
67	派阳山林场(桂)	111.00
68	浦北县(桂)	102.00
69	江州区(桂)	100.00
70	防城区(桂)	80.00
71	柳城县(桂)	70.00
72	涪陵区(渝)	990.00
73	丰都县(渝)	500.00
74	璧山县(渝)	200.00
75	云阳县(渝)	30.00
76	荣　县(川)	1400.00
77	东坡区(川)	320.00
78	泸　县(川)	300.00
79	冕宁县(川)	100.00
80	普格县(川)	53.00
81	威远县(川)	50.00
82	邛崃市(川)	50.00
83	名山县(川)	40.00
84	宜宾县(川)	24.00
85	江油市(川)	20.00
86	会东县(川)	15.00
87	长顺县(黔)	10.00
88	麒麟区(滇)	750.00
89	禄丰县(滇)	378.30
90	泸西县(滇)	360.00
91	陆良县(滇)	350.00
92	开远市(滇)	300.00
93	个旧市(滇)	208.00
94	楚雄市(滇)	165.00
95	武定县(滇)	135.00
96	永仁县(滇)	100.00
97	水富县(滇)	50.00
98	红河县(滇)	50.00

表 18-37　柠条苗主产地产量

	柠条苗主产地	产量（万株）
1	围场满族蒙古族自治县(冀)	3000.00
2	丰宁满族自治县(冀)	1100.00
3	康保县(冀)	100.00
4	偏关县(晋)	2400.00
5	左云县(晋)	1500.00
6	河曲县(晋)	1148.50
7	南郊区(晋)	279.00
8	神池县(晋)	200.00
9	翁牛特旗(内蒙古)	10413.00
10	鄂托克前旗(内蒙古)	5040.00
11	鄂托克旗(内蒙古)	4032.00
12	乌审旗(内蒙古)	2800.00
13	东胜区(内蒙古)	1060.00
14	察哈尔右翼中旗(内蒙古)	1000.00
15	阿鲁科尔沁旗(内蒙古)	654.00
16	四子王旗(内蒙古)	624.00
17	科尔沁左翼中旗(内蒙古)	600.00
18	正蓝旗(内蒙古)	460.00
19	达尔罕茂明安联合旗(内蒙古)	438.00
20	太仆寺旗(内蒙古)	400.00
21	巴林右旗(内蒙古)	323.90
22	苏尼特左旗(内蒙古)	210.00
23	敖汉旗(内蒙古)	205.00
24	苏尼特右旗(内蒙古)	160.00
25	察哈尔右翼前旗(内蒙古)	120.00
26	和林格尔县(内蒙古)	108.00
27	松山区(内蒙古)	100.00
28	阿巴嘎旗(内蒙古)	100.00
29	科尔沁左翼后旗(内蒙古)	63.70
30	镶黄旗(内蒙古)	60.00
31	永登县(甘)	2000.00
32	靖远县(甘)	1374.00
33	会宁县(甘)	500.00
34	景泰县(甘)	406.50
35	安定区(甘)	147.00
36	榆中县(甘)	75.00
37	永靖县(甘)	60.00
38	陇西县(甘)	50.00
39	甘州区(甘)	11.00
40	玛珂河林业局(青)	106.80
41	西吉县(宁)	270.00
42	盐池县(宁)	175.00
43	中卫市市辖区(宁)	113.00
44	海原县(宁)	46.00
45	托克逊县(新)	23.00

表 18-38　香樟苗主产地产量

	香樟苗主产地	产量（万株）
1	松江区(沪)	215.60
2	嘉定区(沪)	151.00
3	闵行区(沪)	28.21
4	崇明县(沪)	11.00
5	盐都区(苏)	180.00
6	高邮市(苏)	30.00
7	亭湖区(苏)	20.00
8	海宁市(浙)	628.00
9	奉化市(浙)	380.00
10	慈溪市(浙)	280.00
11	桐乡市(浙)	262.00
12	嘉善县(浙)	260.00
13	秀洲区(浙)	247.14
14	余杭区(浙)	165.00
15	瑞安市(浙)	130.00
16	平湖市(浙)	116.50
17	桐庐县(浙)	100.00
18	黄岩区(浙)	82.50
19	三门县(浙)	82.00
20	鄞州区(浙)	80.00
21	宁海县(浙)	73.00
22	上虞市(浙)	69.63
23	温岭市(浙)	60.00
24	武义县(浙)	55.00
25	定海区(浙)	44.26
26	义乌市(浙)	42.32
27	婺城区(浙)	40.00
28	富阳市(浙)	40.00
29	玉环县(浙)	35.00
30	青田县(浙)	30.30
31	江北区(浙)	30.00
32	临安市(浙)	27.00
33	岱山县(浙)	25.00
34	海盐县(浙)	24.10
35	嵊州市(浙)	20.00
36	缙云县(浙)	18.50
37	建德市(浙)	15.00
38	淳安县(浙)	13.60
39	象山县(浙)	12.00
40	鸠江区(皖)	4000.00
41	肥西县(皖)	1320.00
42	徽州区(皖)	1000.00
43	芜湖县(皖)	180.00
44	和　县(皖)	129.15
45	屯溪区(皖)	100.00
46	三山区(皖)	100.00
47	东至县(皖)	90.00
48	无为县(皖)	68.00
49	寿　县(皖)	55.00
50	望江县(皖)	32.00
51	青阳县(皖)	30.00
52	弋江区(皖)	25.00
53	凤阳县(皖)	12.00
54	崇义县(赣)	335.00
55	新建县(赣)	172.00
56	万载县(赣)	125.00
57	龙南县(赣)	120.00
58	南昌县(赣)	86.30
59	余江县(赣)	83.00
60	贵溪市(赣)	80.00
61	东乡县(赣)	75.00
62	樟树市(赣)	60.00
63	兴国县(赣)	60.00
64	修水县(赣)	40.00
65	湾里区(赣)	30.00
66	湘东区(赣)	30.00
67	九江县(赣)	28.00
68	芦溪县(赣)	20.00
69	全南县(赣)	16.00
70	渝水区(赣)	15.00
71	共青城市(赣)	15.00
72	遂川县(赣)	11.00
73	湖口县(赣)	10.00
74	潢川县(豫)	208.00
75	光山县(豫)	185.00
76	淅川县(豫)	32.00
77	平桥区(豫)	26.00
78	孝昌县(鄂)	500.00
79	应城市(鄂)	455.00
80	新洲区(鄂)	450.00
81	鄂城区(鄂)	300.00
82	沙洋县(鄂)	200.00

	香樟苗主产地	产量（万株）
83	荆州区(鄂)	200.00
84	枝江市(鄂)	195.00
85	天门市(鄂)	120.00
86	西塞山区(鄂)	120.00
87	蔡甸区(鄂)	100.00
88	鄂州市市辖区(鄂)	100.00
89	宜城市(鄂)	90.00
90	红安县(鄂)	68.80
91	荆门市市辖区(鄂)	60.00
92	宜都市(鄂)	50.00
93	当阳市(鄂)	50.00
94	樊城区(鄂)	50.00
95	襄州区(鄂)	50.00
96	通城县(鄂)	36.00
97	云梦县(鄂)	27.00
98	梁子湖区(鄂)	25.00
99	襄城区(鄂)	23.00
100	公安县(鄂)	15.00
101	麻城市(鄂)	14.00
102	大冶市(鄂)	10.00
103	宁乡县(湘)	800.00
104	衡山县(湘)	200.00
105	安化县(湘)	150.00
106	华容县(湘)	106.00
107	石门县(湘)	100.00
108	赫山区(湘)	100.00
109	新晃侗族自治县(湘)	90.00
110	桂阳县(湘)	78.00
111	桂东县(湘)	70.00
112	云溪区(湘)	60.00
113	娄星区(湘)	52.50
114	汨罗市(湘)	50.00
115	株洲县(湘)	49.50
116	珠晖区(湘)	40.00
117	汉寿县(湘)	37.50
118	沅陵县(湘)	35.00
119	双峰县(湘)	18.50
120	鹤城区(湘)	10.00
121	芷江侗族自治县(湘)	10.00
122	五华县(粤)	330.00
123	惠东县(粤)	262.00
124	丰顺县(粤)	170.00
125	紫金县(粤)	132.00
126	梅　县(粤)	130.00
127	清新县(粤)	120.00
128	东莞市(粤)	110.00
129	英德市(粤)	88.50
130	乐昌市(粤)	80.00
131	和平县(粤)	60.00
132	兴宁市(粤)	56.25
133	新丰县(粤)	55.00
134	阳春市(粤)	50.00
135	龙眼洞林场(粤)	50.00
136	南澳县(粤)	40.00
137	潮阳区(粤)	28.00
138	东源县(粤)	20.00
139	恩平市(粤)	20.00
140	深圳市光明新区(粤)	20.00
141	连平县(粤)	16.00
142	榕城区(粤)	15.00
143	乳源瑶族自治县(粤)	12.00
144	连州市(粤)	10.00
145	鼎湖区(粤)	10.00
146	秀山土家族苗族自治县(渝)	1000.00
147	南川区(渝)	600.00
148	奉节县(渝)	400.00
149	万州区(渝)	201.05
150	巴南区(渝)	100.00
151	合川区(渝)	67.40
152	涪陵区(渝)	50.00
153	荣昌县(渝)	50.00
154	铜梁县(渝)	20.00
155	沙坪坝区(渝)	12.59
156	武隆县(渝)	10.00
157	游仙区(川)	541.00
158	巴州区(川)	330.00
159	宜宾县(川)	276.00
160	彭山县(川)	150.00
161	平昌县(川)	100.00
162	安　县(川)	97.00
163	温江区(川)	90.50
164	万源市(川)	30.00
165	都江堰市(川)	30.00
166	东坡区(川)	30.00
167	江油市(川)	20.00
168	南江县(川)	20.00
169	威远县(川)	10.00
170	湄潭县(黔)	600.00
171	红花岗区(黔)	78.00
172	天柱县(黔)	16.00
173	长顺县(黔)	15.00
174	巍山彝族回族自治县(滇)	95.00
175	察隅县(藏)	12.00
176	南郑县(陕)	35.00
177	紫阳县(陕)	15.00

表 18-39　女贞苗主产地产量

	女贞苗主产地	产量（万株）
1	顺义区(京)	98.00
2	南和县(冀)	625.00
3	清苑县(冀)	150.00
4	遵化市(冀)	120.00
5	抚宁县(冀)	72.50
6	滦南县(冀)	62.00
7	涿州市(冀)	23.00
8	大厂回族自治县(冀)	20.00
9	北戴河区(冀)	15.30
10	井陉县(冀)	15.00
11	高邑县(冀)	14.00
12	深州市(冀)	12.00
13	晋源区(晋)	320.00
14	壶关县(晋)	70.00
15	武乡县(晋)	30.00
16	平陆县(晋)	11.50
17	临猗县(晋)	10.00
18	甘井子区(辽)	100.00
19	莲花山开发区(吉)	180.00
20	二道江区(吉)	30.00
21	桦甸市(吉)	17.00
22	松江区(沪)	37.51
23	崇明县(沪)	18.00
24	盐都区(苏)	450.00
25	高邮市(苏)	135.00
26	亭湖区(苏)	130.00
27	赣榆县(苏)	126.00
28	泗洪县(苏)	117.50
29	建湖县(苏)	65.00
30	盱眙县(苏)	15.00
31	宝应县(苏)	10.00
32	缙云县(浙)	199.20
33	婺城区(浙)	155.00
34	奉化市(浙)	120.00
35	慈溪市(浙)	120.00

	女贞苗主产地	产量（万株）
36	宁海县(浙)	55.00
37	鄞州区(浙)	50.00
38	定海区(浙)	26.28
39	余杭区(浙)	22.00
40	青田县(浙)	17.00
41	岱山县(浙)	15.00
42	秀洲区(浙)	14.61
43	上虞市(浙)	14.46
44	遂昌县(浙)	13.00
45	瑞安市(浙)	12.00
46	海宁市(浙)	11.00
47	玉环县(浙)	10.00
48	嵊州市(浙)	10.00
49	桐庐县(浙)	10.00
50	富阳市(浙)	10.00
51	肥西县(皖)	1860.00
52	凤阳县(皖)	120.00
53	颍东区(皖)	75.00
54	潜山县(皖)	30.00
55	三山区(皖)	20.00
56	芜湖县(皖)	12.00
57	贵溪市(赣)	80.00
58	德安县(赣)	25.00
59	新建县(赣)	24.00
60	龙口市(鲁)	300.00
61	昌邑市(鲁)	210.00
62	东港区(鲁)	137.00
63	新泰市(鲁)	130.00
64	河东区(鲁)	105.00
65	博山区(鲁)	90.00
66	东平县(鲁)	80.00
67	莒南县(鲁)	43.00
68	临沭县(鲁)	40.00
69	临朐县(鲁)	30.00
70	岚山区(鲁)	28.00
71	昌乐县(鲁)	12.00
72	诸城市(鲁)	12.00
73	高密市(鲁)	12.00
74	南召县(豫)	2010.20
75	鄢陵县(豫)	1620.00
76	武陟县(豫)	660.00
77	许昌县(豫)	630.00
78	西峡县(豫)	470.00
79	光山县(豫)	370.00
80	济源市(豫)	300.00
81	潢川县(豫)	280.00
82	淮滨县(豫)	200.00
83	西华县(豫)	194.00
84	商水县(豫)	190.00
85	嵩　县(豫)	150.00
86	宜阳县(豫)	124.40
87	禹州市(豫)	100.00
88	临颍县(豫)	89.80
89	舞钢市(豫)	88.00
90	淅川县(豫)	83.00
91	太康县(豫)	80.00
92	惠济区(豫)	68.00
93	修武县(豫)	61.12
94	邓州市(豫)	60.00
95	新蔡县(豫)	58.00
96	新密市(豫)	56.30
97	卧龙区(豫)	33.00
98	滑　县(豫)	28.00
99	荥阳市(豫)	27.45
100	新郑市(豫)	25.00
101	辉县市(豫)	25.00
102	卫辉市(豫)	23.20
103	驿城区(豫)	23.00
104	方城县(豫)	22.50
105	新野县(豫)	18.00
106	汤阴县(豫)	13.00
107	义马市(豫)	12.10
108	牧野区(豫)	12.00
109	魏都区(豫)	10.30
110	洛宁县(豫)	10.30
111	蔡甸区(鄂)	700.00
112	潜江市(鄂)	200.00
113	天门市(鄂)	135.00
114	襄城区(鄂)	42.30
115	樊城区(鄂)	42.00
116	丹江口市(鄂)	35.00
117	荆门市市辖区(鄂)	20.00
118	华容区(鄂)	20.00
119	掇刀区(鄂)	18.00
120	娄星区(湘)	400.00
121	鹤城区(湘)	190.00
122	安化县(湘)	150.00
123	中方县(湘)	50.00
124	新化县(湘)	10.00
125	连州市(粤)	10.00
126	那坡县(桂)	30.00
127	巴南区(渝)	405.50
128	涪陵区(渝)	20.00
129	嘉陵区(川)	66.00
130	雷波县(川)	40.00
131	温江区(川)	38.50
132	安　县(川)	13.50
133	红花岗区(黔)	22.50
134	石泉县(陕)	45.00
135	眉　县(陕)	40.00
136	蒲城县(陕)	20.00
137	长安区(陕)	18.70
138	扶风县(陕)	18.00
139	乾　县(陕)	17.65
140	南郑县(陕)	11.00
141	高陵县(陕)	10.00
142	安宁区(甘)	82.00

表 18-40　杜英苗主产地产量

	杜英苗主产地	产量（万株）
1	松江区(沪)	27.30
2	海宁市(浙)	260.30
3	莲都区(浙)	148.45
4	宁海县(浙)	132.00
5	青田县(浙)	70.00
6	嵊州市(浙)	64.00
7	温岭市(浙)	60.00
8	余杭区(浙)	40.00
9	奉化市(浙)	40.00
10	瑞安市(浙)	30.00
11	三门县(浙)	30.00
12	桐庐县(浙)	28.00
13	婺城区(浙)	27.00
14	富阳市(浙)	21.00
15	平湖市(浙)	17.50
16	上虞市(浙)	16.86
17	秀洲区(浙)	14.25
18	淳安县(浙)	13.30
19	慈溪市(浙)	11.00
20	东乡县(赣)	75.00
21	新建县(赣)	63.00
22	瑞金市(赣)	59.30
23	修水县(赣)	30.00

	杜英苗主产地	产量（万株）
24	樟树市(赣)	13.00
25	遂川县(赣)	12.00
26	德安县(赣)	12.00
27	荆门市市辖区(鄂)	10.00
28	蔡甸区(鄂)	10.00
29	娄星区(湘)	150.00
30	赫山区(湘)	60.00
31	双峰县(湘)	30.00
32	株洲县(湘)	26.50
33	清新县(粤)	120.00
34	乳源瑶族自治县(粤)	45.00
35	五华县(粤)	42.00
36	阳山县(粤)	41.00
37	新丰县(粤)	35.00
38	潮阳区(粤)	20.00
39	东源县(粤)	20.00
40	南澳县(粤)	10.00
41	连州市(粤)	10.00
42	巴南区(渝)	86.00
43	璧山县(渝)	58.00
44	万州区(渝)	53.68
45	沙坪坝区(渝)	27.00
46	涪陵区(渝)	20.00

表 18-41　桂花苗主产地产量

	桂花苗主产地	产量（万株）
1	嘉定区(沪)	64.00
2	高邮市(苏)	45.00
3	婺城区(浙)	9998.00
4	嵊州市(浙)	2300.00
5	黄岩区(浙)	393.80
6	宁海县(浙)	258.50
7	鄞州区(浙)	250.00
8	慈溪市(浙)	200.00
9	龙游县(浙)	161.30
10	武义县(浙)	138.00
11	奉化市(浙)	100.00
12	缙云县(浙)	94.60
13	临安市(浙)	80.00
14	桐庐县(浙)	80.00
15	淳安县(浙)	77.60
16	富阳市(浙)	70.00
17	义乌市(浙)	65.66
18	上虞市(浙)	53.50
19	象山县(浙)	45.00
20	嘉善县(浙)	32.10
21	秀洲区(浙)	31.20
22	海宁市(浙)	28.00
23	三门县(浙)	22.00
24	桐乡市(浙)	22.00
25	温岭市(浙)	20.00
26	莲都区(浙)	17.10
27	衢江区(浙)	17.00
28	浦江县(浙)	15.63
29	平湖市(浙)	13.40
30	松阳县(浙)	10.00
31	徽州区(皖)	1100.00
32	肥西县(皖)	320.00
33	望江县(皖)	180.00
34	屯溪区(皖)	100.00
35	寿　县(皖)	80.00
36	青阳县(皖)	75.00
37	和　县(皖)	74.25
38	东至县(皖)	70.00
39	宜秀区(皖)	50.00
40	潜山县(皖)	30.00
41	三山区(皖)	20.00
42	金寨县(皖)	15.00
43	太湖县(皖)	12.00
44	芜湖县(皖)	10.00
45	崇义县(赣)	910.00
46	万载县(赣)	900.00
47	上犹县(赣)	499.00
48	新建县(赣)	220.00
49	东乡县(赣)	200.00
50	龙南县(赣)	150.00
51	赣　县(赣)	150.00
52	贵溪市(赣)	140.00
53	共青城市(赣)	93.00
54	九江县(赣)	85.70
55	湾里区(赣)	60.00
56	安源区(赣)	52.50
57	南昌县(赣)	36.30
58	樟树市(赣)	24.00
59	宜丰县(赣)	20.00
60	玉山县(赣)	16.80
61	余江县(赣)	16.20
62	修水县(赣)	15.00
63	芦溪县(赣)	10.00
64	河东区(鲁)	300.00
65	沂南县(鲁)	84.00
66	临沭县(鲁)	41.00
67	莒　县(鲁)	40.00
68	莒南县(鲁)	30.00
69	博山区(鲁)	15.00
70	光山县(豫)	265.00
71	南召县(豫)	225.00
72	许昌县(豫)	54.00
73	方城县(豫)	36.00
74	新郑市(豫)	27.00
75	夏邑县(豫)	21.00
76	平桥区(豫)	17.00
77	淅川县(豫)	17.00
78	西峡县(豫)	15.00
79	卧龙区(豫)	14.00
80	汝南县(豫)	10.00
81	咸安区(鄂)	5000.00
82	天门市(鄂)	315.00
83	潜江市(鄂)	300.00
84	宜都市(鄂)	300.00
85	孝昌县(鄂)	300.00
86	掇刀区(鄂)	250.00
87	西塞山区(鄂)	200.00
88	梁子湖区(鄂)	200.00
89	鄂城区(鄂)	200.00
90	长阳土家族自治县(鄂)	200.00
91	沙洋县(鄂)	150.00
92	钟祥市(鄂)	150.00
93	襄城区(鄂)	126.00
94	新洲区(鄂)	91.90
95	樊城区(鄂)	56.00
96	红安县(鄂)	55.20
97	通城县(鄂)	42.00
98	蔡甸区(鄂)	40.00
99	大冶市(鄂)	40.00
100	五峰土家族自治县(鄂)	35.00
101	当阳市(鄂)	30.00
102	鄂州市市辖区(鄂)	30.00
103	枝江市(鄂)	20.00
104	荆门市市辖区(鄂)	20.00
105	郧西县(鄂)	17.00
106	华容区(鄂)	15.00
107	应城市(鄂)	15.00

	桂花苗主产地	产量（万株）
108	娄星区（湘）	500.00
109	汉寿县（湘）	216.00
110	新邵县（湘）	120.00
111	双峰县（湘）	108.00
112	安化县（湘）	100.00
113	云溪区（湘）	60.00
114	汨罗市（湘）	50.00
115	资阳区（湘）	50.00
116	新晃侗族自治县（湘）	45.00
117	株洲县（湘）	45.00
118	石门县（湘）	40.00
119	大祥区（湘）	18.27
120	鹤城区（湘）	18.00
121	蒸湘区（湘）	10.00
122	南雄市（粤）	46.00
123	清新县（粤）	30.00
124	乳源瑶族自治县（粤）	18.00
125	新丰县（粤）	12.00
126	蕉岭县（粤）	10.00
127	清城区（粤）	10.00
128	灵川县（桂）	225.00
129	融安县（桂）	150.00
130	全州县（桂）	100.00
131	永福县（桂）	20.00
132	柳城县（桂）	10.00
133	秀山土家族苗族自治县（渝）	1000.00
134	石柱土家族自治县（渝）	400.00
135	巴南区（渝）	330.28
136	铜梁县（渝）	175.00
137	万州区（渝）	104.08
138	沙坪坝区（渝）	57.60
139	涪陵区（渝）	50.00
140	璧山县（渝）	45.00
141	荣昌县（渝）	20.00
142	合川区（渝）	16.00
143	武隆县（渝）	10.00
144	温江区（川）	690.00
145	名山县（川）	500.00
146	蒲江县（川）	150.00
147	西充县（川）	150.00
148	游仙区（川）	135.00
149	都江堰市（川）	40.00
150	沿滩区（川）	24.00
151	南溪县（川）	20.00
152	泸　县（川）	10.00
153	邛崃市（川）	10.00
154	瓮安县（黔）	43.31
155	红花岗区（黔）	34.80
156	都匀市经济开发区（黔）	20.00
157	南郑县（陕）	90.00
158	紫阳县（陕）	10.00

表 18-42　广玉兰苗主产地产量

	广玉兰苗主产地	产量（万株）
1	嘉定区（沪）	92.00
2	松江区（沪）	12.00
3	泗洪县（苏）	43.20
4	高邮市（苏）	20.00
5	奉化市（浙）	200.00
6	婺城区（浙）	73.00
7	武义县（浙）	35.00
8	上虞市（浙）	22.35
9	宁海县（浙）	21.00
10	鄞州区（浙）	20.00
11	秀洲区（浙）	13.35
12	余杭区（浙）	12.50
13	嵊州市（浙）	12.00
14	富阳市（浙）	10.00
15	肥西县（皖）	520.00
16	和　县（皖）	108.00
17	无为县（皖）	86.00
18	青阳县（皖）	15.00
19	凤阳县（皖）	12.00
20	颍东区（皖）	12.00
21	贵溪市（赣）	30.00
22	南昌县（赣）	12.00
23	东平县（鲁）	15.00
24	东港区（鲁）	14.00
25	高密市（鲁）	12.00
26	南召县（豫）	678.20
27	光山县（豫）	200.00
28	长垣县（豫）	180.75
29	宝丰县（豫）	95.00
30	临颍县（豫）	27.80
31	平桥区（豫）	26.00
32	惠济区（豫）	26.00
33	新华区（豫）	22.70
34	方城县（豫）	18.00
35	郾城区（豫）	15.10
36	新野县（豫）	13.00
37	洛龙区（豫）	12.00
38	新密市（豫）	12.00
39	天门市（鄂）	360.00
40	沙洋县（鄂）	200.00
41	潜江市（鄂）	200.00
42	应城市（鄂）	90.00
43	蔡甸区（鄂）	70.00
44	襄城区（鄂）	65.00
45	樊城区（鄂）	40.00
46	枝江市（鄂）	35.00
47	荆门市市辖区（鄂）	20.00
48	华容区（鄂）	20.00
49	宜都市（鄂）	10.00
50	枣阳市（鄂）	10.00
51	安化县（湘）	100.00
52	双峰县（湘）	59.80
53	娄星区（湘）	30.00
54	汉寿县（湘）	27.00
55	株洲县（湘）	24.00
56	巴南区（渝）	85.00
57	温江区（川）	92.80
58	南郑县（陕）	60.00

表 18-43　雪松苗主产地产量

	雪松苗主产地	产量（万株）
1	涉　县（冀）	15.00
2	临猗县（晋）	23.00
3	河津市（晋）	10.50
4	松江区（沪）	12.70
5	赣榆县（苏）	10.00
6	慈溪市（浙）	40.00
7	桐庐县（浙）	10.10
8	昌邑市（鲁）	517.00
9	环翠区（鲁）	56.00
10	东平县（鲁）	50.00
11	宁阳县（鲁）	28.00
12	肥城市（鲁）	26.00
13	新泰市（鲁）	20.00
14	诸城市（鲁）	19.00
15	高密市（鲁）	12.00
16	潢川县（豫）	161.00

	雪松苗主产地	产量（万株）
17	陕　县(豫)	96.62
18	惠济区(豫)	48.00
19	商水县(豫)	35.00
20	光山县(豫)	30.00
21	林州市(豫)	22.30
22	淅川县(豫)	12.00
23	汝南县(豫)	10.00
24	巴南区(渝)	70.00
25	陆良县(滇)	32.00
26	洛川县(陕)	36.00
27	南郑县(陕)	10.00
28	红古区(甘)	50.00

表 18-44　杏苗主产地产量

	杏苗主产地	产量（万株）
1	延庆县(京)	36.00
2	遵化市(冀)	2805.00
3	围场满族蒙古族自治县(冀)	2400.00
4	滦平县(冀)	1600.00
5	丰宁满族自治县(冀)	1500.00
6	平泉县(冀)	675.00
7	阳原县(冀)	600.00
8	赤城县(冀)	300.00
9	涞源县(冀)	189.00
10	顺平县(冀)	105.00
11	宽城满族自治县(冀)	100.00
12	下花园区(冀)	30.00
13	广阳区(冀)	25.00
14	涿州市(冀)	25.00
15	壶关县(晋)	1875.00
16	偏关县(晋)	560.00
17	原平市(晋)	274.00
18	娄烦县(晋)	250.00
19	新荣区(晋)	200.00
20	大同县(晋)	150.00
21	代　县(晋)	150.00
22	武乡县(晋)	100.00
23	五台县(晋)	35.00
24	岢岚县(晋)	14.00
25	晋源区(晋)	13.00
26	翁牛特旗(内蒙古)	925.00
27	太仆寺旗(内蒙古)	720.00
28	乌审旗(内蒙古)	271.00
29	阿鲁科尔沁旗(内蒙古)	252.00
30	巴林右旗(内蒙古)	207.15
31	和林格尔县(内蒙古)	150.00
32	敖汉旗(内蒙古)	130.00
33	松山区(内蒙古)	90.00
34	巴林左旗(内蒙古)	70.00
35	稀土高新区(内蒙古)	19.80
36	北票市(辽)	240.00
37	阜新蒙古族自治县(辽)	220.00
38	建昌县(辽)	205.00
39	喀喇沁左翼蒙古族自治县(辽)	140.00
40	千山区(辽)	11.00
41	河东区(鲁)	1800.00
42	新泰市(鲁)	400.00
43	东平县(鲁)	150.00
44	昌乐县(鲁)	45.00
45	成武县(鲁)	38.00
46	武陟县(豫)	840.00
47	舞钢市(豫)	126.00
48	嵩　县(豫)	105.00
49	遂平县(豫)	42.00
50	泌阳县(豫)	27.00
51	源汇区(豫)	20.00
52	子洲县(陕)	26.40
53	临洮县(甘)	1600.00
54	会宁县(甘)	455.00
55	宕昌县(甘)	246.00
56	陇西县(甘)	200.00
57	永登县(甘)	90.00
58	榆中县(甘)	38.00
59	临潭县(甘)	32.00
60	定西市巉口林业试验场(甘)	30.00
61	靖远县(甘)	16.90
62	安定区(甘)	15.10
63	东乡族自治县(甘)	12.50
64	平安县(青)	17.60
65	彭阳县(宁)	450.00
66	海原县(宁)	15.00
67	托克逊县(新)	53.04
68	叶城县(新)	28.20
69	英吉沙县(新)	16.50
70	鄯善县(新)	11.85
71	农四师(新疆建设兵团)	110.00

表 18-45　核桃苗主产地产量

	核桃苗主产地	产量（万株）
1	赞皇县(冀)	5300.00
2	遵化市(冀)	1380.00
3	迁西县(冀)	1125.00
4	涞源县(冀)	369.00
5	顺平县(冀)	218.00
6	涉　县(冀)	200.00
7	灵寿县(冀)	163.00
8	内丘县(冀)	130.00
9	高邑县(冀)	120.00
10	涞水县(冀)	120.00
11	阜平县(冀)	105.00
12	辛集市(冀)	70.00
13	青龙满族自治县(冀)	60.00
14	宽城满族自治县(冀)	60.00
15	抚宁县(冀)	51.00
16	邢台县(冀)	50.00
17	平山县(冀)	50.00
18	裕华区(冀)	45.00
19	井陉县(冀)	36.00
20	鹿泉市(冀)	33.10
21	行唐县(冀)	30.00
22	永年县(冀)	24.00
23	峰峰矿区(冀)	19.00
24	唐　县(冀)	15.00
25	孝义市(晋)	600.00
26	壶关县(晋)	361.00
27	原平市(晋)	330.10
28	祁　县(晋)	275.00
29	临猗县(晋)	200.00
30	黎城县(晋)	157.00
31	潞城市(晋)	150.00
32	沁水县(晋)	115.00
33	屯留县(晋)	70.00
34	武乡县(晋)	65.00
35	平陆县(晋)	58.50
36	定襄县(晋)	54.00
37	晋源区(晋)	27.00
38	夏　县(晋)	10.60
39	建昌县(辽)	100.00
40	绥中县(辽)	20.00
41	东平县(鲁)	920.00
42	莒　县(鲁)	400.00
43	肥城市(鲁)	350.00

	核桃苗主产地	产量（万株）
44	新泰市(鲁)	300.00
45	昌邑市(鲁)	172.00
46	河东区(鲁)	140.00
47	岱岳区(鲁)	90.00
48	青州市(鲁)	45.00
49	蒙阴县(鲁)	45.00
50	宁阳县(鲁)	37.00
51	临朐县(鲁)	30.00
52	平阴县(鲁)	27.00
53	昌乐县(鲁)	24.00
54	栖霞市(鲁)	22.50
55	泰安市市辖区(鲁)	15.00
56	卢氏县(豫)	6300.00
57	宜阳县(豫)	479.40
58	济源市(豫)	450.00
59	嵩　县(豫)	350.00
60	洛宁县(豫)	270.00
61	内乡县(豫)	260.00
62	陕　县(豫)	202.73
63	舞钢市(豫)	146.25
64	新郑市(豫)	110.00
65	新密市(豫)	96.30
66	林州市(豫)	74.80
67	南召县(豫)	70.00
68	淅川县(豫)	65.00
69	滑　县(豫)	63.00
70	凤泉区(豫)	52.00
71	博爱县(豫)	39.00
72	惠济区(豫)	37.00
73	华龙区(豫)	35.00
74	孟津县(豫)	17.13
75	安阳县(豫)	15.00
76	西峡县(豫)	15.00
77	栾川县(豫)	12.00
78	洛龙区(豫)	10.00
79	灵宝市(豫)	10.00
80	保康县(鄂)	390.00
81	郧　县(鄂)	270.00
82	兴山县(鄂)	220.00
83	巴东县(鄂)	171.00
84	长阳土家族自治县(鄂)	140.00
85	钟祥市(鄂)	100.00
86	房　县(鄂)	100.00
87	郧西县(鄂)	66.00
88	宜都市(鄂)	30.00

	核桃苗主产地	产量（万株）
89	远安县(鄂)	21.00
90	建始县(鄂)	20.00
91	竹溪县(鄂)	20.00
92	涪陵区(渝)	10.00
93	彭水苗族土家族自治县(渝)	10.00
94	盐亭县(川)	1650.00
95	简阳市(川)	1500.00
96	游仙区(川)	1352.00
97	冕宁县(川)	600.00
98	通江县(川)	500.00
99	美姑县(川)	400.00
100	巴州区(川)	355.00
101	南江县(川)	300.00
102	雷波县(川)	282.00
103	万源市(川)	225.00
104	盐源县(川)	215.00
105	德昌县(川)	205.60
106	利州区(川)	200.00
107	朝天区(川)	200.00
108	越西县(川)	180.00
109	喜德县(川)	180.00
110	安居区(川)	150.00
111	会理县(川)	110.00
112	中江县(川)	105.00
113	江油市(川)	90.00
114	甘洛县(川)	90.00
115	旺苍县(川)	70.00
116	阆中市(川)	67.50
117	布拖县(川)	56.00
118	安　县(川)	48.75
119	青川县(川)	40.00
120	元坝区(川)	40.00
121	巴塘县(川)	30.00
122	北川羌族自治县(川)	30.00
123	船山区(川)	30.00
124	威远县(川)	20.00
125	得荣县(川)	15.00
126	雅江县(川)	10.00
127	赫章县(黔)	642.00
128	长顺县(黔)	200.00
129	福泉市(黔)	200.00
130	红花岗区(黔)	49.50
131	双柏县(滇)	140.90
132	隆阳区(滇)	2400.00
133	漾濞彝族自治县(滇)	1668.50

	核桃苗主产地	产量（万株）
134	陆良县(滇)	1612.00
135	禄丰县(滇)	940.14
136	大姚县(滇)	700.00
137	会泽县(滇)	687.00
138	武定县(滇)	412.00
139	泸西县(滇)	360.00
140	永善县(滇)	348.00
141	云　县(滇)	300.00
142	南华县(滇)	263.00
143	云龙县(滇)	220.00
144	姚安县(滇)	200.00
145	兰坪白族普米族自治县(滇)	180.00
146	巍山彝族回族自治县(滇)	164.00
147	昭阳区(滇)	152.00
148	砚山县(滇)	150.00
149	洱源县(滇)	140.00
150	祥云县(滇)	130.00
151	龙陵县(滇)	110.00
152	施甸县(滇)	100.00
153	富宁县(滇)	80.00
154	古城区(滇)	80.00
155	楚雄市(滇)	77.00
156	永仁县(滇)	65.00
157	凤庆县(滇)	60.00
158	大关县(滇)	60.00
159	巧家县(滇)	46.00
160	红河县(滇)	40.00
161	屏边苗族自治县(滇)	30.00
162	沾益县(滇)	30.00
163	腾冲县(滇)	30.00
164	彝良县(滇)	30.00
165	麒麟区(滇)	30.00
166	贡山独龙族怒族自治县(滇)	23.99
167	罗平县(滇)	20.00
168	永德县(滇)	10.00
169	芒康县(藏)	30.00
170	察隅县(藏)	18.00
171	扶风县(陕)	1500.00
172	武功县(陕)	1253.60
173	周至县(陕)	1200.00
174	宁强县(陕)	650.00
175	白水县(陕)	590.00
176	商南县(陕)	380.00
177	陇　县(陕)	360.00
178	商州区(陕)	350.00

	核桃苗主产地	产量（万株）
179	旬阳县(陕)	300.00
180	略阳县(陕)	300.00
181	山阳县(陕)	270.00
182	永寿县(陕)	258.00
183	潼关县(陕)	250.00
184	黄龙县(陕)	250.00
185	宜君县(陕)	225.00
186	合阳县(陕)	217.40
187	临渭区(陕)	216.00
188	蒲城县(陕)	180.00
189	城固县(陕)	172.40
190	富平县(陕)	150.00
191	镇巴县(陕)	150.00
192	千阳县(陕)	136.20
193	旬邑县(陕)	126.00
194	麟游县(陕)	108.60
195	镇坪县(陕)	100.00
196	岐山县(陕)	75.00
197	泾阳县(陕)	64.80
198	洋　县(陕)	62.00
199	石泉县(陕)	60.00
200	汉滨区(陕)	60.00
201	澄城县(陕)	50.00
202	眉　县(陕)	50.00
203	汉阴县(陕)	47.70
204	汉西林业局(陕)	46.00
205	南郑县(陕)	40.00
206	白河县(陕)	40.00
207	王益区(陕)	40.00
208	宜川县(陕)	30.00
209	长青林业局(陕)	26.20
210	户　县(陕)	26.00
211	延川县(陕)	16.00
212	留坝县(陕)	15.00
213	佛坪县(陕)	10.00
214	耀州区(陕)	10.00
215	宕昌县(甘)	1080.00
216	成　县(甘)	600.00
217	文　县(甘)	300.00
218	清水县(甘)	140.00
219	两当县(甘)	120.00
220	会宁县(甘)	60.00
221	西和县(甘)	42.00
222	永靖县(甘)	37.50
223	舟曲县(甘)	12.00
224	叶城县(新)	227.96
225	疏附县(新)	101.00
226	库车县(新)	80.57
227	乌什县(新)	64.40
228	沙雅县(新)	51.30
229	莎车县(新)	49.00
230	麦盖提县(新)	48.00
231	温宿县(新)	27.50
232	疏勒县(新)	20.00

表 18-46　葡萄苗主产地产量

	葡萄苗主产地	产量（万株）
1	延庆县(京)	79.00
2	乐亭县(冀)	300.00
3	徐水县(冀)	80.00
4	永年县(冀)	75.00
5	开平区(冀)	23.00
6	鸡泽县(冀)	11.00
7	科尔沁右翼前旗(内蒙古)	10.00
8	盖州市(辽)	1000.00
9	兴城市(辽)	400.00
10	绥中县(辽)	200.00
11	苏家屯区(辽)	52.00
12	辉南县(吉)	50.00
13	朝阳区(吉)	10.00
14	兰西县(黑)	25.00
15	盐都区(苏)	300.00
16	南昌县(赣)	24.00
17	蓬莱市(鲁)	1000.00
18	河东区(鲁)	170.00
19	沂水县(鲁)	75.00
20	平原县(鲁)	50.00
21	成武县(鲁)	50.00
22	垦利县(鲁)	32.00
23	新密市(豫)	72.00
24	舞钢市(豫)	67.50
25	遂平县(豫)	66.00
26	滑　县(豫)	60.00
27	博爱县(豫)	28.08
28	嵩　县(豫)	15.00
29	天门市(鄂)	3675.00
30	潜江市(鄂)	100.00
31	双峰县(湘)	15.00
32	红花岗区(黔)	21.60
33	敦煌市(甘)	56.00
34	武威市市辖区(甘)	54.00
35	甘州区(甘)	10.00
36	西夏区(宁)	120.00
37	拜城县(新)	32.20
38	鄯善县(新)	16.70
39	吐鲁番市(新)	13.00
40	农六师(新疆建设兵团)	300.00
41	农四师(新疆建设兵团)	48.00
42	农十三师(新疆建设兵团)	20.50

表 18-47　红枣苗主产地产量

	红枣苗主产地	产量（万株）
1	涉　县(冀)	375.00
2	阜平县(冀)	113.00
3	献　县(冀)	68.00
4	南皮县(冀)	41.25
5	任　县(冀)	10.00
6	万荣县(晋)	227.00
7	清徐县(晋)	82.20
8	晋源区(晋)	40.00
9	临猗县(晋)	30.00
10	夏　县(晋)	24.80
11	乐陵市(鲁)	300.00
12	宁津县(鲁)	75.00
13	诸城市(鲁)	35.00
14	宁阳县(鲁)	32.00
15	东营区(鲁)	20.00
16	德城区(鲁)	20.00
17	荣成市(鲁)	20.00
18	新郑市(豫)	360.00
19	新蔡县(豫)	20.00
20	祁东县(湘)	71.00
21	武隆县(渝)	400.00
22	绥德县(陕)	640.00
23	神木县(陕)	450.00
24	佳　县(陕)	300.00
25	蒲城县(陕)	60.00
26	泾阳县(陕)	27.80
27	清涧县(陕)	25.00
28	米脂县(陕)	12.00
29	延川县(陕)	10.00

	红枣苗主产地	产量（万株）
30	敦煌市（甘）	760.00
31	景泰县（甘）	92.00
32	靖远县（甘）	54.73
33	平川区（甘）	48.00
34	临泽县（甘）	36.00
35	凉州区（甘）	10.00
36	灵武市（宁）	675.89
37	同心县（宁）	465.60
38	海原县（宁）	85.00
39	盐池县（宁）	34.80
40	哈密市（新）	242.80
41	英吉沙县（新）	62.92
42	伽师县（新）	51.47
43	库车县（新）	37.80
44	岳普湖县（新）	35.81
45	鄯善县（新）	35.00
46	疏附县（新）	23.90
47	拜城县（新）	22.50
48	疏勒县（新）	16.44
49	叶城县（新）	10.89

表 18-48　苹果苗主产地产量

	苹果苗主产地	产量（万株）
1	青龙满族自治县（冀）	750.00
2	乐亭县（冀）	240.00
3	围场满族蒙古族自治县（冀）	240.00
4	顺平县（冀）	181.00
5	内丘县（冀）	95.00
6	辛集市（冀）	72.00
7	平泉县（冀）	60.00
8	南皮县（冀）	45.00
9	临漳县（冀）	37.10
10	永年县（冀）	31.00
11	武强县（冀）	24.00
12	抚宁县（冀）	13.00
13	魏　县（冀）	12.00
14	临猗县（晋）	152.00
15	平陆县（晋）	19.00
16	乌审旗（内蒙古）	200.00
17	宁城县（内蒙古）	180.00
18	奈曼旗（内蒙古）	86.00
19	喀喇沁旗（内蒙古）	30.00
20	海城市（辽）	850.00
21	盖州市（辽）	720.00
22	法库县（辽）	482.00
23	普兰店市（辽）	450.00
24	康平县（辽）	230.00
25	绥中县（辽）	225.00
26	义　县（辽）	150.00
27	台安县（辽）	150.00
28	于洪区（辽）	50.00
29	苏家屯区（辽）	34.90
30	喀喇沁左翼蒙古族自治县（辽）	17.00
31	新民市（辽）	11.50
32	萧　县（皖）	45.00
33	河东区（鲁）	2000.00
34	栖霞市（鲁）	252.00
35	莒　县（鲁）	180.00
36	沂水县（鲁）	132.00
37	成武县（鲁）	55.00
38	昌邑市（鲁）	52.00
39	新泰市（鲁）	30.00
40	商河县（鲁）	18.00
41	平阴县（鲁）	15.20
42	海阳市（鲁）	15.00
43	西华县（豫）	123.00
44	陕　县（豫）	113.25
45	安阳县（豫）	50.00
46	夏邑县（豫）	40.00
47	滑　县（豫）	18.00
48	长顺县（黔）	30.00
49	察隅县（藏）	21.00
50	安塞县（陕）	48.50
51	渭城区（陕）	47.00
52	洛川县（陕）	30.00
53	子洲县（陕）	22.00
54	秦安县（甘）	900.00
55	湘乐林业总场（甘）	570.00
56	宁　县（甘）	300.00
57	崇信县（甘）	172.76
58	清水县（甘）	170.00
59	庄浪县（甘）	100.00
60	西和县（甘）	80.00
61	会宁县（甘）	60.00
62	榆中县（甘）	42.00
63	秦州区（甘）	13.00
64	利通区（宁）	150.00
65	新市区（新）	40.00
66	农四师（新疆建设兵团）	110.00

表 18-49　沙枣苗主产地产量

	沙枣苗主产地	产量（万株）
1	翁牛特旗（内蒙古）	450.00
2	和林格尔县（内蒙古）	336.00
3	杭锦后旗（内蒙古）	225.00
4	李井滩示范区（内蒙古）	20.00
5	肃州区（甘）	601.00
6	临泽县（甘）	297.00
7	金塔县（甘）	213.00
8	瓜州县（甘）	192.00
9	武威市市辖区（甘）	180.00
10	凉州区（甘）	120.00
11	永登县（甘）	120.00
12	甘州区（甘）	109.10
13	玉门市（甘）	103.00
14	古浪县（甘）	78.00
15	永昌县（甘）	15.00
16	靖远县（甘）	10.00
17	西夏区（宁）	675.00
18	灵武市（宁）	59.06
19	贺兰县（宁）	40.30
20	金凤区（宁）	40.00
21	平罗县（宁）	36.10
22	大武口区（宁）	10.80
23	托克逊县（新）	113.00
24	英吉沙县（新）	87.42
25	麦盖提县（新）	42.44
26	莎车县（新）	18.00
27	且末县（新）	10.00
28	乌恰县（新）	10.00
29	农二师（新疆建设兵团）	1588.00
30	农八师（新疆建设兵团）	315.00
31	农九师（新疆建设兵团）	20.00

表 18-50 槐树苗主产地产量

	槐树苗主产地	产量（万株）
1	延庆县(京)	26.50
2	宝坻区(津)	40.80
3	博野县(冀)	400.00
4	涉　县(冀)	292.00
5	南和县(冀)	151.00
6	开平区(冀)	90.00
7	高邑县(冀)	57.00
8	泊头市(冀)	52.00
9	清苑县(冀)	50.00
10	献　县(冀)	42.00
11	饶阳县(冀)	35.00
12	邢台县(冀)	25.00
13	安平县(冀)	24.00
14	滦南县(冀)	24.00
15	鹿泉市(冀)	20.00
16	安次区(冀)	16.00
17	抚宁县(冀)	15.00
18	任　县(冀)	15.00
19	大厂回族自治县(冀)	10.00
20	青　县(冀)	10.00
21	闻喜县(晋)	2230.00
22	河津市(晋)	300.00
23	原平市(晋)	171.70
24	南郊区(晋)	128.00
25	潞城市(晋)	75.00
26	临猗县(晋)	39.00
27	万荣县(晋)	28.50
28	壶关县(晋)	25.00
29	稀土高新区(内蒙古)	54.40
30	盖州市(辽)	120.00
31	肥城市(鲁)	650.00
32	昌邑市(鲁)	515.00
33	垦利县(鲁)	222.00
34	宁津县(鲁)	200.00
35	乐陵市(鲁)	150.00
36	周村区(鲁)	120.00
37	平原县(鲁)	67.30
38	东平县(鲁)	45.00
39	博山区(鲁)	45.00
40	昌乐县(鲁)	39.00
41	高密市(鲁)	35.00
42	东营区(鲁)	25.00
43	利津县(鲁)	23.30
44	成武县(鲁)	19.00
45	郓城县(鲁)	18.00
46	青州市(鲁)	15.00
47	广饶县(鲁)	13.20
48	诸城市(鲁)	12.50
49	坊子区(鲁)	12.00
50	寒亭区(鲁)	11.00
51	淅川县(豫)	57.00
52	修武县(豫)	33.32
53	辉县市(豫)	25.00
54	山城区(豫)	22.50
55	北关区(豫)	20.00
56	安阳县(豫)	12.61
57	西华县(豫)	11.90
58	宝塔区(陕)	400.00
59	白水县(陕)	100.00
60	泾阳县(陕)	90.00
61	甘泉县(陕)	53.00
62	富　县(陕)	32.00
63	洛川县(陕)	16.00
64	桥北林业局(陕)	11.00
65	子洲县(陕)	10.80
66	宁　县(甘)	360.00
67	宕昌县(甘)	300.00
68	凉州区(甘)	150.00
69	靖远县(甘)	69.50
70	正宁县(甘)	60.00
71	皋兰县(甘)	29.30
72	肃州区(甘)	25.80
73	环　县(甘)	10.00
74	西夏区(宁)	315.00
75	灵武市(宁)	136.33
76	同心县(宁)	12.10

表 18-51 桤木苗主产地产量

	桤木苗主产地	产量（万株）
1	赣　县(赣)	180.00
2	新建县(赣)	22.50
3	建始县(鄂)	80.00
4	秀山土家族苗族自治县(渝)	600.00
5	石柱土家族自治县(渝)	320.00
6	万州区(渝)	242.14
7	彭水苗族土家族自治县(渝)	120.00
8	涪陵区(渝)	50.00
9	武隆县(渝)	10.00
10	巴州区(川)	1595.00
11	越西县(川)	1500.00
12	平昌县(川)	1400.00
13	平武县(川)	600.00
14	安　县(川)	555.00
15	通江县(川)	500.00
16	宣汉县(川)	415.00
17	芦山县(川)	300.00
18	西充县(川)	250.00
19	江油市(川)	100.00
20	南江县(川)	100.00
21	嘉陵区(川)	70.00
22	万源市(川)	45.00
23	青川县(川)	20.00
24	宝兴县(川)	10.00
25	麒麟区(滇)	1500.00
26	沾益县(滇)	825.00
27	泸西县(滇)	720.00
28	施甸县(滇)	350.00
29	罗平县(滇)	28.00
30	个旧市(滇)	25.00

表 18-52 枫香苗主产地产量

	枫香苗主产地	产量（万株）
1	松江区(沪)	12.00
2	文成县(浙)	75.00
3	婺城区(浙)	50.00
4	遂昌县(浙)	40.10
5	富阳市(浙)	25.00
6	三门县(浙)	23.20
7	瑞安市(浙)	19.00
8	宁海县(浙)	15.00
9	全椒县(皖)	60.00
10	东至县(皖)	36.00
11	凤阳县(皖)	30.00
12	太湖县(皖)	15.00
13	赣　县(赣)	1575.00
14	上犹县(赣)	158.00
15	湘东区(赣)	150.00
16	新建县(赣)	144.00
17	兴国县(赣)	130.00

	枫香苗主产地	产量（万株）
18	铜鼓县（赣）	75.00
19	宜丰县（赣）	50.00
20	万载县（赣）	45.00
21	靖安县（赣）	30.00
22	德兴市（赣）	30.00
23	德安县（赣）	26.00
24	全南县（赣）	15.00
25	广昌县（赣）	10.00
26	彭泽县（赣）	10.00
27	蕲春县（鄂）	200.00
28	建始县（鄂）	90.00
29	崇阳县（鄂）	30.00
30	新邵县（湘）	120.00
31	中方县（湘）	100.00
32	永兴县（湘）	45.00
33	汝城县（湘）	37.00
34	新化县（湘）	30.00
35	岳阳县（湘）	30.00
36	麻阳苗族自治县（湘）	21.00
37	沅陵县（湘）	18.00
38	隆回县（湘）	12.00
39	五华县（粤）	200.00
40	清新县（粤）	120.00
41	和平县（粤）	120.00
42	连平县（粤）	80.00
43	丰顺县（粤）	72.50
44	恩平市（粤）	50.00
45	始兴县（粤）	40.00
46	连州市（粤）	35.00
47	紫金县（粤）	33.00
48	东源县（粤）	25.00
49	龙川县（粤）	20.00
50	连山林场（粤）	20.00
51	乐昌市（粤）	15.00
52	新丰县（粤）	15.00
53	郁南县（粤）	12.50
54	乳源瑶族自治县（粤）	12.00
55	秀山土家族苗族自治县（渝）	120.00
56	彭水苗族土家族自治县（渝）	110.00
57	巴南区（渝）	85.00
58	邛崃市（川）	30.00
59	宣汉县（川）	15.00

表 18-53　柑橘苗主产地产量

	柑橘苗主产地	产量（万株）
1	黄岩区（浙）	134.00
2	象山县（浙）	70.00
3	定海区（浙）	27.01
4	宁海县（浙）	10.00
5	奉化市（浙）	10.00
6	永修县（赣）	200.00
7	新建县（赣）	146.00
8	月湖区（赣）	12.00
9	淅川县（豫）	85.00
10	天门市（鄂）	6030.00
11	丹江口市（鄂）	600.00
12	长阳土家族自治县（鄂）	100.00
13	枝江市（鄂）	50.00
14	远安县（鄂）	50.00
15	孝昌县（鄂）	30.00
16	宜都市（鄂）	20.00
17	松滋市（鄂）	20.00
18	兴山县（鄂）	11.00
19	鄂州市市辖区（鄂）	10.00
20	邵东县（湘）	450.00
21	双峰县（湘）	60.00
22	鼎城区（湘）	33.00
23	云溪区（湘）	30.00
24	龙门县（粤）	300.00
25	清城区（粤）	30.00
26	丰都县（渝）	120.00
27	武隆县（渝）	100.00
28	合川区（渝）	45.50
29	彭水苗族土家族自治县（渝）	15.00
30	西充县（川）	200.00
31	雁江区（川）	108.00
32	达　县（川）	30.00
33	沿滩区（川）	11.20
34	锦屏县（黔）	50.00
35	白河县（陕）	40.00

表 18-54　香椿苗主产地产量

	香椿苗主产地	产量（万株）
1	抚宁县（冀）	68.00
2	鄞州区（浙）	55.00
3	建德市（浙）	10.00
4	青州市（鲁）	300.00
5	博山区（鲁）	240.00
6	新泰市（鲁）	100.00
7	临朐县（鲁）	30.00
8	诸城市（鲁）	25.00
9	淅川县（豫）	60.00
10	商水县（豫）	45.00
11	辉县市（豫）	25.00
12	新　县（豫）	15.00
13	郧西县（鄂）	247.00
14	长阳土家族自治县（鄂）	50.00
15	崇阳县（鄂）	30.00
16	黄石市经济开发区（鄂）	12.25
17	荆门市市辖区（鄂）	10.00
18	祁东县（湘）	92.00
19	双峰县（湘）	16.20
20	武隆县（渝）	100.00
21	涪陵区（渝）	45.00
22	安岳县（川）	300.00
23	安居区（川）	250.00
24	南溪县（川）	220.00
25	雁江区（川）	195.00
26	广安区（川）	100.00
27	嘉陵区（川）	90.00
28	游仙区（川）	90.00
29	达　县（川）	45.00
30	宜宾县（川）	33.50
31	美姑县（川）	30.00
32	长顺县（黔）	40.00

表 18-55　珍稀乡土苗主产地产量

	珍稀乡土苗主产地	产量（万株）
1	额济纳旗（内蒙古）	465.60
2	千山区（辽）	250.00
3	海宁市（浙）	5528.85
4	武义县（浙）	288.59
5	象山县（浙）	150.00
6	秀洲区（浙）	95.49
7	庐江县（皖）	1420.00
8	屯溪区（皖）	810.00
9	蒙城县（皖）	18.00
10	广饶县（鲁）	201.00
11	乐陵市（鲁）	105.00
12	梁子湖区（鄂）	1035.00
13	华容区（鄂）	545.00

	珍稀乡土苗主产地	产量（万株）
14	鄂城区(鄂)	300.00
15	应城市(鄂)	210.00
16	保康县(鄂)	35.00
17	鄂州市市辖区(鄂)	20.00
18	坡头区(粤)	380.00
19	潮阳区(粤)	223.00
20	高要市(粤)	214.20
21	惠东县(粤)	157.00
22	萝岗区(粤)	100.00
23	恩平市(粤)	30.00
24	中国林科院热林中心(桂)	245.00
25	良凤江国家森林公园(桂)	30.00
26	永川区(渝)	26.40
27	江油市(川)	112.00
28	甘孜县(川)	15.00
29	榕江县(黔)	330.00
30	大关县(滇)	300.00
31	富平县(陕)	1060.00
32	南郑县(陕)	120.00
33	岚皋县(陕)	72.00
34	榆中县(甘)	478.00
35	金凤区(宁)	113.00

表 18-56 栾树苗主产地产量

	栾树苗主产地	产量（万株）
1	博野县(冀)	70.00
2	清苑县(冀)	20.00
3	泊头市(冀)	14.00
4	嘉定区(沪)	26.00
5	建湖县(苏)	32.00
6	海宁市(浙)	147.00
7	桐乡市(浙)	45.00
8	秀洲区(浙)	30.36
9	慈溪市(浙)	26.00
10	婺城区(浙)	16.80
11	上虞市(浙)	11.58
12	三门县(浙)	10.00
13	肥西县(皖)	32.00
14	和　县(皖)	14.80
15	九江县(赣)	110.00
16	桓台县(鲁)	200.00
17	昌邑市(鲁)	172.00
18	东平县(鲁)	60.00
19	莒南县(鲁)	28.00
20	龙口市(鲁)	15.00
21	高密市(鲁)	11.00
22	鄢陵县(豫)	3320.00
23	许昌县(豫)	484.00
24	潢川县(豫)	280.00
25	商水县(豫)	48.00
26	光山县(豫)	45.00
27	兰考县(豫)	40.40
28	桐柏县(豫)	27.50
29	太康县(豫)	25.00
30	邓州市(豫)	25.00
31	华龙区(豫)	24.00
32	北关区(豫)	20.60
33	临颍县(豫)	12.40
34	宜都市(鄂)	300.00
35	荆州区(鄂)	100.00
36	荆门市市辖区(鄂)	100.00
37	松滋市(鄂)	50.00
38	沙洋县(鄂)	50.00
39	蔡甸区(鄂)	15.00
40	枣阳市(鄂)	10.00
41	赫山区(湘)	60.00
42	石门县(湘)	45.00
43	梁平县(渝)	630.00
44	南川区(渝)	450.00
45	万州区(渝)	234.80
46	合川区(渝)	151.60
47	荣昌县(渝)	100.00
48	涪陵区(渝)	50.00
49	武隆县(渝)	50.00
50	云阳县(渝)	30.00
51	安居区(川)	260.00
52	嘉陵区(川)	50.00
53	安　县(川)	35.20
54	红花岗区(黔)	84.00
55	开阳县(黔)	20.13

表 18-57 银杏苗主产地产量

	银杏苗主产地	产量（万株）
1	顺义区(京)	40.00
2	南和县(冀)	93.00
3	抚宁县(冀)	60.00
4	涿州市(冀)	30.00
5	大厂回族自治县(冀)	20.00
6	开平区(冀)	14.75
7	香河县(冀)	13.00
8	易　县(冀)	10.00
9	振安区(辽)	1000.00
10	东港市(辽)	132.00
11	连山区(辽)	101.00
12	元宝区(辽)	100.00
13	普兰店市(辽)	75.00
14	凤城市(辽)	64.00
15	海城市(辽)	40.00
16	盖州市(辽)	40.00
17	岫岩满族自治县(辽)	10.00
18	尚志市(黑)	350.00
19	松江区(沪)	15.60
20	盐都区(苏)	60.00
21	建湖县(苏)	33.00
22	亭湖区(苏)	13.00
23	淳安县(浙)	21.00
24	富阳市(浙)	10.00
25	屯溪区(皖)	50.00
26	颍东区(皖)	22.00
27	玉山县(赣)	15.30
28	郯城县(鲁)	825.00
29	河东区(鲁)	820.00
30	高密市(鲁)	150.00
31	桓台县(鲁)	140.00
32	东平县(鲁)	80.00
33	莒　县(鲁)	60.00
34	龙口市(鲁)	50.00
35	东营区(鲁)	35.00
36	昌邑市(鲁)	35.00
37	临朐县(鲁)	30.00
38	昌乐县(鲁)	30.00
39	临沭县(鲁)	30.00
40	荣成市(鲁)	20.00
41	沂水县(鲁)	18.00
42	广饶县(鲁)	18.00
43	海阳市(鲁)	15.00
44	坊子区(鲁)	10.00
45	南召县(豫)	31.80
46	潢川县(豫)	30.00

	银杏苗主产地	产量（万株）
47	华龙区(豫)	25.00
48	项城市(豫)	15.00
49	辉县市(豫)	15.00
50	平桥区(豫)	11.00
51	利川市(鄂)	240.00
52	长阳土家族自治县(鄂)	150.00
53	建始县(鄂)	150.00
54	襄城区(鄂)	42.70
55	曾都区(鄂)	20.00
56	保康县(鄂)	18.00
57	巴东县(鄂)	15.00
58	宜都市(鄂)	10.00
59	蔡甸区(鄂)	10.00
60	襄州区(鄂)	10.00
61	南川区(渝)	1300.00
62	铜梁县(渝)	160.00
63	万州区(渝)	126.20
64	巴南区(渝)	60.00
65	璧山县(渝)	59.00
66	武隆县(渝)	46.00
67	石柱土家族自治县(渝)	25.00
68	开江县(川)	1500.00
69	北川羌族自治县(川)	1100.00
70	青川县(川)	1000.00
71	蒲江县(川)	500.00
72	温江区(川)	348.30
73	都江堰市(川)	205.00
74	游仙区(川)	90.00
75	西充县(川)	80.00
76	东坡区(川)	50.00
77	南江县(川)	50.00
78	万源市(川)	28.00
79	江油市(川)	25.00
80	泸　县(川)	20.00
81	平昌县(川)	15.00
82	安　县(川)	12.00
83	湄潭县(黔)	300.00
84	城固县(陕)	1210.99
85	宁强县(陕)	560.00
86	陕西省苗木繁育中心(陕)	63.33
87	佛坪县(陕)	21.40
88	石泉县(陕)	11.00
89	徽　县(甘)	400.00

表 18-58　合欢苗主产地产量

	合欢苗主产地	产量（万株）
1	涉　县(冀)	16.00
2	抚宁县(冀)	11.00
3	余杭区(浙)	89.30
4	桐乡市(浙)	49.00
5	海宁市(浙)	48.00
6	婺城区(浙)	30.00
7	富阳市(浙)	12.00
8	全椒县(皖)	100.00
9	凤阳县(皖)	18.00
10	新建县(赣)	18.00
11	东营区(鲁)	130.00
12	河东区(鲁)	70.00
13	垦利县(鲁)	56.00
14	郓城县(鲁)	55.00
15	昌邑市(鲁)	52.00
16	诸城市(鲁)	47.00
17	环翠区(鲁)	40.00
18	荣成市(鲁)	35.00
19	昌乐县(鲁)	30.00
20	东平县(鲁)	20.00
21	莒　县(鲁)	20.00
22	潢川县(豫)	267.00
23	商水县(豫)	55.00
24	华龙区(豫)	22.00
25	兰考县(豫)	20.00
26	西华县(豫)	20.00
27	荆门市市辖区(鄂)	50.00
28	米易县(川)	48.00
29	开远市(滇)	50.00

表 18-59　沙棘苗主产地产量

	沙棘苗主产地	产量（万株）
1	围场满族蒙古族自治县(冀)	8000.00
2	尚义县(冀)	5550.00
3	丰宁满族自治县(冀)	750.00
4	康保县(冀)	60.00
5	东胜区(内蒙古)	800.00
6	集宁区(内蒙古)	500.00
7	正蓝旗(内蒙古)	170.00
8	松山区(内蒙古)	160.00
9	敖汉旗(内蒙古)	120.00
10	察哈尔右翼前旗(内蒙古)	63.00
11	建平县(辽)	4000.00
12	黑河市直属林场(黑)	300.00
13	孙吴县(黑)	210.00
14	理塘县(川)	70.00
15	石渠县(川)	20.00
16	堆龙德庆县(藏)	200.00
17	江孜县(藏)	14.00
18	岷　县(甘)	6000.00
19	合水林业总场(甘)	325.44
20	华池林业总场(甘)	288.00
21	陇西县(甘)	200.00
22	甘州区(甘)	140.00
23	宕昌县(甘)	120.00
24	山丹县(甘)	50.00
25	永昌县(甘)	15.00
26	共和县(青)	2400.00
27	化隆回族自治县(青)	400.00
28	门源回族自治县(青)	324.00
29	门源回族自治县(青)	324.00
30	大通回族土族自治县(青)	262.50
31	乐都县(青)	205.00
32	海晏县(青)	157.00
33	平安县(青)	106.80
34	天峻县(青)	20.00
35	隆德县(宁)	2500.00
36	原州区(宁)	1000.00
37	西吉县(宁)	300.00
38	阿合奇县(新)	140.00
39	青河林场(新)	107.00
40	农九师(新疆建设兵团)	212.00

表 18-60　油茶苗主产地产量

	油茶苗主产地	产量（万株）
1	青田县(浙)	480.10
2	婺城区(浙)	447.00
3	宁海县(浙)	230.50
4	淳安县(浙)	105.00
5	松阳县(浙)	100.00
6	衢江区(浙)	78.00
7	江山市(浙)	56.00
8	缙云县(浙)	51.00
9	云和县(浙)	42.00
10	建德市(浙)	40.00
11	文成县(浙)	15.00

	油茶苗主产地	产量(万株)
12	舒城县(皖)	2400.00
13	太湖县(皖)	650.00
14	金寨县(皖)	520.00
15	潜山县(皖)	300.00
16	宜秀区(皖)	50.00
17	袁州区(赣)	750.00
18	湘东区(赣)	550.00
19	修水县(赣)	200.00
20	进贤县(赣)	145.00
21	安福县(赣)	100.00
22	临川区(赣)	95.00
23	东乡县(赣)	90.00
24	瑞昌市(赣)	74.98
25	玉山县(赣)	70.00
26	贵溪市(赣)	65.00
27	峡江县(赣)	20.00
28	兴国县(赣)	11.00
29	永修县(赣)	10.00
30	新　县(豫)	120.00
31	商城县(豫)	13.00
32	阳新县(鄂)	800.00
33	竹山县(鄂)	653.00
34	通山县(鄂)	350.00
35	谷城县(鄂)	320.00
36	蕲春县(鄂)	300.00
37	红安县(鄂)	180.00
38	孝昌县(鄂)	100.00
39	松滋市(鄂)	80.00
40	崇阳县(鄂)	80.00
41	曾都区(鄂)	60.00
42	长阳土家族自治县(鄂)	45.00
43	鄂州市市辖区(鄂)	40.00
44	宜都市(鄂)	30.00
45	新洲区(鄂)	30.00
46	大悟县(鄂)	20.00
47	中方县(湘)	1020.00
48	双峰县(湘)	900.00
49	桑植县(湘)	750.00
50	攸　县(湘)	700.00
51	衡东县(湘)	400.00
52	浏阳市(湘)	290.00
53	涟源市(湘)	260.00
54	邵阳县(湘)	260.00
55	耒阳市(湘)	232.00
56	邵东县(湘)	220.00
57	桃江县(湘)	200.00
58	茶陵县(湘)	200.00
59	苏仙区(湘)	200.00
60	桂阳县(湘)	180.00
61	道　县(湘)	153.00
62	醴陵市(湘)	150.00
63	株洲县(湘)	120.00
64	娄星区(湘)	100.00
65	桂东县(湘)	85.00
66	安仁县(湘)	50.00
67	石门县(湘)	45.00
68	衡山县(湘)	40.00
69	湘潭县(湘)	25.00
70	丰顺县(粤)	270.00
71	五华县(粤)	100.00
72	兴宁市(粤)	75.00
73	平远县(粤)	62.00
74	信宜市(粤)	50.00
75	梅　县(粤)	40.00
76	乳源瑶族自治县(粤)	40.00
77	高州市(粤)	20.00
78	连平县(粤)	15.00
79	榕城区(粤)	15.00
80	高要市(粤)	14.40
81	乐昌市(粤)	11.00
82	那坡县(桂)	500.00
83	三门江林场(桂)	380.00
84	巴马瑶族自治县(桂)	282.60
85	田阳县(桂)	250.00
86	凤山县(桂)	227.00
87	龙胜各族自治县(桂)	220.00
88	八步区(桂)	200.00
89	融安县(桂)	200.00
90	武宣县(桂)	100.00
91	梁平县(渝)	1250.00
92	秀山土家族苗族自治县(渝)	800.00
93	荣　县(川)	2800.00
94	天柱县(黔)	728.00
95	从江县(黔)	11.00
96	腾冲县(滇)	2600.00
97	富宁县(滇)	2500.00
98	广南县(滇)	1881.00
99	龙陵县(滇)	1546.00
100	砚山县(滇)	1300.00
101	个旧市(滇)	450.00
102	楚雄市(滇)	303.00
103	凤庆县(滇)	160.00
104	罗平县(滇)	100.00
105	施甸县(滇)	100.00
106	麻栗坡县(滇)	45.00
107	汉滨区(陕)	485.00
108	宁强县(陕)	40.00

表 18-61　荷木苗主产地产量

	荷木苗主产地	产量(万株)
1	建德市(浙)	60.00
2	三门县(浙)	30.00
3	崇义县(赣)	128.00
4	安福县(赣)	60.00
5	宜丰县(赣)	40.00
6	龙南县(赣)	30.00
7	玉山县(赣)	10.00
8	攸　县(湘)	200.00
9	汝城县(湘)	96.00
10	永兴县(湘)	40.00
11	乳源瑶族自治县(粤)	600.00
12	五华县(粤)	420.00
13	惠东县(粤)	233.00
14	丰顺县(粤)	170.00
15	鼎湖区(粤)	165.00
16	龙川县(粤)	150.00
17	清新县(粤)	150.00
18	鼎湖区(粤)	135.00
19	和平县(粤)	120.00
20	南雄市(粤)	100.00
21	信宜市(粤)	100.00
22	惠城区(粤)	90.00
23	连平县(粤)	85.00
24	连州市(粤)	80.00
25	恩平市(粤)	80.00
26	紫金县(粤)	65.00
27	海丰县(粤)	60.00
28	东莞市(粤)	55.00
29	阳山县(粤)	53.00
30	兴宁市(粤)	50.00
31	龙眼洞林场(粤)	50.00
32	乐昌市(粤)	48.00
33	新丰县(粤)	40.00
34	始兴县(粤)	40.00

	荷木苗主产地	产量（万株）
35	清城区(粤)	40.00
36	普宁市(粤)	31.50
37	潮南区(粤)	30.00
38	潮阳区(粤)	20.00
39	连山林场(粤)	20.00
40	高要市(粤)	16.20
41	番禺区(粤)	15.00
42	郁南县(粤)	14.00
43	蕉岭县(粤)	10.00
44	巴南区(渝)	75.00
45	天柱县(黔)	15.00

表 18-62　其他苗圃苗木主产地产量

	其他苗圃苗木主产地	品种	产量（万株）
1	莎车县(新)	巴旦木	1731.00
2	疏附县(新)	巴旦木	13.36
3	英吉沙县(新)	巴旦木	10.00
4	顺城区(辽)	班克松	100.00
5	华容县(湘)	檫树	45.00
6	东至县(皖)	檫树	15.00
7	双峰县(湘)	檫树	13.00
8	宜宾县(川)	檫树	10.20
9	盐津县(滇)	檫树	120.00
10	水富县(滇)	檫树	23.00
11	垦利县(鲁)	柽柳	950.00
12	玉门市(甘)	柽柳	500.00
13	农八师(新疆建设兵团)	柽柳	264.00
14	五原县(内蒙古)	柽柳	260.00
15	昌邑市(鲁)	柽柳	172.00
16	民乐县(甘)	柽柳	150.00
17	肃州区(甘)	柽柳	119.00
18	乐都县(青)	柽柳	100.00
19	乌拉特前旗(内蒙古)	柽柳	64.00
20	红原县(川)	柽柳	44.00
21	甘州区(甘)	柽柳	40.00
22	平安县(青)	柽柳	32.10
23	共和县(青)	柽柳	32.00
24	哈里哈图森林公园(青)	柽柳	27.15
25	铜梁县(渝)	柽柳	18.70
26	河口区(鲁)	柽柳	18.00
27	都兰县(青)	柽柳	15.00
28	永昌县(甘)	柽柳	14.60
29	桐乡市(浙)	池杉	194.00
30	南　县(湘)	池杉	100.00
31	沅江市(湘)	池杉	90.00
32	海宁市(浙)	池杉	31.00
33	崇明县(沪)	池杉	15.00
34	西峰区(甘)	刺楸	210.00
35	小陇山林业实验局(甘)	刺楸	13.51
36	蔚　县(冀)	杜松	40.50
37	万全县(冀)	杜松	30.00
38	大同县(晋)	杜松	20.00
39	偏关县(晋)	杜松	10.00
40	桐庐县(浙)	鹅耳枥	35.00
41	慈溪市(浙)	鹅掌楸	74.00
42	海宁市(浙)	鹅掌楸	65.00
43	崇阳县(鄂)	鹅掌楸	50.00
44	昌邑市(鲁)	鹅掌楸	12.00
45	大安市(吉)	枸杞	2000.00
46	西夏区(宁)	枸杞	1260.00
47	德令哈市(青)	枸杞	500.00
48	凉州区(甘)	枸杞	390.00
49	景泰县(甘)	枸杞	270.50
50	乐都县(青)	枸杞	200.00
51	瓜州县(甘)	枸杞	170.00
52	乾安县(吉)	枸杞	145.00
53	平川区(甘)	枸杞	72.00
54	新民市(辽)	枸杞	70.00
55	玛珂河林业局(青)	枸杞	35.60
56	乌苏市(新)	枸杞	30.00
57	康保县(冀)	枸杞	30.00
58	乌拉特前旗(内蒙古)	枸杞	16.50
59	武威市市辖区(甘)	枸杞	15.00
60	雷州市(粤)	红树类	170.00
61	铜梁县(渝)	红树类	18.70
62	新郑市(豫)	红叶臭椿	36.00
63	迭部林业局(甘)	红叶臭椿	24.45
64	北关区(豫)	红叶臭椿	22.00
65	东营区(鲁)	红叶臭椿	10.00
66	龙川县(粤)	红锥	200.00
67	梅　县(粤)	红锥	130.00
68	东莞市(粤)	红锥	65.00
69	五华县(粤)	红锥	52.50
70	龙眼洞林场(粤)	红锥	50.00
71	阳春市(粤)	红锥	40.00
72	中国林科院热林中心(桂)	红锥	20.00
73	平武县(川)	厚朴	2000.00
74	城固县(陕)	厚朴	1109.40
75	紫阳县(陕)	厚朴	600.00

	其他苗圃苗木主产地	品种	产量(万株)
76	北川羌族自治县(川)	厚朴	500.00
77	都江堰市(川)	厚朴	305.00
78	建始县(鄂)	厚朴	250.00
79	利川市(鄂)	厚朴	180.00
80	长阳土家族自治县(鄂)	厚朴	120.00
81	宣汉县(川)	厚朴	115.00
82	宝兴县(川)	厚朴	53.00
83	桂东县(湘)	厚朴	40.00
84	丰都县(渝)	厚朴	33.30
85	宁强县(陕)	厚朴	31.00
86	洋　县(陕)	厚朴	22.00
87	江油市(川)	厚朴	20.00
88	涪陵区(渝)	厚朴	10.00
89	敦化市(吉)	胡桃楸	650.00
90	三岔子林业局(吉林集团)	胡桃楸	80.00
91	千山区(辽)	胡桃楸	20.00
92	松江河林业有限公司(吉林集团)	胡桃楸	13.80
93	临江林业局(吉林集团)	胡桃楸	12.80
94	农二师(新疆建设兵团)	胡杨	1665.00
95	农八师(新疆建设兵团)	胡杨	389.00
96	农六师(新疆建设兵团)	胡杨	300.00
97	沙雅县(新)	胡杨	127.60
98	益阳市市辖区(湘)	胡杨	60.00
99	金塔县(甘)	胡杨	49.00
100	哈密市(新)	胡杨	44.60
101	敦煌市(甘)	胡杨	40.00
102	且末县(新)	胡杨	22.20
103	瓜州县(甘)	胡杨	10.00
104	围场满族蒙古族自治县(冀)	桦树	400.00
105	平武县(川)	桦树	200.00
106	大通回族土族自治县(青)	桦树	160.30
107	隆林各族自治县(桂)	桦树	150.00
108	靖宇县(吉)	桦树	100.00
109	施甸县(滇)	桦树	70.00
110	延庆县(京)	桦树	67.90
111	中国林科院热林中心(桂)	桦树	50.00
112	松山区(内蒙古)	桦树	30.00
113	东辽县(吉)	桦树	26.00
114	汤原县(黑)	桦树	20.00
115	青川县(川)	桦树	20.00
116	桓仁满族自治县(辽)	黄波罗	640.00
117	顺城区(辽)	黄波罗	110.00
118	松江河林业有限公司(吉林集团)	黄波罗	30.00
119	绿园区(吉)	黄波罗	15.00
120	珲春林业局(吉)	黄波罗	12.00
121	安阳县(豫)	黄连木	312.00
122	万州区(渝)	黄连木	250.30
123	渑池县(豫)	黄连木	190.00
124	南召县(豫)	黄连木	180.00
125	涉　县(冀)	黄连木	109.50
126	林州市(豫)	黄连木	105.00
127	博爱县(豫)	黄连木	58.50
128	永年县(冀)	黄连木	50.00
129	峰峰矿区(冀)	黄连木	40.00
130	慈溪市(浙)	黄连木	32.00
131	青州市(鲁)	黄栌	300.00
132	博山区(鲁)	黄栌	120.00
133	诸城市(鲁)	黄栌	96.00
134	东平县(鲁)	黄栌	75.00
135	昌乐县(鲁)	黄栌	32.00
136	顺义区(京)	黄栌	20.00
137	昌邑市(鲁)	黄栌	12.00
138	清苑县(冀)	黄栌	10.00
139	双峰县(湘)	火炬松	600.00
140	含山县(皖)	火炬松	400.00
141	泌阳县(豫)	火炬松	299.00
142	桐柏县(豫)	火炬松	90.00
143	荆门市市辖区(鄂)	火炬松	50.00
144	瑞安市(浙)	金钱松	50.00
145	建德市(浙)	金钱松	40.00
146	郁南县(粤)	栲树	300.00
147	双峰县(湘)	栎树	750.00
148	岚皋县(陕)	栎树	397.00
149	镇坪县(陕)	栎树	380.00
150	全椒县(皖)	栎树	180.00
151	嵩　县(豫)	栎树	150.00
152	上虞市(浙)	栎树	80.00
153	昌邑市(鲁)	栎树	75.00
154	松江区(沪)	栎树	51.00
155	麻江县(黔)	栎树	48.66
156	红安县(鄂)	栎树	37.20
157	南江县(川)	栎树	35.00
158	陆川县(桂)	栎树	30.00
159	莒　县(鲁)	栎树	30.00
160	青州市(鲁)	栎树	20.00
161	天柱县(黔)	栎树	15.00
162	留坝县(陕)	栎树	10.00
163	斗门区(粤)	落羽杉	300.00
164	桐乡市(浙)	落羽杉	206.00
165	贵溪市(赣)	落羽杉	150.00
166	宁海县(浙)	落羽杉	59.00
167	海宁市(浙)	落羽杉	47.00

	其他苗圃苗木主产地	品种	产量(万株)
168	新会区(粤)	落羽杉	35.00
169	松江区(沪)	落羽杉	10.50
170	利川市(鄂)	马褂木	600.00
171	京山县(鄂)	马褂木	200.00
172	富阳市(浙)	马褂木	60.00
173	潢川县(豫)	马褂木	41.00
174	和　县(皖)	马褂木	20.70
175	河东区(鲁)	木瓜	6500.00
176	巴州区(川)	木瓜	485.00
177	郧　县(鄂)	木瓜	300.00
178	长阳土家族自治县(鄂)	木瓜	300.00
179	桐柏县(豫)	木瓜	272.00
180	白河县(陕)	木瓜	200.00
181	竹山县(鄂)	木瓜	175.00
182	平桥区(豫)	木瓜	167.00
183	舞钢市(豫)	木瓜	123.75
184	平利县(陕)	木瓜	110.00
185	商南县(陕)	木瓜	50.00
186	泌阳县(豫)	木瓜	45.00
187	西峡县(豫)	木瓜	12.00
188	莲都区(浙)	南方红豆杉	1383.01
189	青田县(浙)	南方红豆杉	250.00
190	遂昌县(浙)	南方红豆杉	200.70
191	那坡县(桂)	南方红豆杉	200.00
192	江阴市(苏)	南方红豆杉	200.00
193	慈溪市(浙)	南方红豆杉	110.00
194	象山县(浙)	南方红豆杉	100.00
195	两当县(甘)	南方红豆杉	100.00
196	桐庐县(浙)	南方红豆杉	80.00
197	黄岩区(浙)	南方红豆杉	59.30
198	宁海县(浙)	南方红豆杉	50.00
199	屏边苗族自治县(滇)	南方红豆杉	40.00
200	嵊州市(浙)	南方红豆杉	23.00
201	成　县(甘)	南方红豆杉	20.00
202	泸水县(滇)	南方红豆杉	18.00
203	佛坪县(陕)	南方红豆杉	13.50
204	温江区(川)	南方红豆杉	10.10
205	博野县(冀)	千头椿	150.00
206	山城区(豫)	千头椿	45.00
207	安国市(冀)	千头椿	30.00
208	宝坻区(津)	千头椿	27.80
209	清苑县(冀)	千头椿	20.00
210	淇滨区(豫)	千头椿	12.00
211	昌邑市(鲁)	千头椿	12.00
212	南和县(冀)	青桐	163.00
213	莒南县(鲁)	青桐	80.00

	其他苗圃苗木主产地	品种	产量(万株)
214	商水县(豫)	青桐	72.00
215	泽普县(新)	青桐	55.46
216	潢川县(豫)	青桐	50.00
217	疏附县(新)	青桐	32.42
218	喀什市(新)	青桐	26.50
219	莎车县(新)	青桐	24.20
220	新华区(豫)	青桐	13.30
221	大连市保税区(辽)	青桐	13.00
222	太康县(豫)	青桐	12.00
223	赵　县(冀)	楸叶桐	20.00
224	辽宁省森林经营研究所(辽)	沙松	40.00
225	乾　县(陕)	山槐	45.00
226	宁津县(鲁)	石榴	1000.00
227	荥阳市(豫)	石榴	411.50
228	舞钢市(豫)	石榴	99.00
229	临朐县(鲁)	石榴	30.00
230	新蔡县(豫)	石榴	29.00
231	勐海县(滇)	思茅松	300.00
232	普宁市(粤)	桃花心木	290.00
233	信宜市(粤)	桃花心木	20.00
234	榕城区(粤)	桃花心木	10.00
235	那坡县(桂)	铁木	8000.00
236	双峰县(湘)	铁木	100.00
237	科尔沁右翼前旗(内蒙古)	文冠果	1000.00
238	靖远县(甘)	文冠果	611.40
239	阿鲁科尔沁旗(内蒙古)	文冠果	456.00
240	赤城县(冀)	文冠果	350.00
241	湘乐林业总场(甘)	文冠果	270.00
242	肥城市(鲁)	文冠果	246.00
243	永登县(甘)	文冠果	200.00
244	吴起县(陕)	文冠果	150.00
245	翁牛特旗(内蒙古)	文冠果	150.00
246	合水林业总场(甘)	文冠果	116.22
247	奈曼旗(内蒙古)	文冠果	104.00
248	华池林业总场(甘)	文冠果	57.60
249	定西市巉口林业试验场(甘)	文冠果	53.00
250	安定区(甘)	文冠果	53.00
251	莒南县(鲁)	文冠果	40.00
252	阜新蒙古族自治县(辽)	文冠果	38.00
253	富　县(陕)	文冠果	30.00
254	皋兰县(甘)	文冠果	20.80
255	海原县(宁)	文冠果	16.00
256	陇西县(甘)	文冠果	10.00
257	贵南县(青)	乌柳	75.00
258	玛珂河林业局(青)	乌柳	56.00
259	海晏县(青)	乌柳	25.00

	其他苗圃苗木主产地	品种	产量(万株)
260	天门市(鄂)	香梨	5050.00
261	乐亭县(冀)	香梨	216.00
262	榆中县(甘)	香梨	68.00
263	修武县(豫)	香梨	65.13
264	平泉县(冀)	香梨	45.00
265	察隅县(藏)	香梨	38.00
266	郾城区(豫)	香梨	28.80
267	红花岗区(黔)	香梨	25.50
268	涿州市(冀)	香梨	24.00
269	魏　县(冀)	香梨	12.00
270	湘乡市(湘)	香梨	11.00
271	德城区(鲁)	香梨	10.00
272	振安区(辽)	小檗	2000.00
273	沂水县(鲁)	小檗	900.00
274	南和县(冀)	小檗	723.00
275	盖州市(辽)	小檗	600.00
276	莒　县(鲁)	小檗	300.00
277	遵化市(冀)	小檗	220.00
278	商水县(豫)	小檗	160.00
279	原平市(晋)	小檗	152.00
280	清苑县(冀)	小檗	150.00
281	新泰市(鲁)	小檗	140.00
282	高密市(鲁)	小檗	120.00
283	抚宁县(冀)	小檗	84.00
284	滦南县(冀)	小檗	79.00
285	建湖县(苏)	小檗	70.00
286	寒亭区(鲁)	小檗	66.00
287	新民市(辽)	小檗	56.00
288	长安区(陕)	小檗	36.00
289	昌邑市(鲁)	小檗	30.00
290	泰安市市辖区(鲁)	小檗	20.73
291	千山区(辽)	小檗	15.00
292	海阳市(鲁)	小檗	15.00
293	井陉县(冀)	小檗	10.00
294	魏　县(冀)	小浆果	36.00
295	呼图壁林场(新)	小浆果	19.60
296	翁牛特旗(内蒙古)	元宝枫	236.00
297	昌邑市(鲁)	元宝枫	205.00
298	青州市(鲁)	元宝枫	150.00
299	喀喇沁旗(内蒙古)	元宝枫	90.00
300	桐柏县(豫)	元宝枫	66.60
301	巴南区(渝)	元宝枫	65.00
302	千山区(辽)	元宝枫	62.00
303	栾川县(豫)	元宝枫	18.00
304	永仁县(滇)	云南松	140.00
305	祥云县(滇)	云南松	11.00
306	商水县(豫)	紫椴	45.00
307	松江河林业有限公司(吉林集团)	紫椴	29.70
308	振安区(辽)	紫杉	400.00
309	东港市(辽)	紫杉	50.00

林产化工

【橡胶工业】 橡胶分为天然橡胶和合成橡胶。天然橡胶主要来源于三叶橡胶树，当这种橡胶树的表皮被割开时，就会流出乳白色的汁液，称为胶乳，胶乳经凝聚、洗涤、成型、干燥即得天然橡胶。

合成橡胶是用人工合成方法而制得的，采用不同的原料(单体)可以合成出不同种类的橡胶。1900～1910年化学家C. D. 哈里斯(Harris)测定了天然橡胶的结构是异戊二烯的高聚物，这就为人工合成橡胶开辟了途径。1910年俄国化学家列别捷夫(1874～1934)以金属钠为引发剂，使1，3-丁二烯聚合成丁钠橡胶，以后又陆续出现许多新的合成橡胶品种，如顺丁橡胶、氯丁橡胶、丁苯橡胶等。合成橡胶的产量已大大超过天然橡胶，其中产量最大的是丁苯橡胶。

2011年，全国橡胶工业总产值7200亿元。天然胶产量70万吨。天然橡胶进口量210万吨。合成橡胶进口量1444985吨。橡胶行业出口呈现下降趋势。主要产品中，轮胎出口交货值增幅下降16.98%，力车胎、胶管胶带、橡胶制品、乳胶制品增幅分别下降7.03%、53.59%、27.37%、21.8%(见表19-1)。

主要原材料价格高位波动，生产要素成本上升，行业效益下降 2011年初，天然胶的价格一路飙升，之后又出现一路大幅波动。合成橡胶价格也随之上涨、波动。再加上生产要素各项成本的大幅上升，橡胶行业效益出现下降。协会统计企业实现利润同比下降9.03%，亏损额同比增长100.12%，亏损面14.66%，同比增加4.69%。其中，轮胎行业利润同比下降16.19%，亏损额同比增长92.25%，亏损面达到25.58%，同比增加6.98%。

根据统计及测算，2011年全国橡胶消耗为690万吨，同比增长6.98%，增幅同比减少2.71%。其中天然橡胶320万吨，增幅同比减少4.44%；合成橡胶370万吨，增幅同比减少1.24%。近两年全国橡胶消费情况见表19-2。

产业集中度提高 2011年虽然经济增速放缓，出口增幅下降，但轮胎等产品结构以及出口产品结构得到进一步优化。据协会统计，轮胎子午化率达到86.65%，较2010年增加2.46%；轮胎出口中，子午胎占90.27%，较2010年增加2.05%；出口交货量同比增长3.9%，而出口交货值同比则增长27.44%，优质、高附加值产品在出口中的比重加大。

轮胎产量前10名企业中，子午胎产量占全国子午胎总产量的56%，同比增加11%。橡胶行业销售收入过百亿元的企业由2010年的4家增加到8家。其中200亿元以上2家，8家企业的销售收入占协会统计轮胎企业销售收入的60%以上。其他产品中，自行车胎、摩托车胎前5名产量分别占到全国的56%和36%，输送带前5名占37%，橡胶V带前5名占到全国的71%，炭黑前5名占到全国的36%。

【中国橡胶工业协会南昌会议】 11月9日，中国橡胶工业协会举办的第十二届全国橡胶工业信息发布会暨世界橡胶工业强国战略发展论坛在南昌召开。此次会议的主题是“节能、环保、质量、管理、效益”，旨在加强橡胶企业在管理创新、技术创新和品牌建设等方面的交流，加速企业的国际化进程，全面实施强国战略，将中国由世界橡胶工业大国打造成橡胶强国。来自全国橡胶界近300名代表参加会议。 (杨宏辉)

【丁苯橡胶进口】 中国丁苯橡胶的进口主要以一般贸易、进料加工贸易和保税区仓储转口货物贸易方式为主。2011年，这3种贸易方式的进口量合计达28.53万吨，占总进口量的95.8%，同比减少约9.1%。其中一般贸易进口量约占总进口量的22.2%，进料加工贸易进口量约占44.1%，保税区仓储转口货物贸易进口量约占29.5%。其中初级形状未经任何加工丁苯橡胶的进口主要以保税区仓储转口货物贸易方式和进料加工贸易方式为主，进口量分别占总进口量的17.5%和56.0%；初级形状充油丁苯橡胶的进口主要以保税区仓储转口货物贸易方式和进料加工贸易方式为主，进口量分别占总进口量的18.6%和67.0%；丁苯橡胶及羧基丁苯橡胶板、片、带的进口主要以一般贸易和保税区仓储转口货物贸易方式为主，进口量分别占总进口量的30.4%和38.1%。

中国丁苯橡胶的进口主要集中在江苏省、山东省、上海市、广东省和福建省。2011年，这5个省市的进口量达24.21万吨，占总进口量的81.3%，同比减少9.0%。其中江苏省进口量占总进口量的19.9%，山东省进口量占29.4%，上海市进口量占9.0%，福建省进口量占7.6%，广东省进口量占15.4%。其中初级形状未作任何加工的丁苯橡胶进口主要集中在福建省和广东省，进口量分别占总进口量的31.0%和28.0%；初级形状充油丁苯橡胶的进口主要集中在江苏省和山东省，进口量分别占总进口量的41.2%和20.7%；丁苯橡胶及羧基丁苯橡胶板、片、带的进口主要集中在山东省和江苏省，进口量分别占总进口量的44.2%和14.2%。

2011年，国内丁苯胶(不含胶乳)进口主要来自韩国、中国台湾、德国、日本、俄罗斯、法国和美国，进口量达25.82万吨，占总进口量的86.7%。其中韩国进口量约占总进口量的37.1%，德国进口量约占6.2%，日本进口量约占12.5%，俄罗斯进口量约占10.2%，美国进口量约占8.4%，中国台湾地区进口量约占6.8%，法国进口量约占5.5%。

初级形状未作任何加工丁苯橡胶的进口主要来自韩国和中国台湾，进口量分别占总进口量的49.8%和13.9%；初级形状充油丁苯橡胶进口主要来自韩国和日本，进口量分别占总进口量的43.6%和21.7%；丁苯橡胶及羧基丁苯橡胶板、片、带进口主要来自韩国和俄罗斯，进口量分别占总进口量的32.6%和18.6%。

【乙丙橡胶进口】 2011年，中国乙丙橡胶的进口国有美国、日本、荷兰、韩国和法国。2011年来自这5个国家和地区的进口量合计达18.05万吨，约占总进口量的87.1%，同比增长4.3%。其中美国进口量占35.2%，日本进口量占18.9%，荷兰进口量占13.5%，韩国进口量占14.2%，法国进口量占5.4%。其中初级形状乙丙非共轭二烯橡胶的进口主要来源于美国和日本，进口量分别约占初级形状乙丙非共轭二烯橡胶总进口量的40.9%和23.2%。乙丙非共轭二烯橡胶板、片、带主要来源于美国和韩国，进口量分别约占乙丙非共轭二烯橡胶板、片、带总进口量的31.1%和20.7%。

【聚异戊二烯橡胶进口】 中国聚异戊二烯橡胶的进口主要来俄罗斯、日本和美国。2011年来自这3个国家和地区的进口量合计达4.85万吨，约占总进口量的97.8%，同比减少约24.3%，其中来自俄罗斯的进口量约占总进口量的78.4%，来自日本的进口量约占16.1%，来自美国的进口量约占3.2%。其中初级形状异戊二烯橡胶的进口主要来源于俄罗斯和日本，进口量分别约占初级形状异戊二烯橡胶总进口量的35.8%和37.7%。异戊二烯橡胶板、片、带也主要来源于俄罗斯和日本，进口量分别约占异戊二烯橡胶板、片、带总进口量的83.5%和13.5%。

【丁腈橡胶进口】 中国丁腈橡胶的进口主要来自韩国、法国、日本和俄罗斯等4个国家和地区。2011年，这4个国家的进口量合计达7.66万吨，约占丁腈橡胶总进口量的90.4%，同比2010年减少约19.4%。其中来自韩国的进口量约占总进口量的38.6%，来自法国的进口量约占13.2%，来自日本的进口量约占20.1%，来自俄罗斯的进口量约占18.5%。其中初级形状丁腈橡胶的进口主要来源于韩国和法国，进口量分别约占初级形状丁腈橡胶总进口量的57.0%和17.7%。丁腈橡胶板、片、带主要来源于韩国和俄罗斯，进口量分别约占丁腈橡胶板、片、带总进口量的28.7%和28.0%。

中国丁腈橡胶的进口主要以一般贸易、进料加工贸易和边境小额贸易方式为主。2011年这3

种贸易方式的进口量合计达7.49万吨，约占总进口量的88.4%，同比减少20.8%。其中一般贸易方式的进口量约占总进口量的55.5%，同比减少18.4%；进料加工贸易方式的进口量占14.8%，同比减少约4.6%；边境小额贸易方式的进口量占18.2%，同比减少约35.8%。

初级形状丁腈橡胶的进口主要以一般贸易和进料加工贸易方式为主，进口量分别约占初级形状丁腈橡胶总进口量的53.9%和28.0%。丁腈橡胶板、片、带主要以一般贸易和边境小额贸易方式为主，进口量分别约占丁腈橡胶板、片、带总进口量的56.3%和27.8%。

【氯丁橡胶进口】 国内氯丁橡胶的进口主要来自中国台湾、日本和德国。2011年来自这3个地区的进口量合计达20269.66吨，约占总进口量的99.1%，同比减少17.3%。其中日本进口量占总进口量的90.8%，同比减少15.0%；德国进口量占6.8%，同比减少40.3%；中国台湾进口量占1.5%，同比减少5.3%。

初级形状氯丁橡胶的进口主要来源于日本和德国，进口量约占91.7%和6.5%；氯丁橡胶板、片、带的进口主要来源于日本和德国，进口量约占88.9%和5.5%。

中国氯丁橡胶的进口主要以一般贸易、进料加工贸易和来料加工装配贸易方式为主。2011年这3种贸易方式的进口量合计达1.98万吨，约占总进口量的96.6%，同比下降16.8%。其中一般贸易方式的进口量约占总进口量的63.6%，同比下降18.1%；进料加工贸易方式的进口量占26.6%，同比下降8.2%；来料加工装配贸易方式的进口量占6.3%，同比下降33.1%。

初级形态氯丁橡胶的进口主要以一般贸易和进料加工贸易方式为主，进口量分别约占总进口量的64.4%和25.4%。氯丁橡胶板、片、带主要以一般贸易和进料加工贸易方式为主，进口量分别约占总进口量的60.2%和32.1%。

【顺丁橡胶进口】 国内聚丁二烯橡胶的进口主要来自中国台湾、韩国、美国、日本和泰国。2011年来自这5个国家的进口量合计达到20.3万吨，约占聚丁二烯橡胶总进口量的82.1%，同比减少约0.9%。其中来自中国台湾的进口量约占总进口量的10.1%，来自韩国的进口量约占43.2%，来自美国的进口量约占11.8%，来自日本的进口量约占9.0%，来自泰国的进口量约占7.9%。

其中初级形状聚丁二烯橡胶的进口主要来源于中国台湾和韩国，进口量分别约占初级形态丁二烯橡胶总进口量的23.0%和39.1%；丁二烯橡胶板、片、带进口主要来源于韩国和美国，进口量约占丁二烯橡胶板、片、带总进口量的45.1%和14.4%。

【异戊二烯橡胶进口】 国内异戊二烯橡胶的进口主要以一般贸易、保税区仓储转口货物贸易、进料加工贸易和边境小额贸易方式为主。2011年这4种贸易方式的进口量合计达4.65万吨，约占异戊二烯橡胶总进口量的93.7%，同比减少约23.8%。其中一般贸易方式的进口量约占总进口量的30.8%，进料加工贸易方式的进口量约占18.5%，保税区仓储转口货物贸易方式的进口量约占27.0%，边境小额贸易方式的进口量约占17.3%。其中初级形态的异戊二烯橡胶的进口主要以一般贸易和来料加工装配贸易方式为主，进口量约占初级形态的异戊二烯橡胶总进口量的32.1%和30.2%。异戊二烯橡胶板、片、带主要以一般贸易和保税区仓储转口货物贸易方式为主，进口量约占异戊二烯橡胶板、片、带总进口量的30.7%和28.9%。

【聚酰胺6-切片进出口】 2011年，国内聚酰胺6-切片总进口量为54.4万吨，同比减少6.2%。进口主要来自中国台湾、韩国、俄罗斯、美国和泰国。2011年来自这5个国家和地区的进口量合计达44.15万吨，约占总进口量的81.1%，同比减少约5.1%。其中，中国台湾进口量约占总进口量的46.0%，韩国进口量约占9.7%，俄罗斯进口量约占10.3%，美国进口量约占8.5%，泰国进口量约占总进口量的6.6%。

2011年，中国聚酰胺6－切片的总出口量为5.38万吨，同比增长18.5。主要出口到中国香港、韩国、日本和泰国等国家和地区。2011年向这4

个国家和地区的出口量合计达4.42万吨，约占总出口量的82.2%，同比增长约为30.8%。其中中国香港出口量约占总出口量的37.7%，韩国出口量约占16.9%，日本出口量约占16.0%，泰国出口量约占11.5%。（燕 丰）

【炭黑出口】 2011年，中国炭黑出口创历史新高，出口量达48.75万吨，比2010年的22.49万吨增长116.8%。中国海关发布的数据表明，2011年按出口量排序的出口目的国(含地区)排行榜如下：印度7.59万吨，泰国7.48万吨，印度尼西亚5.99万吨，日本4.96万吨，中国台湾4.14万吨，美国2.60万吨，韩国2.24万吨，越南1.95万吨，马来西亚1.50万吨，土耳其1.10万吨，英国1.06万吨，波兰8380吨，荷兰7590吨，德国6580吨，罗马尼亚5980吨，中国香港4560吨，意大利4453吨，以色列4162吨，菲律宾4060吨、巴西3880吨。（《中国轮胎》）

【中国橡胶工业协会】 中国橡胶工业协会(China Rubber Industry Association，简称CRIA)是经中华人民共和国民政部核准注册登记的、具有独立法人资格的全国性社会团体。1985年正式成立，现有会员单位(会籍)1200多家，是一个跨地区、跨部门、跨所有制的行业组织。业务主管单位是国务院国有资产监督管理委员会。

协会设有理事会和常务理事会。为充分体现企业家办会精神，协会设有主席团。主席团是由协会主要负责人和少量有重大影响的常务理事自愿参加组成的中国橡胶工业协会峰会组织。

协会常设办事机构为秘书处、公共关系部、信息部、会展部、技术经济委员会、《中国橡胶》杂志社、驻橡胶谷办公室等工作机构。协会定期发布行业统计信息，出版发行《中国橡胶》半月刊和《中国橡胶工业年鉴》，开设中国橡胶网。协会下设14个分支机构，分别是轮胎分会、力车胎分会、胶管胶带分会、橡胶制品分会、乳胶分会、炭黑分会、废橡胶综合利用分会、橡胶机械模具分会、胶鞋分会以及橡胶助剂专业委员会、骨架材料专业委员会、橡胶材料专业委员会、营销工作委员会、杜仲产业促进工作委员会(杜仲产业技术创新战略联盟)。各分支机构都办有内部刊物。

表19-1 2011年全国橡胶制品产量

产品名称	2011年	2010年	同比增减(%)
轮胎(亿条)	4.56	4.30	6.05
其中：子午胎(亿条)	3.98	3.75	6.13
摩托胎(亿条)	1.60	1.48	8.11
自行车胎(亿条)	3.80	3.90	-2.60
其中：电动自行车胎(亿条)	1.60	1.45	10.30
输送带(亿平方米)	4.20	3.65	15.10
V带(亿Am)	19.00	17.25	10.10
胶管(亿Bm)	11.00	10.75	2.30
胶鞋(亿双)	76.00	80.00	-5.00
"O"型密封圈(亿个)	38.92	31.10	25.00
汽车减震制品(亿个)	171.96	135.40	27.00
出租汽车橡胶配件(亿个)	307.21	244.00	26.00
避孕套(亿只)	67.00	70.00	-4.30
炭黑(万吨)	380.00	337.00	12.76
橡胶助剂(万吨)	82.00	76.00	7.89
骨架材料(万吨)	261.50	246.70	5.99
再生胶(万吨)	300.00	270.00	11.11

表19-2 2010~2011年我国橡胶消费量

单位：万吨

年份	2010年	同比(%)	2011年	同比(%)
天然胶	300.00	11.11	320.00	6.67
合成胶	345.00	8.49	370.00	7.25
合计	645.00	9.69	690.00	6.98

表19-3 林产化工各指标在全国排名前5位的省份

指标(万吨)	全国排名前5位的省份占全国的比例(%)
生漆产量1.89	湖北(40%)、贵州(14.35%)、陕西(11.61%)、河南(10.84%)、重庆(5.36%)
油桐籽产量43.77	河南(26.47%)、广西(17.25%)、贵州(15.57%)、湖南(9.92%)、四川(5.47%)
乌桕籽产量3.6	湖北(34.14%)、河南(30.74%)、重庆(15.79%)、贵州(6.01%)、湖南(3.66%)
五倍子产量1.76	河南(23.09%)、陕西(19.38%)、湖北(18.91%)、重庆(13.83%)、湖南(9%)
棕片产量5.38	福建(26.52%)、云南(18.6%)、湖南(13.43%)、湖北(6.74%)、贵州(6.13%)

指标(万吨)	全国排名前5位的省份占全国的比例(%)
松脂产量 115.66	广西(46.14%)、广东(16.47%)、云南(14.67%)、福建(6.96%)、江西(6.9%)
紫胶(原胶)产量 3075(吨)	云南(74.34%)、广东(13.66%)、湖北(8.13%)、四川(2.02%)、湖南(1.33%)
松香产量 125.37	广西(65.2%)、云南(14.23%)、广东(6.16%)、江西(6.05%)、福建(4.44%)
松节油产量 14.54	广西(31.81%)、云南(27.96%)、江西(12.41%)、四川(11.7%)、广东(4.62%)
樟脑产量 1.3	福建(78.28%)、广东(18.04%)、江西(3.05%)、四川(0.42%)、湖南(0.21%)
冰片产量 665(吨)	广东(58.8%)、湖南(40.6%)、江西(0.6%)
栲胶产量 9129(吨)	广西(70.29%)、河北(14.79%)、内蒙古(13.7%)、陕西(1.1%)、湖南(0.12%)
紫胶产量 2046(吨)	云南(76.83%)、广东(20.38%)、四川(2%)、福建(0.59%)、湖南(0.2%)
林产化学产品制造企业数量 5956(家)	上海(38.21%)、福建(9.92%)、广西(7.79%)、广东(7.37%)、江西(6.53%)
香料、香精制造企业数量 3436(家)	广东(20.61%)、江苏(9.78%)、浙江(7.22%)、福建(6.34%)、江西(6.14%)

表 19-4 主要林化产品产量

单位：吨

地区	合计	生漆	油桐籽	乌柏籽	五倍子	棕片	松脂	紫胶(原胶)
全国合计	1723686	18867	437702	36024	17648	53758	1156612	3075
浙江	2481	0	80	0	0	451	1950	0
安徽	10425	244	2374	180	64	1096	6467	0
福建	117275	24	21821	523	85	14257	80553	12
江西	96139	638	12562	292	310	2473	79864	0
河南	135779	2045	115872	11075	4075	0	2712	0
湖北	79643	7547	17395	12298	3337	3622	35194	250
湖南	90304	958	43400	1319	1589	7220	35777	41
广东	201513	192	7191	605	0	2646	190459	420
广西	612643	32	75525	77	142	3247	533620	0
海南	5887	1	0	0	0	0	5886	0
重庆	23748	1011	13575	5688	2441	626	407	0
四川	34800	663	23923	1253	555	1658	6686	62
贵州	84284	2707	68136	2164	1348	3294	6631	4
云南	198838	584	16129	79	109	9999	169652	2286
西藏	0	0	0	0	0	0	0	0
陕西	29647	2190	19664	471	3421	3147	754	0
甘肃	280	31	55	0	172	22	0	0

表 19-5 林化产品进出口贸易总值

产品类别	单位	出口数量	出口金额(千美元)	进口数量	进口金额(千美元)
合计	吨	841225	2496665	3514472	4127511
其他工业用	吨	154987	177671	93719	188338
树胶树脂	吨	15810	58047	1627	6345
松香松脂	吨	383253	1120575	7747	33533
生漆	吨	52	1733		
橡胶	吨	9557	45835	2100909	1936265
染料鞣料	吨	3977	25198	27217	55554
杀虫剂	吨	1208	3281	1406	3600
食品、药品、化妆品添加剂	吨	102918	258665	1245772	1370541
香料类	吨	169462	805659	36076	533334

表 19-6　松香主产地产量

	松香主产地	产量(吨)
1	祁门县(皖)	436.00
2	泾　县(皖)	190.00
3	桐城市(皖)	102.00
4	东至县(皖)	60.00
5	徽州区(皖)	25.00
6	宁化县(闽)	12026.00
7	连城县(闽)	10231.00
8	武平县(闽)	8342.00
9	沙　县(闽)	8070.00
10	明溪县(闽)	7924.00
11	尤溪县(闽)	5509.00
12	将乐县(闽)	5500.00
13	上杭县(闽)	4950.00
14	德化县(闽)	4128.00
15	清流县(闽)	2090.00
16	永定县(闽)	1652.00
17	大田县(闽)	1500.00
18	邵武市(闽)	1310.00
19	漳平市(闽)	1135.00
20	三元区(闽)	850.00
21	新罗区(闽)	766.00
22	梅列区(闽)	750.00
23	泰宁县(闽)	600.00
24	长汀县(闽)	380.00
25	武夷山市(闽)	30.00
26	城厢区(闽)	27.00
27	蕉城区(闽)	12.00
28	永丰县(赣)	5000.00
29	宁都县(赣)	4500.00
30	安福县(赣)	4500.00
31	乐安县(赣)	2224.00
32	瑞金市(赣)	2100.00
33	万安县(赣)	1800.00
34	浮梁县(赣)	1800.00
35	奉新县(赣)	1455.00
36	渝水区(赣)	1412.00
37	峡江县(赣)	1400.00
38	金溪县(赣)	1400.00
39	兴国县(赣)	1080.00
40	修水县(赣)	900.00
41	乐平市(赣)	753.00
42	于都县(赣)	700.00
43	新干县(赣)	583.00
44	会昌县(赣)	532.00
45	德兴市(赣)	300.00
46	上高县(赣)	295.00
47	余江县(赣)	220.00
48	信丰县(赣)	207.00
49	大余县(赣)	142.00
50	赣　县(赣)	130.00
51	东乡县(赣)	105.00
52	井冈山市(赣)	87.00
53	南丰县(赣)	72.00
54	宜丰县(赣)	30.00
55	鄱阳县(赣)	2.38
56	桐柏县(豫)	2591.00
57	当阳市(鄂)	9000.00
58	钟祥市(鄂)	4000.00
59	蕲春县(鄂)	1560.00
60	宜城市(鄂)	1300.00
61	谷城县(鄂)	1200.00
62	京山县(鄂)	800.00
63	东宝区(鄂)	380.00
64	红安县(鄂)	200.00
65	房　县(鄂)	107.00
66	远安县(鄂)	100.00
67	保康县(鄂)	100.00
68	松滋市(鄂)	100.00
69	荆州区(鄂)	40.00
70	武穴市(鄂)	32.00
71	张家界市市辖区(湘)	2210.00
72	永定区(湘)	2210.00
73	古丈县(湘)	1700.00
74	中方县(湘)	1050.00
75	新宁县(湘)	1000.00
76	绥宁县(湘)	650.00
77	道　县(湘)	405.00
78	江永县(湘)	395.00
79	安化县(湘)	350.00
80	吉首市(湘)	220.00
81	新晃侗族自治县(湘)	181.00
82	衡山县(湘)	180.00
83	石峰区(湘)	150.00
84	武冈市(湘)	150.00
85	慈利县(湘)	100.00
86	麻阳苗族自治县(湘)	92.00
87	桑植县(湘)	60.00
88	武陵源区(湘)	50.00
89	常宁市(湘)	46.00
90	鹤城区(湘)	26.00
91	荷塘区(湘)	22.00
92	桃源县(湘)	4.00
93	封开县(粤)	11424.00
94	南雄市(粤)	9000.00
95	鼎湖区(粤)	7500.00
96	高要市(粤)	7500.00
97	怀集县(粤)	6200.00
98	仁化县(粤)	5000.00
99	德庆县(粤)	4567.00
100	郁南县(粤)	4129.00
101	信宜市(粤)	3500.00
102	云城区(粤)	2657.00
103	始兴县(粤)	2500.00
104	清新县(粤)	1800.00
105	廉江市(粤)	1250.00
106	佛冈县(粤)	1215.00
107	东源县(粤)	800.00
108	连山壮族瑶族自治县(粤)	675.00
109	连山林场(粤)	600.00
110	化州市(粤)	531.60
111	连州市(粤)	396.50
112	浈江区(粤)	200.00
113	新丰江林管局(粤)	160.00
114	高明区(粤)	100.00
115	岑溪市(桂)	37000.00
116	防城区(桂)	32377.00
117	万秀区(桂)	30118.00
118	象州县(桂)	20049.00
119	藤　县(桂)	18779.00
120	苍梧县(桂)	13009.00
121	兴安县(桂)	9000.00
122	钦北区(桂)	8652.00
123	蒙山县(桂)	8652.00
124	昭平县(桂)	7885.00
125	恭城瑶族自治县(桂)	7650.00
126	长洲区(桂)	6380.00
127	全州县(桂)	6100.00
128	蝶山区(桂)	5785.00
129	柳城县(桂)	5625.00
130	临桂县(桂)	5500.00
131	七坡林场(桂)	5416.84
132	江州区(桂)	4699.00
133	右江区(桂)	4103.00
134	资源县(桂)	3500.00
135	融水苗族自治县(桂)	2700.00
136	武宣县(桂)	2537.00

	松香主产地	产量(吨)
137	横　县(桂)	2329.00
138	荔浦县(桂)	2300.00
139	鹿寨县(桂)	2205.00
140	灌阳县(桂)	2150.00
141	金秀瑶族自治县(桂)	2046.00
142	钦南区(桂)	2000.00
143	灵山县(桂)	1500.20
144	中国林科院热林中心(桂)	1348.00
145	柳北区(桂)	850.00
146	富川瑶族自治县(桂)	522.00
147	扶绥县(桂)	516.00
148	港北区(桂)	270.00
149	忻城县(桂)	110.00
150	奉节县(渝)	3.00
151	盐源县(川)	700.00
152	盐边县(川)	600.00
153	米易县(川)	500.00
154	通江县(川)	300.00
155	会理县(川)	120.00
156	隆昌县(川)	75.00
157	木里藏族自治县(川)	53.00
158	万源市(川)	8.00
159	南溪县(川)	4.50
160	剑河县(黔)	822.00
161	台江县(黔)	730.00
162	施秉县(黔)	400.00
163	都匀市(黔)	400.00
164	三穗县(黔)	330.00
165	黄平县(黔)	300.00
166	麻江县(黔)	4.00
167	湄潭县(黔)	3.50
168	南华县(滇)	26988.00
169	楚雄市(滇)	22523.00
170	双江拉祜族佤族布朗族傣族自治县(滇)	11316.00
171	云　县(滇)	7756.00
172	禄丰县(滇)	3220.00
173	施甸县(滇)	1842.70
174	勐海县(滇)	1670.00
175	凤庆县(滇)	1010.00
176	永仁县(滇)	550.00
177	永德县(滇)	450.00
178	砚山县(滇)	438.00
179	大姚县(滇)	408.16
180	镇康县(滇)	380.00
181	广南县(滇)	250.00
182	丘北县(滇)	100.00
183	隆阳区(滇)	20.00
184	南郑县(陕)	15.00

表 19-7　松节油主产地产量

	松节油主产地	产量(吨)
1	祁门县(皖)	65.00
2	泾　县(皖)	50.00
3	东至县(皖)	6.00
4	尤溪县(闽)	3087.00
5	明溪县(闽)	2693.00
6	清流县(闽)	1043.00
7	宁化县(闽)	1043.00
8	武平县(闽)	1033.00
9	连城县(闽)	712.00
10	将乐县(闽)	700.00
11	长汀县(闽)	652.00
12	德化县(闽)	459.00
13	新罗区(闽)	380.00
14	三元区(闽)	150.00
15	漳平市(闽)	126.00
16	梅列区(闽)	125.00
17	泰宁县(闽)	78.00
18	湖口县(赣)	2000.00
19	宁都县(赣)	1350.00
20	金溪县(赣)	1200.00
21	永丰县(赣)	1000.00
22	浮梁县(赣)	1000.00
23	乐安县(赣)	556.00
24	万安县(赣)	350.00
25	峡江县(赣)	300.00
26	奉新县(赣)	291.00
27	兴国县(赣)	202.00
28	修水县(赣)	175.00
29	吉州区(赣)	126.00
30	余江县(赣)	120.00
31	新干县(赣)	117.00
32	会昌县(赣)	117.00
33	德兴市(赣)	80.00
34	上高县(赣)	53.00
35	信丰县(赣)	44.00
36	大余县(赣)	31.00
37	赣　县(赣)	26.00
38	万年县(赣)	6.00
39	内乡县(豫)	1.00
40	宜城市(鄂)	900.00
41	京山县(鄂)	200.00
42	远安县(鄂)	20.00
43	松滋市(鄂)	20.00
44	永顺县(湘)	800.00
45	道　县(湘)	721.00
46	龙山县(湘)	500.00
47	中方县(湘)	350.00
48	石峰区(湘)	240.00
49	保靖县(湘)	160.00
50	武冈市(湘)	150.00
51	江永县(湘)	90.00
52	浏阳市(湘)	75.00
53	麻阳苗族自治县(湘)	48.00
54	衡山县(湘)	19.00
55	双峰县(湘)	15.00
56	汨罗市(湘)	4.08
57	封开县(粤)	1723.00
58	高要市(粤)	1650.00
59	郁南县(粤)	1100.00
60	德庆县(粤)	1050.00
61	信宜市(粤)	600.00
62	清新县(粤)	265.00
63	化州市(粤)	120.70
64	连州市(粤)	78.00
65	连山壮族瑶族自治县(粤)	55.00
66	岑溪市(桂)	3718.00
67	防城区(桂)	1828.00
68	钦北区(桂)	1352.00
69	藤　县(桂)	1217.00
70	象州县(桂)	1200.00
71	全州县(桂)	735.00
72	七坡林场(桂)	725.74
73	右江区(桂)	598.00
74	灵山县(桂)	562.56
75	江州区(桂)	470.00
76	中国林科院热林中心(桂)	136.00
77	忻城县(桂)	11.00
78	盐源县(川)	176.00
79	万源市(川)	1.20
80	剑河县(黔)	110.00
81	台江县(黔)	105.00
82	都匀市(黔)	45.00
83	施秉县(黔)	40.00
84	三穗县(黔)	35.00
85	麻江县(黔)	23.00

	松节油主产地	产量(吨)
86	南华县(滇)	6256.00
87	双柏县(滇)	5806.00
88	双江拉祜族佤族布朗族傣族自治县(滇)	2454.00
89	楚雄市(滇)	2349.27
90	云　县(滇)	1619.00
91	禄丰县(滇)	736.00
92	勐海县(滇)	478.00
93	凤庆县(滇)	275.00
94	永仁县(滇)	170.00
95	砚山县(滇)	120.00
96	镇康县(滇)	100.00
97	大姚县(滇)	93.46
98	广南县(滇)	50.00
99	永德县(滇)	40.00
100	丘北县(滇)	25.00

表 19-8　松脂主产地产量

	松脂主产地	产量(吨)
1	龙井市(吉)	500.00
2	淳安县(浙)	1629.00
3	富阳市(浙)	7.00
4	青阳县(皖)	760.00
5	全椒县(皖)	600.00
6	祁门县(皖)	332.00
7	太湖县(皖)	300.00
8	泾　县(皖)	280.00
9	宜秀区(皖)	200.00
10	东至县(皖)	160.00
11	潜山县(皖)	150.00
12	金寨县(皖)	77.00
13	望江县(皖)	70.00
14	旌德县(皖)	4.00
15	尤溪县(闽)	10425.00
16	连城县(闽)	10231.00
17	宁化县(闽)	6741.00
18	明溪县(闽)	6591.00
19	清流县(闽)	6504.00
20	建阳市(闽)	4525.00
21	建宁县(闽)	3623.00
22	德化县(闽)	3205.00
23	将乐县(闽)	3121.00
24	漳平市(闽)	2518.00
25	武平县(闽)	2337.00
26	上杭县(闽)	2300.00
27	建瓯市(闽)	2201.00
28	沙　县(闽)	2098.00
29	永泰县(闽)	1814.00
30	长汀县(闽)	1814.00
31	邵武市(闽)	1709.00
32	永定县(闽)	1652.00
33	大田县(闽)	1500.00
34	三元区(闽)	1105.00
35	延平区(闽)	1014.00
36	松溪县(闽)	975.00
37	新罗区(闽)	766.00
38	永安市(闽)	530.00
39	武夷山市(闽)	461.00
40	华安县(闽)	180.00
41	光泽县(闽)	160.00
42	永春县(闽)	142.00
43	南安市(闽)	96.00
44	蕉城区(闽)	78.00
45	顺昌县(闽)	58.00
46	福鼎市(闽)	30.00
47	闽清县(闽)	25.00
48	政和县(闽)	14.00
49	梅列区(闽)	7.00
50	仙游县(闽)	3.00
51	贵溪市(赣)	135000.00
52	宁都县(赣)	7100.00
53	瑞金市(赣)	3200.00
54	峡江县(赣)	2000.00
55	武宁县(赣)	1000.00
56	永修县(赣)	530.00
57	万载县(赣)	500.00
58	全南县(赣)	401.00
59	德兴市(赣)	375.00
60	上高县(赣)	356.00
61	横峰县(赣)	200.00
62	德安县(赣)	200.00
63	赣　县(赣)	185.00
64	都昌县(赣)	120.00
65	临川区(赣)	115.00
66	铜鼓县(赣)	50.00
67	崇仁县(赣)	22.00
68	章贡区(赣)	10.00
69	光山县(豫)	30.00
70	宜城市(鄂)	5000.00
71	京山县(鄂)	1000.00
72	武穴市(鄂)	309.00
73	麻城市(鄂)	300.00
74	咸丰县(鄂)	200.00
75	浠水县(鄂)	200.00
76	远安县(鄂)	195.00
77	南漳县(鄂)	130.00
78	团风县(鄂)	100.00
79	孝昌县(鄂)	31.00
80	黄梅县(鄂)	27.00
81	江华瑶族自治县(湘)	7155.00
82	双牌县(湘)	1280.00
83	衡东县(湘)	810.00
84	安仁县(湘)	585.00
85	零陵区(湘)	440.00
86	华容县(湘)	400.00
87	沅陵县(湘)	300.00
88	浏阳市(湘)	300.00
89	岳阳县(湘)	225.00
90	株洲县(湘)	220.00
91	冷水滩区(湘)	202.00
92	茶陵县(湘)	200.00
93	祁阳县(湘)	194.00
94	会同县(湘)	190.00
95	冷水江市(湘)	152.00
96	蓝山县(湘)	135.00
97	芷江侗族自治县(湘)	128.00
98	新田县(湘)	120.00
99	鼎城区(湘)	95.00
100	汨罗市(湘)	90.00
101	城步苗族自治县(湘)	80.00
102	洞口县(湘)	78.00
103	祁东县(湘)	70.00
104	炎陵县(湘)	60.00
105	常宁市(湘)	40.00
106	东安县(湘)	22.00
107	双峰县(湘)	20.00
108	娄底市市辖区(湘)	20.00
109	娄星区(湘)	20.00
110	新化县(湘)	20.00
111	宁远县(湘)	12.00
112	衡阳县(湘)	1.00
113	阳春市(粤)	24938.00
114	信宜市(粤)	10000.00
115	高要市(粤)	8130.00

	松脂主产地	产量(吨)
116	郁南县(粤)	5500.00
117	连山壮族瑶族自治县(粤)	4129.00
118	阳江市海陵区(粤)	3840.00
119	广宁县(粤)	3840.00
120	四会市(粤)	3690.00
121	佛冈县(粤)	1736.00
122	武江区(粤)	1500.00
123	台山市(粤)	964.00
124	英德市(粤)	641.00
125	东江林场(粤)	320.00
126	曲江区(粤)	255.00
127	连南瑶族自治县(粤)	235.00
128	乳源瑶族自治县(粤)	200.00
129	恩平市(粤)	200.00
130	大埔县(粤)	110.00
131	翁源县(粤)	62.00
132	连平县(粤)	20.00
133	蕉岭县(粤)	10.00
134	钦北区(桂)	45627.00
135	苍梧县(桂)	31978.00
136	藤　县(桂)	24845.00
137	岑溪市(桂)	16401.00
138	防城区(桂)	11615.00
139	昭平县(桂)	9336.00
140	象州县(桂)	7955.00
141	全州县(桂)	6900.00
142	江州区(桂)	6109.00
143	蝶山区(桂)	5800.00
144	兴宾区(桂)	5446.00
145	蒙山县(桂)	5289.00
146	桂平市(桂)	4835.00
147	右江区(桂)	4440.00
148	八步区(桂)	4238.00
149	资源县(桂)	4000.00
150	永福县(桂)	3941.00
151	灌阳县(桂)	2954.00
152	武宣县(桂)	2571.00
153	中国林科院热林中心(桂)	1800.00
154	长洲区(桂)	1614.00
155	七坡林场(桂)	1498.81
156	金秀瑶族自治县(桂)	1205.00
157	东兴市(桂)	1065.00
158	阳朔县(桂)	860.00
159	三门江林场(桂)	605.00
160	巴马瑶族自治县(桂)	392.00
161	大化瑶族自治县(桂)	336.00
162	柳江县(桂)	331.00
163	忻城县(桂)	322.00
164	龙胜各族自治县(桂)	306.00
165	合山市(桂)	113.00
166	凌云县(桂)	63.00
167	那坡县(桂)	50.00
168	威远县(川)	3000.00
169	荣　县(川)	1200.00
170	南江县(川)	102.00
171	会理县(川)	75.00
172	巴州区(川)	20.00
173	万源市(川)	12.00
174	南溪县(川)	6.50
175	黎平县(黔)	2736.00
176	岑巩县(黔)	2110.00
177	锦屏县(黔)	2078.00
178	剑河县(黔)	1337.00
179	台江县(黔)	1000.00
180	镇远县(黔)	600.00
181	凯里市(黔)	300.00
182	都匀市(黔)	270.00
183	荔波县(黔)	136.00
184	雷山县(黔)	121.00
185	平塘县(黔)	100.00
186	从江县(黔)	74.00
187	长顺县(黔)	36.00
188	天柱县(黔)	10.00
189	云　县(滇)	10645.00
190	楚雄市(滇)	5494.22
191	勐海县(滇)	4800.00
192	施甸县(滇)	2362.50
193	永仁县(滇)	1329.00
194	永德县(滇)	652.00
195	镇康县(滇)	500.00
196	巍山彝族回族自治县(滇)	216.00
197	兰坪白族普米族自治县(滇)	198.00
198	洱源县(滇)	18.80
199	弥勒县(滇)	12.00
200	城固县(陕)	687.00
201	南郑县(陕)	30.00
202	镇巴县(陕)	10.00
203	平利县(陕)	4.00

表 19-9　其他林化产品主产地产量

	其他林化产品主产地	品种	产量(吨)
1	竹山县(鄂)	单宁	580.00
2	五峰土家族自治县(鄂)	单宁	500.00
3	石柱土家族自治县(渝)	单宁	660.00
4	丰都县(渝)	单宁	220.00
5	右江区(桂)	栲胶	4105.00
6	京山县(鄂)	脂松香	800.00
7	道　县(湘)	聚酯树脂	7573.00
8	新晃侗族自治县(湘)	合成龙脑	100.00
9	金溪县(赣)	合成樟脑	300.00
10	德庆县(粤)	合成樟脑	339.00
11	防城区(桂)	松油醇	230.00
12	大埔县(粤)	芳樟醇	7.00
13	遂川县(赣)	萜烯树脂	3250.00
14	衡阳县(湘)	紫胶	126.00
15	浏阳市(湘)	紫胶	4.00
16	丰顺县(粤)	紫胶	30.00
17	攀枝花市国营林场总场(川)	紫胶	28.00
18	云　县(滇)	紫胶	435.10
19	永德县(滇)	紫胶	360.00
20	双江拉祜族佤族布朗族傣族自治县(滇)	紫胶	278.00
21	耿马傣族佤族自治县(滇)	紫胶	23.00
22	唐河县(豫)	白蜡	2.40
23	喜德县(川)	白蜡	30.00
24	白石山林业局(吉林集团)	脲醛树脂胶	11000.00

	其他林化产品主产地	品种	产量(吨)
25	化州市(粤)	橡胶及其制品	4287.20
26	雷州市(粤)	橡胶及其制品	270.00
27	略阳县(陕)	橡胶及其制品	22.00
28	金寨县(皖)	生漆及其制品	30.00
29	舒城县(皖)	生漆及其制品	4.00
30	光泽县(闽)	生漆及其制品	19.00
31	建瓯市(闽)	生漆及其制品	5.00
32	西峡县(豫)	生漆及其制品	6.00
33	栾川县(豫)	生漆及其制品	5.00
34	洛宁县(豫)	生漆及其制品	4.00
35	利川市(鄂)	生漆及其制品	122.00
36	恩施市(鄂)	生漆及其制品	32.00
37	长阳土家族自治县(鄂)	生漆及其制品	6.00
38	浏阳市(湘)	生漆及其制品	10.00
39	会同县(湘)	生漆及其制品	5.00
40	丰都县(渝)	生漆及其制品	31.00
41	南川区(渝)	生漆及其制品	22.00
42	石柱土家族自治县(渝)	生漆及其制品	8.00
43	云阳县(渝)	生漆及其制品	2.20
44	安　县(川)	生漆及其制品	38.00
45	兴文县(川)	生漆及其制品	3.60
46	三穗县(黔)	生漆及其制品	19.00
47	长顺县(黔)	生漆及其制品	9.00
48	岑巩县(黔)	生漆及其制品	1.00
49	镇雄县(滇)	生漆及其制品	100.00
50	大关县(滇)	生漆及其制品	45.00
51	平利县(陕)	生漆及其制品	194.00
52	商南县(陕)	生漆及其制品	130.00
53	南郑县(陕)	生漆及其制品	110.00
54	宁强县(陕)	生漆及其制品	20.00
55	成　县(甘)	生漆及其制品	2.00
56	剑阁县(川)	木焦油	2250.00
57	农四师(新疆建设兵团)	熏衣草	34.10
58	那坡县(桂)	茴油	1000.00
59	防城区(桂)	茴油	130.00
60	右江区(桂)	茴油	19.00
61	万秀区(桂)	茴油	3.00
62	高要市(粤)	桂油	750.00
63	防城区(桂)	桂油	400.00
64	东兴市(桂)	桂油	42.00
65	蝶山区(桂)	桂油	30.00
66	万秀区(桂)	桂油	12.00
67	筠连县(川)	桂油	65.00
68	珙　县(川)	桂油	50.00
69	内乡县(豫)	栓皮	5000.00
70	嵩　县(豫)	栓皮	1000.00
71	栾川县(豫)	栓皮	800.00
72	西峡县(豫)	栓皮	400.00
73	略阳县(陕)	栓皮	500.00
74	留坝县(陕)	栓皮	150.00
75	太白林业局(陕)	栓皮	140.00
76	镇安县(陕)	栓皮	102.00
77	宁强县(陕)	栓皮	28.00
78	两当县(甘)	栓皮	100.00

表 19-10　林化产品出口量值

国家/地区	出口数量(吨)	出口金额(千美元)
11082000 菊粉		
合计	291	1626
日本	72	864
美国	148	513
波兰	20	66
巴西	16	51
澳大利亚	12	46
哥伦比亚	12	45
阿根廷	6	22
新西兰	3	11
南非	1	5
俄罗斯	0	2
12119050 主要用作香料的植物		
合计	2629	7172
苏丹	593	1403
荷兰	55	866
德国	31	744
印度	202	714
日本	565	636
尼泊尔	173	402
法国	90	391
土耳其	79	350
美国	37	239
中国台湾	109	220
沙特阿拉伯	86	205
伊朗	60	146
阿尔及利亚	54	126
中国香港	46	98
泰国	27	89
叙利亚	32	78
孟加拉国	38	66
韩国	78	58
意大利	16	55
斯里兰卡	13	48
中国澳门	163	44
科威特	2	30
新加坡	7	29
阿联酋	12	28
越南	14	21
英国	1	18
也门	7	16

国家/地区	出口数量（吨）	出口金额（千美元）
黎巴嫩	27	15
俄罗斯	2	14
摩洛哥	7	14
澳大利亚	0	5
乌克兰	0	4
马来西亚	2	3
12119091 鱼藤根、除虫菊		
合计	50	25
日本	50	25
12119099 主要用作杀虫杀菌等植物		
合计	1157	2928
法国	147	733
德国	292	551
日本	268	483
吉尔吉斯斯坦	64	352
韩国	155	336
中国台湾	190	261
西班牙	21	113
澳大利亚	3	37
印度	13	35
新加坡	0	20
约旦	0	3
中国香港	1	2
泰国	0	2
中国澳门	1	2
13021910 生漆		
合计	52	1733
日本	51	1697
韩国	1	36
29054910 木糖醇		
合计	16660	55235
日本	4418	14393
美国	3735	12194
土耳其	3356	11312
韩国	1900	6610
波兰	627	1598
泰国	315	1180
阿根廷	282	850
德国	228	830
中国台湾	251	712
印度尼西亚	187	699
澳大利亚	182	659
南非	169	625
越南	169	565
芬兰	82	326

国家/地区	出口数量（吨）	出口金额（千美元）
摩洛哥	100	297
荷兰	66	279
匈牙利	71	272
智利	58	197
俄罗斯	56	194
丹麦	65	190
瑞典	41	152
印度	26	129
英国	37	123
加拿大	32	122
埃及	17	72
新西兰	20	71
挪威	18	70
巴西	22	70
巴林	15	60
马来西亚	21	51
乌拉圭	10	43
意大利	10	37
立陶宛	8	30
哥伦比亚	8	30
厄瓜多尔	7	27
沙特阿拉伯	6	23
叙利亚	6	21
法国	5	19
菲律宾	5	17
格鲁吉亚	4	17
中国香港	3	14
约旦	4	10
罗马尼亚	8	9
巴基斯坦	2	7
希腊	2	7
多米尼加	2	7
乌克兰	2	6
葡萄牙	1	4
委内瑞拉	0	2
乌兹别克斯坦	0	1
秘鲁	0	1
新加坡	0	1
阿联酋	0	1
32030011 天然靛蓝及制品		
合计	1	1
日本	1	1
32030019 其他植物质着色料及制品		
合计	157	8166
日本	12	2060

国家/地区	出口数量（吨）	出口金额（千美元）
韩国	35	1439
西班牙	14	1257
美国	8	898
德国	12	581
丹麦	4	321
澳大利亚	2	279
墨西哥	2	263
意大利	1	138
法国	2	136
土耳其	28	117
波兰	1	97
加拿大	1	70
巴西	0	69
中国台湾	1	59
马来西亚	0	42
中国香港	2	40
乌克兰	14	38
印度尼西亚	0	32
埃及	3	31
泰国	10	31
新加坡	0	27
突尼斯	0	21
菲律宾	1	20
孟加拉国	0	19
荷兰	0	19
印度	1	17
捷克	0	14
越南	0	9
斯洛文尼亚	0	5
阿根廷	0	4
乌拉圭	0	4
拉脱维亚	0	3
新西兰	0	3
罗马尼亚	0	1
32030020 动物质着色料及制品		
合计	25	1051
韩国	9	648
美国	3	203
越南	12	102
智利	0	27
中国香港	0	20
日本	0	15
菲律宾	0	12
中国台湾	0	10
秘鲁	0	10

国家/地区	出口数量（吨）	出口金额（千美元）
马来西亚	0	5
33011200 橙油		
合计	87	126
印度尼西亚	2	19
肯尼亚	10	19
印度	11	19
新加坡	9	13
菲律宾	8	8
尼日利亚	8	8
泰国	10	8
日本	0	8
越南	5	5
澳大利亚	0	5
乌克兰	0	4
马来西亚	4	3
西班牙	18	2
韩国	0	2
荷兰	0	2
智利	3	1
33011300 柠檬油		
合计	124	795
美国	28	271
德国	14	204
意大利	14	162
新加坡	9	28
孟加拉国	2	26
澳大利亚	2	23
日本	2	15
墨西哥	0	13
泰国	11	10
尼日利亚	9	9
菲律宾	8	9
印度	7	7
马来西亚	6	6
越南	3	4
肯尼亚	7	4
智利	3	3
印度尼西亚	0	1
法国	0	1
33011910 白柠檬油(酸橙油)		
合计	0	7
印度尼西亚	0	5
南非	0	1
33011990 其他柑橘属果实精油		
合计	43	894

国家/地区	出口数量（吨）	出口金额（千美元）
美国	40	828
英国	1	44
哥伦比亚	1	13
印度尼西亚	0	3
新加坡	0	2
澳大利亚	0	2
日本	0	1
中国台湾	0	1
33012400 胡椒薄荷油		
合计	13	395
印度	8	217
美国	5	178
33012500 其他薄荷油		
合计	719	18943
美国	157	4353
日本	96	2332
英国	86	2211
巴西	66	1629
荷兰	60	1611
德国	47	1601
法国	44	1301
印度	32	927
中国香港	44	870
西班牙	15	455
埃及	15	341
韩国	10	194
新加坡	6	174
中国台湾	7	157
墨西哥	6	129
意大利	5	129
巴基斯坦	6	106
叙利亚	3	64
缅甸	3	55
加纳	2	38
南非	1	33
菲律宾	1	32
尼日利亚	1	26
澳大利亚	1	24
瑞士	1	21
马来西亚	1	20
危地马拉	1	19
加拿大	1	18
苏丹	1	17
比利时	0	14
印度尼西亚	1	13

国家/地区	出口数量（吨）	出口金额（千美元）
泰国	1	13
罗马尼亚	0	7
孟加拉国	0	5
格鲁吉亚	0	2
也门	0	1
阿根廷	0	1
33012910 樟脑油		
合计	14	98
中国台湾	14	98
33012920 香茅油		
合计	726	13461
墨西哥	142	2765
西班牙	114	2085
印度	86	1616
瑞士	75	1336
德国	54	954
美国	34	618
新加坡	38	618
荷兰	31	596
澳大利亚	22	405
危地马拉	14	273
英国	17	273
土耳其	14	263
中国香港	10	193
法国	10	191
马来西亚	10	189
巴基斯坦	9	178
中国台湾	9	163
哥伦比亚	8	147
泰国	7	127
印度尼西亚	6	122
日本	5	96
阿根廷	3	62
韩国	2	44
巴西	2	40
意大利	2	38
巴拉圭	2	36
加拿大	1	19
菲律宾	1	14
33012930 茴香油		
合计	817	17668
法国	268	5700
中国香港	133	2867
德国	107	2286
美国	81	1682

国家/地区	出口数量（吨）	出口金额（千美元）
英国	69	1520
越南	39	947
西班牙	42	901
新加坡	29	610
澳大利亚	18	397
印度尼西亚	10	235
巴西	3	88
马来西亚	4	81
荷兰	3	65
朝鲜	3	65
新西兰	2	56
泰国	2	49
委内瑞拉	1	26
伊朗	1	24
日本	1	21
加拿大	0	11
印度	0	10
菲律宾	0	9
巴基斯坦	0	5
墨西哥	0	4
埃及	0	3
尼日利亚	0	2
南非	0	2
33012940 桂油		
合计	255	10374
英国	105	4999
墨西哥	81	2755
美国	41	1635
新加坡	10	279
德国	7	277
中国香港	3	129
荷兰	1	72
日本	2	72
法国	2	61
印度	1	36
斯里兰卡	0	19
印度尼西亚	0	9
意大利	0	8
阿根廷	0	6
巴西	0	6
哥伦比亚	0	3
加拿大	0	2
中国台湾	0	2
埃及	0	1
澳大利亚	0	1

国家/地区	出口数量（吨）	出口金额（千美元）
33012950 山苍子油		
合计	181	3860
德国	46	982
法国	28	564
荷兰	18	378
新加坡	15	337
瑞士	16	315
日本	10	240
印度	11	239
印度尼西亚	10	218
美国	5	128
比利时	4	87
墨西哥	4	85
巴西	3	62
澳大利亚	2	46
英国	2	40
西班牙	2	34
马来西亚	1	26
哥伦比亚	1	24
意大利	1	20
阿根廷	1	12
中国香港	0	8
加拿大	0	8
泰国	0	7
33012960 桉叶油		
合计	8873	113905
新加坡	2186	28369
印度尼西亚	1698	21769
德国	778	10025
印度	729	8380
澳大利亚	549	7046
美国	520	6962
荷兰	408	5408
法国	357	4502
中国香港	277	3574
英国	266	3527
西班牙	234	3069
墨西哥	137	1926
泰国	100	1282
巴西	64	921
意大利	66	900
巴拉圭	57	719
菲律宾	51	667
马来西亚	49	664
尼日利亚	47	615

国家/地区	出口数量（吨）	出口金额（千美元）
日本	40	543
巴基斯坦	40	495
中国台湾	66	468
斯里兰卡	31	386
哥伦比亚	21	293
加拿大	19	245
阿根廷	14	211
肯尼亚	9	118
南非	9	113
缅甸	8	95
瑞士	4	80
孟加拉国	5	65
危地马拉	4	55
新西兰	4	54
科特迪瓦	4	53
土耳其	4	51
比利时	3	43
阿尔及利亚	3	40
黎巴嫩	3	38
韩国	3	38
塞拉利昂	3	37
叙利亚	3	26
塞内加尔	1	7
加纳	0	7
约旦	0	6
也门	0	6
罗马尼亚	0	3
33012991 老鹳草油(香叶油)		
合计	71	14813
阿联酋	13	2977
法国	10	2342
印度	11	2160
西班牙	8	1851
新加坡	7	1375
美国	6	1211
荷兰	5	801
英国	3	648
德国	2	506
比利时	1	225
日本	1	154
印度尼西亚	1	127
澳大利亚	0	96
中国香港	0	83
中国台湾	1	73
哥伦比亚	0	56

国家/地区	出口数量（吨）	出口金额（千美元）
意大利	0	51
土耳其	0	36
墨西哥	0	19
加拿大	0	16
巴基斯坦	0	6
中国澳门	0	1
33012999 未列名非柑橘属果实精油		
合计	987	22532
美国	209	5510
德国	74	2206
法国	24	2055
英国	52	1792
日本	15	1367
印度	44	1350
西班牙	74	995
荷兰	48	906
新加坡	75	904
中国香港	42	693
以色列	28	587
澳大利亚	34	504
印度尼西亚	73	478
韩国	50	426
加拿大	7	386
中国台湾	23	263
越南	14	251
巴林	0	241
瑞典	4	190
巴西	8	186
埃及	13	153
朝鲜	5	120
叙利亚	6	109
比利时	6	105
意大利	4	85
瑞士	6	64
马来西亚	4	54
罗马尼亚	2	48
墨西哥	2	45
委内瑞拉	3	39
古巴	2	38
阿根廷	2	35
阿联酋	1	31
俄罗斯	4	27
安哥拉	5	26
丹麦	1	26
哥伦比亚	2	24
巴基斯坦	3	22
新西兰	1	21
泰国	1	20
捷克	1	20
拉脱维亚	1	14
苏丹	0	12
菲律宾	0	11
匈牙利	4	11
厄瓜多尔	1	10
波兰	0	10
孟加拉国	2	8
危地马拉	0	7
突尼斯	2	6
沙特阿拉伯	1	6
科威特	0	6
挪威	0	6
牙买加	0	5
土耳其	0	5
肯尼亚	0	4
津巴布韦	1	3
斯里兰卡	0	2
巴拿马	0	2
立陶宛	0	2
斯洛文尼亚	1	1
亚美尼亚	0	1
约旦	0	1
33013010 鸢尾凝脂		
合计	27	170
肯尼亚	16	85
多哥	12	84
意大利	0	1
33013090 其他香膏		
合计	336	2284
比利时	42	447
法国	0	262
日本	12	208
荷兰	22	202
美国	19	164
沙特阿拉伯	51	155
德国	16	153
中国香港	13	131
阿联酋	18	98
加纳	27	93
莫桑比克	5	50
叙利亚	3	46
新西兰	5	38
意大利	0	36
贝宁	41	36
多哥	5	35
几内亚	18	24
马来西亚	9	23
墨西哥	2	21
英国	6	18
刚果(金)	6	13
印度尼西亚	0	10
加拿大	2	9
中国台湾	1	3
韩国	0	2
斐济	1	2
瑞典	9	2
新加坡	0	2
阿曼	0	1
科威特	0	1
33019010 提取的油树脂		
合计	389	4642
日本	135	2297
英国	7	587
韩国	71	438
中国香港	31	197
德国	74	192
美国	9	186
越南	1	153
泰国	21	130
西班牙	3	102
澳大利亚	9	71
中国台湾	7	46
新加坡	1	44
马来西亚	4	38
加拿大	6	37
法国	3	32
墨西哥	1	28
沙特阿拉伯	3	18
古巴	0	10
印度尼西亚	0	9
巴基斯坦	0	6
巴西	0	6
菲律宾	0	6
罗马尼亚	0	5
荷兰	0	1
保加利亚	0	1

国家/地区	出口数量（吨）	出口金额（千美元）
33019020 柑橘属果实的精油脱萜的萜烯副产品		
合计	21	211
韩国	7	73
美国	6	65
沙特阿拉伯	2	27
德国	3	16
新加坡	1	12
马来西亚	1	8
墨西哥	0	4
印度尼西亚	0	4
中国台湾	0	1
33019090 含浓缩精油的制品等		
合计	388	1786
印度尼西亚	71	388
法国	42	326
印度	98	304
日本	2	229
西班牙	43	138
马来西亚	21	93
美国	7	45
英国	0	36
中国台湾	7	35
韩国	50	31
中国香港	32	29
荷兰	1	23
德国	2	18
希腊	1	18
菲律宾	1	17
南非	1	10
澳大利亚	2	10
新加坡	2	8
匈牙利	1	8
危地马拉	0	8
保加利亚	0	4
埃及	0	4
孟加拉国	0	2
坦桑尼亚	1	1
33030000 香水及花露水		
合计	22470	105756
美国	6263	23555
英国	4378	19813
荷兰	4938	14864
法国	578	13817
新加坡	475	9007

国家/地区	出口数量（吨）	出口金额（千美元）
中国香港	295	3582
阿联酋	698	2674
德国	524	2444
澳大利亚	447	2203
菲律宾	662	1392
乌克兰	707	1342
沙特阿拉伯	288	1268
马来西亚	157	1198
巴拿马	267	1141
西班牙	124	1107
捷克	239	915
比利时	225	903
海地	209	561
俄罗斯	75	326
洪都拉斯	70	310
哥伦比亚	66	307
土耳其	7	253
中国台湾	15	204
哥斯达黎加	45	199
巴拉圭	16	199
加拿大	89	190
萨尔瓦多	22	189
多米尼加	47	166
肯尼亚	34	147
贝宁	29	141
智利	32	113
埃及	113	93
日本	23	92
新西兰	14	78
乌拉圭	6	76
尼加拉瓜	21	64
塞内加尔	25	62
泰国	6	60
亚美尼亚	17	58
中国澳门	2	58
摩洛哥	22	55
越南	3	53
朝鲜	6	44
伯利兹	10	43
以色列	8	40
安哥拉	41	37
牙买加	22	30
特立尼达和多巴哥	9	27
苏丹	5	26

国家/地区	出口数量（吨）	出口金额（千美元）
南非	21	23
巴西	3	22
斯洛文尼亚	12	21
丹麦	4	21
波兰	13	21
柬埔寨	7	20
韩国	2	18
印度	15	14
危地马拉	4	13
瑞典	1	13
秘鲁	6	12
厄瓜多尔	4	9
科威特	2	8
苏里南	1	7
冰岛	2	7
芬兰	1	1
马拉维	0	1
加蓬	0	1
38051000 脂松节油木松节油和硫酸盐松节油		
合计	11503	33919
日本	7737	22254
墨西哥	1213	3409
法国	758	2749
印度	709	1873
德国	229	712
澳大利亚	129	449
中国香港	110	369
古巴	31	260
伊朗	54	228
菲律宾	43	154
泰国	42	149
孟加拉国	42	132
韩国	29	123
俄罗斯	40	111
南非	38	109
埃及	38	103
意大利	35	99
马来西亚	32	97
瑞典	41	84
中国台湾	17	66
多米尼加	15	65
挪威	14	63
新加坡	19	62
西班牙	20	50

国家/地区	出口数量(吨)	出口金额(千美元)
叙利亚	14	41
英国	20	33
葡萄牙	7	17
安哥拉	12	17
印度尼西亚	4	15
斯洛文尼亚	5	14
肯尼亚	2	6
朝鲜	3	4
智利	0	1
格鲁吉亚	1	1
38059010 以 α 萜品醇为基本成分的松油		
合计	4765	16721
印度尼西亚	1589	4417
南非	502	2553
阿联酋	210	911
英国	170	805
马来西亚	204	758
埃及	190	687
约旦	184	682
德国	116	538
泰国	114	474
澳大利亚	91	406
墨西哥	140	404
尼日利亚	97	393
巴基斯坦	113	349
哥伦比亚	61	268
伊朗	65	265
意大利	69	209
中国香港	66	176
西班牙	60	173
美国	42	166
厄瓜多尔	43	164
中国台湾	66	153
荷兰	32	152
肯尼亚	42	138
秘鲁	29	136
印度	46	127
新加坡	38	115
朝鲜	91	113
瑞士	16	110
委内瑞拉	23	109
斯里兰卡	31	97
黎巴嫩	18	97
苏丹	26	73
比利时	22	68

国家/地区	出口数量(吨)	出口金额(千美元)
阿根廷	25	64
叙利亚	18	63
越南	26	45
阿曼	7	42
科威特	14	42
韩国	8	37
土耳其	14	36
乌兹别克斯坦	10	29
巴西	8	28
缅甸	13	23
老挝	9	17
蒙古	4	8
孟加拉国	1	2
38061010 松香		
合计	231148	593328
日本	45407	114839
葡萄牙	38227	101326
比利时	26971	71107
印度	18443	43202
韩国	14476	36720
法国	10370	29418
中国台湾	10711	26770
美国	9722	26442
德国	7075	18470
西班牙	7118	17119
荷兰	5566	13467
土耳其	4482	10555
澳大利亚	3585	9742
泰国	3406	8487
巴西	2394	7452
菲律宾	2401	5659
希腊	1944	5380
南非	1922	5006
印度尼西亚	1768	4571
意大利	1307	3261
马来西亚	1083	2595
波兰	989	2319
埃及	964	2297
伊朗	1044	2268
秘鲁	775	2202
巴基斯坦	823	2166
新加坡	841	2099
智利	705	1985
阿根廷	638	1829
俄罗斯	698	1745

国家/地区	出口数量(吨)	出口金额(千美元)
尼日利亚	648	1724
委内瑞拉	546	1266
新西兰	434	1187
英国	421	1133
墨西哥	298	784
中国香港	508	755
加拿大	266	705
叙利亚	238	559
乌兹别克斯坦	173	518
沙特阿拉伯	190	504
阿联酋	146	392
哥伦比亚	161	370
摩洛哥	152	315
以色列	111	306
约旦	128	301
乌克兰	107	266
缅甸	130	262
斯里兰卡	91	237
立陶宛	86	202
芬兰	61	133
黎巴嫩	41	106
孟加拉国	45	97
海地	32	92
越南	30	88
克罗地亚	38	76
突尼斯	34	72
哥斯达黎加	18	60
哈萨克斯坦	32	47
匈牙利	22	44
科威特	11	36
也门	22	34
斯洛文尼亚	13	30
爱沙尼亚	9	27
肯尼亚	8	21
朝鲜	9	20
阿尔及利亚	12	19
坦桑尼亚	9	16
毛里求斯	9	15
罗马尼亚	4	6
吉布提	1	2
加纳	1	2
拉脱维亚	0	2
38062010 松香盐及树脂酸盐		
合计	439	1589
意大利	190	568

国家/地区	出口数量（吨）	出口金额（千美元）
德国	96	303
中国台湾	21	258
印度尼西亚	75	212
越南	34	123
韩国	7	83
荷兰	10	21
印度	6	18
朝鲜	1	3
38062090 松香或树脂酸衍生物的盐		
合计	799	2336
印度	502	1476
日本	69	248
哈萨克斯坦	45	170
加纳	72	164
巴西	48	81
澳大利亚	15	47
贝宁	18	43
中国台湾	9	43
沙特阿拉伯	16	42
加拿大	1	10
科特迪瓦	2	7
印度尼西亚	1	4
斯里兰卡	2	2
38069000 其他松香和树脂酸衍生物等		
合计	106498	344218
日本	20342	73649
韩国	14518	44725
德国	10517	35340
美国	10028	31302
中国台湾	8720	26627
荷兰	4583	15167
马来西亚	4323	13346
印度尼西亚	3830	12090
泰国	3888	10947
印度	2638	8948
伊朗	2685	7889
比利时	1931	6802
土耳其	2291	6492
澳大利亚	1782	5786
沙特阿拉伯	1437	4924
意大利	1521	4922
英国	1258	4343
埃及	1283	3921
越南	1321	3814
西班牙	527	1629

国家/地区	出口数量（吨）	出口金额（千美元）
南非	483	1459
阿联酋	436	1341
瑞典	448	1305
丹麦	411	1249
挪威	352	1194
新加坡	439	1148
加拿大	376	1135
阿根廷	331	1064
叙利亚	361	1011
中国香港	253	1004
法国	307	911
巴西	233	864
智利	278	825
俄罗斯	281	711
哥伦比亚	215	554
斯里兰卡	172	536
巴基斯坦	141	502
科特迪瓦	147	444
菲律宾	154	435
新西兰	123	424
孟加拉国	113	376
尼日利亚	108	361
爱尔兰	80	315
突尼斯	108	311
爱沙尼亚	102	290
黎巴嫩	104	260
委内瑞拉	83	257
葡萄牙	50	157
波兰	49	145
墨西哥	42	134
斯洛文尼亚	48	118
约旦	41	111
阿尔及利亚	36	107
希腊	22	59
阿曼	16	53
巴拿马	18	48
厄瓜多尔	16	46
乌克兰	12	42
加蓬	10	40
立陶宛	16	35
吉布提	12	33
肯尼亚	11	32
也门	10	25
秘鲁	8	21
毛里求斯	4	20

国家/地区	出口数量（吨）	出口金额（千美元）
摩洛哥	4	13
匈牙利	1	7
津巴布韦	2	7
芬兰	3	6
以色列	1	3
马耳他	1	2
奥地利	1	2
苏丹	0	1
40011000 天然橡胶乳		
合计	282	965
中国台湾	98	347
朝鲜	104	331
中国香港	45	147
俄罗斯	33	133
新加坡	2	7
40012200 技术分类天然橡胶（TSNR）		
合计	3465	16266
马来西亚	1499	6792
朝鲜	673	3471
越南	322	1382
韩国	242	1191
西班牙	161	873
印度尼西亚	262	855
中国香港	153	808
古巴	49	409
中国台湾	60	276
巴西	40	199
阿尔及利亚	3	9
40012900 其他形状的天然橡胶		
合计	1857	9428
中国香港	1280	6286
摩洛哥	178	1721
马来西亚	118	405
美国	40	304
越南	87	224
澳大利亚	18	211
英国	3	90
朝鲜	13	65
苏丹	10	33
乌兹别克斯坦	8	25
意大利	1	19
德国	0	7
贝宁	9	7
柬埔寨	1	5
文莱	1	5

国家/地区	出口数量（吨）	出口金额（千美元）
尼日利亚	80	5
印度	0	4
中国台湾	1	3
智利	1	3
孟加拉国	1	2
新加坡	7	2
秘鲁	1	1
40013000 巴拉塔胶等天然树胶		
合计	2	11
黎巴嫩	1	6
美国	1	5

表 19-11　林化产品进口量值

国家/地区	进口数量（吨）	进口金额（千美元）
11082000 菊粉		
合计	912	3325
智利	560	2153
荷兰	271	860
比利时	81	312
12079991 牛油树果		
合计	272	110
多哥	221	89
加纳	50	21
12119050 主要用作香料的植物		
合计	8963	9961
印度尼西亚	2324	4683
中国台湾	1974	919
澳大利亚	542	766
缅甸	1238	406
越南	805	326
美国	186	307
波兰	42	299
德国	47	278
印度	372	252
法国	52	192
老挝	415	187
土耳其	33	187
马来西亚	299	174
阿尔巴尼亚	39	166
摩洛哥	53	107
中国	153	100
埃及	42	97
英国	24	97
瓦努阿图	5	59
尼日利亚	33	57
泰国	79	49
马达加斯加	10	42
墨西哥	11	40
巴拉圭	3	23
瑞典	16	19
坦桑尼亚	46	17
布基纳法索	11	16
加拿大	8	15
中国香港	1	13
以色列	1	12
巴基斯坦	2	12
保加利亚	8	11
朝鲜	88	10
斯里兰卡	0	4
阿根廷	0	3
日本	1	2
南非	1	2
伊朗	0	2
西班牙	0	2
智利	0	1
秘鲁	0	1
希腊	0	1
丹麦	0	1
克罗地亚	0	1
罗马尼亚	0	1
12119091 鱼藤根、除虫菊		
合计	358	878
肯尼亚	215	403
秘鲁	79	281
坦桑尼亚	64	194
12119099 主要用作杀虫杀菌的植物		
合计	997	2338
加纳	302	747
巴西	14	403
美国	142	368
印度	255	185
科特迪瓦	44	141
保加利亚	95	132
波兰	53	103
泰国	46	86
喀麦隆	27	86
秘鲁	8	27
哥斯达黎加	0	27
印度尼西亚	6	13
埃及	1	5
南非	0	5
朝鲜	4	4
多民族玻利维亚国	0	2
澳大利亚	0	2
墨西哥	0	2
西班牙	0	1
伊朗	0	1
12129920 刺槐豆包括刺槐豆子		
合计	17	20
西班牙	17	20
13019040 松脂		
合计	31	25
印度尼西亚	31	23
日本	0	1
29054910 木糖醇		
合计	670	1694
美国	656	1602
韩国	9	26
瑞典	2	25
日本	1	20
瑞士	1	8
法国	1	8
德国	0	2
中国	0	1
英国	0	1
32030011 天然靛蓝及其制品		
合计	1	8
德国	0	5
印度	0	2
马来西亚	0	1
32030019 其他植物质着色料及制品		
合计	1377	20847
印度	422	6041
意大利	301	2738
丹麦	78	2316
日本	31	1793
美国	71	1307
秘鲁	10	1245
澳大利亚	7	1146
法国	182	901
德国	95	776
韩国	58	680

国家/地区	进口数量（吨）	进口金额（千美元）
瑞士	4	562
西班牙	61	443
英国	14	266
马来西亚	2	227
乌克兰	5	103
中国台湾	18	99
泰国	3	52
中国	2	46
墨西哥	1	43
希腊	0	25
荷兰	1	18
中国香港	4	7
菲律宾	0	4
巴西	0	4
巴基斯坦	4	2
以色列	0	1
智利	0	1
32030020 动物质着色料及制品		
合计	57	6881
秘鲁	19	4540
比利时	4	831
德国	3	454
丹麦	5	270
韩国	11	249
智利	1	187
马来西亚	3	145
日本	5	126
英国	1	50
美国	4	10
意大利	0	6
中国台湾	0	5
中国	0	5
泰国	0	1
法国	0	1
33011200 橙油		
合计	2017	18088
美国	547	6933
巴西	1092	6580
爱尔兰	181	1453
英国	64	952
意大利	56	563
瑞士	6	305
日本	8	299
德国	4	203
西班牙	25	175

国家/地区	进口数量（吨）	进口金额（千美元）
南非	4	166
澳大利亚	5	88
中国台湾	9	81
以色列	3	60
阿根廷	1	47
墨西哥	7	43
法国	1	34
印度	0	31
加拿大	2	27
新加坡	1	21
印度尼西亚	0	12
荷兰	1	6
希腊	0	4
泰国	0	2
哥斯达黎加	0	2
捷克	0	1
奥地利	0	1
突尼斯	0	1
俄罗斯	0	1
33011300 柠檬油		
合计	1127	32234
阿根廷	350	10637
美国	236	7445
日本	58	3345
爱尔兰	35	2995
瑞士	48	2804
法国	280	1712
意大利	71	1415
英国	22	747
中国台湾	7	354
南非	6	148
印度尼西亚	3	146
德国	4	114
西班牙	4	101
巴西	1	72
印度	1	62
荷兰	0	58
澳大利亚	1	47
新加坡	0	12
墨西哥	0	5
秘鲁	0	4
中国	0	4
以色列	0	3
捷克	0	1
泰国	0	1

国家/地区	进口数量（吨）	进口金额（千美元）
33011910 白柠檬油(酸橙油)		
合计	50	2079
美国	30	1117
英国	7	532
墨西哥	7	179
德国	4	135
瑞士	1	57
日本	0	20
中国	0	15
法国	0	12
澳大利亚	0	6
印度尼西亚	0	5
西班牙	0	1
33011990 其他柑橘属果实精油		
合计	157	4356
美国	61	1310
日本	2	911
英国	27	843
意大利	13	360
巴西	32	286
德国	13	205
瑞士	1	191
法国	3	44
南非	2	40
以色列	1	37
西班牙	0	35
比利时	1	24
希腊	0	16
加拿大	1	15
阿根廷	0	11
新加坡	0	10
澳大利亚	0	5
印度尼西亚	0	5
中国	0	4
巴拉圭	0	1
摩洛哥	0	1
马达加斯加	0	1
33012400 胡椒、薄荷油		
合计	210	10658
美国	152	8827
印度	53	1575
英国	3	142
日本	1	70
瑞士	0	12
德国	0	9

国家/地区	进口数量（吨）	进口金额（千美元）
法国	0	9
西班牙	0	6
巴西	0	3
捷克	0	2
摩洛哥	0	2
巴拉圭	0	1
33012500 其他薄荷油		
合计	1596	39279
印度	948	23425
新加坡	591	14248
美国	28	1126
日本	1	122
英国	4	120
法国	4	112
德国	9	45
埃及	8	31
中国	1	19
西班牙	0	12
瑞士	0	3
保加利亚	0	3
中国香港	1	3
澳大利亚	0	3
巴拉圭	1	2
中国台湾	0	2
马达加斯加	0	1
索马里	0	1
泰国	0	1
33012910 樟脑油		
合计	1	16
法国	1	15
美国	0	2
33012920 香茅油		
合计	20	509
西班牙	15	418
印度尼西亚	2	36
瑞士	1	26
法国	1	13
新加坡	0	6
斯里兰卡	0	4
德国	0	2
日本	0	2
印度	0	1
美国	0	1
泰国	0	1
33012930 茴香油		

国家/地区	进口数量（吨）	进口金额（千美元）
合计	2	95
法国	0	22
印度	0	20
西班牙	0	17
匈牙利	0	16
中国	1	11
英国	0	7
日本	0	1
美国	0	1
澳大利亚	0	1
33012940 桂油		
合计	3	142
美国	1	57
英国	1	28
摩洛哥	0	20
法国	0	12
斯里兰卡	0	11
日本	0	9
德国	0	3
瑞士	0	2
匈牙利	0	1
33012950 山苍子油		
合计	1	21
日本	1	21
33012960 桉叶油		
合计	16	292
巴西	10	154
日本	2	62
美国	3	46
中国	1	19
瑞士	0	3
南非	0	2
新加坡	0	2
马来西亚	0	1
墨西哥	0	1
泰国	0	1
33012991 老鹳草油(香叶油)		
合计	4	731
埃及	1	333
法国	1	307
英国	1	43
南非	0	23
新加坡	0	8
中国	0	7
荷兰	0	5

国家/地区	进口数量（吨）	进口金额（千美元）
德国	0	2
捷克	0	1
33012999 未列名非柑橘属果实精油		
合计	1398	35183
美国	219	8655
印度尼西亚	311	6877
马达加斯加	191	3987
法国	36	2891
英国	57	1608
柬埔寨	150	1495
新加坡	84	1270
澳大利亚	26	1087
瑞士	13	964
德国	20	945
印度	19	911
西班牙	13	885
老挝	143	789
朝鲜	74	582
日本	4	330
斯里兰卡	6	180
危地马拉	0	167
荷兰	0	158
巴拉圭	5	125
中国	2	111
匈牙利	2	110
埃及	0	105
意大利	10	80
克罗地亚	1	74
墨西哥	0	69
摩洛哥	1	67
保加利亚	0	62
南非	0	59
拉脱维亚	1	53
奥地利	1	52
俄罗斯	1	50
海地	0	41
土耳其	1	36
突尼斯	1	34
比利时	1	33
中国台湾	1	31
加拿大	0	30
乌克兰	0	29
巴西	0	25
捷克	0	23
中国香港	0	19

国家/地区	进口数量（吨）	进口金额（千美元）
丹麦	0	12
阿尔巴尼亚	0	10
韩国	0	8
泰国	0	8
洪都拉斯	0	7
多米尼克	0	7
伊朗	0	4
越南	0	4
多米尼加	0	4
前南马其顿	0	4
科摩罗	0	4
津巴布韦	0	2
肯尼亚	0	1
索马里	0	1
斯洛文尼亚	0	1
智利	0	1
叙利亚	0	1
以色列	0	1
罗马尼亚	0	1
牙买加	0	1
马来西亚	0	1
33013010 鸢尾凝脂		
合计	0	33
法国	0	27
新加坡	0	4
美国	0	2
33013090 其他香膏		
合计	22	1103
法国	13	636
瑞士	0	140
美国	3	105
西班牙	2	62
加拿大	0	44
德国	1	32
英国	0	18
萨尔瓦多	1	16
保加利亚	0	14
荷兰	0	8
印度	0	7
泰国	1	6
韩国	0	4
日本	0	4
中国台湾	0	3
马达加斯加	0	2
澳大利亚	0	1

国家/地区	进口数量（吨）	进口金额（千美元）
中国	0	1
秘鲁	0	1
33019010 提取的油树脂		
合计	606	10277
印度	177	4811
美国	324	3370
巴西	28	496
日本	3	347
法国	6	272
丹麦	47	269
中国	1	135
斯里兰卡	4	95
韩国	3	94
西班牙	2	94
德国	4	83
英国	2	68
埃及	0	34
印度尼西亚	1	30
荷兰	1	19
摩洛哥	0	10
澳大利亚	0	10
中国台湾	0	9
国别(地区)不详	1	7
加拿大	0	5
奥地利	0	5
瑞士	0	4
墨西哥	0	4
阿尔巴尼亚	0	1
比利时	0	1
秘鲁	0	1
瑞典	0	1
33019020 柑橘属果实的精油脱萜的萜烯副产品		
合计	609	4023
美国	391	2793
巴西	167	653
英国	19	207
德国	13	138
墨西哥	8	77
加拿大	4	68
意大利	3	47
新加坡	3	29
中国	0	4
印度	0	3
以色列	0	1

国家/地区	进口数量（吨）	进口金额（千美元）
爱尔兰	0	1
瑞士	0	1
33019090 含浓缩精油的制品等		
合计	363	4169
美国	96	805
日本	4	731
中国	21	441
中国香港	28	414
法国	11	266
新加坡	34	257
英国	7	231
西班牙	34	209
瑞士	4	177
中国台湾	50	167
印度	57	134
德国	5	129
澳大利亚	3	59
意大利	2	36
拉脱维亚	1	34
保加利亚	3	25
加拿大	0	17
印度尼西亚	0	10
阿根廷	1	9
巴西	0	9
智利	0	6
匈牙利	0	1
摩洛哥	0	1
荷兰	0	1
泰国	0	1
33030000 香水及花露水		
合计	1249	76906
法国	757	54784
意大利	137	9799
美国	184	4486
英国	28	3676
德国	10	1621
西班牙	43	1478
菲律宾	57	399
瑞士	6	203
泰国	17	152
摩纳哥	1	121
日本	3	42
比利时	1	41
瑞典	1	21
新西兰	1	17

国家/地区	进口数量（吨）	进口金额（千美元）
中国香港	1	16
中国	1	13
奥地利	1	10
新加坡	0	9
波兰	0	7
韩国	0	5
越南	0	3
爱尔兰	0	1
38051000 脂松节油等		
合计	156	582
日本	37	269
丹麦	7	60
西班牙	7	51
老挝	17	41
德国	9	36
印度尼西亚	5	22
越南	26	21
巴西	20	20
美国	0	19
阿根廷	18	18
新加坡	7	15
葡萄牙	1	7
中国香港	1	2
3805901C 以 α 萜品醇为基本成分的松油		
合计	270	1257
美国	160	713
新西兰	103	451
日本	3	45
中国台湾	1	19
西班牙	2	8
乌克兰	0	8
荷兰	0	5
俄罗斯	0	3
奥地利	0	2
葡萄牙	0	2
德国	0	1
韩国	0	1
38061010 松香		
合计	2659	8577
日本	241	3179
印度尼西亚	1426	1964
巴西	580	1200
新加坡	18	662
越南	145	373
美国	57	273

国家/地区	进口数量（吨）	进口金额（千美元）
韩国	17	196
老挝	108	194
中国台湾	25	146
荷兰	12	90
中国	6	86
德国	1	59
俄罗斯	7	56
马来西亚	6	37
墨西哥	5	35
葡萄牙	3	14
英国	2	7
阿根廷	1	5
38062010 松香盐及树脂酸盐		
合计	34	205
日本	15	83
美国	7	55
德国	5	40
中国台湾	7	27
38062090 松香或树脂酸衍生物的盐		
合计	17	62
法国	16	58
比利时	1	3
38069000 其他松香和树脂酸衍生物等		
合计	3784	18111
日本	434	3982
中国	617	3886
美国	494	2146
芬兰	720	1896
德国	303	1847
中国台湾	545	1631
法国	351	1139
荷兰	81	503
韩国	107	501
瑞典	62	213
比利时	32	151
马来西亚	5	75
西班牙	10	53
新西兰	13	39
英国	2	13
印度尼西亚	2	13
澳大利亚	2	7
菲律宾	3	6
瑞士	0	4
新加坡	0	3
中国香港	0	2

国家/地区	进口数量（吨）	进口金额（千美元）
40011000 天然橡胶乳		
合计	270477	805505
泰国	243977	728932
马来西亚	11100	33865
越南	6733	19409
喀麦隆	4868	14302
印度	1150	3654
印度尼西亚	832	2623
缅甸	1378	1632
利比里亚	174	726
老挝	174	218
中国台湾	46	83
日本	18	32
中国	24	20
希腊	3	5
美国	0	5
新加坡	0	2
40012200 技术分类天然橡胶(TSNK)		
合计	1588374	4339161
印度尼西亚	423672	1994190
马来西亚	353768	1677147
越南	88760	404894
科特迪瓦	16773	75020
柬埔寨	11235	50921
缅甸	9171	40905
菲律宾	5257	24178
尼日利亚	4738	21286
喀麦隆	3387	15824
利比里亚	2674	12827
老挝	2034	8732
印度	986	5047
巴布亚新几内亚	957	4410
新加坡	323	1445
韩国	206	959
斯里兰卡	114	534
加蓬	149	446
中国台湾	89	363
美国	13	33
40012900 其他形状的天然橡胶		
合计	27950	116995
越南	9298	35624
泰国	7792	30268
印度尼西亚	4959	24232
缅甸	2130	10768
斯里兰卡	1666	7696

国家/地区	进口数量（吨）	进口金额（千美元）
马来西亚	1590	7017
中国台湾	202	574
老挝	151	557
塞拉利昂	114	136
菲律宾	40	72
日本	6	23

国家/地区	进口数量（吨）	进口金额（千美元）
美国	3	14
意大利	0	5
波兰	1	4
波多黎各	0	2
法国	0	2
德国	0	1

国家/地区	进口数量（吨）	进口金额（千美元）
中国	0	1
40013000 巴拉塔胶等天然树胶		
合计	7	33
印度尼西亚	0	22
马来西亚	7	11

野生动物驯养

表 20-1　驯养野生动物产品进出口

产品类别	单位	出口数量	出口金额(千美元)	进口数量	进口金额(千美元)
合计		4793766	638277	10398145	513416
活动物	千只	42849	32553	2887	8608
动物牙、角、蹄等	吨	9	184	1042	4895
种用动物	千只	72	454	871	16127
蜂蜜	吨	99988	201375	2468	12907
燕窝	吨	0	100	7	15357
蜂产品	吨	12090	95224	165	4117
动物油脂	吨	90	203	19	119
动物肥料	吨	1042	410	527	117
动物工艺品	吨	47	61	2	16
动物皮毛			306878		450802
动物食用			285		62
动物碳黑	吨	3073	551	189	289

表 20-2　野生动物驯养主产地

	主产地	动物种类	驯养数量(只,头,条)
1	平阴县(鲁)	短尾猴	20
2	永福县(桂)	猕猴	4560
3	雨城区(川)	猕猴	2500
4	新野县(豫)	猕猴	2800
5	高要市(粤)	猕猴	966
6	祁门县(皖)	猕猴	870
7	曾都区(鄂)	猕猴	700
8	南郑县(陕)	猕猴	350
9	东莞市(粤)	猕猴	200
10	正定县(冀)	猕猴	198
11	武陵源区(湘)	猕猴	160
12	临安市(浙)	猕猴	150
13	大足县(渝)	猕猴	150
14	金山区(沪)	猕猴	183
15	旌德县(皖)	猕猴	95
16	茅箭区(鄂)	猕猴	46
17	颍上县(皖)	猕猴	30
18	永顺县(湘)	猕猴	30
19	蓬莱市(鲁)	猕猴	28
20	浦东新区(沪)	猕猴	25
21	龙山县(湘)	猕猴	25
22	婺城区(浙)	猕猴	24
23	鄂州市市辖区(鄂)	猕猴	20
24	奉贤区(沪)	猕猴	18
25	楚雄市(滇)	猕猴	17
26	井陉县(冀)	猕猴	10
27	高要市(粤)	食蟹猴	12370
28	平南县(桂)	食蟹猴	4808
29	东莞市(粤)	食蟹猴	300
30	浦东新区(沪)	食蟹猴	496
31	奉贤区(沪)	食蟹猴	82
32	松江区(沪)	食蟹猴	70
33	茂名市属总林场(粤)	食蟹猴	16
34	蓬莱市(鲁)	松鼠猴	14
35	瓯海区(浙)	狗熊	400
36	屏边苗族自治县(滇)	狗熊	400
37	勉　县(陕)	狗熊	281
38	都江堰市(川)	狗熊	2831
39	铁岭市经济开发区(辽)	狗熊	150
40	山河实验林场(黑)	狗熊	88
41	汪清县(吉)	狗熊	75

	主产地	动物种类	驯养数量（只,头,条）
42	敦化市（吉）	狗熊	67
43	延庆县（京）	狗熊	60
44	珲春市（吉）	狗熊	60
45	安图森林经营局（吉）	狗熊	60
46	渭滨区（陕）	狗熊	52
47	图们市（吉）	狗熊	135
48	龙井市（吉）	狗熊	1009
49	和龙市（吉）	狗熊	92
50	浦东新区（沪）	狗熊	29
51	延吉市（吉）	狗熊	656
52	浦东新区（沪）	小熊猫	8
53	大兴区（京）	小熊猫	4
54	陕西省楼观台林场（陕）	小熊猫	4
55	颍上县（皖）	小熊猫	4
56	楚雄市（滇）	小熊猫	2
57	茂名市属总林场（粤）	小熊猫	1
58	牡丹江市市本级（黑）	棕熊	2000
59	巴林左旗（内蒙古）	马鹿	5600
60	乌马河林业局（龙江集团）	马鹿	2000
61	扎兰屯市（内蒙古）	马鹿	1200
62	清原满族自治县（辽）	马鹿	700
63	清河区（辽）	马鹿	550
64	新宾满族自治县（辽）	马鹿	500
65	共和县（青）	马鹿	480
66	红石林业局（吉林集团）	马鹿	430
67	桦南县（黑）	马鹿	411
68	绥阳林业局（龙江集团）	马鹿	316
69	中卫市市辖区（宁）	马鹿	300
70	祥云县（滇）	马鹿	214
71	黑河市直属林场（黑）	马鹿	209
72	沙雅县（新）	马鹿	205
73	让胡路区（黑）	马鹿	200
74	穆棱林业局（龙江集团）	马鹿	180
75	苇河林业局（龙江集团）	马鹿	178
76	阿鲁科尔沁旗（内蒙古）	马鹿	170
77	双丰林业局（龙江集团）	马鹿	163
78	承德县（冀）	马鹿	150
79	大兴安岭地区加格达奇区（黑）	马鹿	150
80	红星林业局（龙江集团）	马鹿	150
81	海林林业局（龙江集团）	马鹿	141
82	乌鲁木齐南山林场（新）	马鹿	136
83	东京城林业局（龙江集团）	马鹿	128
84	农八师（新疆建设兵团）	马鹿	270
85	汤旺河林业局（龙江集团）	马鹿	100
86	阿城区（黑）	马鹿	478
87	阜新蒙古族自治县（辽）	马鹿	95
88	林西县（内蒙古）	马鹿	85
89	林口林业局（龙江集团）	马鹿	80
90	多伦县（内蒙古）	马鹿	85
91	龙江县（黑）	马鹿	52
92	逊克县（黑）	马鹿	343
93	浑源县（晋）	马鹿	50
94	调兵山市（辽）	马鹿	50
95	海伦市（黑）	马鹿	50
96	乌伊岭林业局（龙江集团）	马鹿	50
97	木兰县（黑）	马鹿	40
98	黄龙县（陕）	马鹿	40
99	怀来县（冀）	马鹿	37
100	平凉市市辖区（甘）	马鹿	31
101	依安县（黑）	马鹿	30
102	嫩江县（黑）	马鹿	28
103	叶城县（新）	马鹿	26
104	天峻县（青）	马鹿	25
105	巴林右旗（内蒙古）	马鹿	20
106	大兴区（京）	马鹿	18
107	双滦区（冀）	马鹿	18
108	木栏围场国营林场（冀）	马鹿	17
109	克什克腾旗（内蒙古）	马鹿	99
110	沙依巴克区（新）	马鹿	16
111	宁国市（皖）	马鹿	15
112	浦东新区（沪）	马鹿	13
113	哈密市（新）	马鹿	13
114	额尔古纳市（内蒙古）	马鹿	27
115	孙吴县（黑）	马鹿	10
116	互助土族自治县（青）	马鹿	10
117	北山森林公园（青）	马鹿	10
118	西夏区（宁）	马鹿	10
119	西丰县（辽）	梅花鹿	116000
120	东丰县（吉）	梅花鹿	82000
121	伊通满族自治县（吉）	梅花鹿	23000
122	朝阳区（吉）	梅花鹿	10000
123	蛟河市（吉）	梅花鹿	8530
124	铁岭市经济开发区（辽）	梅花鹿	8000
125	龙潭区（吉）	梅花鹿	5290
126	绥中县（辽）	梅花鹿	5000
127	东辽县（吉）	梅花鹿	4500
128	龙山区（吉）	梅花鹿	3500
129	辉南县（吉）	梅花鹿	3500
130	金山屯林业局（龙江集团）	梅花鹿	3500
131	桃山林业局（龙江集团）	梅花鹿	3220

	主产地	动物种类	驯养数量(只,头,条)
132	让胡路区(黑)	梅花鹿	4245
133	通化县(吉)	梅花鹿	3000
134	新宁县(湘)	梅花鹿	3000
135	柳河县(吉)	梅花鹿	2500
136	南江县(川)	梅花鹿	2500
137	乌伊岭林业局(龙江集团)	梅花鹿	2010
138	九台市(吉)	梅花鹿	2000
139	四平市铁东区(吉)	梅花鹿	2000
140	伊川县(豫)	梅花鹿	2000
141	宁江区(吉)	梅花鹿	1960
142	朝阳县(辽)	梅花鹿	1800
143	前郭尔罗斯蒙古族自治县(吉)	梅花鹿	1605
144	抚顺县(辽)	梅花鹿	1500
145	清原满族自治县(辽)	梅花鹿	1500
146	绛　县(晋)	梅花鹿	1300
147	集安市(吉)	梅花鹿	1013
148	鹿寨县(桂)	梅花鹿	1010
149	盘山县(辽)	梅花鹿	3000
150	船营区(吉)	梅花鹿	1000
151	桦甸市(吉)	梅花鹿	1000
152	良凤江国家森林公园(桂)	梅花鹿	1000
153	乌马河林业局(龙江集团)	梅花鹿	1000
154	吴兴区(浙)	梅花鹿	900
155	昌邑区(吉)	梅花鹿	860
156	经济开发区(吉)	梅花鹿	849
157	方正林业局(龙江集团)	梅花鹿	810
158	北票市(辽)	梅花鹿	800
159	农安县(吉)	梅花鹿	800
160	江油市(川)	梅花鹿	800
161	陆良县(滇)	梅花鹿	815
162	翠峦林业局(龙江集团)	梅花鹿	790
163	龙泉市(浙)	梅花鹿	750
164	武隆县(渝)	梅花鹿	700
165	朗乡林业局(龙江集团)	梅花鹿	659
166	瓯海区(浙)	梅花鹿	652
167	清河区(辽)	梅花鹿	650
168	含山县(皖)	梅花鹿	650
169	奉化市(浙)	梅花鹿	620
170	铁岭县(辽)	梅花鹿	600
171	义乌市(浙)	梅花鹿	720
172	带岭实验局(龙江集团)	梅花鹿	600
173	新青林业局(龙江集团)	梅花鹿	535
174	宁国市(皖)	梅花鹿	510
175	巴林左旗(内蒙古)	梅花鹿	500
176	本溪满族自治县(辽)	梅花鹿	500
177	四平市市辖区(吉)	梅花鹿	500
178	浑江区(吉)	梅花鹿	500
179	永济市(晋)	梅花鹿	465
180	五营林业局(龙江集团)	梅花鹿	460
181	赤城县(冀)	梅花鹿	450
182	兴隆县(冀)	梅花鹿	615
183	木栏围场国营林场(冀)	梅花鹿	450
184	闵行区(沪)	梅花鹿	412
185	鹤北林业局(龙江集团)	梅花鹿	405
186	兴隆林业局(龙江集团)	梅花鹿	403
187	鹰手营子矿区(冀)	梅花鹿	400
188	靖宇县(吉)	梅花鹿	380
189	友好林业局(龙江集团)	梅花鹿	376
190	绥棱林业局(龙江集团)	梅花鹿	350
191	渭滨区(陕)	梅花鹿	343
192	鄂托克旗(内蒙古)	梅花鹿	300
193	凉城县(内蒙古)	梅花鹿	300
194	汪清县(吉)	梅花鹿	300
195	汤原县(黑)	梅花鹿	300
196	大兴安岭地区加格达奇区(黑)	梅花鹿	300
197	余姚市(浙)	梅花鹿	300
198	瑞安市(浙)	梅花鹿	1000
199	乐安县(赣)	梅花鹿	300
200	钦北区(桂)	梅花鹿	265
201	莱阳市(鲁)	梅花鹿	246
202	美溪林业局(龙江集团)	梅花鹿	245
203	白河县(陕)	梅花鹿	243
204	大海林林业局(龙江集团)	梅花鹿	240
205	楚雄市(滇)	梅花鹿	502
206	南岔林业局(龙江集团)	梅花鹿	224
207	鹤岗市市辖区(黑)	梅花鹿	220
208	承德县(冀)	梅花鹿	200
209	庄河市(辽)	梅花鹿	200
210	海城市(辽)	梅花鹿	200
211	大石桥市(辽)	梅花鹿	640
212	舒兰市(吉)	梅花鹿	200
213	二道江区(吉)	梅花鹿	200
214	上营森林经营局(吉)	梅花鹿	200
215	萧山区(浙)	梅花鹿	200
216	定海区(浙)	梅花鹿	200
217	孟津县(豫)	梅花鹿	200
218	桦南林业局(龙江集团)	梅花鹿	200
219	东方红林业局(龙江集团)	梅花鹿	190
220	铁力林业局(龙江集团)	梅花鹿	186
221	西夏区(宁)	梅花鹿	352

	主产地	动物种类	驯养数量（只，头，条）
222	鹤立林业局（龙江集团）	梅花鹿	180
223	上甘岭林业局（龙江集团）	梅花鹿	180
224	正定县（冀）	梅花鹿	172
225	文成县（浙）	梅花鹿	161
226	顺义区（京）	梅花鹿	515
227	缙云县（浙）	梅花鹿	160
228	贵溪市（赣）	梅花鹿	160
229	瓜州县（甘）	梅花鹿	150
230	顺城区（辽）	梅花鹿	140
231	宽城满族自治县（冀）	梅花鹿	135
232	勃利县（黑）	梅花鹿	130
233	和　县（皖）	梅花鹿	130
234	奉贤区（沪）	梅花鹿	128
235	宁阳县（鲁）	梅花鹿	127
236	宁武县（晋）	梅花鹿	120
237	东洲区（辽）	梅花鹿	440
238	五常市（黑）	梅花鹿	120
239	玉山县（赣）	梅花鹿	120
240	社旗县（豫）	梅花鹿	120
241	通山县（鄂）	梅花鹿	120
242	中卫市市辖区（宁）	梅花鹿	120
243	盖州市（辽）	梅花鹿	708
244	双滦区（冀）	梅花鹿	151
245	西新开发区（吉）	梅花鹿	107
246	海伦市（黑）	梅花鹿	100
247	秀洲区（浙）	梅花鹿	100
248	婺城区（浙）	梅花鹿	598
249	三门县（浙）	梅花鹿	100
250	东营市市辖区（鲁）	梅花鹿	100
251	京山县（鄂）	梅花鹿	900
252	芦山县（川）	梅花鹿	100
253	露水河林业局（吉林集团）	梅花鹿	100
254	大兴区（京）	梅花鹿	519
255	通北林业局（龙江集团）	梅花鹿	98
256	麻城市（鄂）	梅花鹿	96
257	徽州区（皖）	梅花鹿	94
258	科尔沁左翼中旗（内蒙古）	梅花鹿	90
259	蓬莱市（鲁）	梅花鹿	110
260	铁山区（鄂）	梅花鹿	90
261	江津区（渝）	梅花鹿	90
262	八面通林业局（龙江集团）	梅花鹿	90
263	都江堰市（川）	梅花鹿	446
264	博罗县（粤）	梅花鹿	118
265	双鸭山林业局（龙江集团）	梅花鹿	85
266	临安市（浙）	梅花鹿	83

	主产地	动物种类	驯养数量（只，头，条）
267	通榆县（吉）	梅花鹿	82
268	鄂温克族自治旗（内蒙古）	梅花鹿	80
269	依兰县（黑）	梅花鹿	80
270	浦江县（浙）	梅花鹿	130
271	利辛县（皖）	梅花鹿	150
272	大姚县（滇）	梅花鹿	80
273	渭源县（甘）	梅花鹿	75
274	恒山区（黑）	梅花鹿	70
275	武穴市（鄂）	梅花鹿	70
276	荣昌县（渝）	梅花鹿	70
277	清河林业局（龙江集团）	梅花鹿	70
278	龙游县（浙）	梅花鹿	66
279	宝山区（沪）	梅花鹿	63
280	北安市（黑）	梅花鹿	60
281	文　县（甘）	梅花鹿	60
282	东港市（辽）	梅花鹿	59
283	滴道区（黑）	梅花鹿	57
284	松江区（沪）	梅花鹿	634
285	昭阳区（滇）	梅花鹿	57
286	苍溪县（川）	梅花鹿	56
287	雷州市（粤）	梅花鹿	55
288	多伦县（内蒙古）	梅花鹿	200
289	依安县（黑）	梅花鹿	50
290	克东县（黑）	梅花鹿	50
291	虎林市（黑）	梅花鹿	50
292	建德市（浙）	梅花鹿	70
293	海宁市（浙）	梅花鹿	50
294	武义县（浙）	梅花鹿	755
295	江山市（浙）	梅花鹿	50
296	黄岩区（浙）	梅花鹿	50
297	临海市（浙）	梅花鹿	50
298	奉新县（赣）	梅花鹿	50
299	上高县（赣）	梅花鹿	50
300	获嘉县（豫）	梅花鹿	50
301	三台县（川）	梅花鹿	50
302	万源市（川）	梅花鹿	50
303	汤旺河林业局（龙江集团）	梅花鹿	50
304	云阳县（渝）	梅花鹿	48
305	湘乐林业总场（甘）	梅花鹿	48
306	泰顺县（浙）	梅花鹿	45
307	全椒县（皖）	梅花鹿	45
308	龙山县（湘）	梅花鹿	45
309	逊克县（黑）	梅花鹿	518
310	平凉市市辖区（甘）	梅花鹿	42
311	望花区（辽）	梅花鹿	40

	主产地	动物种类	驯养数量(只,头,条)
312	南芬区(辽)	梅花鹿	40
313	麻山区(黑)	梅花鹿	40
314	长白朝鲜族自治县(吉)	梅花鹿	37
315	密山市(黑)	梅花鹿	35
316	浦东新区(沪)	梅花鹿	190
317	攀枝花市西区(川)	梅花鹿	35
318	桓仁满族自治县(辽)	梅花鹿	860
319	拜泉县(黑)	梅花鹿	30
320	南召县(豫)	梅花鹿	30
321	香洲区(粤)	梅花鹿	50
322	正宁林业总场(甘)	梅花鹿	29
323	宁海县(浙)	梅花鹿	230
324	山河屯林业局(龙江集团)	梅花鹿	27
325	集宁区(内蒙古)	梅花鹿	25
326	汉台区(陕)	梅花鹿	25
327	鸡东县(黑)	梅花鹿	24
328	小陇山林业实验局(甘)	梅花鹿	23
329	平陆县(晋)	梅花鹿	22
330	嫩江县(黑)	梅花鹿	22
331	延庆县(京)	梅花鹿	40
332	浑源县(晋)	梅花鹿	170
333	察哈尔右翼后旗(内蒙古)	梅花鹿	20
334	转山实验林场(黑)	梅花鹿	20
335	城子河区(黑)	梅花鹿	20
336	乐清市(浙)	梅花鹿	20
337	谷城县(鄂)	梅花鹿	20
338	英德市(粤)	梅花鹿	20
339	天台县(浙)	梅花鹿	18
340	桐柏县(豫)	梅花鹿	16
341	万荣县(晋)	梅花鹿	55
342	乌拉特后旗(内蒙古)	梅花鹿	28
343	山河实验林场(黑)	梅花鹿	11
344	武威市市辖区(甘)	梅花鹿	11
345	宣化区(冀)	梅花鹿	10
346	金山区(沪)	梅花鹿	110
347	青浦区(沪)	梅花鹿	147
348	颍上县(皖)	梅花鹿	25
349	平阴县(鲁)	梅花鹿	10
350	鄂州市市辖区(鄂)	梅花鹿	10
351	崇阳县(鄂)	梅花鹿	10
352	永顺县(湘)	梅花鹿	10
353	黑龙江柴河林业局(龙江集团)	梅花鹿	10
354	大兴区(京)	麋鹿	38
355	木栏围场国营林场(冀)	麋鹿	11
356	友好林业局(龙江集团)	野猪	16293
357	秭归县(鄂)	野猪	10000
358	张家界市市辖区(湘)	野猪	9160
359	慈利县(湘)	野猪	9000
360	大邑县(川)	野猪	13000
361	象山县(浙)	野猪	7900
362	云龙县(滇)	野猪	7220
363	本溪满族自治县(辽)	野猪	6000
364	新民市(辽)	野猪	5000
365	绥中县(辽)	野猪	5000
366	富源县(滇)	野猪	5000
367	漾濞彝族自治县(滇)	野猪	4030
368	青州市(鲁)	野猪	3870
369	东至县(皖)	野猪	3700
370	双丰林业局(龙江集团)	野猪	3572
371	东方红林业局(龙江集团)	野猪	3240
372	勃利县(黑)	野猪	3100
373	无为县(皖)	野猪	3000
374	韩城市(陕)	野猪	3000
375	奉化市(浙)	野猪	2700
376	吉首市(湘)	野猪	2700
377	海城市(辽)	野猪	2600
378	梁平县(渝)	野猪	6800
379	北川羌族自治县(川)	野猪	2100
380	老边区(辽)	野猪	2000
381	高邮市(苏)	野猪	2000
382	淅川县(豫)	野猪	2000
383	芦山县(川)	野猪	2000
384	庄河市(辽)	野猪	1800
385	内乡县(豫)	野猪	1800
386	麒麟区(滇)	野猪	1700
387	通化县(吉)	野猪	1600
388	建平县(辽)	野猪	1500
389	盖州市(辽)	野猪	1660
390	万源市(川)	野猪	1200
391	建德市(浙)	野猪	1100
392	和平县(粤)	野猪	1100
393	清原满族自治县(辽)	野猪	1000
394	朝阳区(吉)	野猪	1000
395	桐乡市(浙)	野猪	1000
396	嵩　县(豫)	野猪	1000
397	宜都市(鄂)	野猪	1000
398	应城市(鄂)	野猪	1000
399	洞口县(湘)	野猪	1000
400	忠　县(渝)	野猪	1000
401	安居区(川)	野猪	1000

	主产地	动物种类	驯养数量（只,头,条）
402	凯里市（黔）	野猪	1000
403	绥棱林业局（龙江集团）	野猪	1000
404	集安市（吉）	野猪	900
405	浑江区（吉）	野猪	900
406	松阳县（浙）	野猪	900
407	方正林业局（龙江集团）	野猪	850
408	丰　县（苏）	野猪	800
409	兰坪白族普米族自治县（滇）	野猪	800
410	沅陵县（湘）	野猪	762
411	乌审旗（内蒙古）	野猪	700
412	咸丰县（鄂）	野猪	700
413	泰顺县（浙）	野猪	686
414	襄城区（鄂）	野猪	650
415	巴州区（川）	野猪	2500
416	建昌县（辽）	野猪	605
417	彰武县（辽）	野猪	1300
418	贵溪市（赣）	野猪	900
419	丰顺县（粤）	野猪	600
420	八步区（桂）	野猪	600
421	南川区（渝）	野猪	600
422	岢岚县（晋）	野猪	580
423	禹州市（豫）	野猪	770
424	长白森林经营局（吉）	野猪	540
425	桃源县（湘）	野猪	6692
426	浏阳市（湘）	野猪	1620
427	沾河林业局（龙江集团）	野猪	504
428	扎兰屯市（内蒙古）	野猪	500
429	东丰县（吉）	野猪	500
430	富阳市（浙）	野猪	1000
431	临海市（浙）	野猪	500
432	宁阳县（鲁）	野猪	500
433	庆云县（鲁）	野猪	500
434	高州市（粤）	野猪	500
435	罗城仫佬族自治县（桂）	野猪	500
436	丰都县（渝）	野猪	500
437	石棉县（川）	野猪	500
438	新宾满族自治县（辽）	野猪	460
439	连山区（辽）	野猪	400
440	泾　县（皖）	野猪	1400
441	都昌县（赣）	野猪	400
442	那坡县（桂）	野猪	400
443	崇州市（川）	野猪	1100
444	汶川县（川）	野猪	400
445	武定县（滇）	野猪	375
446	巴林林业局（内蒙古）	野猪	350

	主产地	动物种类	驯养数量（只,头,条）
447	巴林右旗（内蒙古）	野猪	320
448	泸西县（滇）	野猪	820
449	楚雄市（滇）	野猪	316
450	林西县（内蒙古）	野猪	300
451	科尔沁右翼前旗（内蒙古）	野猪	300
452	辉南县（吉）	野猪	730
453	爱辉区（黑）	野猪	300
454	桐庐县（浙）	野猪	300
455	三门县（浙）	野猪	300
456	渝水区（赣）	野猪	300
457	万安县（赣）	野猪	300
458	孟津县（豫）	野猪	300
459	洛宁县（豫）	野猪	300
460	随　县（鄂）	野猪	300
461	耒阳市（湘）	野猪	300
462	乳源瑶族自治县（粤）	野猪	300
463	荣昌县（渝）	野猪	300
464	都江堰市（川）	野猪	300
465	筠连县（川）	野猪	300
466	施甸县（滇）	野猪	300
467	腾冲县（滇）	野猪	1300
468	泾阳县（陕）	野猪	600
469	南郑县（陕）	野猪	300
470	清城区（粤）	野猪	773
471	会昌县（赣）	野猪	295
472	麻城市（鄂）	野猪	280
473	温岭市（浙）	野猪	270
474	陆良县（滇）	野猪	2370
475	江永县（湘）	野猪	235
476	石柱土家族自治县（渝）	野猪	235
477	武义县（浙）	野猪	230
478	平昌县（川）	野猪	230
479	大姚县（滇）	野猪	221
480	鄂温克族自治旗（内蒙古）	野猪	220
481	鄂州市市辖区（鄂）	野猪	220
482	金山屯林业局（龙江集团）	野猪	210
483	大兴区（京）	野猪	2207
484	闻喜县（晋）	野猪	200
485	苏家屯区（辽）	野猪	200
486	瓯海区（浙）	野猪	200
487	婺城区（浙）	野猪	480
488	彭泽县（赣）	野猪	200
489	东营市市辖区（鲁）	野猪	2400
490	郓城县（鲁）	野猪	200
491	凤泉区（豫）	野猪	200

	主产地	动物种类	驯养数量(只,头,条)
492	南漳县(鄂)	野猪	200
493	赫山区(湘)	野猪	200
494	紫金县(粤)	野猪	200
495	富川瑶族自治县(桂)	野猪	200
496	威远县(川)	野猪	200
497	雨城区(川)	野猪	200
498	大关县(滇)	野猪	420
499	乌马河林业局(龙江集团)	野猪	200
500	乌拉特前旗(内蒙古)	野猪	1080
501	集宁区(内蒙古)	野猪	180
502	汝城县(湘)	野猪	180
503	略阳县(陕)	野猪	170
504	大石桥市(辽)	野猪	160
505	哈密市(新)	野猪	160
506	平陆县(晋)	野猪	150
507	德安县(赣)	野猪	150
508	博爱县(豫)	野猪	350
509	良凤江国家森林公园(桂)	野猪	150
510	红花岗区(黔)	野猪	2550
511	翠峦林业局(龙江集团)	野猪	148
512	姚安县(滇)	野猪	340
513	舒兰市(吉)	野猪	138
514	龙游县(浙)	野猪	130
515	崇仁县(赣)	野猪	130
516	合阳县(陕)	野猪	122
517	夏　县(晋)	野猪	120
518	阿鲁科尔沁旗(内蒙古)	野猪	500
519	潜山县(皖)	野猪	500
520	崇义县(赣)	野猪	120
521	禄丰县(滇)	野猪	1304
522	鸡东县(黑)	野猪	116
523	瓜州县(甘)	野猪	110
524	大海林林业局(龙江集团)	野猪	104
525	延庆县(京)	野猪	400
526	蔚　县(冀)	野猪	100
527	木兰县(黑)	野猪	100
528	逊克县(黑)	野猪	200
529	孙吴县(黑)	野猪	100
530	修水县(赣)	野猪	100
531	中牟县(豫)	野猪	100
532	修武县(豫)	野猪	100
533	灵宝市(豫)	野猪	100
534	竹山县(鄂)	野猪	100
535	长阳土家族自治县(鄂)	野猪	100
536	枝江市(鄂)	野猪	100
537	江陵县(鄂)	野猪	100
538	醴陵市(湘)	野猪	100
539	衡南县(湘)	野猪	100
540	北湖区(湘)	野猪	100
541	乐昌市(粤)	野猪	100
542	桂平市(桂)	野猪	300
543	江津区(渝)	野猪	100
544	罗平县(滇)	野猪	100
545	沾益县(滇)	野猪	500
546	文　县(甘)	野猪	100
547	彭泽县(赣)	獐猪	300
548	赫山区(湘)	獐猪	300
549	衢江区(浙)	獐猪	200
550	肥西县(皖)	獐猪	200
551	鹤峰县(鄂)	獐猪	300
552	兴国县(赣)	獐猪	100
553	中牟县(豫)	獐猪	100
554	高邮市(苏)	豪猪	3000
555	腾冲县(滇)	豪猪	500
556	新建县(赣)	豪猪	200
557	略阳县(陕)	豪猪	150
558	南部县(川)	豪猪	100
559	大洼县(辽)	银狐	200000
560	肇源县(黑)	银狐	150000
561	前郭尔罗斯蒙古族自治县(吉)	银狐	90000
562	杜尔伯特蒙古族自治县(黑)	银狐	87283
563	庄河市(辽)	银狐	27000
564	绥中县(辽)	银狐	13500
565	青州市(鲁)	银狐	8500
566	东港市(辽)	银狐	6500
567	让胡路区(黑)	银狐	6247
568	双丰林业局(龙江集团)	银狐	2552
569	大石桥市(辽)	银狐	2100
570	获嘉县(豫)	银狐	2000
571	彰武县(辽)	银狐	1800
572	林甸县(黑)	银狐	1500
573	南宫市(冀)	银狐	1000
574	安居区(川)	银狐	1000
575	肥城市(鲁)	银狐	600
576	海城市(辽)	银狐	500
577	修武县(豫)	银狐	500
578	黎川县(赣)	银狐	300
579	阜新蒙古族自治县(辽)	银狐	235
580	建昌县(辽)	银狐	210
581	东平县(鲁)	银狐	150

	主产地	动物种类	驯养数量（只，头，条）
582	连山区（辽）	北极狐	229000
583	灯塔市（辽）	北极狐	50000
584	方正林业局（龙江集团）	北极狐	10700
585	友好林业局（龙江集团）	北极狐	10437
586	龙口市（鲁）	北极狐	6000
587	东京城林业局（龙江集团）	北极狐	5106
588	海林林业局（龙江集团）	北极狐	4000
589	翠峦林业局（龙江集团）	北极狐	2326
590	东方红林业局（龙江集团）	北极狐	2200
591	沾河林业局（龙江集团）	北极狐	1512
592	新青林业局（龙江集团）	北极狐	876
593	金山屯林业局（龙江集团）	北极狐	520
594	绥棱林业局（龙江集团）	北极狐	500
595	西夏区（宁）	北极狐	800
596	桃山林业局（龙江集团）	北极狐	300
597	上甘岭林业局（龙江集团）	北极狐	290
598	美溪林业局（龙江集团）	北极狐	207
599	带岭实验局（龙江集团）	北极狐	100
600	庄河市（辽）	水貂	1600000
601	昌邑区（吉）	水貂	285000
602	青州市（鲁）	水貂	150000
603	郓城县（鲁）	水貂	120000
604	连山区（辽）	水貂	66000
605	前郭尔罗斯蒙古族自治县（吉）	水貂	50000
606	新宾满族自治县（辽）	水貂	33000
607	东港市（辽）	水貂	37000
608	灯塔市（辽）	水貂	20000
609	延庆县（京）	水貂	2400
610	大石桥市（辽）	水貂	2000
611	高密市（鲁）	水貂	10400
612	海宁市（浙）	水貂	1120
613	桓仁满族自治县（辽）	水貂	1000
614	集宁区（内蒙古）	水貂	550
615	西夏区（宁）	水貂	400
616	东方红林业局（龙江集团）	水貂	240
617	平阴县（鲁）	水貂	200
618	郓城县（鲁）	狐狸	20000
619	昌乐县（鲁）	狐狸	400
620	蓬莱市（鲁）	狐狸	460
621	平阴县（鲁）	狐狸	2200
622	临泽县（甘）	狐狸	150
623	辰溪县（湘）	果子狸	2800
624	高邮市（苏）	果子狸	2500
625	麻章区（粤）	果子狸	1000
626	八步区（桂）	果子狸	1000
627	鹤城区（湘）	果子狸	1010
628	东乡县（赣）	果子狸	400
629	桃源县（湘）	果子狸	1146
630	济源市（豫）	果子狸	300
631	万安县（赣）	果子狸	200
632	沅陵县（湘）	果子狸	151
633	青州市（鲁）	果子狸	150
634	夏　县（晋）	果子狸	100
635	武宁县（赣）	果子狸	80
636	耒阳市（湘）	果子狸	60
637	洞口县（湘）	果子狸	50
638	桂平市（桂）	果子狸	50
639	翠屏区（川）	果子狸	30
640	平陆县（晋）	果子狸	25
641	大洼县（辽）	貉	251000
642	杜尔伯特蒙古族自治县（黑）	貉	185692
643	肇源县（黑）	貉	180000
644	东营市市辖区（鲁）	貉	105000
645	前郭尔罗斯蒙古族自治县（吉）	貉	70000
646	连山区（辽）	貉	55000
647	灯塔市（辽）	貉	50000
648	方正林业局（龙江集团）	貉	13185
649	绥中县（辽）	貉	10000
650	海林林业局（龙江集团）	貉	7000
651	东港市（辽）	貉	6870
652	双丰林业局（龙江集团）	貉	6138
653	鹰手营子矿区（冀）	貉	5000
654	沾河林业局（龙江集团）	貉	3286
655	喀喇沁左翼蒙古族自治县（辽）	貉	3000
656	朗乡林业局（龙江集团）	貉	2130
657	让胡路区（黑）	貉	2000
658	友好林业局（龙江集团）	貉	1965
659	获嘉县（豫）	貉	1600
660	逊克县（黑）	貉	2890
661	青州市（鲁）	貉	1500
662	东京城林业局（龙江集团）	貉	1280
663	美溪林业局（龙江集团）	貉	1200
664	宾　县（黑）	貉	1000
665	平舆县（豫）	貉	1000
666	鹤北林业局（龙江集团）	貉	1000
667	东方红林业局（龙江集团）	貉	1000
668	金山屯林业局（龙江集团）	貉	1000
669	五营林业局（龙江集团）	貉	1000
670	迎春林业局（龙江集团）	貉	700
671	大海林林业局（龙江集团）	貉	602

	主产地	动物种类	驯养数量(只,头,条)
672	林甸县(黑)	貉	600
673	新青林业局(龙江集团)	貉	540
674	盘山县(辽)	貉	500
675	南岔林业局(龙江集团)	貉	456
676	兴隆林业局(龙江集团)	貉	350
677	望花区(辽)	貉	300
678	平阴县(鲁)	貉	300
679	蓬莱市(鲁)	貉	4960
680	带岭实验局(龙江集团)	貉	300
681	穆棱林业局(龙江集团)	貉	240
682	西夏区(宁)	貉	360
683	黑龙江柴河林业局(龙江集团)	貉	200
684	大兴区(京)	貉	150
685	上甘岭林业局(龙江集团)	貉	110
686	舒兰市(吉)	貉	80
687	双城市(黑)	狍子	100
688	围场满族蒙古族自治县(冀)	狍子	130
689	勃利县(黑)	狍子	60
690	免渡河林业局(内蒙古)	狍子	50
691	东洲区(辽)	狍子	35
692	延庆县(京)	狍子	40
693	额尔古纳市(内蒙古)	狍子	51
694	滴道区(黑)	狍子	20
695	怀来县(冀)	狍子	18
696	密山市(黑)	狍子	15
697	陕西省楼观台林场(陕)	金钱豹	1
698	沙依巴克区(新)	狼	48
699	浦东新区(沪)	老虎	58
700	浦东新区(沪)	狮子	27
701	浦东新区(沪)	海狮	17
702	乳源瑶族自治县(粤)	海狸鼠	3000
703	山阳区(豫)	海狸鼠	2000
704	温岭市(浙)	海狸鼠	480
705	三门县(浙)	海狸鼠	320
706	东营市市辖区(鲁)	海狸鼠	100
707	江陵县(鄂)	海狸鼠	50
708	新邵县(湘)	毛丝鼠	5000
709	辰溪县(湘)	毛丝鼠	4320
710	井冈山市(赣)	毛丝鼠	800
711	资兴市(湘)	毛丝鼠	200
712	沅陵县(湘)	豚鼠	3700
713	翠屏区(川)	豚鼠	3000
714	南雄市(粤)	豚鼠	2000
715	东兴区(川)	豚鼠	800
716	会昌县(赣)	豚鼠	300
717	上高县(赣)	豚鼠	300
718	临武县(湘)	豚鼠	160
719	始兴县(粤)	花鼠	7500
720	分宜县(赣)	花鼠	2000
721	南江县(川)	花鼠	2000
722	桃源县(湘)	花鼠	1160
723	南雄市(粤)	花鼠	1000
724	龙山县(湘)	花鼠	800
725	保靖县(湘)	花鼠	700
726	永顺县(湘)	花鼠	700
727	娄星区(湘)	花鼠	400
728	花垣县(湘)	花鼠	400
729	凤凰县(湘)	花鼠	300
730	古丈县(湘)	花鼠	300
731	涟源市(湘)	仓鼠	2000
732	吉首市(湘)	仓鼠	2000
733	临川区(赣)	仓鼠	1000
734	忻城县(桂)	仓鼠	3300
735	芷江侗族自治县(湘)	仓鼠	800
736	罗城仫佬族自治县(桂)	仓鼠	950
737	苏仙区(湘)	仓鼠	500
738	湘潭县(湘)	仓鼠	200
739	黎川县(赣)	仓鼠	1800
740	桂阳县(湘)	仓鼠	100
741	南郑县(陕)	麝鼠	300
742	吴兴区(浙)	巴西龟	6657070
743	惠城区(粤)	巴西龟	5430
744	萧山区(浙)	巴西龟	4000
745	麻城市(鄂)	巴西龟	300
746	桐庐县(浙)	鳄龟	60000
747	青浦区(沪)	鳄龟	2000
748	桐庐县(浙)	中华鳖	100000
749	新晃侗族自治县(湘)	中华鳖	2500
750	南康市(赣)	中华鳖	10500
751	耒阳市(湘)	中华鳖	800
752	香洲区(粤)	中华鳖	150
753	南雄市(粤)	中华鳖	100
754	四会市(粤)	湾鳄	3500
755	吴兴区(浙)	湾鳄	3000
756	三山区(皖)	湾鳄	400
757	萧山区(浙)	湾鳄	253
758	高州市(粤)	暹罗鳄	120000
759	吴兴区(浙)	暹罗鳄	23000
760	潮南区(粤)	暹罗鳄	14372
761	四会市(粤)	暹罗鳄	3800

	主产地	动物种类	驯养数量（只,头,条）
762	浦东新区(沪)	暹罗鳄	200
763	建湖县(苏)	暹罗鳄	48
764	四会市(粤)	尼罗鳄	800
765	婺城区(浙)	尼罗鳄	23
766	苇河林业局(龙江集团)	黑龙江林蛙(万只)	20150
767	亚布力林业局(龙江集团)	黑龙江林蛙(万只)	10000
768	绥阳林业局(龙江集团)	黑龙江林蛙(万只)	5210
769	兴隆林业局(龙江集团)	黑龙江林蛙(万只)	2200
770	鹤北林业局(龙江集团)	黑龙江林蛙(万只)	2000
771	东方红林业局(龙江集团)	黑龙江林蛙(万只)	2000
772	山河屯林业局(龙江集团)	黑龙江林蛙(万只)	1280
773	沾河林业局(龙江集团)	黑龙江林蛙(万只)	957
774	带岭实验局(龙江集团)	黑龙江林蛙(万只)	700
775	尚志市(黑)	黑龙江林蛙(万只)	550
776	海林林业局(龙江集团)	黑龙江林蛙(万只)	500
777	双鸭山林业局(龙江集团)	黑龙江林蛙(万只)	450
778	通化县(吉)	黑龙江林蛙(万只)	330
779	清河林业局(龙江集团)	黑龙江林蛙(万只)	300
780	穆棱林业局(龙江集团)	黑龙江林蛙(万只)	260
781	绥棱林业局(龙江集团)	黑龙江林蛙(万只)	230
782	鹤立林业局(龙江集团)	黑龙江林蛙(万只)	210
783	北安市(黑)	黑龙江林蛙(万只)	200
784	黑龙江柴河林业局(龙江集团)	黑龙江林蛙(万只)	180
785	大海林林业局(龙江集团)	黑龙江林蛙(万只)	156
786	东京城林业局(龙江集团)	黑龙江林蛙(万只)	155
787	林口林业局(龙江集团)	黑龙江林蛙(万只)	100
788	迎春林业局(龙江集团)	黑龙江林蛙	800000
789	八面通林业局(龙江集团)	黑龙江林蛙	680000
790	桦南林业局(龙江集团)	黑龙江林蛙	500000
791	方正林业局(龙江集团)	黑龙江林蛙	320000
792	桦南县(黑)	黑龙江林蛙	160000
793	汤原县(黑)	黑龙江林蛙	100000
794	勃利县(黑)	黑龙江林蛙	95000
795	鸡东县(黑)	黑龙江林蛙	50000
796	麻山区(黑)	黑龙江林蛙	10000
797	恒山区(黑)	黑龙江林蛙	3000
798	嫩江县(黑)	黑龙江林蛙	500
799	郓城县(鲁)	虎纹蛙	1000000
800	贵溪市(赣)	虎纹蛙	200000
801	浏阳市(湘)	虎纹蛙	300000
802	安居区(川)	虎纹蛙	55000
803	婺城区(浙)	虎纹蛙	1150000
804	衢江区(浙)	虎纹蛙	50000
805	五峰土家族自治县(鄂)	虎纹蛙	50000
806	赫山区(湘)	虎纹蛙	50000
807	鼎城区(湘)	虎纹蛙	45000
808	松阳县(浙)	虎纹蛙	40000
809	丰都县(渝)	虎纹蛙	31200
810	洪湖市(鄂)	虎纹蛙	20000
811	耒阳市(湘)	虎纹蛙	20000
812	桃江县(湘)	虎纹蛙	20000
813	修水县(赣)	虎纹蛙	10000
814	永兴县(湘)	虎纹蛙	20000
815	桂平市(桂)	虎纹蛙	28000
816	柳江县(桂)	虎纹蛙	5420
817	义乌市(浙)	虎纹蛙	105000
818	瑞昌市(赣)	虎纹蛙	10000
819	天台县(浙)	虎纹蛙	2000
820	青浦区(沪)	虎纹蛙	1000
821	桐庐县(浙)	虎纹蛙	51000
822	新宾满族自治县(辽)	中国林蛙(万只)	55000
823	舒兰市(吉)	中国林蛙(万只)	21790
824	浑江区(吉)	中国林蛙(万只)	9800
825	长白朝鲜族自治县(吉)	中国林蛙(万只)	6500
826	清原满族自治县(辽)	中国林蛙(万只)	3500
827	阜新蒙古族自治县(辽)	中国林蛙(万只)	2050
828	抚顺县(辽)	中国林蛙(万只)	2000
829	靖宇县(吉)	中国林蛙(万只)	2000
830	集安市(吉)	中国林蛙(万只)	1234. 98
831	开原市(辽)	中国林蛙(万只)	800
832	汪清县(吉)	中国林蛙(万只)	697
833	黄泥河林业局(吉)	中国林蛙(万只)	530
834	和龙林业局(吉)	中国林蛙(万只)	502
835	振安区(辽)	中国林蛙(万只)	480
836	八家子林业局(吉)	中国林蛙(万只)	422
837	安图森林经营局(吉)	中国林蛙(万只)	315
838	白河林业局(吉)	中国林蛙(万只)	300
839	五常市(黑)	中国林蛙(万只)	300
840	敦化市(吉)	中国林蛙(万只)	260
841	东港市(辽)	中国林蛙(万只)	245
842	敦化林业局(吉)	中国林蛙(万只)	212
843	黑河市直属林场(黑)	中国林蛙(万只)	200
844	珲春林业局(吉)	中国林蛙(万只)	188
845	辉南县(吉)	中国林蛙(万只)	185
846	汪清林业局(吉)	中国林蛙(万只)	180
847	大石头林业局(吉)	中国林蛙(万只)	165. 83
848	红石林业局(吉林集团)	中国林蛙(万只)	156. 5
849	大兴沟林业局(吉)	中国林蛙(万只)	150
850	庄河市(辽)	中国林蛙(万只)	120
851	天桥岭林业局(吉)	中国林蛙(万只)	112

	主产地	动物种类	驯养数量(只,头,条)
852	露水河林业局(吉林集团)	中国林蛙(万只)	100
853	铁岭县(辽)	中国林蛙(万只)	75
854	长白山林业局(吉)	中国林蛙(万只)	60
855	东丰县(吉)	中国林蛙(万只)	50
856	浦东新区(沪)	中国林蛙(万只)	50
857	东洲区(辽)	中国林蛙(万只)	32.7
858	宽甸满族自治县(辽)	中国林蛙(万只)	20
859	山河实验林场(黑)	中国林蛙(万只)	19
860	蛟河市(吉)	中国林蛙(万只)	12
861	咸丰县(鄂)	中国林蛙(万只)	9
862	金溪县(赣)	中国林蛙(万只)	3
863	龙潭区(吉)	中国林蛙(万只)	2.57
864	瓯海区(浙)	中国林蛙(万只)	2
865	乐清市(浙)	中国林蛙(万只)	2
866	南江县(川)	中国林蛙(万只)	1.2
867	顺城区(辽)	中国林蛙(万只)	0.59
868	海城市(辽)	中国林蛙(万只)	0.5
869	沙坪坝区(渝)	猪蛙	90000
870	榕江县(黔)	猪蛙	500
871	利川市(鄂)	猪蛙	200
872	德清县(浙)	蛇	5500000
873	阳新县(鄂)	蛇	1350000
874	秀洲区(浙)	蛇	192750
875	义乌市(浙)	蛇	52000
876	忻城县(桂)	蛇	50000
877	泰顺县(浙)	蛇	42300
878	武穴市(鄂)	蛇	95000
879	玉山县(赣)	蛇	30000
880	零陵区(湘)	蛇	80000
881	资兴市(湘)	蛇	28000
882	襄州区(鄂)	蛇	26000
883	沅陵县(湘)	蛇	23000
884	潜山县(皖)	蛇	20000
885	宜城市(鄂)	蛇	20000
886	钦南区(桂)	蛇	119400
887	砚山县(滇)	蛇	20000
888	贵溪市(赣)	蛇	70000
889	青州市(鲁)	蛇	17000
890	钟祥市(鄂)	蛇	15000
891	海宁市(浙)	蛇	79450
892	英德市(粤)	蛇	10900
893	万年县(赣)	蛇	10800
894	仙居县(浙)	蛇	10000
895	榕江县(黔)	蛇	10000
896	湘乡市(湘)	蛇	8000
897	竹山县(鄂)	蛇	10000
898	长阳土家族自治县(鄂)	蛇	13000
899	北湖区(湘)	蛇	6000
900	钦北区(桂)	蛇	17630
901	吉首市(湘)	蛇	5000
902	海盐县(浙)	蛇	4300
903	新建县(赣)	蛇	4000
904	桂平市(桂)	蛇	8000
905	乐清市(浙)	蛇	3700
906	上虞市(浙)	蛇	3000
907	余江县(赣)	蛇	3000
908	冷水滩区(湘)	蛇	3000
909	浦北县(桂)	蛇	8600
910	萧山区(浙)	蛇	2500
911	天台县(浙)	蛇	2500
912	涟源市(湘)	蛇	3500
913	彭水苗族土家族自治县(渝)	蛇	2300
914	平舆县(豫)	蛇	2000
915	枝江市(鄂)	蛇	2000
916	武陵区(湘)	蛇	2400
917	鹤城区(湘)	蛇	2000
918	高州市(粤)	蛇	6000
919	合浦县(桂)	蛇	8000
920	龙山县(湘)	蛇	1500
921	乐平市(赣)	蛇	1400
922	龙泉市(浙)	蛇	1200
923	永顺县(湘)	蛇	1200
924	麻章区(粤)	蛇	1200
925	崇仁县(赣)	蛇	1100
926	郁南县(粤)	蛇	2100
927	定海区(浙)	蛇	1000
928	建始县(鄂)	蛇	1000
929	常宁市(湘)	蛇	1000
930	保靖县(湘)	蛇	1000
931	那坡县(桂)	蛇	1000
932	红花岗区(黔)	蛇	1500
933	余杭区(浙)	蛇	800
934	博爱县(豫)	蛇	800
935	平昌县(川)	蛇	620
936	庄河市(辽)	蛇	600
937	祁东县(湘)	蛇	2100
938	花垣县(湘)	蛇	600
939	新化县(湘)	蛇	500
940	古丈县(湘)	蛇	500
941	高要市(粤)	蛇	9500

	主产地	动物种类	驯养数量（只，头，条）
942	丰都县（渝）	蛇	450
943	凤凰县（湘）	蛇	400
944	徽州区（皖）	蛇	520
945	三门县（浙）	蛇	220
946	苏仙区（湘）	蛇	200
947	平桥区（豫）	蛇	191
948	万州区（渝）	黑眉蛇	8000
949	巴州区（川）	黑眉蛇	2100
950	鹤峰县（鄂）	黑眉蛇	3800
951	耒阳市（湘）	黑眉蛇	2000
952	英德市（粤）	黑眉蛇	2000
953	宁国市（皖）	黑眉蛇	100
954	耒阳市（湘）	王锦蛇	6000
955	灵山县（桂）	王锦蛇	6000
956	永修县（赣）	王锦蛇	5000
957	万州区（渝）	王锦蛇	5000
958	云阳县（渝）	王锦蛇	3500
959	桃源县（湘）	王锦蛇	3836
960	鹤峰县（鄂）	王锦蛇	1300
961	三门县（浙）	王锦蛇	1000
962	宁海县（浙）	王锦蛇	900
963	武陵区（湘）	王锦蛇	300
964	金溪县（赣）	王锦蛇	200
965	腾冲县（滇）	王锦蛇	100
966	祥云县（滇）	王锦蛇	100
967	灵山县（桂）	乌梢蛇	285180
968	万州区（渝）	乌梢蛇	15000
969	耒阳市（湘）	乌梢蛇	4000
970	英德市（粤）	乌梢蛇	3000
971	巫溪县（渝）	乌梢蛇	2900
972	桃源县（湘）	乌梢蛇	1326
973	鹤峰县（鄂）	乌梢蛇	800
974	三门县（浙）	乌梢蛇	300
975	昭阳区（滇）	乌梢蛇	150
976	蓬莱市（鲁）	孔雀	147
977	云阳县（渝）	蓝孔雀	10000
978	东河区（内蒙古）	蓝孔雀	5350
979	桐城市（皖）	蓝孔雀	5000
980	宜都市（鄂）	蓝孔雀	5000
981	鲅鱼圈区（辽）	蓝孔雀	3000
982	无为县（皖）	蓝孔雀	3000
983	元谋县（滇）	蓝孔雀	3000
984	宁国市（皖）	蓝孔雀	3020
985	德安县（赣）	蓝孔雀	1000
986	莱州市（鲁）	蓝孔雀	1000

	主产地	动物种类	驯养数量（只，头，条）
987	农八师（新疆建设兵团）	蓝孔雀	800
988	温岭市（浙）	蓝孔雀	600
989	临川区（赣）	蓝孔雀	860
990	崇阳县（鄂）	蓝孔雀	600
991	建湖县（苏）	蓝孔雀	500
992	芦溪县（赣）	蓝孔雀	500
993	洞口县（湘）	蓝孔雀	500
994	鼎城区（湘）	蓝孔雀	500
995	麻章区（粤）	蓝孔雀	500
996	乐清市（浙）	蓝孔雀	400
997	婺城区（浙）	蓝孔雀	400
998	湘潭县（湘）	蓝孔雀	400
999	桐庐县（浙）	蓝孔雀	300
1000	瑞昌市（赣）	蓝孔雀	1400
1001	偃师市（豫）	蓝孔雀	300
1002	大足县（渝）	蓝孔雀	250
1003	浦东新区（沪）	蓝孔雀	237
1004	让胡路区（黑）	蓝孔雀	200
1005	芜湖县（皖）	蓝孔雀	200
1006	芷江侗族自治县（湘）	蓝孔雀	200
1007	贵溪市（赣）	蓝孔雀	160
1008	全州县（桂）	蓝孔雀	160
1009	吉州区（赣）	蓝孔雀	150
1010	黄岩区（浙）	蓝孔雀	120
1011	双桥区（冀）	蓝孔雀	100
1012	乌拉特前旗（内蒙古）	蓝孔雀	100
1013	昌邑区（吉）	蓝孔雀	100
1014	义乌市（浙）	蓝孔雀	1460
1015	三门县（浙）	蓝孔雀	100
1016	五营林业局（龙江集团）	兔	78562
1017	新青林业局（龙江集团）	兔	45000
1018	方正林业局（龙江集团）	兔	31000
1019	获嘉县（豫）	兔	30000
1020	红古区（甘）	兔	20000
1021	朗乡林业局（龙江集团）	兔	16675
1022	潜山县（皖）	兔	15000
1023	让胡路区（黑）	兔	10353
1024	分宜县（赣）	兔	10000
1025	双鸭山林业局（龙江集团）	兔	10000
1026	铁力林业局（龙江集团）	兔	8126
1027	山河屯林业局（龙江集团）	兔	8000
1028	东方红林业局（龙江集团）	兔	7000
1029	桃山林业局（龙江集团）	兔	7000
1030	乌马河林业局（龙江集团）	兔	6500
1031	美溪林业局（龙江集团）	兔	6500

	主产地	动物种类	驯养数量（只,头,条）
1032	友好林业局(龙江集团)	兔	5580
1033	翠峦林业局(龙江集团)	兔	5548
1034	鹤立林业局(龙江集团)	兔	5500
1035	绥棱林业局(龙江集团)	兔	5150
1036	东丰县(吉)	兔	5000
1037	南岔林业局(龙江集团)	兔	5000
1038	金山屯林业局(龙江集团)	兔	4800
1039	通榆县(吉)	兔	3200
1040	青州市(鲁)	兔	3000
1041	带岭实验局(龙江集团)	兔	3000
1042	双丰林业局(龙江集团)	兔	2937
1043	大海林林业局(龙江集团)	兔	2400
1044	上甘岭林业局(龙江集团)	兔	2300
1045	绥阳林业局(龙江集团)	兔	2012
1046	穆棱林业局(龙江集团)	兔	1800
1047	三门县(浙)	兔	1500
1048	亚布力林业局(龙江集团)	兔	1300
1049	余杭区(浙)	兔	1200
1050	麻城市(鄂)	兔	1200
1051	乌伊岭林业局(龙江集团)	兔	1100
1052	沾河林业局(龙江集团)	兔	1090
1053	鸡东县(黑)	兔	1000
1054	桐庐县(浙)	兔	1000
1055	富阳市(浙)	兔	1000
1056	舞钢市(豫)	兔	1000
1057	沾益县(滇)	兔	1000
1058	韩城市(陕)	兔	1000
1059	天台县(浙)	兔	560
1060	苇河林业局(龙江集团)	兔	425
1061	合阳县(陕)	兔	300
1062	黑河市直属林场(黑)	兔	240
1063	黑龙江柴河林业局(龙江集团)	兔	150
1064	资兴市(湘)	兔	120
1065	井冈山市(赣)	兔	100
1066	陆良县(滇)	鸵鸟	500
1067	哈密市(新)	鸵鸟	242
1068	临安市(浙)	鸵鸟	100
1069	巧家县(滇)	鸵鸟	100
1070	楚雄市(滇)	鸵鸟	50
1071	昭阳区(滇)	鸵鸟	45
1072	乌拉特后旗(内蒙古)	鸵鸟	12
1073	鹿城区(浙)	鸵鸟	10
1074	云　县(滇)	鸵鸟	10
1075	南宫市(冀)	非洲鸵鸟	2000
1076	临海市(浙)	非洲鸵鸟	2000
1077	临安市(浙)	非洲鸵鸟	900
1078	泸西县(滇)	非洲鸵鸟	520
1079	延庆县(京)	非洲鸵鸟	300
1080	让胡路区(黑)	非洲鸵鸟	280
1081	祥云县(滇)	非洲鸵鸟	170
1082	三门县(浙)	非洲鸵鸟	186
1083	东营市市辖区(鲁)	非洲鸵鸟	100
1084	南雄市(粤)	非洲鸵鸟	100
1085	腾冲县(滇)	非洲鸵鸟	100
1086	义乌市(浙)	非洲鸵鸟	60
1087	临猗县(晋)	非洲鸵鸟	55
1088	砚山县(滇)	非洲鸵鸟	50
1089	汉台区(陕)	非洲鸵鸟	50
1090	浦东新区(沪)	非洲鸵鸟	30
1091	颍上县(皖)	非洲鸵鸟	15
1092	建德市(浙)	蜈蚣	5100000
1093	宜都市(鄂)	蜈蚣	1000000
1094	富阳市(浙)	蜈蚣	300000
1095	淳安县(浙)	蜈蚣	30000
1096	宁海县(浙)	蜈蚣	715000
1097	婺城区(浙)	蜈蚣	22000
1098	麻江县(黔)	蜈蚣	4000
1099	临猗县(晋)	蝎子	6000
1100	东河区(内蒙古)	石鸡	53500
1101	建德市(浙)	石鸡	406700
1102	武定县(滇)	石鸡	5000
1103	武义县(浙)	石鸡	1000
1104	凉州区(甘)	石鸡	1000
1105	乌拉特后旗(内蒙古)	石鸡	500
1106	大兴区(京)	石鸡	300
1107	双桥区(冀)	石鸡	100
1108	奉贤区(沪)	白腹锦鸡	50
1109	浦东新区(沪)	白腹锦鸡	10
1110	桐城市(皖)	七彩山鸡	350000
1111	大英县(川)	七彩山鸡	180000
1112	咸丰县(鄂)	七彩山鸡	120000
1113	武城县(鲁)	七彩山鸡	80000
1114	石柱土家族自治县(渝)	七彩山鸡	51000
1115	宜都市(鄂)	七彩山鸡	50000
1116	栾川县(豫)	七彩山鸡	35600
1117	奉贤区(沪)	七彩山鸡	35000
1118	芜湖县(皖)	七彩山鸡	30300
1119	赤城县(冀)	七彩山鸡	30000
1120	衢江区(浙)	七彩山鸡	30000
1121	崇义县(赣)	七彩山鸡	30000

	主产地	动物种类	驯养数量（只,头,条）
1122	大邑县（川）	七彩山鸡	60000
1123	瓯海区（浙）	七彩山鸡	25683
1124	富阳市（浙）	七彩山鸡	23000
1125	临海市（浙）	七彩山鸡	20000
1126	都匀市（黔）	七彩山鸡	16000
1127	沾益县（滇）	七彩山鸡	35500
1128	武义县（浙）	七彩山鸡	15000
1129	瑞金市（赣）	七彩山鸡	35000
1130	兰坪白族普米族自治县（滇）	七彩山鸡	15000
1131	会泽县（滇）	七彩山鸡	10160
1132	昌邑区（吉）	七彩山鸡	10000
1133	寿　县（皖）	七彩山鸡	10000
1134	东至县（皖）	七彩山鸡	10000
1135	黄梅县（鄂）	七彩山鸡	10000
1136	红花岗区（黔）	七彩山鸡	36300
1137	陆良县（滇）	七彩山鸡	37100
1138	巧家县（滇）	七彩山鸡	6500
1139	丰　县（苏）	七彩山鸡	6000
1140	尚义县（冀）	七彩山鸡	5000
1141	贵溪市（赣）	七彩山鸡	5000
1142	都江堰市（川）	七彩山鸡	12000
1143	长顺县（黔）	七彩山鸡	5000
1144	耒阳市（湘）	七彩山鸡	4000
1145	红古区（甘）	七彩山鸡	6000
1146	天台县（浙）	七彩山鸡	3800
1147	新丰县（粤）	七彩山鸡	3800
1148	罗城仫佬族自治县（桂）	七彩山鸡	3460
1149	东丰县（吉）	七彩山鸡	3000
1150	孟津县（豫）	七彩山鸡	3000
1151	安居区（川）	七彩山鸡	70350
1152	牟定县（滇）	七彩山鸡	15000
1153	东辽县（吉）	七彩山鸡	2500
1154	略阳县（陕）	七彩山鸡	2500
1155	荣昌县（渝）	七彩山鸡	2200
1156	林西县（内蒙古）	七彩山鸡	2000
1157	济阳县（鲁）	七彩山鸡	2000
1158	万州区（渝）	七彩山鸡	3600
1159	万源市（川）	七彩山鸡	2000
1160	清城区（粤）	七彩山鸡	1800
1161	建始县（鄂）	七彩山鸡	14000
1162	游仙区（川）	七彩山鸡	2000
1163	邯郸县（冀）	七彩山鸡	1360
1164	舒兰市（吉）	七彩山鸡	1200
1165	松阳县（浙）	七彩山鸡	1000
1166	高密市（鲁）	七彩山鸡	1000
1167	嵩　县（豫）	七彩山鸡	1000
1168	山阳区（豫）	七彩山鸡	1000
1169	黄州区（鄂）	七彩山鸡	1000
1170	平乐县（桂）	七彩山鸡	1000
1171	彭山县（川）	七彩山鸡	1000
1172	哈密市（新）	七彩山鸡	1000
1173	乌审旗（内蒙古）	七彩山鸡	800
1174	大石桥市（辽）	七彩山鸡	800
1175	义乌市（浙）	七彩山鸡	31930
1176	临泽县（甘）	七彩山鸡	2300
1177	丰都县（渝）	七彩山鸡	3450
1178	闻喜县（晋）	七彩山鸡	700
1179	武定县（滇）	七彩山鸡	620
1180	海盐县（浙）	七彩山鸡	600
1181	双滦区（冀）	七彩山鸡	500
1182	中牟县（豫）	七彩山鸡	3250
1183	博爱县（豫）	七彩山鸡	500
1184	双峰县（湘）	七彩山鸡	800
1185	仪陇县（川）	七彩山鸡	500
1186	大关县（滇）	七彩山鸡	500
1187	潜山县（皖）	七彩山鸡	6400
1188	威远县（川）	七彩山鸡	300
1189	昭阳区（滇）	七彩山鸡	520
1190	云　县（滇）	七彩山鸡	300
1191	东平县（鲁）	七彩山鸡	280
1192	宁海县（浙）	七彩山鸡	250
1193	姚安县（滇）	七彩山鸡	540
1194	衡南县（湘）	七彩山鸡	200
1195	临武县（湘）	七彩山鸡	500
1196	镇康县（滇）	七彩山鸡	200
1197	渭滨区（陕）	七彩山鸡	200
1198	临猗县（晋）	七彩山鸡	194
1199	利川市（鄂）	七彩山鸡	150
1200	翠屏区（川）	七彩山鸡	120
1201	双桥区（冀）	七彩山鸡	100
1202	楚雄市（滇）	七彩山鸡	100
1203	南部县（川）	红腹锦鸡	5000
1204	瑞昌市（赣）	红腹锦鸡	1400
1205	彭水苗族土家族自治县（渝）	红腹锦鸡	500
1206	通榆县（吉）	红腹锦鸡	260
1207	奉贤区（沪）	红腹锦鸡	200
1208	大足县（渝）	红腹锦鸡	150
1209	广饶县（鲁）	红腹锦鸡	132
1210	莱州市（鲁）	红腹锦鸡	100
1211	翁牛特旗（内蒙古）	珠鸡	7000

	主产地	动物种类	驯养数量(只,头,条)
1212	凉州区(甘)	珠鸡	1000
1213	翠屏区(川)	珠鸡	250
1214	梁平县(渝)	火鸡	50000
1215	南江县(川)	火鸡	21000
1216	夏　县(晋)	火鸡	2000
1217	建湖县(苏)	火鸡	1000
1218	朝阳区(吉)	火鸡	500
1219	临安市(浙)	火鸡	300
1220	禹州市(豫)	火鸡	300
1221	翠屏区(川)	火鸡	300
1222	让胡路区(黑)	火鸡	264
1223	青州市(鲁)	火鸡	200
1224	宁国市(皖)	火鸡	100
1225	监利县(鄂)	绿头鸭	670000
1226	贵溪市(赣)	绿头鸭	100000
1227	海盐县(浙)	绿头鸭	95100
1228	萧山区(浙)	绿头鸭	21200
1229	康平县(辽)	绿头鸭	10000
1230	象山县(浙)	绿头鸭	7600
1231	新建县(赣)	绿头鸭	7600
1232	汝城县(湘)	绿头鸭	7000
1233	鲅鱼圈区(辽)	绿头鸭	5000
1234	温岭市(浙)	绿头鸭	7000
1235	三山区(皖)	绿头鸭	5000
1236	莱州市(鲁)	绿头鸭	5000
1237	富阳市(浙)	绿头鸭	3000
1238	上高县(赣)	绿头鸭	3000
1239	余杭区(浙)	绿头鸭	2500
1240	涿州市(冀)	绿头鸭	2000
1241	瑞昌市(赣)	绿头鸭	2000
1242	麻章区(粤)	绿头鸭	1000
1243	彭山县(川)	绿头鸭	1000
1244	让胡路区(黑)	绿头鸭	500
1245	香洲区(粤)	绿头鸭	350
1246	大兴区(京)	绿头鸭	960
1247	延庆县(京)	绿头鸭	100
1248	奉贤区(沪)	绿头野鸭	120200
1249	潜江市(鄂)	绿头野鸭	100000
1250	大邑县(川)	绿头野鸭	32000
1251	潜山县(皖)	绿头野鸭	20000
1252	桐乡市(浙)	绿头野鸭	15600
1253	富阳市(浙)	绿头野鸭	15000
1254	海宁市(浙)	绿头野鸭	11500
1255	筠连县(川)	绿头野鸭	7500
1256	吴兴区(浙)	绿头野鸭	9480

	主产地	动物种类	驯养数量(只,头,条)
1257	都江堰市(川)	绿头野鸭	4000
1258	德安县(赣)	绿头野鸭	2000
1259	北湖区(湘)	绿头野鸭	2000
1260	芦溪县(赣)	绿头野鸭	1000
1261	东平县(鲁)	绿头野鸭	960
1262	慈溪市(浙)	绿头野鸭	16100
1263	游仙区(川)	绿头野鸭	200
1264	义乌市(浙)	绿头野鸭	320
1265	延庆县(京)	绿头野鸭	100
1266	岱岳区(鲁)	黑天鹅	400
1267	浦东新区(沪)	黑天鹅	327
1268	青浦区(沪)	黑天鹅	318
1269	奉贤区(沪)	黑天鹅	340
1270	岳塘区(湘)	黑天鹅	200
1271	长安区(陕)	白天鹅	231
1272	桐城市(皖)	灰天鹅	10000
1273	乐清市(浙)	灰天鹅	8500
1274	芜湖县(皖)	灰天鹅	5000
1275	德安县(赣)	灰天鹅	2000
1276	岳阳县(湘)	灰天鹅	2000
1277	邛崃市(川)	灰天鹅	400
1278	浦东新区(沪)	疣鼻天鹅	33
1279	陕　县(豫)	鹌鹑	100000
1280	庄河市(辽)	鹌鹑	30000
1281	东丰县(吉)	鹌鹑	20000
1282	砚山县(滇)	鹌鹑	20000
1283	麻江县(黔)	鹌鹑	55000
1284	禹州市(豫)	鹌鹑	24600
1285	青州市(鲁)	鹌鹑	8500
1286	平舆县(豫)	鹌鹑	3000
1287	山阳区(豫)	鹌鹑	1500
1288	大兴区(京)	鹌鹑	600
1289	岳阳县(湘)	鸳鸯	1000
1290	岱岳区(鲁)	鸳鸯	600
1291	浦东新区(沪)	鸳鸯	94
1292	奉贤区(沪)	鸳鸯	82
1293	海城市(辽)	鸳鸯	16
1294	青浦区(沪)	鸳鸯	10
1295	义乌市(浙)	鹧鸪	10150
1296	富阳市(浙)	鹧鸪	3000
1297	揭东县(粤)	鹧鸪	2500
1298	巧家县(滇)	鹧鸪	2500
1299	都江堰市(川)	鹧鸪	2000
1300	沾益县(滇)	鹧鸪	200
1301	施甸县(滇)	鹧鸪	60

	主产地	动物种类	驯养数量（只,头,条）
1302	万州区(渝)	中华大蟾蜍	2000
1303	略阳县(陕)	中华大蟾蜍	1500
1304	云梦县(鄂)	虎皮鹦鹉	500000
1305	蓬莱市(鲁)	金刚鹦鹉	10
1306	长安区(陕)	白鹳	73
1307	浦东新区(沪)	白鹇	39
1308	临武县(湘)	白鹇	30
1309	奉贤区(沪)	白鹇	16
1310	婺城区(浙)	白鹇	14
1311	青浦区(沪)	白鹇	12
1312	墨竹工卡县(藏)	斑头雁	10200
1313	桐城市(皖)	斑头雁	5000
1314	周村区(鲁)	斑头雁	1200
1315	德安县(赣)	斑头雁	1000
1316	湘潭县(湘)	斑头雁	300
1317	临泽县(甘)	斑头雁	200
1318	科尔沁左翼中旗(内蒙古)	斑头雁	150
1319	临猗县(晋)	大雁	40000
1320	岱岳区(鲁)	大雁	4000
1321	新建县(赣)	大雁	2000
1322	长安区(陕)	大雁	2000
1323	建德市(浙)	大雁	1100
1324	黎城县(晋)	大雁	500
1325	凉城县(内蒙古)	大雁	300
1326	合浦县(桂)	大雁	300
1327	依安县(黑)	大雁	200
1328	遂川县(赣)	鹧鸪	3500
1329	韩城市(陕)	鹧鸪	2000
1330	东营市市辖区(鲁)	鹧鸪	50
1331	浦东新区(沪)	鹧鸪	15
1332	平阴县(鲁)	鹧鸪	10
1333	弥勒县(滇)	环颈雉	900000
1334	宜城市(鄂)	环颈雉	30000
1335	三门县(浙)	环颈雉	65000
1336	浏阳市(湘)	环颈雉	25000
1337	韩城市(陕)	环颈雉	25000
1338	长安区(陕)	环颈雉	21600
1339	泾　县(皖)	环颈雉	12000
1340	都昌县(赣)	环颈雉	10000
1341	奉新县(赣)	环颈雉	10000
1342	游仙区(川)	环颈雉	18000
1343	汶川县(川)	环颈雉	10000
1344	长阳土家族自治县(鄂)	环颈雉	11000
1345	分宜县(赣)	环颈雉	7000
1346	温岭市(浙)	环颈雉	6000
1347	禹州市(豫)	环颈雉	12500
1348	南雄市(粤)	环颈雉	3000
1349	南郑县(陕)	环颈雉	5500
1350	延庆县(京)	环颈雉	2000
1351	秀洲区(浙)	环颈雉	2000
1352	洛龙区(豫)	环颈雉	2000
1353	荣昌县(渝)	环颈雉	1600
1354	巧家县(滇)	环颈雉	1500
1355	崇仁县(赣)	环颈雉	1800
1356	玉山县(赣)	环颈雉	1000
1357	宜都市(鄂)	环颈雉	1000
1358	湘潭县(湘)	环颈雉	1000
1359	江津区(渝)	环颈雉	800
1360	涿州市(冀)	环颈雉	500
1361	铜鼓县(赣)	环颈雉	500
1362	莱州市(鲁)	环颈雉	500
1363	泸西县(滇)	环颈雉	1020
1364	芷江侗族自治县(湘)	环颈雉	400
1365	彭山县(川)	环颈雉	2400
1366	井冈山市(赣)	环颈雉	300
1367	祥云县(滇)	环颈雉	156
1368	新建县(赣)	环颈雉	150
1369	大兴区(京)	环颈雉	1100
1370	宣化区(冀)	环颈雉	100
1371	蓬莱市(鲁)	麦式环企鹅	10
1372	新野县(豫)	七彩文鸟	500

表 20-3　蜂蜜主产地产量

	主产地	养蜂户数（户）	蜜蜂饲养（群）	蜂蜜成品产量(千克)
1	房山区(京)	797	41000	967506.6
2	顺义区(京)	118	8100	9800
3	延庆县(京)	366	30643	35000
4	赞皇县(冀)	300	30000	1000000
5	宁晋县(冀)	200	350	52497
6	阜平县(冀)	640	32000	500000
7	黎城县(晋)	210	2430	7200
8	沁水县(晋)	320	30000	100000
9	新宾满族自治县(辽)	360	7200	25200
10	清原满族自治县(辽)	300	14000	105000
11	宽甸满族自治县(辽)	4000	30000	500000
12	凌源市(辽)	850	57600	3600000
13	兴城市(辽)	360	450	100000
14	龙潭区(吉)	265	13240	662000

	主产地	养蜂户数(户)	蜜蜂饲养(群)	蜂蜜成品产量(千克)
15	辉南县(吉)	206	5600	8000
16	集安市(吉)	500	6000	330000
17	敦化市(吉)	3360	40000	2974000
18	八家子林业局(吉)	146	10600	200000
19	延寿县(黑)	500	30000	1000000
20	饶河县(黑)	610	38000	2100000
21	林口县(黑)	350	30000	2000000
22	大兴安岭地区加格达奇区(黑)	270	30000	1500000
23	宁海县(浙)	500	60000	5000000
24	潜山县(皖)	150	150	20000
25	桐城市(皖)	250	15400	1200000
26	徽州区(皖)	1720	10000	6000000
27	彭泽县(赣)	250	2500	750000
28	上高县(赣)	310	465	75600
29	靖安县(赣)	195	5158	1800
30	玉山县(赣)	12000	15237	618000
31	招远市(鲁)	105	2365	35475
32	青州市(鲁)	380	15000	200000
33	宁阳县(鲁)	309	412	721000
34	蒙阴县(鲁)	280	280	1100000
35	栾川县(豫)	206	50	20000
36	林州市(豫)	120	120	210000
37	内乡县(豫)	220	8000	200
38	平桥区(豫)	635	75480	158900
39	长阳土家族自治县(鄂)	120	2800	85000
40	南漳县(鄂)	5000	10000	15000
41	保康县(鄂)	700	7000	295000
43	曾都区(鄂)	1000	16000	240000
44	随　县(鄂)	220	9000	8000000
45	建始县(鄂)	300	1500	11000
46	浏阳市(湘)	3500	117000	1230000
47	耒阳市(湘)	100	200	200
48	鼎城区(湘)	155	20000	900000
49	澧　县(湘)	653	61000	3200000
50	桂东县(湘)	710	3550	11600
51	资兴市(湘)	2050	16050	130000
52	芷江侗族自治县(湘)	310	1240	13020
53	洪江市(湘)	100	1500	18000
54	南雄市(粤)	150	3000	150000
55	龙门县(粤)	2500	75000	1200000
56	英德市(粤)	150	125	375000
57	连州市(粤)	380	1140	1140
58	揭西县(粤)	190	210	7300
59	钦北区(桂)	125	4762	18213
60	陆川县(桂)	1000	2130	3560
61	那坡县(桂)	6700	10000	60000
62	昭平县(桂)	3260	30129	58800
63	大足县(渝)	2516	300000	600000
64	梁平县(渝)	325	70000	20000
65	丰都县(渝)	2300	12050	9250
66	奉节县(渝)	4000	25000	200000
67	石柱土家族自治县(渝)	5735	23040	395000
68	秀山土家族苗族自治县(渝)	280	3280	7800
69	彭水苗族土家族自治县(渝)	1500	25600	110000
70	三台县(川)	340	340	5000
71	南溪县(川)	850	850	550
72	邻水县(川)	200	500	40000
73	宝兴县(川)	380	21000	240000
74	锦屏县(黔)	354	6370	15000
75	腾冲县(滇)	200	20000	40000
76	巧家县(滇)	400	800	3000
77	云　县(滇)	2560	7680	94000
78	姚安县(滇)	3670		75000
79	泸水县(滇)	2280	11400	64300
80	户　县(陕)	161	3298	7421
81	龙草坪林业局(陕)	143	143	2010
82	秦州区(甘)	1560	27000	153000
83	华池县(甘)	300	636	3000
84	宕昌县(甘)	117	2500	1500
85	两当县(甘)	200	23000	100000
86	原州区(宁)	520	3100	11440
87	叶城县(新)	112	10000	251200
88	大海林林业局(龙江集团)		4988	198000
89	黑龙江柴河林业局(龙江集团)		1037	42000
90	东京城林业局(龙江集团)		3600	98000
91	穆棱林业局(龙江集团)		4580	180000
92	绥阳林业局(龙江集团)		4110	120000
93	海林林业局(龙江集团)		2000	60000
94	林口林业局(龙江集团)		1000	50000
95	八面通林业局(龙江集团)		826	4000
96	桦南林业局(龙江集团)		2000	200000
97	双鸭山林业局(龙江集团)		5500	500000
98	鹤立林业局(龙江集团)		1540	100000
99	鹤北林业局(龙江集团)		2012	151000
100	清河林业局(龙江集团)		10000	200000
101	东方红林业局(龙江集团)		20000	700000
102	迎春林业局(龙江集团)		13000	850000
103	乌伊岭林业局(龙江集团)		2884	150000
104	新青林业局(龙江集团)		359	75000
105	上甘岭林业局(龙江集团)		1700	63800

	主产地	养蜂户数（户）	蜜蜂饲养（群）	蜂蜜成品产量（千克）
106	友好林业局（龙江集团）		1700	75000
107	翠峦林业局（龙江集团）		1210	42350
108	乌马河林业局（龙江集团）		3800	228000
109	美溪林业局（龙江集团）		4900	240000
110	金山屯林业局（龙江集团）		2500	66000
111	南岔林业局（龙江集团）		1687	40000
112	朗乡林业局（龙江集团）		3125	94163
113	桃山林业局（龙江集团）		1800	90000
114	铁力林业局（龙江集团）		5877	193652
115	双丰林业局（龙江集团）		6940	150000
116	汤旺河林业局（龙江集团）		250	3000
117	五营林业局（龙江集团）		1200	45000
118	带岭实验局（龙江集团）		4000	700000
119	山河屯林业局（龙江集团）		2225	166500
120	苇河林业局（龙江集团）		1947	78000
121	亚布力林业局（龙江集团）		5470	270000
122	方正林业局（龙江集团）		4854	245000
123	兴隆林业局（龙江集团）		15012	450000
124	绥棱林业局（龙江集团）		3100	125000
125	通北林业局（龙江集团）		860	30000

表 20-4 蜂胶主产地产量

	蜂胶成品主产地	产量（千克）
1	房山区（京）	2637.71
2	顺义区（京）	700.00
3	宁晋县（冀）	210.00
4	黎城县（晋）	480.00
5	抚顺县（辽）	1278.00
6	宽甸满族自治县（辽）	16000.00
7	龙潭区（吉）	6620.00
8	桦甸市（吉）	99.80
9	舒兰市（吉）	450.00
10	东辽县（吉）	300.00
11	辉南县（吉）	200.00
12	集安市（吉）	1800.00
13	天桥岭林业局（吉）	138.00
14	安图森林经营局（吉）	400.00
15	丹清河实验林场（黑）	100.00
16	虎林市（黑）	500.00
17	饶河县（黑）	2660.00
18	大兴安岭地区加格达奇区（黑）	6750.00
19	浦东新区（沪）	6000.00
20	宁海县（浙）	3000.00
21	秀洲区（浙）	2052.00
22	芜湖县（皖）	720.00
23	潜山县（皖）	600.00
24	桐城市（皖）	10000.00
25	徽州区（皖）	10000.00
26	祁门县（皖）	869.00
27	靖安县（赣）	5000.00
28	乐安县（赣）	70.00
29	周村区（鲁）	2100.00
30	高青县（鲁）	400.00
31	龙口市（鲁）	200.00
32	坊子区（鲁）	50.00
33	东平县（鲁）	500.00
34	新泰市（鲁）	130.00
35	蒙阴县（鲁）	3000.00
36	郏　县（豫）	80.00
37	浚　县（豫）	600.00
38	淅川县（豫）	211.00
39	平桥区（豫）	3828.00
40	长阳土家族自治县（鄂）	150.00
41	谷城县（鄂）	60.00
42	保康县（鄂）	3500.00
43	云梦县（鄂）	200.00
44	随　县（鄂）	400.00
45	浏阳市（湘）	960.00
46	醴陵市（湘）	2000.00
47	邵东县（湘）	800.00
48	鼎城区（湘）	5300.00
49	资兴市（湘）	1000.00
50	洪江市（湘）	800.00
51	娄星区（湘）	50.00
52	新化县（湘）	4000.00
53	大足县（渝）	1500.00
54	仪陇县（川）	100.00
55	邻水县（川）	4500.00
56	韩城市（陕）	2500.00
57	景泰县（甘）	500.00
58	秦州区（甘）	24000.00
59	文　县（甘）	500.00
60	宕昌县（甘）	400.00
61	沙雅县（新）	60.00
62	叶城县（新）	2830.00

表 20-5 蜂王浆主产地产量

	蜂王浆成品主产地	产量（千克）
1	房山区（京）	7524.00
2	顺义区（京）	1800.00
3	延庆县（京）	3000.00
4	宽城满族自治县（冀）	1000.00
5	黎城县（晋）	2660.00
6	康平县（辽）	100.00
7	抚顺县（辽）	517.00
8	清原满族自治县（辽）	21000.00
9	宽甸满族自治县（辽）	15000.00
10	凌源市（辽）	1150.00
11	莲花山开发区（吉）	100.00
12	龙潭区（吉）	13240.00
13	桦甸市（吉）	268.50
14	舒兰市（吉）	9234.00
15	东辽县（吉）	150.00
16	辉南县（吉）	1500.00
17	集安市（吉）	10500.00
18	安图森林经营局（吉）	379.00
19	通河县（黑）	800.00
20	阿城区（黑）	1400.00
21	五常市（黑）	300.00
22	山河实验林场（黑）	300.00
23	丹清河实验林场（黑）	1000.00
24	虎林市（黑）	400.00
25	饶河县（黑）	13300.00

	蜂王浆成品主产地	产量(千克)
26	孟家岗林场(黑)	200.00
27	林口县(黑)	45000.00
28	大兴安岭地区加格达奇区(黑)	4700.00
29	浦东新区(沪)	8000.00
30	萧山区(浙)	96.00
31	宁海县(浙)	100000.00
32	秀洲区(浙)	6512.00
33	海宁市(浙)	19530.00
34	磐安县(浙)	9000.00
35	芜湖县(皖)	48000.00
36	潜山县(皖)	140000.00
37	桐城市(皖)	130000.00
38	徽州区(皖)	400000.00
39	彭泽县(赣)	5000.00
40	贵溪市(赣)	230.00
41	兴国县(赣)	300.00
42	上高县(赣)	3300.00
43	乐安县(赣)	140.00
44	周村区(鲁)	4100.00
45	龙口市(鲁)	400.00
46	莱州市(鲁)	5000.00
47	坊子区(鲁)	100.00
48	青州市(鲁)	1000.00
49	宁阳县(鲁)	309.00
50	东平县(鲁)	1800.00
51	新泰市(鲁)	230.00
52	蒙阴县(鲁)	6000.00
53	乐陵市(鲁)	270.00
54	郏　县(豫)	80.00
55	浚　县(豫)	200.00
56	内乡县(豫)	40000.00
57	淅川县(豫)	415.00
58	平桥区(豫)	16650.00
59	长阳土家族自治县(鄂)	300.00
60	襄城区(鄂)	230.00
61	谷城县(鄂)	1800.00
62	保康县(鄂)	5000.00
63	京山县(鄂)	120.00
64	云梦县(鄂)	80.00
65	曾都区(鄂)	50.00
66	随　县(鄂)	40000.00
67	浏阳市(湘)	32000.00
68	株洲县(湘)	3200.00
69	醴陵市(湘)	50.00
70	衡南县(湘)	300.00
71	邵东县(湘)	400.00
72	鼎城区(湘)	76000.00
73	桃源县(湘)	5000.00
74	中方县(湘)	4000.00
75	麻阳苗族自治县(湘)	4568.00
76	洪江市(湘)	800.00
77	娄星区(湘)	100.00
78	新化县(湘)	5000.00
79	南雄市(粤)	1500.00
80	蕉岭县(粤)	4000.00
81	大足县(渝)	5800.00
82	石柱土家族自治县(渝)	480.00
83	仪陇县(川)	800.00
84	邻水县(川)	5000.00
85	万源市(川)	11000.00
86	锦屏县(黔)	55.00
87	会泽县(滇)	187.00
88	户　县(陕)	55.00
89	韩城市(陕)	50.00
90	景泰县(甘)	500.00
91	秦州区(甘)	29700.00
92	文　县(甘)	50.00
93	宕昌县(甘)	450.00
94	沙雅县(新)	200.00
95	叶城县(新)	810.00

表 20-6　蜂花粉主产地产量

	蜂花粉成品主产地	产量(千克)
1	房山区(京)	34702.93
2	顺义区(京)	1350.00
3	延庆县(京)	3000.00
4	宁晋县(冀)	2624.00
5	黎城县(晋)	4750.00
6	康平县(辽)	500.00
7	抚顺县(辽)	517.00
8	宽甸满族自治县(辽)	14000.00
9	凌源市(辽)	115000.00
10	桦甸市(吉)	1270.00
11	舒兰市(吉)	6850.00
12	东辽县(吉)	200.00
13	辉南县(吉)	600.00
14	集安市(吉)	22000.00
15	长白朝鲜族自治县(吉)	180.00
16	安图森林经营局(吉)	211.00
17	阿城区(黑)	1000.00
18	五常市(黑)	200.00
19	山河实验林场(黑)	600.00
20	虎林市(黑)	320.00
21	饶河县(黑)	39900.00
22	孟家岗林场(黑)	400.00
23	大兴安岭地区加格达奇区(黑)	540000.00
24	浦东新区(沪)	4750.00
25	萧山区(浙)	175.00
26	宁海县(浙)	150000.00
27	秀洲区(浙)	4960.00
28	磐安县(浙)	32000.00
29	芜湖县(皖)	30000.00
30	桐城市(皖)	140000.00
31	周村区(鲁)	1000.00
32	莱州市(鲁)	1000.00
33	坊子区(鲁)	500.00
34	青州市(鲁)	1500.00
35	东平县(鲁)	76000.00
36	新泰市(鲁)	250.00
37	蒙阴县(鲁)	11000.00
38	乐陵市(鲁)	180.00
39	郏　县(豫)	120.00
40	浚　县(豫)	360.00
41	禹州市(豫)	1700.00
42	淅川县(豫)	56.00
43	平桥区(豫)	15580.00
44	长阳土家族自治县(鄂)	500.00
45	保康县(鄂)	12500.00
46	云梦县(鄂)	300.00
47	曾都区(鄂)	30000.00
48	随　县(鄂)	55000.00
49	浏阳市(湘)	72000.00
50	常宁市(湘)	68.00
51	鼎城区(湘)	5000.00
52	桃源县(湘)	20000.00
53	资兴市(湘)	2000.00
54	中方县(湘)	3000.00
55	洪江市(湘)	2600.00
56	新化县(湘)	10000.00
57	蕉岭县(粤)	37500.00
58	云城区(粤)	5260.00

	蜂花粉成品主产地	产量（千克）
59	大足县(渝)	15000.00
60	梁平县(渝)	600.00
61	仪陇县(川)	50.00
62	锦屏县(黔)	55.00
63	户　县(陕)	824.00
64	景泰县(甘)	2500.00
65	秦州区(甘)	109000.00
66	环　县(甘)	900.00
67	文　县(甘)	150.00
68	宕昌县(甘)	150.00
69	叶城县(新)	4200.00

表 20-7　野生动物产品出口量值

国家/地区	出口数量（吨）	出口金额（千美元）
43021100 未缝制的整张水貂皮		
合计	3246	260289
中国香港	3217	254235
德国	18	2465
希腊	3	1124
土耳其	2	828
西班牙	1	566
意大利	1	488
俄罗斯	1	321
韩国	0	68
芬兰	0	50
中国澳门	1	43
美国	0	37
阿联酋	0	31
朝鲜	0	28
瑞士	0	5
43021910 未缝制整张灰鼠白鼬貂狐獭及猞猁皮		
合计	230	13257
中国香港	224	11921
土耳其	3	560
韩国	1	384
意大利	2	239
俄罗斯	0	83
英国	0	27
德国	0	16
希腊	0	14
加拿大	0	8
法国	0	4
43021990 未列名未缝制的整张毛皮		
合计	1881	85145
中国香港	313	12085
土耳其	192	11221
比利时	222	10116
德国	235	9064
越南	171	8511
俄罗斯	252	8404
意大利	95	7292
西班牙	36	3199
斯洛伐克	66	2363
澳大利亚	61	2048
立陶宛	46	1756
印度	33	1205
斯洛文尼亚	22	1171
韩国	11	890
荷兰	20	740
乌克兰	23	704
美国	8	639
日本	11	521
白俄罗斯	15	482
希腊	3	425
法国	2	279
波兰	1	262
巴基斯坦	5	226
新加坡	6	172
拉脱维亚	6	142
芬兰	1	135
英国	1	134
泰国	4	133
加拿大	2	108
阿根廷	3	96
柬埔寨	2	94
中国台湾	3	89
马来西亚	2	67
多米尼加	1	61
萨尔瓦多	1	48
新西兰	1	46
巴西	1	43
瑞典	0	37
印度尼西亚	2	32
孟加拉国	1	28
沙特阿拉伯	0	20
阿联酋	0	17
奥地利	0	14
菲律宾	0	11
朝鲜	0	7
捷克	0	4
墨西哥	0	2
罗马尼亚	0	1
匈牙利	0	1
挪威	0	1
43022000 未缝制的头、尾、爪等		
合计	23	558
美国	9	385
德国	1	48
土耳其	0	36
希腊	1	30
印度	0	19
意大利	0	14
韩国	11	12
日本	0	8
越南	0	5
挪威	0	1
43023090 其他已缝制的整张毛皮及块片		
合计	567	72976
韩国	497	62328
中国香港	24	5985
意大利	6	1632
德国	5	925
加拿大	5	377
乌克兰	6	338
俄罗斯	1	261
罗马尼亚	4	247
日本	13	202
土耳其	3	176
拉脱维亚	1	162
印度	1	94
英国	0	70
芬兰	0	32
美国	1	28
荷兰	0	28
希腊	0	19
奥地利	0	17
法国	0	15
澳大利亚	0	11
西班牙	0	7
中国台湾	0	7
朝鲜	0	5
捷克	0	4

国家/地区	出口数量(吨)	出口金额(千美元)
波兰	0	2
马达加斯加	0	1
瑞士	0	1
新加坡	0	1
43031010 毛皮衣服		
合计	2875	1248183
俄罗斯	1397	963692
中国香港	433	82579
意大利	154	33309
日本	143	26965
法国	95	22096
德国	118	19627
韩国	126	18758
土耳其	30	17136
西班牙	100	15067
美国	95	14923
爱沙尼亚	10	6480
丹麦	26	4139
阿联酋	7	3630
比利时	25	3221
荷兰	22	2999
乌克兰	16	2317
英国	23	2100
波兰	11	1785
瑞典	8	1140
加拿大	6	1109
希腊	4	1098
挪威	7	955
澳大利亚	7	805
捷克	4	630
瑞士	2	485
白俄罗斯	1	322
哈萨克斯坦	1	147
中国澳门	0	143
匈牙利	1	96
葡萄牙	1	88
芬兰	0	68
墨西哥	0	51
乌拉圭	0	48
斯洛文尼亚	0	43
中国台湾	0	30
罗马尼亚	0	29
巴西	0	25
冰岛	0	13
阿根廷	0	11
黎巴嫩	0	9
新加坡	0	6
奥地利	0	6
埃及	0	3
新西兰	0	1
43039000 其他毛皮制品		
合计	11586	654366
中国香港	4186	167453
俄罗斯	706	139779
韩国	411	103378
德国	828	29904
意大利	357	29313
澳大利亚	1126	26454
日本	520	24180
土耳其	242	18548
美国	655	17802
瑞典	265	11156
立陶宛	356	10476
越南	218	10154
英国	211	9075
比利时	185	7628
加拿大	180	5870
荷兰	160	5818
挪威	122	3680
新西兰	153	3640
法国	53	3103
丹麦	63	3049
西班牙	47	2757
芬兰	54	2615
印度尼西亚	49	2502
拉脱维亚	79	1898
阿联酋	72	1748
乌克兰	45	1504
墨西哥	9	1282
印度	18	1116
波兰	23	848
斯洛文尼亚	21	785
瑞士	12	726
菲律宾	10	723
沙特阿拉伯	30	707
吉尔吉斯斯坦	14	695
希腊	12	663
爱沙尼亚	20	621
奥地利	21	584
孟加拉国	6	316
泰国	9	272
葡萄牙	6	229
中国台湾	4	143
缅甸	1	141
黎巴嫩	2	130
萨尔瓦多	3	106
阿根廷	1	101
巴西	3	100
巴基斯坦	1	85
斯里兰卡	0	49
叙利亚	1	47
马来西亚	1	40
朝鲜	1	35
捷克	2	35
塞浦路斯	1	34
科威特	0	32
以色列	4	26
保加利亚	0	26
新加坡	1	25
阿尔巴尼亚	1	24
马耳他	0	19
哥伦比亚	1	19
哈萨克斯坦	0	18
柬埔寨	0	16
南非	1	15
冰岛	0	9
智利	0	9
罗马尼亚	0	5
巴拉圭	0	4
匈牙利	0	4
危地马拉	0	4
克罗地亚	0	4
斯洛伐克	0	3
多米尼加	0	2
加纳	0	2
巴布亚新几内亚	0	1
卡塔尔	1	1
巴拿马	0	1
波多黎各	0	1
特立尼达和多巴哥	0	1
65069920 毛皮制帽类		
合计	1144	14762
美国	351	4202
加拿大	270	2814

国家/地区	出口数量（吨）	出口金额（千美元）
日本	146	1039
德国	63	934
瑞典	48	804
意大利	32	599
丹麦	44	573
俄罗斯	13	451
荷兰	31	447
英国	26	443
比利时	26	333
中国香港	8	313
澳大利亚	15	294
波兰	12	276
芬兰	16	243
法国	10	198
西班牙	7	188
印度尼西亚	4	114
挪威	8	109
瑞士	4	100
阿联酋	1	99
冰岛	5	72
韩国	3	57
越南	1	23
中国台湾	1	9
奥地利	0	8
智利	0	5
以色列	0	4
葡萄牙	0	4
匈牙利	0	2
斯洛文尼亚	0	2
希腊	0	2
96011000 已加工兽牙及制品		
合计	5	604
中国香港	5	546
美国	0	57
96019000 已加工其他动物质雕刻材料及制品		
合计	4658	5546
英国	2820	2126
美国	1703	1449
中国香港	19	828
沙特阿拉伯	12	224
加拿大	30	167
比利时	3	123
日本	6	86
法国	7	66

国家/地区	出口数量（吨）	出口金额（千美元）
意大利	7	66
荷兰	3	53
葡萄牙	2	51
以色列	3	51
西班牙	5	36
澳大利亚	5	30
越南	9	25
德国	3	24
希腊	2	23
中国台湾	1	21
新西兰	1	19
印度尼西亚	0	15
挪威	3	9
巴拿马	1	7
巴西	2	5
乌克兰	5	5
阿联酋	0	4
卡塔尔	1	4
匈牙利	1	4
秘鲁	1	3
土耳其	0	2
南非	1	2
智利	1	2
奥地利	0	2
科威特	0	2
安哥拉	0	1
摩洛哥	0	1
多米尼加	0	1
巴林	0	1
阿尔及利亚	0	1
利比亚	0	1
新加坡	0	1
立陶宛	0	1

表 20-8　野生动物产品进口量值

国家/地区	进口数量（吨）	进口金额（千美元）
41064000 经鞣制的不带毛爬行动物皮及坯革		
合计	0	6
哥伦比亚	0	6
43011000 整张水貂皮		
合计	4366	230439
丹麦	2716	134198
芬兰	672	38945
加拿大	631	38906
美国	344	18194
俄罗斯	4	120
荷兰	1	75
43016000 整张狐皮		
合计	1024	39268
芬兰	992	38475
加拿大	23	640
美国	3	80
荷兰	3	39
丹麦	2	34
43018010 整张兔皮		
合计	25548	193359
西班牙	9837	79163
法国	7065	55072
意大利	5064	31894
比利时	1743	13251
匈牙利	1073	7758
葡萄牙	273	2505
捷克	234	2094
加拿大	132	611
美国	51	328
英国	24	201
乌克兰	17	173
阿根廷	12	117
德国	14	101
新西兰	6	64
俄罗斯	2	28
43018090 其他整张毛皮		
合计	653	15010
加拿大	427	9362
美国	159	4091
俄罗斯	48	977
芬兰	10	386
丹麦	0	57
德国	2	51
吉尔吉斯斯坦	3	43
比利时	1	21
哈萨克斯坦	3	12
乌克兰	0	5
坦桑尼亚	0	4
43019090 其他适合加工皮货的头尾爪等		

国家/地区	进口数量（吨）	进口金额（千美元）
合计	43	317
西班牙	17	176
芬兰	18	106
乌克兰	8	32
津巴布韦	0	3
43021100 未缝制的整张水貂皮		
合计	1325	124034
丹麦	726	41822
中国香港	143	39670
中国	265	15141
芬兰	104	11266
马来西亚	14	4802
加拿大	27	4366
美国	15	3534
意大利	5	1532
希腊	8	889
挪威	1	476
荷兰	16	345
法国	0	74
比利时	0	61
俄罗斯	0	52
英国	0	4
43021910 未缝制整张灰鼠白鼬貂狐獭及猞猁皮		
合计	188	11819
芬兰	118	6453
中国香港	30	2704
中国	21	796
俄罗斯	6	665
韩国	3	346
丹麦	6	298
加拿大	2	179
意大利	1	177
马来西亚	0	53
德国	0	27
匈牙利	0	26
挪威	0	26
美国	1	25
法国	0	18
希腊	0	11
波兰	0	9
土耳其	0	6
荷兰	0	2
43021990 未列名未缝制的整张毛皮		
合计	4213	69840

国家/地区	进口数量（吨）	进口金额（千美元）
中国	1813	41981
土耳其	73	5769
西班牙	120	5065
新西兰	1684	4862
加拿大	112	2568
阿根廷	59	1770
意大利	36	1550
巴西	44	1310
乌拉圭	69	1195
中国香港	8	822
美国	23	417
韩国	10	297
南非	66	274
法国	6	243
芬兰	4	226
匈牙利	1	220
德国	7	208
克罗地亚	0	170
瑞典	9	146
黎巴嫩	46	137
丹麦	2	129
日本	3	95
泰国	5	93
巴基斯坦	2	47
葡萄牙	2	34
中国台湾	1	32
哈萨克斯坦	5	31
俄罗斯	0	27
挪威	0	25
格陵兰	1	24
英国	0	23
希腊	0	18
缅甸	1	14
澳大利亚	1	9
冰岛	1	8
纳米比亚	0	1
印度	0	1
43022000 未缝制的头尾爪及其他块片		
合计	3603	9512
中国香港	27	3257
意大利	109	955
土耳其	1272	801
希腊	374	797
加拿大	7	552
芬兰	151	546

国家/地区	进口数量（吨）	进口金额（千美元）
马来西亚	10	433
俄罗斯	134	323
巴西	73	220
韩国	178	208
丹麦	1	168
西班牙	143	155
阿根廷	284	144
澳大利亚	160	124
乌克兰	54	103
乌拉圭	142	97
比利时	58	91
日本	64	84
美国	11	83
德国	81	79
新西兰	136	71
越南	61	52
克罗地亚	0	46
中国	2	23
法国	6	21
摩洛哥	20	13
埃及	4	13
波兰	5	10
印度	9	8
黎巴嫩	12	8
荷兰	8	7
挪威	0	6
罗马尼亚	4	6
瑞士	0	3
南非	0	3
中国台湾	0	2
43023090 其他已缝制的整张毛皮及块片		
合计	690	21612
中国	603	18454
西班牙	21	1519
巴西	8	386
意大利	9	285
韩国	18	219
希腊	12	207
加拿大	2	131
摩洛哥	3	108
德国	2	87
芬兰	3	55
丹麦	2	44
美国	0	43
法国	0	19

国家/地区	进口数量（吨）	进口金额（千美元）
中国香港	0	19
土耳其	1	14
俄罗斯	0	7
日本	0	5
比利时	5	4
澳大利亚	0	3
中国台湾	0	2
南非	0	1
43031010 毛皮衣服		
合计	38	33234
意大利	10	16172
韩国	14	8424
法国	2	3008
中国	7	2703
土耳其	2	716
加拿大	0	636
中国香港	0	405
美国	1	222
芬兰	0	151
西班牙	0	149
希腊	0	136
匈牙利	0	108
日本	0	97
波兰	0	67
英国	0	49
罗马尼亚	0	33
突尼斯	0	26
朝鲜	0	24
捷克	0	23
印度	0	21
俄罗斯	0	15
葡萄牙	0	15
丹麦	0	14
德国	0	10
比利时	0	5
克罗地亚	0	2
斯洛伐克	0	1
新喀里多尼亚	0	1
秘鲁	0	1
奥地利	0	0
43031020 毛皮衣着附件		
合计	23	5235
意大利	3	1862
韩国	7	1047
芬兰	2	713

国家/地区	进口数量（吨）	进口金额（千美元）
中国	3	409
美国	4	368
中国香港	1	275
法国	0	214
加拿大	1	113
日本	0	76
土耳其	0	43
西班牙	0	34
德国	0	30
英国	0	28
乌拉圭	0	8
罗马尼亚	0	6
秘鲁	0	5
波兰	0	2
比利时	0	1
菲律宾	0	1
94049020 兽毛填充的其他寝具及类似用品		
合计	100	1891
澳大利亚	86	1569
新西兰	10	102
奥地利	1	90
匈牙利	2	49
意大利	1	41
加拿大	1	15
瑞典	0	7
日本	0	6
德国	0	4
美国	0	3
韩国	0	2
瑞士	0	1
英国	0	1
印度	0	1
96011000 已加工兽牙及制品		
合计	1	116
中国	0	84
津巴布韦	0	26
丹麦	0	6
英国	0	1
96019000 已加工其他动物质雕刻材料及制品		
合计	180	1473
日本	0	484
菲律宾	120	422
中国台湾	1	260

国家/地区	进口数量（吨）	进口金额（千美元）
德国	1	127
越南	47	61
中国	0	29
意大利	0	27
韩国	0	15
印度	0	11
印度尼西亚	4	9
美国	0	9
尼泊尔	4	7
泰国	0	4
法属波利尼西亚	0	3
马达加斯加	0	2
纳米比亚	0	2
津巴布韦	0	2

表 20-9　蜂蜜出口量值

国家/地区	出口数量（吨）	出口金额（千美元）
15219010 蜂蜡		
合计	8753	45842
德国	2377	13543
法国	895	4658
韩国	523	3845
荷兰	612	3388
美国	508	2974
俄罗斯	533	2616
土耳其	533	2349
希腊	491	1756
西班牙	345	1592
英国	220	1190
意大利	174	947
澳大利亚	142	895
阿尔及利亚	252	816
日本	86	678
伊朗	136	628
比利时	64	511
印度	183	504
塞尔维亚	125	479
叙利亚	117	412
墨西哥	68	313
阿尔巴尼亚	56	309
葡萄牙	40	289
黎巴嫩	62	213
中国香港	23	153

国家/地区	出口数量(吨)	出口金额(千美元)
巴基斯坦	28	145
加拿大	14	78
斯洛文尼亚	23	78
芬兰	21	74
乌克兰	19	53
印度尼西亚	12	47
约旦	15	40
突尼斯	10	38
捷克	5	31
哥斯达黎加	6	31
埃及	6	30
伊拉克	6	26
孟加拉国	5	26
南非	4	25
奥地利	7	24
马来西亚	3	10
新加坡	1	5
巴拿马	0	4
肯尼亚	0	3
越南	1	3
朝鲜	1	3
委内瑞拉	0	2
坦桑尼亚	1	2
马耳他	1	2
智利	0	1
罗马尼亚	0	1
21069030 蜂王浆制剂		
合计	566	8088
日本	79	2536
法国	60	1339
西班牙	22	500
美国	21	428
墨西哥	53	328
哥伦比亚	33	267
中国香港	37	265
沙特阿拉伯	9	251
德国	11	239
危地马拉	30	190
中国台湾	1	159
匈牙利	23	155
新西兰	3	151
巴拿马	18	144
马来西亚	22	131
泰国	6	119
加拿大	14	115

国家/地区	出口数量(吨)	出口金额(千美元)
智利	12	101
澳大利亚	7	99
多哥	48	74
印度尼西亚	14	64
罗马尼亚	9	60
突尼斯	1	60
韩国	2	55
多米尼加	6	48
新加坡	1	42
保加利亚	6	22
叙利亚	1	14
科威特	0	13
黎巴嫩	0	13
克罗地亚	0	12
委内瑞拉	2	12
土耳其	1	11
荷兰	1	11
瑞士	1	10
俄罗斯	4	10
以色列	1	9
哥斯达黎加	1	7
葡萄牙	0	6
尼日利亚	2	5
特立尼达和多巴哥	1	5
洪都拉斯	1	4
毛里求斯	0	3

表 20-10　蜂蜜进口量值

国家/地区	进口数量(吨)	进口金额(千美元)
15219010 蜂蜡		
合计	132	1433
美国	76	640
日本	16	449
法国	22	192
荷兰	15	109
韩国	3	28
马来西亚	0	10
中国台湾	0	4
21069030 蜂王浆制剂		
合计	9	426
德国	4	167
澳大利亚	3	162
新西兰	1	81
加拿大	0	11
韩国	0	5
日本	0	1

表 20-11　蚕出口量值

国家/地区	出口数量(吨)	出口金额(千美元)
50010010 适于缫丝的桑蚕茧		
合计	54	1088
泰国	49	994
韩国	2	50
日本	2	42
法国	0	1
50020011 桑蚕厂丝		
合计	5701	287900
印度	3179	156022
罗马尼亚	679	36024
越南	611	30064
韩国	294	15414
意大利	264	14594
日本	222	12348
孟加拉国	88	4362
缅甸	82	4205
巴西	44	2354
德国	35	1979
巴基斯坦	39	1877
突尼斯	32	1735
中国香港	29	1561
阿联酋	20	1005
保加利亚	16	845
伊朗	16	808
土耳其	13	660
法国	10	563
英国	8	418
老挝	5	248
新加坡	5	210
泰国	3	177
叙利亚	2	131
印度尼西亚	2	125
瑞士	2	104
尼泊尔	1	35
柬埔寨	1	33
50020012 桑蚕土丝		
合计	21	1124

国家/地区	出口数量（吨）	出口金额（千美元）
印度	15	774
泰国	6	350
50020013 桑蚕双宫丝		
合计	598	27828
印度	492	23076
罗马尼亚	50	2031
韩国	36	1753
意大利	14	654
巴基斯坦	2	90
泰国	2	87
日本	1	64
德国	1	59
中国香港	0	15
50020019 其他桑蚕丝		
合计	377	20821
日本	175	9817
韩国	137	7362
意大利	34	1962
越南	13	605
印度	10	576
巴拉圭	8	462
墨西哥	1	37
50020020 柞蚕丝		
合计	424	29050
印度	418	28607
日本	5	339
意大利	1	63
越南	1	40
50030011 不适于缫丝的下茧、茧衣、长吐、滞头		
合计	0	21
加拿大	0	15
美国	0	7
50030012 回收的纤维状废丝		
合计	109	791
意大利	58	420
德国	31	175
英国	8	118
日本	12	71
新西兰	0	8
50030019 其他未梳废丝		

国家/地区	出口数量（吨）	出口金额（千美元）
合计	123	1650
德国	47	860
日本	49	487
意大利	15	179
英国	7	68
美国	4	50
泰国	0	6
50030091 废丝绵球(包括绵条、绵片)		
合计	542	17024
德国	268	8796
意大利	188	5629
日本	43	1337
秘鲁	11	314
英国	9	294
印度	8	200
瑞士	5	164
中国台湾	4	124
新西兰	3	94
巴基斯坦	1	47
韩国	0	13
澳大利亚	0	9
美国	0	3
俄罗斯	0	1
50030099 其他废丝		
合计	506	11155
意大利	209	4897
印度	73	2072
日本	84	1110
德国	64	1105
瑞士	30	814
韩国	17	429
秘鲁	14	421
新西兰	3	94
美国	3	53
南非	2	41
中国台湾	1	39
土耳其	1	22
英国	4	18
马来西亚	1	15
巴基斯坦	0	13
澳大利亚	0	11

表 20-12 蚕进口量值

国家/地区	进口数量（吨）	进口金额（千美元）
50010010 适于缫丝的桑蚕茧		
合计	30080	90
乌兹别克斯坦	30080	90
50020011 桑蚕厂丝		
合计	9560	30
乌兹别克斯坦	9560	30
50020019 其他桑蚕丝		
合计	59155	522
朝鲜	59155	522
50030011 不适于缫丝的下茧、茧衣、长吐、滞头		
合计	1397938	5282
印度	745491	3937
巴西	70003	548
乌兹别克斯坦	357599	412
吉尔吉斯斯坦	93087	157
土库曼斯坦	61343	99
朝鲜	15750	38
塔吉克斯坦	24240	36
伊朗	23032	31
日本	4193	21
韩国	3200	3
50030012 回收的纤维状废丝		
合计	95418	241
印度	55055	144
日本	40363	97
50030019 其他未梳废丝		
合计	335544	1314
印度	124579	594
朝鲜	123578	384
伊朗	71387	236
巴西	10003	81
土耳其	5997	18
50030091 废丝绵球(包括绵条、绵片)		
合计	8010	39
朝鲜	8010	39
50030099 其他废丝		
合计	199839	304
乌兹别克斯坦	149144	234
吉尔吉斯斯坦	50695	70

森林旅游

【概　况】

森林公园　1982年9月，中国设立了第一个国家级森林公园——张家界国家级森林公园，截至2011年底，全国共建立森林公园2747处，总面积1703.07万公顷。其中国家级森林公园746处、国家级森林旅游区1处、省级森林公园1238处、县(市)级森林公园762处。广东、山东、浙江、江西、河南、福建、四川、山西、湖南9个省的森林公园总数超过100处。这些森林公园囊括了全国各种类型的森林景观。

据对18个省(区、市)的初步调查统计，2011年共有228处森林公园实现免费开放，本年度享受免票福利的游客达7000多万人次，占全国森林公园旅游总人数的15%。山西省56处县级城郊型森林公园全部免费开放，日接待游客36万人次，直接受惠人数达到1600万人，全省近半人口享受便利的森林公园公共生态休闲服务。

据对近1900处森林公园的统计，2011年森林公园共接待游客4.68亿人次，其中207处森林公园游客人数超50万人次，79处森林公园超100万人次；直接旅游收入达376.42亿元，其中344处森林公园旅游收入超1000万元。2011年游客人数与旅游收入分别比2010年增长18.2%和27.6%。据测算，2011年森林公园所创造的社会综合旅游产值超过3000亿元。森林公园还直接为社会提供就业岗位64万个。截至2011年年底，全国森林公园共拥有游步道6万千米，旅游车船3.11万台(艘)，接待床位72.75万张，餐位127.87万个。从事管理与服务的职工达15万人，导游1.6万人。

(张红梅)

自然保护区　截至2011年年底，全国已经建立2640处自然保护区(不含港澳台地区)，总面积为149万平方千米，陆地自然保护区面积约占国土面积的14.93%。"十一五"以来新建国家级自然区120处，与《生物多样性公约》第十次缔约国大会通过的《爱知目标》相比，中国还存在较大差距。为做好自然保护区的管理与保护工作，全国开展了国家级自然保护区管理评估、卫星遥感监测和现场实地核查工作。从2009年起利用环境一号卫星，对申请晋升和调整的109个国家级自然保护区开展遥感监测。2011年起利用环境卫星对全国335个国家级自然保护区开展遥感监测。同时，从2007~2011年，17个省份的自然保护区基础调查和评价工作已完成。

(孙秀艳)

【配套完善规划和政策】　2011年完善配套法规，科学规划，争取政策。①完成《全国野生动植物保护及自然保护区建设"十二五"发展规划》、《全国极小种群野生植物拯救保护工程规划》、《全国大熊猫保护发展规划》、《全国极小种群野生动物拯救保护规划(草案)》的编制；②发布实施《大熊猫国内借展管理规定》，修改完善《野生动植物行政许可委托审批事项暂行管理规定》、《国家重点保护野生动物驯养繁殖许可证管理办法》、《野生动物猎捕管理办法》和《野生动物疫源疫病监测防控管理办法》等草案；③与农业部就《国家重点保护野生动物名录》调整基本达成一致，就颁布《国家重点保护野生植物名录(第二批)》的协商沟通取得了进展。

广西修改完成《广西壮族自治区野生植物保护条例》，广东出台了《广东省林业系统国家级自然保护区管理局领导班子及其成员管理暂行办法》，安徽、甘肃和青海对野生动物造成的人身伤害和财产损失出台了补偿办法。

【拯救濒危动物】　①重点实施大熊猫、朱鹮、金丝猴、长臂猿等30多种濒危野生动物的野外巡护监测项目和近20种野生动物的栖息地恢复试点项目。②提升濒危野生动物人工繁育种群质量，实施了大熊猫、朱鹮、金丝猴、华南虎优化配对繁育计划和近30种珍稀濒危野生动物繁育项目。③关注自然灾害等危及野生动物安全的突发事件，指导和补助受害省份采取应急处置措施，降低自然灾害对野生动物的威胁。④推动濒危野生动物野化放归，持续监测救护大熊猫放归野外后的适应情况，不断扩大圈养大熊猫野化培训规模。成功实施了蟒蛇、黄腹角雉放归自然，启动了赛加羚羊放归自然前期准备，着手研究华南虎放归自然规划。⑤全面启动了全国第二次陆生野生动物资源调查，制定调查方案、技术规程和技术细则，成立调查专家委员会和技术指导委员会，组织资源调查项目申报和评审，落实第一批调查项目；全面启动全国第四次大熊猫调查，完成调查筹备工作，编制发布《全国第四次大熊猫调查方案》和《全国第四次大熊猫调查技术规程》，开展调查试点，组建调查队伍，完成了调查人员培训。

【拯救濒危植物】 ①完成《全国极小种群野生植物拯救保护工程规划》的编制，经协调发改委和财政部，已明确由国家林业局与国家发展改革委近期联合发布。②积极探索极小种群野生植物拯救保护新措施，云南省率先启动极小种群野生植物拯救保护建设试点，浙江省自创条件落实11个极小种群野生植物拯救保护项目。③野生植物回归自然试验取得可喜进展，广西德保苏铁、云南华盖木、西畴青冈、杏黄兜兰等重点保护野生植物回归自然后成活率均达90%以上。④开辟植物园建设管理新领域，组织召开全国植物园建设管理座谈会，提出进一步发挥植物园保护野生植物作用的意见和办法，批准成立广东木兰植物保育基地和福建棕榈植物保育中心，吸纳和鼓励社会力量参与野生植物保护。⑤组织开展第二次全国重点保护野生植物资源调查试点。

【自然保护区建设管理】 ①贯彻执行国务院办公厅《关于做好自然保护区管理有关工作的通知》，着力理顺自然保护区与国家风景名胜区、国家湿地公园、国家森林公园、国家地质公园的关系，下发了《国家林业局关于进一步加强林业系统自然保护区管理工作的通知》，对自然保护区的总体规划、土地权属、机构人员、编制经费、管理体制等提出要求，为加快自然保护区发展创造条件；一些省区市也相继制定和贯彻落实意见与措施。

②推进示范自然保护区和示范省规范化建设，研究修订了实施方案编制指南、审查标准和审查程序；召开了自然保护区建设管理数字化管理现场会，推广广东示范自然保护区建设管理经验。

③妥善应对“自然遗产法”立法。“自然遗产法”立法思路的缺陷和对自然保护区建设发展可能造成的负面影响，经多方协调解释，争取到全国人大常委会暂不审议该法案的目标。

④继续强化自然保护区能力建设和基础设施建设，协调财政部和国家发展改革委落实资金共计4亿元，并协助国家发展改革委和中国国际工程咨询公司对部分省自然保护区开展评估。经争取将自然保护区一期工程投资额度提高至3000万元内，一次性基本满足自然保护区保护、科研、监测等基本需要，并将投资方向拓展到社区共管、生态旅游、公共教育等各个方面。完成了2010年全国林业自然保护区数据库维护和2010年全国林业自然保护区数据统计评估报告，举办了5期国家级自然保护区生物多样性保护与可持续发展培训班。

⑤自然保护区管理体制和机构建设取得新的突破。广东省将林业系统国家级、省级自然保护区确定为公益一类事业单位，海南省将委托市县管理的省级自然保护区收归省林业局直接管理，湖北省将5个国家级自然保护区人员经费和编制纳入省政府财政预算和编制，广西将9个国家级自然保护区列为参公管理的事业单位。

⑥“一区一法”制度得到进一步落实。甘肃、福建等省先后批准了两处国家级自然保护区的专项管理办法，内蒙古汗马国家级自然保护区正在积极争取地方人大立法。

⑦宁夏出台《宁夏回族自治区林业局关于进一步加强林业系统自然保护区林地管理的通知》，北京市对市级以上园林绿化系统自然保护区的规划、管理、建设、开发、科研、宣教以及存在问题进行了拉练式检查；广西全力推进12处地方级自然保护区的确界工作，已上报政府申批核准，并提出在未来3年内实现地方级保护区总体规划编制完成率达100%的目标；贵州省对全省林业系统的各

级自然保护区组织了全面调查清理核实，建立了全省林业自然保护区名录和主要信息数据库；云南省完成了全省自然保护区森林服务功能价值评估工作，自然保护区每年每公顷的森林生态服务价值达12.31万元；江西、四川省制定了相应的技术规程和管理办法。根据提升自然保护区建设管理水平的需要，各地积极争取资金投入，广西组织开展了地方级自然保护区基础设施建设情况调研，向自治区人民政府争取安排地方级保护区专项资金。

⑧结合实际探索自然保护区管理机制。浙江省林业厅和财政厅联合下达《关于组织开展省级以上森林类型自然保护区集体林租赁工作的通知》，对省级以上保护区的核心区和缓冲区的集体林实行国家租赁，租赁价为498元/公顷年，以进一步维护林权所有者合法权益；黑龙江省针对扎龙自然保护区水资源匮乏的现状，协调财政等相关部门，建立了扎龙生态补水长效机制，为自然保护区生态用水和栖息地恢复建立了良性循环机制。

【疫源疫病监测防控】 ①继续强化野生动物疫病野外监测防控和应急职守检查，确保日常监测在岗到位。浙江、福建、湖北、四川还将野生动物疫源疫病监测防控纳入基层年度目标责任考核，实现了全国野鸟禽流感等突发重大野生动物疫情零发生。

②推进监测防控体系建设。争取到将野生动物疫源疫病监测防控体系建设纳入《全国动物防疫体系建设规划(2011~2013年)》，启动野生动物疫源疫病监测信息网络直报系统建设。黑龙江省开展了标准站建设试点，上海、江西、广东等新增省级监测站32处，新疆以项目实施带动体系建设，全国监测防控体系得到进一步充实。

③落实监测防控措施，开展野生动物驯养繁殖场所统计和疫情隐患排查，稳步推进边境联防联控试点，强化主动监测预警，特别是针对日本震后核污染问题开展了候鸟核污染情况专项监测，拓展监测领域。

④开展野生动物疫病主动监测预警技术培训，参训人员达千余人次。浙江省发展乡镇护林员等作为兼职监测人员，充实监测队伍。

⑤依托中科院动物研究所、军事兽医研究所成立了2处野生动物疫病研究中心。东北林业大学初步建立起野鸟源流感病毒毒株库。江西、新疆等地采集各类野生动物样品8000余份，开展野鸟禽流感、野生动物口蹄疫、小反刍兽疫、非洲猪瘟等疫病的流行病学调查与研究。

【野生动植物繁育利用】 ①争取到国家对人工繁育野生动物免征资源保护管理费的政策，以增强产业发展后劲。②启动了毛皮野生动物繁育、取皮、标识等试点示范工作。③成立了野生动物猎捕专家委员会，引导狩猎活动走上科学化、规范化管理轨道。④组织开展库存赛加羚羊角原料的核查、登记注册及封装，摸清底数，遏制非法经营、走私活动势头，维护国家重要战略性资源的安全。⑤举办4期行业培训班，强化全行业依法经营的意识。⑥委托国家林业局派驻各地的部分资源监督机构开展对野生动植物繁育利用及相关行政许可的实施情况监督检查，营造公平竞争的市场氛围，积极探讨便利企业合法经营的政策和措施。⑦组织参与第二届林博会，并获得最佳组织奖。江西省拟定了《江西省野生动植物产业扶持资金管理办法》和《江西省野生动植物繁育利用企业示范基地申报办法(试行)》。广西自治区林业厅制定了《广西壮族自治区重点保护植物人工培植单位备案登记管理办法》。

【国际合作与交流】 ①完成中英、中美、中泰和中法大熊猫等野生动物国际合作研究，签订了中韩老虎繁殖合作协议，组织召开了中日合作朱鹮JICA项目联合协调委员会成立暨第一次会议和朱鹮保护30周年国际研讨会，参加了中日韩三国朱鹮保护国际合作研讨会。②参加生物多样性科学政策政府间工作会议、生物多样性保护与野生动物疫病国际研讨会、中俄跨界自然保护区与生物多样性保护工作组年会、中美战略与能源合作2011年年会等系列国际会议，强化中国在国际保护领域的地位。③开展中美保护地十年合作框架项目，召开中美自然保护议定书工作组会议，确定了今后3年的合作项目，开辟了与美国国家公园局、加拿大国家公园局的合作领域。④举办第十

六、十七届海峡两岸自然保护研讨会，推动召开两岸三地大熊猫保护研讨会，进一步强化了海峡两岸自然保护领域的交流与合作。⑤积极履行《生物多样性公约》，完成生物多样性公约第十五次科咨会议林业议题谈判，参与编写《生态文明建设的基石》，参与研究和起草中欧生物多样性与气候变化项目方案、联合国生物多样性10年中国行动方案、生物多样性战略与行动计划2012年行动方案、生物多样性保护专题规划，突出了林业在生物多样性保护中的重要地位和作用。⑥争取到广西猫儿山国家级自然保护区加入世界人与生物圈网络，使林业系统加入世界人与生物圈的国家级自然保护区达到23个；黑龙江七星河、南翁河、黑龙江珍宝岛、甘肃孕海－则岔等4处自然保护区加入国际重要湿地名录，到目前已有40处自然保护区加入国际重要湿地。

【执法与宣传】 ①国家林业局组织举办了“爱鸟周”30周年纪念暨保护森林与野生动植物资源先进集体和先进个人表彰活动。

②以“爱鸟周”、“野生动物保护宣传月”、“野生植物保护宣传月”为契机，各地开展了主题鲜明、形式多样的系列宣传，如广西将“保护野生动植物宣传月”与整治行动、知识竞赛等活动相结合，其他省区市有的组织市县、自然保护区、湿地公园统一行动，有的编写散发野生动植物知识手册，有的开展观鸟大赛、鸟类摄影展、征文比赛、评选模范学校等活动。

③宣传方式多种多样。邀请媒体与濒危物种专项调查、自然保护区科学考察、资源调查等专项保护行动联动，大多数省区市开办了保护简报，开设了保护网站、官方微博和电视栏目，保护司自然保护网站获得国家林业局十佳优秀网站称号，并列于首位。

④打造自然保护区、动物园、野生动物园、植物园、树木园、自然博物馆等宣传阵地。辽宁仙人洞、重庆缙云山、宁夏白芨滩等3处自然保护区于2011年被批准为全国生态文明教育基地；动物园、野生动物园、植物园、树木园、自然博物馆等提升其公众宣传教育的功能，发挥明星物种效应，开展不同专题的宣传活动，（国家林业局野生动植物保护与自然保护区管理司　张希武）

【全国首个省级中国森林旅游试验示范区落户海南】 2月25日，国家林业局与海南省政府《关于加快推进海南森林生态旅游建设战略合作协议》签字仪式在海南省海口市举行。协议的签订，标志着我国首个省级中国森林旅游试验示范区正式落户海南。

【《关于推进森林旅游发展的合作框架协议》在京签署】 5月11日，国家林业局和国家旅游局在京签署了《关于推进森林旅游发展的合作框架协议》。根据协议，双方将共同设立“全国森林旅游工作领导小组”及其办公室，指导全国森林旅游发展的相关工作。

【《全国主体功能区规划》正式发布】 6月，首个全国性国土空间开发规划《全国主体功能区规划》正式发布。包括规划背景、指导思想与规划目标、国家层面主体功能区、能源与资源、规划实施等6篇共13章。还收录国家重点生态功能区名录、国家禁止开发区域名录等3个附件。其中国家层面禁止开发区域，包括国家森林公园、国家级自然保护区、世界文化自然遗产等。根据规划要求，在“十二五”期间，将对现有国家禁止开发区域进行规范，对位置相同、保护对象相同，但名称不同、多头管理的，要重新界定功能定位，明确统一的管理主体。今后新设立的各类禁止开发区域的范围，原则上不得重叠交叉。

【国家林业局组织编制《全国森林旅游发展规划（2011～2020）》】 国家林业局决定组织编制《全国森林旅游发展规划（2011～2020）》。其中所指的森林旅游开展的范围和主体包括：森林公园、湿地公园、自然保护区、国有林场、沙漠景观旅游区等适宜开展森林旅游活动的区域。

【实施《国家级森林公园管理办法》】 8月1日，《国家级森林公园管理办法》正式施行。

【国家林业局森林公园保护与发展中心成立】 7月

18日，经中央机构编制委员会办公室批复，同意在国家林业局国有林场和林木种苗工作总站加挂“国家林业局森林公园保护与发展中心”牌子，其管理实行“一套人马、两块牌子”。该中心的设立，不仅是对国家林业局主管全国森林公园工作职能的确认，也表明全国的森林公园建设得到了国家层面的充分肯定，同时明确了森林公园以保护为首要任务的发展管理目标。

【全国森林旅游工作领导小组成立】 8月9日，国家林业局、国家旅游局共同下发《关于成立“全国森林旅游工作领导小组”》的通知。领导小组办公室日常工作由国家林业局森林公园管理办公室、国家旅游局规划财务司具体负责。

【2011中国森林旅游博览会开幕】 11月18日，2011中国森林旅游博览会在海南省海口市开幕。本届森博会以“森林生态旅游，人类健康选择”为主题，以“森林让生活更多彩”为口号。展览分两大部分，第一部分为森博会综合、海南及温州三大展区，综合展区以展示全国特色森林旅游资源为主，体现全国森林旅游产业发展的最新成就。第二部分为各省(区、市)和各大森工集团等参展单位按地理区域划分为8个参展组团以及森林旅游企业参展区。

【全国森林旅游工作会议召开】 11月18日，国家林业局和国家旅游局首次联合召开全国森林旅游工作会议。这是两部门自2011年5月共同签署《关于推进森林旅游发展的合作框架协议》后，举办的第一次会议。国家林业局局长贾治邦在会上讲话。会上，10家单位被批准成为全国森林旅游示范区试点单位。

【《国家林业局、国家旅游局关于加快发展森林旅游的意见》发布】 11月9日《国家林业局、国家旅游局关于加快发展森林旅游的意见》发布。国家林业局、国家旅游局决定加强战略合作，共同把发展森林旅游上升为国家战略，作为建设生态文明的重要任务，实现兴林富民的战略支撑点，推动绿色低碳发展的重点领域，促进旅游业发展的新的增长点。

表21-1 全国自然保护区各省分布

省份	数量(处)					面积(公顷)					占土地面积(%)
	国家级	省级	市级	县级	合计	国家级	省级	市级	县级	合计	
北京	2	12	6	0	20	26403	71413	36150	0	133966	7.97
天津	3	5	0	0	8	37862	53253	0	0	91115	8.06
河北	12	19	2	2	35	238489	329797	8806	10176	587268	3.05
山西	5	41	0	0	46	82936	1074489	0	0	1157425	7.42
内蒙古	24	60	25	75	184	3950007	6983691	315783	2555257	13804738	11.67
辽宁	13	30	35	23	101	948322	874056	794093	98466	2714937	12.83
吉林	14	15	3	6	38	946103	1314252	20564	22981	2303900	12.29
黑龙江	24	87	33	77	221	2399689	2984280	364642	855897	6604508	14.52
上海	2	2	0	0	4	66175	27646	0	0	93821	5.22
江苏	3	10	10	7	30	336211	85448	122827	20497	564983	4.08
浙江	10	8	0	14	32	146542	12754	0	37908	197204	1.53
安徽	7	26	5	64	102	139221	281985	22860	80770	524836	3.76
福建	12	26	10	44	92	205521	130628	37652	71677	445478	2.96
江西	9	34	2	150	195	156027	400003	2759	632636	1191425	7.14
山东	7	33	24	22	86	219828	498690	244476	134922	1097916	4.80
河南	11	21	0	2	34	426316	306942	0	1400	734658	4.40

省份	数量(处)					面积(公顷)					占土地面积(%)
	国家级	省级	市级	县级	合计	国家级	省级	市级	县级	合计	
湖北	11	18	24	11	64	261102	374656	185025	138664	959447	5. 16
湖南	18	32	1	72	123	517856	446619	464	284675	1249614	5. 90
广东	11	66	114	177	368	225534	598189	379811	2349124	3552658	6. 73
广西	16	50	3	9	78	308255	903794	118947	121945	1452941	5. 98
海南	9	24	12	5	50	106526	2614554	13395	845	2735320	6. 97
重庆	4	18	1	34	57	218964	275638	3686	352098	850386	10. 32
四川	24	68	28	47	167	2771195	3167173	1319730	1735548	8993646	18. 58
贵州	8	4	16	101	129	243539	56965	215109	436153	951766	5. 41
云南	17	42	60	44	163	1443531	866976	450738	216369	2977614	7. 77
西藏	9	14	3	21	47	37153065	4209486	4870	1461	41368882	33. 91
陕西	14	34	4	3	55	466550	609429	61534	34602	1172115	5. 70
甘肃	16	39	0	4	59	4825358	2406503	0	114900	7346761	16. 17
青海	5	6	0	0	11	20252490	1569711	0	0	21822201	30. 21
宁夏	6	8	0	0	14	426916	108654	0	0	535570	10. 34
新疆	9	18	0	0	27	13606151	7888214	0	0	21494365	12. 95
合计	335	870	421	1014	2640	93152684	41525888	4723921	10308971	149711464	14. 93

注：①本统计不含香港、澳门特别行政区和台湾省。
②自然保护区总面积中陆域面积约 14333 万公顷，海域面积约 638 万公顷。
③占土地面积的比例指陆地自然保护区面积占陆地国土面积的比例。
④长江上游珍稀、特有鱼类国家级自然保护区地跨四川、重庆、贵州、云南 4 省市，数量计入四川，面积分别计入各省。

表 21-2　森林旅游各指标在全国排名前 5 位的省份

指标	全国排名前 5 位的省份、单位占全国的比例(%)
森林旅游人次 11. 24(亿人次)	北京(16. 43)、四川(14. 87)、浙江(9. 41)、江苏(5. 99)、山东(5. 88)
森林旅游收入 1863. 07(亿元)	四川(16. 09)、湖南(11. 71)、浙江(10. 74)、江西(10. 08)、安徽(5. 34)
森林公园总数 2747(处)	广东(16. 67)、山东(8. 15)、浙江(6. 15)、江西(5. 68)、河南(5. 31)
森林公园总面积 1706. 31(万公顷)	吉林(14. 39)、黑龙江(11. 09)、龙江集团(7. 79)、西藏(7. 66)、新疆(7. 6)
国家森林公园数量 747(处)	黑龙江(7. 36)、江西(5. 76)、湖南(5. 76)、山东(5. 09)、浙江(4. 95)
国家森林公园面积 1176. 48(万公顷)	吉林(17. 1)、黑龙江(13. 78)、西藏(11. 11)、龙江集团(10. 28)、内蒙古(7. 76)
省级森林公园数量 1238(处)	江西(8. 08)、福建(7. 19)、浙江(6. 06)、广东(5. 74)、山东(5. 65)
省级森林公园面积 409. 1(万公顷)	新疆(11. 89)、甘肃(11. 59)、吉林(10. 87)、黑龙江(6. 59)、内蒙古(5. 72)
县级森林公园数量 762(处)	广东(47. 51)、山东(15. 22)、浙江(7. 48)、山西(7. 35)、河南(6. 3)
县级森林公园面积 120. 73(万公顷)	广东(62. 11)、山东(9. 74)、河南(7. 76)、浙江(5. 88)、山西(3. 73)
森林公园收入 376. 42(亿元)	浙江(31. 07)、江西(11. 54)、四川(7. 89)、重庆(6. 61)、湖南(5. 16)
旅游接待总人数 4. 68(亿人次)	广东(16. 39)、重庆(8. 4)、江苏(7. 78)、浙江(7. 57)、江西(6. 93)
旅游接待海外旅游者 1207. 33(万人次)	广东(19. 73)、江苏(12. 93)、福建(11. 85)、湖南(11. 38)、辽宁(7. 01)
园林绿化企业数量 86092(家)	广东(8. 68)、上海(7. 29)、山东(6. 82)、江苏(6. 79)、浙江(5. 99)
自然保护区管理企业数量 3248(家)	浙江(31. 53)、广东(6. 43)、四川(4. 93)、云南(4. 06)、陕西(3. 51)

表 21-3　森林旅游资源概况

地区	旅游人次（人次）	旅游收入（万元）	旅游接待总人数（万人次）	旅游接待海外旅游者（万人次）	园林绿化单位（家）	自然保护区管理业单位(个)
全国合计	1123662537	18630740	46808	1207	86092	3248
北京	184600851	296508	383	3	4728	50
天津	1887655	14765	22	1	1656	17
河北	14296877	171478	805	16	2191	55
山西	4108175	41439	1030	9	1972	84
内蒙古	4721753	113829	314	1	1517	90
内蒙古集团	354500	24200	35	0		
辽宁	30769912	889617	1747	85	3560	103
吉林	12061435	564213	1029	29	1617	79
吉林集团	691450	22063	13	0		
黑龙江	11193709	520370	786	19	2273	84
龙江集团	4663932	227966	264	5		
上海	2646050	8170	405	6	6278	3
江苏	67348433	902021	3643	156	5843	64
浙江	105688265	2000940	3543	83	5157	1024
安徽	38212239	994071	1006	10	4062	52
福建	29026435	322627	1569	143	2388	98
江西	42725573	1877233	3242	36	2141	67
山东	66088779	844616	2428	64	5873	82
河南	52249504	451540	1720	31	3099	101
湖北	27845049	879684	1306	21	3624	88
湖南	52014482	2181207	2775	137	2114	105
广东	60841607	588451	7672	238	7475	209
广西	19451524	259396	539	18	1211	72
海南	7087879	62636	293	13	1046	30
重庆	41037057	439318	3930	36	2181	40
四川	167032732	2997899	1971	18	4856	160
贵州	31545630	654809	1662	4	1332	39
云南	19766846	164534	690	8	1618	132
西藏	124000	1836	38	1	54	7
陕西	8430887	66087	1134	10	3469	114
甘肃	7068851	24786	420	2	811	75
青海	234850	1412	174	0	257	24
宁夏	5899951	76176	62	1	468	25
新疆	6840015	159455	462	10	1221	75
新疆建设兵团	360017	3075	0	0		
大兴安岭	815532	59617	10	0		

表 21-4　森林公园和自然保护区旅游人数及收入

	县(旗、市、区、局、场)	森林公园及自然保护区名称	级别	实际接待人数（万人次）	旅游总收入（万元）	其中：门票收入（万元）
1	大兴区(京)	古桑国家森林公园	国家	12	400	150
2	涞水县(冀)	野三坡国家森林公园	国家	269	22000	6500
3	武安市(冀)	武安市国家森林公园	国家	65	2. 50	2. 50

	县(旗、市、区、局、场)	森林公园及自然保护区名称	级别	实际接待人数（万人次）	旅游总收入（万元）	其中：门票收入（万元）
4	围场满族蒙古族自治县(冀)	御道口国家草原风景区	国家	58	4. 50	2100
5	北戴河区(冀)	秦皇岛野生动物园	国家	55	2500	2500
6	灵寿县(冀)	五岳寨国家森林公园	国家	54	8100	520
7	围场满族蒙古族自治县(冀)	塞罕坝国家森林公园	国家	53	4. 20	2000
8	塞罕坝机械林场(冀)	河北塞罕坝国家森林公园	国家	50. 26	15000	3519
9	涿鹿县(冀)	黄羊山国家森林公园	国家	50	500	10
10	峰峰矿区(冀)	峰峰狂气响堂山国家级森林公园	国家	33. 40	430	82
11	邢台县(冀)	前南峪森林公园	国家	30. 47	525. 08	525. 08
12	涞源县(冀)	白石山国家森林公园	国家	29. 50	800	443
13	山海关区(冀)	山海关森林公园	国家	28	600	600
14	内丘县(冀)	太子岩风景区	国家	25	230	120
15	雾灵山国家级自然保护区(冀)	河北雾灵山国家级自然保护区	国家	20	800	700
16	围场满族蒙古族自治县(冀)	滦河上游自然保护区	国家	13	4000	350
17	赞皇县(冀)	嶂石岩自然保护区	国家	9. 80	6500	746
18	易　县(冀)	易州国家森林公园	国家	8	430	200
19	阜平县(冀)	天生桥国家森林公园	国家	7	3852	252
20	平山县(冀)	河北驼梁自然保护区	国家	6. 50	430	340
21	唐　县(冀)	古北岳国家级森林公园	国家	6	200	120
22	蔚　县(冀)	空中草原森林公园	国家	4	2000	200
23	蔚　县(冀)	小五台山国家级自然保护区	国家	4	2000	240
24	曲阳县(冀)	虎山风景区	国家	2. 90	431	90
25	临城县(冀)	小天池森林风景区	国家	2. 60	180	10
26	平泉县(冀)	辽河源国家级森林公园	国家	2	300	60
27	兴隆县(冀)	兴隆县六里坪国家森林公园	国家	1. 50	90	22
28	井陉县(冀)	仙台山公园	国家	1. 20	30	25
29	木栏围场国营林场(冀)	河北省木兰围场国家森林公园	国家	1. 10	48	0. 50
30	滦平县(冀)	白草洼森林公园	国家	1	3	2
31	赤城县(冀)	黑龙山森林公园	国家	0. 67	80	15
32	御道口林场(冀)	御道口草原森林风景区	省	120	20000	1500
33	抚宁县(冀)	渤海森林公园	省	100	17100	12000
34	安新县(冀)	白洋淀湿地自然保护区	省	86	5470	
35	涉　县(冀)	河北省邯郸市涉县省级森林公园	省	22. 50	790	35
36	双滦区(冀)	双塔山森林公园	省	20	700	200
37	承德县(冀)	承德县北大山石海森林公园	省	20	150	60
38	井陉县(冀)	南寺掌森林公园	省	11	400	320
39	迁安市(冀)	山叶口省级森林公园	省	10	300	300
40	迁安市(冀)	徐流口省级森林公园	省	10	100	100
41	鹿泉市(冀)	河北封龙山省级森林公园	省	5. 50	85	80. 50
42	遵化市(冀)	鹫峰山省级森林公园	省	4. 60	1000	445
43	平山县(冀)	平山天桂山风景名胜区	省	4. 50	320	252
44	怀来县(冀)	黄龙山庄森林公园	省	3. 80	280. 85	94. 27
45	临城县(冀)	天台山	省	3	70	10
46	宽城满族自治县(冀)	都山森林望海公园	省	3	120	60
47	唐　县(冀)	西胜沟景区	省	2	70	40
48	唐　县(冀)	全胜峡景区	省	2	90	40

	县(旗、市、区、局、场)	森林公园及自然保护区名称	级别	实际接待人数（万人次）	旅游总收入（万元）	其中：门票收入（万元）
49	丰宁满族自治县(冀)	千松坝森林公园	省	0.78	24	
50	青龙满族自治县(冀)	祖山风景区	地	9	644	644
51	邢台县(冀)	天河山旅游区	县	47	1046.80	1046.80
52	邢台县(冀)	九龙峡旅游区	县	27.70	349.60	349.60
53	邢台县(冀)	云梦山旅游区	县	21.85	177.30	177.30
54	邢台县(冀)	邢台大峡谷	县	21.68	177.16	177.16
55	邢台县(冀)	天梯山旅游区	县	18.64	185	185
56	邢台县(冀)	小西天旅游区	县	17.40	62.60	62.60
57	围场满族蒙古族自治县(冀)	红松洼国家级自然保护区	县	11	2000	300
58	邢台县(冀)	张果老山旅游区	县	7.36	25.70	25.70
59	磁　县(冀)	溢泉湖度假村	县	5	200	
60	柏乡县(冀)	柏乡汉牡丹园	县	5	200	150
61	内丘县(冀)	寒山风景区	县	2.80	95	65
62	五台县(晋)	五台山国家森林公园	国家	433	301000	18000
63	长治市郊区(晋)	老顶山国家森林公园	国家	45	4012	
64	黎城县(晋)	黄崖洞森林公园	国家	23.80	300	
65	恒山林场(晋)	恒山国家森林公园	国家	17	3500	3060
66	垣曲县(晋)	历山国家级自然保护区	国家	15	7500	900
67	壶关县(晋)	太行峡谷国家森林公园	国家	12	12000	1480
68	高平市(晋)	炎帝故里发展服务有限公司	国家	10	100	100
69	娄烦县(晋)	云顶山自然保护区	国家	2	3	3
70	代　县(晋)	赵杲观国家森林公园	国家	0.50	8	5
71	万荣县(晋)	山西省孤峰山森林公园	省	15	300	30
72	泽州县(晋)	珏山风景区	省	14.50	1500	900
73	屯留县(晋)	老爷山森林公园、宜神岭森林公园	省	8	1600	240
74	绛　县(晋)	山西省东华山森林公园	省	7.50	180	112.50
75	平顺县(晋)	西沟森林公园	省	5	200	100
76	宁武县(晋)	马营海森林公园	省	3	80	60
77	夏　县(晋)	夏县瑶台山森林公园	县	5	450	300
78	伊金霍洛旗(内蒙古)	成吉思汗陵园	国家	70	12000	5800
79	额济纳旗(内蒙古)	内蒙古额济纳旗胡杨林国家森林公园	国家	40	2000	108
80	科尔沁左翼后旗(内蒙古)	大青沟自然保护区	国家	28.60	13440	1340
81	阿拉善左旗(内蒙古)	贺兰山国家级自然保护区	国家	15	400	280
82	鄂托克旗(内蒙古)	西鄂尔多斯国家级保护区	国家	9	135	45
83	东胜区(内蒙古)	九成功生态园	国家	8.50	330	
84	凉城县(内蒙古)	二龙什台国家森林公园	国家	8	50	
85	达拉特旗(内蒙古)	响沙湾旅游区	国家	6.50	3240	2592
86	敖汉旗(内蒙古)	大黑山自然保护区	国家	6	60	35
87	多伦县(内蒙古)	内蒙古滦河源国家森林公园	国家	6	180	16
88	海拉尔区(内蒙古)	海拉尔国家森林公园	国家	5.60	19.50	19.50
89	克什克腾旗(内蒙古)	桦木沟国家森林公园	国家	5	300	95
90	红花尔基林业局(内蒙古)	红花尔基樟子松国家森林公园	国家	5	600	92
91	乌审旗(内蒙古)	萨拉乌苏旅游区	国家	4.50	4000	1500
92	杭锦旗(内蒙古)	杭锦旗七星湖旅游区	国家	3.62	55	
93	武川县(内蒙古)	哈达门国家森林公园	国家	3.20	148	78

	县(旗、市、区、局、场)	森林公园及自然保护区名称	级别	实际接待人数（万人次）	旅游总收入（万元）	其中：门票收入（万元）
94	克什克腾旗(内蒙古)	黄岗梁国家森林公园	国家	3	27	
95	宁城县(内蒙古)	黑里河国家级自然保护区	国家	3	90	30
96	巴林林业局(内蒙古)	喇嘛山国家森林公园	国家	2.71	108.41	108.41
97	巴林右旗(内蒙古)	赛罕乌拉自然保护区	国家	2	20	8
98	喀喇沁旗(内蒙古)	旺业甸国家森林公园	国家	2	400	40
99	新城区(内蒙古)	内蒙古大青山国家级自然保护区	国家	1.90	90	0
100	阿鲁科尔沁旗(内蒙古)	高格斯台罕乌拉自然保护区	国家	1.50	150	
101	喀喇沁旗(内蒙古)	马鞍山国家森林公园	国家	1.50	300	30
102	乌审旗(内蒙古)	鄂尔多斯银海生态开发有限责任公司	国家	0.90	500	60
103	青山区(内蒙古)	内蒙古大青山国家级自然保护区	国家	0.50	20	
104	额尔古纳市(内蒙古)	额尔古纳市湿地景区	省	50	1500	700
105	九原区(内蒙古)	梅力更自然保护区	省	30	118	90
106	阿拉善右旗(内蒙古)	内蒙古巴丹吉林自然保护区	省	23.80	17300	
107	东河区(内蒙古)	南海子自然保护区	省	21	144.60	128.50
108	巴林左旗(内蒙古)	乌兰坝－石棚沟自然保护区	省	10	150	2
109	兴和县(内蒙古)	苏木山森林公园	省	6	35	
110	达拉特旗(内蒙古)	恩格贝森林公园	省	5	1700	1500
111	鄂托克旗(内蒙古)	都斯图湿地自然保护区	省	1.50	22.50	7.50
112	科尔沁右翼前旗(内蒙古)	青山自然保护区	省	1.50		3
113	土默特左旗(内蒙古)	哈素海自然保护区	省	1	80	20
114	乌审旗(内蒙古)	乌审召生态旅游区	省	0.70	350	70
115	科尔沁左翼中旗(内蒙古)	乌斯吐自然保护区	省	0.60	60	
116	东河区(内蒙古)	东河区阿善森林公园	省	0.52	15.80	5.30
117	松山区(内蒙古)	老府林场乌良苏森林公园	省	0.50	50	
118	鄂托克旗(内蒙古)	甘草自然保护区	省	0.50	7.50	2.50
119	察哈尔右翼中旗(内蒙古)	黄花沟生态公园	地	6.50	45	
120	杭锦旗(内蒙古)	鄂尔多斯草原旅游区	地	2.25	45	
121	鄂温克族自治旗(内蒙古)	鄂温克旗五泉山风景区	地	2	80	
122	鄂温克族自治旗(内蒙古)	鄂温克旗维纳河矿泉疗养院	地	0.50	25	
123	杭锦后旗(内蒙古)	走西口·民俗第一村	县	20	50	25
124	鄂托克前旗(内蒙古)	鄂前旗大沙头旅游区	县	4.50	150	
125	额尔古纳市(内蒙古)	额尔古纳市哈乌耳河景区	县	4	10	4
126	宁城县(内蒙古)	藏龙谷景区	县	0.80	25	16
127	松山区(内蒙古)	皇家漫甸旅游度假村	县	0.70	80	
128	庄河市(辽)	大连冰峪风景区	国家	400	6500	10000
129	庄河市(辽)	大连银石滩国家级森林公园	国家	85	4600	750
130	凤城市(辽)	大梨树自然风景名胜旅游区	国家	65	51300	6232
131	甘井子区(辽)	大连市西郊国家森林公园	国家	60	8000	
132	法库县(辽)	五龙山自然保护区	国家	50	4000	100
133	甘井子区(辽)	大连市金龙寺公园	国家	50	7700	
134	抚顺县(辽)	抚顺三块石国家森林公园	国家	40	4880	2000
135	清河区(辽)	尚阳湖 AAAA 级旅游区	国家	34.50	13725	360
136	新宾满族自治县(辽)	新宾满族自治县猴石国家森林公园	国家	30	3000	1800
137	本溪满族自治县(辽)	关门山国家森林公园	国家	30	1667	1200
138	西丰县(辽)	冰砬山森林公园	国家	30	600	80

	县(旗、市、区、局、场)	森林公园及自然保护区名称	级别	实际接待人数(万人次)	旅游总收入(万元)	其中：门票收入(万元)
139	阜新蒙古族自治县(辽)	阜新海棠山国家森林公园	国家	26.30	1705	138
140	盖州市(辽)	盖州市万福林场赤山森林公园	国家	24	4440	360
141	双塔区(辽)	朝阳凤凰山国家森林公园	国家	24	900	480
142	苏家屯区(辽)	白清寨自然保护区	国家	20	12000	10000
143	长海县(辽)	大连长山群岛国家海岛森林公园	国家	20	13000	
144	新宾满族自治县(辽)	新宾满族自治县和睦国家森林公园	国家	20	2600	1200
145	凤城市(辽)	凤凰山自然保护区	国家	18	9500	1140
146	普兰店市(辽)	普兰店国家森林公园	国家	15	8000	3000
147	盖州市(辽)	盖州市青龙山森林公园	国家	12	2220	180
148	旅顺口区(辽)	旅顺口国家森林公园	国家	10	220	15
149	建昌县(辽)	白狼山自然保护区	国家	9	800	
150	溪湖区(辽)	环城森林公园	国家	8	340	60
151	朝阳县(辽)	努鲁儿虎山自然保护区	国家	8	60	22
152	本溪满族自治县(辽)	汤沟国家森林公园	国家	6	152	140
153	桓仁满族自治县(辽)	库区国家森林公园	国家	5	240	65
154	本溪满族自治县(辽)	铁刹山国家森林公园	国家	3	51	40
155	凌源市(辽)	凌源青龙河自然保护区	省	690	2920	
156	清原满族自治县(辽)	红河峡谷国家森林公园	省	70	6600	4500
157	连山区(辽)	辽宁灵山森林公园	省	50	957	850
158	铁岭县(辽)	铁岭凡河省级自然保护区	省	49	54949	1650
159	凤城市(辽)	蒲石河森林公园	省	30	11000	1300
160	清原满族自治县(辽)	辽宁浑河源省级自然保护区	省	21	200	80
161	宽甸满族自治县(辽)	黄椅山森林公园	省	20	1450	650
162	建平县(辽)	建平县天秀山森林公园	省	20	1000	150
163	宽甸满族自治县(辽)	天华山风景名胜区	省	15	1200	240
164	鲅鱼圈区(辽)	望儿山公园	省	13	5000	1000
165	海城市(辽)	海城市白云山	省	12	12	1
166	大连市长兴岛临港工业区(辽)	大连长兴岛海滨森林公园	省	10	50	0
167	新宾满族自治县(辽)	新宾满族自治县钢山森林公园	省	10	1000	500
168	开原市(辽)	开原市龙潭寺省级森林公园	省	10	510	500
169	朝阳县(辽)	清风岭自然保护区	省	10	100	20
170	喀喇沁左翼蒙古族自治县(辽)	辽宁省龙凤山森林公园	省	10	600	20
171	北票市(辽)	大黑山自然保护区	省	10	5000	800
172	台安县(辽)	台安县西平林场森林公园	省	8.50	535	80
173	凌源市(辽)	牛河梁省级森林公园	省	8.10	1140	
174	宽甸满族自治县(辽)	花脖山风景区	省	8	1100	60
175	海城市(辽)	海城市白云山自然保护区	省	7.82	210	52
176	绥中县(辽)	三山妙峰森林公园	省	7	200	45
177	喀喇沁左翼蒙古族自治县(辽)	辽宁省楼子山自然保护区	省	5.20	150	0
178	甘井子区(辽)	大连市大黑石公园	省	5	100	
179	盖州市(辽)	盖州市玉石洞水库自然保护区	省	3	450	
180	新邱区(辽)	元宝山省级森林公园	省	3	25	
181	岫岩满族自治县(辽)	鞍山药山省级风景名胜区	省	2.20	8	3
182	绥中县(辽)	锥山森林公园	省	2	124	5
183	岫岩满族自治县(辽)	岫岩县龙潭湾省级森林公园	省	1.60	7	2

	县(旗、市、区、局、场)	森林公园及自然保护区名称	级别	实际接待人数(万人次)	旅游总收入(万元)	其中:门票收入(万元)
184	岫岩满族自治县(辽)	修沿线青凉山自然保护区	省	1.50	7	2.50
185	阜新蒙古族自治县(辽)	阜新关山自然保护区	省	1.36	101	8.60
186	阜新蒙古族自治县(辽)	阜新老鹰窝山自然保护区	省	1.35	115	
187	岫岩满族自治县(辽)	岫岩县龙潭湾自然保护区	省	1.30	6	2
188	岫岩满族自治县(辽)	辽宁岱王庙森林公园	省	1.20	5	1.20
189	岫岩满族自治县(辽)	辽宁老虎山森林公园	省	1.10	5	1
190	彰武县(辽)	高山台森林公园	省	0.70	70	
191	本溪满族自治县(辽)	大地省级森林公园	省	0.50	10	10
192	大石桥市(辽)	蟠龙山公园	地	20	1320	
193	凌海市(辽)	翠岩山风景区	地	15	100	4
194	大石桥市(辽)	大石桥迷镇山景区	地	15	1800	
195	振安区(辽)	丹东市五龙山自然保护区	地	14	3980	420
196	辽中县(辽)	珍珠湖自然保护区	地	13	122	20
197	凤城市(辽)	帽盔山森林公园	地	13	3800	400
198	双塔区(辽)	桃花山风景区	地	12	200	
199	双塔区(辽)	梨花沟	地	12	400	
200	凌海市(辽)	岩井寺动植物园风景区	地	10	70	3
201	大石桥市(辽)	老轿顶自然保护区	地	9	150	
202	本溪市经济开发区(辽)	仙榆湾	地	4	980	
203	太平区(辽)	塔子沟风景区	地	1	13	
204	细河区(辽)	松涛胡风景区	地	1	50	
205	大洼县(辽)	红海滩风景区	县	70.40	11249	4650
206	凤城市(辽)	“农家乐”等自发形成旅游景点	县	16	8600	1032
207	鲅鱼圈区(辽)	青龙山公园	县	15	6000	2000
208	调兵山市(辽)	调兵山风景区	县	14	4500	50
209	鲅鱼圈区(辽)	碧霞山公园	县	10	3000	500
210	鲅鱼圈区(辽)	鲅鱼圈森林公园	县	8	3000	500
211	建昌县(辽)	龙潭大峡谷风景区	县	7	1150	420
212	元宝区(辽)	元宝区公园	县	3	20	
213	建昌县(辽)	清泉寺风景区	县	1.50	25	
214	建昌县(辽)	龙泉寺	县	1.50	25	
215	本溪市经济开发区(辽)	张其寨恬园山庄	县	0.60	120	
216	望花区(辽)	碧云山庄旅游度假村	县	0.50	140	20
217	二道江区(吉)	通化市东升旅游开发公司	国家	500	1500	800
218	前郭尔罗斯蒙古族自治县(吉)	查干湖自然保护区	国家	126	90000	
219	蛟河市(吉)	吉林省拉法山国家森林公园	国家	16.50	23170	1180
220	通榆县(吉)	向海国家级自然保护区	国家	10	700	700
221	柳河县(吉)	吉林哈尼国家级自然保护区	国家	9	1840	90
222	桦甸市(吉)	桦甸市南楼山风景区	国家	7	480	7
223	集安市(吉)	集安市五女峰国家森林公园	国家	4	1000	200
224	通化市市辖区(吉)	白鸡峰国家森林公园	国家	2.80	57	15
225	柳河县(吉)	吉林罗通山珍稀植物自然保护区	省	10	1700	100
226	双辽市(吉)	一马树森林公园	省	3	800	30
227	九台市(吉)	九台市石头口门风景区	省	2.10	42	22
228	图们市(吉)	日光山省级森林公园	省	0.75	85	

	县(旗、市、区、局、场)	森林公园及自然保护区名称	级别	实际接待人数(万人次)	旅游总收入(万元)	其中:门票收入(万元)
229	宁江区(吉)	松原市宁江区森林公园	省	0.70	700	
230	莲花山开发区(吉)	莲花山生态旅游度假区	县	100	60000	5000
231	东丰县(吉)	东丰县南照山公园	县	100	50	
232	南关区(吉)	净月潭国家森林公园	县	85	38770	1857
233	东丰县(吉)	吉林省江城森林植物园	县	30	933	25
234	东丰县(吉)	东丰县丽水山庄	县	15	420	
235	靖宇县(吉)	白山湖仁义砬子风景区	县	3	130	40
236	桦甸市(吉)	桦甸市枫雪谷风景区	县	0.80	1	0.20
237	通河县(黑)	铧子山森林公园	国家	100	1000	100
238	漠河县(黑)	北极村国家森林公园	国家	94.88	18133.30	295
239	汤原县(黑)	汤原县大亮子河国家森林公园	国家	26.55	3751	1100
240	阿城区(黑)	横头山国家森林公园	国家	13	400	350
241	宁安市(黑)	宁安市火山口森林公园有限公司	国家	12.50	1501	500
242	同江市(黑)	街津山国家森林公园	国家	11	274	132
243	巴彦县(黑)	驿马山国家森林公园	国家	10	63	
244	五大连池市管委会(黑)	黑龙江省五大连池国家级森林公园	国家	10	496	496
245	庆安国有林场管理局(黑)	望龙山国家森林公园	国家	10	80	
246	牡丹江市市本级(黑)	牡丹江三道关国家级森林公园	国家	6.20	92	76
247	呼兰区(黑)	呼兰国家森林公园	国家	5	20	
248	虎林市(黑)	乌苏里江国家级森林公园	国家	5	300	100
249	牡丹江市市本级(黑)	黑龙江省牡丹峰国家级自然保护区	国家	5	200	140
250	五常市(黑)	龙凤国家森林公园	国家	4	260	28
251	富锦市(黑)	五顶山国家级森林公园	国家	3	3.80	3.80
252	勃利县(黑)	勃利县国家森林公园	国家	3	230	51.50
253	七台河市市辖区(黑)	石龙山国家森林公园	国家	3	200	3
254	鹤岗市市辖区(黑)	鹤岗国家森林公园	国家	2.70	500	50
255	孙吴县(黑)	胜山要塞国家森林公园	国家	2.50	32	5
256	恒山区(黑)	鸡西恒山国家矿山公园	国家	2	32	
257	丹清河实验林场(黑)	丹清河森林公园	国家	1.50	238	0.50
258	黑龙江省森林植物园(黑)	黑龙江省森林植物园	省	75	245	245
259	尚志市(黑)	一面坡森林公园	省	50	2000	
260	集贤县(黑)	七星峰森林公园	省	50	100	100
261	碾子山区(黑)	蛇洞山森林公园	省	26	5270	13
262	密山市(黑)	铁西自然保护区	省	13.60	4937	
263	阿城区(黑)	哈尔滨北方森林动物园	省	10	764	700
264	萨尔图区(黑)	黑渔湖自然保护区	省	10	1200	50
265	宾　县(黑)	宾县香炉山森林公园	省	5	150	50
266	大同区(黑)	大庆国家森林公园	省	2.50	100	
267	富锦市(黑)	荷兰邨省级森林公园	省	2	2.10	2.10
268	黑河市直属林场(黑)	爱辉省级森林公园	省	1.50	70.10	55
269	逊克县(黑)	逊克县东山省级森林公园	省	1.10	12.50	
270	木兰县(黑)	骆驼峰森林公园	省	0.50	30	10
271	山河实验林场(黑)	哈尔滨市山河实验林场	地	0.50	10	2
272	杜尔伯特蒙古族自治县(黑)	连环湖水禽保护区	县	10.50	2520	1732.50
273	杜尔伯特蒙古族自治县(黑)	新店林场野生动物保护区	县	3.50	216	175

	县(旗、市、区、局、场)	森林公园及自然保护区名称	级别	实际接待人数（万人次）	旅游总收入（万元）	其中：门票收入（万元）
274	林甸县(黑)	鹤鸣湖旅游度假区	县	3	1702	480
275	绥棱县(黑)	金斗湾漂流	县	1	27	3
276	林甸县(黑)	九道沟满族风情园	县	0.95	535	152
277	崇明县(沪)	东平国家森林公园	国家	52	3577	2100
278	奉贤区(沪)	上海海湾国家森林公园	国家	20.36	840.83	386.33
279	盱眙县(苏)	铁山寺国家森林公园	国家	120	15000	1000
280	盱眙县(苏)	第一山国家森林公园	国家	60	3000	400
281	盐都区(苏)	华都森林公园	省	13	4000	650
282	盐都区(苏)	大纵湖湿地旅游公园	省	12	6600	1200
283	吴江市(苏)	吴江市肖甸湖森林公园	省	10.50	1480	85
284	高邮市(苏)	高邮市马棚东湖湿地公园	省	3	100	10
285	建湖县(苏)	九龙口自然保护区	县	10	785	
286	缙云县(浙)	仙都名胜风景区	国家	553.55	265000	10.60
287	奉化市(浙)	溪口森林公园	国家	520	12500	10000
288	淳安县(浙)	千岛湖国家森林公园	国家	406	33.10	1.20
289	余杭区(浙)	杭州山沟沟风景名胜区	国家	170	4000	600
290	西湖区(浙)	杭州西山国家森林公园	国家	121	8260	1100
291	龙游县(浙)	龙游石窟旅游区	国家	101	14863	4500
292	平湖市(浙)	九龙山国家森林公园	国家	95.46	317	42
293	宁波市市辖区(浙)	宁波四明山国家森林公园	国家	57	2574	402
294	江山市(浙)	江郎山风景名胜区	国家	51	6005	2780
295	磐安县(浙)	浙江大盘山自然保护区	国家	31.88	350	
296	建德市(浙)	富春江森林公园	国家	30	9000	2500
297	余姚市(浙)	四明山国家森林公园	国家	30	777	10
298	临安市(浙)	天目山自然保护区	国家	29.80	2980	1586
299	江山市(浙)	浙江仙霞国家森林公园	国家	23	2495	1100
300	桐庐县(浙)	大奇山森林公园	国家	18.70	509	480
301	温岭市(浙)	大溪森林公园	国家	18.40		233.20
302	宁海县(浙)	双峰森林公园	国家	15.89	894.10	894.10
303	武义县(浙)	牛头山森林公园	国家	15	1600	1200
304	衢江区(浙)	紫微山国家森林公园	国家	13.50	4050	410
305	文成县(浙)	铜铃山国家森林公园	国家	12.30	337	130
306	苍南县(浙)	玉苍山国家森林公园	国家	10	1800	210
307	青田县(浙)	石门洞国家森林公园	国家	10	46153	230
308	天台县(浙)	华顶森林公园	国家	9	350	180
309	桐庐县(浙)	瑶琳森林公园	国家	6.30	167	167
310	瑞安市(浙)	花岩国家森林公园	国家	6	2000	300
311	临安市(浙)	清凉峰自然保护区	国家	5.20	230	150
312	富阳市(浙)	富阳市龙门山森林公园	国家	4	100	
313	松阳县(浙)	浙江松阳卯山国家公园	国家	4	65	
314	鄞州区(浙)	宁波市天童国家森林公园	国家	3	222	37
315	龙游县(浙)	浙江大竹海木森林公园	国家	2.50	350	
316	庆元县(浙)	百山祖自然保护区	国家	0.80	40.60	
317	宁海县(浙)	南溪森林公园	省	57.60	3274.40	0
318	玉环县(浙)	大鹿岛风景区	省	38.98	6900	400

	县(旗、市、区、局、场)	森林公园及自然保护区名称	级别	实际接待人数（万人次）	旅游总收入（万元）	其中：门票收入（万元）
319	建德市(浙)	新安江森林公园	省	30	10000	3000
320	奉化市(浙)	斑竹森林公园	省	30	80	20
321	奉化市(浙)	黄贤森林公园	省	25	1000	500
322	奉化市(浙)	斑竹白颈长尾雉保护小区	省	10	20	10
323	富阳市(浙)	黄公望森林公园	省	7	2100	350
324	文成县(浙)	石垟省级森林公园	省	5. 60	300	
325	鹿城区(浙)	温州市西郊森林公园	省	5. 20	1248	
326	桐庐县(浙)	白云源森林公园	省	4	159	156
327	长兴县(浙)	长兴县尹家边扬子鳄自然保护区	省	3	50	50
328	浦江县(浙)	浦江县三角潭森林公园	省	3	360	120
329	岱山县(浙)	秀山岛滑泥主题公园	省	2	50	
330	宁海县(浙)	桃花溪森林公园	省	1. 49	25. 77	25. 77
331	椒江区(浙)	椒江区大陈岛森林公园	省	1. 30	466	307
332	奉化市(浙)	大堰柏坑森林公园	地	20	30	
333	桐庐县(浙)	琴溪香谷森林公园	地	12	248	179
334	奉化市(浙)	冷西富硒谷森林公园	地	5	80	20
335	黄岩区(浙)	布袋山风景区	地	4	160	160
336	黄岩区(浙)	黄岩富山大裂谷景区	地	2	80	80
337	松阳县(浙)	松阳县箬寮岘名胜风景区	县	70	5638	
338	富阳市(浙)	天中山森林公园	县	36	300	150
339	富阳市(浙)	永安山森林公园	县	33	1300	
340	富阳市(浙)	富春桃园森林公园	县	4	2000	400
341	桐庐县(浙)	紫燕山森林公园	县	3	326	
342	三门县(浙)	大岙坑自然生态型保护小区	县	3	100	
343	建德市(浙)	绿荷塘森林公园	县	1. 80	600	100
344	三门县(浙)	瑞云山自然景观保护小区	县	1	30	
345	潜山县(皖)	天柱山国家森林公园	国家	311	122000	12320
346	寿　县(皖)	安徽省八公山森林公园	国家	85	960	580
347	祁门县(皖)	牯牛降自然保护区	国家	76	26600	9728
348	繁昌县(皖)	马仁山国家森林公园	国家	50	7000	3500
349	泾　县(皖)	泾县水西国家森林公园	国家	50	1200	
350	休宁县(皖)	齐云山国家级森林公园	国家	49. 80	16932	3984
351	萧　县(皖)	皇藏峪国家级森林公园	国家	40	2300	880
352	金寨县(皖)	安徽天马国家级自然保护区	国家	35	21586	1720
353	东至县(皖)	池州市东至县升金湖自然保护区	国家	27	1900	
354	肥西县(皖)	紫蓬山森林公园	国家	26	345	
355	青阳县(皖)	九华山国家森林公园	国家	24. 50	15370	9800
356	凤阳县(皖)	韭山国家森林公园	国家	24	4800	1920
357	舒城县(皖)	万佛山国家森林公园	国家	22	350	285
358	泾　县(皖)	泾县水墨汀溪	国家	20	2000	1100
359	庐江县(皖)	冶父山国家森林公园	国家	19. 50	513	92. 20
360	八公山区(皖)	八公山区公家森林公园	国家	18	1100	40
361	全椒县(皖)	神山国家森林公园	国家	10	120	85
362	含山县(皖)	太湖山国家森林公园	国家	6	200	60
363	和　县(皖)	安徽鸡笼山国家森林公园	国家	5	1000	100

	县(旗、市、区、局、场)	森林公园及自然保护区名称	级别	实际接待人数(万人次)	旅游总收入(万元)	其中：门票收入(万元)
364	无为县(皖)	天井山国家森林公园	国家	1	260	260
365	颍上县(皖)	八里河自然保护区	省	70		2845
366	东至县(皖)	大历山风景区	省	41	5510	220
367	南陵县(皖)	丫山省级森林公园	省	38.85	2941.80	2218.56
368	桐城市(皖)	安庆沿江湿地珍稀水禽自然保护区	省	10	740	20
369	泾　县(皖)	泾县江南第一漂	省	10	950	600
370	潜山县(皖)	板仓自然保护区	省	6.20	3600	500
371	东至县(皖)	安徽省天台山森林公园	省	3.20	39	
372	南陵县(皖)	南陵县小格里森林公园	省	2	10	5
373	桐城市(皖)	安徽省龙眠山省级森林公园	省	1	400	10
374	祁门县(皖)	九龙池景区	地	69	17940	6210
375	祁门县(皖)	橹溪湾景区	地	45	5400	2700
376	祁门县(皖)	历溪景区	地	40	4800	2000
377	黟　县(皖)	黟县桃花源	县	15	3765	1000
378	黟　县(皖)	黟县美溪旅游区	县	6.10	1285	610
379	泾　县(皖)	月亮湾风景区	县	6	600	350
380	东至县(皖)	南溪古寨	县	5	500	
381	东至县(皖)	东至县马坑紫石塔自然保护区	县	3	300	
382	井冈山市(赣)	国家级井冈山市自然保护区	国家	385	250941	
383	湾里区(赣)	梅岭国家森林公园	国家	145.18	20325	3629.50
384	靖安县(赣)	三爪仑国家森林公园	国家	139	37538	2085
385	广丰县(赣)	铜钹山国家森林公园	国家	86	25300	
386	崇义县(赣)	阳岭国家森林公园	国家	50	400	200
387	安福县(赣)	武功山国家森林公园	国家	40	4000	
388	永修县(赣)	柘林湖国家森林公园	国家	33	2615	
389	大余县(赣)	梅关国家森林公园	国家	30.32	2658	512
390	宜春市明月山温泉风景名胜区(赣)	明月山森林公园	国家	30	15000	3000
391	安远县(赣)	三百山国家级森林公园	国家	21	5961	480
392	武宁县(赣)	九岭山国家森林公园	国家	13	264	
393	铜鼓县(赣)	天柱峰国家森林公园	国家	12	6300	170
394	武宁县(赣)	江西庐山西海湿地公园	国家	6	14	
395	龙南县(赣)	龙南县九连山森林公园	国家	6	255	121
396	湖口县(赣)	鄱阳湖口国家级森林公园	国家	5	500	250
397	章贡区(赣)	峰山森林公园	国家	3.60	226	108
398	湘东区(赣)	碧湖潭国家森林公园	国家	3.50	120	105
399	上犹县(赣)	五指峰森林公园	国家	3	74	
400	瑞金市(赣)	赣江自然保护区	国家	2.30	46	
401	樟树市(赣)	阁皂山森林公园	国家	2	260	
402	万安县(赣)	万安县国家森林公园	国家	1.20	1080	1200
403	宜丰县(赣)	官山自然保护区	国家	1.10	2500	
404	玉山县(赣)	怀玉山国家森林公园	国家	1	6750	48
405	兴国县(赣)	江西均福山森林公园	省	180	2979	
406	兴国县(赣)	江西园岭森林公园	省	130	1056	
407	吉安市市辖区(赣)	江西省青原山森林公园	省	100	160	125
408	万年县(赣)	万年神农源风景区	省	51	38548	2860

	县(旗、市、区、局、场)	森林公园及自然保护区名称	级别	实际接待人数(万人次)	旅游总收入(万元)	其中：门票收入(万元)
409	石城县(赣)	通天寨森林公园	省	40	4200	1600
410	临川区(赣)	汝水公园	省	40	340	
411	信丰县(赣)	金盆山省级森林公园	省	28.70	3048	2829
412	芦溪县(赣)	三尖峰省级森林公园	省	20	1200	400
413	吉州区(赣)	江西君华省级森林公园	省	20	1458	
414	宜春市明月山温泉风景名胜区(赣)	玉京山自然保护区	省	20	10000	2000
415	石城县(赣)	赣江源自然保护区	省	16	5000	1600
416	新建县(赣)	象山森林公园	省	11.60	63	7.50
417	万载县(赣)	江西省九龙庙森林公园	省	10.20	500	102
418	永修县(赣)	江西省云居山省级自然保护区	省	10	200	
419	湖口县(赣)	湖口县石钟山风景区	省	10	2000	600
420	彭泽县(赣)	龙宫洞省级风景名胜区	省	10	800	500
421	龙南县(赣)	武当山森林公园	省	6.20	515	313
422	宜丰县(赣)	宜丰南屏公园	省	4	2560	
423	余江县(赣)	马岗岭省级森林公园	省	3.40	0.68	0.68
424	瑞金市(赣)	瑞金市罗汉岩森林公园	省	3.20	96	32
425	武宁县(赣)	江西伊山自然保护区	省	1.50	4	
426	宜丰县(赣)	洞山风景名胜区	省	1.50	1700	
427	玉山县(赣)	玉山冰江省级森林公园	省	1.20	350	
428	宜丰县(赣)	宜丰黄檗山	省	1.10	1500	
429	高安市(赣)	高安市芦泉湖省级森林公园	省	1	35	20
430	德兴市(赣)	聚远楼森林公园	省	0.90	2	
431	修水县(赣)	修河源五梅山自然保护区	省	0.50	300	
432	南昌县(赣)	江西凤凰沟风景区	地	3	20	20
433	资溪县(赣)	资溪县大觉山景区	县	53.62	34855	
434	峡江县(赣)	玉笥山森林公园	县	36	8000	6900
435	芦溪县(赣)	芦溪县锅底潭自然保护区	县	11.77	980	
436	新建县(赣)	梦山自然保护区	县	8.50	50	5.80
437	南城县(赣)	南城水濂山森林公园	县	6	2700	
438	永修县(赣)	柘林湖桃花溪漂流景区	县	5	300	240
439	永修县(赣)	燕山旅游公司龙源峡景区	县	4	260	200
440	南城县(赣)	林业疗养与休闲	县	4	2026	
441	新干县(赣)	莒洲岛休闲度假生态区	县	1	225	25
442	新干县(赣)	黎山风景区	县	0.80	251	23
443	九江县(赣)	岷山杨梅园风景区	县	0.62	431	
444	新干县(赣)	上寨风景区	县	0.60	120	8
445	泰安市市辖区(鲁)	泰山国家森林公园	国家	396	72000	28700
446	五莲县(鲁)	五莲山旅游风景区	国家	111	2980	750
447	沂水县(鲁)	沂水雪山公园	国家	96	4950	4600
448	蒙阴县(鲁)	蒙山森林公园	国家	60	6000	2200
449	青州市(鲁)	仰天山森林公园	国家	40	10000	1800
450	东平县(鲁)	东平县腊山国家森林公园	国家	38	11300	3800
451	博山区(鲁)	原山国家森林公园	国家	35	2600	1200
452	博山区(鲁)	鲁山国家森林公园	国家	30	1800	950
453	淄川区(鲁)	峨庄古村落国家森林公园	国家	25	2500	1300

	县(旗、市、区、局、场)	森林公园及自然保护区名称	级别	实际接待人数（万人次）	旅游总收入（万元）	其中：门票收入（万元）
454	东平县(鲁)	东平湖湿地保护区	国家	25	5000	1250
455	临朐县(鲁)	沂山森林公园	国家	24.45	1120.10	735.66
456	环翠区(鲁)	双岛国家森林公园	国家	24	613	488
457	东港区(鲁)	日照海滨国家森林公园	国家	20	5500	1200
458	新泰市(鲁)	莲花山森林公园	国家	16		500
459	龙口市(鲁)	南山森林公园	国家	12.09	1244	530
460	泰安市市辖区(鲁)	徂徕山国家森林公园	国家	11.97	74.80	74.80
461	东营市市辖区(鲁)	东营明月湖湿地公园	国家	10		
462	垦利县(鲁)	黄河口自然保护区	国家	10	1600	
463	长岛县(鲁)	长岛烽山林海国家森林公园管理处	国家	10	350	350
464	桓台县(鲁)	马踏湖湿地公园	国家	7	900	420
465	肥城市(鲁)	牛山森林公园	国家	3.40	24.50	21
466	潍坊市市辖区(鲁)	峡山湖国家湿地公园	国家	3	25	
467	昌乐县(鲁)	寿阳山国家级森林公园	国家	3	30	
468	沂南县(鲁)	孟良崮森林公园	国家	2.20	139	66
469	栖霞市(鲁)	牙山国家森林公园	国家	2	20	20
470	夏津县(鲁)	夏津县黄河古道森林公园	省	120	3000	2000
471	诸城市(鲁)	马耳山森林公园	省	85	120	50
472	宁阳县(鲁)	神童山森林公园	省	60	8740	600
473	沂源县(鲁)	鲁山森林公园	省	54.56	1500	200
474	商河县(鲁)	大沙河湿地公园	省	30	1500	
475	乐陵市(鲁)	乐陵金丝小枣省级森林公园	省	30	750	600
476	青州市(鲁)	驼山风景区	省	25	600	50
477	招远市(鲁)	山东招远罗山自然保护区	省	20	800	600
478	莱州市(鲁)	大基山省级自然保护区	省	15	1800	450
479	临沭县(鲁)	苍马山风景旅游区	省	15	675	455
480	蒙阴县(鲁)	中山寺森林公园	省	12	360	4
481	海阳市(鲁)	招虎山省级自然保护区	省	11.20	1500	560
482	沂源县(鲁)	织女洞森林公园	省	10	500	100
483	新泰市(鲁)	新汶森林公园	省	10		80
484	苍山县(鲁)	文峰山森林公园	省	3.98	79	69.80
485	诸城市(鲁)	常山森林公园	省	3	5	5
486	沂水县(鲁)	沂水沂山森林公园	省	3	16	13
487	莒　县(鲁)	浮来山旅游风景区	省	2.40	960	320
488	诸城市(鲁)	密州森林公园	省	2.30	68	6
489	平阴县(鲁)	大寨山森林公园	省	2.10	45	21
490	胶南市(鲁)	珠山秀谷森林公园	地	60	398	238.59
491	沂水县(鲁)	沂水灵泉寺风景区	地	45	265	183
492	沂源县(鲁)	沂源县凤凰山风景区	地	40	100	50
493	沂源县(鲁)	莲花山风景区	地	30	50	20
494	胶州市(鲁)	胶河森林公园	地	20.10	100	15
495	淄川区(鲁)	马鞍山景区市级森林公园	地	20	585	250
496	博山区(鲁)	莲花山森林公园	地	20	500	160
497	博山区(鲁)	樵岭前森林公园	地	18	480	100
498	商河县(鲁)	玉源园市级森林公园	地	17.60	883	

	县(旗、市、区、局、场)	森林公园及自然保护区名称	级别	实际接待人数（万人次）	旅游总收入（万元）	其中：门票收入（万元）
499	博山区(鲁)	五阳湖湿地公园	地	15	15	3
500	青州市(鲁)	玲珑山森林公园	地	15	300	
501	博山区(鲁)	淄博开元溶洞	地	13	530	516
502	诸城市(鲁)	诸城市古板栗园森林公园	地	12	390	
503	青州市(鲁)	逄山森林公园	地	10	100	
504	新泰市(鲁)	墨石山森林公园	地	10		
505	沂南县(鲁)	五彩山森林公园	地	8.60	438	
506	新泰市(鲁)	和圣园森林公园	地	6		51
507	博山区(鲁)	志公坪森林公园	地	5	10	1
508	博山区(鲁)	金牛山森林公园	地	5	10	3
509	青州市(鲁)	黑山森林公园	地	5	100	
510	胶南市(鲁)	灵山岛森林公园	地	4	710	50
511	青州市(鲁)	圣水峪森林公园	地	4	80	
512	诸城市(鲁)	大山森林公园	地	3	48	2
513	新泰市(鲁)	白马寺森林公园	地	3		8
514	胶南市(鲁)	古月山庄森林公园	地	2	20	7.40
515	青州市(鲁)	双镇森林公园	地	2	40	
516	淄川区(鲁)	卧虎山市级森林公园	地	1.20	20	
517	淄川区(鲁)	雁山市级森林公园	地	1	40	
518	栖霞市(鲁)	崮山自然保护区	地	1	5	5
519	胶南市(鲁)	喜鹊山森林公园	地	0.80	103	0
520	淄川区(鲁)	三龙山市级森林公园	地	0.60	35	
521	河东区(鲁)	汤河湿地公园	县	100	1100	0
522	平阴县(鲁)	圣母山森林公园	县	20	34	12
523	青州市(鲁)	雀山森林公园	县	5	100	
524	青州市(鲁)	神仙门森林公园	县	2	50	
525	平阴县(鲁)	翠屏山公园	县	1.20	12	6
526	肥城市(鲁)	云蒙山国家森林公园	县	1.10	15.60	5.20
527	济阳县(鲁)	胜源有机梨基地	县	1	100	
528	坊子区(鲁)	九龙涧森林公园	县	0.70	11	11
529	内乡县(豫)	宝天曼自然保护区	国家	2400	8970	3490
530	鄢陵县(豫)	鄢陵花木博览园	国家	425	59290	29852
531	遂平县(豫)	嵖岈山风景区	国家	167	12502	11850
532	禹州市(豫)	鸠山大鸿寨风景区	国家	100	1200	500
533	新　县(豫)	金兰山国家森林公园	国家	100	1200	150
534	淮阳县(豫)	淮阳县龙湖国家湿地公园	国家	100	6000	900
535	修武县(豫)	云台山国家森林公园	国家	98.30	14745	11800
536	栾川县(豫)	重渡沟自然风景区	国家	80	8000	4000
537	栾川县(豫)	鸡冠洞风景区	国家	80	4000	3000
538	新郑市(豫)	具茨山森林公园	国家	60	2300	600
539	鲁山县(豫)	尧山自然保护区	国家	60	9600	120
540	南召县(豫)	宝天曼自然保护区	国家	60	150	120
541	栾川县(豫)	老君山景区	国家	50	2800	1100
542	方城县(豫)	方城县大寺森林公园	国家	47	590	470
543	淅川县(豫)	丹江湿地自然保护区	国家	45	1200	850

	县(旗、市、区、局、场)	森林公园及自然保护区名称	级别	实际接待人数(万人次)	旅游总收入(万元)	其中：门票收入(万元)
544	泌阳县(豫)	铜山湖森林公园	国家	35	8660	800
545	惠济区(豫)	郑州黄河风景名胜区	国家	34.20	2565	2052
546	商城县(豫)	黄柏山森林公园	国家	29	7460	20
547	舞钢市(豫)	石漫滩国家森林公园	国家	19.50	2464	
548	桐柏县(豫)	淮河源森林公园	国家	19	2470	86
549	西峡县(豫)	老界岭国家自然保护区	国家	16.20	267.90	211.35
550	孟津县(豫)	黄河湿地自然保护区	国家	15	150	69
551	栾川县(豫)	伏牛山国家级自然保护区	国家	15	1000	300
552	宜阳县(豫)	花果山国家森林公园	国家	15	541.80	35
553	西平县(豫)	棠溪源国家级森林公园	国家	15	2410	150
554	济源市(豫)	五龙口风景区	国家	15	2000	1200
555	栾川县(豫)	龙峪湾国家森林公园	国家	13	1000	400
556	罗山县(豫)	董寨自然保护区	国家	10.27	1560	616.20
557	洛宁县(豫)	神灵寨森林公园	国家	10	1220	100
558	济源市(豫)	小浪底景区	国家	10	2000	1000
559	济源市(豫)	王屋山风景区	国家	10	1500	800
560	嵩　县(豫)	白云山国家森林公园	国家	5.69	5200	795
561	沁阳市(豫)	河南太行猕猴国家级自然保护区	国家	5.68	1195	
562	西峡县(豫)	寺山国家森林公园	国家	5.40	89.30	70.45
563	林州市(豫)	五龙洞森林公园	国家	4.50	152	62
564	嵩　县(豫)	天池山国家森林公园	国家	3.50	3300	450
565	嵩　县(豫)	木札岭地质公园	国家	3.30	3100	400
566	济源市(豫)	九里沟景区	国家	3	200	100
567	灵宝市(豫)	燕子山国家级森林公园	国家	2	80	40
568	卢氏县(豫)	玉皇山国家森林公园	国家	1.58	140	47.40
569	三门峡市市辖区(豫)	亚武山国家森林公园	国家	1.50	300	5
570	博爱县(豫)	河南太行猕猴国家级自然保护区	国家	1.20	424	50
571	魏都区(豫)	西湖公园	地	80	101	30
572	濮阳市高新区(豫)	濮上园旅游度假区	地	30	300	90
573	荥阳市(豫)	环翠峪森林公园	地	22	200	150
574	荥阳市(豫)	荥阳桃花峪景区	地	18	130	90
575	林州市(豫)	柏尖山森林公园	地	12	30	
576	荥阳市(豫)	老龙窝森林公园	地	10.50	62	39
577	济源市(豫)	小沟背景区	地	8	600	400
578	安阳县(豫)	马鞍山市级森林公园	地	3.10	144.30	64
579	林州市(豫)	天平山森林公园	地	3	180	65
580	林州市(豫)	占元森林公园	地	0.80	1.70	
581	义马市(豫)	义马市清风山森林公园	地	0.80	452	
582	安阳县(豫)	安阳市塔山森林公园	地	0.60	27.90	12.40
583	平桥区(豫)	信阳市平桥区震雷山公园	省	320	1300	320
584	辉县市(豫)	河南太行山猕猴自然保护区	省	220	5800	3850
585	淇　县(豫)	鹤壁淇县云梦山省级森林公园	省	200	1910	1910
586	禹州市(豫)	禹州市森林植物园	省	100	1150	500
587	平桥区(豫)	两河口湿地公园	省	100	350	
588	中牟县(豫)	雁鸣湖森林公园	省	60	3927	300

	县(旗、市、区、局、场)	森林公园及自然保护区名称	级别	实际接待人数(万人次)	旅游总收入(万元)	其中：门票收入(万元)
589	孟津县(豫)	小浪底森林公园	省	50	850	350
590	南召县(豫)	丹霞寺森林公园	省	50	180	130
591	新密市(豫)	神仙洞省级森林公园	省	30	600	300
592	叶　县(豫)	望夫石山森林公园	省	22.50	420	
593	桐柏县(豫)	太白顶自然保护区	省	21	2730	145
594	平桥区(豫)	信阳市平桥区天目山自然保护区管理局	省	20	120	
595	镇平县(豫)	菩提寺森林公园	省	18	900	360
596	山城区(豫)	枫岭森林公园	省	15	900	
597	凤泉区(豫)	新乡凤凰山省级森林公园	省	15	22	
598	商城县(豫)	金岗台自然保护区	省	12	2600	0
599	辉县市(豫)	白云寺森林公园	省	11	21	21
600	淇滨区(豫)	淇河天然太极图景区	省	10	1000	100
601	泌阳县(豫)	白云山森林公园	省	10	3900	100
602	延津县(豫)	黄河故道森林公园	省	9.23	1447	200
603	卧龙区(豫)	独山森林公园	省	8	80	40
604	鹤山区(豫)	黄庙沟省级森林公园	省	6	300	
605	淇滨区(豫)	金山森林公园	省	6	600	50
606	范　县(豫)	毛楼生态旅游	省	5	750	150
607	卫辉市(豫)	卫辉市跑马岭休闲生态园	省	4	750	120
608	灵宝市(豫)	故县镇汉山省级森林公园	省	4	100	60
609	濮阳县(豫)	张挥森林公园	省	2.80	280	70
610	偃师市(豫)	河南省偃师市双龙山省级森林公园	省	2	40	4
611	林州市(豫)	白泉森林公园	省	2	17	
612	灵宝市(豫)	朱阳镇佛山省级森林公园	省	2	80	40
613	浉河区(豫)	信阳市四望山自然保护区	省	1.35	260	
614	淮滨县(豫)	淮南湿地自然保护区	省	0.60	75	20
615	宁陵县(豫)	宁陵万顷梨园景区	县	160	800	
616	禹州市(豫)	浅井逍遥观风景区	县	60	700	300
617	禹州市(豫)	周定王陵风景区	县	50	750	310
618	确山县(豫)	驻马店金顶山森林公园	县	45	7000	2500
619	禹州市(豫)	神垕灵泉寺风景区	县	40	500	210
620	禹州市(豫)	吴道子故里	县	40	550	240
621	洛龙区(豫)	神州牡丹园	县	35	680	300
622	内黄县(豫)	颛顼帝喾陵文物景区	县	30	300	240
623	驿城区(豫)	胡庙白桃基地及森林公园	县	25	1018	
624	西华县(豫)	黄桥乡观光果园	县	15	98	
625	洛龙区(豫)	西山森林公园	县	5	100	25
626	唐河县(豫)	石柱山森林公园	县	4.50	450	450
627	伊川县(豫)	范仲淹墓	县	4	20	20
628	伊川县(豫)	鹤鸣峡风景区	县	4		20
629	商水县(豫)	白鹭森林公园	县	2.60	29	12
630	开封县(豫)	黄河湿地自然保护区	县	2.50	50	
631	民权县(豫)	其他旅游景区	县	2.20	737	
632	长葛市(豫)	非森林公园及保护区	县	2	40	
633	社旗县(豫)	大乘山森林公园	县	1.60	30	16

	县(旗、市、区、局、场)	森林公园及自然保护区名称	级别	实际接待人数（万人次）	旅游总收入（万元）	其中：门票收入（万元）
634	商水县(豫)	朱集村美人指葡萄生态园	县	1.60	32	
635	商水县(豫)	陆捷生态园	县	1.20	15	6
636	宝丰县(豫)	尖山坡风景区	县	0.80	120	
637	郾城区(豫)	漯河市香陈湾游乐园	县	0.55	8	2.40
638	长阳土家族自治县(鄂)	长阳清江画廊风景区	国家	226.20	9500	5000
639	京山县(鄂)	湖北京山大洪山景区	国家	200	4000	2000
640	洪湖市(鄂)	洪湖湿地自然保护区	国家	200	36000	12000
641	赤壁市(鄂)	陆水湖国家湿地公园	国家	180	28710	900
642	咸丰县(鄂)	坪坝营国家级森林公园	国家	150	60300	19500
643	京山县(鄂)	湖北京山虎爪山森林公园及自然保护区	国家	100	5000	1000
644	麻城市(鄂)	麻城市龟锋山风景区	国家	50	50000	1200
645	长阳土家族自治县(鄂)	清江森林公园	国家	30	4000	1500
646	当阳市(鄂)	玉泉寺森林公园	国家	30	100	
647	监利县(鄂)	洪湖国家湿地自然保护区	国家	30	200	150
648	通山县(鄂)	九宫山自然保护区	国家	27.80	5788	1000
649	红安县(鄂)	红安县天台山国家森林公园	国家	22	3960	50
650	襄州区(鄂)	鹿门寺国家森林公园	国家	20	150	33
651	蔡甸区(鄂)	武汉市蔡甸区九真森林公园	国家	15	1200	900
652	松滋市(鄂)	洈水国家森林公园	国家	13.50	9825	2025
653	江夏区(鄂)	青龙山森林公园	国家	10	80	50
654	五峰土家族自治县(鄂)	柴埠溪国家森林公园	国家	10	2000	1200
655	宜都市(鄂)	湖北天龙湾国家湿地公园	国家	8	2000	
656	广水市(鄂)	中华山国家森林公园	国家	8	200	16
657	谷城县(鄂)	薤山国家森林公园	国家	7	2800	70
658	郧　县(鄂)	湖北沧浪山国家森林公园	国家	6	600	0
659	荆州区(鄂)	荆州区八岭山国家森林公园	国家	5	100	50
660	钟祥市(鄂)	大口国家森林公园	国家	3	250	150
661	谷城县(鄂)	谷城汉江国家湿地公园	国家	2.50	1500	
662	茅箭区(鄂)	赛武当国家级自然保护区	国家	2	1180	70
663	兴山县(鄂)	龙门河国家森林公园	国家	2	207	207
664	麻城市(鄂)	麻城市五脑山森林公园	国家	2	10	0
665	竹溪县(鄂)	偏头山森林公园	国家	1.05	2298	184
666	蔡甸区(鄂)	武汉市蔡甸区嵩阳森林公园	国家	1	170	70
667	樊城区(鄂)	长寿岛国家湿地公园	国家	0.62	4500	
668	鹤峰县(鄂)	木林子自然保护区	国家	0.50	40	80
669	大冶市(鄂)	雷山森林公园	省	60	170	110
670	下陆区(鄂)	东方山森林公园	省	45	2000	300
671	广水市(鄂)	大贵寺国家森林公园	省	25	700	50
672	随　县(鄂)	随县七尖峰森林公园	省	25	3700	630
673	嘉鱼县(鄂)	牛头山森林公园	省	22	7810	
674	房　县(鄂)	房县野人谷自然保护区	省	21	3000	1000
675	鄂州市市辖区(鄂)	鄂州市葛山森林公园	省	18	420	
676	枣阳市(鄂)	白竹园寺森林公园	省	15	120	80
677	鄂州市市辖区(鄂)	鄂州市沼山森林公园	省	12	38	
678	南漳县(鄂)	漳河源自然保护区	省	10	500	300

	县(旗、市、区、局、场)	森林公园及自然保护区名称	级别	实际接待人数(万人次)	旅游总收入(万元)	其中:门票收入(万元)
679	蕲春县(鄂)	太平自然保护小区	省	10	300	0
680	保康县(鄂)	湖北省保康县五道峡自然保护区	省	8	40	35
681	蔡甸区(鄂)	湖北省沉湖湿地自然保护区	省	7	800	
682	团风县(鄂)	湖北团风大崎山森林公园	省	6.70	1072	
683	南漳县(鄂)	七里山森林公园	省	6.50	6.50	6.50
684	黄州区(鄂)	湖北黄州滨江森林公园	省	6	100	
685	蔡甸区(鄂)	湖北省后官湖湿地公园	省	5	50	
686	宜都市(鄂)	宜都宋山森林公园	省	5	250	200
687	武穴市(鄂)	横岗山森林公园	省	5	80	21
688	鄂州市市辖区(鄂)	鄂州市白雉山森林自然保护小区	省	4.40	10	
689	阳新县(鄂)	阳新仙岛湖风景区	省	4.30	340	
690	谷城县(鄂)	承恩寺森林公园	省	3	1200	15
691	蕲春县(鄂)	横岗山森林公园	省	3	100	5
692	公安县(鄂)	黄山头森林公园	省	2.25	450	60
693	保康县(鄂)	官山森林公园	省	2.10	85	
694	巴东县(鄂)	巴山森林公园	省	2	20	20
695	潜江市(鄂)	潜江森林公园	省	2	220	
696	宜都市(鄂)	宜都梁山自然保护小区	省	1.50	60	25
697	阳新县(鄂)	七峰山生态旅游风景区	省	1.30	60	
698	阳新县(鄂)	网湖湿地自然保护区	省	1.10	78	
699	神农架林区(鄂)	神农架林区国家森林公园	地	306	99540	
700	随　县(鄂)	炎帝神农风景区	地	50	25000	15000
701	随　县(鄂)	太白顶风景区	地	30	10000	1800
702	利川市(鄂)	利川市福宝山森林公园	地	3	300	
703	利川市(鄂)	利川市甘溪山森林公园	地	2	180	
704	黄梅县(鄂)	国营五祖寺风景旅游林场	县	25	800	250
705	远安县(鄂)	鸣凤风景区	县	20	2200	1000
706	广水市(鄂)	黑龙潭风景区	县	5	1000	260
707	张家界市市辖区(湘)	四家森林公园	国家	2102	109713	45025
708	武陵源区(湘)	张家界森林公园	国家	2010	90453	27806
709	城步苗族自治县(湘)	城步南山牧场风景区	国家	600	311	80
710	常宁市(湘)	湖南省天堂山国家森林公园	国家	280	7000	
711	南岳区(湘)	湖南南岳衡山国家级自然保护区	国家	188.20	33123	18820
712	双牌县(湘)	双牌县阳明山国家森林公园	国家	108	19017	18997
713	城步苗族自治县(湘)	两江峡谷国家森林公园	国家	100	52	
714	双峰县(湘)	水府庙湿地公园	国家	100	1000	
715	资兴市(湘)	东江湖国家湿地公园	国家	95	64485	28500
716	永定区(湘)	天门山国家森林公园	国家	86.41	17348	17015
717	苏仙区(湘)	五盖山国家森林公园	国家	74	846	666
718	临湘市(湘)	湖南五尖山国家森林公园	国家	69.20	2110	394
719	茶陵县(湘)	云阳森林公园	国家	50	100	80
720	桃江县(湘)	湖南桃花江国家森林公园	国家	40.30	1377	0
721	安化县(湘)	柘溪国家森林公园	国家	30	21	1500
722	桂东县(湘)	桂东八面山国家级自然保护区	国家	25	3218	960
723	浏阳市(湘)	大围山国家森林公园	国家	20	16000	358

	县(旗、市、区、局、场)	森林公园及自然保护区名称	级别	实际接待人数(万人次)	旅游总收入(万元)	其中：门票收入(万元)
724	衡阳县(湘)	岣嵝峰国家森林公园	国家	19.25	3946	100
725	宜章县(湘)	莽山国家森林公园	国家	18	21390	1980
726	涟源市(湘)	涟源龙山国家森林公园	国家	15	5600	
727	新化县(湘)	大熊山国家森林公园	国家	12	1100	280
728	湘乡市(湘)	东台山森林公园	国家	11	16	
729	岳阳县(湘)	大云山国家森林公园	国家	10	2000	400
730	安化县(湘)	湖南雪峰湖国家湿地公园	国家	10	180	
731	资兴市(湘)	天鹅山国家森林公园	国家	10	10	0
732	鼎城区(湘)	鼎城区花岩溪国家森林公园	国家	9	2200	100
733	平江县(湘)	幕阜山森林公园	国家	8	2000	59
734	宁远县(湘)	宁远县九嶷山国家森林公园	国家	7.80	6370	1394
735	石门县(湘)	石门县夹山森林公园	国家	6	300	240
736	新邵县(湘)	新邵县龙山国家森林公园	国家	5	90	
737	洞口县(湘)	罗溪森林公园	国家	5	105	
738	桃源县(湘)	乌云界自然保护区	国家	5	1000	
739	安化县(湘)	六步溪国家自然保护区	国家	5	79	
740	绥宁县(湘)	黄桑自然保护区	国家	4.30	218	
741	石门县(湘)	石门县壶瓶山自然保护区	国家	4	600	450
742	桑植县(湘)	八大公山自然保护区	国家	4	1240	0
743	临武县(湘)	湖南西瑶绿谷国家森林公园	国家	3.88	329.98	
744	江永县(湘)	千家峒国家森林公园	国家	3	540	60
745	洪江市(湘)	雪峰山国有林场	国家	3	30	
746	汝城县(湘)	九龙江森林公园	国家	2.50	1000	750
747	宁乡县(湘)	国家凤凰山森林公园	国家	2.30	50	
748	安乡县(湘)	黄山头国家森林公园	国家	2.30	22.90	8.40
749	沅陵县(湘)	借母溪保护局	国家	2.20	1081	11
750	耒阳市(湘)	耒水国家湿地公园	国家	0.50	80	
751	沅江市(湘)	南洞庭湖湿地保护区	省	150	30000	15000
752	芷江侗族自治县(湘)	芷江三道坑省级自然保护区	省	53	318	0
753	攸　县(湘)	酒埠江森林公园	省	28.84	15476	6381
754	湘乡市(湘)	水府庙旅游区	省	25	5500	1300
755	双峰县(湘)	九峰山林场森林公园	省	20	120	
756	东安县(湘)	东安县舜皇山自然保护区	省	17	18903	1020
757	新邵县(湘)	新邵县白云岩风景名胜区	省	16	180	100
758	沅陵县(湘)	凤凰山森林公园	省	11	703	38
759	芦淞区(湘)	大京风景区	省	10	1500	100
760	衡山县(湘)	衡山县紫金山森林公园	省	10	120	
761	中方县(湘)	康龙自然保护区	省	9	1000	
762	新晃侗族自治县(湘)	黄家垅森林公园	省	9	98	12
763	君山区(湘)	天井山森林公园	省	8	19	8
764	平江县(湘)	福寿山森林公园	省	8	967	25
765	津市市(湘)	古大同森林公园	省	8	580	100
766	新邵县(湘)	新邵县白水洞风景名胜区	省	6	100	50
767	平江县(湘)	连云山森林公园	省	6	1774	
768	醴陵市(湘)	醴陵仙岳山公园	省	5	200	20

	县(旗、市、区、局、场)	森林公园及自然保护区名称	级别	实际接待人数(万人次)	旅游总收入(万元)	其中:门票收入(万元)
769	吉首市(湘)	红枫森林公园	省	5	10	2
770	宁乡县(湘)	青羊湖森林公园	省	4.70	68	
771	华容县(湘)	桃花山省级森林公园	省	4	95	
772	沅陵县(湘)	齐眉界森林公园	省	3.30	317	6
773	湘阴县(湘)	鹅形山森林公园	省	3.20	1200	
774	澧　县(湘)	澧县天供山森林公园	省	3	300	100
775	涟源市(湘)	涟源市包围山省级森林公园	省	3	136	
776	耒阳市(湘)	蔡伦竹海森林公园	省	2.80	450	
777	祁东县(湘)	四明山森林公园	省	2.50	37	
778	冷水江市(湘)	紫云峰森林公园	省	2.35	4.56	
779	汉寿县(湘)	西洞庭湖自然保护区管理局	省	2	3000	200
780	沅陵县(湘)	夸父山森林公园	省	2	107	5
781	娄星区(湘)	洪家山森林公园	省	2	100	0
782	靖州苗族侗族自治县(湘)	排牙山林场森林公园	省	1.20	160	
783	云溪区(湘)	云溪区芭蕉湖、白泥湖自然保护区	省	1	100	0
784	汉寿县(湘)	湖南汉寿鹿溪省级森林公园	省	0.80	800	
785	辰溪县(湘)	燕子洞风景区	省	0.80	15	9
786	汨罗市(湘)	神鼎山省级森林公园	省	0.60	400	
787	蒸湘区(湘)	雨母山风景名胜区	地	20	1500	
788	新邵县(湘)	新邵县筱溪库区	地	16	220	
789	石峰区(湘)	石峰公园	地	10	300	
790	赫山区(湘)	仙峰岭花乡林家乐	县	30	2000	0
791	韶山市(湘)	滴水洞景区	县	28.80	8640	6440
792	湘潭县(湘)	齐白石森林公园	县	15	1500	80
793	双峰县(湘)	黄龙林场森林公园	县	15	100	
794	赫山区(湘)	林芳生态旅游村	县	10	1200	30
795	双峰县(湘)	猪婆山林场森林公园	县	10	50	
796	吉首市(湘)	吉首市齐星金雕自然保护区	县	10	50	30
797	岳塘区(湘)	澄月湖(红旗水库)生态度假森林公园	县	8	271	
798	株洲县(湘)	湖南株洲大京自然保护区	县	5.05	1950	350
799	吉首市(湘)	八仙湖自然保护区	县	5	5	2
800	冷水江市(湘)	波月洞风景名胜区	县	4.80	280	68
801	湘潭县(湘)	金霞山公园	县	4	600	30
802	新化县(湘)	古台山国有林场(县级森林公园)	县	3.50	350	
803	资兴市(湘)	烟坪顶寮自然保护区	县	2	2	
804	冷水江市(湘)	大乘山风景区	县	1.30	56	
805	醴陵市(湘)	店湾生态保护区	县	1	20	
806	蓝山县(湘)	湖南蓝山板塘自然保护区	县	0.87	754	
807	靖州苗族侗族自治县(湘)	五龙潭森林生态保护区	县	0.80	100	
808	靖州苗族侗族自治县(湘)	地理冲自然保护区	县	0.60	80	
809	汨罗市(湘)	八景洞森林公园	县	0.50	230	
810	仁化县(粤)	丹霞山世界自然遗产保护区	国家	1500	120000	3000
811	新会区(粤)	圭峰山国家森林公园	国家	350	10000	550
812	博罗县(粤)	罗浮山名胜风景区	国家	231	33200	1677.70
813	新丰江林管局(粤)	新丰江国家森林公园	国家	96	7901	5708

	县(旗、市、区、局、场)	森林公园及自然保护区名称	级别	实际接待人数（万人次）	旅游总收入（万元）	其中：门票收入（万元）
814	东源县(粤)	新丰江国家森林公园	国家	90	15000	1350
815	平远县(粤)	广东南台山国家森林公园	国家	78	42	
816	兴宁市(粤)	广东神光山森林公园	国家	77	240	0
817	广州市属总林场(粤)	石门森林公园	国家	57	982	935
818	蕉岭县(粤)	镇山公园	国家	50	100	
819	揭西县(粤)	大北山森林公园	国家	50	5000	
820	广宁县(粤)	广宁县竹海国家森林公园	国家	48	9473	1500
821	梅　县(粤)	梅县雁鸣湖森林公园	国家	35	1600	490
822	广州市属总林场(粤)	流溪河国家森林公园	国家	30	1611	292
823	始兴县(粤)	广东车八岭国家级自然保护区管理局	国家	20	17	14
824	南澳县(粤)	黄花山森林公园	国家	20	80	10
825	台山市(粤)	北峰山国家森林公园	国家	12	450	10
826	乳源瑶族自治县(粤)	南岭国家森林公园	国家	7.50	500	450
827	天井山林场(粤)	广东天井山国家森林公园	国家	3.08	71	
828	乐昌市(粤)	龙王潭生态旅游区	国家	3	260	85
829	乐昌市(粤)	乐昌市金鸡岭风景区	国家	3	200	80
830	乳阳林业局(粤)	南岭国家森林公园	国家	0.80	200	200
831	南雄市(粤)	孔江自然保护区	国家	0.60	18	0
832	清新县(粤)	广东省太和洞森林公园	省	129	38700	5160
833	海丰县(粤)	海丰广东莲花山森林公园	省	110	950	10
834	梅　县(粤)	梅县雁南飞茶田有限公司	省	95	7380	1780
835	茂名市属总林场(粤)	广东茂名森林公园	省	61.30	631.20	630.60
836	蕉岭县(粤)	长潭自然保护区	省	50	100	
837	饶平县(粤)	饶平县绿岛山庄	省	45.02	3242	1290
838	清新县(粤)	广东省笔架山森林公园	省	42	13600	3360
839	英德市(粤)	英德市石门台自然保护区	省	35.60	582.50	116.10
840	鹤山市(粤)	广东大雁山森林公园	省	35.40	4560	128
841	新丰县(粤)	新丰云髻山省级自然保护区	省	31.50	3150	3150
842	雷州市(粤)	九龙山湿地公园	省	25	55	
843	清远市属总林场(粤)	笔架山森林公园	省	24	480	200
844	萝岗区(粤)	广东省天鹿湖森林公园	省	20	500	60
845	鼎湖区(粤)	九龙湖生态旅游风景区	省	12	620	165
846	乳源瑶族自治县(粤)	大峡谷省级自然保护区	省	11	650	600
847	平远县(粤)	平远县五指石省级风景名胜区	省	7.53	72.52	72.52
848	台山市(粤)	上川岛省级猕猴自然保护区	省	6	5	2
849	龙川县(粤)	丰树坝自然保护区	省	6	600	
850	佛冈县(粤)	观音山省级自然保护区	省	5	50	10
851	高要市(粤)	高要市金钟山省级森林公园	省	4.26	38	1.70
852	平远县(粤)	广东平远龙文黄田省级自然保护区	省	3	70	
853	南雄市(粤)	青嶂山自然保护区	省	2.80	84	0
854	大埔县(粤)	丰溪自然保护区	省	2	100	
855	陆河县(粤)	广东省陆河红椎林保护区	省	1.75	335	
856	连州市(粤)	天湖森林公园	省	1.50	150	7.50
857	乐昌林场(粤)	广东省后洞森林公园	省	1.50	4.50	4.50
858	乐昌市(粤)	后洞森林公园	省	1.10	52.20	9.20

	县(旗、市、区、局、场)	森林公园及自然保护区名称	级别	实际接待人数（万人次）	旅游总收入（万元）	其中：门票收入（万元）
859	茂名市属总林场(粤)	广东省云开山省级自然保护区	省	1	10	10
860	清远市属总林场(粤)	羊角山森林公园	省	0.80	40	
861	连山林场(粤)	广东鹰扬关森林公园	省	0.60	20	14
862	蕉岭县(粤)	皇佑笔自然保护区	地	50	100	
863	源城区(粤)	河源野趣沟风景区	地	12	500	300
864	清远市属总林场(粤)	银盏森林公园	地	8.20	23	
865	广宁县(粤)	广宁县螺壳山自然保护区	地	8	500	
866	丰顺县(粤)	铜鼓嶂自然保护区	地	1.50	3	
867	清新县(粤)	清远市燕子岩自然保护区	地	1	300	50
868	南雄市(粤)	钟鼓岩	地	0.50	15	2
869	番禺区(粤)	大夫山森林公园	县	324	253	0
870	德庆县(粤)	盘龙峡生态旅游区	县	120	14400	9360
871	乳源瑶族自治县(粤)	云门寺	县	100	610	580
872	信宜市(粤)	信宜市玉都森林公园	县	100	50	
873	信宜市(粤)	信宜市梅岗森林公园	县	100	30	
874	番禺区(粤)	滴水岩森林公园	县	72	5.30	0
875	翁源县(粤)	翁源东华山风景区	县	61.30	42700	
876	信宜市(粤)	信宜市天马山旅游发展有限公司	县	50	800	500
877	信宜市(粤)	太华山森林公园	县	50	300	200
878	徐闻县(粤)	徐闻县大汉三墩旅游区	县	40	1200	200
879	信宜市(粤)	信宜市大仁山旅游发展有限公司	县	30	200	50
880	紫金县(粤)	古竹越王石景区	县	30	500	170
881	南雄市(粤)	梅关古道	县	24	720	60
882	龙川县(粤)	霍山旅游风景区	县	17	2550	136
883	丰顺县(粤)	虎头案森林公园	县	12	6	
884	乐昌市(粤)	古佛岩	县	8	350	100
885	高要市(粤)	高要市砚坑自然保护区	县	7.63	196	178
886	三顺县(粤)	龙鲸河森林公园	县	6	680	600
887	乳源瑶族自治县(粤)	天景山仙人桥风景区	县	4	300	260
888	连山壮族瑶族自治县(粤)	大旭山森林公园	县	3.62	61	61
889	潮安县(粤)	千果山旅游区	县	3	160	60
890	潮安县(粤)	绿太阳生态旅游度假区	县	3	60	40
891	乳源瑶族自治县(粤)	必背瑶寨	县	2	120	110
892	南雄市(粤)	龙华山温矿泉度假村	县	2	60	0
893	四会市(粤)	四会水迳森林公园	县	1.80	30	
894	南雄市(粤)	下坪昆明园	县	1.50	45	0
895	增城市(粤)	增城市大封门森林公园	县	1.33	60	60
896	连山壮族瑶族自治县(粤)	金子山景区	县	1.12	23	23
897	广宁县(粤)	广宁县深坑自然保护区	县	1	200	
898	潮安县(粤)	幽谷逸林旅游区	县	1	30	15
899	连山壮族瑶族自治县(粤)	鹰扬关景区	县	0.89	18	18
900	四会市(粤)	四会江林湖森林公园	县	0.70	3	
901	四会市(粤)	四会南田森林公园	县	0.50	9	
902	资源县(桂)	八角寨国家森林公园	国家	78	38000	7800
903	金秀瑶族自治县(桂)	金秀大瑶山自然保护区森林公园	国家	66.90	5147	1536

	县(旗、市、区、局、场)	森林公园及自然保护区名称	级别	实际接待人数（万人次）	旅游总收入（万元）	其中：门票收入（万元）
904	钦北区(桂)	广西钦州市八寨沟旅游区	国家	52.50	8136	1175.20
905	良凤江国家森林公园(桂)	广西南宁良凤江国家森林公园	国家	41.50	1344	278
906	龙胜各族自治县(桂)	龙胜温泉国家森林公园	国家	24	3808	1095
907	永福县(桂)	桂林金钟山旅游开发有限责任公司	国家	21	1680	800
908	阳朔县(桂)	阳朔国家森林公园	国家	10	3000	1000
909	合浦县(桂)	红树林自然保护区	国家	10	520	120
910	三门江林场(桂)	三门江国家森林公园	国家	8.80	450	49
911	横　县(桂)	广西九龙瀑布群国家森林公园	国家	3.20	66.70	54.91
912	苍梧县(桂)	飞龙湖国家森林公园	国家	2	30	
913	桂平市(桂)	广西龙潭国家森林公园管理处	国家	1.33	82	72
914	右江区(桂)	大王岭自然保护区	省	18.10	2090	1500
915	金秀瑶族自治县(桂)	广西金秀老山自治区级自然保护区	省	11	1243	440
916	浦北县(桂)	五皇山森林公园	省	10	1700	190
917	凌云县(桂)	凌云县森林公园	省	9	1204	80
918	鹿寨县(桂)	拉沟自然保护区	省	3.74	193	
919	忻城县(桂)	翠屏山公园	县	18.90	107	0
920	武宣县(桂)	武宣百涯大峡谷生态旅游区	县	7.23	867	253
921	全州县(桂)	大西江炎井温泉景区	县	3	300	90
922	全州县(桂)	全州天湖森林公园	县	2.70	200	
923	防城区(桂)	野人谷漂流景区	县	2	600	
924	石柱土家族自治县(渝)	重庆黄水国家森林公园	国家	150	60000	31500
925	武隆县(渝)	仙女山国家森林公园	国家	120	18000	4150
926	南川区(渝)	金佛山国家森林公园	国家	55.90	18450	950
927	永川区(渝)	茶山竹海国家森林公园	国家	50	4030	280
928	巴南区(渝)	桥口坝国家森林公园	国家	34.65	2172	214
929	沙坪坝区(渝)	歌乐山国家森林公园	国家	30	634	144
930	万州区(渝)	铁峰山森林公园	国家	16.50	850	13
931	大足县(渝)	玉龙山国家级森林公园	国家	12	120	50
932	巫溪县(渝)	红池坝森林公园	国家	10.50	5126	1000
933	彭水苗族土家族自治县(渝)	茂去山森林公园	国家	10	965	96
934	丰都县(渝)	丰都县双桂山管委会	国家	7.80	113	78
935	涪陵区(渝)	武陵山国家级保护森林公园	国家	5	3500	150
936	璧山县(渝)	青龙湖国家森林公园	国家	2.70	1748	
937	忠　县(渝)	重庆天池山国家森林公园	国家	2.01	186	10
938	北碚区(渝)	观音峡国家森林公园	国家	2	180	
939	江津区(渝)	重庆市江津区四面山自然保护区	省	32	17525	1433
940	铜梁县(渝)	重庆市西温泉山森林公园	省	19	538	
941	垫江县(渝)	垫江县宝鼎森林公园	省	15.02	1953	100
942	巴南区(渝)	重庆南泉森林公园	省	14.11	1301.30	21.30
943	秀山土家族苗族自治县(渝)	轿子顶林场	省	12.60	8523	
944	荣昌县(渝)	荣昌县岚峰森林公园	省	10	238	2
945	巴南区(渝)	东温泉森林公园	省	7.06	650.70	10.70
946	江津区(渝)	重庆市江津区大圆洞森林公园	省	6	335	
947	永川区(渝)	重庆市桃花源森林公园	省	4	337	
948	云阳县(渝)	重庆云阳岐耀山森林公园	省	3.20	35	

	县(旗、市、区、局、场)	森林公园及自然保护区名称	级别	实际接待人数(万人次)	旅游总收入(万元)	其中：门票收入(万元)
949	大足县(渝)	宝林寺市级森林公园	省	3	40	10
950	云阳县(渝)	重庆云阳县四十八森林公园	省	1.50	18	
951	奉节县(渝)	三岔河森林公园	省	1	30	
952	丰都县(渝)	丰都县世坪旅游开发公司	省	0.64	11	
953	云阳县(渝)	重庆云阳栖霞宫森林公园	省	0.60	2.30	
954	万州区(渝)	贝壳山森林公园	省	0.50	0.70	
955	永川区(渝)	重庆市永川区森林公园	县	5	160	
956	长寿区(渝)	重庆市长寿区楠木院森林公园	县	1.20	110	
957	南川区(渝)	南川区云岭森林公园	县	0.80	58	
958	南川区(渝)	重庆市楠竹山森林公园	县	0.61	20.55	12.18
959	康定县(川)	木格措景区	国家	2767	253	166
960	九寨沟县(川)	九寨沟自然保护区	国家	286	343200	51480
961	华蓥市(川)	四川华蓥山国家森林公园	国家	228	45580	15400
962	邛崃市(川)	邛崃市天台山森林公园	国家	173.34	30300	800
963	梓潼县(川)	七曲山国家森林公园	国家	165	150	6280
964	剑阁县(川)	剑门关风景区	国家	160.38	77301	
965	高坪区(川)	凌云山国家森林公园	国家	100	1911	260
966	合江县(川)	福宝森林公园	国家	90	41000	5400
967	宣汉县(川)	百里峡自然保护区	国家	65	650	
968	纳溪区(川)	纳溪天仙硐风景名胜区	国家	60	8424	0
969	泸定县(川)	海螺沟森林公园	国家	58.89	38273	2259.42
970	顺庆区(川)	西山风景区	国家	49.10	4806	245.50
971	宝兴县(川)	夹金山森林公园	国家	44.60	2627	111.60
972	金川县(川)	观音桥 AAAA 景区	国家	40	21000	
973	纳溪区(川)	纳溪区凤凰湖风景区管理处	国家	35	5300	0
974	普格县(川)	螺髻山 4A 景区	国家	25	3648	3250
975	平昌县(川)	镇龙山森林公园	国家	21.60	3585	
976	荥经县(川)	龙苍沟森林公园	国家	20	10618	
977	平武县(川)	王朗国家级自然保护区	国家	10	7000	300
978	青川县(川)	唐家河自然保护区	国家	8.84	8246	440
979	巴州区(川)	天马山国家森林公园	国家	8.40	934	65
980	南江县(川)	米仓山国家森林公园	国家	6.60	2316	330
981	平武县(川)	雪宝顶国家级自然保护区	国家	6	3000	
982	旺苍县(川)	米仓山国家级自然保护区	国家	4	400	150
983	巴塘县(川)	措普国家级森林公园	国家	3.60	936	
984	松潘县(川)	黄龙自然保护区	国家	2	48.51	48.51
985	理塘县(川)	海子山国家级自然保护区	国家	2	1232	
986	盐亭县(川)	高山森林公园	国家	1.20	13000	
987	石棉县(川)	贡嘎山自然保护区	国家	1.20	250	
988	美姑县(川)	美姑县国家级大风顶自然保护区	国家	0.50	40	
989	仁寿县(川)	黑龙滩风景区	省	330	2280	
990	西昌市(川)	泸山森林公园	省	240	4800	80
991	宣汉县(川)	笔架山风景旅游区	省	210	16550	
992	宣汉县(川)	峨城竹海森林公园	省	110	6550	
993	冕宁县(川)	四川省灵山森林公园	省	100	1800	570

	县(旗、市、区、局、场)	森林公园及自然保护区名称	级别	实际接待人数（万人次）	旅游总收入（万元）	其中：门票收入（万元）
994	自流井区(川)	飞龙峡森林公园	省	90	5260	380
995	荣　县(川)	四川省高石梯森林公园	省	85	3825	850
996	叙永县(川)	玉皇观森林公园	省	85	35000	850
997	宣汉县(川)	观音山森林公园	省	85	1550	
998	大邑县(川)	黑水河自然保护区	省	58	34320	
999	三台县(川)	三台县凤凰山森林公园	省	54	19024	0
1000	金阳县(川)	百草坡自然保护区	省	54	520	
1001	金堂县(川)	成都市云顶山森林公园	省	48	2400	
1002	朝天区(川)	水磨沟自然保护区	省	39	12110	1170
1003	元坝区(川)	栖凤峡森林公园	省	35	1200	700
1004	万源市(川)	花萼山自然保护区	省	28	180	
1005	万源市(川)	黑宝山森林公园	省	25	1500	
1006	荣　县(川)	四川省自贡市荣县金花乡桫椤谷自然保护区	省	21	2010	150
1007	江阳区(川)	泸州方山森林公园	省	20. 80	4700	280
1008	北川羌族自治县(川)	小寨子沟自然保护区	省	15	280	120
1009	万源市(川)	东林山森林公园	省	15	280	
1010	泸　县(川)	四川省玉蟾森林公园	省	10	155	80
1011	平昌县(川)	四川驷马自然保护区	省	9. 40	740	
1012	理　县(川)	毕棚沟风景区	省	9. 10	887. 74	
1013	江油市(川)	江油市观雾山森林公园	省	6. 90	1050	95
1014	宜宾县(川)	宜宾县越溪河省级风景名胜区	省	6. 86	2232	
1015	游仙区(川)	水禽湿地自然保护区	省	6. 76	1132	0
1016	炉霍县(川)	卡萨湖自然保护区	省	5. 40	0. 20	
1017	阆中市(川)	四川盘龙山森林公园	省	4. 90	36874	
1018	苍溪县(川)	四川九龙山自然保护区管理处	省	4. 80	1341. 60	
1019	宜宾县(川)	宜宾县石城山森林公园	省	4. 20	1541. 40	21
1020	得荣县(川)	下拥自然保护区	省	2. 90	600	
1021	南溪县(川)	云台湿地森林公园	省	2. 38	5558	
1022	平武县(川)	小河沟森林公园	省	2	500	
1023	威远县(川)	四川省慈菇塘森林公园	省	2	320	0
1024	荥经县(川)	大相岭自然保护区	省	2	3200	
1025	安岳县(川)	四川省千佛寨森林公园	省	2	20	8
1026	江安县(川)	青峰寺森林公园	省	1. 80	107	
1027	东坡区(川)	寨子城省级森林公园	省	1. 20	63. 60	0
1028	石棉县(川)	栗子坪自然保护区	省	0. 50	100	
1029	船山区(川)	灵泉寺森林公园	地	210	8080	1452
1030	邻水县(川)	洞中天河大峡谷	地	200	10000	540
1031	元坝区(川)	自然保护小区	地	60	1500	
1032	西充县(川)	百福寺森林公园	地	25	2267	
1033	邛崃市(川)	邛崃市竹溪湖森林公园	地	21. 90	2000	200
1034	盐源县(川)	泸沽湖湿地自然保护区管理处	地	12. 27	14275	740. 30
1035	游仙区(川)	渔父村森林公园	地	9. 56	2219	0
1036	得荣县(川)	嘎金自然保护区	地	3	600	
1037	邛崃市(川)	邛崃市二龙山森林公园	地	1. 50	20	

	县(旗、市、区、局、场)	森林公园及自然保护区名称	级别	实际接待人数(万人次)	旅游总收入(万元)	其中：门票收入(万元)
1038	康定县(川)	跑马山森林公园	县	3283	233	197
1039	广汉市(川)	鸭子河湿地保护区	县	89.14	8500	
1040	嘉陵区(川)	太和白鹭自然保护区	县	65.22	15653	
1041	南部县(川)	禹迹山公园	县	65	1430	
1042	南部县(川)	火烽山公园	县	25	536	
1043	蒲江县(川)	保利(成都)石象湖游泳发展有限公司	县	6.79	2641.80	
1044	阆中市(川)	四川构溪河湿地自然保护区	县	5.10	4425	
1045	南溪县(川)	灌口森林公园	县	1	558	
1046	简阳市(川)	空分森林公园	县	0.50	2	2
1047	都匀市(黔)	贵州省都匀斗蓬山风景名胜区	国家	600	1300	1000
1048	赤水市(黔)	赤水市燕子岩国家级森林公园	国家	102	47051	4080
1049	赤水市(黔)	赤水市竹海国家级森林公园	国家	67	20000	2680
1050	都匀市(黔)	贵州省青云湖国家级森林公园	国家	45	5	0
1051	荔波县(黔)	荔波兰鼎山森林公园	国家	18	50	0
1052	赫章县(黔)	赫章国家级森林公园	国家	14.54	1562	
1053	红花岗区(黔)	大板水国家森林公园	国家	10	800	20
1054	黎平县(黔)	黎平县东风林场、楠竹林场	国家	7	600	
1055	从江县(黔)	从江县岜沙自然保护区管理站	省	80.45	36058	
1056	锦屏县(黔)	春蕾森林公园	省	29	265	
1057	福泉市(黔)	云雾山森林公园	省	20	5000	15
1058	台江县(黔)	台江县南宫省级森林公园	省	7.50	600	
1059	长顺县(黔)	斗麻自然保护区	省	4	2460	
1060	长顺县(黔)	白云山自然保护区	省	3.50	3150	
1061	湄潭县(黔)	龙泉山森林公园	省	0.50	50	0
1062	台江县(黔)	台江县南宫自然保护区	地	7.50	600	
1063	麻江县(黔)	老蛇冲自然保护区	地	1.10	150	
1064	修文县(黔)	桃源河景区	县	17	985	110
1065	凯里市(黔)	罗汉山森林公园	县	3	147	
1066	昭阳区(滇)	大山包自然保护区	国家	100	10000.25	20
1067	隆阳区(滇)	高黎贡山自然公园	国家	54.75	20	3
1068	陆良县(滇)	陆良县五峰山国家级森林公园	国家	46	300	230
1069	巍山彝族回族自治县(滇)	巍宝山国家森林公园	国家	5.24	3000	121
1070	武定县(滇)	武定县狮子山森林公园狮子山州级自然保护区	省	40.69	12003	259.80
1071	屏边苗族自治县(滇)	大围山自然保护区	省	30	1.80	
1072	丘北县(滇)	丘北县普者黑自然保护区	省	16	12720	3200
1073	漾濞彝族自治县(滇)	石门关风景区	省	13	40	15
1074	楚雄市(滇)	紫溪山省级自然保护区管理局	省	5	150	83.42
1075	沾益县(滇)	沾益县珠江源森林公园	省	3.60	158	144
1076	祥云县(滇)	祥云县水目山州级自然保护区	地	56.20	2084	1568
1077	永仁县(滇)	永仁县方山州级自然保护区	地	53.20	6000	0
1078	元谋县(滇)	元谋县土林州级自然保护区	地	17.23	1379	1379
1079	牟定县(滇)	化佛山自然保护区	地	3	100	
1080	勐海县(滇)	勐景来风景区	地	1.78	89	89
1081	西盟佤族自治县(滇)	勐梭龙潭及三佛祖保护区	县	1.27	32	32

	县(旗、市、区、局、场)	森林公园及自然保护区名称	级别	实际接待人数（万人次）	旅游总收入（万元）	其中：门票收入（万元）
1082	工布江达县(藏)	巴松湖国家森林公园	国家	13.30	1610	1610
1083	米林县(藏)	大峡谷自然保护区	国家	2	1200	500
1084	宁陕县(陕)	陕西上坝河国家森林公园	国家	105	290	0
1085	临潼区(陕)	骊山森林公园	国家	85	2732	2700
1086	商南县(陕)	金丝峡国家森林公园	国家	70.20	4955	3369.60
1087	延安市风景林场(陕)	延安国家森林公园	国家	50	1980	1650
1088	长安区(陕)	终南山国家森林公园	国家	38	2213	1369
1089	镇安县(陕)	木王国家森林公园	国家	36	187	50
1090	印台区(陕)	玉华宫森林公园	国家	35.10	998.50	312
1091	眉　县(陕)	陕西太白山国家森林公园	国家	33	1860	976
1092	户　县(陕)	太平国家森林公园	国家	17.10	1401.28	815.94
1093	南郑县(陕)	黎坪国家森林公园	国家	13	4850	1200
1094	马头滩林业局(陕)	宝鸡天台山国家森林公园	国家	10	350	230
1095	留坝县(陕)	陕西紫柏山国家森林公园	国家	9.30	845	150
1096	陕西省苗木繁育中心(陕)	全国农业旅游示范园	国家	9	500	260
1097	岚皋县(陕)	南宫山国家森林公园	国家	8	1673	400
1098	洋　县(陕)	陕西省长青国家自然保护区	国家	6.79	498.50	372
1099	户　县(陕)	朱雀国家森林公园	国家	6	761	234
1100	佛坪县(陕)	佛坪县国家级自然保护区	国家	6	20	2
1101	劳山林业局(陕)	劳山国家森林公园	国家	5	148	30
1102	旬邑县(陕)	石门山森林公园	国家	3	500	60
1103	汉台区(陕)	汉中天台国家森林公园	国家	2.88	5387	
1104	辛家山林业局(陕)	通天河国家森林公园	国家	2.66	151	93
1105	西乡县(陕)	米仓山自然保护区	国家	2.50	780	
1106	洋　县(陕)	陕西省朱鹮国家级自然保护区	国家	1.95	123.50	68
1107	略阳县(陕)	五龙洞国家森林公园	国家	1.60	50	32
1108	汉阴县(陕)	凤凰山森林公园	省	30	2903	
1109	白水县(陕)	方山森林公园	省	20	200	2
1110	长安区(陕)	沣峪森林公园	省	12.30	278	246
1111	眉　县(陕)	陕西红河谷森林公园	省	10	488	278
1112	太白县(陕)	青峰峡森林公园	省	5.20	525	68
1113	汉台区(陕)	陕西省省级褒河森林公园	省	5	21	21
1114	宁强县(陕)	汉水源森林公园	省	4.80	410	
1115	长安区(陕)	太兴山森林公园	省	2.30	46	46
1116	扶风县(陕)	陕西省野河山森林公园	省	2.30	45	42
1117	淳化县(陕)	仲山森林公园	省	2	800	400
1118	镇安县(陕)	陕西省鹰嘴石自然保护区	省	2	56	
1119	陇　县(陕)	龙门洞森林公园	省	1.60	70	50
1120	淳化县(陕)	爷台山森林公园	省	1.50	200	500
1121	汉滨区(陕)	陕西省凤凰山森林公园	省	1.20	35	
1122	宁东林业局(陕)	陕西省宁东森林公园	省	1.20	74.85	10
1123	三原县(陕)	三原县嵯峨山森林公园	省	1.10	13	
1124	临渭区(陕)	石鼓山森林公园	省	1	60	
1125	紫阳县(陕)	擂鼓台森林公园	省	1	15	15
1126	富平县(陕)	金粟山森林公园	省	0.60	30	10

	县(旗、市、区、局、场)	森林公园及自然保护区名称	级别	实际接待人数(万人次)	旅游总收入(万元)	其中：门票收入(万元)
1127	岚皋县(陕)	神仙河省级森林公园	省	0.50	150	25
1128	渭滨区(陕)	观音山森林公园	地	40	420	
1129	长安区(陕)	西安祥峪森林公园	地	20	220	200
1130	礼泉县(陕)	唐昭陵森林公园	县	32	3000	650
1131	镇安县(陕)	塔云山公园	县	24	162	35
1132	佛坪县(陕)	佛坪县熊猫谷旅游区	县	20	600	200
1133	太白县(陕)	黄柏塬原生太风景区	县	12	155	
1134	旬阳县(陕)	羊山生态旅游区	县	10	310	
1135	周至县(陕)	陕西黑河国家森林公园	县	7.10	142	48
1136	旬阳县(陕)	灵岩寺森林公园	县	5	10	2
1137	志丹县(陕)	志丹县九吾山森林公园	县	4.60	6	1
1138	洛南县(陕)	老君山旅游风景区	县	0.50	50	
1139	古浪县(甘)	马路滩林场	地	4	120	40
1140	漳　县(甘)	贵清山森林公园	国家	65	960	200
1141	宕昌县(甘)	官鹅沟国家森林公园	国家	62	2914	51
1142	临潭县(甘)	冶力关风景旅游区	国家	56.54	21700	3392.40
1143	成　县(甘)	鸡峰山国家森林公园	国家	50	500	400
1144	和政县(甘)	和政县松鸣岩森林公园	国家	42	87	15
1145	庆城县(甘)	周祖陵森林公园	国家	41.27	453	36
1146	城关区(甘)	徐家山国家森林公园	国家	39	210	210
1147	天祝藏族自治县(甘)	天祝三峡国家级森林公园	国家	30.80	2310	7.13
1148	渭源县(甘)	渭河源森林公园	国家	24	3000	10.20
1149	小陇山林业实验局(甘)	麦积国家森林公园	国家	14	1114.18	211.53
1150	庄浪县(甘)	云崖寺国家森林公园	国家	12	3600	720
1151	武威市市辖区(甘)	神州荒漠野生动物园	国家	6.20	35	35
1152	小陇山林业实验局(甘)	小陇山国家森林公园	国家	4	78.56	6.13
1153	洮河林业局(甘)	冶力关公园	国家	3.74	589.77	291.93
1154	景泰县(甘)	寿鹿山国家森林公园	国家	3	40	12
1155	文　县(甘)	文县天池森林公园	国家	3	60	45
1156	古浪县(甘)	古浪县昌岭山自然保护区	国家	2	65	10
1157	灵台县(甘)	灵台县荆山森林公园	国家	1.60	120	
1158	两当县(甘)	甘肃省两当县黑河森林公园	国家	1	40	
1159	迭部林业局(甘)	腊子口国家森林公园	国家	0.50	24	
1160	陇西县(甘)	陇西县仁寿山省级森林公园	省	31	28	
1161	陇西县(甘)	陇西县塔坪山省级森林公园	省	18	12	
1162	会宁县(甘)	会宁县东山森林公园	省	15	60	
1163	崇信县(甘)	五龙山森林公园	省	10	2520	
1164	永靖县(甘)	永靖县黄河三峡湿地自然保护区	省	10	2500	200
1165	会宁县(甘)	会宁县铁木山森林公园	省	8	30	
1166	山丹县(甘)	焉支山森林公园	省	6	135	110
1167	环　县(甘)	兴隆山森林公园	省	6	6	
1168	民乐县(甘)	民乐县海潮坝森林公园	省	5	500	
1169	华池县(甘)	双塔森林公园	省	5	300	
1170	靖远县(甘)	法泉寺省级森林公园	省	4.80		48
1171	和政县(甘)	和政县南阳山森林公园	省	3.60	23	

	县(旗、市、区、局、场)	森林公园及自然保护区名称	级别	实际接待人数(万人次)	旅游总收入(万元)	其中：门票收入(万元)
1172	张家川回族自治县(甘)	张家川县云凤山森林公园	省	3	5	
1173	正宁林业总场(甘)	调令关森林公园	省	2.85	155	1.80
1174	碌曲县(甘)	甘肃省则岔森林公园	省	2.80	160	70
1175	秦安县(甘)	秦安县凤山森林公园	省	2.50	12.50	
1176	临夏市(甘)	临夏市南龙山森林公园	省	2.20	18	
1177	天祝藏族自治县(甘)	祁连冰沟河省级A等森林公园	省	1.85	18	0
1178	小陇山林业实验局(甘)	太阳山省级森林公园	省	1.20	20.99	2.24
1179	甘谷县(甘)	甘谷县尖山寺森林公园	省	1	2	2
1180	华池林业总场(甘)	东华池森林公园	省	1	3	
1181	两当县(甘)	甘肃省两当灵管峡森林公园	省	1	30	
1182	小陇山林业实验局(甘)	卧牛山省级森林公园	省	0.80	14.20	2.40
1183	崆峒区(甘)	崆峒区北山森林公园管理处	省	0.70	5	
1184	皋兰县(甘)	什川梨园	县	35	2300	0
1185	青海湖国家级自然保护区(青)	青海青海湖国家级自然保护区管理局	国家	85.96	10155.55	6282.60
1186	互助土族自治县(青)	北山国家级森林公园及自然保护区	国家	30	30	30
1187	大通森林公园(青)	大通国家森林公园	国家	20	200	40
1188	北山森林公园(青)	北山国家森林公园	国家	17	1500	300
1189	坎布拉森林公园(青)	坎布拉森林公园	国家	10.80	686.23	678.59
1190	湟中县(青)	群加森林公园	国家	5	45	
1191	循化撒拉族自治县(青)	孟达国家级自然保护区	国家	3.10	155	155
1192	祁连县(青)	黑河大峡谷森林公园	省	46.70	503	68.30
1193	平安县(青)	青海省峡群寺森林公园	省	10	10	10
1194	湟中县(青)	南朔山森林公园	省	8	90	
1195	湟水森林公园(青)	湟水森林公园	省	6	11.60	3.50
1196	湟中县(青)	上五庄森林公园	省	2	20	
1197	乐都县(青)	青海省乐都县上北山森林公园	省	1.80	2	2
1198	金凤区(宁)	阅海公园	国家	19.65	2549.22	1199
1200	西吉县(宁)	西吉县火石寨地质公园	国家	15	50	50
1200	灵武市(宁)	长流水生态旅游区	国家	5.90	330	210
1201	金凤区(宁)	拉普斯森林公园	省	43.32	589.78	216.60
1202	中卫市市辖区(宁)	沙坡头旅游区	省	8.20	33850	2100
1203	奇台林场(新)	新疆奇台南山国家级森林公园	国家	12	13	10
1204	特克斯林场(新)	特克斯科桑溶洞国家森林公园	国家	8	260	13
1205	乌苏林场(新)	乌苏佛山国家森林公园	国家	6	1200	121
1206	布尔津林场(新)	贾登峪森林公园	国家	3.31	291.51	35
1207	哈密林场(新)	哈密天山国家森林公园	国家	3	8	2.60
1208	哈巴河林场(新)	白哈巴森林公园	国家	2.20	144.23	35
1209	泽普县(新)	泽普金湖杨国家森林公园	国家	1.71	120	96
1210	巩留林场(新)	巩留林场恰西国家森林公园	国家	1	80	20
1211	福海林场(新)	阿尔泰山温泉森林公园	国家	0.85	70	1.60
1212	玛纳斯南山林场(新)	玛纳斯南山森林公园	省	10	36	0
1213	阿尔泰林场(新)	小东沟森林公园	省	4	90	1.90
1214	沙湾林场(新)	新疆沙湾蒙古庙森林公园	省	4	6	0
1215	米泉林场(新)	天山森林公园	省	3	36	32
1216	富蕴林场(新)	神钟山森林公园	省	2.60	91.10	7.20

	县(旗、市、区、局、场)	森林公园及自然保护区名称	级别	实际接待人数(万人次)	旅游总收入(万元)	其中:门票收入(万元)
1217	青河林场(新)	大青河森林公园	省	0.80	29.50	0.90
1218	伊宁林场(新)	伊宁县阿吾赞森林公园	省	0.50	10	
1219	木垒林场(新)	新疆木垒大龙王森林公园	省	0.50	3	1
1220	呼图壁林场(新)	呼图壁南山森林公园	省	0.50	30	
1221	沙雅县(新)	太阳岛景区	县	15	102.10	20.30
1222	尉犁县(新)	罗布人村寨生态风景旅游区	县	11.70	936	
1223	尼勒克林场(新)	唐布拉国家级森林公园	县	10	36	
1224	白石山林业局(吉林集团)	吉林省白石山国家级森林公园	国家	500	300	30
1225	红石林业局(吉林集团)	吉林红石国家森林公园	国家	3.82	1445	516
1226	露水河林业局(吉林集团)	露水河国家森林公园	国家	2.20	214	0
1227	泉阳林业局(吉林集团)	泉阳泉国家森林公园	省	1	3200	
1228	山河屯林业局(龙江集团)	凤凰山国家森林公园	国家	20	10054	2011
1229	金山屯林业局(龙江集团)	金山国家森林公园	国家	18.80	2960	270
1230	大海林林业局(龙江集团)	雪乡国家森林公园	国家	18.50	7725	985.50
1231	美溪林业局(龙江集团)	回龙湾国家森林公园	国家	18.20	5600	720
1232	南岔林业局(龙江集团)	黑龙江仙翁山国家森林公园	国家	13.10	4894	276
1233	东京城林业局(龙江集团)	镜泊湖国家森林公园	国家	13	2900	8
1234	五营林业局(龙江集团)	五营国家森林公园	国家	13	375.13	248.25
1235	上甘岭林业局(龙江集团)	溪水国家森林公园	国家	12.70	2597.40	70.40
1236	黑龙江柴河林业局(龙江集团)	威虎山国家森林公园	国家	11.50	3016	460
1237	桃山林业局(龙江集团)	桃山国家森林公园	国家	10.70	5200	510
1238	方正林业局(龙江集团)	方正龙山国家森林公园	国家	10.10	1880	0
1239	铁力林业局(龙江集团)	日月峡国家森林公园	国家	10	177.04	63.58
1240	兴隆林业局(龙江集团)	兴隆国家森林公园	国家	9.10	1231.49	70
1241	汤旺河林业局(龙江集团)	小兴安岭石林国家森林公园	国家	8.50	437	437
1242	苇河林业局(龙江集团)	八里湾国家森林公园	国家	7.50	1978.91	68.75
1243	鹤北林业局(龙江集团)	黑龙江红松林国家森林公园	国家	6.10	1202	90
1244	双鸭山林业局(龙江集团)	青山国家森林公园	国家	6	450	
1245	乌马河林业局(龙江集团)	梅花山国家森林公园	国家	6	800	
1246	穆棱林业局(龙江集团)	六峰山国家森林公园	国家	5.60	100	
1247	亚布力林业局(龙江集团)	亚布力国家森林公园	国家	5.53	1160	2.30
1248	沾河林业局(龙江集团)	大沾河国家森林公园	国家	4.50	2120	500
1249	海林林业局(龙江集团)	佛手山国家森林公园	国家	3.60	53.50	
1250	东方红林业局(龙江集团)	黑龙江珍宝岛国家森林公园	国家	2	138	
1251	桦南林业局(龙江集团)	黑龙江七星峰国家森林公园	国家	1.30	52.70	
1252	清河林业局(龙江集团)	清河森林公园	省	6	660	65
1253	绥阳林业局(龙江集团)	绥阳小天桥森林公园	省	5.10	1175	
1254	新青林业局(龙江集团)	新青森林公园	省	5	400	150
1255	绥棱林业局(龙江集团)	绥棱张家湾森林公园	省	1.80	75	0
1256	朗乡林业局(龙江集团)	郎乡森林公园	省	1.70	52	
1257	朗乡林业局(龙江集团)	林中园森林公园	省	1.50	49	5.50
1258	鹤立林业局(龙江集团)	红旗森林公园	省	1	30.10	
1259	朗乡林业局(龙江集团)	青翠森林公园	省	1	56	
1261	农六师(新疆建设兵团)	新疆青格达湖自然保护区	省	35	3000	300
1261	农六师(新疆建设兵团)	新疆奇台一万泉森林公园	地	5	500	50

林业机械

表 22-1 林业机械各指标在全国排名前 5 位的省份

指标(家)	全国排名前 5 位的省份占全国的比例(%)
森林工业专用设备制造企业数量 1385	江苏(25.13)、广东(22.38)、河北(12.78)、山东(9.24)、浙江(5.13)
营林机械制造企业数量 317	浙江(34.7)、江苏(11.36)、山东(8.2)、黑龙江(7.57)、广东(4.42)

表 22-2 林业机械进出口贸易值

产品类别	单位	出口数量	出口金额(千美元)	进口数量	进口金额(千美元)
合计			4766289		3839763
草地用机械	台	9481247	741963	14570	47471
木材等加工机械	台	34610781	946073	1434752	730132
木工工具	吨	127756	737274	7926	175691
园艺工具	吨	262340	580391	1981	23671
整地机械	台	92117077	541259	2645062	77543
干燥器	台	2023	35397	230	128357
造纸和纸制品机械	台	34872058	852075	20212387	2405068
林业机械 - 林副产品加工			331857		251831

表 22-3 林业机械基本情况

单位：家

地区	森林工业专用设备制造企业数量	营林机械制造企业数量
全国合计	1385	317
北京	14	10
天津	3	5
河北	177	7
山西	1	0
内蒙古	1	5
辽宁	52	14
吉林	6	8
黑龙江	50	24
上海	61	0
江苏	348	36
浙江	71	110
安徽	3	8
福建	27	11
江西	14	1
山东	128	26
河南	46	5
湖北	9	0
湖南	4	6
广东	310	14
广西	23	5
海南	2	1
重庆	3	3
四川	14	4
贵州	3	2
云南	3	1
西藏	0	0
陕西	11	6
甘肃	1	0
青海	0	0
宁夏	0	0
新疆	0	5

表 22-4 林业机械出口量值

国家/地区	出口数量（吨）	出口金额（千美元）
82011000 锹及铲		
合计	98108	181704
82012000 叉		
合计	6479	16444
82013000 镐、锄及耙		
合计	72479	126293
82014000 斧子、钩刀及类似砍伐工具		
合计	29314	66607
82015000 修枝剪、家禽剪等		
合计	8112	42466
82016000 树篱剪等		
合计	18978	60141
82019000 其他手工工具		
合计	24202	69540
82021000 手工锯		
合计	33583	115989
82022000 带锯片		
合计	23172	45300
82023100 带有钢制工作部件的圆锯片		
合计	13001	142087
82023900 其他圆锯片，包括部件		
合计	38649	331860
82024000 链锯条		
合计	1704	20378
82053000 木工刨子、凿子等工具		
合计	14463	52208
82082000 木工机械用刀及刀片		
合计	3186	29453
82084000 林业机器用的刀及刀片		
合计	4668	17196
84193100 农产品干燥器		
合计	2	9447
84193200 木材、纸浆、纸或纸板干燥器		
合计	2	35397
84201000 砑光机或其他滚压机器		
合计	77	31312
84209900 砑光机等未列名零件		
合计	310	3465
84321000 犁		
合计	95	11967
84322100 圆盘耙		
合计	8	5152
84322900 其他耙、松土机、中耕机等		
合计	1505	246967
84324000 施肥机		
合计	104	3704
84328010 草坪及运动场地滚压机		
合计	28	761
84328090 未列名整地或耕作机械		
合计	269	54894
84329000 品目 8432 所列机械的零件		
合计	90108	217814
84331100 割刀水平旋转机动割草机		
合计	5093	435409
84331900 其他割草机		
合计	3089	221584
84332000 其他割草机，包括刀具杆		
合计	1289	77182
84333000 其他干草切割、翻晒机器		
合计	9	3642
84334000 草料打包机，包括收集打包机		
合计	1	4145
84336000 蛋类、水果等清洁、分选机器		
合计	1	8100
84351000 制酒、果汁等的压榨机等		
合计	88	9282
84359000 84351000 所列机器的零件		
合计	745	4684
84386000 水果、坚果或蔬菜加工机器		
合计	77	21962
84388000 其他食品、饮料机器		
合计	259	148897
84389000 品目 8438 所列机械的零件		
合计	14078	88446
84391000 制造纤维素纸浆的机器		
合计	1	48847
84392000 纸或纸板的制造机器		
合计	1	43036
84393000 纸或纸板的整理机器		
合计	6	73417
84399100 制造纤维素纸浆机器的零件		
合计	3526	33489
84399900 纸及纸板机器的零件		
合计	18877	95685
84401010 锁线装订机		
合计	5	1573
84401020 胶订机		
合计	63	5634
84401090 其他书本装订机器		
合计	125	15353
84409000 书本装订机器的零件		
合计	243	1452
84411000 切纸机		
合计	2769	126749
84412000 制造包、袋或信封的机器		
合计	2	21050
84413010 纸塑铝复合罐生产设备		
合计	0	1866
84413090 其他制造箱、盒等机器		
合计	6	71059
84414000 纸类模制成型机器		
合计	3	65244
84418010 纸塑铝复合软包装生产设备		
合计	1	8615
84418090 其他制造纸类机器		
合计	19	150553
84419010 切纸机零件		
合计	1987	15317
84419090 其他纸类机器的零件		
合计	6853	38358
84651000 不换刀机床		
合计	193	43241
84659100 木材等加工锯床		
合计	3900	442932
84659200 木材等刨、铣等切削机器		
合计	535	97502
84659300 木材、软木等研磨抛光机器		
合计	116	22283
84659400 木材等弯曲或装配机器		
合计	1	5068
84659500 木材等钻孔或凿榫机器		
合计	37	19581
84659600 木材等剖开、刮削机器		
合计	378	74027
84659900 木材等的其他加工机床		
合计	93	76421
84669200 品目 8465 所列机器零件		
合计	29353	93021
84792000 提取、加工动物油脂或固定植物油脂的机器		
合计	5	41038
84793000 木碎料或木纤维板挤压机等木材、软木处理机		
合计	7	71996

表 22-5 林业机械进口量值

国家/地区	进口数量（吨）	进口金额（千美元）
82011000 锹及铲		
合计	114	876
82012000 叉		
合计	1	8
82013000 镐、锄及耙		
合计	15	66
82014000 斧子、钩刀及类似砍伐工具		
合计	31	141
82015000 修枝剪家禽剪等		
合计	143	2319
82016000 树篱剪等		
合计	335	1003
82019000 其他手工工具		
合计	68	507
82021000 手工锯		
合计	134	3088
82022000 带锯片		
合计	4127	80648
82023100 带有钢制工作部件的圆锯片		
合计	570	25233
82023900 其他圆锯片，包括部件		
合计	870	19785
82024000 链锯条		
合计	1982	38692
82053000 木工刨子、凿子及切削工具		
合计	44	918
82082000 木工机械用刀及刀片		
合计	200	7326
82084000 农业、园艺或林业用刀及刀片		
合计	1274	18749
84193100 农产品干燥器		
合计	1	18637
84193200 木材、纸浆、纸或纸板干燥器		
合计		128357
84201000 砑光机或其他滚压机器		
合计	3	457636
84209900 砑光机或其他滚压机零件		
合计	1619	38649
84321000 犁		
合计	1	6417
84322100 圆盘耙		
合计		747
84322900 其他耙、松土机等		
合计	1	6622

国家/地区	进口数量（吨）	进口金额（千美元）
84324000 施肥机		
合计	9	5304
84328010 草坪及运动场地滚压机		
合计		881
84328090 未列名整地或耕作机械		
合计	1	13180
84329000 品目 8432 所列机械的零件		
合计	2632	44391
84331100 割刀水平旋转机动割草机		
合计	2	7593
84331900 其他割草机		
合计	10	9996
84332000 其他割草机，包括刀具杆		
合计	1	2992
84333000 其他干草切割、翻晒机器		
合计		2473
84334000 草料打包机，包括收集打包机		
合计	1	24417
84336000 蛋类、水果等的清洁、分选机器		
合计		39915
84351000 制酒、果汁等的压榨机等		
合计		5008
84359000　84351000 所列机器的零件		
合计	1	99
84386000 水果、坚果或蔬菜加工机器		
合计	5431	29510
84388000 其他食品、饮料工业用生产或加工机器		
合计	8	126736
84389000 品目 8438 所列机械的零件		
合计	553	17862
84391000 制造纤维素纸浆的机器		
合计	1	199085
84392000 纸或纸板的制造机器		
合计		440278
84393000 纸或纸板的整理机器		
合计		357423
84399100 制造纤维素纸浆机器的零件		
合计	2143	84496
84399900 纸及纸板机器零件		
合计	13783	346522
84401010 锁线装订机		
合计		7424
84401020 胶订机		
合计		26765

国家/地区	进口数量（吨）	进口金额（千美元）
84401090 其他书本装订机器		
合计	2	37188
84409000 书本装订机器的零件		
合计	110	5831
84411000 切纸机		
合计	5	135135
84412000 制造包、袋或信封的机器		
合计		10631
84413010 纸塑铝复合罐生产设备		
合计		3051
84413090 其他制箱、盒、管、桶等的机器		
合计		42370
84414000 纸类模制成型机器		
合计		13400
84418010 纸塑铝复合软包装生产设备		
合计		3326
84418090 其他制造纸类的机器		
合计		127386
84419010 切纸机零件		
合计	914	21862
84419090 其他制造纸类的机器零件		
合计	1632	46611
84651000 不换刀的机床		
合计		14807
84659100 木材等加工锯床		
合计	3	35013
84659200 木材等成形机器		
合计	3	112465
84659300 木材等研磨抛光机器		
合计	3	71226
84659400 木材等弯曲或装配机器		
合计	1	38377
84659500 木材等钻孔或凿榫机器		
合计	2	154744
84659600 木材等剖开或刮削机器		
合计	3	90233
84659900 木材等的其他加工机床		
合计	2	114987
84669200 品目 8465 所列机器的零件		
合计	1417	29836
84792000 提取、加工动物油脂或固定植物油脂的机器		
合计		14064
84793000 木碎料或木纤维板挤压机等木材、软木处理机		
合计		68443

各省(区、市)林业产业

Provincial Forest Industry

北京市林业产业

【产业特点】 北京市林业旅游及休闲产业人次位列全国第1，占全国的16.43%；草坪产量位列全国第1，占全国的21.87%。其次是仁用杏产量位列全国第4，茶叶批发企业数量位列全国第3，中西乐器制造企业数量分别位列全国第3和第4(见表23-1和表23-2)。

北京林业总产值143.5亿元，果品产业对总产值的贡献最大，达43亿元占总产值的30.14%，其次是森林旅游业29.7亿元，占20.66%，第三是林业服务业23.6亿元，占16.47%，园林植物业约是15.6亿元，占10.84%。见表23-3。

【果　品】 2011年果品收入42.7亿元，其中鲜果35.5亿元，干果7.2亿元。设施果树面积1400公顷，其中结果面积1000公顷、1.4万个棚室。结果面积平均亩收入2.6万元，设施果品总收入3.9亿元。完成干鲜果品及加工品出口2034.0万千克，收入5038.3万元，板栗、仁用杏类干果出口267万千克、收入534万元；平谷桃汁、怀柔栗仁、核桃仁等果品加工出口1052.5万千克、收入1937万元。果品交易近200亿元，国际果品市场份额7000万美元。

实施抗旱技术 适时节水灌溉；保墒提高地温；适时晚剪，涂抹药剂；在果树萌芽前10天喷施一次3%~5%的尿素水，或在喷施石硫合剂时加入3%~5%的尿素(芽体尚未露红时)。

实施零农残有机栽培综合技术 统一组织施用有机肥、土壤改良剂、植物保护剂，建3333公顷零农残有机化栽培基地。种植生草，推广幼树果园间作，推广花期人工授粉、放蜂、疏花疏果，果实套袋，种植驱避植物，实施黏虫带配置、释放天敌等技术。

完成12部有机栽培丛书的翻译 12部有机栽培丛书包括《有机栽培的基础知识》、《世界的自然农法》、《减农药的宝物——木醋、竹醋、稻壳醋的活用读物》等。

培训推广实用栽培技术 通过技术培训和组织县、乡镇、村级果农外出参观学习，启动推广水蜜桃、甜柿、中早熟苹果品种引进栽培，推广果树有机化栽培、农艺节水、山地果园集水技术、果树架式栽培等新技术。

研发世界名优果品贮备及圃内成型大苗技术 研发圃内成形大苗繁育技术，使果树有观赏性又能缩短果树幼树期早得效益，果树幼树期将由3~5年缩至2~3年。该工作由产业发展处主持，技术依托北京市林果研究所、北京农学院，实施地点在其各自苗木基地。2011年重点引进苹果类(大苹果及砧木类、抗寒小苹果类)65个品种，并探索不同架式栽培经验。

强化协会功能，开拓农超对接 2011年北京市果树产业协会间接帮助会员和直接通过协会下属北京百果神农果品配送有限公司销售果品4070万千克，其中南方407万千克，北方3256万千克。农超对接销售果品2442万千克。机关及会议用果配送220万千克，采摘55万千克。

北京果品批量出口第一单——“春华秋实”系列活动 此次果品出口交易第一单拉开了北京市果品出口的帷幕，随后有20多项果品出口交易陆续进行。

桃 平谷区是中国著名桃乡，现有果树面积27200公顷，占全市的16.6%；其中，大桃面积14667公顷，占全市的46.8%。有白桃、蟠桃、油桃、黄桃四大系列200多个品种。在大桃主产区刘家店镇和大华山镇举办了两场2011北京·平谷鲜桃采摘季活动，活动突出“三个百”对接工程，即100家企业与100个大桃专业村联姻；100家商超与100个合作社联手；100位名人与100家大桃科技示范户联亲。

板栗 针对北京板栗产量低下问题，市园林绿化局产业处组织在京栽培专家、果品加工专家、怀柔等主产区县相关人员召开了北京板栗产业发展研讨会。提出解决办法：实施山地集雨工程来缓解板栗缺水状况；开发便于搬运、高效的板栗专用肥；发展适合本地的高产品种。

柿子 平谷区栽培柿树历史悠久，境内尚有数百年柿树。目前，区内柿树面积近4000公顷，年产量1750万多千克，居京郊区县首位。主要分布在山区、半山区乡镇，品种有井峪盖柿、磨盘柿、杵头柿、火柿、八月节柿子等。完成优良甜柿品种的示范与推广项目，该项目引进日本甜柿品种7个进行推广。通过大树多头劈接、插皮接和腹接等方法嫁接，及时采取绑缚新梢、摘芯和去萌等措施。举办培训班和进行现场嫁接技术培训。

葡萄 为迎接2014年在延庆召开的世界葡萄大会，建设延庆葡萄文化主题公园，完善以果农为主体的1333公顷鲜食葡萄基地建设，主要内容包括优新葡萄品种引进、土壤改良、推广零农残有机化栽培技术等。2011年重点工作是引种，已引进国内外品种590个，完成了20栋温室和40栋塑料大棚的建设及葡萄栽植工作。

樱桃 2011年，樱桃产量900.2万千克，总收入3.6亿元。利用大报、广播、电视以及利用政府及专业网站宣传。将全市樱桃园按园区名称、地址、主要品种、栽培面积、预计产量等信息在北京市园林绿化局网站、首都之窗网站、北京果品4S网站(www.4sgp.com)上发布。5月28日在通州大运河森林公园举行了2011北京市百万市民观光果园采摘游暨第六届通州樱桃节活动。6月2日在顺义区彩虹庄园，由北京市园林绿化局、北京市总工会、北京市果树产业协会及北京市劳模协会联合举办“春来百果第一枝，大红樱桃献劳模”活动。

针对樱桃产量低的问题提出的解决办法：品种与砧木不亲和，但品种优良，可采取种植亲和力强的砧木，再嫁接到品种；不适合北京发展的品种，可用高位多头复接更新成好品种；无授粉树的，高接配置与品种亲和的授粉树；涝害问题，通过改变栽培方式，采用高垄深沟覆膜来避免；郁闭果园树形改造、果园黏重土壤改良、架设防鸟网。

梨 房山区园林绿化局采取政策性农业保险落实、优新科技试点推广、示范带动引导、农资扶持及冷藏保鲜物流支持等多方面措施，推进梨产业发展。2007年开始引进优新秋子梨品种，包括南果、寒红、寒香、尖把、洋梨等几十个品种，通过几年的引种试验，初步筛选出龙园洋梨、南果梨等丰产优质品种。组织了2011中华名梨(中早熟品种)评选暨北京大兴第九届全国梨王擂台赛。

针对老梨园梨小食心虫为害严重问题，开展了梨小食心虫发生特点调查、性诱剂预测预报、生物农药应用、优化用药管理等多方面示范工作，推广有机栽培技术。通过3年的努力，试验示范区梨小食心虫虫果率降到了防治前的10%，商品果率由65%提高到75%，窦店三仁梨园33公顷网架梨已通过有机认证，农民年直接受益1万元。开展果园鸟类为害试验示范，采取声、色、味、形综合方法开展试验，取得了很好的试验效果，试验初步统计，受鸟类为害果实率由原来的22%降到了2.6%。

【园林植物】 花卉的消费中心不断扩大，继欧洲、美国、日本之后，发展中国家和地区的花卉消费量大幅增加，成为全球新兴的花卉消费市场。目前，中国在国际花卉市场份额达3000万美元。

花卉产业政策措施 5月20日，市政府印发《关于进一步促进本市花卉产业发展的意见》(京政发〔2011〕25号)，明确了花卉产业发展的总体思路、重点任务和保障措施。组织制定茶菊生产技术规程、盆栽凤梨生产技术规程、切花菊设施生产技术规程等6项市(地)方标准，已报市质量技术监督局审定。

开展花卉文化宣传活动 市园林绿化局、市公园管理中心、北京花卉协会、顺义区政府等单位共同主办“三节一展”花事系列活动，累计接待游客200万人次。

第二届郁金香文化节 4月22日至5月15日在北京国际鲜花港举办。室外集中展示86个品种、300万株郁金香，室内展出88个百合优良品种、15万株，吸引游客22万人，实现销售收入667.8

万元。北京国际鲜花港和搜狐网在节日期间组织了郁金香花园种植大赛活动。让每个参与家庭认领100平方米地块，头年发给郁金香种球，负责地块的设计、种养和布置。

第三届月季文化节 5月26日至6月12日举行。以北京植物园为主会场，天坛公园、陶然亭公园、北京世界花卉大观园、中科院植物研究所为分会场，组织开展了月季造景展、新品种月季、盆栽月季展、月季种苗及新技术推介会等13项主题活动，吸引游客50万人次。办展期间，北京花卉协会开展送月季献爱心活动，数百名游客捐赠图书和玩具换取盆栽月季。“六一”儿童节，协会和搜狐网工作人员带着100盆月季和捐送的图书、玩具和学习用具，送到北京市安琪尔福利学校。

第三届菊花文化节 展期9月24日至11月底。由北京国际鲜花港、世界花卉大观园等单位共同承办。先后展出1000多个品种、4万余盆独本菊；400余个品种、500余万株小菊和草本花卉以及2000余盆造型菊、艺菊和盆景菊，吸引游客130万人次。11月6日，菊花文化节主题活动之一“菊花擂台赛”在世界花卉大观园举办。

2011北京迎春年宵花展 市园林绿化局、主要大型花卉市场和顺义国际鲜花港联合举办北京迎春年宵花展。以“让美好走进生活，鲜花伴您过大年”为主题，通过组合盆栽大赛、君子兰专项展、精品盆景展等主题活动，向广大市民展示花卉在节庆中的应用等文化。春节期间，北京植物园、龙潭湖公园、世界花卉大观园、莲花池公园还相继举办梅花展、兰花展、水仙花展，杜鹃花展等活动。

花卉进社区活动 主要由北京花卉协会邀请花卉专家、花卉生产一线的技术人员，走进社区、公园和群众聚集区，为社区居民讲解养花知识，推广花卉布置，表演家居插花，宣传花卉文化。北京花卉协会专门组织编写了《家庭养花知识》(社区版)。介绍了40种市场常见、有代表性的花卉养护知识及购花常识。免费发放《家庭养花知识》等资料5000多份。

参加中国香港花展 3月，市园林绿化局组织参加中国香港花展，北京展区荣获最佳展品金奖。

筹备第十一届中国菊花展 经中国风景园林学会批准，市园林绿化局将与顺义区政府共同主办2013年第十一届中国菊花展览会。年内已成立了相应的组织机构，招展策划方案等工作正在展开。

完成第26届世界大运会颁奖用花供应工作 北京花乡花木集团制作的花束“大运之光”获得第26届深圳世界大学生运动会颁奖用花供应权。大运会共使用颁奖用花3600束。

花卉新品种培育与良种引进 开展百合、菊花、月季、兰花、火鹤、彩色马蹄莲等七大类花卉种类的育种研发。年内共培育出具有稳定优良性状的新品(系)种15个(切花百合2个，景观百合8个；观赏小菊2个，茶菊1个，万寿菊1个；抗病月季1个)，有待扩繁中试；筛选出7个可以用于产业化生产的盆栽菊花品种；共有9个花卉新品种进行了审定，其中6个月季品种申请国家保护，已完成DUS测试；2个菊花品种、1个蝴蝶兰品种通过了北京市良种审定。从国内外引进朱顶红、百合、蝴蝶兰、花坛花卉等新优品种500多个，分别在重点花卉企业和研发地进行试种、探索关键技术等。

名优花卉示范基地建设 启动建设5个花卉示范基地共87公顷。其中在大兴区建立市花月季出口示范基地13公顷；在房山区建立玫瑰加工示范基地43公顷；在顺义区建立高档盆花生产示范基地1.3公顷；在密云县建立百合种球示范基地6公顷；在延庆县四海镇建立一个3.3公顷的茶菊种苗繁殖中心和一个20公顷的茶菊核心示范生产基地。

花卉园艺新型市场建设 由北京东升爱科生态环境科技发展有限公司建设的东升花园中心已经开工建设，总面积1.5万平方米。北京国际鲜花港和北郎中科工贸集团各建1家品牌花店。

培训花卉从业人员 实施花卉乡土专家行动计划，组织百合、火鹤类、菊花等技术培训30多次，累计培训1500人次；2011年10月组织15名花卉乡土专家参加在景山公园举办的2011年林果乡土专家进城交友活动。

四海镇菊花 2011年，四海镇花卉总面积552公顷，有种籽种苗、万寿菊、茶菊、玫瑰、宿根花卉及草盆花、百合观赏六大园区，涉及16个行政村1300多户，成立农民专业合作组织14家，引进花卉企业3家，解决农民就业1300多个，花卉产业年综合收入约3500万元，全镇人均花卉年收入5000元。

四海镇培育的除了有花瓣长而厚的大菊花，还有小如米粒的米菊和含苞未放的胎菊3个高端品种。尤其是米菊，仅人工采摘成本每千克就达1000元。在四海镇黑汉岭和南湾，万寿菊试种成功，为方便赏花，四海镇投入资金建设了观景台和观光道。

采取企业+合作社+农户等合作形式，建菊花种质资源圃，繁育优质菊花种苗，研究高新菊花种植管理规程，指导农民采用科学的栽培技术，不使用化学合成农药、肥料、除草剂和生长调节剂等。先后建成茶菊、玫瑰综合加工厂，年加工能力150万千克，取得了有机产品和QS认证，年生产茶菊20万千克、玫瑰花茶2万千克，注册“京水源”和“四季花海”地域商标。

【种　苗】 全市有苗圃1073个，实际育苗面积8467公顷，全年总产苗2.38亿株。林木种子进出口公司27个，全年交易量10亿元，苗木交易额3亿元。苗圃针、阔、灌木育苗的比例为26:36:38。

种苗管理 推进种苗行政许可工作。累计办理行政许可事项2041份，其中经营许可证100个、生产许可证88个，审核林木种子经营许可证21件，受理主要林木良种品种审定13件，引种同一适宜生态区主要林木良种许可3件，出具引种证明1816份。

4月开展了种苗执法和质量检查。共抽取14个区县70个生产经营单位、18个重点绿化工程的274个苗批。结果显示，持许可证生产经营率100%、苗批合格率达到98%、企业自检率95%；标签制度执行率91%、档案建立健全率76%。

打击侵犯知识产权和制售假冒伪劣商品专项行动。从2010年12月开始，对全市20家重点企业进行为期4个月的联合检查，重点查处了生产经营假冒授权品种、销售授权品种未使用注册登记名称的行为、无证无签经营林木种苗等违法行为。评选北京优秀种苗生产企业，北京市大东流苗圃、北京鲁能锦绣绿族科技有限公司等10家成为第1批优秀种苗生产企业。

种苗工程建设 截至2011年底，由国家林业局批复的林木种苗工程项目22个，林木良种基地项目11个、林木采种基地项目11个。首都增彩延绿科技示范工程。2011年初步搭建了彩色、抗逆树种的系统评价、工厂化育苗、栽培配套三大技术体系。开展小环境气候、树体生理指标等方面的检测，收集植物春季、夏季色彩信息600余份。收集保存彩色树种100个，抗逆树种60个，引进彩色苗木树种58个2.5万余株。建立了苗木工厂化繁育基地，繁育彩色、抗逆树种苗木100万株。选择城区绿地、高速公路隔离带、郊区重点地区进行典型示范区建设，总示范面积67公顷。

完成“中朝友好苗圃”的建设，主要包括援建平壤市连栋温室1000平方米，提供建设温室所需材料和相关设备，派遣技术人员进行规划设计和现场技术指导；建立2公顷左右的苗圃，提供适生的花卉和苗木品种，为朝鲜提供总价值30万元的苗木2.2万株。

林木品种审定 2011年共有13个品种通过审定。其中观赏植物7个品种，经济林植物6个品种。截至目前，全市共有林木良种153个，其中通过审定品种151个，通过认定品种2个；观赏植物品种78个，经济林植物品种75个；涉及植物种类40个。完成《北京市林木良种指南2006～2010年》5年合辑编辑工作，印刷3000本免费向各区县发放。

种苗科技 2011年完成国家林业局的欧李优良新品种选育及综合利用配套技术开发项目、市科委的北京市重要植物种质资源评价、保护利用的研究与示范重大项目的验收工作。组织实施了欧李优新品种与关键技术示范推广、高磁电压场在快繁育苗中的应用研究等项目。

种苗市场建设 北京华源发园林苗木及景观资材综合交易市场位于通州区张家湾镇陆辛庄，占地73多公顷，已入驻全国各地的苗木企业118家，景观园艺企业80余家。实现年总营业收入3亿元，吸纳周边从业人员300人。该市场是华北地区首家大型绿化苗木交易市场，由北京华联发建筑设备租赁集团公司于2003年投资2000万元兴建。

市场为各入驻企业备有0.26～0.5公顷的展示

用地，规模统一，并做好相应的配套服务，使企业得以充分展示自己的产品。市场还开办景观园艺资材交易市场，每年分4次，对全国各地每季度苗木价格趋势、各种苗木供应情况以及其他相关信息进行收集整理，打印后免费发给市场内各个商户，并为商户提供来访市场的园林工程公司的信息。同时，市场还把商户的各种苗木价格信息集中在网络上宣传。有13.33公顷苗木基地专门栽培北海道黄杨和大叶扶芳藤。

宣传 11月1日开展《实施办法》宣传月活动。①编印出版《北京市林木种苗成果画册(2000～2011)》。收录《种子法》实施以来的照片300多张，展示各个时期的种苗工作。②制作宣传展板2套82块。③以动漫卡通画的形式印制《实施办法》宣传周历。④制作良种扑克牌，选取有代表性的良种54个作为扑克的内容。印制《北京市林木良种指南(2006～2010年)》。⑤印制法规宣传袋。⑥在报刊发表文章扩大影响。《中国绿色时报》、《中国花卉报》、《京郊日报》等报刊和中国广播网等20多家网站都登载有关文章。⑦组织区县巡展，营造法律氛围。各区县共摆放宣传展板656块次，发放《解读》、《画册》等书刊1.5万余册、便民法规宣传品2.3万个，送法规下乡20次，刊发宣传信息100余条。

培训 举办执法、质检、品种审定、实用技术等培训班，对法规、质量检验、栽培技术、育苗管理等方面进行重点讲解，对实际操作技能进行现场演示。组织全市种苗行业相关人员前往青岛、大连等地考察彩色苗木优新品种的引进、配套栽培技术、景观应用等。

【养　蜂】 2011年，全市蜜蜂饲养量达29万群，引进优良种蜂王1500只，蜂蜜产量750万千克，蜂王浆产量12.6万千克，共有蜂业专业合作组织54个，有蜂业产业基地56个，售蜂收入680万元，蜂授粉收入1600万元，养蜂总产值1.9亿元，蜂产品加工产值超过9亿元，出口创汇超过1100万美元。

【森林旅游】 2011年，北京市园林绿化局批复设立市级森林公园3处，分别是银河谷森林公园(8446.24公顷)、莲花山森林公园(2210公顷)、静之湖森林公园(351.2公顷)。西山国家森林公园于2011年9月25日正式开园，该公园地处小西山，总面积5949公顷，是北京市距离城区最近的森林公园。

八达岭森林公园推出丁香生态文化节、红叶生态文化节等重大节日。云蒙山森林公园根据公园资源特色推出5个特色活动节，映山红观赏、植树之旅、森林浴、果品采收、红叶观赏节活动。植树文化已成为广大环保志愿者的热衷项目。

【林下经济】 2011年共完成林下经济建设3908.9公顷，开展林草模式252公顷，林花模式421公顷，林菌模式541.5公顷，林药模式1128.7公顷，林油模式434.7公顷，林粮模式673.7公顷，林禽397.3公顷，林蔬模式60公顷。林下经济实现产值近2亿元，户均收入1.26万元，涉及农户7200余户，带动就业13300余人，参与企业及合作组织57个。

在林油模式推广过程中，加大玫瑰种植繁育技术、管理及后续加工的研究，在门头沟、房山和平谷等基地攻克了大马士革玫瑰扦插繁育和越冬的难题。出版《林地食用菌栽培技术图册》。加快了精油、化妆品、花露水等产品开发步伐。同时将林下经济与观光、采摘、特色民俗游等相结。如门头沟雁翅种植的黄芩，与本地文化相结合，推出“灵之秀”、“举人茶”、“大村三宝”等黄芩茶的拳头产品，借助每年一度的旅游观山推介会，推出京西品山茶、观山茶、采山茶自驾游系列活动。

【大事记】 6月15日，在北京会议中心成功召开北京市首次全市林业产业工作会议。首次以北京市人民政府的名义发布了《关于进一步促进本市花卉产业发展的意见》。

7月7日，市园林绿化局副局长王振江赴海淀区蓝梦庄园视察蓝莓生产情况。蓝莓在北京市海淀区凤凰岭已大面积种植成功。

8月10日，国际养蜂者协会联合会执行官菲利普先生一行到达北京，进行为期6天的考察。菲利普先生本次访问的主要目的是考察北京市申办

2015年第44届国际养蜂大会的筹备情况，对环境资源，软、硬件设施，组织工作，接待能力，申办方案等进行了考察。

8月29日，北京市园林绿化局和大兴区人民政府主办的大兴黄金梨·北京果品批量出口第一单暨“春华秋实”系列活动启动仪式顺利举行。

11月，组织参加第二届中国国际林业产业博览会暨第4届中国义乌国际森林产品博览会。组织了具有代表性的12家企业，60余种林下经济产品参展，开展了优质产品评选工作，其中北京市4项产品获得组委会颁发的优质产品奖项。

（付占芳　张林生）

表23-1　北京林业产业概况

指　标	数量
林业产业总产值(按现行价格计算)(万元)	1434945
一、第一产业总产值	825507
(一)涉林产业总产值	820831
1. 林木的培育和种植	189355
2. 木材和竹材的采运	8066
3. 经济林产品的种植与采集	444185
4. 花卉的种植	155508
5. 陆生野生动物繁育与利用	8886
6. 林业生产辅助服务	14831
(二)林业系统非林产业产值	4676
二、第二产业总产值	63871
(一)涉林产业总产值	49848
木材加工及木、竹、藤、棕、苇制品制造	49848
1. 锯材、木片加工	0
2. 人造板制造	28560
3. 木制品制造	21288
(二)林业系统非林产业产值	14023
三、第三产业总产值	545567
(一)涉林产业总产值	532823
1. 林业旅游与休闲服务	296508
2. 林业生态服务	227058
3. 林业专业技术服务	1562
4. 林业公共管理及其他组织服务	7695
(二)林业系统非林产业产值	12744
补充资料：全部山区县茶、桑、果产值	105769
全部丘陵县茶、桑、果产值	145920
森林资源情况	
一、森林覆盖率(%)	31.72
二、林地面积(万公顷)	101.46
三、森林面积(万公顷)	52.05
四、人工林面积(万公顷)	35.65
五、活立木总蓄积量(万立方米)	1291.29
六、森林蓄积量(万立方米)	1038.58
七、人工林蓄积量(万立方米)	571.62
八、乔木林单位面积蓄积量(立方米/公顷)	29.2
森林培育	
一、荒山荒(沙)地造林面积(按林种用途分)(公顷)	
(一)用材林	11
(二)经济林	390
(三)防护林	19698
(四)薪炭林	0
(五)特种用途林	697
二、森林抚育面积(公顷)	
(一)低产低效林改造	6413
(二)实际幼林抚育	11911
(三)成林抚育	83158
三、林业单位数量(个)	978
主要木材、竹材产品产量(万立方米)	
一、木材总计	10.29
(一)原木	10.07
其中：针叶原木	0.26
1. 直接用原木	8.45
2. 等内加工原木	0
3. 其他原木	1.62
(二)薪材	0.22
二、木材采运企业数量(家)	2
三、竹材采运企业数量(家)	2
四、木材批发企业数量(家)	90
锯材生产	
一、锯材产量(万立方米)	0
二、锯材加工企业数量(家)	94
人造板生产	
人造板总产量(万立方米)	20.4
一、胶合板	0
二、纤维板	20.4
三、刨花板	0
四、其他人造板	0
五、人造板制造企业数量(家)	237
六、胶合板制造企业数量(家)	54
七、纤维板制造企业数量(家)	7
八、刨花板制造企业数量(家)	13
九、其他人造板制造企业数量(家)	157
木制品	
一、木制品企业数量(家)	1408
二、生产用木制品企业数量(家)	1104

指　标	数量
三、生活用木制品企业数量(家)	247
四、中乐器制造企业数量(家)	64
五、西乐器制造企业数量(家)	125
木家具	
一、木制家具制造企业数量(家)	4579
二、竹藤制家具制造企业数量(家)	17
三、家具零售企业数量(家)	4335
木片生产	
一、木片、木粒加工产品(万实积立方米)	0
二、木片加工企业数量(家)	75
竹藤生产	
一、竹、藤、棕、草制品企业数量(家)	75
二、竹、藤、棕、草工艺品制造企业数量(家)	36
果品木本粮油	
一、水果产量(吨)	859484
其中：苹果	105569
梨	158765
葡萄	68414
桃	444352
杏	26219
猕猴桃	8
其他水果	56157
二、干果产量(吨)	120140
其中：核桃	17109
板栗	32082
枣(干重)	6067
柿子(干重)	55417
仁用杏	9245
其他干果	220
三、木本油料	0
四、水果罐头制造企业数量(家)	39
森林蔬菜	
一、森林食品(干重)(吨)	918
其中：食用菌	761
其他森林食品	157
二、蔬菜、果品批发企业数量(家)	1318
调料	
林产调料产品(干重)	71
其中：花椒	71
中药材	
一、木本药材(吨)	0
二、中草药及制品批发企业数量(家)	251
花卉	
一、年末实有花卉种植面积(公顷)	13147
二、切花切叶产量(万支)	4867.2
三、盆栽植物产量(万盆)	14464
四、观赏苗木产量(万株)	1820
五、草坪产量(万平方米)	8929.5
六、花卉场(家)	29
七、花卉企业数量(家)	253
其中：大中型企业	72
八、花农(万户)	0.17
九、花卉从业人员(万人)	1.24
其中：专业技术人员	0.14
十、控温温室面积(万平方米)	156.3
十一、日光温室面积(万平方米)	370.6
林产化工	
一、林产化学产品制造企业数量(家)	14
二、香料、香精制造企业数量(家)	32
森林旅游	
一、旅游人次(人)	184600851
二、旅游收入(万元)	296508
三、森林公园总数(处)	28
四、森林公园总面积(公顷)	89539.84
五、国家森林公园数量(处)	15
六、国家森林公园面积(公顷)	68441.03
七、省级森林公园数量(处)	13
八、省级森林公园面积(公顷)	21098.81
九、县级森林公园数量(处)	0
十、县级森林公园面积(公顷)	0
十一、森林公园收入总额(万元)	23444.24
十二、旅游接待总人数(万人次)	382.9
十三、旅游接待海外旅游者(万人次)	3.03
十四、园林绿化企业数量(家)	4728
十五、自然保护区管理单位数量(家)	50
森林机械	
一、森林工业专用设备制造企业数量(家)	14
二、营林机械制造企业数量(家)	10

表 23-2　北京林业产业特色

项目名称	全国排名	数量	占全国的比(%)
木制品生产业			
中乐器制造企业数量(家)	3	64	8.36
西乐器制造企业数量(家)	4	125	10.79
园林植物产业			
草坪产量(万平方米)	1	8929.5	21.87
果品产业			

项目名称	全国排名	数量	占全国的比(%)
仁用杏产量(吨)	4	9245	11.45
茶咖啡产业			
茶叶批发企业数量(家)	3	2892	9.73
森林旅游业			
森林旅游人次(人次)	1	184600851	16.43
林业生态文化产业			
林业生态服务产值(万元)	3	227058	8.2

表 23-3　北京各产业对总产值的贡献

	项目名称	产值(万元)	百分比(%)
	总产值	1434945	100
1	果品产业	432427	30.14
2	森林旅游业	296508	20.66
3	林业服务业	236315	16.47
4	园林植物产业	155508	10.84
5	森林培育业	125019	8.71
6	种苗产业	64336	4.48
7	林业系统非林产业	31443	2.19
8	人造板制造业	28560	1.99
9	木制品生产业	21288	1.48
10	其他	9043	0.63
11	野生动物驯养业	8886	0.62
12	木材生产业	8066	0.56
13	森林蔬菜产业	2715	0.19

天津市林业产业

【产业特点】 2011年，天津市林业产业总产值20.4亿元。其中果品产业对总产值10.5亿元，贡献最大，占总产值的51.58%；其次是森林培育业3.5亿元，占17.02%；第三位是园林植物业2.5亿元，占12.01%；第四位是森林旅游业1.5亿元，占7.22%。见表24-3。天津中乐器和西乐器制造企业数量都居全国第二位，分别占全国的16.32%和14.24%(见表24-2)。全市林业总投资8.02亿元，其中中央财政投资0.3亿元，市级财政投资7.72亿元。

【果　品】 至2011年底，全市发展经济林53000公顷，结果面积38333公顷。主要果品的面积和产量见表24-4。

大港区地处天津市最南端，是滨海新区重要组成部分。以往因土壤偏盐碱，严重影响林木种植成活率。近几年，引进栽植耐盐碱的冬枣，全区冬枣种植面积3600公顷，占全区果树种植面积的92%，年产冬枣337万千克，成为天津市冬枣集中产地。生产的冬枣果个大、果肉细腻、果汁丰富、含糖量高。为加快优质冬枣苗木的繁育，该区还投资230万元建立冬枣苗木组培中心，研发苗木繁殖技术，使枣树定植成活率由75%提高到95%以上。有大、中、小型冬枣贮藏保鲜库30座，贮藏能力达2790吨。以冬枣为加工原料的加工企业两家，贮藏能力达到1000吨，年加工冬枣1080吨，年生产冬枣脆片、冬枣饮料等2100吨。

此外，主要果品还有蓟县的盘山磨盘柿、天津板栗、"北赵"牌有机苹果、环秀湖牌蓟州脆枣及武清区的曙春、津港、雅农等无公害果品。

【园林植物】 天津市花卉种植面积2210公顷，其中切花切叶508公顷，盆栽植物486公顷，观赏苗木455公顷，草坪639公顷，其他122公顷。基本形成了盆花、草花、宿根、球根花卉、观叶花卉、绿化苗木等多品种的种植结构。年销售额近2亿元，形成了园林、农林、农垦、乡镇集体、独资等多种形式的花卉生产、经营实体。

(天津市林业局)

表24-1　天津林业产业概况

指　标	数量
林业产业总产值(按现行价格计算)(万元)	204392
一、第一产业总产值	175917
涉林产业总产值	175917
1. 林木的培育和种植	40383
2. 木材和竹材的采运	5247
3. 经济林产品的种植与采集	105423
4. 花卉的种植	24546
5. 陆生野生动物繁育与利用	318
二、第二产业总产值	13710
涉林产业总产值	13710
1. 木材加工及木、竹、藤、棕、苇制品制造	9150
(1)锯材、木片加工	0
(2)人造板制造	9150
2. 木、竹、藤家具制造	4560
三、第三产业总产值	14765
涉林产业总产值	14765
林业旅游与休闲服务	14765
补充资料：全部山区县茶、桑、果产值	16050
森林资源情况	
一、森林覆盖率(%)	8.24
二、林地面积(万公顷)	14.22
三、森林面积(万公顷)	9.32
四、人工林面积(万公顷)	8.88
五、活立木总蓄积量(万立方米)	277.01
六、森林蓄积量(万立方米)	198.89
七、人工林蓄积量(万立方米)	186.83
八、乔木林单位面积蓄积量(立方米/公顷)	36.43
森林培育	
一、荒山荒(沙)地造林面积(按林种用途分)(公顷)	
(一)用材林	1973
(二)经济林	1037
(三)防护林	4391
二、森林抚育面积(公顷)	

指　标	数量
(一)低产低效林改造	0
(二)实际幼林抚育	28907
(三)成林抚育	58505
三、林业单位数量(个)	134
主要木材、竹材产品产量(万立方米)	
一、木材总计	9.88
原木	9.88
1. 直接用原木	0
2. 等内加工原木	0
3. 其他原木	9.88
二、木材采运企业数量(家)	1
三、木材批发企业数量(家)	829
锯材生产	
一、锯材产量(万立方米)	0
二、锯材加工企业数量(家)	89
人造板生产(万立方米)	
人造板总产量	3.5
一、胶合板	0.1
木胶合板	0.1
二、纤维板	0
三、刨花板	3.4
四、其他人造板	0
五、人造板制造企业数量(家)	185
六、胶合板制造企业数量(家)	78
七、纤维板制造企业数量(家)	7
八、刨花板制造企业数量(家)	18
九、其他人造板制造企业数量(家)	68
木制品	
一、木制品企业数量(家)	1484
二、生产用木制品企业数量(家)	1027
三、生活用木制品企业数量(家)	293
四、中乐器制造企业数量(家)	125
五、西乐器制造企业数量(家)	165
木家具企业	
一、木制家具制造企业数量(家)	1968
二、竹藤制家具制造企业数量(家)	31
三、家具零售企业数量(家)	1295
木片生产	
一、木片、木粒加工产品(万实积立方米)	0
二、木片加工企业数量(家)	92
竹藤生产	
一、竹、藤、棕、草制品企业数量(家)	97
二、竹、藤、棕、草工艺品制造企业数量(家)	65
果品木本粮油	
一、水果产量(吨)	272508
其中：苹果	53829

指　标	数量
梨	39805
葡萄	88061
桃	56628
杏	3178
其他水果	31007
二、干果产量(吨)	24093
其中：核桃	905
板栗	757
枣(干重)	22431
三、水果罐头制造企业数量(家)	54
森林蔬菜	
一、森林食品(干重)(吨)	0
二、蔬菜、果品批发企业数量(家)	652
中药材	
一、木本药材(吨)	0
二、中草药及制品批发企业数量(家)	334
花卉	
一、年末实有花卉种植面积(公顷)	1393
二、切花切叶产量(万支)	3753.25
三、盆栽植物产量(万盆)	2081.22
四、观赏苗木产量(万株)	395.86
五、草坪产量(万平方米)	99.5
六、花卉场(个)	11
七、花卉企业数量(个)	86
其中：大中型企业	5
八、花农(万户)	0.21
九、花卉从业人员(万人)	0.43
其中：专业技术人员	0.06
十、控温温室面积(万平方米)	26.84
十一、日光温室面积(万平方米)	52.48
林产化工	
一、林产化学产品制造企业数量(家)	5
二、香料、香精制造企业数量(家)	122
蚕	
一、缫丝企业数量(家)	0
二、绢纺企业数量(家)	1
森林旅游	
一、旅游人次(人)	1887655
二、旅游收入(万元)	14765
三、森林公园总数(处)	1
四、森林公园总面积(公顷)	2126
五、国家森林公园数量(处)	1
六、国家森林公园面积(公顷)	2126
七、森林公园收入总额(万元)	1010
八、旅游接待总人数(万人次)	21.6
九、旅游接待海外旅游者(万人次)	0.6

指　标	数量
十、园林绿化企业数量(家)	1656
十一、自然保护区管理单位数量(家)	17
森林机械	
一、森林工业专用设备制造企业数量(家)	3
二、营林机械制造企业数量(家)	5

表 24-2　天津林业产业特色

项目名称	全国排名	数量	占全国的比(%)
木制品生产业			
中乐器制造企业数量(家)	2	125	16.32
西乐器制造企业数量(家)	2	165	14.24

表 24-3　天津各林业产业对林业总产值的贡献

	项目名称	产值(万元)	百分比(%)
	总产值	204392	100
1	果品产业	105423	51.58
2	森林培育业	34788	17.02
3	园林植物产业	24546	12.01
4	森林旅游业	14765	7.22
5	人造板制造业	9150	4.48
6	种苗产业	5595	2.74
7	木材生产业	5247	2.57
8	木竹藤家具制造业	4560	2.23
9	野生动物驯养业	318	0.16

表 24-4　天津主要果品面积和产量

品种	面积(公顷)	产量(吨)
合计	53000	364100
核桃	1000	478
板栗	2800	349
红枣	9000	16620
苹果	7800	67380
梨	5667	30630
葡萄	6600	157560
桃	5400	52690
柿子	5933	13000
鲜枣	5933	14040
其他	2867	11353

河北省林业产业

【产业特点】 河北省林业特色产业突出表现在森林培育业、人造板产业、乐器制造业、果品产业、中药材产业、苗木业及栲胶业发展上。尤其是速生丰产用材林基地建设面积、果品业的梨产量，水果罐头制造企业数量、刨花板制造企业数量都居全国第一(见表25-1和表25-2)。

河北省林业产业总产值746亿元，其中果品产业对总产值贡献最大，为322亿元，占总产值的43.15%；其次是人造板制造业183亿元，占24.54%；森林培育业和园林植物业分别是27亿元和26亿元，分别占3.63%和3.53%，木竹藤家具制造业19亿元，占2.54%。这5项产业占林业总产值的77.39%(见表25-3)。

【林业科技】 全省全年举办各类形式的培训班3800场次，培训果农和技术人员152万人次，发放技术资料220多万份，推广林果新技术190项次，建立和完善科技示范点390个，引进林果新品种170个。

审定了2010年编写的容器苗造林技术规程、森林消防物资储备库建设和管理规范、葡萄防风网架设技术规程等省级地方标准10项，同时上报2011年度国家林业行业标准3项、省级林业地方标准18项，国家林业标准化示范区2项。

总结赞皇、献县、迁西、临城等县的林果标准化示范工作取得的经验，在国家林业局科技司出版的《全国林业标准化示范区典型材料汇编》中进行宣传。上报献县为全国农业标准化优秀示范区，得到了国家标准委的批准和表彰。

针对制约林果生产的关键技术，组织专家论证筛选了落叶松大中径材结构优化定向培育技术推广、邯郸花椒标准化生产技术推广示范、黑龙港流域优质核桃栽培技术推广等项目，争取中央财政科技推广资金项目9个。

制定了《中央财政林业科技推广示范资金项目计划管理办法》、《中央财政林业科技推广示范资金管理实施细则》、《中央财政林业科技推广示范资金绩效评价暂行办法》，下发各市和有关单位，规范了中央财政林业科技推广示范资金项目管理。

加强对中央财政林业科技推广示范资金项目管理和服务。春季对项目主持人进行项目管理和实施培训，对2010年中央财政林业科技推广示范资金项目进行了绩效评价，对2009~2010年实施的中央财政林业科技推广示范资金项目进行了全面的自查和重点检查，并对2010年结束的项目完成现场查定和会议验收。

争取各类科技项目资金1600万元。其中退化山地营建生态经济型水土保持林关键技术研究、北方主要林木品种指纹库构建及分子鉴定技术研究等7项国家科研项目，经费500多万元；争取黑龙港流域优质核桃栽培技术推广、落叶松大中径材结构优化定向培育技术推广等国家推广项目9项，经费1000万元；无刺花椒良种标准化、产业化技术开发、城市园林绿化新品种选育技术引进等省科技项目6项，经费100万元。

针对林业生产中出现的问题立项。枣品种选育及花期管理关键技术研究、华北落叶松与日本落叶松杂交育种技术研究、杏保鲜及杏饮料的开发应用研究等科研项目15项。根据制约河北省林业生产的技术瓶颈，积极向国家林业局申请引进国外先进技术项目3项，项目实施单位均已派出项目组分别赴美国、芬兰、日本等国，分别引进相关的新品种和先进技术。组织实施中国林学会资助的河北省板栗科普资源共建共享项目。组织河北农业大学等单位，申报省科协第七届科普资助项目，完成了河北省村镇绿化树木应用的立项。

取得板栗保鲜及板栗壳色素提取和应用技术、河北省美国白俄预警研究等林业科技成果10项，获河北省科技进步三等奖2项，河北省山区创业奖2项。

争取到丰田环首都绿色经济圈丰宁植树项目，由丰田中国汽车公司出资450万元，在丰宁县实施。同时成功争取到丰宁防风固沙林带造林试验项目，该项目由中国联合国协会、韩国联合国协会支持，韩方援助47.7万美元，在丰宁县共同实施。

派出花卉产业交流团和林木种苗交流团，赴台湾交流花卉产业和林木良种发展，推介河北省优势花卉项目和林木良种。还派出了赴俄罗斯、波兰、捷克项目团和赴巴西林权改革后产业发展政策培训团。（吴庆辉）

【果品】 全省果品业产值500亿元，有果品龙头企业3000多家，其中国家级8家、省级72家。有果品出口龙头企业309家，其中通过国家出口卫生注册或登记的200多家，果品出口量和货值年均递增10%以上，新增河北省名牌果品17个。（赵少波　袁　媛）

绿岭薄皮核桃　河北绿岭果业有限公司成立于1999年，集优质薄皮核桃的产、研、深加工、销售为一体。截至2011年底已发展绿岭薄皮核桃1.33公顷，优质薄皮核桃苗圃86.67多公顷，已成为中国最大的集约化优质薄皮核桃生产基地。公司以河北农业大学为技术依托，选育拥有自主知识产权的“绿岭”和“绿早”两个薄皮核桃新品种；经过10余年治理，终于将万亩荒岗变成了一片绿色。绿岭公司带动全县8个乡镇发展薄皮核桃种植1万公顷。人均增收2000多元，此外公司每年用工10万余个，工费1000多万元。

绿岭公司建设了核桃深加工基地——河北绿岭康维食品有限公司。总投资3.2亿元，占地面积13.33公顷，建设核桃系列产品生产线9条，现已有5条生产线投产达效。本项目将于2015年全部竣工。公司研发的核桃深加工产品有核桃乳、营养核桃粉、核桃奶片、核桃油、核桃肽、核桃胶囊等六大类20多个单品。2011年5月，绿岭又建成河北省核桃工程技术研究中心。（赵文环）

中国薄皮核桃之乡——临城县　临城县自古就有种植核桃的历史，1997年开始发展薄皮核桃，2000年开始规模种植，目前全县核桃面积1.69万公顷，其中薄皮核桃1.07万公顷，发展良种核桃繁育基地133.33公顷，年供应优良苗木600万株。重点培育了绿岭、绿蕾、新惠通等薄皮核桃龙头企业，带动全县8个乡镇、100多个村、10余万人参与核桃产业发展。（赵少波　袁　媛）

中国核桃之乡——涞源县　涞源县20世纪90年代后，引进优质薄皮核桃，实行品种化栽培，集约化管理，公司+农户的模式。生产执行标准为DB1360/T25-2001。主要栽培品种有辽核1号、4号；礼品1号、2号；中林3号、5号；晋龙1号、2号；西林2号等10几个新品种，被称优质速生薄皮核桃。该产品于2001年注册为“白石山”牌，并在泰国曼谷1993年中国优质农产品及科技成果设备展览会上评为金奖。2011年新发展优质核桃基地333.33公顷。全县优质核桃栽植面积0.33万公顷(包括果粮间作型园折合成纯园)，其中采穗圃13.33公顷，高接换头改造333.33公顷，优质核桃示范园1000公顷，千亩以上核桃示范园5个，年产优质核桃4000吨，年产值超过8000万元。（李　娜）

中国核桃之乡——涉县　涉县核桃栽培有2000年历史，现存有500年以上的核桃大树仍能正常结果，是全国重点核桃产区之一。多年来，涉县核桃占全省总产量的1/6，产量和栽培面积均居河北省第1位。涉县核桃品种主要有涉县绵核桃(也叫绵瓤核桃)、小绵核桃、薄皮核桃、辽核系列(辽1、辽3、辽5、辽6、辽核7)、清香和河北省选育的里香、冀丰晚实优良品种。涉县绵核桃是涉县栽培数量最多最普遍的一个品种。

2011年，全县核桃总株数达到653万株，折合总面积2.6万公顷，其中散生核桃树273万株(按每公顷150株折算)，密植园0.8万公顷，形成了3个万亩方，10个千亩片，100个百亩园，培育了8个核桃专业乡，60个核桃专业村。2011年，全县核桃产量15223吨，产值30446万元，且大量核桃幼树正在转入结果期，核桃年产量以10%以上的速度上升。多数核桃园已进入结果期，部分核桃园公顷产量3750千克，每公顷产值近15万元，主产区农民从核桃产品获得年人均收入达3000元，占人均总收入的85%，全县出现了很多核桃专业大户，收入均在10万元以上。

2011年，特色经果林和现代果品示范县项目的实施，全县新建核桃园1486.67公顷，其中优种核桃示范园153.33公顷，全县核桃种植面积达到2.6万公顷。

2011年，核桃高接二次包扎简易操作技术，在全县大面积推广，该技术省工、省力、省时，操作简单，易掌握，成本降低一半，成活率提高了50%。共嫁接核桃大树20万株，株成活率达到98%，穗成活率达到87%。在整形修剪上推广"枝拉平，树开心"技术，推广面积513.33公顷。新增核桃示范基地4个，面积0.07多万公顷，在全县建成优质高产核桃示范园区0.4万公顷。

核桃产业的发展带动了龙头企业的发展，三利、三珍、华大、宜维尔、黄金龙五大核桃加工企业年加工能力可达1万吨以上，以核桃为主产业集群在涉县已基本形成。（石利平　张冰灵）

中国花椒之乡——涉县　花椒在涉县已有2000多年的栽培历史，20世纪60年代，涉县在全国率先创新、实现了"耕地、梯田'花椒锁边'工程"；"八五"以来，先后实施"三七三七项目"、"双百工程"、"二龙百星产业兴农战略"和退耕还林工程。建成了3个万亩方、10个千亩片、100个百亩园；培育了3个花椒专业乡、60个花椒专业村；形成了"一道沟、一万口人、一万亩花椒、一百万斤产量、一千万元收入"的花椒产业区。使涉县成全国重点花椒产区县之一，在县级排名中位居河北省之首、全国前列。全县65%以上的花椒树实现品种化、优种化栽培。90年代又从日本引进日本山椒进行栽培试验，情况良好。花椒树种主要有花椒、竹叶椒、野花椒等。品种主要有大红袍、二红袍、小红椒、白沙椒等。大红袍、二红袍品质优良，素有涉县花椒"十里香"之称，被誉为涉县土特产"三珍"之一。

2011年，全县花椒结果树600多万株，折合总面积12.3万亩，占现有经济林总面积的33.7%。主产区农民从花椒产品获得的年人均收入达2000元，占人均总收入的65%。在王金庄、张家庄一带，人均100多棵花椒树，人均仅花椒一项收入2500元，占全年收入的85%以上。实施邯郸市花椒标准化生产技术推广示范项目，示范区总面积66.67公顷，辐射推广区总面积333.33公顷，涉及更乐、井店、合漳等6个乡镇，60个行政村。

2010年完善涉县供销集团总公司、龙兴花椒调味品有限公司、王金庄花椒专业社3个龙头企业的经营业务能力，承担起花椒原产品收购、加工研发及销售业务。作为花椒销售龙头王金庄花椒专业合作社，2011年实现销售收入6580万元，完成利税126万元。产品在全国市场占有率提高了2%，带动周边8000余户农民靠种植实现脱贫。另外，涉县盐业公司、涉县花椒调味食品厂等企业也得到较快发展。同时，培育了许多花椒收购个体户、花椒育苗专业户、花椒小型榨油坊等。实现了产加销一条龙、贸工农一体化经营。

（张冰灵　石利平）

中国金银花之乡——巨鹿县　据清光绪版《巨鹿县志》记载，金银花在巨鹿县自明代就有栽培，迄今已有400多年历史。2011年，巨鹿县金银花集中种植面积0.67万公顷，形成了3个专业种植乡镇，种植覆盖全县所有村，年产干花1300万千克，占全国总产量的60%，成为全国最大的金银花种植集中区。广东王老吉、山东上水等大型企业来投资办厂或创建基地，培育了灏华、巨水、达康、三丰银杞、超达、伟科等一批金银花深加工龙头企业，开发出金银花含片、金银花茶、金银花冰糖、金银花饮料以及绿原酸、草木犀素、肌醇提取等20多个品种，年加工金银花1000吨，实现产值3亿元。（赵少波　袁　媛）

中国鸭梨之乡——魏县　魏县梨树种植，据考证已有近3000年的历史，秦汉时期梨树种植有较大发展。魏县适宜的土壤气候条件，孕育了魏县鸭梨独特的品质，以个大皮薄、色艳肉细、核小渣少、酸甜适宜、果型端正而享誉海内外，著名的"天津鸭梨"就产于魏县。魏县鸭梨平均单果重225克，最大650克，可溶性固形物含量平均11%以上，最高16.3%。

魏县鸭梨面积1万公顷，年产30万吨，产业总产值8.93亿元。从2000年开始连续实施了魏县鸭梨无公害标准化生产建设工程，通过采取无公害、无污染的生产措施，施行标准化管理，生产出了内外品质均好的高档次无公害鸭梨。

全县10万多户参与鸭梨产业种植和经营，现有恒温冷藏库106座，贮藏能力达6.06万吨；有常年从事果品经销的经纪人队伍4000多人，组建果品协会及果品专业合作社等社会团体29个，全县已建成与鸭梨产业有关的重点龙头企业3家。

邯郸永丰果蔬汁有限公司 年加工能力16万吨(鸭梨10万吨，苹果、蔬菜6万吨)，年产梨浓缩汁1.0万吨，苹果、蔬菜浓缩汁0.5万吨，产品全部出口，年销售收入超亿元，该公司是目前全球最大的专业梨汁生产商。

邯郸龙腾速冻食品有限公司 是农产品速冻保鲜及深加工的产业化龙头企业，年加工能力2.5万吨，年出口量9000多吨(其中出口鸭梨5000吨，蔬菜4000吨)，产品主要出口西欧、中东、韩国、日本、俄罗斯等国家和地区。该公司种植基地有8个乡镇、90个村，333.33公顷，累计带动9000贫困农户脱贫。该公司在阿联酋、阿曼、沙特3个国家设有办事处，主要销售魏县鸭梨、苹果及其他果品，已经开拓了西亚地区6个国家的市场，成为魏县鸭梨出口的主渠道。另外还有制梨箱、装潢、包装等企业数十家，公司+合作社+基地+农户的运行模式已基本形成。 (路 露 石利平)

中国鸭梨之乡——泊头 早在西汉时期，古老的泊头大地上就开始了以鸭梨为主的果树栽培。泊头鸭梨以“天津鸭梨”的商标驰名国际市场，畅销欧美、东南亚、中东、港澳等30多个国家和地区，成为中国大宗的出口产品，泊头鸭梨曾荣获经贸部优质出口产品称号。

目前，泊头市梨树种植面积1.67万公顷，梨果年产量45万吨，年出口量7.5万吨，创汇5000万美元。泊头现有国家级果品龙头企业1个，省级果品龙头企业11个，建有大型冷库105个，贮存总量20万吨，大型纸箱厂10个，年产梨箱1000余万个，梨汁、罐头等加工厂2个，产品销往北京、天津、广州、深圳等地及欧美、东南亚各国。整个泊头形成了果品“种植、贮存、包装、销售、加工”一条龙式的产业格局。 (滕仁艳 李红玉)

泊头市实现了公司+基地+农户的管理模式，技术上实现了“六统一”，即统一肥水、统一修剪、统一套袋、统一病虫害防治、统一采摘、统一储运销售。2004年，泊头鸭梨被国家质检总局批准为原产地域保护产品，先后打入美国、加拿大、澳大利亚等国，进入美国沃尔玛和法国家乐福超市，创造了中国鲜梨出口先河。2008年，泊头市筹措1.65亿元，创建出口鲜梨质量安全示范县。在项目实施中，该市出台了《出口鲜梨质量安全示范县建设实施意见》和《出口鲜梨质量安全示范县建设实施方案》。在严格执行国家级标准的同时，质监、林业、农业等部门收集了化肥、农药、管理分析等20多种配套标准，形成了产前、产中、产后的标准体系框架，及时修订了《无公害果品泊头鸭梨》和《无公害泊头鸭梨栽培技术规程》两项地方标准，并被省质监局批准发布。该市自2008年实施这一项目以来，鸭梨优质果率提高了近20%，亩均增收850元，总增收6亿余元。

(赵少波 袁 媛)

中国蟠桃之乡——临漳县 2011年，临漳县以蟠桃为主的林果面积0.69万公顷，果品年产量11万吨，果品产业总产值1.98亿元。2001年出台了《加快我县蟠桃产业发展的决定》，到2005年，蟠桃面积增长到0.31万公顷。主要分布于柳园镇、西羊羔乡、称勾镇、临漳镇、狄邱乡、砖寨营乡、柏鹤乡等乡镇120余个村。大多数以露地栽培为主，占果树总面积的95%。塑料大棚、日光温室蟠桃栽培面积占果树总面积的5%。

2011年，日光温室蟠桃成熟上市时间在4月中下旬，每千克售价在24元左右，每亩温室产量在2000~4000千克左右，亩效益3万元以上，塑料大棚蟠桃上市时间在5月中旬，每亩产量在2500千克以上，每千克售价在6元左右，亩棚效益在1.5万元以上，露地种植亩产量在2500千克以上，每千克售价均在1.8元以上，亩效益4500元以上。

临漳县的蟠桃已远销到北京、天津、东北3省、山东、河南、上海、新疆、陕西、四川、山西等省市，还出口到中国香港，俄罗斯、韩国等国家和地区。有1.7万户农民参与蟠桃产业种植和经营，常年从事果品经销人员1000多人，组建果品协会及果品专业合作社等社会团体10余个，建设恒温冷藏库32座，贮藏能力2万吨，建成省市林果产业化重点龙头企业7家。

(王海臣 石利平)

高碑店黄桃 高碑店市黄桃基地面积666.67公顷，年加工黄桃1万吨，年黄桃加工产值7000万元。拥有省政府命名的重点龙头企业一家：保定新高食品有限公司；拥有省林业厅命名林果龙头企业4家：保定新高食品有限公司、高碑店市同兴农林畜牧有限公司、高碑店市高园果品有限公司、高碑店市三利创新科技有限公司。龙头企业带动300余农户发展林果、林下养殖业，有1.6万余人因林业项目受益，年增加农民工岗位1000个。

（王艳辉）

中国苹果之乡——顺平县 顺平县林果面积2.07万公顷全部通过了无公害环评认定，形成了红富士苹果、桃、柿子及杂果四大果品基地；果品产量2.6亿千克，实现产值6.4亿元，推广林果管理新技术18项，完成苹果有机认证（转换期）1个，苹果绿色认证1个，桃绿色认证2个，县林业局与河北农大共同制定《顺平县2011～2016年“三优”红富士苹果发展规划》，河北农大在顺平建立了“三优”红富士苹果苗木繁育基地。（王建平）

富岗苹果 河北富岗食品有限责任公司成立于1996年，位于太行山——河北省内丘县岗底村。富岗苹果生产基地属国家级标准化生产示范区、全国园艺作物标准园，是河北农业大学教学、科研、生产三结合基地。在中国农业大学、河北农业大学、河北省农科院、河北科技大学的指导下，根据岗底村海拔500～1200米、平均温度15度等独特的自然条件，培育出了富岗一号、富岗二号、富岗三号等多个具有市场竞争力的富岗苹果品种；以标准化生产和市场化操作为手段，将富岗苹果全面推向市场。（朱金国）

中国大枣之乡——唐县 唐县大枣栽培历史已有4000多年。根据公告，唐县大枣地理标志产品的保护范围为河北省唐县倒马关乡、川里镇、黄石口乡、羊角乡等18个乡镇行政区域。

（张志欣）

沧州金丝小枣 沧州金丝小枣已有1300年的栽培历史，是金丝小枣的原产地，也是全国最大的小枣产区。在南北朝时期，沧州就培育出了优良品种“仲思枣”，后演变成现在的“金丝小枣”。明、清两代，金丝小枣种植已经具有相当规模，清朝晚期到民国时期，沧州金丝小枣已经形成著名的“西河红枣”品牌，经天津港出海，远销国内外。全市红枣总面积12.33万公顷，年产量6.8亿千克，其中金丝小枣面积9.33万公顷，产量5.5亿千克，面积和产量均居全国首位。全市有金丝小枣基地县7个，分别为沧县、献县、泊头、盐山、青县、南皮、河间。其中沧县金丝小枣面积3.15万公顷，产量30万吨。沧县初步形成了以万亩金丝小枣为基地，以崔尔庄红枣交易市场为龙头，以“沛然”、“巨龙”、“枣香村”“好想你”等加工企业为骨干，辐射全县800多家加工企业的产业链。

献县小枣面积1.17万公顷，产量9.9万吨。

盐山县小枣面积1.48万公顷，产量2.2万吨。盐山县境内河北省沧州恩际生物制品有限公司为本县加工龙头企业，金丝小枣的加工量2万吨，年产枣环核苷酸2500吨、枣膳食纤维1250吨、大枣多糖500千克，年产值7500万元，利税1050万元。（曲炳国　滕仁艳　高宝双　高洁　孟红果）

青县无核小枣 栽培历史悠久、分布广泛，至今保存的无核小枣母树树龄近百年，全县无核小枣母树近百株，是无核小枣发源地之一。枣农采用高接换头的方式对老枣园进行改造，并大面积栽培嫁接苗。无核小枣面积0.27万公顷，产量0.15万吨，产值4000万元（部分未结枣），面积和产量均居全国第1位。青县林业局从1996年开始选育和开发无核小枣。青县还有几个尚未命名的优质无核小枣品种，目前栽培面积600公顷。2009年，青县被国家经济林协会命名为中国无核小枣之乡。（滕仁艳　李艳梅）

黄骅冬枣 冬枣是红枣中的晚熟鲜食品种之一，原产于黄骅。目前，黄骅市冬枣面积2万公顷，建成万亩冬枣基地1个、千亩冬枣基地35个、500亩冬枣基地126个，遍及全市9个农业乡镇、270个村、7万农户。通过盐碱地冬枣无公害栽培技术研究与示范、滨海盐碱地冬枣速生繁育、冬枣早果早丰密植栽培、冬枣育苗嫁接、冬枣改接、冬枣品种选优等多项技术创新，对黄骅冬枣品种进行筛选，培育了“十月红”、“古园”、“华夏”、“遥乡村”等知名冬枣品牌和优良品系——黄骅冬枣2号、3号。目前已建成无公害生态示范园116个，无公害生产基地认证面积1.33万公顷，协会会员1720个，涵盖全市2万公顷的冬枣种植户和10家龙头企业，为会员提供产品销售、技术培训，营销培训等服务，并作到统一品牌，统一包装，统一商品质量，统一营销等。天天、国润、神农、众宝、华夏、华盛、百丰、华林、孔店及孔店冬枣专业市场等10家冬枣加工龙头企业，冬枣贮藏保鲜能力1万吨，脆冬枣加工能力4000吨/年，企业产值2亿元，带动3万农户。2011年，冬枣产量0.8亿千克，实现产值5.5亿元，枣农人均增收近千元。（滕仁艳　刘京绵）

阜平大枣　阜平县有枣树3万公顷，1800万株(含散生树)，主要分布于县城东部8个乡镇135个行政村，常年鲜枣产量7万吨，产值2亿多元。2011年鲜枣产量9万吨，产值2.8亿元。全县有各类大枣加工厂400多家，产业以骨干企业为龙头，以产业协会为纽带的龙头+协会+基地+农户的产业发展新格局，培育壮大了河北梦雨、盖宇饮品、红力蜜饯、博夏醋厂等20家大枣深加工龙头企业。加工品有枣脯、枣醋、枣茶、枣酒、枣酱、枣罐头、枣饮料、大枣干红等八大系列30多个品种，年生产总值近亿元，其中河北梦雨、盖宇饮品、红力蜜饯、博夏醋厂等20家大枣深加工龙头企业年生产总产值8700多万元。（李伟）

迁西板栗　迁西县4.67多万公顷的经济林中板栗达到4.33万公顷，栽培总量3800万株。已有收购、加工、出口、内销的板栗企业及合作组织30家，年加工销售能力3万吨以上。板栗重要加工企业7家，如唐山天成食品有限公司、唐山市尚禾谷板栗发展有限公司等。迁西板栗是全国唯一一家以地名标志为商标的产品。

迁西有28家专业合作组织，从事板栗初、深加工。仓储能力38860吨，深加工8000吨，年加工1000吨以上的6家，年加工1000吨以下的22家，仓储能力1000吨以上的10家，1000吨以下的18家。主要产品为糖炒板栗、小包装板栗仁、干炒板栗、板栗粉、板栗糕点等产品。除出口日本、韩国、新加坡等国家外，已在全国130多个大中城市建立800多个销售网点。（李艳萍）

京东板栗　遵化市是京东板栗的原产地，主要栽培品种有紫珀、遵玉、东陵明珠、遵达栗、遵化短刺等10多个品种。2011年板栗栽培面积2.19万公顷，年产量1.9万吨。目前，已集中在北部建成跨10镇乡、含213个行政村、东西长50千米的板栗森林带。据统计，北部栗产区10乡镇人均纯收入中板栗占6成，其中达志沟、高家峪等6个板栗专业村仅板栗一项人均收入就超过5000元。栗源食品有限公司、唐山珍珠甘栗食品有限公司等24家板栗贮藏加工龙头企业，年加工总能力4万吨，创产值近6亿元。（朱爱苹）

河北栗源　河北栗源食品有限公司成立于1999年，主要经营京东板栗、粮食深加工及其他农副产品。注册资金4157.77万元，总资产5亿元，拥有国际先进生产线10条，占地10万平方米，职工2186人，年储藏保鲜板栗3万吨，年加工能力5万吨，国内首家拥有板栗深加工先进生产线，成为中国第1袋小包装甘栗仁诞生地，开创了国内板栗深加工的先河。现有鲜板栗、速冻栗仁、软包装甘栗仁、板栗糕点、塑杯罐头、小甘薯、软包装莲子、板栗营养粥、饮料、纯净水等十二大系列30多个品种。产品遍销全国，出口到韩国、美国、马来西亚、法国、德国、西班牙、泰国、日本、新加坡以及中国香港、台湾等几10个国家和地区。现有基地1.73万公顷，栗树1550万株，带动农户4.5万户，转移农村剩余劳动力6000人，累计增加社会效益20亿元。（马飞昆）

中国磨盘柿之乡——保定易县　由于易县磨盘柿栽培广泛，质量上乘，早在19世纪末就被誉为中国磨盘柿之乡。易县年干鲜果品产量5.13万吨，其中尤以“九月九”牌磨盘柿最为著名，全县种植面积1.13万公顷，240多万株，年产量在5000万千克以上。到2011年，柿果产值近亿元。

（尹爱霞）

昊源林果采摘园　位于石家庄市井陉矿区贾庄镇天户峪村，现有果园面积66.67公顷，全部种植优良品种天红1号、2号。其中科技示范园区40公顷，生态观光采摘区20公顷。林果场员工中具有大专学历的4人，获得农艺师资格的2人，34人通过学习培训获得河北省林业厅颁发的绿色证书，果园管理技术居全省乃至全国同行业前茅。

采摘园内有红叶长廊、龟驼峰、聂荣臻指挥部等人文景观、自然景观20多处，集生态采摘、观光旅游为一体，2011年被评为省级观光采摘园。2009年、2010年筹集资金20万元完成了生态采摘园门楼建设，投资35万元完成了采摘园1200米道路硬化，投资32万元铺设田间台阶路1500米，投资18万元修建停车场，投资8万元修建了生态采摘园内公厕，2011年投资80万元打出了一口532米深的井，解决了果园的灌溉问题。2011年，生态采摘园接待游客3万多人次，营业收入160余万元，创效益45万元。（李志华）

颐菲庄园采摘园 河北中和源亨科技有限公司于2006年公司投资兴建颐菲庄园，占地面积66.67多公顷。庄园地处石家庄东北，滹沱河沿岸，距市区不足20千米，方圆10千米内没有任何工矿企业，地处石家庄市一级饮用水水源保护地。

庄园采用规模化、标准化、机械化等高效节能的科技手段进行种植管理。先进的微灌方式以及沼气技术的运用，使庄园节能、环保都进入到一个较高的层次。为达到有机种植的要求，公司从周边村庄收取大量的鸡粪和牛粪，经过发酵后施到地里，经过近几年来改造，由原来的黄沙一片变成现在的绿色庄园。其中20公顷的葡萄生产园，600米葡萄长廊，薄皮核桃13.33公顷，6.67公顷优质杏园，6.67公顷优质桑葚园，13.33公顷速生杨、速生槐、法国梧桐组成的经济林区以及由1公顷垂钓鱼塘、0.33公顷荷花塘组成的生产观光水面，组成了庄园生产休闲的优美环境。2011年，经济林，管理区、鱼塘、荷花塘及葡萄长廊已基本建成。公司带动周边果农1500余户近4000人，果树占地333.33余公顷，公司与省林科院签订科技支撑协议。从2009年5月利用现有条件对外接待游人13万余次，销售收入3000多万，利润1100万元。2011年接待游客5万多人，销售收入1300万元，利润450万元。（周凌云）

【安国中药材】 安国药业是全国最大的中药材专业市场之一。安国药业历史始于宋，盛于明清，迄今已逾千年，素有“药都”、“天下第一药市”之称，享有“草到安国方成药，药经祁州始生香”之美誉。2006年，安国药市被列为首批国家非物质文化遗产。药业经济涵盖了一、二、三产业，是县域经济的支柱。

中药材种植品种300多个，年提供中药材近4000万千克，占全省药材产量的70%以上，其中，鸡冠花、芥穗占全国产量的70%以上，防风占全国产量的50%以上，瓜蒌、北沙参、紫菀占全国产量的30%以上，从事中药材种植的农户5万户，占总农户的50%以上，全市中药材GAP种植面积达0.67万公顷。

中药材专业市场经营辐射全国各地及欧美、东南亚等20多个国家和地区，经营品种2800多种，常用品种450多种，通过GSP认证的企业73家，从业人员2.5万人。2011年，中药材市场成交额达110亿元，饮片生产8万吨、24亿元左右，是全国最大的中药材集散地和出口基地。

中药加工业初具规模，拥有GMP认证的制药和饮片加工企业29家，有生产批号的中成药品种510个。药业对整体经济的支撑拉动作用明显，来自药业的GDP、财政收入、农民人均纯收入均达到30%以上。（马　锐）

【园林植物】 石家庄市西三教花卉市场、高邑县北方花卉交易市场、冀南花卉批发市场被国家林业局和中国花卉协会命名为全国重点花卉市场。培育了保定市金萨工艺品有限公司、石家庄市西三教花木基地、三河市燕赵园林绿化有限公司、唐山豪门园林有限公司、秦皇岛市洋洋花卉工程有限公司等一批龙头企业。

近几年，通过利用各种媒体广泛宣传河北花卉产业，通过举办迎春花卉展销会、仙客来交易会和插花花艺大赛等活动，提高了河北省花卉业的知名度和影响力，培育出了仙客来、大丽花、高山杜鹃等一批特色花卉。但目前花卉生产所需的种苗、种球、基质等大都依靠进口，降低了花卉生产的经济效益。（张永信）

【野生动植物驯养】 养殖动物种类主要有梅花鹿、马鹿、狐狸、狍子、野猪、雉鸡、貉子、水貂、鸵鸟等，全省陆生野生动物饲养业产值达1.94亿元。河北省还是野生动植物经营利用大省，经营利用动物种类主要有狐狸、貉、水貂、獭兔、灰鼠、梅花鹿、马鹿、獾、鸵鸟、蓝孔雀、石鸡、环颈雉等；经营利用植物有木香、天麻、防风、黄芪、柴胡、连翘等数百种中草药。建有全国著名的尚村皮毛市场、昌黎皮毛交易市场、冀东皮毛交易市场、阳原皮毛市场、中国大营国际皮草交易中心、蠡县留史皮毛专业市场和安国祁州药市，这些专业市场是全国重要野生动植物产品集散地。野生动植物产业，是河北省林业产业最具发展潜力的一项产业。

肃宁县是河北省最大的毛皮动物养殖县，2011年，全县毛皮动物出栏量346.51万只，其中貂38.92万只，狐狸99.81万只，貉53.66万只，獭兔154.12万只。全县陆生野生动物饲养业产值1.32亿元。2011年，全县毛皮产业工业总产值达81.2亿元。毛皮业是肃宁的第一立县主导产业，在县域经济发展中占有举足轻重的地位，在河北省乃至全国同行业中也占据主导地位。该县现已形成珍稀毛皮动物养殖、市场集散、原皮硝染、裘皮加工、制衣制件、出口创汇的产业格局。肃宁拥有全国最大的裘皮交易市场，拥有1000余家毛皮深加工企业，行业内拥有华斯、天龙、肃昂、博丹等一批中国名牌和省级名牌产品生产企业。华斯公司在深交所成功上市，成为“中国裘皮第一股”；会恩公司在美国纳斯达克挂牌交易，开创了全县毛皮企业国外融资的先河。 （王秀辉）

【森林旅游】 2011年，全省新批准设立了云松雾柳等9处省级森林公园。2011年11月，组团参加了在海南举办的2011中国森林旅游博览会，针对河北省特点，确定了“围绕一个主题、贯彻五条主线”的参展方案。即围绕人与自然和谐的主题，贯穿动植物资源、地文资源、水体景观、天象景观和人文历史为主线，集中展现了河北省的高原山地、森林草原、滨河湖海、冰雪温泉等特点。

（张从哲）

【林木种苗】 2011年，全省共生产各类林木种子205万千克，实际用种量60万千克，育苗面积4万公顷，生产各类苗木约29.5亿株，用于造林的苗木约12亿株，林木种苗产值突破30亿元。

石家庄市赞皇县是河北省育苗大县，每年外销核桃、枣树等苗木1000万株以上，外销各类苗木种子500吨以上，林木种苗年收入超亿元。保定定州市、衡水深州市是河北省乃至华北地区重要的苗木生产和集散地，苗木销售遍及东北、西北、京津等多个省区，苗木收入成为当地农民的重要收入来源，占农民年纯收入的20%以上。

2011年落实890万元国家投资和400万元的省财政资金，用于林木良种基地建设和良种苗木生产补助，提升了林木良种的生产能力。根据省委省政府决定，开展了严厉打击制售假冒伪劣林木种苗行为，对苗木集散地和重点产区进行了检查，并对全省各市苗木质量进行抽查，严厉打击以次充好、以假乱真、坑害林农的违法行为，依法维护种苗生产经营者和使用者的权益。

（李庆国）

【人造板】 2011年，河北省人造板产量居全国第5位。人造板集中产区主要有廊坊市825.45万立方米、邢台181.96万立方米、石家庄97.6万立方米，分别占全省的65.8%、14.57%、7.8%。

（孟宪平　蒲建民）

【中国·香河国际家具城】 距北京45千米、离天津70千米，是由红星美凯龙家居博览中心、金钥匙家居品牌CBD、鑫亿隆家居文化广场、北方广东家具城、顺隆家具城、汇美家具城、贵都家具城、鹏大家具城、华汇家具城、顺美家具城、春城家具城、新时代家具城、明泰来家具城、兴华家具城、京达家具城、随缘家具城、美家源家具城、京华家具城、中唐家具城、香河好百年家具博览中心、嘉亿龙家居博览中心、中意家具城等22座单体家具城组成的，拥有红木家具、家具套房、办公家具、宾馆套房家具、中高档沙发、软床、户外类、藤艺类、工艺品类等专业家具展厅50个，总面积200万平方米。城内参展企业6000多家，是北方最大的家具销售集散地、全国最大的办公家具和红木家具批发市场，产品除畅销北方10余个省市以外还远销东北亚、欧美和非洲等部分国家和地区，日客流量2万人次以上，年销售额150亿元。对全城实行封闭式管理，对所有入驻商户实行一费制的优惠政策(场租均价60元/月平方米)，城内设置国家级质量监督检测中心，长期开通北京、天津、唐山周六、日和法定节假日免费班车。 （张建新）

【大事记】 4月29日，河北省雾灵山自然保护区党委书记马玉坡被中华全国总工会授予全国“五一”劳动奖章荣誉称号。马玉坡撰写的《雾灵山》一书也由台海出版社正式出版发行，此书详细记载

了雾灵山的自然、历史、文化、生态、旅游、建设等内容。 （张海江）

9月9～11日，首届中国核桃节在河北省邢台市隆重召开。本届核桃节由国家林业局、河北省人民政府主办，组委会举办了全国核桃产业产品展示交流会，开展了核桃产品评奖活动，举办了中国核桃产业发展高端论坛，发布招商合作项目106个，签约项目32个，有国外投资企业5家、省外投资企业21家，省内投资企业6家，总金额71.83亿元，其中吸引外资43亿元。

（赵少波 袁 媛）

9月17日，国家林业局在河北省沧州市召开全国林业标准化示范区建设现场经验交流会议，与会代表参观了沧州市献县和沧县的国家金丝小枣标准化示范区，葛会波副局长代表河北省作了典型发言，介绍了全省林业标准化工作的经验。理清思路，突出重点，加强科技项目管理。

（吴庆辉）

9月，省林业局与法国驻华大使馆商务处、怀来县人民政府在河北沙城共同主办了2011年度沙城产区中法葡萄种植与葡萄酒酿造技术交流会，中法企业代表约120余人参会，就技术交流和人员培训等方面进行了会谈。 （吴庆辉）

表25-1 河北林业产业概况

指 标	数量
林业产业总产值（按现行价格计算）（万元）	7459549
一、第一产业总产值	4084488
（一）涉林产业总产值	4074158
1. 林木的培育和种植	410475
2. 木材和竹材的采运	56251
3. 经济林产品的种植与采集	3315697
4. 花卉的种植	263548
5. 陆生野生动物繁育与利用	19359
6. 林业生产辅助服务	8828
（二）林业系统非林产业产值	10330
二、第二产业总产值	3072123
（一）涉林产业总产值	3028988
1. 木材加工及木、竹、藤、棕、苇制品制造	2022035
（1）锯材、木片加工	128282
（2）人造板制造	1830685
（3）木制品制造	48507
2. 木、竹、藤家具制造	189173
3. 林产化学产品制造	17195
4. 非木质林产品加工制造	702200
5. 其他	81162
（二）林业系统非林产业产值	43135
三、第三产业总产值	302938
（一）涉林产业总产值	268296
1. 林业旅游与休闲服务	171478
2. 林业生态服务	42583
3. 林业专业技术服务	15835
4. 林业公共管理及其他组织服务	38400
（二）林业系统非林产业产值	34642
补充资料：全部山区县茶、桑、果产值	926164
全部丘陵县茶、桑、果产值	368686
森林资源情况	
一、森林覆盖率（%）	22.29
二、林地面积（万公顷）	705.37
三、森林面积（万公顷）	418.33
四、人工林面积（万公顷）	212.27
五、活立木总蓄积量（万立方米）	10183.91
六、森林蓄积量（万立方米）	8374.08
七、人工林蓄积量（万立方米）	4238.6
八、乔木林单位面积蓄积量（立方米/公顷）	29.06
森林培育	
一、荒山荒（沙）地造林面积（按林种用途分）（公顷）	
（一）用材林	24789
（二）经济林	21437
（三）防护林	240164
（四）薪炭林	0
（五）特种用途林	33
二、森林抚育面积（公顷）	
（一）低产低效林改造	998
（二）实际幼林抚育	364331
（三）成林抚育	391409
三、林业单位数量（家）	3205
主要木材、竹材产品产量（万立方米）	
一、木材总计	71.34
（一）原木	62.97
其中：针叶原木	14.16
1. 直接用原木	40.12
2. 等内加工原木	2
3. 其他原木	18.23
（二）薪材	8.37
二、木材采运企业数量（家）	24
三、木材批发企业数量（家）	723

指　标	数量
锯材生产	
一、锯材产量(万立方米)	180.8
二、锯材加工企业数量(家)	263
人造板生产(万立方米)	
人造板总产量	1253.79
一、胶合板	446.21
(一)木胶合板	433.3
(二)竹胶合板	0
(三)其他胶合板	12.91
二、纤维板	306.77
三、刨花板	223.68
四、其他人造板	277.13
五、人造板制造企业数量(家)	2795
六、胶合板制造企业数量(家)	1417
七、纤维板制造企业数量(家)	121
八、刨花板制造企业数量(家)	160
九、其他人造板制造企业数量(家)	1052
木制品	
一、木制品企业数量(家)	1287
二、生产用木制品企业数量(家)	836
三、生活用木制品企业数量(家)	333
四、中乐器制造企业数量(家)	58
五、西乐器制造企业数量(家)	99
木家具企业	
一、木制家具制造企业数量(家)	2995
二、竹藤制家具制造企业数量(家)	22
三、家具零售企业数量(家)	3652
木片生产	
一、木片、木粒加工产品(万实积立方米)	26.15
二、木片加工企业数量(家)	341
竹藤生产	
一、竹、藤、棕、草制品企业数量(家)	205
二、竹、藤、棕、草工艺品制造企业数量(家)	97
果品木本粮油	
一、水果产量(吨)	10433356
其中：苹果	2929986
梨	4051936
葡萄	1125481
桃	1526757
杏	233628
猕猴桃	212
其他水果	565356
二、干果产量(吨)	966601
其中：核桃	96891
板栗	206241
枣(干重)	454527
柿子(干重)	160570
仁用杏	21373
山杏仁	18422
松子	0
其他干果	7647
三、木本油料	1495
四、水果罐头制造企业数量(家)	302
森林蔬菜	
一、森林食品(干重)(吨)	10216
其中：食用菌	4396
山野菜	5750
其他森林食品	70
二、蔬菜、果品批发企业数量(家)	2415
调料	
林产调料产品(干重)	11518
其中：花椒	11518
中药材	
一、木本药材(吨)	42475
其中：枸杞	12513
其他木本药材	29962
二、中草药及制品批发企业数量(家)	1871
花卉	
一、年末实有花卉种植面积(公顷)	30647
二、切花切叶产量(万支)	12206.98
三、盆栽植物产量(万盆)	6840.06
四、观赏苗木产量(万株)	60604.8
五、草坪产量(万平方米)	1259.32
六、花卉场(家)	255
七、花卉企业数量(家)	613
其中：大中型企业	86
八、花农(万户)	4.37
九、花卉从业人员(万人)	10.89
其中：专业技术人员	0.8
十、控温温室面积(万平方米)	103.62
十一、日光温室面积(万平方米)	530.12
林产化工	
一、林产化学产品制造企业数量(家)	120
二、香料、香精制造企业数量(家)	52
蚕	
一、缫丝企业数量(家)	4
二、绢纺企业数量(家)	11
森林旅游	
一、旅游人次(人)	14296877
二、旅游收入(万元)	171478
三、森林公园总数(处)	89
四、森林公园总面积(公顷)	506384.04

指　标	数量
五、国家森林公园数量(处)	27
六、国家森林公园面积(公顷)	298852.31
七、省级森林公园数量(处)	62
八、省级森林公园面积(公顷)	207531.73
九、县级森林公园数量(处)	0
十、县级森林公园面积(公顷)	0
十一、森林公园收入总额(万元)	39979.75
十二、旅游接待总人数(万人次)	804.96
十三、旅游接待海外旅游者(万人次)	16.22
十四、园林绿化企业数量(家)	2191
十五、自然保护区管理单位数量(家)	55
森林机械	
一、森林工业专用设备制造企业数量(家)	177
二、营林机械制造企业数量(家)	7

表 25-2　河北林业产业特色

项目名称	全国排名	数量	占全国的比(%)
概况			
经济林产品的种植与采集产值(万元)	5	3315697	5.25
各类经济林产品总产量(吨)	2	11465668	8.57
森林培育			
防护林造林面积(公顷)	2	240164	6.51
速生丰产用材林基地建设面积(公顷)	1	634	69.9
人造板制造业			
人造板产量(万立方米)	5	1253.79	5.99
胶合板产量(万立方米)	5	446.21	4.52
木胶合板产量(万立方米)	5	433.3	5.12
硬质纤维板产量(万立方米)	5	20.22	4
刨花板产量(万立方米)	3	223.68	8.74
木质刨花板产量(万立方米)	3	214.68	8.53
非木质刨花板产量(万立方米)	2	9	21.11
其他人造板产量(万立方米)	4	277.13	9.46
细木工板产量(万立方米)	4	220.29	10.83
单板产量(万立方米)	4	405.59	12.78
人造板制造企业数量(家)	3	2795	9.19
胶合板制造企业数量(家)	5	1417	9.32
纤维板制造企业数量(家)	5	121	6.91
刨花板制造企业数量(家)	1	160	10.44
其他人造板制造企业数量(家)	2	1052	11.59
木制品生产			
非木质林产品加工制造产值(万元)	5	702200	4.59
中乐器制造企业数量(家)	5	58	7.57
西乐器制造企业数量(家)	5	99	8.54
木浆纸制品产业			
机制纸及纸板制造企业数量(家)	3	1218	8.84
加工纸制造企业数量(家)	3	669	6.31
园林植物产业			
观赏苗木产量(万株)	4	60604.8	5.01
果品产业			
水果及干果的种植与采集产值(万元)	2	3218480	7.75
水果产量(吨)	2	10433356	9.1
苹果产量(吨)	3	2929986	9.45
梨产量(吨)	1	4051936	26.41
葡萄产量(吨)	3	1125481	13.25
桃产量(吨)	2	1526757	14.05
杏产量(吨)	3	233628	8.11
干果产量(吨)	4	966601	10.42
板栗产量(吨)	4	206241	10.87
枣(干重)产量(吨)	4	454527	13.11
柿子(干重)产量(吨)	2	160570	14.96
仁用杏产量(吨)	2	21373	26.47
山杏仁产量(吨)	2	18422	11.78
水果罐头制造企业数量(家)	1	302	12.69
茶咖啡产业			
葡萄酒制造企业数量(家)	3	211	7.83
果菜汁饮料制造企业数量(家)	4	306	6.12
调料产业			
盐及调味品批发企业数量(家)	5	463	5.48
中药业			
中草药及制品批发企业数量(家)	4	1871	6.58
动物药品制造企业数量(家)	2	261	7.3
林产化工产业			
栲胶类产品产量(吨)	2	1350	14.79
栲胶产量(吨)	2	1350	14.79
野生动物驯养业			
动物胶制造企业数量(家)	2	98	11.4
森林旅游业			
床位总数(张)	1	79070	10.87
餐位总数(个)	3	85030	6.65
风景名胜区管理企业数量(家)	2	530	7.59
林业机械			
森林工业专用设备制造企业数量(家)	3	177	12.78
林业生态文化产业			
林业单位数量(家)	2	3205	6.14

表 25-3　河北各产业对总产值的贡献

	项目名称	产值(万元)	百分比(%)
	总产值	7459549	100
1	果品产业	3218480	43.15
2	人造板制造业	1830685	24.54
3	其他	815369	10.93

	项目名称	产值(万元)	百分比(%)
4	森林培育业	270647	3.63
5	园林植物产业	263548	3.53
6	木竹藤家具制造业	189173	2.54
7	木材生产业	184533	2.47
8	森林旅游业	171478	2.3
9	种苗产业	139828	1.87
10	林业服务业	96818	1.3
11	林业系统非林产业	88107	1.18

	项目名称	产值(万元)	百分比(%)
12	木制品生产业	50832	0.68
13	中药业	40822	0.55
14	森林蔬菜产业	24287	0.33
15	野生动物驯养业	19359	0.26
16	林产化工产业	17195	0.23
17	木浆纸制品生产业	14898	0.2
18	竹藤产业(不含家具)	14561	0.2

表 25-4　河北林业产业各项荣誉

	荣　誉	授予时间和单位
临城薄皮核桃	地理标志产品、地理标志证明商标	2011 年 3 月国家工商管理总局
泊头市	国家级鲜梨出口质量安全示范县	2011 年 3 月国家质检总局
“富岗 FUGANG”商标	中国驰名商标	2011 年国家工商行政管理总局商标局
富岗公司	省级农业产业化重点龙头企业	2000～2012 年河北省委、省政府
	全国科普惠农兴村先进单位	2011 年中国科协和财政部
	全国绿色食品示范企业	2011 年 12 月中国绿色食品协会
阜平大枣	金奖	2011 年 11 月中国国际林业产业博览会
河北栗源食品有限公司	绿色食品认证	2000 年中国绿色食品发展中心
	通过 HACCP 体系验证	2003 年
	获得日本有机食品认证	2004 年
	获得欧盟 BCS 有机食品认证	2006 年
	BRC 全球消费品安全认证、GAP 良好农业规范认证	2009 年英国零售商协会
	获得 NOP 美国有机食品认证、OU 美国犹太正教联盟认证和 HALAL 国际宗教洁食认证	2011 年
	农业产业化国家重点龙头企业	2004 年国家八部委
“栗源”商标	中国驰名商标、2009 最具竞争力农产品商标	2009 年 5 月
巨鹿县	中国金银花之乡	2011 年中国经济林协会
颐非庄园采摘园	“颐非庄园”商标	2010 年 10 月 4 日国家工商管理总局
	年度实际农业信息应用示范点	2011 年 3 月 24 日
	省、市级科普示范教育基地	2011 年
河北省室外展园	综合类“金奖”	2011 年西安世界园艺博览会

山西省林业产业

【产业特点】 山西省的特色林业产业主要是果品业、森林培育业和种苗业。果品产业对林业产业总产值的贡献达46.87%，森林培育业占21.18%，种苗产业占7.92%。文冠果产量全国排名第2位，干枣和仁用杏产量全国排名第3位，造林产值全国排名第3位。(详见表26-1、表26-2和表26-3)。

【果品】 2011年，全省干果经济林中红枣面积28.67万公顷，产量8.2亿千克；核桃34万公顷，产量1.2亿千克；花椒面积3.59万公顷，产量0.14亿千克；柿子面积2.77万公顷，产量1.36亿千克；仁用杏面积10.45万公顷，产量0.56亿千克。

2011年国家农业综合开发名优经济林项目总投资3393.59万元，其中中央财政农发资金740万元，省财政配套317万元，市县财政配套103万元，项目建设单位自筹2283.59万元。

大同市仁用杏 大同市林产品主要是仁用杏，全市共有仁用杏面积2.93万公顷，挂果面积2万公顷，年产杏45万吨，年产杏核6万吨，杏仁1.2万吨，产值12000万元。大同市林业产业龙头企业共有4家。一是山西白老大食品有限公司，商标“白老大”。二是浑源县北岳仁用杏开发有限责任公司，商标“恒卓”。三是大同绿苑饮品有限公司，商标“杏韵”。四是阳高县庆丰合作社，商标“杏福”。

临猗县枣业 临猗县现有枣栽培品种34个，实现规模化栽培的品种主要有4个，即梨枣、冬枣、芽枣、韩国枣等早熟枣。现有红枣面积1.33万公顷，其中梨枣0.53万公顷、冬枣0.53万公顷、其他品种枣0.27万公顷，年产鲜枣3亿千克，产值6亿元。近年来，县委、县政府把发展经济林作为重要工作来抓，在枣业品牌上，打造出了“维博”梨枣、“巋山”冬枣、“东朝”芽枣等3个品牌；在枣业生产上，发展了庙上、牛杜、嵋阳、楚侯、七级、东张等8个基地。形成了“坡上苹果坡下枣、半坡地带石榴好、柿树建园效益高、核桃基地领风骚”的产业格局。在栽培模式上，2011年组织枣农500余人先后几次赴陕西大荔县参观学习枣园设施栽培，积极聘请专家引进设施栽培技术。2010年冬和2011年春，已搭建枣园设施大棚200余公顷。2009年被中国果品流通协会授予中国枣业十强县称号。2010年被山西省政府授予“全省经济林建设十强县”。

鲜食枣市场主要分布在产枣区的乡、村，经过10多年的发展，形成了60多个交易市场，其中以庙上村、山东庄村、王景村、义安庄村的交易市场吞吐量较大。每年经乡村市场交易的鲜枣在1亿千克以上，主要销往北京、河北、辽宁、广东、江苏、四川等20多个省市。

现有300多个枣加工的中小企业，每年用于加工的枣果在0.5亿千克左右，产值近3亿元，加工增值近5000万元。枣产业加工产品主要有软蜜枣、干蜜枣、枣罐头、酒枣、枣汁饲料等，主要销往北京、上海、天津、广东、河北等10多个省市。

2009年，临猗县成立枣产业联合会，主要是组织枣产业合作社、企业及枣农的培训和管理，协调枣产业合作社和企业享受优惠政策，维护广大枣农的合法权益。目前枣产业联合会会员200余人，产枣区的乡镇成立产业协会17个，会员1540人。

从事枣业技术研究的乡土专家有200多人，从事枣树管理的技术骨干有3000人。通过“走出去、请进来”引进了枣树设施栽培和鲜枣贮藏保鲜技术，建起了枣园设施大棚200余公顷、建起10座贮藏保鲜试验库，使冬枣的保鲜期延长到12月底，实现了贮藏增值。

稷山县板枣 板枣在稷山县有上千年的栽培历史，稷山县有着得天独厚的产品、生态、资源优势和深厚的文化底蕴。早在明崇祯10年，稷山知县薛一印就曾留有“江南橘绿日，塞北枣红天”的妙诗佳语。稷山板枣1957年打入国际市场，建国60年8次荣获全国红枣博览会金奖，并通过绿色认证，2003年6月被中国经济林协会命名为中国红枣之乡，2004年11月，又被中国果菜专家组委会授予全国红枣产业十强县称号。2009年10月在西安中国名优果品展评会上又被评为中国十大名枣之首。

稷山县有板枣0.73万公顷，509万株，年产鲜枣3500万千克，产值3.8亿元，全县人均红枣收入1100元，枣区人均红枣收入4000元，典型示范户人均枣收入8000元，形成上打千斤枣，下产千斤粮的枣粮间作复合经营的生态模式。同时还带动了红枣加工业的发展，以西段贵妇人枣业公司、怡林食品有限责任公司、后稷食品有限公司、蜜林有限公司等四大公司为龙头，已通过QS认证的红枣加工厂80多个，参与人数2万余人，购销运输车200余辆，蜜枣、玉枣、参枣、糖枣、枣茶等20余种枣制品及各类罐头和小食品的年加工量5920万千克，年产值3.66亿元，实现利润2980万元，带动了全县运输业、纸箱业、包装业、服务业。

1992年，县人大十次会议把枣树定为“县树”，出台了一系列发展枣树的优惠政策。2007年10月，确定了大力发展红枣产业是稷山县农业产业结构调整的主攻方向。2008年2月，在全县经济工作会议上又明确建立良种板枣苗木繁育基地、实施板枣低产林改造，建设板枣示范园和实施红枣科技入户工程。1994年10月成立了稷山县枣树科学研究所，以正局级对待，并确定编制。自2002年以来，先后4次在广州等地举办了稷山板枣展销会、板枣新闻发布会、千人板枣观摩会和板枣展评大会。还在108国道旁兴建了红枣批发市场，建成库容量5000吨的冷库4座，形成了真正的产、供、销一体化商业链。

在发展上采用3种途径：一是利用国家三北防护林资金，重点规划连片工程；二是由政府出资在加卮昆仑岗南建立百亩优质高效板枣示范基地，设计了包括枣密植丰产园在内的5个栽培模式；三是走品种区域化之路，汾北制干品种以板枣为主，汾南作加工是赞皇大枣和其他鲜食品种。

在农业部乡企局科技处专家的指导下，先后制定了板枣、板枣苗木、板枣生产技术规程3个国家农业行业标准，目前均已通过专家组审定。其中板枣生产技术规程已于2006年6月颁布实施，这在全国枣品种中独一无二，目前全县所有新栽区均严格按照标准进行建园和规程化管理。

1998年3月县上成立了稷山县枣业局，乡、村都配备了枣业乡镇长和枣村长。2004年8月，又成立了稷山县红枣协会，注册了“稷山板枣”商标。2010年5月，西段贵妇人枣业公司又应运而生，在全县24个重点枣村，吸纳了从事生产、管理、加工、营销的枣树技术骨干520名。截至目前，全县共建立村级枣协会22个，农民板枣专业合作社28个，县、乡、村三级枣树技术服务网络已真正健全。

培训采取多种形式：①定期聘请省、市专家来县传经授宝，重点指导县级骨干技术员；②组织县级技术骨干外出考察取经，回来后分门别类地为枣农讲解；③从全县抽出20名农民技术骨干先从村镇中报，再通过县人事部门审核发证，由县政府统一发工资，分片包村入户，指导全县枣农学会科学管理；④定期制作电视专题讲座和出版稷山科技专刊。⑤开办枣树咨询服务热线，做到有问必答，有求必应。每年都要组织大小技术培训100余场，编写枣树管理指南10期以上，接受来人来电咨询2000余人次，发放各种技术资料2万余份，受训人数2万余人次。

从2003年7月开始，连续3年在省林科院专家的指导下，进行稷山板枣选优，经过初选、复选、决选，已选出22株优系，其中板枣一号已于2007年12月经省种苗委员会审定为良种。近几年，通过对优树进行重短截，刺激萌生了大量嫩枝，2009年春采集了100万根优良接穗，已在太宁村百亩酸枣砧木上进行了良种嫁接繁育，保障了全县优良板枣基地的建设用苗。

无公害防治采取以下措施：①利用县森防站被国家林业局命名为森林病虫害防治检疫标准站的优势，在全县枣区设立了10个病虫害预测预报点，选派专人负责定期观测记录，以便及时发布虫情警报信息；②制定枣树全年无公害农药使用参考表，使枣农买药、用药时做到心中明白，杜绝用药的盲目性，降低了枣果的农残量超标；③在省林科院专家指导下，从河北省林科所引进枣树无公害黏虫胶，采用物理防治的办法，使用后效果良好，减少喷药次数，为建设无公害绿色枣果、出口创汇基地奠定了基础；④同北京仿真航空公司联合，连续10年对老枣区实施飞机喷药治虫。

在栽前安排组织新发展村的枣农通过春季看样板园管理，秋季看示范园丰产成果的现场观摩教育，在栽植的关键时期，印发了枣树标准化栽植技术规程资料，还制作了电视专题片，再通过重点培训，使大家认识到大坑、大水、浅栽、深捣的重要性，保证了栽植成活率。

【平遥晋作核桃木器加工】 核桃木器加工产业是极具山西省特色的林业产业品类，近年来取得较快发展，也是传统晋作家具流派的传承和典型代表。目前，山西省核桃木家具加工企业(作坊)约有60家，主要集中在晋中市的平遥县、榆次区，另外吕梁市的汾阳市、临汾市的襄汾县等一些地方也有一些加工企业(作坊)从事生产。从业人员大约1200余人，全年加工核桃木2万立方米左右，家具生产量每年约2.5万套(件)，产品除在省内销售外，主要供应北方省区市，年产值1.5亿元左右。

【永济市林业产业】 开展科技进万户活动。成立了下乡培训工作组，从9月份开始，针对核桃高产栽培技术、核桃嫁接技术、核桃病虫害防治，先后举办培训班11次，培训人数4000余人。

柿子 在永济的栽培历史有1500多年。蒲州青柿为柿中之上品，封建时代地方官吏曾把蒲州青柿作为贡品。近年来随着产业结构的调整，柿树面积不断扩大，主要栽植品种为胎里红。2011年，栽植面积0.23万公顷，产量4100万千克。

枣 近年来，河滩及东北腹地大力发展红枣，普乐头、杨村、黄营一带，形成连片种植规模。2011年全市红枣栽植0.3万公顷，产量4850万千克。主要品种为梨枣和沾化冬枣。

核桃 是最近几年才大力发展的品种，2011年更是核桃产业快速发展的一年，全年共新栽0.28万公顷，累计0.43万公顷，由于大部分尚未挂果，年产量仅4.5万千克。品种都是近年来大力发展的早实薄壳品种。

花椒 主要在沿山洪积扇坡地栽植。永济的花椒香味独特，主要品种为大红袍。2011年底0.17万公顷，产量100余万千克，成为韩阳、首阳一带的支柱产业。

【种苗】 2011年出台《山西省关于加快推进林木种苗发展的意见》和《干果经济林苗木管理暂行办法》，修订了《油松种子园营建技术标准》、《林木大苗栽植技术规程》等6项林木种苗技术标准。

（山西省林业厅产业发展处）

表26-1 山西林业产业概况

指　标	数量
林业产业总产值(按现行价格计算)(万元)	2553886
一、第一产业总产值	2031947
(一)涉林产业总产值	2025513
1. 林木的培育和种植	743114
2. 木材和竹材的采运	2564
3. 经济林产品的种植与采集	1236486
4. 花卉的种植	25658
5. 陆生野生动物繁育与利用	2717
6. 林业生产辅助服务	14974
(二)林业系统非林产业产值	6434
二、第二产业总产值	397777
(一)涉林产业总产值	397777
1. 木材加工及木、竹、藤、棕、苇制品制造	31631
(1)锯材、木片加工	11036
(2)人造板制造	19068
(3)木制品制造	1477
2. 木、竹、藤家具制造	329
3. 林产化学产品制造	948
4. 非木质林产品加工制造	362892
5. 其他	1977
三、第三产业总产值	124162
(一)涉林产业总产值	110097
1. 林业旅游与休闲服务	41439
2. 林业生态服务	24902
3. 林业专业技术服务	4029
4. 林业公共管理及其他组织服务	39727
(二)林业系统非林产业产值	14065
补充资料：全部山区县茶、桑、果产值	103699
全部丘陵县茶、桑、果产值	372445

指　标	数量
森林资源情况	
一、森林覆盖率(%)	14.12
二、林地面积(万公顷)	754.58
三、森林面积(万公顷)	221.11
四、人工林面积(万公顷)	102.74
五、活立木总蓄积量(万立方米)	8846.96
六、森林蓄积量(万立方米)	7643.67
七、人工林蓄积量(万立方米)	1838.95
八、乔木林单位面积蓄积量(立方米/公顷)	44.33
森林培育	
一、荒山荒(沙)地造林面积(按林种用途分)(公顷)	
(一)用材林	300
(二)经济林	81295
(三)防护林	212168
(四)薪炭林	5950
二、森林抚育面积(公顷)	
(一)低产低效林改造	1334
(二)实际幼林抚育	112564
(三)成林抚育	86239
三、林业单位数量(家)	4259
主要木材、竹材产品产量(万立方米)	
一、木材总计	5.36
(一)原木	3.99
1. 直接用原木	2.89
2. 等内加工原木	0
3. 其他原木	1.1
(二)薪材	1.37
二、木材采运企业数量(家)	28
三、木材批发企业数量(家)	989
锯材生产	
一、锯材产量(万立方米)	6.49
二、锯材加工企业数量(家)	178
人造板生产(万立方米)	
人造板总产量	58.13
一、胶合板	0.11
木胶合板	0.11
二、纤维板	18.97
三、刨花板	14.23
四、其他人造板	24.82
五、人造板制造企业数量(家)	259
六、胶合板制造企业数量(家)	92
七、纤维板制造企业数量(家)	20
八、刨花板制造企业数量(家)	20
九、其他人造板制造企业数量(家)	114
木制品	
一、木制品企业数量(家)	399

指　标	数量
二、生产用木制品企业数量(家)	274
三、生活用木制品企业数量(家)	99
四、中乐器制造企业数量(家)	9
五、西乐器制造企业数量(家)	2
木家具企业	
一、木制家具制造企业数量(家)	766
二、竹藤制家具制造企业数量(家)	1
三、家具零售企业数量(家)	3024
木片生产	
一、木片、木粒加工产品(万实积立方米)	2.08
二、木片加工企业数量(家)	132
竹藤生产	
一、竹、藤、棕、草制品企业数量(家)	58
二、竹、藤、棕、草工艺品制造企业数量(家)	11
果品木本粮油	
一、水果产量(吨)	3670341
其中:苹果	2602728
梨	536898
葡萄	164388
桃	254140
杏	77126
猕猴桃	30
其他水果	35031
二、干果产量(吨)	720076
其中:核桃	87528
板栗	1270
枣(干重)	486383
柿子(干重)	61182
仁用杏	15162
山杏仁	4259
松子	110
其他干果	64182
三、木本油料	34
其中:文冠果	4
其他木本油料	30
四、水果罐头制造企业数量(家)	36
森林蔬菜	
一、森林食品(干重)(吨)	1191
其中:食用菌	880
山野菜	111
其他森林食品	200
二、蔬菜、果品批发企业数量(家)	1001
调料	
林产调料产品(干重)	8631
其中:花椒	8531
中药材	

指　标	数量
一、木本药材(吨)	5673
其中：杜仲	80
枸杞	82
山茱萸	1047
其他木本药材	4464
二、中草药及制品批发企业数量(个)	714
花卉	
一、年末实有花卉种植面积(公顷)	758
二、切花切叶产量(万支)	214. 98
三、盆栽植物产量(万盆)	1015. 6
四、观赏苗木产量(万株)	1498. 96
五、草坪产量(万平方米)	45. 33
六、花卉场(家)	182
七、花卉企业数量(家)	242
其中：大中型企业	21
八、花农(万户)	0. 11
九、花卉从业人员(万人)	0. 63
其中：专业技术人员	0. 16
十、控温温室面积(万平方米)	15. 68
十一、日光温室面积(万平方米)	1512. 99
林产化工	
一、林产化学产品制造企业数量(家)	76
二、香料、香精制造企业数量(家)	10
蚕	
一、缫丝企业数量(家)	18
二、绢纺企业数量(家)	4
森林旅游	
一、旅游人次(人)	4108175
二、旅游收入(万元)	41439
三、森林公园总数(处)	111
四、森林公园总面积(公顷)	538052. 65
五、国家森林公园数量(处)	18
六、国家森林公园面积(公顷)	381936. 68
七、省级森林公园数量(处)	37
八、省级森林公园面积(公顷)	111143. 06
九、县级森林公园数量(处)	56
十、县级森林公园面积(公顷)	44972. 91
十一、森林公园收入总额(万元)	40561. 5
十二、旅游接待总人数(万人次)	1030
十三、旅游接待海外旅游者(万人次)	8. 53
十四、园林绿化企业数量(家)	1972
十五、自然保护区管理单位数量(家)	84
森林机械	
一、森林工业专用设备制造企业数量(家)	1
二、营林机械制造企业数量(家)	0

表 26-2　山西林业产业特色

项目名称	全国排名	数量	占全国的比(%)
森林培育业			
造林产值(万元)	3	506757	6. 91
经济林造林面积(公顷)	4	81295	6. 67
薪炭林造林面积(公顷)	3	5950	16. 17
荒山荒(沙)地造林面积(公顷)	5	299713	5
园林植物产业			
日光温室面积(万平方米)	3	1512. 99	10. 02
果品产业			
枣(干重)产量(吨)	3	486383	14. 03
仁用杏产量(吨)	3	15162	18. 78
其他干果产量(吨)	4	64182	9. 58
木本粮油产业			
文冠果产量(吨)	2	4	14. 29
森林旅游业			
县级森林公园数量(处)	4	56	7. 35
县级森林公园面积(公顷)	5	44972. 91	3. 73
床位总数(张)	4	54774	7. 53
林业生态文化产业			
林业单位数量(家)	1	4259	8. 16

表 26-3　山西各产业对总产值的贡献

	项目名称	产值(万元)	百分比(%)
	总产值	2553886	100
1	果品产业	1196957	46. 87
2	森林培育业	540933	21. 18
3	其他	393988	15. 43
4	种苗产业	202181	7. 92
5	林业服务业	68658	2. 69
6	森林旅游业	41439	1. 62
7	园林植物产业	25658	1
8	林业系统非林产业	20499	0. 8
9	人造板制造业	19068	0. 75
10	木材生产业	13600	0. 53
11	中药业	5430	0. 21
12	森林蔬菜产业	4980	0. 19
13	野生动物驯养业	2717	0. 11
14	木制品生产业	1477	0. 06
15	林产化工产业	948	0. 04
16	木竹藤家具制造业	329	0. 01

内蒙古自治区林业产业

【产业特点】 内蒙古林业产业主要是木材生产业、森林培育业、林业系统非林产业、果品产业、种苗产业，其产值分别占林业产业产值的25.32%、22.36%、13.74%、6.52%、5.73%。锯材产量居全国第1，特级原木产量居全国第3。林地和森林面积全国第1。文冠果产量全国第1，榛子产量全国第2，山杏仁产量全国第3(详见表27-1、表27-2和表27-3)。

【生物质发电】 全区共有生物质发电企业2家，投产1家。内蒙古乌审旗毛乌素生物质热电厂是一家利用沙生灌木进行直燃式发电的企业。企业自2008年11月并网发电以来，截至目前已发电近5600万度，与其配套的4万公顷原料林基地现已完成2.67万公顷。该企业通过收购沙柳带动当地农牧民户均纯收入超2万元的有600户、超1万元的有1000户，大大调动了当地农牧民治沙造林的积极性。2010年，该公司成功实现了碳捕集，即将沙柳燃烧产生的CO_2进行捕集输送到螺旋藻养殖大棚进行螺旋藻养殖，实现了产业发展循环化。

【肉苁蓉种植及加工贸易】 巴彦淖尔市、阿拉善盟从事梭梭肉苁蓉产业的企业共12家。据初步统计，巴彦淖尔市全市人工接种肉苁蓉面积0.44万公顷。肉苁蓉产品已有苁蓉茶、苁蓉切片、苁蓉纳米粉、苁蓉饮料、苁蓉礼品、苁蓉果糕、汤炖料、泡酒料等六大系列80多种产品。

内蒙古王爷地苁蓉生物有限公司2011年开始在磴口县巴彦高勒镇兴建肉苁蓉特色农产品交易市场。交易市场占地总面积118046平方米，营业建筑面积96927平方米，分为深加工区、中药材交易区、河套特产交易区、旅游商品展示交易区、电子商务服务区、仓储物流区、肉苁蓉博物馆等7个区域，且拟打造一条从贺兰路至朝霞路长500米的仿古商业街，集肉苁蓉、甘草、锁阳、枸杞等中药材及其产品和农副产品批发、零售、运输、仓储、服务一体化的专业肉苁蓉特色农产品交易市场。该项目总投资9993.43万元，其中固定资产投资7993.43万元，流动资金2000万元，预计5年内，将磴口县打造成为全国肉苁蓉交易集散地及全国沙产业示范县，年交易额达10亿元。目前，土建工程已完成，其他工程正在建设中。

【满洲里进口资源加工园区】 位于满洲里市区东部，隶属于满洲里边境经济合作区，于2003年7月批准建设，面积22.8平方千米，2004年被内蒙古自治区列为全区重点发展的20个工业园区之一，2009年被自治区确定为循环经济示范园区。凭借满洲里的地缘优势，利用俄罗斯丰富的森林资源，按照大项目—产业链—产业群—产业基地的发展思路，通过规划引导、政策拉动和设施保障，促进了以进口木材加工为主的木业产业的发展。园区产品主要有集成材、指接板、纯木窗、实木家具、木艺装饰框等，产品销往国内各地和欧美、日、韩、东南亚地区。木业企业100余家(占满洲里市的90%以上)，从业人员逾万人，木材年加工能力600万立方米，干燥能力150万立方米。现木业企业正由初加工向精深加工转型发展，家具、装饰装潢材料、木质门窗、木结构建筑等深加工产品比例逐步扩大，品牌培育稳步推进，“联众贝尔木窗”、“润佳家具”、“森比德木屋”等品牌产品畅销国内外，上海正山、深圳中意等国内知名企业陆续入区。

【大事记】 4~7月，组织开展首批自治区级林业产业化重点龙头企业监测及第二批林业产业化重点龙头企业的申报工作。

11月，组织参加第二届中国国际林业产业博览会暨第四届中国义乌森林产品博览会。

12月，开展内蒙古林业产业协会换届工作。

(韩　英)

表 27-1　内蒙古林业产业概况

指　标	数量
林业产业总产值(按现行价格计算)(万元)	2178434
一、第一产业总产值	1190042
(一)涉林产业总产值	1089863
1. 林木的培育和种植	612027
2. 木材和竹材的采运	181799
3. 经济林产品的种植与采集	247422
4. 花卉的种植	15991
5. 陆生野生动物繁育与利用	11610
6. 林业生产辅助服务	21014
(二)林业系统非林产业产值	100179
二、第二产业总产值	635051
(一)涉林产业总产值	570268
1. 木材加工及木、竹、藤、棕、苇制品制造	470557
(1)锯材、木片加工	369847
(2)人造板制造	80428
(3)木制品制造	20011
2. 木、竹、藤家具制造	1374
3. 林产化学产品制造	890
4. 非木质林产品加工制造	4509
5. 其他	92855
(二)林业系统非林产业产值	64783
三、第三产业总产值	353341
(一)涉林产业总产值	218956
1. 林业旅游与休闲服务	113829
2. 林业生态服务	3731
3. 林业专业技术服务	7696
4. 林业公共管理及其他组织服务	93700
(二)林业系统非林产业产值	134385
补充资料：全部山区县茶、桑、果产值	1893
全部丘陵县茶、桑、果产值	89421
森林资源情况	
一、森林覆盖率(%)	20
二、林地面积(万公顷)	4394.93
三、森林面积(万公顷)	2366.4
四、人工林面积(万公顷)	303.91
五、活立木总蓄积量(万立方米)	136073.62
六、森林蓄积量(万立方米)	117720.51
七、人工林蓄积量(万立方米)	7573.95
八、乔木林单位面积蓄积量(立方米/公顷)	70.02
森林培育	
一、荒山荒(沙)地造林面积(按林种用途分)(公顷)	
(一)用材林	17738
(二)经济林	14030
(三)防护林	699445
(四)薪炭林	0
(五)特种用途林	624
二、森林抚育面积(公顷)	
(一)低产低效林改造	9744
(二)实际幼林抚育	260037
(三)成林抚育	1105776
三、林业单位数量(家)	1990
主要木材、竹材产品产量(万立方米)	
一、木材总计	217.88
(一)原木	208.22
其中：针叶原木	95.13
1. 直接用原木	96.39
2. 等内加工原木	33.84
3. 其他原木	64.03
(二)薪材	9.66
二、木材采运企业数量(家)	33
三、木材批发企业数量(家)	1132
锯材生产	
一、锯材产量(万立方米)	570.44
二、锯材加工企业数量(家)	526
人造板生产(万立方米)	
人造板总产量	87.82
一、胶合板	26.74
(一)木胶合板	26.44
(二)其他胶合板	0.3
二、纤维板	15.81
三、刨花板	25.99
四、其他人造板	19.29
五、人造板制造企业数量(家)	338
六、胶合板制造企业数量(家)	107
七、纤维板制造企业数量(家)	29
八、刨花板制造企业数量(家)	43
九、其他人造板制造企业数量(家)	137
木制品	
一、木制品企业数量(家)	691
二、生产用木制品企业数量(家)	459
三、生活用木制品企业数量(家)	203
四、中乐器制造企业数量(家)	10
五、西乐器制造企业数量(家)	1
木家具企业	
一、木制家具制造企业数量(家)	640
二、竹藤制家具制造企业数量(家)	4
三、家具零售企业数量(家)	1456
木片生产	
一、木片、木粒加工产品(万实积立方米)	13.85
二、木片加工企业数量(家)	141
竹藤生产	

指　标	数量
一、竹、藤、棕、草制品企业数量(家)	43
二、竹、藤、棕、草工艺品制造企业数量(家)	16
果品木本粮油	
一、水果产量(吨)	336901
其中：苹果	61258
梨	46097
葡萄	64383
桃	263
杏	21822
其他水果	143078
二、干果产量(吨)	18304
其中：枣(干重)	38
仁用杏	691
山杏仁	12327
其他干果	1048
三、木本油料	21
其中：文冠果	21
四、水果罐头制造企业数量(家)	9
森林蔬菜	
一、森林食品(干重)(吨)	6481
其中：食用菌	3839
山野菜	2327
其他森林食品	315
二、蔬菜、果品批发企业数量(家)	423
中药材	
一、木本药材(吨)	25453
其中：枸杞	19068
其他木本药材	6385
二、中草药及制品批发企业数量(家)	330
花卉	
一、年末实有花卉种植面积(公顷)	1621
二、切花切叶产量(万支)	1937.86
三、盆栽植物产量(万盆)	1354.73
四、观赏苗木产量(万株)	1817.3
五、草坪产量(万平方米)	55.91
六、花卉场(家)	71
七、花卉企业数量(家)	51
八、花农(万户)	0.1
九、花卉从业人员(万人)	0.4
其中：专业技术人员	0.04
十、控温温室面积(万平方米)	4.32
十一、日光温室面积(万平方米)	116.7
林产化工	
一、林产化学产品制造企业数量(家)	46
二、香料、香精制造企业数量(家)	12
蚕	

指　标	数量
一、缫丝企业数量(个)	4
二、绢纺企业数量(个)	0
森林旅游	
一、旅游人次(人)	4721753
二、旅游收入(万元)	113829
三、森林公园总数(处)	53
四、森林公园总面积(公顷)	1151685.21
五、国家森林公园数量(处)	29
六、国家森林公园面积(公顷)	912505.79
七、省级森林公园数量(处)	23
八、省级森林公园面积(公顷)	233809.42
九、县级森林公园数量(处)	1
十、县级森林公园面积(公顷)	5370
十一、森林公园收入总额(万元)	30664.8
十二、旅游接待总人数(万人次)	314.12
十三、旅游接待海外旅游者(万人次)	0.84
十四、园林绿化企业数量(家)	1517
十五、自然保护区管理单位数量(家)	90
森林机械	
一、森林工业专用设备制造企业数量(家)	1
二、营林机械制造企业数量(家)	5

表 27-2　内蒙古林业产业特色

项目名称	全国排名	数量	占全国的比(%)
森林培育业			
防护林造林面积(公顷)	1	699445	18.96
更新造林面积(公顷)	5	14347	4.39
成林抚育面积(公顷)	2	1105776	9.77
荒山荒(沙)地造林面积(公顷)	1	731837	12.2
林地面积(万公顷)	1	4394.93	14.37
森林面积(万公顷)	1	2366.4	12.11
活立木总蓄积(万立方米)	5	136073.62	9.12
森林蓄积(万立方米)	5	117720.51	8.58
木材采运及锯材木片加工业			
特级原木产量(万立方米)	3	10.47	14.93
系统内国有企业单位生产的木材产量(万立方米)	4	114.76	14.1
锯材产量(万立方米)	1	570.44	12.79
普通锯材产量(万立方米)	1	570.44	13.03
果品产业			
山杏仁产量(吨)	3	12327	7.89
榛子产量(吨)	2	4200	5.27
木本粮油产业			
文冠果产量(吨)	1	21	75
中药业			

项目名称	全国排名	数量	占全国的比(%)
枸杞产量(吨)	4	19068	10.01
林产化工产业			
栲胶类产品产量(吨)	3	1251	13.7
栲胶产量(吨)	3	1251	13.7
森林旅游业			
国家森林公园面积(公顷)	5	912505.79	7.76
省级森林公园面积(公顷)	5	233809.42	5.72
植树造林(公顷)	2	7954.3	7.76

表 27-3　内蒙古各产业对总产值的贡献

	项目名称	产值(万元)	百分比(%)
	总产值	2178434	100
1	木材生产业	551646	25.32
2	森林培育业	487144	22.36
3	林业系统非林产业	299347	13.74
4	果品产业	142065	6.52
5	种苗产业	124883	5.73
6	其他	120541	5.53
7	森林旅游业	113829	5.23
8	林业服务业	105127	4.83
9	人造板制造业	80428	3.69
10	中药业	67153	3.08
11	木制品生产业	20094	0.92
12	园林植物产业	15991	0.73
13	森林蔬菜产业	15021	0.69
14	野生动物驯养业	11610	0.53
15	木竹藤家具制造业	1374	0.06
16	林产化工产业	890	0.04
17	竹藤产业(不含家具)	271	0.01

辽宁省林业产业

【产业特点】 2011 年，辽宁省林业增加值 455.2 亿元，同比增长 34.28%。涉林农民的人均林业产业收入 2348 元，同比增长 27.94%，占总收入的 34.44%。辽宁省农民人均收入 8270 元，同比增长 19.72%。涉林农民的人均林业产业收入比省农民人均收入增幅高出 8.22%。全省共有 13 个市 54 个县(市、区)、4 个省直单位开展了林地经济项目，共落实林地经济开发面积 1.76 万公顷。林地经济开发面积总计 10 万公顷，累计开发 140 余万公顷。

从对全国林业产业的贡献来看，辽宁省林业产业主要是果品、森林食品、野生动物驯养、中药材、木材加工等。仁用杏、山杏仁、榛子产量都居全国第 1 位，尤其是榛子产量占全国产量的 86.77%，陆生野生动物饲养产值居全国第 1 位，食用菌产量全国第 1 位，山野菜产量全国第 2 位。从全省来看，一产、二产、三产占林业总产值比例为 6:3:1。果品产业对林业总产值贡献最大，占林业总产值的 19.49%，其次是野生动物驯养业 9.02%，然后依次是木竹藤家具制造业 8.36%、木材生产业 7.45%、森林旅游业 7.18%(详见表 28-1、表 28-2 和表 28-3)。

【政策实施】 继续执行辽宁省林业厅、辽宁省财政厅联合制定下发的 2010 年度《辽宁省 2008 ~ 2010 年林业产业倍增发展项目及财政扶持资金管理办法(试行)》(辽林字〔2008〕29 号)文件相关要求。凡当年新增固定资产投资额超过 1000 万元(含 1000 万元)以上的林产品加工企业，省财政将按新增固定资产投资额的 1% 给予一次性奖励。2011 年共奖励林产品加工企业 33 家，共奖励资金 1909 万元。其中新增固定资产奖励企业 17 家，共奖励资金 969 万元；奖励的名牌林产品及生产加工企业 26 家，共奖励资金 940 万元。

沈阳市林业产业扶持政策 沈阳市政府出台《沈阳市 2011 年扶持现代农业发展促进农民持续增收若干政策》(沈农经发〔2011〕12 号)，其中有关林业的政策如下：寒富苹果生产。对当年新种植寒富苹果市财政给予一次性苗木补助每亩 275 元。辽蒙边界防风阻沙带工程发展寒富苹果每亩一次性补助苗木费 300 元，每亩补助生活费 200 元，生活费连续补助 3 年，发展大扁杏每亩每年补助 280 元(含苗木费)，连续补助 2 年。2011 年享受该项政策 0.47 万公顷，资金总额 1925 万元；榛子生产对当年在山地新种植榛子 2 公顷以上，市财政给予一次性苗木补助每亩 90 元。2011 年享受该项政策 0.07 万公顷，资金总额 90 万元；对当年新增的 A 级、AA 级、AAA 级农民专业合作社，市财政分别给予 4 万元、8 万元、10 万元补助。2011 年共有 6 家林果专业合作社享受了该项政策，奖励资金 28 万元；对获得省农委等部门评定的“特色产业之乡”称号的乡镇，给予一次性以奖代补资金 20 万元。2011 年共有 2 个乡镇享受到该项政策，奖励资金 40 万元。

大连市林业产业扶持政策 大连市政府出台的扶持政策：①加大对花卉和特色苗圃的资金扶持，今年市级财政将兑现以奖代补资金 0.6 亿元；②为进一步发展森林旅游业，加大了森林公园建设投入，全市 9 个重点森林公园建设项目完成投资 1.13 亿元，其中市级财政补助资金 0.36 亿元；③加大以板栗、榛子为主的干杂果经济林建设扶持力度，2011 年市级财政将兑现以奖代补资金 0.15 亿元。为发展苗木产业，推进干杂果和水果经济林建设。年初，市财政局、发展改革委、林业局、农委联合出台《大连市新建经济林和苗圃政府以奖代补资金管理暂行办法》。《办法》中规定，在达到相关质量要求标准的前提下，新植板栗、大枣、扁杏干杂果经济林集中连片面积 13.33 公顷以上的，每亩补助 400 元；新植榛子、核桃干杂果经济林集中连片面积 13.33 公顷以上的，每亩补助 500

元；新建规模化特色苗圃，每处补助30万元，超过10公顷的每公顷增加补助2.7万元。

丹东市宽甸县林业产业扶持政策 丹东市宽甸县2011年发布的《县委县政府关于扶持农业产业化发展的意见》出台了10余条林业产业具体扶持政策。寒富苹果，以行政村为单位，当年新植16.67公顷以上的，每公顷补助2250元，；板栗生态高效示范园。建设标准0.67公顷以上，每园补助0.5万元；板栗园冠下补植红松。每公顷补助1800元，全县计划完成0.1万公顷；燕红桃无公害示范园，每园补助500元；玉竹。以行政村为单位，当年新栽13.33公顷以上的，每公顷补助15000元；桔梗，以行政村为单位，当年新栽33.33公顷以上的，每公顷补助4500元，全县择优扶持4个村；中华蜂保种，当年新植养殖20箱以上的，每箱补助100元；山野菜，当年新建平地集中连片无公害山野菜基地0.07公顷以上，每个基地补助6000元。食用菌产业。企业或协会菌棒产量达到100万袋以上，补助70万元；食用菌原料林基地建设，以行政村为单位，当年新植棉槐6.67公顷以上，每公顷补助3000元；专业合作社和协会建设，当年在干鲜果、中药材、食用菌、山野菜等6项专业合作社和协会中，每项择优扶持1个，每个3万元。

【龙头企业】 辽宁省首批林业产业龙头企业共60家，包括有：大连科冕木业股份有限公司、大连华丰家具集团有限公司、大连佳洋木制品有限公司、大连盛友门业有限公司、大连鹏鸿地板有限公司、大连三林木业有限公司、大连华夏家具有限公司、大连雨生家具有限公司、大连千森体育设施工程有限公司、澳克美红木家具(大连)有限公司、辽宁达亨木业有限公司、抚顺市奥司墁木业有限公司、抚顺天和地板厂、辽宁森能再生能源有限公司、辽宁国瑞人造板股份有限公司、丹东宝钢人造板有限公司、辽宁新金隆木业集团有限公司、丹东市安民木业集团有限公司、辽宁格美特家具制造有限公司、朝阳森塬活性炭有限公司、辽宁台安威利邦木业有限公司、抚顺晟华林炭化木发展有限公司、本溪汇源食品饮料有限公司、辽宁田园实业有限公司、凌源市盛达食品有限责任公司、凌源喜加喜饮品科技有限公司、辽宁天池葡萄酒有限公司、北票市兴红饮品有限公司、喀左县丽洲庄园葡萄酿酒有限公司、朝阳红枣丽人食品有限公司、大连桂云花生态发展有限公司、丹东玉华食品有限公司、丹东澳森食品有限责任公司、东港市锦江食品开发有限公司、丹东君澳食品有限公司、宽甸北奇原生态农产有限公司、宽甸北方山奇菌业有限公司、鞍山中兴医药集团有限公司、本溪龙宝(集团)参茸有限公司、本溪森秀药材加工有限责任公司、桓仁巨户沟森涛山参基地、辽宁祥云药业有限公司、辽宁森野熊业有限公司、桓仁县恒宝参药有限公司、辽宁三达药材有限公司、辽宁正大祥和药业集团有限公司、宽甸满族自治县光太药业有限公司、辽宁三庆农业发展有限公司、朝阳市韩朝北五味子开发有限责任公司、建平县颈复康中药材种植有限公司、大连盛世绿源生态科技发展有限公司、大连西郊生物园股份有限公司、大连瑛琦花木有限公司、大连世纪种苗有限公司、辽宁福龙生物科技有限公司、大连名威貂业有限公司、辽宁圣野特种牧业有限公司、辽宁哥俩好科技有限公司、辽宁仙人洞国家森林公园、大连歇马山生态开发有限公司。

【展览展会】

第二届中国国际林业产业博览会筹备及参展工作 辽宁省在2011年11月4日结束的第二届中国国际林业产业博览会暨第四届中国义乌国际森林产品博览会上，获得林博会组委会颁发的“最佳组织奖”、“最佳展台奖”和“最佳参展奖”全部3项大奖。同时，全省20个参展单位全部都有产品获奖，其中有13个产品被评为林博会金奖、14个产品被评为林博会优质产品奖。

展会辽宁展区面积300平方米，以高效商品用材林培育业、名特优经济林培育业、种苗花卉业、森林中药材、食用菌与山野菜为主的森林食品业、林产品精深加工业、野生动物繁育利用业及林业旅游和休闲服务业等八大主导产业为主框架。辽宁总计有19个企业、1个板栗专业合作社近百种产品参加林博会展出。林博会期间辽宁展团现场零售金额达70多万元；展会期间初签协议订单3

个，金额170万元；洽谈合作意向8个，供货金额达1000多万元。其中抚顺奥司墁木业有限公司、大连雨生集团两家橱柜家具、地板的展示吸引了约10家左右的采购商要洽谈业务，奥司墁木业有限公司在林博会的第二天就有两家采购商到辽宁抚顺现场考察，并达成初步合作协议；铁岭三能科技有限公司成功驻进义乌食品城辽宁馆；丹东凤城合作社签订30万元出口订单；宽甸万钧蜂业、宽甸北方山奇、辽宁古果和建平意成集团等企业都在当地找到了代理商；新宾大山根艺馆的根雕作品、本溪天龙古洞的核桃工艺品都极大地引起了采购商的兴趣，其中大山根艺馆提供给国家馆和省展馆的牛气冲天、马到成功、古梅，天龙古洞的核桃工艺品一帆风顺、托起太阳等展品成为整个义乌博览中心的亮点，成为参观人数最多、照相曝光最多的“景点”。

中国·大连国际花卉新品种展示会暨美国泛美种子公司第九届中国新品种展示会 2011年6月21日在大连普湾新区召开，来自全国和世界各地的花卉客商1800余人参加。展会由大连市政府和美国保尔园艺集团共同主办，美国保尔园艺集团是当今世界园艺产业最有影响力的企业，总部位于美国伊利诺伊州芝加哥市，公司业务几乎涵盖观赏园艺产业的各个领域，在世界60多个国家有业务代理，20多个国家有独资或合资公司。展示品种数量2200余个花卉品种，其中2011年新品种150个，包括组合盆栽、家庭园艺、花坛应用、景观布置等。中外参会客商数量600余家。其中海外团组覆盖美国等6个国家和地区，国内专业团组近2000余人，国内政府团组包括北京市园林绿化局、北京市海淀区政府、上海市园林局、宁夏回族自治区、长春城建局等。达成合作协议26个。

中国·沈阳2011年国际地板博览会 2011年4月29日至5月3日在辽宁工业展览馆召开，参展人数12万人，来自国内外的业内人士突破1万人，参展企业200余家，展出4000余地板品种。圣象、大自然、安信等参会；吉林集团、吉林森林山、新元等出口企业借展会转型发展内贸；以“辽宁地板十佳”为代表的邦迪、经典之家等品牌展示了辽宁本地企业。本届展会突出“科技创新”，展会上推出的新产品达40%以上。

中国·沈阳2011年时尚家具博览会 2011年9月29日至10月3日在辽宁工业展览馆展召开，来自省内外消费者超过10万人次，国内外的业内采购商、经销商达8000人。有120余家企业参展，观展专业观众8000余人。展会汇集了国内各大派系家具知名品牌，展品分为多功能床具、沙发、实木家具、厨房家具、藤艺家具、红木家具、板式家具、家居工艺品、油漆涂料和原辅材料等十大品类。展出家具品种达数千个。

中国·铁岭第二届榛子节 2011年9月20日在铁岭市东北物流城会展中心召开。吸引了美国、韩国、中国香港、台湾和北京、上海、广东、福建、云南、贵州、新疆等国家和地区527家企业参展，其中榛子企业374家，其他农、林企业153家；招商推介会签约合同68份。据统计，整个榛子节期间，榛子采购、订货量560万千克，交易额4.6亿元，其他农、林产品交易额6.3亿元，合计10.9亿元。

【产业园区】 辽宁省以彰武、台安林产品加工园区为重点，加快林产品加工集群发展。

彰武中国北方家居(木制)基地 到2011年底累计完成基础设施投资额7.9亿元，其中2011年，完成基础设施建设投资1.2亿元。已累计建成标准厂房40万平方米，其中2011年新建、续建标准厂房10万平方米。基础设施“六通一平”配套面积4.5平方千米。截至到10月份，园区累计同116户企业签署投资协议，协议投资额65.63亿元，有67家企业开工建设，其中在建项目37个，竣工项目30个，投产运营企业30家。签约企业中，投资亿元以上项目12个，主要是辽宁赛斯木业有限公司、阜新家和木业有限公司等；5000万元至1亿元项目43个；5000万元以下项目61个。目前的签约企业以板材及木材深加工类企业为主。到目前园区企业完成投资24.55亿元。2011年1～11月，园区同24户企业签署投资协议，协议投资额13.3亿元。入驻企业17家，签约企业中，投资亿元以上项目3个，主要是辽宁赋鑫博源安装工程有限公司、科左后旗广维开发有限公司等企业；5000万元至1亿元项目9个；5000万元以下项目12个。

台安木产业园区 截至2011年年底，累计完成基础设施建设投资4.5亿元，共建成标准厂房2.8万平方米，基础设施“六通一平”配套面积3平方千米。其中2011年完成基础设施建设投资1.2亿元，共建成标准厂房0.85万平方米，基础设施“六通一平”配套面积1.5平方千米。到2011年年底，园区累计同16户企业签署投资协议，协议投资额24.8亿元。入驻企业16家，有13家企业开工建设，其中在建项目8个，竣工项目5个，投产运营企业2家(其中1家企业为边建设边生产)。签约企业中，投资亿元以上项目11个、5000万元至1亿元项目5个。目前的签约企业以板材及木材深加工类企业为主。到目前园区企业完成投资11.3亿元，园区2011年完成销售收入2.7亿元。2011年，园区同1户企业签署投资协议，为广东威华集团有限公司木产业基地生活服务区项目，该项目计划投资3亿元，已开工建设。

新宾满族自治县南杂木工业园区 截至2011年年底累计完成基础设施建设投资25.9亿元，共建成标准厂房16.4万平方米，基础设施“六通一平”配套面积8平方千米。其中2011年1~11月完成基础设施建设投资0.6亿元，共建成标准厂房2.1万平方米；园区累计同140户企业签署投资协议，以板材及木材深加工类企业为主，协议投资额20亿元，入驻企业140家，其中投资亿元以上项目8个；5000万元至1亿元项目7个；5000万元以下项目125个。2011年，园区同2户企业签署投资协议，协议投资额3.2亿元，投资1亿元的抚顺市新宇木业有限公司多层板项目已开工建设。2011年，园区预计实现产值36亿元，销售收入28亿元。

本溪高新技术产业开发区(本溪药都) 目前累计完成基础设施建设投资17亿元，共建成标准厂房1.5万平方米，基础设施“六通一平”配套面积2.1平方千米。到2011年年底，园区累计同33户企业签署投资协议，协议投资额102.6亿元。有19家企业开工建设，其中投产运营企业8家(其中有3家企业为边建设边生产)。签约企业中，投资亿元以上项目14个，主要是医药、保健品企业；1亿元以下项目19个。目前的签约企业以医药、保健品、医疗器械、配套等生产类企业为主。2011年，园区同5户企业签署投资协议，协议投资额76.3亿元，有3家企业开工建设。到目前园区企业完成投资516亿元，园区2011年完成销售收入200亿元。

辽阳佟二堡养殖园区 截至2011年累计完成基础设施建设投资15亿元，共建成标准厂房40万平方米，基础设施“六通一平”配套面积4平方千米。园区累计同18户企业签署投资协议，协议投资额62.89亿元。入驻企业13家，有8家企业开工建设。签约企业中，投资亿元以上项目10个、5000万元至1亿元项目3个、5000万元以下项目5个。目前园区企业完成投资12.89亿元，园区2010年完成销售收入64亿元。其中2011年园区同8户企业签署投资协议，协议投资额20亿元。

【各地特色产业】

大连市林业产业 大连市林业优势产业主要集中在木材加工及家具制造、水果干坚果经济林、种苗花卉、野生动物驯养繁殖、森林旅游等方面。大连市现有乔木经济林面积15万公顷，其中柞树6万公顷、板栗7700公顷、榛子4070公顷、其他水果经济林7.8万公顷；现有花卉种植面积5730公顷，日光温室1500个，大型联栋温室100万平方米，苗圃面积4070公顷，年产值超过30亿元，已跻身全国花卉强市行列；水貂养殖厂上千家，年产貂皮400万张，约占全国20%，带动毛皮产业年产值12亿元左右，大连市水貂养殖业正向规模化、集约化发展方向迈进；现有以种植人参、五味子为主的森林中草药和以种植林下食用菌、山野菜为主的森林食品面积933公顷，年产值1亿元。大连市第二产业主要集中在木材加工和家具制造业，全市现有规模以上企业96家，年产值实际超过百亿元。另外还有一批水果深加工企业，仅金州新区共有水果深加工企业近20家。大连市现有省级以上森林公园14处，面积5.08万公顷，2011年，以森林公园为依托的旅游人数超过556万人次，森林旅游收入超过11.6亿元。

鞍山市花卉产业 鞍山已发展成为中国最大君子兰种植基地。君子兰栽培面积467公顷，永久式温室5058栋，年产成苗160万以上，占全国君子兰产量的50%以上，从业人员36000多人，

2011 年预计产值超过 5 亿元以上。君子兰作为鞍山的特色产业，已成为城市周边广大农民(市民)增收致富的主要途径。1999 年，鞍山被国家林业局命名为中国君子兰基地。台安县新开河已成为北方最大非洲菊鲜切花生产基地。截至 2011 年春，台安县新开河镇非洲菊鲜切花生产大棚已达 1000 栋，年产鲜切花 2 亿支，主要销往北京、长春、沈阳、鞍山等地，年销售收入 6000 万元，成为目前中国北方最大非洲菊鲜切花生产基地。已成为专业生产村的康家村有 350 户种植非洲菊花，占总户数的 83%，拥有生产大棚 420 栋，户均 1 栋，年产非洲菊鲜切花 8800 万支，日均产花 23 万支，年销售收入 2520 万元，全村仅此一项人均收入 2.1 万元。

本溪市山野菜产业及森林旅游业 本溪市有林地面积 54.2 万公顷，全市森林蓄积量 5635 万立方米，森林覆盖率 76.5%，全市林业社会总产值 144.7 亿元，农民人均收入 4675.36 元。山野菜从 2005 年的 2000 公顷发展到 2011 年的 21333 公顷，有 12 万户已规划发展林下产业项目，有 30 万农民从事林下经济开发。成立山野菜协会 12 个、山野菜合作社 21 个，山野菜加工企业 6 家。森林旅游景点 79 家。其中森林公园 10 家，自然保护区(含湿地公园)1 家；自然风景名胜旅游区 5 家；“农家乐”等自发形成的旅游景点 62 家；接待 756500 人次。“农家乐”等景点接待旅游数量 265000 人次。

丹东市核桃产业 2011 年底，丹东市核桃楸果林 8.76 万公顷，产量 6.28 万吨，产值 1.51 亿元，农户 6050 户。2011 年加工山核桃 100 吨，生产山核桃油 4 吨，产值 160 万元。2011 年 9 月 10 日在河北邢台召开的首届中国核桃节上，宽甸辰阳山珍食品开发有限公司将宽甸山核桃、峥嵘山牌核桃仁、峥嵘山牌山核桃油在核桃节上参展并参加首届中国核桃节核桃坚果及其加工产品评选。宽甸辰阳山珍食品开发有限公司生产的峥嵘山牌山核桃油获得首届中国核桃节核桃坚果及其加工产品评选优秀奖。全市成立山核桃专业合作社 3 个，从业人数 290 人，经营总面积 540 公顷，集资 170 万元。2011 年，产山核桃 2035 吨，产值 53.46 万元，合作社实行统购统销，风险共担，利益共享的运行机制。

锦州市森林旅游业 锦州市以医巫闾山国家森林公园为核心，建设医巫闾山森林生态系统，提高闾山东坡青岩寺、双峰寺、大芦花、大阁，西坡宝林楼、老爷岭、大石湖等景区的森林生态承载力和森林景观对游人的吸引力。2011 年产值 15.9 亿元。

铁岭市榛子及彩色苗木产业 2011 年，铁岭市榛林面积 7.73 万公顷，产果面积 4 万公顷，产量 3000 万千克，产值 32.5 亿元。山区农民人均榛子收入突破 1500 元，占其收入的 30%，3 万户榛农户均榛子收入 5 万元。铁岭市各类林业加工企业 850 家，加工业产值 8 亿元。特别是以铁岭三能科技有限公司和昌图东野榛子制品有限公司为代表的榛子深加工龙头企业相继建成投产，生产出榛子油、榛子粉等精深加工产品。全国各地从事铁岭榛子营销的网点 3000 余个，打进北京、上海、沈阳、大连等大、中城市的超市，大量榛子向铁岭积聚，从铁岭外销。铁岭已成为全国榛子生产、加工、购销集散地。2011 年，铁岭县被中国林业产业联合会评为中国榛子产业第一县。

2011 年，铁岭开原市彩色苗木花卉种植面积 1.13 万公顷，现有经营业户 4.5 万户，从业人员 10 万人，年产值 25 亿元。苗木花卉销售网络覆盖了长江以北 14 个省(区、市)，200 多个大中城市和地区。2011 年经省政府批准，开原市被评为“苗木之乡”。

西丰县鹿业产业 铁岭市西丰县鹿业产业正在成为强县富民的重要产业。全县拥有鹿场 1850 家，规模以上鹿场 286 个。鹿只饲养量 10.6 万只，存栏 9.5 万只，占全省的 78%，占全国的 20%。年产成品茸 20 余吨。有各类经销及加工户 287 家，大型 9 家，年加工和经销成品鹿茸 300 余吨。是世界鹿茸及鹿茸副产品的集散地，年经销量约占国际鹿茸产量的 50%，占全国经销量的 80%。全县鹿业年产值约 8 亿元，利税实现 1.8 亿元，从业人员 3.5 万人。2008 年 5 月，西丰县被中国野生动物保护协会命名为“中国鹿乡”。

朝阳市“两杏一枣”产业 2011 年全市林业产值 106 亿元，截至 2011 年年末，全市共发展以“两杏一枣”为主的经济林总面积 30 万公顷，产值 27.297 亿元。其中全市大枣 3.6 万公顷，产量

4450万千克，产值6.448亿元；大扁杏2.7万公顷，产量906万千克，产值2.708亿元；山杏18.8万公顷，产量6763万千克，产值8.05亿元。带动农户50万户，涉林农民人均收入7650元。

自2000以来，国家林业局先后将朝阳市的凌源、朝阳、北票、喀左命名为“仁用杏基地县”，凌源市“经济林之乡”，国家农业部命名朝阳县“大平顶枣之乡”，国家林业局命名北票市上园镇“金丝王枣之乡”，凌源市乌兰白镇、松岭子“大扁杏之乡”。在以凌源、朝阳、北票、喀左4县(市)和建平南部为主，建成全国最大的山杏生产基地的同时，围绕“两杏一枣”建设4条经济林带。以大凌河流域的孙家湾、柳城、南双庙、长宝、七道泉子等乡镇为核心形成大平顶枣产业开发带；以小凌河流域的西营子、根德、二十家子、羊山、黑牛、北四家子、瓦房子、尚志等乡镇为核心形成根德大枣、三星大枣产业开发带；以“101”沿线的波罗赤、杨树湾、东大道、联合、大平房等乡镇为核心形成大铃铛枣产业开发带；以凌源乌兰白、三家子、五家子、松岭子、凌北等乡镇为核心，辐射喀左、建平部分乡(镇)，建成东北最大的大扁杏产业开发带。

葫芦岛市建昌县核桃产业　建昌核桃2010年被国家工商总局正式注册“建昌核桃”国家地理商标。先后获得泰国曼谷、中国沈阳和大连国际农产品博览会金奖。2006年获得辽宁国际农产品交易会优质产品奖。2004年获得无公害农产品产地认定。2005年和2008年分别通过国家绿色食品认定。2009年该县雷家店乡被评为“辽宁核桃特产之乡”。2011年全县优质核桃栽培面积6667公顷，核桃产量0.205万吨，实现销售收入16400万元。全县核桃协会8个，核桃专业合作社3个。从事核桃产业生产的有15万人，核桃栽植户人均收入1093元。建昌核桃精装“礼品”系列、“辽宁”系列产品远销北京、沈阳等大中城市及东北、华北地区。

绥中县水果产业　葫芦岛市绥中县累计水果种植面积4.5万公顷，其中苹果2.5万公顷，主要以红富士、乔纳金、金冠、王林、寒富、国光等中晚熟品种为主；梨1.8万公顷，主要以白梨、花梨、安梨为主，2011年新植水果面积1333公顷。水果经济林是绥中县山区、丘陵地区农民的主要收入来源，也是全县大农业的支柱产业。县政府几年来在果业生产中，采用多项先进生产实用技术，增加科技含量，2011年县果蚕局加大服务力度，累计建设科技先导示范园150个，对全县水果生产起到了很好的示范带头作用，直接带动了果农增收。2011年水果业产量达60万吨，实现产值124396万元。

【新增固定资产奖励企业】

大连雨生家具有限公司　总部位于大连，是以教育装备配套工程、办公家具配套工程、整体家居和建筑装修为主导产业的多元化企业集团。下属企业均通过ISO9001：2000国际质量管理体系认证、ISO14001：2004环境管理体系认证和OHSAS18001：2000职业健康安全管理体系、环境标志产品认证。作为中华全国家具及装饰业商会副会长单位、中国教学仪器设备行业协会会员单位、中国家具协会会员单位、辽宁省林业产业协会副会长单位、大连市家具协会副会长单位，旗下产品和服务先后获得了中国环境标志认证产品、辽宁省著名商标、大连市著名商标、辽宁省名牌、大连市名牌、大连市民喜爱的商标品牌、辽宁省重合同守信用单位、辽宁省首批林业产业龙头企业、2009年和2010年全国工商联设计大奖赛金奖、中国衣柜行业质量·诚信倡议单位等多项荣誉。

辽宁晟麦实业股份有限公司　于2008年11月在本溪市工商局注册成立，厂址位于本溪经济开发区医药产业基地。现有员工180人，其中技术研发人员20人，专业管理人员30人，专业营销人员10人，主要产品有有机月见草油、有机琉璃苣油、有机南瓜子油、有机亚麻油、有机苏子油、共轭亚油酸、GLA40、GLA70、沙棘籽油等。至2011年7月，产值1.1亿元，销售收入9000万元，利税1000万元。自2009起，在本溪、桓仁两县发展月见草种植项目，2010年实现采购额500万元，企业95%以上的员工均在当地招聘。2010年3月获得本溪市高新技术企业；2010年9月有机亚麻油获得本溪市优秀新产品奖；2010年10月成功举办第二届中国油脂与健康高级论坛。

建平县颈复康中药材种植有限公司　始建于

2006年，位于建平现代生态科技园区，注册资本2000万元，是集中药材新品种繁育、种苗培育、种子改良、GAP基地建设及深加工为一体的现代化高科技省级农业产业化重点龙头企业，辽宁省首批林业产业化龙头企业。公司占地面积约33公顷(其中老厂区8公顷，新厂区约25公顷)，建有办公楼，生产车间，晾晒棚，中药有效成分提取车间、烘干车间、保鲜库、储藏窖，拥有自有种苗基地1000公顷，林下种药自有基地6667公顷。中药材深加工及综合开发产业化项目，于2011年7月开工建设，计划总投资14.3亿元，其中深加工项目投资12.1亿元；中药材种植基地建设项目投资2.2亿元。已经累计完成1.83亿元。

抚顺市奥司墁木业有限公司 是以生产实木地板为主导、集科工贸于一体的综合性的木制品深加工企业。建于1994年10月18日，注册资本1000万元，厂区占地15万平方米。拥有固定资产1.3亿元，年生产实木地板200万平方米以上。成为东北地区木制品行业的龙头企业、辽宁省地板制造行业的支柱企业、中国林产协会副理事长单位。并于2009年被认定为省级技术研发中心，研发出实木指接地板、实木仿古地板、体育地板等一系列优质产品。先后通过了ISO9001国际质量管理体系认证，环境管理体系认证，职业健康安全管理体系认证，FSC及CE国际认证。实木地板系列产品被评为辽宁省名牌产品、抚顺市名牌产品；产品商标被授予辽宁省著名商标；2008年成为中国林产协会副理事长单位。产品覆盖北京、天津、上海、南京、杭州、拉萨、大连、鞍山及新疆等全国17个省、市和地区，国内直接客户120余家。远销包括美国、加拿大、英国、俄罗斯、爱尔兰、印度等11个国家和地区。公司主导产品“奥司墁”牌系列实木辊漆地板中的柞木、曲柳、桦木、色木等四大系列，10余种规格，30多个花色。

(高海山　何东阳　王　路)

表28-1　辽宁林业产业概况

指　标	数量
林业产业总产值(按现行价格计算)(万元)	12383977
一、第一产业总产值	7378090
(一)涉林产业总产值	7295763
1. 林木的培育和种植	1048986
2. 木材和竹材的采运	302373
3. 经济林产品的种植与采集	4024936
4. 花卉的种植	735413
5. 陆生野生动物繁育与利用	1116737
6. 林业生产辅助服务	67318
(二)林业系统非林产业产值	82327
二、第二产业总产值	3917116
(一)涉林产业总产值	3849361
1. 木材加工及木、竹、藤、棕、苇制品制造	1986974
(1)锯材、木片加工	620455
(2)人造板制造	699185
(3)木制品制造	651256
2. 木、竹、藤家具制造	1035780
3. 林产化学产品制造	3472
4. 非木质林产品加工制造	462829
5. 其他	276879
(二)林业系统非林产业产值	67755
三、第三产业总产值	1088771
(一)涉林产业总产值	1055840
1. 林业旅游与休闲服务	889617
2. 林业生态服务	104260
3. 林业专业技术服务	9415
4. 林业公共管理及其他组织服务	52548
(二)林业系统非林产业产值	32931
补充资料：全部山区县茶、桑、果产值	752017
全部丘陵县茶、桑、果产值	439271
森林资源情况	
一、森林覆盖率(%)	35.13
二、林地面积(万公顷)	666.28
三、森林面积(万公顷)	511.98
四、人工林面积(万公顷)	283.03
五、活立木总蓄积量(万立方米)	21174.91
六、森林蓄积量(万立方米)	20226.85
七、人工林蓄积量(万立方米)	7299.34
八、乔木林单位面积蓄积量(立方米/公顷)	55.98
森林培育	
一、荒山荒(沙)地造林面积(按林种用途分)(公顷)	
(一)用材林	11947
(二)经济林	16673
(三)防护林	218032
(四)薪炭林	62
(五)特种用途林	53
二、森林抚育面积(公顷)	
(一)低产低效林改造	5057
(二)实际幼林抚育	140002
(三)成林抚育	74049

指　标	数量
三、林业单位数量(家)	1985
主要木材、竹材产品产量(万立方米)	
一、木材总计	197.57
(一)原木	184.52
其中：针叶原木	28.14
1. 直接用原木	158.3
2. 等内加工原木	10.04
3. 其他原木	7.18
(二)薪材	13.06
二、木材采运企业数量(家)	56
三、竹材采运企业数量(家)	1
四、木材批发企业数量(家)	3454
锯材生产	
一、锯材产量(万立方米)	236.41
二、锯材加工企业数量(家)	1122
人造板生产(万立方米)	
人造板总产量	271.21
一、胶合板	80.15
(一)木胶合板	70.76
(二)其他胶合板	9.39
二、纤维板	92.7
三、刨花板	36.54
四、其他人造板	61.82
五、人造板制造企业数量(家)	1052
六、胶合板制造企业数量(家)	186
七、纤维板制造企业数量(家)	53
八、刨花板制造企业数量(家)	77
九、其他人造板制造企业数量(家)	687
木制品	
一、木制品企业数量(家)	5349
二、生产用木制品企业数量(家)	2801
三、生活用木制品企业数量(家)	1632
四、中乐器制造企业数量(家)	14
五、西乐器制造企业数量(家)	72
木家具企业	
一、木制家具制造企业数量(家)	2496
二、竹藤制家具制造企业数量(家)	12
三、家具零售企业数量(家)	5334
木片生产	
一、木片、木粒加工产品(万实积立方米)	61.15
二、木片加工企业数量(家)	575
竹藤生产	
一、竹、藤、棕、草制品企业数量(家)	261
二、竹、藤、棕、草工艺品制造企业数量(家)	267
果品木本粮油	
一、水果产量(吨)	5311137

指　标	数量
其中：苹果	2276376
梨	1360388
葡萄	681022
桃	435780
杏	33509
猕猴桃	16
其他水果	524046
二、干果产量(吨)	579971
其中：核桃	124915
板栗	118320
枣(干重)	109152
仁用杏	27321
山杏仁	95218
松子	29521
其他干果	6425
三、木本油料	0
四、水果罐头制造企业数量(家)	207
森林蔬菜	
一、森林食品(干重)(吨)	735319
其中：食用菌	649797
山野菜	63584
其他森林食品	21938
二、蔬菜、果品批发企业数量(家)	1703
调料	0
中药材	
一、木本药材(吨)	68157
其中：枸杞	56
其他木本药材	68101
二、中草药及制品批发企业数量(家)	1057
花卉	
一、年末实有花卉种植面积(公顷)	16516
二、切花切叶产量(万支)	191239.45
三、盆栽植物产量(万盆)	33537.69
四、观赏苗木产量(万株)	17822.52
五、草坪产量(万平方米)	3003.48
六、花卉场(家)	59
七、花卉企业数量(家)	448
其中：大中型企业	191
八、花农(万户)	4.55
九、花卉从业人员(万人)	10.51
其中：专业技术人员	0.4
十、控温温室面积(万平方米)	196.71
十一、日光温室面积(万平方米)	3450.89
林产化工	
一、林产化学产品制造企业数量(家)	45
二、香料、香精制造企业数量(家)	41

指　标	数量
蚕	
一、缫丝企业数量(家)	329
二、绢纺企业数量(家)	86
森林旅游	
一、旅游人次(人)	30769912
二、旅游收入(万元)	889617
三、森林公园总数(处)	69
四、森林公园总面积(公顷)	226150.91
五、国家森林公园数量(处)	29
六、国家森林公园面积(公顷)	141238.51
七、省级森林公园数量(处)	40
八、省级森林公园面积(公顷)	84912.4
九、县级森林公园数量(处)	0
十、县级森林公园面积(公顷)	0
十一、森林公园收入总额(万元)	91034.56
十二、旅游接待总人数(万人次)	1747.42
十三、旅游接待海外旅游者(万人次)	84.68
十四、园林绿化企业数量(家)	3560
十五、自然保护区管理单位数量(家)	103
森林机械	
一、森林工业专用设备制造企业数量(家)	52
二、营林机械制造企业数量(家)	14

表 28-2　辽宁林业产业特色

项目名称	全国排名	数量	占全国的比(%)
概况			
第一产业总产值(万元)	2	7378090	6.67
第一产业涉林产业产值(万元)	2	7295763	6.88
第一产业湿地产业产值(万元)	5	32995	9.92
经济林产品的种植与采集产值(万元)	2	4024936	6.37
森林培育业			
育种和育苗产值(万元)	5	367214	5.58
造林产值(万元)	1	601908	8.21
防护林造林面积(公顷)	5	218032	5.91
木材采运及锯材木片加工业			
特级原木产量(万立方米)	5	8.59	12.25
枕木及其他锯材产量(万立方米)	2	4.52	10.36
锯材加工企业数量(家)	4	1122	7.72
木材批发企业数量(家)	4	3454	2.12
木制品生产业			
木制品企业数量(家)	5	5349	7.83
生产用木制品企业数量(家)	4	2801	8.01
生活用木制品企业数量(家)	3	1632	10.85
家具制造业			
实木木地板产量(万平方米)	3	1032.4	8.44
园林植物产业			
花卉的种植产值(万元)	5	735413	7.82
切花切叶产量(万支)	2	191239.45	13.44
盆栽植物产量(万盆)	2	33537.69	11.5
草坪产量(万平方米)	4	3003.48	7.36
控温温室面积(万平方米)	5	196.71	5.9
日光温室面积(万平方米)	1	3450.89	22.86
果品产业			
水果及干果的种植与采集产值(万元)	4	2413055	5.81
梨产量(吨)	3	1360388	8.87
葡萄产量(吨)	4	681022	8.02
核桃产量(吨)	5	124915	7.55
仁用杏产量(吨)	1	27321	33.84
山杏仁产量(吨)	1	95218	60.91
榛子产量(吨)	1	69089	86.77
松子产量(吨)	2	29521	24.51
水果罐头制造企业数量(家)	4	207	8.7
森林蔬菜			
森林食品的种植与采集产值(万元)	2	874822	12.92
森林食品(干重)产量(吨)	1	735319	25.1
食用菌产量(吨)	1	649797	34.8
山野菜产量(吨)	2	63584	20.88
其他森林食品产量(吨)	3	21938	12.48
茶咖啡产业			
葡萄酒制造企业数量(家)	5	138	5.12
果菜汁饮料制造企业数量(家)	5	303	6.06
调料产业			
盐及调味品批发企业数量(家)	3	503	5.95
中药业			
林产中药材的种植与采集产值(万元)	1	623153	15.24
其他木本药材产量(吨)	3	68101	8.1
野生动物驯养业			
陆生野生动物繁育与利用产值(万元)	1	1116737	39.67
陆生野生动物饲养产值(万元)	1	1115026	41.56
蚕养殖及蚕丝加工业			
缫丝企业数量(家)	4	329	11.09
绢纺企业数量(家)	3	86	6.35
森林旅游业			
旅游接待海外旅游者(万人次)	5	84.68	7.01

表 28-3 辽宁各产业对总产值的贡献

	项目名称	产值(万元)	百分比(%)
	总产值	12383977	100
1	果品产业	2413055	19.49
2	野生动物驯养业	1116737	9.02
3	木竹藤家具制造业	1035780	8.36
4	木材生产业	922828	7.45
5	森林旅游业	889617	7.18
6	森林蔬菜产业	874822	7.06
7	其他	753714	6.09
8	园林植物产业	735413	5.94
9	人造板制造业	699185	5.65
10	木制品生产业	682897	5.51
11	森林培育业	681772	5.51
12	中药业	623153	5.03
13	种苗产业	367214	2.97
14	林业系统非林产业	183013	1.48
15	林业服务业	166223	1.34
16	茶咖啡产业	99900	0.81
17	木浆纸制品生产业	51786	0.42
18	竹藤产业(不含家具)	16078	0.13
19	林产化工产业	3472	0.03

吉林省林业产业

【产业特点】 2011年全省累计扶持林业产业项目114个，林业产业园区达到11个，林业龙头企业和产业基地达142个。吉林省林业产业基本情况见表29-1。

从全国来看，吉林省特级原木产量居全国第1位，等内加工原木产量全国第2位，特种锯材产量全国第3位，锯材加工企业数量全国第2位，木材采运企业数量全国第4位，森林公园总面积为全国第1位，松子产量全国第1位，葡萄酒制造企业数量全国第2位，中药材及中成药加工企业数量全国第1位，山野菜产量全国第1位，详见表29-2。从省内来看，林业系统非林产业对林业总产值的贡献最大，其次是人造板制造业，然后依次是木制品生产业、木材生产业和中药业等，详见表29-3。

表29-1　吉林林业产业概况

指　标	数量
林业产业总产值(按现行价格计算)(万元)	10262538
一、第一产业总产值	2850941
(一)涉林产业总产值	2663699
1. 林木的培育和种植	235371
2. 木材和竹材的采运	468203
3. 经济林产品的种植与采集	1387424
4. 花卉的种植	125112
5. 陆生野生动物繁育与利用	399947
6. 林业生产辅助服务	47642
(二)林业系统非林产业产值	187242
二、第二产业总产值	6226521
(一)涉林产业总产值	5539921
1. 木材加工及木、竹、藤、棕、苇制品制造	2178028
(1)锯材、木片加工	365732
(2)人造板制造	960260
(3)木制品制造	851601
2. 木、竹、藤家具制造	292996
3. 林产化学产品制造	27544
4. 非木质林产品加工制造	2352483
5. 其他	120158
(二)林业系统非林产业产值	686600
三、第三产业总产值	1185076
(一)涉林产业总产值	685001
1. 林业旅游与休闲服务	564213
2. 林业生态服务	33000
3. 林业专业技术服务	31135
4. 林业公共管理及其他组织服务	56653
(二)林业系统非林产业产值	500075
补充资料：全部山区县茶、桑、果产值	182616
全部丘陵县茶、桑、果产值	21891
森林资源情况	
一、森林覆盖率(%)	38.93
二、林地面积(万公顷)	848.73
三、森林面积(万公顷)	736.57
四、人工林面积(万公顷)	148.94
五、活立木总蓄积量(万立方米)	88244.21
六、森林蓄积量(万立方米)	84412.29
七、人工林蓄积量(万立方米)	9594.9
八、乔木林单位面积蓄积量(立方米/公顷)	116.15
森林培育	
一、荒山荒(沙)地造林面积(按林种用途分)(公顷)	
(一)用材林	1819
(二)经济林	3082
(三)防护林	31480
(四)薪炭林	0
(五)特种用途林	43
二、森林抚育面积(公顷)	
(一)低产低效林改造	6562
(二)实际幼林抚育	402125
(三)成林抚育	313862
三、林业单位数量(家)	1450
主要木材、竹材产品产量(万立方米)	
一、木材总计	434.27
(一)原木	431.96
其中：针叶原木	83.36
1. 直接用原木	193.01
2. 等内加工原木	156.59
3. 其他原木	24.74
(二)薪材	2.32
二、木材采运企业数量(家)	176

指　标	数量
三、竹材采运企业数量(家)	1
四、木材批发企业数量(家)	951
锯材生产	
一、锯材产量(万立方米)	145.92
二、锯材加工企业数量(家)	1519
人造板生产(万立方米)	
人造板总产量	354.59
一、胶合板	123.58
(一)木胶合板	44.98
(二)其他胶合板	78.6
二、纤维板	92.59
三、刨花板	99.74
四、其他人造板	38.67
五、人造板制造企业数量(家)	697
六、胶合板制造企业数量(家)	316
七、纤维板制造企业数量(家)	37
八、刨花板制造企业数量(家)	47
九、其他人造板制造企业数量(家)	282
木制品	
一、木制品企业数量(家)	3219
二、生产用木制品企业数量(家)	2262
三、生活用木制品企业数量(家)	736
四、中乐器制造企业数量(家)	12
五、西乐器制造企业数量(家)	6
木家具企业	
一、木制家具制造企业数量(家)	1193
二、竹藤制家具制造企业数量(家)	4
三、家具零售企业数量(家)	2769
木片生产	
一、木片、木粒加工产品(万实积立方米)	16.91
二、木片加工企业数量(家)	450
竹藤生产	
一、竹、藤、棕、草制品企业数量(家)	172
二、竹、藤、棕、草工艺品制造企业数量(家)	57
果品木本粮油	
一、水果产量(吨)	573159
其中:苹果	127829
梨	117353
葡萄	166007
桃	4607
杏	11545
其他水果	145818
二、干果产量(吨)	105534
其中:核桃	41096
板栗	980
山杏仁	94

指　标	数量
松子	61677
其他干果	140
三、木本油料	0
四、水果罐头制造企业数量(家)	6
森林蔬菜	
一、森林食品(干重)(吨)	156927
其中:食用菌	72918
山野菜	71341
其他森林食品	12668
二、蔬菜、果品批发企业数量(家)	780
调料	0
中药材	
一、木本药材(吨)	31543
其中:枸杞	5245
其他木本药材	26298
二、中草药及制品批发企业数量(家)	710
花卉	
一、年末实有花卉种植面积(公顷)	1814
二、切花切叶产量(万支)	3361.96
三、盆栽植物产量(万盆)	900.61
四、观赏苗木产量(万株)	1214.85
五、草坪产量(万平方米)	138.73
六、花卉场(个)	67
七、花卉企业数量(家)	177
其中:大中型企业	8
八、花农(万户)	0.15
九、花卉从业人员(万人)	0.56
其中:专业技术人员	0.06
十、控温温室面积(万平方米)	11.05
十一、日光温室面积(万平方米)	15.97
林产化工	
一、林产化学产品制造企业数量(家)	39
二、香料、香精制造企业数量(家)	21
蚕	
一、缫丝企业数量(家)	6
二、绢纺企业数量(家)	1
森林旅游	
一、旅游人次(人)	12061435
二、旅游收入(万元)	564213
三、森林公园总数(处)	50
四、森林公园总面积(公顷)	2455806.53
五、国家森林公园数量(处)	32
六、国家森林公园面积(公顷)	2011236.87
七、省级森林公园数量(处)	18
八、省级森林公园面积(公顷)	444569.66
九、县级森林公园数量(处)	0

指　标	数量
十、县级森林公园面积(公顷)	0
十一、森林公园收入总额(万元)	158317.89
十二、旅游接待总人数(万人次)	1029.12
十三、旅游接待海外旅游者(万人次)	29.25
十四、园林绿化企业数量(家)	1617
十五、自然保护区管理单位数量(家)	79
森林机械	
一、森林工业专用设备制造企业数量(家)	6
二、营林机械制造企业数量(家)	8

表 29-2　吉林林业产业特色

项目名称	全国排名	数量	占全国的比(%)
概况			
第二产业林业系统非林产业产值(万元)	3	686600	15.17
第三产业湿地产业产值(万元)	3	78956	13.62
第三产业林业系统非林产业产值(万元)	3	500075	13.15
林下经济产值(万元)	3	668328	7.65
森林培育业			
幼林抚育实际面积(公顷)	5	402125	5.47
乔木林单位面积蓄积量(立方米/公顷)	4	116.15	135.25
木材采运及锯材木片加工业			
木材采运产值(万元)	4	468203	5.96
商品材采运产值(万元)	4	450693	6.99
直接用原木产量(万立方米)	4	193.01	6.3
特级原木产量(万立方米)	1	39.62	56.5
等内加工原木产量(万立方米)	2	156.59	12.22
等内加工原木中针叶原木产量(万立方米)	4	51.85	8.82
系统内国有企业单位生产的木材产量(万立方米)	1	204.77	25.16
系统内国有林场、事业单位生产的木材产量(万立方米)	3	124.42	10.2
特种锯材产量(万立方米)	3	5.18	13.39
枕木及其他锯材产量(万立方米)	5	3.16	7.25
木材采运企业数量(家)	4	176	7.36
锯材加工企业数量(家)	2	1519	10.45
人造板制造业			
其他胶合板产量(万立方米)	4	78.6	7.89
刨花板产量(万立方米)	5	99.74	3.9
木质刨花板产量(万立方米)	5	99.59	3.96
人造板表面装饰板产量(万平方米)	4	1140.23	4.29
木制品生产业			
非木质林产品加工制造产值(万元)	2	2352483	15.39
生产用木制品企业数量(家)	5	2262	6.47
家具制造业			
实木木地板产量(万平方米)	5	612.33	5.01
果品产业			
榛子产量(吨)	4	1547	1.94
松子产量(吨)	1	61677	51.22
森林蔬菜产业			
森林食品的种植与采集产值(万元)	5	421089	6.22
山野菜产量(吨)	1	71341	23.43
茶咖啡产业			
葡萄酒制造企业数量(家)	2	404	14.99
中药业			
林产中药材的种植与采集产值(万元)	2	588479	14.4
中药材及中成药加工企业数量(家)	1	1261	9.89
野生动物驯养业			
陆生野生动物繁育与利用产值(万元)	2	399947	14.21
陆生野生动物狩猎和捕捉产值(万元)	2	22748	17.2
陆生野生动物饲养产值(万元)	2	377199	14.06
森林旅游业			
人均旅游花费(元)	4	468	281.93
森林公园总面积(公顷)	1	2455806.53	14.39
国家森林公园面积(公顷)	1	2011236.87	17.1
省级森林公园面积(公顷)	3	444569.66	10.87
食宿收入(万元)	5	89346.28	5.35
娱乐收入(万元)	5	27626.91	5.92
车船总数(台/艘)	4	2389	7.68
游步道总数(千米)	4	3426.83	5.68
餐位总数(个)	4	84381	6.6

表 29-3 吉林各产业对总产值的贡献

	项目名称	产值(万元)	百分比(%)
	总产值	10262538	100
1	其他	2481222	24.18
2	林业系统非林产业	1373917	13.39
3	人造板制造业	960260	9.36
4	木制品生产业	882265	8.6
5	木材生产业	833935	8.13
6	中药业	588479	5.73
7	森林旅游业	564213	5.5
8	木浆纸制品生产业	538048	5.24
9	森林蔬菜产业	421089	4.1
10	野生动物驯养业	399947	3.9
11	果品产业	368783	3.59
12	木竹藤家具制造业	292996	2.86
13	森林培育业	147619	1.44
14	园林植物产业	125112	1.22
15	林业服务业	120788	1.18
16	种苗产业	87752	0.86
17	林产化工产业	27544	0.27

黑龙江省林业产业

【产业特点】 黑龙江特色林业产业主要表现在锯材加工、木材采运、木制品生产、林业机械制造等产业。其中锯材加工企业数量居全国第1位，木制品企业数量居全国第4位，营林机械制造企业数量居全国第3位，详见表30-1和表30-2。从全省看，林业系统非林产业对林业总产值的贡献最大，占35.2%；其次是木材生产业占12.78%，然后依次是森林蔬菜产业10.32%、人造板制造业6.07%、木制品生产业5.92%，详见表30-3。

【政策】 2011年1月6日，中共黑龙江省委、黑龙江省人民政府发布《关于在全省开展产业项目建设年活动的通知》黑发〔2011〕3号。

2011年12月19日发布《黑龙江省林业厅关于支持"创业、创新、创优政策措施》黑林函〔2011〕52号。

【省级龙头企业】 2011年认定12家省级林业龙头企业，包括有：黑龙江省北味菌业科技有限公司、哈尔滨仁皇药业股份有限公司、鸡西市华伟木业有限公司、虎林市和协经贸有限公司良种奶牛场、海林欣成木业有限责任公司、哈尔滨市凯达木业有限公司、大兴安岭富林山野珍品科技开发公司、大兴安岭林格贝有机食品有限责任公司、黑龙江省苇河黑木耳批发市场有限公司、哈尔滨泽都食品加工有限公司、黑龙江越橘庄园生物科技有限公司、黑龙江三和木业(集团)有限公司。

【博览会】

义乌博览会 2011年11月1~4日，黑龙江厅参加了由国家林业局和浙江省政府举办的第二届中国国际林业产业博览会。共展出展品10大类，80余品种，主要有木制品、森林食品、旅游产品、农业产品、北药制品、蜂系列产品、浆果类、坚果类、食用菌、动物养殖类等。展会期间我省共销售产品二十万元，签约14万元(靰鞡秀)，意向性协议5项，在义乌举办了黑龙江省林业招商引资推介会。此次博览会我厅获得最佳组织奖及最佳展台奖。

国际木业博览会 2011年8月16~18日，由国家林业局、黑龙江省人民政府、俄罗斯滨海边疆区政府主办的第五届中国(牡丹江)—俄罗斯(远东)国际木业博览会在牡丹江市隆重召开。本届木博会我厅负责组织和对外协调工作，共有10多个国家、20多个省市和省内12个地市组团参会，参会参展企业2200多户、展品3000多种，参观人数40多万人次，签约项目近百个，签约总额140多亿元。

森林旅游博览会 2011年11月18~19日，由国家林业局、国家旅游局、海南省人民政府主办的2011中国森林旅游博览会在海南国际会议展览中心举行。我厅认真筹备了此次森林旅游博览会，全面展示了我省丰富多彩的森林旅游资源及发展成就。经组委会评定，黑龙江省林业厅荣获2011中国森林旅游博览会优秀组织奖。

【技术培训】

培训班名称	培训机构	培训人数(人)	期数
森林采伐技术规程培训	厅森林经营局	850	5
森林资源档案管理培训	厅林政资源处	980	12
林地保护利用规划编制培训	厅林政资源处	15000	14
森林公园管理条例培训	厅森林公园管理站	80	1

【科研成果】

研究项目名称	研究单位	完成时间
黑龙江山地公路边坡及沙石堆采料场植被恢复技术与示范	宾县万人欢林场	2011 年 11 月
黑龙江省森林碳储量发布及动态研究	黑龙江省林业监测规划院	2011 年 12 月
柳树优良品种——青竹柳选育研究	黑龙江省森林与环境科学研究院	2011 年 12 月
半干旱风沙区保护林体系功能优化及可持续发展技术研究	黑龙江省森林与环境科学研究院	2011 年 07 月
1% 阿维菌素微囊悬浮剂的开发与应用	黑龙江省平山林业制药厂	2011 年 12 月
佳木斯市红松果材兼用林改造技术研究与示范	佳木斯孟家岗林场	2011 年 12 月
黑龙江省林业有害生物检索系统	黑龙江省森林病虫防治检疫站	2011 年 12 月
森林有机凋落物分解机制的研究	黑龙江省林业厅	2011 年 12 月
城市彩叶树种引种研究	龙江县错海林场	2010 年 12 月
平欧大果榛子引种研究	密山市金银库林场	2011 年 12 月
观赏海棠栽培品种引种及繁育技术研究	黑龙江省森林植物园	2011 年 12 月
黑龙江省苏打碱土区造林树种选择及栽培技术研究	黑龙江省森林与环境科学研究院	2011 年 12 月
市县林区主要林分类型形高表	黑龙江省林业监测规划院	2011 年 12 月

【技术推广】 主要包括有：珍贵阔叶树种水曲柳胡桃楸人工营造技术推广应用，黑龙江省乡土阔叶树种用材林培育示范与推广，落叶松工业用材林定向培育技术与示范，黑丰山葡萄培育技术推广示范，大果沙棘系列品种繁育技术推广及优良经济示范林营造，杨树速生丰产林主要病虫害综合控制技术推广，短裙竹荪人工栽培技术推广应用，樟子松优良种源和优良家系推广示范，长白落叶松速生丰产用材林培育技术推广。

【技术规程】

名称	发布单位
木段栽培黑木耳技术规程	黑龙江省质量技术监督局
黑木耳菌种厂建设及黑木耳菌种生产技术规程	黑龙江省质量技术监督局
无公害苹果梨生产技术规程	黑龙江省质量技术监督局
红树梅栽培技术规程	黑龙江省质量技术监督局

【对俄贸易】 2011 年进口俄罗斯原木 570.1 万立方米，比 2010 年增加 4.6%。价值 9.1 亿美元，增长 26.3%。进口平均价格每立方米 158.9 美元，比 2010 年上涨 20.8%。此外，全省按照国家商务部和国家林业局的要求，已对 170 家对俄森林资源开发合作企业进行了备案管理。

【各类荣誉】

荣誉名称	授予单位	授予时间
伊春中国木艺之乡	国家工艺美术协会	2011 年 9 月
尚志中国黑木耳之乡	中国食用菌协会	2011 年 4 月
海林中国猴头菇之乡	中国食用菌协会	2011 年 8 月

【尚志市林业产业】 尚志市的食用菌、浆果、木制品和旅游为四大重点林业产业。食用菌生产居全国县级之首；浆果种植面积和产量为全国之最；木制品（铅笔、铅笔板等）生产规模和产量为全国最大。2011 年，全社会林业总产值实现 53.2 亿元，位居全省各县（市）之首，连续两年荣获全省林业产业先进市称号。

食用菌 全市有 13 个乡镇 3.5 万户从事食用菌生产，占农户总数的 44%，专业村发展到 26 个，食用菌专业协会发展到 38 个，专业合作社 56 个。2011 年，全市食用菌栽培总量突破 14 亿袋，居全国县级之首。实现产业收益 14 亿元，拉动农民人均增收 4600 元。先后被评为中国黑木耳之乡和全国黑木耳主产基地市称号。

全市食用菌加工企业 30 家，年加工总量 4.5 万吨。有两个企业（珍珠山、特绿特）被列为省级产业化龙头企业。已开发出袋装干品、压缩类、蘑菇鲜品以及黑木耳汁等系列产品 150 余种。其中 30 个食用菌产品被认证为绿色食品，15 个产品被认证为有机食品，“尚志黑木耳”获农业部地理标志登记。“珍珠山”、“乌吉密”、“亚布力”、“雪都”等品牌已成为黑龙江省知名品牌。

投资8000万元，建设苇河黑木耳批发大市场，市场建筑面积4.2万平方米，经营单位有500多户，年交易额突破50亿元，成为全国最大的黑木耳集散地。在全国20多个大中城市建立营销网络，产品出口欧美、日韩、俄罗斯及东南亚等国家和地区，年出口量1000多吨，创汇900多万美元。不仅解决了农民销售瓶颈问题，还推动了食用菌基地规模发展。

优浆果 以石头河子、亚布力等乡镇为重点，构建了紫莓产业带，紫莓种植面积0.25万公顷，年产量2900吨，分别占国内黑加仑总面积、总产量的62%和73%；以长寿、黑龙宫等乡镇为重点，构建了树莓、蓝莓产业带。树莓种植户5000多户，面积0.27万多公顷，年产量8000吨，分别占国内树莓总面积、总产量的60%和90%，均为全国之最，当地果农每亩收益7000元左右；以乌吉密、帽儿山等乡镇为重点，构建了草莓产业带，种植面积386.67公顷，年产4200吨。

全市浆果加工企业13家，年加工能力6000吨，年产值3亿元，创造就业机会6万多个，每年为农民增收1.5亿元。现以开发出五大系列17个品种，产品大部分出口欧美等国家，年出口量3200吨，创汇760万美元。2011年被授予中国红树莓之乡称号。

全市浆果主栽品种发展到7个。绿野浆果公司提取花青素项目，在国内居于领先地位。

木制品 2011年，尚志市木制品企业430家，龙头企业15家，年加工木材110万立方米。年产值5.8亿元、利税6000万元，铅笔、铅笔板和套娃年产量分别占国内总产量的25.6%、60%和90%以上，安置就业1.7万人。

形成以元宝镇为中心的铅笔、铅笔板生产加工园区，以一面坡镇为中心的套娃生产加工园区，以苇河、亚布力为中心的地板、家具生产加工园区。2011年对元宝工业园区投资2373万元，进行园区基础设施建设。目前，园区已引进企业4家，固定资产投资1.58亿元。

联宇木业为黑龙江省唯一一家生产成品钢琴的厂家，亚布力镇生产的小提琴在维也纳世界小提琴比赛中获奖。元宝山笔业开发的纸卷铅笔，走在了同行业环保产品的前列。众森木业的“森实”牌实木家具系列产品，被省技术监督局认定为保真、保质品牌家具。

由各乡镇推荐理事和会员，组建木材行业协会。深入第一线了解企业经营情况，帮助企业解决技术难题，为企业拓展招商引资渠道，从而推动木材产业健康发展。

此外，尚志市大力发展林下经济，包括药材生产和森林旅游、滑雪等。2011年，全市药材种植面积、0.28万公顷左右，药材生产和采集量8000吨，药材产业收入2.85亿元，从业人员2.8万多人。2011年，森林旅游仅帽儿山镇的吕家围子村，41户农民中就有38户经营农家风情餐饮、住宿等服务项目，户均年收入30多万元。

（黑龙江省林业厅产业办）

表30-1 黑龙江林业产业概况

指 标	数量
林业产业总产值(按现行价格计算)(万元)	9167585
一、第一产业总产值	3428679
(一)涉林产业总产值	2100205
1. 林木的培育和种植	347996
2. 木材和竹材的采运	330559
3. 经济林产品的种植与采集	1233483
4. 花卉的种植	35257
5. 陆生野生动物繁育与利用	77360
6. 林业生产辅助服务	75550
(二)林业系统非林产业产值	1328474
二、第二产业总产值	4226874
(一)涉林产业总产值	2997485
1. 木材加工及木、竹、藤、棕、苇制品制造	1894681
(1)锯材、木片加工	840980
(2)人造板制造	556343
(3)木制品制造	491909
2. 木、竹、藤家具制造	305902
3. 林产化学产品制造	11446
4. 非木质林产品加工制造	93552
5. 其他	276941
(二)林业系统非林产业产值	1229389
三、第三产业总产值	1512032
(一)涉林产业总产值	843225
1. 林业旅游与休闲服务	520370

指　标	数量
2. 林业生态服务	180910
3. 林业专业技术服务	14047
4. 林业公共管理及其他组织服务	127898
(二)林业系统非林产业产值	668807
补充资料：全部山区县茶、桑、果产值	16362
全部丘陵县茶、桑、果产值	617
森林资源情况	
一、森林覆盖率(%)	42. 39
二、林地面积(万公顷)	2184. 16
三、森林面积(万公顷)	1926. 97
四、人工林面积(万公顷)	235. 68
五、活立木总蓄积量(万立方米)	165191. 6
六、森林蓄积量(万立方米)	152104. 96
七、人工林蓄积量(万立方米)	13519. 66
八、乔木林单位面积蓄积量(立方米/公顷)	79. 53
森林培育	
一、荒山荒(沙)地造林面积(按林种用途分)(公顷)	
(一)用材林	17005
(二)经济林	1899
(三)防护林	102108
(四)薪炭林	260
(五)特种用途林	2491
二、森林抚育面积(公顷)	
(一)低产低效林改造	5933
(二)实际幼林抚育	395279
(三)成林抚育	668399
三、林业单位数量(个)	1871
主要木材、竹材产品产量(万立方米)	
一、木材总计	336. 79
(一)原木	324. 44
其中：针叶原木	46. 23
1. 直接用原木	110. 65
2. 等内加工原木	112. 1
3. 其他原木	83. 67
(二)薪材	12. 34
二、木材采运企业数量(家)	202
三、竹材采运企业数量(家)	2
四、木材批发企业数量(家)	2175
锯材生产	
一、锯材产量(万立方米)	307. 89
二、锯材加工企业数量(个)	2613
人造板生产(万立方米)	
人造板总产量	278. 36
一、胶合板	123. 54
(一)木胶合板	113. 82
(二)其他胶合板	9. 72

指　标	数量
二、纤维板	41. 35
三、刨花板	83. 33
四、其他人造板	30. 14
五、人造板制造企业数量(家)	1065
六、胶合板制造企业数量(家)	386
七、纤维板制造企业数量(家)	41
八、刨花板制造企业数量(家)	82
九、其他人造板制造企业数量(家)	518
木制品	
一、木制品企业数量(家)	5963
二、生产用木制品企业数量(家)	3938
三、生活用木制品企业数量(家)	1746
四、中乐器制造企业数量(家)	10
五、西乐器制造企业数量(家)	17
木家具企业	
一、木制家具制造企业数量(家)	2615
二、竹藤制家具制造企业数量(家)	16
三、家具零售企业数量(家)	4243
木片生产	
一、木片、木粒加工产品(万实积立方米)	29. 64
二、木片加工企业数量(家)	861
竹藤生产	
一、竹、藤、棕、草制品企业数量(家)	204
二、竹、藤、棕、草工艺品制造企业数量(家)	84
果品木本粮油	
一、水果产量(吨)	310474
其中：苹果	66232
梨	37955
葡萄	36088
杏	201
其他水果	169998
二、干果产量(吨)	25057
其中：核桃	557
仁用杏	5
松子	19692
其他干果	1080
三、木本油料	0
四、水果罐头制造企业数量(家)	33
森林蔬菜	
一、森林食品(干重)(吨)	226085
其中：食用菌	189752
山野菜	27435
其他森林食品	8898
二、蔬菜、果品批发企业数量(家)	1131
调料	
林产调料产品(干重)	3

指 标	数量
其中：花椒	3
中药材	
一、木本药材(吨)	5449
其中：枸杞	15
其他木本药材	5434
二、中草药及制品批发企业数量(家)	555
花卉	
一、年末实有花卉种植面积(公顷)	1367
二、切花切叶产量(万支)	89.75
三、盆栽植物产量(万盆)	410.92
四、观赏苗木产量(万株)	1453.46
五、草坪产量(万平方米)	25.94
六、花卉场(个)	7
七、花卉企业数量(家)	34
其中：大中型企业	5
八、花农(万户)	0.07
九、花卉从业人员(万人)	0.49
其中：专业技术人员	0.08
十、控温温室面积(万平方米)	4.23
十一、日光温室面积(万平方米)	14
林产化工	
一、林产化学产品制造企业数量(家)	34
二、香料、香精制造企业数量(家)	29
蚕	
一、缫丝企业数量(家)	2
二、绢纺企业数量(家)	2
森林旅游	
一、旅游人次(人)	11193709
二、旅游收入(万元)	520370
三、森林公园总数(处)	105
四、森林公园总面积(公顷)	1892289.45
五、国家森林公园数量(处)	55
六、国家森林公园面积(公顷)	1621302.06
七、省级森林公园数量(处)	48
八、省级森林公园面积(公顷)	269446.39
九、县级森林公园数量(处)	2
十、县级森林公园面积(公顷)	1541
十一、森林公园收入总额(万元)	90444.75
十二、旅游接待总人数(万人次)	785.7
十三、旅游接待海外旅游者(万人次)	18.77
十四、园林绿化企业数量(家)	2273
十五、自然保护区管理单位数量(家)	84
森林机械	
一、森林工业专用设备制造企业数量(家)	50
二、营林机械制造企业数量(个)	24

表 30-2 黑龙江林业产业特色

项目名称	全国排名	数量	占全国的比(%)
概况			
第一产业林业系统非林产业产值(万元)	1	1328474	28.91
第二产业林业系统非林产业产值(万元)	1	1229389	27.17
第三产业林业系统非林产业产值(万元)	1	668807	17.59
森林培育业			
特种用途林造林面积(公顷)	4	2491	7.46
成林抚育面积(公顷)	5	668399	5.9
速生丰产用材林基地建设面积(公顷)	2	273	30.1
林地面积(万公顷)	4	2184.16	7.14
森林面积(万公顷)	2	1926.97	9.86
活立木总蓄积(万立方米)	4	165191.6	11.08
森林蓄积(万立方米)	4	152104.96	11.09
人工林蓄积(万立方米)	4	13519.66	6.9
木材采运及锯材木片加工业			
锯材、木片加工产值(万元)	4	840980	7.24
其他原木产量(万立方米)	4	83.67	7.58
系统内国有企业单位生产的木材产量(万立方米)	2	172.75	21.23
系统内国有林场、事业单位生产的木材产量(万立方米)	4	104.37	8.55
锯材产量(万立方米)	4	307.89	6.9
普通锯材产量(万立方米)	4	299.17	6.83
特种锯材产量(万立方米)	2	7.82	20.21
木材采运企业数量(家)	3	202	8.44
锯材加工企业数量(家)	1	2613	17.97
木制品生产业			
木制品企业数量(家)	4	5963	8.72
生产用木制品企业数量(家)	2	3938	11.26
生活用木制品企业数量(家)	2	1746	11.61
果品产业			
榛子产量(吨)	3	3723	4.68
松子产量(吨)	3	19692	16.35
森林蔬菜产业			
森林食品的种植与采集产值(万元)	1	945746	13.96
森林食品(干重)产量(吨)	4	226085	7.72
食用菌产量(吨)	3	189752	10.16
山野菜产量(吨)	4	27435	9.01
调料产业			
盐及调味品批发企业数量(家)	4	484	5.73

项目名称	全国排名	数量	占全国的比(%)
森林旅游业			
人均旅游花费(元)	5	465	280.12
森林公园总面积(公顷)	2	1892289.45	11.09
国家森林公园数量(处)	1	55	7.36
国家森林公园面积(公顷)	2	1621302.06	13.78
省级森林公园面积(公顷)	4	269446.39	6.59
改造林相(公顷)	1	20077.87	12.69
车船总数(台/艘)	2	3890	12.51
游步道总数(千米)	3	4239.27	7.02
林业机械			
营林机械制造企业数量(家)	4	24	7.57

表 30-3 黑龙江各产业对总产值的贡献

	项目名称	产值(万元)	百分比(%)
	总产值	9167585	100
1	林业系统非林产业	3226670	35.2
2	木材生产业	1171539	12.78
3	森林蔬菜产业	945746	10.32
4	人造板制造业	556343	6.07
5	木制品生产业	542489	5.92
6	森林旅游业	520370	5.68
7	其他	396533	4.33
8	木浆纸制品生产业	364383	3.97
9	林业服务业	322855	3.52
10	木竹藤家具制造业	305902	3.34
11	森林培育业	242052	2.64
12	果品产业	204216	2.23
13	种苗产业	105944	1.16
14	野生动物驯养业	77360	0.84
15	中药业	54013	0.59
16	园林植物产业	35257	0.38
17	林产化工产业	11446	0.12
18	竹藤产业(不含家具)	5449	0.06
19	茶咖啡产业	3468	0.04

上海市林业产业

【产业特点】 上海市林业产业特色突出表现在木材交易、林产化工、木制家具制造、木制品生产等产业上。其中木材批发企业数量、林产化学产品制造企业数量、西乐器制造企业数量都居全国第1位，园林绿化企业数量居全国第2位，木制家具制造企业数量居全国第4位，纸制品企业数量居全国第5位，详见表31-1和表31-2。从全省看，木浆纸制品生产业对黑龙江省林业总产值的贡献最大占34.93%，其次是木竹藤家具制造业占21.9%，第三是木制品生产业15.59%，然后是人造板制造业7.63%、果品产业6.4%，详见表31-3。

【果品】 上海的林业第一产业主要以经济果林为主，柑橘、桃、梨、葡萄为四大主栽果树。2011年，上海的经济果林种植面积1393公顷，果品总产量40.22万吨，总产值21.41亿元。林果产业发展越来越显现其生态、经济和社会功能。①经济果林成为重要的生态资源。目前，上海的经济果林面积约占森林资源面积的1/5，成为森林资源的重要组成部分，为改善本市城乡生态环境做出了重大贡献。②经济果林成为农民增收的重要来源。目前，上海的经济果林已形成具有区域特色的南汇水蜜桃、松江水晶梨、崇明柑橘、嘉定葡萄、奉贤黄桃、金山蟠桃等特色品牌。全市经济果林的平均亩产值超过5000元，远远高于粮食等一般农作物，已经成为农业增效、农民增收、农村稳定的重要保障。③经济果林成为重要的旅游资源。近年来，南汇桃花节、嘉定马陆葡萄节、长兴柑橘节等以经济果林为主题的旅游已经成为上海市民家喻户晓的特色旅游节目。

通过层层遴选，首次聘任了22名来自市郊果树生产一线的“果树乡土专家”。组织技术交流、开展现场指导、编发《乡土专家谈农事》等，“乡土专家”已经成为果树推广体系的一个重要补充。新建上海市蟠桃研究所和上海市蓝莓研究所。

联合各专业果树研究所，编发《果树农事与信息》，组织开展果树栽培配套技术培训，全年举办培训班36期，培训果农3000人次。

在继续做好果品评比和34家服务世博果品生产基地监管的同时，还着手开展“安全优质信得过果园”创建活动，从原来单纯对产品的评比，创新转变为对果园环境和整个生产、流通全过程的评价。目前已制定了《安全优质信得过果园的评选标准》及其实施方案，公布于市绿化市容门户网站和上海林业技术网上。

继续组织推广“双增双减”和套袋技术。通过网络、报纸、电台发布信息，张贴海报2500多份，召开专题座谈会10余次，扩大政策宣传，大大提高了果农对政策的知晓率；对农资品种结构、农资采供程序、相关单位责任分工进行适当调整，特别是对农药和有机肥项目实施进行大胆革新，规范程序，简化操作，更加贴近农业生产实际，受到各方认同；扩大农资供应商、农资价格、实施结果公示的范围，规范公示内容和程序，进一步增加政策的透明度，广泛接受社会监督。据不完全统计，截至10月底，全市推广果实套袋4.5亿只，套袋面积8133公顷；推广高效低毒低残留安全农药432吨，无公害防治面积近1.13万公顷；推广有机肥13万吨，全市1.5万公顷果园增施了工厂化有机肥。

组织科技下乡、完善技术标准。完成了《安全优质信得过果园标准》和《上海果品等级鲜葡萄》、《上海果品等级水蜜桃》等标准制定工作以及《桃树栽培技术规范》、《梨树栽培技术规范》、《葡萄设施栽培技术规范》等果树技术标准的修订。

【野生动植物】 2011年，上海市野生动植物经营利用事项129项，比2010年减少9项，减8%。审核拟不同意或补正材料的31项，占24%，其中组织专家评审2项。根据审核记录台账分析，全年出售、收购和利用国家一级重点保护野生动物或其产品33种546头(件)；出售、收购和利用国家二级重点保护野生动物或其产品36种989头(件)，动物实验材料340毫升；加工利用国家一级重点保护野生动物或其产品5种57285千克；加工利用地方重点保护野生动物3种8000千克；驯养繁殖国家重点保护野生动物37种和地方重点保护野生动物1种；国家重点保护野生动物种源进口免税24种，活体122头；使用中国野生动物经营利用专用标识2种，260万个；外国人进入自然保护区科考或摄影3批次7人次。上述活动的经营利用合同金额8981万元，比2010年减少64%。

【林下经济】 目前，上海发展林下经济主要有以下3种模式：①林禽模式。即在林地内养殖鸡、鸭、鹅等家禽。这种模式在上海各郊区县均有零星分布。如奉贤区庄行镇潘垫村梨园农庄有4.3公顷梨树，2006年开始梨树林下散养草鸡，每亩饲养密度保持在30～50只，每亩梨的产值在8000元左右，每亩散养鸡及鸡蛋的产值在4000元左右，每亩梨园的总产值超过1万元。崇明县建设镇农民袁美菊投资兴建了林下蛋鸡养殖场，经市质量监督检验所检验，鸡蛋的抗生素、激素、色素含量均为零，目前袁美菊的“绿色”鸡蛋已拥有一批固定消费群，价格更是普通鸡蛋的4～5倍。②林菜模式。桃、梨、柑橘等经济果林的生产仅集中在某一个季节。利用这些林地资源及一年中闲着的时间，根据林间光照强弱及各种蔬菜的不同需光特性，科学地选择种植种类、品种，发展耐阴蔬菜、花卉种植。近年来，上海市崇明、闵行、嘉定、浦东等许多地区都利用果园发展林下经济。如南汇新场镇的农民几乎家家都有桃园，农民有桃园套种青菜的传统习惯，该镇某村有140公顷桃园，农民利用秋冬季节套种2～3茬青菜，每年每亩桃的产值6000元左右，蔬菜产值为每年每亩4000元左右，每年每亩桃园的总产值可达到1万元左右。崇明县、闵行区的部分乡镇也尝试林地内种植蔬菜，都取得了比较好的效益。③林游模式。上海市一些森林公园，如崇明东平国家森林公园、奉贤申隆生态园等，原为成片林地，有关部门将一些森林公园打造成生态公园，让市民走进林地去观光休闲，每年的门票、餐饮、住宿等收入相当可观。目前，南汇水蜜桃、金山蟠桃、崇明柑橘等都推出了“采摘游”线路，吸引了不少市民前往体验。对于果园经营者来说，这种模式有3方面收益：①增加水果的现场销售量，并带动野菜等副产品的销售。②门票收入和餐饮收入。③扩大了水果的市场影响力。此外，本市还有林粮、林草、林药、林渔、林特等林下经济发展模式。

【森林旅游】 马陆葡萄主题公园位于上海市嘉定区马陆镇，始建于2005年3月，占地30公顷，总投资4000余万元，是一个集种植、生产、科研、开发、示范和旅游休闲于一体的葡萄产业基地和农业旅游示范点。马陆葡萄主题公园虽偏离市中心区，但它紧靠沪嘉高速公路，与A30郊区环线，浏翔公路毗邻，与上海市外环线相接。马陆葡萄主题公园主要由情侣葡萄园、观赏葡萄园、水上葡萄园、葡萄科普园等园区组成。2005年3月，马陆镇政府批准立项建设“马陆葡萄主题公园。马陆葡萄主题公园以30公顷葡萄园为依托，采用现代农业设施栽培技术，集科研、示范、培训、休闲于一体，着力向游人展现十大景观：“情侣葡萄园”、“采摘葡萄园”、“观赏葡萄园”、“水上葡萄园”、“葡萄盆景园”、“葡萄长廊”、“葡萄科普园”、“葡萄科普馆”、“水果花卉园”“垂钓中心”。马陆葡萄公园2006年，被评为全国农业旅游示范点；2008年5月，马陆葡萄主题公园被评为上海市科普教育基地，2009年升级为全国科普教育基地；同年，公园又被评为国家AAA级旅游景区。自2001年以来，每年7月，在马陆葡萄主题公园都举办上海市马陆葡萄文化节，至2011年已成功举办了11届。

（上海市林业局林业处）

表 31-1　上海林业产业概况

指　标	数量
林业产业总产值(按现行价格计算)(万元)	3346594
一、第一产业总产值	338877
(一)涉林产业总产值	338877
1. 林木的培育和种植	66889
2. 木材和竹材的采运	1052
3. 经济林产品的种植与采集	216346
4. 花卉的种植	54137
5. 陆生野生动物繁育与利用	453
二、第二产业总产值	2917905
(一)涉林产业总产值	2917905
1. 木材加工及木、竹、藤、棕、苇制品制造	798008
(1)锯材、木片加工	33844
(2)人造板制造	255293
(3)木制品制造	508871
2. 木、竹、藤家具制造	732909
3. 林产化学产品制造	119635
4. 非木质林产品加工制造	85018
5. 其他	301
三、第三产业总产值	89812
(一)涉林产业总产值	68331
1. 林业旅游与休闲服务	8170
2. 林业生态服务	25519
3. 林业专业技术服务	8006
4. 林业公共管理及其他组织服务	26636
(二)林业系统非林产业产值	21481
森林资源情况	
一、森林覆盖率(%)	9.41
二、林地面积(万公顷)	7.46
三、森林面积(万公顷)	5.97
四、人工林面积(万公顷)	5.97
五、活立木总蓄积量(万立方米)	275.2
六、森林蓄积量(万立方米)	100.95
七、人工林蓄积量(万立方米)	100.95
八、乔木林单位面积蓄积量(立方米/公顷)	29.69
森林培育	
一、荒山荒(沙)地造林面积(按林种用途分)(公顷)	
(一)用材林	0
(二)经济林	105
(三)防护林	605
二、森林抚育面积(公顷)	
(一)低产低效林改造	0
(二)实际幼林抚育	6058
(三)成林抚育	41621
三、林业单位数量(家)	558
主要木材、竹材产品产量(万立方米)	
一、木材总计	0
二、木材采运企业数量(家)	5
三、木材批发企业数量(家)	74439
锯材生产	
一、锯材产量(万立方米)	1.64
二、锯材加工企业数量(家)	34
人造板生产(万立方米)	
人造板总产量	24.15
一、胶合板	7.75
木胶合板	7.75
二、纤维板	16.4
三、刨花板	0
四、其他人造板	0
五、人造板制造企业数量(家)	388
六、胶合板制造企业数量(家)	28
七、纤维板制造企业数量(家)	8
八、刨花板制造企业数量(家)	2
九、其他人造板制造企业数量(家)	350
木制品	
一、木制品企业数量(家)	1194
二、生产用木制品企业数量(家)	1194
三、生活用木制品企业数量(家)	0
四、中乐器制造企业数量(家)	35
五、西乐器制造企业数量(家)	201
木家具企业	
一、木制家具制造企业数量(家)	5656
二、竹藤制家具制造企业数量(家)	22
三、家具零售企业数量(个)	4601
木片生产	
一、木片、木粒加工产品(万实积立方米)	1.57
二、木片加工企业数量(家)	21
竹藤生产	
一、竹、藤、棕、草制品企业数量(家)	182
二、竹、藤、棕、草工艺品制造企业数量(家)	51
果品木本粮油	
一、水果产量(吨)	402052
其中：苹果	40
梨	31671
葡萄	95427
桃	92286
杏	35
猕猴桃	661
其他水果	5201
二、干果产量(吨)	0
三、木本油料	0
四、水果罐头制造企业数量(家)	10

指　标	数量
森林蔬菜	
一、森林食品(干重)(吨)	190
二、蔬菜、果品批发企业数量(家)	775
调料	0
中药材	
一、木本药材(吨)	0
二、中草药及制品批发企业数量(家)	113
花卉	
一、年末实有花卉种植面积(公顷)	2151
二、切花切叶产量(万支)	48285. 3
三、盆栽植物产量(万盆)	6523. 08
四、观赏苗木产量(万株)	142. 99
五、草坪产量(万平方米)	1094. 51
六、花卉场(个)	19
七、花卉企业数量(家)	258
其中：大中型企业	48
八、花农(万户)	0. 19
九、花卉从业人员(万人)	0. 67
其中：专业技术人员	0. 08
十、控温温室面积(万平方米)	62. 81
十一、日光温室面积(万平方米)	163. 14
林产化工	
一、林产化学产品制造企业数量(家)	2276
二、香料、香精制造企业数量(家)	162
蚕	
一、缫丝企业数量(家)	1
二、绢纺企业数量(家)	23
森林旅游	
一、旅游人次(人)	2646050
二、旅游收入(万元)	8170
三、森林公园总数(处)	4
四、森林公园总面积(公顷)	1952. 1
五、国家森林公园数量(处)	4
六、国家森林公园面积(公顷)	1952. 1
七、森林公园收入总额(万元)	6594. 59
八、旅游接待总人数(万人次)	405. 36
九、旅游接待海外旅游者(万人次)	5. 5
十、园林绿化企业数量(家)	6278
十一、自然保护区管理单位数量(家)	3
森林机械	
一、森林工业专用设备制造企业数量(家)	61
二、营林机械制造企业数量(家)	0

表 31-2　上海林业产业特色

项目名称	全国排名	数量	占全国的比(%)
木材采运及锯材木片加工业			
木材批发企业数量(家)	1	74439	45. 66
木制品生产业			
西乐器制造企业数量(家)	1	201	17. 34
火柴制造企业数量(家)	2	285	24. 98
家具制造业			
复合木地板产量(万平方米)	4	2892. 9	8. 11
木制家具制造企业数量(家)	4	5656	6. 88
木浆纸制品产业			
纸制品企业数量(家)	5	6366	6. 15
林产化工产业			
林产化学产品制造企业数量(家)	1	2276	38. 21
森林旅游业			
园林绿化企业数量(家)	2	6278	7. 29

表 31-3　上海各产业对总产值的贡献

	项目名称	产值(万元)	百分比(%)
	总产值	3346594	100
1	木浆纸制品生产业	1169118	34. 93
2	木竹藤家具制造业	732909	21. 9
3	木制品生产业	521787	15. 59
4	人造板制造业	255293	7. 63
5	果品产业	214105	6. 4
6	林产化工产业	119635	3. 57
7	其他	85319	2. 55
8	林业服务业	60161	1. 8
9	园林植物产业	54137	1. 62
10	森林培育业	35864	1. 07
11	木材生产业	34088	1. 02
12	种苗产业	31025	0. 93
13	林业系统非林产业	21481	0. 64
14	森林旅游业	8170	0. 24
15	森林蔬菜产业	2241	0. 07
16	竹藤产业(不含家具)	808	0. 02
17	野生动物驯养业	453	0. 01

江苏省林业产业

【产业特点】 2011 年，全省林业总产值达 2291 亿元，占全国林地的 0.7%，创造了占全国 7% 的林业产业产值。全省林业一、二、三产业的比重由 2002 年的 36∶59∶5 调整为 2011 年的 26∶65∶9。林业龙头企业不断壮大，全省 40 家林业企业年总产值超过 300 亿元，其中有 6 家企业年销售收入超 10 亿元，最大的企业年销售收入超过 100 亿元。全省林业产业概况(见表 32-1)。

与其他省比较，江苏省特色产业突出表现在人造板、单板、木竹地板、木制品、家具制造、蚕丝加工、林业机械、造纸等产业上，其中人造板产量全国第 2 位，人造板制造企业数量全国第 1 位，木竹地板产量全国第 1 位，木制品企业数量全国第 1 位，中乐器制造企业数量全国第 1 位，木片加工企业数量全国第 1 位，森林工业专用设备制造企业数量全国第 1 位，纸浆制造企业数量全国第 2 位(详见表 32-2)。

从本省来看，对林业总产值贡献最大的是人造板制造业，占本省林业总产值的 22.67%，其次是木浆纸制品生产业占 10.59%，木材生产业 8.89%，园林植物产业 6.95%，木制品生产业 6.45%(详见表 32-3)。

【木材加工】 以杨树为主的木材加工业是江苏省的一大特色。全省现有杨树成片林 93 万公顷，年提供杨木 635 万立方米。泗洪陈圩林场建有亚洲规模最大和品系最多的美洲黑杨种质资源库，保有 42 个品系、300 多个无性系杨树优良品种。据统计，全省以杨树为主要加工原料从简单初加工户到大型现代企业共 6000 多家，2011 年杨树林板纸一体化产值 1704 亿元，木材制品出口额 33 亿美元。全省人造板产量 3639 万立方米，位居全国第 2 位，地板产量 1.83 亿平方米，居全国第 1 位。

【种苗】 林木种苗的种植规模和产值位居全国前列。截至 2011 年，林木种苗业产值 180 亿元，在田苗木面积 12.33 万公顷，苗木总产量 24 亿株。全省已经形成以淮北、沿江、苏南为主的三大苗木主产区，涌现出一批花木交易市场。如夏溪花木市场、如皋花木大世界、沭阳花木大世界、嘉泽花木市场等种苗交易市场，年销售额均在 20 亿元以上。

【野生动植物繁育】 全省涌现出野生动植物繁育加工利用企业 110 余家，实现产值 90 亿元，从业人员 1.95 万人。

【林产化工】 据不完全统计，全省现有林产化工企业约 300 家，其中制浆造纸企业 200 多家，林产初级化学品及深加工产品生产企业 20 多家，活性炭及炭材料生产企业 20 家，植物提取物及其衍生物生产企业约 30 家，香料生产企业约 50 家。产品被广泛应用于化工、轻工、电子、机械、石油、军工和食品等行业。

【森林旅游】 全省现有森林公园 59 处，经营面积 78317.6 公顷，其中国家级森林公园 16 处。湿地公园 31 处，其中国家级湿地公园 11 处，规划面积 37796 公顷。自然保护区 22 处，总面积 371000 公顷。2011 年，全省森林、湿地生态旅游人数超过 3000 万人次，旅游业从业人员 1.2 万人，林业旅游与休闲观光业产值 128 亿元。

【特色林产品】 2011 年，特色林产品综合利用产值 188 亿元。其中银杏业产值 32 亿元，形成以采叶加工为主的邳州主产区和银杏果综合利用为主的泰兴主产区。全省银杏成片林总面积 5.33 万公顷，年产白果 1.2 万吨，干青叶 1.5 万吨，银杏酮 300 吨。

【主要企业】 大亚集团每年消耗“三剩物”和“次小薪材”近60万吨，木材采购金额达到3.5亿元，直接惠及农民5万户，每户增加收入7000元；江苏胜阳集团是板材加工业的领头羊，其带动的种植业、加工业、服务业、餐饮业、运输业、养殖业等产业的发展，为周边3000多人提供了就业岗位，为附近农民年增收1.2万元；邳州市陈楼、铁富、港上、邹庄4个镇30万农民从银杏产业中获得的纯收入近6亿元，人均达2000元。沭阳县桑墟镇、贤官镇，泗阳县临河镇等乡镇90%的农民从事林木种苗的种植，农业收入的90%来自于林木种苗；泰兴市引导农民进行银桑、银经、银果、银蔬、银药等高效间套种模式，每亩纯收益达2000元。

【林业对外贸易】 2011年，江苏省口岸累计出口各类人造板1200万立方米，出口额25亿美元，累计出口各类木竹地板1.2亿平方米，出口额6.8亿美元。邳州市是江苏省人造板出口大县，该县2011年人造板产量937万立方米，其中出口690万立方米，出口额10.2亿美元。江苏横林镇是中国强化木地板之都，强化木地板生产基地，拥有强化木地板生产企业174家，配套生产企业200多家，其中23家企业为出口分类管理一、二类企业，2011年累计出口地板22000多批次，产品销往149个国家和地区，出口额5.89亿美元。

（江苏省林业局）

表32-1 江苏林业产业概况

指　标	数量
林业产业总产值（按现行价格计算）（万元）	22916203
一、第一产业总产值	6180705
（一）涉林产业总产值	6076148
1. 林木的培育和种植	1798365
2. 木材和竹材的采运	420979
3. 经济林产品的种植与采集	1658773
4. 花卉的种植	1593516
5. 陆生野生动物繁育与利用	42926
6. 林业生产辅助服务	561589
（二）林业系统非林产业产值	104557
二、第二产业总产值	14936348
（一）涉林产业总产值	14345255
1. 木材加工及木、竹、藤、棕、苇制品制造	8373108
（1）锯材、木片加工	1622321
（2）人造板制造	5194701
（3）木制品制造	1378857
2. 木、竹、藤家具制造	708547
3. 林产化学产品制造	807782
4. 非木质林产品加工制造	576645
5. 其他	1352753
（二）林业系统非林产业产值	591093
三、第三产业总产值	1799150
（一）涉林产业总产值	1727664
1. 林业旅游与休闲服务	902021
2. 林业生态服务	288559
3. 林业专业技术服务	137675
4. 林业公共管理及其他组织服务	399409
（二）林业系统非林产业产值	71486
补充资料：全部山区县茶、桑、果产值	76786
全部丘陵县茶、桑、果产值	135534
森林资源情况	
一、森林覆盖率（%）	10.48
二、林地面积（万公顷）	128.64
三、森林面积（万公顷）	107.51
四、人工林面积（万公顷）	104.15
五、活立木总蓄积量（万立方米）	5022.59
六、森林蓄积量（万立方米）	3501.75
七、人工林蓄积量（万立方米）	3407.83
八、乔木林单位面积蓄积量（立方米/公顷）	47.04
森林培育	
一、荒山荒（沙）地造林面积（按林种用途分）（公顷）	
（一）用材林	7601
（二）经济林	7683
（三）防护林	41082
（四）薪炭林	0
（五）特种用途林	928
二、森林抚育面积（公顷）	
（一）低产低效林改造	417
（二）实际幼林抚育	143661
（三）成林抚育	441481
三、林业单位数量（家）	3052
主要木材、竹材产品产量（万立方米）	
一、木材总计	166.14
（一）原木	159.1
其中：针叶原木	12.98
1. 直接用原木	73.8
2. 等内加工原木	8.28
3. 其他原木	17.18
（二）薪材	7.04
二、木材采运企业数量（家）	152

指　标	数量
三、竹材采运企业数量(家)	20
四、木材批发企业数量(家)	50430
锯材生产	
一、锯材产量(万立方米)	83.84
二、锯材加工企业数量(家)	451
人造板生产(万立方米)	
人造板总产量	3639.02
一、胶合板	2010.26
(一)木胶合板	1539.1
(二)竹胶合板	4.96
(三)其他胶合板	466.2
二、纤维板	656.13
三、刨花板	528.09
四、其他人造板	444.54
五、人造板制造企业数量(家)	4607
六、胶合板制造企业数量(家)	2061
七、纤维板制造企业数量(家)	149
八、刨花板制造企业数量(家)	149
九、其他人造板制造企业数量(家)	779
木制品	
一、木制品企业数量(家)	9794
二、生产用木制品企业数量(家)	3288
三、生活用木制品企业数量(家)	526
四、中乐器制造企业数量(家)	129
五、西乐器制造企业数量(家)	98
木家具企业	
一、木制家具制造企业数量(家)	6819
二、竹藤制家具制造企业数量(家)	150
三、家具零售企业数量(家)	13206
木片生产	
一、木片、木粒加工产品(万实积立方米)	103.53
二、木片加工企业数量(家)	2512
竹藤生产	
一、竹、藤、棕、草制品企业数量(家)	672
二、竹、藤、棕、草工艺品制造企业数量(家)	346
果品木本粮油	
一、水果产量(吨)	2459716
其中：苹果	653425
梨	653477
葡萄	374052
桃	471683
杏	23208
猕猴桃	3248
其他水果	228545
二、干果产量(吨)	93884
其中：核桃	4

指　标	数量
板栗	26255
枣(干重)	5895
柿子(干重)	27165
其他干果	337
三、木本油料	4
四、水果罐头制造企业数量(家)	116
森林蔬菜	
一、森林食品(干重)(吨)	18405
其中：食用菌	15260
山野菜	302
其他森林食品	49
二、蔬菜、果品批发企业数量(家)	2555
调料	
林产调料产品(干重)	36
其中：花椒	28
中药材	
一、木本药材(吨)	14798
其中：杜仲	40
枸杞	29
山茱萸	1
其他木本药材	14728
二、中草药及制品批发企业数量(家)	641
花卉	
一、年末实有花卉种植面积(公顷)	156737
二、切花切叶产量(万支)	165727.81
三、盆栽植物产量(万盆)	21306.7
四、观赏苗木产量(万株)	463014.16
五、草坪产量(万平方米)	2010.47
六、花卉场(家)	289
七、花卉企业数量(家)	4597
其中：大中型企业	1340
八、花农(万户)	22.88
九、花卉从业人员(万人)	76.98
其中：专业技术人员	1.35
十、控温温室面积(万平方米)	612.7
十一、日光温室面积(万平方米)	1712.68
林产化工	
一、林产化学产品制造企业数量(家)	88
二、香料、香精制造企业数量(家)	336
蚕	
一、缫丝企业数量(家)	543
二、绢纺企业数量(家)	342
森林旅游	
一、旅游人次(人)	67348433
二、旅游收入(万元)	902021
三、森林公园总数(处)	58

指　标	数量
四、森林公园总面积(公顷)	92761.12
五、国家森林公园数量(处)	15
六、国家森林公园面积(公顷)	33051.6
七、省级森林公园数量(处)	43
八、省级森林公园面积(公顷)	59709.52
九、县级森林公园数量(处)	0
十、县级森林公园面积(公顷)	0
十一、森林公园收入总额(万元)	145231.73
十二、旅游接待总人数(万人次)	3643.02
十三、旅游接待海外旅游者(万人次)	156.06
十四、园林绿化企业数量(家)	5843
十五、自然保护区管理单位数量(家)	64
森林机械	
一、森林工业专用设备制造企业数量(家)	348
二、营林机械制造企业数量(家)	36

表 32-2　江苏林业产业特色

项目名称	全国排名	数量	占全国的比(%)
概况			
总产值(万元)	5	22916203	7.49
第一产业总产值(万元)	4	6180705	5.59
第一产业涉林产业产值(万元)	4	6076148	5.73
第一产业湿地产业产值(万元)	2	52333	15.73
第二产业总产值(万元)	5	14936348	8.95
第二产业涉林产业产值(万元)	5	14345255	8.84
第二产业其他涉林产业产值(万元)	1	1352753	18.38
第二产业林业系统非林产业产值(万元)	4	591093	13.06
第三产业产值(万元)	5	1799150	6.31
第三产业涉林产业产值(万元)	5	1727664	6.99
第三产业湿地产业产值(万元)	4	72790	12.56
森林培育			
林木的培育和种植产值(万元)	2	1798365	9.39
育种和育苗产值(万元)	3	819782	12.45
林木的抚育和管理产值(万元)	2	535796	10.23
幼林的抚育和管理产值(万元)	3	158053	8.01
成林的抚育和管理产值(万元)	2	295381	11.25
木材采运及锯材木片加工业			
农民自用材采运产值(万元)	5	47599	8.37
锯材、木片加工产值(万元)	2	1622321	13.97
系统外企、事业单位采伐自营林地的木材产量(万立方米)	4	26	8.62
特种锯材产量(万立方米)	5	3.62	9.35
木材批发企业数量(家)	2	50430	30.94
木片加工企业数量(家)	1	2512	16.86
人造板制造			
人造板制造产值(万元)	2	5194701	13.98
人造板产量(万立方米)	2	3639.02	17.4
胶合板产量(万立方米)	2	2010.26	20.37
木胶合板产量(万立方米)	2	1539.1	18.18
其他胶合板产量(万立方米)	1	466.2	46.81
纤维板产量(万立方米)	2	656.13	11.8
木质纤维板产量(万立方米)	2	656.13	11.96
硬质纤维板产量(万立方米)	4	22.5	4.46
中密度纤维板产量(万立方米)	2	633.63	12.74
刨花板产量(万立方米)	2	528.09	20.63
木质刨花板产量(万立方米)	2	527.73	20.97
其他人造板产量(万立方米)	1	444.54	15.18
细木工板产量(万立方米)	1	302.31	14.86
单板产量(万立方米)	1	1062.12	33.47
强化木产量(万立方米)	4	0.66	2.35
人造板制造企业数量(家)	1	4607	15.15
胶合板制造企业数量(家)	2	2061	13.56
纤维板制造企业数量(家)	3	149	8.51
刨花板制造企业数量(家)	3	149	9.73
其他人造板制造企业数量(家)	3	779	8.58
木制品生产			
木材加工及木、竹、藤、棕、苇制品制造产值(万元)	2	8373108	12.33
木制品制造产值(万元)	4	1378857	9.33
木制品企业数量(家)	1	9794	14.33
生产用木制品企业数量(家)	3	3288	9.4
中乐器制造企业数量(家)	1	129	16.84
火柴制造企业数量(家)	1	393	34.44
家具制造业			
木竹地板产量(万平方米)	1	18342.39	29.16
实木木地板产量(万平方米)	4	994.49	8.13
复合木地板产量(万平方米)	1	13971.67	39.17
其他木地板产量(万平方米)	2	2918.57	28.3
竹地板产量(万平方米)	5	457.68	9.75
木制家具制造企业数量(家)	3	6819	8.29
竹藤制家具制造企业数量(家)	4	150	7.36
家具零售企业数量(家)	2	13206	10.85
木浆纸制品			
木、竹、苇浆造纸产值(万元)	4	2427357	6.13

项目名称	全国排名	数量	占全国的比(%)
纸浆制造企业数量(家)	2	192	8.7
纸制品企业数量(家)	3	13668	13.21
园林植物产业			
花卉的种植产值(万元)	1	1593516	16.95
实有花卉种植面积(公顷)	1	156737	18.18
切花切叶产量(万支)	3	165727.81	11.64
观赏苗木产量(万株)	1	463014.16	38.31
花卉企业数量(家)	3	4597	10.85
大中型花卉企业数量(家)	3	1340	16.86
花农数量(万户)	1	22.88	19.52
花卉从业人员数量(万人)	1	76.98	17.8
控温温室面积(万平方米)	1	612.7	18.39
日光温室面积(万平方米)	2	1712.68	11.35
果品产业			
桃产量(吨)	5	471683	4.34
银杏(白果)产量(吨)	1	34228	46.96
蔬菜、果品批发企业数量(家)	4	2555	6.34
林产化工产业			
林产化学产品制造产值(万元)	3	807782	14.04
香料、香精制造企业数量(家)	2	336	9.78
生物制品企业数量(家)	3	980	8.42
野生动物驯养业			
动物胶制造企业数量(家)	5	59	6.86
蚕养殖及蚕丝加工业			
缫丝企业数量(家)	2	543	18.31
绢纺企业数量(家)	2	342	25.24
森林旅游业			
森林旅游人次(人次)	4	67348433	5.99
旅游直接带动的其他产业产值(万元)	5	1633868	4.96
其他收入(万元)	4	83717.24	8.97
旅游接待总人数(万人次)	3	3643.02	7.78
旅游接待海外旅游者(万人次)	2	156.06	12.93
本年度旅游自筹资金(万元)	4	68703.38	7.01
导游人数(人)	5	896	5.58
园林绿化企业数量(家)	4	5843	6.79
风景名胜区管理企业数量(家)	1	1034	14.8
林业机械制造业			
森林工业专用设备制造企业数量(家)	1	348	25.13
营林机械制造企业数量(家)	2	36	11.36
林业生态文化产业			
林业生产辅助服务产值(万元)	1	561589	29.31
林业生态服务产值(万元)	2	288559	10.43
林业专业技术服务产值(万元)	1	137675	17.16
林业公共管理及其他组织服务产值(万元)	1	399409	15.85
林业单位数量(家)	3	3052	5.85

表 32-3　江苏各产业对总产值的贡献

	项目名称	产值(万元)	百分比(%)
	总产值	22916203	100
1	人造板制造业	5194701	22.67
2	木浆纸制品生产业	2427357	10.59
3	其他	2198504	9.59
4	木材生产业	2036388	8.89
5	园林植物产业	1593516	6.95
6	木制品生产业	1477920	6.45
7	果品产业	1032854	4.51
8	森林培育业	978583	4.27
9	森林旅游业	902021	3.94
10	林业服务业	825643	3.6
11	种苗产业	819782	3.58
12	林产化工产业	807782	3.52
13	林业系统非林产业	767136	3.35
14	木竹藤家具制造业	708547	3.09
15	茶咖啡产业	190565	0.83
16	竹藤产业(不含家具)	184141	0.8
17	中药业	86678	0.38
18	森林蔬菜产业	79570	0.35
19	野生动物驯养业	42926	0.19

浙江省林业产业

【产业特点】 一、二、三产业产值占总产值的比重为20.8∶60.3∶18.9，林业占农民收入的比重从2010年的15%提高到2011年的18%以上。涌现出了一批林业经济强市、强县，全省有75个县(市、区)林业总产值超过10亿元，其中超过100亿元的有8个(富阳、临安、南浔、德清、安吉、义乌、东阳、江山)、50亿元的有10个、40亿元的有2个、30亿元的有12个、20亿元的有18个、10亿元的有25个县(市、区)。林业产业概况见表33-1。

全省农村居民增收1/4来自林业产业，人均林业纯收入占人均纯收入的比重达16%，人均林业总收入2665元，其中工资639元，家庭经营1739元，森林旅游经营和务工148元，资源流转24元，转移20元，其他94元。重点林区县林业占农民收入的比重更高，9个重点林区县人均林业纯收入5472元，占54%。

与其他省比较，浙江省林业产业特色突出表现在竹藤、花卉、木地板、蚕丝加工、林业机械等产业上，其中竹藤制家具制造企业数量全国第1，竹、藤、棕、草制品企业数量全国第1，竹胶合板产量全国第1，竹笋干产量全国第1，大中型花卉企业数量全国第1，专业花卉从业人员数量全国第1，实木木地板产量全国第1，缫丝企业数量和绢纺企业数量都是全国第1，详见表33-2。

从全省来看，对林业产业总产值贡献最大的是木浆纸制品业，占总产值的25.78%，其次是木制品业占15.57%，然后依次是木竹藤家具制造业8.95%，森林旅游业7.17%，果品业6.58%，5项产业占总产值的64.05%(详见表33-3)。

【政策措施】 培育林业专业大户　开展联基地联大户活动，以村级“能人”为骨干，层层建立示范户示范点，目前全省各级林业部门已建立各种示范户12534户、示范面积9.2万公顷。同时针对林改后山林普遍分散等特点，培育“林保姆”式的新型经营主体，通过山林代管、委托经营等形式，培植经营大户，目前全省“林保姆”式专业户3.58万户，经营面积26.4万公顷。

培育林业专业合作社　积极引导林农在自主自愿和明确利益分配的基础上，采取家庭联合经营、委托经营、合作经营、股份制等形式，建立林业合作经济组织和林业经营实体。目前，全省建立紧密型农民林业专业合作社1718个，社员数15万个，带动农户95万户，带动基地30万公顷，其中干鲜果类、花卉苗木类和竹笋类占70%以上。

健全流转制度　制定《浙江省森林、林木和林地流转管理办法》、《浙江省森林资源资产抵押管理暂行办法》等政策性文件，初步明确了物权和债权的各自范围及其管理方式，规定相关部门的管理职责和林权流转程序，为规范林权有序流转提供了制度保障。

加强流转服务　积极开展林权管理机构、森林资产评估机构、森林资源收储中心等组织机构建设，开展林权登记、信息发布、森林资产评估、林权流转、林权证抵押贷款、林业保险、林业法律咨询和林业科技服务。目前，全省已有65个县挂牌成立了林权管理中心，210个乡镇建立了林权管理服务站，为林权流转建立了规范高效的一站式综合服务平台。

建立林权交易市场　全省有49个县挂牌成立了林权交易中心，年均流转面积近6.67万公顷，全省累计流转面积91.07万公顷，流转金额214亿元。省政府批建了华东林业产权交易所，目前在林交所挂牌的林权项目累计97项，其中网上成交项目57项，成交面积0.08万公顷，成交金额4250万元，相比起拍价，平均增值28.6%。

推进林权抵押贷款　全省已有45个县开展了林权抵押贷款业务，贷款银行已扩展到12家国有及商业银行，累计发放林权抵押贷款62.96亿元，借款农户7.86万户。开展林权作价出资公司登记工作，全省首批以林权非货币财产出资的6家公司在安吉成功注册，注册资本2.17亿元，其中以林权作价出资总额1.5亿元，出资林地近0.13万公顷。创新银林合作模式，与建行浙江省分行共同打造"林贷通"网络银行融资平台，推出林业企业联贷联保等4款绿色融资产品，目前已为冠军香榧、鑫凤竹木等449家林业企业提供融资服务33.8亿元。

推进林权信息管理系统建设 庆元、龙泉等地通过建设"林权IC卡"，将林权信息、森林资源资产评估数据与金融系统实现对接，有效破解林权抵押贷款工作中的"评估难"、"耗时长"等问题。

加强森林资源资产评估咨询人员培训 358位从业人员取得了评估咨询资格，认定了10位省级森林资源资产评估专家，目前全省已成立森林资源资产评估机构和评估咨询机构27家，累计完成属于森林资源资产流转、抵押业务的评估4900多笔、评估价值80多亿元。

开展林业担保工作 浙江信林担保有限公司已累计为400多家林产品加工企业、专业合作社提供融资担保42亿元，受保企业新增产值118亿元。

加大林业金融扶持 省委、省政府制定了林权抵押贷款财政贴息政策，明确各级财政要加大贴息力度，完善财政贴息政策，提高林业贷款贴息率，延长贴息期限，完善林业贷款和担保机构风险补偿制度。开展政策性林木综合保险工作，将林木保险纳入政策性保险范围，全省所有用材林、经济林和竹林种植户都可投保。目前全省投保公益林204.8万公顷，投保用材林、经济林、竹林96.4万公顷，有效地增强了林业风险防范能力。

加强基础设施建设 2010年，省政府启动实施了10万千米林道建设工程，并将其列入"办好关系民生问题的10个方面实事"，省财政分别给予发达地区每千米3万元、欠发达地区每千米5万元的补助。2010年已建设林区道路6180千米，2011年将预计完成1万千米。林区道路的节本增效作用十分明显，深受林农群众欢迎。

搭建市场营销平台 健全完善林产品流通体制，连续举办4届中国义乌国际森林产品博览会，3届国家级和5届省级森林旅游节，8届中国(萧山)花木节，3次笋竹产品省外推介会等活动，实现以市场需求组织林业生产，扩大内需，积极应对全球金融危机。第4届森博会参展企业达到2000家，来自100多个国家(地区)的13.25万名境内外采购商参会，实现总成交额50.18亿元，展会规模、展会成交额、展会影响力均居亚太地区同类展会首位。

强化林业科技支撑 加强示范园区、企业与科研单位、大专院校之间的合作，建立首席专家、责任林技员与示范户一体化科技支撑体系。着力实施园区集约经营，把标准化、产业化、生态化等要素有机结合，加快应用林业先进技术，强化水肥管理、林地改良、品种改造等措施，促进精耕细作和立体经营。大力开展服务基层、服务企业科技活动，组织开展"毛竹双百万示范"、"双百科技进园区"活动，省市县三级联动，组织百位专家走进百个园区，强化技术培训和技术指导，推广良种良法，提高科技水平。自"十五"以来，全省大规模推广一竹三笋栽培技术，竹林亩均效益从500元增加到4000多元，全省竹林产值从30亿提高到68亿元。特别是通过竹林覆盖，每亩竹林产值高的超过3万元，强林惠农效益十分显著。

【竹木加工】 竹产品从竹胶合板、竹地板、竹凉席等传统产品拓展到了竹木复合板、竹材饰面板、竹纤维、竹炭等精深加工产品。全省已发展林业龙头企业1000多家，列入省重点扶持的457家，形成了安吉的竹加工业，南浔的地板业，嘉善、德清和丽水的人造板业，江山、永康的木门业，东阳的木雕和红木家具业，云和的木制玩具业等特色产业集群。全省建立农民林业专业合作社1718个，社员15万个，带动农户95万户，带动基地30万公顷。

【油茶】 全省共落实油茶产业发展资金3.48亿元，32个油茶项目县共完成油茶新造林0.7万公顷，油茶低产林改造0.67万公顷。

【花卉苗木】 全省花卉苗木生产面积12.87万公顷，种植业产值155亿元，浙江企业完成园林绿化工程额超过200亿元，花卉及资材批发零售额51

亿元，花卉苗木行业总产值400多亿元，位居全国首位。全省花卉苗木从业人员65.8万人，花木种植人均产值36837元，花木种植亩均产值8057元，仍然是全省效益最高的种植业。

【森林旅游和野生动物驯养】 以举办森林旅游节为载体，扩大全省森林旅游产业影响。温州市被列为国家森林旅游试验示范区，淳安、临安、遂昌、舟山、宁海的森林旅游业发展迅速。全省现有省级以上森林公园112个，总面积达33.5万公顷，其中国家森林公园38个，面积20.5万公顷；认定省级森林旅游区19家，发展省级林业观光园区217家；森林旅游年产值288.7亿元，年接待旅客10568.8万人次。新增野生动物驯养企业269家，经营利用646家。

【展会】 举办第9届中国(金华)苗交会、2011中国(萧山)花木节、中国(长兴)花木大会、中国(温州)森林旅游节、浙江(诸暨)森林旅游节、浙江(遂昌)森林旅游节和浙江笋竹产品中原行等活动。

浙江笋竹产品中原行 2011年3月23～24日，在河南省郑州市成功举办浙江笋竹产品中原行活动。该活动以"浙江笋竹挺进中原、共享生态森林产品"为主题，通过开展专题推介会、竹笋菜肴展示、百人共享竹笋宴、县市长现场宣传推介、市民品笋等系列活动，让更多的城乡居民"识笋、吃笋、用竹"，拓展浙江笋竹产品的中原市场，让这一生态健康的森林产品走进中原的千家万户。

活动安排了大型专题推介会、竹笋菜肴实样观摩、笋竹产品展示与洽谈、百人共享竹笋宴、县市长广场宣传推介、市民互动和品笋等系列活动。由安吉"百笋宴"提供竹笋菜肴实样；由各县企业提供200多种笋竹产品参加展示；有300人共享竹笋宴，鲜笋从浙江省带去，浙江厨师参与烹调；厅领导、县市长广场推销产品；广场互动节目表演、市民品"腌笃鲜"，场面十分火爆。这次活动收效明显，受到浙豫两省企业的欢迎。全省组织了20几个竹重点县的60多家笋竹加工企业，近300人参加。邀请了河南省100多家超市商场、宾馆餐饮、食品和建材市场等企业采购商和经销商进行交流和接洽。会上，还举行了笋竹产品销售合作签约仪式，浙豫两省16家企业签订包括鲜笋、调味笋、竹地板、竹工艺品在内的多类笋竹产品经销协议，协议总额超过亿元。

第二届中国国际林业产业博览会 第二届中国国际林业产业博览会暨第四届中国义乌国际森林产品博览会(简称第二届林博会)由国家林业局和省政府共同主办，为期4天，于2011年11月4日闭幕。来自境外30个国家(地区)以及国内30个省(市、区)的2000余家企业参展，设国际标准展位4519个，展览面积8.1万平方米。据初步统计，实现展览成交额50.18亿元，其中外贸成交额26.09亿元，占总成交额的51.9%；共有来自100多个国家(地区)的13.25万名境内外采购商参会，其中境外客商6500余人。

森林旅游节 2011年5月15日，以"走进山水温州，体验森林旅游"为主题的2011中国(温州)森林旅游节暨浙江省第5届森林旅游节在温州市开幕。本届森林旅游节由国家林业局、浙江省人民政府主办，浙江省林业厅、温州市人民政府承办。

2011年10月16日，由省林业厅、省旅游局和绍兴市人民政府主办，诸暨市人民政府承办，以"走进森林诸暨　享受森林生态"为主题，旨在展示诸暨丰富的山水旅游资源，树立"关注森林　保护自然"的生态意识，促进诸暨"西施文化　生态五泄"品牌建设的2011浙江(诸暨)森林旅游节暨绍兴市第3届森林休闲节在西施故里开幕。

10月28日，2011浙江(遂昌)森林旅游节在遂昌县南尖岩景区开幕。由浙江省林业厅、浙江省文化厅、浙江省旅游局、浙江省生态文化协会、丽水市人民政府共同主办。

(浙江省林业厅产业办)

表33-1　浙江林业产业概况

指　标	数量
林业产业总产值(按现行价格计算)(万元)	27919858
一、第一产业总产值	6572664
(一)涉林产业总产值	6543762
1. 林木的培育和种植	1734179
2. 木材和竹材的采运	449467
3. 经济林产品的种植与采集	3701972
4. 花卉的种植	379164
5. 陆生野生动物繁育与利用	238031

指　标	数量
6. 林业生产辅助服务	40949
（二）林业系统非林产业产值	28902
二、第二产业总产值	19007542
（一）涉林产业总产值	18991362
1. 木材加工及木、竹、藤、棕、苇制品制造	6056685
（1）锯材、木片加工	567233
（2）人造板制造	1522746
（3）木制品制造	2958663
2. 木、竹、藤家具制造	2499683
3. 林产化学产品制造	152946
4. 非木质林产品加工制造	1679905
5. 其他	15358
（二）林业系统非林产业产值	16180
三、第三产业总产值	2339652
（一）涉林产业总产值	2318279
1. 林业旅游与休闲服务	2000940
2. 林业生态服务	193906
3. 林业专业技术服务	17475
4. 林业公共管理及其他组织服务	105958
（二）林业系统非林产业产值	21373
补充资料：全部山区县茶、桑、果产值	1891417
全部丘陵县茶、桑、果产值	441061
森林资源情况	
一、森林覆盖率（%）	57.41
二、林地面积（万公顷）	667.97
三、森林面积（万公顷）	584.42
四、人工林面积（万公顷）	267.44
五、活立木总蓄积量（万立方米）	19382.93
六、森林蓄积量（万立方米）	17223.14
七、人工林蓄积量（万立方米）	6008.28
八、乔木林单位面积蓄积量（立方米/公顷）	43.76
森林培育	
一、荒山荒（沙）地造林面积（按林种用途分）（公顷）	
（一）用材林	2665
（二）经济林	8158
（三）防护林	28734
（四）薪炭林	0
（五）特种用途林	916
二、森林抚育面积（公顷）	
（一）低产低效林改造	27422
（二）实际幼林抚育	50091
（三）成林抚育	223425
三、林业单位数量（家）	1824
主要木材、竹材产品产量（万立方米）	
一、木材总计	176.26
（一）原木	175.26

指　标	数量
其中：针叶原木	116.8
1. 直接用原木	37.59
2. 等内加工原木	54.02
3. 其他原木	11.12
（二）薪材	1
二、木材采运企业数量（家）	54
三、竹材采运企业数量（家）	30
四、木材批发企业数量（家）	3452
锯材生产	
一、锯材产量（万立方米）	300.46
二、锯材加工企业数量（家）	1016
人造板生产（万立方米）	
人造板总产量	594.59
一、胶合板	195.47
（一）木胶合板	85.76
（二）竹胶合板	105.16
（三）其他胶合板	4.55
二、纤维板	128.12
三、刨花板	18.34
四、其他人造板	252.67
五、人造板制造企业数量（家）	2556
六、胶合板制造企业数量（家）	1522
七、纤维板制造企业数量（家）	108
八、刨花板制造企业数量（家）	90
九、其他人造板制造企业数量（家）	769
木制品	
一、木制品企业数量（家）	9048
二、生产用木制品企业数量（家）	5234
三、生活用木制品企业数量（家）	1972
四、中乐器制造企业数量（家）	53
五、西乐器制造企业数量（家）	143
木家具企业	
一、木制家具制造企业数量（家）	7331
二、竹藤制家具制造企业数量（家）	381
三、家具零售企业数量（家）	9079
木片生产	
一、木片、木粒加工产品（万实积立方米）	51.92
二、木片加工企业数量（家）	869
竹藤生产	
一、竹、藤、棕、草制品企业数量（家）	4878
二、竹、藤、棕、草工艺品制造企业数量（家）	3939
果品木本粮油	
一、水果产量（吨）	4143525
其中：梨	446643
葡萄	538801
桃	405547

指　标	数量
猕猴桃	14584
其他水果	653196
二、干果产量(吨)	105325
其中：核桃	19618
板栗	71575
枣(干重)	559
柿子(干重)	7866
其他干果	3884
三、木本油料	48860
四、水果罐头制造企业数量(家)	290
森林蔬菜	
一、森林食品(干重)(吨)	222912
其中：食用菌	71010
山野菜	2874
其他森林食品	218
二、蔬菜、果品批发企业数量(家)	3444
调料	0
中药材	
一、木本药材(吨)	15582
其中：杜仲	2460
山茱萸	4359
其他木本药材	6856
二、中草药及制品批发企业数量(家)	2637
花卉	
一、年末实有花卉种植面积(公顷)	58173
二、切花切叶产量(万支)	134528.96
三、盆栽植物产量(万盆)	19099.33
四、观赏苗木产量(万株)	305816.84
五、草坪产量(万平方米)	6264.79
六、花卉场(家)	123
七、花卉企业数量(家)	8135
其中：大中型企业	2140
八、花农(万户)	13.73
九、花卉从业人员(万人)	50.11
其中：专业技术人员	2.77
十、控温温室面积(万平方米)	369.45
十一、日光温室面积(万平方米)	1211.46
林产化工	
一、林产化学产品制造企业数量(家)	311
二、香料、香精制造企业数量(家)	248
蚕	
一、缫丝企业数量(家)	543
二、绢纺企业数量(家)	666
森林旅游	
一、旅游人次(人)	105688265
二、旅游收入(万元)	2000940
三、森林公园总数(处)	169
四、森林公园总面积(公顷)	415761.53
五、国家森林公园数量(处)	37
六、国家森林公园面积(公顷)	219050.11
七、省级森林公园数量(处)	75
八、省级森林公园面积(公顷)	125717.61
九、县级森林公园数量(处)	57
十、县级森林公园面积(公顷)	70993.81
十一、森林公园收入总额(万元)	1169392.34
十二、旅游接待总人数(万人次)	3542.58
十三、旅游接待海外旅游者(万人次)	82.92
十四、园林绿化企业数量(家)	5157
十五、自然保护区管理单位数量(家)	1024
森林机械	
一、森林工业专用设备制造企业数量(家)	71
二、营林机械制造企业数量(家)	110

表 33-2　浙江林业产业特色

项目名称	全国排名	数量	占全国的比(%)
概况			
总产值(万元)	3	27919858	9.13
第一产业总产值(万元)	3	6572664	5.94
第一产业涉林产业产值(万元)	3	6543762	6.18
第二产业总产值(万元)	3	19007542	11.39
第二产业涉林产业产值(万元)	3	18991362	11.7
第三产业产值(万元)	4	2339652	8.2
第三产业涉林产业产值(万元)	4	2318279	9.38
第三产业湿地产业产值(万元)	2	103773	17.91
经济林产品的种植与采集产值(万元)	3	3701972	5.86
森林培育业			
林木的培育和种植产值(万元)	3	1734179	9.05
育种和育苗产值(万元)	1	1382837	21
森林覆盖率()	3	57.41	281.97
木材采运及锯材木片加工业			
竹材采运产值(万元)	2	276159	16.98
除毛竹、篙竹外的其他竹材采运产值(万元)	2	37230	12.75
针叶原木产量(万立方米)	3	116.8	8.08
杉原条产量(万立方米)	4	66.91	12.83
村及村以下各级组织和农民个人生产的竹材产量(万根)	2	16569.14	18.44
锯材产量(万立方米)	5	300.46	6.74
普通锯材产量(万立方米)	5	293.81	6.71
枕木及其他锯材产量(万立方米)	3	3.32	7.6

项目名称	全国排名	数量	占全国的比(%)
锯材加工企业数量(家)	5	1016	6.99
木材批发企业数量(家)	5	3452	2.12
木片加工企业数量(家)	5	869	5.83
人造板制造业			
竹胶合板产量(万立方米)	1	105.16	25.89
软质纤维板产量(万立方米)	4	0.35	4.4
非木质刨花板产量(万立方米)	5	1.96	4.6
其他人造板产量(万立方米)	5	252.67	8.63
细木工板产量(万立方米)	3	237.01	11.65
强化木产量(万立方米)	1	15.42	54.76
指接材产量(万立方米)	2	113.6	32.21
人造板表面装饰板产量(万平方米)	1	17678.9	66.52
人造板制造企业数量(家)	4	2556	8.4
胶合板制造企业数量(家)	3	1522	10.02
其他人造板制造企业数量(家)	4	769	8.47
木制品生产业			
木材加工及木、竹、藤、棕、苇制品制造产值(万元)	4	6056685	8.92
木制品制造产值(万元)	1	2958663	20.01
木制工艺品和木制文教体育用品制造产值(万元)	1	1387903	42.79
非木质林产品加工制造产值(万元)	3	1679905	10.99
木制品企业数量(家)	2	9048	13.24
生产用木制品企业数量(家)	1	5234	14.96
生活用木制品企业数量(家)	1	1972	13.12
西乐器制造企业数量(家)	3	143	12.34
家具制造业			
木、竹、藤家具制造产值(万元)	2	2499683	10.76
木竹地板产量(万平方米)	2	11486.2	18.26
实木木地板产量(万平方米)	1	4724.15	38.62
复合木地板产量(万平方米)	2	4862.28	13.63
其他木地板产量(万平方米)	3	1063.7	10.31
竹地板产量(万平方米)	3	836.08	17.82
木制家具制造企业数量(家)	2	7331	8.91
竹藤制家具制造企业数量(家)	1	381	18.7
家具零售企业数量(家)	3	9079	7.46
木浆纸制品产业			
木、竹、苇浆造纸产值(万元)	2	7198882	18.18
纸浆制造企业数量(家)	5	114	5.17
机制纸及纸板制造企业数量(家)	1	1881	13.65
手工纸制造企业数量(家)	3	157	10.12
加工纸制造企业数量(家)	2	1310	12.36
纸制品企业数量(家)	2	14764	14.27

项目名称	全国排名	数量	占全国的比(%)
竹藤产业			
竹产业产值(万元)	1	3279808	31.33
竹、藤、棕、苇制品制造产值(万元)	2	1008043	23.27
竹、藤、棕、草制品企业数量(家)	1	4878	25.17
竹材产量(万根)	3	18681.15	12.14
毛竹产量(万根)	2	17198.4	16.77
篙竹产量(万根)	5	1482.75	2.89
小杂竹产量(万吨)	5	45.51	3.87
竹、藤、棕、草工艺品制造企业数量(家)	1	3939	34.83
园林植物产业			
切花切叶产量(万支)	5	134528.96	9.45
观赏苗木产量(万株)	2	305816.84	25.3
草坪产量(万平方米)	3	6264.79	15.34
花卉企业数量(家)	2	8135	19.2
大中型花卉企业数量(家)	1	2140	26.93
花农数量(万户)	2	13.73	11.72
花卉从业人员数量(万人)	2	50.11	11.58
专业花卉从业人员数量(万人)	1	2.77	13.18
控温温室面积(万平方米)	3	369.45	11.09
日光温室面积(万平方米)	5	1211.46	8.03
种苗产业			
繁殖圃个数(个)	5	27	6.11
繁殖圃面积(公顷)	3	787	14.71
果品产业			
全部山区县茶、桑、果产值(万元)	1	1891417	12.92
全部丘陵县茶、桑、果产值(万元)	5	441061	6.32
葡萄产量(吨)	5	538801	6.34
水果罐头制造企业数量(家)	2	290	12.18
蔬菜、果品批发企业数量(家)	3	3444	8.55
木本粮油产业			
油茶产业产值(万元)	4	146753	5.98
油茶企业数量(家)	3	190	16.18
当年低改茶林面积(公顷)	4	7366	7.87
森林蔬菜产业			
森林食品的种植与采集产值(万元)	3	821326	12.13
森林食品(干重)产量(吨)	5	222912	7.61
竹笋干产量(吨)	1	148810	25.57
茶咖啡产业			
茶及其他饮料作物的种植与采集产值(万元)	2	843847	15.28
林产饮料产品(干重)产量(吨)	3	181717	11.42
毛茶产量(吨)	3	170555	11.93

项目名称	全国排名	数量	占全国的比(%)
其他林产饮料产品产量(吨)	3	11162	10.94
果菜汁饮料制造企业数量(家)	3	347	6.94
制茶企业数量(家)	2	2522	13.01
茶叶批发企业数量(家)	4	2551	8.58
中药业			
山茱萸产量(吨)	3	4359	10.05
中草药及制品批发企业数量(家)	2	2637	9.27
林产化工产业			
松香深加工产品产量(吨)	5	15750	9.88
松节油深加工产品产量(吨)	2	10000	27.49
香料、香精制造企业数量(家)	3	248	7.22
野生动物驯养业			
陆生野生动物繁育与利用产值(万元)	3	238031	8.45
陆生野生动物饲养产值(万元)	3	234018	8.72
动物胶制造企业数量(家)	3	78	9.07
蚕养殖及蚕丝加工业			
缫丝企业数量(家)	1	543	18.31
绢纺企业数量(家)	1	666	49.15
碳素制品产业			
木材热解产品产量(吨)	2	129139	16.02
森林旅游业			
林业旅游与休闲服务产值(万元)	3	2000940	10.74
森林旅游人次(人)	3	105688265	9.41
森林旅游收入(万元)	3	2000940	10.74
森林公园总数(处)	3	169	6.15
国家森林公园数量(处)	5	37	4.95
省级森林公园数量(处)	3	75	6.06
县级森林公园数量(处)	3	57	7.48
县级森林公园面积(公顷)	4	70993.81	5.88
森林公园收入(万元)	1	1169392.34	31.07
门票收入(万元)	1	124173.28	17.86
食宿收入(万元)	1	580968.38	34.8
娱乐收入(万元)	1	155837.95	33.4
其他收入(万元)	1	308412.73	33.05
旅游接待总人数(万人次)	4	3542.58	7.57
本年度旅游投入资金(万元)	1	420781.85	13.44
本年度旅游国投资金(万元)	2	131013.2	12.66
本年度旅游自筹资金(万元)	1	138138.65	14.09
本年度旅游引资资金(万元)	1	151630	13.58
其中环境建设投入(万元)	4	35709.4	8.26
职工总数(人)	1	17162	11.44
导游人数(人)	1	2029	12.63
车船总数(台/艘)	1	7619	24.5
床位总数(张)	2	73516	10.1
餐位总数(个)	1	123204	9.64
社会旅游从业人员(人)	2	44806	6.96
园林绿化企业数量(家)	5	5157	5.99
自然保护区管理单位数量(家)	1	1024	31.53
风景名胜区管理企业数量(家)	4	467	6.69
林业机械制造业			
森林工业专用设备制造企业数量(家)	5	71	5.13
营林机械制造企业数量(家)	1	110	34.7
林业生态文化产业			
林业生态服务产值(万元)	5	193906	7.01

表 33-3 浙江各产业对总产值的贡献

	项目名称	产值(万元)	百分比(%)
	总产值	27919858	100
1	木浆纸制品生产业	7198882	25.78
2	木制品生产业	4346566	15.57
3	木竹藤家具制造业	2499683	8.95
4	森林旅游业	2000940	7.17
5	果品产业	1838132	6.58
6	其他	1800226	6.45
7	人造板制造业	1522746	5.45
8	种苗产业	1382837	4.95
9	竹藤产业(不含家具)	1284202	4.6
10	茶咖啡产业	843847	3.02
11	森林蔬菜产业	821326	2.94
12	木材生产业	740541	2.65
13	园林植物产业	379164	1.36
14	森林培育业	351342	1.26
15	林业服务业	317339	1.14
16	野生动物驯养业	238031	0.85
17	林产化工产业	152946	0.55
18	中药业	93704	0.34
19	林业系统非林产业	66455	0.24

安徽省林业产业

【产业特点】 林业一、二、三产业所占林业总产值的比重进一步优化为32∶56∶12。宣城、六安、滁州、黄山、阜阳6个市产值超过100亿元，埇桥、砀山、广德、宁国4个县(市、区)林业产值超50亿元。

与其他省比较，安徽省林业特色产业突出表现在胶合板生产、花卉交易、中药材等产业上，其中胶合板材产量居全国第3位，花卉市场数量居全国第5位，中药材及中成药加工企业数量全国第2位，中草药及制品批发企业数量全国第3位，详见表34-2。从全省来看，人造板制造业对总产值的贡献最大，占25.07%，其次是木材生产业占9.1%，森林旅游业8.48%，木制品生产业8.04%，竹藤产业(不含家具)6.57%，5项产业占总产值的57.26%(见表34-1、表34-2)。

【省级林业龙头企业】 2011年，全省省级林业产业化龙头企业达424家。

林木种苗培育 企业101家，排名前5位的是肥西花木城投资建设有限公司、广德县百杨生态园有限公司、安徽省大地园林工程有限公司、安徽森海园林景观建设集团有限公司、铜陵市牧野苗木花卉有限责任公司。

花卉培植 企业14家，排名前5位的有宿州市凤凰堤花卉交易市场管理有限公司、桐城市创景园艺工程有限公司、黄山歙县牌坊群鲍家花园开发有限公司、安徽茂生香草有限公司、无为县城北园艺场。

木竹和植与培育 企业59家，排名前5位的是安徽天鹅科技实业(集团)有限公司、安徽润华生态林业有限公司、安徽省思源生态农业发展有限责任公司、宿州市化东农业科技开发有限公司、安徽朝晖农林发展有限公司。

木竹加工 企业181家，排名前5位的有安徽庆发柳编集团有限公司、安徽森泰集团、安徽龙华竹业有限公司、安徽省阜阳沪千人造板制造有限公司、安徽省蓼源贸易有限责任公司。

森林食品药品及林副产品加工 企业52家，排名前5位的是安徽省华银茶油有限公司、安徽绿健生物科技有限公司、安徽大别山科技开发有限公司、安徽詹氏天然食品有限公司、安徽合益食品有限公司。

森林旅游 企业13家，排名前5位的是安徽天柱山旅游发展有限公司、安徽芜湖马仁奇峰森林旅游公司、安徽丫山花海石林旅游有限公司、安徽恩龙林业集团有限公司、黄山市翡翠谷旅游有限责任公司。

野生动物驯养加工 企业4家，排名为皖陵珍稀动物养殖有限责任公司、宁国市兴宏工艺标本有限公司、东至县天野特种养殖农民专业合作社、岳西县田园农化有限公司。

(安徽省林业厅国际合作与林业产业处)

表34-1 安徽林业产业概况

指 标	数量
林业产业总产值(按现行价格计算)(万元)	11718236
一、第一产业总产值	3762434
(一)涉林产业总产值	3694366
1. 林木的培育和种植	938043
2. 木材和竹材的采运	617605
3. 经济林产品的种植与采集	1787136
4. 花卉的种植	269695
5. 陆生野生动物繁育与利用	58709
6. 林业生产辅助服务	23178
(二)林业系统非林产业产值	68068
二、第二产业总产值	6473669
(一)涉林产业总产值	6310090
1. 木材加工及木、竹、藤、棕、苇制品制造	4842487
(1)锯材、木片加工	606761
(2)人造板制造	2937229
(3)木制品制造	686420
2. 木、竹、藤家具制造	425312
3. 林产化学产品制造	63928

指　标	数量
4. 非木质林产品加工制造	559298
5. 其他	109410
（二）林业系统非林产业产值	163579
三、第三产业总产值	1482133
（一）涉林产业总产值	1369176
1. 林业旅游与休闲服务	994071
2. 林业生态服务	157321
3. 林业专业技术服务	48170
4. 林业公共管理及其他组织服务	169614
（二）林业系统非林产业产值	112957
补充资料：全部山区县茶、桑、果产值	716246
全部丘陵县茶、桑、果产值	129032
森林资源情况	
一、森林覆盖率（%）	26.06
二、林地面积（万公顷）	439.4
三、森林面积（万公顷）	360.07
四、人工林面积（万公顷）	209.87
五、活立木总蓄积量（万立方米）	16258.35
六、森林蓄积量（万立方米）	13755.41
七、人工林蓄积量（万立方米）	7023.22
八、乔木林单位面积蓄积量（立方米/公顷）	50.79
森林培育	
一、荒山荒（沙）地造林面积（按林种用途分）（公顷）	
（一）用材林	10329
（二）经济林	14924
（三）防护林	19997
（四）薪炭林	334
（五）特种用途林	45
二、森林抚育面积（公顷）	
（一）低产低效林改造	14242
（二）实际幼林抚育	271948
（三）成林抚育	579261
三、林业单位数量（家）	1834
主要木材、竹材产品产量（万立方米）	
一、木材总计	494.85
（一）原木	421.08
其中：针叶原木	106.55
1. 直接用原木	166.24
2. 等内加工原木	32.93
3. 其他原木	49.27
（二）薪材	73.77
二、木材采运企业数量（家）	92
三、竹材采运企业数量（家）	32
四、木材批发企业数量（家）	728
锯材生产	

指　标	数量
一、锯材产量（万立方米）	227.85
二、锯材加工企业数量（家）	206
人造板生产（万立方米）	
人造板总产量	896.74
一、胶合板	425.27
（一）木胶合板	363.95
（二）竹胶合板	47.88
（三）其他胶合板	13.44
二、纤维板	252.57
三、刨花板	35.31
四、其他人造板	183.6
五、人造板制造企业数量（家）	1096
六、胶合板制造企业数量（家）	537
七、纤维板制造企业数量（家）	78
八、刨花板制造企业数量（家）	49
九、其他人造板制造企业数量（家）	258
木制品	
一、木制品企业数量（家）	1939
二、生产用木制品企业数量（家）	661
三、生活用木制品企业数量（家）	242
四、中乐器制造企业数量（家）	7
五、西乐器制造企业数量（家）	2
木家具企业	
一、木制家具制造企业数量（家）	1341
二、竹藤制家具制造企业数量（家）	82
三、家具零售企业数量（家）	3970
木片生产	
一、木片、木粒加工产品（万实积立方米）	59.23
二、木片加工企业数量（家）	593
竹藤生产	
一、竹、藤、棕、草制品企业数量（家）	834
二、竹、藤、棕、草工艺品制造企业数量（家）	341
果品木本粮油	
一、水果产量（吨）	2284106
其中：苹果	400139
梨	996394
葡萄	211412
桃	416859
杏	12293
猕猴桃	13629
其他水果	205732
二、干果产量（吨）	217499
其中：核桃	15227
板栗	148680
枣（干重）	10284

指 标	数量
柿子(干重)	37726
其他干果	2882
三、木本油料	31730
其中:文冠果	0
其他木本油料	122
四、水果罐头制造企业数量(家)	59
森林蔬菜	
一、森林食品(干重)(吨)	80559
其中:食用菌	50382
山野菜	7115
其他森林食品	6103
二、蔬菜、果品批发企业数量(家)	695
调料	
林产调料产品(干重)	1392
其中:花椒	79
中药材	
一、木本药材(吨)	14943
其中:杜仲	1349
枸杞	75
山茱萸	206
其他木本药材	13126
二、中草药及制品批发企业数量(家)	2037
花卉	
一、年末实有花卉种植面积(公顷)	17192
二、切花切叶产量(万支)	6402.41
三、盆栽植物产量(万盆)	3467.5
四、观赏苗木产量(万株)	20003.25
五、草坪产量(万平方米)	1443.46
六、花卉场(家)	290
七、花卉企业数量(家)	1059
其中:大中型企业	97
八、花农(万户)	4.73
九、花卉从业人员(万人)	14.02
其中:专业技术人员	1.47
十、控温温室面积(万平方米)	32.37
十一、日光温室面积(万平方米)	106.42
林产化工	
一、林产化学产品制造企业数量(家)	118
二、香料、香精制造企业数量(家)	171
蚕	
一、缫丝企业数量(家)	134
二、绢纺企业数量(家)	20
森林旅游	
一、旅游人次(人)	38212239
二、旅游收入(万元)	994071
三、森林公园总数(处)	60
四、森林公园总面积(公顷)	145006.41
五、国家森林公园数量(处)	29
六、国家森林公园面积(公顷)	103610.6
七、省级森林公园数量(处)	31
八、省级森林公园面积(公顷)	41395.81
九、县级森林公园数量(处)	0
十、县级森林公园面积(公顷)	0
十一、森林公园收入总额(万元)	54360.73
十二、旅游接待总人数(万人次)	1005.85
十三、旅游接待海外旅游者(万人次)	9.71
十四、园林绿化企业数量(家)	4062
十五、自然保护区管理单位数量(家)	52
森林机械	
一、森林工业专用设备制造企业数量(家)	3
二、营林机械制造企业数量(家)	8

表 34-2 安徽林业产业特色

项目名称	全国排名	数量	占全国的比(%)
概况			
第一产业湿地产业产值(万元)	4	45064	13.54
第二产业湿地产业产值(万元)	2	24830	26.77
林下经济产值(万元)	5	499594	5.72
森林培育业			
育种和育苗产值(万元)	4	374566	5.69
林木的抚育和管理产值(万元)	5	346215	6.61
幼林的抚育和管理产值(万元)	4	138341	7.01
成林的抚育和管理产值(万元)	5	184494	7.02
木材采运及锯材木片加工业			
木材和竹材的采运产值(万元)	5	617605	6.51
木材采运产值(万元)	5	459957	5.85
农民烧柴采运产值(万元)	5	58671	6.94
竹材采运产值(万元)	5	157648	9.7
胶合板材产量(万立方米)	3	95.61	10.16
杉原条产量(万立方米)	3	74.55	14.29
薪材产量(万根)	2	73.77	10.59
村及村以下各级组织和农民个人生产的木材产量(万立方米)	4	427.51	8.1
农民自用材采伐量(万立方米)	5	41	6.13
人造板制造业			
人造板制造产值(万元)	4	2937229	7.9
竹胶合板产量(万立方米)	5	47.88	11.79
木制品生产业			

项目名称	全国排名	数量	占全国的比(%)
木制工艺品和木制文教体育用品制造产值(万元)	3	255543	7.88
家具制造业			
木竹地板产量(万平方米)	3	5234.62	8.32
其他木地板产量(万平方米)	1	3377.4	32.75
竹地板产量(万平方米)	4	614.15	13.09
木浆纸制品产业			
手工纸制造企业数量(家)	2	171	11.03
竹藤产业			
竹产业产值(万元)	4	811385	7.75
竹、藤、棕、苇制品制造产值(万元)	3	612077	14.13
毛竹产量(万根)	5	8562.51	8.35
篙竹产量(万根)	4	1548.06	3.01
竹材采运企业数量(家)	4	32	7.92
园林植物产业			
花卉市场数量(个)	5	290	7.07
果品产业			
梨产量(吨)	4	996394	6.49
板栗产量(吨)	5	148680	7.84
木本粮油产业			
油茶产业产值(万元)	3	160552	6.54
茶咖啡产业			
茶及其他饮料作物的种植与采集产值(万元)	3	518370	9.39
制茶企业数量(家)	4	1572	8.11
中药业			
中草药及制品批发企业数量(家)	3	2037	7.16
中药材及中成药加工企业数量(家)	2	873	6.85
野生动物驯养业			
陆生野生动物狩猎和捕捉产值(万元)	5	10700	8.09
碳素制品产业			
木炭产量(吨)	4	36004	8.61
森林旅游业			
林业旅游与休闲服务产值(万元)	5	994071	5.34
森林旅游收入(万元)	5	994071	5.34
林业生态文化产业			
林业专业技术服务产值(万元)	5	48170	6.01
林业公共管理及其他组织服务产值(万元)	5	169614	6.73

表 34-3 安徽各产业对总产值的贡献

	项目名称	产值(万元)	百分比(%)
	总产值	11718236	100
1	人造板制造业	2937229	25.07
2	木材生产业	1066718	9.1
3	森林旅游业	994071	8.48
4	木制品生产业	941963	8.04
5	其他	802090	6.84
6	竹藤产业(不含家具)	769725	6.57
7	果品产业	752223	6.42
8	森林培育业	563477	4.81
9	茶咖啡产业	518370	4.42
10	木竹藤家具制造业	425312	3.63
11	林业服务业	375105	3.2
12	种苗产业	374566	3.2
13	林业系统非林产业	344604	2.94
14	园林植物产业	269695	2.3
15	森林蔬菜产业	228204	1.95
16	中药业	154957	1.32
17	林产化工产业	63928	0.55
18	野生动物驯养业	58709	0.5
19	木浆纸制品生产业	54112	0.46

福建省林业产业

【产业特点】 福建的林业特色产业突出表现在森林培育业、竹产业、茶产业、果品业、森林蔬菜、林产化工。其中森林覆盖率、人工林蓄积、木材采运企业数量、用材林造林面积均居全国第一；竹材产量、毛竹产量、竹地板产量居全国第一，竹笋干产量、竹胶合板产量、竹藤制家具制造企业数量和竹、藤、棕、草制品企业数量均居全国第二；毛茶产量、制茶企业数量、茶叶批发企业数量均居全国第一(详见见表35-1及表35-2)。

福建林业总产值中，对林业总产值贡献最大的是木浆纸制品生产业占21.92%；其次是木制品生产业占10.66%，人造板制造业占10.44%，木竹藤家具制造业7.93%，竹藤产业(不含家具)6.54%，果品产业5.63%(见表35-3)。

2011年，福建省林业厅、产业处分别荣获国家林业局中国林业产业突出贡献奖特别奖、中国林业产业突出贡献奖。评审认定省级林业产业化龙头企业141家，新增境内外林业上市企业3家、累计16家；新增中国驰名商标4枚，新入选福建名牌产品54个，累计获中国名牌产品2个、中国驰名商标13枚、福建名牌产品156个，省著名商标92枚。

【政策措施】

林业专业园区 海峡两岸(三明)现代林业合作试验区、莆田秀屿国家级木材加工贸易示范区、建阳海西林产工贸城、建瓯中国笋竹城、漳州花博园、仙游中国古典家具之都、建瓯中国根雕之都、政和中国竹具工艺城等产业集中区。

莆田秀屿国家级木材贸易加工示范区 共有19个项目列为区在建重点项目，完成固定资产投资8.37亿元，企业项目建设投资8.13亿元，全年进口原木超过130万立方米，实现产值约23亿元。

海峡两岸(三明)现代林业合作实验区 已有台资企业105家，总投资3.26亿美元。其中，2011年新批办涉林台资企业10家，总投资0.36亿美元，合同外资0.21亿美元，新引进台湾“五新”技术21项，推广面积62.7公顷。

建瓯中国笋竹城 完成投资8亿元，其中入园企业投资7.4亿元。新入园企业11家，完成税收4100万元。

建阳海西林产工贸城 已入驻企业58家，投产12家，已完成固定资产投资21亿元。

国家木材战略储备生产基地 2011年，国家林业局启动了旨在增强国内木材供应能力，保障国家木材安全的国家木材战略储备生产基地项目。福建省按要求编制了《福建省国家木材战略储备生产基地规划(2011～2020年)》，计划在2011～2020年建设国家木材战略储备生产基地2200084公顷，分布在8个设区市58个县(市、区)和94个国有林场。国家林业局将在前期先行开展基地建设试点工作，目前，已被国家林业局列为国家木材战略储备生产基地建设先行试点示范省，邵武、顺昌、大田、尤溪、华安、永春6个县(市)作为首批试点县(市)。

闽台交流合作 举办了第7届林博会、第13届花博会和第3届海峡两岸生物多样性与森林保护文化研讨会。新增涉林台资企业29家、利用台资0.9亿美元，新引进台湾“五新”技术21项。

配合国家林业局办好深化林改研究班 3月27日至4月5日，国家林业局受中央组织部委托，在福建省永安市举办地方党政领导干部深化林改专题研究班，对全国107个林改典型县的分管县长和31个省(区、市)林业厅分管厅长、林改处处长进行培训。福建省林业厅承办了该会议。

发展林业合作经济组织 2011年按照省政府《关于扶持农民专业合作社示范社建设的若干意见》(闽政〔2011〕58号)要求，会同省农业厅、财政厅、海洋与渔业厅，在全省范围内组织了100家“省级农民专业合作社示范社”，其中12家林业专业合作社获此殊荣。福建省林业厅与省财政厅联合下发了《关于印发〈2011 年部分林业专项资金项目申报指南〉的通知》(闽林计财〔2011〕26 号),评选了 30 个林业合作经济组织建设典型,按照每个 5 万元的标准进行补助,补助资金 150 万元。同时,按国家林业局林改司要求,组织各地开展林业专业合作社示范县评选活动,向国家林业局推荐了邵武、顺昌、光泽、永安、尤溪、明溪、武平、德化 8 个县,均被国家林业局确定为首批全国农民林业专业合作社。截至 2011 年年底,全省累计成立农民林业专业合作社 1623 个。

森林保险和林业贷款 与省财政厅、省人保财险公司、人民银行福州中心协作,出台了推进林业融资改革和完善森林保险机制的文件。全省承保森林面积 668.3 万公顷、参保率 87.2%,居全国试点省第 1,超额完成了省政府提出的目标。全省新增各类林业贷款 103.9 亿元,其中林权证抵押贷款新增 11.3 亿元;林业小额贴息贷款新增 10.7 亿元。

推动农民涉林增收 组织了“发展特色林业,提高林农收入”专题调研,实施了一系列增加农民涉林收入的举措。据统计,全省农民 2011 年人均纯收入 8720 元、增长 17.5%,其中农民人均涉林收入 2082 元、增加 365 元,可为农民增收贡献约 5%,43.3 万公顷大造林工程就增加全省农民收入 19.39 亿元,为农民增收贡献 1.6%。

林业有害生物防治 据统计,2011 年全省各类林业有害生物发生总面积 23.4 万公顷,同比上升 21.1%。病害发生 1.3 万公顷,其中松材线虫病发生 0.3 万公顷,较 2010 年同期上升 7.1%;虫害发生面积 22.1 万公顷,同比上升 23.1%,其中松突圆蚧发生 8.5 万公顷,同比下降 2%。各地根据林业有害生物预测预报,建立除治专业队,运用工程管理模式,采取林分更新改造和预防性择伐相结合,生物防治为主,化学、物理和营林技术等防治措施为辅,对预防区、成灾地或可疑疫情实施全面预防和防治。全年全省林业有害生物防治面积 14.5 万公顷,其中松材线虫病防治 0.3 万公顷,防治率 100%,松墨天牛防治 1.1 万公顷,松突圆蚧防治 0.4 万公顷,毛竹枯梢病防治 0.4 万公顷。

【森林经营】 组织编制了全省“十二五”森林经营专项规划。推广不炼山造林;严控低产林改造,暂停对天然阔叶林采伐,暂停对天然针叶林皆伐。出台了用材林主伐由皆伐改择伐主要技术规定(试行),推进林木主伐逐步由皆伐向择伐转变。全省择伐面积 1.9 万公顷、占总采伐面积的 28.5%,比重提高了 2 倍多;生产性皆伐面积 4.1 万公顷,控制在 2010 年皆伐面积的 50% 以内。编制了重点区位树种林种结构调整规划,首次提出了调整树种林种结构的“七化”要求(造林良种化、四绿大苗化、树种多样化、品种珍贵化、色彩季相化、林分高质化、效益最大化),主要造林绿化树种由过去的杉木、马尾松、桉树 3 种增加到 40 多种。同时,省政府办公厅出台了《关于限制桉树人工林发展的通知》。

【油　茶】 2010 年,国家发展改革委安排 1000 万元,用于扶持福建省顺昌、尤溪、长汀、平和及德化等 5 个县共建设油茶示范林 0.33 万公顷。福建省林业厅认真贯彻落实中央投资项目“五制”要求,多次深入项目县检查指导,加大督导力度,强化项目计划管理、财务管理和质量管理,扎实抓好项目建设工作。截至年底,5 个县已完成新造油茶林 3012 公顷,占计划任务的 90.4%,其中 2011 年完成新造示范林 1259 公顷,可望于 2011 年冬 2012 年春完成建设任务。

【林产化工】 福建林产化工产业主要以松香、松节油、活性炭、樟脑等为重点,拥有青松化工、南平元力、武平新洲等一批上市龙头企业。

松香生产企业 20 世纪以前,福建松香企业主要分布在南平、三明、龙岩及沿海部分县,均为国有企业,基本上是“一县一厂”,是山区县重要的骨干企业,并且执行生产许可证制度,产量从几百吨到 7000 吨不等,全省年产量约 5 万 ~6 万吨,在全国脂松香产量中居广西、广东之后。当时的企业生产经营由省、地(市)林产工业公司管理,由于实行原料统一收购、生产必须凭证等行政措施,加上地方政府重视,企业的生产管理、产量质量水平均居全国之首,涌现 8 家国家二级企业，更有武平林化厂还获全国质量管理奖称号，出口产品深受日本、欧洲等国用户的青睐。2003年国务院国发〔2003〕5号文决定取消脂松香生产许可证审批制度后，松香企业进入市场经济，由于机制体制原因，其后全省国有林化厂逐渐被收购、兼并，大多数厂因房地产开发被拆，并由私营业主重新办厂，出现小而散的趋势。全省松香生产停滞不前，与此同时，云南、广西、江西等省积极引进资金，共同开发可采的松林资源，脂松香产量出现大幅增长，出现许多万吨级的松香加工企业，而福建松香厂最高不过4000吨，且全国排名也落到第5位。

松香深加工 福建松香深加工起步较早，但一直以来都落后于全国的步伐，许多企业想引进二次加工项目，但均受制于资金、技术，而更关键是上游的松香产量不足。目前有一定规模松香深加工企业主要有南平劳特有限公司、宁化利丰化工有限公司、新洲(武平)林化有限公司等，主要生产松香树脂、聚合松香等，但产量均不足1万吨，特别是南平劳特等出口型企业近年来受欧债危机和原料不足等影响，产量下降厉害。另外，邵武星光化工生产的食用松香等只有几百吨产量，总体而言，相对广西广东等省10多万吨的深加工产量，福建省差距还是比较明显。

松节油深加工 与松香深加工相比，福建的松节油深加工却比较先进。位于建阳的福建青松股份有限公司是全国松节油深加工的唯一上市企业，也是全国最大的松节油深加工企业及全球最大的合成樟脑生产企业，年松节油深加工能力2万吨，年产樟脑1万吨，占全国总产量的45.45%，占世界总产量的28.11%，冰片产量也位居世界前列，异龙脑酯和莰烯产销量均居同行业之首。厦门中坤化学有限公司年产近1万吨的香精香料系列产品，在国内外均有一定的知名度。同时，沙县青州日化、尤溪金闽化学、清流闽山化工、新洲(武平)林化松油醇系列产品年产量都在1500～4000吨。美维克(沙县)林产化工有限公司是全国最大的浮油系列产品生产企业。

【香精香料】 世界香料业呈现高度垄断状况。每年全球纯香精香料总产值140多亿美元，主要掌握在欧美、日本等国际跨国香精香料公司，占全球市场份额的2/3。中国香精香料企业约800家，年产量15万吨，产值13亿美元(不及瑞士奇华顿一个公司的产值)。福建省现存香精香料公司约30家，大部分在闽北、闽西北山区，规模都不大。永安的福建森美达生物科技有限公司以互叶百千层为原料，提取天然精油和香料。福建三明华健生物工程有限公司、福建南方制药股份有限公司等都是以天然植物等为原料，从事天然植物提取物和天然保健产品。

闽北香精香料业发展历程 缘于独特的地理、气候等诸多有利因素，闽北区域内香料植物品种繁多，是中国传统意义上的“香料基地”。闽北香精香料业起步于建国之初，计划经济时代浦城、建阳和政和等曾是国家轻工部的定点基地。已开发利用的品种有：山苍子油、樟油、桂叶油、橙叶油、玳玳油、生姜油、香根油、牡荆油、艾叶油、桂皮油、柏木油、香叶油和松针油等天然香料和芳樟醇、柠檬醛、四氢芳樟醇、苯乙醇、乙敏芳樟酯、二氢月桂烯醇、月桂烯、长叶烯、女贞醛、柑青醛、紫罗兰酮、柠檬香茅腈、柠檬二乙缩醛等合成香料以及各种香精、肥皂、化妆品等，实际上闽北可开发的天然香料100多种。

中国香料香精化妆品工业协会(简称中国香化协会)会员单位有福建华瑞化工有限公司(原浦城县第二化工厂)、浦城县香料厂、建阳长青香料有限公司、建阳天香日化有限公司、建阳光明香料厂、建阳武夷天然香料有限公司、建阳中野香精香料工贸有限公司、光泽天然香料厂、光泽县杭川香料化工厂和南平利宇香精有限公司10家，此外还有几家非会员单位香料厂，分别为建瓯市万盛香料香精厂、浦城永芳香料厂、建阳市潭扬日用化工厂、建阳铭彩天然香料发展有限公司、南平天富生物科技发展有限公司、南平市天源香料香精有限公司、建阳武夷油脂化工有限公司和南平绿姿化妆品有限公司等。

这些民营香料企业，分别从国有企业中分化产生，从业人员大都是原国有香料企业下岗技术人员，由于经济力量单薄，只能各自零星经营，形不成规模。人才缺乏，设备科技含量低，大多类似原始作坊式，香料有效成分提取率不高，生产停留在粗加工阶段，有些宝贵天然香料资源甚至利用一半丢失一半，经济附加值较高的深加工产品不多。因此，目前闽北香精香料业只能为区外香料香精企业提供粗制原料。

闽北发展天然香料的优势条件 香料可分为天然香料、天然等同香料和合成香料3种。

闽北有广阔的生态土地、独特的自然气候和历史形成的生态资源。这些有利因素适合天然香料的发展，历史上开发利用的近百种天然香料种源为闽北香料业复兴奠定了基础。尚存的油樟、玳玳、茉莉花和山苍子等基地，逐步得到人们的重视。闽北老国有香料企业中还留有一大批的技术骨干，这些人才仍可发挥应有作用。

香料的产业链非常长。上游开发原料阶段，中下游为加工及转化阶段。越往下游，投资越大，利润也越丰厚，产品转换和替代比例也越大。天然香料大都是中药材，用途广，销路畅。此外，闽北小香料企业，能够从无到有，从小到大快速发展，也证明了香料业的巨大利润空间，有了他们的龙头带动作用，广大农民也有种植天然香料的积极性。

有近百项天然香料适合闽北发展，它们分别是：玳玳、天竹葵、白兰、艾叶、牡莉、青蒿、菊花、昌蒲、柠朦桉、肉桂、桂花、月桂、枫树、柏树、玫瑰、树兰、桉树、芦荟、兰花、芹菜、丁香、樟树、金合欢、辣椒、蜂蜡、香葱、栗子、蓖麻、蒲公英、酸枣、无花果、芫荽、玉米花(须)、广米香、香附子、桅子花、大蒜、香叶、生姜、圆柚、蓝桉、石榴、山楂、云杉、松油、金银花、欧夏至草、茉莉、巴岩香、山苍子、橘子皮、金盏花、薄荷、白玉兰、芥菜、香桃术、水仙、苦橙、洋葱、牛至、花生、山萩、杨树、花椒、皂皮树、檫树、黑芝麻、留兰香、八角、草莓、甜橙、茶叶、茶油、烟草、姜黄、香荚兰、香根草、紫罗兰、竹叶黄酮、红豆杉、莪术、葡萄、蛋黄油和薰衣草等。以上天然香料产品用途广阔，可配制香精，可用作食品香料，还可销往医药厂家，此外，还可用作合成香料原料和定香以及转化为生物化工等领域原料等。

【花卉】 福建省改革开放30年来，花卉种植面积增长5.34倍，花卉销售额增长45.74倍，花卉出口额增长27.66倍。

漳州水仙花市场占有率在95%以上，且有一半产量出口东南亚各国和地区。盆栽榕树(人参榕)主要供出口，约占全球市场的85%左右。中国兰花中的建兰和寒兰国内市场占有率超过50%，墨兰国内市场占有率约占30%。西洋杜鹃国内市场占有率略有下降，约占60%。仙人掌和多肉多浆植物约占国际市场年交易量的25%，国内市场年交易量的75%以上。耐寒棕榈植物国内市场占有率从过去的70%左右下降到目前的约30%。蝴蝶兰(种苗)年产量5000万株，约占全国的1/5。杂交兰生产量约占全国的15%。各种观叶小盆栽国内市场占有率25%。食用药用花卉金线莲约占国内市场的40%，年产值10亿元。

通过土地流转、公司+农户、大专业户带农户等多种方式，培植花卉骨干企业和一大批上规模的重点花卉主产区。努力完善公司+农户的生产体制，在种子、种苗、种球等可以有专业化的公司，并形成竞争机制。公司要求农户的种植设施和大棚的建设，技术培训和指导均由公司负责，即负责到底制，而研发、生产、收购、销售各项环节界限分明，在不同的分公司下完成，各分公司的各项指标需到达指定的目标定位，由总公司管理分公司。将产品采收、处理、包装、销售按专业化和标准化生产。 (伍清亮)

表35-1 福建林业产业概况

指　标	数量
林业产业总产值(按现行价格计算)(万元)	25593977
一、第一产业总产值	5198077
(一)涉林产业总产值	5197580
1. 林木的培育和种植	366116
2. 木材和竹材的采运	1143952
3. 经济林产品的种植与采集	3215990
4. 花卉的种植	422358
5. 陆生野生动物繁育与利用	32480
6. 林业生产辅助服务	16684
(二)林业系统非林产业产值	497
二、第二产业总产值	19976694
(一)涉林产业总产值	19976194
1. 木材加工及木、竹、藤、棕、苇制品制造	6634328

指　标	数量
(1)锯材、木片加工	557924
(2)人造板制造	2672548
(3)木制品制造	2155905
2. 木、竹、藤家具制造	2028350
3. 林产化学产品制造	598209
4. 非木质林产品加工制造	3601945
5. 其他	931555
(二)林业系统非林产业产值	500
三、第三产业总产值	419206
(一)涉林产业总产值	414213
1. 林业旅游与休闲服务	322627
2. 林业生态服务	17341
3. 林业专业技术服务	10945
4. 林业公共管理及其他组织服务	63300
(二)林业系统非林产业产值	4993
补充资料：全部山区县茶、桑、果产值	1664921
全部丘陵县茶、桑、果产值	336857
森林资源情况	
一、森林覆盖率(%)	63.1
二、林地面积(万公顷)	914.81
三、森林面积(万公顷)	766.65
四、人工林面积(万公顷)	359.18
五、活立木总蓄积量(万立方米)	53226.01
六、森林蓄积量(万立方米)	48436.28
七、人工林蓄积量(万立方米)	19601.55
八、乔木林单位面积蓄积量(立方米/公顷)	85.57
森林培育	
一、荒山荒(沙)地造林面积(按林种用途分)(公顷)	
(一)用材林	144061
(二)经济林	20590
(三)防护林	46154
(四)薪炭林	286
(五)特种用途林	1633
二、森林抚育面积(公顷)	
(一)低产低效林改造	21815
(二)实际幼林抚育	507446
(三)成林抚育	116523
三、林业单位数量(家)	2314
主要木材、竹材产品产量(万立方米)	
一、木材总计	563.26
(一)原木	510.09
1. 直接用原木	233.45
2. 等内加工原木	118.12
3. 其他原木	90.11
(二)薪材	53.17
二、木材采运企业数量(家)	413

指　标	数量
三、竹材采运企业数量(家)	32
四、木材批发企业数量(家)	1458
锯材生产	
一、锯材产量(万立方米)	169.11
二、锯材加工企业数量(家)	1271
人造板生产(万立方米)	
人造板总产量	846.28
一、胶合板	299.78
(一)木胶合板	202.89
(二)竹胶合板	93.07
(三)其他胶合板	3.82
二、纤维板	176.67
三、刨花板	204.81
四、其他人造板	165.03
五、人造板制造企业数量(家)	2148
六、胶合板制造企业数量(家)	1480
七、纤维板制造企业数量(家)	77
八、刨花板制造企业数量(家)	65
九、其他人造板制造企业数量(家)	431
木制品	
一、木制品企业数量(家)	3712
二、生产用木制品企业数量(家)	1967
三、生活用木制品企业数量(家)	1089
四、中乐器制造企业数量(家)	34
五、西乐器制造企业数量(家)	14
木家具企业	
一、木制家具制造企业数量(家)	3727
二、竹藤制家具制造企业数量(家)	327
三、家具零售企业数量(家)	6442
木片生产	
一、木片、木粒加工产品(万实积立方米)	116.67
二、木片加工企业数量(家)	532
竹藤生产	
一、竹、藤、棕、草制品企业数量(家)	3298
二、竹、藤、棕、草工艺品制造企业数量(家)	2165
果品木本粮油	
一、水果产量(吨)	4897143
其中：苹果	1423
梨	181138
葡萄	57292
桃	192062
猕猴桃	3807
其他水果	2240012
二、干果产量(吨)	153516
其中：核桃	16
板栗	86646

指　标	数量
枣(干重)	236
柿子(干重)	64627
其他干果	1981
三、木本油料	89217
其中：文冠果	0
其他木本油料	7318
四、水果罐头制造企业数量(家)	194
森林蔬菜	
一、森林食品(干重)(吨)	484496
其中：食用菌	303145
山野菜	45984
其他森林食品	5574
二、蔬菜、果品批发企业数量(家)	2521
调料	0
中药材	
一、木本药材(吨)	31985
其中：杜仲	0
其他木本药材	19782
二、中草药及制品批发企业数量(家)	488
花卉	
一、年末实有花卉种植面积(公顷)	22024
二、切花切叶产量(万支)	72076. 4
三、盆栽植物产量(万盆)	27540. 96
四、观赏苗木产量(万株)	15380. 87
五、草坪产量(万平方米)	1035. 97
六、花卉场(家)	147
七、花卉企业数量(家)	2096
其中：大中型企业	269
八、花农(万户)	5. 58
九、花卉从业人员(万人)	18. 37
其中：专业技术人员	0. 91
十、控温温室面积(万平方米)	194. 54
十一、日光温室面积(万平方米)	1239. 4
林产化工	
一、林产化学产品制造企业数量(家)	591
二、香料、香精制造企业数量(家)	218
蚕	
一、缫丝企业数量(家)	6
二、绢纺企业数量(家)	1
森林旅游	
一、旅游人次(人)	29026435
二、旅游收入(万元)	322627
三、森林公园总数(处)	138
四、森林公园总面积(公顷)	219252. 57
五、国家森林公园数量(处)	28
六、国家森林公园面积(公顷)	121506. 24
七、省级森林公园数量(处)	89
八、省级森林公园面积(公顷)	74490. 74
九、县级森林公园数量(处)	21
十、县级森林公园面积(公顷)	23255. 59
十一、森林公园收入总额(万元)	49211. 58
十二、旅游接待总人数(万人次)	1568. 86
十三、旅游接待海外旅游者(万人次)	143. 12
十四、园林绿化企业数量(家)	2388
十五、自然保护区管理单位数量(家)	98
森林机械	
一、森林工业专用设备制造企业数量(家)	27
二、营林机械制造企业数量(个)	11

表 35-2　福建林业产业特色

项目名称	全国排名	数量	占全国的比(%)
概况			
总产值(万元)	4	25593977	8. 36
第一产业涉林产业产值(万元)	5	5197580	4. 9
第二产业总产值(万元)	2	19976694	11. 97
第二产业涉林产业产值(万元)	2	19976194	12. 3
第二产业湿地产业产值(万元)	3	18241	19. 66
第二产业其他涉林产业产值(万元)	3	931555	12. 66
森林培育业			
用材林造林面积(公顷)	1	144061	14. 13
更新造林面积(公顷)	1	72418	22. 17
幼林抚育实际面积(公顷)	2	507446	6. 9
森林覆盖率()	1	63. 1	309. 92
人工林面积(万公顷)	5	359. 18	
人工林蓄积(万立方米)	1	19601. 55	10
木材采运及锯材木片加工业			
木材和竹材的采运产值(万元)	2	1143952	12. 06
木材采运产值(万元)	2	718699	9. 15
商品材采运产值(万元)	3	464391	7. 21
农民自用材采运产值(万元)	1	61928	10. 88
农民烧柴采运产值(万元)	1	192380	22. 76
竹材采运产值(万元)	1	425253	26. 15
除毛竹、篙竹外的其他竹材采运产值(万元)	3	35231	12. 07
木材产量(万立方米)	4	563. 26	6. 91
原木产量(万立方米)	4	510. 09	6. 85
直接用原木产量(万立方米)	3	233. 45	7. 62
等内加工原木产量(万立方米)	5	118. 12	9. 21
等内加工原木中针叶原木产量(万立方米)	2	78. 09	13. 29

项目名称	全国排名	数量	占全国的比(%)
胶合板材产量(万立方米)	5	49.24	5.23
其他原木产量(万立方米)	2	90.11	8.16
系统内国有林场、事业单位生产的木材产量(万立方米)	5	77.95	6.39
乡(镇)集体企业及单位生产的木材产量(万立方米)	2	58.4	10.9
村及村以下各级组织和农民个人生产的竹材产量(万根)	4	11338	12.62
农民自用材采伐量(万立方米)	1	112.05	16.75
农民烧材采伐量(万立方米)	1	661.63	30.76
木片、木粒加工产品产量(万实积立方米)	5	116.67	5.21
木材采运企业数量(家)	1	413	17.27
锯材加工企业数量(家)	3	1271	8.74
人造板制造业			
人造板制造产值(万元)	5	2672548	7.19
竹胶合板产量(万立方米)	2	93.07	22.91
刨花板产量(万立方米)	4	204.81	8
木质刨花板产量(万立方米)	4	204.81	8.14
指接材产量(万立方米)	1	121.49	34.45
人造板制造企业数量(家)	5	2148	7.06
胶合板制造企业数量(家)	4	1480	9.74
木制品生产业			
木材加工及木、竹、藤、棕、苇制品制造产值(万元)	3	6634328	9.77
木制品制造产值(万元)	2	2155905	14.58
木制工艺品和木制文教体育用品制造产值(万元)	2	571610	17.62
非木质林产品加工制造产值(万元)	1	3601945	23.56
火柴制造企业数量(家)	4	22	1.93
家具制造业			
木、竹、藤家具制造产值(万元)	3	2028350	8.73
竹地板产量(万平方米)	1	1455.69	31.02
竹藤制家具制造企业数量(家)	2	327	16.05
家具零售企业数量(家)	5	6442	5.29
木浆纸制品产业			
木、竹、苇浆造纸产值(万元)	3	5610197	14.17
机制纸及纸板制造企业数量(家)	5	893	6.48
手工纸制造企业数量(家)	4	110	7.09
加工纸制造企业数量(家)	5	647	6.1
竹藤产业			
竹产业产值(万元)	2	3062063	29.25

项目名称	全国排名	数量	占全国的比(%)
竹、藤、棕、苇制品制造产值(万元)	1	1247951	28.8
竹、藤、棕、草制品企业数量(家)	2	3298	17.01
竹材产量(万根)	1	45360	29.47
毛竹产量(万根)	1	29544	28.8
篙竹产量(万根)	2	15816	30.8
小杂竹产量(万吨)	4	50.69	4.31
竹、藤、棕、草工艺品制造企业数量(家)	2	2165	19.14
竹材采运企业数量(家)	5	32	7.92
园林植物产业			
盆栽植物产量(万盆)	4	27540.96	9.44
日光温室面积(万平方米)	4	1239.4	8.21
种苗产业			
苗木产量(万株)	4	7528.27	8.28
一年生苗木产量(万株)	5	5519.55	9.78
二年留床苗木产量(万株)	4	1964.22	7.05
繁殖圃个数(个)	4	31	7.01
果品产业			
全部山区县茶、桑、果产值(万元)	2	1664921	11.38
荔枝产量(吨)	3	153630	8.67
龙眼产量(吨)	3	266834	18.34
其他水果产量(吨)	3	2240012	12.42
柿子(干重)产量(吨)	5	64627	6.02
水果罐头制造企业数量(家)	5	194	8.15
蔬菜、果品批发企业数量(家)	5	2521	6.26
木本粮油产业			
油茶产业产值(万元)	5	141435	5.76
油茶籽产量(万吨)	5	8.19	5.53
油茶企业数量(家)	5	95	8.09
当年低改茶林面积(公顷)	5	6943	7.42
木本油料产量(吨)	4	89217	5.75
其他木本油料产量(吨)	3	7318	11.41
森林蔬菜产业			
森林食品的种植与采集产值(万元)	4	530656	7.84
森林食品(干重)产量(吨)	2	484496	16.54
竹笋干产量(吨)	2	129793	22.31
食用菌产量(吨)	2	303145	16.24
山野菜产量(吨)	3	45984	15.1
茶咖啡产业			
茶及其他饮料作物的种植与采集产值(万元)	1	927209	16.79

项目名称	全国排名	数量	占全国的比(%)
林产饮料产品(干重)产量(吨)	2	256345	16.12
毛茶产量(吨)	1	255639	17.88
可可豆产量(吨)	1	7	50
制茶企业数量(家)	1	4561	23.53
茶叶批发企业数量(家)	1	5475	18.42
中药业			
厚朴产量(吨)	3	12203	8.28
林产化工产业			
林产化学产品制造产值(万元)	5	598209	10.4
林产工业原料产量(吨)	5	117275	6.8
棕片产量(吨)	1	14257	26.52
松脂产量(吨)	4	80553	6.96
松香类产品产量(吨)	5	81747	5.79
松香产量(吨)	5	55693	4.44
松香深加工产品产量(吨)	3	26054	16.35
松节油类产品产量(吨)	5	11721	6.45
松节油深加工产品产量(吨)	3	5626	15.47
樟脑产量(吨)	1	10149	78.28
紫胶产量(吨)	4	12	0.59
林产化学产品制造企业数量(家)	2	591	9.92
香料、香精制造企业数量(家)	4	218	6.34
野生动物驯养业			
陆生野生动物狩猎和捕捉产值(万元)	4	13436	10.16
碳素制品产业			
木材热解产品产量(吨)	1	160698	19.94
森林旅游业			
省级森林公园数量(处)	2	89	7.19
旅游接待海外旅游者(万人次)	3	143.12	11.85
林业生态文化产业			
林业服务单位数量(家)	2	2168	8.32

表 35-3　福建各产业对总产值的贡献

	项目名称	产值(万元)	百分比(%)
	总产值	25593977	100
1	木浆纸制品生产业	5610197	21.92
2	其他	4770073	18.64
3	木制品生产业	2727515	10.66
4	人造板制造业	2672548	10.44
5	木竹藤家具制造业	2028350	7.93
6	竹藤产业(不含家具)	1673204	6.54
7	果品产业	1441475	5.63
8	木材生产业	1276623	4.99
9	茶咖啡产业	927209	3.62
10	林产化工产业	598209	2.34
11	森林蔬菜产业	530656	2.07
12	园林植物产业	422358	1.65
13	森林培育业	341133	1.33
14	森林旅游业	322627	1.26
15	林业服务业	91586	0.36
16	中药业	80077	0.31
17	野生动物驯养业	32480	0.13
18	种苗产业	24983	0.1
19	林业系统非林产业	5990	0.02

表 35-4　福建林业上市企业

地区	企业名称	上市地点	上市时间
南平	福建南纸股份有限公司	上海	1998 年 6 月
	福建青松股份有限公司	深圳创业板	2010 年 10 月 26 日
	福建省青然食品股份有限公司	天津股权交易所	2011 年 1 月 25 日
	福建元力活性炭股份有限公司	深圳创业板	2011 年 2 月 1 日
	福建亚达集团有限公司	美国股票交易市场	
三明	永安林业股份有限公司	深圳交易所	1996 年 12 月 6 日
	福建三明大亚木业有限公司(母公司大亚科技)	深圳交易所	1999 年
	福建青山纸业股份有限公司	上海	1997 年 6 月
	福建泰宁南方林业发展有限公司	纽约-泛欧交易所	2008 年 11 月 29 日
	福建三明华健生物工程有限公司(母公司美国绿球生物科技有限公司)	美国 OTCBB	2008 年 1 月

地区	企业名称	上市地点	上市时间
龙岩	新洲(武平)林化有限公司(股票名称为中国绿色生态控股有限公司)	新加坡证券交易所	2011 年 1 月 28 日
	福建省亿隆家庭装饰品有限公司	新加坡证券交易所	2009 年 9 月 2 日
福州	福建新日鲜集团有限公司控股母公司亚洲竹业集团	德国法兰克福证券交易所	2007 年 11 月 16 日
	福建中福实业股份有限公司	深圳交易所	2008 年
厦门	厦门喜盈门家具有限公司	中国香港联交所	2010 年 1 月
漳州	漳州片仔癀药业股份有限公司	上海	2003 年 6 月

江西省林业产业

【产业特点】 江西的林业特色产业突出表现在森林培育、种苗、花卉、油茶、松香及森林旅游。其中森林覆盖率居全国第一位，用材林造林面积全国第五位，更新造林面积全国第四位，低产低效林改造面积全国第四位；繁殖圃个数全国第一，繁殖圃面积全国第二，苗木产量全国第二，一年生苗木产量全国第二，二年留床苗木产量全国第二；花卉市场数量全国第一；油茶籽产量全国第二，油茶林面积全国第二，油茶企业数量全国第一；松节油深加工产品产量全国第一；省级森林公园数量全国第一，国家森林公园数量全国第二，森林公园收入全国第二，2011 年度旅游引资资金中环境建设投入全国第一，社会旅游从业人员全国第三(详见表 36-2)。

江西林业总产值 1318 亿元。其中森林旅游业对林业总产值的贡献最大占 14.25%；其次是果品产业占 9.03%；第三是木制品生产 7.77%(详见表 36-3)。

现有省级林业龙头企业 254 家，有八大类 23 个林产品授予江西省知名品牌称号，有中国驰名商标 7 个，江西省著名商标 54 个。在 2011 年第二届中国国际林业产业博览会上，有 16 种产品荣获金奖、22 种产品荣获优质产品奖，坚华林业、泰昇碳业荣获最佳参展奖。江西省林业产业概况详见表 36-1。

【竹】 全省竹林面积 2 万公顷以上的县 16 个，0.67 万公顷以上的县 34 个。2011 年，江西省竹产业总产值 95 亿元，崇义等重点毛竹县，林农来自毛竹产业的人均收入近 3000 元，占全年人均收入的 70% 左右。全省竹产品加工企业 780 多家，竹产品 30 多类，涵盖了建筑、装饰、食品药品等多个领域，常年从事竹产业人员 36 万人。全省现有省级林业龙头企业 34 家，年产值 1 亿元以上的竹加工企业 18 家，5 家企业获评全国竹胶板名牌企业，2 家江西竹地板商标被评为中国驰名商标；2 家企业被列为全国林业知识产权试点单位，江西铜鼓江桥竹木业有限责任公司以竹篼和竹尾为原材料，自主研发出计算机竹键盘产品，先后获得国家 3 项实用新型专利和 1 项外观设计专利，列为江西省重点支持发展项目。

2011 年 10 月 15 日至 17 日，在宜春市宜丰县，国家林业局、江西省人民政府、国际竹藤组织联合主办第六届中国竹文化节，国际竹藤组织 20 多个成员国代表和驻华使节、中国 19 个产竹省市和 30 个中国竹子之乡代表等 2000 多人参加。组织了宜春竹园揭牌暨种植纪念竹、中国竹产业博览展销会、国际竹藤组织竹子研讨会、竹产业专题论坛等活动。首次评出中国竹产业科技示范基地 1 个、中国竹产业集群 3 个、中国特色竹乡 9 个、中国竹业龙头企业 60 家；继续评出中国竹制品名镇 1 个。其中江西的宜丰和奉新被评为中国竹产业集群，中国竹产业龙头企业江西有 20 个。来自全国各省(区、市)的近 200 名企业界人士参加了在本届竹文化节期间举办的重点产业和重大项目经贸洽谈会，共签约项目 25 个，签约金额 57.8 亿元。

【油　茶】 江西是全国油茶原生区和两大中心产区之一，有 2300 多年的种植历史，全省各地均有油茶林分布，总面积 75 万公顷，占全省林地面积的 7.14%，占全省经济林面积的 77.5%，面积位居全国第 2，其中 0.67 万公顷以上的县(区、市) 45 个，1 万亩以上的乡镇 302 个，5000 亩以上的村 400 多个。2010 年年底到 2011 年年初，全省共完成油茶新造林面积 3.8 万公顷，其中企业完成造林近 2 万公顷，100 亩以上的大户完成造林 1.3 万公顷。

全省拥有一定规模的油茶加工企业 42 家，年设计加工消耗油茶籽 52.6 万吨，年茶油生产能力 14.0 万吨。其中年产 5000 吨以上精炼茶油能力的加工企业 11 家，占 26.2%。拥有品牌的企业 24 家，占 57.1%；通过食品安全认证的企业 20 家，占 47.6%；11 家企业是拥有进出口权的省级龙头企业，占 26.2%。全省油茶产业年产值突破了 30 亿元。

2010 年 3 月江西省人民政府发布了《江西省人民政府关于加快油茶产业发展的意见》(赣府〔2010〕11 号)，明确了江西省油茶产业 10 年发展目标，确定了从 2010 年起，省财政设立油茶产业发展专项资金，扶持全省油茶产业的发展。2011 年 7 月江西省发展和改革委员会、江西省财政厅、江西省林业厅共同发布了《江西省油茶产业发展规划(2011～2020 年)》，确定油茶产业发展目标。

【种苗花卉】 全省花木生产基地总面积 3.33 万公顷，全省现有专业花木生产基地 1221 个，生产面积 1000 亩以上有 56 个，其中花木栽培面积 10000 亩以上的龙头企业 3 个，5000 亩以上 10000 亩以下的企业 7 个，3000 亩以上 5000 亩以下的企业 13 个。

2011 年 8 月 30 日，省林业厅发布《关于加快推进林木良种和苗木产业发展的实施意见》(赣林造字〔2011〕359 号)，明确了江西省加快推进林木良种和苗木产业发展现实意义，明确了未来 5～10 年发展目标。

2011 年 9 月 16 日，省林业厅、省发展改革委、省财政厅发布《江西省林木种苗发展“十二五”及中长期规划(2011～2020 年)》，提出发展目标和发展布局。

2011 年 11 月 30 日召开林木品种审定会，颁发《江西省林业厅关于印发〈江西省林木良种名录〉的通知》(赣林造字〔2011〕512 号)。会议审定通过“武功山杉木 1.5 代种子园种子”、“武功山火炬松母树林种子”2 个林木良种，认定通过“江龙 1 号”、“江龙 2 号”、“江龙 3 号”、“江龙 6 号”、“红花凹叶厚朴”5 个林木良种。省林业厅于 2011 年 12 月 9 日对 2011 年度审定通过的良种予以公告。

2011 年 12 月 11 日至 12 日在新余市召开全省种苗工作会暨花木产业现场会，传达全国林木种苗工作会议精神，全面贯彻落实省委、省政府提出的“推进科学发展，加快绿色崛起，建设富裕秀美和谐江西”发展战略。省林业厅领导，各区市林业局局长，部分重点县的政府分管领导、林业局局长，省厅有关处室和厅直有关单位的负责人，苗木龙头企业的代表，北京银行南昌支行代表等近 140 人参加会议。

【松　香】 江西松林资源主要树种为马尾松、湿地松和火炬松，现有松林面积 348.5 万公顷，分布于全省各地。以湿地松为主的国外松林面积 57 万公顷，其中吉安地区湿地松 26.7 万公顷，约占全省湿地松面积的一半。

江西省松香产业在全国处于优势地位，现有松香及松香、松节油深加工企业 70 余家，其中精深加工企业 10 余家，江西飞尚、金安林产，江西麻山等公司的年设计生产能力均为 1 万吨/年。主要产品有松香、松节油、萜烯树脂、松香树脂、莰烯、二氢月桂烯、月桂烯、松油醇、冰片、樟脑等 50 多个品种。

2006 年 12 月 5 日由省林业厅森林工业局起草江西省质量技术监督局发布的《松脂采集技术规程》(DB36/506－2006)，是中国第一个松脂采集管理地方标准。《规程》的出台使江西省松脂采集和管理有了法定依据。

2011 年 4 月 29 日在江西省于都县召开了全省松脂采集管理现场会，通报 2010 年全省松脂采集监督抽查情况，学习于都县银坑林场在松脂采集管理方面的经验做法，参观银坑林场松脂采集现场，讨论如何建立松脂采集管理长效机制。省森林工业局、省森林公安局、省松香协会、各设区市森林工业局、南昌市林业工作站、于都县林业局和各松香企业相关人员共 70 余人参加。

【生态文化】 全省有 11 个国家级自然保护区，30 个省级自然保护区；44 个国家级森林公园，103 个省级森林公园。全国最大的淡水湖鄱阳湖，是“候鸟的天堂”、“白鹤的王国”，全世界 98% 的白鹤在此越冬。桃红岭梅花鹿保护区生活着约 1/3 的南方亚种野生梅花鹿种群。婺源是全世界 150 多只黄喉噪鹛的唯一栖息地。省内还拥有黄腹长尾雉、金斑喙凤蝶、中华秋沙鸭、鸳鸯等珍稀动物，杜鹃花基因库、油茶基因库和三尖杉、宜丰厚壁毛竹、天师板栗、井冈墨兰、金边瑞香、乐昌含笑、红豆杉、深山含笑、罗汉松、鹅掌楸等珍稀植物。

在民间蕴藏着丰富多样且特色鲜明的林业生态文化内容。拥有兴国山歌、南丰跳傩、婺源傩舞、采茶戏、永修排江号子等传统艺术；铅山连史纸制作技艺，最早测量木材体积的龙泉码等传统手工艺技能；庐山的杏林春暖、"不怕被蛇咬，十步就有药"等民间故事；婺源"枯枝败叶不得拣拾"、官山封禁400多年等护林育林传统。同时，异地异俗十分明显，赣西南地区的遂川女儿出嫁喜欢种植楠木，赣东北地区女儿出生种植樟树，赣南地区希望孩子"望子成龙"则种植榕树。

进入新世纪以来，江西大力打造生态文化精品工程，拍摄了反映江西林改历程的电影故事片《踏界》，2008年开通了全国第一家"中国林业生态文化网"，创作了脍炙人口的林改歌曲《为了百姓好》，出版了中国首部林改文学作品《锄山鼓》，制作了获江西省首届林业科普奖的生态宣传片《天地根·人居安》；举办了"名人名家生态文化江西行"、"绿色征文"等活动，编写了《生态"画"你知》、《九十九个绿色的梦》等书籍；建成了林业生态文化展厅和林业廉政文化展厅，共接待社会各界参观逾2万人次。与此同时，鄱阳湖、武夷山、九连山、桃红岭、官山、庐山等自然保护区和湿地中心建立了林业生态宣教中心。

2010年在南昌市红谷滩新区赣江南大道2688号，林业厅大楼内建立了江西林业生态文化展厅，展厅占地300平方米，以打造鄱阳湖生态经济区、建设"富裕和谐秀美江西"为主线，分为"天地有大德"、"天地有大美"、"天地有大仁"3个版块，结合最本土的生态资源，通过动漫、实物、图片、互动演示等方式，生动体现新中国建立以来林业建设、生态文化的重要作用。

2011年在林业厅大楼26楼建了江西林业廉政文化展厅，展厅约70平方米，分为三大版块，一是廉政摇篮篇，重点介绍中国共产党在江西革命斗争时期有关廉政纪律的做法。二是血脉相"廉"篇，寻根溯源在中国历史上留下的许多发人深省的廉政故事。三是松涛竹韵篇，重点介绍新时期江西林业在"阳光政务"的理念指引，积极推进各项工作的具体做法以及各级领导对廉政的殷切寄语。

荣誉 全国生态文化示范企业：江西含珠实业有限公司——铅山连史纸(2011年中国生态文化协会授予)；国家生态文明教育基地(由国家林业局、教育部、共青团中央授予)；共青城国家级生态文明教育基地(2009年度)；全国生态文化村(由中国生态文化协会授予)：江西省吉安市遂川县新江乡石坑村(2009年度)、江西省上饶市横峰县姚家乡兰子畲族村(2010年度)、江西省九江市武宁县罗坪镇长水村(2010年度)、江西省高安市新街镇景贤村(2011年度)、江西省上饶市婺源县晓起村(2011年度)、江西省赣州市兴国县梅窖镇三僚村(2011年度)、江西省宜春市明月山温泉风景名胜区温汤镇潭下村(2011年度)、江西省抚州市南丰县三溪乡石邮古村(2011年度)。

生态文化成果 影片——《踏界》。陆剑民、石维坚主演，中国首部林改电影，2009年公映，获全国第4届关注森林奖特别奖，并被国家广电总局纳入国家电影数字节目平台，其文学剧本获"滕王阁"文学奖。

网站——中国林业生态文化网。全国第一家生态文化网站，2008年开通，网址：www. lystwh. com. cn。

歌曲——《为了百姓好》。车行作词，戚建波作曲，雷佳演唱，2007年制作，中国第一首林改歌曲。

文学作品——《锄山鼓》。作者蔡勋，2011年8月由中国林业出版社出版，中国第一部林改文学作品。

文学作品——《一群人与一片绿》：这是"名人名家生态文化江西行"的直接成果，由作家出版社出版，2009年5月出版。

宣传片——《天地根·人居安》，这部生态宣传片获得江西省首届林业科普奖。

科普读物——《生态"画"你知》。

科普读物——《九十九个绿色的梦》。

【大事记】

1月18日 省林业厅在南昌召开全省林业产业工作会议。

1月27日 省林业厅召开新闻发布会。通报江西省“十一五”森林资源二类调查结果。

3月25日　景德镇市人民政府和省林业厅共同主办的首届中国景德镇檵花节在景德镇龙山生态园开幕。开幕式上，展示了吴铨叙将军专门为本届檵花节书写的诗词书画作品，发布了中国集邮总公司发行的个性化檵花节邮票和首日封。

4月15日　南北联合林业产权交易股份有限公司揭牌仪式在南昌举行。

4月25~26日　省林业厅在南昌召开全省林业局局长会议。

6月27日　中国人民财产保险股份有限公司江西分公司与江西省林业厅就森林保险承保、理赔、防灾防损等方面合作进行磋商，签订《共同推进森林保险合作的框架协议》。

6月27日　2011年全省公益林补偿标准从2010年的10.5元/亩·年，提高到15.5元/亩·年。国家和省级财政共投入公益林补偿资金7.91亿元；其中国家投入2.81亿元，省级财政投入5.10亿元。

7月20日　《油茶平衡施肥关键技术及效应研究》和《毛竹新品种——厚壁毛竹繁育与推广》分获省政府颁发的科技进步奖二等奖和三等奖。

9月15日　省林业厅、省发展改革委、省财政厅联合印发《江西省林木种苗发展“十二五”及中长期规划(2011~2020年)》。

10月15~17日　国家林业局、江西省人民政府、国际竹藤组织联合主办的第六届中国竹文化节开幕式在宜春举行。主题是“弘扬竹文化，低碳我先行”。30多个国际竹藤组织成员国代表和驻华使节、19个国内产竹省(区、市)及30个中国竹子之乡代表等2000余人参会。

10月17日　国家发改委、国家林业局批复将江西列为全国国有林场改革试点省。

11月2日　江西省荣获第二届中国国际林业产业博览会暨第4届中国义乌国际森林产品博览会最佳组织奖、最佳展台奖，江西坚华林业有限公司和江西省泰昇碳业有限公司荣获最佳参展奖，16种产品荣获金奖、22种产品荣获优质产品奖。

11月23日　省林业厅与江苏阳光集团有限公司在南昌举行战略合作协议签约仪式。

12月7日　国家林业局樟树工程技术研究中心在江西省林科院挂牌成立。

12月22日　省林业厅召开全省林业龙头企业座谈会。　　(江西省林业产业发展管理局)

表36-1　江西林业产业概况

指　标	数量
林业产业总产值(按现行价格计算)(万元)	13177449
一、第一产业总产值	5435418
(一)涉林产业总产值	5054126
1. 林木的培育和种植	1155498
2. 木材和竹材的采运	515037
3. 经济林产品的种植与采集	2490638
4. 花卉的种植	675134
5. 陆生野生动物繁育与利用	138209
6. 林业生产辅助服务	79610
(二)林业系统非林产业产值	381292
二、第二产业总产值	4823215
(一)涉林产业总产值	4477893
1. 木材加工及木、竹、藤、棕、苇制品制造	2340927
(1)锯材、木片加工	491502
(2)人造板制造	836725
(3)木制品制造	890442
2. 木、竹、藤家具制造	712143
3. 林产化学产品制造	357227
4. 非木质林产品加工制造	589650
5. 其他	112451
(二)林业系统非林产业产值	345322
三、第三产业总产值	2918816
(一)涉林产业总产值	2709127
1. 林业旅游与休闲服务	1877233
2. 林业生态服务	532595
3. 林业专业技术服务	59903
4. 林业公共管理及其他组织服务	239396
(二)林业系统非林产业产值	209689
补充资料：全部山区县茶、桑、果产值	946689
全部丘陵县茶、桑、果产值	209466
森林资源情况	
一、森林覆盖率(%)	58.32
二、林地面积(万公顷)	1054.92
三、森林面积(万公顷)	973.63
四、人工林面积(万公顷)	291.87
五、活立木总蓄积量(万立方米)	45045.51
六、森林蓄积量(万立方米)	39529.64
七、人工林蓄积量(万立方米)	10734.82
八、乔木林单位面积蓄积量(立方米/公顷)	51.46
森林培育	

指　标	数量
一、荒山荒(沙)地造林面积(按林种用途分)(公顷)	
(一)用材林	71029
(二)经济林	33418
(三)防护林	56942
(四)薪炭林	1617
(五)特种用途林	1515
二、森林抚育面积(公顷)	
(一)低产低效林改造	66195
(二)实际幼林抚育	309391
(三)成林抚育	247866
三、林业单位数量(家)	2438
主要木材、竹材产品产量(万立方米)	
一、木材总计	290.28
(一)原木	270.6
其中：针叶原木	111.84
1. 直接用原木	89.19
2. 等内加工原木	64.45
3. 其他原木	26.54
(二)薪材	19.68
二、木材采运企业数量(家)	97
三、竹材采运企业数量(家)	42
四、木材批发企业数量(家)	585
锯材生产	
一、锯材产量(万立方米)	200.86
二、锯材加工企业数量(家)	258
人造板生产(万立方米)	
人造板总产量	286.84
一、胶合板	90.7
(一)木胶合板	61.16
(二)竹胶合板	23.43
(三)其他胶合板	6.11
二、纤维板	96.72
三、刨花板	17.36
四、其他人造板	82.05
五、人造板制造企业数量(家)	972
六、胶合板制造企业数量(家)	646
七、纤维板制造企业数量(家)	65
八、刨花板制造企业数量(家)	51
九、其他人造板制造企业数量(家)	195
木制品	
一、木制品企业数量(家)	1313
二、生产用木制品企业数量(家)	652
三、生活用木制品企业数量(家)	560
四、中乐器制造企业数量(家)	4
五、西乐器制造企业数量(家)	5
木家具企业	

指　标	数量
一、木制家具制造企业数量(家)	2495
二、竹藤制家具制造企业数量(家)	114
三、家具零售企业数量(家)	2386
木片生产	
一、木片、木粒加工产品(万实积立方米)	60.88
二、木片加工企业数量(家)	330
竹藤生产	
一、竹、藤、棕、草制品企业数量(家)	1231
二、竹、藤、棕、草工艺品制造企业数量(家)	303
果品木本粮油	
一、水果产量(吨)	3958058
其中：梨	125222
葡萄	33425
桃	46295
猕猴桃	11747
其他水果	219356
二、干果产量(吨)	48473
其中：核桃	796
板栗	28534
枣(干重)	686
柿子(干重)	7967
其他干果	10378
三、木本油料	427331
其中：文冠果	0
其他木本油料	119
四、水果罐头制造企业数量(家)	38
森林蔬菜	
一、森林食品(干重)(吨)	36121
其中：食用菌	14771
山野菜	3099
其他森林食品	7342
二、蔬菜、果品批发企业数量(家)	677
调料	
林产调料产品(干重)	410
其中：花椒	107
中药材	
一、木本药材(吨)	25220
其中：杜仲	1797
山茱萸	310
其他木本药材	21422
二、中草药及制品批发企业数量(家)	676
花卉	
一、年末实有花卉种植面积(公顷)	17428
二、切花切叶产量(万支)	11052.96
三、盆栽植物产量(万盆)	10811.84
四、观赏苗木产量(万株)	60200.46

指　标	数量
五、草坪产量(万平方米)	400.38
六、花卉场(家)	447
七、花卉企业数量(家)	1355
其中：大中型企业	52
八、花农(万户)	2.65
九、花卉从业人员(万人)	6.45
其中：专业技术人员	0.81
十、控温温室面积(万平方米)	15.5
十一、日光温室面积(万平方米)	51.1
林产化工	
一、林产化学产品制造企业数量(家)	389
二、香料、香精制造企业数量(家)	211
蚕	
一、缫丝企业数量(家)	60
二、绢纺企业数量(家)	11
森林旅游	
一、旅游人次(人次)	42725573
二、旅游收入(万元)	1877233
三、森林公园总数(处)	156
四、森林公园总面积(公顷)	501052.16
五、国家森林公园数量(处)	43
六、国家森林公园面积(公顷)	357181.79
七、省级森林公园数量(处)	100
八、省级森林公园面积(公顷)	116201.92
九、县级森林公园数量(处)	13
十、县级森林公园面积(公顷)	27668.45
十一、森林公园收入总额(万元)	434508.27
十二、旅游接待总人数(万人次)	3241.82
十三、旅游接待海外旅游者(万人次)	35.62
十四、园林绿化企业数量(家)	2141
十五、自然保护区管理单位数量(家)	67
森林机械	
一、森林工业专用设备制造企业数量(家)	14
二、营林机械制造企业数量(家)	1

表 36-2　江西林业产业特色

项目名称	全国排名	数量	占全国的比(%)
概况			
第一产业湿地产业产值(万元)	3	51979	15.62
第一产业林业系统非林产业产值(万元)	4	381292	8.3
第二产业湿地产业产值(万元)	4	11600	12.5
第三产业产值(万元)	3	2918816	10.23
第三产业涉林产业产值(万元)	2	2709127	10.96
林下经济产值(万元)	4	593076	6.79
森林培育业			
林木的培育和种植产值(万元)	5	1155498	6.03
造林产值(万元)	4	486382	6.64
林木的抚育和管理产值(万元)	3	434812	8.3
幼林的抚育和管理产值(万元)	2	187270	9.49
成林的抚育和管理产值(万元)	4	217396	8.28
用材林造林面积(公顷)	5	71029	6.97
更新造林面积(公顷)	4	26746	8.19
低产低效林改造面积(公顷)	4	66195	8.39
森林覆盖率()	2	58.32	286.44
木材采运及锯材木片加工业			
针叶原木产量(万立方米)	5	111.84	7.73
等内加工原木中针叶原木产量(万立方米)	5	49.81	8.47
杉原条产量(万立方米)	2	79.83	15.3
农民烧材采伐量(万立方米)	5	88.43	4.11
特种锯材产量(万立方米)	1	11.7	30.21
人造板制造业			
非木质纤维板产量(万立方米)	3	3.1	4.09
指接材产量(万立方米)	5	16.55	4.69
木制品生产业			
木制品制造产值(万元)	5	890442	6.02
木制工艺品和木制文教体育用品制造产值(万元)	5	132912	4.1
家具制造业			
其他木地板产量(万平方米)	4	1057.34	10.25
竹地板产量(万平方米)	2	840.94	17.92
竹藤产业			
竹产业产值(万元)	5	586640	5.6
竹材采运企业数量(家)	3	42	10.4
园林植物产业			
观赏苗木产量(万株)	5	60200.46	4.98
花卉市场数量(家)	1	447	10.89
种苗产业			
苗木产量(万株)	2	16547.91	18.2
一年生苗木产量(万株)	2	8292.45	14.7
二年留床苗木产量(万株)	2	6533.18	23.46
繁殖圃个数(家)	1	141	31.9
繁殖圃面积(公顷)	2	862	16.12
果品产业			
柑橘产量(吨)	1	3522013	14.6

项目名称	全国排名	数量	占全国的比(%)
木本粮油产业			
油茶产业产值(万元)	2	703178	28.65
油茶籽产量(万吨)	2	42.72	28.86
油茶企业数量(家)	1	305	25.98
油茶林面积(公顷)	2	824801	23.87
当年新造茶林面积(公顷)	3	36925	15.72
当年低改茶林面积(公顷)	2	20272	21.66
木本油料产量(吨)	2	427331	27.56
林产化工产业			
松脂产量(吨)	5	79864	6.9
松香类产品产量(吨)	3	98798	6.99
松香产量(吨)	4	75906	6.05
松香深加工产品产量(吨)	4	22892	14.36
松节油类产品产量(吨)	3	38248	21.05
松节油产量(吨)	3	18041	12.41
松节油深加工产品产量(吨)	1	20207	55.55
樟脑产量(吨)	3	395	3.05
合成樟脑产量(吨)	2	366	3.45
冰片产量(吨)	3	4	0.6
林产化学产品制造企业数量(家)	5	389	6.53
香料、香精制造企业数量(家)	5	211	6.14
野生动物驯养业			
陆生野生动物繁育与利用产值(万元)	5	138209	4.91
陆生野生动物狩猎和捕捉产值(万元)	3	17412	13.17
陆生野生动物饲养产值(万元)	5	120797	4.5
森林旅游业			
林业旅游与休闲服务产值(万元)	4	1877233	10.08
森林旅游收入(万元)	4	1877233	10.08
旅游直接带动的其他产业产值(万元)	3	3258952	9.89
森林公园总数(处)	4	156	5.68
国家森林公园数量(处)	2	43	5.76
省级森林公园数量(处)	1	100	8.08
森林公园收入(万元)	2	434508.27	11.54
门票收入(万元)	4	51484.61	7.41
食宿收入(万元)	2	181025.29	10.84
娱乐收入(万元)	2	77436.14	16.6
其他收入(万元)	2	124562.23	13.35
旅游接待总人数(万人次)	5	3241.82	6.93

项目名称	全国排名	数量	占全国的比(%)
本年度旅游投入资金(万元)	4	239212.28	7.64
本年度旅游国投资金(万元)	4	95629.13	9.24
本年度旅游自筹资金(万元)	5	66347.1	6.77
本年度旅游引资资金(万元)	5	77236.05	6.92
其中环境建设投入(万元)	1	48032.4	11.1
植树造林(公顷)	4	7170.69	7
改造林相(公顷)	2	19111.32	12.08
游步道总数(千米)	2	4647.29	7.7
餐位总数(个)	5	82117	6.42
社会旅游从业人员(人)	3	38647	6
林业生态文化产业			
林业生态服务产值(万元)	1	532595	19.24
林业专业技术服务产值(万元)	4	59903	7.47
林业公共管理及其他组织服务产值(万元)	2	239396	9.5
林业单位数量(家)	4	2438	4.67

表 36-3　江西各产业对总产值的贡献

	项目名称	产值(万元)	百分比(%)
	总产值	13177449	100
1	森林旅游业	1877233	14.25
2	其他	1325690	10.06
3	果品产业	1189787	9.03
4	木制品生产业	1023354	7.77
5	林业系统非林产业	936303	7.11
6	木材生产业	923561	7.01
7	森林培育业	921194	6.99
8	人造板制造业	836725	6.35
9	林业服务业	831894	6.31
10	木竹藤家具制造业	712143	5.4
11	园林植物产业	675134	5.12
12	林产化工产业	357227	2.71
13	森林蔬菜产业	350593	2.66
14	种苗产业	234304	1.78
15	木浆纸制品生产业	232583	1.77
16	竹藤产业(不含家具)	205236	1.56
17	茶咖啡产业	188502	1.43
18	野生动物驯养业	138209	1.05
19	中药业	138167	1.05

山东省林业产业

【产业特点】 山东省在森林资源占比例不到全国1%的情况下，创造了占全国约10%的林业产值，形成了林业资源小省条件下的林业产业大省发展格局。全省林业概况见表37-1。

山东省林业特色产业突出表现在人造板、果品、花卉、森林旅游产业，其中人造板产业方面：胶合板材产量占全国第二位，人造板、胶合板、木胶合板、纤维板、木质纤维板、硬质纤维板、中密度纤维板、非木质纤维板、刨花板、木质刨花板产量居全国第一位，人造板制造企业数量全国第二位，胶合板制造、纤维板制造和其他人造板制造企业数量是全国第一位；果品业方面：水果产量全国第一位，其中的苹果、桃、柿子产量都是全国第一位，蔬菜、果品批发、葡萄酒制造、果菜汁饮料制造企业数量居全国第一。花卉业盆栽植物产量居全国第一位，花卉市场数量占全国第三位；森林旅游业中，社会旅游从业人员数量全国第一位(详见表37-2)。

山东省各林业产业对总产值贡献最大的是人造板制造业占30.6%，其次是果品产业占25.01%，然后是木材生产业占7.21%(见表37-3)。

2011年7月26日，山东省委、省政府在济南召开全省林业产业工作会议。公布了评选出的100家山东省林业产业龙头企业、34家山东省林业产业先进单位、35家山东省林业产业优秀企业以及29家山东省林下经济先进单位，并进行了表彰。会上发放了《林业产业政策汇编及各市经验交流材料》、《林业产业先进典型经验交流材料》等材料。

【木材加二】 以板材加工为主的木材加工业在山东八大林业产业中一直居于首要地位。2011年，全省人造板产量6161万立方米，占全国的37%，比2010年提高14%，连续多年稳居全国第一位，人造板产值903.2亿元，比2010年翻了一番还多。据调查，全省目前木材加工规模以上企业1850余家，木材加工业从业人员约163万。产品销往全国各地并出口欧、美、日、韩等20多个国家和地区。

【果品】 2011年，全省果品保鲜贮藏企业2410家，贮藏能力300.39万吨。果品加工企业529家，年加工能力287.74万吨。2011年果品及其加工品出口额超过11亿美元，占全国水果出口总额的34.1%。果品综合交易市场216个，年交易额101.7亿元。

【种苗花卉】 2011年，全省登记注册的花卉专业批发市场20处，季节性种苗市场2000多处。潍坊昌邑、泰安上高、济宁李营等地形成了“买全国、卖全国”苗木集散中心。菏泽市、青州市、济南市、青岛市、泰安市、东营市已成为全国比较知名的花卉市场。

【林下经济】 2011年，全省林下经济发展面积8.1万公顷，林菌种植产量11.3万吨，林药种植产量1.9万吨，林禽、林畜养殖6.1亿只(头)，林下特色种养(狐、貂等)2055万只。年纯收入72.3亿元，带动劳动力就业41万人。具有一定规模的企业、合作社、联合体近万家，呈现出模式多样化、基地规模化、生产标准化、产品市场化的发展态势。

【森林旅游】 全省森林旅游直接收入超千万的森林公园22处，超百万元的75处，森林旅游业正成为林业产业中最具活力的经济增长点。据不完全统计，全省森林公园建设和森林旅游发展已辐射带动222个乡镇，2032个村庄发展森林旅游业，带动相关行业间接转移农村劳动力近20万人，实现年社会旅游综合收入70多亿元。

【木本粮油】 全省干果面积40万公顷(含冬枣),年产量231万吨,产值170亿元,全省干果年加工能力46.1万吨,占干果总产量的20%,其中规模以上干果加工贮藏企业78家,年产值39亿元,年出口干果11.17万吨,创汇2900万美元。涌现出莒南县绿润集团、济南市华鲁食品有限公司、泰安市西友板栗加工有限公司、庆云县山东鼎力集团、无棣县舜园枣业等深加工知名龙头企业,培育了"珠玉"、"妙香"牌板栗,"曹范"、"芍药山"牌核桃,核桃油、玫瑰精油等20多个知名品牌。

全省核桃面积5.9万公顷,产量6万吨。全省年产值500万元以上的核桃加工企业13家。2011年启动实施现代农业生产发展资金核桃产业项目,项目总投入资金1.6亿元。

【生物质能源】 山东省能源林树种适合培育的有杨、柳、松、柏、柽柳、紫穗槐、栎、火炬松、荆条、刺槐、花椒、核桃、黄连木等50多个树种。现已开发利用的木质能源林主要是柽柳、紫穗槐、栎类、火炬、荆条、刺槐、杨等乡土树种。山东省油料能源林资源十分丰富,黄连木、花椒、桐树、赤松、油松、侧柏、核桃等。元宝枫籽油和牡丹籽油经国家卫生部批准,作为新资源食品正式立项生产。据调查,仅泰沂山区就有花椒4.2万公顷,年产花椒种子2720万千克。花椒种含油量30%~40%,有很高的开发利用价值。森林资源清查结果显示,全省现有能源林(或可作为能源林培育的森林资源)31万公顷。 (山东省林业厅)

表37-1 山东林业产业概况

指 标	数量
林业产业总产值(按现行价格计算)(万元)	29514848
一、第一产业总产值	11002718
(一)涉林产业总产值	10799852
1. 林木的培育和种植	1832199
2. 木材和竹材的采运	350030
3. 经济林产品的种植与采集	7735914
4. 花卉的种植	745013
5. 陆生野生动物繁育与利用	95021
6. 林业生产辅助服务	41675
(二)林业系统非林产业产值	202866
二、第二产业总产值	17038018
(一)涉林产业总产值	16969486
1. 木材加工及木、竹、藤、棕、苇制品制造	11584601
(1)锯材、木片加工	1777284
(2)人造板制造	9031940
(3)木制品制造	642539
2. 木、竹、藤家具制造	1476700
3. 林产化学产品制造	25318
4. 非木质林产品加工制造	958907
5. 其他	890520
(二)林业系统非林产业产值	68532
三、第三产业总产值	1474112
(一)涉林产业总产值	1174242
1. 林业旅游与休闲服务	844616
2. 林业生态服务	168402
3. 林业专业技术服务	83082
4. 林业公共管理及其他组织服务	78142
(二)林业系统非林产业产值	299870
补充资料:全部山区县茶、桑、果产值	1149632
全部丘陵县茶、桑、果产值	325920
森林资源情况	
一、森林覆盖率(%)	16.72
二、林地面积(万公顷)	342.12
三、森林面积(万公顷)	254.46
四、人工林面积(万公顷)	244.38
五、活立木总蓄积量(万立方米)	8627.99
六、森林蓄积量(万立方米)	6338.53
七、人工林蓄积量(万立方米)	6202.1
八、乔木林单位面积蓄积量(立方米/公顷)	40.6
森林培育	
一、荒山荒(沙)地造林面积(按林种用途分)(公顷)	
(一)用材林	34598
(二)经济林	51154
(三)防护林	130896
(四)薪炭林	0
(五)特种用途林	2380
二、森林抚育面积(公顷)	
(一)低产低效林改造	14746
(二)实际幼林抚育	456662
(三)成林抚育	1062132
三、林业单位数量(家)	2153
主要木材、竹材产品产量(万立方米)	
一、木材总计	347.98
(一)原木	309.34
其中:针叶原木	4.91
1. 直接用原木	126.92
2. 等内加工原木	25.83

指　标	数量
3. 其他原木	10.33
(二)薪材	38.64
二、木材采运企业数量(家)	5
三、木材批发企业数量(家)	10932
锯材生产	
一、锯材产量(万立方米)	554.2
二、锯材加工企业数量(家)	680
人造板生产(万立方米)	
人造板总产量	6161.61
一、胶合板	3502.78
(一)木胶合板	3474.71
(二)其他胶合板	28.07
二、纤维板	1303.59
三、刨花板	946.76
四、其他人造板	408.47
五、人造板制造企业数量(家)	4247
六、胶合板制造企业数量(家)	2786
七、纤维板制造企业数量(家)	224
八、刨花板制造企业数量(家)	134
九、其他人造板制造企业数量(家)	1076
木制品	
一、木制品企业数量(家)	4246
二、生产用木制品企业数量(家)	2079
三、生活用木制品企业数量(家)	1476
四、中乐器制造企业数量(家)	41
五、西乐器制造企业数量(家)	81
木家具企业	
一、木制家具制造企业数量(家)	5312
二、竹藤制家具制造企业数量(家)	54
三、家具零售企业数量(家)	4052
木片生产	
一、木片、木粒加工产品(万实积立方米)	1025.07
二、木片加工企业数量(个)	1136
竹藤生产	
一、竹、藤、棕、草制品企业数量(家)	1283
二、竹、藤、棕、草工艺品制造企业数量(家)	1167
果品木本粮油	
一、水果产量(吨)	16421093
其中：苹果	8528469
梨	1509985
葡萄	1153320
桃	3328451
杏	339053
猕猴桃	194
其他水果	1561621
二、干果产量(吨)	1046404
其中：核桃	73244
板栗	279474
枣(干重)	341346
柿子(干重)	168748
仁用杏	334
山杏仁	96
其他干果	178992
三、木本油料	0
四、水果罐头制造企业数量(家)	222
森林蔬菜	
一、森林食品(干重)(吨)	50479
其中：食用菌	22543
山野菜	1286
其他森林食品	26650
二、蔬菜、果品批发企业数量(家)	5358
调料	
林产调料产品(干重)	38497
其中：花椒	35505
中药材	
一、木本药材(吨)	5027
其中：枸杞	117
其他木本药材	4910
二、中草药及制品批发企业数量(家)	1292
花卉	
一、年末实有花卉种植面积(公顷)	98053
二、切花切叶产量(万支)	61698.2
三、盆栽植物产量(万盆)	36060.69
四、观赏苗木产量(万株)	70919.92
五、草坪产量(万平方米)	6681.7
六、花卉场(家)	354
七、花卉企业数量(家)	2379
其中：大中型企业	401
八、花农(万户)	7.51
九、花卉从业人员(万人)	44.46
其中：专业技术人员	2.33
十、控温温室面积(万平方米)	591.88
十一、日光温室面积(万平方米)	1105.28
林产化工	
一、林产化学产品制造企业数量(家)	131
二、香料、香精制造企业数量(家)	149
蚕	
一、缫丝企业数量(家)	117
二、绢纺企业数量(家)	12
森林旅游	
一、旅游人次(人)	66088779
二、旅游收入(万元)	844616

指　标	数量
三、森林公园总数(处)	224
四、森林公园总面积(公顷)	386106.92
五、国家森林公园数量(处)	38
六、国家森林公园面积(公顷)	176987.21
七、省级森林公园数量(处)	70
八、省级森林公园面积(公顷)	91491.03
九、县级森林公园数量(处)	116
十、县级森林公园面积(公顷)	117628.68
十一、森林公园收入总额(万元)	128504.45
十二、旅游接待总人数(万人次)	2427.98
十三、旅游接待海外旅游者(万人次)	64.09
十四、园林绿化企业数量(家)	5873
十五、自然保护区管理单位数量(家)	82
森林机械	
一、森林工业专用设备制造企业数量(家)	128
二、营林机械制造企业数量(家)	26

表 37-2　山东林业产业特色

项目名称	全国排名	数量	占全国的比(%)
概况			
总产值(万元)	2	29514848	9.65
第一产业总产值(万元)	1	11002718	9.95
第一产业涉林产业产值(万元)	1	10799852	10.19
第二产业总产值(万元)	4	17038018	10.21
第二产业涉林产业产值(万元)	4	16969486	10.45
第二产业湿地产业产值(万元)	5	4000	4.31
第二产业其他涉林产业产值(万元)	4	890520	12.1
第三产业湿地产业产值(万元)	5	48076	8.3
经济林产品的种植与采集产值(万元)	1	7735914	12.24
林下经济产值(万元)	2	1812392	20.75
各类经济林产品总产量(吨)	1	17583951	13.14
森林培育业			
林木的培育和种植产值(万元)	1	1832199	9.57
育种和育苗产值(万元)	2	979051	14.87
造林产值(万元)	5	450455	6.15
林木的抚育和管理产值(万元)	4	402693	7.69
成林的抚育和管理产值(万元)	3	273294	10.4
特种用途林造林面积(公顷)	5	2380	7.13
幼林抚育实际面积(公顷)	3	456662	6.21
成林抚育面积(公顷)	3	1062132	9.38
木材采运及锯材木片加工业			
锯材、木片加工产值(万元)	1	1777284	15.31
胶合板材产量(万立方米)	2	132.14	14.04
锯材产量(万立方米)	2	554.2	12.43
普通锯材产量(万立方米)	2	550.72	12.58
木片、木粒加工产品产量(万实积立方米)	1	1025.07	45.82
木材批发企业数量(家)	3	10932	6.71
木片加工企业数量(家)	3	1136	7.62
人造板制造业			
人造板制造产值(万元)	1	9031940	24.3
人造板产量(万立方米)	1	6161.61	29.45
胶合板产量(万立方米)	1	3502.78	35.49
木胶合板产量(万立方米)	1	3474.71	41.04
其他胶合板产量(万立方米)	5	28.07	2.82
纤维板产量(万立方米)	1	1303.59	23.44
木质纤维板产量(万立方米)	1	1236.6	22.54
硬质纤维板产量(万立方米)	1	287.29	56.9
中密度纤维板产量(万立方米)	1	949.11	19.08
软质纤维板产量(万立方米)	5	0.2	2.52
非木质纤维板产量(万立方米)	1	66.99	88.3
刨花板产量(万立方米)	1	946.76	36.99
木质刨花板产量(万立方米)	1	944.7	37.54
非木质刨花板产量(万立方米)	4	2.06	4.83
其他人造板产量(万立方米)	2	408.47	13.95
细木工板产量(万立方米)	2	285.02	14.01
单板产量(万立方米)	2	767.34	24.18
强化木产量(万立方米)	2	7.2	25.56
指接材产量(万立方米)	3	29.69	8.42
人造板制造企业数量(家)	2	4247	13.96
胶合板制造企业数量(家)	1	2786	18.33
纤维板制造企业数量(家)	1	224	12.8
刨花板制造企业数量(家)	4	134	8.75
其他人造板制造企业数量(家)	1	1076	11.86
木制品生产业			
木材加工及木、竹、藤、棕、苇制品制造产值(万元)	1	11584601	17.06
木制工艺品和木制文教体育用品制造产值(万元)	4	236334	7.29
非木质林产品加工制造产值(万元)	4	958907	6.27
生活用木制品企业数量(家)	5	1476	9.82
火柴制造企业数量(家)	3	227	19.89
家具制造业			
木、竹、藤家具制造产值(万元)	5	1476700	6.36
木竹地板产量(万平方米)	4	4378.74	6.96
复合木地板产量(万平方米)	3	4006.42	11.23
木制家具制造企业数量(家)	5	5312	6.46
木浆纸制品产业			
纸浆制造企业数量(家)	3	191	8.65

项目名称	全国排名	数量	占全国的比(%)
机制纸及纸板制造企业数量(家)	4	1156	8.39
加工纸制造企业数量(家)	4	649	6.12
纸制品企业数量(家)	4	8146	7.87
竹藤产业			
竹、藤、棕、草制品企业数量(家)	4	1283	6.62
竹、藤、棕、草工艺品制造企业数量(家)	3	1167	10.32
园林植物产业			
花卉的种植产值(万元)	4	745013	7.93
实有花卉种植面积(公顷)	2	98053	11.37
盆栽植物产量(万盆)	1	36060.69	12.37
观赏苗木产量(万株)	3	70919.92	5.87
草坪产量(万平方米)	2	6681.7	16.36
花卉市场数量(家)	3	354	8.63
花卉企业数量(家)	5	2379	5.61
大中型花卉企业数量(家)	5	401	5.05
花卉从业人员数量(万人)	4	44.46	10.28
专业花卉从业人员数量(万人)	2	2.33	11.11
控温温室面积(万平方米)	2	591.88	17.76
果品产业			
水果及干果的种植与采集产值(万元)	1	7381588	17.76
全部山区县茶、桑、果产值(万元)	3	1149632	7.85
水果产量(吨)	1	16421093	14.32
苹果产量(吨)	1	8528469	27.5
梨产量(吨)	2	1509985	9.84
葡萄产量(吨)	2	1153320	13.58
桃产量(吨)	1	3328451	30.64
杏产量(吨)	2	339053	11.77
其他水果产量(吨)	5	1561621	8.66
干果产量(吨)	3	1046404	11.28
板栗产量(吨)	2	279474	14.74
枣(干重)产量(吨)	5	341346	9.84
柿子(干重)产量(吨)	1	168748	15.72
银杏(白果)产量(吨)	4	4170	5.72
其他干果产量(吨)	1	178992	26.73
水果罐头制造企业数量(家)	3	222	9.33
蔬菜、果品批发企业数量(家)	1	5358	13.3
森林蔬菜产业			
其他森林食品产量(吨)	2	26650	15.16
茶咖啡产业			
葡萄酒制造企业数量(家)	1	701	26
果菜汁饮料制造企业数量(家)	1	421	8.42
调料产业			
花椒产量(吨)	3	35505	12.16
其他林产调料产品产量(吨)	4	2992	3.81
调味料制造企业数量(家)	5	327	7.83
盐及调味品批发企业数量(家)	1	721	8.53
中药业			
动物药品制造企业数量(家)	1	423	11.83
林产化工产业			
生物制品企业数量(家)	5	869	7.47
野生动物驯养业			
动物胶制造企业数量(家)	1	164	19.07
森林旅游业			
森林旅游人次(人次)	5	66088779	5.88
旅游直接带动的其他产业产值(万元)	4	1989921	6.04
森林公园总数(处)	2	224	8.15
国家森林公园数量(处)	4	38	5.09
省级森林公园数量(处)	5	70	5.65
县级森林公园数量(处)	2	116	15.22
县级森林公园面积(公顷)	2	117628.68	9.74
门票收入(万元)	3	71269.06	10.25
本年度旅游投入资金(万元)	5	200195.96	6.39
本年度旅游自筹资金(万元)	2	117040.68	11.94
其中环境建设投入(万元)	5	30971.83	7.16
植树造林(公顷)	5	7073.54	6.9
改造林相(公顷)	5	13801.78	8.72
职工总数(人)	2	12735	8.49
导游人数(人)	2	1668	10.38
车船总数(台/艘)	5	1758	5.65
游步道总数(千米)	1	4663.57	7.73
餐位总数(个)	2	93594	7.32
社会旅游从业人员(人)	1	139756	21.71
园林绿化企业数量(家)	3	5873	6.82
风景名胜区管理企业数量(家)	5	409	5.86
林业机械			
森林工业专用设备制造企业数量(家)	4	128	9.24
营林机械制造企业数量(家)	3	26	8.2
林业生态文化产业			
林业专业技术服务产值(万元)	3	83082	10.36

表 37-3　山东各产业对总产值的贡献

	项目名称	产值(万元)	百分比(%)
	总产值	29514848	100
1	人造板制造业	9031940	30.6
2	果品产业	7381588	25.01
3	木材生产业	2127314	7.21
4	其他	1944506	6.59
5	木浆纸制品生产业	1797106	6.09

	项目名称	产值(万元)	百分比(%)
6	木竹藤家具制造业	1476700	5
7	种苗产业	979051	3.32
8	木制品生产业	878873	2.98
9	森林培育业	853148	2.89
10	森林旅游业	844616	2.86
11	园林植物产业	745013	2.52
12	林业系统非林产业	571268	1.94

	项目名称	产值(万元)	百分比(%)
13	林业服务业	329626	1.12
14	茶咖啡产业	160993	0.55
15	竹藤产业(不含家具)	132838	0.45
16	野生动物驯养业	95021	0.32
17	中药业	52016	0.18
18	森林蔬菜产业	46238	0.16
19	林产化工产业	25318	0.09

河南省林业产业

【产业特点】 河南省林业产业基本情况见表38-1，河南省的林业特色产业突出体现在森林培育、木片加工、人造板、园林植物、果品、中药材等产业(详见表38-2)。

河南省各林业产业对林业总产值贡献最大的是果品产业占总产值的16.33%，其次是人造板制造业占13.02%，然后依次是园林植物产业9.76%，木材生产业8.77%，森林培育业6.31%(详见表38-3)。

【人造板】

濮阳市 森大木业有限公司建设了年产10万立方米高密度纤维板生产线，单层压机层数可达30层，企业年产能力20万立方米。公司先后与农户签订木材回收协议1.5万份，扶持和引导农户种植杨树速生丰产林0.07万公顷。范县张庄乡的4家胶合板、多层板企业带动了周边10个行政村200多家板皮加工户，带动木材运输户400余家。

商丘市 2011年，木材加工企业规模以上的有45家。其中人造板加工企业29家。2011年新上板材加工企业6家，4家企业进行改扩建。人造板产量由原来的60万立方米提高到100万立方米。几家木材加工省级林业产业化重点龙头企业中的瑞丰木业公司在原来生产实木地板的基础上，充分利用商丘市丰富的杨木资源，引进高新科技，新上了一条杨木优化板材生产线，使软性杨木经化学处理改变性状，变成硬性极强的"中檀木"。

驻马店市 有木材加工企业152家，全市年产值1000万元以上的林业企业14家，其中汝南县恒盛木业制品厂，公司拥有国内先进的热压、冷压等6套制板设备，生产各种型号的胶合板、中密度多厘板。年产胶合板200万张，产值1.2亿元，销售收入1亿元，利税1000万元，安排带动1000多人就业。正阳县的河南省森鑫木业有限公司，主要生产杨木胶合板，是国家级人造板生产许可企业和人造板产品自行出口权企业、省级林业产业重点龙头企业。公司总资产6000万元，年生产能力3万立方米，销售收入6350万元，上缴利税340万元，提供就业150多个。

【家具】 兰考三环华兰实业集团是一家集研发、设计、生产、销售出口实木家具、出口殡仪棺木和新型建筑材料为一体的中国最具规模的现代化外向型民营企业。集团拥有现代化标准钢制厂房和国内一流的物流中心和展示中心，引进多台德国CNC加工中心和日本进口大型六轴数控机床，配备有世界一流的自动化生产线及具有国际先进水平的质量检测实验室。注册资金7500万元，占地66.67多公顷，员工4500余人，资产总额3.7亿元。年产各种出口实木家具10万余套，年产国内家具10万套，年产日本火化棺木及欧式棺木15万套。产品95%出口到日本、西班牙、美国等国家。2011年销售收入5.9亿元，出口创汇3025万美元。

【木浆纸制品】 濮阳市林浆纸板加工业作为产业发展重点，拥有龙丰纸业、通宇纸业、民通纸业、森大木业、光明密度板、登星家具、晨光木业等一批骨干企业，形成了林纸生产、板材加工、家具制造等产业集群。濮阳龙丰纸业、范县通宇纸业、台前县民通华瑞纸业2011年生产纸近43万吨，浆10.6万吨，实现产值近29亿元。

【果品】

栾川县 白土乡无核柿子独具特色，2005年经国家质量监督检验检疫总局认定为原产地标记保护产品。

偃师市 2001年葡萄种植主产地缑氏镇获国家林业局中国葡萄之乡称号，2006年获国家标准化管理委员会国家标准化示范区称号，种植的葡萄被农业部认定为无公害农产品。目前，葡萄种植面积0.09万公顷，现有规模葡萄酒加工厂两个，分别为偃师唐僧寺庄园葡萄酒业有限公司，年产葡萄酒500吨，产值1000万元；偃师葡萄发展有限公司，年产葡萄酒800吨，产值1500万元。

西峡县 按照“标准化生产、集约化种植、产业化经营、品牌化营销”的发展思路，坚持人工种植和野生改造并重，山上山下齐头并进。2011年，西峡县培育出猕猴桃专业乡镇7个，专业村160个，专业户4860户，打造出沿312国道百千米猕猴桃长廊，人工种植面积0.67万公顷，挂果面积0.23万公顷，产量3.6万吨。西峡猕猴桃获欧盟有机认证、国家原产地域保护认证，“万果山”牌猕猴桃被评为河南省名牌农产品。西峡县福莱尔航空食品有限公司与新郑好想你公司合作，2011年投资8000万元，新上猕猴桃深加工项目，年加工猕猴桃1.3万吨，预计产值1.92亿元。

焦作市 2011年产干鲜果品27.17万吨。对紫陵万亩经济园区、九凤山园区、个体种植大户等积极从技术、信息、政策上给予扶持，大力培育名优特新等经济林品种，以紫陵万亩经济林园区为龙头的经济林基地建设初具规模，年产桃、李、杏、葡萄等经济林果品1.7万吨，名、优、特、新等经济林品牌果品远销山西、河北、山东等地。结合退耕还林和太行山绿化，在太行山深山区建立花椒生产基地，以传统资源为依托，建立太行山柿子、核桃生产基地。

内乡县 2011年，内乡县伏牛山浩林核桃种植专业合作社又投入资金3000多万元，在南北长14千米、东西宽2千米的岱军岭，与余关乡黄楝、子育两个村和赤眉镇王庄、张堂两个村签订土地承包合同0.13万公顷，高标准栽植核桃65万株。在浩林核桃合作社的带动下，马山口镇花北村新发展核桃0.07万公顷，栽植薄壳核桃30万株。2011年，内乡县已建成万亩核桃基地4个，千亩核桃基地3个，核桃面积0.51万公顷。

周口市 果品贮藏库500座，年贮藏加工能力30万吨。具有代表性的企业是淮阳绿野葡萄酒业有限公司，带动农户820户，年加工果品能力2500吨，年产值6500万元，2011年11月该公司“樽裕”葡萄酒在第二届中国国际产业博览会上获优质产品奖。

【花卉苗木】

南阳市 2011年发展月季面积0.08万公顷，培育大花、丰花、地被、树状、藤本、切花等六大类600多个品种，年生产月季种苗8000万株，年产值1.2亿元，成为全国最大的月季基地。2011年，南阳月季基地公司投资5200万元，在南阳市郊区建设“南阳月季博览园”，占地面积33.33公顷。2011年，在桐柏成立南阳市沁园野生兰花研究开发中心，初步建成河南省首家兰花种质资源圃，收集种植野生兰花30万株。拥有河南省98%以上，长江以北适宜生存80%以上的兰花品种。

漯河市 形成以临颍县胡桥园林公司，万春园林有限公司，天翼林业发展有限公司，伊人黑玫瑰有限公司为主的种苗花卉产业基地格局，每年可向社会提供鲜切花820万枝，苗木花卉年产值3.42亿元。

濮阳市 从事花卉生产企业10余家，花卉合作社和专业协会10余个，花农(户)2000余户，作业人员4000余人，产品远销北京、上海、广州、天津等全国大中型城市。其中高新区源龙乡花卉有限公司投资1100万元，建成日光连栋花卉温室1.5万多平方米，栽植蝴蝶兰6万株，红掌18万株，年产红掌鲜切花70万支，是目前豫北地区最大的蝴蝶兰种植基地和全市最大的红掌基地。

【中药材】

洛阳市汝阳县 2000年被中国经济林协会命名全国杜仲之乡。杜仲1.37万公顷，分布在全县王坪、付店、靳村、三屯等14个乡镇，在杜仲深加工上走出一条“山上建基地、山下办工厂、山外拓市场、科技创高效”的杜仲产业化开发路子。自1990年以来，先后建成洛阳天天绿色食品有限公司、洛阳市天然绿色食品有限公司、洛阳市林源杜仲开发有限公司，研制开发具有稳压、健体、强身的口服液系列产品和杜仲保健茶、饮品系列产品，年产量1560万千克，年产值1.2亿元。

卢氏县 是全省十大优质药材生产基地县之一，有“一步三棵药”之说和“天然药库”美称。全县中药材适生面积28.33万公顷，共有各类中药材

1225种，进入商品流通领域500余种，药材资源总蕴藏量6.6万吨。全县有野生资源6万公顷，年产量1000万千克；中药材种植面积0.8万公顷，其中草本0.4万公顷、木本0.27万公顷、菌类0.13万公顷，中药材年产值1.5亿元。卢氏连翘于2004年获得国家地理标志认证。

南阳市唐河县 大力发展栀子产业，走“市场牵龙头，龙头带基地，基地连农户”之路，将栀子产业打造成集基地建设、科研开发、精深加工及生态旅游为一体的特色产业。2011年，全县栀子基地种植面积1.2万公顷，占全国栀子总面积的36%，年产栀子干果3.3万吨，占全国年栀子产量的33%，成为名副其实的栀子大县和中国栀子之乡。

济源市 抓住退耕还林后续产业投资增加的良好机遇，大力发展林下种植药材和种苗，为林农增加收入，以保证退耕还林政策的有效延续。济源市济世药业有限公司林下种植冬凌草0.2万公顷，农民净增加收入1500余万元。

兰考县 仪封乡老君营村继红食用菌种植产业合作社，招商引资，引入高科技林下种植保健药材冬虫草项目，总投资1500万元，新建林下温室大棚14座，设备配置和技术含量之高，豫东首家。该产品生长期为3个月左右，一个大棚一次产量1吨左右(新鲜产品)，产值30多万元，14个大棚2011年产值1200多万元，产品主要销售到南方各大城市。

鹿邑县 2011年，中药材种植面积153.33公顷，主要品种有芍药、白术等。其中辅仁药业集团有限公司是一家以药业、酒业为主导产业。产品涵盖中、西药制剂，生化制药，生物制药，原料药等多个门类。公司主导产品有国家中药保护品种和国家级新药辅仁糖尿乐胶囊、辅仁齿痛消炎灵颗粒、益心通脉颗粒、辅仁小儿清热宁颗粒、辅仁参芪健胃颗粒等产品。

【森林旅游】

洛阳市 突出以休闲观光、科普教育为主的森林生态旅游产业。2011年，全市14个森林公园和1个省生态旅游区年接待游客人数200万人，旅游综合收入8500万元。

龙峪湾国家森林公园 是国家级森林公园、国家AAAA级生态旅游区和国家级自然保护区，观赏面积300余平方千米，目前已开发12个景区218景点，是河南省首家全国文明森林公园。

白云山国家森林公园 是国家级森林公园，1997年12月晋升为国家级自然保护区，2005年被评为国家AAAA级旅游景区，10月被中科院国家地理杂志社及全国31家媒体、3大网站联合评为“中国最美的地方”。景区总面积168平方千米，横跨长江、黄河、淮河三大流域，地处暖温带与北亚热带过渡地带，平均海拔1800米，1500米以上的山峰有37座。景区内共有动物204种，植物1991种，森林覆盖率98.5%。

焦作市 云台山森林公园、靳家岭风景区及白松岭自然保护区年接待游客约83万人次，直接旅游收入9723万元。

南阳市 已建成西峡寺山、桐柏淮河源2处国家级森林公园，淅川上寺、镇平菩提寺、方城大寺、七峰山、南阳独山、南召丹霞寺6处省级森林公园，内乡宝天曼、西峡老界岭、要荷美、南召石人山4个生态旅游景区和西峡龙潭沟、五道幢、蝙蝠洞、淅川法海寺、内乡七星潭、天心洞、南召五朵山、圣朵山、方城望花湖、卧龙麒麟湖、兰湖等10余处森林风景名胜区，同时发展观光果园、观光花圃，举办桃花节、杏花节、樱桃节、石榴节等，吸引城乡居民赏花赏果，拉动生态旅游。2011年，南阳市共接待游客382万人次，生态旅游及休闲服务业产值6.49亿元。

漯河市 依托和整合现有森林资源，以开源森林公园、香陈湾游乐园、振乾生态园、龙城桃花会及仙桃采摘节，和以热带植物园为代表的南街村红色旅游等林业生态资源，发展生态旅游，年产值1.89亿元。除此之外，依托沙澧河丰富的森林生态资源，通过BT模式等招商引资方式陆续开发沙河一、二、三期和澧河一、二期森林生态旅游景区，加大宣传力度，丰富生态文化内涵，开发独具特色的沙澧河沿岸森林旅游景点及森林旅游精品线路游。漯河市沙河国家湿地公园建设项目设计方案已进行招标，湿地旅游开发已列入市“十二五”发展纲要，作为旅游发展的重点进行打造。

济源市 蟒河林场开发的九里沟生态旅游区

建设，得到了济源市委、市政府的高度重视和认可，将已建设经营多年的市属九里沟景区并入九里沟旅游区共同开发，一体化经营，取名为“济源市九里沟生态旅游区”。两个景区合并后，蟒河森林生态旅游开发有限公司加大资金投入力度，在地势险要、山高坡陡、难度很大的环境下修建公路4.75千米，开通五槽三洞一桥和1260米的公路隧道，完成步游道改建、景区总体规划和大窝生态停车场建设，完成投资5000余万元。

【龙头企业】

洛阳天宁木制品有限公司 公司以“诚信、务实、创新、发展”为宗旨，专业生产各种工艺品、相框、礼品盒等高档产品，产品全部销往美国、日本、韩国、加拿大、意大利等国家，从2007年投产以来，累计产值9000余万元，利税1800余万元，安排家庭妇女就业1000多人次，25%是残疾人，使洛宁的杨木从以前的400元/立方米提高到现在的900元/立方米，增加了当地群众种植杨树的积极性。正在实施中的二期工程投资2800万元。

洛阳市富宁木业有限责任公司 是洛宁县招商引资的重点企业，占地5公顷，总投资3600万，建设标准厂房2万平方米，综合办公楼4600平方米，职工宿舍楼以及多功能活动中心5700平方米，以洛宁县丰富的杨木资源为依托，生产画框木线，画框，镜框以及装饰木线，目前产品90%外销，2011年出口金额为440万美元。公司非常重视自主创新能力以及品质的持续提升，并致力品牌的维护，公司品牌TENNON FRAME在行业内有口皆碑，产品出口到美国，意大利，西班牙，德国，法国以及中东等20多个国家和地区。

洛阳君山制药有限公司 是一家以中药、天然药物加工为主的现代化制药企业，集研发、生产、销售于一体，是国家扶贫龙头企业、河南省农业产业化龙头企业、洛阳市重点保护企业。公司以栾川丰富的中药材“天然药库”为基础，依托遍布全县的262科1402种中药材资源，通过购销、订单种植等多种方式购进地产药材，公司按照“南菌北药”的产业化指导思想，在全县发展松散型中药材种植基地32个，辐射11个乡镇，60个自然村，带动1000余农户。公司采取公司+基地+农户的方式，整合全县中药材市场，通过市场运作，充分带动农户脱贫致富。公司拥有年产片剂6亿片、丸剂150吨、颗粒剂200吨、软硬胶囊剂各5亿粒的生产规模。目前生产“五子衍宗丸”、“双黄连含片”、“天添美补肾养血丸”、“健胃消食片”、“赖诺普利胶囊”等26个国药准字号产品，其中“双黄连含片”、“精制银翘解毒片”、“复方金银花颗粒”被确定为国家原产地标记保护产品，“五子衍宗丸”、“消食健胃片”被评为河南省名牌产品、“赖诺普利胶囊”被评为河南省高新技术产品。

河南省洛宁县佳美木业有限公司 占地8万平方米，总投资5500万元，年产刨花板5万立方米，三聚氰胺饰面板380万平方米，三聚氰胺浸渍纸750万平方米，脲醛树脂700吨，三聚氰胺树脂1200吨，并生产部分杨木、桐木、烘干板材2万立方米，专业从事指接板、拼板、集成材、实木地板料加工，并为出口家具企业提供实木家具配件。

南阳豫花园实业有限公司 拥有土地面积200公顷，总资产2200万元。主要从事园林绿化、花卉苗木种植及高档切花种植。主要产品有红叶石楠、桂花、海棠、杜鹃、月季等，年产苗3000多万株，产品销往全国各地，部分花卉远销到德国、荷兰等地。公司按照“标准化生产、集约化种植、产业化经营、品牌化营销”的发展思路，积极推广公司+基地+农户的发展模式，坚持生态为本，努力创建一流的现代化名优花木产业科技园。2010年荣获省首批林业产业化重点龙头企业和省科技企业称号。2011年，公司加大投入，进一步扩大种植面积，完善项目区基础建设，加快现代名优花卉引进力度，加强新技术的应用，把豫花园集团打造成中原一流的园林花卉苗木行业知名品牌。

濮阳龙丰纸业有限公司 是经国家发改委批准建设的林纸一体化项目。项目总体规划为30万吨/年杨木化机浆、50万吨/年高档印刷纸、6.67万公顷造纸林基地。项目一期制浆工程于2005年11月23日正式建成投产，25万吨/年高档印刷纸于2006年12月18日开工奠基，2008年12月30日实现投产，标志着濮阳林纸一体化项目建设一期工程顺利完成。公司产品质量达到同类进口浆水平和高档文化用纸水平。2011年实现纸产量

29.8 万吨，浆产量 10.6 万吨，产值 21.59 亿元，实现利税 2261 万元，出口创汇 6415 万元。

濮阳市登星家具有限公司 固定资产 8000 万元，销售收入 7000 万元，上缴利税 300 万元。拥有大中专高级技工 69 人，职工人数 218 人。公司生产实木家具、板式家具、酒店宾馆、办公系列、民用套房、儿童套房等系列产品，上千个品种，拥有一批国内外先进的家具生产数控设备，已实现生产流水线作业。产品从选料到整个加工过程经过严格的检验程序，先后通过 ISO2001 国际质量认证和 ISO14001 国际环保认证，公司连续 8 年荣获部级质量达标企业，河南省优质产品，河南省著名商标等荣誉。登星牌家具先后荣获河南省名牌产品、河南省著名商标、河南省优质产品、河南省十大诚信品牌、河南省质量免检产品，公司连续八年荣获部级质量管理达标企业、河南省优秀企业、河南省诚信企业、市明星企业等荣誉。

三门峡缘份果业有限公司 是一家以农副产品深加工为主的出口型民营股份制生产企业，2003 年取得国家进出口资格证书，具备自理海关报关能力，先后通过了国际 ISO9001：2000 质量管理体系认证、国际 HACCP 食品安全体系认证和国际 KOSHER 犹太认证。企业注册资本 12200 万元，银行资信等级 A +。公司现有职工 300 余人，公司的主导产品为浓缩果蔬汁系列，年综合加工能力 5 万吨，产品 90% 以上远销美国、法国、俄罗斯、南非、德国等 20 多个国家和地区，国内市场一直是广东喜之郎、杭州农夫山泉、天冰集团等饮料生产企业长期稳定的原料供应商。

三门峡二仙坡绿色果业有限公司 是 2000 年成立的民营农业企业，先后被中国绿色食品发展中心和中国绿色食品协会评定为绿色农业示范单位，国家标准委有机苹果标准化示范区，河南省农业微生物工程研究中心的试验示范基地。2010 年，公司获得三门峡市首届市长质量奖，2005 年被农业部评定为 AA 级生态区，是生产优质高档苹果的最佳适生区。公司现有固定职工 216 人，总面积已达 1000 公顷，已栽植红富士苹果 280 公顷(进入盛果期 133.33 公顷)，核桃 233.33 公顷，宜林荒山荒坡因树因地栽植林木，森林覆盖率 90% 以上。累计固定资产总值 6300 余万元。

【大事记】

3 月 23 ~ 24 日 浙江省林业厅、河南省林业厅共同主办的浙江笋竹产品中原行活动在郑州开幕。会上，浙江、河南两省共 16 家企业签约笋竹产品销售合作协议，经销总额 1.078 亿元。

5 月 23 日 省林业厅召开河南省木材战略储备生产基地规划编制工作视频会议。传达学习《国家林业局关于编制全国木材战略储备生产基地规划有关问题的通知》(林规发〔2011〕107 号)精神，并就编制该规划有关的技术要求进行了解读。

11 月 1 ~ 4 日 参加浙江义乌国际博览中心举行的第二届中国国际林业产业博览会。全省有 100 余家企业，150 余种产品参展，获得 13 个金奖、11 个优秀产品奖，洛阳市国家牡丹园被评为最佳参展奖。参展团被组委会授予最佳组织奖和优秀展台奖。 (河南省林业产业发展中心)

表 38-1 河南林业产业概况

指 标	数量
林业产业总产值(按现行价格计算)(万元)	9228611
一、第一产业总产值	4796112
(一)涉林产业总产值	4742069
1. 林木的培育和种植	774278
2. 木材和竹材的采运	307398
3. 经济林产品的种植与采集	2512546
4. 花卉的种植	900409
5. 陆生野生动物繁育与利用	148130
6. 林业生产辅助服务	99308
(二)林业系统非林产业产值	54043
二、第二产业总产值	3692288
(一)涉林产业总产值	3615247
1. 木材加工及木、竹、藤、棕、苇制品制造	1857811
(1)锯材、木片加工	514355
(2)人造板制造	1201442
(3)木制品制造	108219
2. 木、竹、藤家具制造	428436
3. 林产化学产品制造	21304
4. 非木质林产品加工制造	482762
5. 其他	284421
(二)林业系统非林产业产值	77041
三、第三产业总产值	740211
(一)涉林产业总产值	727156
1. 林业旅游与休闲服务	451540
2. 林业生态服务	184679

指　标	数量
3. 林业专业技术服务	20699
4. 林业公共管理及其他组织服务	70238
（二）林业系统非林产业产值	13055
补充资料：全部山区县茶、桑、果产值	387321
全部丘陵县茶、桑、果产值	74385
森林资源情况	
一、森林覆盖率（%）	20.16
二、林地面积（万公顷）	502.02
三、森林面积（万公顷）	336.59
四、人工林面积（万公顷）	217.39
五、活立木总蓄积量（万立方米）	18051.16
六、森林蓄积量（万立方米）	12936.12
七、人工林蓄积量（万立方米）	7480.12
八、乔木林单位面积蓄积量（立方米/公顷）	45.65
森林培育	
一、荒山荒（沙）地造林面积（按林种用途分）（公顷）	
（一）用材林	56717
（二）经济林	28704
（三）防护林	150747
（四）薪炭林	666
（五）特种用途林	906
二、森林抚育面积（公顷）	
（一）低产低效林改造	9647
（二）实际幼林抚育	382262
（三）成林抚育	711730
三、林业单位数量（家）	2347
主要木材、竹材产品产量（万立方米）	
一、木材总计	279
（一）原木	257.89
其中：针叶原木	0.1
1. 直接用原木	141.91
2. 等内加工原木	6.48
3. 其他原木	61.96
（二）薪材	21.11
二、木材采运企业数量（家）	36
三、竹材采运企业数量（家）	1
四、木材批发企业数量（家）	614
锯材生产	
一、锯材产量（万立方米）	149.64
二、锯材加工企业数量（家）	556
人造板生产（万立方米）	
人造板总产量	1473.07
一、胶合板	600.9
（一）木胶合板	455.99
（二）其他胶合板	144.91
二、纤维板	429.3

指　标	数量
三、刨花板	69.4
四、其他人造板	373.46
五、人造板制造企业数量（家）	1287
六、胶合板制造企业数量（家）	666
七、纤维板制造企业数量（家）	139
八、刨花板制造企业数量（家）	97
九、其他人造板制造企业数量（家）	313
木制品	
一、木制品企业数量（家）	1061
二、生产用木制品企业数量（家）	634
三、生活用木制品企业数量（家）	280
四、中乐器制造企业数量（家）	60
五、西乐器制造企业数量（家）	4
木家具企业	
一、木制家具制造企业数量（家）	2317
二、竹藤制家具制造企业数量（家）	36
三、家具零售企业数量（家）	2974
木片生产	
一、木片、木粒加工产品（万实积立方米）	172.1
二、木片加工企业数量（个）	685
竹藤生产	
一、竹、藤、棕、草制品企业数量（家）	335
二、竹、藤、棕、草工艺品制造企业数量（家）	163
果品木本粮油	
一、水果产量（吨）	5625722
其中：苹果	2833729
梨	896947
葡萄	309350
桃	853749
杏	169990
猕猴桃	56836
其他水果	379395
二、干果产量（吨）	722839
其中：核桃	80483
板栗	250072
枣（干重）	224669
柿子（干重）	152199
仁用杏	1580
山杏仁	3412
其他干果	6567
三、木本油料	22736
其中：文冠果	0
其他木本油料	361
四、水果罐头制造企业数量（家）	40
森林蔬菜	
一、森林食品（干重）（吨）	96084

指　标	数量
其中：食用菌	73129
山野菜	17147
其他森林食品	5662
二、蔬菜、果品批发企业数量(家)	1046
调料	
林产调料产品(干重)	29275
其中：花椒	28026
中药材	
一、木本药材(吨)	102630
其中：杜仲	15178
枸杞	46
山茱萸	27926
其他木本药材	59398
二、中草药及制品批发企业数量(家)	1197
花卉	
一、年末实有花卉种植面积(公顷)	91280
二、切花切叶产量(万支)	59186.35
三、盆栽植物产量(万盆)	9974.26
四、观赏苗木产量(万株)	58081.56
五、草坪产量(万平方米)	611.2
六、花卉场(家)	192
七、花卉企业数量(家)	1699
其中：大中型企业	347
八、花农(万户)	9.41
九、花卉从业人员(万人)	49.32
其中：专业技术人员	1.51
十、控温温室面积(万平方米)	95.54
十一、日光温室面积(万平方米)	248.81
林产化工	
一、林产化学产品制造企业数量(家)	125
二、香料、香精制造企业数量(家)	186
蚕	
一、缫丝企业数量(家)	45
二、绢纺企业数量(家)	20
森林旅游	
一、旅游人次(人)	52249504
二、旅游收入(万元)	451540
三、森林公园总数(处)	146
四、森林公园总面积(公顷)	348757.7
五、国家森林公园数量(处)	28
六、国家森林公园面积(公顷)	118872.26
七、省级森林公园数量(处)	70
八、省级森林公园面积(公顷)	136228.41
九、县级森林公园数量(处)	48
十、县级森林公园面积(公顷)	93657.03
十一、森林公园收入总额(万元)	63048.73
十二、旅游接待总人数(万人次)	1719.88
十三、旅游接待海外旅游者(万人次)	30.72
十四、园林绿化企业数量(家)	3099
十五、自然保护区管理单位数量(家)	101
森林机械	
一、森林工业专用设备制造企业数量(个)	46
二、营林机械制造企业数量(个)	5

表 38-2　河南林业产业特色

项目名称	全国排名	数量	占全国的比(%)
森林培育业			
成林抚育面积(公顷)	4	711730	6.29
木材采运及锯材木片加工业			
木片、木粒加工产品产量(万实积立方米)	2	172.1	7.69
人造板制造业			
人造板产量(万立方米)	4	1473.07	7.04
胶合板产量(万立方米)	4	600.9	6.09
木胶合板产量(万立方米)	4	455.99	5.39
其他胶合板产量(万立方米)	3	144.91	14.55
纤维板产量(万立方米)	4	429.3	7.72
木质纤维板产量(万立方米)	4	428.61	7.81
中密度纤维板产量(万立方米)	4	410.03	8.24
软质纤维板产量(万立方米)	1	4.01	50.48
非木质纤维板产量(万立方米)	5	0.69	0.91
其他人造板产量(万立方米)	3	373.46	12.75
单板产量(万立方米)	5	56.18	1.77
纤维板制造企业数量(家)	4	139	7.94
刨花板制造企业数量(家)	5	97	6.33
木制品生产业			
中乐器制造企业数量(家)	4	60	7.83
木浆纸制品产业			
纸浆制造企业数量(家)	4	117	5.3
机制纸及纸板制造企业数量(家)	2	1247	9.05
园林植物产业			
花卉的种植产值(万元)	2	900409	9.58
实有花卉种植面积(公顷)	4	91280	10.59
花农数量(万户)	4	9.41	8.03
花卉从业人员数量(万人)	3	49.32	11.4
专业花卉从业人员数量(万人)	4	1.51	7.18
果品产业			
苹果产量(吨)	4	2833729	9.14
梨产量(吨)	5	896947	5.85
桃产量(吨)	3	853749	7.86

项目名称	全国排名	数量	占全国的比(%)
杏产量(吨)	4	169990	5.9
猕猴桃产量(吨)	3	56836	7.75
干果产量(吨)	5	722839	7.8
板栗产量(吨)	3	250072	13.19
柿子(干重)产量(吨)	4	152199	14.18
银杏(白果)产量(吨)	5	3857	5.29
茶咖啡产业			
葡萄酒制造企业数量(家)	4	208	7.72
果菜汁饮料制造企业数量(家)	2	375	7.5
调料产业			
调味料制造企业数量(家)	1	584	13.99
盐及调味品批发企业数量(家)	2	507	6
中药业			
木本药材产量(吨)	4	102630	7.15
杜仲产量(吨)	4	15178	7.67
山茱萸产量(吨)	1	27926	64.37
其他木本药材产量(吨)	5	59398	7.06
动物药品制造企业数量(家)	3	247	6.91
林产化工产业			
林产工业原料产量(吨)	4	135779	7.88
生漆产量(吨)	4	2045	10.84
油桐籽产量(吨)	1	115872	26.47
乌桕籽产量(吨)	2	11075	30.74
五倍子产量(吨)	1	4075	23.09
野生动物驯养业			
陆生野生动物繁育与利用产值(万元)	4	148130	5.26
陆生野生动物饲养产值(万元)	4	140568	5.24
动物胶制造企业数量(家)	4	66	7.67
森林旅游业			
森林公园总数(处)	5	146	5.31
县级森林公园数量(处)	5	48	6.3

项目名称	全国排名	数量	占全国的比(%)
县级森林公园面积(公顷)	3	93657.03	7.76
植树造林(公顷)	3	7504.83	7.32
改造林相(公顷)	4	16543.36	10.46
导游人数(人)	4	983	6.12
风景名胜区管理企业数量(家)	3	494	7.07
林业生态文化产业			
林业生产辅助服务产值(万元)	5	99308	5.18
林业单位数量(家)	5	2347	4.5

表 38-3 河南各产业对总产值的贡献

	项目名称	产值(万元)	百分比(%)
	总产值	9228611	100
1	果品产业	1506745	16.33
2	人造板制造业	1201442	13.02
3	其他	921587	9.99
4	园林植物产业	900409	9.76
5	木材生产业	809297	8.77
6	森林培育业	581937	6.31
7	木浆纸制品生产业	503578	5.46
8	森林旅游业	451540	4.89
9	木竹藤家具制造业	428436	4.64
10	森林蔬菜产业	397379	4.31
11	林业服务业	275616	2.99
12	茶咖啡产业	234607	2.54
13	中药业	219411	2.38
14	种苗产业	192341	2.08
15	野生动物驯养业	148130	1.61
16	木制品生产业	145154	1.57
17	林业系统非林产业	144139	1.56
18	竹藤产业(不含家具)	46251	0.5
19	林产化工产业	21304	0.23

湖北省林业产业

【产业特点】 湖北省林业产业特色突出表现在种苗、果品、茶、中药材、林产化工等产业上。其中繁殖圃面积全国第1，板栗产量全国第1，银杏(白果)产量全国第2，生漆产量和乌桕籽产量全国第1，详见表39-2。全省林业产业基本情况见表39-1。

湖北省林业总产值896亿元，对林业总产值贡献最大的是果品产业占12.11%，其次是森林旅游业占9.81%，然后依次是木浆纸制品生产业9.78%、人造板制造业7.89%(详见表39-3)。

【银企对接】 在推进产业园区建设的同时，开展林业企业与金融管理机构和金融单位的对接。2010年，省林业厅与4家银行签署战略合作协议，为全省林业产业发展授信381亿元，并建立联席会议制度，制定下发了《关于要求各地进一步深化银企对接工作的通知》。2011年，省林业厅与各家银行对各地银企合作工作加强督办，认真落实扶持林业产业发展的信贷资金。一年中，省农信联社、省农行、省农发行、武汉民生银行等金融单位为全省林业企业和林农新增融资18.7亿元。

【招商引资】 2011年4月8日，主办全国涉林上市公司、中央企业“投资湖北林业、共创跨越发展”招商说明会暨签约仪式。20家涉林上市公司、5家中央企业、8家证券投资公司、金融单位、12家拟上市企业150余人参加会议。此次签订9个经济合作项目，签约资金27.65亿元。2011年11月21~24日，省林业厅组团参加省政府鄂港粤经贸合作洽谈会。在此次鄂粤经贸活动中，签约11亿元。省林业厅对签约项目的建设工作强化服务，督办落实，到年底已落实到位资金15亿多元，约占签约资金的30%。

【品牌建设】 林业产业的品牌建设仍受重视。在宝源木业、拍马纸业两个重点企业成功进入省委省政府“十二五”规划的过百亿重点企业笼子后，来凤的金丝桐油、长阳的木瓜、福汉木业、土老憨食品、康欣公司、湖北华龙等一批企业正着手谋划，力争湖北在“十二五”期间成功实现1~2家林业企业上市。2011年，全省新增省级名牌产品15个，新增龙头企业45家。

【园区建设】 2011年，全省已批准挂牌建设现代科技林业产业园20个、中国家具CBD园1个，园区企业200多家，工业总产值近300亿元。通过采取贷款贴息、以奖代投、投资参股等多种方式，重点扶持省林业产业化省级重点龙头企业基地建设、技术改造、设备更新、品牌建设、质量标准体系建设和市场体系建设。2011年，全省园区企业享受省委省政府“四个一批”政策扶持流动资金达2.24亿元。全年组织2次产业园深度调研并形成初步成果，通过对产业园的调研、检查活动，对产业园区企业规模发展、品牌建设以及产品质检中心、研发中心、物流中心等配套建设进行督办，提升园区层次和服务功能，形成了《现代林业科技产业园考核办法》和《招商引资考核奖励办法》。9月份至年底，在《湖北日报·产经周刊》连续发表大篇幅的林业产业系列调研文章9篇。

东宝森工科技产业园 是国家林业局授予的第1家国家现代林业森工科技产业园，也是湖北省第1批现代林业森工科技产业园。规划控制面积20平方千米。已有宝源木业、宝源装饰材料、山缘香菇、道地药材4家年产值超过千万元的森工企业落户。

荆州拍马林浆纸科技产业园 地处荆州古城，面积8平方千米，现有工商注册企业35家，以拍马纸业和骏马纸业为龙头，已初步形成造纸、林浆、纸品包装、烟用包装材料、农副产品加工、热电联供、木业加工等七大林纸产业集群，造林面积突破2万公顷，年生产纸品30万吨，成为中南地区最大的纸品生产包装基地，是省委、省政府“十二五”期间重点扶持对象之一。

咸安森工科技产业园 是湖北省首家现代林业科技产业园，落户于咸安经济开发区。产业园规划总面积10平方千米，首期开发3平方千米，建设“五区一中心”，即板材制造区、深加工区、产品营销展示区、产品研发检测区，配套居住区和物流中心。园区以巨宁森工公司为龙头，利用咸安森工建材资源，聚集森工上下游产品生产项目。已落户的森工项目16个，引资14亿元。

华中家具产业园 位于潜江市，规划面积0.2万公顷，总投资300亿元。2011年引进69家企业入驻，占地266.67公顷，投资101亿元，4家企业竣工投产，全友、好迪27家企业奠基。所有项目建成后，年销售额过千亿元，利税120亿元，解决就业15万人，将园区建设成为集研发、生产、销售、物流、旅游集一体的“家具硅谷，产业新城”。2011年年底，继总投资10.2亿元的好迪家具有限公司、全友家私产业园奠基开工。仅全友集团就拟在潜江市投资22亿元建设全友家私华中家具产业基地，占地61.33公顷。一期入驻企业开工面积266.67公顷。年底东莞家具园等63家企业结群签约入驻华中家具产业园，计划投资50亿元，打造266.67公顷东莞家具园区。湖北巨江实业投资4.5亿元，新建年产25万立方米中高密度板生产线奠基，成为家具生产板材配套企业。

【重点企业】

康欣新材料科技股份有限公司 创办于1998年，2006年开始在汉川征地20.13公顷建立康欣工业园。目前，公司总资产过10亿元，净资产过8亿元，优质种苗基地466.67公顷，速生丰产林基地1.53万公顷，木材加工年生产能力27万立方米，林业生产产量10万立方米，是一家集木材产供销一体化的大型林业产业化龙头企业。股改后可实现年销售收入6亿元，年利税1.6亿元。现有管理人员中，高中级技术人员50余人，大学本科以上学历60余人(含博士生3名、硕士生5名)。已完成股份制改造。

湖北宝源木业 2002年成立，现有固定资产8.5亿元，员工1300人，年生产人造板能力45万立方米，是国家高新技术企业，2011年2月被省委省政府确定为全省11家“十二五”产值过百亿重点扶持培育企业。

该公司现有3条生产线，其中一期于2003年投产，采用上海人造板机械有限公司的成套设备。二期于2005年10月投产，主要设备从德国、奥地利、美国、意大利引进。两条生产线均以小径材、枝丫材为主要原料，可生产2厘米~44厘米的中(高)密度纤维板，年生产能力23万立方米。三期于2010年投产，主要设备从德国迪芬巴赫公司、帕尔曼公司和美国GTS公司引进，以意杨、泡桐的规格材为主要原材料，可生产厚度6厘米~44厘米的定向结构板(OSB)，设计年生产能力22万立方米。3条生产线毗邻而建，实行木材统一收购、分类存放，分树种、分等级供3条生产线使用，3条生产线加工所生产的树皮及边角废料，作为两个能源工厂燃料向3条线供热，既节省能源，又减少排放，实行资源最佳利用。产品主要用于建筑、装饰、家具、机械包装、日用包装、汽车、地板、电路板等制造行业。

湖北拍马纸业集团 2011年2月被省委省政府确定为全省11家“十二五”产值过百亿重点扶持培育企业。已初步形成造纸、林浆、彩印包装、烟用包装材料、农副产品加工、热电联供等五大产业。固定资产9.6亿元，员工3200人，其中工程技术人员300余人。企业的目标是实现纸品年产量80万吨以上，造林基地面积6.67万公顷，年产杨木化机浆30万吨，包装印刷1亿平方米，热电联供4.89亿千瓦时。

武汉林业集团 2009年5月由武汉市林业局直属的武汉花卉开发中心、武汉市汉西苗圃两家事业单位，及其下属的武汉旺林花木开发有限公司、湖北美境园林工程股份有限公司、武汉意莱园艺发展有限公司、武汉景天园林有限公司、武汉森禾丽景园艺科技有限公司、上海唯美景观(武汉)设计工程有限公司、深圳市美术园林股份有限公司等9家公司资产重组而成，是一家集园林规划、工程建设、绿化养护、苗圃经营、租摆服务、高档盆花产业化经营、现代林业科技研发推广及应用、行业培训、生态科普旅游于一体的大型综合性林业企业，总资产5.5亿元，年产值1.94亿元，年利税4370万元。

湖北老龙洞杜仲开发公司 位于襄阳市襄城区闸口路90号，注册成立于2003年2月，是集科研、种植、加工、销售、具有进出口经营权为一体的综合性企业，是湖北省林业产业化重点龙头企业。公司下设杜仲种植基地、杜仲研究所、杜仲产品深加工厂等机构。现有员工186人，其中研发团队35人；公司拥有杜仲基地4.008万公顷，其中在南漳县茅坪、傅家坪和保康县寺坪等地自建基地面积0.67万公顷，有杜仲树800余万株。现有固定资产5亿元，年加工杜仲系列产品500吨，2011年销售收入6000万元，利税1100万元。公司加工的"似仙"牌杜仲袋泡红茶、杜仲雄花茶、杜仲精华素胶囊、醇香型杜仲茶、清香型杜仲茶、杜仲自然醒等系列产品，以杜仲的叶、雄花、果实和以杜仲的皮提取的精粉为原料精制而成，在国内外尚属首创，不含茶碱，无咖啡因，是纯天然、无污染、高品质、高营养、无毒级有机食品。产品远销加拿大、日本和港、澳、台地区。2006～2011年杜仲系列产品均通过中绿华夏有机食品认证中心认证，曾荣获第二届、第三届、第六届中国武汉农博会金奖和湖北省名优森林食品等荣誉称号；2011年"杜仲自然醒"荣获第二届中国国际林业产业博览会暨第四届中国义乌森林产品博览会金奖。

湖北永续植物科技股份公司 位于襄阳国家高新技术产业开发区，是集玫瑰种植、研发、加工和销售为一体的股份制企业，是中国保健营养理事会理事单位和湖北省林业产业化重点龙头企业。公司成立于2006年11月份，注册资本1000万元，现有员工100人，其中大专以上学历38名。现有资产总额4500万元，其中固定资产3500万元。公司生产总部占地1万平方米，拥有目前世界最先进的冷榨工艺设备、消毒灭菌设备、无菌包装设备、安全检测设备等。公司拥有玫瑰种植基地666.67多公顷，种植品种是被誉为"玫瑰之王"的极品红玫瑰，整个种植过程中始终贯彻绿色无污染的国际安全标准，不使用任何化肥农药，确保玫瑰系列产品安全可靠性。2011年，公司生产的"永续、永续 yongxu"牌玫瑰祛疤果油获得第二届中国国际林业产业博览会暨第四届中国义乌森林产品博览会金奖，玫瑰油、玫瑰儿童孕妇专用护肤油获得第二届中国国际林业产业博览会暨第四届中国义乌森林产品博览会优质产品奖。

【成立林业产业促进会】 2011年3月1日，湖北省林业产业促进会第一届会员代表大会于在武昌隆重召开。300余名会员代表参加了大会。促进会成立后，建立网站，出版刊物，加强联系，在规范行业、引导产业、服务企业等方面正发挥着巨大作用。

【组建专业合作社】 2011年，全省累计组建林业专业合作社林业专业协会1811个，入社会员53.86户，年纯收入27.39亿元。其中年销售收入过3000万的有28家，老河口春雨专业合作社、京山汇澄油茶专业合作社、来凤县杨梅专业合作社、枣阳市桃专业合作社等专业组织。

【林业博览会参展】 11月1～4日参展第二届中国国际林业产业暨第四届中国义乌国际森林产品博览会，获最佳组织和最佳展台两项大奖，获奖金3万元；参展产品获31个金奖、62个优质产品奖，位居全国第3位。在本次大会上，国家林业局将中国林业产业突出贡献奖特别奖颁发给王海涛厅长，获奖评语是："发展现代林业产业体系的创新者。"

初步统计湖北省共签订单1.26亿元。其中，十堰武当红、劲酒、发夏茶油、汇澄茶油、华饴公司、建始木塑等企业现场签约均在2000万元以上。展会期间，宝源木业通过《金华日报》、《义乌日报》发行渠道，配送宣传资料24万份，引来20多家经销商深度开发OSB结构板的兴趣，与"红高粱"地板等近10家企业达成合作开发意向。汇澄茶油、华饴公司分别与上海、杭州等地4家代理商签约。

【创办《湖北林业产业》杂志】 湖北省林业产业促进会内刊《湖北林业产业》，立足于"弘扬企业精神，阐释生态理念，宣传企业形象，促进产业发展"的办刊宗旨，坚持贴近一线，贴近会员，贴近企业，注重内部沟通交流，服务生产经营大局，成为会员信息上传下达的沟通渠道和舆论宣传阵地。《湖北林业产业》常设的栏目有“工作动态”、“市场观察”、“行业前沿”、“企业家风采”、“企业文化”等，还有配合发挥促进会作用宣传的其他一些专题栏目等，内部刊物，不定期出版。

【树莓】 树莓系蔷薇科多年生灌木型果树，又被称为覆盆子、山莓果、悬钩子，是联合国粮农组织推荐的健康小浆果，被誉为第3代水果，同时也是国家“948”引进国际先进农业科学技术项目之一。树莓不但具有极高的营养价值和保健价值，而且因其具有神奇的环境生长适应性，能够有效治理荒山，不但能够有效调整农业产业结构，增加农民收入，而且能保护和改善生态，推动中国的生态造林。由3家经营保健食品药品的医药企业共同出资于2011年5月组建而成的湖北徐莓生物科技有限公司，已种植200公顷，规划3年内扩大到2000公顷。

【郧县木瓜】 郧县木瓜有着悠久的商品历史，在没有陆路运输的年代里，作为中药材的郧阳木瓜干，通过汉江水路运往汉口出售。千百年来，郧阳木瓜、郧阳生漆、郧阳桐油并称为郧阳三大地产商品。到2011年1月，郧阳木瓜率先获得国家地理标志保护产品。木瓜种植面积1万公顷，10余万农户参与种植，进入挂果的面积0.4万公顷，2011年产量1万吨。主要从事木瓜加工的企业有湖北耀荣木瓜科技发展有限公司、梨花村酒业公司、郧县南化红酒厂、十堰渝川食品有限公司、湖北俊发农副产品开发有限公司。木瓜加工的产品有木瓜醋、木瓜酵素等系列饮料、木瓜酒、木瓜果酱、木瓜果脯。可延伸深加工的产品有木瓜饼干、木瓜精油、木瓜冰酒、木瓜护肝酒、木瓜美容护肤品。废渣料用来生产饲料和有机肥料。现有的木瓜加工企业，总设计产能年消化木瓜不到3.5万吨，约占资源的1/4，剩余的木瓜晒干进入中药材渠道。

【咸宁桂花】 咸宁市桂花资源获得了6个全国第1，即桂花栽植面积、品种数量、鲜花产量、鲜花质量、古桂数量、苗木生产等6个方面位列全国第1。全市现有桂花栽植面积0.53多万公顷(含苗圃)，有桂花品种40多个，鲜花年产量50多万千克，百年以上古桂2000多株(全国百年以上古桂2200余株)，年生产桂花苗木1亿多株。2000年，该市咸安区被国家林业局命名为中国桂花之乡。在加工方面，武汉黄鹤楼香精香料公司投资8000万元在嘉鱼建立了黄鹤楼科技园香料研发基地，成为该市特色香料产业基地；武汉天源生物科技有限公司、咸宁市八月花食品有限公司和咸宁清香食品厂生产桂花饮料、食品等，提高了该市食品工业水平；咸宁桂源红酒业有限公司研制开发了桂花酒类系列产品，填补了该市高档酒类生产的空白。 (程少明)

表39-1 湖北林业产业概况

指 标	数量
林业产业总产值(按现行价格计算)(万元)	8964102
一、第一产业总产值	3921090
(一)涉林产业总产值	3812272
1. 林木的培育和种植	600617
2. 木材和竹材的采运	315552
3. 经济林产品的种植与采集	2390604
4. 花卉的种植	307185
5. 陆生野生动物繁育与利用	50577
6. 林业生产辅助服务	147737
(二)林业系统非林产业产值	108818
二、第二产业总产值	3624193
(一)涉林产业总产值	3529559
1. 木材加工及木、竹、藤、棕、苇制品制造	1276642
(1)锯材、木片加工	120860
(2)人造板制造	707520
(3)木制品制造	383415
2. 木、竹、藤家具制造	456234
3. 林产化学产品制造	35457
4. 非木质林产品加工制造	528725
5. 其他	286133
(二)林业系统非林产业产值	94634
三、第三产业总产值	1418819
(一)涉林产业总产值	1149932
1. 林业旅游与休闲服务	879684
2. 林业生态服务	60623
3. 林业专业技术服务	45272
4. 林业公共管理及其他组织服务	164353
(二)林业系统非林产业产值	268887

指　标	数量
补充资料：全部山区县茶、桑、果产值	838433
全部丘陵县茶、桑、果产值	545964
森林资源情况	
一、森林覆盖率(%)	31.14
二、林地面积(万公顷)	822.01
三、森林面积(万公顷)	578.82
四、人工林面积(万公顷)	167.01
五、活立木总蓄积量(万立方米)	23121.55
六、森林蓄积量(万立方米)	20942.49
七、人工林蓄积量(万立方米)	4207.79
八、乔木林单位面积蓄积量(立方米/公顷)	41.24
森林培育	
一、荒山荒(沙)地造林面积(按林种用途分)(公顷)	
(一)用材林	66712
(二)经济林	38733
(三)防护林	85697
(四)薪炭林	34
(五)特种用途林	3478
二、森林抚育面积(公顷)	
(一)低产低效林改造	33432
(二)实际幼林抚育	265922
(三)成林抚育	384311
三、林业单位数量(个)	1743
主要木材、竹材产品产量(万立方米)	
一、木材总计	292.15
(一)原木	234.82
其中：针叶原木	30.25
1. 直接用原木	114.88
2. 等内加工原木	19.91
3. 其他原木	36.9
(二)薪材	57.33
二、木材采运企业数量(家)	56
三、竹材采运企业数量(家)	6
四、木材批发企业数量(家)	921
锯材生产	
一、锯材产量(万立方米)	70.16
二、锯材加工企业数量(家)	121
人造板生产(万立方米)	
人造板总产量	333.18
一、胶合板	50.28
(一)木胶合板	36.97
(二)竹胶合板	0.48
(三)其他胶合板	12.83
二、纤维板	216.13
三、刨花板	14.39
四、其他人造板	52.38

指　标	数量
五、人造板制造企业数量(家)	463
六、胶合板制造企业数量(家)	168
七、纤维板制造企业数量(家)	43
八、刨花板制造企业数量(家)	26
九、其他人造板制造企业数量(家)	139
木制品	
一、木制品企业数量(家)	1039
二、生产用木制品企业数量(家)	499
三、生活用木制品企业数量(家)	145
四、中乐器制造企业数量(家)	12
五、西乐器制造企业数量(家)	11
木家具企业	
一、木制家具制造企业数量(家)	1424
二、竹藤制家具制造企业数量(家)	34
三、家具零售企业数量(家)	3174
木片生产	
一、木片、木粒加工产品(万实积立方米)	19.75
二、木片加工企业数量(个)	201
竹藤生产	
一、竹、藤、棕、草制品企业数量(家)	275
二、竹、藤、棕、草工艺品制造企业数量(家)	55
果品木本粮油	
一、水果产量(吨)	4378364
其中：苹果	11367
梨	606791
葡萄	95932
桃	682863
杏	2775
猕猴桃	16093
其他水果	207817
二、干果产量(吨)	445961
其中：核桃	89452
板栗	288878
枣(干重)	32164
柿子(干重)	17709
仁用杏	5
山杏仁	1
其他干果	8540
三、木本油料(吨)	83831
其中：文冠果	0
其他木本油料	915
四、水果罐头制造企业数量(家)	90
森林蔬菜	
一、森林食品(干重)(吨)	138993
其中：食用菌	103617
山野菜	9991

指　标	数量
其他森林食品	14648
二、蔬菜、果品批发企业数量(家)	1103
调料	
林产调料产品(干重)	6796
其中：花椒	3281
中药材	
一、木本药材(吨)	150978
其中：杜仲	15529
枸杞	114
山茱萸	1896
其他木本药材	121789
二、中草药及制品批发企业数量(家)	1173
花卉	
一、年末实有花卉种植面积(公顷)	35684
二、切花切叶产量(万支)	8721.64
三、盆栽植物产量(万盆)	13314.08
四、观赏苗木产量(万株)	27937.79
五、草坪产量(万平方米)	1018.04
六、花卉场(家)	247
七、花卉企业数量(家)	1294
其中：大中型企业	117
八、花农(万户)	3.36
九、花卉从业人员(万人)	11.48
其中：专业技术人员	1.06
十、控温温室面积(万平方米)	24.03
十一、日光温室面积(万平方米)	69.73
林产化工	
一、林产化学产品制造企业数量(家)	58
二、香料、香精制造企业数量(家)	37
蚕	
一、缫丝企业数量(家)	35
二、绢纺企业数量(家)	10
森林旅游	
一、旅游人次(人)	27845049
二、旅游收入(万元)	879684
三、森林公园总数(处)	86
四、森林公园总面积(公顷)	395986.07
五、国家森林公园数量(处)	29
六、国家森林公园面积(公顷)	263691.86
七、省级森林公园数量(处)	57
八、省级森林公园面积(公顷)	132294.21
九、县级森林公园数量(处)	0
十、县级森林公园面积(公顷)	0
十一、森林公园收入总额(万元)	66028.21
十二、旅游接待总人数(万人次)	1306.43
十三、旅游接待海外旅游者(万人次)	21.4
十四、园林绿化企业数量(家)	3624
十五、自然保护区管理单位数量(家)	88
森林机械	
一、森林工业专用设备制造企业数量(家)	9
二、营林机械制造企业数量(家)	0

表 39-2　湖北林业产业特色

项目名称	全国排名	数量	占全国的比(%)
森林培育业			
特种用途林造林面积(公顷)	3	3478	10.42
木材采运及锯材木片加工业			
农民自用材采运产值(万元)	3	55168	9.7
薪材产量(万根)	5	57.33	8.23
系统外企、事业单位采伐自营林地的木材产量(万立方米)	5	25.73	8.53
农民自用材采伐量(万立方米)	3	71.78	10.73
人造板制造业			
强化木产量(万立方米)	3	4.2	14.91
人造板表面装饰板产量(万平方米)	3	1215.5	4.57
家具制造业			
复合木地板产量(万平方米)	5	2598.2	7.28
种苗产业			
二年留床苗木产量(万株)	5	1705.43	6.12
繁殖圃个数(家)	3	40	9.05
繁殖圃面积(公顷)	1	1811	33.86
果品产业			
全部丘陵县茶、桑、果产值(万元)	3	545964	7.82
柑橘产量(吨)	4	2754726	11.42
桃产量(吨)	4	682863	6.29
板栗产量(吨)	1	288878	15.23
银杏(白果)产量(吨)	2	9212	12.64
木本粮油产业			
油茶籽产量(万吨)	4	8.29	5.6
油茶林面积(公顷)	5	135592	3.92
当年新造茶林面积(公顷)	4	20417	8.69
木本油料产量(吨)	5	83831	5.41
森林蔬菜产业			
食用菌产量(吨)	5	103617	5.55
其他森林食品产量(吨)	5	14648	8.33
茶咖啡产业			
茶及其他饮料作物的种植与采集产值(万元)	5	487321	8.83
林产饮料产品(干重)产量(吨)	4	158433	9.96
毛茶产量(吨)	4	158216	11.07

项目名称	全国排名	数量	占全国的比(%)
调料产业			
其他林产调料产品产量(吨)	3	3464	4.41
中药业			
林产中药材的种植与采集产值(万元)	3	294079	7.19
木本药材产量(吨)	3	150978	10.51
杜仲产量(吨)	3	15529	7.85
黄柏产量(吨)	3	3111	19.57
厚朴产量(吨)	5	8539	5.79
山茱萸产量(吨)	4	1896	4.37
其他木本药材产量(吨)	1	121789	14.48
林产化工产业			
生漆产量(吨)	1	7547	40
乌桕籽产量(吨)	1	12298	34.14
五倍子产量(吨)	3	3337	18.91
棕片产量(吨)	4	3622	6.74
紫胶(原胶)产量(吨)	3	250	8.13
松节油深加工产品产量(吨)	4	507	1.39
森林旅游业			
职工总数(人)	5	9068	6.05
导游人数(人)	3	1098	6.83
林业生态文化产业			
林业生产辅助服务产值(万元)	3	147737	7.71

表 39-3 湖北各产业对总产值的贡献

	项目名称	产值(万元)	百分比(%)
	总产值	8964102	100
1	果品产业	1085295	12.11
2	其他	933406	10.41
3	森林旅游业	879684	9.81
4	木浆纸制品生产业	876250	9.78
5	人造板制造业	707520	7.89
6	茶咖啡产业	487321	5.44
7	林业系统非林产业	472339	5.27
8	木竹藤家具制造业	456234	5.09
9	木制品生产业	453533	5.06
10	森林蔬菜产业	405361	4.52
11	森林培育业	392547	4.38
12	木材生产业	381898	4.26
13	园林植物产业	307185	3.43
14	中药业	294079	3.28
15	林业服务业	270248	3.01
16	种苗产业	208070	2.32
17	竹藤产业(不含家具)	119361	1.33
18	野生动物驯养业	50577	0.56
19	林产化工产业	35457	0.4

表 39-4 第二届中国国际林业产业博览会湖北省金奖产品名单

产品类别	地点	生产单位	单位性质	产品名称	注册商标
林产品加工	荆门市	宝源木业有限公司	股份制	宝源(OSB)防水地暖地板	宝源
食用油	京山县	湖北汇澄茶油股份有限公司	股份制	汇澄山茶油	汇澄、大红锦
细木工板	武汉市	湖北福汉木业有限公司	国有	贴面细木工板	福汉
食品	鄂州市	鄂州市梁子湖绿色食品开发有限公司	股份制	蜂蜜胡柚茶	梁湖碧玉
食品	老河口市	老河口市仙仙果品有限公司	合资	汉水梨	汉水
食品	谷城县	湖北玉皇剑茶业有限公司	股份制	玉皇剑茶	玉皇剑
食品	襄阳市	湖北老龙洞杜仲开发有限公司	股份制	杜仲自然醒	似仙
食用油	夷陵区	湖北宜昌三峡艺轩茶文化发展有限公司	民营	三峡天赐茶典	中宝岛
食品	夷陵区	湖北邓村绿茶集团有限公司	民营	邓村绿茶	邓村绿茶
林化	五峰县	五峰赤诚生物科技有限公司	民营	单宁酸	赤诚
食品类	五峰县	湖北采花茶叶有限公司	民营	茶典藏浓香型	采花
食品	十堰市	湖北神武天滋野生葡萄酒业有限公司	股份制	山斟武当红浓浆全汁野葡萄干红	山斟武当红
果蔬食品	咸宁市	湖北巨宁竹业科技股份有限公司	股份制	竹基纤维复合材料	巨宁
木材加工	武穴市	湖北广济天竹艺制品有限公司	股份制	仿明清原竹家具	广济天
型材	建始县	湖北爱茵木塑制品有限责任公司	民营	生态木	罗曼维森
森林食品	咸丰县	湖北帅丰建材有限责任公司	民营	木门	帅丰
工艺品	来凤县	湖北宝石花工艺品有限公司	民营	漆筷	宝石花

产品类别	地点	生产单位	单位性质	产品名称	注册商标
森林食品	巴东县	湖北水布垭酒业有限公司	民营	银杏酒 2 号	水布垭
动物养殖	来凤县	湖北省发夏食品有限公司	民营	山茶油	百年木
医药	大悟县	湖北华龙生物制药有限公司	股份制	炎热清片	严昊
生物医药	襄阳市	湖北永续植物科技股份有限公司	股份制	祛疤果油	永续；永续 yongxu
食品	五峰县	湖北长乐科技发展有限公司	民营	山茶油	九福
森林食品	罗田县	湖北华丽食品有限公司	股份制	保鲜板栗	可口香、栗之都
茶叶	应城市	湖北省应城市聂山茶场	个体	景山春雪茶	聂山牌
茶叶	孝昌县	孝昌凤凰茶叶有限公司	集体	尖峰春剑	尖峰春剑
森林食品	巴东县	湖北金果茶叶有限公司	民营	金果恩施玉露	金果
森林食品	宣恩县	宣恩县富源贡水白柚专业合作社	民营	贡水白柚	贡水
工艺品	鹤峰县	湖北鹤峰繁荣木制工艺有限公司	民营	茶具	德繁
茶叶	夷陵区	湖北坤艳药业有限责任公司	民营	精制胎菊王	坤艳

注：鹤峰县的德繁茶具在国家主题馆展出

表 39-5　第二届中国国际林业产业博览会湖北省优质奖产品名单

产品类别	地点	生产单位	单位性质	产品名称	注册商标
林产品加工	荆门市	宝源木业有限公司	股份制	宝源精木板	
茶叶	武汉市	武汉黄鹤楼茶叶公司	股份制	黄鹤楼茶	黄鹤楼
地板	武汉市	武汉荣德实业有限公司	股份制	体育运动地板	荣德
茶叶	鄂州市	鄂州市国营沼山林场林工商公司	国有	茶叶	沼山春
食品	鄂州市	鄂州市梁子湖白龙有机农业科技开发公司	股份制	蓝莓鲜果	六步山
食品	鄂州市	鄂州市叶金安优质果树试验场	股份制	杂柑鲜果	叶氏
林产品加工	荆州市	荆州市森鑫人造板有限公司	股份制	中高密度纤维板	万树
林产品加工	荆州市	湖北万树木业有限公司	股份制	浸渍纸层压木质地板	万树
食品	谷城县	湖北汉家刘氏茶业有限公司	股份制	1893 至尊贡芽	汉家刘氏
食品	襄阳市	湖北永续植物科技股份有限公司	股份制	玫瑰油	永续；永续 yongxu
茶叶	老河口市	老河口市春雨苗木果品专业合作社	股份制	春雨黄桃 1 号	四和香
干果	长阳县	湖北华怡木本油脂公司	民营	油茶籽油	华怡
干果	兴山县	宜昌兴林果苗有限公司	民营	薄壳核桃	楚兴
代用茶	夷陵区	宜昌秀水天香茶叶有限公司	民营	黑木耳	秀水天香
食品类	十堰市	十堰市神农蜂语生物科技有限公司	股份制	神农蜂语系列蜂产品	神农蜂语
竹制品	通城县	湖北黄袍山绿色食品有限公司	有限责任公司	本草天香系列油茶籽油	本草天香
茶叶	崇阳县	湖北黄袍山绿色食品有限公司	股份有限	瑞发清水雷竹笋、雷竹笋干	瑞发
型材	武穴市	湖北福凯木业有限公司	个体	建筑模板	凯欢
森林食品	鹤峰县	湖北鹤峰繁荣木制工艺有限公司	民营	餐具	德繁
森林食品	来凤县	来凤县易达生物开发公司	民营	松针茶	庆凤山
动物训养	云梦县	云梦县鸟业发展公司大徐养殖基地	个体	虎皮鹦鹉	
工艺品	汉川市	湖北三泰皮草有限公司	股份制	裘皮服装	雅秀贵族
人造板	武汉市	武汉市鹰冠木业有限公司	股份制	细木工板	鹰冠
食品	南漳县	南漳县水镜山野菜有限责任公司	民营	山野菜	水镜
食品	老河口市	老河口市仙仙果品有限公司	合资	水果罐头	华晟
工艺品	老河口市	湖北吉仙桃木文化有限公司	股份制	桃木剑系列产品	吉仙

产品类别	地点	生产单位	单位性质	产品名称	注册商标
生物医药	襄阳市	湖北永续植物科技股份有限公司	股份制	玫瑰儿童孕妇专用护肤油	永续；永续 yongxu
食用油	长阳县	湖北华怡木本油脂公司	民营	橄榄油	利森维尔
林化工	当阳市	湖北当阳森成林化有限责任公司	民营	脂松香	森成
干制食用菌	夷陵区	宜昌秀水天香茶叶有限公司	民营	香菇	秀水天香
中药	夷陵区	湖北坤艳药业有限责任公司	民营	冬虫夏草	坤艳
茶叶	夷陵区	宜昌萧氏茶叶集团有限公司	民营	萧氏毛尖王	萧氏
人造板	五峰县	宜昌山山林业有限责任公司	股份制	强化复合地板	山山
人造板	五峰县	宜昌山山林业有限责任公司	股份制	集成材	山山
茶叶	五峰县	湖北采花茶叶有限公司	民营	天麻剑毫	采花
茶叶	五峰县	湖北采花茶叶有限公司	民营	茶品韵	采花
食品类	十堰市	湖北房县神武山珍食品有限责任公司	私营企业	神武山珍牌香菇、木耳	神武山珍
食品类	十堰市	湖北耀荣木瓜生物科技发展有限公司	个人独资	兆健牌木瓜果醋系列产品	兆健
食品	赤壁市	赤壁利源林农开发公司	股份制	“利源林农”小番薯	利源林农
食品	咸安区	咸宁市咸安区桂源红酒业有限公司	私营	桂家村牌桂花酒系列	桂花村
茶叶	赤壁市	湖北省赤壁市赵李桥庄茶业有限公司	有限责任公司	青砖茶、米砖茶、零七泡茶	洞庄
食品	罗田县	湖北华丽食品有限公司	股份制	栗甘露煮	栗之都
工艺品	云梦县	湖北泰格尔科技发展有限公司	民营	秦代竹简	泰格尔
工艺品	应城市	应城市工艺膏雕厂	集体	膏雕工艺品	蒲阳牌
工艺品	孝南区	孝感市福良山农业综合开发公司	股份制	福良山碧剑	福良山碧剑
森林食品	巴东县	湖北宝贝生物科技有限公司	民营	西谷核桃油	西谷
森林食品	来凤县	来凤县古杨梅食品有限公司	民营	杨梅酒	古梅
森林药材	利川市	利川市正圆药业发展有限公司	民营	川续断	正源牌
林化	利川市	利川市柒星农副产品有限公司	民营	坝漆	
型材	咸丰县	湖北帅丰建材有限责任公司	民营	实木家具	帅丰
工艺品	来凤县	来凤县璟发木业有限公司	民营	沐浴盆	景发
森林食品	恩施市	湖北天赐生态农业科技有限公司	民营	天赐茶油	天赐
森林食品	恩施市	恩施市润邦国际富硒茶业有限公司	民营	恩施玉露	芭蕉
森林食品	鹤峰县	湖北长友现代农业股份有限公司	民营	薇菜	长友牌
森林食品	来凤县	湖北省恒贸油脂有限公司	民营	山茶油	茂森
森林食品	宣恩县	宣恩县椒园采花茶叶专业合作社	民营	伍家台贡茶	宣露
森林食品	巴东县	湖北水布垭酒业有限公司	民营	特供一号	水布垭
森林食品	巴东县	巴东县神农世家生态农业发展有限公司	民营	野猪肉	神农世家

注：福良山碧剑、西谷核桃油、杨梅酒、川续断在国家主题馆展出。

湖南省林业产业

【产业特点】 湖南省林业产业特色突出表现在森林培育、木材采运及锯材木片加工、人造板制造、家具制造、竹藤、园林植物、果品、木本粮油、中药材、野生动物驯养、森林旅游等产业上。尤其是人工林面积全国第2，人工林蓄积全国第3，杉原条产量全国第一，柑橘产量全国第二，油茶籽产量和油茶林面积全国第一，厚朴产量全国第一，木本药材产量全国第二，杜仲产量全国第二（详见表40-2）。

湖南省林业产业总产值1446亿元，对总产值贡献最大的是森林旅游业占15.09%，其次是木材生产业占9.9%，然后依次是森林培育8.92%、果品8.02%、林业系统非林产业7.11%、林产化工6.8%、人造板制造6.32%（详见表40-3）。

【政策规划】 受省委、省人民政府的委托，代拟完成《绿色湖南建设实施纲要》，并经省人民政府常务会议审议通过。成功获批国家木材战略生产储备基地试点省。发布《湖南省林业产业"十二五"发展规划》和《湖南省竹产业发展规划》。

省林业厅批复筹建6个省级林业产业园区，分别是湖南林业（长沙）家具产业园、湖南林业（新晃）森工产业园、湖南林业（慈利）家具物流园、湖南林业（苏仙）现代产业园、湖南林业（鹿溪）家装产业园、湖南林业（云鹤）家具产业园。

【林产品质量安全】 继续贯彻实施《湖南省林产品质量安全条例》，对省内人造板、家具等九大类232批次林产品质量进行了抽查、检测，合格率80.2%。对油茶产地环境检测488批次，合格率95%。省林产品质量检验检测中心检测能力大幅提高，全年添置488万元的设备，大中型检测设备由原来的41台增加到74台，检测参数由50个扩展到300个，专业人员从10人增加到50人。标准化工作有较大进展，启动了8个林业产业重要地方标准制定工作。

【森林采伐指标阳光分配】 湖南作为国家林业局全国林木采伐管理系统建设首个试点省，以湖南为模式开发了全国林木采伐管理系统软件，提升了湖南省林木采伐管理水平，得到了国家林业局的高度评价。国家林业局批准靖州县、洪江市、华容县、浏阳市、资兴市、绥宁县、双牌县、桑植县8县（市）为全国森林可持续经营管理试点单位。

2011年，全省集体林（个人）608万立方米商品林主伐指标100%公示分配到1.8万个村25万户农户和森林经营者手中。实施林木采伐指标入村到户措施，杜绝了采伐指标分配中的暗箱操作，确保了木材生产计划安排"公开、公平、公正"，成效显著，有力促进了森林资源的科学管理，提升了林业部门地位和形象。

【招商引资】 在全省征集筛选了20余个符合国家产业政策及当地实际需要的项目充实到项目库，对外发布招商。开展了申报新的小渊基金项目的相关工作，与日方签订合作协议，计划3年时间日方投资6000万日元（约480万元人民币）、新化县财政配套120万元人民币在新化县桑梓镇造林400公顷；德援项目进展情况良好。

【贷款贴息促进银企对接】 筛选、支持38个林产工业和竹加工项目，落实林业龙头企业林产品加工贴息贷款2亿元、工业原料林（含木本油料）贴息贷款8.7亿元，为83家林业企业发放中央财政贷款贴息资金5807万元，其中共有47家省林业产业龙头企业贷款约6.97亿元，落实贴息资金2091万元。

为破解中小企业融资难瓶颈，与中信银行湖南省分行就成立林业种子基金建立进行了多次对接、共同考察了林业企业，达成了战略合作框架协议，下运集群授信方案文件，并在浏阳进行联保试点，向5家企业发放贷款1750万元。

【科学研究】 依托省林科院申报的国家油茶工程技术研究中心已顺利通过同行专家和综合评审，即将正式落户湖南。依托省林科院作为主要科技支撑单位的亚欧水资源研究和利用中心正式挂牌成立。林木无性系育种湖南省重点实验室第3次被评为湖南省优秀重点实验室。在岳阳等地建设金银花优质高产基地100多公顷。

科研项目新立项31项，到位经费1124万元。科技成果获奖4项，其中南方蓖麻新品种选育及油脂利用技术获得省科技进步一等奖。木本油料植物育种创新平台建设等一批项目完成了中期评估和绩效考核，其中3个项目通过成果鉴定，2个项目完成现场查定及验收。获得授权专利7项，新申请专利1项，审定并颁布实施地方标准4项，发表优秀论文约90余篇。

【技术培训】 林产品质量安全执法检测培训。由省林业产业管理办公室与省林产品质量检验检测中心共同举办检测抽样培训班14期，培训人员400多名，实现了湖南省林产品基层监督抽查执法人员从无到有的突破，初步建成县级基层林产品执法人员队伍。

由省林科院举办科技部第二期油茶应用技术国际培训班，培训泰国、柬埔寨、越南等7个国家的16名学员，并同泰国签署了科技合作协议。

下发《关于做好林地测土配方信息系统推广应用工作的通知》，召开专题会议部署工作；省林业厅举办技术培训班3期，全省各市、县市区共250多人参加培训。

开展全省森林植物检疫员、油茶有害生物专项调查技术、便携式野外监测调查数据采集记录系统(PDA)应用技术等一系列培训，累计培训技术人员700余人次。其中新批准207名检疫员，培训油茶有害生物调查专业队伍80余人，培训PDA应用技术人员120余人，开展天敌昆虫防治松材线虫技术培训人员300人次。

【油茶】 全省油茶产业共投入16.89亿元。全省茶油年产量约占全国茶油总产量的45%。油茶产业产值约占全国油茶产业产值的62%。其中面积6666.7公顷以上的县(市、区)49个，20000公顷以上的有20个，33333.3公顷以上的有8个。常宁市提出打造湖南油茶第一市，实现茶油年产值5亿元。据不完全统计，全省现有油茶产业发展企业247家，2011年新增4家，带动30多万林农参与油茶产业发展，其中年加工油茶1000吨以上的企业17家，年产精炼茶油5万多吨，茶皂素3000吨，茶粕1.5万吨。

全省有油茶繁殖圃77个、面积615公顷，年产苗木14450.3万株，其中1年生苗木产量7768.3万株，2年留床苗木产量6682.0万株。

《油茶优良新品种规模化繁育技术体系研究与示范》获省科技进步二等奖。

【竹】 全省竹子种类有19属136种，截至2011年底，竹林总面积87.53万公顷，立竹株数19.51亿株，全省竹林面积新增2.87万公顷，垦复3.0万公顷，竹林面积、立竹株数均居全国第二位。桃江、绥宁、安化、桃源等县被国家林业局授予中国竹子之乡称号。桃江县瞄准“双百”目标，着力打造全省千亿竹产业核心基地。全省竹资源加工利用企业2705家，其中以恒盾集团、瑞亚高科、拓普竹麻等为代表的省级龙头企业38家，生产的竹产品20个大类、1500多个品种，包括竹纤维纺织、竹饮料、活性炭等一批科技含量高的竹产品，涌现出“恒盾”竹饮料、“桂星”竹胶板、“桃花江”竹地板、“欧林雅”竹纤维纺织等25个湖南省著名商标和湖南名牌产品。

【生物质能源】 2011年，湖南北大未名生物科技有限公司成立，总注册资金8400万元，湖南省林业科学院投资2400万元，占股28.6%。在省林科院试验林场设立生物柴油中试车间，11月19日，北大未名前沿科技园—林油一体化示范区正式揭牌，生物柴油中试示范基地全面开启。

【野生动植物驯养繁育】 豪猪、竹鼠、野猪、蛙类等经济动物的驯养繁殖发展较快，其中豪猪、竹鼠、黑斑蛙养殖规模居全国之首，蛇类的驯养繁殖也处于迅速发展阶段，共有养殖企业480家，野生植物培育单位800多家。

【森林旅游】 完成新田福音山、安仁大石、洞口罗溪、黑麋峰、坐龙峡等国家级森林公园以及耒阳蔡伦竹海、永兴龙华山、隆回白马山等省级森林公园的考察、可研编制和各项申报工作。3处省级森林公园已于7月5日获得省人民政府批准设立；5处国家级森林公园获得国家林业局批准建立。打造精品旅游线路和景区景点品牌，张家界国家森林公园继黄石寨、金鞭溪景区后，又打造出袁家界、鹞子寨等精品景区；莽山国家森林公园与广州、武汉景区景点共同打造高铁旅游新干线，共同拓展旅游市场，九嶷山国家森林公园联合广东地下河，广西姑婆山，打造湘粤桂“三日三省游”精品线路，成效显著。组建“湘约天下”自由行俱乐部，与社会知名企业联盟发展会员，带动潜在的消费群体加速森林旅游热点的形成。2011年10月27日，省林业厅和省旅游局成立了湖南省森林旅游工作领导小组，拉开了湖南省林业和旅游融合发展新局面。

【生态文化】 省林业厅组织的“绿色恋歌”——纪念建党90周年文艺晚会成功演出。整场晚会全程录像并制作成DVD光碟发至全省林业基层单位，中央电视台七套“绿色时空”栏目已选播。7月2～10日，策划组织开展了以“唱绿色恋歌，颂林业风采”为主题的送文艺下乡活动，并招募全省林业系统文艺人才成立了有近50名演职人员的绿色恋歌湖南林业艺术团。

全年举行了张家界国际森保节、樱花节、桃花节、油茶节、世界湿地日、竹文化节等活动。2011年是“爱鸟周”30周年，湖南省林业厅开展以“保护鸟类就是保护人类自己”为主题的一系列活动，使爱鸟、护鸟的生态文明理念深入人心。省森林植物园举办的“世界名花生态文化节”吸引了近30多万游客到植物园赏花休闲。

分别召开了湖南林业“十一五”成就回顾和“十二五”规划展望、张家界国际森保节、世界名花生态文化节等新闻发布会。重点推出电影文学作品《梦萦张家界》连载；《湖南日报》推出了“让森林走进城市”、“让城市拥抱森林”、“让市民享受负氧离子”系列报道和《香港商报》绿色湖南系列报道。

幕阜山国家森林公园等5家单位被评为湖南省生态文明教育基地，望城区光明村被评为全国生态文化示范村。

【益阳森华木业有限公司】 该公司年产22万立方米连续平压中(高)密度纤维板生产线项目于11月23日投产。该项目生产设备、工艺具有国际先进水平，领先于全国同类企业。主导产品薄型高密度纤维板(THDF)、高密度纤维板(HDF)、中密度纤维板(MDF)各项物理力学指标和甲醛释放量指标优于国家标准要求。广泛用于家具制造、强化木地板制造、木门制造、室内装修、产品包装等多个方面。

【博览会】

参展第六届中国竹文化节 10月15～16日，参展第六届中国竹文化节，获优秀组织奖。组织省林科院，桃江、绥宁、桃源、安化4个楠竹之乡、省老科协以及相关县市林业局和企业代表共30多人参加了会议。洪江市华宇竹业有限公司竹家具，湖南省浏阳市浏东竹木有限公司竹地板，湖南省桃江县竹制品有限公司中国水竹席、炭化麻将席，湖南恒盾集团竹饮料、竹砧板，长沙市欧林雅家纺有限责任公司竹纤维系列等7个产品荣获第六届中国竹文化节中国竹业博览会产品金奖。

参展第二届中国国际林业产业博览会 11月1～4日，组织参展第二届中国国际林业产业博览会，在布展湖南馆的同时还承办了中国木本粮油发展高峰论坛。组织60多家企业200多种产品参展，樟木、梓木、楠竹为原料的家具、精品茶油、竹制品、森林食品等湖湘特色林产品，现场订单销售额5000多万元。获得最佳组织奖、最佳参展以及参展产品金奖17个，优质产品奖33个，同时获得2011年度中国林业产业突出贡献奖11项。

参展2011中国森林博览会 以五大森林旅游区为脉络设立湖南馆，展示了湖北省丰富多彩的森林旅游资源。共发放1.5万多册各类宣传资料和1.2万余件旅游纪念品，参展人员和社会各界人士4万余人参观了湖南展区。 （何 宏 谢 娴）

表 40-1 湖南林业产业概况

指标	数量
林业产业总产值(按现行价格计算)(万元)	14456850
一、第一产业总产值	5372697
(一)涉林产业总产值	5092371
1. 林木的培育和种植	1521096
2. 木材和竹材的采运	763231
3. 经济林产品的种植与采集	2081487
4. 花卉的种植	477638
5. 陆生野生动物繁育与利用	103282
6. 林业生产辅助服务	145637
(二)林业系统非林产业产值	280326
二、第二产业总产值	6092363
(一)涉林产业总产值	5628997
1. 木材加工及木、竹、藤、棕、苇制品制造	2489610
(1)锯材、木片加工	791805
(2)人造板制造	913211
(3)木制品制造	462340
2. 木、竹、藤家具制造	774027
3. 林产化学产品制造	982885
4. 非木质林产品加工制造	448044
5. 其他	263224
(二)林业系统非林产业产值	463366
三、第三产业总产值	2991790
(一)涉林产业总产值	2707563
1. 林业旅游与休闲服务	2181207
2. 林业生态服务	220737
3. 林业专业技术服务	127723
4. 林业公共管理及其他组织服务	177896
(二)林业系统非林产业产值	284227
补充资料：全部山区县茶、桑、果产值	391331
全部丘陵县茶、桑、果产值	374543
森林资源情况	
一、森林覆盖率(%)	44.76
二、林地面积(万公顷)	1234.21
三、森林面积(万公顷)	948.17
四、人工林面积(万公顷)	464.04
五、活立木总蓄积量(万立方米)	38177.2
六、森林蓄积量(万立方米)	34906.67
七、人工林蓄积量(万立方米)	16018.33
八、乔木林单位面积蓄积量(立方米/公顷)	48.05
森林培育	
一、荒山荒(沙)地造林面积(按林种用途分)(公顷)	
(一)用材林	115459
(二)经济林	48334
(三)防护林	235527
(四)薪炭林	1106
(五)特种用途林	2009
二、森林抚育面积(公顷)	
(一)低产低效林改造	126487
(二)实际幼林抚育	308590
(三)成林抚育	353449
三、林业单位数量(家)	1639
主要木材、竹材产品产量(万立方米)	
一、木材总计	599.93
(一)原木	552.28
其中：针叶原木	186.24
1. 直接用原木	167.32
2. 等内加工原木	26
3. 其他原木	48.18
(二)薪材	47.65
二、木材采运企业数量(家)	213
三、竹材采运企业数量(家)	53
四、木材批发企业数量(家)	798
锯材生产	
一、锯材产量(万立方米)	271.46
二、锯材加工企业数量(家)	249
人造板生产(万立方米)	
人造板总产量	518.76
一、胶合板	202.21
(一)木胶合板	124.2
(二)竹胶合板	70.09
(三)其他胶合板	7.92
二、纤维板	86.48
三、刨花板	42.85
四、其他人造板	187.22
五、人造板制造企业数量(家)	904
六、胶合板制造企业数量(家)	500
七、纤维板制造企业数量(家)	57
八、刨花板制造企业数量(家)	33
九、其他人造板制造企业数量(家)	167
木制品	
一、木制品企业数量(家)	1453
二、生产用木制品企业数量(家)	645
三、生活用木制品企业数量(家)	252
四、中乐器制造企业数量(家)	6
五、西乐器制造企业数量(家)	2
木家具企业	
一、木制家具制造企业数量(家)	1342
二、竹藤制家具制造企业数量(家)	117

指　标	数量
三、家具零售企业数量(家)	3508
木片生产	
一、木片、木粒加工产品(万实积立方米)	53.64
二、木片加工企业数量(家)	576
竹藤生产	
一、竹、藤、棕、草制品企业数量(家)	1234
二、竹、藤、棕、草工艺品制造企业数量(家)	161
果品木本粮油	
一、水果产量(吨)	3925005
其中：梨	156266
葡萄	134578
桃	107220
杏	282
猕猴桃	40332
其他水果	327684
二、干果产量(吨)	150540
其中：核桃	14562
板栗	87830
枣(干重)	18158
柿子(干重)	6314
仁用杏	2
山杏仁	40
其他干果	22960
三、木本油料	520169
其中：文冠果	0
其他木本油料	3361
四、水果罐头制造企业数量(家)	107
森林蔬菜	
一、森林食品(干重)(吨)	82792
其中：食用菌	31679
山野菜	7927
其他森林食品	16212
二、蔬菜、果品批发企业数量(家)	594
调料	
林产调料产品(干重)	1437
其中：花椒	827
中药材	
一、木本药材(吨)	187703
其中：杜仲	52335
山茱萸	261
其他木本药材	47244
二、中草药及制品批发企业数量(家)	1087
花卉	
一、年末实有花卉种植面积(公顷)	30638
二、切花切叶产量(万支)	1210.69
三、盆栽植物产量(万盆)	4886.26
四、观赏苗木产量(万株)	19482.69
五、草坪产量(万平方米)	586.55
六、花卉场(个)	325
七、花卉企业数量(家)	1557
其中：大中型企业	243
八、花农(万户)	7.68
九、花卉从业人员(万人)	32.33
其中：专业技术人员	1.43
十、控温温室面积(万平方米)	49.87
十一、日光温室面积(万平方米)	50.77
林产化工	
一、林产化学产品制造企业数量(家)	186
二、香料、香精制造企业数量(家)	114
蚕	
一、缫丝企业数量(家)	17
二、绢纺企业数量(家)	0
森林旅游	
一、旅游人次(人)	52014482
二、旅游收入(万元)	2181207
三、森林公园总数(处)	110
四、森林公园总面积(公顷)	430651.06
五、国家森林公园数量(处)	43
六、国家森林公园面积(公顷)	209610.66
七、省级森林公园数量(处)	55
八、省级森林公园面积(公顷)	197378.57
九、县级森林公园数量(处)	12
十、县级森林公园面积(公顷)	23661.83
十一、森林公园收入总额(万元)	194054.67
十二、旅游接待总人数(万人次)	2774.52
十三、旅游接待海外旅游者(万人次)	137.45
十四、园林绿化企业数量(家)	2114
十五、自然保护区管理单位数量(家)	105
森林机械	
一、森林工业专用设备制造企业数量(家)	4
二、营林机械制造企业数量(家)	6

表 40-2　湖南林业产业特色

项目名称	全国排名	数量	占全国的比(%)
概况			
第一产业湿地产业产值(万元)	1	82396	24.76
第二产业湿地产业产值(万元)	1	26741	28.83
第二产业林业系统非林产业产值(万元)	5	463366	10.24

项目名称	全国排名	数量	占全国的比(%)
第三产业产值(万元)	2	2991790	10.49
第三产业涉林产业产值(万元)	3	2707563	10.95
第三产业湿地产业产值(万元)	1	128060	22.1
森林培育业			
林木的培育和种植产值(万元)	4	1521096	7.94
造林产值(万元)	2	530156	7.23
林木的抚育和管理产值(万元)	1	759697	14.5
幼林的抚育和管理产值(万元)	1	283026	14.35
成林的抚育和管理产值(万元)	1	441476	16.81
用材林造林面积(公顷)	2	115459	11.33
防护林造林面积(公顷)	4	235527	6.38
低产低效林改造面积(公顷)	2	126487	16.04
荒山荒(沙)地造林面积(公顷)	3	402435	6.71
人工林面积(万公顷)	3	464.04	
人工林蓄积(万立方米)	3	16018.33	8.17
木材采运及锯材木片加工业			
木材和竹材的采运产值(万元)	3	763231	8.05
木材采运产值(万元)	3	639083	8.13
商品材采运产值(万元)	2	505129	7.84
农民自用材采运产值(万元)	2	59561	10.47
农民烧柴采运产值(万元)	4	74393	8.8
除毛竹、篙竹外的其他竹材采运产值(万元)	5	25471	8.73
锯材、木片加工产值(万元)	5	791805	6.82
木材产量(万立方米)	3	599.93	7.36
原木产量(万立方米)	3	552.28	7.41
针叶原木产量(万立方米)	2	186.24	12.88
直接用原木产量(万立方米)	5	167.32	5.46
造纸用原木产量(万立方米)	3	78.03	16.69
杉原条产量(万立方米)	1	190.7	36.56
乡(镇)集体企业及单位生产的木材产量(万立方米)	1	69.78	13.03
村及村以下各级组织和农民个人生产的木材产量(万立方米)	3	427.72	8.11
特种锯材产量(万立方米)	4	3.73	9.63
枕木及其他锯材产量(万立方米)	1	15.75	36.08
木材采运企业数量(家)	2	213	8.9
人造板制造业			
竹胶合板产量(万立方米)	3	70.09	17.26
非木质纤维板产量(万立方米)	4	0.7	0.92
细木工板产量(万立方米)	5	162.93	8.01
家具制造业			
竹藤制家具制造企业数量(家)	5	117	5.74
竹藤产业			
竹、藤、棕、苇制品制造产值(万元)	4	322254	7.44

项目名称	全国排名	数量	占全国的比(%)
竹、藤、棕、草制品企业数量(家)	5	1234	6.37
竹材采运企业数量(家)	2	53	13.12
园林植物产业			
花卉市场数量(家)	4	325	7.92
种苗产业			
苗木产量(万株)	3	14450.3	15.89
一年生苗木产量(万株)	3	7768.3	13.77
二年留床苗木产量(万株)	1	6682	24
繁殖圃个数(个)	2	77	17.42
繁殖圃面积(公顷)	4	615	11.5
果品产业			
柑橘产量(吨)	2	3158643	13.09
猕猴桃产量(吨)	4	40332	5.5
木本粮油产业			
油茶产业产值(万元)	1	935918	38.13
油茶籽产量(万吨)	1	51.68	34.92
油茶企业数量(家)	2	247	21.04
油茶林面积(公顷)	1	1359303	39.34
当年新造茶林面积(公顷)	2	43463	18.5
当年低改茶林面积(公顷)	1	35321	37.74
木本油料产量(吨)	1	520169	33.54
森林蔬菜产业			
竹笋干产量(吨)	5	26974	4.64
其他森林食品产量(吨)	4	16212	9.22
调料产业			
桂皮产量(吨)	4	152	0.18
中药业			
林产中药材的种植与采集产值(万元)	4	287519	7.03
木本药材产量(吨)	2	187703	13.07
杜仲产量(吨)	2	52335	26.45
黄柏产量(吨)	4	2647	16.65
厚朴产量(吨)	1	85216	57.82
林产化工产业			
林产化学产品制造产值(万元)	2	982885	17.08
油桐籽产量(吨)	4	43400	9.92
乌柏籽产量(吨)	5	1319	3.66
五倍子产量(吨)	5	1589	9
棕片产量(吨)	3	7220	13.43
紫胶(原胶)产量(吨)	5	41	1.33
松节油深加工产品产量(吨)	5	33	0.09
樟脑产量(吨)	5	27	0.21
合成樟脑产量(吨)	4	27	0.25
冰片产量(吨)	2	270	40.6
合成冰片产量(吨)	2	240	38.03
栲胶类产品产量(吨)	5	11	0.12

项目名称	全国排名	数量	占全国的比(%)
栲胶产量(吨)	5	11	0.12
紫胶类产品产量(吨)	5	4	0.13
紫胶产量(吨)	5	4	0.2
生物制品企业数量(家)	1	1217	10.46
野生动物驯养业			
陆生野生动物狩猎和捕捉产值(万元)	1	23850	18.03
碳素制品产业			
木炭产量(吨)	5	34910	8.35
森林旅游业			
林业旅游与休闲服务产值(万元)	2	2181207	11.71
森林旅游收入(万元)	2	2181207	11.71
旅游直接带动的其他产业产值(万元)	1	10221192	31.02
国家森林公园数量(处)	3	43	5.76
森林公园收入(万元)	5	194054.67	5.16
门票收入(万元)	2	106543.84	15.33
其他收入(万元)	5	39480.64	4.23
旅游接待海外旅游者(万人次)	4	137.45	11.38
职工总数(人)	3	12069	8.05
游步道总数(千米)	5	3423.1	5.67
林业生态文化产业			
林业生产辅助服务产值(万元)	4	145637	7.6
林业生态服务产值(万元)	4	220737	7.98
林业专业技术服务产值(万元)	2	127723	15.92
林业公共管理及其他组织服务产值(万元)	4	177896	7.06
林业服务单位数量(家)	3	1938	7.44

表 40-3 湖南各产业对总产值的贡献

	项目名称	产值(万元)	百分比(%)
	总产值	14456850	100
1	森林旅游业	2181207	15.09
2	木材生产业	1430888	9.9
3	森林培育业	1289853	8.92
4	果品产业	1160152	8.02
5	林业系统非林产业	1027919	7.11
6	林产化工产业	982885	6.8
7	人造板制造业	913211	6.32
8	其他	813608	5.63
9	木竹藤家具制造业	774027	5.35
10	木浆纸制品生产业	570034	3.94
11	木制品生产业	563513	3.9
12	林业服务业	526356	3.64
13	园林植物产业	477638	3.3
14	竹藤产业(不含家具)	446402	3.09
15	森林蔬菜产业	305377	2.11
16	中药业	287519	1.99
17	种苗产业	231243	1.6
18	茶咖啡产业	226099	1.56
19	野生动物驯养业	103282	0.71

广东省林业产业

【产业特点】 广东省林业产业特色突出表现在森林培育、木材采运及锯材木片加工、人造板、木制品、家具、木浆纸制品、园林植物、果品、调料、中药、林产化工、森林旅游、林业机械等产业。尤其是人工林面积全国第一，木材产量全国第二，木制家具制造企业数量和家具零售企业数量都是全国第一，纸浆制造企业数量、手工纸制造企业数量、加工纸制造企业数量、纸制品企业数量都是全国第一，花卉企业数量全国第一，荔枝和龙眼产量都是全国第一，桂皮产量全国第一，中草药及制品批发企业数量全国第一，冰片产量全国第一，樟脑产量全国第二，香料、香精制造企业数量全国第一，森林公园总数全国第一。广东省林业产业基本情况见表41-1。

广东省林业总产值3328亿元，对总产值贡献最大的是木浆纸制品生产业占43.35%，其次是木竹藤家具制造业占25.26%，然后依次是人造板制造业7.54%，果品产业7.07%，木制品生产业4.36%(详见表41-3)。

表41-1　广东林业产业概况

指　标	数量
林业产业总产值(按现行价格计算)(万元)	33280989
一、第一产业总产值	4446428
(一)涉林产业总产值	4432296
1. 林木的培育和种植	247240
2. 木材和竹材的采运	639326
3. 经济林产品的种植与采集	2767631
4. 花卉的种植	758181
5. 陆生野生动物繁育与利用	16215
6. 林业生产辅助服务	3703
(二)林业系统非林产业产值	14132
二、第二产业总产值	28217519
(一)涉林产业总产值	28197315
1. 木材加工及木、竹、藤、棕、苇制品制造	4527099
(1)锯材、木片加工	374457
(2)人造板制造	2508023
(3)木制品制造	1384719
2. 木、竹、藤家具制造	8407102
3. 林产化学产品制造	664269
4. 非木质林产品加工制造	90081
5. 其他	14252
(二)林业系统非林产业产值	20204
三、第三产业总产值	617042
(一)涉林产业总产值	604669
1. 林业旅游与休闲服务	588451
2. 林业生态服务	7746
3. 林业专业技术服务	424
4. 林业公共管理及其他组织服务	8048
(二)林业系统非林产业产值	12373
补充资料：全部山区县茶、桑、果产值	1021797
全部丘陵县茶、桑、果产值	505911
森林资源情况	
一、森林覆盖率(%)	49.44
二、林地面积(万公顷)	1073.07
三、森林面积(万公顷)	873.98
四、人工林面积(万公顷)	503.18
五、活立木总蓄积量(万立方米)	32160.74
六、森林蓄积量(万立方米)	30183.37
七、人工林蓄积量(万立方米)	11520.43
八、乔木林单位面积蓄积量(立方米/公顷)	44.47
森林培育	
一、荒山荒(沙)地造林面积(按林种用途分)(公顷)	
(一)用材林	51541
(二)经济林	13115
(三)防护林	60478
(四)薪炭林	200
(五)特种用途林	142
二、森林抚育面积(公顷)	
(一)低产低效林改造	28997
(二)实际幼林抚育	203788
(三)成林抚育	149147
三、林业单位数量(家)	2317
主要木材、竹材产品产量(万立方米)	
一、木材总计	735.51

指　标	数量
其中：热带木材	171.42
(一)原木	690.41
其中：针叶原木	108.38
1. 直接用原木	320.26
2. 等内加工原木	118.38
3. 其他原木	70.03
(二)薪材	45.1
二、木材采运企业数量(家)	126
三、竹材采运企业数量(家)	18
四、木材批发企业数量(家)	3423
锯材生产	
一、锯材产量(万立方米)	152.64
二、锯材加工企业数量(家)	877
人造板生产(万立方米)	
人造板总产量	772.52
一、胶合板	200.51
(一)木胶合板	178.55
(二)竹胶合板	5.87
(三)其他胶合板	16.09
二、纤维板	415
三、刨花板	99.51
四、其他人造板	57.49
五、人造板制造企业数量(家)	1859
六、胶合板制造企业数量(家)	588
七、纤维板制造企业数量(家)	179
八、刨花板制造企业数量(家)	151
九、其他人造板制造企业数量(家)	726
木制品	
一、木制品企业数量(家)	7751
二、生产用木制品企业数量(家)	2204
三、生活用木制品企业数量(家)	1507
四、中乐器制造企业数量(家)	54
五、西乐器制造企业数量(家)	88
木家具企业	
一、木制家具制造企业数量(家)	15773
二、竹藤制家具制造企业数量(家)	301
三、家具零售企业数量(家)	17977
木片生产	
一、木片、木粒加工产品(万实积立方米)	132.36
二、木片加工企业数量(家)	1770
竹藤生产	
一、竹、藤、棕、草制品企业数量(家)	1728
二、竹、藤、棕、草工艺品制造企业数量(家)	1036
果品木本粮油	
一、水果产量(吨)	7029707
其中：梨	66687

指　标	数量
葡萄	785
桃	22286
猕猴桃	10697
其他水果	2610286
二、干果产量(吨)	65228
其中：板栗	11853
枣(干重)	7102
柿子(干重)	26364
其他干果	19228
三、木本油料	65314
其中：文冠果	0
其他木本油料	4921
四、水果罐头制造企业数量(家)	146
森林蔬菜	
一、森林食品(干重)(吨)	46715
其中：食用菌	9681
山野菜	141
其他森林食品	3672
二、蔬菜、果品批发企业数量(家)	4443
调料	
林产调料产品(干重)	56822
其中：花椒	195
中药材	
一、木本药材(吨)	17074
其中：杜仲	20
其他木本药材	16027
二、中草药及制品批发企业数量(家)	3715
花卉	
一、年末实有花卉种植面积(公顷)	68086
二、切花切叶产量(万支)	153679.49
三、盆栽植物产量(万盆)	32074.78
四、观赏苗木产量(万株)	33156.73
五、草坪产量(万平方米)	2573.51
六、花卉场(家)	104
七、花卉企业数量(家)	8899
其中：大中型企业	1564
八、花农(万户)	3.05
九、花卉从业人员(万人)	13.66
其中：专业技术人员	1.87
十、控温温室面积(万平方米)	309.48
十一、日光温室面积(万平方米)	847.89
林产化工	
一、林产化学产品制造企业数量(家)	439
二、香料、香精制造企业数量(家)	708
蚕	
一、缫丝企业数量(家)	61

指　标	数量
二、绢纺企业数量(家)	7
森林旅游	
一、旅游人次(人)	60841607
二、旅游收入(万元)	588451
三、森林公园总数(处)	458
四、森林公园总面积(公顷)	1067335.12
五、国家森林公园数量(处)	25
六、国家森林公园面积(公顷)	206684.03
七、省级森林公园数量(处)	71
八、省级森林公园面积(公顷)	110816.67
九、县级森林公园数量(处)	362
十、县级森林公园面积(公顷)	749834.42
十一、森林公园收入总额(万元)	176801.71
十二、旅游接待总人数(万人次)	7672.18
十三、旅游接待海外旅游者(万人次)	238.26
十四、园林绿化企业数量(个)	7475
十五、自然保护区管理单位数量(家)	209
森林机械	
一、森林工业专用设备制造企业数量(家)	310
二、营林机械制造企业数量(家)	14

表 41-2　广东林业产业特色

项目名称	全国排名	数量	占全国的比(%)
概况			
总产值(万元)	1	33280989	10.88
第二产业总产值(万元)	1	28217519	16.91
第二产业涉林产业产值(万元)	1	28197315	17.37
各类经济林产品总产量(吨)	5	7521096	5.62
森林培育业			
更新造林面积(公顷)	2	70707	21.65
人工林面积(万公顷)	2	503.18	
木材采运及锯材木片加工业			
木材和竹材的采运产值(万元)	4	639326	6.74
商品材采运产值(万元)	5	413618	6.42
竹材采运产值(万元)	3	184551	11.35
除毛竹、篙竹外的其他竹材采运产值(万元)	1	48255	16.53
木材产量(万立方米)	2	735.51	9.03
热带木材产量(万立方米)	2	171.42	27.34
原木产量(万立方米)	2	690.41	9.27
直接用原木产量(万立方米)	2	320.26	10.46
等内加工原木产量(万立方米)	4	118.38	9.23
造纸用原木产量(万立方米)	2	91.75	19.63
胶合板材产量(万立方米)	4	71.82	7.63
其他原木产量(万立方米)	5	70.03	6.34
系统内国有林场、事业单位生产的木材产量(万立方米)	2	144.27	11.82
系统外企、事业单位采伐自营林地的木材产量(万立方米)	1	53.34	17.68
乡(镇)集体企业及单位生产的木材产量(万立方米)	5	38.76	7.24
村及村以下各级组织和农民个人生产的木材产量(万立方米)	2	469.32	8.9
村及村以下各级组织和农民个人生产的竹材产量(万根)	5	10411.52	11.59
木片、木粒加工产品产量(万实积立方米)	4	132.36	5.92
木片加工企业数量(家)	2	1770	11.88
人造板制造业			
纤维板产量(万立方米)	5	415	7.46
木质纤维板产量(万立方米)	5	415	7.56
硬质纤维板产量(万立方米)	2	60.2	11.92
中密度纤维板产量(万立方米)	5	352.53	7.09
软质纤维板产量(万立方米)	2	2.27	28.5
非木质刨花板产量(万立方米)	1	24.34	57.08
人造板表面装饰板产量(万平方米)	2	3078.17	11.58
纤维板制造企业数量(家)	2	179	10.23
刨花板制造企业数量(家)	2	151	9.86
其他人造板制造企业数量(家)	5	726	8
木制品生产业			
木制品制造产值(万元)	3	1384719	9.37
木制品企业数量(家)	3	7751	11.34
生活用木制品企业数量(家)	4	1507	10.02
火柴制造企业数量(家)	5	19	1.67
家具制造业			
木、竹、藤家具制造产值(万元)	1	8407102	36.19
木竹地板产量(万平方米)	5	3492.04	5.55
实木木地板产量(万平方米)	2	2207.08	18.04
其他木地板产量(万平方米)	5	445.62	4.32
木制家具制造企业数量(家)	1	15773	19.18
竹藤制家具制造企业数量(家)	3	301	14.78
家具零售企业数量(家)	1	17977	14.78
木浆纸制品产业			
木、竹、苇浆造纸产值(万元)	1	14428631	36.44
纸浆制造企业数量(家)	1	515	23.33
手工纸制造企业数量(家)	1	200	12.89
加工纸制造企业数量(家)	1	2321	21.89
纸制品企业数量(家)	1	21177	20.46
竹藤产业			

项目名称	全国排名	数量	占全国的比(%)
竹、藤、棕、苇制品制造产值(万元)	5	259900	6
竹、藤、棕、草制品企业数量(家)	3	1728	8.91
竹材产量(万根)	5	12803.64	8.32
篙竹产量(万根)	3	8609.47	16.77
小杂竹产量(万吨)	3	187.47	15.92
竹、藤、棕、草工艺品制造企业数量(家)	4	1036	9.16
园林植物产业			
花卉的种植产值(万元)	3	758181	8.07
实有花卉种植面积(公顷)	5	68086	7.9
切花切叶产量(万支)	4	153679.49	10.8
盆栽植物产量(万盆)	3	32074.78	11
草坪产量(万平方米)	5	2573.51	6.3
花卉企业数量(家)	1	8899	21
大中型花卉企业数量(家)	2	1564	19.68
专业花卉从业人员数量(万人)	3	1.87	8.92
控温温室面积(万平方米)	4	309.48	9.29
果品产业			
水果及干果的种植与采集产值(万元)	5	2354160	5.67
全部山区县茶、桑、果产值(万元)	4	1021797	6.98
全部丘陵县茶、桑、果产值(万元)	4	505911	7.25
水果产量(吨)	5	7029707	6.13
柑橘产量(吨)	5	2751355	11.41
荔枝产量(吨)	1	949671	53.58
龙眼产量(吨)	1	617940	42.47
其他水果产量(吨)	2	2610286	14.47
蔬菜、果品批发企业数量(家)	2	4443	11.03
木本粮油产业			
油茶企业数量(家)	4	114	9.71
油茶林面积(公顷)	4	135805	3.93
当年新造茶林面积(公顷)	5	17107	7.28
当年低改茶林面积(公顷)	3	8431	9.01
其他木本油料产量(吨)	5	4921	7.67
森林蔬菜产业			
竹笋干产量(吨)	4	33221	5.71
茶咖啡产业			
茶叶批发企业数量(家)	2	4306	14.49
调料产业			
林产调料产品(干重)产量(吨)	3	56822	9.68
八角产量(吨)	3	8016	6.02
桂皮产量(吨)	1	48611	58.3

项目名称	全国排名	数量	占全国的比(%)
调味料制造企业数量(家)	2	388	9.29
中药业			
中草药及制品批发企业数量(家)	1	3715	13.06
中药材及中成药加工企业数量(家)	5	787	6.17
动物药品制造企业数量(家)	5	218	6.1
林产化工产业			
林产化学产品制造产值(万元)	4	664269	11.54
林产工业原料产量(吨)	2	201513	11.69
松脂产量(吨)	2	190459	16.47
紫胶(原胶)产量(吨)	2	420	13.66
松香类产品产量(吨)	4	89546	6.34
松香产量(吨)	3	77262	6.16
松节油产量(吨)	5	6719	4.62
樟脑产量(吨)	2	2339	18.04
冰片产量(吨)	1	391	58.8
合成冰片产量(吨)	1	391	61.97
紫胶类产品产量(吨)	2	587	19.79
紫胶产量(吨)	2	417	20.38
紫胶深加工产品产量(吨)	2	170	18.48
林产化学产品制造企业数量(家)	4	439	7.37
香料、香精制造企业数量(家)	1	708	20.61
生物制品企业数量(家)	2	1053	9.05
森林旅游业			
森林公园总数(处)	1	458	16.67
省级森林公园数量(处)	4	71	5.74
县级森林公园数量(处)	1	362	47.51
县级森林公园面积(公顷)	1	749834.42	62.11
门票收入(万元)	5	38937.27	5.6
旅游接待总人数(万人次)	1	7672.18	16.39
旅游接待海外旅游者(万人次)	1	238.26	19.73
本年度旅游投入资金(万元)	3	269668.88	8.61
本年度旅游国投资金(万元)	1	131797.1	12.74
本年度旅游引资资金(万元)	4	94487	8.46
其中环境建设投入(万元)	2	45035.06	10.41
职工总数(人)	4	11053	7.37
社会旅游从业人员(人)	5	34556	5.37
园林绿化企业数量(家)	1	7475	8.68
自然保护区管理单位数量(家)	2	209	6.43
林业机械			
森林工业专用设备制造企业数量(家)	2	310	22.38
营林机械制造企业数量(家)	5	14	4.42

表 41-3　广东各产业对总产值的贡献

	项目名称	产值(万元)	百分比(%)
	总产值	33280989	100
1	木浆纸制品生产业	14428631	43.35
2	木竹藤家具制造业	8407102	25.26
3	人造板制造业	2508023	7.54
4	果品产业	2354160	7.07
5	木制品生产业	1450600	4.36
6	木材生产业	829232	2.49
7	园林植物产业	758181	2.28
8	林产化工产业	664269	2
9	森林旅游业	588451	1.77
10	竹藤产业(不含家具)	444451	1.34
11	森林培育业	215205	0.65
12	其他	181352	0.54
13	茶咖啡产业	148826	0.45
14	森林蔬菜产业	121816	0.37
15	中药业	65810	0.2
16	林业系统非林产业	46709	0.14
17	种苗产业	32035	0.1
18	林业服务业	16218	0.05
19	野生动物驯养业	16215	0.05

广西壮族自治区林业产业

【产业特点】 2011 年，南宁、柳州、桂林、梧州、玉林、百色、贵港 7 个市的林业产业总产值均超过 100 亿元，其中南宁市 273 亿元、桂林市 239 亿元。65 个县(区、市)林业产业总产值超 10 亿元，其中岑溪市、武鸣县、江南区、横县、宁明县、荔浦县、象州县、藤县、容县、恭城县林业产业总产值均超过 30 亿元。广西林业产业基本情况见表 42-1。

2011 年 5 月，广西林业厅印发了《广西林业产业"十二五"发展要点》(桂林发〔2011〕40 号)，确定林浆纸一体化、木材精深加工、林产化工、油茶、花卉为全力发展的五大优势产业，森林旅游、竹藤、野生动植物繁育利用为加快发展的三大新兴产业，产业园区建设、龙头企业培育、名优品牌提升为突出抓好的 3 项重点工作。

广西林业产业特点突出表现在森林培育、木材采运及锯材木片加工、人造板制造、竹藤、果品、木本粮油、调料、林产化工等产业，尤其是人工林蓄积全国第二，木材产量全国第一，人造板产量全国第三，竹材产量全国第二，荔枝和龙眼产量全国第二，油茶籽产量和面积都是全国第三，林产调料产量全国第一，八角产量全国第一，林产工业原料产量全国第一，松脂、松香、松节油、栲胶都是全国第一，木炭产量全国第二(详见表 42-2)。

广西林业产业总产值 1672 亿元，人造板制造对总产值贡献最大占 19.83%，其次是木材生产 11.93%，然后依次是果品 11.72%、木浆纸制品生产 10.8%、林产化工 8.31%(详见表 42-3)。

【速丰林】 新造速丰林 141042 公顷，占计划任务的 105.8%。

政策规划 2011 年 6 月 18 日，广西林业厅印发《广西速生丰产用材林"十二五"发展规划》(桂林发〔2011〕46 号)以及《广西桉树速生丰产用材林"十二五"发展规划》(桂林发〔2011〕45 号)。

2011 年 11 月 8 日，广西林业厅出台《关于科学发展桉树速生丰产用材林的意见》(桂林营发〔2011〕236 号)，从严格执行技术规程、科学选择造林地块、鼓励营造混交林分、采取生态保护措施、推广现代营林技术、定向培育多元发展等方面提出科学发展桉树的技术措施，从良种选育等方面强化保障措施。

桉树高产示范林评比活动 2011 年 3 月，根据《关于开展速生丰产用材林高产竞赛评比活动的通知》(桂林营发〔2008〕13 号)要求，广西林业厅对 2008 年新种植 3 年生的桉树高产示范林进行第一次检查评比。经对申报的 14 个单位的桉树高产示范林进行核查，有 12 个参赛单位的示范林每年每亩蓄积生长量达 2.5 立方米以上，年平均每亩蓄积生长量最大的达到 3.3 立方米，最小的为 2.5 立方米，所营造的桉树速丰林每亩蓄积量最大的 9.3 立方米，最小的 7.2 立方米。按照高产竞赛规则进行综合评定，桉树高产竞赛第一次评比结果如下：一等奖 1 名：七坡林场，奖励 8 万元；二等奖 3 名：雅长林场、三门江林场、来宾市林业局，各奖励 5 万元；三等奖 3 名：鹿寨县林场、南宁良凤江国家森林公园、崇左市林业局，各奖励 3 万元；鼓励奖 5 名：黄冕林场、维都林场、大桂山林场，钦州市林业局、柳州市林业局，各奖励 0.8 万元。

速丰林高产栽培技术培训 2011 年 9 月 15～16 日，广西林业厅在南宁开展速丰林高产栽培技术培训，培训内容有松树速生丰产栽培技术、杉木速生丰产栽培技术、桉树速生丰产栽培技术、广西乡土阔叶树栽培技术等。各林业部门营林管理或技术人员，区直国有林场、广西生态工程职业技术学院、广西林业科学研究院、广西林业勘测设计院等 340 多人参加培训。

【人造板】 广西林业厅印发《广西壮族自治区木材

加工业"十二五"发展规划》。2011年底，广西人造板生产企业1200多家，年生产能力超过3000万立方米。其中纤维板企业53家，年生产能力660万立方米；胶合板企业1025家，生产能力1920万立方米；刨花板企业20家，生产能力118万立方米；其他人造板企业150多家，生产能力240万立方米。

2011年，广西林业厅审批木材经营加工项目151项，批复新增人造板生产能力614.4万立方米，其中刨花板3项，生产能力37万立方米；纤维板7项，生产能力118万立方米；胶合板141项，生产能力459.4万立方米。

纤维板 广西华峰林业股份有限公司(由广西国有高峰林场控股)、广西丰林木业集团股份有限公司、广西三威林产工业有限公司、广西新凯骅实业集团股份有限公司、广西东正集团有限公司等企业是广西纤维板生产龙头企业，每家企业均建设数条中(高)密度纤维板生产线。2011年，广西华锋林业股份有限公司生产的"高林"牌中密度纤维板、广西丰林木业集团股份有限公司生产的"丰林"牌中密度纤维板、广西三威林产工业有限公司生产的"三威"牌中密度纤维板被广西实施质量兴桂战略工作领导小组办公室与广西质量技术监督局联合评为2010年度广西名牌产品。高峰林场被农业部等8部门认定为第五批农业产业化国家重点龙头企业。广西丰林木业集团股份有限公司于9月29日在上海证券交易所成功上市，该公司向社会发行5862万股股票，成为广西第一家林业上市企业。

胶合板 广西胶合板主要以桉木为原料，从普通胶合板发展到装饰材料板，办公及家装用的异型胶合板、混凝土用模板胶合板、实木复合地板、橱柜装饰板、集装箱胶合板等。生产企业主要集中在南宁、贵港等地。广西国有七坡林场、广西博虎木业有限公司、苍梧县桂森林产品发展有限公司、广西桂巽板业有限公司、广西澳中木业有限公司、广西贵港市树泰木业有限公司等企业是广西胶合板生产规模较大、机械化程度较高的企业。其中苍梧县桂森林产品发展有限公司的胶合板生产能力15万立方米。

细木工板、指接板 广西细木工板是以杉木为主要原料。柳州、桂林、河池、百色北部是广西杉木林主产区，柳州的融安县、融水县、桂林的龙胜县、河池的罗城县、百色的西林县都是细木工板、指接板集中加工区。行业龙头企业主要有浙江的千年舟集团在融安县、罗城县建设的融安华海木业有限公司和罗城华海木业有限公司，年产量10万立方米；广西澳林木业有限公司、南宁明源木业有限公司的细木工板、指接板的产量6万立方米；融安华海木业有限公司生产的"千年舟"牌细木工板、广西澳林木业有限公司生产的"康木匠"牌指接板已有一定的市场知名度。拥有全国最著名细木工板品牌"兔宝宝"的浙江德华集团，也与广西澳林木业有限公司、南宁明源木业有限公司等企业建立了长期合作关系。

【木制品】

木衣架 广西木衣架产业主要集中在荔浦县，荔浦县是全国最大的木衣架生产基地，并荣获中国衣架之都的荣誉称号。2011年年底，荔浦县木衣架生产企业120多家，荣获广西现代林业产业重点龙头企业7家，年产值1亿元以上的企业5家。木衣架产量8亿多只，品种1000多个，年产值12亿元，所生产的衣架制品90%以上出口世界各地，年出口量占全国同类产品出口总量的50%以上。

桂林俏天下家居用品有限公司、桂林佰客喜家居用品有限责任公司等企业共同参与制定了《木制衣架》(标准编号：QB/T4072 - 2010)国家行业标准，该标准已于2011年3月1日正式实施。

异型胶合板 容县被誉为中国异型胶合板生产基地。至2011年年末，容县异型胶合板企业近70家，设计产能50万立方米，市场占有率70%以上。直接安排就业人员1.5万余人，带动相关产业安排就业人员2万多人，2011年异型胶合板销售收入6亿多元，产量30万立方米，为农民增加收入1.5亿元。所生产的1000多种产品远销欧、美、非洲60多个国家。异型胶合板产业的发展，还带动了汽车运输物流产业、钢铁铸造业、模具设计业、机械制造业、机械维修业、木工机械、电讯、饮食服务、旅馆等行业的发展。

其他木材加工 凭祥市、东兴市的红木家具在全国也有较高知名度，凭祥市已成为中国最大的红木进口口岸和中国最大的红木市场，年成交额30亿元人民币以上。

2011年5月，浙江翔盛集团与钦州市签订协议，决定在钦州建设规模为40万吨黏胶短纤维配套60万吨木浆粕项目，计划投资100亿元人民币。

【林产化工】 广西地处亚热带地区，拥有丰富的松树资源和灌木林资源，是全国重要的林产化工大区。主要产品有松香、松节油及深加工产品、栲胶、桐油、天然香料等。2011年7月3日，广西林业厅印发《广西壮族自治区林产化工产业"十二五"发展规划》(桂林发〔2011〕65号)。

松香松节油 广西现约有100家松脂加工企业，主要分布在梧州、南宁、玉林、崇左、防城港等松林资源丰富地区，全区松香生产能力约60万吨，深加工能力约20万吨。2011年，广西松香产量约28万吨，松节油产量约3.3万吨，松香、松节油产量与2010年基本持平；松香深加工产品产量约8万吨，比2010年有所减产。松香松节油深加工产品主要有歧化松香、歧化松香皂、聚合松香、氢化松香、马来松香、浅色松香、松香树脂、氢化松香树脂、歧化松香树脂、造纸施胶剂、食品级松香树脂、松香胺、松香腈、芳樟醇、松油醇、长叶烯衍生物、二氢月桂烯醇、龙脑等40多个系列产品。

广西松脂加工重点龙头企业有广西梧州松脂股份有限公司、广西梧州日成林产化工股份有限公司、宁明县桐棉意同林化厂、武鸣朝燕林场松香厂、广西梧州荒川化学工业有限公司、南宁利通树脂有限公司、北流兆周松脂厂等。

2011年，松香、松节油市场经历巨大反差走势，价格出现暴涨暴跌。2011年2月底，广西松香价格达到23000元/吨，创历史最高，年末降为9500元/吨左右；马尾松节油由年初约26500元/吨，最低跌到1万元/吨左右。

栲胶 广西栲胶生产以野生杨梅、余柑树皮为主要原料，经过几十年的采剥，资源已逐步减少，不能满足企业生产的需求。但近年来成功开发利用在广西及越南大面积种植的速丰树种——马占相思树皮作为栲胶原料，使广西栲胶产量基本维持在6000吨以上的水平，其品质接近国际品牌黑荆树栲胶，马占相思栲胶产量已占到广西栲胶总产量的50%以上。广西栲胶企业有武鸣栲胶厂、百色林化总厂两家，年生产能力1万吨。武鸣栲胶厂"灵水牌"杨梅栲胶在国内外制革业有较高的知名度及较稳定的市场。

香精香料 广西是中国香料资源最为丰富的省(区)之一，主要香料树种有八角、肉桂、茉莉花，柠檬桉、山苍子、樟树等，八角、肉桂、茉莉花，柠檬桉保有面积达54.55万公顷。

八角 是广西天然特色香料的主要品种和传统出口产品。广西八角保有面积45万公顷，占全国的85%以上。超过6000公顷的县(区)有防城区、苍梧县、宁明县、德保县、那坡县、右江区、田林县、藤县、金秀县、浦北县、岑溪市、容县、凌云等县(市)。其中防城区、苍梧县、宁明县、德保县、那坡县、金秀县、藤县7县(区)被国家林业局命名为中国八角之乡。

肉桂 是广西名特优香料树种，已获广西地理标识。2011年，广西肉桂保有面积7.3万公顷，其中面积在1.8万公顷以上的县有平南县、防城区、岑溪市、藤县；1.2万公顷以上有容县、苍梧。广西桂皮、桂油产量约占全国总量的60%，主要供应国际市场。防城区、岑溪市、藤县等3县(区)被国家林业局命名为中国肉桂之乡。

茉莉花 广西是全国茉莉花最大的生产基地。横县的茉莉花种植面积长年保有量0.6万公顷左右，鲜花产量约占中国茉莉花鲜花总量的80%，占世界总产量的60%。

其他林化产品 广西还有山苍子、香茅、油桐、肚倍、角倍等林化产品。

【森林旅游】 广西已有21处自然保护区编制生态旅游规划并对外接待游客。已开发的森林旅游景区景点150多处。以南宁大明山、桂林猫儿山、贺州姑婆山、金秀大瑶山、上思十万大山、百色大王岭等为代表的一批森林公园、自然保护区已成为广西重要的旅游目的地。

森林公园建设 2011年，广西新增两处自治区级森林公园，即莲花山自治区级森林公园和五皇山自治区级森林公园。截至2011年底，广西共建设森林公园52处，其中评为4A级旅游景区有7

处：龙潭国家森林公园、姑婆山国家森林公园、十万大山国家森林公园、大瑶山国家森林公园、黄猄洞天坑国家森林公园、大王岭自治区级森林公园、澄碧湖自治区级森林公园；评为3A级旅游景区有6处：南宁良凤江国家森林公园、九龙瀑布群国家森林公园、龙胜温泉国家森林公园、八角寨国家森林公园、龙滩大峡谷国家森林公园、君武自治区级森林公园。

2011年，各级森林公园共投入建设资金31673万元，其中国家投资4285万元，自筹21288万元，引资6100万元。森林公园环境保护投入6757.6万元，植树造林970公顷，改造林相470公顷。2011年，广西各级森林公园接待游客量569万人次，直接旅游收入7.04亿元。八角寨国家森林公园旅游收入3.8亿元，位列全国森林公园旅游收入第十四位。

森林旅游博览会 2011年11月18日，国家林业局、国家旅游局在海南省海口市联合举办中国森林旅游博览会，广西展馆以“绿色畅游，魅力广西”为主题，通过大量的森林公园景区照片以及森林旅游宣传片，展示广西山水画卷，扩大了广西森林公园和森林旅游的知名度。

森林旅游主题活动 十万大山国家森林公园举办原始森林旅游文化节、“森林小姐”大赛活动。良凤江国家森林公园在春节期间举办“百福财神贺新春”活动，在“五一”国际劳动节举办第十一届森林旅游节暨“森林大寻宝，闯关赢大奖”活动，在国庆节与电视台、广告公司合作举办金秋欢乐节旅游活动。德保红叶自治区级森林公园举办“红枫旅游节”。

【油　茶】 2011年6月15日，广西发展和改革委员会、广西财政厅、广西林业厅联合印发《广西油茶产业发展规划(2010～2020年)》(桂发改农经〔2011〕765号)。

广西已建成油茶定点采穗圃293公顷(其中固定采穗圃136公顷、临时采穗圃10公顷)。油茶定点繁殖圃43个，面积283公顷。生产穗条7.8万千克，提供有效接穗芽4700多万个，并从区外调进穗条约5万千克。

2011年，广西新造油茶林16667公顷，低产林抚育改造1万公顷。完成油茶育苗8537万株，其中嫁接苗7486万株，扦插苗1051万株。广西各地油茶项目县共建设258个高产油茶林示范点，其中新造林示范点145个，面积6933公顷，低产林改造示范点113个，面积1800公顷。在三江、巴马、田阳、田林等县分别建设4个低产林综合改造试点，树立油茶低改示范样板。据不完全统计，全区参与油茶产业发展的企业有52家，带动农民9.7万人；规模以上(年生产能力200吨/年)油茶加工企业20家，年加工能力18万吨。参与的专业合作社21个，参与农户5879户；参与的专业合作经济组织4个，参与农户4198户。

2011年，广西利用中央和自治区油茶产业发展资金9000万元，其中中央预算内投资1800万元，自治区油茶产业发展专项投资5000万元，中央财政造林补贴试点项目800万元，中央财政林业科技推广示范项目600万元，中央财政农业综合开发示范项目800万元，带动地方整合油茶产业发展资金10亿元。

油茶科技 1. 2011年11月1日，广西壮族自治区质量技术监督局发布地方标准《油茶低产林改造技术规程》(DB45/T766－2011)，2011年12月1日开始实施。

2. 广西壮族自治区质量技术监督局2011年11月1日发布地方标准《油茶采穗圃营建技术规程》(DB45/T767－2011)，由2011年12月1日开始实施。

3. 2011年11月1日，广西壮族自治区质量技术监督局发布地方标准《油茶小砧嫁接育苗技术规程》(DB45/T768－2011)，2011年12月1日开始实施。

4. 2011年3月10日，桂普32号(国S－SC－CO－028－2010)、桂普101号(国S－SC－CO－029－2010)，通过国家林木良种审定，国家林业局第7号公告。

5. 2011年1月10日，广西地方标准《油茶栽培技术规程》(DB45/T472－2007)获2009年度重要技术标准奖，广西壮族自治区人民政府办公厅公布(桂政办发〔2011〕5号)。

6. 2011年12月12日，岑软2号、3号油茶无性系繁育与示范推广获“中林集团杯”第四届梁希林业科学技术奖三等奖，中国林学会通报（中林会学字〔2011〕83号）。

7. 2011年5月18日，油茶矮密早丰采穗圃的营建方法（ZL200910114229. 7）专利，由国家专利局授权公告。

8. 2011年4月26日，广西林木品种审定委员会组织有关委员新认定一批油茶临时采穗圃，分布在三江县、岑溪市、凤山县、巴马县、那坡县、田林县、八步区以及桂林林科所、维都林场等9个县（区、林场），共10.438公顷（31片）。自2011年5月1日起开始使用，使用期3年。

全区油茶良种种苗生产管理暨繁育技术研讨会 2011年7月21日，广西林木种苗管理总站在柳州市举办全区油茶良种种苗生产管理暨繁育技术研讨会。会上对全区油茶检查结果进行通报，并对参会人员就芽苗砧育苗、扦插育苗、小苗嫁接、无纺布轻基质育苗等方面进行了技术培训。

其他培训 2011年，广西林业科学研究院在全区各地开展形式多样的油茶实用技术培训共10多期，培训1万多人次，发放油茶高产栽培技术资料2万多份。主要培训内容有油茶芽苗砧嫁接技术和油茶营造林技术，培训对象为各地油茶种苗管理技术人员、从事油茶育苗工作的技术工人和造林群众等。

广西油茶产业协会 2011年3月，广西油茶产业协会正式成立，会员单位60个。该协会是由油茶行业企事业单位和个人自愿组成的行业性、非营利性社会组织，接受业务主管单位广西壮族自治区林业厅和社团登记管理机关广西壮族自治区民政厅的业务指导和监督管理。

【花　卉】 2011年底，广西花卉种植面积3.3万公顷，花卉产业产值75亿元。据不完全统计，广西现有种植规模10公顷以上的花卉种植企业、花卉大户1000多家，花卉交易市场58个，各类从业人员50多万人，花农近10万户。

2011年1月，广西壮族自治区党委、广西壮族自治区人民政府印发《关于打造农业千百亿元产业推进农业产业化的意见》（桂发〔2011〕2号），把花卉产业列为自治区9个百亿元优先重点发展产业之一。2011年6月20日，广西林业厅印发《广西花卉产业"十二五"发展规划》（桂林发〔2011〕53号）、《广西特色花卉盆景产业"十二五"发展规划》（桂林发〔2011〕53号）。

广西南宁春节花卉交易会 2011年1月14～30日，由广西林业厅和南宁市人民政府主办的第十届广西南宁春节花卉交易会在广西花鸟交易市场举行。共展销各类名、优、新、特花卉产品及年橘、盆景、奇石等20多万盆（件），参展及交易人数6万多人，销售额近千万元。

2011西安世界园艺博览会 2011年4月28日至10月22日，由国家林业局、中国国际贸易促进会、中国花卉协会、陕西人民政府主办，西安市人民政府承办的2011西安世界园艺博览会在西安浐灞生态区举行。广西壮族自治区人民政府组团参展，并在园区建设名为"八桂谐苑"的广西展园。展园由广西林业厅承建，广西林业勘测设计院设计和建设，广西花卉协会负责具体参展组织工作。在2011西安世界园艺博览会上，广西展园获得综合展园金奖。同时，广西园荣获水景银奖、优秀工程奖、植物配置优秀奖、优秀建筑奖等奖项，朱春林获得优秀组织者奖。

第七届全国茉莉花茶交易会和2011年中国国际茉莉花文化节 2011年8月16～17日，第七届全国茉莉花茶交易会和2011年中国国际茉莉花文化节在横县举行。本届展会由中国茶叶流通协会、南宁市人民政府及广西林业厅共同主办，横县人民政府承办。

第一届广西园林园艺博览会 2011年10月30日，由广西壮族自治区人民政府主办，广西住房和城乡建设厅、农业厅、林业厅和柳州市人民政府承办的第一届广西园林园艺博览会在柳州市开幕。第一届广西园林园艺博览会以"秀美八桂，生态龙城"为主题，占地面积68万平方米，园内广西14个城市均建有各自的城市展园，并设有国际园区，来自日本、荷兰、缅甸等23个国家和地区参展。开幕当天吸引6万多名观众前往参观。

【野生动植物繁育利用】 2011年6月18日，广西林业厅印发《广西野生动植物繁育利用产业"十二五"发展规划》（桂林发〔2011〕48号）。

2011年10月17日，广西林业厅出台《广西关于非正常来源陆生野生动物及其产品的管理办法》(桂林发〔2011〕85 号),进一步加强对非正常来源陆生野生动物及其产品的管理,规范处理非正常来源陆生野生动物及其产品。

2011 年 10 月 27 日,广西林业厅出台《广西陆生野生动物驯养繁殖经营利用和运输管理办法》,进一步规范陆生野生动物驯养繁殖和经营利用行为,促进陆生野生动物驯养繁殖产业发展。

据不完全统计,至 2011 年年底,广西办理野生动物驯养繁殖和经营利用认可证的单位 620 家,从业人员 5 万余人,其中驯养繁殖单位 450 家,涉及野生动物进出口的企业 19 家。

广西是中国灵长类资源量最大的省区之一。现有 3 科 4 属共 9 种,其中资源最为丰富的是猕猴。目前,广西灵长类实验动物存栏量和出口量均居全国第一位,年产值约 3 亿元,涌现出广西玮美生物科技有限公司、广西南宁灵康赛诺科生物科技有限公司等养研一体和开发利用企业。

灌阳县 2011 年出台红豆杉产业发展扶持政策,灌阳县人大作出《关于进一步加强水源林和野生红豆杉保护及人工培育红豆杉开发利用的议案》。挂牌并签订责任状,备案登记种植红豆杉基地近 20 个。

桂林市恭城县、荔浦县 政府着力打造竹鼠产业,2011 年出栏竹鼠 30 多万只,产值 5000 多万元,利用农村劳动力 3000 多人,农民户均增收 2.5 万元。

防城港市防城区 大力发展金花茶产业,扶持做强做大 3 个龙头企业,以公司 + 基地 + 花农 + 技术模式辐射带动 5330 多家农户种植金花茶,种植基地近 333.33 多公顷,研发出金花茶系列茶、化妆品、药品等,有近 30 种产品畅销国内外,2011 年实现年产值 4.86 亿元。

钦州市灵山县 提出要把灵山打造成"中国养蛇之乡",全县蛇养殖单位 40 家,以公司 + 农户形式带动养殖农户 3200 多家。

广西国有雅长林场 依托雅长兰科国家级自然保护区研究成功的铁皮石斛繁育和种植技术,推广原生地种植模式,着力培育区域石斛品牌。

广西野生动植物行政管理培训班 2011 年 10 月 30 ~ 31 日,广西林业厅在北海市举办野生动植物行政管理培训班。培训的主要内容为野生动物驯养繁殖、经营利用及运输管理,非正常来源野生动物及其产品管理,重点保护野生植物管理,自然保护区综合管理,野生动物疫源疫病监测与应急管理。

广西植物园建设管理与发展工作座谈会 2011 年 10 月 28 ~ 31 日,在凭祥市中国林科院热带林中心召开。国家林业局野生动植物保护与自然保护区管理司巡视员陈建伟出席并总结了国内植物园建设的思路及重点。中国林科院热林中心、广西植物研究所、广西药用植物园、广西林科院和南宁树木园 5 个单位在座谈会上进行典型发言,与会领导和专家展开座谈和讨论,总结交流了各自植物园建设发展的经验和成就。国家林业局调查规划设计院、浙江省林业勘测设计院、中国林科院热林中心、广西药用植物园及广西大学林学院等单位 30 多人参加座谈会。

【林业产业发展先进县】 2012 年,广西林业厅继续评比表彰全区林业产业发展十强县、进步县。藤县、防城区、八步区、昭平县、荔浦县、宁明县、港南区、武鸣县、苍梧县、北流市等 10 个县(市、区)被评为 2011 年广西林业产业发展十强县(市、区)称号;西乡塘区、灌阳县、东兴市、柳城县、恭城县、兴安县、蝶山区、凭祥市等 8 个县(市、区)被评为 2011 年广西林业产业发展进步县(市、区)称号。

【龙头企业】 2011 年 9 月 15 日,广西林业厅公布 2009 年认定的广西全通投资集团有限公司、广西京桂香料有限公司、广西上思华林林产工业有限公司、广西上华林业有限责任公司 4 家龙头企业的运行监测结果,其中广西上华林业有限责任公司被取消广西现代林业产业龙头企业称号,其余 3 家企业继续保留称号,有效期至 2013 年 12 月 31 日止。

2011 年 12 月 13 日,广西林业厅认定第六批广西现代林业产业龙头企业。此次认定企业共 17 家,分别是广西林业集团有限公司、广西三江源源茶业有限公司、广西亿健茶业有限公司、广西绿桂林业资源开发有限责任公司、三江县茶油科技有限公司、玉林市汉桂园园林花木有限公司、防城港市百喜金花茶科技开发有限公司、广西三椿生物科技有限公司、贺州东辉木业有限公司、广西东正集团有限公司、平果丰宇发展有限责任公司、广西贵港市昌海木业有限公司、广西乐林林业开发有限公司、柳州林道轻型木结构制造有限公司、荔浦县东方木业制品有限公司、梧州市松桦化学品有限公司、广西盟展鳄鱼科技开发有限公司。

【参展第二届中国国际林业产业博览会】 广西林业厅组团参展并设立广西展馆，展馆面积200平方米。广西林业厅面向整个广西广泛征集展品，最后确定涵括木浆造纸、木材精深加工、林产化工、油茶、花卉、森林旅游、竹藤芒编、野生动植物繁育利用、林下经济等九大产业100余种最具代表性的产品。广西还选送包括金花茶、山茶油、松香、红椎菌等26种产品参加国家主题馆的展示。

有12种产品获得博览会金奖产品称号，分别是广西三威林产工业有限公司生产的“三威”牌中密度纤维板、广西东兴永丰红木家具有限公司生产的“鹏躍”牌红木家具、田东县金荣纸业有限公司生产的“达力”牌高强度瓦楞原纸、广西梧州日成林产化工股份有限公司生产的“龙舟”牌松香、三江县茶油科技有限公司生产的“山寨皇”牌有机茶籽油、广西融水县鑫源木业制品有限公司生产“莫老爷”牌高档竹地板、广西国有东门林场的东门尾巨桉无性系组培轻基质苗、广西桂台花卉有限公司的鹤之华兰花、广西乐业县顾式茶有限公司生产的顾式有机茶、广西合浦佳永金花茶开发有限公司生产的君王春牌金花茶产品、广西伟健药业有限公司生产的伟建牌养春酒。

有11种产品获得博览会优质奖产品称号，分别是广西华峰林业股份有限公司生产的“高林”牌中密度纤维板、桂林俏天下家具用品集团公司生产的“俏天下”牌木制衣架、广西上思华林林产工业有限公司生产的“桂华”牌中密度纤维板、横县瑞丰香料有限公司生产的“瑞丰”牌茉莉浸膏、俊龙创新竹木有限公司生产的“俊龙”牌竹工艺品、广西桂人堂金花茶产业集团股份有限公司生产的“桂人堂”牌金花茶产品、广西三江源源茶业有限公司生产的“山寨皇”牌三江侗眉、广西国有高峰林场生产的“高林”牌八角、广西国有派阳山林场生产的“派阳”牌八角、山弘（田林）农产品有限公司生产的笋干丝、广西丰林木业集团股份有限公司生产的“丰林”牌环保阻燃纤维板。

另外，广西展馆还荣获得第二届林博会优秀组织奖、优秀展台奖等系列奖项，广西桂人堂金花茶产业集团股份有限公司荣获最佳参展奖。

【2011年中国—东盟博览会林产品及木制品展】 2011年11月18～21日，2011年中国—东盟博览会林产品及木制品展在南宁国际会展中心举行，展会由中国林产工业协会、中国—东盟博览会秘书处和广西壮族自治区林业厅共同承办。本次展会的展览面积为3万平方米，国际标准展位1000余个，集中展示中国与东盟各国互补性强，符合双方市场需求的特色产品、优质项目和先进技术，设各类木门、木地板、木楼梯、红木家具、木制家具、广西综合展馆等6个展区，其中来自柬埔寨、印尼、老挝、缅甸、越南等东盟国家企业使用展位150多个。

广西林业厅专门组织广西林业特色展馆，广西林业产业行业协会搭建了广西林业形象展台，14个地级市、13家区直林场分别搭建专门展台，50余家知名林业企业集体亮相，展示各地区、各单位的名特优林产品。林木展期间还举行了2011年全国人造板市场研讨暨项目推介会和2011国际林产品贸易论坛等配套活动。

【大事记】 3月12日，由广西壮族自治区人民政府主办的广西促进民间投资项目发布会在北京举行。

3月21日，广西林业产业行业协会在深圳召开2011年全国松香市场信息交流暨贸易洽谈会，来自全国各地的200多人参加会议，会议分析交流了松香市场形势，并进行贸易洽谈活动。

3月17日，广西林业厅出台《关于加快转变林业第二产业发展方式的意见》（桂林发〔2011〕20号）。

3月22日，广西北部湾经济区规划建设管理委员会作出《关于表彰广西北部湾经济区工业产值超百亿重点产业园区、优秀创业企业和优秀建设者的决定》(北部湾委发〔2011〕8 号)。广西金桂浆纸业有限公司获得广西北部湾经济区优秀创业企业称号，高峰林场常务副场长、人造板企业集团总经理庞赟松获得广西北部湾经济区优秀建设者称号。

4 月 20 日，广西林业厅出台《关于加快转变林业第三产业发展方式的意见》(桂林发〔2011〕32 号)。

5 月 19 日，广西林业厅印发《广西林业产业“十二五”发展要点》(桂林发〔2011〕40 号)。

7 月 12 日，自治区实施质量兴桂战略工作领导小组办公室和自治区质量技术监督局联合印发《关于公布 2010 年广西名牌产品和广西优质农产品名单的通知》(桂质兴办联发〔2011〕1 号)。广西梧州日成林产化工股份有限公司的“龙舟”牌松香季戊四醇酯、北流市兆周松脂厂的“兆周”牌松香、广西桂人堂金花茶产业集团股份有限公司的“桂人堂”牌金花茶砖茶、广西丰林木业集团股份有限公司的“丰林”牌中密度纤维板、广西华锋林业股份有限公司的“高林”牌中密度纤维板、广西三威林产工业有限公司的“三威”牌中密度纤维板、广西劲达兴纸业有限公司的“劲达兴”牌胶印新闻纸获 2010 年度广西名牌产品称号。

8 月 11 ~ 12 日，全区林业产业工作会议在南宁市横县召开。

9 月 10 ~ 20 日，广西林业厅在金秀县举办八角、毛竹、油茶低产改造和丰产栽培技术培训班 3 期，为当地培训农民近 400 人。

9 月 29 日，广西钦州市的浦北县获得中国红椎菌之乡称号。

10 月 9 ~ 10 日，全国林下经济现场会在广西召开。

10 月 14 ~ 16 日，第六届中国竹文化节中国竹业博览会在江西省宜春市举办。广西融水县鑫源木业制品有限公司生产的“莫老爷”竹制足球和高档毛竹地板、兴安县桂林居宝竹业有限公司生产的竹衣架等 6 项竹产品获得本届博览会金奖，广西林业厅获得优秀组织奖。

10 月 17 日，广西林业厅出台《广西壮族自治区关于非正常来源陆生野生动物及其产品的管理办法》(桂林发〔2011〕85 号)。

10 月 27 日，广西林业厅出台《广西壮族自治区陆生野生动物驯养繁殖经营利用和运输管理办法》(桂林发〔2011〕87 号)。

11 月 8 日，广西林业厅出台《关于科学发展桉树速生丰产用材林的意见》(桂林营发〔2011〕236 号)。

11 月 17 日，全国人造板市场研讨会暨项目推介会在南宁举行。

11 月 18 ~ 21 日，2011 年中国—东盟博览会林产品及木制品展在南宁国际会展中心举办。广西林业厅组织了广西林业特色馆，展示了广西 14 个地市、13 家区直林场、广西林科院以及 50 余家企业的名特优林产品。

12 月 9 日，第一届广西名特优农产品交易会在南宁国际会展中心开幕，展示了 2000 余个内种养、加工的名特优农、林、牧、渔业产品(加工品)及技术、物流服务产品。

12 月 11 日，第十九届中越商品交易会暨中国—东盟(凭祥)红木文化节开幕式，在中国—东盟凭祥红木国际商城隆重举行。广西林业厅应邀参加开幕式。 (广西壮族自治区林业厅产业处)

表 42-1 广西林业产业概况

指 标	数量
林业产业总产值(按现行价格计算)(万元)	16723081
一、第一产业总产值	5600639
(一)涉林产业总产值	4879940
1. 林木的培育和种植	554293
2. 木材和竹材的采运	1198937
3. 经济林产品的种植与采集	2867525
4. 花卉的种植	140894
5. 陆生野生动物繁育与利用	36450
6. 林业生产辅助服务	81841
(二)林业系统非林产业产值	720699
二、第二产业总产值	10232068
(一)涉林产业总产值	10176944
1. 木材加工及木、竹、藤、棕、苇制品制造	5000759
(1)锯材、木片加工	963155
(2)人造板制造	3315466
(3)木制品制造	618979
2. 木、竹、藤家具制造	567235
3. 林产化学产品制造	1390512

指　标	数量
4. 非木质林产品加工制造	474871
5. 其他	936559
（二）林业系统非林产业产值	55124
三、第三产业总产值	890374
（一）涉林产业总产值	497246
1. 林业旅游与休闲服务	259396
2. 林业生态服务	46139
3. 林业专业技术服务	46495
4. 林业公共管理及其他组织服务	145216
（二）林业系统非林产业产值	393128
补充资料：全部山区县茶、桑、果产值	397179
全部丘陵县茶、桑、果产值	1325456
森林资源情况	
一、森林覆盖率（%）	52.71
二、林地面积（万公顷）	1496.45
三、森林面积（万公顷）	1252.5
四、人工林面积（万公顷）	515.52
五、活立木总蓄积量（万立方米）	51056.78
六、森林蓄积量（万立方米）	46875.18
七、人工林蓄积量（万立方米）	17127.98
八、乔木林单位面积蓄积量（立方米/公顷）	58.11
森林培育	
一、荒山荒（沙）地造林面积（按林种用途分）（公顷）	
（一）用材林	113198
（二）经济林	12201
（三）防护林	22165
（四）薪炭林	0
（五）特种用途林	246
二、森林抚育面积（公顷）	
（一）低产低效林改造	12461
（二）实际幼林抚育	425588
（三）成林抚育	590382
三、林业单位数量（家）	2115
主要木材、竹材产品产量（万立方米）	
一、木材总计	1525.92
其中：热带木材	388.9
（一）原木	1457.25
其中：针叶原木	222.44
1. 直接用原木	449.22
2. 等内加工原木	237.89
3. 其他原木	246.58
（二）薪材	68.67
二、木材采运企业数量（家）	99
三、竹材采运企业数量（家）	16
四、木材批发企业数量（家）	623
锯材生产	

指　标	数量
一、锯材产量（万立方米）	364.42
二、锯材加工企业数量（家）	573
人造板生产（万立方米）	
人造板总产量	2078.47
一、胶合板	1233.94
（一）木胶合板	1074.31
（二）其他胶合板	159.63
二、纤维板	647.61
三、刨花板	54.45
四、其他人造板	142.47
五、人造板制造企业数量（家）	1183
六、胶合板制造企业数量（家）	810
七、纤维板制造企业数量（家）	74
八、刨花板制造企业数量（家）	36
九、其他人造板制造企业数量（家）	192
木制品	
一、木制品企业数量（家）	1169
二、生产用木制品企业数量（家）	446
三、生活用木制品企业数量（家）	518
木家具企业	
一、木制家具制造企业数量（家）	812
二、竹藤制家具制造企业数量（家）	66
三、家具零售企业数量（家）	2689
木片生产	
一、木片、木粒加工产品（万实积立方米）	171.7
二、木片加工企业数量（家）	1065
竹藤生产	
一、竹、藤、棕、草制品企业数量（家）	861
二、竹、藤、棕、草工艺品制造企业数量（家）	547
果品木本粮油	
一、水果产量（吨）	8151733
其中：梨	233835
葡萄	268715
桃	193707
猕猴桃	2485
其他水果	3661909
二、干果产量（吨）	131881
其中：核桃	982
板栗	73100
枣（干重）	1756
柿子（干重）	35779
其他干果	12124
三、木本油料	159061
其中：文冠果	0
其他木本油料	7558
四、水果罐头制造企业数量（家）	152

指　标	数量
森林蔬菜	
一、森林食品(干重)(吨)	50189
其中：食用菌	23832
山野菜	220
其他森林食品	134
二、蔬菜、果品批发企业数量(家)	793
调料	
林产调料产品(干重)	137458
其中：花椒	3
中药材	
一、木本药材(吨)	60816
其中：杜仲	2057
枸杞	703
其他木本药材	55337
二、中草药及制品批发企业数量(家)	946
花卉	
一、年末实有花卉种植面积(公顷)	17508
二、切花切叶产量(万支)	10159. 99
三、盆栽植物产量(万盆)	10872. 3
四、观赏苗木产量(万株)	9861. 4
五、草坪产量(万平方米)	1113. 01
六、花卉场(家)	86
七、花卉企业数量(家)	515
其中：大中型企业	60
八、花农(万户)	7. 9
九、花卉从业人员(万人)	36. 33
其中：专业技术人员	0. 68
十、控温温室面积(万平方米)	12. 17
十一、日光温室面积(万平方米)	148. 52
林产化工	
一、林产化学产品制造企业数量(家)	464
二、香料、香精制造企业数量(家)	125
蚕	
一、缫丝企业数量(家)	455
二、绢纺企业数量(家)	8
森林旅游	
一、旅游人次(人)	19451524
二、旅游收入(万元)	259396
三、森林公园总数(处)	52
四、森林公园总面积(公顷)	260291. 34
五、国家森林公园数量(处)	20
六、国家森林公园面积(公顷)	211546. 73
七、省级森林公园数量(处)	26
八、省级森林公园面积(公顷)	46600. 21
九、县级森林公园数量(处)	6
十、县级森林公园面积(公顷)	2144. 4
十一、森林公园收入总额(万元)	70406. 5
十二、旅游接待总人数(万人次)	539
十三、旅游接待海外旅游者(万人次)	18. 33
十四、园林绿化企业数量(家)	1211
十五、自然保护区管理单位数量(家)	72
森林机械	
一、森林工业专用设备制造企业数量(家)	23
二、营林机械制造企业数量(家)	5

表 42-2　广西林业产业特色

项目名称	全国排名	数量	占全国的比(%)
概况			
第一产业总产值(万元)	5	5600639	5. 07
第一产业林业系统非林产业产值(万元)	3	720699	15. 68
第二产业其他涉林产业产值(万元)	2	936559	12. 73
第三产业林业系统非林产业产值(万元)	4	393128	10. 34
林下经济产值(万元)	1	2290223	26. 23
各类经济林产品总产量(吨)	3	9350350	6. 99
森林培育业			
幼林的抚育和管理产值(万元)	5	136142	6. 9
用材林造林面积(公顷)	3	113198	11. 11
更新造林面积(公顷)	3	66568	20. 38
幼林抚育实际面积(公顷)	4	425588	5. 79
森林覆盖率()	4	52. 71	258. 89
人工林面积(万公顷)	1	515. 52	
人工林蓄积(万立方米)	2	17127. 98	8. 74
木材采运及锯材木片加工业			
木材和竹材的采运产值(万元)	1	1198937	12. 64
木材采运产值(万元)	1	1032052	13. 13
商品材采运产值(万元)	1	1006110	15. 61
竹材采运产值(万元)	4	166885	10. 26
除毛竹、篙竹外的其他竹材采运产值(万元)	4	35017	12
锯材、木片加工产值(万元)	3	963155	8. 3
木材产量(万立方米)	1	1525. 92	18. 73
热带木材产量(万立方米)	1	388. 9	62. 02
原木产量(万立方米)	1	1457. 25	19. 56
针叶原木产量(万立方米)	1	222. 44	15. 38
直接用原木产量(万立方米)	1	449. 22	14. 66
等内加工原木产量(万立方米)	1	237. 89	18. 56
等内加工原木中针叶原木产量(万立方米)	3	76. 46	13. 01
造纸用原木产量(万立方米)	1	175. 66	37. 58
胶合板材产量(万立方米)	1	318. 53	33. 83

项目名称	全国排名	数量	占全国的比(%)
杉原条产量(万立方米)	5	28.29	5.42
其他原木产量(万立方米)	1	246.58	22.34
薪材产量(万根)	3	68.67	9.86
系统内国有林场、事业单位生产的木材产量(万立方米)	1	273.26	22.4
系统外企、事业单位采伐自营林地的木材产量(万立方米)	3	42.92	14.23
乡(镇)集体企业及单位生产的木材产量(万立方米)	4	48.87	9.12
村及村以下各级组织和农民个人生产的木材产量(万立方米)	1	1149.71	21.8
村及村以下各级组织和农民个人生产的竹材产量(万根)	1	19045.29	21.2
锯材产量(万立方米)	3	364.42	8.17
普通锯材产量(万立方米)	3	361.92	8.27
木片、木粒产量(万实积立方米)	3	171.7	7.67
木片加工企业数量(家)	4	1065	7.15
人造板制造业			
人造板制造产值(万元)	3	3315466	8.92
人造板产量(万立方米)	3	2078.47	9.94
胶合板产量(万立方米)	3	1233.94	12.5
木胶合板产量(万立方米)	3	1074.31	12.69
其他胶合板产量(万立方米)	2	159.63	16.03
纤维板产量(万立方米)	3	647.61	11.64
木质纤维板产量(万立方米)	3	647.61	11.8
硬质纤维板产量(万立方米)	3	24.08	4.77
中密度纤维板产量(万立方米)	3	623.53	12.54
单板产量(万立方米)	3	680.21	21.44
木制品生产业			
木材加工及木、竹、藤、棕、苇制品制造产值(万元)	5	5000759	7.37
木浆纸制品产业			
木、竹、苇浆造纸产值(万元)	5	1806299	4.56
竹藤产业			
竹材产量(万根)	2	28327.53	18.4
毛竹产量(万根)	4	9521.68	9.28
篙竹产量(万根)	1	18805.85	36.62
竹、藤、棕、草工艺品制造企业数量(家)	5	547	4.84
园林植物产业			
花农数量(万户)	5	7.9	6.74

项目名称	全国排名	数量	占全国的比(%)
花卉从业人员数量(万人)	5	36.33	8.4
种苗产业			
苗木产量(万株)	5	6945.8	7.64
一年生苗木产量(万株)	4	6413.74	11.37
果品产业			
全部丘陵县茶、桑、果产值(万元)	1	1325456	18.99
水果产量(吨)	3	8151733	7.11
柑橘产量(吨)	3	2787040	11.55
荔枝产量(吨)	2	532840	30.06
龙眼产量(吨)	2	471202	32.39
其他水果产量(吨)	1	3661909	20.3
银杏(白果)产量(吨)	3	8140	11.17
木本粮油产业			
油茶籽产量(万吨)	3	15.15	10.24
油茶林面积(公顷)	3	366667	10.61
木本油料产量(吨)	3	159061	10.26
其他木本油料产量(吨)	2	7558	11.78
调料产业			
林产调料产品(干重)产量(吨)	1	137458	23.42
八角产量(吨)	1	107343	80.61
桂皮产量(吨)	2	29950	35.92
林产化工产业			
林产化学产品制造产值(万元)	1	1390512	24.16
林产工业原料产量(吨)	1	612643	35.54
油桐籽产量(吨)	2	75525	17.25
松脂产量(吨)	1	533620	46.14
松香类产品产量(吨)	1	855732	60.56
松香产量(吨)	1	817428	65.2
松香深加工产品产量(吨)	1	38304	24.03
松节油类产品产量(吨)	1	46235	25.44
松节油产量(吨)	1	46235	31.81
栲胶类产品产量(吨)	1	6417	70.29
栲胶产量(吨)	1	6417	70.29
林产化学产品制造企业数量(家)	3	464	7.79
蚕养殖及蚕丝加工业			
缫丝企业数量(家)	3	455	15.34
碳素制品产业			
木材热解产品产量(吨)	5	87432	10.85
木炭产量(吨)	2	86682	20.73
林业生态文化产业			
林业服务单位数量(家)	5	1520	5.83

表 42-3 广西各产业对总产值的贡献

	项目名称	产值(万元)	百分比(%)
	总产值	16723081	100
1	人造板制造业	3315466	19.83
2	木材生产业	1995207	11.93
3	果品产业	1959877	11.72
4	其他	1908786	11.41
5	木浆纸制品生产业	1806299	10.8
6	林产化工产业	1390512	8.31
7	林业系统非林产业	1168951	6.99
8	木制品生产业	619688	3.71
9	木竹藤家具制造业	567235	3.39
10	森林培育业	526704	3.15
11	竹藤产业(不含家具)	270044	1.61
12	森林旅游业	259396	1.55
13	林业服务业	237850	1.42
14	茶咖啡产业	162219	0.97
15	森林蔬菜产业	157414	0.94
16	园林植物产业	140894	0.84
17	中药业	90659	0.54
18	野生动物驯养业	36450	0.22
19	种苗产业	27589	0.16

海南省林业产业

【产业特点】 海南林业产业概况见表43-1。海南省林业产业特点突出表现在森林培育、木材采运及锯材木片加工、果品、木本粮油、咖啡等产业，尤其是森林覆盖率全国第五，热带木材产量全国第四，荔枝和龙眼产量都是全国第四，咖啡产量全国第二(详见表43-2)。

海南林业产业总产值378亿元，对总产值的贡献最大的是果品产业占20.34%，其次是木浆纸制品生产业占18.69%(详见表43-3)。

【森林旅游】 在省委省政府和国家林业局的高度重视下，签订了《国家林业局　海南省人民政府加快推进海南森林生态旅游建设战略合作协议》，明确海南为全国森林旅游试验示范区。省委、省政府于2011年7月29日在省委五届十次全会上，通过了《中共海南省委海南省人民政府关于加快森林旅游发展的决定》，为海南省森林旅游发展提供了有力政策保障。《红树林保护规定》等一批林业法规陆续颁布实施，进一步规范了森林旅游开发。

承办国家林业局、国家旅游局、海南省人民政府联合举办的全国森林旅游博览会和工作会。2011年11月18~21日中国森林旅游博览会在海口成功举办，海南被国家林业局、国家旅游局确定为全国唯一省级全国森林旅游示范区试点单位，森林旅游的社会影响力进一步扩大。本次森博会展览区域共19771平方米，展览以图片为主，辅以声、光、电技术，旨在展示全国森林旅游的整体资源优势、发展状况及特色产品。展览设有综合自然馆、和谐生态馆，以省(区、市)、森工(林业)集团及森林旅游企业为参展单位。综合自然馆为海南省、浙江温州市以及部分海南森林旅游景区特装展区，和谐生态馆为除海南以外、34个省(区、市)及森工集团公司展区。

海南现有8个国家级森林公园，4个省级森林公园，1个市县级森林公园，面积14万公顷；建立国家级自然保护区6个、省级自然保护区18个、国家和省级湿地公园3个，打造出呀诺达文化雨林旅游区、亚龙湾热带天堂森林公园等著名森林旅游景区，初步形成热带雨林游、野生动植物游、珍稀特有物种游、热带花卉园林游、湿地红树林游等特色旅游线路。目前，湖南省已批的13个森林公园中只有尖峰岭、霸王岭、吊罗山、黎母山、七仙岭、蓝洋温泉和三亚亚龙湾7个森林公园对外开放，其余6个森林公园尚未开发。

【花　卉】 完成《海南省花卉产业发展规划(2009~2015)》，出台《海南省人民政府办公厅关于加快热带花卉产业发展的意见》，全省花卉种植面积0.61万公顷，花卉年销售额8.1亿元。

【种　苗】 全省现有苗圃基地415家，经营面积约0.25万公顷，年综合生产能力3.5亿株。育苗经营有国营场圃模式、私营育苗企业模式、个体模式、党支部+公司+合作社+农民模式。

【野生动物驯养】 海南省是全国最大的龟鳖养殖基地和全国唯一的蟒蛇养殖基地，共有88家野生动物养殖场，养殖场占地面积约392.53公顷，从业人员共3207名(其中技术人员209名)。据不完全统计，2011年全省野生动物驯养繁殖业产值超过5亿元(不包括野生动物经营利用企业的产值)。

【木材加工】 人工林木资源生产加工纸浆、人造板、胶合板、家具成品、木制品、板材的木材经营加工业快速发展。全省共有木材经营加工企业548家，基本形成以大型企业为龙头，门类齐全的木材经营加工体系，年产值90亿元，出口额3000万美元，从业人员4.2万人。

海南省木材加工单位有以下特点：①数量众多、类型齐全，基本形成以大型企业为龙头，中、小型企业共同发展的格局；②产品品种和门类日趋多样化，纸浆、木片、人造板、家具成品、木制品、竹藤制品、板材、家具规格材等均有生产；③加工原材料以本地林木资源为主(除金海纸浆厂外购木片原料外)，主要有橡胶木、桉木、相思木、松木、苦楝木、木麻黄等；④省外购进原材料大部分为进口木材，主要是木片、大径原木和用于家具、木制品加工的木材，小部分为从省外调入的杉木和松木。

【特色经济林】 海南省现有经济林主要树种有橡胶、槟榔、杧果、荔枝、龙眼、椰子、腰果、杨桃、菠萝蜜、莲雾、红毛丹、咖啡等，其中橡胶面积最大74.33万公顷，其次是槟榔面积15万公顷，杧果、荔枝、龙眼、椰子等其他经济林14.6万公顷。经济林主要以个人为主，面积55.2万公顷。国有的44万公顷，仅橡胶面积就有37.07万公顷，主要分布在国营农垦农场，现已划入海胶集团。近年来，由于天然胶和槟榔价格坚挺，激发了群众种植橡胶、槟榔的热情，平均每年种植橡胶、槟榔面积5万多公顷。

【林下经济】 2011年，林下经济面积1.1万公顷，参与农户140712户，产值9.1亿元，其中参与林下种植的35285户，产值3.4亿元；参与养殖的105244户，养殖规模4.2亿羽，产值5.3亿元；参与林下产品采集加工115户，产值1902万元；参与开展林下旅游68户，经营面积150公顷，产值2420万元。据2011年统计，在140712农户中，林下经济收入1000元以下的户数88648户，占63%；收入1000～5000元的户数30253户，占21.5%；收入5000～1万元的户数14915户，占10.6%；收入1万元以上的户数6894户，占4.9%。农民人均总收入6758元，来自林下经济收入1580元，占23%。

(海南省林业厅产业科技合作处)

表43-1 海南林业产业概况

指　标	数量
林业产业总产值(按现行价格计算)(万元)	3783604
一、第一产业总产值	2416477
(一)涉林产业总产值	2410178
1. 林木的培育和种植	37658
2. 木材和竹材的采运	78155
3. 经济林产品的种植与采集	2130132
4. 花卉的种植	130666
5. 陆生野生动物繁育与利用	31882
6. 林业生产辅助服务	1685
(二)林业系统非林产业产值	6299
二、第二产业总产值	1276378
(一)涉林产业总产值	1254969
1. 木材加工及木、竹、藤、棕、苇制品制造	120395
(1)锯材、木片加工	52189
(2)人造板制造	53600
(3)木制品制造	12049
2. 木、竹、藤家具制造	42122
3. 林产化学产品制造	2879
4. 非木质林产品加工制造	283537
5. 其他	2191
(二)林业系统非林产业产值	21409
三、第三产业总产值	90749
(一)涉林产业总产值	81727
1. 林业旅游与休闲服务	62636
2. 林业生态服务	1494
3. 林业专业技术服务	1110
4. 林业公共管理及其他组织服务	16487
(二)林业系统非林产业产值	9022
补充资料：全部山区县茶、桑、果产值	95556
全部丘陵县茶、桑、果产值	1532
森林资源情况	
一、森林覆盖率(%)	51.98
二、林地面积(万公顷)	208.73
三、森林面积(万公顷)	176.26
四、人工林面积(万公顷)	125.29
五、活立木总蓄积量(万立方米)	7940.93
六、森林蓄积量(万立方米)	7274.23
七、人工林蓄积量(万立方米)	1230.39
八、乔木林单位面积蓄积量(立方米/公顷)	86.42
森林培育	
一、荒山荒(沙)地造林面积(按林种用途分)(公顷)	
(一)用材林	458
(二)经济林	1133
(三)防护林	8715
(四)薪炭林	0
(五)特种用途林	608
二、森林抚育面积(公顷)	
(一)低产低效林改造	31
(二)实际幼林抚育	9693

指　标	数量
(三)成林抚育	42515
三、林业单位数量(家)	739
主要木材、竹材产品产量(万立方米)	
一、木材总计	111.24
其中：热带木材	13.31
(一)原木	97.55
其中：针叶原木	0.3
1. 直接用原木	35.59
2. 等内加工原木	0.77
3. 其他原木	17.41
(二)薪材	13.68
二、木材采运企业数量(家)	51
三、木材批发企业数量(家)	158
锯材生产	
一、锯材产量(万立方米)	24.57
二、锯材加工企业数量(家)	134
人造板生产(万立方米)	
人造板总产量	28.8
一、胶合板	11.7
木胶合板	11.7
二、纤维板	8.4
三、刨花板	8.69
四、其他人造板	0.02
五、人造板制造企业数量(家)	99
六、胶合板制造企业数量(家)	77
七、纤维板制造企业数量(家)	4
八、刨花板制造企业数量(家)	2
九、其他人造板制造企业数量(家)	10
木制品	
一、木制品企业数量(家)	191
二、生产用木制品企业数量(家)	110
三、生活用木制品企业数量(家)	39
木家具企业	
一、木制家具制造企业数量(家)	316
二、竹藤制家具制造企业数量(家)	12
三、家具零售企业数量(家)	1587
木片生产	
一、木片、木粒加工产品(万实积立方米)	4.58
二、木片加工企业数量(家)	211
竹藤生产	
一、竹、藤、棕、草制品企业数量(家)	50
二、竹、藤、棕、草工艺品制造企业数量(家)	11
果品木本粮油	
一、水果产量(吨)	849163
其中：梨	218
其他水果	638017

指　标	数量
二、干果产量(吨)	170308
其中：其他干果	170308
三、木本油料	5670
其中：文冠果	0
其他木本油料	5632
四、水果罐头制造企业数量(家)	17
森林蔬菜	
一、森林食品(干重)(吨)	733
其中：食用菌	45
山野菜	34
其他森林食品	79
二、蔬菜、果品批发企业数量(家)	266
调料	
林产调料产品(干重)	52726
其中：花椒	5178
中药材	
一、木本药材(吨)	14261
其中：杜仲	0
其他木本药材	14261
二、中草药及制品批发企业数量(家)	148
花卉	
一、年末实有花卉种植面积(公顷)	6524
二、切花切叶产量(万支)	13151.28
三、盆栽植物产量(万盆)	1854.72
四、观赏苗木产量(万株)	1240.22
五、草坪产量(万平方米)	292
六、花卉场(家)	22
七、花卉企业数量(家)	536
其中：大中型企业	180
八、花农(万户)	0.77
九、花卉从业人员(万人)	2.9
其中：专业技术人员	0.21
十、控温温室面积(万平方米)	65.11
十一、日光温室面积(万平方米)	244.52
林产化工	
一、林产化学产品制造企业数量(家)	31
二、香料、香精制造企业数量(家)	35
蚕	
一、缫丝企业数量(家)	2
二、绢纺企业数量(家)	0
森林旅游	
一、旅游人次(人)	7087879
二、旅游收入(万元)	62636
三、森林公园总数(处)	12
四、森林公园总面积(公顷)	141388.12
五、国家森林公园数量(处)	8

指　标	数量
六、国家森林公园面积(公顷)	116286.62
七、省级森林公园数量(处)	3
八、省级森林公园面积(公顷)	23595.5
九、县级森林公园数量(处)	1
十、县级森林公园面积(公顷)	1506
十一、森林公园收入总额(万元)	31443.52
十二、旅游接待总人数(万人次)	292.7
十三、旅游接待海外旅游者(万人次)	12.93
十四、园林绿化企业数量(家)	1046
十五、自然保护区管理单位数量(家)	30
森林机械	
一、森林工业专用设备制造企业数量(家)	2
二、营林机械制造企业数量(家)	1

表 43-2　海南林业产业特色

项目名称	全国排名	数量	占全国的比(%)
森林培育业			
森林覆盖率(%)	5	51.98	255.3
木材采运及锯材木片加工业			
热带木材产量(万立方米)	4	13.31	2.12
造纸用原木产量(万立方米)	4	30.54	6.53
果品产业			
荔枝产量(吨)	4	119300	6.73
龙眼产量(吨)	4	70886	4.87
其他干果产量(吨)	2	170308	25.43
木本粮油产业			
其他木本油料产量(吨)	4	5632	8.78
茶咖啡产业			
咖啡产量(吨)	2	75	0.13
其他林产饮料产品产量(吨)	4	9165	8.98
调料产业			
林产调料产品(干重)产量(吨)	5	52726	8.98
其他林产调料产品产量(吨)	1	47548	60.59

表 43-3　海南各产业对总产值的贡献

	项目名称	产值(万元)	百分比(%)
	总产值	3783604	100
1	其他	1511635	39.95
2	果品产业	769666	20.34
3	木浆纸制品生产业	707319	18.69
4	园林植物产业	130666	3.45
5	木材生产业	122243	3.23
6	木制品生产业	108575	2.87
7	茶咖啡产业	78502	2.07
8	森林旅游业	62636	1.66
9	人造板制造业	53600	1.42
10	木竹藤家具制造业	42122	1.11
11	森林蔬菜产业	37852	1
12	林业系统非林产业	36730	0.97
13	野生动物驯养业	31882	0.84
14	森林培育业	29234	0.77
15	林业服务业	19091	0.5
16	中药业	18205	0.48
17	竹藤产业(不含家具)	10658	0.28
18	种苗产业	8424	0.22
19	林产化工产业	2879	0.08

重庆市林业产业

【产业特点】 在产业上全力推进森林旅游、森林食品、木竹加工、苗木花卉、中药材、生物质能源六大支柱产业建设。探索出一批以林禽、林蓄、林果、林药、林菌、林蔬、林粮等为特色的成功经营模式，发展林下经济26.67万公顷、带动42万户林农实现万元增收；10个林业市级示范基地规模不断扩大。农民在林业中人均收入600元，林业龙头企业100家，命名林业特色乡镇10个；基本形成年产林板42万立方米，制浆30万吨，木门600万樘的加工格局，以花椒、竹笋为主导的森林食品加工业有较快的发展。荣昌、南川、梁平3个区县获得中国竹乡称号，重庆星星套装门有限公司获得中国竹业龙头企业称号。

成功举办2011中国(重庆武隆)森林旅游节，充分展示了森林重庆建设成果，有200余万市民进入森林，体验森林重庆建设成果和享受优美的森林环境，在市内外引起强烈的反响。森林旅游产业化程度明显提高，发展森林旅游的理念得到普及。据不完全统计，全市森林公园旅游人数达到4500万人(次)，直接旅游收入近20亿元。小三峡、仙女山、金佛山、黑山谷、歌乐山、南山、茶山竹海等一批森林旅游知名品牌初步形成。武隆被推荐为10个全国森林旅游示范县之一。

与市金融办联合出台《重庆市林权抵押融资管理实施细则》，进一步明确办理林权抵押贷款的条件和程序，推进全市林权抵押贷款全面开展；与中国银行重庆市分行签订战略合作协议，与中国银行重庆分行联合下发《关于全面开展金融合作的通知》，支持个人和企业从事林业产业开发。全市共开展林权抵押融资贷款80多亿元。

重庆全年实现林业总产值326亿元，对林业总产值贡献最大的是果品产业占19.19%，其次是森林旅游业占13.45%，然后主要是森林培育业13.3%，园林植物业7.67%，详见表44-3。重庆林业产业概况见表44-1，产业特色见表44-2。

【六大森林工程】

城市森林工程 打造独具“山水”特色的近自然城市森林，在城区重要节点种植10分米以上大苗630万株。树种多样共生，常绿落叶兼顾，高低错落有致。新建各类公园、小游园882个，其中33.33公顷以上公园56个、2.25万公顷，市民不到500米就能进公园、进小游园。城区拆危后50%土地用于绿化，新建各类主题广场164个。新建城周森林屏障3.47万公顷，主城掩映在“四山”生态屏障之中，区县城周基本实现“森林围城”。316条城市干道、节点绿化升级，一些路段建成10～20米林带。

农村森林工程 重在绿荒山、建基地，兴林富民。坚持生态、产业两手抓，人工造林与飞播造林相结合，绿化荒山6.67万多公顷，突出高速公路两侧可视范围及已落实林权的荒山绿化。新发展速丰林及各类经济林36万公顷，产业链不断延伸。江津花椒、奉节脐橙、梁平笋竹、秀山金银花、黔江桑药、巫溪和城口的干果、北碚金槐和红豆杉，成为致富一方的骨干产业。开展“百万市民进森林”等活动，旅游人数突破4500万人次，旅游收入超过20亿元。培育林下产业基地40万公顷，林下产值70亿元。

通道森林工程 突出扩林带、提档次，行车见绿。实施通道绿化2万千米，其中“二环八射”高速公路绿化2000千米，9500千米国省道基本绿化。不断延伸的“绿色纽带”，成为展示重庆投资新环境，改革试验新高地，宜居、宜业、宜游新形象的重要窗口。

水系森林工程 精巧织绿网、涵水源，生机勃勃。围绕乌江、嘉陵江、大宁河及区县绕城河等重要水源地，加大绿化力度。越来越好的生态环境吸引了中华秋沙鸭等国际濒危鸟类栖居。

长江两岸森林工程 立足保生态、促安稳，造福子孙。长江生态屏障建设被列为全国林业“十二五"重大生态屏障建设予以实施。按照"交通方便，视线良好，全新造林，一流标准"的要求，全面打造示范片23片。从2011年起投资6.2亿元，在库区17个区县175米库岸线到第一层山脊，拟提前实施25度以上坡耕地退耕还林20.07万公顷，已完成1.2万公顷。在长江两岸造林绿化进程中，注重生态与产业同步推进，因地制宜共建产业基地4万公顷。

苗圃基地工程 强调上规模、兴产业，欣欣向荣。立足打造西部地区"苗木仓库"，坚持政府引导、业主投入，发展种苗基地3.13万公顷，建设上千亩的苗圃基地32个，其中5000亩以上的特大型苗圃6个。全市在圃苗木16亿株，形成小苗、中苗、大苗梯度培育的格局。苗木价值大幅提升，苗木产值116.8亿元。

【集体林权制度改革】 在全面完成集体林权主体改革的基础上，深化配套改革成为重中之重。20个区县建立林权管理服务中心。涪陵建成全市第一个标准的区域性林权交易所。全市林地流转面积25.07万公顷，流转金额近7亿元；林权抵押贷款成效显著，超过82亿元，相当于近3年每年有20多亿元金融资本投入林业。

林业合作组织超过1000个，参加农户36万户，经营林地10.2万公顷。南川、梁平、丰都、石柱等8个区县成为全国首批林业专业合作社示范区县；林木采伐管理进一步放宽；森林保险试点得以推开；积极探索林地使用权和林木所有权"两权分离"管理模式；开展森林景观资源流转。农民自发造林、合作造林面积超过13.33万公顷。

【森林资源管理】

切实加强森林资源保护和管理工作 在落实森林资源保护管理责任、改革完善森林采伐管理制度、严格规范森林采伐限额管理、切实加强林地保护管理、稳步推进森林可持续经营、严格木材经营加工和运输管理、切实加强森林资源管理能力建设等方面作安排部署。

坚持采伐限额管理制度 认真执行"十二五"期限间年森林采伐限额，全面启动森林采伐分类管理。全面总结森林采伐管理改革试点。继续在万州等13个区县开展森林采伐管理改革试点，全面总结改革试点工作，参加全国森林采伐管理改革试点总结交流会，黔江、丰都两个区县代表试点区县作了经验交流发言。

强化林地保护管理，严格林地征收占用审批(核)管理 严格执行"十二五"期间征占用林地定额制度，切实保护林地"绿线"。全面开展林地征收占用清理工作。加强林地征收占用宣传和服务。

抓好森林资源监测工作。全力推进森林资源规划设计调查(二类调查)工作。组织开展三峡库区森林资源专项调查。规范林业调查规划设计资质管理。按照林业调查规划设计资质管理的有关规定，授予57个单位林业调查规划设计资质，为规范开展森林资源调查打下坚实基础。

严格木材经营加工和运输管理 规范木材检查站管理，推行流动和固定检查方式，有效杜绝"公路三乱"现象发生。规范木材运输证办证和证件管理。积极争取国家投入，支持全市8个一级木材检查站的基础设施建设，加强木材经营加工管理。

加强基层林业体系建设 加强业务培训，编制完成"十二五"全市林业站站长培训规划，完成国家下达的年度林业站站长培训任务。积极争取国家支持9个林业工作站标准站建设和林业站重点县建设。

【林业有害生物防治】 狠抓松材线虫病防控，加强松材线虫病集中除治督导。全面完成松材线虫病疫情普查，共监测松林面积136.77万公顷，监测覆盖率100%。召开全市林业有害生物防治工作会议，与区县政府签订了2011~2013年松材线虫病等重大林业有害生物防控目标责任书，明确各区县的防控目标和责任。

【森林防火】 全年共发生森林火灾162起，森林火灾受害率为0.09‰，其中一般森林火灾115起，较大森林火灾47起，过火面积752.66公顷，受害森林面积295.95公顷，无重特大森林火灾和重大人员伤亡事故发生。与同样遭受高温伏旱的2006年同期比较，总数减少32.8%，过火面积减少58.8%，受害森林面积减少55.45%，森林火灾损失大幅减少。

【自然保护区和野生动植物管理】 提升自然保护区建设。新建2个县级湿地自然保护区，全市林业系统自然保护区由50个增加到52个，面积到达69万公顷，占幅员面积的8.37%。晋升2个国家级湿地公园，新建2个县级湿地自然保护区。

【科技工作】 向国家和市申报18项重点项目。重点推进“西部山地型森林城市”、“三峡库区流域生态修复关键技术”等一批重点研究项目。着力抓好“森林工程”重大科技专项研究。

开展实用技术的集成优化，开展送科技下乡活动。派出240多名科技人员对1万多农户开展技术指导。推进重点科技推广项目建设。完成8个项目的立项，开展19个在建项目的检查和绩效考核。推进国家科技示范县建设，涌现出以梁平、荣昌、黔江、北碚等为代表的科技兴林典型区县。推进实用技术培训。全年完成培训7万人次。推进科技特派员工作。全年派出市级林业科技特派员200多名。

狠抓林业质量标准。开展国家行业标准建设。抓好地方技术规程编制。开展木材检验技术培训。

狠抓科技平台建设。开展森林空气负离子监测。建成43个监测点，实现日测日报目标。加强科技创新平台建设与运行。推进重庆武陵山森林生态定位站和重庆市林木遗传育种与快繁技术中心的建设以及重庆三峡库区森林生态定位站、重庆三峡库区森林生态恢复市级重点实验室的运行，三峡湿地生态定位站建设获得批准，申报重庆油茶研发中心建设。开展区县科技推广设备建设。

狠抓林业科技管理。加强科技项目的管理。参与《农业技术推广法》的修改工作。召开科技推广专题会议，安排部署2011年任务。完善林业科技成果数据库。加强林业科技宣传。

助推油茶产业发展。组织开展全年油茶造林工作。组织开展油茶芽接育苗1500万株。市林木良种繁育中心和酉阳康友粮油有限公司分别获得全国油茶科技示范基地、全国油茶重点企业称号。

【创建国家森林城市】 重庆市以森林六大工程为载体，围绕创建国家森林城市这一目标，开展森林村镇、森林通道等“1+7”创建活动。全市已有33个区县成功创建市级森林城市，命名一批“森林村镇、单位、小区、通道、市街”及“特色森林公园”。围绕全民义务植树活动，先后开展不同主题的活动，营建各种纪念林。种树、护绿已成为一种时尚。

2011年11月，由关注森林活动组委会和国家林业局组织的专家组，对重庆市国家森林城市创建工作进行考察验收。考察组对19个区县108个点进行检查验收，38个指标全部达到国家森林城市创建标准，其中10多个指标远超国家标准。重庆获得全国生态中国城市奖和森林之都商标注册申报权。

（重庆市林业局对外合作与产业发展处）

表44-1 重庆林业产业概况

指　标	数量
林业产业总产值(按现行价格计算)(万元)	3265221
一、第一产业总产值	1915837
(一)涉林产业总产值	1839923
1. 林木的培育和种植	595685
2. 木材和竹材的采运	53156
3. 经济林产品的种植与采集	896671
4. 花卉的种植	250601
5. 陆生野生动物繁育与利用	14091
6. 林业生产辅助服务	29719
(二)林业系统非林产业产值	75914
二、第二产业总产值	821574
(一)涉林产业总产值	816468
1. 木材加工及木、竹、藤、棕、苇制品制造	245383
(1)锯材、木片加工	45868
(2)人造板制造	65759
(3)木制品制造	76747
2. 木、竹、藤家具制造	176132
3. 林产化学产品制造	12774
4. 非木质林产品加工制造	99426
5. 其他	112823
(二)林业系统非林产业产值	5106
三、第三产业总产值	527810
(一)涉林产业总产值	518712
1. 林业旅游与休闲服务	439318
2. 林业生态服务	37861
3. 林业专业技术服务	10873
4. 林业公共管理及其他组织服务	30660

指　标	数量
(二)林业系统非林产业产值	9098
补充资料：全部山区县茶、桑、果产值	250232
全部丘陵县茶、桑、果产值	217820
森林资源情况	
一、森林覆盖率(%)	34.85
二、林地面积(万公顷)	400.18
三、森林面积(万公顷)	286.92
四、人工林面积(万公顷)	76.2
五、活立木总蓄积量(万立方米)	13803.63
六、森林蓄积量(万立方米)	11331.85
七、人工林蓄积量(万立方米)	2508.21
八、乔木林单位面积蓄积量(立方米/公顷)	62.25
森林培育	
一、荒山荒(沙)地造林面积(按林种用途分)(公顷)	
(一)用材林	53047
(二)经济林	22834
(三)防护林	164516
(四)薪炭林	3655
(五)特种用途林	592
二、森林抚育面积(公顷)	
(一)低产低效林改造	16718
(二)实际幼林抚育	102434
(三)成林抚育	67443
三、林业单位数量(家)	1051
主要木材、竹材产品产量(万立方米)	
一、木材总计	28.63
(一)原木	25.75
其中：针叶原木	7.55
1. 直接用原木	12.54
2. 等内加工原木	2.54
3. 其他原木	4.65
(二)薪材	2.88
二、木材采运企业数量(家)	28
三、竹材采运企业数量(家)	12
四、木材批发企业数量(家)	771
锯材生产	
一、锯材产量(万立方米)	22.93
二、锯材加工企业数量(家)	140
人造板生产(万立方米)	
人造板总产量	39.55
一、胶合板	15.39
(一)木胶合板	11.95
(二)竹胶合板	2.48
(三)其他胶合板	0.95
二、纤维板	17.79
三、刨花板	0.42

指　标	数量
四、其他人造板	5.95
五、人造板制造企业数量(家)	168
六、胶合板制造企业数量(家)	51
七、纤维板制造企业数量(家)	16
八、刨花板制造企业数量(家)	16
九、其他人造板制造企业数量(家)	70
木制品	
一、木制品企业数量(家)	732
二、生产用木制品企业数量(家)	514
三、生活用木制品企业数量(家)	168
四、中乐器制造企业数量(家)	1
五、西乐器制造企业数量(家)	6
木家具企业	
一、木制家具制造企业数量(家)	2430
二、竹藤制家具制造企业数量(家)	63
三、家具零售企业数量(家)	2737
木片生产	
一、木片、木粒加工产品(万实积立方米)	3.29
二、木片加工企业数量(家)	303
竹藤生产	
一、竹、藤、棕、草制品企业数量(家)	329
二、竹、藤、棕、草工艺品制造企业数量(家)	93
果品木本粮油	
一、水果产量(吨)	2050932
其中：苹果	9632
梨	259790
葡萄	45872
桃	69803
杏	4878
猕猴桃	16862
其他水果	209037
二、干果产量(吨)	34096
其中：核桃	10743
板栗	8954
枣(干重)	3572
柿子(干重)	7649
其他干果	1180
三、木本油料	6977
其中：文冠果	0
其他木本油料	3120
四、水果罐头制造企业数量(家)	29
森林蔬菜	
一、森林食品(干重)(吨)	39409
其中：食用菌	5973
山野菜	6436
其他森林食品	2421

指　标	数量
二、蔬菜、果品批发企业数量(家)	398
调料	
林产调料产品(干重)	31717
其中：花椒	30992
中药材	
一、木本药材(吨)	31116
其中：杜仲	8098
枸杞	136
山茱萸	1274
其他木本药材	14973
二、中草药及制品批发企业数量(家)	452
花卉	
一、年末实有花卉种植面积(公顷)	20116
二、切花切叶产量(万支)	9290.46
三、盆栽植物产量(万盆)	5301.64
四、观赏苗木产量(万株)	4296.01
五、草坪产量(万平方米)	818.01
六、花卉场(家)	126
七、花卉企业数量(家)	1225
其中：大中型企业	80
八、花农(万户)	3.95
九、花卉从业人员(万人)	10.45
其中：专业技术人员	0.54
十、控温温室面积(万平方米)	19.55
十一、日光温室面积(万平方米)	43.94
林产化工	
一、林产化学产品制造企业数量(个)	23
二、香料、香精制造企业数量(个)	38
蚕	
一、缫丝企业数量(家)	231
二、绢纺企业数量(家)	61
森林旅游	
一、旅游人次(人)	41037057
二、旅游收入(万元)	439318
三、森林公园总数(处)	81
四、森林公园总面积(公顷)	185588.94
五、国家森林公园数量(处)	25
六、国家森林公园面积(公顷)	133936.82
七、省级森林公园数量(处)	55
八、省级森林公园面积(公顷)	50817.05
九、县级森林公园数量(处)	1
十、县级森林公园面积(公顷)	835.07
十一、森林公园收入总额(万元)	248832.81
十二、旅游接待总人数(万人次)	3930.33
十三、旅游接待海外旅游者(万人次)	36.33
十四、园林绿化企业数量(家)	2181
十五、自然保护区管理单位数量(家)	40
森林机械	
一、森林工业专用设备制造企业数量(家)	3
二、营林机械制造企业数量(家)	3

表 44-2　重庆林业产业特色

项目名称	全国排名	数量	占全国的比(%)
森林培育业			
薪炭林造林面积(公顷)	4	3655	9.93
人造板制造业			
非木质纤维板产量(万立方米)	2	4	5.27
种苗产业			
繁殖圃面积(公顷)	5	261	4.88
果品产业			
猕猴桃产量(吨)	5	16862	2.3
木本粮油产业			
油橄榄产量(吨)	4	3	0.05
茶咖啡产业			
可可豆产量(吨)	3	1	7.14
其他林产饮料产品产量(吨)	1	26910	26.38
调料产业			
花椒产量(吨)	5	30992	10.62
八角产量(吨)	4	153	0.11
桂皮产量(吨)	5	85	0.1
调味料制造企业数量(家)	4	348	8.34
中药业			
黄柏产量(吨)	2	3379	21.26
山茱萸产量(吨)	5	1274	2.94
林产化工产业			
生漆产量(吨)	5	1011	5.36
乌桕籽产量(吨)	3	5688	15.79
五倍子产量(吨)	4	2441	13.83
蚕养殖及蚕丝加工业			
绢纺企业数量(家)	4	61	4.5
森林旅游业			
森林公园收入(万元)	4	248832.81	6.61
食宿收入(万元)	4	139317.55	8.35
娱乐收入(万元)	3	39891.13	8.55
旅游接待总人数(万人次)	2	3930.33	8.4
本年度旅游投入资金(万元)	2	326808.12	10.44
本年度旅游国投资金(万元)	3	98431.83	9.51
本年度旅游自筹资金(万元)	3	77962.29	7.95

项目名称	全国排名	数量	占全国的比(%)
本年度旅游引资资金(万元)	2	150414	13.47
其中环境建设投入(万元)	3	42682.23	9.87
植树造林(公顷)	1	9322.75	9.09
床位总数(张)	3	69029	9.49

表 44-3 重庆各产业对总产值的贡献

	重庆林业产业	产值(万元)	百分比(%)
	总产值	3265221	100
1	果品产业	626579	19.19
2	森林旅游业	439318	13.45
3	森林培育业	434308	13.3
4	园林植物产业	250601	7.67
5	其他	243018	7.44
6	木竹藤家具制造业	176132	5.39
7	种苗产业	161377	4.94
8	木浆纸制品生产业	130220	3.99
9	木制品生产业	116457	3.57
10	茶咖啡产业	93530	2.86
11	林业系统非林产业	90118	2.76
12	木材生产业	83671	2.56
13	中药业	82353	2.52
14	林业服务业	79394	2.43
15	竹藤产业(不含家具)	72362	2.22
16	人造板制造业	65759	2.01
17	森林蔬菜产业	63440	1.94
18	野生动物驯养业	14091	0.43
19	林产化工产业	12774	0.39

四川省林业产业

【产业特点】 四川省林业产业特色突出表现在木材采运、竹藤、园林植物、果品、中药材、森林旅游等产业，尤其是小杂竹产量全国第一，竹材采运企业数量全国第一，花卉市场数量全国第二，猕猴桃产量全国第二，油橄榄产全国第二，黄柏产量全国第一，森林旅游收入全国第一，详见表45-2。四川省林业基本情况见表45-1。四川省林业总产值1444亿元，森林旅游业对总产值的贡献最大占20.76%，其次是果品业占14.07%，木竹藤家具制造业占12.9%，人造板制造业7.66%（详见表45-3）。

【林业产业基地培育】 2011年，全省培育林业产业基地42万公顷。按营造方式分新造31万公顷、低改或抚育10万公顷。按种类分木质工业原料林14万公顷，竹林9.8万公顷，木本油料、木本药材、特色干果、森林蔬菜等特色经济林17.7万公顷，生物能源林0.15万公顷。到2011年底，全省林业产业基地总规模543万公顷（比2010年增加6.9万公顷），其中木质工业原料基地213万公顷，竹林基地105万公顷，核桃、油橄榄、油茶等木本油料基地41.6万公顷，花椒、银杏、板栗等特色干果基地26万公顷，杜仲、黄柏、厚朴等木本药材基地16万公顷，椿芽、树花菜、木耳等森林蔬菜基地47.5万公顷，依托林业工程或项目在林地上建立的茶叶、桑树、水果等基地87万公顷，麻疯树等生物能源基地6.2万公顷。

【木竹质人造板】 重点人造板企业有四川国栋建设股份有限责任公司、四川宝山木业有限公司、升达木业、建丰木业、成都天澜木业、乐山吉象人造林制品有限公司、中盐银港（四川）人造板有限公司等。使用的设备有5条10~22万立方米德国迪芬巴赫CPS辊压式连续压机生产线，4条18~22万立方米德国siempelkamp公司连续平压生产线，其余大多为国产多层压机和连续辊压生产设备。使用的技术主要是连续平压、连续辊压冷压竹型材的生产技术。2011年，全省生产人造板解决社会就业4.2万人。

【木竹家具】 到2011年年底，成都市有木竹家具企业1185家，占全省27.2%，产能1144万件（套），占全省产能的41.9%。在木竹家具产能中，从分布看，盆中丘陵区为1722万件套、占63.1%，盆周山区为978万件（套）、占35.8%，川西南山区为30万件（套）、占1.1%。从产品构成看，板式家具、实木家具占71.9%，竹质家具和竹木复合家具占28.1%。全省重点家具生产企业有全友家私、双虎家私、明珠家私等板式家具生产企业，恒信友邦、香丽榭等实木家具生产企业。2011年，全省木竹家具从业人数80多万人。

【木竹地板】 到2011年，全省有木竹地板企业45家，年产量2566万平方米。在年产量中，从分布看，盆中丘陵区为2476万平方米、占96.5%，盆周山区为90万平方米、占3.5%；从生产产品看，木质地板2410万平方米、占93.9%（强化地板占80%，实木地板占20%），竹地板和竹木复合地板156万平方米、占6.1%。重点地板生产企业有四川国栋建设股份有限责任公司、升达木业、乐山吉象人造林制品有限公司等木地板生产企业，百林竹业等竹地板生产企业。

【竹浆造纸】 在全国率先利用丛生竹开展制浆造纸。到2011年，全省竹浆造纸企业31家，产量192万吨，其中盆中丘陵区117万吨，占60.9%；盆周山区75万吨，占39.1%。重点造纸企业有永丰纸业、银鸽纸业、华盛纸业、美利峡山纸业等。2011年产值90.7亿元。

【木本油料】 2011年，全省现有木本油料加工企业26个，加工能力6.3万吨。其中核桃加工企业20个，年加工能力5万吨；油茶加工企业3个，年加工能力1000吨，2010年产量600吨、实现销售收入0.4亿元；油橄榄加工企业3个，年加工能力1.2万吨。从分布上看，盆中丘陵区3.2万吨，占52.2%；盆周山区3万吨，占47.6%；川西南山区0.1万吨，占0.2%。2011年产值1.5亿元。

【特色经济林】 到2011年，全省有果蔬加工企业183余家，年加工能力84万吨。在年产能中，从加工对象看，竹笋30万吨，占35.7%，(青)花椒1万吨，占1.2%，木耳等森林蔬菜加工15万吨，占17.9%，厚朴、黄柏、杜仲等木本药材加工6万吨，占7.1%，林产化工、特色干果等其他林产品加工32万吨，占38.1%；从区域分布上看，盆中丘陵区60万吨，占71.4%，盆周山区12万吨，占14.3%，川西南山区为11万吨，占13.1%，川西高山峡谷高原区1万吨，占1.2%。2011年产值11.6亿元。

【竹　编】 四川省人民政府办公厅发文同意，省发改委、省林业厅指导青神县人民政府编制的《青神县竹编产业发展规划(2011～2015年)》，中国竹艺城打造提上了新的发展轨道。2011年，青神县实现林业总产值16亿元，生产竹编产品6万件(套)，实现竹产业产值6.2亿元，农民人均从竹编产业获得收入2050元。

【生态旅游】 与省旅游局签署合作协议，大力发展以大熊猫、森林、湿地、乡村为主题的生态旅游，开展花卉生态旅游年、红叶温泉节、森林文化旅游节等活动，2011年接待生态旅游1.5亿人次，实现直接收入270亿元，带动社会收入1050亿元。

【政　策】 2011年，省政府办公厅印发《四川省人民政府办公厅关于加快发展现代林业产业的意见》(川办发〔2011〕69号)，四川省林业厅印发《四川省"十二五"林业产业发展规划》(川林发〔2011〕10号)。

【省级龙头企业】 根据《四川省林业产业化龙头企业认定和管理暂行办法》，经各地申报推荐，专家组审核，省级林业产业化龙头企业认定和管理领导小组审定，认定四川升达林业产业股份有限公司等100家企业为四川省首批林业产业化龙头企业，有效期二年。

【博览会】 参加第二届中国国际林业产业博览会，组委会授予四川省最佳组织奖，四川展馆最佳展台奖，四川升达公司最佳参展奖，四川天源油橄榄公司的橄榄油、青神云华竹编的竹编等7个产品被评为林博会优质产品金奖，蓬溪青花椒、万源树花菜等15个产品被评为林博会优质产品奖，产品获奖总数22个。期间，四川省林业厅举办了四川省林业产业招商项目推介会，向国内外企业推介竹产业、生态旅游、特色经济林等7个类型81个林业产业招商项目。

参加第九届中国国际农产品交易会，在这次农交会，有17个林产品被评为金奖，四川省林业厅被组委会评为参展先进单位。

【大事记】 2011年11月2日，《四川省人民政府办公厅关于加快发展现代林业产业的意见》(川办发〔2011〕69号)印发，该文件是"十二五"期间，省政府关于加快林业产业发展纲领性文件。

2011年12月21日，四川省林业产业现场会议在广元召开，省级各部门负责人、各市州政府主要负责人、各市州林业局局长等120余人参加会议。本次会议是四川省林业产业向现代林业产业迈进的重要里程碑。

2011年6月3日，《四川省林业厅关于印发〈四川省"十二五"林业产业发展规划〉的通知》(川林发〔2011〕10号)印发，进一步明确"十二五"四川省林业产业发展方向、思路、目标。

2011年11月16日，省林业厅发文认定100家企业为第一批林业产业化龙头企业。

2011年11月25日，四川省林业产业处被国家林业局中国林业产业突出贡献奖评选组织委员会评为中国林业产业突出贡献奖。

(四川省林业厅产业处)

表 45-1 四川林业产业概况

指　标	数量
林业产业总产值(按现行价格计算)(万元)	14440422
一、第一产业总产值	5311699
(一)涉林产业总产值	4950263
1. 林木的培育和种植	725054
2. 木材和竹材的采运	334608
3. 经济林产品的种植与采集	3060266
4. 花卉的种植	532182
5. 陆生野生动物繁育与利用	89801
6. 林业生产辅助服务	208352
(二)林业系统非林产业产值	361436
二、第二产业总产值	5549384
(一)涉林产业总产值	5462462
1. 木材加工及木、竹、藤、棕、苇制品制造	1802923
(1)锯材、木片加工	355879
(2)人造板制造	1106554
(3)木制品制造	207429
2. 木、竹、藤家具制造	1863295
3. 林产化学产品制造	21182
4. 非木质林产品加工制造	131284
5. 其他	723237
(二)林业系统非林产业产值	86922
三、第三产业总产值	3579339
(一)涉林产业总产值	3256044
1. 林业旅游与休闲服务	2997899
2. 林业生态服务	48765
3. 林业专业技术服务	18876
4. 林业公共管理及其他组织服务	190504
(二)林业系统非林产业产值	323295
补充资料：全部山区县茶、桑、果产值	996325
全部丘陵县茶、桑、果产值	720635
森林资源情况	
一、森林覆盖率(%)	34.31
二、林地面积(万公顷)	2311.66
三、森林面积(万公顷)	1659.52
四、人工林面积(万公顷)	415.65
五、活立木总蓄积量(万立方米)	168753.49
六、森林蓄积量(万立方米)	159572.37
七、人工林蓄积量(万立方米)	13361.09
八、乔木林单位面积蓄积量(立方米/公顷)	136.94
森林培育	
一、荒山荒(沙)地造林面积(按林种用途分)(公顷)	
(一)用材林	84882
(二)经济林	50926
(三)防护林	109431
(四)薪炭林	667
(五)特种用途林	6020
二、森林抚育面积(公顷)	
(一)低产低效林改造	91703
(二)实际幼林抚育	141752
(三)成林抚育	163399
三、林业单位数量(家)	2192
主要木材、竹材产品产量(万立方米)	
一、木材总计	239.91
(一)原木	224.68
其中：针叶原木	33.81
1. 直接用原木	117.81
2. 等内加工原木	22.15
3. 其他原木	57.01
(二)薪材	15.23
二、木材采运企业数量(家)	134
三、竹材采运企业数量(家)	105
四、木材批发企业数量(家)	1432
锯材生产	
一、锯材产量(万立方米)	174.99
二、锯材加工企业数量(家)	390
人造板生产(万立方米)	
人造板总产量	587.46
一、胶合板	145.59
(一)木胶合板	84.26
(二)竹胶合板	49.11
(三)其他胶合板	12.21
二、纤维板	337.87
三、刨花板	24.44
四、其他人造板	79.56
五、人造板制造企业数量(家)	712
六、胶合板制造企业数量(家)	221
七、纤维板制造企业数量(家)	80
八、刨花板制造企业数量(家)	60
九、其他人造板制造企业数量(家)	287
木制品	
一、木制品企业数量(家)	1619
二、生产用木制品企业数量(家)	892
三、生活用木制品企业数量(家)	504
四、中乐器制造企业数量(家)	4
五、西乐器制造企业数量(家)	11
木家具企业	
一、木制家具制造企业数量(家)	4111
二、竹藤制家具制造企业数量(家)	89
三、家具零售企业数量(家)	6740

指　标	数量
木片生产	
一、木片、木粒加工产品(万实积立方米)	34.69
二、木片加工企业数量(家)	592
竹藤生产	
一、竹、藤、棕、草制品企业数量(家)	525
二、竹、藤、棕、草工艺品制造企业数量(家)	127
果品木本粮油	
一、水果产量(吨)	4910885
其中：苹果	644821
梨	766507
葡萄	234477
桃	358721
杏	43929
猕猴桃	60103
其他水果	629214
二、干果产量(吨)	231375
其中：核桃	176710
板栗	26097
枣(干重)	9134
柿子(干重)	6051
山杏仁	3
松子	1430
其他干果	8927
三、木本油料	7991
其中：文冠果	0
其他木本油料	1323
四、水果罐头制造企业数量(家)	49
森林蔬菜	
一、森林食品(干重)(吨)	310184
其中：食用菌	136944
山野菜	11324
其他森林食品	33075
二、蔬菜、果品批发企业数量(家)	1494
调料	
林产调料产品(干重)	36830
其中：花椒	35196
中药材	
一、木本药材(吨)	75824
其中：杜仲	11184
枸杞	2202
山茱萸	1070
其他木本药材	45589
二、中草药及制品批发企业数量(家)	1793
花卉	
一、年末实有花卉种植面积(公顷)	39784
二、切花切叶产量(万支)	40420.58
三、盆栽植物产量(万盆)	22303.81
四、观赏苗木产量(万株)	12408.57
五、草坪产量(万平方米)	1166.86
六、花卉场(家)	367
七、花卉企业数量(家)	3637
其中：大中型企业	443
八、花农(万户)	10.02
九、花卉从业人员(万人)	23.4
其中：专业技术人员	1.51
十、控温温室面积(万平方米)	178.5
十一、日光温室面积(万平方米)	730
林产化工	
一、林产化学产品制造企业数量(家)	60
二、香料、香精制造企业数量(家)	77
蚕	
一、缫丝企业数量(家)	254
二、绢纺企业数量(家)	56
森林旅游	
一、旅游人次(人)	167032732
二、旅游收入(万元)	2997899
三、森林公园总数(处)	116
四、森林公园总面积(公顷)	743117.75
五、国家森林公园数量(处)	31
六、国家森林公园面积(公顷)	635893.43
七、省级森林公园数量(处)	51
八、省级森林公园面积(公顷)	87770.67
九、县级森林公园数量(处)	34
十、县级森林公园面积(公顷)	19453.65
十一、森林公园收入总额(万元)	296991.64
十二、旅游接待总人数(万人次)	1970.63
十三、旅游接待海外旅游者(万人次)	17.64
十四、园林绿化企业数量(家)	4856
十五、自然保护区管理单位数量(家)	160
森林机械	
一、森林工业专用设备制造企业数量(家)	14
二、营林机械制造企业数量(家)	4

表 45-2　四川林业产业特色

项目名称	全国排名	数量	占全国的比(%)
概况			
第一产业林业系统非林产业产值(万元)	5	361436	7.87
第二产业其他涉林产业产值(万元)	5	723237	9.83
第三产业产值(万元)	1	3579339	12.55

项目名称	全国排名	数量	占全国的比(%)
第三产业涉林产业产值(万元)	1	3256044	13.17
第三产业林业系统非林产业产值(万元)	5	323295	8.5
森林培育业			
用材林造林面积(公顷)	4	84882	8.33
特种用途林造林面积(公顷)	2	6020	18.03
低产低效林改造面积(公顷)	3	91703	11.63
林地面积(万公顷)	3	2311.66	7.56
森林面积(万公顷)	4	1659.52	8.49
人工林面积(万公顷)	4	415.65	
活立木总蓄积(万立方米)	3	168753.49	11.32
森林蓄积(万立方米)	2	159572.37	11.63
人工林蓄积(万立方米)	5	13361.09	6.82
乔木林单位面积蓄积量(立方米/公顷)	3	136.94	159.46
木材采运及锯材木片加工业			
农民自用材采运产值(万元)	4	50167	8.82
农民烧柴采运产值(万元)	2	93648	11.08
农民自用材采伐量(万立方米)	4	56.15	8.4
农民烧材采伐量(万立方米)	3	193.38	8.99
人造板制造业			
竹胶合板产量(万立方米)	4	49.11	12.09
软质纤维板产量(万立方米)	3	1	12.58
非木质刨花板产量(万立方米)	3	2.06	4.83
强化木产量(万立方米)	5	0.41	1.44
指接材产量(万立方米)	4	17.03	4.83
家具制造业			
木、竹、藤家具制造产值(万元)	4	1863295	8.02
家具零售企业数量(家)	4	6740	5.54
木浆纸制品产业			
手工纸制造企业数量(家)	5	107	6.9
竹藤产业			
竹产业产值(万元)	3	1465933	14
小杂竹产量(万吨)	1	477.6	40.56
竹材采运企业数量(家)	1	105	25.99
园林植物产业			
盆栽植物产量(万盆)	5	22303.81	7.65
花卉市场数量(家)	2	367	8.94
花卉企业数量(家)	4	3637	8.58
大中型花卉企业数量(家)	4	443	5.57
花农数量(万户)	3	10.02	8.55
专业花卉从业人员数量(万人)	5	1.51	7.18
果品产业			
全部山区县茶、桑、果产值(万元)	5	996325	6.81
全部丘陵县茶、桑、果产值(万元)	2	720635	10.33
猕猴桃产量(吨)	2	60103	8.19

项目名称	全国排名	数量	占全国的比(%)
核桃产量(吨)	3	176710	10.67
木本粮油产业			
油橄榄产量(吨)	2	2019	30.82
森林蔬菜产业			
森林食品(干重)产量(吨)	3	310184	10.59
竹笋干产量(吨)	3	128841	22.14
食用菌产量(吨)	4	136944	7.33
其他森林食品产量(吨)	1	33075	18.82
茶咖啡产业			
林产饮料产品(干重)产量(吨)	5	135307	8.51
毛茶产量(吨)	5	127436	8.91
咖啡产量(吨)	3	3	0.01
其他林产饮料产品产量(吨)	5	7868	7.71
制茶企业数量(家)	3	1615	8.33
调料产业			
花椒产量(吨)	4	35196	12.06
八角产量(吨)	5	75	0.06
其他林产调料产品产量(吨)	5	1531	1.95
调味料制造企业数量(家)	3	373	8.93
中药业			
杜仲产量(吨)	5	11184	5.65
黄柏产量(吨)	1	5745	36.14
厚朴产量(吨)	4	10034	6.81
中草药及制品批发企业数量(家)	5	1793	6.31
中药材及中成药加工企业数量(家)	4	832	6.53
动物药品制造企业数量(家)	4	241	6.74
林产化工产业			
油桐籽产量(吨)	5	23923	5.47
紫胶(原胶)产量(吨)	4	62	2.02
松节油类产品产量(吨)	4	17010	9.36
松节油产量(吨)	4	17010	11.7
樟脑产量(吨)	4	55	0.42
合成樟脑产量(吨)	3	55	0.52
紫胶类产品产量(吨)	3	43	1.45
紫胶产量(吨)	3	41	2
紫胶深加工产品产量(吨)	3	2	0.22
生物制品企业数量(家)	4	902	7.75
蚕养殖及蚕丝加工业			
缫丝企业数量(家)	5	254	8.56
绢纺企业数量(家)	5	56	4.13
森林旅游业			
林业旅游与休闲服务产值(万元)	1	2997899	16.09
森林旅游人次(人次)	2	167032732	14.87
森林旅游收入(万元)	1	2997899	16.09
旅游直接带动的其他产业产值(万元)	2	6595377	20.01

项目名称	全国排名	数量	占全国的比(%)
森林公园收入(万元)	3	296991.64	7.89
食宿收入(万元)	3	143892	8.62
娱乐收入(万元)	4	36354.1	7.79
其他收入(万元)	3	83959.79	9
床位总数(张)	5	46485	6.39
自然保护区管理单位数量(家)	3	160	4.93
林业生态文化产业			
林业生产辅助服务产值(万元)	2	208352	10.87
林业公共管理及其他组织服务产值(万元)	3	190504	7.56
林业服务单位数量(家)	1	2494	9.57

表 45-3　四川各产业对总产值的贡献

	项目名称	产值(万元)	百分比(%)
	总产值	14440422	100
1	森林旅游业	2997899	20.76
2	果品产业	2032124	14.07
3	木竹藤家具制造业	1863295	12.9
4	人造板制造业	1106554	7.66
5	其他	1016789	7.04
6	木浆纸制品生产业	906766	6.28
7	林业系统非林产业	771653	5.34
8	木材生产业	671726	4.65
9	森林培育业	548710	3.8
10	园林植物产业	532182	3.69
11	茶咖啡产业	388880	2.69
12	森林蔬菜产业	336407	2.33
13	林业服务业	258145	1.79
14	木制品生产业	221204	1.53
15	种苗产业	176344	1.22
16	竹藤产业(不含家具)	151822	1.05
17	中药业	140587	0.97
18	野生动物驯养业	89801	0.62
19	林产化工产业	21182	0.15

贵州省林业产业

【产业特点】 贵州省林业产业特点突出表现在园林植物、林产化工、碳素制品、森林旅游产业上，尤其是实有花卉种植面积全国第三，生漆产量全国第二，油桐籽产量全国第三，木炭产量全国第三，本年度旅游引资资金全国第三，详见表46-2。贵州省林业产业基本情况见表46-1。

贵州省林业总产值341亿元，对总产值贡献最大的是森林旅游业占19.22%，其次是林业系统非林产业占11.55%，然后主要是果品业11.12%，木材生产业10.44%，森林培育业10.41%，人造板制造业5.42%。

【政策规划】 2011年1月14日发布《贵州省林业厅关于加强林业招商引资工作进一步扩大开放的实施意见》(黔林产发〔2011〕8号)，突出林业招商引资的重点领域：林板一体化、木(竹)浆纸一体化、林产化工产业、花卉和观赏苗木产业、特色经济林、生态旅游业、林下产业。

2011年5月6日发布《关于进一步做好林业招商引资工作的通知》(黔林产发〔2011〕127号)，进一步完善林业招商引资项目库建设，加大对林木林地资源的整合力度，注重选好投资企业，加强林业招商引资信息通报。2011年，全省共有103个林业(涉林)招商引资项目成功签约，总投资额244.4亿元，已有71个项目落地，已到位资金13.87亿元。其中5000万元以上的签约40个，到位资金11.3亿元。

发布《贵州省林业厅关于进一步加快全省林业民营经济发展的通知》(黔林产通〔2011〕277号)，清理行业准入条件，为民营经济加快发展营造平等的市场环境；改进行政审批，提供规范高效的服务；加大扶持力度，支持民营经济加快发展。

贵州省财政厅、贵州省林业厅《关于下达2011年度省级林业产业化发展专项资金的通知》(黔财农〔2011〕159号)，下达2011年省级林业产业发展专项资金1000万元。

发布《贵州省核桃产业化建设规划(2011～2015年)》(黔府办发〔2011〕89号)，“十二五”时期完成66.67万公顷。为确保规划实施，要加快良种繁育基地和采穗圃建设，通过调查研究对现有核桃良种基地加强管理，使之规范化、标准化；品种选择黔核5#、6#、7#、8#，由省林科院在10个县(市)建100公顷采穗圃。要加快推进加工业发展，通过招商引资培养一批核桃加工骨干企业，新型大型加工企业，鼓励支持深加工、综合利用，促进企业做大做强，加强品牌建设，形成具有市场竞争力的企业群体。要建立市场流通体系，一是按照企业+基地+农户的模式，组建营销协会、果农协会和产销合作社等专业合作经济组织，二是抓好产品销售网络建设，不断扩大市场占有份额，三是规划建设产品批发交易市场，吸引更多的核桃及其加工产品进场交易。四是加强信息网络建设。

发布《贵州省油茶产业发展规划》，根据《国家林业局关于发展油茶产业的意见》和《贵州省林业厅关于加快油茶产业发展的意见》，《贵州省特殊类型地区“三位一体”产业化扶贫规划“油茶产业化扶贫建设规划”》，2011年9月完成《贵州油茶产业发展规划》编制，到2020年，全省油茶种植面积总规模达到33.33万公顷。

黔东南州2010年委托国家林业局林产工业规划设计院编制《贵州省黔东南州木材加工产业发展规划(2010～2025年)》，委托西南林学院园林学院编制《贵州省黔东南州花卉苗木产业规划(2010～2030年》。

《贵州省黔东南州木材加工产业发展规划》主要以凯里经济开发区、黔东循环经济工业区和洛贯产业承接区等工业园区为载体，开发建设与之相衔接，重点对木材加工产业建设进行规划。一是以洛贯产业承接区为中心的产业区域，项目布局延伸到黎平、从江、榕江等资源大县，建设以人造板项目为龙头的基础材料加工项目，主要有中密度纤维板、定向刨花板和单板制造等项目。二是以黔东循环经济工业区为中心的产业区域，项目布局延伸到天柱、岑巩、镇远等资源大县，该区的龙头项目是林浆纸一体工程。以造纸剩余的小径材为原料，生产中密度纤维板，并向下游延伸，生产强化地板和杉木复合门窗等产品，逐步形成较为完整的产业链。三是以凯里经济开发区为中心的产业区域，项目布局延伸到剑河、黄平、麻江、台江、丹寨等资源大县，建设一系列消费类终端产品加工项目。四是对各县现有的木材加工就地整合，以初加工为主，适当发展符合各地资源条件的加工产业，按照一县一园，统一规划，合理布局，集中管理，规范经营的原则，规划各县的产业园(区、带)。

《贵州省黔东南州花卉苗木产业规划》实施形成"一公园、两带、两片区、四基地"的花卉产业发展体系。开发乡土树种优良绿化苗木品种100个、每年培育苗木1亿株、基地建设面积0.67万公顷，培育芳香、入药、观赏为主的珍贵乡土树种绿化苗木基地走廊。

【省级龙头企业】 省林业厅公布第三批贵州省林业产业化经营省级龙头企业认定的单位有贵州银燕木业有限责任公司、贵阳单宁科技有限公司、贵州合众家具有限公司、贵州中竹新宇竹业有限公司、贵州红赤水生态食品开发有限公司、贵州赤天化纸业股份公司、正安县顶箐方竹笋有限公司、贵州甘力木业有限公司、贵州威榕木业有限公司、贵州凯鸿木业有限公司、贵州省黎平县锦龙木业有限公司、贵州森泰实业有限公司、贵州省黎平县东风林场日升木业有限公司、从江县华丰木业有限责任公司、锦屏县胜利木业有限公司、江口县吉尔森木业有限公司、黔西南奥森木业有限公司、贵州飞龙雨绿色实业有限公司、贵州顶效绿化绿色产业水果公司。

新认定18家省级林业龙头企业单位有贵州大自然科技有限公司、贵阳万方生态资源开发有限责任公司、贵州阳光林业科技开发有限公司、遵义林源医药化工有限责任公司、余庆县敖弘木材产销农民专业合作社、贵州省三阁园林绿化工程有限责任公司、贵州赤水市科技发展有限公司、赤水贵福木业有限公司、贵州省桐梓县康利绿色食品有限公司、贵州省关岭自治县板贵花椒食品香料有限公司、贵州华森林业综合开发有限公司、贵州恒力源林业发展科技有限责任公司、贵州正康中药材开发有限责任公司、锦屏县森科林产品有限公司、黔西县绿源食品开发有限公司、六盘水神驰生物科技有限公司、兴义市鲁屯油脂加工厂、贵州益发绿色开发有限公司。

【对外合作】 2011年中德财政合作森林可持续经营项目任务预安排计划分别是完成森林经营方案编制面积12024.6公顷，实施面积4084.7公顷。分别占计划的170.6%和173.3%。2011年与2009年、2010年相比，这两项任务指标的完成情况都有显著的改善，分别为前两年合计的5.6倍和15.1倍。

项目执行以来，项目负责人和技术骨干到德国进行考察学习，期间经历了向专家咨询、大量的调查、研讨、培训和试点工作，对各种项目技术指南进行反复修订。任务计划的管理也从过去的指令性向指导性转变，并充分尊重了农户的意愿。由于项目内容广泛，几乎涵盖了林业的所有范围，更重要的是引入德国近自然林业的理念和技术。在近两年的时间里，项目已成功地将德国近自然林业理论和技术传授给了项目人员，这些技术指南已逐步得到了林业部门和农户的认可。

组织成千上万的农户进行森林经营是一件新事物，是贵州省集体林权制度改革后必须面对和解决的问题。通过探索和实践，取得了一些经验。一是对参与式规划方法进行改革，制定了一套既基本满足德方要求，又符合项目区实际，既能充分体现农户意愿，又简单易行的参与式规划方法，包括简单易懂的农户手册和宣传画册。二是林改后千家万户的森林经营离不开规模化经营，必须成立相应的组织来对森林进行规范经营。这个过程即离不开科学技术的指导，也离不开各级政府，特别是村级组织的领导和参与。三是探索成立农村专业合作组织、联户林场、股份林场、大户承包等组织提高。四是通过实践，提高对近自然林业的认识。近自然林业是一种注重森林自然能力，注重发挥森林多功能作用，注重森林质量(高蓄积量和生物多样性)，注重森林远景目标，在生态上更科学，在成本上更经济的森林经营方式。

【专业合作组织】 根据调查，全省2011年有专业合作组织1321个，入社户数19.06万户，经营林地面积14.458万公顷。

正安县庙塘正鑫竹业农民专业合作社是贵州省影响较大的农民专业合作社，2011年获国家林业局表彰。该合作社位于正安县庙塘镇，于2009年10月27日成立，由正安县庙塘镇罗鑫、杨刚、刘兴礼等从事方竹笋用林栽植、培育、加工、销售的经营大户和方竹产区林农共同组建，罗鑫任法人代表和理事长，注册资金100.8万元，现有社员116户，竹林面积776.67公顷。合作社下设办公室、生产技术部、财务管理部、市场营销部。在理事会的领导下，以社员为主要服务对象，提供生产资料的购买，竹笋产品的收购、销售、加工、运输、储藏以及生产经营有关的技术、信息等服务。

合作社按照“民办、民管、民受益”的原则，遵循成员以农民为主体，以服务成员，谋求全体成员的共同利益为宗旨。采取林农出林地，参加联营出资的单位或个人出资金和技术，成员入社自愿，退社自由，地位平等。民主管理，方竹产业实行统一技术指导，统一抚育改造，统一管护，统一销售，自主经营，自负盈亏，利益共享，风险共担。盈余主要按照成员与农民专业合作社的交易额比例返还的原则，在遵守法律、行政法规，遵守社会公德、商业道德、诚实守信的基础上从事生产经营活动，努力争取国家的财政支持、税收优惠、金融、科技、人才的扶持以及产业政策的引导，以最大的努力促进农业和农村经济的发展。

【科研成果】 省林业科学研究院，下设科研管理中心、林业生物技术研究所、园林生态研究所、经济林所、森林保护研究所、林业产业研究所、贵州卡斯特森林生态系统定位观测研究所。

贵州优质油茶品种筛选和丰产栽培技术研究 该项目是贵州省“十一五”农业科技攻关重点计划项目，从2006年开始实施到2011年1月完成项目验收，通过优良性状筛选对25个油茶优良无性系和家系的引种栽培研究，初步选出5个栽培表现良好的优良家系(无性系)，初步筛选出6个优良单株，完善芽砧苗嫁接技术；初步提出了贵州省油茶发展区域划分，在丰产试验、调查、总结的基础上，提出油茶丰产栽培技术体系，总结油茶种群特征，并分析现有油茶林低产低效的主要原因，初步提出全省油茶林生态种群构建的合理化建议。

项目研究发表研究论文9篇，申报国家发明专利2项，培养硕士3名。建立油茶初级采穗圃6.8公顷；营建油茶优良无性系(或家系)丰产示范林22公顷，推广示范油茶低产林改造166.67公顷，产量提高10%~15%。繁育优质油茶种苗300余万株。培训科技骨干和农村实用技术人员2000余人次，推广辐射油茶丰产栽培0.33万公顷以上，获得2011年贵州省科技进步三等奖。

灵芝产业化技术研究与示范项目 该项目在对贵州的灵芝资源进行较系统调查的基础上，对一系列贵州灵芝种类进行了形态描述和图片资料的收集和整理等，发现2个新种。对灵芝液体菌种(原种)、栽培制种和秸秆应用等节料栽培技术进行了研发，建立灵芝栽培示范基地2公顷，年产灵芝菌包100万袋。以贵阳市白云区为实施示范点，推广以政府引导、科技支撑、公司运作、农户参与的生产模式，带动了贵州灵芝产业的发展。建立灵芝孢子粉破壁生产线一条、灵芝孢子油生产线一条，生产灵芝破璧孢子胶囊10亿余粒、灵芝孢子油胶囊100万余粒，产品远销港澳及澳大利亚等国家和地区。项目实施已累计达到产值4000万元。发表论文2篇，出版专著1部，获国家专利1项，申请受理国家发明专利1项，建立企业标准3个。该成果获得2011年贵州省科技进步三等奖。

【技术推广】 以下项目建设年限为2011~2014年，2011年5月绩效检查时，全部完成建设任务。

	项目名称	项目情况	运用成果
1	油茶低产林改造技术推广示范	项目拟建设油茶低产林改造示范项目 56.67 公顷。	油茶早花早实品种类型选育 油茶优良农家品种比较和区域性试验
2	马尾松丰产栽培及低效林分改造技术试验示范	项目拟建设马尾松低产林改造示范项目 80 公顷，其中新造 26.67 公顷，低改 53.33 公顷。	马尾松优质纸浆用材林：良种选育与优化栽培模式，高产、高效栽培利用技术，用材林持续稳定发展的机理及技术研究
3	优质板栗早实丰产栽培示范推广	项目拟建设优质板栗示范项目 66.67 公顷。	板栗山地早实丰产技术研究
4	石漠化山地核桃生态经济林栽培技术示范	项目拟建设花椒优质品种示范项目 66.67 公顷。	核桃新品种及高效嫁接技术
5	油茶优良品种推广示范	项目拟建设油茶优良品种推广示范项目 33.33 公顷。	油茶优良农家品种比较和区域性试验
6	核桃优良农家品种扩繁及丰产栽培技术示范	建立 3.33 公顷核桃优良农家品系采穗圃、核桃丰产栽培示范基地 53.33 公顷。	核桃新品种及高效嫁接技术
7	石漠化山地优质花椒品种栽培技术推广示范	项目拟建设石漠化山地核桃生态经济林栽培技术示范林 62.67 公顷、完成 4 公顷核桃良种采穗圃。	喀斯特（岩溶）高原生态综合治理技术与示范
8	柚木丰产栽培试验示范	项目拟建设柚木示范项目 44.4 公顷。	柚木在亚热带喀斯特地区的种植和规模化繁育技术
9	优质板栗早实丰产品种推广示范	项目拟建设板栗丰产栽培示范项目 66.67 公顷。	板栗山地早实丰产技术研究
10	楠竹丰产栽培技术推广示范	项目拟建设楠竹示范项目 66.67 公顷。	竹类植物根际联合固氮菌的开发与应用研究
11	樱桃优良品种丰产栽培技术推广与示范和柚木丰产栽培试验示范	项目拟建设樱桃示范项目 33.33 公顷。	果树优质品种引种丰产栽培示范

【技术培训】

培训班名称	培训机构	培训人数（人）	期数
木材检尺员培训	厅产业处与省林校	1300	7
核桃丰产栽培技术培训	毕节市林业局	500	1
经济林优质高产技术培训	锦屏县林业推广站	450	1
方竹种植、管理、病虫害防治等技术培训	桐梓县林业推广站	480	2

【竹　浆】　赤天化纸业公司在克服国际经济危机、国家银根紧缩、银行利息多次上调和百年不遇的持续罕见的高温干旱等诸多不利因素的影响，2011 年全年共计生产漂白竹浆板 13.76 万吨，收购竹原料 54.5 万吨。共计销售竹浆板 11.78 吨，实现营业收入 5.52 亿元。

该公司始终把竹林基地的建设和发展放在首要位置，采取买断、租赁、扶持、股份合作和订单等模式进行基地建设，2011 年完成新建原料林基地验收面积 0.39 万公顷。为保障基地建设种苗的品质和产出，专门成立了竹类科学研究所，从事优质种源的引进和培育、综合开发以及加工利用等方面的工作。同时，与贵州大学林学院合作成立了博士后流动工作站，开展种苗的选育优化、土壤营养研究、竹林病虫害防治等方面的工作，形成以企业为主题，高等院校和科研院所参与、利益共享、风险共担的产学研一体化运行机制。截至 2011 年，累计完成原料林基地建设面积 2.82 万公顷。

【棕纤维弹性材料】　山棕是中国独有的林产资源，主要分布在秦岭以南山区，包括云南、贵州、四川和湖南，可忍受长期干旱缺水的生长环境，在干旱贫瘠地带依然可以长时间地保持绿色。山棕纤维传统上用于制作棕绷床、棕绳、蓑衣、扫帚等传统日用产品，经济价值较低。1991 年，贵州大自然科技有限公司利用从山棕板和废弃的山棕叶柄中提取的棕纤维丝生产棕纤维弹性材料、用于制作植物纤维弹性床垫产品获得成功，取得了第一项国家发明专利“棕纤维弹性材料的生产方法”。

该公司十分注重技术创新，在专利、标准等

方面取得显著成绩，目前具有年产10万立方米棕纤维弹性材料的生产能力，是中国植物纤维弹性材料的发明者、开创者，建立了全国唯一的天然植物纤维材料研究中心，与暨南大学建立了棕麻纤维联合实验室，拥有各类中高级研发人员30余人，是国家标准化管理委员会全国家具标准化技术委员会首批委员单位，主导起草《棕纤维弹性床垫》行业标准，并将该标准升级为《软体家具 棕纤维弹性床垫》国家标准，2009年11月通过审定，2011年12月颁布执行。该公司积极实施专利技术战略，现已申请各类专利145项，其中已获发明专利9项、实用新型专利58项、外观专利6项，是国家林业局知识产权产业化示范工程单位，是国内林业企业和家居行业拥有专利最多的企业之一。

棕纤维弹性材料标准：Q/SH 45-001-2001，床垫产品执行标准：QB/T 2600-2003。2011年产量12万床，销售收入1.74亿元，利税0.31万元。

【五倍子】 中国五倍子在国际上享有盛名。全国年总产量约5000～6500吨，其中贵州年产量约1300～2200吨，约占全国总产量的近1/3，是中国五倍子的重要产区之一，以单宁含量最高，品质最好的角倍为主，长期以来是外省企业争夺资源的主场。全省有70个县(市、区)自然分布，占全省县(市、区)的80%。全国现有五倍子加工厂近20余家，贵州省有4家，全国最大的遵义林源医药化工厂(二化厂)改制后，逐步走上正轨，正谋求扩建新厂房，扩大生产规模，其余规模都比较小。2011年实现产量：

	产品名称	单位	产量	执行标准
1	五倍子系列	吨	870	
2	工业单宁酸	吨	210	LY/T 1300－2005
3	高纯单宁酸	吨	290	LY/T 1641－2005
4	工业没食子酸	吨	150	LY/T 1301－2005
5	焦性没食子酸	吨	220	QZ/ZHE003－2009

【桐　油】 目前是中国桐油最重要的产区之一，现有资源面积约5万公顷。较为分散，年产桐籽6万吨。贵州大部分地区有分布，主产区在黔西南州、黔南州、安顺市、遵义市、黔东南州等县(区)。现有规模仅为鼎盛时期的35%～40%，产量也只有当时的45%左右，主要集中在黔西南州的望谟、册亨以及黔南州的罗甸等县。加工能力约1.4万吨。黔西南州兴义市鲁屯油脂公司是贵州目前最大的桐油加工企业，生产设计能力2.5万吨，下设8个生产厂和1个外贸进出口公司，近年桐油产量稳定在1.2万吨左右，目前仍按原行业标准执行产品质量(Q/LYJ0201-2009)。为进一步巩固油桐子收购的稳定性，于2009年与当地合作以公司+农户+基地+协会的方式组建0.23万公顷油桐基地，直接带动农户4480余户，连同间接带动每年使农户增收300万元。目前基地建设已有3年，先后被有关政府部门授予“省级农业产业化重点龙头企业、省级林业产业龙头企业、国家重点支持粮油产业化龙头企业、贵州省农业加工示范基地、诚信企业等荣誉称号；桐油产品获贵州农产品加工特色产品金奖。

2011年收购桐籽3.4万吨，生产桐油0.85万吨，销售桐油1.18万吨，实现销售收入1.9亿元。该公司直接在桐油主销区华东市场设立常驻机构，进行桐油销售，是全国唯一一家在销售区自设销售部的生产企业。占全国桐油市场份额的20%，产销率100%。

【冰　片】 罗甸县规划艾纳香产业发展(2011～2015)规划面积1.33万公顷，现已种植333.33公顷。罗甸艾源药业开发有限公司与中国热带农业科学院热带作物品种资源研究所南药研究中心协作，积极从事艾纳香提取冰片技术研究，已掌握超临界二氧化碳多效冷凝工艺，建成年产冰片50吨的CMP现代加工生产线，2011年收购艾纳香鲜叶3000吨，年加工艾粉9吨，提取冰片5.76吨，艾油0.72吨。

【珍稀林木】 贵州理性汇生生态建设有限公司在罗甸规划以柚木为主的珍稀树木面积0.53万公顷，该公司投入资金逾3000万元。现已建成固定苗圃1处，育苗生产大棚3个，面积7500平方米，苗圃面积(含炼苗场)2.67公顷，2011年共育(目前可出圃)的苗木130万株，其中柚木组培容器苗45.5万株，品种主要为缅甸金丝柚的7514、7544、7559、4549等家系。流转土地0.17万公顷，已种植缅甸金丝柚0.07万公顷。

【博览会】

酒博会 2011年8月18~21日，贵州首届国家级中国(贵州)国际酒类博览会暨2011中国·贵阳投资贸易洽谈会林业馆顺利完成展出。代表贵省林业产业发展的“林业产业与森林旅游”本着充分展示贵州林业产业全貌，突出林业产业特色，渲染未来发展潜力的基本原则，“林业产业与森林旅游”展馆着重从用材林基地建设、木竹材加工、林产化工、经济林果及其产品、森林食品、花卉及绿化苗木、野生动植物资源及其驯养繁殖、森林公园及森林旅游8个方面全面展示林业产业成就，突出产业结构重点以及大型企业和重要“龙头企业”的地位与作用，充分展示森林资源开发利用的潜力和环保低碳减排的发展前景，共展出各类展品20大类75小类152种产品。厅对外合作与产业处还筛选41个项目，总投资135亿元，印制成贵州省林业招商引资项目册，在酒博会暨投洽会上宣传发放。获得优秀组织奖。

竹博会 2011年10月15~16日，由国家林业局、江西省人民政府、国际竹藤组织主办的第六届中国竹文化节在江西省宜春市召开。贵州省林业厅组织贵州馆的布展工作，赤天化纸业有限责任公司、赤水市中宇新竹有限责任公司、正安县顶箐方竹笋有限公司等7家主要企业参加展出，送展展品130多种。40多人参会。在展会上，贵省正安县被授予中国特色竹乡称号，正安顶箐方竹笋有限公司被授予中国竹业龙头企业称号，共有6个展品获得金奖。

林博会 参加第二届中国国际林业产业博览会。8月成立了以厅党组书记、厅长金小麒任组长的筹备领导小组，厅党组成员甘如一任组长的工作小组，工作小组由厅对外合作与产业处牵头。遵照林博会“实效、特色、精致、节俭”的原则，贵州馆突出贵州特征、区域特色、林业特点。贵州展馆划分为综合展厅和企业展厅两部分。综合展厅：以图片和文字说明为主，展示基地建设(含种苗)、经济林、林产加工、林产化工、森林食品、森林公园、珍稀动植物繁育等贵州林业建设成就；少量实物以桐油、油茶、五倍子系列产品、竹制品系列、森林食品系列、林下药材、水果干果等贵州特色产品为主。企业展厅，主要展出大自然棕纤维床垫系列、山苍子芳香油系列产品、漆器雕刻工艺品等产品。130多人参会。

送展产品9类142种，参展单位23个，其中企业20家，县林业局3个；送到国家主题馆展品12个。完成了国家主题馆展品和图片的征集与推荐和“林博会优质产品奖”的推荐工作。贵州共获得12个奖项。其中3个产品获得金奖，6个产品获得优质奖，1个优秀组织奖和1个优秀展台奖，贵州大自然科技有限公司获得最佳参展奖。

【大事记】

2月 省人民政府发布《省人民政府关于修改〈贵州省征占用林地补偿费用管理办法〉的决定》，自2011年4月1日起施行。

3月 全省林业工作会议在贵阳召开，会议全面总结“十一五”林业工作，科学谋划“十二五”林业发展思路，安排部署2011年重点工作，省委副书记王富玉、省人民政府副省长禄智明出席会议并讲话。

4月 省人民政府印发《批转省林业厅关于分解下达“十二五”期间森林采伐限额意见的通知》，批准下达全省206个单位“十二五”期间森林采伐限额842.3万立方米。

8月 贵州省林业厅关于进一步加快全省林业民营经济发展的通知，贵州省财政厅、贵州省林业厅关于下达2011年度省级林业产业化发展专项资金的通知。

8月18~21日 贵州首届国家级中国(贵州)国际酒类博览会暨2011中国·贵阳投资贸易洽谈会林业馆完成展出。

9月 省林业厅组织对37家林业产业化经营省级龙头企业进行审查，其中19家企业通过复审，18家企业被新认定为省级龙头企业。

10月15~16日 由国家林业局、江西省人民政府、国际竹藤组织主办的第六届中国竹文化节在江西省宜春市召开。贵州省林业厅组织贵州馆顺利完成展出。

(吴 坤)

表 46-1 贵州林业产业概况

指 标	数量
林业产业总产值(按现行价格计算)(万元)	3406879
一、第一产业总产值	1809187
(一)涉林产业总产值	1675281
1. 林木的培育和种植	514854
2. 木材和竹材的采运	278105
3. 经济林产品的种植与采集	768043
4. 花卉的种植	88742
5. 陆生野生动物繁育与利用	8647
6. 林业生产辅助服务	16890
(二)林业系统非林产业产值	133906
二、第二产业总产值	685141
(一)涉林产业总产值	607896
1. 木材加工及木、竹、藤、棕、苇制品制造	336903
(1)锯材、木片加工	101957
(2)人造板制造	184733
(3)木制品制造	41330
2. 木、竹、藤家具制造	68068
3. 林产化学产品制造	18737
4. 非木质林产品加工制造	72307
5. 其他	40032
(二)林业系统非林产业产值	77245
三、第三产业总产值	912551
(一)涉林产业总产值	730060
1. 林业旅游与休闲服务	654809
2. 林业生态服务	24920
3. 林业专业技术服务	7122
4. 林业公共管理及其他组织服务	43209
(二)林业系统非林产业产值	182491
补充资料:全部山区县茶、桑、果产值	231946
全部丘陵县茶、桑、果产值	17
森林资源情况	
一、森林覆盖率(%)	31.61
二、林地面积(万公顷)	841.23
三、森林面积(万公顷)	556.92
四、人工林面积(万公顷)	199.86
五、活立木总蓄积量(万立方米)	27911.53
六、森林蓄积量(万立方米)	24007.96
七、人工林蓄积量(万立方米)	8718.38
八、乔木林单位面积蓄积量(立方米/公顷)	60.31
森林培育	
一、荒山荒(沙)地造林面积(按林种用途分)(公顷)	
(一)用材林	30013
(二)经济林	67872
(三)防护林	101038
(四)薪炭林	2365
(五)特种用途林	1121
二、森林抚育面积(公顷)	
(一)低产低效林改造	32433
(二)实际幼林抚育	108944
(三)成林抚育	107687
三、林业单位数量(家)	1310
主要木材、竹材产品产量(万立方米)	
一、木材总计	194.08
(一)原木	187.33
其中:针叶原木	60.13
1. 直接用原木	121.99
2. 等内加工原木	38.86
3. 其他原木	16.99
(二)薪材	6.75
二、木材采运企业数量(家)	83
三、竹材采运企业数量(家)	14
四、木材批发企业数量(家)	380
锯材生产	
一、锯材产量(万立方米)	73.04
二、锯材加工企业数量(家)	227
人造板生产(万立方米)	
人造板总产量	65.05
一、胶合板	42.2
(一)木胶合板	32.46
(二)竹胶合板	3.52
(三)其他胶合板	6.23
二、纤维板	6.72
三、刨花板	0.09
四、其他人造板	16.04
五、人造板制造企业数量(家)	219
六、胶合板制造企业数量(家)	95
七、纤维板制造企业数量(家)	21
八、刨花板制造企业数量(家)	17
九、其他人造板制造企业数量(家)	62
木制品	
一、木制品企业数量(家)	349
二、生产用木制品企业数量(家)	171
三、生活用木制品企业数量(家)	76
四、中乐器制造企业数量(家)	6
五、西乐器制造企业数量(家)	1
木家具企业	
一、木制家具制造企业数量(家)	572
二、竹藤制家具制造企业数量(家)	24

指 标	数量
三、家具零售企业数量(家)	1764
木片生产	
一、木片、木粒加工产品(万实积立方米)	9.37
二、木片加工企业数量(家)	123
竹藤生产	
一、竹、藤、棕、草制品企业数量(家)	167
二、竹、藤、棕、草工艺品制造企业数量(家)	60
果品木本粮油	
一、水果产量(吨)	813301
其中:苹果	18538
梨	232746
葡萄	78581
桃	109350
杏	1260
猕猴桃	11668
其他水果	133503
二、干果产量(吨)	51136
其中:核桃	17664
板栗	23486
枣(干重)	617
柿子(干重)	6163
仁用杏	113
山杏仁	1
其他干果	1621
三、木本油料	33362
其中:文冠果	0
其他木本油料	812
四、水果罐头制造企业数量(家)	4
森林蔬菜	
一、森林食品(干重)(吨)	28320
其中:食用菌	10319
山野菜	2117
其他森林食品	3386
二、蔬菜、果品批发企业数量(家)	255
调料	
林产调料产品(干重)	4637
其中:花椒	3760
中药材	
一、木本药材(吨)	70972
其中:杜仲	2915
枸杞	225
山茱萸	198

指 标	数量
其他木本药材	67355
二、中草药及制品批发企业数量(家)	513
花卉	
一、年末实有花卉种植面积(公顷)	94490
二、切花切叶产量(万支)	20775.62
三、盆栽植物产量(万盆)	1079.48
四、观赏苗木产量(万株)	4364.93
五、草坪产量(万平方米)	28.13
六、花卉场(家)	53
七、花卉企业数量(家)	214
其中:大中型企业	30
八、花农(万户)	0.18
九、花卉从业人员(万人)	0.73
其中:专业技术人员	0.06
十、控温温室面积(万平方米)	16.46
十一、日光温室面积(万平方米)	10.51
林产化工	
一、林产化学产品制造企业数量(家)	78
二、香料、香精制造企业数量(家)	46
蚕	
一、缫丝企业数量(家)	15
二、绢纺企业数量(家)	1
森林旅游	
一、旅游人次(人)	31545630
二、旅游收入(万元)	654809
三、森林公园总数(处)	72
四、森林公园总面积(公顷)	259453.67
五、国家森林公园数量(处)	21
六、国家森林公园面积(公顷)	144886.93
七、省级森林公园数量(处)	32
八、省级森林公园面积(公顷)	97536.5
九、县级森林公园数量(处)	19
十、县级森林公园面积(公顷)	17030.24
十一、森林公园收入总额(万元)	57495.74
十二、旅游接待总人数(万人次)	1661.98
十三、旅游接待海外旅游者(万人次)	3.95
十四、园林绿化企业数量(家)	1332
十五、自然保护区管理单位数量(家)	39
森林机械	
一、森林工业专用设备制造企业数量(家)	3
二、营林机械制造企业数量(家)	2

表 46-2 贵州林业产业特色

项目名称	全国排名	数量	占全国的比(%)
森林培育业			
经济林造林面积(公顷)	5	67872	5.57
薪炭林造林面积(公顷)	5	2365	6.43
木材采运及锯材木片加工业			
农民烧材采伐量(万立方米)	4	144.99	6.74
园林植物产业			
实有花卉种植面积(公顷)	3	94490	10.96
中药业			
其他木本药材产量(吨)	4	67355	8.01
林产化工产业			
生漆产量(吨)	2	2707	14.35
油桐籽产量(吨)	3	68136	15.57
乌桕籽产量(吨)	4	2164	6.01
棕片产量(吨)	5	3294	6.13
碳素制品产业			
木炭产量(吨)	3	42280	10.11
森林旅游业			
本年度旅游引资资金(万元)	3	124452.2	11.15

表 46-3 贵州各产业对总产值的贡献

	项目名称	产值(万元)	百分比(%)
	总产值	3406879	100
1	森林旅游业	654809	19.22
2	林业系统非林产业	393642	11.55
3	果品产业	378947	11.12
4	木材生产业	355751	10.44
5	森林培育业	354590	10.41
6	人造板制造业	184733	5.42
7	茶咖啡产业	169031	4.96
8	其他	164671	4.83
9	种苗产业	160264	4.7
10	中药业	116092	3.41
11	园林植物产业	88742	2.6
12	林业服务业	75251	2.21
13	木竹藤家具制造业	68068	2
14	木浆纸制品生产业	67572	1.98
15	森林蔬菜产业	51641	1.52
16	木制品生产业	45607	1.34
17	竹藤产业(不含家具)	33194	0.97
18	林产化工产业	18737	0.55
19	野生动物驯养业	8647	0.25

云南省林业产业

【产业特点】 云南省有省级龙头企业252户，涉及到九大林业产业、16个州市。不少企业的产品通过国家绿色环保质量认证、国际食品质量认证。企业与科研机构合作，取得了一批具有自主知识产权的科技成果。目前各企业原料林基地面积近

万公顷，为企业可持续发展奠定了良好的基础。全省林业产业基本情况见表47-1。

云南省林业产业特色突出表现在竹藤、园林植物、种苗、果品、茶咖啡、调料、林产化工、碳素制品产业上，尤其是小杂竹产量全国第二，切花切叶产量全国第一，苗木产量全国第一，核桃产量全国第一，咖啡产量全国第一，毛茶产量全国第二，制茶企业数量和茶叶批发企业数量全国第五，八角产量全国第二，紫胶产量全国第一，松香产量全国第二，木炭产量全国第一(详见表47-2)。

云南林业产业总产值689亿元，对总产值贡献最大的是果品产业，占20.71%，其次是木材生产业占8.34%，然后主要是茶咖啡产业占7.13%，森林蔬菜产业占5.86%，林产化工产业占5.63%(详见表47-3)。

【产业发展结构】 云南省现代林业产业发展结构定位为“六园区、八项骨干工程、九大产业”的产业构架。

六园区 滇中林业产业加工园区、滇西南林浆纸林产化工工业园区、滇西特色林产品工业园区、滇东南林业产业工业园区、滇西北非木质林产品工业园区和滇东北竹藤产业工业园区。

八项骨干工程 低产林改造工程、产业园区建设工程、原料基地建设工程、基础设施建设工程、良种生产推广工程、市场体系建设工程、产品品牌打造工程、信息化平台工程。

九大产业 特色经济林产业、林(竹)浆纸产业、林产化工产业、竹藤产业、野生动物驯养繁殖产业、森林生态旅游业、木材加工产业、非木材产业和观赏苗木产业。

【木本油料】 全省有木本油料植物200多种，其中核桃、油茶、油橄榄、澳洲坚果、南美油藤、膏桐和油桐是云南省委、省政府重点推广的产业。目前，云南省正在重点建设70个核桃基地县、18个油茶基地县、10个澳洲坚果基地县、10个油桐基地县，建成这些基地县，云南省木本油料产业将获得关键的支撑。

【水　果】 云南具有独特的地理和气候优势，从热带到温带的水果均能批量生产。主要有香蕉、梨、柑橘、苹果、桃、果梅(梅子)等品种。目前有云南大理洱宝实业有限公司、丽江得一食品有限责任公司、云南茅粮酒业集团有限公司、云南云澳坚果开发有限公司、云南红瑞柠檬开发有限公司等一批果品加工省级林产业龙头企业。

【紫　胶】 2011年，全省林化生产企业95家，经销企业400多户。紫胶销售1426吨，实现销售收入3619.6万元。紫胶是云南省传统特色产品，占全国产量90%以上，年生产能力约4500吨。20世纪80年代以来，由于家具行业使用的紫胶涂料被合成树脂涂料代替，而紫胶新用途、新产品开发滞后，使得紫胶原胶产量由3500吨下降到1200吨。近年来，随着紫胶新用途的开发研究，紫胶市场逐渐好转，2008年产量2366吨，2009年产量2510吨。2010年全省紫胶产品3969吨，2011年约4500吨，云南紫胶占全国近90%的市场份额。

【竹　藤】 云南是世界公认的竹类植物起源地之一，有“竹类故乡”之誉。云南现有竹亚科植物29属220种，特有竹属10个以上，特有竹种100种以上，天然竹林类型数量及面积都居全国首位。

云南现有竹林面积42.1万公顷，其中天然竹林25.3万公顷，人工竹林16.8万公顷。云南竹林以大型丛生竹为主。风景竹林、竹类公园重点分布在西双版纳州，风景竹林统计面积3678.5公顷，竹类公园面积1666.7公顷；竹类植物园位于德宏州，面积25.8公顷。

【森林旅游】 全省有12个州市建立了森林生态旅游接待单位，开展以大众观光、观鸟、生物多样性考察、探险等为主的森林生态旅游项目。西双版纳、高黎贡山、白马雪山、大山包、哀牢山、无量山、大围山、海峰等一批自然保护区通过国内外专家研究文章的发表，或保护区管理机构将研究成果运用于科普宣教，黑颈鹤、滇金丝猴、亚洲象、白眉长臂猿、黑长臂猿、中甸重唇鱼、华盖木、望天树、巧家五针松等物种在研究监测方面获得重大突破。在提升保护区管理水平的同时，提高知名度，受到国内外的广泛关注。

中国野生动物保护协会分别授予昆明市为中国红嘴鸥之乡、昭通市昭阳区为中国黑颈鹤之乡、普洱市景东县为中国黑长臂猿之乡、保山市隆阳区为中国白眉长臂猿之乡。此外，2006年，西双版纳保护区内的野象谷景区被《环球时报》评选为“中国50个最值得外国人去的地方”之一，白马雪山的森林被中国国家地理杂志评选为“中国最美十大森林”之一。2010年，高黎贡山保护区荣膺《时尚旅游》首届自然遗产保护奖。

【森林蔬菜】 云南省森林蔬菜大约有600种，主要有臭菜(羽叶金合欢)、刺五加、甜菜、香椿、树头菜、金雀花、苦刺花、攀枝花、棠梨花、大白杜鹃花、松杉尖、青刺尖等。2007～2010年，全省食用菌总产量累计21万吨，实现销售收入112.5亿元，出口创汇3.417亿美元，出口产品由传统单一的盐渍品、干制品向速冻品、快捷即食品等多元化发展。生产加工企业由不足300户发展到400多户，餐饮户增至600多户，增长33.3%，已建设资源保护基地10个，培育龙头企业10户，扶持专业交易市场8个，研发自主专项技术10个，培训农户20万人次，使主产区直接从业农户年平均收入由3000元增至5000元。形成一批规模化加工企业，食用菌加工率提高30%以上。拥有香格里拉松茸、丽江羊肚菌、楚雄牛肝菌、大理鸡枞、滇中干巴菌等一批地理标志，“云菌”品牌效应基本形成。

【园林植物】 20世纪80年代，云南观赏苗木产业开始起步，1999年昆明世界园艺博览会掀起园林绿化的浪潮，2009年云南省委、省政府出台《关于加快林业发展建设森林云南的决定》。2011年，全省观赏苗木基地建设规模1.8万公顷，从事观赏苗木生产及销售的苗木经营户2160户，林业产业省级龙头企业21户，生产从业人数2.81万人。

经过多年研究，探索出保护、培育、利用的生产技术和合理开发的方法，多个特色乡土树种成为园林绿化树种并被广泛运用。如云南山茶、滇朴、云南樱花、黄连木、清香木、山玉兰、红花木莲、云南拟单性木兰、云南含笑、马褂木、滇润楠、球花石楠、云南红豆杉、四照花、垂丝海棠、云南紫荆、马缨花、栾树、云南棕榈、小叶榕、高山榕等。昆明、大理、保山、楚雄、文山等地结合当地观赏植物资源优势，形成了以山茶科、木兰科、杜鹃花科等观赏苗木特色生产区域，涌现出花木之乡——宜良、茶花之乡——大理、木兰之乡——文山等一批全国知名的特色花木之乡。

【生物质能源——膏桐】 利用云南丰富的膏桐种质和土地资源优势，打造全国最大的膏桐生物质能源原料基地。中石油、英国阳光科技集团、云南神宇新能源有限公司等大企业、集团积极合作和参与，投资力度和建设规模均居全国首位。全省膏桐面积10万多公顷，种子产量1000吨左右。元谋县还被中石油列为林油一体化膏桐能源林示范基地县。云南省正在建设20个膏桐基地县。

【林业龙头企业】 对产业规模大、资源利用率高、市场前景好、辐射能力强、带动林农增收效果显著的林业龙头企业在基地建设、技术创新、标准修订、投融资、税费、土地等方面加大扶持力度。加快现有人造板、家具、木竹制品生产企业重组整合，鼓励上规模、低消耗、高效益、具有市场竞争力的精深加工龙头企业利用地域优势发展林产品加工基地和对外贸易。

全省林业产业企业1.3万多户，其中省级龙头企业252户，涉及九大林业产业、16个州市。资产过亿元的有62户，带动农户300多万户。20户企业被省政府评为全省推进高原特色农业产业化发展先进龙头企业，4户企业被评为云南省农产品出口工作先进单位。云南省龙头企业名录见表47-4。

【林农专业合作社】 云南省在80年代出现了林业农民专业合作组织，30多年来，经历了最新发展、逐步发展、快速发展、依法规范发展等阶段，初步统计，截至2011年，全省共成立林农专业合作社2042个，加入合作社农户数11.6万户，合作社经营林地面积30.3万公顷，涉及云南省林业重点发展的经济林果、木本油料、野生动物驯养繁殖、林下中药材、野生食用菌、竹笋、花卉苗木、木材加工等产业。合作社经营内容从初期的种植培育逐步向产品流通与加工等领域发展，不仅成为林业科技推广和标准化生产的有效载体，而且成为林产品市场开拓和品牌建设的重要力量，发挥了规模经营和合作经济的优势。

2010年10月，省人民政府下发《云南省人民政府关于推进林农专业合作社发展的意见》，受到国家林业局的高度重视，并向全国转发。

【云南省林业产业协会】 云南省林业产业协会于2007年6月5日正式挂牌，是根据云南省林产工业协会第二次理事会第四次会议决定，为适应云南省林业产业新的发展形势，将云南省林产工业协会更名为林业产业协会。

云南林业产业协会新成立时协会企业会员有190户、个人会员有390多人，分布云南省16个州市，涵盖涉及林浆纸、特色经济林、非木质资源、竹藤加工、野生动物驯养繁殖、林化工及林木生物质能源、森林生态旅游等所有涉林行业。经过四年的发展壮大，截至2011年底，云南省林业产业协会企业会员单位已经接近500家，其中包括上市公司、大型国企、云南省林业产业龙头企业等云南林业支柱企业。

（云南省林业厅林业改革与产业发展处）

表47-1 云南林业产业概况

指　标	数量
林业产业总产值(按现行价格计算)(万元)	6893883
一、第一产业总产值	5046399
(一)涉林产业总产值	4853062
1. 林木的培育和种植	492832
2. 木材和竹材的采运	427778
3. 经济林产品的种植与采集	3600855
4. 花卉的种植	204357
5. 陆生野生动物繁育与利用	47798
6. 林业生产辅助服务	79442
(二)林业系统非林产业产值	193337
二、第二产业总产值	1557823
(一)涉林产业总产值	1418052
1. 木材加工及木、竹、藤、棕、苇制品制造	517098
(1)锯材、木片加工	207570
(2)人造板制造	229246
(3)木制品制造	76992
2. 木、竹、藤家具制造	16015
3. 林产化学产品制造	388463
4. 非木质林产品加工制造	255365
5. 其他	157653
(二)林业系统非林产业产值	139771
三、第三产业总产值	289661
(一)涉林产业总产值	250075
1. 林业旅游与休闲服务	164534
2. 林业生态服务	9937
3. 林业专业技术服务	35681
4. 林业公共管理及其他组织服务	39923
(二)林业系统非林产业产值	39586
补充资料：全部山区县茶、桑、果产值	936181
全部丘陵县茶、桑、果产值	170
森林资源情况	
一、森林覆盖率(%)	47.5
二、林地面积(万公顷)	2476.11
三、森林面积(万公顷)	1817.73
四、人工林面积(万公顷)	326.77
五、活立木总蓄积量(万立方米)	171216.68
六、森林蓄积量(万立方米)	155380.09
七、人工林蓄积量(万立方米)	7259.87
八、乔木林单位面积蓄积量(立方米/公顷)	105.51
森林培育	
一、荒山荒(沙)地造林面积(按林种用途分)(公顷)	
(一)用材林	67076
(二)经济林	433746
(三)防护林	109746

指 标	数量
（四）薪炭林	9293
（五）特种用途林	100
二、森林抚育面积（公顷）	
（一）低产低效林改造	153309
（二）实际幼林抚育	38370
（三）成林抚育	127342
三、林业单位数量（家）	2243
主要木材、竹材产品产量（万立方米）	
一、木材总计	533.03
其中：热带木材	53.38
（一）原木	448.17
其中：针叶原木	116.32
1. 直接用原木	156.35
2. 等内加工原木	148.57
3. 其他原木	85.89
（二）薪材	84.86
二、木材采运企业数量（家）	154
三、竹材采运企业数量（家）	6
四、木材批发企业数量（家）	533
锯材生产	
一、锯材产量（万立方米）	136.06
二、锯材加工企业数量（家）	597
人造板生产（万立方米）	
人造板总产量	138.51
一、胶合板	31.2
（一）木胶合板	29.18
（二）其他胶合板	2.02
二、纤维板	83.75
三、刨花板	7.07
四、其他人造板	16.48
五、人造板制造企业数量（家）	255
六、胶合板制造企业数量（家）	104
七、纤维板制造企业数量（家）	34
八、刨花板制造企业数量（家）	34
九、其他人造板制造企业数量（家）	46
木制品	
一、木制品企业数量（家）	725
二、生产用木制品企业数量（家）	384
三、生活用木制品企业数量（家）	125
四、中乐器制造企业数量（家）	7
木家具企业数量	
一、木制家具制造企业数量（家）	714
二、竹藤制家具制造企业数量（家）	25
三、家具零售企业数量（家）	2935
木片生产	
一、木片、木粒加工产品（万实积立方米）	23.69

指 标	数量
二、木片加工企业数量（家）	296
竹藤生产	
一、竹、藤、棕、草制品企业数量（家）	165
二、竹、藤、棕、草工艺品制造企业数量（家）	39
果品木本粮油	
一、水果产量（吨）	3681087
其中：苹果	223832
梨	253321
葡萄	336306
桃	252445
杏	309
猕猴桃	1537
其他水果	1940984
二、干果产量（吨）	485722
其中：核桃	339809
板栗	53082
枣（干重）	1962
柿子（干重）	50470
松子	6003
其他干果	33955
三、木本油料	32215
其中：文冠果	0
其他木本油料	26746
四、水果罐头制造企业数量（家）	24
森林蔬菜	
一、森林食品（干重）（吨）	46591
其中：食用菌	26935
山野菜	9087
其他森林食品	2751
二、蔬菜、果品批发企业数量（家）	778
调料	
林产调料产品（干重）	62038
其中：花椒	22270
中药材	
一、木本药材（吨）	50903
其中：杜仲	32
其他木本药材	50335
二、中草药及制品批发企业数量（家）	1155
花卉	
一、年末实有花卉种植面积（公顷）	12645
二、切花切叶产量（万支）	370356.09
三、盆栽植物产量（万盆）	1196.64
四、观赏苗木产量（万株）	684.76
五、草坪产量（万平方米）	26.41
六、花卉场（家）	45
七、花卉企业数量（家）	725

指　标	数量
其中：大中型企业	77
八、花农(万户)	2.83
九、花卉从业人员(万人)	12.04
其中：专业技术人员	0.34
十、控温温室面积(万平方米)	26.62
十一、日光温室面积(万平方米)	414.07
林产化工	
一、林产化学产品制造企业数量(家)	134
二、香料、香精制造企业数量(家)	136
蚕	
一、缫丝企业数量(家)	37
二、绢纺企业数量(家)	0
森林旅游	
一、旅游人次(人)	19766846
二、旅游收入(万元)	164534
三、森林公园总数(处)	40
四、森林公园总面积(公顷)	147107.32
五、国家森林公园数量(处)	27
六、国家森林公园面积(公顷)	112612.02
七、省级森林公园数量(处)	13
八、省级森林公园面积(公顷)	34495.3
九、县级森林公园数量(处)	0
十、县级森林公园面积(公顷)	0
十一、森林公园收入总额(万元)	14068.52
十二、旅游接待总人数(万人次)	690.16
十三、旅游接待海外旅游者(万人次)	8.1
十四、园林绿化企业数量(家)	1618
十五、自然保护区管理单位数量(家)	132
森林机械	
一、森林工业专用设备制造企业数量(家)	3
二、营林机械制造企业数量(家)	1

表 47-2　云南林业产业特色

项目名称	全国排名	数量	占全国的比(%)
概况			
经济林产品的种植与采集产值(万元)	4	3600855	5.7
森林培育业			
经济林造林面积(公顷)	1	433746	35.6
薪炭林造林面积(公顷)	1	9293	25.25
低产低效林改造面积(公顷)	1	153309	19.44
荒山荒(沙)地造林面积(公顷)	2	619961	10.34
林地面积(万公顷)	2	2476.11	8.09
森林面积(万公顷)	3	1817.73	9.3
活立木总蓄积(万立方米)	2	171216.68	11.48
森林蓄积(万立方米)	3	155380.09	11.32
木材采运及锯材木片加工业			
农民烧柴采运产值(万元)	3	80494	9.52
木材产量(万立方米)	5	533.03	6.54
热带木材产量(万立方米)	3	53.38	8.51
原木产量(万立方米)	5	448.17	6.02
针叶原木产量(万立方米)	4	116.32	8.04
等内加工原木产量(万立方米)	3	148.57	11.59
等内加工原木中针叶原木产量(万立方米)	1	83.07	14.13
造纸用原木产量(万立方米)	5	29.76	6.37
其他原木产量(万立方米)	3	85.89	7.78
薪材产量(万根)	1	84.86	12.19
系统外企、事业单位采伐自营林地的木材产量(万立方米)	2	48.23	15.99
乡(镇)集体企业及单位生产的木材产量(万立方米)	3	57.94	10.82
村及村以下各级组织和农民个人生产的木材产量(万立方米)	5	345.75	6.55
村及村以下各级组织和农民个人生产的竹材产量(万根)	3	11444.31	12.74
农民自用材采伐量(万立方米)	2	99.78	14.92
农民烧材采伐量(万立方米)	2	467.73	21.75
木材采运企业数量(家)	5	154	6.44
竹藤产业			
竹材产量(万根)	4	15021.81	9.76
毛竹产量(万根)	3	13675.83	13.33
小杂竹产量(万吨)	2	224.36	19.06
园林植物产业			
切花切叶产量(万支)	1	370356.09	26.02
种苗产业			
苗木产量(万株)	1	16974.67	18.67
一年生苗木产量(万株)	1	11593.66	20.55
二年留床苗木产量(万株)	3	5151.01	18.5
果品产业			
荔枝产量(吨)	5	12170	0.69
龙眼产量(吨)	5	11306	0.78
其他水果产量(吨)	4	1940984	10.76
核桃产量(吨)	1	339809	20.53
其他干果产量(吨)	5	33955	5.07
木本粮油产业			
当年新造茶林面积(公顷)	1	51574	21.95
油橄榄产量(吨)	3	22	0.34
其他木本油料产量(吨)	1	26746	41.69
茶咖啡产业			

项目名称	全国排名	数量	占全国的比(%)
茶及其他饮料作物的种植与采集产值(万元)	4	491857	8.91
林产饮料产品(干重)产量(吨)	1	313055	19.68
毛茶产量(吨)	2	242972	16.99
可可豆产量(吨)	2	6	42.86
咖啡产量(吨)	1	58632	99.87
其他林产饮料产品产量(吨)	2	11445	11.22
制茶企业数量(家)	5	1532	7.9
茶叶批发企业数量(家)	5	1598	5.38
调料产业			
林产调料产品(干重)产量(吨)	2	62038	10.57
八角产量(吨)	2	17433	13.09
桂皮产量(吨)	3	4475	5.37
其他林产调料产品产量(吨)	2	17860	22.76
中药业			
黄柏产量(吨)	5	536	3.37
林产化工产业			
林产工业原料产量(吨)	3	198838	11.54
棕片产量(吨)	2	9999	18.6
松脂产量(吨)	3	169652	14.67
紫胶(原胶)产量(吨)	1	2286	74.34
松香类产品产量(吨)	2	209909	14.86
松香产量(吨)	2	178389	14.23
松香深加工产品产量(吨)	2	31520	19.78
松节油类产品产量(吨)	2	40647	22.37
松节油产量(吨)	2	40647	27.96
紫胶类产品产量(吨)	1	2320	78.22
紫胶产量(吨)	1	1572	76.83
紫胶深加工产品产量(吨)	1	748	81.3
碳素制品产业			

项目名称	全国排名	数量	占全国的比
木材热解产品产量(吨)	3	105027	13.03
木炭产量(吨)	1	105027	25.12
森林旅游业			
自然保护区管理单位数量(家)	4	132	4.06
林业生态文化产业			
林业服务单位数量(家)	4	1750	6.72

表 47-3　云南各产业对总产值的贡献

	项目名称	产值(万元)	百分比(%)
	总产值	6893883	100
1	其他	1443781	20.94
2	果品产业	1427595	20.71
3	木材生产业	575238	8.34
4	茶咖啡产业	491857	7.13
5	森林蔬菜产业	403802	5.86
6	林产化工产业	388463	5.63
7	森林培育业	380663	5.52
8	林业系统非林产业	372694	5.41
9	中药业	246838	3.58
10	人造板制造业	229246	3.33
11	园林植物产业	204357	2.96
12	森林旅游业	164534	2.39
13	种苗产业	112169	1.63
14	林业服务业	85541	1.24
15	木浆纸制品生产业	81798	1.19
16	木制品生产业	78652	1.14
17	竹藤产业(不含家具)	63400	0.92
18	野生动物驯养业	47798	0.69
19	木竹藤家具制造业	16015	0.23

表 47-4　云南省龙头企业名录

地点	企业名称	主要产品	批次
昌宁县	昌宁县海涛木业有限公司	拼板集成材、销售木材、家具料、根雕品、学生课桌椅等	第五批
	云南昌宁建星纸业有限公司	销售纸品	第五批
	昌宁县雄达木业有限公司	胶合板	第六批
龙陵县	龙陵县繁昌木材加工厂	机制木碳、单板、人造板	第五批
	龙陵县富民石斛开发有限公司	石斛	第七批
	龙陵县林源石斛开发有限公司	石斛枫斗、石斛茶、石斛酒、石斛粉	第七批
隆阳区	云南保山华恒木业有限公司	人造板	第四批
	保山市森宝林业发展有限责任公司	拼板集成材、木材、家具料、机制木碳等	第四批
	保山澳新绿色资源开发有限公司	园林绿化、苗木、花卉	第五批
	隆阳区丰源木业有限公司	指接集成材	第五批
	保山市映山红甜柿开发有限公司	甜柿	第六批
	隆阳区凤溪茶叶有限公司	茶叶、林果、种苗	第六批

地点	企业名称	主要产品	批次
施甸县	云南大山合农业科技发展有限公司	香菇、黑木耳	第六批
腾冲县	腾冲县古林木业有限责任公司	实木门、纤维板、集装箱板	第一批
	云南省腾冲县林瑞木制品有限责任公司	高档实木套装门、集成材等	第二批
	云南腾冲杜鹃王旅游产品有限公司	木质品包装盒、工艺品、办公用品、仿明清门窗、家具、根艺茶桌等	第三批
	和顺鑫生态食品开发有限公司	油茶油	第七批
	腾冲县滕虹油业有限公司	腾虹牌茶油王、茶油王口服液、茶油王食用调和油	第七批
楚雄市	云南楚雄东宝生物资源开发有限公司	东宝一捏脆核桃、东宝纯核桃油	第二批
	楚雄宏桂绿色食品有限公司	松茸、牛肝菌、羊肚菌等野生菌	第三批
	楚雄市树苴乡农业技术综合开发有限公司	核桃果、核桃仁	第四批
	云南广泰生物科技开发有限公司	有机核桃油、核桃蛋白饮料	第五批
	楚雄滇洱古道山茶花园艺有限公司	茶花、核桃、绿化苗木	第五批
大姚县	大姚亿利丰农产品有限公司	核桃、食用菌	第三批
	大姚广益发展有限公司	核桃原味果、核桃炒果、核桃仁	第六批
	大姚兆鹏食品有限责任公司	野生菌、核桃	第六批
	大姚锦亿土特产有限公司	野生食用菌、核桃	第七批
禄丰县	云南嘉缘绿色产业有限责任公司	特色经济林、乡土绿化苗木、果苗及花卉	第六批
牟定县	云南牟定恒瑞生物化工有限公司	烟用、食用香精、香料、精油制造、玫瑰精油、果酱	第三批
	云南星贸食品有限公司	野生食用菌、特色蔬菜	第七批
南华县	南华县云华绿色食品有限责任公司	松茸、各种野生食用菌	第一批
	南华县宏怡野生菌开发有限公司	松茸、牛肝菌、羊肚菌等野生菌的收购、加工、销售	第四批
	南华鸿发核桃产业开发有限公司	核桃	第五批
	南华松香厂	松香、松节油	第五批
	南华新世纪生物工程有限公司	松花粉系列产品、野生菌产品生产销售	第六批
双柏县	云南森源化工有限公司	松香、松节油、歧化松香	第五批
	双柏华兴人造板有限公司	中密度纤维板	第六批
宾川县	宾川康弘林产品有限责任公司	核桃、野生菌	第五批
	宾川县沧海农林有限责任公司	苗木培育、核桃种植、加工销售	第六批
	宾川瑞林克林业科技有限公司	桉油、材；大麻皮	第六批
大理市	云南大理市佳利有限公司	实木门、实木地板	第二批
	云南远益园林工程有限公司	茶花、杜鹃花	第三批
	云南大理瑞鹤药业	熊胆系列产品	第四批
	云南大理康亚生物科技有限公司	红豆杉	第五批
	云南绿野花卉科技有限公司	兰花、茶花及野生花卉的开发、利用和销售	第五批
	大理冠宇花卉发展有限公司	花卉种植	第六批
洱源县	云南大理洱宝实业有限公司	洱宝牌话梅、冰话梅、雕梅、青梅糕、酸角糕、木瓜糕、青梅条、果酒、果醋、果汁饮料、木瓜、李子等经济林食品	第一批
	大理天滋实业有限责任公司	天滋牌雕梅、果脯、青梅	第二批
	洱源县云洱果脯有限公司	梅果系列果脯、青梅酒系列产品	第三批
	洱源县佳漶核桃食品开发有限公司	佳漶核桃露	第五批
	洱源县苗圃基地	特色经济林苗木培育	第六批
	洱源恒旺林畜开发有限公司	核桃、华山松、牛肉、山羊	第六批

地点	企业名称	主要产品	批次
剑川县	剑川县华艺木雕有限公司	大理石木雕家具、木雕工艺品	第二批
	剑川县兴艺古典木雕刻家具厂	木雕家具、木雕工艺品	第四批
	剑川宏盛古建筑工程有限责任公司	家具、屏风、骨灰盒、软木工艺品、木条板等	第七批
南涧县	云南茶花林化有限公司	松香、松节油	第五批
	云南凤凰木业开发有限责任公司	集成材、民用材、实木家具、机制炭等	第七批
巍山县	巍山大仓文华农产品有限责任公司	野生食用菌、核桃	第七批
	巍山县年丰农副产品有限责任公司	核桃仁、瓜子仁、梅胚	第七批
祥云县	祥云县品位经贸有限责任公司	盐渍牛肝菌、速冻牛肝菌	第四批
	祥云县融兴经贸有限责任公司	各种盐渍菌、干片菌	第四批
	大理州怀宝经贸有限责任公司	核桃干果、无烟煤	第五批
	祥云县龙云经贸有限责任公司	牛肝菌、脱水蔬菜	第五批
	祥云县晨宇经贸有限公司	野生食用菌	第七批
漾濞县	大理漾濞核桃有限公司	漾濞核桃乳、精炼核桃油	第一批
	漾濞县涵轩绿色产业开发有限公司	核桃鲜果、干果、核桃加工产品	第四批
	漾濞县核桃秀工艺品	核桃工艺品、铁核桃油	第五批
永平县	昆明自主择业集源生物科技有限公司	木制品、原料药(紫杉醇、红杉醇)	第四批
	永平云森木业有限公司	木材、生产加工、林果种植	第六批
	永平建标生命科学研究开发有限公司	美国山核桃、茶花、大理罗汉松、梅花鹿、野猪、独龙牛等	第六批
	永平创盈实业有限公司	苗木、半成品、炭	第七批
云龙县	云龙海嘉生物技术有限公司	植化产品及人工种植云南红豆杉产品、紫杉醇、紫杉烷注射液	第四批
梁河县	梁河县三禾林业有限公司	松香、松节油、白花油茶茶籽油、地板条、集成材	第七批
陇川县	陇川县集强林竹产业有限责任公司	黄金笋、酸辣笋、调味笋	第五批
	陇川县雅森特木业有限公司	中密度纤维板、指接板	第七批
芒市	云南永利发林业有限公司	集装箱地板	第三批
	德宏后谷咖啡有限公司	咖啡豆、速溶咖啡粉、三合一咖啡	第五批
瑞丽市	瑞丽市岭瑞农业开发有限公司	石斛胶囊、石斛茶、石斛含片、果酒系列	第五批
	瑞丽市千紫木业发展有限责任公司	红木家具、工艺品	第五批
盈江县	云南迪思企业集团坚果有限公司	澳洲坚果仁、坚果油	第四批
	盈江林立油茶有限责任公司	红茶油茶苗、白花油茶苗	第七批
维西县	维西县康邦美味绿色资源开发公司	核桃产业深加工	第三批
香格里拉县	云南香格里拉藏龙生物资源开发有限公司	牦牛肉、野生菌、野生蔬菜等系列产品	第二批
	迪庆香格里拉舒达有机食品有限公司	核桃油、胶囊、油茶、冲剂、粉末、核干吃片等核桃系列产品	第三批
	中甸野生食品进出口有限责任公司	松茸制品	第四批
	香格里拉县圣宝食品出品有限责任公司	松茸制品	第五批
	香格里拉县智圆食品科技有限责任公司	冻干松茸、速冻松茸	第五批
	香格里拉县祥和食品有限责任公司	松茸制品	第五批
个旧市	云南攀大木棉科技应用有限公司	速生丰产林(木棉)	第五批
	恒盛木业有限公司	杉木指接板、细木工板、相框	第七批
河口县	河口丰收农业发展有限公司	观赏苗木、珍贵用材、橡胶	第六批
	河口麟源商贸有限公司	咖啡、珍贵用材	第六批

地点	企业名称	主要产品	批次
红河市	红河棕叶有限责任公司	棕丝软垫系列产品	第六批
建水县	建水大洋林化有限公司	松香、松节油，速生丰产林	第四批
	建水千原木业有限公司	人造板	第五批
	建水县浩野农林产业有限公司	林木材料、油茶苗、茶油及系列产品	第六批
金平县	金平县凯迪绿色能源开发有限公司	生物质能源产品、有机肥农产品	第五批
泸西县	泸西县盈达鹿业药材开发有限公司	云南地珠半夏、梅花鹿及其附产品、非洲鸵鸟	第二批
蒙自市	红河阳光生物质能源有限公司	速生林及经济林木	第六批
弥勒县	弥勒县唐氏特种养殖有限公司	七彩山鸡(野鸡)	第四批
	云南天巍竹业有限公司	竹浆生产、竹子种植	第五批
	远达果业有限公司	石榴	第七批
石屏县	云南省石屏县采伐林场	原木、锯材	第六批
呈贡县	云南一条龙企业集团绿化工程有限公司	园林设计、绿化、苗木	第七批
东川区	云南兴箐(集团)农林科技开发有限公司	红豆杉基地建设、各种绿化苗木培育	第七批
官渡区	云南瑞林中密度纤维板有限公司	中密度纤维板、经销复合地板、细木工板、胶合板、模板	第四批
	云南青珍工贸有限公司	野生菌、蔬菜	第五批
	云南绿盛美地园林景观有限公司	园林工程、苗木、草种	第六批
	昆明振楚工贸有限公司	人造板、浸渍胶膜纸、饰面人造板、大芯板	第六批
	昆明大商汇实业有限公司	木制品成品、板材交易区、建材区	第六批
	昆明百年家园家具有限公司	木家具	第六批
	云南长江云通环境工程有限公司	园林施工、设计、苗木种植、养护	第七批
经济技术开发区	昆明恒沅食品工业有限公司	野生食用菌速冻产品、盐渍产品及干片、洋蓟速冻产品、盐渍产品等	第四批
	昆明苏化生物科技有限公司	果蜡、精致漂白虫胶等	第四批
	云南绿大地生物科技股份有限公司	花卉、苗木	第四批
	昆明天森木业有限公司	胶合板、细木工板、地板、木门	第五批
	昆明福莱威尔家具制造有限公司	板式家具	第五批
昆明市	昆明奥斯腾林业有限公司	实木复合木地板、木线条	第七批
	昆明锦德林业资源开发有限公司	原木、林下资源开发、竹藤产品开发	第七批
	云南九彩云蝶生物科技有限公司	世界蝴蝶生态园观光景区、鲜花、苗木、蝴蝶工艺品	第七批
	云南园林绿化(集团)有限公司	园林设计、绿化、乡土苗木种植与销售	第七批
盘龙区	云南野生动物园有限公司	动物观赏、展示、交流、调配	第三批
	云南金江绿色产业有限公司	核桃苗、凯特杏、红蜜桃、美国红宝石、绿化苗等	第四批
	云南野生兰收藏基地有限公司	野生兰	第五批
	云南邦业园林绿化有限公司	速生丰产林、绿化苗木	第五批
	昆明为民林木种植有限公司	核桃种植加工及木材加工	第六批
石林县	石林红杉农林科技开发有限公司	苗木、北美红杉、云南樱花	第七批
嵩明县	嵩明美迎和睦家具有限公司	杨林家居工业园开发	第六批
	嵩明志龙林木良种培育有限公司	经济林苗木、造林苗木、城镇绿化苗木	第七批

地点	企业名称	主要产品	批次
五华区	云南汉德生物技术有限公司	紫杉醇、巴卡亭Ⅲ等紫杉醇类化合物	第三批
	云南绿原实业发展有限公司	油橄榄系列产品	第三批
	云南神宇新能源有限公司	小桐子、生物柴油	第三批
	云南云澳达坚果开发有限公司	澳洲坚果种苗、果实系列产品	第三批
	云南凯云科工贸有限公司	农副产品土特产采购、加工、生产、销售、货物及技术的进出口业务	第四批
	云南金九地生物科技有限公司	石斛鲜品、冻干鲜品、石斛含片	第五批
	云南汇元生物开发有限公司	苗木	第五批
西山区	昆明森工集团有限公司	实木门、实木地板、刨切单板、细木工板	第一批
	昆明新飞林人造板有限公司	浸渍胶膜纸饰面人造板、刨花板	第一批
	云南云安商贸有限公司	木材、林产品批发、零售	第三批
	昆明信威食品有限公司	核桃仁、瓜子仁	第五批
	云南省林业投资有限公司	林业投资、造纸	第五批
	云南华尔木业有限公司	实木门	第五批
	云南捷森木业有限公司	刨花板、细木工板、胶全板	第六批
寻甸县	云南滇木人造板有限公司	中密度纤维板	第七批
宜良县	昆明市宜良滇王食品有限公司	板栗月饼、滇王甘栗	第五批
	东来种植开发有限公司	核桃	第七批
宁蒗县	宁蒗县女儿珍生物工程有限公司	青梅、药木瓜系列产品	第三批
永胜县	永胜林辰绿色资源开发有限责任公司	铁核桃油	第二批
	丽江中源绿色食品有限责任公司	野生食用菌速冻产品、盐渍产品及干片；洋蓟速冻产品、盐渍产品	第三批
	云南永胜绿地源植物开发有限公司	中药材、块菌、优质红梨	第五批
	永胜雷特生物工程有限责任公司	黑松露系列产品、野生食用菌产品	第七批
玉龙县	丽江得一食品有限责任公司	青梅、野生食用菌、野生中药材、芸豆	第二批
	丽江华利生物开发药业有限公司	经济林果、林下药材、食用菌	第五批
沧源县	沧源县茂名华建投资有限责任公司	天然橡胶	第四批
凤庆县	云南凤庆巨达食品工业有限责任公司	核桃油、核桃粉、核桃仁	第五批
	云南滇红集团股份有限公司	滇红茶	第七批
耿马县	嘉汉板业(耿马)有限公司	原木、锯材、加工及进出口	第四批
	耿马泰兴发展有限责任公司	锯材、拼板、地板	第五批
	临沧南华纸业有限公司	高中档文化用纸	第六批
临翔区	云南省临沧市泛华林业投资发展有限公司	人造板(纤维板、胶合板、细木板、刨花板)	第七批
永德县	永德县大雪山实业有限公司	白糖、酒精、种植	第二批
云县	云南茅粮酒业集团有限公司	司岗里·木瓜发酵酒、野生动物	第二批
	云县鑫达生物食品有限公司	核桃仁、龙须菜等	第三批
	云南汇智源食品有限公司	核桃油、核桃调和油、核桃露、核桃粉	第六批
镇康县	镇康县创森林木开发有限责任公司	锯材、苗木、指接板、中纤板	第七批
	镇康县如意橡胶开发有限责任公司	橡胶加工	第七批
兰坪县	兰坪县啦井镇紫兴五味子饮品厂	五味子酒、五味子调料	第五批
	兰坪县石登乡农副产品加工厂	核桃油、香辣椒	第七批

地点	企业名称	主要产品	批次
泸水县	怒江绿源绿色产业发展有限公司	泡核桃、花椒、漆树、香椿、木豆、各种园林苗木	第三批
	云南森友木业有限公司	锯材、集成材、集成门框、实木门	第三批
	云南怒江东方大峡谷生物城有限责任公司	中国怒江木醋	第五批
	泸水县农业生产资料有限责任公司	农产品种植、加工销售	第五批
	怒江滇鑫农业科技示范园	紫杉醇浸膏	第七批
江城县	云南江城木制品有限公司	中密度纤维板、实木门、实木地板	第五批
景东县	景东力奥林产集团有限公司	松香、人造板、核桃乳饮料	第二批
	景东彝族自治县昌龙林产工业有限公司	中密度纤维板	第五批
景谷县	云南景谷林业股份有限公司	“海帆”牌、“航天”牌松香、松节油、人造板	第一批
	云南云景林纸股份有限公司	“三针”牌漂白硫酸盐针叶木浆、桉木浆、木竹混合浆	第一批
	景谷林化有限公司	松香及松香改性树脂	第五批
澜沧县	思茅金澜沧丰产有限公司	速生丰产林(桉树、旱冬瓜、西南桦、相思树)	第四批
宁洱县	普洱林达木业有限责任公司	人造板、松香	第一批
	普洱市卫国林业局	中纤板、细木工板、胶合板、刨花板	第一批
	普洱科茂林化有限公司	松香、松节油、歧化松香、松香树脂	第七批
思茅区	普洱市思茅区森盛林化有限责任公司	脂松香、脂松节油	第五批
	普洱福通(集团)木业有限公司	密度板、实木地板、原木、集成材	第五批
	普洱市思茅区沪顺木业有限公司	人造板	第五批
镇沅县	镇沅县林产工业有限公司	原木、胶合板、刨花板、改性木材	第一批
	镇沅彝族哈尼族拉祜族自治县昌龙林产工业有限公司	人造板	第五批
	镇沅彝族哈尼族拉祜族自治县松香厂	松香、松节油	第五批
富源县	富源县林山野生动物驯养繁殖有限责公司	饲料、野猪养殖	第五批
	富源县聚农绿色食品开发有限公司	核桃乳、核桃油	第六批
陆良县	云南陆良国康天然生物资源开发有限公司	“滇鹿”牌酒、生物药品等	第一批
	云南陆良银河纸业	机制纸	第一批
	陆良招宝特种野生养殖有限公司	特种畜业产品(野猪、孔雀、珍珠鸡餐饮)	第三批
	云南大地生态产业开发有限公司	云新系列核桃接穗、种苗、核桃鲜果、干果及核桃制品	第四批
马龙县	马龙县红石农业科技开发有限公司	琼芬鹿健堂系列保健产品	第五批
师宗县	师宗华海木业有限公司	细木工板、集成材、锯材及防腐阻燃板	第六批
宣威市	宣威市汇丰食用菌开发有限公司	花香菇、平茹、鸡油菌、牛肝菌	第三批
	宣威市虹桥生态旅游开发有限公司	野猪、鹿、野鸡	第五批
	云南为君开园林工程有限公司	林木种苗、花卉及林产品	第六批
沾益县	曲靖鸿昊生物科技有限公司	云南红豆杉苗木、紫杉醇	第七批
	沾益县坤泰园艺有限公司	种植、养殖	第七批
富宁县	云南万道香茶业有限公司	茶叶、山苗、山茶油	第五批
	云南富嘉林产科技有限公司	油茶籽油、八角	第七批
广南县	云南云岭茶油有限公司	油茶种植、茶油加工	第五批
	广南润和木业有限公司	细木工板、直接板、柜子板	第六批
	广南皇饰木业有限公司	细木工板、三层复合板、门板	第七批
	广南县豪威木业有限公司	杉木集成材、直拼板、大芯板	第七批

地点	企业名称	主要产品	批次
丘北县	丘北县富亿木业有限公司	建筑模板、中密度纤维板、木材、木制品及农副产品	第六批
	丘北县双龙油脂有限责任公司	油桐籽	第七批
文山市	文山县金达利三七生物科技有限责任公司	红豆杉、经济林种植、三七系列保健食品加工、销售及进出口经营	第二批
	金光集团文山金文山丰产林有限公司	速生丰产林	第五批
	文山圆和圆经贸有限责任公司	速生丰产林和特色经济林种植	第六批
	文山州叶飞林木种植有限公司	云油茶3、4、9、13、14号，核桃苗木	第七批
砚山县	云南盛禾生态农业科技发展有限公司	漆树、油漆原料	第七批
景洪市	云南金孔雀旅游集团有限公司	森林旅游、特种养殖业、农产品	第一批
	云南勐象竹业有限公司	竹(木)种苗、竹浆、竹板、竹食品等	第四批
	西双版纳增靓生物科技有限公司	铁皮石斛	第五批
	景洪市晨晓商贸有限公司	野猪、野猪制品	第七批
勐海县	云南红土生源药用生物科技开发有限公司	铁皮石斛	第五批
	光明食品集团云南石斛生物科技有限公司	铁皮石斛	第七批
峨山县	峨山彝人谷万亩生态旅游开发有限公司	生态旅游	第七批
	云南峨山高香万亩生态茶业有限责任公司	茶、生态文化旅游	第七批
红塔区	云南玉加宝人造板有限公司	中高密度纤维板	第二批
	云南原林生态有限公司	“高原”牌夏威夷红心小木瓜	第四批
华宁县	云南华龙园林绿化工程有限公司	园林绿化、苗木	第五批
	云南玉溪金土地绿色产品开发有限公司	早熟密橘、柑、冰糖橙	第三批
	玉溪市华冠蔬果有限公司	柑橘	第五批
	云南华宁鑫辰食品有限公司	柿子、核桃	第七批
新平县	新平金龙松香厂	松香、松节油	第三批
	云南新平南恩糖纸有限责任公司	生活用纸、浆板纸、白砂糖	第六批
	新平美坚新型竹材有限公司	竹地板、竹装饰材料	第七批
易门县	云南易门丛山食用菌有限责任公司	“丛山”牌野生食用菌、野生蔬菜、双孢蘑菇	第二批
	云南易门益生绿色食品有限责任公司	“云之南”即食蕨菜系列产品、野生菌系列产品	第二批
	云南易门山里香食品有限责任公司	山野菜、野生菌、板栗	第四批
	易门县康源菌业有限公司	速冻野生食用菌、保鲜蔬菜	第五批
	云南林缘香料有限公司	冰片、梅片	第六批
	云南金土地生态开发有限公司	野生动物驯养繁殖、生态旅游观光	第六批
元江县	云南瑞江木业有限公司	中密度纤维板	第一批
威信县	威信县兴源木业有限公司	细木工板、指接板、柜子板、装饰材料	第七批
	云南威信锦昌生物科技有限公司	黄樟油、木焦油、机制木炭	第七批
盐津县	盐津津华竹产业专业合作社	竹子种植、碎竹片	第六批
昭通市	云南永孜堂制药有限公司	天麻醒脑胶囊	第七批
昭阳区	昭通市宏联实业有限责任公司	水煮猪鬃、核桃系列食品	第六批
镇雄县	镇雄县叶茂开发有限责任公司	蔬菜食品、保鲜笋、保鲜嫩棘芽	第五批

西藏自治区林业产业

【产业特点】 西藏林业产业总产值18.4亿元，第一、二产业占林业产业总产值比重的97.68%，第三产业仅占林业产业总产值的1.32%。林业产业基本情况见表48-1。对林业总产值贡献最大的是木材生产业，占47.39%，其次是森林培育业，占33.42%，然后是果品业9.02%，种苗业4.79%(详见表48-3)。

西藏活立木总蓄积全国第一，薪炭林造林面积全国第二，国家森林公园面积全国第三(详见表48-2)。

【森林食品】 西藏对林下资源的开发利用历史悠久，但仅局限于菌类等少数几种，如松茸、木耳、香菇、灵芝菌、蕨菜、竹笋等，主要进行原料的采集收购和直销。由于加工手段落后，效益低，有待进一步开发利用。2011年，西藏销售各类森林食品140多万千克，其中松茸20万千克，其他各类林下资源产品117万千克。初步形成林芝、工布江达、昌都、芒康等县以松茸为主的林下资源采集加工基地。

【中药材】 西藏的药用植物资源十分丰富，为藏区、藏药的发展提供了雄厚的物质基础。西藏林下资源的开发利用主要以药材为主，部分药材的主要原料经加工成藏药后上市。据初步统计，西藏每年种植和采集各类药材上百万千克，其中虫草3万千克左右。截至到2011年，全区共有骨干藏药厂8个，拉萨藏药厂、昌都藏药厂、日喀则藏药厂、山南藏药厂、林芝藏药厂、那曲藏药厂、阿里藏药厂、聂拉木藏药厂。

【饮　料】 20世纪90年代中期，西藏加大对红景天饮料和制剂的研究开发力度，产生了良好的社会效益和经济效益。其中由西藏山南农业科技开发有限公司研制生产的"雅古都"牌红景天饮料，年生产量约10万件75万千克，产值约200万元，畅销区内外；西藏诺迪康药业股份有限公司研制生产的"诺迪康"牌红景天粉剂，远销东南亚，成为西藏区出口创汇的拳头产品。

【国有林场】 全区共有国有林场5个，均由所在地地区管理，分别为昌都地区林场、林芝地区东久林场、林工商联合公司、更岗森工联合总场和日喀则地区亚东林场。林场实行"自主经营、自负盈亏、产权清晰、责权明确"的企业经营管理方式，实行并完善法人治理结构。截至2011年年末，全区现有森工企业在册职工1216人，离退休人员1177人。全区各国有林场均没有属于自己的林地资源，多年来主要从事木材生产经营，类似于"木材加工厂"。目前，5家国有林场均十分贫困，其中亚东林场自2007年起已全部停止木材生产经营。

【林下经济】 截至2011年，已知有药用植物1000多种、占全国药用植物总数的1/3，糖类和淀粉植物70多种，工业原料植物300多种，油脂油料植物100多种，芳香植物70多种，绿化观赏花卉植物2000余种，可食用菌415种，其中药用菌类238种，丝膜菌等已知有抗癌作用的真菌168种。

(西藏自治区林业厅天保办)

表48-1　西藏林业产业概况

指　标	数量
林业产业总产值(按现行价格计算)(万元)	183850
一、第一产业总产值	168601
(一)涉林产业总产值	168601
1. 林木的培育和种植	70254
2. 木材和竹材的采运	75377
3. 经济林产品的种植与采集	21639
4. 花卉的种植	192
5. 陆生野生动物繁育与利用	73
6. 林业生产辅助服务	1066
二、第二产业总产值	12818

指　标	数量
(一)涉林产业总产值	12370
1. 木材加工及木、竹、藤、棕、苇制品制造	12312
(1)锯材、木片加工	11901
(2)人造板制造	350
(3)木制品制造	26
2. 其他	58
(二)林业系统非林产业产值	448
三、第三产业总产值	2431
(一)涉林产业总产值	2163
1. 林业旅游与休闲服务	1836
2. 林业生态服务	47
3. 林业专业技术服务	0
4. 林业公共管理及其他组织服务	280
(二)林业系统非林产业产值	268
补充资料：全部山区县茶、桑、果产值	13
森林资源情况	
一、森林覆盖率(%)	11.91
二、林地面积(万公顷)	1746.63
三、森林面积(万公顷)	1462.65
四、人工林面积(万公顷)	3.36
五、活立木总蓄积量(万立方米)	227271.36
六、森林蓄积量(万立方米)	224550.91
七、人工林蓄积量(万立方米)	110.74
八、乔木林单位面积蓄积量(立方米/公顷)	266.96
森林培育	
一、荒山荒(沙)地造林面积(按林种用途分)(公顷)	
(一)用材林	27847
(二)经济林	2115
(三)防护林	8789
(四)薪炭林	7954
二、森林抚育面积(公顷)	
(一)低产低效林改造	0
(二)实际幼林抚育	0
(三)成林抚育	13333
三、林业单位数量(家)	42
主要木材、竹材产品产量(万立方米)	
一、木材总计	97.48
(一)原木	29.33
其中：针叶原木	14.66
1. 直接用原木	14.26
2. 等内加工原木	0
3. 其他原木	15.06
(二)薪材	68.15
二、木材采运企业数量(家)	6
三、木材批发企业数量(家)	15
锯材生产	

指　标	数量
一、锯材产量(万立方米)	8.75
二、锯材加工企业数量(家)	10
人造板生产(万立方米)	
人造板总产量	0.18
一、胶合板	0.18
(一)木胶合板	0.08
(二)竹胶合板	0.1
二、纤维板	0
三、刨花板	0
四、其他人造板	0
五、人造板制造企业数量(家)	2
六、胶合板制造企业数量(家)	1
七、纤维板制造企业数量(家)	0
八、刨花板制造企业数量(家)	0
九、其他人造板制造企业数量(家)	1
木制品	
一、木制品企业数量(家)	15
二、生产用木制品企业数量(家)	3
三、生活用木制品企业数量(家)	1
木家具企业	
一、木制家具制造企业数量(家)	25
二、竹藤制家具制造企业数量(家)	1
三、家具零售企业数量(家)	166
木片生产	
一、木片、木粒加工产品(万实积立方米)	0
二、木片加工企业数量(家)	14
竹藤生产	
一、竹、藤、棕、草制品企业数量(家)	3
二、竹、藤、棕、草工艺品制造企业数量(家)	1
果品木本粮油	
一、水果产量(吨)	9405
其中：苹果	5207
梨	967
桃	1227
杏	20
其他水果	1709
二、干果产量(吨)	6326
其中：核桃	4436
其他干果	1890
森林蔬菜	
一、森林食品(干重)(吨)	510
其中：食用菌	510
二、蔬菜、果品批发企业数量(家)	22
调料	
林产调料产品(干重)	71
其中：花椒	71

指　标	数量
中药材	
一、木本药材(吨)	103
其中：杜仲	0
其他木本药材	103
二、中草药及制品批发企业数量(家)	18
花卉	
一、年末实有花卉种植面积(公顷)	20
二、切花切叶产量(万支)	0
三、盆栽植物产量(万盆)	13.56
四、观赏苗木产量(万株)	0.38
五、草坪产量(万平方米)	0
六、花卉场(家)	3
七、花卉企业数量(家)	2
八、花农(万户)	0.01
九、花卉从业人员(万人)	0.02
林产化工	
一、林产化学产品制造企业数量(家)	0
二、香料、香精制造企业数量(家)	16
森林旅游	
一、旅游人次(人)	124000
二、旅游收入(万元)	1836
三、森林公园总数(处)	8
四、森林公园总面积(公顷)	1307014
五、国家森林公园数量(处)	8
六、国家森林公园面积(公顷)	1307014
七、省级森林公园数量(处)	0
八、省级森林公园面积(公顷)	0
九、县级森林公园数量(处)	0
十、县级森林公园面积(公顷)	0
十一、森林公园收入总额(万元)	4134.15
十二、旅游接待总人数(万人次)	38.05
十三、旅游接待海外旅游者(万人次)	0.82
十四、园林绿化企业数量(家)	54
十五、自然保护区管理单位数量(家)	7

表 48-2　西藏林业产业特色

项目名称	全国排名	数量	占全国的比(%)
森林培育业			
薪炭林造林面积(公顷)	2	7954	21.61
林地面积(万公顷)	5	1746.63	5.71
森林面积(万公顷)	5	1462.65	7.48
活立木总蓄积(万立方米)	1	227271.36	15.24
森林蓄积(万立方米)	1	224550.91	16.37
乔木林单位面积蓄积量(立方米/公顷)	1	266.96	310.85
木材采运及锯材木片加工业			
薪材产量(万根)	4	68.15	9.79
森林旅游业			
森林公园总面积(公顷)	4	1307014	7.66
国家森林公园面积(公顷)	3	1307014	11.11

表 48-3　西藏各产业对总产值的贡献

	项目名称	产值(万元)	百分比(%)
	总产值	183850	100
1	木材生产业	87118	47.39
2	森林培育业	61451	33.42
3	果品产业	16576	9.02
4	种苗产业	8803	4.79
5	森林蔬菜产业	2437	1.33
6	森林旅游业	1836	1
7	中药业	1827	0.99
8	茶咖啡产业	798	0.43
9	林业系统非林产业	716	0.39
10	人造板制造业	350	0.19
11	林业服务业	327	0.18
12	竹藤产业(不含家具)	195	0.11
13	园林植物产业	192	0.1
14	野生动物驯养业	73	0.04
15	其他	59	0.03
16	木制品生产业	26	0.01

陕西省林业产业

【产业特点】 陕西省林业总产值326亿元，三产比例85∶8∶7，对林业总产值贡献最大的是果品产业占58.25%，其次是森林培育业8.97%，然后主要是种苗产业5.34%，人造板制造业4.76%（详见表49-3）。陕西省林业基本情况见表49-1。

陕西省林业产业特色突出表现在果品、调料、中药材、林产化工等产业，尤其是猕猴桃产量全国第一，苹果和枣（干重）产量全国第二，花椒产量全国第二，中药材产量全国第一，杜仲产量全国第一，五倍子产量全国第二（详见表49-2）。

【林业科技】 陕西省继续实施“十百千”林业科技示范工程，建设科技示范基地14个、示范点123个、示范户1134户，完成各类适用技术示范推广面积7.93万公顷。全年完成培训23.7万人次，其中林农培训22.2万人次，林业职工培训1.5万人次。

出台《陕西省中央财政林业科技推广示范资金绩效评价办法》，陕西省林业教育培训站被授予陕西省专业技术人员省级继续教育基地称号，《核桃标准综合体》和《花椒标准综合体》通过陕西省质量技术监督局审定并作为陕西省地方标准颁布实施。2011年，陕西省林业厅评选出林业科学技术进步奖8项、林业技术推广奖3项。

【林业专业合作社】 陕西省通过林权制度改革大力发展林农专业合作组织，全省有林农专业合作社985个，林农专业协会124个。太白县被国家林业局确立为全国首批创建农民林业专业合作社示范县”。太白县出台《关于促进农民林业专业合作社发展的指导意见》，用优惠政策，积极引导和扶持广大林农建立核桃、板栗、林下种养等林业专业合作组织，全县成立林业专业合作社11家，合作经营面积0.12万公顷。

【人造板】 陕西省人造板加工企业主要有陕西中兴林产有限责任公司、陕西中兴林产科技有限责任公司、陕西秦晨木业有限公司、蒲城凯达木业有限公司、陕西三河木业有限公司、咸阳中大木业有限公司、诺菲博尔板业（杨凌）有限公司等。

陕西中兴林产有限责任公司是全国农业产业化重点龙头企业和陕西省农业产业、林业产业重点龙头企业。年产量42万立方米，是西北5省（区）最大的人造板生产企业，生产的“西琳”牌、“西京”牌高密度纤维板被评为陕西名牌产品和著名商标。该企业发展木片加工厂300余个，年产量65万吨，从业人员4000余人。2011年，企业实现销售收入2.78亿元，净利润1839万元，上交税金1442万元。

【干　果】 2011年新增核桃、红枣、花椒、板栗、柿子等五大干杂果经济林面积10万公顷，全省核桃种植面积45.07万公顷，产量14万吨，产值31亿元。干杂果经济林基地建设累计完成投资3.4亿元，其中中央投资0.33亿元，市县投资1.2亿元，其他投资1.76亿元。省林业厅分别在宜君县、清涧县和西安建立陕西省渭北核桃产业科技示范基地、陕西省红枣产业科技示范基地和陕西核桃产业科技示范基地。

全省以干杂果经济林产品加工为主的规模以上龙头企业30多家，主要产品有核桃乳、核桃油、水砸核桃、琥珀核桃、椒盐核桃、椒目仁油、花椒芽菜、花椒籽油、柿子醋、滩枣、枣生堂、霸枣、蜜枣、小栗朗等，年产量2.6万吨，产值4.5亿元。主要加工企业有陕西棋智核桃饮品有限公司、柞水亿升核桃发展有限公司、金太阳油脂有限公司、韩城市宏达花椒香料有限公司、陕西春光油脂有限公司、陕西天和新农业发展有限公司、巨鹰枣业有限责任公司、延安资航工贸有限责任公司、延川兴盛红枣开发有限责任公司、宏祥有限责任公司等。

陕西省林业厅印发《关于进一步加强核桃等干杂果经济林基地建设的通知》，指导各基地县解决干杂果经济林基地建设中存在的问题，确保基地建设成效，促进核桃等干杂果经济林建设快速健康发展。陕西省林业厅、陕西省财政厅印发《关于下达2011年核桃经济林基地建设省级财政补助资金计划的通知》，下达各市县核桃经济林基地建设省级财政补助资金5000万元。

陕西省林业厅印发《关于切实加强监管 确保种苗质量的通知》，要求各市重视林木种苗尤其是核桃等经济林良种苗木生产供应过程的管理。严格实行核桃良种种苗生产经营许可制，核发核桃良种种苗生产经营许可证98份，规范核桃种苗生产，定点采穗，做到种源清楚、品种清楚、销售去向清楚，保证核桃良种种苗质量，为核桃产业发展提供良种壮苗。

9月，全国核桃科技推广研讨会暨中央财政林业科技推广示范资金核桃项目进展汇报会在西安召开。来自全国11个核桃重点省区林业厅(局)推广工作的负责人以及承担2009年中央财政林业科技推广示范资金跨区域推广项目的24个核桃推广项目负责人参加了会议。各省代表进行了核桃科技推广工作研讨，并现场参观陕西核桃综合配套丰产栽培技术示范点。

【油　茶】 油茶面积1.84万公顷，茶油产量163.1吨，产值7593.3万元。加工企业主要有安康市绿康高新农副业开发有限公司、旬阳明文油脂有限公司、陕西金籽茶油公司、汉源油脂有限公司、盛秦嘉业有限公司。

【种苗花卉】 杨凌现代农业示范园区苗木花卉产业基地自2009年开工建设以来，积极采取各种优惠措施，吸引了陕西省果业局苹果示范基地、杨凌汇承果业有限公司苗木基地、四川长龙生态林业发展有限公司苗木基地、杨凌森森种业有限公司苗木基地、中国今日花卉公司花卉繁育基地等13家苗木花卉龙头企业落户示范园区，共建立优质种苗花卉繁育基地200余公顷。在企业带动下，全区共有群众自繁自育核桃、苹果、葡萄等经济林苗木和绿化用苗600余公顷，建设万亩苗木花卉基地的目标已初见成效，全区苗木花卉产业年产值突破2000万元，增加农民纯收入300元以上。

陕西省周至县把苗木花卉确定为县域经济一大支柱产业，全县苗木花卉种植面积0.43万公顷，生产的苗木花卉品种包括城镇绿化类、经济林类、用材林类、观赏类等共400多种。全县现有苗木花卉注册企业180多家，经营面积在千亩以上有8家。全县苗木花卉总产值12亿元，年销售苗木3.5亿株，年产值4.5亿元 。

【野生动物保护繁育】 2011年繁育朱鹮254只，全省朱鹮种群数量1270余只。2011年繁殖林麝940只，全省林麝存栏数量3594只，居全国之首，占全国林麝饲养总量的60%。

4月，全国大熊猫保护工作会议在陕西汉中召开，来自四川、甘肃及陕西从事自然保护区管理和野生动物保护的100多位代表参加了会议。

5月23~24日，朱鹮保护30周年国际研讨会在朱鹮之乡陕西洋县召开。研讨会由国家林业局和陕西省政府共同举办，陕西省林业厅和汉中市人民政府协办。来自中日韩3国的100多位专家学者参加了会议。

【林下经济】 陕西省林下经济从业人数73万人，年经营收入139亿元，林农年人均林下经济收益310元，全省树立宁陕、凤县、蓝田、佛坪、丹凤、太白、留坝等林下经济发展示范县。全省以杜仲、山茱萸等为主的中药材栽培面积13.8万公顷，年产值8.4亿元；以蕨菜、香菇、木耳等为主的森林绿色食品年产量4万吨，产值3.2亿元；森林猪存栏6万头，森林鸡、鸭养殖50万只，养蜂10万余箱，年产值1.3亿元。

【生态文化】 3月6日，国家林业局与陕西省人民政府共同签署合作共建“绿色陕西”备忘录，确立了国家重点支持陕西林业生态建设的新机制，力争将陕西打造为西部生态大省和林业强省。

7月7日，陕西省林业厅与省委宣传部、陕西电视台共同策划拍摄了6集电视纪录片《陕北启示录》在央视十套《探索发现》栏目播出，引起强烈反响。该片从自然环境、民族命运、国家战略等方面深入探讨陕北对共和国昨天、今天、未来可持续发展所做出的特殊贡献和伟大实践及其带给人们的深刻启示，特别是从绿色的角度讴歌了陕北这一特殊区域在改善生态环境、促进人与自然和谐发展的道路上所进行的伟大实践。

4月25日，安康市金州广场“万人品茗”活动获得世界纪录协会认定，创世界上同时品茗人数最多世界纪录。安康紫阳富硒茶、平利绞股蓝获得国家地理标志产品认证和中国名茶之乡殊荣，进入中国农产品区域公用品牌百强行业。

【森林旅游】 森林公园的特色旅游项目主要包括：太白山国家森林公园高山森林植物垂直分布带谱，楼观台国家森林公园珍稀濒危及野生动物认养和观赏，金丝大峡谷国家森林公园的峡谷美景，紫柏山国家森林公园的天坑奇观，千家坪国家森林公园的高山草甸，太平国家森林公园的溪流瀑布，木王国家森林公园的万亩杜鹃花海，延安国家森林公园的宝塔山，劳山国家森林公园的陕北民风民俗展示，黎平国家森林公园的鱼鳞奇石等。

【博览会】

首届中国核桃节 9月10～11日，在河北邢台举办。陕西省的14个核桃品种获得2个金奖、3个银奖和11个优秀奖。

第二届中国国际林业产业博览会 陕西展厅采取图文并茂和实物展示的方式，陕西核桃、花椒、红枣等林产品获得博览会8项金奖，2项优质奖，陕西省林业产业中心荣获林业产业突出贡献奖，陕西展团荣获最佳参展奖、优秀布展奖、优秀组织奖。

2011世界园艺博览会 在西安举办。陕西省林业厅组织实施园区和周边绿化，切实抓好引进植物检疫，精选42只大熊猫、朱鹮等“秦岭四宝”入驻世园，接待国内外来宾100多批次2000多人次，为世园会成功举办发挥了重要的协调和保障作用。

第十八届中国杨凌农业高新科技成果博览会 11月5～9日在杨凌举行。“农高会”是全国四大科技展会之一，由国家科技部、商务部、教育部、财政部、住房和城乡建设部、农业部、水利部、环境保护部、海关总署、国家税务总局、国家质量监督检验检疫总局、国家林业局等19个国家部委和陕西省人民政府联合主办。陕西省林业厅组织有关单位和企业参加了展览。

陕西第四届旅游商品博览会 9月2～5日在西安举办。博览会由陕西省旅游局、省商务厅、省文物局、省文化厅、省林业厅等单位主办，共有1000个展位，设置6个专题展区展馆，陕西省11个市区和陕西周边的山西、河南、甘肃、青海、宁夏、四川、湖北等省区共126个县(市、区)、近500个旅游景区(景点)参加本届旅游博览会。陕西省展厅展示了被誉为“四大国宝”的大熊猫、朱鹮、金丝猴、羚牛等珍稀动物标本和茶叶、核桃、木耳、花椒、板栗、石榴、猕猴桃、苹果、中药材等林特产品。此次博览会上，陕西牛背梁、金丝大峡谷、太平、汉中黎坪国家森林公园被评为十大最具魅力旅游景区景点称号。

首届中国秦岭金丝峡兰花节暨陕西省第五届兰花展 4月21～23日在陕西商洛金丝峡举办。本届兰花展由中国植物学会兰花分会、省林业厅、省旅游局主办，省兰花协会、省旅游摄影协会协办。本届兰花节以“天下奇峡·兰花之都”为主题，宣传秦岭兰花文化，推动兰花新兴绿色产业的发展。来自韩国、台湾等国家和地区的兰花界知名人士及客商3000余人参会，2500余盆国兰、秦岭蕙兰等近千个珍稀品种在展会亮相。

(庞　燕)

表49-1　陕西林业产业概况

指　标	数量
林业产业总产值(按现行价格计算)(万元)	3258288
一、第一产业总产值	2786660
(一)涉林产业总产值	2776599
1. 林木的培育和种植	466557
2. 木材和竹材的采运	40144
3. 经济林产品的种植与采集	2214365
4. 花卉的种植	45680
5. 陆生野生动物繁育与利用	3386
6. 林业生产辅助服务	6467
(二)林业系统非林产业产值	10061
二、第二产业总产值	254652
(一)涉林产业总产值	245694

指　标	数量
1. 木材加工及木、竹、藤、棕、苇制品制造	190241
(1)锯材、木片加工	16423
(2)人造板制造	154986
(3)木制品制造	12723
2. 木、竹、藤家具制造	8717
3. 林产化学产品制造	0
4. 非木质林产品加工制造	11196
5. 其他	34170
(二)林业系统非林产业产值	8958
三、第三产业总产值	216976
(一)涉林产业总产值	187908
1. 林业旅游与休闲服务	66087
2. 林业生态服务	108513
3. 林业专业技术服务	4345
4. 林业公共管理及其他组织服务	8963
(二)林业系统非林产业产值	29068
补充资料：全部山区县茶、桑、果产值	212642
森林资源情况	
一、森林覆盖率(%)	37.26
二、林地面积(万公顷)	1205.8
三、森林面积(万公顷)	767.56
四、人工林面积(万公顷)	183.27
五、活立木总蓄积量(万立方米)	36144.16
六、森林蓄积量(万立方米)	33820.54
七、人工林蓄积量(万立方米)	2031.13
八、乔木林单位面积蓄积量(立方米/公顷)	59.65
森林培育	
一、荒山荒(沙)地造林面积(按林种用途分)(公顷)	
(一)用材林	4051
(二)经济林	84570
(三)防护林	237131
二、森林抚育面积(公顷)	
(一)低产低效林改造	59569
(二)实际幼林抚育	393154
(三)成林抚育	269192
三、林业单位数量(家)	1511
主要木材、竹材产品产量(万立方米)	
一、木材总计	54.24
(一)原木	33.52
其中：针叶原木	2.09
1. 直接用原木	7.6
2. 等内加工原木	1.78
3. 其他原木	21.09
(二)薪材	20.72
二、木材采运企业数量(家)	31
三、竹材采运企业数量(家)	7

指　标	数量
四、木材批发企业数量(家)	357
锯材生产	
一、锯材产量(万立方米)	2.39
二、锯材加工企业数量(家)	101
人造板生产(万立方米)	
人造板总产量	69.66
一、胶合板	1.49
木胶合板	1.49
二、纤维板	67.76
三、刨花板	0.18
四、其他人造板	0.23
五、人造板制造企业数量(家)	217
六、胶合板制造企业数量(家)	85
七、纤维板制造企业数量(家)	27
八、刨花板制造企业数量(家)	24
九、其他人造板制造企业数量(家)	54
木制品	
一、木制品企业数量(家)	658
二、生产用木制品企业数量(家)	429
三、生活用木制品企业数量(家)	118
四、中乐器制造企业数量(家)	8
五、西乐器制造企业数量(家)	3
木家具企业	
一、木制家具制造企业数量(家)	1179
二、竹藤制家具制造企业数量(家)	23
三、家具零售企业数量(家)	1919
木片生产	
一、木片、木粒加工产品(万实积立方米)	0.53
二、木片加工企业数量(家)	127
竹藤生产	
一、竹、藤、棕、草制品企业数量(家)	101
二、竹、藤、棕、草工艺品制造企业数量(家)	41
果品木本粮油	
一、水果产量(吨)	7802345
其中：苹果	5612745
梨	548859
葡萄	136956
桃	244429
杏	115029
猕猴桃	468958
其他水果	280575
二、干果产量(吨)	1096664
其中：核桃	142680
板栗	68558
枣(干重)	702968
柿子(干重)	160134

指　标	数量
仁用杏	2700
山杏仁	10689
松子	863
其他干果	7735
三、木本油料	10248
其中：文冠果	2
其他木本油料	318
四、水果罐头制造企业数量(家)	37
森林蔬菜	
一、森林食品(干重)(吨)	38412
其中：食用菌	33554
山野菜	3769
其他森林食品	73
二、蔬菜、果品批发企业数量(家)	1551
调料	
林产调料产品(干重)	52437
其中：花椒	52324
中药材	
一、木本药材(吨)	234434
其中：杜仲	84698
枸杞	9558
山茱萸	4753
其他木本药材	114829
二、中草药及制品批发企业数量(家)	782
花卉	
一、年末实有花卉种植面积(公顷)	3527
二、切花切叶产量(万支)	664.29
三、盆栽植物产量(万盆)	497
四、观赏苗木产量(万株)	7343.88
五、草坪产量(万平方米)	26.14
六、花卉场(家)	56
七、花卉企业数量(家)	148
其中：大中型企业	35
八、花农(万户)	0.35
九、花卉从业人员(万人)	1.57
其中：专业技术人员	0.14
十、控温温室面积(万平方米)	15.72
十一、日光温室面积(万平方米)	48.66
林产化工	
一、林产化学产品制造企业数量(家)	32
二、香料、香精制造企业数量(家)	34
蚕	
一、缫丝企业数量(家)	36
二、绢纺企业数量(家)	9
森林旅游	
一、旅游人次(人)	8430887
二、旅游收入(万元)	66087
三、森林公园总数(处)	82
四、森林公园总面积(公顷)	317513.26
五、国家森林公园数量(处)	31
六、国家森林公园面积(公顷)	158628.27
七、省级森林公园数量(处)	46
八、省级森林公园面积(公顷)	153037.29
九、县级森林公园数量(处)	5
十、县级森林公园面积(公顷)	5847.7
十一、森林公园收入总额(万元)	40098.52
十二、旅游接待总人数(万人次)	1133.5
十三、旅游接待海外旅游者(万人次)	10
十四、园林绿化企业数量(家)	3469
十五、自然保护区管理单位数量(家)	114
森林机械	
一、森林工业专用设备制造企业数量(家)	11
二、营林机械制造企业数量(家)	6

表 49-2　陕西林业产业特色

项目名称	全国排名	数量	占全国的比(%)
概况			
各类经济林产品总产量(吨)	4	9290908	6.94
森林培育业			
经济林造林面积(公顷)	3	84570	6.94
防护林造林面积(公顷)	3	237131	6.43
低产低效林改造面积(公顷)	5	59569	7.55
荒山荒(沙)地造林面积(公顷)	4	325752	5.43
果品产业			
水果产量(吨)	4	7802345	6.8
苹果产量(吨)	2	5612745	18.1
猕猴桃产量(吨)	1	468958	63.91
干果产量(吨)	2	1096664	11.83
核桃产量(吨)	4	142680	8.62
枣(干重)产量(吨)	2	702968	20.27
柿子(干重)产量(吨)	3	160134	14.92
仁用杏产量(吨)	5	2700	3.34
山杏仁产量(吨)	4	10689	6.84
木本粮油产业			
文冠果产量(吨)	3	2	7.14

项目名称	全国排名	数量	占全国的比(%)
调料产业			
花椒产量(吨)	2	52324	17.92
中药业			
木本药材产量(吨)	1	234434	16.33
杜仲产量(吨)	1	84698	42.8
厚朴产量(吨)	2	20580	13.96
山茱萸产量(吨)	2	4753	10.96
其他木本药材产量(吨)	2	114829	13.65
中药材及中成药加工企业数量(家)	3	861	6.76
林产化工产业			
生漆产量(吨)	3	2190	11.61
五倍子产量(吨)	2	3421	19.38
栲胶类产品产量(吨)	4	100	1.1
栲胶产量(吨)	4	100	1.1
森林旅游业			
社会旅游从业人员(人)	4	35025	5.44
自然保护区管理单位数量(家)	5	114	3.51

表 49-3　陕西各产业对总产值的贡献

	项目名称	产值(万元)	百分比(%)
	总产值	3258288	100
1	果品产业	1897947	58.25
2	森林培育业	292427	8.97
3	种苗产业	174130	5.34
4	人造板制造业	154986	4.76
5	林业服务业	121821	3.74
6	茶咖啡产业	102856	3.16
7	其他	99362	3.05
8	森林蔬菜产业	79821	2.45
9	中药业	79745	2.45
10	森林旅游业	66087	2.03
11	木材生产业	49813	1.53
12	林业系统非林产业	48087	1.48
13	园林植物产业	45680	1.4
14	木制品生产业	14093	0.43
15	竹藤产业(不含家具)	12863	0.39
16	木竹藤家具制造业	8717	0.27
17	野生动物驯养业	3386	0.1

表 49-4　2011 年发布的政策规划标准

名　称	发布单位
陕西省人民政府关于建设千里绿色长廊的意见(陕政发〔2011〕10 号)	陕西省人民政府
关于下达“十二五”期间年森林采伐限额的通知(陕政发〔2011〕21 号)	陕西省人民政府
关于进一步深化集体林权制度改革的意见(陕办发〔2011〕19 号)	陕西省委、省政府办公厅
陕西省千里绿色长廊建设规划(2011～2013 年)	陕西省林业厅
陕西省防沙治沙规划(2011－2020 年)	陕西省林业厅
陕西省林业“十二五”信息化建设规划(2011～2015 年)	陕西省林业厅
核桃标准综合本(DB)(2011 年 7 月 1 日起实施)	陕西质量技术监督局
花椒标准综合体(DB)(2011 年 7 月 1 日起实施)	陕西质量技术监督局

表 49-5　已结题有成果的科研项目

研究项目名称	研究单位	完成时间	获奖情况
林木鼠(兔)害综合控制关键技术与示范	陕西林研中心、国家林业局森林病虫害防治总站、陕西森林病虫害防治检疫总站	2010 年	陕西林业科学技术进步特等奖
红枣良种选育及优质高效栽培	陕西林研中心、大荔红枣局、清涧县红枣技术推广站、佳县红枣工作站、延川县红枣技术推广站	2010 年	陕西林业科学技术进步特等奖
秦仲 1－4 号杜仲良种选育与次生代谢物深度开发利用技术研究	陕西省林研中心	2010 年	陕西省林业科学技术进步特等奖
佛坪自然保护区大熊猫种群动态及保护对策研究	陕西佛坪国家自然保护区管理局、中国科学院动物研究所	2010 年	陕西林业科学技术进步一等奖
良种鲜食枣节约高效栽培技术研究	西安市林业技术推广中心	2010 年	陕西林业科学技术进步一等奖
汉江沿岸困难立地条件造林绿化综合技术研究与应用	安康市林业技术推广中心	2010 年	陕西林业科学技术进步一等奖

研究项目名称	研究单位	完成时间	获奖情况
延安市文冠果栽培技术	富县林业站	2010 年	陕西林业科学技术进步二等奖
花椒籽酸性颗粒有机肥研制与示范推广	韩城市林业科技中心	2010 年	陕西林业科学技术进步二等奖
板栗优良品种及配套栽培技术示范	陕西林研中心、山阳县林业局、商州区林业局、镇安县林业局、柞水县林业局、丹凤县林业局、商南县林业局	2010 年	陕西林业技术推广一等奖
核桃生产六项关键技术研究与推广	宜君县核桃产业办公室	2010 年	陕西林业技术推广一等奖
竹林丰产培育技术推广	安康市林业技术推广中心	2010 年	陕西林业技术推广一等奖

表 49-6　陕西省中国名特优经济林之乡

荣誉名称	单位	授予单位	授予时间
中国核桃之都	商洛市	中国经济林协会	2011 年
中国核桃之乡	黄龙县	国家林业局	2001 年
中国核桃之乡	镇坪县	国家林业局	2004 年
中国核桃之乡	洛南县	国家林业局	2000 年
中国红枣之乡	佳县	国家林业局	2001 年
中国红枣之乡	延川县	国家林业局	2001 年
中国枣之乡	大荔县	国家林业局	2001 年
中国花椒之乡	凤县	国家林业局	2004 年
中国花椒之乡	韩城	国家林业局	2000 年
中国板栗之乡	镇安县	国家林业局	2000 年
中国柿子之乡	富平县	国家林业局	2001 年
中国柿子之乡	商州区	国家林业局	2001 年
中国杜仲之乡	略阳县	国家林业局	2000 年
中国茶叶之乡	西乡县	国家林业局	2001 年
中国山茱萸之乡	佛坪县	国家林业局	2001 年
中国漆树之乡	平利县	国家林业局	2004 年
中国苹果之乡	礼泉县	国家林业局	2000 年
中国苹果之乡	旬邑县	国家林业局	2001 年
中国柑橘之乡	城固县	国家林业局	2001 年

表 49-7　2011 年批准认定的省级林业龙头企业

	企业名称
1	陕西中兴林产有限责任公司
2	陕西绿迪投资控股集团有限公司
3	陕西德融科技信息发展有限公司
4	西安汇丰生态农林科技股份有限公司
5	陕西鑫源林业工程开发有限公司
6	陕西绿源旅游景观工程有限公司
7	渭南市雅典家具有限公司
8	西安市宝润实业发展有限公司
9	陕西华州林业生态有限公司
10	陕西岩林门业有限公司
11	韩城市宏达花椒香料有限公司
12	陕西春光油脂有限公司
13	延川县兴盛红枣开发有限责任公司
14	延安华联锦园沙棘生物工程有限公司
15	延安资航工贸有限责任公司
16	陕西大统生态开发有限公司
17	勉县双龙绿色产品开发有限公司

甘肃省林业产业

【产业特点】 甘肃省从三次产业结构看，一、二、三次产业结构，2010 年为 85.9∶5.7∶8.4，2011 年为 88.2∶3.9∶7.9；与 2010 年相比较，第一产业比重有所增长，第二产业和第三产业比重有所降低。甘肃省林业产业概况见表 50-1。

甘肃省林业产业特色突出表现在木本粮油、调料、中药材产业上，尤其是油橄榄产量全国第一，花椒产量全国第一(详见表 50-2)。从各产业对总产值的贡献来看，果品产业对总产值的贡献最大占 56.41%，其次是森林培育业占 11.06%(详见表 50-3)。

【政策法规】 甘肃省先后制定出台《关于加快林业发展的决定》、《关于加快农村支柱产业的决定》、《关于加快林业产业发展意见》、《甘肃省林木种苗管理条例》、《甘肃省森林公园管理办法》、《关于加快全省花卉产业发展的意见》、《甘肃省 1000 万亩优质林果基地建设发展规划(2010～2012 年)》、《甘肃省林果产业发展扶持办法》、《甘肃省林业厅关于支持葡萄酒产业发展的意见》、《甘肃省林业厅、甘肃省卫生厅关于加强药用木本植物种植工作的通知》等政策性文件。

【科技教育】 2011 年，甘肃省级科研单位争取国家部委科研项目 15 项，省级科技计划项目 16 项。通过验收鉴定科研推广项目 51 项，获得甘肃省科技进步奖励 9 项。组织申报国家林业行业标准 13 项，参与审定通过地方行业标准 16 项，地理标志产品 1 项，获得专利 5 项。全省林业科研单位出版论著 5 部，发表科技论文 350 余篇。组织申报 2011 年中央财政林业科技推广项目 10 个，重点扶持油橄榄、核桃、葡萄、枣等优质特色林果基地建设及先进实用技术的示范推广。对全省 2009 年和 2010 年中央财政林业科技示范资金安排的 18 个项目进行绩效评价，项目评分为 97 分、评价等级为 A 级。2011 年度确定全省林业科技特派员 60 名，组织科普宣传活动 60 次，印发林业适用技术科普资料 2 万份(册)，出动宣传车 50 次，悬挂标语 102 副，举办各类培训班 150 期，培训专业技术人员 500 人次，培训农民技术员 3000 人次。

【林果基地建设项目】 根据甘肃省委、省政府 2010 年 1 月下发的《关于实施〈中共中央国务院关于加大统筹城乡发展力度进一步夯实农业农村发展基础的若干意见〉的意见》(甘发〔2010〕1 号)、《关于启动六大行动促进农民增收实施意见》和 2010 年全省农村工作会议的有关精神，省林业厅组织编制了《甘肃省 1000 万亩优质林果基地建设发展规划(2010～2012 年)》(以下简称《规划》)，并广泛征求省发改委、省财政厅、省农牧厅等相关部门的意见建议，积极修改完善，于 2010 年 12 月由省政府办公厅下发各地实施。2011 年是 1000 万亩优质林果基地建设项目实施的第一年，全省各级林业主管部门落实完成建设任务 19.41 万公顷，其中新建基地 5.12 万公顷，提质增产 14.29 万公顷，果品总产量增加 78 万吨，果品总产值增加 25 亿元。

完成良种苗木繁育基地 0.25 万公顷 其中良种苗木基地 0.15 万公顷，年产优质嫁接苗木 1.1 亿株，基本满足了标准化示范园建设需求；良种采穗基地 0.1 万公顷，年产良种单芽接穗 5.9 亿支，满足了提质增产基地建设需求。

完成标准化示范园建设 发挥财政资金的引导作用，2011 年新建或改建连片规模 33.33 公顷以上的省级优质丰产标准化示范园 60 个。标准化示范园重视推广生态栽培技术和节水丰产技术，推行质量安全可追溯制度，鼓励发展绿色、GAP 和有机果品生产，鼓励申报产地认证和产品认定。

完成专业技术人员培训 各级林业主管部门和林业技术推广部门举办林果产业培训班 45 期，

培训专业技术人员5900人次。陇南由市政府牵头、市林业局组织举办花椒、油橄榄、核桃优质丰产栽培技术培训班，参加培训的有县区主管林业副县长、林业局局长、林果业务骨干等，一次性培训学员300余人。

完成果农培训 县区林业主管部门和林业技术推广部门采取集中培训、现场示范、进村进户等方式，培训果农66.3万人次。

落实林果产业科技支撑项目 2011年，省厅将中央财政林业技术推广示范资金项目、省级财政林业技术推广项目全部落实到林果产业发展中，加上林果产业发展扶持办法科技支撑项目及市州科技项目，2011年落实林果产业技术攻关及示范推广项目87项，落实资金3600万元。

培育林果产品“三品一标” 依托省级财政品牌创立奖励资金，2011年培育林果产品“三品一标”11项。其中黄河石林牌枸杞等无公害认证5项；红提葡萄等有机农产品认证3项；小口大枣、武都橄榄油、武都花椒等国家地理标志产品3项。

全省林果产品检验检测网络体系开始建设 省厅分步骤推进全省林果产品检验检测网络体系。目前，已投资160万元依托省林业科学技术推广总站建设省级林果产品品质监督检验检测中心。

【花　卉】 目前，甘肃的月季、紫斑牡丹、仙客来、观赏百合、唐菖蒲等花卉产品已形成明显的区位优势和市场优势，建成六大花卉生产基地，销售网络覆盖东南亚地区和国内20多个城市。建成以兰州为主的优质鲜切花生产基地，以临夏、兰州、定西为主的牡丹、芍药花卉生产基地，以河西为主的优质草花制种基地，以陇南、天水为主的盆景及观果、观叶植物生产基地，还有以食用、药用、工业用花生产为主的兰州百合、庆阳黄花、酒泉啤酒花的特种花卉基地等。全省118家花卉企业花卉产品在春节、清明、中秋等节日期间备受青睐。美兰等花卉公司引进自控日光温室生产花卉，所产东方百合高档鲜切花品质达到世界花卉强国荷兰的水平。天水绿鹏公司用航天育种技术繁育的太空仙客来荣获国家级产品奖。秦州区培育出自主花卉品牌——李氏菊花，培育出以“华严的龙”、“兼六香菊”、“国华猩然”等优良品种为代表的400多个菊花品种。

【种　苗】 2011年，甘肃省共育苗33亿株，育苗面积19100公顷。其中留床面积9200公顷，育苗量9.2亿株；新育9867公顷，育苗量23.8亿株。主要树种以庆阳子午岭油松、小陇山落叶松、临夏云杉、玉门新疆杨为主。2011年共计销售苗木4.9亿株，销售金额5.8亿元。

【主要品牌】 主要知名林产品品牌有平凉金果、秦安蜜桃、天水花牛苹果、临泽小枣、陇南大红袍花椒、康县薄皮核桃、“祁连传奇”系列葡萄酒、莫高系列葡萄酒、“御泽春”系列茶叶、“翔宇”牌油橄榄系列，“田园”牌油橄榄系列等。

甘肃花椒 产量和产值在全国名列前茅，主要分布在甘肃陇南、天水、临夏、平凉、甘南、定西、庆阳、兰州等市(州)的33个县(区)。其中陇南、临夏、天水3市(州)的22个县(区)栽培面积占全省栽培总面积的96%。在全省33个花椒栽培县(区)中，栽培面积排名前10位的是武都区、康县、临夏县、积石山县、文县、礼县、宕昌县、秦安县、西和县、甘谷县，约占全省栽培总面积的85%。截至2011年底，全省花椒栽培总面积25.04万公顷，产量8.65万吨。特别是甘肃陇南自古素有“千年椒乡”的美誉，是优质花椒“大红袍”的故乡。2011年7月19日，中国陇南(武都)花椒产销对接暨经贸洽谈会在甘肃陇南举办，有效提升甘肃省花椒品牌的知名度，实现了产销对接。

甘肃苹果 甘肃省主要苹果品牌有天水花牛苹果、平凉金果等以及静宁苹果、泾龙、赤诚、陇蜜、董志塬、礼县苹果、秦安苹果等品牌。苹果是甘肃省分布范围最广、栽培面积最大的果树树种，全省14个市、州都有苹果栽培。位于陇东南黄土高原的平凉、庆阳、天水、陇南(礼县、西和)是全省的苹果主产区。截至2011年底，平凉、庆阳、天水、陇南4市栽培苹果36.19万公顷，产量330.54万吨，产值55.61亿元。全省已建成1000吨级以上现代化果品气调库130座，500～1000吨级气调库578座，机械低温冷藏库220座，以土窑洞为主的各种简易贮藏果窖3.2万个，总贮藏能力72万吨，占全省苹果产量的44%。仅甘肃静宁县成立贮藏营销企业15家，建成500吨级以上气调库26座，果品总贮藏能力16万吨，占全县苹果产量的70%。全省有各类苹果加工、包装、产后处理、苗木繁育等相关企业150多家。其中苹果浓缩果汁加工企业8家，有自营出口权的果品企业16家，果袋生产企业24家，苹果采后商品化处理(清洗、消毒、分级、打蜡、包装等)生产线11条，100亩以上苹果良种苗木繁育企业4家，还有苹果醋、苹果酒、苹果脆片等中小型加工企业9家，部分企业尚处于起步阶段。全省建设中小型果品批发市场、产地交易市场60多处，年交易量约60多万吨。在历次中国国际农产品交易会、中国国际水果展览会等大型展会上，甘肃花牛苹果、平凉金果、庆阳红富士苹果等荣获一系列金奖和奥运推荐果品、中华名果等称号。

甘肃核桃 主要分布在陇南、天水、平凉、庆阳、临夏、甘南等全省的7个市州32个县区。2011年底，全省种植面积超过1.33万公顷的县有陇南市康县、成县和平凉市华亭县，成县和康县先后被国家林业局命名为中国名特优经济林核桃之乡。陇南是中国秦巴山地最佳核桃适生区之一，为全国核桃重点产区。近年来，陇南市核桃产业收益连续呈几何级数递增，已成为该市发展面积最大，覆盖面最广，群众收益较宽，最具开发潜力的特色林果产业。2011年，全市核桃面积19.53万公顷，户均100株，产量2.1万吨；从事核桃生产的农户42.01万户，占总农户的76.9%。其中康县栽植3.6万公顷，户均200株，年产5000吨。

陇南油橄榄 油橄榄是一种常绿木本油料树，原产地中海沿岸国家。20世纪60年代，国务院总理周恩来出访阿尔巴尼亚时，阿政府向中国赠送了一批油橄榄苗木，经当时的林业主管部门请专家评估后，将甘肃武都作为全国3个引种区之一，结果表明，武都白龙江河谷区是最佳适生区，试榨的橄榄油之品质也居其他引种区油品之首，从此拉开了规模种植油橄榄的序幕。至2011年，陇南市已种植1.73万公顷，成为全国最大的油橄榄种植区。陇南市武都区是陇南市油橄榄的主要种植区，至2010年，已种1.1万公顷，已建成佛堂沟、星海、大湾沟、董家坝等千亩以上的油橄榄种植基地7处。在扩大基地规模的同时，区上配套建成祥宇、田园、世博林等9家橄榄油加工企业，先后开发出食用油、化妆品、油橄榄茶、油橄榄酒等系列产品，畅销北京、天津、西安、兰州等10多个城市，年生产初榨油900吨，每年产值约2.16亿元。

2011年10月7~9日，全国油橄榄产业发展研讨会暨中国经济林协会油橄榄协作组换届会议在陇南武都召开。来自北京、福建、上海、成都、西安、昆明等20多个省市的120多位专家，齐聚甘肃陇南武都区，以边参观、边研讨的形式，参加了油橄榄自1964年引进国内以来，首次面对丰收景象的盛会。在这次研讨会上，武都区被中国经济林协会授予中国油橄榄之乡称号。

临泽红枣 有1400多年的栽培史，规模种植也有百年之久。临泽小红枣因其品质优良，多次被评为国内优质果品，1995年被国内贸易部命名为中华老字号产品，2001年被国家林业局命名为中国枣乡，2007年向国家工商总局申请注册了临泽小枣证明商标，2008年被国家质量监督检验检疫总局批准发布为地理标志保护产品，2010年被农业部绿色食品管理办公室批准为全果绿色食品原料标准化生产基地。2011年，全县红枣栽培面积0.68万公顷，户均0.2公顷，产枣1.24万吨，产值4464万元，农民人均枣收入360元。为提高红枣的附加值，先后兴办了昭武枣业食品、甘肃西域食品、临泽京沙酿造、临泽莊园枣业、临泽绿然枣业、临泽红红枣业、临泽祁连红枣业、临泽众和商贸等20家枣产品加工企业，年生产能力约2500吨，其产品在各种展会上曾获国家、省(部)级奖10多项，行销10多个省(市、区)。

秦安蜜桃 秦安县历来有植桃的传统，经近20多年的不断选育，终于培育了个大味美、色泽鲜艳、水多又较易贮运的鲜桃品种，并在全县广为种植，2011年，全县鲜桃面积近0.63万公顷，桃农3.8万户，户均0.17公顷，产鲜蜜桃9.9万吨，产值2.4亿万元。为促进销售，全县建立营销鲜桃等果品的龙头企业3户，建立产地营销市场8个，鲜蜜桃远销10几个省(市、区)。

天水大樱桃 天水自1989年从东北引进优质大樱桃品种后，经10多年的示范推广，至2011年已在秦州区、麦积区、秦安县、清水县等县(区)种植0.43万公顷，产量7300吨，产值1.3亿元。在2010年中国樱桃年会暨中国优质甜樱桃北京擂台赛上夺金、银奖各1项，又在国家工商总局商标局注册农业地理商标——秦州大樱桃。天水市已做出规划，拟将秦州大樱桃作为主导果种之一，在适生区规模发展。

瓜州枸杞 瓜州枸杞获得中国绿色食品A级认证。截至2011年年底，全县建成枸杞示范点69个，其中千亩以上集中连片示范点11个，双百亩集中连片示范点15个，百亩集中连片示范点43个。现有枸杞种植总面积0.39万公顷，枸杞干果产量8700吨，单产150千克。瓜州枸杞已成为当地农民增收致富的支柱产业和“绿色银行”。

【龙头企业】 据统计，全省现有大型林下产品加工企业10多个，全省有各类花卉营销企业190多个。

甘肃祁连葡萄酒业有限责任公司 是原甘肃省白龙江林业管理局根据国家产业发展政策，按照国家林业局实施天然林资源保护工程的规划和部署，转产组建的大型现代化酿酒葡萄种植与葡萄酒酿造的省级农业产业化重点龙头企业。截至2001年，公司累计投资3亿多元，建成优质酿酒葡萄基地1066.67公顷，全套引进法国、意大利的酿酒技术和设备，建成葡萄酒生产一期工程，储酒能力7400吨。公司以中国农业大学葡萄酒研究中心为技术依托，严格按照OIV标准，采用国际和国内先进的酿酒技术，已成功开发出“祁连传奇”干红、干白、冰红、冰白四大系列100多个品种。特别是冰红、冰白葡萄酒的成功研制、生产，填补了国内葡萄酒生产的空白。祁连冰酒在葡萄经历了-6～-8℃后采摘，带冰压榨，百分之百葡萄全汁保糖低温发酵而成。公司已通过ISO9001质量体系认证，HACCP食品安全管理体系认证，有机食品认证，产品质量由中国人民财产保险公司承保。截至2011年年底，公司建成优质葡萄酿酒园266.67公顷，总面积1066.67公顷；共生产酿酒葡萄1604.7吨，其中干酒葡萄1298.7吨，冰酒葡萄306吨；生产葡萄酒1068.4吨；实现销售收入1.12亿元，其中出口实现500万元；实现利润550万元，上缴税收1230万元。

甘肃天水长城果汁集团有限公司 是由兰州长城电工股份有限公司控股的生产、销售浓缩苹果汁的现代化高科技企业。于2001年9月建成投产，现有资产总额4.5亿元，年生产能力6万余吨。下设天水长城果汁、陇南长城果汁、秦安长城果汁和农业公司4个控股子公司。现有职工500多人。生产线全套设备均从德国、意大利、瑞士等国引进，系国际同行业最先进的加工设备。产品销往澳大利亚、欧盟、美国、加拿大、俄罗斯、东南亚等16个国家和地区。公司相继通过了美国HACCP质量体系认证、欧盟果汁保护协会SGF认证、犹太KOSHER洁食认证以及美国NFPA的第三方认证。目前，该公司被评为国家级农业产业化重点龙头企业、国家扶贫龙头企业、全国农业产业化示范企业和甘肃省农产品出口重点骨干企业，在全国同行中排名第六位。

甘肃省陇南市祥宇油橄榄开发有限责任公司 是一家集油橄榄工业化育苗、规模种植、科技研发、精深加工、市场营销为一体的股份制科技民营企业。公司成立于1997年，总部位于陇南市武都区城郊吉石坝。公司下属武都区油橄榄综合加工厂、武都区汉王佛堂沟油橄榄示范园、武都区油橄榄科技研究中心、销售公司、兰州分公司等5个分支机构，公司注册资金1200万元，职工人数60人。公司引进意大利冷榨工艺和全套自动化加工设备，形成日加工油橄榄鲜果20吨、加工特级初榨橄榄油1000吨的生产能力，生产出的橄榄油经中国粮油进出口检验检测中心化验分析，各项指标均达到国际食用油标准，且部分指标优于希腊等原产国家的产品。公司与中国林科院、中国老教授协会、甘肃省轻工研究所等科研单位建立了良好的科研协作关系。目前，已开发出特级初榨橄榄油、橄榄岷归软胶囊、油橄榄化妆品、果酒果醋等四大类，近200个精深加工产品，其中保健品橄榄岷归软胶囊填补了国内植物油类保健品空白。

瓜州县中心苗圃有限责任公司 是瓜州县唯一一家集林木种苗繁育、销售、枸杞新品种选育、种植、枸杞新产品开发为一体，以生产、销售枸杞干(鲜)果品、枸杞叶茶、良种枸杞苗木为主的民营企业。公司成立于2005年2月，现有职工26人，其中专业技术人员10名。公司总经营面积146.67公顷，现有良种枸杞园33.33公顷，良种枸杞繁育圃3.33公顷；购置色选机、毛发分离机等先进生产设备，建成枸杞分级、包装标准化生产线1条，年生产加工枸杞干果40吨；公司拥有全套制茶设备和厂房，并有成熟的枸杞叶茶制茶技术，年产枸杞叶茶3000千克。公司采取公司+基地的经营模式，2011年公司年销售鲜枸杞28吨，加工枸杞干果40吨，实现利润20万元。公司开发“瓜州枸杞”系列枸杞干果产品5种，枸杞叶茶3种，公司生产的“瓜州枸杞”枸杞干果获得中国绿色食品中心绿色食品A级认证。

【展览会】

参加2011年世界园艺博览会 2011年4月28日至10月22日，参加在西安浐灞生态区举行的2011年世界园艺博览会，甘肃省创建的甘肃·兰州百合园(面积1500平方米)，以“和谐菁园”为主题，展示了黄河文化透雕、百合雕塑、绿化成果浮雕、特色植物造景和设施构图等主要园林景观。

2011·中国陇南(武都)花椒产销对接暨经贸洽谈会 2011年7月19日上午在武都区钟楼滩金升市场开幕，以“做强优势特色产业，打造中国花椒之都”为主题。

中国.河西走廊第一届有机葡萄美酒节 2011年8月17日，由甘肃省人民政府主办、甘肃祁连葡萄酒业有限责任公司承办，张掖市人民政府、白龙江林业管理局、高台县人民政府协办，张掖祁连酒业分会场开幕式在高台县祁连酒业公司工业园区开幕。2011年8月29日晚，由甘肃省葡萄酒产业发展领导小组、甘肃省葡萄酒产业协会主办，敦煌市人民政府承办的该节闭幕式在敦煌举行。省委常委、常务副省长刘永富，美国加州月色美地国际红酒集团首席执行官唐杰森先生及河西走廊葡萄酒生产企业负责人和省内外经销商代表、新闻媒体记者等参加闭幕式。

全省花椒产业现场观摩会 2011年8月26日，在陇南市武都区召开。全省各市州、县区林业局负责人参加会议。

参加中国首届核桃节 2011年9月10日在河北省邢台市开幕，陇南市代表甘肃省组团参加，甘肃香玲核桃等3类产品获本次核桃节优秀奖。

2011国际名优鲜切花竞赛展览 2011年9月26日，在西安世园会国际竞赛馆开幕。展览了红掌、康乃馨、玫瑰、非洲菊、百合等国内外600余种、1万余枝名优鲜切花。展览吸引了来自德国、瑞士、意大利、瑞典、荷兰、英国等国家和国内云南、北京、山东、陕西、甘肃、宁夏等地的40家单位前来参赛参展。经过国内园艺界专家组成的评审团对鲜切花的整体效果、新鲜程度、成熟度、品种特性、植株健康状况、商业推广性、展位布置效果等方面的细致评比，最终评选出金奖1个、银奖5个、铜奖10个，特别栽培奖、特别展示奖若干。甘肃省花协推荐的临洮县桦木科技开发有限公司展品“鲜切花木门”荣获铜奖和特别展示奖。

2011西安世界园艺博览会国际菊花竞赛展 2011年10月17日至10月21日在西安举行，甘肃省花协推荐的临洮县桦木科技开发有限公司展品“秋菊洮珠飞瀑”荣获铜奖和特别展示奖。

参加第二届中国国际林业产业博览会暨第四届义乌森林产品博览会 2011年11月1~4日，甘肃省展位面积500平方米，分为省主题展区和市(州、单位)展区。市(州、单位)展区由庆阳、平凉、天水、陇南、张掖、白龙江林管局、小陇山实验局和4家企业组成。遴选包括鲜果、林木种苗、果品加工、饮品、野生动植物繁育利用产品、干果、山珍、工艺品、花卉等九大类207种参展。展厅接待参观人员约30万人次，产品成交额约50万元。获得最佳组织奖、最佳展台奖、最佳参展奖等多项大奖，报送的展品获金奖27个，优质产品奖39个，总成绩位于浙江、安徽、山东之后列全国第四。

2011·甘肃张掖设施延后葡萄营销推介会 2011年11月14~16日，由中国农学会葡萄分会、中国果品流通协会葡萄分会，省林业厅、供销社、农牧厅，张掖市政府主办在张掖市举行。张掖市直及省属驻张有关单位主要负责人、县(区)有关领导、设施葡萄重点乡镇负责人、葡萄协会及专业合作社负责人、设施葡萄示范点驻点技术人员等160人参加了会议。会议宣读了中国农业学会葡萄分会对张掖市申报全国设施延后葡萄第一市的评审结果，并授予张掖市全国设施延后葡萄第一市称号。

【大事记】

2011 年 2 月 28 日　为全面贯彻实施《甘肃省 1000 万亩优质林果基地建设发展规划(2010 ~ 2012 年)》，省林业厅在兰州专题召开全省优质林果基地建设培训会。参加会议的有各市(州)林业局局长、市级林果业务部门负责人、52 个林果发展重点县(区)林业局局长以及省厅各处室负责人共计 150 多人，省林业厅、国家林业局对外合作项目中心、日本国际协力结构中国事务所相关人员参加了会议。

2011 年 6 月 17 日　甘肃省林业厅出台《关于支持葡萄酒产业发展的意见》，《意见》的出台对更好地发挥全省酿酒葡萄地理资源优势，保障葡萄酒优质原料供应，加快酿酒葡萄产业的健康发展，起到积极促进作用。

2011 年 7 月 13 日　为进一步促进林果产业提质增效，切实将林果产业培植成为甘肃省农业农村经济发展的增长点，甘肃省政府出台《甘肃省林果产业发展扶持办法》，从政策、资金等方面提出了扶持林果产业发展的具体办法和补助标准。

2011 年 9 月 15 日　国家质检总局发布 2011 年第 128 号公告，徽县银杏申报国家地理标志产品正式通过国家质检总局初审。

2011 年 10 月 17 日　全省经济林果产业综合业务培训班正式在兰州开班。

2011 年 11 月 14 日　甘肃省林业厅、甘肃省卫生厅联合下发《关于加强药用木本植物种植工作的通知》。

(甘肃省林业厅枯树造林和林业产业处)

表 50-1　甘肃林业产业概况

指　标	数量
林业产业总产值(按现行价格计算)(万元)	1926727
一、第一产业总产值	1699294
(一)涉林产业总产值	1687351
1. 林木的培育和种植	289450
2. 木材和竹材的采运	4468
3. 经济林产品的种植与采集	1314345
4. 花卉的种植	14620
5. 陆生野生动物繁育与利用	5374
6. 林业生产辅助服务	59094
(二)林业系统非林产业产值	11943
二、第二产业总产值	75039
(一)涉林产业总产值	41598
1. 木材加工及木、竹、藤、棕、苇制品制造	6467
(1)锯材、木片加工	2203
(2)人造板制造	2020
(3)木制品制造	1510
2. 木、竹、藤家具制造	6539
3. 林产化学产品制造	0
4. 非木质林产品加工制造	3412
5. 其他	25111
(二)林业系统非林产业产值	33441
三、第三产业总产值	152394
(一)涉林产业总产值	118151
1. 林业旅游与休闲服务	24786
2. 林业生态服务	5331
3. 林业专业技术服务	17646
4. 林业公共管理及其他组织服务	70388
(二)林业系统非林产业产值	34243
补充资料：全部山区县茶、桑、果产值	327327
全部丘陵县茶、桑、果产值	195806
森林资源情况	
一、森林覆盖率(%)	10.42
二、林地面积(万公顷)	955.44
三、森林面积(万公顷)	468.78
四、人工林面积(万公顷)	80.77
五、活立木总蓄积量(万立方米)	21708.26
六、森林蓄积量(万立方米)	19363.83
七、人工林蓄积量(万立方米)	2022.38
八、乔木林单位面积蓄积量(立方米/公顷)	90.73
森林培育	
一、荒山荒(沙)地造林面积(按林种用途分)(公顷)	
(一)用材林	0
(二)经济林	15718
(三)防护林	167756
(四)薪炭林	0
(五)特种用途林	6333
二、森林抚育面积(公顷)	
(一)低产低效林改造	1766
(二)实际幼林抚育	114098
(三)成林抚育	196007
三、林业单位数量(家)	1086
主要木材、竹材产品产量(万立方米)	

指　标	数量
一、木材总计	5
（一）原木	4.31
其中：针叶原木	0
1. 直接用原木	1.49
2. 等内加工原木	0
3. 其他原木	2.82
（二）薪材	0.69
二、木材采运企业数量(家)	6
三、竹材采运企业数量(家)	0
四、木材批发企业数量(家)	224
锯材生产	
一、锯材产量(万立方米)	1.58
二、锯材加工企业数量(家)	54
人造板生产(万立方米)	
人造板总产量	0.7
一、胶合板	0.7
木胶合板	0.7
二、纤维板	0
三、刨花板	0
四、其他人造板	0
五、人造板制造企业数量(家)	122
六、胶合板制造企业数量(家)	33
七、纤维板制造企业数量(家)	13
八、刨花板制造企业数量(家)	16
九、其他人造板制造企业数量(家)	48
木制品	
一、木制品企业数量(家)	174
二、生产用木制品企业数量(家)	109
三、生活用木制品企业数量(家)	43
四、中乐器制造企业数量(家)	2
木家具企业	
一、木制家具制造企业数量(家)	500
二、竹藤制家具制造企业数量(家)	2
三、家具零售企业数量(家)	963
木片生产	
一、木片、木粒加工产品(万实积立方米)	0
二、木片加工企业数量(家)	59
竹藤生产	
一、竹、藤、棕、草制品企业数量(家)	44
二、竹、藤、棕、草工艺品制造企业数量(家)	13
果品木本粮油	
一、水果产量(吨)	3600264
其中：苹果	2619631
梨	396356
葡萄	202613
桃	172295

指　标	数量
杏	121763
猕猴桃	67
其他水果	86239
二、干果产量(吨)	150998
其中：核桃	59975
板栗	3879
枣(干重)	66752
柿子(干重)	13212
仁用杏	1365
山杏仁	2678
松子	1129
其他干果	1878
三、木本油料	4507
其中：文冠果	1
其他木本油料	0
四、水果罐头制造企业数量(家)	19
森林蔬菜	
一、森林食品(干重)(吨)	9812
其中：食用菌	2907
山野菜	3429
其他森林食品	3468
二、蔬菜、果品批发企业数量(家)	885
调料	
林产调料产品(干重)	53988
其中：花椒	53803
中药材	
一、木本药材(吨)	30238
其中：杜仲	122
枸杞	21642
山茱萸	82
其他木本药材	8261
二、中草药及制品批发企业数量(家)	1245
花卉	
一、年末实有花卉种植面积(公顷)	1326
二、切花切叶产量(万支)	8082.9
三、盆栽植物产量(万盆)	898.23
四、观赏苗木产量(万株)	563.24
五、草坪产量(万平方米)	15.02
六、花卉场(家)	76
七、花卉企业数量(家)	109
其中：大中型企业	27
八、花农(万户)	0.54
九、花卉从业人员(万人)	1.72
其中：专业技术人员	0.14
十、控温温室面积(万平方米)	114.38
十一、日光温室面积(万平方米)	123.58

指　标	数量
林产化工	
一、林产化学产品制造企业数量(家)	28
二、香料、香精制造企业数量(家)	25
蚕	
一、缫丝企业数量(家)	1
二、绢纺企业数量(家)	0
森林旅游	
一、旅游人次(人)	7068851
二、旅游收入(万元)	24786
三、森林公园总数(处)	83
四、森林公园总面积(公顷)	908641.79
五、国家森林公园数量(处)	21
六、国家森林公园面积(公顷)	434401.45
七、省级森林公园数量(处)	62
八、省级森林公园面积(公顷)	474240.34
九、县级森林公园数量(处)	0
十、县级森林公园面积(公顷)	0
十一、森林公园收入总额(万元)	6190.86
十二、旅游接待总人数(万人次)	419.74
十三、旅游接待海外旅游者(万人次)	1.81
十四、园林绿化企业数量(家)	811
十五、自然保护区管理单位数量(家)	75
森林机械	
一、森林工业专用设备制造企业数量(家)	1
二、营林机械制造企业数量(家)	0

表 50-2　甘肃林业产业特色

项目名称	全国排名	数量	占全国的比(%)
森林培育业			
特种用途林造林面积(公顷)	1	6333	18.97
果品产业			
苹果产量(吨)	5	2619631	8.45
杏产量(吨)	5	121763	4.23
木本粮油产业			
油橄榄产量(吨)	1	4506	68.79
文冠果产量(吨)	4	1	3.57
调料产业			
林产调料产品(干重)产量(吨)	4	53988	9.2
花椒产量(吨)	1	53803	18.43
中药业			
枸杞产量(吨)	2	21642	11.36
森林旅游业			
省级森林公园面积(公顷)	2	474240.34	11.59

表 50-3　甘肃各产业对总产值的贡献

	项目名称	产值(万元)	百分比(%)
	总产值	1926727	100
1	果品产业	1086785	56.41
2	森林培育业	213011	11.06
3	其他	169312	8.79
4	林业服务业	93365	4.85
5	林业系统非林产业	79627	4.13
6	种苗产业	76439	3.97
7	中药业	70636	3.67
8	森林旅游业	24786	1.29
9	园林植物产业	14620	0.76
10	森林蔬菜产业	13693	0.71
11	木竹藤家具制造业	6539	0.34
12	木材生产业	6486	0.34
13	野生动物驯养业	5374	0.28
14	茶咖啡产业	2442	0.13
15	人造板制造业	2020	0.1
16	木制品生产业	1579	0.08
17	竹藤产业(不含家具)	919	0.05

青海省林业产业

【产业特点】 按照省委、省政府"东部沙棘，西部枸杞"的产业发展思路，采取政府引导、大户带动、退耕户参与的发展模式，积极培育和发展产业。编制完成《青海省枸杞产业发展规划》、《青海省沙棘产业发展规划》、《青海省木本油料发展规划》，其中沙棘和枸杞发展规划已经省政府批转实施。青海省林业产业基本情况见表51-1。

青海省林业产业特色突出表现在森林培育业和中药业上，尤其是乔木林单位面积蓄积量全国第五，枸杞产量全国第五(详见表51-2)。青海省林业总产值12.4亿元，对总产值贡献最大的是中药业占50.62%，其次是森林培育业占34.92%(详见表51-3)。

【政策规划】 《青海省林业工程考核办法(试行)》(青林〔2011〕299号) 青海省林业厅2011年4月15日印发，其中包括以下国家林业局和省林业厅制定的相关行业标准、规程、检查验收办法等。《全国营造林核查办法》及补充规定、《造林技术规程》(GB/T15776－2006)、《造林作业设计规程》(LY/T1607－2003)、《主要造林树种苗木质量分级》(GB6000－1999)、《苗木种子质量分级》(GB7908－1999)、《封山(沙)育林技术规程》(GB/T15163－2004)、《退耕还林工程检查验收办法》、《造林质量管理暂行办法》、《青海省林业工程建设项目管理办法》、《青海省林业局关于种苗质量事故行政责任追究制的规定(试行)》、《林业重点工程资金违规责任追究暂行规定》、《国家林业局关于造林质量事故行政责任追究制度的规定》、《青海省林业有害生物防治目标考核办法(试行)》、《青海省主要林木品种审定办法》(青林种〔2011〕395号 2011年5月16日青海省林业厅印发、《青海省"十二五"期间森林采伐限额使用管理办法(试行)》(青林资〔2011〕453号)，2011年6月14日青海省林业厅印发、《青海省"十二五"林业发展规划 省政府关于印发该规划的通知(2011～2015年)》(青政办〔2011〕196号)、青海省枸杞产业发展规划 省政府关于印发的通知(青政办发〔2011〕271号)、青海省沙棘产业发展规划 省政府关于印发的通知(青政办发〔2011〕302号)、《青海省林木种苗"十二五"发展规划》 省林业厅、省发展和改革委员会、省财政厅关于印发的通知(青林规资〔2012〕18号)、《青海省防沙治沙规划(2011～2020年)》 编制完成、《青海省木本粮油(核桃)基地建设总体规划》 编制完成。

【林业科技推广与研究】 落实国家科技推广项目5项，落实资金600万元。组织实施省科技厅下达的柴达木地区枸杞良种选育及规范化栽培技术研究和沙棘生态经济林种植技术推广及优质原料基地建设科技攻关项目。结合全省实际，研究制定《金(银)露梅播种育苗及造林技术规程》、《青杨雄株扦插育苗技术规程》、《西丰杨扦插育苗及造林技术规程》、《河北杨扦插育苗及造林技术规程》4个地方标准。结合海西州梭梭林资源优势，推广了肉苁蓉人工接种技术项目，在海西州德令哈市怀头塔拉镇、乌兰县柯柯镇天然梭梭林地人工接种肉苁蓉120公顷，进一步拓展林业产业和沙产业的发展空间。完成了4个县林业科技推广站能力建设项目和5个标准化乡镇林业站建设任务。

【省级龙头企业】 省林业厅《关于命名清华博众生物技术有限公司等14家企业为省级林业产业化重点龙头企业的决定》公布第一批青海省林业产业化龙头企业名单。

青海柴达木高科技药业有限公司 私营生产企业，主营心脑康胶囊，年产0.55万千克。企业总投资10871万元，固定资产5336万元，年销售收入1268万元，联系农户数1300户，联系基地种植业面积0.13万公顷，资产负债率59.44%。主要奖项有2004年巴黎国际展览会金奖、全国经济林产业化龙头企业、中药材种植示范基地、青海省高原特色农副产品展示会名牌产品，通心舒胶囊获2007年中国国际林业产业博览会金奖。主要产品：心脑康胶囊、通心舒胶囊等，获德国BCS有机认证，无公害产品认证、绿色食品认证。

青海清华博众生物技术有限公司　私营生产、加工企业，主营沙棘和枸杞系列产品，年产4250万千克。企业总投资14686.47万元，固定资产2330万元，年销售收入16997.99万元，联系农户数1800户，联系基地种植业面积0.57万公顷，资产负债率24.1%。主要奖项：西宁市食品安全信用等级评价A级企业，第五批农业产业化国家重点龙头企业，全国食品工业优秀龙头食品企业，全国林业知识产权试点单位，全国林业龙头企业，国家火炬计划重点高新技术企业，青海省2008、2009、2010年度进出口优秀企业，获国家重点新产品、青海省自主创新产品。主要产品：主营沙棘和枸杞系列产品，通过HACCP/ISO9001认证，通过FDA、欧盟有机食品认证、中国绿色食品认证和AA绿色食品认证。

青海康普生物科技股份有限公司　私营加工企业，主营沙棘、枸杞和白刺系列产品，年产1917万千克。企业总投资14532万元，固定资产4058万元，年销售收入7143万元，联系农户数4584户，联系基地种植业面积200公顷，资产负债率29.62%。主要奖项：获“十一五”国家科技计划优秀团队奖，中国国际林业产业博览会金奖、优质奖，青海省名牌产品称号，青海省科学技术进步二等奖，西宁市科学技术进步一等奖，青海省高新技术企业，青海省农牧业产业化省级龙头企业，全国农产品加工业示范基地，国家火炬计划重点高新技术企业等称号。主要产品：雅拉嗦系列产品：沙棘总黄酮、沙棘籽油、沙棘果油、沙棘浓缩汁；有机枸杞产品、白刺等产品。获ISO9000质量认证。

青海大雪山实业有限责任公司　私营生产加工企业，主营枸杞干果、鲜果、冰冻果，年产26000吨。企业总投资15000万元，固定资产8500万元，年销售收入850万元，联系农户数700户，联系基地种植业面积0.33万公顷，资产负债率0。主要奖项：2010年度被评为海西州农牧产业化州级重点龙头企业。主要产品：主营枸杞干果、鲜果、冰冻果，获有机食品认证。以企业+合作社+农户的组织模式，企业通过技术+品牌+资本的生产模式不断得到发展。

青海省顺康生物开发有限公司　私营生产企业，主营种药材种植，年产1600万千克。企业总投资1095.75万元，固定资产200万元，年销售收入521.84万元，联系农户数500户，联系基地种植业面积0.25万公顷，资产负债率0。主要奖项有2011年评为青海省科技成果完成单位。主要产品：种植甘草、微孔草、蕨麻、羌活、秦九、麻黄、迷果芹，林下生态养鸡1万只。

西宁市园林建设开发有限责任公司　国营生产企业，主营花卉、苗木、种子生产，年产1000万千克。企业总投资44722万元，固定资产13188万元，年销售收入36573万元，联系农户数1500户，联系基地种植业面积333.33公顷，资产负债率46%。主要奖项：2010年获西宁市农牧业产业化龙头企业、西宁市招商引资先进单位、青海省省级安全标准化示范工地称号。主要产品：主营花卉、苗木、种子生产，年产1000万千克。

西宁盛泰园艺有限公司　私营生产企业，主营花卉、林木种苗生产，年产620万株。企业总投资1455万元，固定资产537万元，年销售收入2335万元，联系农户数500户，联系基地种植业面积33.33公顷，资产负债率6.7%；植物组培、智能温室11030平方米。主要奖项：2010年获西宁市农牧业产业化龙头企业。主要产品：花卉：一品红、万寿菊、牵牛、各类兰花、仙客来、盆景及盆栽植物、绿化苗木。

青海省诺木洪枸杞产业发展有限公司　国营生产企业，主营枸杞，年产12000吨。企业总投资15200.23万元，固定资产3717.57万元，年销售收入42000万元，联系农户数2612户，联系基地种植业面积0.45万公顷，资产负债率30.19%。主要奖项：1994年全国优质农产品展销会金奖、1994年全国林业名特优新产品博览会银奖，获海西州农牧业产业化州级重点龙头企业、海西州知名商标、2008年中国沙产业先进企业称号，2007年中国国际林业产业博览会银奖、第二届国际林业产业博览会金奖、第二届国际林业产业博览会最佳参展奖。主要产品：枸杞。

德令哈市柴达木防沙治沙有限责任公司 国营生产企业，主营枸杞，年产1万吨。企业总投资14096万元，固定资产10256万元，年销售收入4596万元，联系农户数200户，联系基地种植业面积0.35万公顷，资产负债率49%。主要奖项：2004年被评为全省林业系统先进集体，被德令哈市人民政府评为2004年度植树造林先进单位。2007年被州林业局评为2007年度林业工作先进单位、被市林业局评为防沙治沙先进单位。主要产品：枸杞。产品通过BCS认证。

循化县南台农林开发有限公司 私营生产企业，主营核桃、梨、枣、花椒，年产330吨。企业总投资752.3万元，固定资产328.4万元，年销售收入528.7万元，联系农户数1500户，联系基地种植业面积166.67公顷，资产负债率38%。主要产品：核桃、梨、枣、花椒。年销售收入528.7万元。

青海省循化县花椒红绿色农产品开发有限公司 私营生产加工企业，主营花椒，年产150吨。企业总投资720万元，固定资产365万元，年销售收入382万元，联系农户数470户，联系基地种植业面积200公顷，资产负债率17%。带动农民种植花椒增加收入户均8680元。主要奖项：2011年被评为海东地区林业产业化重点龙头企业。主要产品：花椒。

青海省绿海生态林建设苗木有限公司 私营生产企业，主营林木花卉种苗，年产950万株。企业总投资10770万元，固定资产2000万元，年销售收入4000万元，联系农户数1000户，联系基地种植业面积80公顷，资产负债率12%。主要奖项：2001～2006年连续6年被评为大通县先进私营企业、西宁市科技示范园基地，2006年被评为全国绿化产业化先进单位，2007年评为省级农牧业产业化重点龙头企业，2009年第二届沙产业博览会十大优质产品和实用新技术奖，中国品牌农产品指定生产供货单位。主要产品：茶条槭、四季锦带、丁香、偃伏莱木、爬地柏、榆叶梅、荷兰菊、连翘、金叶莸、欧李和针叶树苗木等。

青海忠华核桃有限公司 私营生产企业，主营核桃，年产230吨。企业总投资5281.7万元，固定资产2393万元，年销售收入4503万元，资产负债率20%。以公司+农户+基地带动种植农户数4600户，联系基地种植业面积710.2公顷，户均增收1160元。主要奖项：2007年被评为海东地区农业产业化重点龙头企业，循化县文明企业、扶贫开发村企共建联建单位、海东地区文明诚信私营企业，忠华薄皮核桃获2011年首届中国核桃节优质奖。主要产品："忠华"核桃获有机核桃认证，获中国经济林协会优秀奖。

循化县绿叶中藏药材科技产业开发有限公司 私营企业，企业总投资880万元，固定资产513万元。种植面积120公顷，联系农户1200户。主要奖项：获海东地区农业产业化重点龙头企业、循化县积石镇2011年度综合考核先进集体。主要产品：主营核桃、大樱桃苗木，年产苗木14万株；核桃、大樱桃产量43吨，年收入573万元。

德令哈市柴达木防沙治沙有限责任公司 国营生产企业，主营枸杞，年产1万吨。企业总投资14096万元，固定资产10256万元，年销售收入4596万元，联系农户数200户，联系基地种植业面积0.35万公顷，资产负债率49%。主要奖项：2004年被评为全省林业系统先进集体、被德令哈市人民政府评为2004年度植树造林先进单位，2007年被州林业局评为2007年度林业工作先进单位，被市林业局评为防沙治沙先进单位。主要产品：枸杞，年产1万吨。产品通过BCS认证。

【参展博览会】

参加第二届中国国际林业产业博览会 获金奖产品4项，青海康普生物有限公司的沙棘咀嚼片，青海康普生物有限公司的沙棘油胶囊，青海清华博众有限公司的枸杞鲜果，青海诺木洪枸杞产业有限公司的枸杞干果。优秀奖产品3项，青海清华博众有限公司的沙棘维生素P粉，青海康普生物有限公司的虫草菌粉胶囊，青海柴达木药业通心舒胶囊。青海诺木洪枸杞产业有限公司获最佳参展奖。

参加首届中国核桃节 青海省循化县忠华核桃有限公司获优秀奖。

【大事记】

1月8日　青海省林业厅举行揭牌仪式，青海省林业局正式更名为青海省省林业厅。青海省委书记、省人大常委会主任强卫，省委副书记、省长骆惠宁，国家林业局党组副书记、副局长祝列克，省委常委、省总工会主席穆东升，省人大常委会副主任马福海，副省长邓本太，省政协副主席陈资全出席揭牌仪式。

2月22日　全省林业工作会议召开。会议传达全国林业厅局长会议精神和全省农村牧区工作会议精神。总结“十一五”时期及2010年林业工作，部署“十二五”期间及2011年林业工作。表彰2010年林业有害生物成灾率责任目标和林业生产目标责任任务完成先进地区，签订2011年林业生产目标责任书。省政府与六州、西宁市政府和海东地区行署签订了2011年林业有害生物目标责任书，将林业有害生物防控“四率”指标纳入政府目标考核。同时，省林业厅出台林业工程“亮牌”制度。

2月21日至3月10日　省林业厅开展打击制售假劣林木种苗和保护植物新品种权专项行动。通过执法检查和林木种子质量检查，没有发现制售假种子和侵犯植物新品种权的现象，大部分县的林木种子质量合格，对个别县的劣质种子依法进行了查处。

3月14日　青海省森防总站印发《小蠹虫综合防控技术规程(试行)》。

3月20日至6月20日　省林业厅组织开展首次林业有害生物春季检疫执法行动，预防外来有害生物的入侵、传播和蔓延，进一步规范全省种苗、木材市场。

4月20日　布哈河流域明亮长脚金龟子发生规律及综合防治技术研究通过省科技厅成果评审，并获国家实用新型专利1项，成果达到国际同类研究先进水平。

4月26日至5月12日　斯洛伐克科学院两位研究员到青海黄南州麦秀林场进行小蠹虫信息素的研究工作。

5月16日　省林业厅对2006年印发的《青海省林木良种审定办法(试行)》进行修订，更名为《青海省主要林木品种审定办法》。

5月22日　青海省第二十九届“爱鸟周”宣传活动在西宁举行。

6月10日　省林业厅森防总站印发《明亮长脚金龟子综合防控技术规程(试行)》。

7月　省林业厅编制的《青海省“十二五”林业发展规划》经省政府批准实施。

8月10日　青海省首个网络森林医院正式开通，标志着青海省林业信息化服务水平迈出了新的步伐。

9月9~13日　在中国首届核桃节上，循化县中华薄皮核桃获优秀奖。

9月28日　青海省第二十届野生动物保护宣传月活动在西宁举行，活动的主题是“加强濒危动物保护、建设美好生态家园”。

9月30日　省林业厅组织专家和有关单位召开论证会，审定通过《青海省羊曲水电站库区及周边地区柽柳现状调查及论证报告》。

10月10~12日　省林业厅邀请西北农林科技大学林学院专家为青海省天然林区针叶林病害防控提出科学防控措施。

11月1~4日　在第二届中国国际林业产业博览会上，青海省推荐的林特产品获得4个金奖和3个优质奖，青海诺木洪农场被评为最佳参展奖。

11月11日　国家林业局抽查青海省的16个林木种子样品的净度、发芽度、含水量指标全部达标，林木种子质量全部合格。

11月15日　省林业厅编制的《青海省枸杞产业发展规划》经省政府批准实施。

11月25日　省林木品种审定委员会召开了2011年度林木良种审(认)定会议，审(认)定通过7个林木品种，其中审定通过2个林木品种，认定通过5个林木品种。

12月22日　省林业厅编制的《青海沙棘产业发展规划》经省政府批准实施，提出了今后10年(2011~2020年)青海沙棘产业发展思路。

(青海省林业厅造林处)

表 51-1　青海林业产业概况

指　标	数量
林业产业总产值(按现行价格计算)(万元)	124369
一、第一产业总产值	122476
(一)涉林产业总产值	122476
1. 林木的培育和种植	47976
2. 木材和竹材的采运	1226
3. 经济林产品的种植与采集	67852
4. 花卉的种植	5302
5. 陆生野生动物繁育与利用	0
6. 林业生产辅助服务	120
(二)林业系统非林产业产值	0
二、第二产业总产值	42
涉林产业总产值	42
木材加工及木、竹、藤、棕、苇制品制造	42
锯材、木片加工	42
三、第三产业总产值	1851
(一)涉林产业总产值	1717
1. 林业旅游与休闲服务	1412
2. 林业生态服务	0
3. 林业专业技术服务	0
4. 林业公共管理及其他组织服务	305
(二)林业系统非林产业产值	134
补充资料：全部山区县茶、桑、果产值	120
森林资源情况	
一、森林覆盖率(%)	4.57
二、林地面积(万公顷)	634
三、森林面积(万公顷)	329.56
四、人工林面积(万公顷)	4.44
五、活立木总蓄积量(万立方米)	4413.8
六、森林蓄积量(万立方米)	3915.64
七、人工林蓄积量(万立方米)	294.18
八、乔木林单位面积蓄积量(立方米/公顷)	110.3
森林培育	
一、荒山荒(沙)地造林面积(按林种用途分)(公顷)	
(一)用材林	0
(二)经济林	0
(三)防护林	177492
二、森林抚育面积(公顷)	
(一)低产低效林改造	133
(二)实际幼林抚育	29233
(三)成林抚育	7573
三、林业单位数量(家)	586
主要木材、竹材产品产量(万立方米)	
一、木材总计	2.3
原木	2.3
直接用原木	2.3
二、木材采运企业数量(家)	0
三、竹材采运企业数量(家)	0
四、木材批发企业数量(家)	95
锯材生产	
一、锯材产量(万立方米)	0
二、锯材加工企业数量(家)	30
木制品	
一、木制品企业数量(家)	29
二、生产用木制品企业数量(家)	16
三、生活用木制品企业数量(家)	9
木家具企业	
一、木制家具制造企业数量(家)	92
二、竹藤制家具制造企业数量(家)	0
三、家具零售企业数量(家)	216
木片生产	
一、木片、木粒加工产品(万实积立方米)	0
二、木片加工企业数量(家)	19
竹藤生产	
一、竹、藤、棕、草制品企业数量(家)	7
二、竹、藤、棕、草工艺品制造企业数量(家)	4
果品木本粮油	
一、水果产量(吨)	3833
其中：苹果	1810
梨	1293
葡萄	72
桃	67
杏	456
其他水果	135
二、干果产量(吨)	756
其中：核桃	756
森林蔬菜	
一、森林食品(干重)(吨)	0
二、蔬菜、果品批发企业数量(家)	76
调料	
林产调料产品(干重)	136
其中：花椒	136
中药材	
一、木本药材(吨)	16300
其中：枸杞	16300
二、中草药及制品批发企业数量(家)	163
花卉	
一、年末实有花卉种植面积(公顷)	56
二、切花切叶产量(万支)	2322.25

指　标	数量
三、盆栽植物产量(万盆)	11.09
四、观赏苗木产量(万株)	45.6
五、草坪产量(万平方米)	0
六、花卉场(家)	4
七、花卉企业数量(家)	1
八、花农(万户)	0
九、花卉从业人员(万人)	0.01
其中：专业技术人员	0.01
十、控温温室面积(万平方米)	1.86
十一、日光温室面积(万平方米)	40.92
林产化工	
一、林产化学产品制造企业数量(家)	0
二、香料、香精制造企业数量(家)	11
森林旅游	
一、旅游人次(人)	234850
二、旅游收入(万元)	1412
三、森林公园总数(处)	17
四、森林公园总面积(公顷)	462278.33
五、国家森林公园数量(处)	7
六、国家森林公园面积(公顷)	293296.6
七、省级森林公园数量(处)	10
八、省级森林公园面积(公顷)	168981.73
九、县级森林公园数量(处)	0
十、县级森林公园面积(公顷)	0
十一、森林公园收入总额(万元)	9538.62
十二、旅游接待总人数(万人次)	174.3
十三、旅游接待海外旅游者(万人次)	0.21
十四、园林绿化企业数量(家)	257
十五、自然保护区管理单位数量(家)	24

表 51-2　青海林业产业特色

项目名称	全国排名	数量	占全国的比(%)
森林培育业			
乔木林单位面积蓄积量(立方米/公顷)	5	110.3	128.44
中药业			
枸杞产量(吨)	5	16300	8.56
森林旅游业			
本年度旅游国投资金(万元)	5	92345	8.92

表 51-3　青海各产业对总产值的贡献

	项目名称	产值(万元)	百分比(%)
	总产值	124369	100
1	中药业	62950	50.62
2	森林培育业	43429	34.92
3	园林植物产业	5302	4.26
4	果品产业	4902	3.94
5	种苗产业	4547	3.66
6	森林旅游业	1412	1.14
7	木材生产业	1268	1.02
8	林业服务业	305	0.25
9	林业系统非林产业	134	0.11

表 51-4　主要果品面积产量

树种	面积(公顷)	鲜果产量(吨)
枸杞	8422	69084
苹果	1750	3080
梨	819	9061
鲜葡萄	23	79
樱桃	5	44
杏	83	252
桃	60	80
核桃	7081	724

表 51-5　主要木本粮油面积产量

树种	种植面积(公顷)	产量(吨)
核桃	7101.5	725
花椒	765	61

表 51-6　森林公园旅游资源与利用

森林公园及自然保护区名称	面积(万公顷)	实际接待人数(万人/次)	旅游总收入(万元)	其中门票收入(万元)
西宁湟水森林公园	0.11	12.3	40.2	28
大通鹞子沟森林公园	0.166	1.4	25	25
大通察汗河森林公园	0.31	1.3	19.6	18.5
大通森林公园		6.2	41	41
湟中群加森林公园	0.93	1.0	6.0	
平安峡群寺森林公园	0.36	0.6	6	6
乐都北山森林公园	4.37	1.2	1	1
互助北山森林公园	11.27	15	4200	300
青海黑河大峡谷森林公园	2.37	38	1280	58
青海坎布拉森林公园	1.51	14	1900	798
青海麦秀森林公园	6.654	2.2		
青海贵德黄河森林公园	0.33	80	2000	300

森林公园及自然保护区名称	面积(万公顷)	实际接待人数(万人/次)	旅游总收入(万元)	其中门票收入(万元)
青海格尔木胡杨林自然保护区	0.24	0.4	10	10
青海湖自然保护区	3.3	62	7527	4824.91
青海孟达自然保护区	1.73	3	150	55
青海旅游物资储备站			0.1	244

表 51-7 驯化野生动物与利用

企业名称	动物种类	驯养数量(只)
大通县鹿场	马鹿	430
湟源县鹿场	梅花鹿	92
互助北山鹿场	马鹿	10
祁连县央隆鹿场	马鹿	753
祁连县山半野生鹿有限公司	马鹿	724
祁连扎麻什鹿场	马鹿	21
祁连飞翔科技有限公司	石鸡	21
天峻县金泉扶贫养鹿场	马鹿	20

表 51-8 主要苗木面积产量

苗木树种	面积(公顷)	产苗量(万株)
云杉	593.67	3013.1
杨	136.13	897.64
柳	42.73	290.8
柏、油松	122.49	422.34
珍稀乡土树	51.18	324.44
其他阔叶树	116.86	3147.83
沙棘	4.68	462.8
枸杞	20.13	120.6
榆树	100.07	7357.09

表 51-9 母树林情况

	树种	面积(公顷)	种子产量(千克)
大通县	云杉	69.3	500
湟中县	云杉	166.7	12000
乐都县	云杉	47.0	
互助县	柏	152.3	1600
化隆县	沙棘	55	10000
乌兰县	柠条	12793	3800

表 51-10 种子园情况

单位名称	树种	面积(公顷)	种子产量(千克)
大通县	柠条	667	30000
湟中县	落叶松	8	1800
乐都县	柠条	877	12000
互助县	云杉	142.8	45000
循化县	云杉	199	8000
尖扎县坎布拉森林公园	油松	33	
玉树县	云杉	40	2000
乌兰县		20.6	450
都兰县	柠条	2000	153
		1040	71

表 51-11 2011 年主要苗圃苗木

区县	树种	生产面积(公顷)	产苗株数(万株)
循化撒拉族自治县	云杉	8	128
化隆回族自治县	云杉	3	120
化隆回族自治县	沙棘	9	400
互助土族自治县		662	11745.17
南门峡森林公园	云杉	1	4.5
南门峡森林公园	柏	1	3
北山森林公园	柏	6.85	92.6
北山森林公园	云杉	12.64	305
北山森林公园	油松	1.2	6.66
平安县	云杉	25	164.5
平安县	油松	2.3	13.2
平安县	杨树	15.1	81.4
平安县	柏	3.8	13.4
平安县	杏	1.5	17.6
平安县	柽柳	4.2	32.1
平安县	榆	2.2	22.8
平安县	沙棘	1.3	106.8
乐都县	柏	13	20
乐都县	云杉	27	171
乐都县	沙棘	53	205
乐都县	榆	73	2423
乐都县	柽柳	13	100
乐都县	杨树	7	230
乐都县	枸杞	7	200
湟源县	云杉	50	750
湟源县	杨树	8	48
大通回族土族自治县	云杉	35.2	132
大通回族土族自治县	柏	5.34	20
湟中县	云杉	103	772.5

区县	树种	生产面积（公顷）	产苗株数（万株）
大通回族土族自治县	杨树	10.43	39.1
大通回族土族自治县	桦树	1.53	160.3
大通回族土族自治县	沙棘	2.5	262.5
城北区	柏	0.33	23
门源回族自治县	柏	5.6	15.4
门源回族自治县	柏	5.6	15.4
门源回族自治县	杨树	10.5	63
门源回族自治县	沙棘	3.6	324
海晏县	沙棘	1	157
海晏县	乌柳	1.7	25
海晏县	云杉	0.3	4
海晏县	杨树	0.9	6.5
祁连县	云杉	12.67	19.51
祁连县	乌柳	3.87	5.8
祁连县	沙棘	5.07	7.78
祁连县	柏	0.07	1000
门源回族自治县	沙棘	3.6	324
门源回族自治县	云杉	4.3	95.6
门源回族自治县	云杉	4.3	95.6
同仁县	油松	4	12
同仁县	云杉	8	25
同仁县	柏	4	10
尖扎县	杨树	7.5	47.3
尖扎县	云杉	0.13	0.5
尖扎县	榆	5.1	32
尖扎县	柳树	2.3	14
尖扎县	柏	0.07	0.3

区县	树种	生产面积（公顷）	产苗株数（万株）
尖扎县	杏	0.07	0.05
贵南县	乌柳	5.33	75
贵南县	云杉	0.27	0.85
共和县	沙棘	4	2400
共和县	榆	11	140
共和县	杨树	3	18
共和县	柽柳	2	32
德令哈市	枸杞	23	500
哈里哈图森林公园	柽柳	1.87	27.15
哈里哈图森林公园	乌柳	0.67	2.61
哈里哈图森林公园	榆	0.47	2.2
天峻县	乌柳	0.83	0.67
天峻县	沙棘	0.4	20
都兰县	柽柳	0.33	15
都兰县	云杉	0.67	0.3
都兰县	杨树	6.67	40

表 51-12　林木种良种目录

名称
青杨雄株优良无性系 *Populus cathayana* Rehd.
小青杨新无性系 *Popuius Cathayana* Rehd × *Populus Simonii* Kitag.
栓翅卫矛 *Euonymus phellomanus* Loes.
美国稠李 *Prunus virginiana* L.
香茶藨子 *Ribes odoratum* Wendl.
水荀子 *Cotoneater multflorus* Bge.

注：青海省林木品种审定委员会2011.11审定，青海省林业厅发布，实施期限5年。

表 51-13　技术规程

名称	发布单位	实施期限（年）
金露梅、银露梅播种育苗及造林技术规程	青海省质量技术监督局	10
河北杨扦插育苗及造林技术规程	青海省质量技术监督局	10
西丰杨扦插育苗及造林技术规程	青海省质量技术监督局	10
青杨雄株扦插育苗技术规程	青海省质量技术监督局	10

表 51-14　技术培训

培训班名称	培训机构	培训人数	期数	地点
林业专业技术人员知识更新培训	省林业厅	110	1	省林业厅
营造林技术、管理培训班	省林业厅	600	4	省林业厅
设施葡萄栽培技术培训	省林科所	150	1	乐都县李家乡
沙地柏扦插育苗技术培训	省林科所	60	1	文化公园/儿童公园
地产果树栽培与管理技术培训	省林科所	400	3	贵德县农业技术推广中心

表 51-15 技术推广

	项目名称	项目情况	运用成果
1	肉苁蓉人工接种技术推广	青海省德令哈市、乌兰县天然梭梭林人工接种肉苁蓉120公顷，将于2012年完成	濒危中药材肉苁蓉人工栽培试验及产业化开发的研究
2	青海湖沙地综合治理技术推广	青海省海晏县综合治理沙地66.67公顷，并配套完成造林种草66.67公顷(其中樟子松3.33公顷)。主要种植柽柳、乌柳、沙棘、樟子松等。	青海高寒沙区流动沙特性及快速治理技术研究
3	青海高原林地鼠(兔)害无公害防治技术示范推广	西宁市、互助县、湟中县林间套种6公顷，灭鼠雷防治0.13万公顷，人工捕捉333.33公顷。	林木鼠兔害综合控制关键技术与示范
4	白刺良种繁育及资源恢复技术示范推广	都兰县、平安县建立白刺繁育基地2公顷，年培育白刺苗100万株，示范推广白刺生态林133.33公顷。	白刺种质资源选择利用与优良品种选育
5	高寒干旱地区抗旱造林综合技术推广	乐都县完成抗旱造林133.33公顷。主要树种：甘蒙锦鸡儿、柠条、唐古特白刺、沙枣、柽柳等。	黄土高原抗旱造林技术
6	多抗广适观赏型野生地被植物快繁及综合配套技术试验示范	2011年验收	青海野生地被植物资源调查与综合开发利用研究
7	软儿梨矮化密植丰产栽培技术集成与示范推广	正在执行	地产特色果树的退化改造及栽培技术研究
8	高原城镇周边山旱地生态景观林建设示范	正在执行	青海东部旱区树种引育及配套技术研究

表 51-16 科研成果

	项目名称	项目情况	取得成果
1	柴达木地区枸杞新品种选育	2011年鉴定	获省级登记成果
2	大南山生态型经济林建植技术示范	2011年鉴定	首次对西宁市大南山生态型经济林种植模式进行探讨，为大南山绿色屏障工程的进一步深化，起到了科技支撑作用。丰富了大南山造林树种资源库。为实现大南山绿色生态屏障从单一的生态效益向多效益转化进行了初步探索。
3	西宁市大南山树种多样性及引种试验研究	2011年验收	通过对西宁市大南山树种多样性的研究，调查大南山人工林的树种组成、种间关系及结构特点，充分了解目前大南山树种多样性现状及发展动态，总结出大南山林分建设中存在的问题，提出提高树种多样性，维持群落稳定性的主要思路。通过引种试验，筛选适应大南山的国内外树种，并提出一定的配置模式，为建立大南山森林模式和提高树种多样性水平提供理论参考。为后期大南山森林系统的研究提供前期基础。
4	西宁市城市森林质量评估与空间配置技术研究	2011年在研	以西宁城市主要森林、绿地为研究对象，选择代表性乔、灌、草植物，测定其生长、光合、蒸腾、物候等生物学特性以及释放负离子、滞尘降噪效应等生态学特性，提出适宜植物材料；监测城郊典型森林服务价值；研究提出西宁城市森林林种、树种空间配置技术体系和优化模式。
5	青海省东部农业区特色果品设施栽培关键技术研究与示范	2011年验收	项目提出了青海省东部农业区果树设施栽培日光温室合理的技术参数指标为：后墙厚度1.7～2.0m，仰角39°～40°，室内地表下挖50厘米，塑膜覆盖物加厚。引进适宜设施栽培的甜樱桃、矮甜李、红提葡萄、观赏桃等种质资源18份。总结出高寒冷凉区日光温室果树延迟或促早调控关键技术与规程。

宁夏回族自治区林业产业

【产业特点】 宁夏林业产业特色突出表现在果品产业和中药材产业上，尤其是枸杞产量全国第一，山杏仁产量全国第五，木本药材产量全国第五（详见表52-2）。林业总产值95亿元，对林业总产值贡献最大的是中药材占28.29%，其次是果品产业占24.99%，主是要森林培育业9.57%，森林旅游业8.01%，木浆纸制品生产业5.78%（详见表52-3）。林业产业基本情况见表52-1。

【政策规划标准】 2011年6月21日发布《关于下达2011年第一批林业专项补助资金建设项目计划的通知》（宁林（计）发[2011]246号）。

2011年7月6日发布《关于下达2011年林业特色优势产业建设项目投资计划的通知》（宁林（计）发[2011]275号），下达林业特色优势产业建设项目投资计划3020万元。

2011年9月4日发布《关于下达2011年第二批林业优势产业建设项目计划的通知》（宁林（计）发[2011]413号），下达林业特色优势产业建设项目投资计划980万元。

发布《宁夏特色经济林产业规划（2011～2020年）》、《宁夏贺兰山东麓百万亩葡萄长廊基地建设总体规划》、《宁夏中南部生态移民安置区特色经果林建设规划（2011～2015）》、《宁夏花卉产业发展“十二五”规划》。

编制枸杞子等生物碱提取工艺技术标准、乌拉尔甘草栽培技术规程国家标准3个、黄土丘陵沟壑区造林技术规程行业标准1个、宁夏杠柳苗木繁育技术规程、红道乐园栽培技术规程、枣树促花促果调控技术规范等林业地方标准12个。

【省级龙头企业】

银川天天鲜蔬菜果品有限公司 成立于2007年，投资800万元建设占地18公顷的果蔬引种示范基地、新建720平方米的培训及网络信息服务中心和农资服务店，建成占地20公顷的草莓、桃、李、杏等果树育苗基地，是一家以农业实用技术开发、农产品销售为主的农业开发公司。公司在区内外拥有26个果蔬超市专柜，在银川市东环批发市场设有8个批发档口，从事各类水果、干果的批发及零售。通过多年经营，公司已建成完善的商流、物流信息结构体系，并加入中国果品流通协会。

永宁县董洋农林果蔬开发示范园 于2002年4月建设，2004年8月建成投入使用，主要从事水果、蔬菜、收购、贮藏、运输、销售及新品种的引进试验、示范和推广工作。开发新技术、新品种，引进培育、种植、销售苗木为一体的企业。示范种植基地33.33公顷，温棚2000余间，总投资1000万元，帮助农民贮藏农产品6000多吨，为农民创收200多万元，已经形成良好的公司+农户+基地的运作模式。

宁夏杞叶青生物工程有限公司 坐落在宁夏回族自治区吴忠市金积工业园区，重点围绕宁夏的特色支柱产业——枸杞产业，以宁夏中宁枸杞为原料，生产高科技、高附加值的鲜枸杞系列产品，实现生产杞叶青枸杞饮品。2010年，公司购入国内先进设备、导入现代企业管理模式进行产品生产。公司占地面积2160平方米，建筑面积1292平方米。秉承“创新生产技术，发扬地方特色”的经营理念，对传统加工方法进行继承和改进，研制生产集天然、营养、滋补于一体的高品位枸杞饮品。

宁夏宁苗园林绿化有限公司 成立于2003年3月，拥有城市园林绿化施工二级资质，风景园林设计乙级资质，通过ISO9001：2008质量管理体系认证。宁苗公司年产值1.2亿元以上，是一家集景观规划设计、景观工程施工、绿化工程养护、绿化苗木及花卉的生产、科研、销售，国家级花卉市场的经营管理等为一体的园林景观企业。

宁夏周景世荣进出口有限公司 成立于2007年，是一家以玫瑰种苗繁育、生产、新品种引进、新技术推广为主的公司。公司下设部门有花卉种植示范园、专利品种玫瑰种苗繁殖中心、银川市怡人花香花卉种植农民专业合作社、出口销售分公司。公司位于银川市掌政镇茂盛村，占地80多公顷，总投资1600多万元。公司从事花卉销售工作16年。

宁夏天予枣业有限公司 同心圆枣生产加工基地建设项目于2008年10月开工建设，项目位于火车站永安东路北侧，占地2公顷，总投资3703万元。项目将建成冷藏库5000平方米，使储藏规模达到1万吨，建成同心圆枣干枣、浓缩枣汁、速溶枣粉3条生产线，年消耗同心圆枣原料7800吨，使该基地成为宁夏最大的枣产品生产加工基地，该项目将建成宁夏第一条浓缩枣汁生产线，当年可产浓缩枣汁500吨、圆枣多糖胶囊10万粒、圆枣膳食纤维2000千克，实现产值3500万元，利税600万元。

德隆县绿鲜果蔬有限公司 公司自2011年以来，与中科院寒旱所建立"院县合作"关系，共同致力于花卉种球繁育科研、品种培育等课题研究，合作建设宁夏六盘山花卉工程中心，截至目前，共发展花卉333.33公顷，年产百合、郁金香等花卉种球(苗)100万粒、鲜切花6000万株，形成智能温室、日光温室、拱棚与露地相结合，种球繁育与切花生产相配套的花卉产业新格局。宁夏六盘山花卉工程中心占地2.67公顷，开展百合切花生产、病虫害防治、病毒检测、种球冷处理及冷藏等技术的研究与推广，平均每年可以生产高标准球根花卉种球1000万株。

德隆县六盘山五龙花卉有限公司 2009年6月成立的合资股份公司，以球根花卉繁育、种植、销售、研发为一体的专业化花卉生产有限公司，注册资本100万元，固定资产1300万元。公司现有员工45人，其中大学以上学历6人，高级职称2人，中级职称2人。公司聘请荷兰简特、威特公司技术顾问1名，并长期与中国农业科学院花卉研究所合作研发引进国外花卉新品种，在企业发展、生产经营中长期担任技术指导，保证花卉品质向高端市场推进。目前，已建成5000平方米花卉苗木交易大厅一座，用于高档球根花卉及苗木的交易，同时还建设完成21栋第二代节能日常温室，用于生产荷兰进口的郁金香，东方百合两种优质鲜切花。1000平方米冷藏保鲜库1座用于种球冷处理，花卉保鲜冷藏。2000平方米智能温室1座，用于新品种的引种及推广。

【科技研究与推广】 2011年，全区林业科技工作者共获得12项自治区科技成果，其中有6项成果获奖，"六盘山无脊椎动物资源考察"等3个项目获得自治区科技进步二等奖，"西部沙樱等灌木资源引进及开发应用"等3个项目获自治区科技进步三等奖。在第二届中国国际林业产业博览会和第四届苹果擂台赛上，宁夏参展的林产品获得金奖7个、三等奖1个、优秀奖10个。

苹果幼树早果丰产栽培技术示范与推广

1. 推行大苗建园、大穴培肥、留足保护带的建园方式，树体管理着力于推广当年定干、覆好膜，二年清侧、覆壮干，三年刻芽、拉开角，四年环刻、促花芽，五年保花、早丰产的修剪管理技术。

2. 以增施有机肥、实行行间种草或覆草、合理间作等为主的土肥管理技术。

3. 推广以"灯、板、带、罐、天敌"等为主的物理、生物防治技术。

4. 以企业公司牵头，在有条件的地区，以绿色有机为主题，按照有机产品生产要求，启动有机苹果的生产认证。

贺兰山东麓优质高效酿酒葡萄生产技术示范与推广

抗寒栽培技术 一是对于采取沟栽法的葡萄园，春季出土时彻底清土，清到根茎处的上年表土层以下2~3厘米的位置，始终保持30厘米左右的栽植沟；二是对采取平栽法的葡萄园，出土时每年回落10厘米左右，3年后形成30厘米左右浅沟。

斜引上架技术 对主蔓直径在3厘米以下的，出土后将主蔓顺行呈30°斜引，固定后再直立上架；对主蔓直径超过3厘米的，出土时重清一侧土，强行斜引，再直立上架。

节水沟灌技术 减少灌溉次数，全年灌水5~6

次，亩灌溉量控制在300立方米以内。

病虫害综合防治技术　一是加强主要病虫害的预测预报，推广指示植物月季预测病虫害技术。针对目前葡萄生产中造成严重危害的葡萄霜霉病、白粉病、葡萄毛毡病等，进行预测预报，确定防治的关键时期。二是推广以秋冬清除病原、生长季黄板诱杀、摘除病叶物理防治；生物源农药（藜芦碱、苦参素、浏阳霉素等）防治和高效低残矿物源农药（铜制剂、硫制剂）防治相结合的病虫害综合防治技术。

宁夏SOD苹果生产配套技术研究与示范推广　2008年，宁夏仁存渡护岸林场向河南省灵宝市益宝科技有限责任公司申请并缴纳1万元加盟费，成为SOD苹果连锁生产代理商。以宁夏林业产业发展中心为技术依托单位，以宁夏仁存渡护岸林场绿桥公司为龙头，采取“职工申请，缴纳保证金，公司择优录取”的原则，选拔一批职工，通过学习和培训，掌握并严格执行SOD苹果生产技术，以“定点生产，定量收购，统一销售”的方法，引领职工学习先进技术，建立SOD苹果生产试验示范园。在此基础上，宁夏林业产业发展中心和宁夏仁存渡护岸林场就“SOD苹果生产配套技术研究与示范推广”进行不断的试验、研究和推广。宁夏SOD苹果配套生产技术研究与示范推广项目是以充分利用光照资源为基础，以优质丰产为核心，以保健为目标的综合配套管理技术。该套技术遵循“高效用光、简化管理、打造精品，有机保健”的原理，打破常规，为苹果树营造最佳的通风透光和生长发育条件，通过技术集成，建立起标准化生产技术体系，形成了1项核心技术和5项配套技术。

宁南地区两杏提质增效关键技术集成与示范项目　彭阳县借鉴全市和国内杏树防霜冻经验，成功总结出以节水防霜冻为主的避灾丰产高效配套栽培技术，该项技术能够较好的解决杏树在开花与坐果期间持续7小时承受－5℃的低温，比露地杏树产量提高40%，该项配套技术措施值得在固原市及相同条件的地区总结推广。

【大事记】

1月6日　宁夏GEF执行办组织召开宁夏土地退化监测与评价指标体系建设研讨会。

2月　吴忠市被国家林业局命名为国家园林城市，盐池县和隆德县被命名为国家园林县城。

3月15日　全区林业局长会议在银川召开。

4月20日　召开了宁夏IEM土地退化防治战略与行动计划应用研讨会。

7月　中宁县被国家林业局再次命名为国家枸杞示范基地。

9月　贺兰山森林生态系统定位研究站正式通过国家林业局批复立项。宁夏防沙治沙职业技术学院一期工程全面完工，正式搬迁并招生。

9月　宁夏花卉协会协助中国园艺学会观赏专业委员会在银川举办中国园艺学会（观赏专业委员会）年会。

9月16日　由宁夏经济林协会、宁夏林业产业协会、宁夏枸杞协会、宁夏花卉协会四大协会联合召开“十一五”期间在特色林产业发展中表现突出的先进单位、先进个人、专业技术人员表彰大会。奖励共设立：十大突出贡献龙头企业奖、十佳企业领军人物奖、十佳科技人员贡献奖、十佳生产能手奖、十佳技术服务单位奖。

10月　鸣翠湖、悦海、星海湖等国家湿地公园被国家林业局正式授牌。

11月1～4日　林业局组织参加了在浙江省义乌市召开的第二届中国国际林业产业博览会，林业产业发展中心被中国林业产业联合会评选为“十一五”林业产业突出贡献奖（杰出基层单位奖）。

（赵世华　李国　曹凤玲　李永山）

表52-1　宁夏林业产业概况

指标	数量
林业产业总产值（按现行价格计算）（万元）	951370
一、第一产业总产值	643542
（一）涉林产业总产值	643297
1. 林木的培育和种植	118230
2. 木材和竹材的采运	20
3. 经济林产品的种植与采集	509938
4. 花卉的种植	14344
5. 陆生野生动物繁育与利用	765
6. 林业生产辅助服务	0
（二）林业系统非林产业产值	245
二、第二产业总产值	231652
涉林产业总产值	231652

指标	数量
1. 木材加工及木、竹、藤、棕、苇制品制造	0
2. 木、竹、藤家具制造	0
3. 林产化学产品制造	0
4. 非木质林产品加工制造	176258
5. 其他	395
三、第三产业总产值	76176
涉林产业总产值	76176
林业旅游与休闲服务	76176
森林资源情况	
一、森林覆盖率(%)	9.84
二、林地面积(万公顷)	179.03
三、森林面积(万公顷)	51.1
四、人工林面积(万公顷)	10.38
五、活立木总蓄积量(万立方米)	625.93
六、森林蓄积量(万立方米)	492.14
七、人工林蓄积量(万立方米)	186.12
八、乔木林单位面积蓄积量(立方米/公顷)	44.38
森林培育	
一、荒山荒(沙)地造林面积(按林种用途分)(公顷)	
(一)用材林	1630
(二)经济林	21472
(三)防护林	67376
二、森林抚育面积(公顷)	
(一)低产低效林改造	2778
(二)实际幼林抚育	298916
(三)成林抚育	363000
三、林业单位数量(家)	509
主要木材、竹材产品产量(万立方米)	
一、木材总计	0.04
原木	0.04
二、木材采运企业数量(家)	2
三、竹材采运企业数量(家)	0
四、木材批发企业数量(家)	149
锯材生产	
一、锯材产量(万立方米)	0
二、锯材加工企业数量(家)	12
木制品	
一、木制品企业数量(家)	62
二、生产用木制品企业数量(家)	30
三、生活用木制品企业数量(家)	21
四、中乐器制造企业数量(家)	0
五、西乐器制造企业数量(家)	1
木家具企业	
一、木制家具制造企业数量(家)	167
二、竹藤制家具制造企业数量(家)	4
三、家具零售企业数量(家)	566

指标	数量
木片生产	
一、木片、木粒加工产品(万实积立方米)	0
二、木片加工企业数量(家)	23
竹藤生产	
一、竹、藤、棕、草制品企业数量(家)	40
二、竹、藤、棕、草工艺品制造企业数量(家)	6
果品木本粮油	
一、水果产量(吨)	756542
其中：苹果	509781
梨	28012
葡萄	144240
桃	13320
杏	43319
其他水果	17870
二、干果产量(吨)	74691
其中：核桃	242
枣(干重)	42839
仁用杏	660
山杏仁	9080
其他干果	21870
三、木本油料	0
四、水果罐头制造企业数量(家)	7
森林蔬菜	
一、森林食品(干重)(吨)	0
二、蔬菜、果品批发企业数量(家)	315
调料	
林产调料产品(干重)	50
其中：花椒	50
中药材	
一、木本药材(吨)	83053
其中：枸杞	83053
二、中草药及制品批发企业数量(家)	105
花卉	
一、年末实有花卉种植面积(公顷)	717
二、切花切叶产量(万支)	7372.9
三、盆栽植物产量(万盆)	1575.68
四、观赏苗木产量(万株)	5301.06
五、草坪产量(万平方米)	2
六、花卉场(家)	9
七、花卉企业数量(家)	15
其中：大中型企业	6
八、花农(万户)	0.12
九、花卉从业人员(万人)	0.3
其中：专业技术人员	0.01
十、控温温室面积(万平方米)	0.42
十一、日光温室面积(万平方米)	377.53

指标	数量
林产化工	
一、林产化学产品制造企业数量(家)	10
二、香料、香精制造企业数量(家)	1
蚕	
一、缫丝企业数量(个)	2
二、绢纺企业数量(个)	1
森林旅游	
一、旅游人次(人)	5899951
二、旅游收入(万元)	76176
三、森林公园总数(处)	11
四、森林公园总面积(公顷)	37629. 2
五、国家森林公园数量(处)	4
六、国家森林公园面积(公顷)	28587
七、省级森林公园数量(处)	7
八、省级森林公园面积(公顷)	9042. 2
九、县级森林公园数量(处)	0
十、县级森林公园面积(公顷)	0
十一、森林公园收入总额(万元)	2375. 78
十二、旅游接待总人数(万人次)	62. 2
十三、旅游接待海外旅游者(万人次)	0. 73
十四、园林绿化企业数量(家)	468
十五、自然保护区管理单位数量(家)	25
森林机械	0

表 52-2　宁夏林业产业特色

项目名称	全国排名	数量	占全国的比(%)
果品产业			
山杏仁产量(吨)	5	9080	5. 81
中药业			
林产中药材的种植与采集产值(万元)	5	269129	6. 58
木本药材产量(吨)	5	83053	5. 78
枸杞产量(吨)	1	83053	43. 6

表 52-3　宁夏各产业对总产值的贡献

	项目名称	产值(万元)	百分比(%)
	总产值	951370	100
1	中药业	269129	28. 29
2	果品产业	237768	24. 99
3	其他	179064	18. 82
4	森林培育业	91021	9. 57
5	森林旅游业	76176	8. 01
6	木浆纸制品生产业	54999	5. 78
7	种苗产业	27209	2. 86
8	园林植物产业	14344	1. 51
9	野生动物驯养业	765	0. 08
10	茶咖啡产业	630	0. 07
11	林业系统非林产业	245	0. 03

新疆维吾尔自治区林业产业

【产业特点】 新疆的林业特色产业突出表现在森林培育、果品、森林旅游、中药材等产业，其中乔木林单位面积蓄积量居全国第二位，幼林和成林抚育面积均居全国第一位，葡萄、杏、枣(干重)产量都居全国第一位，核桃产量居全国第二位，枸杞产量居全国第三位，森林公园总面积居全国第五位(详见表53-2)。新疆林业总产值437亿元，其中对林业总产值的贡献最大的是果品产业占70.38%，其次是森林培育业占9.88%(见表53-3)。新疆林业产业基本情况见表53-1。

【特色林果业】 新疆水土光热资源丰富，特色林果资源多样，具有发展特色林果业的明显优势，林果产品工业化开发的价值和潜力很大。自治区党委、自治区人民政府站在全局和战略的高度，把林果业作为农民增收和农业、农村经济持续发展的重中之重，放到自治区整个国民经济发展中部署，明确提出把林果业发展成为继棉花之后新疆农村经济的又一支柱产业，并实行一系列更明确、更有力的政策措施。

特色林果业发展以无公害、绿色、有机、注册果园、丰产栽培、节水灌溉为重点，建设各类林果示范基地3000多个，面积5.33万公顷。大力推进“生态健康果园”建设试点工作，在阿克苏地区、巴州分别建立苹果、核桃、香梨和红枣“生态健康果园”试点示范基地，并取得阶段性成果。加快林果产品地域保护认证和品牌创建步伐，全区品牌名牌林果产品达到121个，其中国家地理标志保护产品33个，中国驰名商标、中国名牌、中国农业名牌等产品12个，新疆著名商标、新疆名牌等产品76个。特色林果外销平台建设不断向深度和广度推进，广东·新疆生态大果园产品展示直销中心在广州落成，并成功举办3届新疆特色林果产品广州交易会。经自治区人民政府批准，成立了自治区农产品华南市场开拓工作领导小组，以特色林果为主的农产品市场开拓能力和力度进一步增强。

【天保工程后续产业】 新疆天然林资源保护工程，经过10多年的建设和发展，实现了以木材生产为主向以生态建设为主的历史性转变，森林资源得到有效的保护，森林面积、覆盖率、蓄积量实现“三增长”，生态环境明显改善。新疆天保工程实施后，特别是全面停止山区天然林商品采伐后，国有森工企业(林场)失去主营收入，职工收入低、企业举步维艰等问题凸现。对此，自治区林业厅2007年印发《自治区林业厅关于加快天然林资源保护工程区后续产业发展的意见》。目标是通过天保工程后续产业的快速发展，用2~5年的时间实现每个森工企业(林场)有一个后续产业支柱项目，职工收入平均每年增长8%以上。2011年，天保后续产业完成产值9200万元，实现利润2160万元，分别比2010年增长43%和9.9%。职工人均年收入达到2.8万元以上，职工收入实现了年均增长8%以上的目标。

【森林旅游】 新疆森林旅游的发展，不仅为新疆旅游业增添了亮丽色彩，也为新疆旅游业发展提供了资源保证和发展动力，已成为森林生态文化的重要载体和生态文明建设的主要阵地。新疆森林旅游已经形成以天池、喀纳斯、贾登峪、白哈巴、那拉提、巩乃斯等国家级森林公园和自然保护区为龙头，以自治区级和县级森林公园为补充，辐射全区12个地州市的40多个县市的发展格局，与自治区确定的“六区三线”旅游发展战略相一致。截至2011年底，全区共建各级森林公园58处(其中国家级森林公园19处)；国家级湿地公园6处；自然保护区35处；国际、国内狩猎场27处。总经营面积2455.32万公顷，占全区国土面积的14.79%。森林旅游业已成为新疆旅游业的支柱，森林旅游收入占全区旅游收入的60%以上。

【阿克苏地区】 森林资源丰富，天山云杉、塔里木胡杨、柽柳和红枣、核桃、苹果、新疆杨等天然林、人工林总面积达80余万公顷，为新疆林果大区和森林资源富集区。2011年，阿克苏地区全力推进以防沙治沙为重点的林业生态体系建设、以特色林果业为重点的林业产业体系建设和内涵丰富的生态文化体系建设，森林资源不断增加，特色林果业迅猛发展。

阿克苏地区大力推进农业、农村经济结构战略性调整，大力发展以红枣、核桃为主的特色林果产业，努力打造“中国枣园”。截至2011年年底，全地区林果总面积达到30.2万公顷(红枣13.04万公顷，核桃10.15万公顷，苹果1.43万公顷，香梨1.34万公顷，杏31.18万公顷，葡萄0.74万公顷，其他0.32万公顷)，果品产量140.89万吨(红枣31.57万吨，核桃7.43万吨，苹果24.33万吨，香梨25.59万吨，杏37.67万吨，葡萄11.31万吨，其他2.99万吨)。林果业总产值达58.9亿元，占农业总产值的26.5%；农民人均林果纯收入1816元，占农民人均纯收入的26.33%，为“十二五”末期实现农牧民人均收入8000～1万元的目标奠定了坚实的基础。

阿克苏地区引进培育了天海绿洲、天娇红、天山枣业、安利达等林果加工、营销、保鲜企业101家。注册资金达1000万元以上的果品加工企业23家，开发果汁、果酒、果醋、果脯、红枣素、红枣胶囊等系列产品300余个，年保鲜储藏加工果品88.2万吨，占果品产量的62.6%。1.67万公顷果园通过绿色果品生产基地认证，0.33万公顷果园通过有机果品基地认证，0.27万公顷果园成为出口水果注册果园。培育营销网络+专业合作社、协会+农户等产业化发展模式，成立林果专业合作社135个。

制定红枣、核桃、苹果、葡萄等六大果品规范化生产标准和产品质量标准，注册了“阿克苏红枣”、“阿克苏核桃”、“阿克苏苹果”、“库车白杏”等12个地理标志证明商标，成为全国拥有地理标志证明商标最多的地区之一。“阿克苏红枣”、“阿克苏核桃”、“天枣”、“红旗坡苹果”等成为自治区著名商标。2007年，阿克苏红枣、核桃、苹果、葡萄荣获中华名果金奖，被作为北京奥运会指定果品。2011年在首届中国核桃节上，阿克苏核桃荣获两项金奖，一项银奖。

阿克苏地区发展特色林果产业一手抓基地建设，一手抓市场开拓，举办大型特色林果产品推介会，邀请区内外林果经销商和知名林果专家前来鉴品、营销阿克苏特色优质果品，同时积极搭建林果产品外销平台，努力开拓林果产品市场。

加强林果产业科技支撑，阿克苏红枣10万公顷高密度丰产栽培技术推广项目荣获阿克苏地区科技进步一等奖、自治区科技进步三等奖。

【吐鲁番地区】 吐鲁番地区是新疆结构性缺水的地区之一，属绿洲农业灌溉经济，林业产业主要以葡萄为主。2011年，全地区林业总产值27.6亿元，其中林果业26.7亿元，占总产值的97%。

实施品种改良，优化品种结构。2011年，全地区完成林果品种改良11660亩，其中吐鲁番市2024亩，鄯善县777.33公顷，托克逊县402.6公顷。全地区葡萄品种改良合格面积达到168.87公顷。

开展葡萄架式改造，探索机械化埋土作业。为便于葡萄种植的机械化作业，降低农民劳作强度，增加通风透光、提高葡萄品质，完成葡萄架式改造674.07公顷。

抓好示范引领，提升整体水平。为进一步提高特色林果业发展的整体水平，逐步实现科学化、精品化、区域化种植，2011年继续狠抓了2个县(市)领导干部领办示范园建设与管理工作，落实矮化密植、丰产栽培、高接换头、节水高效等示范措施，建立了“领导干部+技术人员+农民”三位一体的管理机制，对科学发展林果业起到了较好的示范带动作用。

开展引种试种，发展设施栽培。2011年，全地区建成定植设施大棚1341座，主要定植树种葡萄和桃，全地区设施林果大棚数量达到2092座。

搭建外销平台，提升果品知名度。举办第二十届中国丝绸之路吐鲁番葡萄节。参加新疆特色林果产品广州交易会，签约项目8个，签约金额1.85亿元。参加中国果品流通协会葡萄分会举办的全国鲜食葡萄评比活动。鄯善县选送的“克瑞森无核”葡萄获得金奖，吐鲁番市选送的无核白，鄯善县选送的火焰无核、新郁等获得优质奖。

【哈密地区】 截至2011年年末，哈密地区林地面积27.7万公顷，其中有林地面积19.27万公顷，森林覆盖率1.35%，林木总蓄积量848.7万立方米。哈密地区森林资源主要分为4个类型。、山地针叶林，林地面积5.39万公顷；河谷阔叶林，林地面积0.44万公顷；戈壁荒漠林，林地面积17.4万公顷；平原人工林，林地面积4.47万公顷，其中防护林1.42万公顷，经济林3.112万公顷，其他林种0.07万公顷。截至2011年年底，林果结果面积1.058万公顷，总产量8.94万吨，总产值5.212亿元，主要品种有大枣、葡萄等。林果加工企业2家；野生动物繁育产值70万元；林业旅游人次147997人，产值1157万元。

林果生产 截至2011年年底，红枣种植面积2.192万公顷，结果面积0.67万公顷，产量1.49万吨，产值2.237亿元；葡萄种植面积0.37万公顷，结果面积0.364万公顷，产量7.22万吨，产值2.89亿元；杏、沙棘等种植面积0.42万公顷，结果面积0.03万公顷，产量0.23万吨，产值850万元。

从事林果加工的企业有两家，哈密天山娇有限责任公司、新疆王液酿造有限责任公司，两家企业都是自治区级龙头企业。年设计加工能力130吨，2011年实际生产加工110吨。

森林旅游 2011年接待游客147997人次，产值1157万元。主要在哈密市白石头乡。

【昌吉回族自治州】 昌吉州党委、政府把葡萄产业作为林果业发展的主攻方向，作为调整农业结构、增加农民收入的重要举措，积极引导，全力推进，葡萄产业保持了快速发展的势头。玛纳斯、呼图壁、昌吉市、阜康市酿酒、鲜食葡萄已成为县域经济的重要产业之一，在农民增收中发挥着重要作用。

截至2011年年底，全州林果总面积4.22万公顷，其中酿酒葡萄1.03万公顷、鲜食葡萄0.5万公顷、榨汁葡萄0.11万公顷。2011年，全州葡萄产业总收入50220万元，葡萄产业收入在林业总收入中的占比达到49.81%，农民人均来自葡萄产业的收入达到470.82元。

酿酒葡萄主栽品种有赤霞珠、霞多丽、贵人香、雷司令、梅鹿辄等5个品种，全州有中兴国安、春光、欧博达、净源堡、桑悦、华驿、天胜等近10家葡萄酿酒企业，年加工能力20万吨。

尼雅产地生态葡萄酒系列、西域沙地赤霞珠干红葡萄酒系列、新天葡萄酒系列和西域烈焰葡萄烈酒系列产品，荣获绿色食品、有机产品、新疆名牌、新疆著名商标、中国驰名商标等称号，并在国内外葡萄酒评酒大赛中屡次摘金夺银。西域赤霞珠干红在布鲁塞尔国际葡萄酒评比大赛中获得金奖，西域沙地干红、赤霞珠干红、尼雅干红等在第五届中国国际葡萄酒评酒会上获2金1银3枚奖牌。产品行销全国30个省(区、市)和法国、德国、瑞典、哈萨克斯坦。

鲜食葡萄栽培品种有红提、巨峰、无核紫、弗蕾无核、玫瑰香、科瑞森等。目前已注册的鲜食葡萄品牌有“玉兰春”、“麦立德”、“玉樽”、“大漠红”、“天山金提”等，多个鲜食葡萄品牌获得无公害农产品资格认定证书、绿色产品、有机产品、出境水果果园登记资格证书，果品远销北京、广东、上海、成都、湖南等地，并出口中亚、东南亚等国家。

昌吉州采取“扶优扶强”战略，举全州之力扶持葡萄酒加工企业，培育壮大了一批起点高、规模大、带动力强的龙头企业。中信国安酒业公司已有6家葡萄酒生产企业，产量达11.5万吨，贮酒能力达15万吨，成品酒灌装能力达8万吨，是目前亚洲最大的葡萄酒生产企业。欧博达酒业、净源堡酒业、春光酒业、天胜酒业等企业也相继发展壮大，形成了一定规模，有力地推动了酿酒葡萄产业的发展。

行业协会建设 全州成立4个鲜食葡萄专业合作社和4个酿酒葡萄专业合作社。

技术创新 昌吉州积极开展鲜食葡萄栽培技术创新，如留树保鲜栽培技术、设施鲜食葡萄秋延晚栽培技术等栽培模式。惠农农产品保鲜合作社自行设计建设的拱形钢结构轻型保鲜库填补了中国拱形保鲜库的空白，其设计参数已录入国家工程设计目录。2011 年，玛纳斯县在园艺场分别建立了亩产为500和800千克的两个优质酿酒葡萄示范园，面积186.67公顷。2011年，欧博达酒业有限公司从东北引进北冰红和左优红2个酿酒葡萄新品种，面积2.67公顷。

【博尔塔拉蒙古自治州】 博尔塔拉蒙古自治州林业特色产业突出表现在林果业及森林旅游业上。其中枸杞种植面积、产量居全区第一位。该州林业总产值4.82亿元。其中：对林业总产值贡献最大的是林果业4.2亿元，占87%；其次是森林旅游业220万元。

林果业

优质名牌枸杞基地建设 博州枸杞种植面积0.87万公顷，其中精河县枸杞种植面积0.85万公顷，产量1.8万吨，产值4.2亿元。形成以精河县为核心、辐射博乐市和温泉县的发展格局，同时不断拉长枸杞产业链，由干果发展到枸杞油、枸杞酒、枸杞红色素、枸杞胶囊、枸杞叶茶等系列产品，枸杞加工企业10余家，产品远销欧盟、日本、东南亚各国和港、澳、台地区。

枸杞加工园区建设 精河县建立占地23.33公顷、12个厂区的枸杞现代加工园区，推进枸杞鲜果清洗、烘干、色选、包装的规范化、品牌化和系列产品深加工，壮大枸杞产业。

森林旅游

森林公园 建立哈日图热格、精河巴音那木、三台、哈夏4家森林公园。哈日图热格国家森林公园位于博乐市西北40千米处阿拉套山南麓的密林幽谷之中，与夏尔希里自然保护区相邻。从峡谷向北，蜿蜒曲折纵深15千米，奇峰秀丽，曲径通幽，飞瀑流泉，鸟语花香。规划面积26848公顷，年接待游客3万人次，旅游收入216万元。

艾比湖湿地国家级自然保护区 总面积267085公顷，其中水域面积68381公顷；林地面积182625公顷；草地面积6552公顷。保护区核心区面积105469公顷；缓冲区面积107394公顷；实验区面积54222公顷。保护区地处亚洲北部，是全球鸟类迁徙的重要通道之一，每年4～10月间大量的候鸟迁徙至艾比湖南岸湖滨和各河流湿地，栖息繁衍，最多时鸟类的资源总量可达百万只，属国家一级保护的鸟类9种，国家二级保护鸟类32种。浮游动物5类21种，其中艾比湖卤虫资源十分丰富，列全国榜首。2000年6月成立，2007年4月晋升为国家级自然保护区。

甘家湖梭梭林国家级自然保护区 总面积54667公顷，其中核心区面积6455公顷，缓冲区面积25935公顷，实验区面积22277公顷。甘家湖梭梭林是国内面积最大、保存完好的集中原生地，其中博州境内面积达28000公顷。1983年成立，2001年6月晋升为国家级自然保护区。

新疆夏尔希里自然保护区 总面积31400公顷，保护区内有各种野生植物1676种，其中蒙古黄芪、雪莲、紫草、红门兰等国家重点保护植物60余种；有国家重点保护的雪豹、北山羊、棕熊、猞猁、马鹿、盘羊、苍鹰、草原雕、雪鸡、雕鸮、短耳鸮等动物35种；与哈萨克斯坦共和国接壤，是高鼻羚羊（赛加羚羊）活动最频繁的分布区，是中国新疆西北部重要的鸟类迁徙地、繁殖地、越冬地，是国内一座独特的生物基因宝库。2000年6月成立，现为自治区级自然保护区。

【若羌县】 若羌县位于新疆塔里木盆地东部，东与甘肃、青海两省交界，南依昆仑山脉与西藏接壤，行政区面积20.23万平方千米，素有“华夏第一县”的美誉。若羌县委、县人民政府按照国家农业产业结构战略性调整的部署和自治区在南疆环塔里木盆地建设80万公顷特色林果基地的战略布局，以建设中国最优红枣基地为目标，全面推进以红枣为主的特色林果业发展。到2011年年底，全县红枣种植面积累计已达1.47万公顷，红枣产量4.67万吨，在红枣产业的强势拉动下，农民人均纯收入更是持续快速增长，从2001年的2216元增加到2011年的17080.16元，连续3年位居西部12省（区、市）首位。

（新疆维吾尔自治区林业厅天然林保护工程和产业发展办公室）

表53-1 新疆林业产业概况

指 标	数量
林业产业总产值（按现行价格计算）（万元）	4368083
一、第一产业总产值	3671358
（一）涉林产业总产值	3657160

指　标	数量
1. 林木的培育和种植	469398
2. 木材和竹材的采运	33240
3. 经济林产品的种植与采集	3133738
4. 花卉的种植	6059
5. 陆生野生动物繁育与利用	1091
6. 林业生产辅助服务	13634
(二)林业系统非林产业产值	14198
二、第二产业总产值	457593
(一)涉林产业总产值	457381
1. 木材加工及木、竹、藤、棕、苇制品制造	40310
(1)锯材、木片加工	12985
(2)人造板制造	25025
(3)木制品制造	2300
2. 木、竹、藤家具制造	900
3. 林产化学产品制造	0
4. 非木质林产品加工制造	199546
5. 其他	216625
(二)林业系统非林产业产值	212
三、第三产业总产值	239132
(一)涉林产业总产值	227695
1. 林业旅游与休闲服务	159455
2. 林业生态服务	10144
3. 林业专业技术服务	14357
4. 林业公共管理及其他组织服务	43739
(二)林业系统非林产业产值	11437
森林资源情况	
一、森林覆盖率(%)	4.02
二、林地面积(万公顷)	1066.57
三、森林面积(万公顷)	661.65
四、人工林面积(万公顷)	61.75
五、活立木总蓄积量(万立方米)	33914.5
六、森林蓄积量(万立方米)	30100.54
七、人工林蓄积量(万立方米)	4072.54
八、乔木林单位面积蓄积量(立方米/公顷)	177.86
森林培育	
一、荒山荒(沙)地造林面积(按林种用途分)(公顷)	
(一)用材林	824
(二)经济林	100933
(三)防护林	112327
(四)薪炭林	2356
(五)特种用途林	467
二、森林抚育面积(公顷)	
(一)低产低效林改造	36401
(二)实际幼林抚育	1066510
(三)成林抚育	1988326
三、林业单位数量(家)	696

指　标	数量
主要木材、竹材产品产量(万立方米)	
一、木材总计	40.53
(一)原木	37.71
其中：针叶原木	1.87
1. 直接用原木	29.47
2. 等内加工原木	2.95
3. 其他原木	4.06
(二)薪材	2.82
二、木材采运企业数量(家)	27
三、竹材采运企业数量(家)	4
四、木材批发企业数量(家)	155
锯材生产	
一、锯材产量(万立方米)	6.05
二、锯材加工企业数量(家)	149
人造板生产(万立方米)	
人造板总产量	11.48
一、胶合板	0.38
木胶合板	0.38
二、纤维板	11
三、刨花板	0
四、其他人造板	0.1
五、人造板制造企业数量(家)	230
六、胶合板制造企业数量(家)	84
七、纤维板制造企业数量(家)	32
八、刨花板制造企业数量(家)	13
九、其他人造板制造企业数量(家)	70
木制品	
一、木制品企业数量(家)	276
二、生产用木制品企业数量(家)	121
三、生活用木制品企业数量(家)	75
四、中乐器制造企业数量(家)	1
五、西乐器制造企业数量(家)	1
木家具企业	
一、木制家具制造企业数量(家)	532
二、竹藤制家具制造企业数量(家)	3
三、家具零售企业数量(家)	1907
木片生产	
一、木片、木粒加工产品(万实积立方米)	15.05
二、木片加工企业数量(家)	175
竹藤生产	
一、竹、藤、棕、草制品企业数量(家)	27
二、竹、藤、棕、草工艺品制造企业数量(家)	7
果品木本粮油	
一、水果产量(吨)	4789238
其中：苹果	711188
梨	598904

指　标	数量
葡萄	1648035
桃	105914
杏	1595148
其他水果	130049
二、干果产量(吨)	1229565
其中：核桃	239108
枣(干重)	918577
仁用杏	173
山杏仁	8
其他干果	71698
三、木本油料	0
四、水果罐头制造企业数量(家)	44
森林蔬菜	
一、森林食品(干重)(吨)	0
二、蔬菜、果品批发企业数量(家)	805
调料	0
中药材	
一、木本药材(吨)	22830
其中：杜仲	0
枸杞	19319
其他木本药材	3511
二、中草药及制品批发企业数量(家)	239
花卉	
一、年末实有花卉种植面积(公顷)	730
二、切花切叶产量(万支)	523.05
三、盆栽植物产量(万盆)	330.96
四、观赏苗木产量(万株)	1719.1
五、草坪产量(万平方米)	66.1
六、花卉场(家)	39
七、花卉企业数量(家)	19
其中：大中型企业	3
八、花农(万户)	0.04
九、花卉从业人员(万人)	0.12
其中：专业技术人员	0.03
十、控温温室面积(万平方米)	3.89
十一、日光温室面积(万平方米)	41.44
林产化工	
一、林产化学产品制造企业数量(家)	5
二、香料、香精制造企业数量(家)	33
蚕	
一、缫丝企业数量(家)	8
二、绢纺企业数量(家)	2
森林旅游	
一、旅游人次(人)	6840015
二、旅游收入(万元)	159455
三、森林公园总数(处)	56
四、森林公园总面积(公顷)	1296412.62
五、国家森林公园数量(处)	17
六、国家森林公园面积(公顷)	807948.78
七、省级森林公园数量(处)	31
八、省级森林公园面积(公顷)	486607.84
九、县级森林公园数量(处)	8
十、县级森林公园面积(公顷)	1856
十一、森林公园收入总额(万元)	18159.1
十二、旅游接待总人数(万人次)	461.57
十三、旅游接待海外旅游者(万人次)	9.71
十四、园林绿化企业数量(家)	1221
十五、自然保护区管理单位数量(家)	75
森林机械	
一、森林工业专用设备制造企业数量(家)	0
二、营林机械制造企业数量(家)	5

表 53-2　新疆林业产业特色

项目名称	全国排名	数量	占全国的比(%)
森林培育业			
经济林造林面积(公顷)	2	100933	8.28
幼林抚育实际面积(公顷)	1	1066510	14.51
成林抚育面积(公顷)	1	1988326	17.56
乔木林单位面积蓄积量(立方米/公顷)	2	177.86	207.1
果品产业			
水果及干果的种植与采集产值(万元)	3	3074366	7.4
葡萄产量(吨)	1	1648035	19.4
杏产量(吨)	1	1595148	55.37
干果产量(吨)	1	1229565	13.26
核桃产量(吨)	2	239108	14.44
枣(干重)产量(吨)	1	918577	26.49
其他干果产量(吨)	3	71698	10.71
中药业			
枸杞产量(吨)	3	19319	10.14
森林旅游业			
森林公园总面积(公顷)	5	1296412.62	7.6
省级森林公园面积(公顷)	1	486607.84	11.89

表 53-3　新疆各产业对总产值的贡献

	项目名称	产值(万元)	百分比(%)
	总产值	4368083	100
1	果品产业	3074366	70.38
2	森林培育业	431431	9.88
3	其他	418367	9.58

	项目名称	产值(万元)	百分比(%)
4	森林旅游业	159455	3.65
5	林业服务业	68240	1.56
6	中药业	57176	1.31
7	木材生产业	46225	1.06
8	种苗产业	37967	0.87
9	林业系统非林产业	25847	0.59

	项目名称	产值(万元)	百分比(%)
10	人造板制造业	25025	0.57
11	园林植物产业	6059	0.14
12	木制品生产业	2300	0.05
13	野生动物驯养业	1091	0.02
14	木竹藤家具制造业	900	0.02

内蒙古森林工业集团林业产业

【产业特点】 内蒙古集团林业产业总产值39亿元，对林业总产值贡献最大的是林业系统非林产业占41.25%，其次是木材生产业占33.33%，然后是森林培育业17.77%，森林旅游业6.14%（详见表54-3）。

内蒙古集团林业产业特色突出表现在木材采运业和森林旅游业，其中特级原木产量全国第四，人均旅游花费全国第二。内蒙古森工林业基本情况见表54-1。

表54-1 内蒙古集团林业产业概况

指 标	数量
林业产业总产值(按现行价格计算)(万元)	394382
一、第一产业总产值	194089
(一)涉林产业总产值	192599
1. 林木的培育和种植	70219
2. 木材和竹材的采运	118662
3. 经济林产品的种植与采集	0
4. 花卉的种植	0
5. 陆生野生动物繁育与利用	0
6. 林业生产辅助服务	3718
(二)林业系统非林产业产值	1490
二、第二产业总产值	58333
(一)涉林产业总产值	12785
木材加工及木、竹、藤、棕、苇制品制造	12785
锯材、木片加工	12785
(二)林业系统非林产业产值	45548
三、第三产业总产值	141960
(一)涉林产业总产值	26310
1. 林业旅游与休闲服务	24200
2. 林业生态服务	0
3. 林业专业技术服务	351
4. 林业公共管理及其他组织服务	1759
(二)林业系统非林产业产值	115650
森林培育	
一、荒山荒(沙)地造林面积(按林种用途分)(公顷)	
(一)用材林	1520
(二)经济林	0
(三)防护林	91
(四)薪炭林	0
(五)特种用途林	114
二、森林抚育面积(公顷)	
(一)低产低效林改造	0
(二)实际幼林抚育	19322
(三)成林抚育	335164
主要木材、竹材产品产量(万立方米)	
一、木材总计	114.2
(一)原木	111.26
其中：针叶原木	83.22
1. 直接用原木	16.21
2. 等内加工原木	30.24
3. 其他原木	54.33
(二)薪材	2.94
森林旅游	
一、旅游人次(人)	354500
二、旅游收入(万元)	24200
三、森林公园总数(处)	8
四、森林公园总面积(公顷)	400927
五、国家森林公园数量(处)	8
六、国家森林公园面积(公顷)	400927
七、森林公园收入总额(万元)	24200.9
八、旅游接待总人数(万人次)	35.45
九、旅游接待海外旅游者(万人次)	0.02
森林机械	0

表54-2 内蒙古集团林业产业特色

项目名称	全国排名	数量	占全国的比(%)
木材采运及锯材木片加工业			
特级原木产量(万立方米)	4	10.47	14.93
系统内国有企业单位生产的木材产量(万立方米)	5	114.2	14.03
森林旅游业			
人均旅游花费(元)	2	683	411.45

表 54-3 内蒙古集团各产业对总产值的贡献

	项目名称	产值(万元)	百分比(%)
	总产值	394382	100
1	林业系统非林产业	162688	41.25
2	木材生产业	131447	33.33
3	森林培育业	70068	17.77
4	森林旅游业	24200	6.14
5	林业服务业	2110	0.54
6	种苗产业	151	0.04

吉林森林工业集团林业产业

【产业特点】 吉林集团集团林业产业基本情况见表55-1，吉林集团集团林业产业总产值107亿元，对总产值贡献最大的产业是林业系统非林产业占44.2%，其次是木材生产业14.11%，然后主要是人造板制造业10.36%，木制品生产业9.39%（详见表55-3）。吉林集团集团特色林业产业突出表现在木材采运、人造板制造和果品业，其中松子产量全国第五，特级原木产量全国第二，人造板表面装饰板产量全国第五（详见表55-2）。

经济效益 集团实现利润总额4亿元，同比增加2.4亿元，增长148%。净利润2.2亿元，同比增加1.1亿元，增长了100%。为兼顾集团发展和股东利益，向股东分派2010年度现金红利5000万元。

资产规模 截至2011年底，资产总额123亿元，比年初增加24亿元，增长了25%。净资产35亿元，比年初增加4亿元，增长13%，其中归属于母公司所有者权益17亿元，比年初增加1亿元，增长6.25%。净资产收益率13.16%，实现国有资产较大幅度增值。

履行社会责任 全年上缴利税4.3亿元，提取育林基金3.5亿元，支付银行利息1.56亿元，政社性支出2.8亿元，民生建设投入资金6亿元。总计18.16亿元。

员工收入 在岗员工人均年收入32600元，同比增加5400元，增长20%。

【产业结构】 现代服务领域产业收入20.85亿元，占33.6%，利润1.62亿元，占73.5%。林木精深加工产业收入19.51亿元，占31.4%，利润1730万元，占7.8%。森林资源经营产业收入14.63亿元，占23.5%，利润5167万元，占23.4%。其中原木收入13.5亿元，占21.7%，利润2145万元，占9.7%。森林矿产水电产业收入4.09亿元，占6.6%，利润1000万元，占4.5%。森林食品保健产业收入2.04亿元，占3.3%。森林生态旅游产业收入1.02亿元，占1.6%。

总之，原木和林木加工业收入、利润比例明显降低，现代服务领域产业收入和利润比例逐年提升。原木销售收入仅占两成、利润已不足1/10，“独木支撑”格局已经打破，产业结构日趋合理。

【建成和在建项目】 金桥地板集团年产能1000万平方米的工业园区建成投产；引进无醛地板生产技术，填补了国内空白；新上4万延长米橱柜生产线。

股份公司江苏分公司投资1.54亿元的10万立方米刨花板生产线扩建项目已经启动，预计投产后年可实现产值1.12亿元，利润950万元。

海南吉森北纬18度温泉山庄项目开工建设。总投资7亿元，建筑面积9.9万平方米，建成后可实现产值15亿元，利润4亿元。

吉林制材厂原址改造项目规划占地4.6万平方米，建筑面积27万平方米，建成后可实现产值25亿元，利润8亿元。

先后投资3020万元和5200万元入股富奥汽车零部件公司和榆树农商行。组建投资公司和担保公司，当年实现利润3000多万元。

长春吉林大路和梅河口河东新区两个房产项目规划建筑面积77万平方米，总投资4亿元，建成后可实现产值28亿元，利润5.4亿元。

松江河林业局山东临沂榴辉岩矿产开发项目总投资6200万元，建成达产后年可实现产值1亿元，利润2000万元；老松江水电站建设项目设计装机容量2万千瓦，建成后年可实现利润3600万元。

俄罗斯滨海边疆省境外木材采伐加工项目总投资2.3亿元，建成达产后年可实现销售收入2.4亿元，利润3300万元。

【品 牌】 继露水河刨花板被评为中国驰名商标后，金桥实木复合地板和泉阳泉矿泉水同时获此殊荣，集团三大主要产品均获得中国名牌产品和中国驰名商标称号。红宝石纤维板、吉森胶黏剂、云龙百叶窗被评为吉林省名牌。在第二届中国国际林业产业博览会上，露水河刨花板、金桥地板和霍尔茨门分获金奖，云龙百叶窗和福立达家具分获优质产品奖。露水河刨花板分公司、红石林业分公司和白石山林业局创达人造板厂通过了FSC/COC认证。

【产品质量】 木材生产优化量造材设计，实施优质材奖励机制；刨花板、地板生产坚持全员质量管理，全过程质量控制，严把采购质量、加工质量和产品检验关，人造板质量稳定，实木复合地板获得国家出口免检免验资格证书；矿泉水生产强化全员质量安全意识，实行岗位量化考核，确保了主要产品质量稳步提升。

【新产品研发】 采用冷压无醛胶技术制作实木复合地板实现批量生产；自行研发的超厚单板旋切技术在实木复合地板生产中得到应用，获得国家专利和国家林业局100万元科技资金支持；实木复合地板用脲醛树脂胶黏剂研制获得成功，各项指标均符合国家检测标准；开发出7个贴面刨花板新款花色木纹纸新品种；聘请著名专家为清华大学校庆设计专用矿泉水瓶形和外包装；森林空气科技攻关项目已生产出标准化产品，完成专利申请和商标注册工作。

【市场宣传和销售】 利用举办金桥地板工业园区落成投产仪式，承办第二届东北内蒙古四大森工集团年会，参展东北亚博览会、中国国际林博会，赞助全国男子篮球联赛LED显示屏，为清华大学百年校庆提供专用水，扩大了企业知名度和产品影响力。

股份公司与中盐银港人造板公司等3家企业建立OEM关系，合作生产刨花板6.8万立方米。金桥地板集团寻求与绿地等知名房地产商合作，销售地板15万平方米。泉阳泉饮品公司深化和细分销售渠道，稳步推进沈阳、大连市场，销量11万吨，同比增加2.37万吨。

（吉林森林工业集团有限责任公司计划发展部）

表55-1 吉林集团集团林业产业概况

指 标	数量
林业产业总产值(按现行价格计算)(万元)	1072784
一、第一产业总产值	290750
(一)涉林产业总产值	281065
1. 林木的培育和种植	23008
2. 木材和竹材的采运	133044
3. 经济林产品的种植与采集	84800
4. 花卉的种植	1076
5. 陆生野生动物繁育与利用	22422
6. 林业生产辅助服务	16715
(二)林业系统非林产业产值	9685
二、第二产业总产值	424543
(一)涉林产业总产值	277063
1. 木材加工及木、竹、藤、棕、苇制品制造	230588
(1)锯材、木片加工	18326
(2)人造板制造	111104
(3)木制品制造	100723
2. 木、竹、藤家具制造	4400
3. 林产化学产品制造	21398
4. 非木质林产品加工制造	10144
5. 其他	10533
(二)林业系统非林产业产值	147480
三、第三产业总产值	357491
(一)涉林产业总产值	40515
1. 林业旅游与休闲服务	22063
2. 林业生态服务	732
3. 林业专业技术服务	2613
4. 林业公共管理及其他组织服务	15107
(二)林业系统非林产业产值	316976
补充资料：全部山区县茶、桑、果产值	5655
森林培育	
一、荒山荒(沙)地造林面积(按林种用途分)(公顷)	
用材林	4
二、森林抚育面积(公顷)	
(一)低产低效林改造	46
(二)实际幼林抚育	87535
(三)成林抚育	36257
主要木材、竹材产品产量(万立方米)	
一、木材总计	92.82
(一)原木	92.09
其中：针叶原木	15.31
1. 直接用原木	5.73

指　标	数量
2. 等内加工原木	54. 08
3. 其他原木	7. 05
(二)薪材	0. 73
锯材生产	
锯材产量(万立方米)	6. 88
人造板生产(万立方米)	
人造板总产量	64. 64
一、胶合板	0. 39
木胶合板	0. 39
二、纤维板	15. 52
三、刨花板	48
四、其他人造板	0. 74
果品木本粮油	
干果产量(吨)	11710
其中：核桃	3767
松子	7933
森林蔬菜	
森林食品(干重)(吨)	4435
其中：食用菌	2357
山野菜	1768
其他森林食品	310
中药材	
木本药材(吨)	82
其中：其他木本药材	82
花卉	
观赏苗木产量(万株)	22. 4
森林旅游	
一、旅游人次(人)	691450
二、旅游收入(万元)	22063
三、森林公园总数(处)	8
四、森林公园总面积(公顷)	89773. 04
五、国家森林公园数量(处)	8
六、国家森林公园面积(公顷)	89773. 04
七、森林公园收入总额(万元)	3276. 97
八、旅游接待总人数(万人次)	13. 21
九、旅游接待海外旅游者(万人次)	0. 31

表 55-2　吉林集团集团林业产业特色

项目名称	全国排名	数量	占全国的比(%)
木材采运及锯材木片加工业			
特级原木产量(万立方米)	2	21. 01	29. 97
枕木及其他锯材产量(万立方米)	4	3. 16	7. 25
人造板制造业			
人造板表面装饰板产量(万平方米)	5	1124. 96	4. 23
果品产业			
松子产量(吨)	5	7933	6. 59

表 55-3　吉林集团集团各产业对总产值的贡献

	项目名称	产值(万元)	百分比(%)
	总产值	1072784	100
1	林业系统非林产业	474141	44. 2
2	木材生产业	151370	14. 11
3	人造板制造业	111104	10. 36
4	木制品生产业	100723	9. 39
5	森林蔬菜产业	34399	3. 21
6	果品产业	28426	2. 65
7	野生动物驯养业	22422	2. 09
8	森林旅游业	22063	2. 06
9	中药业	21975	2. 05
10	林产化工产业	21398	1. 99
11	其他	20677	1. 93
12	森林培育业	19766	1. 84
13	林业服务业	18452	1. 72
14	木竹藤家具制造业	4400	0. 41
15	种苗产业	3242	0. 3
16	园林植物产业	1076	0. 1
17	竹藤产业(不含家具)	435	0. 04

龙江森林工业集团林业产业

【产业特点】 中国龙江森林工业(集团)总公司暨黑龙江省森林工业总局三次产业结构由2010年的39:40:21调整为2011年的39:38:23。林业产业总产值390亿元，对总产值贡献最大的是林业系统非林产业占61.37%，其次是木材生产业8.25%，然后主要是森林蔬菜产业7.53%，森林旅游业5.85%，木制品生产业5.14%(详见表56-3)。龙江集团林业基本情况见表56-1。

龙江集团林业产业特色突出表现在木材采运、果品、森林蔬菜和森林旅游产业，其中系统内国有企业单位生产的木材产量全国第三，松子产量全国第四，榛子产量全国第五，山野菜产量全国第五，森林公园总面积全国第三(详见表56-2)。

【营林】 完成人工更新造林总面积2万公顷，森林抚育完成49.87万公顷，育苗215公顷。大力发展绿化苗木基地，投资1985万元，建设兴隆、鹤立、双鸭山局苗木花卉基地82.8公顷、大树培养基地392.6公顷。

(周德滨　王茜　王春华　高频)

【木材生产】 完成木材销售178.5万立方米，同比少销226.7万立方米；平均售价1290.11元/立方米，同比提高400.32元/立方米；实现销售收入23.03亿元，同比减少13.02亿元。

(刘长奇　高　洁)

【木地板】 投资1.6亿元建设森工(阿城)木业园复合地板一期工程，形成了年产520万平方米的生产能力。 (吴红霞　康红)

【种植养殖】 种植养殖业完成产值73.6亿元，林蛙放养面积107.1万公顷，同比增长1%；养蜂15万箱，同比增长5%。 (闫　东)

【绿色食品】 森林食品业完成产值40.6亿元，黑木耳栽培16.3亿袋，产量5.8万吨；山野菜采摘量3.6万吨，同比增长6%，蓝莓种植面积0.13万公顷。 (杨草)

【北药】 北药产值8300万元，全林区人工药材种植面积1.3万公顷，五味子面积0.39万公顷，“两参”栽培面积0.07万公顷，平贝面积0.21万公顷。

(宋海峰)

【林业科技】 落实各级各类科技计划任务55项，经费1384万元。有10项科技成果获省政府科技进步奖，申报新建国家森林生态定位站1个，被列为国家森林认证试点单位2个。 (周宇飞)

【林业教育】 2011年，森工林区高考录取本科考生2006人，录取率45.80%；专科录取1912人，录取率为43.65%；总计录取专科以上考生3918人，总录取率89.45%。有11所义务教育学校、3所高中通过标准化合格学校和达标高中的验收。

(王月华)

【招商引资】 2011年组织企业参加各种国内外大型经贸洽谈活动9次，接待来访国内外客商96人次。完成招商引资额71.5亿元人民币，签约合同项目33个。其中引进省内资金13.5亿元人民币，引进国外、省外资金58亿元人民币。 (陈凤维)

表56-1　龙江集团林业产业概况

指　标	数量
林业产业总产值(按现行价格计算)(万元)	3897045
一、第一产业总产值	1526728
(一)涉林产业总产值	690932
1. 林木的培育和种植	94142
2. 木材和竹材的采运	222580
3. 经济林产品的种植与采集	363624
4. 花卉的种植	342
5. 陆生野生动物繁育与利用	8410
6. 林业生产辅助服务	1834
(二)林业系统非林产业产值	835796

指　标	数量
二、第二产业总产值	1488274
(一)涉林产业总产值	552330
1. 木材加工及木、竹、藤、棕、苇制品制造	412162
(1)锯材、木片加工	99027
(2)人造板制造	116308
(3)木制品制造	196827
2. 木、竹、藤家具制造	77076
3. 林产化学产品制造	11040
4. 非木质林产品加工制造	7344
5. 其他	40988
(二)林业系统非林产业产值	935944
三、第三产业总产值	882043
(一)涉林产业总产值	262068
1. 林业旅游与休闲服务	227966
2. 林业生态服务	8705
3. 林业专业技术服务	8856
4. 林业公共管理及其他组织服务	16541
(二)林业系统非林产业产值	619975
森林培育	
一、荒山荒(沙)地造林面积(按林种用途分)(公顷)	0
二、森林抚育面积(公顷)	
(一)低产低效林改造	533
(二)实际幼林抚育	85297
(三)成林抚育	495647
主要木材、竹材产品产量(万立方米)	
一、木材总计	166.14
(一)原木	163.75
其中：针叶原木	21.91
1. 直接用原木	27.82
2. 等内加工原木	92.75
3. 其他原木	28.02
(二)薪材	2.4
锯材生产	
锯材产量(万立方米)	47.75
人造板生产(万立方米)	
人造板总产量	61.71
一、胶合板	4.49
(一)木胶合板	3.48
(二)其他胶合板	1.01
二、纤维板	17.61
三、刨花板	27.77
四、其他人造板	11.84
木片生产	

指　标	数量
木片、木粒加工产品(万实积立方米)	9.22
果品木本粮油	
一、水果产量(吨)	3929
其中：苹果	396
梨	774
葡萄	1066
其他水果	1693
二、干果产量(吨)	12026
松子	10819
森林蔬菜	
森林食品(干重)(吨)	81924
其中：食用菌	57244
山野菜	17599
其他森林食品	7081
中药材	
木本药材(吨)	812
花卉	
一、年末实有花卉种植面积(公顷)	6
二、切花切叶产量(万支)	1.5
三、盆栽植物产量(万盆)	5.69
四、观赏苗木产量(万株)	8.65
五、草坪产量(万平方米)	0
六、花卉场(家)	0
七、花卉企业数量(家)	4
八、花农(万户)	0
九、花卉从业人员(万人)	0.01
其中：专业技术人员	0
十、控温温室面积(万平方米)	0.18
十一、日光温室面积(万平方米)	1.43
森林旅游	
一、旅游人次(人)	4663932
二、旅游收入(万元)	227966
三、森林公园总数(处)	42
四、森林公园总面积(公顷)	1329402.5
五、国家森林公园数量(处)	24
六、国家森林公园面积(公顷)	1209158.7
七、省级森林公园数量(处)	18
八、省级森林公园面积(公顷)	120243.8
九、县级森林公园数量(处)	0
十、县级森林公园面积(公顷)	0
十一、森林公园收入总额(万元)	60315.57
十二、旅游接待总人数(万人次)	263.96
十三、旅游接待海外旅游者(万人次)	4.67

表 56-2 龙江集团林业产业特色

项目名称	全国排名	数量	占全国的比(%)
概况			
第一产业林业系统非林产业产值(万元)	2	835796	18. 19
第二产业林业系统非林产业产值(万元)	2	935944	20. 69
第三产业林业系统非林产业产值(万元)	2	619975	16. 31
木材采运及锯材木片加工业			
系统内国有企业单位生产的木材产量(万立方米)	3	166. 14	20. 42
果品产业			
榛子产量(吨)	5	1207	1. 52
松子产量(吨)	4	10819	8. 98
森林蔬菜产业			
山野菜产量(吨)	5	17599	5. 78
森林旅游业			
人均旅游花费(元)	3	489	294. 58
森林公园总面积(公顷)	3	1329402. 5	7. 79
国家森林公园面积(公顷)	4	1209158. 7	10. 28
改造林相(公顷)	3	16738. 92	10. 58
车船总数(台/艘)	3	2662	8. 56

表 56-3 龙江集团各林业产业对林业总产值的贡献

	项目名称	产值(万元)	百分比(%)
	总产值	3897045	100
1	林业系统非林产业	2391715	61. 37
2	木材生产业	321607	8. 25
3	森林蔬菜产业	293348	7. 53
4	森林旅游业	227966	5. 85
5	木制品生产业	200451	5. 14
6	人造板制造业	116308	2. 98
7	森林培育业	90734	2. 33
8	木竹藤家具制造业	77076	1. 98
9	其他	55689	1. 43
10	果品产业	37656	0. 97
11	林业服务业	34102	0. 88
12	中药业	25223	0. 65
13	林产化工产业	11040	0. 28
14	野生动物驯养业	8410	0. 22
15	种苗产业	3408	0. 09

大兴安岭林业集团林业产业

【产业特点】 大兴安岭森工企业林业总产值87.9亿元，三次产业比重调整到38.8∶21.8∶39.4，森工采运和林产工业增加值占GDP比重12.8%，降低4.2%。大兴安岭林业产业概况见表57-1和表57-2。对林业总产值贡献最大的是林业系统非林产业占34.78%，其次是木材生产业占14.42%，然后主要是森林培育业12.27%，木制品生产业10.08%，人造板制造业6.84%，森林旅游业6.79%，森林蔬菜产业5.54%（见表57-3）。

全力实施“产业项目三年攻坚战”，33个重点产业项目开工和复工25个，完成固定资产投资12.1亿元，有2个项目已建成投产，其中省重点推进的13个产业项目全部开工，超额完成与省政府签状目标。

重点加强四大产业集团规范化运作，旅游公司完成组建并正式运营，木业公司取得木屋生产行业进出口权，矿业公司获得6个探矿权，林业投资公司100万立方米境外采伐项目，立项已通过国家商务部和黑龙江省发改委审定，并顺利接收兴邦公司在俄林地及资产。

创新收入分配和费用管理机制，对林业局和直属企业实行年薪制，对集团公司机构经费进行压缩，总费用降低8%。

招商引资履约项目77个，到位资金57.9亿元，增长36.5%。境外生产商品材50.6万立方米，加工板材7.06万立方米。积极争取国家和黑龙江省政府支持，签订了洛古河临时过货通道合作框架协议。

非公企业实现增加值42亿元、税收4.6亿元，分别增长23%和27.3%。

2011年3月完成《大兴安岭林业集团公司“十二五”规划》。编报《重点国有林区社会公益性基础设施建设规划》、《大兴安岭林业集团公司木材战略储备生产基地规划》、《大兴安岭特殊树种培育项目实施方案》，制定出台《大兴安岭林业集团公司固定资产投资项目与计划管理办法》。

【森林资源管理】 开展伐区凭证采伐专项检查。加强对驻局监督办伐区作业质量检查验收工作的核查，责成伐区作业质量存在问题的林业局认真整改，从源头上控制资源消耗和减少资源损失浪费；进一步加大木材加工监管力度，组织各地和驻局监督办，先后开展3次木材加工企业专项清理整顿工作，建立资源、工商、林产工业和资源监督联合资质审查清理整顿机制，严防加工厂成为消化黑材和超采木材场所。

联合地委宣传部、野生动植物保护处在全区组织开展《森林法》宣传月、《爱鸟周》等普法宣传活动，全区共设立宣传点145处，出动宣传车辆290余台次，发放宣传单10万余份，张贴宣传标语和条幅1366幅，在《大兴安岭日报》开辟普法宣传专栏30期，组织各局开展林业企业领导干部普法学习周活动。

【营造林】 编制《中国绿色碳汇基金会大兴安岭碳汇基金项目实施方案》、《中国绿色碳汇基金会大兴安岭碳汇专项基金管理暂行办法》等方案和办法。与中国绿色碳汇基金会签订《中国绿色碳汇基金项目实施合同》，2011年666.67公顷碳汇造林试点生产任务按标准全面完成。并配合内蒙古农业大学完成碳汇造林基线调查工作。

编制《森林培育实施方案》、《全国木材战略储备生产基地规划》、《大兴安岭林业集团公司林木种苗“十二五”发展规划（2011～2020年）》；完成36项技术操作规程、标准修订和完善工作；制定包括《中幼林抚育补贴试点技术要点》和《森林抚育补贴试点资金管理办法》、《关于加强新时期营林绿化工作的意见》、《关于新形势下深入开展全民义务植树运动的指导意见》，《营林工程项目管理办法汇编》等在内的几十项管理制度。

【木材生产】 落实集团公司《伐区管理办法》和有关木材生产要求，严格执行采伐限额，做到凭证采伐，在生产组织上坚持执行伐前公示制度、作业组招投标制度和伐区现地拨交制度。

严格实行木材生产设备专用证制度，就是通过检验对符合安全技术使用标准的设备给予发证，对达不到使用要求的设备不发放专用证，禁止此类设备投入生产。

【境外采伐】 新林后贝加尔经济贸易有限公司在2010年冬运结束后便开始对克拉斯诺奇科依区的林地进行踏查和伐区调查设计，设计资料于8月份报送俄罗斯林业厅审批已得到批复。2012年设计产量20万立方米，公司2012年得到俄罗斯方面批复的劳务指标500个，为2013年的境外采伐工作打下基础。

与黑龙江省柏杉林国际林业开发有限公司就合作开发南美洲圭亚那共和国森林资源相关事宜进行洽谈，并签署森林开发合作框架协议。成立大兴安岭兴安国际林业投资有限公司，已完成公司注册资本的验资、公司章程的制定、董事会的成立、组织机构的设立及公司注册地点的确定等工作，企业法人营业执照、组织机构代码证、国税、地税登记证已经办理完毕，注册资金划转、银行基本账户办理、纳税初始申报等工作已经完成，资产评估报告和资产转让协议签订后，已办理注册登记手续，实际运营已开始进行。

【木材销售】 2011年，全区销售原木123.69万立方米，销售收入9.16亿元。其中经济材67.32万立方米，销售收入7.28亿元。原木售价740.25元/立方米，同比提高141.99元/立方米，增收1.76亿元。其中经济材售价1081.22元/立方米，同比提高305.72元/立方米，增收2.06亿元；造纸材售价278.21元/立方米，同比提高49.42元/立方米，增收667万元；火烧木售价350.37元/立方米，同比提高76.62元/立方米，增收3286万元。

坚持林管局木材价格管理委员会负责全区木材最低限价的制定、管理、监督及调整机制，确保全区木材价格协调一致和林管局整体经济效益。2011年共8次将林管局制定和调整后的最新全区木材最低限价及时刊登在《大兴安岭日报》上，做到公开、透明，防止暗箱操作。按照木材市场行情，即使有3~5元的上涨空间都做一次调整，2011年管局售价调整8次。在现有的32个主要经济材种中，每立方米木材售价超千元的30个。严格执行林管局的要求，在销售淡季仍坚持高价位的价格策略，根据三季度木材市场正处于销售淡季、需求不旺的实际，实行木材售价不下调。

对《关于局内销售木材和贮木场造材剩余物竞价销售管理办法(试行)》进行修改完善，实行对畅销材种、局销材和造材剩余物全部实行公开招标竞价销售，其他材种也要实行公开招标竞价销售。2011年8月10日，十八站林业局面向全局加工企业举办木材竞价销售活动，按材种把竞价销售分为总价竞价、单价竞价两种方式。总价竞价材种造材剩余物底价18万元，单价竞价材种3米落叶松小薪材底价620元/立方米。使造材剩余物以18.2万元竞价成功，高出底价0.2万元；3米落叶松次小薪材以635元/立方米竞价成功，高出底价15元。认真贯彻执行《全区林木产品销售运输管理工作竞赛评比活动办法》、《全区贮木场竞赛评比活动办法》和《考核标准》。积极与地区国家税务局合作，对全区9个林业局原木销售发票进行改革，编程安装了税控机和税控机打发票开票软件。改革后的原木销售发票不仅式样和内容满足全区原木销售工作实际需要，而且实现与木材销售数字化管理系统成功对接，发挥了全区木材销售数字化管理平台的作用，减轻了销售划拨人员的劳动强度。加强木材经销数字化管理系统的使用管理，充分发挥其在运输计划、装车、划拨、数据传输、生产检斤等方面精准、智能、高效、监督和调度指挥功能，达到无缝隙管理。

【林产工业】 库伦斯木业实现利润1823.5万元，宏翔木业实现利润413.0万元。

按照林业集团公司的整体安排，下发《股份制改造工作方案》，根据方案的要求塔河凯达木业、十八站华驿木业两户企业开展了股份制改造的试点工作。下发《林木产品品牌整合工作方案》，2011年已有宜家、诚誉、大森林、华驿、凯达、宏翔6个大项目执行该办法。起草创新"六个机制"实施方案，推行年薪机制、绩效机制、奖励机制、用人激励机制、产品创新激励机制和整合品牌激励机制。

在林产工业企业中试行"5S"现场管理，以宜家木业为示范企业，量身定制"5S"现场管理细则，部分重点企业试行"5S"现场管理。基层单位建立健全统计台账和原始记录，规范基层统计信息采集流程。制定加工企业资金使用审批程序，增设《材料、燃料的进、消、存明细表》、《动力消耗表》和《现金流量表》等财务管理报表。

针对木结构建筑和木制品存在的质量问题，及时下发质量整改通知，开展林木产品质量抽检工作，共抽检21家企业12种44个批次产品，完成与省人造板质检站的比对检验任务。

组织企业参加第二十二届哈洽会、第五届中国(牡丹江)—俄罗斯(远东)国际木业博览会和第二届中国国际林业产业博览会等7个综合性展会。参加第二届中国国际林业产业博览会，大兴安岭产品获金奖8个，优质奖8个，大兴安岭林业集团公司获得最佳组织奖、最佳参展奖、最佳展台奖。组织企业参加大型综合性展会，推进木结构建筑在森林旅游度假、大型会所、户外产品上的应用，2011年，木结构建筑生产32747平方米，完成年计划的117.0%，同比增长53.6%，销售25640.6平方米，产销率78.3%。

【绿色产业】 2011年，绿色产品展销厅全年接待参观3700人次，完成"大兴安岭特色产品数字化信息交易平台"建设，全年实现销售额1.47亿元。重点扶持塔河超越、阿木尔北极冰蓝莓酒庄、新林依莓公司、加区百盛蓝莓等企业，将产品认证重点放在农产品、食用菌和野生浆果领域。全区获绿色(有机)标志使用权产品205个，其中有机食品193个，AA级绿色食品12个，位居全省各地市之首。

区外建直销店。2011年已通过黑龙江省龙顺达公司合作在北京建立北奇神直销店1处，通过富林公司在义乌小商品城建立大兴安岭绿色食品展销厅1处，通过与省绿办联系，产品已直接进驻黑龙江省绿色食品展销厅。进入北京、上海等1200余家超市。特色产品批发市场建设利用了Internet技术的"绿色产业信息化平台系统"，主要进行资源采集、信息发布、网络化存储、视频点播、远程交易、电子商务及网络管理。全区从事绿色食品加工企业86家，入驻到特色产品批发市场的72家，其中蓝莓(红豆)加工企业24家，入驻21家。全区绿色(特色)产品十二大系列800余个品种，其中蓝莓(红豆)产品十大系列140余个品种；绿色(特色)产品年交易额2.21亿元，其中蓝莓(红豆)产品交易额8320万元。

在新林、呼中建成有机黑木耳养殖标准化示范基地，食用菌养殖2.1亿袋；在新林、阿木尔、塔河、十八站等地人工蓝莓种苗繁育397万株，人工蓝莓种植基地260公顷。

【生态旅游】 委托中国城市规划设计院、英国工程设计院、哈尔滨城市规划设计院等多家知名规划设计单位，对基础设施、景点景区建设进行全面系统的规划。漠河县完成《北极村旅游名镇总体规划》、《神州北极龙岛控制性详细规划》、《北极圣诞村修建性详细规划》、《北极新村控制性规划》、《十里长湖景区规划》、《天象主题公园规划》、《兴安石油小镇控制性详规》；呼中区完成《森林公园总体规划》和《森林公园一期工程建设可行性研究报告》；《塔河鄂伦春风情小镇》规划正在进行专家评审；编制完成《大兴安岭森林旅游规划》和《全区旅游产品开发策划》。

圣诞村二期工程，增建圣诞礼堂、白雪公主乐园、童话世界和小矮人藏宝屋等10个单体木制别墅。北极村改造工程，投资500万元，增设的回廊、商厅、木栈道、休憩茶吧全部投入使用。北方民族园二期工程，计划建设鄂伦春民房30栋、俄罗斯民房5栋及俄罗斯部落风情演艺馆，2011年完成投资500万元。北极村民俗生态园工程，总投资1.7亿元，建设地窨子、画家村、黑龙塔、黑龙广场、渔村、表演场、熊园等。已完成投资1.2亿元，地窨子、垂钓区、熊园等部分景点已对游人开放。金水湖浴场项目，重点改造湖面5.5万平方米，建设沙滩浴场。现已完成投资400万元。樟子松母树林公园项目，总投资2500万元，完成投资500万元，清林工作已完成，游览步道、景观小品正在进行规划设计。兴安边境石油小镇重点推进二十五站村整村改造，完成泥草房改造50栋及场地平整、供热、自来水入户工程，已完成投资2600万元。图强百环木石神泉森林旅游度假区，完成四合院主体工程，园林规划基础工程管线、电缆线铺设、给排水工程已完成，已投入资金5600万元。塔河县鄂伦春民族新村的景区公路、桥涵、供电线路等基础设施已完工，完成投资1002万元。中国北极冰川地质文化公园已投资1098万元。呼中国家级森林公园一期工程，完成苍山石林、白山两景区支线公路等。保护区景区服务接待中心300平方米已全面竣工，南、北大门的改建工作已完工。清溪公园建设工程的ABCD区建设工程全部竣工。北极金马商务会馆，完成投资2000万元。

《神州北极村、中国龙江源》旅游整体形象宣传广告继续在央视一套播出，同时，旅游卫视每天3次播出全区旅游形象宣传广告。与哈尔滨、大庆、齐齐哈尔、黑河联手进行旅游互动宣传，采取媒体互换版面、互换时段和组织集中采访等方式互推旅游产品，制作旅游宣传片和音乐风光片在5市地循环互动播出，组织报刊、网站、异地采访等宣传活动。举办"5·19"中国首个旅游日宣传活动，组织全区20余家旅游企业，向市民和游客发放宣传材料2万余份，制作宣传展板100余张，悬挂宣传横幅390余条，现场解答旅游活动中的注意事项、旅游投诉等问题。同时，组团参加西安全国旅游交易会、哈洽会、中国香港旅游名镇推介会、黑龙江(中国香港)宣传周和2011全国森林博览会，并举办大兴安岭旅游推介会。组织策划全区旅游发展史上规模最大的旅游专列兴安游，与哈尔滨铁道国际旅行社共同组织的广东省老龄委赴东北夕阳红中老年人专列一行400多人大型旅游团，进行为期4天的旅游观光活动。8月初，组织接待以"走进大兴安岭、重返嫩林铁路"为主题的铁道兵老战士回访团，260多名铁道兵老战士亲眼目睹第二故乡的沧桑巨变。

举办第八届漠河冰雪汽车拉力赛，全国自由式滑雪雪上技巧和空中技巧冠军赛，迎"五一"暖春活力滑雪周和第十四届黑龙江国际滑雪节初冬热身滑雪月开滑式，"中国滑雪基地·世界冠军摇篮"品牌初步确立，映山红滑雪场已成为国家自由式滑雪集训队的训练基地。特别是2011年举办的第十四届黑龙江国际滑雪节初冬热身滑雪月开滑式，邀请芬兰圣诞老人恭贺祈福，蓝莓仙子倾情加盟。举办第二十一届北极光节，开展俄罗斯风情文艺演出、"梦幻北极"综艺晚会、大型水幕激光音乐焰火晚会等活动，同时还举办系列商贸活动。邀请新华社、《人民日报》、中央电视台、中央人民广播电台、广东电视台、《黑龙江日报》等35家新闻媒体的60多名记者对赛事进行报道。

在哈洽会上与东北林业大学生态旅游管理学院签订旅游人才培训协议，开展规划编制、景区设计、市场营销、旅游企业经营管理等8个方面的培训。充分利用《旅游饭店星级划分与评定》实施年，开展全区旅行社和星级饭店统计调查，先后3次组成调查组，围绕旅游企业软硬件建设、客源市场营销、旅游优质服务等方面开展调研，邀请省星级宾馆评定专家和旅游统计专家就宾馆新标准和旅游统计工作，对全区从业人员进行培训，提高从业人员的专业素质。漠河成立旅游稽查大队，重点查处旅行社擅自改变游览行程、增加购物时间、收费标准不透明、"黑社"、"黑导"、"黑车"等违规行为。

【林产品进出口】 林木产品进出口总额1296万美元，占进出口总额的1.46%，共与4个国家和地区发生林木产品经贸往来。

出口木制品主要有地板、锯材、家具等，出口额54万美元，主要出口到美国、加拿大、俄罗斯、日本。主要出口企业有新林后贝加尔公司、松岭大森林木业公司、漠河宝德隆食品有限公司、阿木尔森永公司、松岭壮志荣华公司。

进口林产品主要是原木，进口额1242万美元。主要进口国为俄罗斯。主要进口企业有新林后贝加尔经贸有限公司、黑龙江省兴邦国际投资有限公司、阿木尔森永经贸有限公司。

【动植物和湿地保护】 全面启动大兴安岭地区陆生野生动物资源调查工作。新建国家湿地公园4处，获批国际重要湿地1处。制定野生动物疫源疫病监测"十二五"规划。

“爱鸟周”期间，全区出动人员400余人、车辆30余辆，设立宣传咨询台20余处、宣传牌(板)37个，宣传单3.6万余份，悬挂宣传条幅、粘贴(发放)宣传彩图2200余幅，在《大兴安岭日报》刊发普法宣传专栏20期，专题宣传简报12期，在国家林业局网发表信息10篇，在《中国绿色时报》发表信息2篇。

开展以打击破坏野生动物资源，为候鸟迁徙繁衍提供良好环境为主要内容的“金雕行动”。重点对全区野生动物栖息地、繁殖地、停歇地进行巡护，对餐饮业、市场、检查站等进行执法检查，对非法猎捕野生动物行为进行依法打击。“金雕行动”开展以来，全区共出动人员4351人次、车辆1696台次，检查市场39处、个体业户1425户，检查过往车辆5000余台，清理非法入山人员172人，拆除猎捕窝点3处，收缴锁套、铁夹、粘网2744件，收缴林蛙、狍子、野鸟等野生动物及其制品5200余只(个)，放飞活鸟1260只，救助金雕2只、鸳鸯1只。查处破坏野生动物资源案件13起，其中行政案件8起，立案4起，行政处罚4人，立和破刑事案件5起，逮捕3人，取保候审2人。2011年被国家林业局授予保护森林和野生动植物资源先进集体称号。

南瓮河保护区晋升为国际重要湿地，在江苏省无锡市召开的第二届中国湿地文化节暨亚洲湿地论坛上被国际湿地公约组织列入国际重要湿地名录并授牌。黑龙江大兴安岭古里河、九曲十八湾、双河源、阿木尔4处国家湿地公园晋升为国家湿地公园。

黑龙江绰纳河湿地保护与恢复工程建设项目纳入到国家发改委、国家林业局下达湿地保护工程2011年中央预算内投资计划，南瓮河国家级自然保护区湿地保护补助资金项目得到国家林业局2011年湿地保护补助资金支持。

2011年度环志工作共环志林鸟和水鸟70余种，2000多只。其中南瓮河鸟类环志站环志到的紫翅椋鸟在大连地区曾有过记录，此次发现属黑龙江省境内首次发现。4月8日，地区监测中心站回收到黑龙江省伊春市新青林业局鸟类环志站于2008年10月份环志的白腰朱顶雀一只。5月11日北极村自然保护区鸟类环志站在环志工作中捕获到1只戴环的灰背鸫，环号为C29-1297，为黑龙江省北极村自然保护区鸟类环志站于2010年5月31日环志后放飞的鸟，此鸟环志1年后在原地被重捕。

【林下资源管理】 完成林冠下资源经营权转让承包工作，各地共将42.41万公顷富集区的蓝莓、红豆和偃松资源全部转让给6705户职工经营，转让地2964块，户均转让面积63.26公顷。全区共确定集约化经营试点地块1239公顷，其中野生蓝莓1025公顷、野生偃松200公顷、野生五味子14公顷。

印发《大兴安岭林区野生蓝莓等主要利用林下经济植物集约化管理办法》，明确各林业局作为资源管理主体，召开定单会与企业签订购销合同，初步形成“林业局管理主干线、林场管护支岔线和管护站负责承包区”管理模式。共出动执法人员约1575人次，收缴破坏性采集工具约360个，处置调解掠青采集事件19起，清理违规入山人员1331人。

全区现有47家养殖企业(户)，其中野生动物养殖有限责任公司11家，养殖基地7个，养殖场15个，繁育中心1处，其他13户，养殖梅花鹿、马鹿1332头，狐貂1.1万只，中国林蛙6.2万只，野猪1152头，野鸡516只，野鸭180只，雪兔310只。特色养殖加工龙头企业主要有松涛鹿苑公司、兴安鹿业公司。

【林业科技】 编制完成《大兴安岭地区“十二五”科技发展规划》。上报产业结构调整重大贮备项目4项，其中寒带林下植物提取物加工项目完成投资8002万元，完成年度总投资计划的100.03%。新购置两条花青素生产线，现已投入生产，寒带生物产业研发中心建成并投入使用。企业拥有狭叶荨麻、大花紫薇、桦树桑黄、岩藻黄质等6种植物提取物产品的国际定价权。

制订《野生蓝莓集约化经营技术规程》；建立野生蓝莓集约化经营技术示范区1000公顷；推进实施蓝莓种质资源及经营技术引进项目，从美国、俄罗斯引进10个蓝莓新品种及人工栽培技术，掌握了“美登”种苗的繁育技术，建立3个“美登”组培技术工厂化育苗中心。实施蓝莓产业关键技术研究与产业化示范、鹿副产品精深加工产业化关键技术研究与示范、食用菌产业关键技术研究与产业化示范等重大科技专项，开发蓝莓口服液、景参茸芪保健胶囊、食用菌复合冲剂等新产品。产业技术创新行动培育出超越野生浆果加工公司、北极冰酒业公司、百盛蓝莓公司、林格贝有机食品公司等一批林下资源精深加工龙头企业，蓝莓精深加工等创新产品不仅畅销北京、上海、大连、广州等国内大中城市，还远销美国、日本、捷克等国家。中国农业大学和大兴安岭林格贝有机食品公司达成长期合作协议，开展“蓝莓花青素高效提取”技术研究。

由大兴安岭林业集团公司承担的“大兴安岭森林资源高效利用关键技术研究与示范”国家科技支撑计划课题填补了大兴安岭地区承担国家重大课题的空白，该课题已经开始相关研究。对华援助项目——黑龙江省大兴安岭地区松花江上游支流多布库尔河流域污染治理获得联合国开发计划署立项支持，2011 年，项目实施和年度计划方案已编制完成，部分污水处理设备购置到位。

组织南瓮河国家级自然保护区同中国科学院长春地理研究所开展冻土退化对碳循环过程的影响及土壤中产生的甲烷菌、氮、碳微生物变化过程的研究两个项目的科研合作。开展两项科研项目，使南瓮河保护区在冻土研究上填补了空白。指导呼中国家级自然保护区同东北林业大学建立 9 公顷永久性落叶松样地，固定监测样线 3 条，完善监测信息管理系统。

2011 年申请专利 160 件，其中发明专利 41 件，实用新型 26 件，外观设计 93 件。按照《省专利资助办法》规定，为专利申请人和企业兑现专利资助 4 万余元。全年鉴定科学技术成果 7 项，申请省级科学技术进步奖三等奖 1 项。

【中国国际蓝莓节】 举办第三届蓝莓节，参展企业 50 家，参会企业 438 户，签订经贸合作项目 16 项，实现签约总额 10.1 亿元，比第二届蓝莓节签约额增加 3.51 亿元。

【大兴安岭神州北极木业有限公司】 该公司是大兴安岭林业集团公司出资创立的一户有国有独资有限责任公司，注册资本 1.5 亿元，拥有漠河宜家、漠河福圆木屋、图强诚誉、新林永恒 4 家工厂。经营范围以木结构房屋设计、制造、安装为主，兼营木材生产及林产品加工、境外采伐、木材及其制品进出口贸易、房地产开发等。公司主要产品有木屋、木梁、欧式窗、实木门、实木地板、墙壁板、家具、集成材、环保型防腐木、阻燃木、炭化木等。神州北极木业有限公司拥有极冠、金戈、三邦、三力、宜家、神州北极、飞来松、7 个商标。其中宜家、神州北极等商标已成为黑龙江省著名商标。

宜家分公司 是中国最大的木结构房屋生产企业，公司可以生产从 100 平方米以下至 1000 平方米以上的各种类型格局木屋。宜家分公司占地面积 12 万平方米，位于漠河县对俄开发工业园区。企业注册资金 1100 万元，固定资产 6590 万元，建有木屋加工中心、木梁、异型木梁、地板、墙板、实木门、欧式窗、集成材、防腐木、炭化木、八条生产线。年产干燥材 5 万立方米、建筑结构梁 1 万立方米、实木门 2 万套、欧式窗 2 万平方米、欧式窗料 2000 立方米、集成材板 2000 立方米、地板 2000 立方米、墙壁板 500 立方米、炭化木 500 立方米、防腐木 500 立方米、木屋 2 万平方米，年可加工原木 10 万立方米。拥有德国迈克·威力、台湾森克、意大利等世界领先的自动化木材加工设备 350 台套，有员工 460 人。自主设计的专利产品“神州北极”牌木制别墅和木梁在 2007 年中国国际林业产业博览会分别被评为特别金奖和金奖，实木门被评为银奖。“宜家”、“神州北极”、“三邦”商标被评为黑龙江省著名商标。连续 14 年被黑龙江省工商局评为“重合同、守信誉”企业。生产的“神州北极”牌木屋所使用的木材全部采用大兴安岭北纬 53℃高寒地区生长的 200 年以上的优质落叶松，经过干燥集成，开槽榫加工而成，剔除了木材的缺陷，具有密度大、力学强度高、耐水湿和耐腐朽等特点。

福圆木屋分公司 坐落在中国最北部素有“金鸡之冠、天鹅之首”美誉的漠河县境内，公司始建于 2011 年初，占地面积 2.4 万平方米，固定资产 532 万元，厂房面积 4767.66 平方米，拥有员工

300余人，德国福莱克西木屋生产线一套及相关设备90余台套，集设计、加工、安装为一体的圆式木屋加工公司，拥有自主知识产权和进出口经营权。该分公司设有圆式木屋加工，细木工板，墙壁、地板3个主要加工车间，充分利用大兴安岭优质落叶松为原料生产、加工圆式木屋，年加工生产能力为木结构圆式木屋8000余平方，集成木屋5000平方、锯材4000立方、细木工板3800立方、墙板及地板3000立方。另可加工安装户外园林景观亭、长廊等木结构建筑。

诚誉分公司　位于黑龙江省大兴安岭地区图强林业局境内。创立于2002年4月。公司有员工197人，占地面积13.8万平方米；拥有德国、台湾等生产的精密加工设备139台套。

公司下设锯材、烘干、实木窗、结构材4个生产车间。锯材车间年产量3万立方米、烘干车间年烘干能力1万立方米、实木窗车间年生产能力5000平方米、结构材车间年产量5000立方米。主要产品为框架式木结构建筑、实木门窗、集成材（内、外墙板）、刨光材等各种产品。

【大兴安岭北极冰蓝莓酒庄有限公司】　创建于2008年，酒庄坐落于享有盛誉的“中国野生蓝莓之乡”大兴安岭地区阿木尔林业局生态植物园。公司占地面积22万平方米，建筑面积1.8万平方米，野生蓝莓基地20多万公顷，引进加拿大果酒酿造工艺，采用传统的重力酿造法，经橡木桶陈酿之后再由国际知名调酒师亲自监制，酿造蓝莓冰酒、蓝莓白兰地、蓝莓干红系列果酒。

公司研发出冰酒、冰红、干红、白兰地、果露酒、果脯、罐头、口服液等产品。产品通过ISO9001产品质量认证、HAACCP质量安全认证、有机产品认证。2009年荣获省级名优产品称号，2010年荣获2010年度中国糖酒食品业畅销品牌称号。

【北奇神集团药业公司】

产品研发　公司配有16名专业人员，聘请11名学者、专家担任技术顾问，与国内外院校建立新产品研发协作关系，加大了新产品研发力度。新建的质检中心配有薄层扫描仪、高效液相色谱等先进质检设备80多台，能够全程质量跟踪检验和数据分析，被确定为大兴安岭地区理化检验中心。在原有北芪神茶基础上，开发研制出三大系列50余种产品，其中国药准字批号的药品3个，国食健字批号的保健品10个，省、市食字批号产品30余个，出口俄罗斯的注册产品10个。北芪神茶、旗人减肥茶、润肠通秘茶和鹿美人胶囊荣获省高新技术产品称号；2005年形体美软胶囊获得大兴安岭地区唯一的第五届黑龙江省新产品二等奖，鹿美人胶囊荣获三等奖。

生产设施　新建并通过GMP认证的成品生产车间建筑面积2847平方米，车间中有茶剂、颗粒冲剂、胶囊剂和片剂4条生产线，采取30万级净化，实行全封闭生产。按照GMP要求新建的中药前处理车间具有水提、醇提、二氧化碳超临界萃取和低温热回流提取等综合功能。按照GMP标准新建的质检中心，配有先进仪器，可全程跟踪产品质量检测。

销售　公司在各省（区）首府和直辖市设有区域销售专职经理，在俄罗斯、日本设有分销售处，北奇神产品远销新加坡、乌克兰、匈牙利、美国等15个国家和地区。

现代化管理　公司现已编制GMP管理文件24册，汇集1588份文件，约160万字。2011年，所有生产过程都用文件来证明；所有质量指标都用数据来说话；所有工艺流程和设备状态都用原始记录数据来验证；步入了科学化、规范化、制度化管理的轨道。

公司建立二十几年来，在国内外获得100多项大奖。1991年，北芪茶荣获第二届北京国际博览会金奖、“七五”全国星火计划成果博览会获金奖、黑龙江省科学技术进步星火一等奖、黑龙江省优秀新产品“黑龙奖”三等奖；北奇神茶技术获实施国家“星火计划”二等奖。1997年，北奇神保心一品茶荣获黑龙江省优秀新产品一等奖。近几年来，公司先后被授予黑龙江省质量效益先进企业、全国重合同守信用先进企业、国家出口二类企业、黑龙江省高新技术企业等荣誉称号。1993年，公司董事长孙乃居被黑龙江省政府授予优秀企业家称号，被国家科学技术委员会评为“七五”期间全国优秀星火企业家，被全国总工会授予全国“五一”劳动奖章，享受政府特殊津贴待遇；1996 年荣获黑龙江省优秀中青年专家称号。

【大兴安岭林格贝植物提取公司】 是大兴安岭地区唯一一家集野生植物研究、有效成分提取和药品、功能食品、天然原料开发、生产、销售于一体的民营国家级高新技术企业。2002 年成立，注册资金 3939 万元。公司下设 6 个全资子公司，一个省级寒带生物技术研发中心。2011 年启动改制为国有参股企业，拥有知识产权专利 16 项，2011 年申报专利 22 项。公司产品 95% 通过自己电子口岸出口美国、日本、韩国、欧盟等国际市场。2003 年，公司被黑龙江省科技厅确定为黑龙江省高新技术企业；2009 年通过国家高新技术企业认证；2006 ~ 2010 年连续 5 年被阿里巴巴网评为全国十大网商、花青素产品被 FDA 评为 2009 年全球 500 新产品；2010 年在全国同行业处于第三位，出口额 2700 万美元；2010 年被黑龙江省政府确认为黑龙江寒带生物产业基地龙头企业。公司主要以大兴安岭林下野生植物为原料，采用现代生物技术研制开发三大系列 70 余个产品。

花青素系列 主要有蓝莓花青素、越橘花青素、黑加仑花青素、红树莓花青素，接骨木花青素等。主要用于保健品的主原料，同时是强氧化剂，具有抗癌只功效。

植物提取系列 主要包括熊果甙，熊果酸，前花青素，荨麻提取物、桑黄、辣椒咸等。用于药品的原料。

天然色素系列 主要有红色素、蓝色素、黑色素和黄色素、叶绿素。主要用于食品添加，丰富食品色泽。

林格贝公司下辖 5 个国际销售部，电子商务销售人员 68 人，采取网络销售手段，网站覆盖 100 多个国家 10 万个终端，并在欧洲设有网络服务器，在美国设立免税仓库。公司非常重视知识产权的保护，设有专利部，拥有授权发明专利 16 项，2011 年申请专利 22 项。2006 ~ 2010 年承担国家级“948”等课题 8 个，省部级课题 19 个。

【塔河凯达木业有限公司】 塔河林业局独资企业，项目总投资额 4284 万元，注册资金 2600 万元。2007 年 7 月开工建设，2008 年 9 月投产，占地 13.6 公顷，建筑面积 2.7 万平方米。公司共有 7 个车间，13 条生产线，生产设备 260 台套，主要产品为中密度双贴面细木工板、集成材和建筑模板等产品，设计年产量分别为 7500 立方米、2500 立方米和 1000 立方米。公司现有员工 268 人。其中管理人员 10 人，中、高级专业技术人员 32 人，技术研发人员 7 人。

双贴面细木工板产品 具有隔音性能好，幅面大，无结，绿色环保，木质，稳定性及平整度好。适合贴人造薄木。主要适合家具、门套类产品，橱柜等。2011 年 9 月，塔河凯达木业有限公司双贴面细木工板荣获第八届林产品交易会金奖。

（康文学）

表 57-1 大兴安岭林业产业概况

指　标	数量
按现行价格计算	
(一)全部林业产业总产值	878508
1. 第一产业	376944
其中：林木培育种植	108186
木材采运产值	80793
2. 第二产业	377002
其中：工业总产值	377002
其中：木材加工产值	194539
3. 第三产业	124562
(二)全部林业产业增加值	442178
在全部林业产业总产值中	
1. 生态旅游业	59617
2. 绿色食品业	61796
3. 北药开发业	1424
4. 特色养殖业	15537
5. 林产工业	226793
6. 矿产资源开发业	94912
二、产品产量	
(一)农业产量	
原木产量(立方米)	847926
大豆(吨)	91474
马铃薯(吨)	11427
(二)牲畜存栏	
牛(只)	9659
羊(只)	66458
鹿(头)	3247
狐狸、貂、貉(只)	61880

指　标	数量
獭兔(只)	34692
(三)营林工作量(公顷)	
天保工程中、幼林抚育面积	171412
天保工程补植补造面积	2067
常规抚育面积	6877
育苗面积	48
成苗产量(万株)	6733
义务植树(万株)	69
(四)工业产量(立方米)	
锯材	156266
人造板	305273
其中：纤维板	155242
胶合板	5070
刨花板	3082
细木工板	85117
集成材	8054
建筑模板	25567
卫生筷子(标准箱)	944332
木制家具(件)	5780
木片(绝干吨)	139678
木地板块(立方米)	5453
小材小料	157785
发电量(千度)	477103
原煤(吨)	4028504
红砖(万块)	1010
矿泉水(吨)	2773
三、库存(万立方米)	
原木	55.3
锯材	12.1
纤维板	19.4
胶合板	2.9
刨花板	0.4
细木工板	5.2
集成材	2.2
卫生筷子(万标准箱)	37
木制家具(件)	78081
木地板块(立方米)	19029
木片(实积立方米)	140606
松桦木杆	9.7
原煤(万吨)	83.8

表 57-2　大兴安岭林业产业特色

项目名称	全国排名	数量	占全国的比(%)
碳素制品产业			
木材热解产品产量(吨)	4	101855	12.64
森林旅游业			
人均旅游花费(元)	1	731	440.36

表 57-3　大兴安岭各产业对总产值的贡献

	指　标	产值(万元)	百分比(%)
	总产值	878508	100
1	林业系统非林产业	305559	34.78
2	木材生产业	126669	14.42
3	森林培育业	107761	12.27
4	木制品生产业	88575	10.08
5	人造板制造业	60087	6.84
6	森林旅游业	59617	6.79
7	森林蔬菜产业	48650	5.54
8	林产化工产业	29276	3.33
9	野生动物驯养业	15019	1.71
10	林业服务业	13292	1.51
11	其他	10071	1.15
12	木竹藤家具制造业	2979	0.34
13	园林植物产业	2008	0.23
14	果品产业	495	0.06
15	种苗产业	425	0.05
16	中药业	244	0.03

表 57-4　大兴安岭进口主要林产品(万美元)

主要商品	单位	数量	进口金额	同比(%)	进口国别
锯材	立方米	53749	969.49	640.04	俄罗斯
原木	立方米	18070	271.68	124.20	俄罗斯

新疆生产建设兵团林业产业

【产业特点】 新疆生产建设兵团林业产业总产值94亿元，对总产值贡献最大的是果品产业占89.45%，其次是森林培育业占7.48%(详见表58-2)。新疆生产建设兵团林业产业基本情况见表58-1。

【政策措施】 推进商标战略 新疆维吾尔自治区出台《关于推进商标战略的实施意见》，设立商标战略发展专项资金，对获得中国驰名商标和新疆著名商标的企业，一次性分别给予50万元和20万元的奖励。

产业援疆 天山娇果业公司是农十三师兵团级农业产业化重点企业，对口援疆工作开展以来，天山娇果业公司积极借鉴河南省企业的销售经验和宣传经验，有效带动农十三师农业产业化发展。农十三师在二道湖工业园区划出6.8平方千米"河南产业聚集区"，重点吸引河南企业投资建厂，引进河南的发展理念和管理方式，使之成为河南产业示范园区。目前有40多家河南企业、100余人次来农十三师考察调研，双方达成19项框架协议；已有4家河南企业建成并投产，总投资1.4亿元；4家企业在建，已完成投资3.61亿元。

科技援疆 中国农业科学院果树研究所自2009年开展科技援疆工作，2011年成立中国农业科学院果树研究所——新疆北疆果蔬有限公司研发中心，与新疆生产建设兵团农五师签订科技服务协议，开展科技研发、基地示范以及技术培训工作。

该研发中心的成立，为进一步提高兵团的自身研发能力与农技队伍建设水平，对进一步发挥研究所科技信息服务和基地示范带动起到良好促进作用。通过开展新品种推广与示范，以农五师科技培训工作为中心，辐射带动周边农十三师、农四师、农七师和农九师等地区果树产业发展。针对新疆地区葡萄产业发展实际需求，集中开展包括设施葡萄品种选择、高效节能日光温室设计与建造、高光效省力化整形修剪、高效肥水利用、环境调控、花果管理等关键技术培训人员达2000多人次。同时充分利用网络、电视台等现代传媒，把现场培训与集中教学指导声像化、具体化，把技术培训与基地建设紧密结合。2010～2011年已在北疆地区建成10处示范基地，当年定植，第二年亩产最高可达800～1000千克，直接经济效益1.6万～2万元。

打造品牌 2011年"伊帅"品牌分别被评为新疆自治区著名商标，果品畅销中亚5国、欧洲等国。同年评为新疆著名商标，"伊帅"蛇果，在2009年第七届国际农产品交易会上获得金奖、"伊帅"果品在2011年第二届新疆农产品北京交易会上和第九届国际农产品交易会获得金奖，是新疆唯一的蛇果基地；2011年通过中国绿色食品发展中心审核，获得绿色食品证书；年产果品5万吨。

农四师78团打造"伊帅"品牌，加快建立"伊帅"外贸公司和其他出口公司牵头，生产基地实施农户统一生产的外向型农业体系建设，完善果品销售方式。全面推进林经等套种模式和果蔬套种。加快推进实施万亩标准园建设工程进度，实行阶段性目标考核办法。2010年扩建定植64.67公顷果园，种植173.33公顷葡萄。推广普及应用疏花疏果、套袋、贴字、生物防治等园艺十大主体先进技术，完成套袋苹果2000万个，贴字苹果300万个，使用果形剂133.33余公顷、果园养分平衡剂40公顷，实现蛇果商品率达80%以上，标准化果园生产面积达到0.07万公顷。走品牌化经营道路，把定园、定地、定人落到实处。

果树冬季修剪 2011年12月26日，农二师三十团在果树修剪培训中，就如何提高香梨品质、加强肥水管理、修剪和病虫害防治等知识进行培训。三十团按照"职工群众需要什么，培训什么；喜欢听什么，讲什么；什么赚钱，就教什么"的原则，除了技术骨干授课外，还邀请了疆内外农业专家来讲课。

农一师五团从对果树冬季修剪增加树体通风透光、稳产提升果品品质等现代管理理念方式入手，以现场演示修剪主枝、侧枝、伤口处理、培养结果枝等修剪方法，讲解苹果树的生长原理，认清冬季修剪对果品品质提升是实质性的基础工作，为果农进行技术指导。

新疆建设兵团农三师特色果品加工研发中心 2011年10月17日，由新疆前海供销集团公司与全国供销合作总社济南果品研究院共同组建的新疆特色果品加工研发中心揭牌及签约仪式在乌鲁木齐举行。当日，新疆前海供销集团公司还与全国供销合作总社济南果品研究院签订了长期战略合作协议，由双方共同推进新疆特色果品加工研发中心的建设和发展。

【梨】

农二师0.27万公顷梨园成出口注册果园 有"库尔勒香梨之乡"美誉的农二师拥有香梨园2万多公顷，其中结果果园1.33多万公顷。截至2011年，农二师已取得有机食品认证果园0.33万多公顷，0.27万公顷梨园被新疆维吾尔自治区检验检疫机构确定为出口注册果园。香梨种植面积从0.53万公顷扩大到2万多公顷，年产量20万吨以上。部分香梨远销美国、加拿大、新加坡等国家。农二师严格按照有机食品认证和出口注册果园认证标准，强化果园无公害种植，实施"矮、密、早、丰"果树栽培模式；在水肥管理上，以施农家肥、矿物质肥为主，病虫害防治，以施用生物农药为主，一律做到统防统治，杜绝分散打药，确保库尔勒香梨的声誉。

目前，农二师香梨产业已形成规模化、基地化、品牌化和无公害化的生产格局。荣获中国名优品牌荣誉之后，在2007年9月北京举行的2008年北京奥运推荐果品评选会暨第六届中国梨王擂台赛活动中，二十九团选送的注册商标为"2+8"品牌的香梨获得二等奖，同时还荣获中国梨王擂台赛铜奖。"艾丽曼"、"2+8"牌香梨作为中国名优品牌已走向国际市场。

农三师前进灌区贡梨 贡梨是杨山酥梨优良株系，1978年在兵团农三师四十八团选出，经多年研究、试验、生产和大面积推广，在1994年11月通过新疆维吾尔自治区品种审定委员会审定，命名为新梨5号(贡梨)。贡梨果实大，重250～300克，最大可达1100克。贡梨比杨山酥梨物质含量多2.7%，还原糖高1.57%，蔗糖高0.06%，维生素C含量高1.53毫克。在正常栽培管理技术条件下，定植后3年见花，4年生即可挂果，15年生进入盛果期，一般株产200～300千克，最高单株产量830千克，是多年生、高效益的经济树种。农三师前进灌区贡梨项目曾荣获1996年度兵团科技进步奖二等奖。农三师前进灌区48团选育出的贡梨曾荣获全国金奖。

前进灌区扎拉特农工承包的果园中，贡梨曾被客商以2.40元/千克价格订购一空，包装果品临时工价格突破90元/天，近些年来定购价格低于1.00元/千克。农三师前进灌区地处叶尔羌河流域中下游，得天独厚的地理位置与丰富的光热资源生产的优质贡梨在其他地区无法复制。利用农三师前进灌区新梨5号(贡梨)荣获金奖的品牌效应，大力发展优质贡梨种植，发展优质品牌果业种植，是开拓市场的基础。

【葡　萄】

中国最大的葡萄研究生产共同体 2011年3月24日，由农五师新疆北疆果蔬产业发展有限责任公司牵头申报的国家星火计划重大项目——葡萄绿色生产和加工关键技术与应用，通过农五师专家组的评审。该项目由新疆北疆果蔬产业发展公司、新疆农垦科学院、石河子葡萄研究所、农六师葡萄产业技术研究中心、农六师一〇一团，二二二团，农五师八十六团共同承担，涉及五大课题，涵盖应用葡萄新品种(系)繁育和葡萄苗产业化关键技术，鲜食葡萄绿色生产和贮藏保鲜关键技术，酿酒葡萄高效节水和病虫害综合防治的关键技术，酿酒葡萄精加工及工艺优化关键技术，葡萄无土覆盖安全越冬新技术和配套机械研制等葡萄产业链关键技术。

农十二师三坪农场引进国内首家葡萄皮渣精深加工企业 2011年9月，农十二师三坪农场招商引资企业——乌鲁木齐万利康生物科技开发有限公司成功提取葡萄皮渣天然有效物质，填补了国内酿酒葡萄皮渣精深加工的空白，缓解国内葡萄皮色素完全依赖进口的状况。

新疆每年生产酿酒葡萄近20万吨，葡萄酒的副产品主要是葡萄皮和葡萄籽。一个年产万吨的葡萄酒厂，大约产出几百吨的葡萄籽和几千吨的葡萄皮，这些葡萄籽、葡萄皮大多被作为垃圾处理掉，造成环境污染，浪费了资源。新疆每年产生数以万吨的酿酒葡萄皮渣，对葡萄皮渣综合利用开发，既可变废为宝，又可延长产业链，还可大大提高农产品精深加工的经济效益。乌鲁木齐万利康生物科技开发有限公司2011年9月投入1000余万元，购入整套国内先进的多功能天然物质提取生产线。运用高科技手段，对酿酒葡萄皮渣中的色素、葡萄多酚、葡萄籽植物蛋白、葡萄籽油等天然有效物质精深加工和高纯度提取，年加工提取酿酒葡萄皮1万吨，葡萄籽2500吨，可实现产值5000万元。

农八师和烟台张裕公司合作建设葡萄酒庄 2009年，农八师和烟台张裕公司签订协议。农八师为每位种植户提供3年贴息贷款，并通过奖励示范户、冬季集中培训等方式，激励职工种出优质葡萄。2011年，全师建成酿酒葡萄基地0.67万公顷。

张裕的技术员到新疆进行技术指导，一是葡萄改型，把篱笆式葡萄架改成酒杯型。原来的葡萄长得有高有低，受光不同，成熟期不同，含糖量也不同，放在一起，酿出的葡萄酒品质不佳。现在，葡萄架改成酒杯型，通风、透光，让葡萄长在一个水平线上，同期成熟、含糖量相似，以此酿酒，口感更好。二是改水。过去，采取“先浇后控”的办法。含糖量虽然上去了，可葡萄肉变得松弛，失去弹性。张裕公司的办法是“先控后保”，2011年6月15日才浇第一遍水，此后随干旱程度变化，或15天或20天浇一次水，葡萄含糖量平均23%，弹性特别好。少浇3遍水，每公顷能节省300多元。

农四师62团葡萄产业 团场采取统一栽培品种、统一栽培模式、统一苗木来源、统一管理的种植方式，对葡萄进行集中连片的基地建设。同时完善葡萄管理阶段目标考核办法，确定春、夏、秋3个阶段的目标管理考核制度。团场通过招商引资等手段，先后引进新天国际、御马、山东威龙等有实力的葡萄酒加工企业落户团场，激发职工的建园热情。目前，全团林果业面积0.3万多公顷，其中葡萄种植面积近0.27万公顷。

石河子总场注册北泉牌葡萄 农八师石河子总场确立“出精品葡萄、走高端市场”的发展思路，申请注册“北泉”牌商标。该场葡萄园被农业部确定为国家级果树标准园，“北泉”牌葡萄通过农业部有机食品认证。近年，大力发展葡萄产业，种植533.33多公顷鲜食葡萄，2011年挂果面积266.67多公顷。2011年，农八师石河子总场4000吨鲜食葡萄进入广州、深圳等地高端果品市场，亩种植效益比往年提高30%。成立果品公司，专门负责葡萄种植管理、技术服务和经营销售。2011年，进一步加强葡萄质量管理，在采摘、分拣、装箱、入库各环节建立质量标准和检验制度，公司质检员、采摘工、分拣工定岗、定责，做到奖罚分明。

农六师一　一团葡萄生产基地 一〇一团葡萄种植面积0.17万公顷，其中酿酒葡萄0.11万公顷，鲜食葡萄0.07万公顷。2011年，该团鲜食葡萄总产7600吨，一、二级果品率在90%以上，其中70%的鲜食葡萄销往内地，30%的鲜食葡萄出口东南亚、中东、欧洲市场。

该团按照基地+公司+职工+市场的运作模式，采取团场投资建园、职工承包管理、公司规范运作的方式，投资4000多万元，兴建以红提、弗雷、克瑞森为主栽品种的万亩鲜食葡萄生产基地，成立金果葡萄产业有限公司，注册开门红牌商标。

一〇一团建立和完善葡萄生产技术规程，开展多项技术攻关，推广先进适用技术，每年对葡萄种植户进行科技培训，给每位种植户印发葡萄阶段性生产管理手册，抽调30名技术员分片区进行技术指导；完善葡萄生产管理办法，为种植户提供跟踪服务，使葡萄种植实现生产、加工、储运、包装、销售一体化。投资近千万元，引进世界先进的保鲜预冷技术和流水线分选包装工艺，兴建3个葡萄分选包装厂和库容3000吨的气调式葡萄保鲜库，生产的开门红牌葡萄连续3年通过国家有机葡萄认证。2010 年 9 月，该团与华润万家有限公司签约，使生产的红提葡萄进入华润万家公司在全国 25 个省(区、市)设立的 3000 多家连锁门店销售。

农十二师头屯河农场葡萄产业 头屯河农场建于 1951 年，是王震将军亲自组建的新疆最早的机械化国有农场之一。2000 年年底，农十二师成立，新组建的师辖管五一农场、三坪农场、头屯河农场、西山农场、一〇四团。对农业种植结构进行大幅度调整，确定以市场为导向、依托城市发展经济的思路。头屯河农场选择的是种果品。2010 年，头屯河农场成立西域天源果蔬公司，实行公司化运作，对葡萄销售进行统一质量等级标准、统一分级包装、统一品牌、统一价格、统一产品销售。头屯河农场种植面积 0.26 万公顷，葡萄 0.12 万公顷，葡萄总产量 2.27 万吨。优质葡萄已经按订单售出，90% 的“红提”葡萄进入中、东部省份的市场。葡萄总产值 1.499 亿元，占农业总产值的 70%。

【红 枣】

农十四师的红枣产业基地园 农十四师实施红枣品牌发展战略，采用公司 + 基地 + 农户的模式发展红枣产业，截至 2011 年，建成绿色有机红枣生产基地近 1.33 万公顷。该师统一红枣的施肥、修剪、采摘、收购、包装、加工、销售、流通等环节，提升“昆仑山”牌和田玉枣的品牌知名度和市场占有率；同时，该师不断完善产品收购方式和服务方式，逐步实现“产品订单收购、价格顺应市场、公司直对团场、团场直对连队、连队直对职工、合同司法公正”的目标，提高红枣生产与加工质量，延伸产业链，增加了附加值。

目前，农十四师主营的红枣产品有“昆仑山”牌和田玉枣、昆仑山贡枣、昆仑玉枣 3 个品种，曾先后获第七、八、九届中国国际农产品交易会金奖，2011 年 11 月“和田玉枣”荣获第十八届中国杨凌农业高新科技成果博览会“后稷”奖。2011 年 11 月 29 日，“和田玉枣”干枣获国家工商行政管理总局公布的中国驰名商标。

农一师阿拉尔市垦区红枣产业 农一师阿拉尔市垦区地处塔克拉玛干沙漠北缘，现有果林面积 6.23 万公顷，其中红枣种植面积 4.33 万公顷。实施统一栽培管理、统一产品标准、统一购销渠道、统一产品品牌、统一市场营销，构建起集生产、制干、分选、精深加工、仓储物流、销售为一体的产业链，入驻阿拉尔市的果品冷藏、加工、营销企业，已超过 15 家。2010 年投资 1.5 亿元，兴建占地总面积 20 万平方米的新疆南部果业股份有限公司，项目包括年产 5 万吨的红枣粗深加工生产线和 1 万吨储藏气调库。已投入使用生产加工能力为 2 万吨的一期工程，可对红枣实行分级包装、分级销售。

截至 2011 年 11 月底，阿拉尔市几乎所有团场都出现红枣销售难问题，农一师阿拉尔市积极采取应对措施销售红枣。一是个别已签订单的枣农抓紧时间采拾销售；二是该师市政府、职能部门积极为枣农寻找市场，提供信息服务；三是努力改变目前主要靠外地经销商收购的现状，积极引进农产品加工企业，大力扶持农村经济合作组织，加快提升红枣产业化经营水平，延伸红枣产业链。

农十四师“和田玉枣”干枣获中国驰名商标 农十四师“和田玉枣”干枣等 4 件商标获国家工商行政管理总局公布的 2011 年第二批中国驰名商标。

农十四师和田昆仑山枣业有限责任公司成立于 2005 年 10 月，是新疆生产建设兵团农十四师的直属企业，注册资本 2500 万元，总资产近 1.5 亿元，专业从事红枣的生产、加工和销售。2006 年，公司被认定为兵团农业产业化重点龙头企业。公司地处和田皮墨北京工业园，公司基地位于昆仑山北麓、塔克拉玛干大沙漠边缘，是国家“十二五”期间重点工程项目，也是国内目前最大的采用以色列先进节水灌溉技术的红枣集中连片基地。现有有机果品种植基地 333.33 公顷；厂区占地 53.3 多公顷，建成 2 万吨红枣烘干生产线和 1000 吨红枣气调保鲜库，具备年加工 2 万吨鲜枣的生产能力。2010 年，在北京对口援建支持下，投资 3300 万元新建加工厂 2 座(四十七团、皮山农场红枣加工厂)、新建烘制车间 3 座。目前，红枣加工机械化、自动化程度在全国同行业处于领先水平。目前，公司主营产品有“昆仑山”牌和田玉枣、昆仑山玉枣、中国顶级红 3 个类别 13 个规格。2009 年，公司完成由农业部唯一批准实施的农垦农产品质量追溯项目建设。2010 年，“和田玉枣”获新疆名牌产品、自治区著名商标称号；通过中国有机产品认证、中国绿色食品认证。公司产品通过ISO9000：2008 质量管理体系认证，HACCP 危害分析与关键控制点体系认证。2009 年、2010 年，公司销售收入均超过 1.5 亿元。2011 年，公司申请注册的“和田玉枣”是自治区著名商标。

新疆叶河源果业股份有限公司　成立于 2011 年 7 月，国有控股企业。生产基地在新疆生产建设兵团农三师。2011 年完成销售额 1 个亿，是集种植、收购、加工、保鲜、贮藏、销售及物流配送、连锁经营新疆纯天然绿色有机保健食品为一体的股份公司。

公司主营以“兵团红”品牌为主的新疆特产系列产品，现有 14 个种植基地，2 万公顷枣园；3 家红枣加工厂，年生产加工能力 5 万吨；2 个保鲜库，仓储能力 1 万吨；拥有乌鲁木齐、北京、上海、深圳 4 个中转库，协调全国市场的物流配送工作。公司设立北京营销中心负责全国市场开发、销售、调研，产品定位等业务，同时成立上海、深圳办事处，建立覆盖全国的终端销售网络。公司产品通过 QS 质量体系认证。2011 年 3 月在中国成都糖酒食品业年度峰会上，“兵团红”系列大枣荣获 2010 年度中国糖酒食品业年度畅销品牌称号。

红枣配套机械化　农一师七团机械修造厂研发的走式多功能果园管理机被称为“甲壳虫”，体型小、重心低，转向灵活，在果树行间通过性能好，可实现喷药、采摘、运输等多种作业。自走式超高地隙喷杆式喷雾机被称为“变形金刚”，其轮距可调，高度可调，不锈钢 2000 升药箱足以满足作业时要求，减少加水时间，大大提高了作业效率。

中科院研发的农用机械和农一师七团自主研发的多种红枣配套机械很受果农欢迎，从 2010 年 6 月到 2011 年 6 月，共售出 3000 台左右。

【高酸海棠果树】　农四师六十四团十一连退休职工王洪勋 8 年培育出高酸海棠果树品种，六十四团 2011 年已种植王洪勋培育的高酸海棠林 333.33 公顷。经国家农产品质量测试中心鉴定，用这种高酸海棠加工的果汁，酸度达到 1.92%，是一般果类的 3 倍；用它做原料加工的浓缩果汁呈红宝石色。高酸海棠树抗寒、挂果早、挂果率高、适合密植，亩产值可达 3600 元左右。

1999 ~ 2007 年，经过 8 年的优选和对比试验，王洪勋培育的“洪勋 1 号”高酸海棠树既早产又高产。一般海棠树从种植到挂果需要 3 ~ 5 年时间，王洪勋培育的海棠树在两年内就开始挂果，并且果实酸度较高，达到 1.92%，而酸度在 0.6% 至 0.7% 之间就称为高酸果类。2007 年，王洪勋为“洪勋 1 号”高酸海棠向国家农业部申请植物新品种权证书，并于 2010 年 9 月 1 日得到授权。“洪勋 1 号”高酸海棠培育成功，不仅让王洪勋通过出售高酸海棠树苗获得了丰厚的回报，也为六十四团职工增收开辟了一条新路。

【沙生特色林果】　2011 年，农八师一五〇团启动实施六大沙生特色林果产业基地项目，即 666.67 公顷红枣、666.67 公顷沙棘、666.67 公顷沙柳、666.67 公顷文冠果、666.67 公顷肉苁蓉、666.67 公顷麻黄草。通过兴建果品产业基地，一五〇团招商引资企业，全面加强番茄、红枣、胡萝卜等经济作物种植经营，形成了 1 万吨打瓜浓缩饮料、1000 吨胡萝卜汁和 1000 吨南瓜粉的生产能力；积极发展沙生药材产业，通过发展文冠果、麻黄草、肉苁蓉、甘草、沙棘、沙柳等沙生产业，引进特色中药材加工企业，加快药用保健品生产。

【薰衣草】　世界薰衣草产地主要有中国新疆的霍城、法国东南部的普罗旺斯和日本北海道的富良野。但普罗旺斯和北海道是一季花期，只有新疆的霍城一年两季花开。新疆的薰衣草性喜干燥、花形如小麦穗状，有着细长的茎干，花上覆盖着星形细毛，末梢上开着小小的紫蓝色花朵，窄长的叶片呈灰绿色，成株时高可达 90 厘米，通常在 6 月开花。拥有紫色薰衣草，蓝色薰衣草和白色薰衣草 3 种花色。新疆生产建设兵团农四师被誉为——中国薰衣草之乡，地处伊犁河谷霍城。至今有 40 多年种植历史，种植面积 0.15 万公顷，产量占全国 95% 以上。

新疆伊犁伊帕尔汗香料发展有限责任公司依托农四师薰衣草种植基地，通过与上海香料研究所的合作，成功研发“伊帕尔汗”薰衣草、薄荷、罗马甘菊、玫瑰等7大类、17大系列100多个品种的产品，产品涉及美容、香薰、按摩、保健、花草茶叶、家居饰品等诸多领域。在2005年、2006年乌洽会上，参展产品获得组委会银奖，同时获得新疆建设兵团颁发的新产品开发奖；在2005年新疆国际旅游节伊犁风情游荣获金奖，并被新疆国际旅游节组委会指定为新疆特色产品，成为新疆各级政府接待来宾馈赠的首选礼品。2006年，伊犁首届农产品博览会荣获金奖，同年在上海农产品交易博览会获得最畅销产品奖、最佳产品设计奖等奖项。2007年获得乌洽会最具新疆特色产品奖和兵团新产品开发奖，同时获得伊犁百强企业最具成长力奖。2008年获得新疆著名商标称号。到2011年，伊帕尔汗香料公司在全国各大中城市设立了300多家专卖店，产品远销美国、俄罗斯、哈萨克斯坦等国家。

【生态旅游】 农十师一八五团大力发展边境红色旅游和自然风光旅游，以其独特的地理环境、特殊的人文自然景观，着力打造“西北边境第一团”特色品牌。一八五团位于阿尔泰山西南边缘的中哈国境线上，这里路到头、水到头、电到头、地到头，因此被誉为“西北边境第一团”。该团从突出旅游经济，繁荣第三产业，叫响“西北边境第一团”品牌入手，修建各景区柏油公路，在各景区投资竖立巨型图文并茂的宣传标识牌，开辟3条黄金旅游线路：军垦边关红色第一游、西北边陲山水生态特色游、沙漠探秘刺激游。目前，“西北边境第一团”已成为新疆乃至西北区域旅游的新亮点。

【博览会】

第七届荷花节和观鸟节 2011年7月15日～10月30日，农六师在五家渠市举办第七届荷花节、观鸟节，两节在五家渠青格达湖开幕。

青格达湖景区是乌鲁木齐地区周边唯一湿地自然保护区，被誉为“首府之肾”，也是多种洲际候鸟迁徙的重要栖息驿站，到2011年已有记录在册的鸟类达180余种。其中国家一级保护鸟类有玉带海雕、白尾海雕和金雕3种，国家二级保护鸟类22种，省级保护鸟类9种，最多时鸟类数量超过10万只，已成为疆内知名鸟类科普摄影基地。活动期间，除了水上游船、儿童水上拓展、儿童戏水等活动外，还安排有青湖韵摄影展、热爱大自然、鸟类科普知识展、青少年琴棋书画展演、中秋赏月篝火晚会、风筝放飞比赛、汗血宝马展示等活动。

第二届阿拉尔红枣文化节 2011年10月16日由新疆生产建设兵团主办，农一师阿拉尔市承办的2011年中国阿拉尔红枣文化节开幕。本次红枣文化节为期两天，包括兵团品牌红枣展示、红枣产业发展论坛、商贸洽谈签约仪式、阿拉尔农业现代化发展现状展示以及主题文化活动。

参展中国国际中小企业博览会 2011年9月22日，中国国际中小企业博览会暨中泰中小企业博览会在广州开幕。兵团19家中小企业参会，集中展示、推介涉及农牧机械、食品饮料、棉纺织品等方面的50余种特色产品。中博会是经国务院批准，规格高、影响大的中小企业盛会，自2004年首次举办以来，已成功举办7届。本届中博会由国家工业和信息化部、国家发展和改革委员会、财政部、商务部、国家工商行政管理总局、国家质量监督检验检疫总局、中国银行业监督管理委员会、广东省人民政府和泰国工业部共同主办。33个国家和地区的3000多家中小企业参展。

参展国家农交会——标准园 2011年农产品交易会为第九届交易会，农业部确定2011年农交会设立“标准园展览”。新疆建设兵团以八师石河子总场葡萄标准园为主，辅以一师六团苹果标准园，参加国家农交会——标准园展览。兵团与其他17个省的标准园展览受到了表彰。特别是兵团标准园展位的独有特色，受到《农民日报》等媒体的关注。

（肖明源）

表58-1 新疆建设兵团林业产业概况

指　标	数量
林业产业总产值(按现行价格计算)(万元)	942717
一、第一产业总产值	934931
(一)涉林产业总产值	928140
1. 林木的培育和种植	73756
2. 木材和竹材的采运	3501
3. 经济林产品的种植与采集	850782

指　标	数量
4. 花卉的种植	42
5. 陆生野生动物繁育与利用	59
(二)林业系统非林产业产值	6791
二、第二产业总产值	2047
(一)涉林产业总产值	1847
1. 木材加工及木、竹、藤、棕、苇制品制造	1847
(1)锯材、木片加工	200
(2)人造板制造	1647
(二)林业系统非林产业产值	200
三、第三产业总产值	5739
(一)涉林产业总产值	3150
1. 林业旅游与休闲服务	3075
2. 林业生态服务	0
3. 林业专业技术服务	0
4. 林业公共管理及其他组织服务	75
(二)林业系统非林产业产值	2589
森林培育	
一、荒山荒(沙)地造林面积(按林种用途分)(公顷)	
(一)用材林	1
(二)经济林	8277
(三)防护林	22385
(四)薪炭林	0
(五)特种用途林	47
二、森林抚育面积(公顷)	
(一)低产低效林改造	151
(二)实际幼林抚育	91981
(三)成林抚育	319481
主要木材、竹材产品产量(万立方米)	
木材总计	6.04
原木	6.04
1. 直接用原木	4.16
2. 等内加工原木	1.52
3. 其他原木	0.36
果品木本粮油	
一、水果产量(吨)	726319
其中：苹果	189294
梨	194363
葡萄	287308
桃	29933
杏	22673
其他水果	2748
二、干果产量(吨)	306956
其中：核桃	4859
枣(干重)	301924
仁用杏	173
中药材	
木本药材(吨)	3239
其中：枸杞	2904
其他木本药材	335
花卉	
一、年末实有花卉种植面积(公顷)	1
二、盆栽植物产量(万盆)	1
三、观赏苗木产量(万株)	4
四、日光温室面积(万平方米)	0.2
森林旅游	
一、旅游人次(人)	360017
二、旅游收入(万元)	3075

表 58-2　新疆建设兵团各产业对总产值的贡献

	项目名称	产值(万元)	百分比(%)
	总产值	942717	100
1	果品产业	843253	89.45
2	森林培育业	70505	7.48
3	林业系统非林产业	9580	1.02
4	中药业	5529	0.59
5	木材生产业	3701	0.39
6	种苗产业	3251	0.34
7	森林旅游业	3075	0.33
8	其他	2000	0.21
9	人造板制造业	1647	0.17

《中国林业产业与林产品年鉴》(2012)参加编纂地、县级单位名单

北京市

房山区园林绿化局
顺义区园林绿化局
昌平区园林绿化局
大兴区园林绿化局
怀柔区园林绿化局
平谷区园林绿化局
平谷区人民政府果品办公室
密云县园林绿化局
延庆县园林绿化局
延庆县果品服务中心

天津市

宝坻区林业局
滨海新区林业局
蓟县林业局

河北省

石家庄市林业局
长安区农办
桥东区农办
桥西区农办
新华区农办
裕华区园林局
井陉矿区林业局
辛集市林业局
藁城市林业局
晋州市林业局
新乐市林业局
鹿泉市林业局
井陉县林业局
正定县林业局
栾城县林业局
行唐县林业局
灵寿县林业局
高邑县林业局
深泽县林业局
赞皇县林业局
无极县林业局
平山县林业局
元氏县林业局
赵县林业局
石家庄市南化苗圃
张家口市林业局
宣化区农委
下花园区农委
宣化县林业局
张北县林业局
康保县林业局
沽源县林业局
尚义县林业局
蔚县林业局
阳原县林业局
怀安县林业局
万全县林业局
怀来县林业局
涿鹿县林业局
赤城县林业局
崇礼县林业局
张家口市林场
张家口市高新区农委
承德市林业局
双桥区林业局
双滦区林水局
鹰手营子矿区林水局
承德县林业局
兴隆县林业局
平泉县林业局
滦平县林业局
隆化县林业局
丰宁满族自治县林业局
宽城满族自治县林业局
围场满族蒙古族自治县林业局
滦平林场管理局
御道口林场
秦皇岛市林业局
海港区林业局
山海关区林业局
北戴河区林业局
昌黎县林业局
抚宁县林业局
卢龙县林业局
青龙满族自治县林业局
唐山市林业局
路北区农林畜牧水产局
路南区农林畜牧水产局
古冶区农林畜牧水产局
开平区农林畜牧水产局
丰润区林业局
丰南区林业局
遵化市林业局
迁安市林业局
滦县林业局
滦南县林业局
乐亭县林业局
迁西县林业局
玉田县林业局
唐海县农林畜牧水产局
芦台经济技术开发区农委
汉沽管理区农业局
廊坊市林业局
广阳区林业局
安次区林业局
霸州市林业局
三河市林业局
固安县林业局
永清县林业局

香河县林业局
大城县林业局
文安县林业局
大厂回族自治县林业局
保定市林业局
新市区农业局
北市区农业局
南市区农业局
定州市林业局
涿州市农业局
安国市林业局
高碑店市农牧局
满城县林业局
清苑县农业局
易县林业局
徐水县林业局
涞源县林业局
定兴县林业局
顺平县林业局
唐县林业局
望都县林业局
涞水县林业局
高阳县林业局
安新县农业局
雄县农业局
容城县农牧局
曲阳县林业局
阜平县林业局
博野县农业局
蠡县林业局
沧州市林业局
运河区农林局
新华区农林局
泊头市林业局
任丘市林业局
黄骅市林业局
河间市林业局
沧县林业局
青县林业局
东光县林业局
海兴县农林局
盐山县农林局
肃宁县林业局
南皮县林业局
吴桥县农林局
献县林业局
孟村回族自治县农林局
临港经济技术开发区林业局
南大港管理区林业局
衡水市林业局
桃城区林业局
冀州市林业局
深州市林业局
枣强县林业局
武邑县林业局
武强县林业局
饶阳县林业局
安平县林业局
故城县林业局
景县林业局
阜城县林业局
邢台市林业局
桥东区农业局
桥西区农业局
南宫市林业局
沙河市林业局
邢台县林业局
临城县林业局
内丘县林业局
柏乡县林业局
隆尧县林业局
任县林业局
南和县林业局
宁晋县林业局
巨鹿县林业局
新河县林业局
广宗县林业局
平乡县林业局
威县林业局
清河县林业局
临西县林业局
高新技术开发区农业办
大曹庄管委会农业办
邯郸市林业局
丛台区农牧局
邯山区农牧局
复兴区农牧局
峰峰矿区林业局
武安市林业局
邯郸县林业局
临漳县林业局
成安县林业局
大名县林业局
涉县林业局
磁县林业局
肥乡县林业局
永年县林业局
邱县林业局
鸡泽县林业局
广平县林业局
馆陶县林业局
魏县林业局
曲周县林业局
省直属单位
塞罕坝机械化林场
木兰围场国有林场管理局
河北雾灵山国家级自然保护区管理局
小五台国家级自然保护区管理局
河北省林业示范场

山西省

太原市林业局
杏花岭区林业局
小店区林业局
尖草坪区林业局
晋源区林业局
清徐县林业局
娄烦县林业局
大同市林业局
南郊区林业局
新荣区林业局
阳高县林业局
广灵县林业局
灵丘县林业局
浑源县林业局
左云县林业局
大同县林业局
长城山林场
恒山林场
桦林背林场
十里河林场

大同市植物园
长治市林业局
城区林业局
郊区林业局
潞城市林业局
长治县林业局
襄垣县林业局
屯留县林业局
平顺县林业局
黎城县林业局
壶关县林业局
长子县林业局
武乡县林业局
沁　县林业局
沁源县林业局
晋城市林业局
城区林业局
高平市林业局
泽州县林业局
沁水县林业局
陵川县林业局
忻州市林业局
忻府区林业局
原平市林业局
定襄县林业局
五台县林业局
代　县林业局
繁峙县林业局
宁武县林业局
静乐县林业局
神池县林业局
五寨县林业局
岢岚县林业局
河曲县林业局
保德县林业局
偏关县林业局
晋中市林业局
祁　县林业局
临汾市林业局
安泽县林业局
运城市林业局
盐湖区林业局
永济市林业局
河津市林业局
临猗县林业局
万荣县林业局
闻喜县林业局
夏　县林业局
绛县林业局
平陆县林业局
垣曲县林业局
吕梁市林业局
孝义市林业局
文水县林业局

内蒙古自治区

呼和浩特市林业局
新城区林业局
回民区林业局
赛罕区林业局
托克托县林业局
武川县林业局
和林格尔县林业局
清水河县林业局
土默特左旗林业局
包头市林业局
昆都仑区林业局
东河区林业局
青山区林业局
石拐区林业局
九原区林业局
固阳县林业局
土默特右旗林业局
达尔罕茂明安联合旗林业局
稀土高新区林业局
乌海市林业局
海勃湾区林业局
海南区林业局
乌达区林业局
赤峰市林业局
红山区林业局
元宝山区林业局
松山区林业局
宁城县林业局
林西县林业局
阿鲁科尔沁旗林业局
巴林左旗林业局
巴林右旗林业局
克什克腾旗林业局
翁牛特旗林业局
喀喇沁旗林业局
敖汉旗林业局
通辽市林业局
科尔沁区林业局
霍林郭勒市林业局
库伦旗林业局
奈曼旗林业局
扎鲁特旗林业局
科尔沁左翼中旗林业局
科尔沁左翼后旗林业局
呼伦贝尔市林业局
海拉尔区林业局
扎兰屯市林业局
额尔古纳市林业局
鄂温克族自治旗林业局
免渡河林业局
红花尔基林业局
巴林林业局
鄂尔多斯市林业局
东胜区林业局
达拉特旗林业局
准格尔旗林业局
鄂托克前旗林业局
鄂托克旗林业局
杭锦旗林业局
乌审旗林业局
伊金霍洛旗林业局
乌兰察布市林业局
集宁区林业局
丰镇市林业局
卓资县林业局
化德县林业局
商都县林业局
兴和县林业局
凉城县林业局
察哈尔右翼前旗林业局
察哈尔右翼中旗林业局
察哈尔右翼后旗林业局
四子王旗林业局
巴彦淖尔市林业局
临河区林业局
五原县林业局

磴口县林业局
乌拉特前旗林业局
乌拉特中旗林业局
乌拉特后旗林业局
杭锦后旗林业局
兴安盟林业局
乌兰浩特市林业局
科尔沁右翼前旗林业局
锡林郭勒盟林业局
锡林浩特市林业局
多伦县林业局
阿巴嘎旗林业局
苏尼特左旗林业局
苏尼特右旗林业局
西乌珠穆沁旗林业局
太仆寺旗林业局
镶黄旗林业局
正蓝旗林业局
阿拉善盟林业局
阿拉善左旗林业局
阿拉善右旗林业局
额济纳旗林业局

辽宁省

沈阳市林业局
苏家屯区农林局
东陵区林业局
沈北新区农林局
于洪区农林局
新民市林业局
辽中县林业局
康平县林业局
法库县林业局
朝阳市林业局
双塔区林业局
龙城区林业局
北票市林业局
凌源市林业局
朝阳县林业局
建平县林业局
喀喇沁左翼蒙古族自治县林业局
阜新市林业局
细河区农林水利局
海州区农村经济工作办公室
新邱区林业局
太平区农林水利局
清河门区农村经济局
彰武县林业局
阜新蒙古族自治县林果局
铁岭市林业局产业办
银州区林业局
清河区林业局
调兵山市林业局
开原市林业局
铁岭县林业局
西丰县林业局
昌图县林业局
铁岭经济开发区林业局
抚顺市林业局
顺城区农发局
东洲区农发局
望花区农发局
抚顺县林业局
新宾满族自治县林业局
清原满族自治县林业局
本溪市林业局
本溪市农委
平山区林业局
溪湖区林业局
明山区林业局
南芬区林业局
本溪满族自治县林业局
桓仁满族自治县林业局
本溪市经济开发区林业局
辽阳市林业局
太子河区农村经济局
灯塔市林业局
辽阳县林业局
鞍山市林业局
千山区农村经济发展局
海城市林业局
台安县林业局
岫岩满族自治县林业局
千山风景区林业局
开发区林业局
丹东市林业局
元宝区农发局
振安区林业局
凤城市林业局
东港市林业局
宽甸满族自治县林业局
大连市林业局
甘井子区农发局
旅顺口区农林水利局
金州新区农林水利局
瓦房店市林业局
普兰店市林业局
庄河市林业水利局
长海县农林水务局
保税区林业局
高新技术园区林业局
花园口经济开发区林业局
长兴岛临港工业区林业局
营口市林业局
鲅鱼圈区林业局
老边区农委
大石桥市林业局
盖州市林业局
盘锦市农林局
双台子区林业局
大洼县农村经济局
盘山县农村经济局
锦州市林业局
太和区林业水利局
凌海市林业局
北镇市林业局
黑山县林业局
义县林业果树局
葫芦岛市林业局
连山区林业局
南票区林业局
兴城市林业局
绥中县林业局
建昌县林业局
省直属单位
辽宁实验林场
杨树研究所
生态实验林场
森林经营研究所
经济林研究所
固沙造林研究所
干旱地区造林研究所

吉林省

长春市林业局
南关区林业局
朝阳区林业局
宽城区林业局
二道区林业局
绿园区林业局
双阳区林业局
德惠市林业局
九台市林业局
榆树市林业局
农安县林业局
高新开发区林业局
经济开发区林业局
西新开发区林业局
莲花山开发区林业局
白城市林业局
大安市林业局
洮南市林业局
镇赉县林业局
通榆县林业局
松原市林业局
宁江区林业局
扶余县林业局
长岭县林业局
乾安县林业局
前郭尔罗斯蒙古族自治县林业局
吉林市林业局
市辖区林业局
船营区林业局
龙潭区林业局
昌邑区林业局
丰满区林业局
蛟河市林业局
桦甸市林业局
舒兰市林业局
永吉县林业局
四平市林业局
市辖区林业局
铁西区林业局
铁东区林业局
双辽市林业局
公主岭市林业局
梨树县林业局
伊通满族自治县林业局
辽源市林业局
龙山区林业局
西安区林业局
东丰县林业局
东辽县林业局
通化市林业局
通化市市辖区林业局
东昌区林业局
二道江区林业局
梅河口市林业局
集安市林业局
通化县林业局
辉南县林业局
柳河县林业局
白山市林业局
市辖区林业局
浑江区林业局
江源区林业局
临江市林业局
抚松县林业局
靖宇县林业局
长白朝鲜族自治县林业局
吉林厅林业局
上营森林经营局
辉南森林经营局
长白森林经营局
安图森林经营局
长白山保护局
延边朝鲜族自治州
延吉市林业局
图们市林业局
敦化市林业局
珲春市林业局
龙井市林业局
和龙市林业局
汪清县林业局
安图县林业局
吉林延边州林管局
黄泥河林业局
敦化林业局
大石头林业局
八家子林业局
和龙林业局
汪清林业局
大兴沟林业局
天桥岭林业局
白河林业局
珲春林业局
和龙人造板公司
珲春森林山公司
新元木业公司
汪清林源木业有限公司

黑龙江省

哈尔滨市林业局
松北区农林局
道里区农林局
南岗区农林局
道外区农林局
香坊区农林局
呼兰区林业局
阿城区林业局
双城市林业局
尚志市林业局
五常市林业局
依兰县林业局
方正县林业局
宾县林业局
巴彦县林业局
木兰县林业局
通河县林业局
延寿县林业局
转山实验林场
山河实验林场
丹清河实验林场
胜利实验林场
齐齐哈尔市林业局
昂昂溪区林业局
碾子山区林业局
梅里斯达斡尔族区林业局
讷河市林业局
龙江县林业局
依安县林业局
泰来县林业局
甘南县林业局
富裕县林业局
克山县林业局

克东县林业局
拜泉县林业局
黑河市林业局
爱辉区林业局
北安市林业局
五大连池市林业局
嫩江县林业局
逊克县林业局
孙吴县林业局
五大连池风景区管理委员会
市直属林场
大庆市林业局
开发区林业局
萨尔图区农林局
龙凤区农林局
让胡路区农林局
大同区林业局
红岗区农林局
肇州县林业局
肇源县林业局
林甸县林业局
杜尔伯特蒙古族自治县林业局
伊春市林业局
铁力市林业局
嘉荫县林业局
鹤岗市林业局
市辖区林业局
萝北县林业局
绥滨县林业局
佳木斯市林业局
前进区林业局
东风区林业局
郊区林业局
同江市林业局
富锦市林业局
桦南县林业局
桦川县林业局
汤原县林业局
抚远县林业局
孟家岗林场
双鸭山市林业局
尖山区林业局
岭东区林业站
集贤县林业局
宝清县林业局
饶河县林业局
七台河市林业局
市辖区林业局
新兴区林业局
茄子河区林业局
勃利县林业局
鸡西市林业局
鸡冠区林业局
恒山区人民政府林业站
滴道区林业局
梨树区林业站
城子河区林业局
麻山区林业局
虎林市林业局
密山市林业局
鸡东县林业局
牡丹江市林业局
穆棱市林业局
绥芬河市林业局
海林市林业局
宁安市林业局
东宁县林业局
林口县林业局
绥化市林业局
北林区林业局
安达市林业局
肇东市林业局
海伦市林业局
望奎县林业局
兰西县林业局
青冈县林业局
明水县林业局
绥棱县林管局
地区行署营林局
加格达奇区中小企业局
呼玛县林业局
塔河县营林局
漠河县林业局
直属单位
尚志国有林场管理局
庆安国有林场管理局
森林植物园
平山林业制药厂

上海市

闵行区林业站
宝山区林业站
嘉定区林业站
浦东新区绿化管理署
金山区林业站
松江区林业站
青浦区林业站
奉贤区林业署
崇明县农业委员会

江苏省

徐州市林业局
新沂市林业局
睢宁县林业局
丰县林业局
连云港市林业局
赣榆县林业局
宿迁市林业局
宿豫区林业局
泗洪县林业局
淮安市林业局
盱眙县林业局
盐城市林业局
亭湖区林业局
盐都区林业局
建湖县林业局
扬州市林业局
高邮市林业局
宝应县林业局
无锡市林业局
江阴市林业局
苏州市林业局
吴江市林业局

浙江省

杭州市林业局
西湖区林业局
余杭区林业局
萧山区林业局
临安市林业局
富阳市林业局
建德市林业局
桐庐县林业局

淳安县林业局
湖州市林业局
吴兴区林业局
南浔区林业局
长兴县林业局
德清县林业局
安吉县林业局
嘉兴市林业局
秀洲区林业局
平湖市林业局
海宁市林业局
桐乡市林业局
嘉善县林业局
海盐县林业局
舟山市林业局
定海区林业局
岱山县林业局
宁波市林业局
市辖区林业局
江北区林业局
北仑区林业局
镇海区林业局
鄞州区林业局
慈溪市林业局
余姚市林业局
奉化市林业局
宁海县林业局
象山县林业局
绍兴市林业局
上虞市林业局
嵊州市林业局
新昌县林业局
衢州市林业局
衢江区林业局
江山市林业局
龙游县林业局
金华市林业局
婺城区林业局
义乌市林业局
武义县林业局
浦江县林业局
磐安县林业局
台州市林业局
椒江区林业局
黄岩区林业局
路桥区林业局
临海市林业局
温岭市林业局
三门县林业局
天台县林业局
仙居县林业局
玉环县林业局
温州市林业局
市辖区林业局
鹿城区林业局
龙湾区林业局
瓯海区林业局
瑞安市林业局
乐清市林业局
文成县林业局
平阳县林业局
泰顺县林业局
洞头县林业局
苍南县林业局
丽水市林业局
市辖区林业局
莲都区林业局
龙泉市林业局
缙云县林业局
青田县林业局
云和县林业局
遂昌县林业局
松阳县林业局
庆元县林业局
景宁畲族自治县林业局

安徽省

合肥市林业局
肥东县林业局
肥西县林业局
庐江县林业局
宿州市林业局
萧县林业局
阜南县林业局
颍上县林业局
阜阳市林业局
颍东区林业局
亳州市林业局
市辖区林业局
涡阳县林业局
蒙城县林业局
利辛县林业局
蚌埠市林业局
禹会区林业局
淮南市林业局
八公山区林业局
毛集实验区林业局
滁州市林业局
全椒县林业局
凤阳县林业局
马鞍山市林业局
市辖区林业局
雨山区林业局
花山区林业局
金家庄区林业局
当涂县林业局
芜湖市林业局
鸠江区林业局
弋江区林业局
三山区林业局
芜湖县林业局
繁昌县林业局
南陵县林业局
安庆市林业局
迎江区林业局
宜秀区林业局
桐城市林业局
潜山县林业局
太湖县林业局
望江县林业局
黄山市林业局
屯溪区林业局
徽州区林业局
歙县林业局
休宁县林业局
黟县林业局
祁门县林业局
六安市林业局
叶集区林业局
寿县林业局
舒城县林业局
金寨县林业局
巢湖市林业局
无为县林业局

含山县林业局
和县林业局
池州市林业局
东至县林业局
青阳县林业局
宣城市林业局
宁国市林业局
泾县林业局
旌德县林业局

福建省

福州市林业局
马尾区林业局
晋安区林业局
福清市林业局
长乐市林业局
闽侯县林业局
连江县林业局
罗源县林业局
闽清县林业局
永泰县林业局
南平市林业局
延平区林业局
邵武市林业局
武夷山市林业局
建瓯市林业局
建阳市林业局
顺昌县林业局
浦城县林业局
光泽县林业局
松溪县林业局
政和县林业局
三明市林业局
梅列区林业局
三元区林业局
永安市林业局
明溪县林业局
清流县林业局
宁化县林业局
大田县林业局
尤溪县林业局
沙　县林业局
将乐县林业局
泰宁县林业局
建宁县林业局
莆田市林业局
城厢区林业局
涵江区林业局
荔城区林业局
秀屿区林业局
仙游县林业局
泉州市林业局
洛江区林业局
泉港区林业局
晋江市林业局
南安市林业局
惠安县林业局
安溪县林业局
永春县林业局
德化县林业局
厦门市林业局
同安区林业局
漳州市林业局
芗城区林业局
龙文区林业局
龙海市林业局
云霄县林业局
漳浦县林业局
诏安县林业局
长泰县林业局
东山县林业局
南靖县林业局
平和县林业局
华安县林业局
龙岩市林业局
新罗区林业局
漳平市林业局
长汀县林业局
永定县林业局
上杭县林业局
武平县林业局
连城县林业局
宁德市林业局
蕉城区林业局
福安市林业局
福鼎市林业局
寿宁县林业局
霞浦县林业局
柘荣县林业局
屏南县林业局
古田县林业局
周宁县林业局

江西省

南昌市林业局
市辖区林业局
湾里区林业局
南昌县林业局
新建县林业局
进贤县林业局
九江市林业局
庐山区林业局
瑞昌市林业局
共青城市林业局
九江县林业局
武宁县林业局
修水县林业局
永修县林业局
德安县林业局
都昌县林业局
湖口县林业局
彭泽县林业局
景德镇市林业局
乐平市林业局
浮梁县林业局
鹰潭市林业局
月湖区林业局
贵溪市林业局
余江县林业局
新余市林业局
渝水区林业局
分宜县林业局
萍乡市林业局
安源区林业局
湘东区林业局
芦溪县林业局
赣州市林业局
章贡区林业局
瑞金市林业局
南康市林业局
赣县林业局
信丰县林业局

大余县林业局
上犹县林业局
崇义县林业局
安远县林业局
龙南县林业局
定南县林业局
全南县林业局
宁都县林业局
于都县林业局
兴国县林业局
会昌县林业局
寻乌县林业局
石城县林业局
上饶市林业局
德兴市林业局
广丰县林业局
玉山县林业局
铅山县林业局
横峰县林业局
鄱阳县林业局
万年县林业局
抚州市林业局
临川区林业局
南城县林业局
黎川县林业局
南丰县林业局
崇仁县林业局
乐安县林业局
宜黄县林业局
金溪县林业局
资溪县林业局
东乡县林业局
广昌县林业局
宜春市林业局
袁州区林业局
丰城市林业局
樟树市林业局
高安市林业局
奉新县林业局
万载县林业局
上高县林业局
宜丰县林业局
靖安县林业局
铜鼓县林业局
明月山温泉风景名胜区管委会
吉安市林业局
市辖区林业局
吉州区林业局
井冈山市林业局
吉安县林业局
峡江县林业局
新干县林业局
永丰县林业局
遂川县林业局
万安县林业局
安福县林业局
永新县林业局

山东省

济南市林业局
平阴县林业局
济阳县林业局
商河县林业局
德州市林业局
市辖区林业局
德城区林业局
乐陵市林业局
禹城市林业局
陵县林业局
平原县林业局
夏津县林业局
武城县林业局
齐河县林业局
临邑县林业局
宁津县林业局
庆云县林业局
东营市林业局
市辖区林业局
东营区林业局
河口区林业局
垦利县林业局
利津县林业局
广饶县林业局
淄博市林业站
张店区林业局
淄川区林业局
博山区林业局
临淄区林业局
周村区林业局
桓台县林业局
高青县林业局
沂源县林业局
潍坊市林业局
市辖区林业局
奎文区林业局
潍城区农林局
寒亭区林业局
坊子区林业局
安丘市林业局
昌邑市林业局
高密市林业局
青州市林业局
诸城市林业局
寿光市林业局
临朐县林业局
昌乐县林业局
烟台市林业局
莱山区林业局
芝罘区林业局
福山区林业局
牟平区林业局
栖霞市林业局
海阳市林业局
龙口市林业局
莱阳市林业局
莱州市林业局
蓬莱市林业局
招远市林业局
长岛县林业局
威海市林业局
环翠区林业局
荣成市林业局
乳山市林业局
青岛市林业局
胶州市林业局
胶南市林业局
日照市林业局
东港区林业局
岚山区林业局
五莲县林业局
莒县林业局
临沂市林业局
兰山区林业局

河东区林业局
郯城县林业局
苍山县林业局
莒南县林业局
沂水县林业局
蒙阴县林业局
沂南县林业局
临沭县林业局
泰安市林业局
市辖区林业局
泰山区林业局
岱岳区林业局
新泰市林业局
肥城市林业局
宁阳县林业局
东平县林业局
菏泽市林业局
定陶县林业局
成武县林业局
单县林业局
郓城县林业局
东明县林业局

河南省

郑州市林业局
惠济区林业局
新郑市林业局
新密市林业局
荥阳市林业局
中牟县林业局
三门峡市林业和园林局
市辖区林业局
湖滨区林业局
义马市农林和农机局
灵宝市林业局
渑池县林业局
陕县林业局
卢氏县林业局
洛阳市林业局
瀍河回族区农办
涧西区林业局
洛龙区农林局
偃师市林业局
孟津县林业局
新安县林业局
栾川县林业局
嵩县林业局
宜阳县林业局
洛宁县林业局
伊川县林业局
伊洛工业园区社会事务局
龙门文化旅游园区林业局
焦作市林业局
市辖区林业局
解放区农林水利局
山阳区林业局
中站区农林水利局
马村区农林水利局
孟州市林业局
沁阳市林业局
修武县林业局
博爱县林业局
武陟县林业局
温县林业局
新乡市林业局
卫滨区农村工作委员会
红旗区农村工作委员会
凤泉区林业局
牧野区农林局
卫辉市林业局
辉县市林业局
新乡县林业局
获嘉县林业局
原阳县林业局
延津县林业局
封丘县林业局
长垣县林业局
鹤壁市林业局
淇滨区林业局
山城区林业局
鹤山区林业局
浚县林业局
淇县林业局
安阳市林业局
北关区农林水务局
文峰区农林水牧局
殷都区农林水牧局
龙安区林业局
林州市林业局
安阳县林业局
汤阴县林业局
滑县林业局
内黄县林业局
濮阳市林业局
华龙区林业局
清丰县林业局
南乐县林业局
范县林业局
台前县林业局
濮阳县林业局
高新区农业科技服务中心
开封市农林局
鼓楼区林业局
龙亭区林业局
顺河回族区林业局
禹王台区林业局
杞县林业局
通许县林业局
尉氏县林业局
开封县林业局
兰考县林业局
商丘市林业局
梁园区林业局
睢阳区林业局
虞城县林业局
民权县林业局
宁陵县林业局
睢县林业局
夏邑县林业局
柘城县林业局
许昌市林业局
东城区农村工作局
魏都区林业局
禹州市农业林业局
长葛市林业局
许昌县林业局
鄢陵县林业局
襄城县林业局
许昌市经济技术开发区农村工作局
漯河市林业和园林局
郾城区林业技术推广站

源汇区林业局
召陵区林业局
临颍县林业园艺局
平顶山市林业局
新华区农林水利局
卫东区农林水利局
湛河区农林水利局
石龙区林业畜牧局
舞钢市林业局
宝丰县林业局
叶县林业局
鲁山县林业局
郏县林业局
南阳市林业局
卧龙区林业局
宛城区林业局
邓州市林业局
南召县林业局
方城县林业局
西峡县林业局
镇平县林业局
内乡县林业局
淅川县林业局
社旗县林业局
唐河县林业局
新野县林业局
桐柏县林业局
信阳市林业局
浉河区林业局
平桥区林业局
息县林业局
淮滨县林业局
潢川县林业局
光山县林业局
商城县林业局
罗山县林业局
新县林业局
周口市林业局
川汇区林业局
项城市林业局
扶沟县林业局
西华县林业局
商水县林业局
太康县林业局
鹿邑县林业局
郸城县林业局
淮阳县林业局
沈丘县林业局
驻马店市林业局
驿城区林业局
确山县林业局
泌阳县林业局
遂平县林业局
西平县林业局
上蔡县林业局
汝南县林业局
平舆县林业局
新蔡县林业局
正阳县林业局
济源市林业局

湖北省

武汉市林业局
东西湖区林业局
蔡甸区林业局
江夏区林业局
新洲区林业局
十堰市林业局
茅箭区林业局
张湾区林业局
丹江口市林业局
郧县林业局
竹山县林业局
房县林业局
郧西县林业局
竹溪县林业局
襄阳市林业局
襄城区林业局
樊城区林业局
襄州区林业局
老河口市林业局
枣阳市林业局
宜城市林业局
南漳县林业局
谷城县林业局
保康县林业局
荆门市林业局
市辖区林业局
东宝区林业局
掇刀区林业局
钟祥市林业局
沙洋县林业局
京山县林业局
孝感市林业局
应城市林业局
汉川市林业局
孝昌县林业局
大悟县林业局
云梦县林业局
黄冈市林业局
黄州区林业局
麻城市林业局
武穴市林业局
红安县林业局
浠水县林业局
蕲春县林业局
黄梅县林业局
团风县林业局
鄂州市林业局
市辖区林业局
鄂城区林业局
梁子湖区林业局
华容区林业局
黄石市林业局
下陆区林业局
西塞山区林业局
铁山区林业局
大冶市林业局
阳新县林业局
经济开发区林业局
咸宁市林业局
咸安区林业局
赤壁市林业局
嘉鱼县林业局
通城县林业局
崇阳县林业局
通山县林业局
荆州市林业局
沙市区林业局
荆州区林业局
石首市林业局
洪湖市林业局

松滋市林业局
江陵县林业局
公安县林业局
监利县林业局
宜昌市林业局
枝江市林业局
宜都市林业局
当阳市林业局
远安县林业局
兴山县林业局
秭归县林业局
长阳土家族自治县林业局
五峰土家族自治县林业局
随州市林业局
曾都区林业局
广水市林业局
随县林业局
省直辖县级行政单位
仙桃市林业局
天门市林业局
潜江市林业局
神农架林区林业局
恩施土家族苗族自治州林业局
恩施市林业局
利川市林业局
建始县林业局
巴东县林业局
宣恩县林业局
咸丰县林业局
来凤县林业局
鹤峰县林业局

湖南省

长沙市林业局
岳麓区农林水利局
芙蓉区农林水利局
天心区农林水利局
开福区农林水利局
雨花区农林水利局
浏阳市林业局
长沙县林业局
望城县林业局
宁乡县林业局
张家界市林业局
市辖区林业局
永定区林业局
武陵源区林业局
慈利县林业局
桑植县林业局
常德市林业局
武陵区林业局
鼎城区林业局
津市市林业局
安乡县林业局
汉寿县林业局
澧县林业局
临澧县林业局
桃源县林业局
石门县林业局
益阳市林业局
市辖区林业局
赫山区林业局
资阳区林业局
沅江市林业局
南县林业局
桃江县林业局
安化县林业局
岳阳市林业局
市辖区林业局
岳阳楼区农林局
君山区林业局
云溪区林业局
汨罗市林业局
临湘市林业局
岳阳县林业局
华容县林业局
湘阴县林业局
平江县林业局
株洲市林业局
天元区农村工作局
荷塘区农村工作局
芦淞区农村工作局
石峰区农村工作局
醴陵市林业局
株洲县林业局
攸县林业局
茶陵县林业局
炎陵县林业局
湘潭市林业局
岳塘区林业局
雨湖区林业局
湘乡市林业局
韶山市林业局
湘潭县林业局
衡阳市林业局
蒸湘区林业局
雁峰区林业局
珠晖区林业局
石鼓区林业局
南岳区农林局
常宁市林业局
耒阳市林业局
衡阳县林业局
衡南县林业局
衡山县林业局
衡东县林业局
祁东县林业局
郴州市林业局
北湖区林业局
苏仙区林业局
资兴市林业局
桂阳县林业局
永兴县林业局
宜章县林业局
嘉禾县林业局
临武县林业局
汝城县林业局
桂东县林业局
安仁县林业局
永州市林业局
冷水滩区林业局
零陵区林业局
东安县林业局
道县林业局
宁远县林业局
江永县林业局
蓝山县林业局
新田县林业局
双牌县林业局
祁阳县林业局
江华瑶族自治县林业局
邵阳市林业局
大祥区农林局
双清区农林局

北塔区林业局
武冈市林业局
邵东县林业局
邵阳县林业局
新邵县林业局
隆回县林业局
洞口县林业局
绥宁县林业局
新宁县林业局
城步苗族自治县林业局
怀化市林业局
鹤城区林业局
洪江区林业局
洪江市林业局
沅陵县林业局
辰溪县林业局
溆浦县林业局
中方县林业局
会同县林业局
麻阳苗族自治县林业局
新晃侗族自治县林业局
芷江侗族自治县林业局
靖州苗族侗族自治县林业局
通道侗族自治县林业局
娄底市林业局
市辖区林业局
娄星区林业局
冷水江市林业局
涟源市林业局
双峰县林业局
新化县林业局
湘西土家族苗族自治州林业局
吉首市林业局
泸溪县林业局
凤凰县林业局
花垣县林业局
保靖县林业局
古丈县林业局
永顺县林业局
龙山县林业局

广东省

广州市林业局
荔湾区林业局
白云区林业局
黄埔区林业局
番禺区林业局
花都区林业局
南沙区林业局
萝岗区林业局
增城市林业局
从化市林业局
广州市属总林场
清远市林业局
清城区林业局
英德市林业局
连州市林业局
佛冈县林业局
阳山县林业局
清新县林业局
连山壮族瑶族自治县林业局
连南瑶族自治县林业局
清远市属总林场
韶关市林业局
浈江区林业局
武江区林业局
曲江区林业局
乐昌市林业局
南雄市林业局
始兴县林业局
仁化县林业局
翁源县林业局
新丰县林业局
乳源瑶族自治县林业局
河源市林业局
源城区林业局
紫金县林业局
龙川县林业局
连平县林业局
和平县林业局
东源县林业局
新丰江林管局
河源市属总林场
梅州市林业局
兴宁市林业局
梅县林业局
大埔县林业局
丰顺县林业局
五华县林业局
平远县林业局
蕉岭县林业局
潮州市林业局
湘桥区林业局
枫溪区林业局
潮安县林业局
饶平县林业局
潮州市属总林场
汕头市林业局
金平区林业局
濠江区林业局
潮阳区林业局
潮南区林业局
澄海区林业局
南澳县林业局
揭阳市林业局
榕城区林业局
普宁市林业局
揭东县林业局
揭西县林业局
惠来县林业局
汕尾市林业局
海丰县林业局
陆河县林业局
惠州市林业局
惠城区林业局
博罗县林业局
惠东县林业局
龙门县林业局
东莞市林业局
深圳市林业局
宝安区林业局
光明新区林业局
坪山新区林业局
珠海市林业局
香洲区林业局
斗门区林业局
金湾区林业局
高新区林业局
高栏港区林业局
中山市林业局
江门市林业局
蓬江区林业局

新会区林业局
恩平市林业局
台山市林业局
鹤山市林业局
佛山市林业局
禅城区林业局
高明区林业局
肇庆市林业局
端州区林业局
鼎湖区林业局
大旺高新区林业局
高要市林业局
四会市林业局
广宁县林业局
怀集县林业局
封开县林业局
德庆县林业局
云浮市林业局
云城区林业局
罗定市林业局
郁南县林业局
阳江市林业局
江城区林业局
阳春市林业局
阳西县林业局
阳东县林业局
海陵区林业局
高新区林业局
茂名市林业局
茂南区林业局
茂港区林业局
化州市林业局
信宜市林业局
高州市林业局
电白县林业局
茂名市属总林场
湛江市林业局
坡头区林业局
麻章区林业局
廉江市林业局
雷州市林业局
徐闻县林业局
直属单位
西江林业局
乳阳林业局
龙眼洞林场
天井山林场
樟木头林场
乐昌林场
连山林场
东江林场
九连山林场

广西壮族自治区

南宁市林业局
横县林业局
隆安县林业局
马山县林业局
桂林市林业局
象山区农林水利局
叠彩区农林水利局
秀峰区农林水利局
七星区农林水利局
雁山区林业局
阳朔县林业局
临桂县林业局
灵川县林业局
全州县林业局
兴安县林业局
永福县林业局
灌阳县林业局
资源县林业局
平乐县林业局
荔浦县林业局
龙胜各族自治县林业局
恭城瑶族自治县林业局
柳州市林业局
柳北区林业局
城中区农林水利局
鱼峰区农林水利局
柳江县林业局
柳城县林业局
鹿寨县林业局
融安县林业局
三江侗族自治县林业局
融水苗族自治县林业局
梧州市林业局
长洲区林业局
万秀区农林水利局
蝶山区农林水利局
岑溪市林业局
苍梧县林业局
藤县林业局
蒙山县林业局
贵港市林业局
港北区林业局
港南区林业局
覃塘区林业局
桂平市林业局
平南县林业局
玉林市林业局
北流市林业局
陆川县林业局
钦州市林业局
钦南区林业局
钦北区林业局
灵山县林业局
浦北县林业局
北海市林业局
海城区林业局
铁山港区林业局
合浦县林业局
防城港市林业局
防城区林业局
东兴市林业局
崇左市林业局
江州区林业局
扶绥县林业局
大新县林业局
天等县林业局
龙州县林业局
百色市林业局
右江区林业局
田阳县林业局
那坡县林业局
凌云县林业局
乐业县林业局
隆林各族自治县林业局
河池市林业局
凤山县林业局
巴马瑶族自治县林业局
大化瑶族自治县林业局

罗城仫佬族自治县林业局
环江毛南族自治县林业局
来宾市林业局
兴宾区林业局
合山市林业局
象州县林业局
武宣县林业局
忻城县林业局
金秀瑶族自治县林业局
贺州市林业局
八步区林业局
昭平县林业局
富川瑶族自治县林业局
直属单位
高峰林场
七坡林场
博白林场
六万林场
东门林场
派阳山林场
黄冕林场
三门江林场
钦廉林场
大桂山林场
良凤江国家森林公园
中国林科院热林中心

海南省

省直辖行政单位
儋州市林业局

重庆市

沙坪坝区林业局
北碚区林业局
大足区林业局
巴南区林业局
万州区林业局
涪陵区林业局
长寿区林业局
江津区林业局
合川区林业局
永川区林业局
南川区林业局
铜梁县林业局
荣昌县林业局
璧山县林业局
垫江县林业局
武隆县林业局
丰都县林业局
梁平县林业局
巫溪县林业局
奉节县林业局
云阳县林业局
忠县林业局
石柱土家族自治县林业局
彭水苗族土家族自治县林业局
秀山土家族苗族自治县林业局

四川省

成都市林业局
龙泉驿区林业局
温江区林业局
都江堰市林业局
邛崃市林业局
崇州市林业局
金堂县林业局
郫县林业局
大邑县林业局
蒲江县林业局
广元市林业局
利州区林业局
元坝区林业局
朝天区林业局
旺苍县林业局
青川县林业局
剑阁县林业局
苍溪县林业局
绵阳市林业局
涪城区林业局
游仙区林业局
江油市林业局
三台县林业局
盐亭县林业局
安县林业局
梓潼县林业局
北川羌族自治县林业局
平武县林业局
德阳市林业局
旌阳区林业局
什邡市林业局
广汉市林业局
罗江县林业局
中江县林业局
南充市林业局
顺庆区林业局
高坪区林业局
嘉陵区林业局
阆中市林业局
南部县林业局
营山县林业局
蓬安县林业局
仪陇县林业局
西充县林业局
广安市林业局
广安区林业局
华蓥市林业局
岳池县林业局
武胜县林业局
邻水县林业局
遂宁市林业局
船山区林业局
安居区林业局
蓬溪县林业局
射洪县林业局
大英县林业局
内江市林业局
市中区林业局
东兴区林业局
威远县林业局
资中县林业局
隆昌县林业局
乐山市林业局
市中区林业局
沙湾区林业局
自贡市林业局
自流井区林业局
大安区林业局
贡井区林业局
沿滩区林业局
荣县林业局
富顺县林业局
泸州市林业局
江阳区林业局

纳溪区林业局
龙马潭区林业局
泸县林业局
合江县林业局
叙永县林业局
古蔺县林业局
宜宾市林业局
翠屏区林业局
宜宾县林业局
南溪县林业局
江安县林业局
长宁县林业局
高县林业局
筠连县林业局
珙县林业局
兴文县林业局
屏山县林业局
攀枝花市林业局
东区林业局
西区林业局
仁和区林业局
米易县林业局
盐边县林业局
市国营林场总场
巴中市林业局
巴州区林业局
通江县林业局
南江县林业局
平昌县林业局
达州市林业局
通川区林业局
万源市林业局
达县林业局
宣汉县林业局
开江县林业局
大竹县林业局
渠县林业局
资阳市林业局
雁江区林业局
简阳市林业局
安岳县林业局
眉山市林业局
东坡区林业局
仁寿县林业局
彭山县林业局
洪雅县林业局
丹棱县林业局
青神县林业局
雅安市林业局
雨城区林业局
名山县林业局
荥经县林业局
汉源县林业局
石棉县林业局
天全县林业局
芦山县林业局
宝兴县林业局
阿坝藏族羌族自治州
汶川县林业局
理县林业局
茂县林业局
松潘县林业局
九寨沟县林业局
金川县林业局
黑水县林业局
壤塘县林业局
若尔盖县林业局
红原县林业局
甘孜藏族自治州林业局
康定县林业局
泸定县林业局
丹巴县林业局
九龙县林业局
雅江县林业局
道孚县林业局
炉霍县林业局
甘孜县林业局
新龙县林业局
德格县林业局
白玉县林业局
石渠县林业局
色达县林业局
理塘县林业局
巴塘县林业局
乡城县林业局
稻城县林业局
得荣县林业局
丹巴林业局
道孚林业局
新龙林业局
翁达林业局
凉山彝族自治州林业局
西昌市林业局
盐源县林业局
德昌县林业局
会理县林业局
会东县林业局
宁南县林业局
普格县林业局
布拖县林业局
金阳县林业局
昭觉县林业局
喜德县林业局
冕宁县林业局
越西县林业局
甘洛县林业局
美姑县林业局
雷波县林业局
木里藏族自治县林业局

贵州省

贵阳市林业局
乌当区林业局
花溪区林业局
白云区林业局
小河区林业局
清镇市林业局
开阳县林业局
修文县林业局
息烽县林业局
遵义市林业局
红花岗区林业局
赤水市林业局
湄潭县林业局
毕节地区林业局
赫章县林业局
黔东南苗族侗族自治州林业局
凯里市林业局
黄平县林业局
施秉县林业局
三穗县林业局
镇远县林业局

岑巩县林业局
天柱县林业局
锦屏县林业局
剑河县林业局
台江县林业局
黎平县林业局
榕江县林业局
从江县林业局
雷山县林业局
麻江县林业局
丹寨县林业局
黔南布依族苗族自治州林业局
都匀市林业局
福泉市林业局
荔波县林业局
瓮安县林业局
平塘县林业局
长顺县林业局
三都水族自治县林业局
都匀市经济开发区林业局
黔西南布依族苗族自治州林业局
兴义市林业局
普安县林业局

云南省

曲靖市林业局
麒麟区林业局
沾益县林业局
富源县林业局
罗平县林业局
陆良县林业局
会泽县林业局
海寨林场
玉溪市林业局
江川县林业局
保山市林业局
隆阳区林业局
施甸县林业局
腾冲县林业局
龙陵县林业局
昌宁县林业局
昭通市林业局
昭阳区林业局
巧家县林业局
盐津县林业局
大关县林业局
永善县林业局
绥江县林业局
镇雄县林业局
彝良县林业局
威信县林业局
水富县林业局
丽江市林业局
古城区林业局
普洱市林业局
西盟佤族自治县林业局
临沧市林业局
凤庆县林业局
云县林业局
永德县林业局
镇康县林业局
双江拉祜族佤族布朗族傣族自治县林业局
耿马傣族佤族自治县林业局
怒江傈僳族自治州林业局
泸水县林业局
福贡县林业局
贡山独龙族怒族自治县林业局
兰坪白族普米族自治县林业局
大理白族自治州林业局
祥云县林业局
宾川县林业局
弥渡县林业局
永平县林业局
云龙县林业局
洱源县林业局
鹤庆县林业局
漾濞彝族自治县林业局
巍山彝族回族自治县林业局
楚雄彝族自治州林业局
楚雄市林业局
双柏县林业局
牟定县林业局
南华县林业局
姚安县林业局
大姚县林业局
永仁县林业局
元谋县林业局
武定县林业局
禄丰县林业局
红河哈尼族彝族自治州林业局
个旧市林业局
开远市林业局
弥勒县林业局
泸西县林业局
红河县林业局
屏边苗族自治县林业局
文山壮族苗族自治州林业局
文山市林业局
砚山县林业局
西畴县林业局
麻栗坡县林业局
马关县林业局
丘北县林业局
广南县林业局
富宁县林业局
西双版纳傣族自治州林业局
景洪市林业局
勐海县林业局
勐腊县林业局

西藏自治区

拉萨市林业局
市辖区林业局
林周县林业局
尼木县林业局
曲水县林业局
堆龙德庆县林业局
达孜县林业局
墨竹工卡县林业局
昌都地区林业局
昌都县林业局
江达县林业局
贡觉县林业局
类乌齐县林业局
丁青县林业局
察雅县林业局
八宿县林业局
左贡县林业局
芒康县林业局
洛隆县林业局
边坝县林业局

林芝地区林业局
林芝县林业局
工布江达县林业局
米林县林业局
波密县林业局
察隅县林业局
朗县林业局
山南地区林业局
曲松县林业局
措美县林业局
洛扎县林业局
日喀则地区林业局
江孜县林业局
定日县林业局
拉孜县林业局
仁布县林业局
亚东县林业局
岗巴县林业局

陕西省

西安市林业局
临潼区林业局
长安区林业局
周至县林业局
户县林业局
高陵县林业局
延安市林业局
宝塔区林业局
延长县林业局
延川县林业局
子长县林业局
安塞县林业局
志丹县林业局
吴起县林业局
甘泉县林业局
富县林业局
洛川县林业局
宜川县林业局
黄龙县林业局
黄陵县林业局
桥山林业局
桥北林业局
劳山林业局
黄龙山林业局
风景林场
铜川市林业局
耀州区林业局
王益区林业局
印台区林业局
宜君县林业局
渭南市林业局
临渭区林业局
华阴市林业局
韩城市林业局
潼关县林业局
大荔县林业局
蒲城县林业局
澄城县林业局
白水县林业局
合阳县林业局
富平县林业局
咸阳市林业局
秦都区林业局
渭城区林业局
兴平市林业局
三原县林业局
泾阳县林业局
永寿县林业局
旬邑县林业局
武功县林业局
乾县林业局
礼泉县林业局
淳化县林业局
长武县林业局
彬县林业局
宝鸡市林业局
金台区林业局
渭滨区林业局
陈仓区林业局
岐山县林业局
扶风县林业局
眉县林业局
陇县林业局
千阳县林业局
麟游县林业局
太白县林业局
辛家山林业局
马头滩林业局
陕西省苗木繁育中心
汉中市林业局
汉台区林业局
南郑县林业局
城固县林业局
洋县林业局
西乡县林业局
勉县林业局
宁强县林业局
略阳县林业局
镇巴县林业局
留坝县林业局
佛坪县林业局
榆林市林业局
神木县林业局
横山县林业局
靖边县林业局
定边县林业局
绥德县林业局
米脂县林业局
佳县林业局
吴堡县林业局
清涧县林业局
子洲县林业局
安康市林业局
汉滨区林业局
紫阳县林业局
镇坪县林业局
旬阳县林业局
石泉县林业局
平利县林业局
宁陕县林业局
岚皋县林业局
汉阴县林业局
白河县林业局
商洛市林业局
商州区林业局
洛南县林业局
丹凤县林业局
商南县林业局
山阳县林业局
镇安县林业局
陕西省森林资源管理局
太白林业局

宁西林业局
宁东林业局
龙草坪林业局
汉西林业局
长青林业局
西安林产化学工厂
胶合板厂
林产品贸易总公司
林产品经销公司
林业机械研究所
森林职工医院
省直属单位
楼观台林场
牛背梁国家级自然保护区管理局

甘肃省

兰州市林业局
城关区林业局
西固区林业局
安宁区林业局
红古区林业局
永登县林业局
皋兰县林业局
榆中县林业局
嘉峪关市林业局
金昌市林业局
金川区林业局
永昌县林业局
白银市林业局
白银区林业局
平川区林业局
靖远县林业局
会宁县林业局
景泰县林业局
天水市林业局
市辖区林业局
秦州区林业局
清水县林业局
秦安县林业局
甘谷县林业局
张家川回族自治县林业局
武威市林业局
市辖区林业局
凉州区林业局
民勤县林业局
古浪县林业局
天祝藏族自治县林业局
酒泉市林业局
肃州区林业局
玉门市林业局
敦煌市林业局
金塔县林业局
瓜州县林业局
张掖市林业局
甘州区林业局
民乐县林业局
临泽县林业局
高台县林业局
山丹县林业局
肃南裕固族自治县林业局
庆阳市林业局
西峰区林业局
庆城县林业局
环县林业局
华池县林业局
合水县林业局
正宁县林业局
宁县林业局
镇原县林业局
正宁林业总场
湘乐林业总场
华池林业总场
合水林业总场
平凉市林业局
市辖区林业局
崆峒区林业局
泾川县林业局
灵台县林业局
崇信县林业局
庄浪县林业局
静宁县林业局
定西市林业局
市辖区林业局
安定区林业局
通渭县林业局
临洮县林业局
漳县林业局
岷县林业局
渭源县林业局
陇西县林业局
华家岭林业站
巉口林业试验场
陇南市林业局
市辖区林业局
武都区林业局
成县林业局
宕昌县林业局
文县林业局
西和县林业局
两当县林业局
徽县林业局
临夏回族自治州林业局
临夏市林业局
临夏县林业局
康乐县林业局
永靖县林业局
广河县林业局
和政县林业局
东乡族自治县林业局
积石山保安族东乡族撒拉族自治县林业局
甘南藏族自治州林业局
合作市林业局
临潭县林业局
卓尼县林业局
舟曲县林业局
迭部县林业局
碌曲县林业局
夏河县林业局
白龙江林管局
舟曲林业局
洮河林业局
河西综合开发局
迭部林业局
白水江林业局
甘肃营林局
小陇山林业实验局

青海省

西宁市林业局
城北区林业局
大通回族土族自治县林业局

湟源县林业局
湟中县林业局
湟水森林公园
东峡森林公园
大通森林公园
海东地区林业局
平安县林业局
乐都县林业局
民和回族土族自治县林业局
互助土族自治县林业局
化隆回族自治县林业局
循化撒拉族自治县林业局
南门峡森林公园
北山森林公园
海北藏族自治州林业局
祁连县林业局
门源回族自治县林业局
祁连森林公园
海南藏族自治州林业局
共和县林业局
贵南县林业局
黄南藏族自治州林业局
同仁县林业局
尖扎县林业局
坎布拉森林公园
海西蒙古族藏族自治州林业局
德令哈市林业局
都兰县林业局
省直属单位
孟达自然保护区管理局
玛珂河林业局
林业专用物资储备管理站
青海湖国家级自然保护区管理局

宁夏回族自治区

银川市林业局
金凤区林业局
西夏区林业局
灵武市林业局
贺兰县林业局
石嘴山市林业局
大武口区林业局
惠农区林业局
平罗县林业局
吴忠市林业局
利通区林业局
青铜峡市林业局
盐池县林业局
同心县林业局
红寺堡开发区林业局
固原市林业局
原州区林业局
西吉县林业局
隆德县林业局
彭阳县林业局
中卫市林业局
市辖区林业局
海原县林业局
直属单位
宁夏仁存渡护岸林场林业局

新疆维吾尔自治区

乌鲁木齐市林业局
沙依巴克区林业局
新市区林业局
水磨沟区林业局
头屯河区林业局
达坂城区林业局
米东区林业局
乌鲁木齐县林业局
喀什地区林业局
喀什市林业局
叶城县林业局
疏附县林业局
疏勒县林业局
英吉沙县林业局
泽普县林业局
莎车县林业局
麦盖提县林业局
岳普湖县林业局
伽师县林业局
巴楚县林业局
塔什库尔干塔吉克自治县林业局
阿克苏地区林业局
阿克苏市林业局
温宿县林业局
库车县林业局
沙雅县林业局
新和县林业局
拜城县林业局
乌什县林业局
阿瓦提县林业局
柯坪县林业局
吐鲁番地区林业局
吐鲁番市林业局
鄯善县林业局
托克逊县林业局
哈密地区林业局
哈密市林业局
巴里坤哈萨克自治县林业局
伊吾县林业局
克孜勒苏柯尔克孜自治州林业局
阿克陶县林业局
阿合奇县林业局
乌恰县林业局
博尔塔拉蒙古自治州林业局
博乐市林业局
精河县林业局
温泉县林业局
巴音郭楞蒙古自治州林业局
尉犁县林业局
且末县林业局
塔城地区林业局
塔城市林业局
乌苏市林业局
额敏县林业局
沙湾县林业局
托里县林业局
裕民县林业局
和布克赛尔蒙古自治县林业局
新疆天山西部林业局
巩留林场
尼勒克林场
特克斯林场
伊宁林场
新疆阿尔泰山林业局
布尔津林场
哈巴河林场
阿尔泰林场
福海林场
富蕴林场
青河林场

中东部林场
哈密林场
木垒林场
吉木萨尔林场
奇台林场
玛纳斯南山林场
呼图壁林场
米泉林场
沙湾林场
乌苏林场
板房沟林场
乌鲁木齐南山林场

内蒙古森工集团
阿尔山林业局
绰尔林业局
绰源林业局
乌尔旗汉林业局
库都尔林业局
图里河林业局
伊图里河林业局
克一河林业局
甘河林业局
吉文林业局
阿里河林业局
根河林业局
金河林业局
阿龙山林业局
满归林业局
得耳布尔林业局
莫尔道嘎林业局
大杨树林业局
毕拉河林业局

吉林森工集团
临江林业局
三岔子林业局
湾沟林业局
松江河林业局
泉阳林业局
露水河林业局
白石山林业局
红石林业局
吉林森工集团股份公司
金桥木业有限公司
华英家具公司
泉阳泉饮品有限公司

龙江森工集团
牡丹江林业管理局
大海林林业局
柴河林业局
东京城林业局
穆棱林业局
绥阳林业局
海林林业局
林口林业局
八面通林业局
牡丹江木材综合加工厂
柴河林业造纸厂
合江林业管理局
桦南林业局
双鸭山林业局
鹤立林业局
鹤北林业局
东方红林业局
迎春林业局
清河林业局
万成木业有限责任公司
佳木斯木材综合加工厂
伊春林业管理局
双丰林业局
铁力林业局
桃山林业局
朗乡林业局
南岔林业局
金山屯林业局
美溪林业局
乌马河林业局
翠峦林业局
友好林业局
上甘岭林业局
五营林业局
红星林业局
新青林业局
汤旺河林业局
乌伊岭林业局
松花江林业管理局
山河屯林业局
苇河林业局
亚布力林业局
方正林业局
兴隆林业局
绥棱林业局
通北林业局
沾河林业局
绥化复合板厂
松江胶合板厂
新工木材综合加工厂
直属单位
带岭实验局
香坊木材综合加工厂

大兴安岭林业集团
大兴安岭林管局
松岭林业局
新林林业局
塔河林业局
呼中林业局
阿木尔林业局
图强林业局
西林吉林业局
十八站林业局
韩家园林业局
大兴安岭营林局
加格达奇区林业局

新疆生产建设兵团
农一师
农二师
农四师
农五师
农六师
农七师
农八师
农九师
农十二师
农十三师
农十四师